加藤雅信著作集
第三巻
不当利得論

不当利得論

加藤雅信著作集

第三巻

信 山 社

8903-9

第三巻

はしがき

本書、著作集第三巻『不当利得論』には、私の処女作『財産法の体系と不当利得法の構造』（有斐閣、昭和六一年）を——技術的な補正を施し、若干のミスは訂正したものの、内容的な変更は施すことなく——そのまま収録した。

この不当利得の研究にとりかかるには、多少の紆余曲折があった。大学卒業の時点で法社会学に強い関心を抱いていた私は、法の解釈と法社会学的研究の交錯した法領域をテーマにすべく、「法主体性の意識」という研究を試みたいと考えた。具体的には、家族共同体が社会的には法主体として活動することが少なくないにもかかわらず、実定法としての民法が法主体を自然人、法人に限定しており、法人という枠の外にある家族共同体は、実定民法の世界では別段、意味をもつ存在ではない。実定法は、この点との関連では、わずかに日常家事債務にかんする夫婦の連帯責任等の規定をおく等にとどまっている。しかし、社会のなかで現実には家族共同体が法主体的に活動している側面を無視することができないままに、学説や判例は、解釈論の次元で、家団論、居住権論、賃借権の譲渡における「信頼関係の破壊」論等を提示している。これらの個別の解釈論に具現されている背後の実体を、法律学的に構築することはできないか、これが青年期の私が処女論文執筆を前にして描いた構想であった。

ただ、問題は比較法にあった。日本の文献や判例を手がかりに議論を展開することはできたが、似たような問題意識をもった研究を他国の文献でみつけることはできなかった（今でこそ、家族経営体等に法主体性を認めた中国の民法通則、一時期のベトナム民法等、この問題にとりくんだ法律もあるが、これらの法律は、すべて私の処女作刊行後に制定されたものである。ただ、家族経営体等に簡単に法主体性を付与することには、その構成員の境界が不明確な家族経営体も存在するうえ、たとい法人構成員を確定できても、どの家族においても、構成員の個人財産と家族経営体の財産の限界が曖昧な部分が相当程度に存在しており、家族共同体と個別家族構成員の債務の引当となる責任財産の区分が困難である等、これまた大きな問題がある。それゆえ、ベトナムでも、二〇〇五年民法では法主体として位置づけられていた世帯・組合等について、二〇〇五年民法の全面改正法である二〇一五年民法は法主体としては規定せず、その構成員が法主体であるとしており、単に家族共同体や家族経営体に法主体性をあたえればよいというような単純な問題ではない）。

前段の叙述では実体的考察に立ち入りすぎたきらいもあるが、研究者としてのデビュー論文に比較法的考察を盛り込むことは、日本の法学界の定石とされてきた。これは、近代日本法が欧米から継受されたものであり、明治以降の法律学が西洋法の継受を側面から補強する役割を担ってきたことの反映というべきであろう。この学界慣行となっている比較法的考察を欠く処女論文を提出しても、学界の通過儀礼を無視した者に、学界への入場切符は渡されそうもない。私は、一般に意志が弱いとまではいえないと思うが、この点では折れざるをえなかった。

そこで選んだのが、学部時代、得体の知れない法制度だと思った不当利得であった。このような回り道もあり、この不当利得の研究にとりかかったのは、大学卒業してから一年半後、二三歳の秋のことであった。それからしばらくの私の若い時代は、不当利得の研究と密接不離の関係にある。二五歳で助手論文を提出。翌年、名古屋大学に助教授の職を得た。それから数年、法学協会雑誌に論文を掲載し、一五回の連載が完成し、翌年の三〇代の半ばに教授に昇進した。その雑誌連載論文をまとめて処女作『財産法の体系と不当利得法の構造』を公刊したのが四〇歳になってから一月後のことであったが、その直前に、本の校正刷りで博士号を授与された。私の研究テーマは、不当利得以外にも広がっていったが、研究者としての職業生活の節目は、常に不当利得研究とともにあった。

今回、処女作を著作集に収録するにさいして、前述したように技術的な補正とミスの訂正はしたが、基本的に原作品の内容には手を入れないという方針をとった。原本公刊時までに費やした多大なエネルギーと、校正にさいしても細心の注意を払い、何段階にもわたる細密化された校正工程表を分業体制でひとつひとつ潰していってくれたあの多くの友人と教え子たちの協力を思い起こすと、原本を改変するのは、幼くして亡くなった子どもの死化粧を変えるようで忍びない、という気持ちを抑えることができなかったからである。

もちろん、本書の原本公刊後にも、不当利得の数多くの優れた研究がある。文献引用の形式も、現在一般的になっている法律編集者懇話会が提唱した形式ではない。このような、本書の原本公刊後の事象で対応すべきものは多々存在するが、その点は、この著作集の『第一八巻 事務管理・不当利得』で対応できるところは対応することとし、この著作集第三巻『不当利得論』では、原本公刊当時の歴史をそのまま固定させていただくこととした。

本書、そして原本の作成にさいしては多くの方々にお世話になった。とくに、原本出版時に、原稿全体に目を通し、ご助言をいただいた水野紀子教授（東北大学、当時、名古屋大学助教授）、早川眞一郎教授（東京大学、当時、弁護士）、全体のご助言に加えて注の形式を統一してくださった青木清教授（南山大学、当時、中部大学講師）、裏方の仕事をお引き受けいただいた奥富敦子さん、また出版社の方々と、今回、本書についての校正をしていただいた綿貫ちえみさんに心から御礼を申し上げたい。最後になってしまったが、出版事情がますます悪化しているなか、著作集の公刊をご快諾いただいた信山社の袖山貴社長、編集作業を一手に担ってくださった稲葉文子氏、今井守氏らに深甚なる謝意を表したい。

平成二八年八月三〇日

加藤雅信

原著・はしがき

本書は、「財産法の体系と不当利得法の構造」と題されているが、それは、次の二つの理由によるものである。第一に、本書では後に原著・あとがきに述べる法律学の方法として、一般によくいわれる価値判断によるのではなく、ある種の客観性志向をもった経験的方法により、不当利得返還請求権の成否（「法律上ノ原因」の有無）の判断基準が析出され、それが「財貨移転を基礎づける具体的法律関係の存否」にあることがまず明らかとされるのであるが、その後、その判断基準がいかなる構造をもつのかが分析されていくことになる。その結果、不当利得法は、それ自体孤立した法制度として考察されるべきものではなく、広く法体系全体にわたって存在している他の種々の法制度の投影体として形成されたものであり、不当利得法、とりわけその「法律上ノ原因」は財産法体系の箱庭的様相をもつものである、との結論が導かれている。ここでは、従来の通説的見解であった衡平説の道徳法的不当利得像ではなく、財貨の帰属と移転を軸とするところの法体系の機軸ともなりうる基本法の一つとして、不当利得法が再構成されている。第二は、本書では、近時論議されることの多い請求権概念の問題につき、物権的請求権と債権的請求権の競合事例を主たる素材としながら、統一的請求権という構成を析出することにより、物権と債権の関係につき一つの新しい視角を提示すると同時に、実体法と手続法との間に架橋をかけることを試みている。このような考え方によって、従来の民法、民事訴訟法上のいくつかの問題につき、問題解決の枠組を与えることができる、と考えたからにほかならない。以上のような二つの理由により、本書は冒頭に記されたような題を附されたものである。

本書は、基本的には私の青年期に書かれたもので、東京大学法学部提出助手論文「類型化による一般不当利得法の再構成」を、同名にて法学協会雑誌に連載したさい（九〇巻七号〜九八巻四号・一五完）、そして今回と、二回にわたりかなり大幅に加筆、訂正したものである。この間、私見の全体像を小稿の形で発表してはいるが（高木多喜男ほか共著・加藤雅信執筆『民法講義６不法行為等』（昭和五二年））、その後にあっても、完全、完璧を求めてもそれがありえない研究というものの性格と、それと裏腹の関係でもある研究の際限なさとから、この書を一つの形にまとめあげるのは、思いのほかに多難な途のりであった。長い間続けた法学協会雑誌への連載を完結させたのも、昭和五五年にハーバード大学に留学するにさいしてであったし、その後のかなり大幅な改訂作業を終了させ本書を脱稿したのも六〇年、ハワイ大学の日本法の講義への出講にさいしてであった。そして今回、その後のいろいろな作業にけりをつけたのも、この秋からのコロンビア大学への出講のためニューヨークに居を移すにさいしてであり、研究の節目節目は常に外的要因によって形成されている。

思いもかけず長い年月を費やすことになったこの不当利得の研究に一つの区切りをつけることになった現在、今までお世話になった多くの方々に心から御礼申し上げたくおもう。とりわけ、研究室に残ることを勧めて下さり研究者への道を開いて下さった加藤一郎先生、その後加藤先生が大学総長に就任なさったことに伴い、指導教官になっていただいて研究生活のスタートを導いて下さった星野英一先生のお二人には、この機会に心から感謝の気持を述べさせていただきたいとおもう。また、本研究については御教示をえた多くの先生方、本研究に御援助をいただいた三島海雲記念財団、松永財団に厚く御礼申し上げる次第である。

なお、最後に、本書の研究をなすにあたっては、種々家族にも迷惑をかけることが多かった。そのような中で、いつも陰で私の力になり励ましてくれた父母と妻の真知子に、心からの謝意とともに本書を捧げたい。

昭和六一年　夏

加藤雅信

目　次

第一部　序的考察

第一章　序　章

第一節　問題提起

一　不当利得法は、民法典では契約、事務管理、不法行為と並ぶ一つの債権発生原因として規定されている。それは、法典上民法七〇三条、七〇四条において一般規定の形で統一的な法制度を形成するものである。それにもかかわらず、その制度内容・制度目的は必ずしも統一的に明らかにされているわけではない。

不当利得法と並ぶ一般条項として、不法行為法がしばしばあげられる。不法行為法は、その適用領域自体は広いが、損害塡補制度として統一的に性格づけることが可能である。(1)それに対し、不当利得法をこのように簡明に性格づけることは困難である。民法典制定以後、学説は、この問題――不当利得制度の統一的把握、不当利得制度本質論――に関する論議に非常なエネルギーを費やしてきた。しかし、それは結着がつかないまま、現在に至っている。利得剝奪制度というような常識的な把握もまた困難である。実務においては、被請求者に経済的意味における利得が存在しない場合に、不当利得法が適用されている例もあるからである。(2)

不当利得法は、単にその適用領域が広いということにとどまらず、その内容も錯綜している。不法行為法の場合、その適用領域は広いが、その紛争態様はある程度類似性をもっている。それゆえ、その典型的紛争例として生命侵害・所有権侵害などをあげることも可能である。しかし、不当利得法の場合、その適用対象となる紛争態様が必ずしも類似性をもっていない。そのため、不当利得法全体に通じるような典型的紛争も観念しにくい状況にある。

この紛争態様が多様な不当利得制度を、多くの学説が単一の概念をもって基礎づけようと試みてきた。しかし、紛争態様が多様なため、これらの試みは、一部にあてはまっても全体を解明しきれない無理な基礎づけとなるか、「衡平」というような漠然とした無内容な概念による基礎づけとなるかのいずれかであった。不法行為などの他の法制度においてはそれほど問題とならない制度本質論に学説が大きな関心を示したことこそ、不当利得法の制度内容・制度目的が曖昧であることの顕著な証拠といえるであろう。

不当利得法の紛争態様が多様であり、制度内容・制度目的が曖昧であることは、単に、不当利得本質論のような学理的認識を混乱させただけにはとどまらず、不当利得法が裁判規範として現実に機能するにさいし、次の二つの混乱をひきおこした。一つは、不当利得規定の適用範囲の限界が不明確なことであり、一つは、不当利得法の規定する要件効果が裁判実務においては必ずしも文言どおりの形では機能しないという、要件効果の破綻の問題である。それぞれ、二、三において敷衍することにしよう。

二　不当利得規定の適用範囲、特にその適用の限界は、他の請求権との関係において問題となる。当事者間の関係が契約によって規律されている場合や、当事者が不当利得以外の請求権をもつ場合においても、なお不当利得規定の構成要件が充足されることがある。この場合、不当利得法の規定に依拠して返還請求することは許されるのであろうか。学説が不当利得返還請求権の補充性（補助性）として論ずる問題である。(3) 判例は、抽象的な次元においては不当利得返還請求権の補充性を否定している。(4) しかし、個々の請求権との関係が具体的に問題となる場合においては次に述べるように判例の結論は必ずしも一定していない。

(イ)　まず、不当利得法と構成要件上競合する規定のうち、占有権の効力（民法一八九～一九一条、一九六条）・物権的請求権・事務管理の費用償還請求権（民法七〇二条）を例にあげて考えてみると、不当利得法の規定またはこれらの規定のいずれが適用されるかによって具体的紛争解決の結論が異なることがわかる。たとえば、無権原で他人の所有物より収益をあげた場合において、善意占有者の果実取得権の規定（民法一八九条一項）が適用されれば無権原者は収益の返還義務を免れるのに対し、不当利得法の規定が適用されれば返還義務を負うことになる。ところが、裁判例には民法一八九条一項を適用したものも民法七〇三条を適用したものもあり、判例の立場は必ずしも一貫していない。(5) ここでは、いずれの適用規範によるかによって結論が正反対になるため、問題は深刻である。また、物権的請求権と不当利得法との競合の場合には、(6) いずれの規範が適用されるかによって、同一事実についての立証責任の分配が異なってくる可能性がある。たとえば、売買契約が無効なため、売買の目的物の取戻が問題となった事例を考えてみよう。物権的請求権を根拠とする場合には、原告が物権的返還請求権を行使するのに対し、被告が抗弁として「売買契約の存在」を主張、立証し、原告が再抗弁として「無効原因」を主張、立証する展開が考えられる。それに対し不当利得法を根拠とする場合には、物権的請求権を根拠とするときには両当事者に立証責任が分断されていた「『売買契約』の『無効』」を、「法律上ノ原因ナク」の内容として原告がすべて立証しなくてはならないように思われる（この点は、さきの分析ともかかわることとなるので、後で詳論することとしよう）。(7) また、不当利得規定が適用されるとすれば善意の場合の責任軽減（現存利益）や悪意の場合の責任加重が考えられるような事例において、当事者が自らの請求を物権的請求権として構成した場合に、その点がどのように取り扱われているかは一つの問題であろう。また、不当利得と事務管理の競合に関しても、不当利得返還請求権と事務管理の費用償還請求権とは返還義務の範囲が異なるにもかかわらず（民法七〇二条一項二項参照）、いずれを適用すべきかについて判例の結論は一定していない。(8)

これ以外の規定に関しても、不当利得と解除との関係、(9) 悪意の不当利得（民法七〇四条）と不法行為との関係など、(10) 民法典の他の規定と不当利得法の関係には解明を要する問題が多い。

(ロ)　次に契約法と不当利得法との関係をみると、これも混乱している。民法典の構成上、不当利得は契約と別の債権発生原因となっている。しかし、契約それ自体によって規律されるべき関係にも不当利得規定を適用した裁判例がいくつも存在する。(11) 賃貸借契約における賃借人の費用償還請求権のかわりに不当利得法を適用した例、(12) 債務不履行の問題を不当利得法をもって処理した例[13]などがそれである。これらの事例においては、当事者間には契約関係が存在していたと同時に不当利得法の構成要件自体も充足されていたのである。

学説においては、さらにはなはだしい混乱がみられた。ドイツの議論ではあるがここではまずプレッセン[14]の例をあげる。彼は、契約上の給付義務が履行されていない場合、給付義務者は他人（給付受領権者）の損失において不当に利得しているとし、不当利得返還請求権をもって契約上の給付義務の履行を請求しうる、と考えた。不当利得法の制度目的が明瞭でないがゆえに、その適用範囲をここまで拡大して考えることも論理的には可能であった。このような場合に不当利得の構成要件が充足されていない、とも必ずしもいえないからである[15]。もちろんこのように不当利得法を極端に混乱させる見解は、ドイツにおいても他の学説によってはほとんど支持されていない。しかし、債務履行請求権を実質的な不当利得法として把握し、「本質的」不当利得概念（その論者自身の言葉を用いれば「実質的不当利得法」）を拡大させる見解が、日本にも存在する[16]。

(ハ)　以上(イ)・(ロ)において述べた、いずれの規定を適用すべきであるかという実践的問題を離れれば、不当利得法と他の請求権との関係は、さらに混迷の度合を深める。歴史的には、事務管理・不法行為その他の制度によって、不当利得制度を基礎づけようとする試みが見受けられた[17]。現在でも、逆に詐害行為取消権を不当利得法によって基礎づける見解[18]や、他の種々の法制度を「実質的不当利得法」として考えていく見解が存在する[19]。これらの論議は、実践的意味が乏しく、問題としては不当利得法の制度目的ないしは制度本質論に連なるのであろうが、いわゆる『本質論』としてもどれほどの説得力をもつのかは疑わしい。不当利得法の制度目的・制度内容が曖昧であるがゆえに、その『本質』を把握するにも、いろいろ異なった見解が存立しうる。それだけに不当利得返還請求権と他の請求権との『本質』の差異を確定しようとすれば、論議もまた混乱するのである。

三　不当利得法が裁判規範として機能するさいの二番目の混乱は、不当利得紛争全般を規律することを予定して一般的に定められた要件効果が破綻していることに示される。民法七〇三条、ドイツ民法八一二条などにみられる不当利得法の構成要件は、一般規定としては必ずしも歴史的な純化を充分受けないまま急遽制定されたものである。[20] その結果、構成要件のたて方が紛争態様の相当部分に即応しておらず、これらの規定は裁判規範としての実質的機能を失っている場合が多い。すなわち、裁判例において、裁判の結論が、構成要件に即して叙述されていない事例がかなり多く見受けられるのである。[21]

また、各要件・効果にも問題がある。特に、「受益」・「損失」・両者の「因果関係」という三要件をもって不当利得法の適用対象を特定する方式は、不当利得紛争の相当部分には適当でない。「法律上ノ原因ナク」という構成も、前述した物権的請求権との競合の場合に関しては再考されなければならないし、転用物訴権に関しては適合しない要件である。各要件概念は、不当利得の多様な紛争態様のすべてをカバーしているわけではなく、一部の紛争には要件として機能するが、他の紛争態様においては要件として機能していない。多様な紛争態様をこのような一律の要件をもって律しようとすることに無理があるように思われる。要件として機能を果たしていない場合にも、機能を果たしているかのように学説が擬制するため、「損失」などの各要件に関する論議にも混乱が生じている。

効果に関しても、民法典の構成が実際の裁判例においてそのまま妥当しているわけではない。返還義務の範囲に関し、民法典は七〇三条と七〇四条とを対置し、受益者善意の場合には現存利益を返還し、受益者悪意の場合には利息を附しかつ損害を賠償すべきことを規定した。しかし、判例は事案によっては受益者善意の場合にも利息を附すことを認めている。[22] また、「現存利益」の認定にさいして双方当事者の過責の考量をするとの提言[23]が実務にも影響を与えているが、これも、被請求者の善意悪意を返還義務の範囲を定めるメルクマールとした立法者意思や、「現存利益」という言葉の枠組をはみだすものと思われる。民法典の効果の定め方も多様な紛争のすべてにおいて妥当性を維持するわけではなく、右にあげた判例や学説は、ある種の紛争態様はこの枠をこえて判断しないと衡平な結論をえられない一例といえよう。

これらの点についての詳細はすべて第二章に譲る。一般的要件効果論の破綻の状況は、新たな章をおこして具体的に検討するに値すると考えるからである。

(1)　論述の対象は日本民法典上の不法行為法にかぎられている。英米法の nominal damages, punitive damages の問題などは、ここではふれない。

(2)　被請求者に経済的意味における利益が存在しなくても、不当利得の返還請求が認められた事例として、次のものがある。大判昭和一二年七月三日民集一六巻一六号一〇八九頁〔2・8〕、本書三三頁参照）。この事案は次のとおりである。原告の所有物が窃取され、転々流通した後費消された。これにより所有権を喪失した原告が、所有物の価格相当額の利益の回復を求めて、中間転売者を訴えた。被告は当該財貨の取得にさいし売買代金として対価を支払っていたが、その点を顧慮することなく、財貨相当額の回復が認められた。被告の経済的利益は、財貨相当額より彼が支払った対価を控除した額でしかない。かりに、右判決の結論が是認されるべきものとすれば、不当利得紛争中ある種のものは、単純な利得剝奪制度としては把握できないことになる（本書三一頁以下参照）。

不当利得制度を、利得剝奪制度として不法行為のアナロジーにおいて把握しようとする見解が、かつてドイツに存在した（シュルツ）。しかし、右の把握は現実の不当利得制度と食い違う点が多く、学説の支持を得られなかった（シュルツの説は、松坂佐一『不当利得論』（昭和四四年）一五七頁以下、谷口知平『不当利得の研究』（昭和四四年）五一頁以下などに紹介されている）。

(3)　不当利得返還請求権の補充性の問題については、第一二章、本書六一四頁以下参照。なお、フランス不当利得法における補充性に関しては、本書七一二頁以下参照。

(4)　大判昭和一五年三月九日評論二九巻民法六六九頁〔12・1〕、本書六一九頁以下参照）。

(5)　民法一八九条を適用した例として、大判大正一四年一月二〇日民集四巻一号一頁、京都地判昭和三九年三月三〇日判タ一六一号一八〇頁など。民法七〇三条を適用した例として大判大正一五年三月三日新聞二五九八号一四頁――もっとも、この判決は民法七〇三条を適用しているが、事案からみて被請求者が善意といいうるかには問題があった。なお、占有者悪意の場合に民法七〇四条を適用した例として、前橋地裁桐生支部判昭和三七年四月九日下民集一三巻四号六九五頁など。

(6)　裁判例の中には、一つの事実を不当利得の問題として構成しながら、同時に「……主張ノ全趣旨ニ依レハ……所有権ニ基ク返還請求権ヲ原因ト為スモノ」としても構成したものがある（大判昭和五年一二月一三日裁判例(4)民一二六頁。ただし、傍点削除）。

(7) 二つの規範による立証責任の違いについては本書六二頁以下、「法律上ノ原因ナク」の内容については本書二二一頁以下参照。

(8) 不当利得の返還を命ぜられた被告が、事務管理の費用償還の規定を適用すべきことを主張して上告した事例において、大審院は二つの請求権（七〇四条と七〇二条）の返還義務の範囲が異なるとしながらもこれらが競合すると判示した（大判昭和一五年三月九日評論二九巻民法六六九頁〔12・1〕、本書六一九頁〕）。これに対し、事務管理による費用償還請求権をもっている場合に、不当利得返還請求権を否定した下級審判決もある（大阪控判大正九年七月八日新聞一七三四号一九頁〔12・2〕、本書六二〇頁参照〕）。

(9) この点を論じたものとして、本書四〇九頁注(1)参照。

(10) この点を論じたものとして、本書三六七頁以下参照。

(11) 本書六五二頁以下に論ずる目的不到達による不当利得は、契約と不当利得との関係が明確にされていなかった一例である。

(12) 大判明治四五年一月二〇日民録一八輯一頁。本件は、賃借人の労務投下による賃借物の価格増加がある場合の利益の調整を不当利得法によった。しかし、これは第一次的には契約内容によって、第二次的には民法六〇八条（賃借人の費用償還請求権）によって規律されるべきであった。賃借物の価格増加が契約上予定されており賃料などに反映していれば、賃借人の利得回復請求は認められるべきではない。ここからも、この問題が契約によって規律されるべき事案であることは明らかとなろう。

(13) 大阪高判昭和三六年三月三一日金融法務事情二七二号三二三頁。小切手振出にさいし、これが金融機関のための粉飾預金用である旨の約束が取り交されていたにもかかわらず、振出人が受取人（金融機関）に小切手の支払いをした事案である。これは、金融機関が小切手振出当初の契約に違反した債務不履行の事例であったが、裁判所は不当利得の問題としてこれを扱い、支払金額の回復を認めた。不当利得の問題としたがゆえに、判決理由中において現存利益の問題が論じられている。しかし、これは本来債務不履行の事案であり、金融機関は賠償義務を負い、「現存利益」などを考慮する余地はないはずであった（本件は支払金額を現存利益としたので、結論的な破綻は回避できた）。他に債務不履行と不当利得との関係が混乱している例として、大判明治三八年一一月三〇日民録一一輯一七三〇頁。なお、問題は債権契約をはなれるが、物権設定行為によって規律されるべき事案に不当利得法が適用された例もある（宮城控判明治三六年五月二七日（民録九輯一四六〇頁に原審判決として引用）。地代の支払がないまま地上権が行使されている場合に、土地所有権者から地上権者に対する不当利得返還請求権が認められた。ただし、大審院で破棄された）。

(14)　R. Plessen, Die Grundlagen der modernen condictio, (1904), S. 60ff.

(15)　この事案が不当利得法の適用範囲に含まれるか否かは、論理的にはいずれともいえ、「受益」・「損失」・「法律上ノ原因」の解し方いかんによる。また、プレッセンの説とそれに反対するドイツの議論を紹介したものとして、谷口・前掲『不当利得の研究』三頁。

(16)　山中康雄「不当利得法のありかた」愛知大学法経論集四一号（昭和三七年）四七頁以下。

(17)　松坂・前掲『不当利得論』四五頁以下の紹介参照。

(18)　日本における論議ではないが、E. v. Caemmerer, Bereicherung und unerlaubte Handlung, Gesammelte Schriften, Bd. 1, (1968), S. 243ff.

(19)　山中・前掲「不当利得法のありかた」愛知大学法経論集四一号四三頁以下。

(20)　本書九六頁以下注(1)、一〇六頁以下注(1)参照。

(21)　本書一九頁以下参照。

(22)　最判昭和三八年一二月二四日民集一七巻一二号一七二〇頁（〔2・10〕）、本書三六頁および〔2・19〕、本書七五頁参照）。

(23)　谷口・前掲『不当利得の研究』三三三頁以下。

第二節　問題の解決

一　本節においては、不当利得に関する現在の混迷状況をいかに解決するかについて、解決の方向を、本書の構成とともに略述することにしたい。

前節に述べたように、紛争態様が多様であることが原因となって、不当利得制度は従来統一的に基礎づけられないままに終わってきた。また、それと同時に、不当利得返還請求権と他の諸請求権の関係が不明確であり、法典に規定された要件、効果も裁判規範として一般的には機能せず破綻をきたしている。このような状況を前提として、本書ではまず、不当利得規範が現実に裁判実務において果たしている機能の実証的な分析を出発点としながら、帰納的に不当利得法の性格や、その性格に即した要件、効果を考えていくこととした。それは、具体的には次のようである。

ⓐ 原則として、裁判において不当利得法によって処理されたものは、紛争解決に当たってなんらかの意味において不当利得法に依拠する必要があるものと仮定する。民法典施行以後の裁判において不当利得法により処理された多数の実例[1]を検討することにより、不当利得法が実際に果たしている機能を分析する。

ⓑ 右の分析の後、不当利得法が果たしている機能――それは最終的には大きく二つに分かれるが、その二つの機能――を分析し、それぞれの機能に適合的な形で要件、効果を考えることとする（その具体的内容については、二参照）。

ⓒ 次の裁判実例はⓐの仮定対象から除外する。当該裁判においては不当利得の問題として処理されてはいるが、不当利得の事例ではないとする見解が法律家の間においてほぼ一般的であろう、と推測されるもの。当該裁判においては不当利得の問題として処理されているが、不当利得法以外の法により規律するほうが紛争の実態に適していると説得的に論証できる、と著者が考えたもの（これらのうち、問題となりそうなものは、本書第一三章に叙述する）。

ⓓ ⓐにおいて仮定される内容は、紛争解決にあたって不当利得法に依拠する必要があったということにとどまる。当該裁判における結論および構成の妥当性は当然には仮定されない。したがって、当該裁判の結論または構成を再考する余地は、常に残されているものとする。

二　本書の構成と結論の概略

本書は、次章以下次のように構成される。

まず、第一部では序的考察として、判例、学説に即した次の二つの問題が取り扱われる。

第二章の「裁判規範としての現行不当利得法の再検討」においては、前節三で指摘した、不当利得構成要件の裁判規範としての混迷状況を具体的に分析する。第二章は、本来問題提起において述べるべき内容でもあるが、序章におさめるにはやや長大なため、別章としたものである。

次に第三章の「不当利得制度の統一的把握と類型論」についてであるが、前節一において、学説が不当利得の統一的把握に努力してきたと記した。しかし、かりに著者が述べたほど統一不当利得制度に無理があることが明瞭であるならば、学説も統一的把握の努力を放棄したほうが自然であったといえよう。もちろん、法解釈学は法典を所与のものとして出発するのが通常であり、民法典が統一不当利得制度を規定する以上、それを正当化しようとする努力も、ある意味では自然であったといえる。しかし、不当利得法に関しては当初から統一的把握を放棄する見解が存在していたにもかかわらず、統一的把握を試みる説が多く、近時に至りようやく類型論も有力となってきた。なにゆえに学説が統一的把握にこのように大きなエネルギーを費やしたのかを検討することなく、従来の不当利得の統一的把握を無視することは、許されない。この問題を検討したのが、第一節である。

第二節においては、統一的把握に関する個別の学説を検討した。かりに、これらの学説のいずれかが不当利得法の解明、基礎づけに成功しているとしたら、とりたてて本書でこの問題を検討していく必要もないわけである。したがって、本書で後に記される論議を展開していく前提作業として、統一的把握に関する各学説の批判的検討が必要となる。

第三節においては、従来の不当利得の類型論が検討される。第二部以下において著者が提唱する不当利得の全体像は、従来の類型論と異なる点も多いが、また多くを先人たちに負っていることも事実である。私見の学説史的異同を明らかにするためにも、この分析が必要となる。

なお、本書で学説史を分析するにさいしては、歴史の時間的流れのうちにダイナミックに学説の変動をとらえることを心がけた。また、個別の学説の解釈学的批判も、後代における学説の継承ないし淘汰の中にある程度客観的にあらわれるので、学説史の流れの中で考えるよう努力した（このような学説批判の方法的覚書については、本書一一七頁以下参照）。

また、従来の不当利得の基礎づけなどをめぐるわが国の学説が、ドイツにおける論議に大きく影響を受けていたことに鑑み、第三章においてはドイツ法も分析の対象となっている(2)。

第一部の序的考察をうけて、第二部から第四部にかけて、著者自身の考えるところを展開することとする。まず最初に、第四章で、民法典施行以後の裁判例をできるかぎり網羅した上で総合的に分析し、不当利得法が裁判実務において果たしている機能を実証的に捕捉することにする。この第四章における分析、とりわけ、不当利得における「法律上ノ原因」は、全実定法体系が投影されたものであり、法体系の箱庭的様相を呈することの分析が、本書の内容の基底をなすこととなる。その詳細自体は後に述べることとし、ここではその概略を述べるにとどめるが、右の意味では統一的に把握しうる不当利得法も、その機能においては、次の三つの場で異なっていることがわかる。すなわち、不当利得の返還を請求するにさいし、請求者が、①自らが法的に有効な契約その他の法律関係に立つことを前提とする場合、②法的にも事実的にも契約その他の法律関係に立つことを前提としない場合、③法的には効力をもたないが事実上実行された契約その他の法律関係を前提とする場合、である。これをより平明にいいかえれば、やや不正確になるきらいはあるが、次のように要約することも可能であろう。すなわち、請求者が、①契約その他の法律関係に立つ場合、②契約その他の法律関係に立たない場合、③契約その他の法律関係の無効などの場合、の三つである。①の場合、不当利得法は、先行する契約、その他の法律関係による規律を変更するという機能を示すことになる。これは、不当利得の他の諸場合と較べ、その機能において非常に特異であるのみならず、法制度の歴史的系譜としても、他の不当利得がローマ法のコンディクチオ（condictio）に由来するものであるのに対し、これはいわゆる転用物訴権（actio de in rem verso）に連なるものであるという点でも特異性をもっている。①の諸事例は本書においても転用物訴権と名づけることとしたが、内容と歴史的系譜の特異性から、本書の末尾で取り扱うことにした。

これ以外の、②、③の場合の不当利得が、いわば不当利得法の本体として、本書第二部において検討されることになる。論証は後に譲るが、②の場合の不当利得法の機能は、請求者に財貨（利益を含む。以下同じ）の帰属を保護することにあり、権利保護の拡張としての意味をもつものである。それに対し、③の場合の不当利得法の機能は、財貨移転を基礎づける法律関係が不存在、無効などの場合に、移転した財貨を回復することにある。このそれぞれを、本書では帰属法的不当利得規範、矯正法的不当利得規範と名づけ、その内容を第五章、第六章で分析した。さらに、不当利得のこの二つの機能が――後に第三部でその構造を解明するように――重量的になる場合がある。それを第二部においては暫定的に両性的不当利得事案と名づけ、その内容を第七章で分析した。ところで、不当利得の事例の多くは、財貨移転が事実として行なわれた当事者間で問題となる、二当事者間での不当利得なのであるが、その財貨移転が事実として行なわれた当事者以外の者をまきこんで不当利得が問題とされることがあり、本書ではこれを多当事者間の不当利得関係と名づけた。ここにおいても、前述した二つの機能を不当利得法は果たしているが、事案が錯綜しており多少解説を加えるべき点もあるため、第八章がその分析に当てられている。

第三部は「統一的請求権と不当利得」と題した部分であるが、この分析内容の射程は、不当利得法の枠内にとどまるものではない。むしろ近時、ドイツおよび日本で論じられている請求権概念そのものの問題である。本書がこの問題を扱う理由は、前述した両性的不当利得事案の問題を解明するためには、その前提として請求権の構造に関する分析が必要になるからである。このような観点から、本書では第九章においてこの問題についての序的考察をなした後、第一〇章において従来の訴訟物論争との関係から請求権の問題を論ずることにする。さらに、第一一章において、請求権をどのようなものと考えるべきかについての私見を一般的に提示し、その一般的枠組のもとで両性的不当利得事案の問題点も解消されていくゆえんを分析することにする。なお、右の私見のうち、不当利得に関する部分が学説史上どのような意味をもつかを明らかにするために、この点についての従来の諸学説を――不当利得返還請求権の補充性論をも含め――第一二章に分析することにした。

次に第四部であるが、不当利得法の本体的部分の解明は、第二部と第三部の分析によって終わることになる。しかし、従来不当利得法が衡平を実現するための法制度として、きわめて曖昧な基礎づけを与えられていたこともあって、今日に至るまで紛争の実体が明らかにされないまま、不当利得として処理されてきた一群の紛争類型があった。騙取金員による弁済、目的不到達による不当利得などがそれに当たるが、それらの紛争類型が問題を仔細に分析していった場合にどのような実体をもっているかを分析したのが第一三章である。第一四章では、転用物訴権の問題を分析する。これは前述したように、それが果たす機能においても、その歴史的系譜においても、いままで述べてきた不当利得とはまったく異なるものであるため、本書の末尾に分析したものである。

第五部は、結論を述べる第一五章の結章をもってこれに当てる。ここでは、本書の全体像が要約されると同時に、本書の分析内容が、財産法の体系上いかなる意味をもつかが叙述されることになる。

なお、本書は、その内容を一読すれば明らかなように、従来の、利益較量論や、後代の学説から概念法学と論難された法律学とは、異質な方法の上に立脚しているものである。そこで、本書を貫く方法についての覚書きを、あとがきにかえて最後に述べることにした。

本書引用の判例集の略語例に関しては、本書末尾の判例索引を参照されたい。

なお、本書に引用した判例において、X、Yとあるのは、それぞれ不当利得の返還請求者・被請求者を意味し、必ずしも当該訴訟における原告・被告を意味しない。A・B・C……とあるのは、返還請求者、被請求者以外の第三者を意味する。

（1）まず、判例体系に不当利得判例として引用されたもの、民事裁判例索引に不当利得判例として引用されたもの（次に掲載された判例を含む。民集、高民集、下民集、東高時報、家庭裁判月報、執行官雑誌、訟務月報、判例時報、判例タイムズ、金融法務事情、週刊金融・商事判例、交通民集、ＮＢＬ、ジュリスト、商事法務、手形研究）を検討した上で、これら以外の判例も適宜加えて、明治以来の裁判例を可能なかぎり網羅するよう努力した。もちろん、見落した判例があるとは思うが、検証数が約五〇〇件に達しているので、不当利得の紛争態様として一般性をもつものは一応網羅できたのではないか、と考えている。もちろん、本書においてその分析を記すのは、特色ある判例、典型的な判例にとどめる。

（2）なお、ここで本書における比較法的視座について一言すれば、ドイツ法を主体とし、一定の場合にはフランス法を参照しているが、英米法はほとんど参考としていない。これは、比較法的分析を機能的に行なうことを心がけたことに由来する。

本文にも述べたように、第三章の不当利得の基礎づけに関する学説史は、日本における論議がドイツ法学の圧倒的な影響を受けており、学説思潮の変化などにおいては、日本における論議よりむしろドイツにおける論議に、内在的な論理がみられる。それに対し、フランスにおける不当利得の基礎づけに関する論議は、フランス不当利得法が内容的にかなり日本不当利得法と異なるためか（第一四章において詳述）、あるいは日本民法学の学説的風土によるのか、日本法に対する影響は僅少である。そのため第三章の分析対象としてはドイツ法のみをとりあげた。

学説史を離れ、一般不当利得および転用物訴権の比較対照を考えると、フランス不当利得法は、日本の不当利得法と内容がかなり異なり、転用物訴権が中心である。しかも、日本法において転用物訴権を認める先駆となった最高裁判例は、フランス不当利得法におけるリーディングケイスと近似している（最判昭和四五年七月一六日民集二四巻七号九〇九頁（〔14・4〕、本書六八三頁）、Cass. req. 15. 6. 1892, D. 1892. 1. 596, S. 1893. 1. 281.（〔14・仏1〕、本書七一一頁））。このような状況から、転用物訴権の分析に関してはフランス法が非常に参考となる。それに対し、ドイツの立法者は転用物訴権を認めなかったのであるが（Motive zu dem Entwurfe eines Bürgerlichen Gesetzbuches für das Deutsche Reich. Bd. II. Recht der Schuldverhältnisse.（1888）, SS. 871-873）、なにゆえに転用物訴権を認めなかったのか、なども転用物訴権を考えるさいに重要な問題であるので、転用物訴権の分析にさいしては附加的にドイツ法も参考にしている。

なお、転用物訴権以外の一般の不当利得の紛争態様は、フランス法においては相当部分が非債弁済と不法行為法によって処理されている。したがって、それはわが国の不当利得法を考察するためにはあまり参考とならない。それゆえ、その点のフランス法は、転用物訴権を分析するさい注において付記するにとどめた。それに対し、ドイツの不当利得規定は、日本の不当利得法がカバーしている事案とほぼ対応しているため、一般の不当利得を分析するさいにも参考にしうる点が多かった。

なお、ドイツ不当利得法に関しては個別的な文献までしばしば日本に紹介されているのに対し、フランス不当利得法の紹介は従来必ずしも充分とはいえなかった。これを補う意味を含めて、転用物訴権を扱う第一四章では注においてフランス不当利得法一般の紹介を行なっている。第一四章第三節は、本文はフランス転用物訴権の分析であるが、注もあわせた場合には、フランス不当利得法全体についての叙述となっているのである。

これに対し英米法であるが、イギリス法においては、統一的な不当利得制度はなく、大陸法における不当利得の問題は、quasi contract, constructive trust を中心とする伝統的な諸制度によって、大陸法とは違った解決が与えられている。統一的な制度の必要を主張する者もいるが（R. Goff and G. Jones, The Law of Restitution, (1966)）、それは一般的にはなっていない。法制度がわが国の不当利得に対応する形になっていないため、直接には本書の参考とはならなかった。それに対し、アメリカ法においては、Restatement によって restitution という把握が一般的になっている（Restatement of the Law of Restitution, (1936)）。これは大陸法の不当利得を参考にしてつくられたものである。この restitution は quasi contract, constructive trust, equitable lien, subrogation, contribution, equitable accounting などの伝統的諸制度に即して分類されている。しかし、これらの類型は、英米法系と異なる法系に立つ日本法にとってあまり参考とならないし、また、機能的な形で日本法における不当利得の対応物を検討することにも多少困難がある。たとえば、日本法において著者が不当利得の一つの機能と考えた矯正法的不当利得規範にしても、これは、契約の無効・取消を不当利得法の外で扱うことを前提として、同一の機能をもつものとして析出しうることになる。しかし、アメリカ法においては、mistake, fraud, misrepresentation, duress, undue influence などの——契約法の場においても、同時に無効・取消事由でもある——事由から、直接 restitution が導かれている。本書は、不当利得という一つの法制度の把握を主眼においているがゆえに、法系が違いすぎると機能的比較もまた困難なのである。

第二章　裁判規範としての現行不当利得法の再検討

第一節　不当利得構成要件の裁判羈束機能

現行不当利得法は裁判規範として効果的に機能していない、と前章に述べた。法の規定が裁判規範として機能するためには、裁判所の判断内容が条文の構成要件に即して叙述されることが最低限必要となる。裁判所の判断が法の規定により現実に制禦されうるか否かという問題は、ここでは詳論しない。ただ、判決が条文の構成要件に即して叙述されることにより、裁判官の判断は、単なる個人的な正義感・妥当性判断を離れ、国家権力に是認される。換言すれば、一個の紛争事実が条文の構成要件に即して分解され論理的に示されることが、裁判官の個人的判断を国家的判断にまで高めるゆえんである[1]。

右の形式が履践された場合（イ）には、裁判の結論が構成要件により制禦ないし検証される可能性が生ずる。ところが、不当利得判例の大多数においては、結論が構成要件に即して叙述されていない。判決理由中に、結論を述べるに当たって不当利得の構成要件を総体として引用するにとどまり、個別的に構成要件該当事実を認定していない判決（ロ）が多い。この場合、構成要件は、実質的結論を形式的に追認するために述べられているにすぎない。はなはだしい例としては、『理由』中に構成要件に関する叙述がなく、実質的判断のみが示されている場合（ハ）がある。この場合には、構成要件が結論を制禦・検証する可能性はまったくなく、裁判規範としての機能をもたない。右に述べた(イ)、(ロ)、(ハ)の三つの場合にそれぞれ該当するような裁判例を次に例示してみよう。

(イ)　不当利得の構成要件が裁判規範として実質的に機能し、各構成要件ごとに要件充足事実が判示されたものは、きわめて例外的ではあるが、次の判決はその一例である。

〔2・1〕　山形地判昭和四〇年一一月一六日下民集一六巻一一号一七一六頁。

「不当利得の成否について検討を加えるに、前説示の通りXは、前記競売事件の競落許可決定に基づき執行裁判所に対して競落代金二十八万三千円を納付したのに拘らず、後日右競落許可決定が確定判決を以つてその効力を否認され、遂に競落物件の所有権を取得することが出来ない状態に立至つたものである以上、『Xの納付した右競落代金がXの損失』に属し、他方、『Yが之を執行裁判所より配当金として受領したことが、Yの積極的な利得に該当する』ことは最早争う余地のないところと言わねばならない。然し、Xが支出した金二十八万三千円が競落代金であるのに対し、Yが受領した同額の金員は訴外Aに対する債権の弁済なので、Xの損失とYの利得との間に果して直接の因果関係が存在するか否かが問題とされねばならないが、『執行裁判所の行う任意競売は、一般私人が自己の財産を処分した対価を他の債権者に弁済するような場合と異り、競落人が競落代金を完納すると、執行裁判所が職権を以つて、先ず競売費用を控除し、その余を遅滞なく之を受取るべき者に交付する配当手続を実施し、以つて各債権者の満足を図るところの強制的な売買であつて、もとより競落物件の所有者に剰余金を除く競落代金の自由な処分を許さない性質のものであるから、Xの損失とYの利得との間には、所謂社会観念上の牽連関係即ち直接の因果関係が存在する』と認めるのが妥当である。次に、民法は不当利得の成立要件として法律上の原因のないことを挙げているが、本件の如く、『利得が執行行為に基づく場合に、後日該執行々為が確定判決を以つてその効力を否認されたときは、右の利得は法律上の原因を欠く』ことが明らかであると言うべきである。そうだとすると、競落人であるXより、競売申立人即ち債権者であるYに対し、金二十八万三千円の不当利得返還請求権が成立するものと認定せざるを得ない」（鉤括弧および傍点は著者による）。

右判決においては、不当利得返還請求権の各構成要件、すなわち「損失」・「利得」・「損失と利得の因果関係」・「法律上の原因なく」が、いかなる事実によって充足されているのかが、それぞれ鉤括弧に示したように明示されている。しかし、このような形で要件事実が明示的に示されている判決はきわめて例外である。[2]

(ロ)　多くの判決においては、判決理由中に事実を羅列的に叙述し、その事実をうけ、「右は結局法律上の原因なくして原告の財産によつて利益をうけ、これがために原告は《ママ》損失を及ぼしたものというべきである[3]」などと、総体として民法七〇三条の構成要件を引用するにとどまり、いかなる事実が各要件を充足しているのかは明示されない。ここでは、不当利得返還請求を認めることの是非の判断のみが存在し、要件の叙述はその判断を形式的に追認する論理と堕している。この場合、不当利得返還請求を認めることの是非の判断は、実質的には構成要件によって制禦ないし検証されておらず、不当利得法の規定は裁判規範としての機能を失っている。左にそのような裁判例を引用するが、これ以外にも例は多い[4]。

〔2・2〕　東京地判昭和三四年一一月一一日下民集一〇巻一一号二四一〇頁。

Xは、訴外Aに対する債権にもとづきA所有の建物に抵当権を設定した。後に当該建物はAからBに譲渡された。その建物を国（Y）は、Bに対する国税滞納処分として差し押え売却した。Xは債権全額の満足をえられなかったため、売却代金中Yの国税債権充当部分を不当利得であるとし、その返還を求めて訴提起。

「先ずXが訴外Aから本件建物について抵当権の設定を受けかつその登記を経由した昭和二六年三月一四日当時およびその後一個年内に同訴外Aにおいて、国税を滞納したことがないことは、本件当事者間に争のない事実であり、この事実と前記認定の滞納国税が、本件抵当権設定者である訴外Aに対するものでなく、訴外Aから本件抵当不動産を譲受けた訴外Bに対するものであるという事実からして、このような場合に、抵当不動産の譲受人に対する滞納国税債権と、当該不動産を目的とする抵当権によつて担保される債権とのいずれが優先するかについて按ずるのに、この点については、国税徴収法（以下単に法という）第三条第二条の規定が参照されなければならないところであらう《（ママ）》。ところで右第三条の規定は公示を伴つた担保物権を中心とする近代的取引の安全を保障する私法的要請と、一方租税債権の強制的履行確保という公益的要請との妥協点に立つ規定であることは疑のないところであり、この規定によつてとくに国税に対して優先的に保護される抵当権附債権は、その抵当権の設定が、同条所定の国税の納期限から一個年前にあることが必要であるのみならず、この一個年というのは、当該抵当権設定当時における抵当権者と設定者との関係を基本として、しかも設定者の納税義務を基本として考える趣旨の下に設けられた規定であると解するのが相当である。したがつて本件のように、抵当権の目的物について譲渡のあつたようなときには、直接本条を以てこれを律することはできないものといわなければならない。

しかし、それであるからといつて、右の場合には法第二条によつてこれを律すべきだとすることもできない。なぜならば、法第二条は、同一の債務者に対して国税債権と他の債権とが競合的に存在する場合に、いずれを優先させるかということを定めた規定であり、本件のように債務者を異にする場合についての規定ではないからである。以上のようなことからすると、本件のような場合については、結局直接にこれを律する規定はないものということになる。

しかしながら、前記第三条の文理に明かには現われていないが、その規定の趣旨精神として窺われるように、同条が保護すべきものと定めた抵当権付債権者の地位は、通常の事態においては、その抵当権取得当時において、その予見を一般的に期待しえない、しかも自己の意思によつて如何ともなし難い目的不動産の移転と、新所有者の国税滞納という事実によつて奪われるものではないと解すべきであり、もしもこれを奪うとすれば、それについて何等かの明文を要するというべきであるのにそれのないということ、即ち換言すれば国税の徴収が国家財政の必要から確保されなければならないことは言を俟たないところであるが一方その徴収は納税人の財産からこれをなすべきであり、納税人以外の第三者に損害を及ぼさないということもまた当然であり、そしてもしもその徴収について納税人以外の第三者に損害を及ぼさざるを得ないようなときには、法律に明文の定めのあること（を？――著者）要すると解すべきであるのに、一旦第三条によつて優先的保護をうけるとされた抵当権付債権の保護を奪うことについて明文の規定のないということからして、一度抵当権設定者に対する国税債権に対し優先的地位に立つた抵当権付債権は、抵当権の目的たる不動産の譲渡があつた場合においても、その譲渡に伴つてその優先的地位を侵されるものでないというべきである。

以上の次第であるから、東京国税局長が昭和二八年九月二八日に、訴外Bに対する滞納国税として金一〇〇万四七二五円を、Xの本件抵当権付債権に優先して充当した行為は違法であるとしなければならないし、『右は結局法律上の原因なくしてXの財産によつて利益をうけ、これがためにXは（に？――著者）損失を及ぼしたものというべきである』」（鉤括弧は著者による）。

本事案において実質的紛争内容は、建物換価金がX・Yのいずれに帰属すべきかということであり、これは、Xの抵当権とYの国税債権との優先劣後関係によって定まる。裁判所の判示内容もその点に終始しており、Xの抵当権が優先すべきである、との裁判所の実質的判断が、本件結論を導いている。判旨が最後に不当利得の構成要件を全体的に引用しているが（鉤括弧部分）、これは、本件請求が不当利得返還請求権に依拠していることの形式を整えたにすぎない。ここでの実質的判断と構成要件とが内容的なかかわりをもたないことは、判旨を一読すれば明らかであろう。

かりに、本件を(イ)におけるように事実を各構成要件に即して分解して判示しようとすれば、Yの金銭受領（「利得」）に「法律上の原因がない」と表現する必要がある。しかし、Yの金銭受領は債権（YのBに対する国税債権）にもとづいているため、「法律上の原因がない」とは表現しにくいのである。本件の判断対象となった、Yの債権がXの抵当権に劣後すべきであるという判断は、「法律上ノ原因」の有無という構成ないし表現に適していない。本件は、裁判官の実質的判断を示すに当たって、いかなる事実が各構成要件をみたすかを明らかにすることなく、総体として構成要件を叙述し、結論が法規に依拠しているという形式だけを整えざるをえない事案であった。

(ハ)　返還請求を認めることの是非のみが判示され、構成要件に関する叙述をまったく欠く例も多い。(5)この場合、不当利得の構成要件が裁判規範として機能していないことは明白である。

〔2・3〕　鳥取地判昭和二七年八月一三日下民集三巻八号一一三二頁。

X・Yは、婚姻し、かなり長期にわたり婚姻生活を営み、子供までもうけた後離婚した。XがYに結納金の返還を求めた。

「元来結納は婚姻の成立を予想し婚姻成立の場合所謂嫁婿両家間相互の情誼を厚くする目的を以て授受される一種の贈与と見るべきであつて、一旦夫婦関係が成立した以上、後日婚姻解消するもこれが返還を求めることはできないと解すべきであるが、本件のように結納の受領者側であるYにおいて婚姻当初から誠実に婚姻を継続する意思なく、そのため婚姻の破局を来したと認むべき場合においては叙上の原則はこれを適用すべきでなく、『寧ろ信義衡平の原則に照し婚姻不成立の場合に準じて結納の返還義務を認めるを相当と考えるのでYはXに対し前認定に係る結納金二万円を返還すべきものとする』」（鉤括弧は著者による）。

本件においては、裁判官の実質的判断から端的に結論が導かれ、事実に対する構成要件的評価はまったく下されていない。本件は婚姻が成立しており目的不到達ともいえない事案であり、(6)Yの金銭受領は契約（判旨によれば一種の贈与契約）にもとづいている。民法七〇三条に従い事実に規範的評価を下せば、「法律上ノ原因」がないと構成することは困難となる。裁判官の実質的判断だけが存在し、民法七〇三条の構成要件は無視されざるをえなかった事案である。

以上述べたところをまとめてみると、(ロ)、(ハ)には、構成要件が形式的に叙述されたり、まったく叙述されていない裁判例をかかげたが、実はこれらは、事案を構成要件に即して評価しては裁判官の実質的判断を維持するのに困難があるものであった。もちろん構成要件が形式的に叙述されたり、まったく叙述されていない裁判例においても、事案を構成要件に即して評価することが可能なものも多数存在する。しかし、多数の判例が(イ)のようには事実を構成要件に対応させて判示していないということは、民法典の構成要件のたて方が現実の紛争態様に即応していないことを示しており、言葉を換えれば、不当利得構成要件の立法技術的拙劣さを暗示しているというべきであろう。不当利得の一般規定がわが国において制定された経緯については、スイス法およびドイツ法の影響が推測されるが、(7) ドイツにおいては、不当利得の一般規定は当初の草案には存在していなかったものが、後に批判をあびて急遽制定されたという事情があった。(8) このことは、わが国の現在の不当利得規定の文言は、その源をも考えると――ドイツ、日本は比較的近似した文言を採用している――拙速主義的立法の結果、不当利得の原則規定として適合性をもたなかったものなのではないかという疑いを生じさせるのであるが、この点は後に第三章で検討しよう。その前に、本章次節以下でこのような構成要件のたて方、および効果の規定の仕方が、具体的にどの点で問題なのかを検討することとする。

（1）　戦後、裁判官の判断が論理的機械的推論ではありえず、法規が決定規準としての現実の機能を果たしえないことが多くの論者により強調された。右の「現実認識」と、裁判上の決定が法規に準拠してなされたことを『理由づけ』において示す、という「手続的要請」とは、区別されなければならない。現実の裁判の結論が法規以外の決定規準・裁判官の価値判断に依拠していることと、裁判の『理由づけ』においてそれを述べることとは、別の問題である。『理由づけ』は、紛争当事者・一般社会に対し、裁判の結論の正当性を説得する機能をもつ。『理由づけ』の内容として何を述べるのが適当かは、当該社会のもつ法源イデオロギーによって決定される。三権分立と、成文法が重視される日本の風土とを考えれば、法規の法源としての現実的機能がいかにあろうとも、裁判官個人の判断を立法府の判断とリンクし、当該結論の国家法的正当性を担保することが必要であろう、と考える（法解釈学論争以来のこの問題に関する数多くの文献を引用することは省略するが、ごく最近の文献として、星野英一「戦後の民法解釈学方法論研究ノート」、平井宜雄「『法の解釈』論覚書」、山田卓生「法解釈の主観性」、それぞれ民法学の歴史と課題（昭和五七年）一頁以下、六九頁以下、九七頁以下など参照。また、社会により『理由づけ』の内容が異なることにつき、川島武宜「決定規準としての『法源』」法社会学講座５（昭和四七年）一〇四頁以下参照）。

（2）　引用判例〔2・1〕以外に各要件すべてにわたり要件充足事実が述べられているものとして、大阪地判昭和三三年一一月二四日下民集九巻一一号二三二二頁。上級審などにおいては争点が限定される場合があるなどの事情もあり、数が少ないことから軽々しく判断できないが、戦後の判例においては、この二つ以外に見当たらず、これはきわめて例外である、といえる。
（3）　東京地判昭和三四年一一月一一日下民集一〇巻一一号二四一八頁（〔2・2〕）。
（4）　後に引用する東京控判大正二年二月一五日評論二巻民法一六二頁（〔3・3〕、本書一一七頁）、札幌高判昭和四三年二月一五日高民集二一巻一号五九頁、長野地判昭和四二年四月二日金融法務事情四八一号三六頁。請求内容は不当利得の返還請求とずれる事例であるが大判大正五年九月二六日民録二二輯一四五〇頁（〔2・5〕、本書二八頁）も同様である。これほど典型的ではなくとも、「……これをもつて法律上の原因なくして利得をしたものということはできない」（大阪高判昭和二七年六月二〇日下民集三巻六号八四七頁）など、構成要件の一部をそのまま引用したものは、枚挙にいとまがない（この例においては、「利得」と「法律上ノ原因」の要件該当事実は個別的に判示されることなく終わっている）。
（5）　後述するように、単純に構成要件にふれなかった例はかなりあるが、事案を民法七〇三条に即して構成することが困難である、と思われる例として、〔2・3〕以外に、京都地判昭和四五年三月一九日交通民集三巻二号四三五頁。
（6）　不当利得法にもとづく結納返還請求は、通常目的不到達による不当利得と構成される。この構成は法制史的伝統にもとづくものであるが、この構成には解釈学的に疑問がある。この点は後述する（第一三章）。
（7）　本書一〇六頁注（1）参照。
（8）　本書九六頁注（1）参照。

第二節　要件としての不機能文言
――「他人ノ財産又ハ労務ニ因リ」の意味――

一　民法七〇三条の規定のうち、「他人ノ財産又ハ労務ニ因リ」の文言は、実務においては要件としての機能を果たしていない。もちろん、民法起草段階では、この文言も要件であると考えられていた。このことは、「財産」と並べて「労務」を規定するか否かにより、不当利得法の適用範囲が異なると起草委員たちは考え、この点を議論していることからも窺える。この議論は非常に紛糾し、法典調査委員会から整理会へともちこされ、整理会においても結着がつかなかった(1)。

起草委員が最初に提示した案には、「法律上ノ原因ナクシテ他人ノ財産ヨリ利益ヲ受ケタル者ハ其利益ノ現存スル限度ニ於テ之ヲ返還スル義務ヲ負フ(2)」とあった。現行法に規定された「労務」および「損失」の言葉は、後に加えられたものである。右引用における「他人ノ財産ヨリ」の文言は、ドイツ民法第一草案七四八条にいう「その者の財産より」"aus dessen Vermögen" の文言を参考にしたものと推測される。しかし、ドイツ民法第二草案起草委員会は、この文言を採用せず、ドイツ民法典には「その者の損失（負担）において」"auf dessen Kosten" の文言が採用された。この修正は、将来その者に帰属すべき財産による利益をも含ませうるよう行なわれたものであったが(3)、この点が後に日本の判例(4)では現実に争点となっていることを考えると、興味深い修正といえよう。

二　実務においては、「他人ノ財産又ハ労務ニ因リ」の文言も、判決文中にしばしば言及されている。しかし、それは、多くの場合単に言及されているというだけにとどまり、実質的には他の要件が問題となっているか、他の要件と複合した形で問題となっているにすぎない。次の二例においては、この文言に対する言及があるものの、それは実質的には裁判の判断対象とはなっていない。

〔2・4〕　長崎控判明治四〇年七月一〇日新聞四五二号六頁。

現実に扶養した者が、扶養義務者に対し不当利得の返還請求をした事例である。裁判所は「Yは単に其義務たりし扶養を為ざゞ(ママ)りしに止まりXの財産に因りて積極的に利得したものにあらず」（傍点著者）として、不当利得返還義務を否定した。しかし、この事例においては、実質的には「利得」の有無の問題――本裁判所は積極的利益のみが「利得」に該当すると考えている――が判断されているだけであって、「Xの財産に因りて」が判断対象となっているわけではない。

〔2・5〕　大判大正五年九月二六日民録二二輯一四五〇頁。

鉱業権譲渡にさいし、譲渡人の出願（Xの労務）によりYが増鉱区の鉱業権を取得した事案である。大審院は、「Yハ法律上ノ原因ナクシテXノ労務ニ因リ本件増鉱区ノ鉱業権ヲ利得シXニ損失ヲ及ホシタルモノナレハXニ対シ其不当利得ヲ返還スヘキ義務アルモノ」（傍点著者）と判示した。本件は、「他人ノ労務ニ因ル」利得の例としてしばしば引用される。しかし、「Xノ労務ニ因リ」は、右の引用に明らかなように一般的に不当利得の構成要件全体を述べるにさいしてその一部として述べられているにすぎず、不当利得返還請求権の適否の判断に影響を与えていない（なお、本件は、不当利得の返還請求そのものが争われた事案ではない）。

民法典施行以来の判例において、「他人ノ財産又ハ労務ニ因リ」が間接的には判断基準として影響を及ぼしたことがある。それは、いわゆる騙取金員による弁済の事案（Xの金員をAが騙取しYに対する債務の弁済に当てた場合）における因果関係の有無の判断においてである。かつて一部の判例は、金銭がXの所有するものか否かをメルクマールとして因果関係の有無を判断した(5)。これは、おそらく、Yの利益がXの財産によるか否かを念頭においたものと思われる。しかし、これも因果関係の要件の内容を規律しているだけであって、この文言が要件そのものとして機能した場合ではない。

この文言が要件として判決理由にあらわれるのは次の二つの事案であるが、そこにおいても、「他人ノ財産又ハ労務ニ因リ」が単独の要件としてではなく、他の要件と重複して機能しているにすぎない。

〔2・6〕　大判大正五年三月七日民録二二輯五一六頁。

鉱業権者Xは、無権利で石炭を採掘し他に売却したYに対し、不当利得の返還を請求した。鉱業条例には、未採掘鉱物は国の所有である、と定められている。「……採取シタル石炭ハXノ掘採シタルモノニ非サルヲ以テ国ノ所有ニ属シYノ所有ニ帰属セサリシモノナレハYカXノ財産ニ因リ利得シタルモノト謂フコトヲ得ス」として、大審院は不当利得の返還請求を否定した。本件において、石炭がXの所有か国の所有かという問題は、損失者がXかそれとも国かという問題に帰着し、利得が「Xノ財産ニ因」るか否かの問題は、「損失」の要件と重複することになる（本件下級審として、福岡地判大正三年五月二八日新聞九七七号二四頁参照）。

〔2・7〕　最判昭和三二年四月一六日民集一一巻四号六三八頁。

訴外Aの所有物の競売に当たり、無権利者Yが配当金を受領した。Aの債権者Xは、その配当金を不当利得として返還を請求した。原審においてはXの不当利得返還請求が認容された。しかし、損失者はAであるとして、Y上告。

「かりにAが損失者であるとしても、Xもまた損失者である。けだし民法第七〇三条の『他人の財産』というのは、既に現実に他人の財産に帰属しているものだけでなく、当然他人の財産としてその者に帰属すべきものを含む意味に解すべきであり、YはXに帰属すべき財産に因りて利益を受けたものだからである。」ここにおいても、「Xの財産に因り」といえるか否かは、Xの「損失」の要件と重複していることが明瞭である（同趣旨の判例として、大判大正三年七月一日民録二〇輯五七〇頁）。

以上に述べたように、現在までのところ、判例において「他人ノ財産又ハ労務ニ因リ」は、独自の要件として機能していない。すなわち、不当利得の他の要件が充足された場合に、「他人ノ財産又ハ労務ニ因リ」の要件が充足されていないことを理由として不当利得返還請求権の成立が否定された例はない。

三　この事情は学説においても同様である。多くの文献は、本文言につき検討を加えているが、本文言により不当利得返還請求権の成立を否定すべき場合はあげていない(6)。これを要件として用い、不当利得返還請求権の成立を制限する説も存在するが、そこであげられている例の「他人ノ肖像ヲ作リテ利得ヲ為ス(7)」場合、または「他人の名声を利用して利益を受けたもの(8)」を検討すると、このような場合でも、少なくとも契約の無効・取消があった場合には不当利得法による利益の返還を認めるべきなのではあるまいか。ウィルブルクに至っては、契約の無効・取消

の場合でなくとも、これらの利益を返還すべきであると考えている。(9)

　条文に規定されている以上、今後これらの文言がなんらかの形で要件として機能する可能性は残るが、現在まで実務においてこれは要件として単独には機能しておらず、無意味な存在となっていることは否定できない。なお、この文言は、ある型の不当利得返還請求権の構造を示唆するものであるが、この点は後述することにしよう。(10)

（1）本書一〇六頁以下、および法典調査会民法議事速記録三九巻一〇八—一六八丁の数ヵ所にまたがる議論参照。

（2）前注引用民法議事速記録三九巻八二丁。

（3）B. Mugdan, Die gesammten Materialien zum Bürgerlichen Gesetzbuch für das Deutsche Reich, Bd. 2, Recht der Schuldverhältnisse, (1899), S. 1170 f.

（4）最判昭和三二年四月一六日民集一一巻四号六三八頁（〔2・7〕）、大判大正三年七月一日民録二〇輯五七〇頁。

（5）大判大正九年五月一二日民録二六輯六五二頁など。この点については、第一三章（本書六三一頁以下）の分析を参照されたい。

（6）川名兼四郎『債権法要論』（大正四年）六六〇頁以下、末弘厳太郎『債権各論』（大正九年）九三〇頁、我妻栄『債権各論下巻一（民法講義V_4）』（昭和四七年）九五一頁、松坂佐一『事務管理・不当利得〔新版〕』（法律学全集22－I）（昭和四八年）七二頁。

（7）鳩山秀夫『増訂日本債権法各論（下巻）』（昭和三年）七八七頁。

（8）戒能通孝『債権各論』（昭和二一年）四〇一—四〇二頁。

（9）W. Wilburg, Die Lehre von der ungerechtfertigten Bereicherung, (1934), S. 43 f.

（10）本書二二四頁における帰属法的不当利得規範の分析参照。

第三節　財貨（利益）移転特定要件
――「受益」、「損失」、両者の「関連性」――

第一款　「受益」と「損失」

一　「受益」と「損失」の概念内容――経済的概念か、物理的概念か

「受益」は、それに対応する「損失」とあいまって、不当利得返還請求にもとづく返還対象を特定する要件として用いられている。そして、「受益」と「損失」の概念は、それ自体が論議の的になることも比較的少なく[1]、あまり問題がないようにみえる。しかし、これらの要件の概念内容について、学説がいうところと、現実の裁判にあらわれるところは、必ずしも同一ではない。それをここでは、主として「受益」の概念に即して検討してみることにしよう。

近時学説の多くは、「受益」を経済的な概念として把握している[2]。二、三例をあげてみよう。

「利益を受けるとは、一定の事実（法律事実）が生じたことによって財産の総額が増加することである[3]……」（我妻）。

「利益を受けたというには、取得せられたものが、すべてそのために支出せられた財産的価値およびそれに基づく負担を考慮に入れて、なお財産上の利益たることを示す場合でなければならない[4]」（松坂）。

「利得といふのも損害といふのも、共に、現実の状態と非現実の――想像上の――状態との比較によつて得られる差にほかならぬのであつて、たゞその区別は比較によつて得らるべき差が何れの方向において存するかの点に見出されるのにすぎない。詳しくいへば、或人が現に有してゐる現実の財産と或一定の事実が発生しなか

つたと仮定するならばその人が有つてゐるべき筈であると想像される非現実の財産とを比較してみて、若し現実の財産の方が斯かる非現実の財産よりも大であるならば、その超過してゐる部分を利得と名づけ……」（末川）[5]。

しかし、裁判実務においては、「受益」がこのような経済的意味の利得を意味し、それを回復するために不当利得法が使われるというより、「受益」が物理的ないし事実的な移転財貨（利益を含む。以下同じ）を意味し、その財貨の回復のために不当利得法が使われるという傾向が強い。すなわち、実務では、被請求者に学説のいうような経済的意味の利得がない場合にも、移転した財貨返還を求めるために、不当利得返還請求権が認められている。次の二つの判例を参照されたい。

〔2・8〕　大判昭和一二年七月三日民集一六巻一六号一〇八九頁。

Xの所有物をAが窃取し、それがY、Bへと転売され、Bの費消により消滅した。Yは当該物件を二三〇〇円余りで購入し二七〇〇円余りで転売した。Yの得た差額は四〇〇円強であった。Xは転売価格二七〇〇円余りを不当利得であるとして、訴提起。原審においてはこの請求が認容されたため、Y上告。大審院は次のように判示した。

「原審ハ合資会社Xノ職工ナルA等カX所有ノ製紙原料パルプ合計四千四百三十五貫八百匁ヲ竊取シ之ヲ原判示理由ニ依リ該物件ヲ売主ノ所有ニ属スルコトヲ信シタルニ付過失ノ責アルYニ売渡シ同種物件ノ販売業ヲ営ムYハ右売買ニ因リ該物件ノ所有権ヲ取得シタルニ非サルニ拘ラス更ニ之ヲ善意ナル訴外人B等ニ転売シB等ヲシテ之ヲ費消滅失セシメ代金トシテ当時ノ取引価格ニ相当スル代金合計金二千七百八十八円十六銭ヲ収受シタル事実ヲ確定シタルモノニシテ之ニ依レハYハ何等法律上正当ノ原因ナクシテXノ所有物件ヲ喪失セシメXニ右金額相当ノ損害ヲ蒙ラシムルコトニ因リ同額ノ利得ヲ為シタルモノニシテ右ハ民法第七百三条ノ不当利得ニ該当スルカ故ニ原審ノ右判断ハ不当ニ非サルノミナラス……」

「其ノ得タル利得又ハ現ニ存スル利得ハ此ノ差額」であるという上告理由に対し、「YノXニ対スル利得返還義務ハ右代金相当額全部ニシテ所論ノ如ク右売買代金ト転売代金トノ差額ニ非ス」と判示した。(6)

本件における不当利得法の機能は、学説が問題にしているような経済的な意味における利得の剝奪ではなく、移転財貨の追及にある。経済的意味においてはYは二七〇〇円余りを利得していないにもかかわらず、製紙原料パルプを受領したこと、すなわち、財貨受領そのものが、「利得」として把握されたのである（転売代金は受領した財貨の評価額といえよう）。

〔2・9〕　大判昭和四年五月一日新聞三〇二五号一四頁。

Y銀行は、A裏書の小切手の所持人としてXより支払をうけた。ところが、その小切手が無効であったため、XはYに対し不当利得の返還を求めて訴提起。A－Y間の契約により、Yが小切手の支払を受けたときは、YはAに対しこれと同額の預金債務を負うこととなっており、右契約にもとづきYは預金債務を負担した。原審は、これを理由として不当利得返還請求を棄却した。大審院はこれを破棄し次のように判示した。

「Yノ支払ヲ受ケタル小切手金額カYノ財産ニ帰属セスシテ直ニAノ財産ニ帰属スルモノト為ス能ハサルコト前記説明ニ依リ明ナリ然ルニ原判決ハ右ノ認定事実ニ依リ支払アリタル小切手金額カYノ財産ニ帰属セスYハ之カ利益ヲ受ケサリシモノトシ之ヲ理由トシテYニ対スル本訴不当利得返還請求ヲ排斥シタルハ不当利得ニ関スル法則ノ適用ヲ誤リタル違法アルモノニシテ破毀ヲ免レス」

本件も、無効な財貨受領があった場合に財貨受領を利得としており、学説がいうような経済的意味における利得がYにあるか否かを顧慮することなく、Yの不当利得返還義務が認められるものとした。この場合の不当利得は受領された財貨を「受益」としてその回復のために用いられており、単純に経済的な意味での利得の回復をその任としているわけではない。

もちろん不当利得事例の多くにおいては、「受益」がこのように経済的概念か、あるいは物理的・事実的概念かはあまり問題とならないであろう。移転した財貨の回復を目的とする場合であっても、多くの場合は財貨それ自体を経済的価値と評価しうるからである。しかし、この両者が結果的に一致しない右の事例において、利得調整の枠をこえて財貨回復の機能が優先されていることは留意される必要がある。抽象的に考えても、契約無効の場合、不当利得法によって回復されるのは無効な契約にもとづく給付であって、双務契約の場合であっても双方給付の差額ではない――それぞれの給付について、不当利得返還請求権が発生する――と考えるのだとしたら、前述した有力な学説がこぞって述べる差額説的な経済的「受益」概念は実体に即していない、というべきであろう。もちろん、広汎な不当利得事例のなかには、物理的に「受益」を把握できず、計算概念として「受益」を観念せざるをえない場合もある。出捐を免れたことが「受益」になる場合が代表的である。具体的にいえば、義務なくして扶養をした者（あるいは後順位扶養義務者）が、扶養義務者（あるいは先順位扶養義務者）に対して、不当利得返還請求をする場合など(7)がこれに当たる（出捐した額を、事実的概念として「損害」と把握することはできるが、出捐額が扶養義務の限度を上回るような場合には、「受益」額は計算にもとづき捕捉されることになる）。また、その是非は個別に検討される必要はあろうが、下級審判決の中には学説のいう経済的な「受益」概念を採用したものもある。(8)したがって、二種の「受益」概念の理解のうち、一方の理解が不当利得のすべての分野に適合し、他方の理解を完全に排斥するわけではなく、学説の「受益」概念の経済的理解に目くじらを立てる必要は必ずしもないかもしれない。しかし、実務の基調としては、「受益」として物理的、事実的財貨移転などの回復が問題とされており、二つが矛盾する場合には、差額説的な経済的受益概念よりは物理的受益概念のほうが優位を占めていることには、留意する必要があろう。

二　「受益」・「損失」対置構造の意味――重複要件、有害要件、機能要件の三種の場合

前節にもふれたように、(9)「受益」に加えて「損失」を要件とすることは、民法起草委員の原案にはなかったものであったが、「受益」と「損失」の双方を要件として対置する現行法の構成は、不当利得法に種々の混乱をまきおこした。まず、(イ)二つの要件が重複してしまい、独立の機能を失っている不当利得事例が多く、(ロ)他に、「損失」

の要件を充足しない事例があり、(ハ)二つの要件が独立して機能する場合は、比較的少数である。また、(ハ)の場合を見落した学説の中には、「損失」の要件を全面的に不要であると主張するものもある。この間の状況を順次述べていくことにしよう。

(イ)　不当利得事例のうち、契約が取り消された場合の給付物の取戻や、他人が自己の所有物を費消した場合の不当利得返還請求を考えてみよう。この事例においては、さきにも述べたように、財貨移転、物の費消という一つの事実が、一方にとり「受益」、他方にとり「損失」と二重に評価され、「受益」と「損失」は要件として完全に重複することとなる。学説が、「利得と損失とは、あたかも楯の両面の如き関係を有する」[10]というのは、右の事情をさすものと思われる。

(ロ)　しかし、損失の要件が充足されない場合がある。次の例がよくあげられる。「他人の空家を利用したとか、乗車券なくして汽車又は電車に乗車したとか、入場券なくして野球等を観覧したとか、届出なくしてラジオを聴取したとかの場合に、実際上の損害の証明なくしても、利得者が不当に取得した利益の返還を命じなければ、財の衡平なる移動を保持せんとする不当利得の理念に合致しない」[11]。判例上、空家か否かはともかく、他人の財貨の使用・収益はしばしば問題となった。もちろん、「法律上ノ原因」がない場合には、所有権者の使用収益者に対する不当利得返還請求権は認められた。この結論は、判例上確固たるものとなっており[12]、学説においても疑いはもたれていない[13]。しかし、当該物件を所有権者が放置しており所有権者に利用可能性がなかった場合、実際には所有権者に「損失」はない。これを学説は次のように説明する。

「他人のあるべき財産（Sollvermögen）から財産価値がとりさられた[14]」

「法律上ノ原因ナクシテ他人ノ土地ヲ耕作シ之ニ因リテ利益ヲ受ケタル者ハ仮令土地所有者ガ自ラ使用収益ヲ為サヾルベキ場合ニ於テモ尚不当利得トシテ相当ノ地代ヲ返還スルコトヲ要スルモノトス。蓋シ他人ガ土地ヲ使用収益スルトイフ事実アラバ地代取得ニ因リテ財産ノ増加ヲ生ズルヲ常トスレバナリ[15]」

「……所有者が自らこれを利用しまたは他人に賃貸し得たか、またはこれを欲したか否かを問う必要なく、常に……損失があると解してよい」[16]

所有権者に利用可能性がない以上、他人の利用があろうがなかろうが、所有権者の経済的利害は変わらない（土地などのように利用による当該物件の価値の下落はない場合を考える）。所有権者に現実的な「損失」はないのに、右学説は、前二者は「損失」を擬制し、最後のものは損失の存在を強弁する。この事例にも「損失」があると学説が主張したことにより「損失」概念は拡大し、「損失」は「頗ル広汎ナル意義ヲ有スルモノ」[17]となった。

擬制により「損失」概念が拡大したことによって、要件としての「損失」の機能は、不当利得法による矯正対象となる現実の財貨の移転を特定することから、あるべき財貨移転の特定へと拡大した。ここにおいては、「損失」の要件のなかに規範的要素が混入した、といえる。右の例においても、所有権者に現実的な使用収益権能の喪失がなくとも、非権利者の使用収益による利益は、権利者（所有権者）に帰属すべきであるという実質的判断が先行するがゆえに、損失概念の拡大が試みられたのである。次の判例においても、同じ志向がみられる。

〔2・10〕　最判昭和三八年一二月二四日民集一七巻一二号一七二〇頁（〔2・19〕、本書七五頁参照）。

Y銀行がX会社より金銭を不当利得した事案において、Y銀行が善意の場合にも、金銭のみならずその商事法定利息もX会社に返還されるべきものと判示された。その理由中、「損失」に関する部分は次のとおりである。

「社会観念上受益者の行為の介入がなくても不当利得された財産から損失者が当然取得したであろうと考えられる範囲においては、損失者の損失があるものと解すべきであり、……」

本件における現実的な財貨移転は、当初授受された金員のみである。後に述べるように、民法七〇三条自体はこの金員の回復のみを予定している、と思われる。しかし、その金員が増大利益を生むことのほうが通例であると思われる場合に、その増大部分は原権利者に帰属すべきであるとの実質的判断にもとづき、判例は右のように損失概念を拡大した。判旨のいう「損失」が、「擬制・推認」[18]であることは、すでに本判決の判例批評をする者の指摘するところである。民法典は、七〇三条において「……利益ヲ受ケ……タル者ハ其利益ノ存スル限度ニ於テ之ヲ返還スル義務ヲ負フ」、七〇四条において「悪意ノ受益者ハ其受ケタル利益ニ利息ヲ附シテ之ヲ返還スルコトヲ要ス」と定めた。この構成からは、当初授受された金員が「受益」であり、受益者悪意の場合にそれに利息が附される、と読める。右最高裁判決の結論自体は肯定されるべきであるとしても、[19]それが民法七〇三条・七〇四条の構成をはみでることは否定できない。そして、この結論は、学説による「損失」概念の拡大を受けて導かれている[20]（なお、本件は効果との関係において後に第五節で再度検討する）。

不当利得の要件として「受益」を不要とする説はないのに対し、「損失」の要件に関しては以上のように擬制を必要とする状況にあるところから、学説においても、「損失」を不当利得の要件とすることに疑問をはさむものが存在する。また、「損失」は、後に(ハ)に述べる少数の例外を別として、(イ)に述べたような場合にあっても要件として現実の機能を失っていることが、はたして「損失」が要件として必要か否かという疑問に拍車をかけたのである。そこで「損失」の要件を全面的に不要とする説[21]や、不当利得法の一部についてのみ要件として機能すると考える説[22]が生じた。しかしそうではあっても、日本の多くの学説は、条文に忠実に「損失」の要件を必要と考えている。これらの説は、不当利得法による増大利益の回復を制限することに、この要件の独自の機能を見出しているようである。[23]

(ハ)　以上の検討は、財貨移転があった当事者間において直接不当利得関係が問題となる事例——本書の後の分析[24]にいう二当事者間の不当利得関係の事例——に関するものであり、そこでは「受益」と「損失」を対置する現行法の構造が問題視された。しかしこれに対し、財貨移転があった場合に、その財貨移転が事実として行なわれた当事者以外の者をまきこんで不当利得が問題とされる、本書が後に多当事者間の不当利得として分析する場合にあっては、「受益」と「損失」とが、それぞれ別の要件として機能を十二分に果たしている。この点を、即時取得と債権の準占有者に対する弁済を例にとりながら考えてみよう。まず即時取得の事案においては、図示したようにA－Y

即時取得

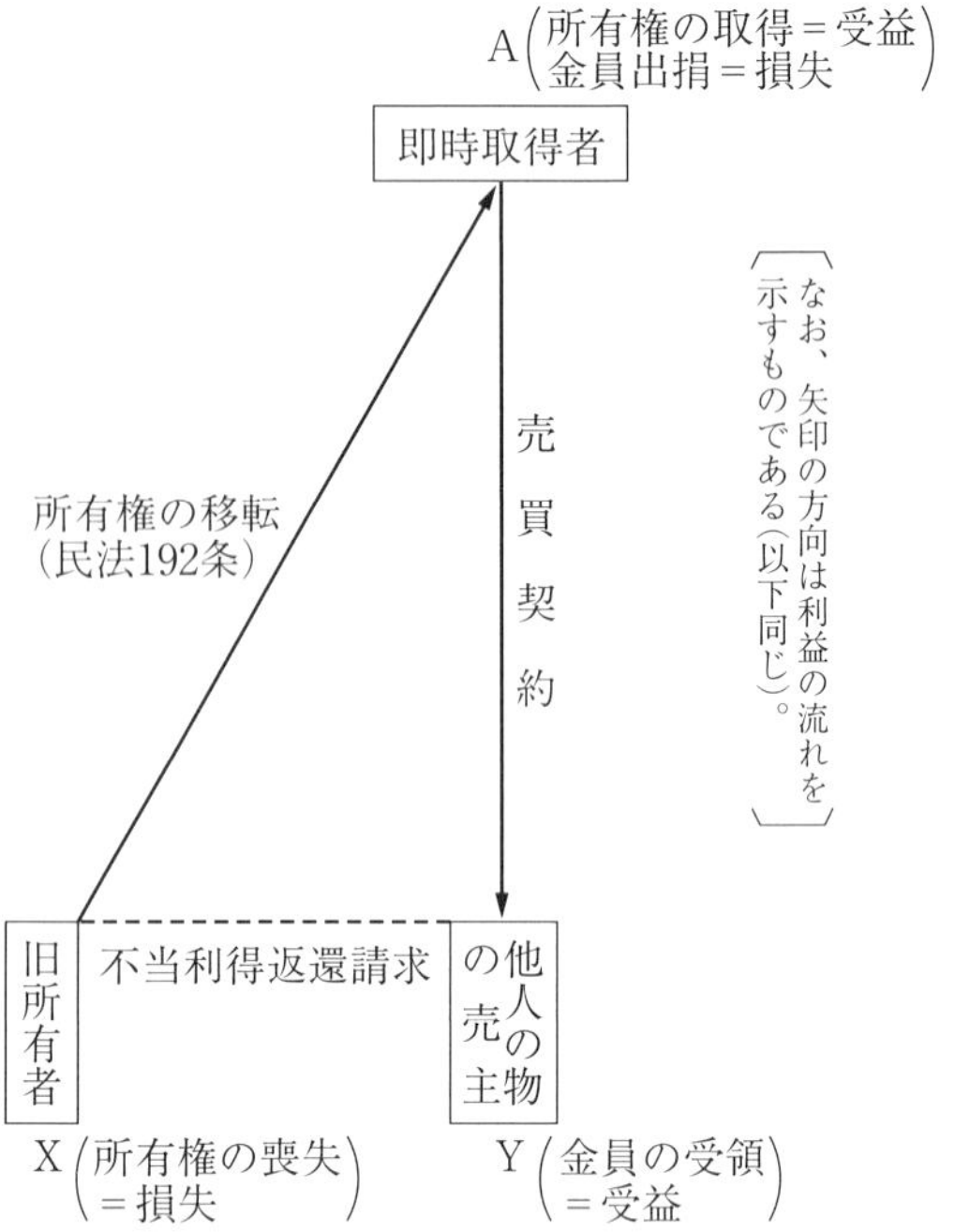

（なお、矢印の方向は利益の流れを
示すものである（以下同じ）。）

間の売買契約の結果、法的な権利変動としてXからAに所有権の移転が発生している。そして、この事例においては物理的な財貨移転として、AからYへの金員給付が行なわれている。この法律関係の変動としての所有権の移転は、所有権取得者の側からいえば「受益」、所有権喪失者の側からいえば「損失」である。また、金員給付も、受領者からみれば「受益」であり、出捐者からみれば「損失」である。このような「受益」と「損失」とは、一つの事象――物理的な財貨移転、または法律関係の変動――の楯の両面を分解評価したものにすぎないが、その連鎖関係がすべての当事者を通じて存在している。そして、即時取得者Aは、所有権の取得という「受益」があると同時に金員出捐という「損失」もあるが、所有権の喪失という「損失」のみを蒙った旧所有者Xと、金員の受領という「受益」のみが残った他人の物の売主Yとの間に不当利得返還請求権が発生するのである。言葉を換えていえば、Yの金員受領と、Xの所有権の喪失という二つの別個の事実が、それぞれ不当利得法上の「受益」と「損失」として観念されることになる。

同じことは、債権の準占有者に対する弁済に関してもいえる。金銭債権を念頭におけば、ここでは物理的財貨移転として債務者Aから債権の準占有者Yに対する金員の給付が行なわれ、法律関係としてX－A間の債権関係が消滅する。そのそれぞれについて「受益」と「損失」を観念しうるのであるが、債務者Aに関しては、債務の消滅という「受益」があるかたわら、金員出捐という「損失」もある。そして、単独にとりのこされたYの金員受領という「受益」とXの債権喪失という「損失」が不当利得法上の「受益」と「損失」とを構成し、X－Y間に不当利得返還請求権が発生することになる。

　以上検討したように、「受益」と「損失」とを対置する現行不当利得法の規定の仕方は、二当事者間の不当利得関係では無意味、あるいは有害のいずれかであり、多当事者間の不当利得関係になってはじめて意味をもつことになる。民法起草者が、当初、不当利得の要件として「受益」のみをとりあげ、「損失」をとりあげようとしなかったのは（本書二七頁）、おそらく事案としては二当事者間の不当利得を念頭においた上でのことであった、と考えてよいであろう。

債権の準占有者に対する弁済

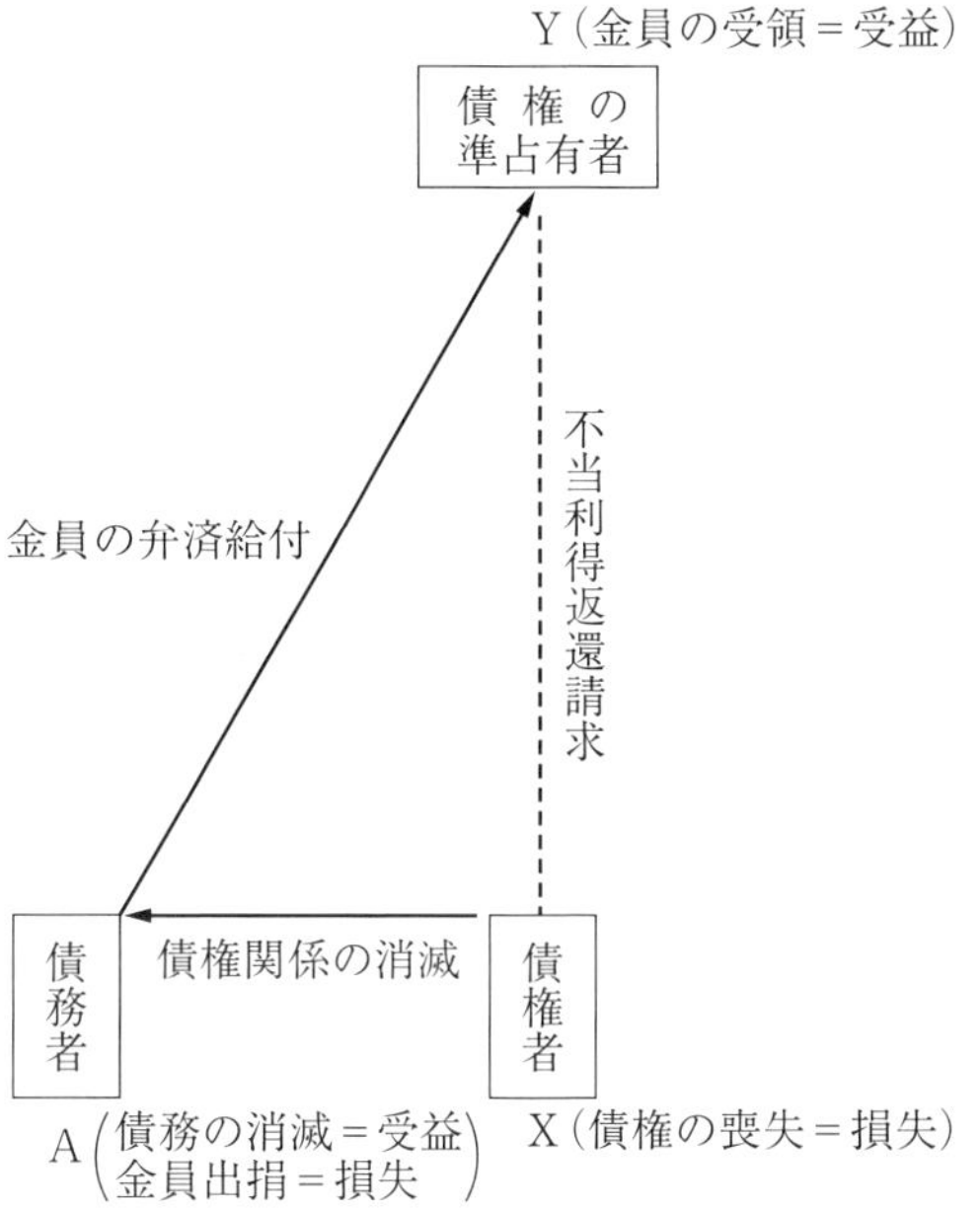

三　「受益」、「損失」の要件が果たす他の機能——
　　不当利得返還請求権の補充性との関連

以上述べてきたように、「受益」と「損失」の要件は、不当利得規定の適用対象である財貨移転を特定することにその機能があるわけであるが、裁判例を網羅的に検討していくと、少数ではあるが、「受益」、「損失」の要件が、右以外にもう一つの機能を果たす例があることに気がつく。その機能とは、この要件を使って、実質的に不当利得返還請求権の補充性を認めるということである。

　不当利得返還請求権は他の請求権が存在する場合には成立しない、換言すれば、不当利得返還請求権は他の請求権に劣後する、という考え方は、不当利得返還請求権の補充性（あるいは補助性）と呼ばれている。この考え方自体は後に第一二章で分析するが、わが国の判例は、一般論としては不当利得返還請求権の補充性を否定している。[25] しかしながら、「損失」の要件によって、実質上不当利得返還請求権が他の請求権に劣後するものとして取り扱われる場合がある。具体例をあげると、請求者が他に請求権をもっている以上「損失」がないとして不当利得返還請求権の成立を否定した下級審判決[26]がある。ここでは、裁判官が意識した上でのことか否かはともかく、実質的に補充性が承認されたことになる。また、不当利得返還請求の被請求者以外に対する債権が消滅していないとして、「損失」の要件を充足していないことをおそらくは理由として、不当利得返還請求を棄却した裁判例もある。[27] 「受益」の側から問題を考えても、同じことがいえるであろう。被請求者のもとに存在している利益であっても、他の請求権によって取り去られうるものである以上、不当利得法上の受益はない、という議論もなりたたないではないからである。わが国の裁判例にはこのような議論を展開したものはないが、ドイツや日本の学説の一部には、このような説を展開するものも存在する。[28]

このように考えると、「受益」と「損失」の要件は、実質的に不当利得返還請求権の補充性を承認するという機能を果たしうるし、現に裁判例の一部においてはその機能を果たしていることがわかる。このことは、従来それほど明確に意識されていなかっただけに、注意を要する点であろう。補充性の問題をも含め、不当利得返還請求権と他の請求権との関係をどのように考えるかは本書第三部のテーマである。そこで検討する結論を先取りしていえば、「不当利得返還請求権の補充性」という概念は、法典編纂期における一般不当利得法の形成にさいし、condictio sine causa specialis に関する議論と condictio sine causa generalis に関する議論が混同された結果発生したものであり、現在の不当利得法にとって合理的意味をもつものではない。[29] この分析を前提とするのであれば、本款に述べた一部の裁判例のように「受益」や「損失」の要件に、補充性の機能を営ませる必要はなにもないことになろう。

四　以上三に述べたように補充性の承認という機能を否定するのであれば、「受益」と「損失」の文言の機能は、一に述べた主として事実的、物理的観点から不当利得法の適用対象となる財貨移転を特定することにつきることになるであろう。また、「受益」と「損失」とを対置することが要件として現実的な意味をもつのは、多当事者間の不当利得関係の場合に限られることになる。

（1）　受益、損失の概念を特に論じたものとして、不当利得についての一般的な文献のほか、石田文次郎「不当利得に於ける『損失』に就て」法学論叢三七巻四号（昭和一二年）五七一頁以下、川村泰啓「不当利得における利益と損失――不当利得原理の法律学的構成をめぐって――」法学教室2〈第一期〉（別冊ジュリスト）（昭和三六年）一八頁以下、倉田彡士「不当利得の要件としての受益と損失」谷口還暦　不当利得・事務管理の研究(1)（昭和四五年）一頁以下、谷口知平「『利得』について――事務管理・不当利得・不法行為に関して――（〔連載〕民法入門25）」Law School, No. 44（昭和五七年）五一頁以下（同『入門民法(2)債権』（昭和六〇年）一三七頁以下所収）などがある。

（2）　末弘厳太郎『債権各論』（大正九年）九二六頁、鳩山秀夫『増訂日本債権法各論下巻』（昭和三年）七八三頁以来の伝統である。それ以前の、川名兼四郎『債権法要論』（大正四年）六六一頁は、積極的利益に関しては財貨移転に着目している（「財産ヲ増加スルト云フハ法律上又ハ経済上価値（Werth）アルモノヲ受ケタルコトヲ意味スル……」）。

（3）　我妻栄『債権各論下巻一（民法講義V_4）』（昭和四七年）九四五頁。

（4）　松坂佐一『事務管理・不当利得〔新版〕』（法律学全集22-Ⅰ）（昭和四八年）六九頁以下。

（5）　末川博「不当利得と不法行為の相関対比」不法行為並に権利濫用の研究（昭和八年）三一―四頁。

（6）　本件においては、Yの「受益」の問題と「利得の現存」の問題とが明確には区別されていない。しかし、かりに後者の問題を判示したものとしても、結論において転売価格の返還が認められている以上、論理的にはYの「受益」を「差額」ではなく、転売代金であると考えたことになる。

（7）　扶養求償の判例は多いが、長野地裁諏訪支部判昭和三一年八月三一日下民集七巻八号二三三七頁（〔3・1〕）、本書一一六頁）は、現実の扶養出捐額とかかわりなく、推定生活費から不当利得返還義務者の「受益」を認定した一例である。

（8）　傍論ではあるが、〔2・8〕とやや似た事案において、学説のいう経済的受益概念を採用した下級審判決がある（東京控判昭和三年四月三〇日新聞二八五九号一四頁）。また、〔2・8〕とほぼ同じ事案で次のような下級審判例がある。

〔2・11〕　高松高判昭和三七年六月二一日判時三〇九号一九頁。

「Yが右売却（転売）によつて得た代金額は、元来処分権のないX所有の木材を処分したことにより得た利得であるから、これは一応法律上の原因なくして得た利得というべきものである。ところで、このような場合、民法第七〇三条の不当利得とはYが得た転売代価全部（又は木材の客観的価格）をいい、これが取得のためAに支払った代金（損失）を控除すべきでない（以下不控除説という）というべきか、或は原判決理由中に記載のように木材買入れと転売との間には経済上不可分の関連にあるものだから、転売による利得から買入れのための支払代価（損失）を控除した差額である（以下控除説という）というべきかは、説の分れるところであり、困難な問題である」とし、本件はXに過失がある場合であるから、控除説をとることが適当であるとした。本件は、いわゆる過責の考量をした判例であるが、「利得」概念自体が両当事者の過責により異なると考えた点で、やや特異といえる。

（9）　本書二七頁参照。

（10）　松坂・前掲『事務管理・不当利得〔新版〕』（法律学全集22－Ⅰ）七五頁。

（11）　石田・前掲「不当利得に於ける『損失』に就て」法学論叢三七巻四号五七二頁。

（12）　判例は、被請求者がある物件を占有していても現実に使用・収益していない場合は、「利得」がないとする（大阪地判昭和四三年三月七日判時五四四号六三頁、大阪高判昭和四〇年三月九日判時四〇六号五四頁、東京区判明治三九年（ハ）二六九一号新聞四〇三号二一頁（裁判年月日不明））。それに対し、請求者に使用・収益の可能性がない場合にも、「損失」がある、というのが判例の一致した結論であったところ（大判大正一一年五月四日評論一一巻下諸法一九三頁など）、一件だけではあるが最近「損失」の要件を充足しないことを理由に不当利得返還請求を否定した、突出した下級審裁判例が出現している（神戸地裁尼崎支部判昭和四六年一月一八日訟務月報一七巻五号七六二頁）。

（13）　ただし、ドイツには反対説があった（F. Leonhard, Besonderes Schuldrecht des BGB,（1931）, S. 456f.）。

（14）　W. Friedmann, Die Bereicherungshaftung im angloamerikanischen Rechtskreis in Vergleichung mit dem deutschen bürgerlichen Recht,（1930）, S. 67.

（15）　鳩山・前掲『増訂日本債権法各論（下巻）』七八九頁。

（16）　松坂・前掲『事務管理・不当利得〔新版〕』（法律学全集22－Ⅰ）七五頁。

(17)　末弘・前掲『債権各論』九三一頁。

(18)　山中康雄「判例批評」民商法雑誌五一巻三号（昭和三九年）四四六頁。

(19)　山中・前注引用論稿、星野英一「判例研究」法学協会雑誌八三巻九・一〇号（昭和四一年）一四〇八頁、民事判例研究第二巻2債権（昭和四七年）五二〇頁以下、ともに本判例の結論には賛成している。

(20)　判例中引用部分は、松坂・前掲『事務管理・不当利得〔新版〕』（法律学全集22-Ⅰ）二一五頁、松坂佐一『不当利得論』（昭和四四年）四〇三頁の文言と近似しており、その影響がうかがわれる。

(21)　石田・前掲「不当利得に於ける『損失』に就て」法学論叢三七巻四号五七一頁以下、広中俊雄『債権各論講義』（昭和五六年）三八一頁は、これを主張する。なお、ドイツにおいても、この要件が否定されることがある。W. Wilburg, Die Lehre von der ungerechtfertigten Bereicherung, (1934), S. 97ff.

(22)　ドイツの類型論において問題とされる。ただし、内容は論者により異なる。エッサーはこの要件が「その他の方法による利得」に関係する、とするのに対し、ケメラーは、反対に、右類型の一部である他人の物の使用・利用、譲渡などにこの要件が充足されないことを示唆する（J. Esser, Schuldrecht, Bd. 2, 3. Aufl., (1969), S. 333 ; E. v. Caemmerer, Bereicherung und unerlaubte Handlung, Gesammelte Schriften, Bd. 1, (1968), S. 245）。

(23)　利得者のもとにおける増大利益の回復に関しては、学説は対立しているが、「損失」の要件をつかって増大利益の回復を否定するものとして、我妻・前掲『債権各論下巻一（民法講義V_4）』九六八頁、星野・前掲「判例研究」法学協会雑誌八三巻九・一〇号一四一六頁、民事判例研究第二巻2債権五二〇頁、松坂・前掲『事務管理・不当利得〔新版〕』（法律学全集22-Ⅰ）二一五頁などがあげられる（ただし、ともに受益者の行為が介入した場合の増大利益に関する）。

(24)　二当事者間、多当事者間の不当利得の区別については、本書二三〇頁以下、四六五頁以下の叙述に詳しい。

(25)　大判昭和一五年三月九日評論二九巻民法六六九頁（〔12・1〕、本書六一九頁以下参照）。

(26)　大阪控判大正九年七月八日新聞一七三四号一九頁（〔12・2〕、本書六二〇頁参照）。

(27)　〔2・12〕　東京控判明治三九年二月七日新聞三五五号七頁。

AがYに対して負担する売買代金債務を、Xが事務管理により一部弁済した。後日、A-Y間の売買契約が解除された。Xは、Yに不当利得の返還を求めて訴提起。裁判所は、売買契約解除の場合の原状回復として、YはAに受領金員を返還すべきものと考え、Xの不当利得返還請求を棄却し、次のように判示した。

「仮令訴外AとY間の売買契約解除せらる、も前示Xの訴外Aに対し有する費用償還請求権は消滅すべきものにあらざるを以てXはYに対し不当利得の債権を取得すべきものにあらざればなり」（ただし、傍点削除）。

(28)　R. v. Mayr, Der Bereicherungsanspruch des deutschen bürgerlichen Rechtes. (1903), S. 358. 中島玉吉「不当利得ヲ論ス」民法論文集（大正一一年）一〇四頁など。これらを含め、学説の詳細については、本書六一七頁以下参照。

(29)　本書六一五頁以下参照。

第二款　受益と損失との「関連性（＝因果関係）」

一　「関連性（＝因果関係）」の要件が機能する場合と機能しない場合

民法七〇三条が「受益」と「損失」を対置する構成を採用した以上、両者をなんらかの意味で関連づけることが必要になる。そうでないと、社会的事実としてまったく相互に無関係に生じた利得と損失との間にも不当利得関係を問題とする余地が構成要件上生じてしまうからである。この意味で条文上「受益」と「損失」が対置されている以上、両者の関連が要件とされるのは当然であり、その要件が従来「因果関係」と呼ばれていた[1]。

(イ)　しかしながら、前款で検討したように、二当事者間の不当利得関係にあっては、「受益」と「損失」は、財貨（利益を含む。以下同じ）移転などの単一の事実を分解評価したものにすぎず、要件事実の認定としては二つの要件のそれぞれにおいて同一事実を繰り返し認定することになるか、実質的には「損失」の要件が充足されないか、のいずれかであった。このような場合には、受益と損失との「関連性」を問うこと自体が無意味であろう[2]。実務が条文の要件に忠実に事実認定をすれば、たかだか三つの要件において三度同一事実の認定が繰り返されるにとどまることになろう。したがって、二当事者間の不当利得関係においては、「関連性（＝因果関係）」の語は、要件として実質的な機能をもたないといってよい。

(ロ)　それに対し、多当事者間の不当利得関係においては、「関連性（＝因果関係）」が要件としてそのまま機能することになる。前款にあげた例に即していえば、即時取得では「受益」が金員の受領で「損失」が所有権の喪失となり、債権の準占有者に対する弁済の例では「受益」が弁済給付の受領で「損失」が債権の喪失というように、「受益」と「損失」の内容が別個の事実となるので、両者を結びつける「関連性（＝因果関係）」の要件が必要となるからである。即時取得の場合と同様に金員の受領と所有権の喪失があったといっても、一方が道で金を拾い、他方が洪水で家屋所有権を喪失したような場合には、両方の受益と損失とに「関連性（＝因果関係）」がないがゆえに、不当利得返還請求権が認められないのである（金を拾ったことによる「受益」には、もちろん「法律上ノ原因」はない。このことは、金の落し主が拾った者に金員相当額の不当利得返還請求をすればそれが認容されるところからも明らかであろう）。それでは、ここにいう「関連性（＝因果関係）」の内容はどのようなものであろうか。それを次に検討することにしよう。

二　「因果関係」から「関連性」へ

民法七〇三条の法文上、「利益ヲ受ケ之カ為メニ他人ニ損失ヲ及ホシタル……」と表現されている内容は、受益と損失との「因果関係」と呼ばれている。[3] しかし、「受益」と「損失」の間にはたして原因と結果という関係があるのだろうか。二当事者間の不当利得で、財貨移転などの一つの事実が「受益」と「損失」とに分解評価されている場合には、両者に原因と結果という関係があろうはずはない。では、多当事者間の不当利得関係においては、どうであろうか。前款に検討した例をここであげれば、即時取得や債権の準占有者に対する弁済においては、Yの金員受領という「受益」の結果、Xの所有権の喪失や債権の喪失という「損失」が発生しているのであろうか。即時取得においては他人の物の売買の結果所有権の移転が発生し、債権の準占有者に対する弁済では弁済の結果債権が消滅している。これらの場合に、先行する事実と法的な権利変動との間には原因と結果という関係がある。しかし、Yの「受益」によってXの「損失」が発生しているわけではないので、「受益」と「損失」との間には因果の関係はなく、単に関連性があるにとどまる。この点がより明らかなのは、むしろ四当事者以上がからむ事例であろう。次の判例を検討してみよう。

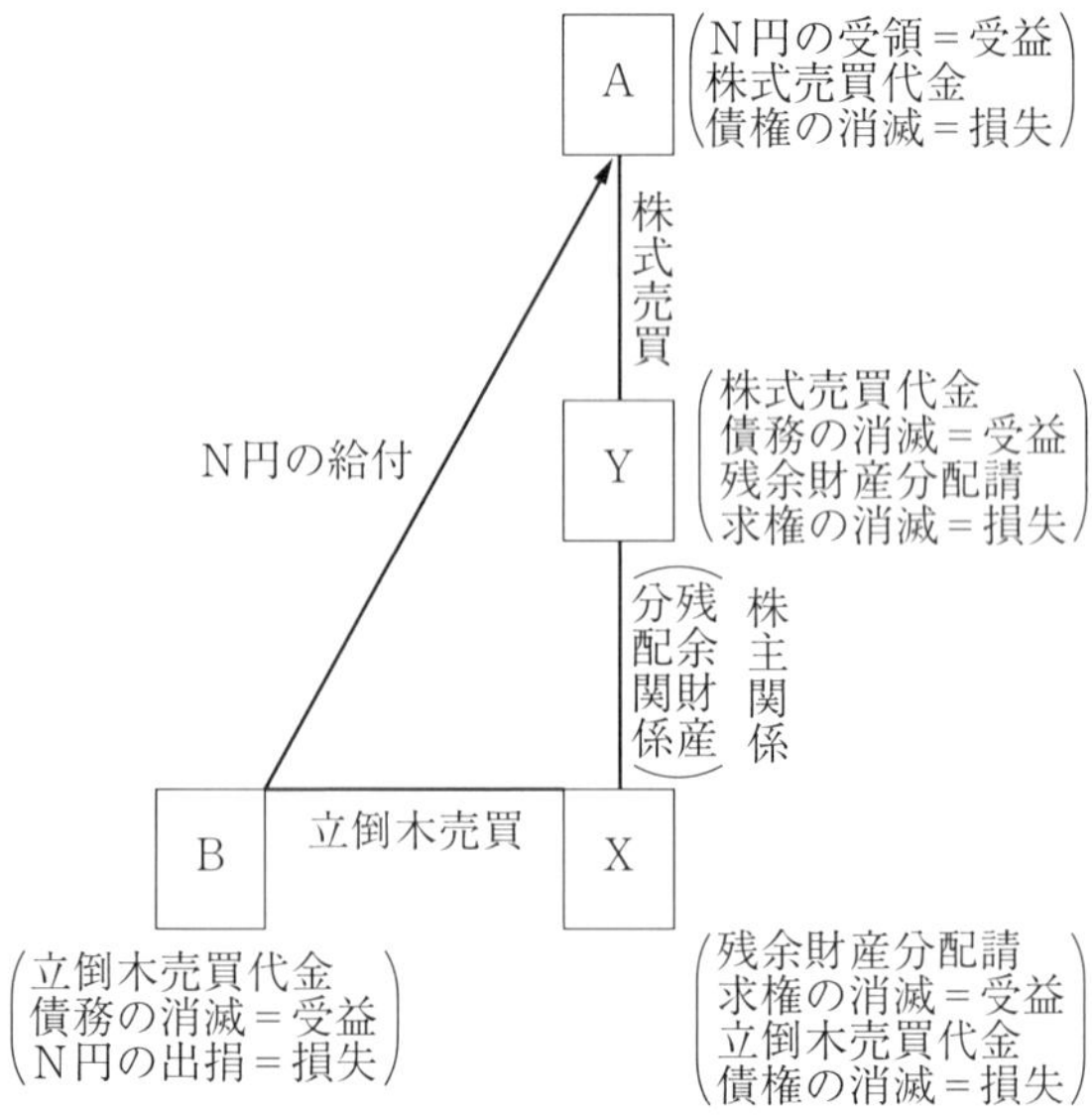

〔2・13〕　最判昭和五一年一一月二五日訟務月報二三巻一二号二七三一頁（〔8・1〕）、本書四七五頁。なお、ここでは本章のテーマに即して本判決を検討するにとどめ、原審判決をもふまえて、判決それ自体を検討することは本書の後の叙述に譲る）。(4)

X株式会社は、$A_{1\text{-}7}$（以下Aと表示する）を株主とする清算中の法人であり、立倒木をその唯一の資産としていた。その立倒木を売却し、X会社の清算を図るにあたり、租税負担の軽減のため——当時有価証券譲渡所得が非課税とされていたことに着眼し——株主Aがその所有する株式を立倒木相当代価で売却する形式をとることを考えた。ただ、立倒木の買主Bは、一部上場会社であり、決算書類に解散会社Xの株式の取得が計上されると不良会社に投資したとの印象を与えることを恐れ、最終的には次の形式をとることとした。すなわち、BがXから立倒木をN円で購入する一方、AはN円で第三者Yに株式を売却することとする。そして、N円の支払いは、本来ならば、Bが立倒木代金としてX会社に支払い、Xが残余財産の分配として新株主Yに支払い、Yが株式譲受代金としてAに支払うべきところであるが、Bが直接その金をAに交付することによりすべて一時に清算することとした。以上の関係を図示すると、右のようになる。

以上、この当事者が前提としていた法律関係が法的にもすべて有効に存在していたとすれば、この事案は次のように考えられる。ここでは、物理的財貨移転としてBによってN円の金員給付がなされ、その結果、法的な権利変動として、X－B間の立倒木売買代金債権の消滅、A－Y間の株式売買代金債権の消滅、X－Y間の残余財産分配請求権の消滅という、三種の権利変動が発生している。これらを分解評価し、四当事者間における受益と損失の連鎖を考えると、左に図示したような形で、それぞれの当事者の内部において、「受益」と「損失」とがバランスを保って存在している。

しかし、以上の前提を一部修正し、そこにあげた四当事者間での財貨移転が残余財産分配請求権の不存在によってX－Y間では基礎づけられていなかったが、他の箇所においてはすべて有効に基礎づけられていたとして問題を考えてみよう。この場合には、左に図示したところから明らかなように、四当事者間における「受益」と「損失」のバランスは、X－Y間でくずれることとなり、Yに生じた「受益」に関して、「損失」を被ったXが不当利得返還請求権を行使しうることになる。しかし、それぞれYの「受益」（株式売買代金債務の消滅）とXの「損失」（立倒木売買代金債権の消滅）とは、ともにBのAに対するN円給付の結果発生したものではあっても、相互には原因、結果という因果の関係をもつものではない。ここにみられるのは、両者が原因を同じくしているという意味での関連性だけであろう。

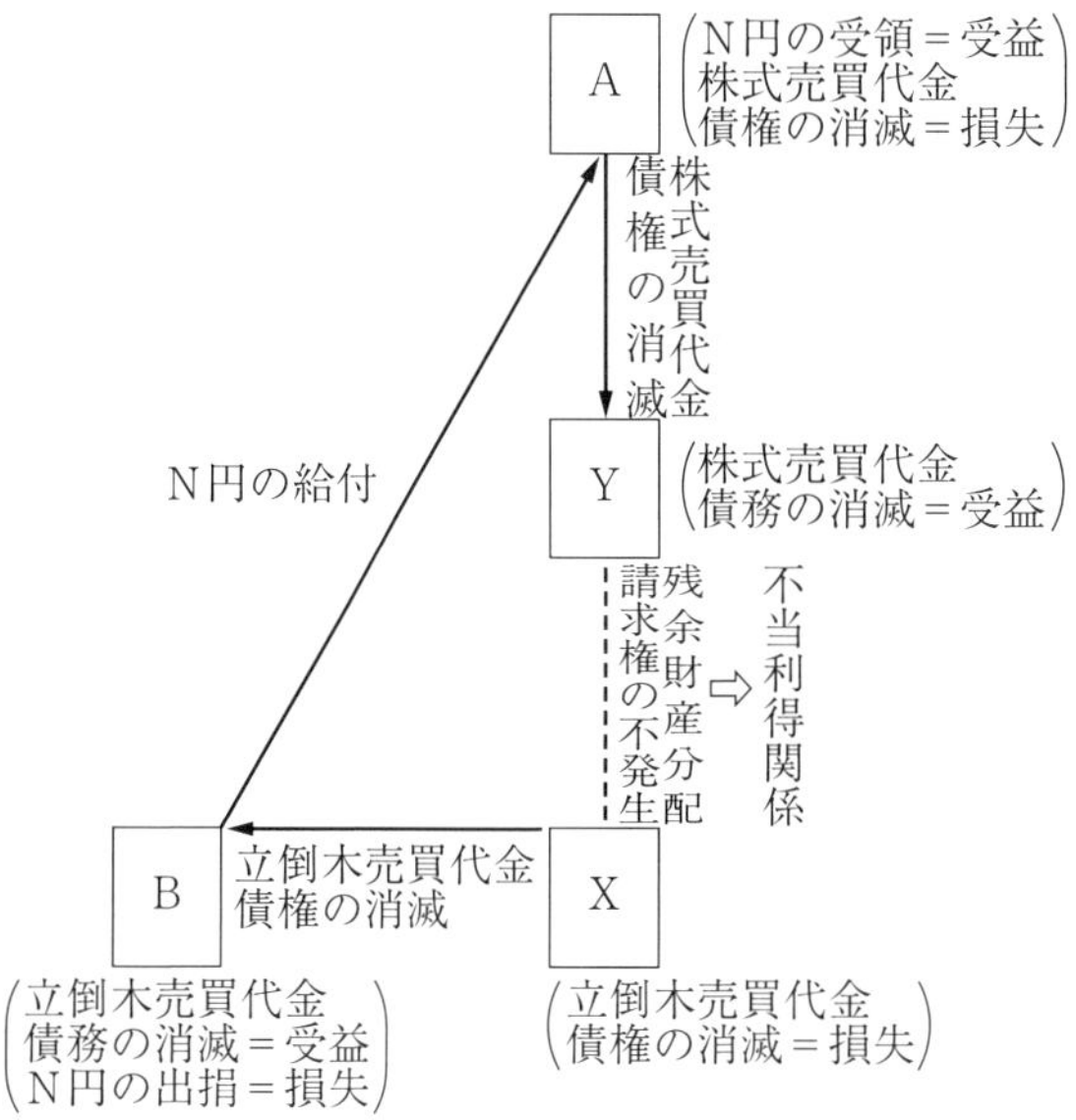

三当事者間における不当利得関係においては、当事者の数が少ないがゆえに、各当事者に生ずるすべての「受益」と「損失」の共通の原因である物理的財貨移転などの、楯の片面となる「受益」または「損失」が、同時に不当利得法上問題となる「受益」、「損失」の一方と重ならざるをえない。そのため、ここでの問題が因果関係の問題ではない

ことが必ずしも明瞭ではない事例もある。しかし、四当事者以上が関係する場合には、右に述べた事例のように、すべての「受益」、「損失」の共通の原因である物理的財貨移転の、楯のそれぞれの片面を構成する「受益」、「損失」と、不当利得法上問題となる「受益」、「損失」とがすべて異なるような純粋な状況を考えることもでき、「受益」と「損失」が関連性をもってはいても、因果の関係をもつものではないことが明らかになるのである。

このように、いわゆる「因果関係」が用語として不適当なことは明らかであり、以後本書では「関連性」の語を用いることにするが[5]、ではここにいう「関連性」の具体的内容はいかなるものであろうか。右にあげた〔2・13〕事件では、BがN円を給付したためにY、Xに「受益」と「損失」とが発生したという、「受益」と「損失」の発生原因の同一性ゆえに、両者は関連があるものとされた。前に述べた三当事者間の不当利得においても、即時取得の結果、あるいは債権の準占有者に対する弁済の結果、XとYとに「受益」と「損失」とが発生している。後に第八章で検討する他の例を考えてみても、ここでの「関連性」の内容は、「受益と損失の発生原因の同一性」ということにつきるように思われる。このことは、つとにドイツで意識されていたところであって、近時のドイツの学説は、本書で次に検討する因果関係の直接性を要件とするかわりに、「利得と損失とが単一の事件によって発生しなければならない[6]」などと説いている。

三　いわゆる因果関係の「直接性」論について

本款では、「関連性」の要件を、不当利得法の適用対象となる財貨移転ないし経済的価値の移転を特定する機能をもつものとして考えてきた。今まで検討したところによれば、それは、受益と損失の発生原因の同一性という事実的概念——言葉を換えていえば、裁判官その他の判断者の価値判断ぬきに確定しうる概念を内包とする要件であった。本書で、「関連性」と名づけられる以前の、「因果関係」と呼ばれた要件も、それが単純に「因果関係」と呼ばれるかぎりにおいては、実務においても学説においても判断者の価値判断とかかわることなく、用いられてきた。

しかしながら、伝統的にはこの要件は単に「因果関係」として問題とされる以上に、「因果関係の直接性」として問題とされることが多かった。この「直接性」の要件が従来議論されたのは、次の三つの場合に関してである。まずドイツにおいては、(イ)二重原因欠缺の場合と、(ロ)転用物訴権の事案において、不当利得返還請求権の成立を否定するという実践的目的のために、この要件が用いられた(7)。それに対し、わが国では、(ハ)騙取金員による弁済の事案において、この要件が問題とされることが多かった。それを次に、順次検討していくことにしよう。

(イ)　二重原因欠缺　　売買契約によって、AからB、BからCと目的物が移転したが、A－B間、B－C間の売買契約がともに無効であることが判明した場合に、A－B、B－C間にそれぞれ不当利得返還請求権が発生することは、ドイツにおいても日本においても当然である。では、この場合に、直接AからCへと不当利得返還請求権を行使することは認められるであろうか。ドイツの学説は一般に「直接性」の要件を充足しないことを理由にこれを認めない(8)。しかしながら、日本においては、通説判例を前提とするかぎりこのことを論ずる意味はあまりない。なぜなら、たとえこの不当利得返還請求権を否定してみても、通説を前提とするかぎり、AからCへの物権的返還請求権が認められることになるからである。すなわち、わが国では通説判例が物権行為の有因性説を主張する結果、右の事例では目的物の所有権はAのもとにとどまる。それに対しドイツでは、物権行為の無因法制の結果、この事例にあってもそれぞれの物権行為が有効に行なわれれば、所有権はCに移転し、Aが物権的請求権を行使する余地はない。したがって、AからCへの直接の不当利得返還請求権を否定することはドイツでは完全にAからCへの直接請求を封ずることを意味し、それなりに意味をもったが、わが国ではこの点の議論自体にそれほど実益がなかったのである(9)。

(ロ)　転用物訴権　　契約上の給付が契約の相手方のみならず第三者の利益となった場合に、給付をした契約当事者がその第三者に対し不当利得返還請求をする事案が一般に転用物訴権と呼ばれる。これを承認することには第一四章で検討するように種々の問題がある(10)。ドイツにおいて「直接性」の要件が提唱されたのは、まさに転用物訴権を否定することにその眼目があった[12]。わが国ではこの問題は一部で論じられるにとどまっていたが[13]、下級審判決のなかには「因果関係」の要件を充足しないとして、この不当利得返還請求を認めないものもあった[14]。しかし、最近、最高裁判所は、次の転用物訴権の事案において、「直接性」の要件を充足することを明言した上で、不当利得返還請求を認容するに至った。

〔2・14〕　最判昭和四五年七月一六日民集二四巻七号九〇九頁（〔4・10〕、本書二五〇頁および〔14・4〕、本書六八二頁）。

Yは Mにブルドーザーを賃貸した。Xは、Mの依頼によりブルドーザーを修繕した。のちにMは倒産し、Xは債権の満足を得られない。一方、Yは賃貸借契約を解除し、ブルドーザーをひきあげている。Xは、ブルドーザーの価格増加額をYが不当利得しているとして訴提起。原審においては、Yの「受益」とXの「損失」の間にM－X間の修理請負契約が存在するため、「因果関係」が存在しないとして、この不当利得返還請求は棄却された。X上告。判決の、「因果関係」に関する部分は、次のとおりである。

「本件ブルドーザーの修理は、一面において、Xにこれに要した財産および労務の提供に相当する損失を生ぜしめ、他面において、Yに右に相当する利得を生ぜしめたもので、Xの損失とYの利得との間に直接の因果関係ありとすることができるのであつて、本件において、Xのした給付（修理）を受領した者がYでなくMであることは、右の損失および利得の間に直接の因果関係を認めることの妨げとなるものではない。」

この判決によって、「直接性」の要件がドイツ法のもとで果たしていたような機能を日本法のもとでは営まないことが、確定したように思われる。

(ハ)　騙取金員による弁済　　YがMその他に債権を有している場合に、MがXから金銭を騙取し、それをもってYの債権の弁済に当てることがある。この種の事案で、XからYに対し不当利得返還請求した裁判例が大正時代から相次ぎ、大審院が事案解決の結論、法律構成の双方において、一貫した判断を下さないのみならず、しばしば矛盾した判断をも下したため、種々の論議を呼ぶことになった。この点の検討は本書では後に行なうことにするが[15]、本款のテーマとの関係でいえば、この種の事件では、「因果関係の直接性」の枠組のもとに裁判所の判断が下されることが多かった。ところが、ほぼ同一の事案において、大審院は「因果関係の直接性」の要件を充足すると判示したり、充足しないと判示したりしており、その判断には統一的基準が見出せない状況にあった。[16] しかし、最近に至って、最高裁判所は、この種の事案を「因果関係の直接性」の要件のもとで判断することを放棄し、「法律上ノ原因」の問題として処理する方向に転ずることになった。次の判例はその一つである。

〔2・15〕　最判昭和四九年九月二六日民集二八巻六号一二四三頁（〔13・5〕、本書六三五頁）。

「……社会通念上Xの金銭でYの利益をはかつたと認められるだけの連結がある場合には、なお不当利得の成立に必要な因果関係があるものと解すべきであり、また、YがMから右の金銭を受領するにつき悪意又は重大な過失がある場合には、Yの右金銭の取得は、被騙取者又は被横領者たるXに対する関係においては、法律上の原因がなく、不当利得となるものと解するのが相当である」（原文では甲、乙、丙とあったものを、本書の引用では、それぞれM、X、Yとした）。

この事案については後に再度検討するが[17]、ここでも「直接性」の要件が機能をもたないことが明白となったわけである。

以上検討したところからは、わが国では因果関係の「直接性」を要件とする実益はまったくないと思われる。それにもかかわらず、この要件は、過去数十年にわたって、不当利得法学の一つの争点を形成してきた。なにゆえにこのような状況が生じたのかを、この要件導入の学説史を検討することによって、明らかにすることにしよう。

不当利得の原則規定は、日本民法七〇三条においても、ドイツ民法八一二条においても、「直接性」ないしそれを意味する文言をどこにも含んでいない。それにもかかわらず「直接性」の文言が不当利得の要件として一般的になったのは、ドイツ民法典の起草過程において転用物訴権を認めるべきでないとして、そのために「直接性」を要件とすることが『理由書』に明言されたためである。[18] その結果、ドイツでは多くの判例が「直接性」の要件のもとに転用物訴権を否定したし、多くの学説もこの要件を受け入れた[19]。それに対しわが国ではドイツ法学の「直接性」の文言それ自体は明治期には注目されず[20]、大正期に入って、一種の学説継受の形で末弘[21]、鳩山博士ら[22]の手によってドイツからわが国に導入され、当時の学説の支持をえたものである[23]。しかしながら、後述するようにドイツにおいては普通法時代に転用物訴権に関して混乱をきわめた時代があったため[24]転用物訴権について一定のイメージがあったものの、そのような歴史をもたないわが国では、とりたてて転用物訴権が意識されることはなかった[25]。そのため、「直接性」の文言がわが国に輸入されるさいにも、単に形式的に文言が輸入されるにとどまり、問題意識そのものは輸入されることはなかった。

右の問題意識の欠如は、末弘博士が「直接性」の要件を導入するに当たってあげる例にはドイツで問題となった転用物訴権があげられていないこと[26]、および鳩山博士が具体的紛争類型としてドイツではほとんど問題にならない騙取金員による弁済の判例をあげていること[27]などから推測されるところである[28]。また、わが国では後に転用物訴権の問題が論じられることがないではなかったものの[29]、それが一般に充分に咀嚼されることなく、基本的には実務、学界を問わずこのような問題意識の欠如が続いていた。そうであるからこそ、転用物訴権事案につきはじめて最高裁判所が判断を下すことになったときに、「直接性」の文言のもとに転用物訴権が承認されるという——ドイツ的な常識からは考えにくい——奇妙な事態が発生したのであろう[30]。

鳩山博士があげた騙取金員による弁済の事案にしても、「直接性」の要件を用いて中間者の介在を理由に直接的な請求を封ずることが合理的であるか否かは、それほど明らかなわけではなかった。実質判断において、この種の事案で直接的な請求を否定することの当否が明確でないがゆえに、前述したように戦前の判例も、ひとしく「直接性」の要件のもとで、あるケイスでは直接的な請求を否定し、あるケイスでは認めるという混迷を重ねることになったのである。したがって、学説が依然転用物訴権の問題を意識しないまま、右のような混迷状況を直視したときに、混迷の元凶である「直接性」の要件を放棄しようとする考えがでるのは、ある意味では自然であろう。このような中間介在者がいる場合にも一般に不当利得返還請求を認めうるための要件論として出現したのが、我妻説による、「社会観念上の因果関係」論であった[31]。この説では、中間の介在者が存在しても「因果関係」そのものは比較的ゆるやかに認められるがゆえに、ほぼ同一の事案につき、ときに「因果関係」が認められ、ときに認められないという、それまでの「因果関係」論ないし「因果関係の直接性」論の混乱は回避できることになる。しかしながら、我妻説は、「因果関係」を認めた上で、問題を「法律上ノ原因」の有無によって解決するよう主張するものであったが、同説においてはいかなる場合に「法律上ノ原因」があるかについての具体的基準は示されないままに終わっていた[32]。したがって、事案の解決という視点から考えると、この点についての我妻説は、混乱の場を「因果関係」から「法律上ノ原因」に移しただけで、問題を最終的に解決しうる学説とはいいがたかった。

以上総合して考えると、判例が、転用物訴権においても騙取金員による弁済の事案においても、中間者をとばした直接的な請求を認める以上、「直接性」を要件とする必要はもはやないであろう[33]。著者は、後述するようにこれらの判例を必ずしも支持するものではないが、私見においてもここで「直接性」を要件として必要とする理由は何もない[34]。このようにして「直接性」の要件が廃棄されれば、我妻説のように「社会観念」の語を「因果関係」ないし「関連性」の上に附す理由もとりたてていないように思われる。前述したように、「関連性」の内容は、「受益と損失の発生原因の同一性」というきわめて単純な事実的判断につきるのであるが、それに「社会観念上」の語を附せば、要件の内容により曖昧な裁量的要素が加えられるだけで、そこにとくに実益をみつけることはできないからである。

四　以上のように考えると、「関連性」の要件は、「受益」と「損失」とを結びつけることによって不当利得法の適用対象となる財貨移転ないし経済的価値の移転を特定する以外、特段の機能をもたないことになろう[35]。この要件をめぐっての判例、学説の混迷状況は、背後の実質問題を忘れて形式的に文言のみを輸入した軽率な学説継受のあり方に起因する側面が大きいのであって、今後は従来のような形でこの要件を論ずる実益は乏しいものと思われる。

(1) この「因果関係」ないし「因果関係の直接性」を論じた論文は多いが、教科書、体系書、モノグラフィーを除くと、磯村(中塚)哲「直接利得の要求に就いて――利得の不当性への問題的関連性――」法学論叢四七巻五号（昭和一七年）六二八頁以下、川村泰啓「不当利得における因果関係」判例演習債権法2（昭和三九年）一二八頁以下、松坂佐一「不当利得における因果関係」総合判例研究叢書民法⒀（昭和四三年）五頁以下、衣斐成司「間接利得と因果関係」神戸学院法学一巻一号（昭和四五年）六九頁以下、同「不当利得における因果関係」大阪市大法学雑誌一六巻二・三・四号（昭和四五年）一九三頁以下、同「不当利得――因果関係の直接性」法学セミナー二七六号（昭和五三年）一一四頁、関口晃「不当利得における因果関係」谷口還暦　不当利得・事務管理の研究⑶（昭和四七年）二五頁以下、同「不当利得の因果関係」法学セミナー二二一号（昭和四九年）五五頁以下、中井美雄「不当利得と因果関係」（セミナー法学全集11）民法Ⅳ債権各論（昭和四九年）二三八頁以下、加藤雅信「因果関係の直接性」民法判例百選Ⅱ債権（別冊ジュリスト）（昭和五〇年）一五六頁、同「不当利得における因果関係」森島昭夫編・判例と学説3民法Ⅱ（昭和五二年）二三三頁以下、同「不当利得における因果関係――金銭騙取による第三者の受益と詐害行為取消権――」民法の判例〔第三版〕（ジュリスト増刊）（昭和五四年）一七二頁、山田幸二「不当利得における因果関係の直接性」民法の争点（ジュリスト増刊）（昭和五三年）一七二頁以下、土田哲也「不当利得と因果関係」Law School, No. 40（昭和五七年）三五頁、伊藤進「不当利得における三角関係と因果関係」法学セミナー三三七号（昭和五八年）一五二頁、円谷峻＝小野秀誠「受益と損失との因果関係」遠藤浩編・判例ハンドブック〔債権〕（昭和五八年）一四一頁以下などがある。なお、本書校正時に接し得たものであるが、民法制定時からのこの要件の歴史的展開を総括的にとらえたものとして、衣斐成司「不当利得における『因果関係』」民法講座6事務管理・不当利得・不法行為（昭和六〇年）四五頁以下参照。

(2) 学説も、それぞれ「損失」の要件に対する疑問のもち方に対応して、利得と損失の「因果関係」の要件に疑問をもつ。「損失」の要件を全面的に不要とする石田説は、「直接の因果関係」を全面的に不要とする（石田文次郎「不当利得に於ける『損失』に就て」法学論叢三七巻四号（昭和一二年）五八六頁）。その他の利得についてのみ「損失」の要件を必要とするエッサーは、「因果関係」も、その他の利得についてのみ必要であるとする（J. Esser, Schuldrecht, Bd. 2, 3. Aufl., (1969), S. 333)。

(3) 谷口知平『不当利得の研究』（昭和四四年）一六五頁、我妻栄『債権各論下巻一（民法講義V_4）』（昭和四七年）九六九頁、松坂佐一『事務管理・不当利得〔新版〕』（法律学全集22－Ⅰ）（昭和四八年）七八頁など。

（4）本書四七五頁以下参照。
（5）ドイツやフランスにおいても、「受益」と「損失」の牽連性を確保する要件の用語として、論者による違いはあるが、Beziehung, lien などの端的に「関連」を意味する言葉が用いられることも多く、わが国においても、岡村玄治『債権法各論』（昭和五年）五九三頁以下は、「牽連関係」を用い、因果関係の語を用いるべきではない、としている。
（6）J. v. Staudingers Kommentar zum Bürgerlichen Gesetzbuch, Bd. 2, 4. Teil, Lieferung 3, 11. Aufl.,（1960）, S. 2749. 類似の内容を説くものとして、Enneccerus = Lehmann, Lehrbuch des Bürgerlichen Rechts, Bd. 2, Recht der Schuldverhältnisse, 15. Bearb.,（1958）, S. 879 ; K. Larenz, Lehrbuch des Schuldrechts, Bd. 2, 8. Aufl.,（1968）, S. 374.
（7）ドイツにおいて、「直接性」の要件が転用物訴権を否定する機能をもつことは、注（18）引用の『理由書』がその旨を述べているところから多くの者が認めているが、二重原因欠缺と転用物訴権の双方を否定する機能をもつことを明言する者として、W. Wilburg, Die Lehre von der ungerechtfertigten Bereicherung,（1934）, S. 108f.（正確にいえば、「直接性」の要件が機能する場合としてウィルブルクは三つの場合をあげるのであるが、そのうちの二場合が転用物訴権事案であり、他の一場合が二重原因欠缺となっている）。なお、騙取金員による弁済はドイツではなぜかあまり論じられることはないが、わが国で問題とされる事案と比較的近似の事例についてドイツでも判示されたものとして、RG 1908. 5. 7, JW 1908, S. 432, Nr. 6 ; Recht, 1908, Nr. 2323, Sp. 395. この紹介については、〔14・独5〕本書七五三頁参照。
（8）Wilburg, a. a. O., S. 109. 磯村（中塚）・前掲「直接利得の要求に就いて――利得の不当性への問題的関連性――」法学論叢四七巻五号六五五頁以下参照。
（9）本文に述べたように、わが国ではこの不当利得返還請求権を認めないとしても、それが実質的な意味をもつわけではないが、別段「直接性」を要件としなくとも、「関連性」の内容を「受益と損失との発生原因の同一性」と考えた場合には、本件のような順次的売買において、AからCへの不当利得返還請求権は認められないことになる。そこでは、A－B、B－C間で、それぞれの双務関係を顧慮した清算が行なわれることになろう（本書四二四頁以下）。もちろん、A－C間で物権的請求権の行使があれば、右の関係はその限度で崩れていくことになる。
（10）本書六八四頁以下参照。
（11）注（18）引用の『理由書』参照。
（12）この間のドイツの判例、学説の詳細については、本書七四四頁以下参照。

(13) 本書六八〇頁以下の紹介参照。

(14) 東京地判昭和三〇年一〇月一八日下民集六巻一〇号二一九四頁（〔14・1〕、本書六八一頁）。しかし、一方、添附との関連で、転用物訴権を承認していた下級審判決があったことも、また事実である（東京簡判昭和三三年六月三〇日判時一六一号二二頁（〔14・2〕、本書六八二頁）、東京地判昭和四五年六月一五日判時六一〇号六二頁（〔14・3〕、本書六八二頁））。

(15) 本書六二八頁以下。

(16) 叙述が重複するため、これらの判例の分析は、本書六三一頁以下に譲る。

(17) 本書六三五頁。

(18) Motive zu dem Entwurfe eines Bürgerlichen Gesetzbuches für das Deutsche Reich, Bd. II, Recht der Schuldverhältnisse, (1888), SS. 830 u. 871ff.（なお、本書七五四頁注(4)参照）。

(19) このようなドイツの判例は、本書七四六頁以下に逐一紹介されている。

(20) E. Jung, Die Bereicherungsansprüche und der Mangel des „rechtlichen Grundes", (1902), S. 145 ff.; R. v. Mayr, Der Bereicherungsanspruch des deutschen bürgerlichen Rechtes, (1903), S. 207 ff.; O. v. Gierke, Deutsches Privatrecht, Bd. 3, Schuldrecht, (1917), S. 1044ff.; P. Oertmann, Kommentar zum Bürgerlichen Gesetzbuch und seinen Nebengesetzen, 2. Buch, Recht der Schuldverhältnisse, 5. Aufl., (1929), S. 1330ff.; RGR Kommentar, Das Bürgerliche Gesetzbuch, Bd. 2, 2 Teil, 11. Aufl., (1960), S. 1076ff.; Soergel = Siebert, Bürgerliches Gesetzbuch, Bd. 3, Schuldrecht II, 10. Aufl., (1969), S. 772f. もちろん、転用物訴権を認めようとする論者には、「直接性」の要件は受け入れられないことになるが、これらの学説の紹介については、本書七六七頁以下、注(5)、(6)、(7)に譲る。また、近時の学説については、本款注(6)参照。

(21) 民法起草過程においても、因果関係の直接性が論じられた形跡は特に見当たらないし、明治期の文献には、受益と損失の関係が間接的であってもかまわないことを次のように明言するものが見受けられる。「因果関係ノ存スル限リハ利得者ト被害者トノ間ニ不当利得ノ関係アリ其利得ハ直接ニ被害者ヨリ利得者ニ帰シタルト被害者ト利得者トノ間ニ他ノ人格者カ介入シ其利得ノ転嫁ニ因リ間接ニ利得者ニ帰シタルトハ之ヲ問フノ必要ナク……」（初版は明治四五年であるが、引用は横田秀雄『債権各論』（大正五年）八〇三頁、この他、間接的関係であってもかまわないことを明言するものとして、井上義男「不当利得論」法律学経済学内外論叢四巻三号（明治三八年）三〇頁参照）。しかしながら、この時期にあっても、清瀬論稿が、受益者と損失者の間に仲介者が存在する場合には「因果関係ナキ」ものとして、不当利得返還請求を否定していたことは注目される必要があろう（清瀬一郎『不当利得論』（明治四五年）一三頁以下）。しかし、この文献では右の内容に「直接性」という定式が与えられていなかったのみならず、不当利得の要件として「利益ノ享受」「損失ノ附与」、「法律上ノ原因ノ欠缺」が項目としてあげられるのみで、「因果関係」それ自体も独立の要件項目とされていなかった。このような状況のもとで、清瀬論稿の右の叙述は特に注目をひかなかったようであり、これ以後、次注以下に引用する末弘、鳩山説出現前の大正初期にあっても、この問題や因果関係の直接性論は言及されないままに終わっていた（たとえば、川名兼四郎『債権法要論』（大正四年）六六九頁以下）。

(22) 末弘厳太郎『債権各論』（大正七年）九三二頁。

(23) 鳩山秀夫『日本債権法各論下』（大正九年）七八六頁。

(24) 岡村・前掲『債権法各論』五九五頁。

(25) 磯村哲「不当利得・事務管理・転用物訴権の関連と分化（一）、（二）」法学論叢五〇巻四号三一〇頁、五・六号（以上昭和一九年）四四一頁以下、また簡単には本書六七六頁、七六九頁注(15)参照。

(26) 末弘・前掲『債権各論』九三二頁。

(27) この点については、注(7)の叙述参照。

(28) 鳩山・前掲『日本債権法各論下』七八六頁。

(29) これらの学説については、本書六八〇頁以下参照。

(30) なお、この判決に対するこの点の著者の評価について、高木多喜男ほか共著・加藤雅信執筆『民法講義6不法行為等』（昭和五二年）一一〇頁、加藤雅信「類型化による一般不当利得法の再構成（五）、（六）」法学協会雑誌九二巻八号（昭和五〇年）九三二頁、九三巻五号（昭和五一年）六二八頁以下参照。

(31) 我妻栄『債権法（事務管理・不当利得）』（現代法学全集三四巻）（昭和五年）一三五頁、同『事務管理・不当利得・不法行為』（新法学全集一〇巻）（昭和一二年）四七頁以下、同・前掲『債権各論下巻一（民法講義V4）』九七七頁以下。なお、この点の我妻説は、その後の学説の展開において、有力な学説の支持を受け、通説的な立場を占めるに至っている（谷口・前掲『不当利得の研究』二三〇頁以下、松坂・前掲『事務管理・不当利得〔新版〕』（法律学全集

22-Ⅰ）八四頁以下）。また、前述した騙取金員による弁済に関する最高裁判所判例（〔2・15〕、本書五一頁）も、「社会通念上」云々の表現を用いており、我妻説への親近性を示している、といえるであろう。

(32)　この点については、本書六三四頁参照。

(33)　なお、この点につき、関口・前掲「不当利得における因果関係」谷口還暦　不当利得・事務管理の研究(3)八四頁参照。

(34)　この点の詳細は後述することになるが、転用物訴権に関し、本書六八四頁以下、騙取金員による弁済に関し、本書六三七頁以下参照。

(35)　川村説は、「因果関係」ないしその「直接性」が、不当利得法における当事者規定――「『誰が』『誰に対して』利得返還請求できる」のが、「法的にみて正しいか」の決定基準――としての機能を有していた旨を指摘する（川村・前掲「不当利得における因果関係」判例演習債権法2一二八頁以下、特に、一三一頁）。それによれば、この要件が、誰を返還義務者とすべきか、という評価的な機能を営みうることになる。しかし、それも騙取金員による弁済の事案を主たる素材として述べられているのであり、右の川村論稿が発表された後に、判例がこの種の事案を「因果関係の直接性」の要件によって律することを放棄した以上、評価的意味における当事者規定の機能もまた放棄されたというべきであろう。

第四節　「法律上ノ原因」の欠缺

一　「法律上ノ原因」は、不当利得法適用の是非を決定する要件であり、不当利得法の中心的要件ともいえる。[1]しかし、「法律上ノ原因」に関する裁判例を概観すると、その内容は、具体的紛争によって種々様々である。「法律上ノ原因」の要件を把握するため、学説は二つの途をとった。一つは、この要件の基礎をさぐり、抽象的観念によってこの要件を把握する方法であり、他は、この要件を分類・区分し、具体的に把握する方法である。まず第一の学説がこれに与えた抽象的基準であるが、それは本書では不当利得の基礎づけの問題とともに次章において検討する。そこに述べるように[2]、学説の多くは、「法律上ノ原因」の問題と不当利得制度の基礎の問題とを必ずしも区別していないからである。ただここではこのような学説の実務に対する影響についてだけ一言すれば、学説がたてたようななんらかの抽象的な一般命題が実務において「法律上ノ原因」の判断基準として採用され、その命題が擬似判例的な先例機能を果たしているということはない。(3) 実務家の間では衡平説的な不当利得観が一般的となっており、実務の端々には衡平説の影響がみられる。(4) しかし、衡平説は、法学教育ないし講学的な影響力の結果実務家の法学的素養となっているものの、判断基準が曖昧であるだけに実務の判断内容を拘束するものとはなっていないからである。

第二の「法律上ノ原因」の分類であるが、学説はこの要件の分類をそれぞれ試み、そのなかには判例を総合的に研究したものも存在する。(5) ここでは代表的な分類として、それまでの通説の分類を受けついで展開された我妻博士の分類法をとりあげてみよう。そこでは、「法律上ノ原因」は次のように分類される。(6)(7)

Ⅰ　利得が損失者の意思に基づく出捐行為（給付行為）によるものである場合
　ⓐ　出捐をする当時から目的が存在しない場合
　ⓑ　出捐の当時に予期された目的が不到達に終った場合
　ⓒ　出捐の当時に存在した目的が後に消滅した場合
　ⓓ　給付・受領が第三者を介して行われる場合
Ⅱ　利得が損失者の意思に基づく出捐行為（給付行為）以外の法律事実によって生ずる場合
　ⓐ　利得が人の行為によって生じた場合
　　(i)　利得者の行為による場合
　　(ii)　第三者（損失者以外の者）の行為による場合
　　(iii)　損失者の行為による場合
　ⓑ　それ以外の場合（利得が人の行為によらずに生じた場合）

(iv)　利得が直接に法律の規定によって生じた場合

(v)　利得が事件（人の精神作用を要件としない法律事実）の事実的結果として生じた場合

現在ほぼこれと同様の分類が多くの学者により唱えられているにもかかわらず[8]、著者のみるところ、これらの分類は、不当利得法の性格を明らかにすることにも、実務に対する「法律上ノ原因」の判断基準を提供することにも、必ずしも成功しているわけではない。

後の点から論じよう。第Ⅰ類型の目的概念[9]を基軸とした⒜⒝⒞の分類[10]は、「法律上ノ原因」に関する判断基準を提供することを狙いとしている。すなわち、事案が⒜⒝⒞の類型に該当するか否かによって、不当利得返還請求権の成否が決定される。それに対し、第Ⅱ類型の人の行為・事件などを基軸とした分類は、「法律上ノ原因」に関する判断基準を提供していない。すなわち、事案がこれらの小類型に該当するか否かによって、不当利得返還請求権の成否が決定されるわけではない。利得が利得者の行為により生じ、あるいは法律の規定により生じ、これらの小類型に該当すると判断されたとしても、そこから直ちに不当利得返還請求権の成立が認められるわけではない。各状況のもとで不当利得返還請求権が成立するか否かは、類型化の判断基準とは別に判断されねばならない。その意味でこの類型化は、実務に判断基準を提供するという実用法学的意味をあまりもたない、と思われる。

また、この大類型および小類型は、不当利得法の個別的な性格の差異、または「法律上ノ原因」の判断内容の違いを反映しているものであろうか。この分類は、給付行為があったか否か、目的が不存在となる時期いかん、利得を生じさせた主体が何か、という三種の事実的レベルの問題を、分類のメルクマールとしている。しかしながら、目的が不存在となった時期や、利得を生ぜしめた主体によって、不当利得法ないし「法律上ノ原因」の性格が異なるものでもない。ドイツにおいてもいわれるように、混和――その結果、不当利得返還請求権が発生する――を例にとれば、それが「利得者によって生じたか、第三者または自然現象によるのか、給付の意図なき損失者によって生じたのかは、重要ではない[11]」からである。右の分類は、全体として紛争状況の便宜的区分という色彩が強い。「法律上ノ原因」の内容を明らかにするためには、実務において「法律上ノ原因」として何が判断されているかを再検討する必要があるように思われ、それによれば、後に第四章で示すように、不当利得紛争の相当部分においては、「法律上ノ原因」の内容は明晰な実定法的概念をもって把握されうるものなのである。

二　学説による「法律上ノ原因」の分類、そして後（第三章）に分析する「法律上ノ原因」の抽象的基礎づけは、必ずしも「法律上ノ原因」の内容を明確にしない。もっとも、「法律上ノ原因ナク」という構成が、常に要件として無力というわけではない。「法律上ノ原因ナク」という言語的表現が判断基準としての意味をもつ場合も、実は相当数存在するのである。この点の詳細は第四章で展開するが、ここで一例をあげれば、売買契約にもとづき給付した物について売主が不当利得返還請求をしてもそれが認められないのは、買主がその物を保有するについては売買契約という「法律上ノ原因」があるからである。それに対し、売買契約が無効、あるいは取り消された場合には、事実上買主であった者にはその目的物の保有を基礎づける売買契約という「法律上ノ原因」がないから、売主に不当利得返還請求権が認められる。しかし、このような考え方は、「法律上ノ原因ナク」という要件に適合的な簡明な見方であると思えるものの、このような見方を現在不当利得事例とされているもののすべてにわたって貫きうるわけではない。

このような具体例としては、前節に検討した騙取金員による弁済の事例（〔2・15〕、本書五一頁）をあげることができるであろう。そこではYは自己の債権の弁済として金員を受領している。前段に述べた見方からすれば、金員の受領が債権にもとづく以上「法律上ノ原因」があるということになりそうであるが、最高裁判所は、Yに〝悪意、重過失〟があるか否かによって「法律上ノ原因」の有無が決せられるとし、Yの主観的態様を「法律上ノ原因」の内容としている。(12) 別の例として、やはり前節で検討した転用物訴権の事案を考えてみよう（〔2・14〕、本書五〇頁）。(13) ここでは、修理によるブルドーザーの価値増加がYの受益とされている。最高裁判所判決と後の差戻審の認定からは、Y－M間の賃貸借契約上、賃借人のMが修理費を負担し、そのかわりに賃料を安くすることが定められていた。

そうすると、このケイスでは、Yはその賃貸借契約にもとづき受益し、「法律上ノ原因」があったにもかかわらず、不当利得返還請求が認められたことになる。[14] さらに別の例をあげれば、目的不到達による不当利得に関しても、同様のことがいえる。目的不到達による不当利得のもっとも典型的な事案は、婚姻不成立のときの結納の返還が不当利得法にもとづき認められる場合であろう。この場合、契約の性質については諸説あるものの、当事者間では贈与契約その他なんらかの契約にもとづいて結納が交付されている。ところが、婚姻不成立の場合、判例、学説の多くは、右の契約の効力に立ち入らないまま、結納に関して目的不到達による不当利得返還請求を認めてきた。[15] このような判例、学説は、契約という「法律上ノ原因」にもとづき給付されたものにつき、暗黙に「法律上ノ原因」があることを前提としながら、不当利得返還請求を認めていることになろう。

以上のように考えてみると、多くの不当利得事案の中には、「法律上ノ原因ナク」という要件に適合的な事案と不適合的な事案の双方が含まれているように思われる。実は、この点が不当利得法を解明する鍵とも思われるので、第四章で、明治以来不当利得として争われてきた事案を網羅的に分析することによって、再度検討してみることにしたい。

三　しかし、問題は右の点につきるわけではない。二で、「法律上ノ原因ナク」の要件に適合的な不当利得事案と考えたものの中にも、さらに問題があるように思われる。そこであげた例は、売買契約が無効の場合であった。この場合に、〝売主〟が〝買主〟に端的に不当利得返還請求をすれば、目的物の移転の立証――これによって、単に一つの事実を分解評価したにすぎない「受益」、「損失」、両者の「関連性」の要件が一挙に充足される――とともに、売買契約の無効を立証することによって「法律上ノ原因ナク」の要件が充足され、その返還請求が認められることになる。このかぎりにおいては、「法律上ノ原因ナク」の要件は、きわめて事態適合的である。しかしながら、〝売主〟が〝買主〟に対して、物権的返還請求権を行使した場合には、問題はどうなるであろうか。前にも述べたように、[16] この場合に、〝買主〟が抗弁として売買契約の存在を主張し、〝売主〟が再抗弁としてその無効を主張する展開が考えられる。このように考えると、端的な不当利得返還請求の場合には、売買契約の無効は「法律上ノ原因ナク」の内容として〝売主〟が立証責任を負っていたのに対し、紛争が物権的返還請求を当初請求として展開していった場合には、〝売買契約〟とその〝無効〟は、抗弁、再抗弁として〝買主〟、〝売主〟に立証責任が分断されることになる。紛争内容は同一であり、しかも訴訟において立証されるべき事実もほとんど同一であるというのに、このような差異が生ずるのはきわめて奇妙と思われる。この奇妙というのは、単に感覚的問題にとどまらず、同一事実につき真偽不明に終わった場合には、立証責任が異なるがゆえに請求の仕方によって裁判の結論が逆になることを意味するわけである。問題の根は深いといわなければならない(17)。

四　以上のように考えてみると、学説による「法律上ノ原因」の分類も、必ずしも「法律上ノ原因」という要件の内容を明確にするものではなかった。また、後に述べる第三章の検討結果を先どりしていえば、「法律上ノ原因」についての学説の抽象的な論議も、その要件の内容を明確にするものではなかった。「法律上ノ原因ナク」という要件の文言を文字どおりに解してみても、それに適合的な不当利得事案も存在するが、それに適合しない不当利得事案も多々存在する。そして、その表現に適合的な不当利得事案においてすら、「法律上ノ原因」という要件は、立証責任の問題を考えると、きわめて困難な問題を内包しているのである。

民法七〇三条における「法律上ノ原因」という要件は、不当利得法の鍵ともなる重要な要件であるが、現在までのところ残された問題はあまりに多く、多様な不当利得紛争の相当部分がその要件の枠をはみだしているように思われる。この「法律上ノ原因」の要件の内容を確定することが、本書における不当利得法の分析の基礎となるのであるが、この点は叙述の便宜上第四章に譲ることにする。

（1）「法律上ノ原因」は不当利得の中心的要件ではあるが、その内容は法体系全体にまたがる多様なものであり、学説は従来その全体像をつかみきれずにいた（詳細は、本書第三章、第四章参照）。その結果、教科書その他不当利得を一般的に論ずる文献では避けて通れない問題ではあったが、教科書、モノグラフィーを別にすると、結論を具体的に示す必要に迫られる論文などの形で論ずるものは、比較的少数にとどまった。このようなものとして、石坂音四郎「法律行為ノ原因ト不当利得ニ於ケル法律上ノ原因」改纂民法研究上巻（大正八年）一九九頁以下（初出は、京都法学会雑誌四巻一号（明治四二年）以下）、磯村哲「バルンステット『不当利得に於ける法原因欠缺の特質』」法学論叢四四巻一号（昭和一六年）一七四頁以下、同「不当利得に就ての一考察――利得の不当性を中心として――（一）、（二）、（三）」法学論叢四五巻六号（昭和一六年）八三二頁以下、四六巻一号八〇頁以下、四七巻一号（以上昭和一七年）一一九頁以下、松坂佐一「法律上の原因なきこと」総合判例研究叢書民法⒀（昭和四三年）四七頁以下、土田哲也「不当利得における法律上の原因について」香川大学経済論叢四一巻二号（昭和四三年）六一頁以下などがある。なお、小稿の形であるが著者自身が論じたものとして、「不当利得の要件としての『法律上の原因』とは何か」民法学6（昭和五〇年）二九二頁以下、「不当利得の要件としての『法律上ノ原因』」民法の争点（ジュリスト増刊）（昭和五三年）二六八頁以下などがある。

（2）　本書八九頁以下参照。

（3）　「擬似判例的な先例機能」を、実務における次の現象をさす用語としてここでは用いる。法律の文言解釈などに関する抽象的な一般命題が判決文中に述べられ、それが後の裁判を拘束する判断基準として機能する、という現象。

「判例」の内容に何を含ませるかは、先例となるべき判決をいかに考えるかという、一種の法源イデオロギーの問題である。著者が「判例」と「擬似判例的な先例機能」とを区別したのは、次の考えにもとづく。裁判官の第一次的な関心は、当該紛争を妥当に解決することになくてはならない。そのため、当該結論、そこで述べられた理由（右の一般命題を含む）の妥当性は、第一に紛争事実の具体的利益状況の枠内において保証されなくてはならない。この枠内においては、後の裁判がこれと異なる結論を導くためには、一定の判例変更手続（裁判所法一〇条など）によることが必要となる。これは、同一種類の紛争は同一に解決されなければならない、という衡平の要請に合致する。この利益状況の同質性の枠内において、裁判の結論、および当該結論を導くものに不可欠であった限りにおいての「理由」に関し、「判例」が成立する。

しかし、判決の表現が、常に当該紛争の利益状況をそのまま反映しているとは限らない。裁判官が意図的に一般命題を定立することもあるし、そのような意図がなくとも、判決の言語表現が、言語に不可避的に伴う一般性をもつことがある。このような判決の一般的表現が、当該判決の基礎となった利益状況と異なる状況においても依然として妥当性を失わない場合に、前の判決の表現が参考とされ踏襲されることがある。裁判官が一般的表現であることを意識しながら述べた命題は、異なった紛争状況においても妥当性を維持することが多いであろう。しかし、裁判は、第一次的には具体的紛争の解決をその任務とする。また、三権分立のもとでは、原則として裁判所には一般的法命題の定立権限はない。これら二つの理由から、判決が現実には先例としての機能を果たしていても、紛争の型が異なれば、必ずしも前の裁判例を踏襲する法的要請はなく、裁判変更手続によらずに、前と異なる結論をだしうる。この場合に判決が果たしている先例としての機能を、「擬似判例的な先例機能」と名づけた。

附言すると、「判例」・「擬似判例的な先例機能」と並び、「裁判傾向」という概念は著者は区別して用いている。前二者は、裁判所法一〇条などの手続によって継続性が一定程度担保されている最高裁判所判例に関して成立する概念であるが、後者は、それに限られない。同一事実に関して多数の裁判実例が存在する場合に、裁判官がある程度同質的な法学的素養・感覚をもっているため、類似の判断を下す場合がある。この場合に、多数の裁判実例を数量的に観察することにより、裁判官の判断がほぼ一定のところに収束している場合を、一定の「裁判傾向」がみられる、と表現する。「裁判傾向」を研究した試みとして著者の「判例研究」法学協会雑誌八七巻四号（昭和四五年）五二五頁以下参照。

判例研究の方法論に関する文献の引用は省略するが、石田穣「判例研究の方法」法学協会雑誌九〇巻九号（昭和四八年）一一六三頁には、問題意識として共通する面が存する。

（4）具体的判例については後述するが（本書一一六頁）、そこでの引用のほかに、山口地判昭和四二年一二月七日下民集一八巻一一・一二号一一五三頁、東京地判昭和二六年五月八日下民集二巻五号二八一一頁など参照。

（5）松坂・前掲「法律上の原因なきこと」総合判例研究叢書民法⒀四七頁以下、我妻栄編著・四宮和大執筆『判例コンメンタール⑥事務管理・不当利得・不法行為』（昭和四四年）三四頁以下。

（6）後に引用する我妻博士の分類（旧説）とほぼ同内容の分類を唱えていたものとして、石坂・前掲「法律行為ノ原因ト不当利得ニ於ケル法律上ノ原因」改纂民法研究上巻二八七頁以下、末弘厳太郎『債権各論』（大正八年）九五四頁以下、鳩山秀夫『日本債権法各論下』（大正九年）八〇一頁以下。また、川名兼四郎『債権法要論』（大正四年）六七九頁以下も、大筋としてはほぼ同様といえる。これらの諸学説とドイツの学説との関連については、本書九八頁注（3）参照。

（7）我妻栄『債権各論下巻一（民法講義V4）』（昭和四七年）九八七頁以下。これは、我妻栄『事務管理・不当利得・不

法行為』（新法学全集一〇巻）（昭和一二年）五三頁以下の説をやや修正したものである。旧説では、第Ⅰ類型はⓐ〜ⓒの小類型に分れ、ⓓの小類型は存在しない。第Ⅱ類型は、内容的には(i)〜(v)の分類とそれほど異なるわけではないが、次の七つに細分されていた。「利得が利得者の事実上の行為に基く場合、利得が利得者の法律行為に基く場合、利得が利得者の執行々為に基く場合、利得が損失者の行為に基くもその意思に基くものに非ざる場合、利得が第三者の行為によつて生じた場合、利得が直接に法律の規定によつて生ずる場合、利得が事件の事実的効果として生じた場合」（同書五七―六三頁）。

（8）松坂佐一『事務管理・不当利得』（法律学全集22）（昭和四一年）六五頁以下、注（5）引用の諸文献などは、我妻旧説の分類とほぼ同内容である。

（9）給付による利得の場合の causa の性格を、「給付の目的」と解することにより説明する立場は、レーネルなどのドイツ普通法の学説以来、現行ドイツ民法下におけるユングその他の学説、そして日本の学説へと受けつがれてきた（O. Lenel, Die Lehre von der Voraussetzung (im Hinblick auf den Entwurf eines bürgerlichen Gesetzbuches), AcP 74 (1889), 213 ff.; E. Jung, Die Bereicherungsansprüche und der Mangel des „rechtlichen Grundes", (1902), S. 56ff. 石坂・前掲「法律行為ノ原因ト不当利得ニ於ケル法律上ノ原因」改纂民法研究上巻二七九頁以下、川名・前掲『債権法要論』六七八頁以下、末弘・前掲『債権各論』九四三頁以下、鳩山・前掲『日本債権法各論下』七九六頁以下、その他）。しかし、その学説史的伝統にもかかわらず、これが給付による不当利得の成否を判断する基準たりうるか否かは、疑わしい。これを伝統的諸学説のように、弁済目的、贈与目的などの、「動機…ト…区別」されたところの「出捐ノ直接ノ目的」と解するかぎり、目的概念はかなりはっきりとした内容となり、判断基準としての意味をもちえよう（括弧引用は、鳩山・前掲『日本債権法各論下』七九五頁以下）。しかし、この「出捐ノ直接ノ目的」という概念規定のうちに、目的不到達の場合の結納の返還などの事例（嫁資ノ目的、causa dotis）が入るか否かに疑問が生ずる（磯村・前掲「不当利得に就ての一考察（二）」法学論叢四六巻一号八二頁はこの意か）。また、我妻説における目的概念は必ずしも右のような限定をもっていないように見受けられる。この場合には目的概念自体がやや曖昧となるため、判断基準としての機能を充分果たしえない危険が生じよう。

（10）ここでⓓを除いたのは、第Ⅰ類型中ⓓの小類型は、ⓐⓑⓒの分類と異なる観点に立つ（ⓓに属する事例は、同時にⓐⓑⓒにも属し、二種の分類は重複する）、と思われるからである。我妻・前掲『債権各論下巻一（民法講義V_4）』九八七頁参照。
(11) F. Leonhard, Besonderes Schuldrecht des BGB., (1931), S. 477. 本書九九頁注(17)に引用したエンネクツェルスの分類に対する批判である。
(12) この種の事案をどのように考えるべきかについて、本書六三七頁以下参照。
(13) 福岡高判昭和四七年六月一五日判時六九二号五二頁〔14・5〕、本書六八四頁以下。
(14) 転用物訴権事案と「法律上ノ原因」の関係をどのように考えるべきかについては、本書六九九頁以下参照。
(15) 叙述が重複することになるので、判例、学説などについては、本書六五二頁以下参照。
(16) 本書五頁。
(17) この問題を解決するのが、第三部の統一的請求権の議論である。

第五節　効果論

一　本節の目的は、民法典が定めた不当利得の効果の基本構造が、実務における紛争解決の判断基準として実際にどの程度機能しているか、を分析することにある(1)。

不当利得の効果の枠組を、民法は次のように定める。まず、受益者の善意、悪意という主観的態様を、返還義務の範囲を定めるメルクマールとする。返還義務の範囲は、受益者善意の場合には現存利益、受益者悪意の場合は受けた利益に利息を附し、かつ、損害があれば賠償義務が加重される。善意の不当利得であっても当初の受益がそのまま現存している場合と、悪意の不当利得であっても原物返還のみが問題になる場合(2)を一場合として考えると、裁判実例における返還義務の範囲は、四種の場合がありうる。すなわち、善意による責任軽減として、受益よりなんらかのものが

善意	利得減少	(i)
	原物の返還	(ii)
悪意	〃	
	利息附与	(iii)
	損害賠償義務の加重	(iv)

控除される場合（i）、受益そのものが返還対象となる場合（ii）、悪意による責任加重として利息が附与される場合（iii）、悪意による重度の責任加重として損害賠償義務を負う場合（iv）。実務をみると、この四種がすべてひとしく機能しているわけではない。（ii）（iii）の効果は、不当利得の効果の原則規定と意識されてか、比較的容易に認められている。しかし、（i）を認める実務の要件はかなり厳しく、（iv）は、当事者がこの構成を主張することが少ないこともあって、あまり認められていない。

また、これら四つの結論の要件である受益者の主観的態様――受益者の善意・悪意――は、民法典の規定どおりには働いていない。受益者の主観的態様を問題としていない例が非常に多く、かつ、受益者善意の場合に悪意の効果、受益者の悪意の場合に善意の効果が認められた例もあり、（i）、（ii）、（iii）の境界はかなり流動的である。

本節では二以下においてこのような返還義務の範囲に関する裁判実例を分析することにしよう。

なお、その分析に入る前に一言すると、右に述べた以外にも、不当利得法の効果に関し、実務において争われた問題は多岐にわたる。不当利得法の効果のかなり基本的な問題においても、矛盾した判例が、必ずしも意図的な判例変更ではないまま、存在している。受益者が取得物を処分した場合に、その利得を客観的価格として考えるのか、それとも現実の取得額と考えるのか(3)。履行済双務契約の無効の場合に、二つの不当利得返還請求権が対立するのか(4)、双方の給付を勘案した上で生じた一個の経済的利益の上に不当利得返還請求権が成立するのか(5)、等々。

実務における争点を離れれば、次の点も問題となろう。無効・取消により契約が法的効力をもたなくとも、不当利得法により事実上契約が実現される場合があるという点である（これを、本書では「不当利得法による事実的な契約実現」と名づける）(6)。次の裁判例はその典型である。不動産の管理を目的とする信託契約が締結されたが、一方当事者に意思能力がなく契約は無効であった。その者が支払済の信託報酬金を不当利得としてその返還を請求したが、その者にも相手方の管理行為による不当利得があることを理由に、その請求は棄却された。ここでは不当利得の構成要件に即して効果を附与することによって、無効なはずの契約が実現されたことと同じ結果となる。同じ状況は、賃貸借契約の無効、金銭消費貸借契約の無効などの場合にも生じうる。金銭消費貸借契約の無効を理由として、一定期間経過後に不当利得として金員の返還を請求したとする。当初の契約に利息の定めなくして、不当利得返還に関しても受益者善意とされた場合[7]、逆に利息の定めがあって、受益者悪意とされた場合は、不当利得返還義務と消費貸借契約上の返還義務とは、利率の差異などの問題はあるとしても、大筋としてはそれほどの差異がなくなる。法的効力はともかく社会的事実として存在した契約関係をもはや消滅させることはできないので、この結論はある意味では不可避的ではある。この意味ではこの問題は後に分析するように解除における解約告知論と同根の問題であろう。しかし、解約告知論は遡及的解除が不可能であるという現実を直視した議論である半面、解除（解約）原因の意味を半減させる――ないしさせざるをえないという――議論でもあったが、それと同様、不当利得についての右の議論が、法が定めた法律行為の無効・取消事由の機能を失わせるものであることも、また事実である。「不当利得法による事実的な契約実現」の現象が生ずる場合に、当事者間の利益の調整と、法が定めた無効・取消原因との調和をいかに図るかは、きわめて困難な問題として残る[8]。

しかし、これらの個々的問題の分析は必要に応じて第二部において行なう。ここでは、民法典が定めた不当利得制度の効果の基本構造が、実務における紛争解決の判断基準として、どの程度機能しているか、という点に問題を絞る。

二　責任軽減（i）――受益者〝善意〟の場合

民法七〇三条の構成からは、善意者は「利益ノ存スル限度ニ於テ」返還義務を負う。起草者がこれを善意者の責任軽減として意識していたことは疑いを容れない[9]。しかし、一般に実務は、善意者の返還義務を軽減することにはかなり厳しい態度をとっている。後に述べるように、判例は利得は現存することを推定しており、返還義務が減縮されることは例外となる。また、具体的認定においても実務は厳しい態度を維持し、ほとんどの事例において、利得は現存する、と認定している[10]。

不当利得した金員を、他の第三者から借りたものと誤りその者に弁済してしまった場合[11]、またはその金員を第三者が費消してしまった場合にも[12]、求償の可能性があることを理由に、利得は現存する、とされる。生活費に費消した場合も、一部例外はあるが（後述）、消極的に財産の減少が防止されたとして利得の現存が認められる[13]。利得した金員をもって友人の窮状を救助するために支出し[14]、または家の移転、改築をしても[15]、利得がかりになければこれらの行為がなかった、という可能性などは考慮されない。それどころか、売買契約取消の場合の売買代金の不当利得返還請求にさいし、反対給付の取戻のための訴訟費用の控除も認められていない[16]。

不当利得に関する裁判実例において、受益者善意の場合に責任軽減が認められているのは、次の三つの型のものに限られるようである。

(イ)　受益に関連して支出がなされた場合

〔2・16〕　東京地判昭和四四年五月三〇日ジュリスト四四三号六頁。

契約無効にもとづく金銭の取戻の事案において、その契約に関連した支出は控除されるとし、次のように述べた。

「金銭の受領が法律上の原因を欠くに至つた理由が、金銭の授受の原因たる契約無効によるものであるような場合、利得者が受領した金銭を契約締結の費用や契約上の義務履行のために使用し、その使用による利益が利得者に残つていないときは、その使用した金銭は利益として現存していないものと考えるのが相当である。」

〔2・17〕　東京地判昭和三七年四月一二日下民集一三巻四号七二八頁。

株式の利益配当金を受領した株主名簿上の名義株主Yに対し、実質株主Xの不当利得返還請求が認容された。そのさい利益配当金に対する所得税、Yの譲渡の直接の相手方に債務の履行として引き渡した配当金の一部、の控除を認めた。

「控訴人の現に存する利益は、右の所得税並びに前記A証券に対し引き渡した金員を、それぞれ差引いた金

N円であるといわなければならない。」

(ロ)　不当利得である受領した金員を生活費として費消しても、一般の事例では利得の現存が認められている、とさきに述べた。しかし、利得の現存がないとして、不当利得の返還義務を全面的に否定した例がある。

〔2・18〕　大判昭和八年二月二三日新聞三五三一号八頁。

陸軍軍人遺族扶助料の誤払を受けたYに対し、X（国）が不当利得返還請求をした。裁判所は、Yが無資産であること、誤払金が一家の生活のために費消しつくされたことなどを認定し、現存利益がないとして、Yの不当利得返還義務を免除した。

右以外にも、恩給法にもとづく遺族扶助料に関し、ほぼ同様の下級審判決がみられる。[17]　さきに述べたように、一般には利得を生活費に費消しても利得は現存するとされるのに、なにゆえにこれらの事案においては、現存利益がないとされたのであろうか。一方当事者の困窮度、他方当事者が国であること、認定はされていないがおそらく国の過失が原因であろうこと（認定されているのは、Yの善意にとどまる）、等々に原因があって、権利濫用的考慮がなされたものと想像される。[18]　現存利益の認定に関して、単なる受益者の善意のみならず、暗々裡のうちに双方当事者の「過責」およびその他の諸般の事情が考慮されることの一例といえよう。従来の衡平説的不当利得像を前提とした場合に現存利益の存否に関し、「不当利得関係の当事者即ち不当利得返還請求権者と返還義務者と双方の態度を具体的に精査しその過責を考量斟酌して場合に従い何れかを決すべきであつて抽象的概念的に決すべきではない」[19]、と主張した谷口教授の解釈論が、ある場合には一定程度の妥当性を有することを例証する裁判実例といえよう（ただし、当事者がXの過失が不当利得返還義務の成否に影響する、と正面から谷口説的な主張をした場合に、これを否定した下級審判決がある）。[20]

なお、権利濫用的な考慮が、「現存利益」の不存在という形をとって争われる例は、不当利得では思いのほか多い。右には遺族扶助料をめぐる国と市民との間での不当利得紛争の例をあげたが、銀行のコンピューターミスにより不渡手形の支払いを受けたものが――第三者との法律関係まで配慮すると受益しているともいえない事案において――現存利益なしとして不当利得返還義務を負わないとされた例がある。[21] これなども、事案を総合勘案した上で、権利濫用的な考慮がなされたと理解するほうが適当なように思われる。

(ハ)　右に述べた谷口説的な「過責の考量」を正面から採用した下級審判決がある。受益者が受益財貨の取得にさいし、第三者に対価を支払っていた場合、返還義務の範囲は対価控除額か、それとも対価不控除額かが問題となりうるが、大審院には、それを不控除額とした例があった。[22] それに対し、右の下級審判決は、不当利得返還両当事者の過責を比較較量した結果、当該事案には控除説が適当であるとしたものである[23]（事案の詳細については〔2・11〕、本書四二頁参照）。

以上を総括すると、次のようになる。善意の場合の責任軽減は、きわめて例外的にしか認められていない。そして、これを認める場合も、必ずしも単純に受益者の善意・悪意からのみ判断されているわけではなく、双方当事者の過責などの較量が暗々裡に行なわれている場合も見受けられる。

もし、受益者善意の場合の現存利益の問題が右にとどまるならば、比較的問題は簡単である。「過責の考量」にしても、受益者の善意・悪意だけでは利益較量の基準として粗雑にすぎるため他の要素も考慮すべきであるとして、民法典の構成をより緻密に「修正」した、ともいえるからである。民法典の構成にとって致命的なのは、一見当然に思われた、(イ)の実例（〔2・17〕）が、実は、受益者〝悪意〟の場合に、責任軽減を認めた事例であったことにある。これを、受益者〝悪意〟の場合の責任加重の問題とともに、次に論ずることにしよう。

三　責任加重（(iii)、(iv)）――受益者〝悪意〟の場合

受益者の善意、悪意により不当利得の効果を異ならしめたのは、それによって受益者の帰責の程度が異なる、と起草者が考えたためにほかならない。起草者は、悪意の受益者を「故意ニ不当利得ヲ受ケタル者」と考え、悪意を不法行為責任におけると同じような帰責事由、と考えていたようである。[24] しかし、不当利得紛争の実際をみてみる

と、受益者の善意・悪意がそのまま帰責事由につながるとは限らない場合が、多々あるようである。

悪意とは、「法律上ノ原因」がないことを知っていること、とされる。しかし、この意味における悪意が帰責事由とはならない場合が多く、その場合、実務は、善意・悪意という財貨受領者の主観的態様をもはや問題としない。このような事例としていくつかのものをあげることができ、さきに述べた〔2・17〕はその一例であった。

株主名簿上の名義株主と実質株主との分離が右判決〔2・17〕のように株式譲渡によって生じた限り、名義株主は自らが実質株主でないことを常に知っているはずである。したがって、名義株主は、自らが配当金受領権限がない（「法律上ノ原因」がない）ことにつき悪意、ということになる。しかしながら、民法七〇四条に従って、名義株主に利息附与、損害賠償責任を認めることは妥当でない。この場合、不当利得関係を生じさせた原因者は、不当利得返還請求者（実質株主）である。実質株主が名義書換手続を怠ったからこそ名義株主が配当金を受領したのであって、帰責事由は、〝悪意〟の名義株主ではなく、実質株主にある。したがって、形式的には〝悪意〟の名義株主に、さきの判決例は、〝善意〟の場合の責任軽減を認めたのである（〔2・17〕の判決は、「現に存する利益」の表現を用いる）。

ここにおいては、受益者の〝善意〟・〝悪意〟というメルクマールが、帰責事由の徴表とはなっていない。このような事態は、名義株主と実質株主との分離の場合以外でも生ずる。受益者の〝悪意〟がそのまま帰責事由を意味しない例は、不当利得法の個別的事例においてはかなり見受けられる。しかし、個々的に事例を検討することは煩瑣なので、ここでは右事例以外に、裁判実例として比較的多くみられる次の二種の例をあげよう。

まず、留置権、同時履行の抗弁権を有する者が、その物を使用した場合を考える。この場合、他人の物の使用を理由として留置権者などは不当利得返還義務を負う、とされる。留置権者、同時履行の抗弁権を有する者は、通常自己に使用権限がないことを知っているであろうが（すなわち、〝悪意〟の受益者）、この場合の悪意は、責任加重を正当化するだけの帰責事由とはならない。実務は、この場合、受益者の善意・悪意を問題とせずに、賃料相当額の返還義務を認めるのが通例であり[25]（ii）、悪意者としての利息附与、損害賠償義務（iii）（iv）を認めた例はない。

次に、婚姻不成立による結納の返還などの事例（目的不到達による不当利得）を考える。善意、悪意のみを問題とするならば、婚姻不成立を知ったときから、結納保有者は自己に結納保有原因がないことを常に知っており、悪意となる。しかし、婚姻不成立に至るのは相手方の事情に原因することも多く、自己に保有原因がないことを知っていただけで責任を加重されるのは、いかにも妥当性を欠く。このように、財貨受領者の善意・悪意以上に、先行する事態について両当事者の帰責を考えうる場合、不当利得返還を認容した裁判実例は、返還義務者の善意・悪意により返還義務の範囲を異ならせることなく、常に原物返還（ⅱ）のみを認めている。[26]

さきに二に述べたように、受益者善意の場合にも責任軽減が認められることは例外的であり、これら二種の裁判実例においても現存利益による責任軽減が認められた例は見当らない。しかし、一定の事情のもとにおいては、名義株主の配当金受領の事例（〔2・17〕）と同様に、財貨受領に「法律上ノ原因」がないことにつき〝悪意〟のこれらの財貨受領者に、現存利益による責任軽減が認められる可能性もありうる。

以上検討したように、民法典起草者の予期に反し、不当利得紛争における受益者の善意・悪意は、そのまま受益者の帰責事由の有無を意味するものではなかった。[27][28] したがって、受益者〝悪意〟の場合に、現存利益という善意受領者に予定されていた責任軽減を認める例が出現した。そして、逆に、受益者〝善意〟の場合にも、利息附与という〝悪意〟の受益者に認められる効果を与えることが、判例上承認された（〔2・19〕参照）。ここにいたり、受益者の善意・悪意をメルクマールとする民法典の不当利得の効果の基本的枠組は、完全にその機能を失うことになる。

四　返還義務の原則的範囲（ⅱ、ⅲ）

不当利得の返還義務は、責任軽減や責任加重（特にⅳ）がきわめて例外的にしか認められないことにより、大部分が原物返還、または受益額の返還となる（ⅱ）。この範囲の返還義務が認められた事例は、枚挙にいとまがない。判例も、利得の現存は推定されるとして、ⅱを不当利得返還義務の範囲の原則と考えていることだけをここでは指摘し、具体的事案の引用は省略しよう。[29]

しかし、原物返還ないし受益額の返還を原則とする構成は、金銭受領が不当利得となる場合の一部に関し判例により変容をうけることとなった。受益者善意の場合にも、金銭返還に関しては利息返還義務も含むことを原則とするかのような判例があらわれたのである。

〔2・19〕　最判昭和三八年一二月二四日民集一七巻一二号一七二〇頁（〔2・10〕、本書三六頁参照）。

銀行Yが、株式会社Xより金員を受領した。XよりYに対する不当利得返還請求が認容され、返還義務の範囲が争われた。最高裁判所は、返還義務に利息相当額も含めた。[30]

最高裁判所は、右判決の法律構成中に現存利益の語を用いている。しかし、右の結論が善意者に対する責任軽減の問題でないことは、疑いを容れない。[31] 直截にこの判決の結論をみるならば、善意受益者も一定の状況のもとでは悪意者と同様に利息附与を含めた[32]不当利得返還義務を負う、としたことに本件の意味が認められよう。金銭受領が不当利得とされる場合に、返還義務の範囲に利息を含ませるべきではないかという問題は、本件に始まるものではない。下級審では古くやはり善意の銀行業者に利息返還義務を認めた例があり[33]、微妙な問題であったといえる。[34] 民法起草者は、民法七〇四条の定める効果を、前述したように受益者悪意の場合の責任加重と意識していた。この効果のうち、損害賠償義務は、帰責を前提とする責任加重、というのにふさわしかった。しかし、利息返還義務は、常に帰責が前提となるような重い責任加重であると考えると、銀行などのように直截に金銭運用を営業としている者が被請求者の場合には必ずしも一般の意識にそぐわないように思われる。このため、右判決のような事案においては、帰責を前提としないまま、利息附与の効果が認められたと考えられる。

五　以上みたように、受益者の〝善意〟・〝悪意〟は、そのまま不当利得返還当事者の帰責判断として意味をもつとは限らない。また、責任加重として規定されている悪意者の利息返還義務も、内容としては必ずしも常に帰責を前提としなければならないほどの責任加重ともいえない。このような状況のもとで、実務は、善意受益者にも〝悪意〟の効果（利息返還）、悪意受益者にも〝善意〟の効果（現存利益による責任軽減）を認めており、民法典の定める不当利得の効果の基本構造は、実務において必ずしも貫徹されていない。民法典起草者が典型的に予想した〝善意〟・〝悪意〟が一種の帰責判断となるような事例にはその構成も妥当するのであろうが、受益者の〝善意〟・〝悪意〟が当事者の帰責の徴表とならないところでは、民法典の構成とはなれて、判断が下されている。また、民法典は、善意者の責任軽減、悪意者の責任加重（賠償義務）を規定しているが、実務においては原物返還が主流であって責任軽減や責任加重が認められるのはきわめて例外的である、といえる。不当利得法においては、その要件のみならず、効果においても、民法典の構成が必ずしも全面的に機能していないことは明らかである。

（1）　民法七〇三条、七〇四条が規定する効果に関しては、分析内容との関連から本書三三一頁以下でも検討することとなるので、同所の叙述と、そこにおける文献の引用をも参照されたい。また、不当利得の効果の問題に関しては、返還義務の対象となる「受ケ」たる「利益」が、現実に受けとった利益という物理的概念なのか、不当利得の前後における財産状態の差（いわゆる差額説）という経済的概念なのか、という問題がある。しかし、この、物理的受益概念と経済的受益概念の問題は、本章では第三節の「受益」概念の問題として取り扱ったので、ここではとりあげない（本書三一一頁以下参照）。

（2）　民法七〇四条は、単なる原物返還の場合をも包含するとの見解と、原物返還の場合にも金銭評価をした上で利息が附与される、との見解が対立する（前説、我妻栄『債権各論下巻一（民法講義V4）』（昭和四七年）一一〇八頁、松坂佐一『事務管理・不当利得〔新版〕』（法律学全集22-I）（昭和四八年）一一五頁。後説、末弘厳太郎『債権各論』（大正八年）九九八頁、鳩山秀夫『日本債権法各論下』（大正九年）八三七頁）。実務においては、原物返還を認めるさいにわざわざ受益者の悪意は認定されていないようであるが、原物返還にさいし金銭評価をし、利息を附した例も見当たらない。原物返還を請求するさいには、民法七〇四条の悪意を立証する迂路をとらずに、民法七〇三条の原則規定によって処理するのが実務の通例のようである。事案としては当然受益者悪意と思われる場合にも、受益者の悪意を明示することなく、原物返還を認めた例は多数存在する。

（3）　前者の立場をとったものとして、大判昭和一一年七月八日民集一五巻一六号一三五〇頁。後者の立場をとったものとして、大判昭和一二年七月三日民集一六巻一六号一〇八九頁（〔2・8〕、本書三二一頁。転売代金の返還を認めた）、大判昭和九年一〇月三〇日裁判例(8)民二五三頁（他人の物の賃貸の事案。相当賃料ではなく現実に取得した賃料を返還すべきであるとした）。

（4）最判昭和四七年九月七日民集二六巻七号一三二七頁、最判昭和二八年六月一六日民集七巻六号六二九頁、大判昭和二年一二月二六日新聞二八〇六号一五頁（〔4・15〕、本書二九一頁）。このうち、前二判決は二つの請求権に同時履行の関係を認め、最後の判決はそれを否定し、二返還請求権対立説のなかでもまた対立があった。

（5）法律構成がやや明確でないため、必ずしも本文に述べた事案であると断言はできないが、大判昭和一五年三月九日評論二九巻民法六六九頁（〔12・1〕、本書六一九頁以下。二返還請求権対立の立場からは、本件は相殺がなされるべき事案であった、といえよう）。

（6）前注引用判例。

（7）東京控判大正一五年九月二八日評論一六巻民訴二三一頁。

（8）「不当利得法による事実的な契約実現」の問題と、それを出発点としながら、いわゆる無効、取消の意味を論じたものとして、本書四二二頁以下。

（9）梅謙次郎『民法要義巻之三債権編』（明治三九年）八六五頁以下。

（10）また、不当利得返還義務者が、現存利益の不存在を理由として責任消滅を主張した場合に、返還義務に関する特約を認定し、右の主張を排斥した例もある（最判昭和四六年四月九日民集二五巻三号二四一頁。なお、この特約の解釈に関し、江頭憲治郎「判例研究」法学協会雑誌九〇巻七号（昭和四八年）一〇四〇頁参照）。事実認定によってではなく、他の法律構成を用いることにより、返還義務消滅の主張を排斥した例である。

（11）大判大正一二年二月二一日民集二巻二号五六頁（〔13・6〕、本書六四九頁以下）。

（12）大判昭和五年一〇月一五日新聞三一九九号一三頁。

（13）東京区判大正一三年六月一四日新聞二五〇三号一二頁（民法一二一条に関しては大審院判例が存在する。大判大正五年六月一〇日民録二二輯一一四九頁、大判昭和七年一〇月二六日民集一一巻一九号一九二〇頁）。

（14）民法一二一条に関してであるが、広島区判昭和七年(ヘ)一六五号新聞三五一〇号九三頁（裁判年月日不明）。

（15）新潟地長岡支判昭和四五年二月一九日訟務月報一六巻四号三五六頁。

（16）大判昭和五年一〇月二三日民集九巻一一号九九三頁。

(17)　高松高判昭和四五年四月二四日判タ二四八号一四七頁。なお、類似事案における、ドイツ、オーストリアの判例を紹介したものとして、川村泰啓「『所有』関係の場で機能する不当利得制度（七）」判例評論一二八号（昭和四四年）四頁以下参照。
(18)　好美清光「不当利得法の新しい動向について（上）」判例タイムズ三八六号（昭和五四年）一二頁。
(19)　谷口知平『不当利得の研究』（昭和四四年）四二四頁。
(20)　東京地判昭和四年六月一七日評論一八巻民法一〇一四頁。ただし、受益者に要保護性が認められない事案であった。
(21)　福岡地判昭和五三年四月二一日判時九〇一号九〇頁。なお本件に関しては、中馬義直「コンピューターの操作ミスによる不渡手形の支払いと不当利得の成否」（昭和五四年度民事主要判例解説）判例タイムズ四一一号（昭和五五年）一一〇頁、古板悦二郎「最近の判例から」金融法務事情九二五号（昭和五五年）四七頁参照。また、大阪地判昭和四六年九月二一日判タ二七一号三三一頁などもこのような観点から理解すべきもののように思われる。
(22)　大判昭和一二年七月三日民集一六巻一六号一〇八九頁（〔2・8〕、本書三二頁）。
(23)　高松高判昭和三七年六月二一日判時三〇九号一九頁（〔2・11〕、本書四二頁）。
(24)　民法修正案理由書第七〇三条。なお、悪意の不当利得と不法行為の関係についての起草過程での議論の詳細については、本書三六九頁参照。
(25)　最判昭和三五年九月二〇日民集一四巻一一号二二二七頁（〔4・13〕、本書一八五頁）、大判昭和一八年二月一八日民集二二巻三号九一頁、大判昭和一七年一〇月二七日新聞四八二一号九頁、大判昭和一三年一二月一七日新聞四三七七号一四頁、大判昭和一一年五月二六日民集一五巻一二号九九八頁、その他多数。
(26)　大阪控判大正五年一〇月三〇日新聞一一八九号二三頁（上告審では結納保有者の善意・悪意が争点となったわけではないが、大審院でもこの結論が維持されている。大判大正六年二月二八日民録二三輯二九二頁（〔4・7〕、本書二四六頁以下および〔13・7〕、本書六五四頁））。また、鳥取地判昭和二七年八月一三日下民集三巻八号一一三三頁（〔2・3〕、本書二四頁）。
(27)　山中論文には、次のような問題提起がある。「利得者の善意悪意という区別が、ときにはたして妥当か否か疑しいときもある。被強迫者は、強迫により取消しうべきことを震えあがるほどよく知っているが、かれが強迫で受けとらされたものについて、悪意の責任をおうべきものにしてよいか。善意悪意という標準じたいが、ここではピッタリせぬのではないか」（山中康雄「不当利得法のあり方」愛知大学法経論集四〇号（昭和三七年）一三頁）。山中教授のいう「ピッタリせぬ」とは、次のように敷衍できるであろう。右事例において、不当利得が生じた帰責事由は強迫者にある。ところが、民法典は受益者の〝悪意〟を責任加重のメルクマールとするため、それを文字通り適用すれば、被強迫者も法律行為取消事由（強迫の事実）に関し、悪意となる。したがって、論理的には加重された責任を負うことになるが、この事例も、民法典起草者の予期に反し、受益者の悪意が必ずしも帰責事由とならぬため、「ピッタリせぬ」事態が生ずるのである。

(28)　民法典起草者は、悪意の不当利得を不法行為類似のものとして考えていた。「本条ハ故意ニ不当利得ヲ受ケタル者ニ対スル特別規定ニシテ或ハ不法行為ニ関スル規定中ニ掲載スヘキモノナリト雖モ」と、民法修正案理由書第七〇三条には記されている。したがって、民法典起草者が本条に典型的に予想していた不法行為的な不当利得については、本条の内容は適合性をもつ。自己の土地に植えられた他人の立木を伐採・売却した場合、債権が存在しないことを知りながら、競売代金から配当をうけた場合、など（大判昭和四年二月一四日新聞三〇一六号一〇頁、横浜地判昭和四年一一月五日新聞三〇七四号九頁）。しかし、受益者悪意であっても、不法行為的でない事案には本条を適用しうるか否か慎重でなくてはならない。下級審判決には、契約の合意解除の場合に、受益者悪意であるとして本条を適用した例がある（大阪地判昭和二九年三月二五日下民集五巻三号四一九頁）。この事例は、利息附与の効果——これ自体**四**に検討するように必ずしも帰責を前提とせずに認めうるものとも考えられる——を認めただけであり、結論が特に不当というわけでもなかった。しかし、合意解除の場合に、論理的には一般に受益者悪意といえるにしても、一方当事者に損害賠償義務を認めては、特段の事情がある場合を除き結論がきわめて不当となることは明らかであろう。本条は、不法行為的な不当利得を規律することを目的とするものであるが、悪意という法律構成はその目的に必ずしも適合的とはいえなかった。そのため、本条の趣旨は充分理解されることなく、あまり活用されることもなかった。裁判例では、一方当事者の詐欺ともいえるような事案において本条が適用されず、利息附与の効果すら与えられていない場合などが、かなり見受けられる。

(29)　大判明治三五年一〇月一四日民録八輯九巻七三頁、大判明治三九年一〇月一一日民録一二輯一三三六頁、大判大正八年五月一二日民録二五輯八五五頁、大判昭和五年一〇月一五日新聞三一九九号一三頁、大判昭和八年一一月二一日民集一二巻二三号二六六六頁、大判昭和一六年一二月五日民集二〇巻二四号一四四九頁（〔4・3〕）、本書一四〇頁）。

(30)　最高裁判所は、その法律構成において、民法一八九条の適用を排斥し、「運用利益」という構成を採用した。金銭に関しては、銀行業務による「運用」、商人の資本としての「運用」、一般私人の貯蓄としての「運用」などを観念しうるがゆえに、後の判例いかんによっては、この判決は非常に広い範囲にわたり先例機能を果たす可能性がある。

(31)　星野英一「判例研究」法学協会雑誌八三巻九・一〇号（昭和四一年）一四一六頁、民事判例研究第二巻2債権（昭和四七年）五二〇頁以下参照。

(32)　ただし、利息の内容において両者にやや差異があり、本件は、「商事法定利率により利息相当の運用利益（臨時金利調整法所定の一箇年契約の定期預金利率の制限内）」としている。

(33)　東京地判明治三九年一二月二一日新聞四〇六号六頁。

(34)　たとえば、この問題を論述する丸山英氣「不当利得と返還義務の範囲」（セミナー法学全集11）民法Ⅳ債権各論（昭和四九年）二四三頁以下参照。

第六節　総括的展望
――立証責任論をふまえて――

一　以上本章に分析したところをまとめると、次のようにいうことができるであろう。

不当利得の構成要件は、現実の裁判実務において充分に機能を果たさず、要件に即した形では事実認定がされていないことが多い。これは、現行不当利得法の構成要件のたて方が現実の紛争態様に即応していないという立法技術的拙劣さを暗示している。一方の極には要件としての機能をまったくもたない「他人ノ財産又ハ労務ニ因リ」の文言があるが、これほど極端な例ではなく、それなりに要件としての意味をもっている文言であっても、それを仔細に吟味してみると、これらの文言が不当利得の多様な紛争態様の一部にしか妥当しないものであることが判明する。

まず、「受益」、「損失」、両者の「関連性」の要件を鼎立させる構成も、多当事者間の不当利得関係には適合するものの、不当利得事案の大部分を占める二当事者間の不当利得には適合しない。「法律上ノ原因ナク」の語も、その表現が適合的な事案も存在するものの、騙取金員による弁済、結納返還事案、転用物訴権事案など、それが適合しないものもある。また、効果にしても、民法典が採用した、返還義務者善意の場合の責任軽減、悪意の場合の責任加重という構成も、民法起草者の予期に反し〝善意〟〝悪意〟が必ずしも帰責事由とならないため、貫徹されておらず、現に実務では混乱が生じている。

このように、各文言が、広汎な不当利得の紛争態様のなかで、部分的な適合性しかもたないとしたら、部分的ではあれ、それが適合する範囲を確定することが必要となろう。しかしそれは、第二部以下で行なう不当利得の紛争態様の性格分析と密接不可分の関係にある。そこで、本書では、前述した「他人ノ財産又ハ労務ニ因リ」の文言をも含め、現行不当利得法の要件、効果文言のそれぞれが不当利得法のどの範囲で意味をもつかは、第二部以下の分析をもふまえた上で、結章にまとめて記すことにする[1]。

二　次に、各要件、効果文言の内容ないし機能について考えてみることにしよう。

まず、「受益」、「損失」の要件は、不当利得法の適用対象となる財貨移転ないし利益移転を特定する機能をもつものであった。しかし、実務を網羅的に検討してみると、これらの要件が右以外の機能を果たす余地がないわけではなかった。具体的に例をあげれば、まず、「受益」、「損失」の要件が不当利得返還請求権の補充性を認めるという機能を果たす可能性があった。しかし、判例においては一般論として不当利得返還請求権の補充性は否定されるし、私見においてもそれは否定されるべきものと思われる。

次に、伝統的に受益と損失の「因果関係」と呼ばれていた要件は、その内容において因果の関係を問題とするものではなく、受益と損失との「関連性」を確保することを目的とするものであった。そして、この「関連性」の具体的内容は「受益と損失との発生原因の同一性」につきるように思われる。

この要件に関しては、日本とドイツの従来の議論を前提に考えると、受益と損失の関連（因果関係）が「直接」であることを要求することによって、「直接性」の要件に二重原因欠缺、転用物訴権、騙取金員による弁済の事案において不当利得返還請求権を否定するという機能を営ませることが可能であった。しかし、現在の判例は、不当利得返還請求権や物権的請求権の形で右の三場合に直接的な請求を認容している。また、私見としても、判例の結論そのものには異論があるものの[2]、これらの事案において「直接性」の要件を必要と考えるものではない。そもそも、「直接性」の要件は、学説継受期に転用物訴権をめぐる問題の実質が理解されないままに形式的にドイツ法から輸入されたためにわが国で種々の混乱をひきおこしていたものにすぎない。このような事情と、判例、私見の結論を前提とした場合には、「直接性」の要件はもはや不要というべきであろう。このように考えると、「関連性」の要件は、受益と損失とを結びつけるものであって、不当利得法の適用対象となる財貨移転ないし利益移転を特定する機能を「受益」と「損失」の二要件とあいまって果たすにとどまり、それ以外の機能は果たさない、ということになる。

次に、「法律上ノ原因」の内容であるが、従来の我妻説などの伝統的学説の分類が、実務的な判断基準としての意味をもっていないことは本章に記した。実は、不当利得における「法律上ノ原因」はきわめて明晰な内容をもつものと考えるが、この点は本書の分析の核心的部分をなすので、叙述の便宜上第四章に譲ることにしたのでそこを参照されたい。

また、返還義務者の善意、悪意をメルクマールにした現行不当利得法が定める効果も、従来不当利得との関係が種々論じられていた民法一八九条以下の善意占有者の果実取得権などの規定と対比すると、一定の場合には非常に大きな意味をもつものであることが判明する。ただ、この点も不当利得の性格分析を前提とすることになるので、第五章の叙述に譲ることにした。

三　最後に、伝統的な不当利得の立証責任論[3]について、ここで簡単にふれておくことにしよう。

以上前節までに通説があげる不当利得返還請求権の要件は、さきに検討した、利得、損失、両者の因果関係、法律上の原因の欠缺、の四点である。[4] そして、伝統的観念によればこれらは権利発生事実であるから、不当利得の返還を請求する者が立証責任を負担する、と考えられてきた。[5][6]

また、司法研修所などの実務教育においても、右の見解を前提とした上で（引用文中の注(1)参照）、不当利得返還請求権の請求原因は次のように記載されるべきものとされている。[7]

「『不当利得返還請求（民七〇三、七〇四）

一、原告は昭和二三年七月六日、被告から、長野県北佐久郡軽井沢町大字軽井沢一〇番地所在の家屋一棟を、代金二〇〇万円で買受け、同日右代金二〇〇万円を被告に支払つた。

二、ところが、右家屋は同月三日火災のため焼失していたのであつて、このことは、原、被告が同月一七日現地に出向いた際判明した。

三、すなわち、右家屋の売買契約は、目的物の不存在により、無効なのであり、従つて、被告は、二〇〇万円を不当に利得し、原告は同額の損失を受けたわけである。

四、よつて、原告は、被告に対し、右不当利得金二〇〇万円およびこれに対する被告が悪意になつた日の翌日である昭和二三年七月一八日から支払ずみまで民法所定年五分の割合による法定利息金の支払を求める。』

注　(1)　不当利得返還請求の請求原因としては、(イ)　債務者の受益、(ロ)　債権者の損失、(ハ)　(イ)(ロ)間の因果関係、(ニ)　債務者の利得が法律上の原因に基づかないこと、を示す事実である。

(2)　民七〇三条には、利益の現存が要件として規定されているが、原告の主張すべき請求原因でなく、相手方がその不現存を抗弁として主張すべきである（大判、昭八・一一・二一（ママ）、集一二巻二六六六頁）。

(3)　悪意は、利息請求権の発生要件であつて、受けた利益の返還だけを請求する場合は、その主張を要しない。もつとも、相手方が前注(2)の抗弁を提出した場合には、悪意の主張は、これに対する再抗弁となる（利益不現存であっても悪意の受益者は受けた利益全部を返還すべきことになるから、民七〇四）。」

ところが、伝統的立証責任論を前提とした場合に論理必然的にでてくる右の結論は、現実の不当利得の紛争を解決するために、必ずしも充分に機能しうるものではなかった。このことは、ドイツの立証責任論において当初から気づかれていた。法律要件分類説の祖ローゼンベルクは、基本的には前述した枠組を述べながらも、その結論が現実に機能しえない点との辻褄を合せるために、間接反証概念を――彼自身の他の箇所での用法とは異なる形で――利用し、前述した「法律上ノ原因」の混乱した問題を回避しようとしたのであるが、この点は、本書では後に具体的に検討することにする。(8)しかし、わが国においてはこのようなきめ細かな配慮がないまま、法律要件分類説の一般的な枠組が(9)不当利得についても採用されてきた。その結果、第一節に述べたように、現実の不当利得の裁判例の多くは、紛争事案を構成要件要素に分解して判示していない、という状況が生じた。また、判決文のみならず、当事者の申立などに関しても、不当利得の場合、紛争事案の構成要件要素への分解が不充分である、ということがいえるであろう。このことを前提として、小室教授は、当事者の漠たる主張が裁判所の「善解」によって処理されていることを指摘しているのである。(10)

四　このような、不当利得の要件効果論の混迷およびそれがひきおこす立証責任の混迷を前提として考えるのであれば、不当利得の要件効果論は、何よりも現実の裁判において機能しうるものであることが要求される、というべきであろう。構成要件としての法規の文言には裁判羈束機能が要求される以上、民法七〇三条、七〇四条の文言をそのまま形式的に維持することを至上としてみてもそれほど意味はあるまい。なぜなら、それは裁判を法規のコントロールの外に放置し、その結果裁判を受ける国民にとっては法的予見性が害されることになり、裁判をする裁判官にとっては、基準なき実質判断を強いられることになるであろうからである。法規の文言がこのように実質的機能を相当部分失っているところでは、単に自己の主観的価値確信に依拠するところの判断基準ではなく、ある意味での普遍性をもちうる法制度内在的な判断基準を発見し、提示していくことこそ、法解釈学に委ねられた任務であろう。法解釈学が立法にかわりうるものではないことはもちろんである。しかし、立法の不備を補う学説法的な肉づけとして、右のような視点から、法制度内在的な判断基準を、要件、効果に即して提示することを本書第二部の主題としたい、と考える。

（1）本書八一二頁以下、特に八一六頁以下参照。
（2）この点本章では詳論しなかったが、騙取金員による弁済に関しては本書六三七頁以下、転用物訴権に関しては本書六八四頁以下参照。
（3）なお、周知のように、立証責任に関しては近時激しい論争があるが、ここではその点に特に立ち入らず、一応伝統的な通説を前提として論述をすすめることにしたい。それというのは、立証責任をめぐる新説と旧説とは、表面的には厳しく対立しているものの、内容的にはそれほど大きな差異はないのではないか、と著者は考えているからである（著者自身の立証責任に関する考え方は、統一的請求権を考えることとの関係から、通説を一部変更することとなる。著者の立証責任の考え方については、本書六〇〇頁以下および加藤雅信発言・研究会「証明責任論とその周辺」判例タイムズ三五〇号（昭和五二年）三〇頁、加藤雅信「不法行為の因果関係——立証責任の分配と立証妨害行為」民法判例百選Ⅱ債権（別冊ジュリスト四七）（昭和五〇年）一七二頁、とりわけ、判例タイムズ三五〇号二五頁の発言参照）。
（4）この点、今まで検討してきた点でもあり、特に文献をあげるまでもないとは思うが、松坂佐一『事務管理・不当利得〔新版〕』（法律学全集22－Ⅰ）（昭和四八年）六九—一一二頁は、この四点が要件となることを明示する。
（5）ローゼンベルク・倉田卓次訳『証明責任論』（昭和五〇年）一七〇頁。この部分は、原本の第五版においても特に改訂されていない（L. Rosenberg, Die Beweislast, 5. Aufl.（1965）, S. 150）。小室直人「不当利得請求権の主張・立証責任」谷口還暦　不当利得・事務管理の研究⑵（昭和四六年）一八〇頁。村上博巳『証明責任の研究』（昭和五〇年）一九七頁。
（6）このほか、「現存利益」などについての立証責任も問題となるわけであるが、この点については、学説の検討をも含め、本書三三六頁以下の叙述に譲る。
（7）司法研修所『四訂民事判決起案の手びき』（昭和四二年）九六頁。なお、その後の司法研修所教育においては、この不当利得の立証責任についての叙述が、設例、内容ともかなり変更された（司法研修所編『六訂民事判決起案の手びき』（昭和五三年）九五頁。内容的には高木多喜男ほか共著・加藤雅信執筆『民法講義6不法行為等』（昭和五二年）五六頁以下に発表した私見や、論拠はいろいろであるが「法律上ノ原因」を抗弁事由とする学説（＊）の一部が注記する形でとり入れられているようである（＊三井哲夫「要件事実の再構成（一）、（二）」法曹時報二七巻一〇号一八八〇頁、一一号（以上昭和五〇年）二二〇八頁、二二一七頁。また、石田穣『証拠法の再構成』（昭和五五年）一九一頁参照）。

本書の後の分析を先取りすることになるが、著者の考え方によれば、帰属法的不当利得返還請求権の行使に関していえば、請求にさいして「法律上ノ原因ナク」について主張立証する必要はない。「法律上ノ原因」があることは、むしろ相手方の抗弁事由であり、それが「ナイ」ことは請求者の側からする再抗弁または否認事由になる。こう考えず、伝統的な考えに従って「法律上ノ原因ナク」の立証責任が請求者にあるとすると、相手方の財貨保有を基礎づける法律関係の不存在──具体的にいえば、売買契約、贈与契約、委任契約その他の代理権の授与関係、相続関係等々が存在しないこと──をすべて立証するという、茫漠とした立証内容になってしまうからである（以上、本書三一八頁、三二四頁参照）。このような考え方をふまえて、前掲『民事判決起案の手びき』六訂版九五頁は次のように述べる。

「　不当利得返還請求（民七〇三）

一　Aは、被告に対し、原告のためにすることを示して、昭和五三年二月二〇日、原告の占有していた別紙目録記載の物件を売り渡し、同日これを引き渡した。

二　Aは、右売買契約につき、原告を代理する権限を有していなかった。

よって、原告は、被告に対し、不当利得返還請求権に基づき、右物件の返還を求める。

注　不当利得返還請求については、従来の実務は、要件事実として、(ア)原告の損失、(イ)被告の利得、(ウ)(ア)(イ)間の因果関係、(エ)被告の利得が法律上の原因に基づかないことを示す各事実を必要とする考え方に立っている。しかし、この考え方によると、理論上、原告は、あらゆる法律上の原因のないこと（本設例に即すると、代理権限のないこと、表見代理の成立しないこと、無権代理行為に対する追認もないこと、その他すべての取得原因のないこと）を主張立証しなければならないことになるし、殊に取得原因を全く欠く場合には、原告としては主張の仕方に窮することになろう。

これに対し、原告の主張すべき請求原因事実としては、(ア)、(イ)及び(ウ)のみで足り、被告の利得が法律上の原因に基づくものであることは、被告の抗弁とする考え方がある。この考え方によって本設例の事案を整理すれば、請求原因としては、「原告は、昭和五三年一月二〇日、別紙目録記載の物件を占有していたが、同日、原告は右占有を失い、被告は、その後右物件の占有を取得した。」となり、被告は、抗弁として、たとえば、原告を代理するAが原告のためにすることを示して、被告と売買契約を締結し、右契約に基づき右物件が引き渡された旨を主張することになる（さらに、たとえば、右売買契約に錯誤があれば、原告は再抗弁としてこれを主張することになる）。」

別段、私見云々との関連からいうわけではないが、右に述べられたかぎりにおいては、この叙述内容はきわめて正鵠を射たものである。しかしながら問題は、本書の後の叙述が明らかにするように、不当利得法のすべての事案が右の——本書の用語法に従えば——帰属法的不当利得事案とはかぎらない点にある。他人の物の売買の無効（本書二九三頁以下）や、自分の物の売買の無効であっても、単に契約の無効だけを主張、立証して不当利得返還請求する場合には（本書五九三頁以下、統一的請求権の質的一部主張）、その請求を認めざるをえず、この場合には右の立証責任論は妥当しない。詳細は後に譲るが、このような場合には「法律上ノ原因ナク」の立証責任は請求者にあると考えざるをえないからである（本書三七七頁以下）。立証責任から問題を考えていくかぎり、不当利得には二種の異なる型が存在しているといわざるをえず、それを本書では帰属法的不当利得規範と矯正法的不当利得規範と名づけた。右の『民事判決起案の手びき』六訂版は——その用語法はともかくとして——実質的に本書にいう帰属法的不当利得規範の立証責任論をとり入れたわけである。しかしながら、それと並んで、本書三八三頁に述べた矯正法的不当利得規範の立証責任の実質を叙述することによって、はじめて不当利得法全体をカバーしうるのであり、そのような方向での再度の改訂を望みたい。

（8）　本書三二六頁以下。

（9）　本書のもとになった雑誌掲載論文が発表された後に、「法律上ノ原因」に関して伝統的な形での立証責任論の一般枠組を主張するものとして、並木茂「法律判断事項を要素とする要件事実の考え方（四）」判例タイムズ四五九号（昭和五七年）二七頁以下。

（10）　小室・前掲「不当利得請求権の主張・立証責任」谷口還暦　不当利得・事務管理の研究(2)一八〇頁以下。

第三章　不当利得制度の統一的把握と類型論

第一節　学説思潮

第一款　緒　　論

日本においても、ドイツにおいても、不当利得制度がいかなる性格をもつか――不当利得制度本質論――について、従来学説は大きな関心をもち、議論を重ねてきた。それにもかかわらず、多様な内容をもつ不当利得法を、どの学説も簡明に性格づけるには至らなかったように思われる。学説を並列的に並べるならば、不当利得制度を統一的に基礎づけることを志向する立場、それを放棄する立場、中間的にその類型化を試みる立場、の三つの立場が存在している。しかし、いつの時代にもこれらの学説がひとしく自らの立場を展開していたわけではない。学説思潮には変遷があり、変遷にはその背景がある。本節の分析は、この点に焦点を絞ることにする。

不当利得制度本質論に関する日本の学説の論議は、ドイツ法学の圧倒的な影響のもとに展開された。日本の学説史を分析するにさいしては、日本の学説の、ドイツにおける学説史的系譜を分析することが不可欠であると思われる。そこで、第二款においてドイツにおける学説史的展開とその背景、第三款において日本における学説史的展開とその背景を分析する。

不当利得制度本質論は、しばしば「法律上ノ原因ナク」（日本民法七〇三条、ドイツ民法八一二条〈ohne rechtlichen

Grund〉）の要件の問題と区別されずに論じられている。もちろん、なかにはギールケのように本質論の問題と要件の問題とを区別して論じる者もあるが、それはむしろ例外的である[(1)]。不当利得法の要件として機能している「受益」・「損失」・両者の「関連性」・「法律上ノ原因ナク」のうち前三者は、不当利得法の適用対象となる財貨（利益を含む）の移転を特定するのに対し、「法律上ノ原因ナク」は、不当利得法適用の是非を決定する[(2)]。したがって、この要件を一義的に定義づけることは、いかなる場合に不当利得法が適用されるのか、という適用の範囲を一義的に明らかにすることとなり、不当利得法の『本質』を解明することにつながるもの、とされたのである[(3)]。本章においても、分析対象となる学説が制度本質論の問題と「法律上ノ原因」の要件の問題とを区別していないかぎり、この二種の問題を同一の平面で分析することにする。

（1）　ギールケは、不当利得法の指導理念と「法律上ノ原因」の要件の問題とを区別し、次のようにいう。「不当利得返還請求権を与える場合に法が従う指導理念は、形式法と社会的正義の意味における実質法との間に調整をもたらすことである。」「けれども、法秩序自身が望んだ結果を、いかなる場合に法秩序が不当とみなすのかという問題は、単一の公式をもってしては答えられない。というのは、『法律上ノ原因』の概念は明白でないからである。」O. v. Gierke, Deutsches Privatrecht. Bd. 3. Schuldrecht.（1917）. SS. 995–997.

（2）　民法七〇三条の文言中、この四つの文言が要件として機能し、これ以外の文言、特に「他人ノ財産又ハ労務ニ因リ」が要件として機能していないことについては、本書第二章参照。

（3）　本書四〇頁、五八頁以下など参照。

第二款　ドイツにおける学説思潮の変遷とその背景

一　ドイツ民法典制定以後、不当利得の基礎づけに関する学説の変遷は、次のような経緯をたどった。

ドイツにおいては、統一不当利得制度は、多様な内容をもつコンディクチオやその他の制度が、ドイツ民法制定のさいに急速に統一的な法制度として形成されたものであった[(1)]。しかし、統一不当利得制度の性格や典型的な紛争類型が必ずしも明瞭ではなかったために、法典にこの制度が規定された後も、これがなんのための制度なのか——不当利得制度本質論——に関し、種々の論議が生じた。

不当利得紛争の内容が多種多様な点に着眼し、不当利得についての統一的な規定の存在にもかかわらず、早い時期から制度の統一的な把握を放棄する説もあった。例をあげれば、エンネクツェルス、プランク、エルトマン、その他の教科書・コンメンタールの相当数が、これに当たる(2)(3)。

しかし、ドイツ民法制定前後、多くの学説は、不当利得制度を統一的に基礎づけることに多大な努力を払った。そして、不当利得制度を統一的に基礎づける学説の努力は、特にドイツ民法施行前後の数年間に集中している。コーラッツの債権関係説(4)、自然法的衡平観をもって不当利得法を基礎づけようとしたクーレンベックの説(5)、クリングミュラーの主観的法律原因説(6)、ハルトマンの権利説(7)、ユングの相対関係説(8)、シュタムラーの正法説(9)、ユングの影響を受けながら不当利得の基礎を論じたマイル(10)、プレッセン(11)の著作、コーラーの不法行為者の信託責任説(12)、シュルツの侵害利得論(13)、これらは、すべて一八九九〜一九〇九年のほぼ一〇年間に公刊された不当利得制度の統一的な基礎づけの試みである。この時期以後、この問題に関しては、ごく散発的に、クラヴィーリッキ(14)、バルンシュテット(15)のものなどが公刊されたにとどまり、一般的には学説は不当利得制度の基礎づけに関心を失い、教科書・コンメンタールなどにおいては右に述べた統一的把握ないし非統一的把握と類似の説がくりかえされるにとどまることが多かった。ここに引用した不当利得制度の統一的基礎づけのための議論は、解釈学的には、不当利得紛争のすべてをとりこまない無理な概念による基礎づけか、あるいは、曖昧で無内容な概念による基礎づけかのいずれかであったように思われる。しかし、無理あるいは無内容という欠陥をおして、ドイツ民法施行前後のほぼ一〇年間に、学説が爆発的ともいえるまでにこの問題に関心を集中したのはなぜであろうか。また、その後急速にこの問題に対する関心がうすれていったのはなぜであろうか。これらの点が検討されなくてはならない（三参照）。

二　ドイツ民法施行後しばらくの間は不当利得の統一的把握説、非統一的把握説が盛んに論じられたが、かなり時代がたってから類型論が出現し、近時はそれが通説となっている。不当利得の類型化の先駆としては、ウィルブルクの説をあげることができる。[16] 彼は、給付による不当利得と、それ以外の不当利得とを、まったく別個に基礎づけた。この説は、一九三四年に発表されている。しかし、それ以前にも、この説の萌芽的形態として、不当利得制度の統一的把握説・非統一的把握説のそれぞれにおいて、一部の論者がドイツ民法八一二条の文言に対応してしばしば「給付による場合」と「その他の場合」とを大別して不当利得制度を考えていたことを指摘すべきであろう。[17] また、ウィルブルクに先だって、三〇年代初頭のレオンハルトの債権法の教科書は、彼自身が「類別説 Unterscheidungslehre」と名づけた[18]一種の類型論を展開している。しかし、三〇年代にでた先駆的なこれらの学説は、ほとんど反響を呼んでいない。たとえば、ウィルブルクは、五〇年代にいたって、リュプトウが彼の説に対する批判を表明し、[19] ついでケメラーが彼の説に賛意を表明するまでの[20]二〇年間、ほぼ完全に無視されつづけた。不当利得を非統一的に把握する説は、その内容からいえば、ウィルブルクの不当利得二分論（ウィルブルク自身は類型論の用語を用いていない）を受け入れる余地があったようにも思われるが、現実にはほとんど影響を受けていない。一例をあげると、エンネクツェルス＝レーマンの債権法の教科書は、その内容から考えてウィルブルクの説を受け入れる余地があるようにも思われるが（その内容は注(17)参照）、ケメラーがウィルブルクを再評価した後になりはじめてウィルブルクに言及するようになったものの、それ以前は彼の説に言及することもないまま、かねてから述べていた不当利得三分法を維持していた。[21]

ケメラーの不当利得の類型論は、ウィルブルクの不当利得二分論を受けつぎ、さらに類型論へと発展させたものである。これは一九五四年に発表されたが、その後多くの追随者をみ、ドイツ不当利得学説における通説的地位を獲得した。より正確に表現するならば、現在のドイツ民法学における不当利得の類型論は、論者により内容はさまざまであるものの、ケメラーの不当利得法を類型化すべきであるという発想と彼のたてた主要な類型とが他の学説にも受けつがれているので、通説的地位を獲得しているといえる。ただ、学界の一部には、三当事者がからむ不当利得の事案を中心に類型論に対する批判は存在している。しかし、近時ドイツ連邦司法省から発行された『債権法改正のための鑑定意見及び諸提言』において基本的には類型論の立場が採用されていること、近時のドイツにおける不当利得をめぐるシンポジウムの内容など[22]からも、類型論の優位は明らかであろう（鑑定意見などの詳細については、第三節参照）。

ケメラーの類型論の主要類型は、ウィルブルクの不当利得二分論を受けついだものである。両者の論議には、その発想、内容において種々の違いがあるものの、その基本的骨組には共通点が多い。それにもかかわらず、ウィルブルクの説は学界から無視され、ケメラーの説は広く学界の支持を受けた。この差は、何に起因するものであろうか。両者の学説の説得力の差、ウィルブルクの論稿がドイツではなくオーストリアで公刊された[23]、などの事情もその一因ではあろう。しかし、それ以上に、学説に向けられた時代的要請の差異が決定的原因であると考えられる。それを次に分析しよう。

三　この問題は、さきに一に述べた、ドイツ民法典施行前後に不当利得制度を統一的に基礎づけることに異常なほど学説の関心が高まったことと同じ背景をもつ、と考えられる。

ドイツ民法典制定にさいして、統一不当利得法は急遽制定された[24]。したがって、不当利得制度を統一的なものとして把握し、それに正当性を与え、それ以前の個別の有名コンディクチオ体系に慣れた法曹・学界に対し統一不当利得法を肯定すべきものとして説得することが、当時の法解釈学に与えられた任務となった。新しい法制度がつくられる場合にも、その新しい法制度の内容および利点が自明である場合には、学説がわざわざその新制度を解明し、それに正当性を附与する必要はなくなる。しかし、新制度の内容・目的が曖昧であればあるほど、その制度を正当化する社会的要請は強くなる。ドイツ民法典施行前後のほぼ一〇年間に、学説が不当利得制度の統一的基礎づけに非常なエネルギーを費やし、爆発的な勢いで新説をつぎつぎうちだしたのは、この社会的要請に応えようとしたものにほかならない。法解釈学は通常法典を所与のものとして出発し、そこに定められた構成要件の意味内容を確定することをその任務とする。このような一種の法実証主義的傾向が法解釈学の大勢であることを考えるならば、民法典が新設した統一不当利得制度に疑問を投げかけるよりまずそれを正当化しようとしたこの学説の態度は、きわめて自然であった。しかし、不当利得制度の内容が多様なため、それらの諸学説は解釈学的にはかなりの無理をおかしていた。そして、決定的な学説は出現しないままに、新設された統一不当利得法が時間の経過により定着していった。それとともに、学界には無理な正当化をするだけの動機がなくなり、一九一〇年以後この問題についての論議が下火となっていったと思われる。また、これ以上議論を繰り返しても、これらの学説の多くは、不当利得についてのポンポニウスの平均的正義の命題——何人も他人の損失において利得せざることは自然に従い衡平である[25]——を他の言葉におきかえ、いいかえることに帰着し、不毛な議論でしかなかったことも[26]、この種の議論に対する学界の関心が薄れていったことの背景にあったように思われる。

しかしながら、ウィルブルクの学説は、右に述べた初期の法解釈学の任務に対する挑戦であった。不当利得制度を統一的に基礎づけることを放棄した初期の他の学説は、意図的に不当利得制度の基礎の統一性を破壊しようとするものではなかった。また、それは、法制史的前身であるところの個別の有名コンディクチオ体系への復帰を目ざすものでもなかった。それらの学説は、単に統一的基礎づけを放棄するにとどまり、前章に引用した「法律上ノ原因」の分類と似た内容の[27]、やや便宜的な分類をしていた[28]。これに対し、ウィルブルクの学説は、積極的に不当利得法を二種の異別の請求権に分断しようと試み、不当利得制度の統一的基礎を正面から否定しようとした。ただ、時期的には、ウィルブルクの説の発表はドイツ民法典の施行から三〇年以上も後のことである。法曹が統一不当利得法の存在を当然視するにつれ、さきに述べた社会的要請も弱まってきたはずであり、事実、不当利得の基礎づけを取り扱った文献の公刊は、この時期には二、三を数えるにすぎない[29]。しかし、少数とはいえ文献公刊の事実が示すように、弱まってはいてもさきの社会的要請は依然として存在していた。そしてウィルブルクの学説は、あまりにも正面からこの社会的要請を否定するものであった。これらの状況が原因となって、ウィルブルクの説は簡単に異説扱いされ、反響を呼ぶことなく終わったものと思われる。

これに対し、ケメラーの説が発表されたのは、ドイツ民法施行から半世紀以上たってからのことである。この時期にも、民法典が不当利得制度を統一的に規定している以上それを統一的に基礎づけることが望ましいという、法典の側からの最低限度の要請はあったであろう。しかし、統一不当利得制度を正当なものとして説得するというかつての要請は、個別の有名コンディクチオ体系に慣れた法曹が世代交代によってほとんど姿を消したため、ほぼ消滅したであろうことは、容易に想像がつく。それを例証するように、この前後にこの問題を特に取り扱った文献の公刊は、もはやみられない。また、ケメラーの類型論は、不当利得の基礎を破壊するという点においては、ウィルブルクの説よりかなり温和な内容となっている。ウィルブルクの学説は、それに先だつ民法典施行以来の諸説が不当利得制度の基礎を探究することに興味関心をいだいていたために、先行する学説の興味関心に制約され、不当利得制度の基礎を探究する、というアプローチをとった。そして、二種の相異なる基礎をもつ請求権を、不当利得制度のなかに見出した。それに対し、ケメラーは、それに先行する諸学説が不当利得制度の基礎づけにはもはや興味を失っており、前述のように、当時特にこの点を取り扱った文献の公刊もみられないという状況のもとで、不当利得制度の基礎づけにはとりたてて立ち入ることなく、一般条項は具体化されるべきである、という一般条項に普遍的な問題を不当利得法の場合にも適用する、というアプローチをとった。このアプローチは、類型化を主張する論文が他の法分野にみられた当時のドイツ法学の学説思潮[30]と、方法において一致したものであった。そのため、学界に受け入れられ易かったといえよう。また、不当利得法の基礎を破壊するという点に関しては、ケメラー論文はウィルブルクほど尖鋭的な印象を与えない。両説の尖鋭度の違いは、ケメラーの類型論を肯定的に評価しながら、ウィルブルクに関しては、極端にすぎるとして否定的に評価を下していた、一時期のラレンツ[31]などの例があることからも、例証できよう。

このようにして、一九三〇年代にはウィルブルクの説が受け入れられることがなかったのに対して、一九五〇年代にそれを受けついだケメラーの説が通説的地位を獲得していったことが理解される。その背景をここにまとめてみれば、不当利得制度を統一的に基礎づけるという時代的な要請が減少していたこと、説の展開の仕方がケメラーの場合には、より受け入れ易い温和なものであり、かつ、その時代の学説思潮にのって主張されたことなどが、この現象を説明すると思われる。

（1）統一不当利得規定は、ドイツ民法第一草案においては存在していなかったが、第二草案において急遽制定された。これは、第一草案に対するギールケ、レーネルの批判によるものであった。この間の事情を次に概観する。

普通法時代においては、次の四つのコンディクチオが認められていた。目的不到達によるコンディクチオ、不名誉もしくは不法な原因によるコンディクチオ、非債弁済によるコンディクチオ、無原因によるコンディクチオ（それぞれ、condictio causa data causa non secuta, condictio ob turpem vel iniustam causam, condictio indebiti, condictio sine causa）。これは、ユスティニアヌス法典におけるコンディクチオの分類の一部である（現代の不当利得返還請求権を論ずるにあたっては、ユスティニアヌス法典のコンディクチオの分類以後が、直接的にかかわってくる（M. Kaser, Das römische Privatrecht, 1. Abschnitt, Das altrömische, das vorklassische und klassische Recht, (1955), S. 459; 2. Abschnitt, Die nachklassischen Entwicklungen, (1959), S. 306 参照）。ユスティニアヌス法典における condictio furtiva, condictio ex lege, condictio triticaria は、普通法には受けつがれていない）。また、普通法時代には個別の有名コンディクチオと並び、転用物訴権も大きな比重をもっていた。

第一草案は、自然法的な衡平観を排するとともに転用物訴権の不採用を明言し（Motive zu dem Entwurfe eines Bürgerlichen Gesetzbuches für das Deutsche Reich, Bd. II, Recht der Schuldverhältnisse, (1888), SS. 829 u. 871）、五つの有名コンディクチオ的な標題のもとに一二カ条を規定した（七三七―七四八条）。これは、前述した普通法時代の四つの有名コンディクチオに、原因消滅によるコンディクチオ（condictio ob causam finitam）が加わったものであった。この第一草案にあっては、無原因によるコンディクチオ（condictio sine causa）は、不当利得の章の末尾におかれ、他の個別の有名コンディクチオに対し補充的な意味をもつものであった。これに対し、ギールケ、レーネルは、不当利得の一般原則をたてるべきである、との批判を展開した（O. v. Gierke, Der Entwurf eines bürgerlichen Gesetzbuchs und das deutsche Recht, (1889), S. 272 ff.; O. Lenel, Die Lehre von der Voraussetzung (im Hinblick auf den Entwurf eines bürgerlichen Gesetzbuches), AcP 74 (1889), 237)。この批判をいれて、第二草案は不当利得の章の冒頭の七三七条に原則規定として無原因のコンディクチオ（condictio sine causa）などを置き、これが基本的にはドイツ民法八一二条に受けつがれ、ここにドイツにおける一般不当利得法が誕生した。第二草案起草委員会は、全体の概観、明瞭性、体系的理由から一般原則を最初におくことが適当であるとの結論に達した。

普通法時代の観念に即して考えると、第一草案（七四八条）が規定したcondictio sine causaは、他の個別の有名コンディクチオに対して補充的なcondictio sine causa specialisであったのに対し、第二草案（七三七条）は、他の個別の有名コンディクチオをも包含しうるcondictio sine causa generalisを一般不当利得法の構成要件として採用した。ところが、このcondictio sine causaの法目的ははっきりせず、「もともとしっかり限定づけられた適用領域をもっておらず、そのため特に無限定に拡張される危険にさらされていた」といわれている（R. Schmitt, Die Subsidiarität der Bereicherungsansprüche, (1969), S. 68）。一七・一八世紀の普通法文献において目だっているcondictio sine causa specialisの適用事例として、次のものがあげられる。債務者が債務を弁済した後に、債権者の手にまだ債権証書がある場合。債務者が債務を履行したにもかかわらず、手附が債権者のもとにとどまっている場合。仕事に着手するために他人に引き渡された物がその者のところでなくなり、所有権者が賠償を受けたが、その後当該所有権者が再びこの物を取り戻した場合。これらをみると、condictio sine causa specialis自体もcondictio ob causam finitamとの差異がはっきりしているとはいいがたい。一九世紀に入ると、condictio sine causa generalisが独立の訴訟として、他の個別の有名コンディクチオと競合して提起しうる、と考えられた。しかし、学説によっては、specialisの意味においてのみcondictio sine causaを認めるものもある、という状況であった（以上、本注は右に引用したシュミット二六―八八頁による）。

ドイツ法に先だっては、スイス債務法が一般不当利得規定を制定していたのではあるが、ドイツ民法第二草案の規定は、不当利得に関する立法・学説の動揺のうちに定められ、確固たる伝統を受けついだものではなかった。この時点では、不当利得の一般的構成要件として採用されたcondictio sine causaの適用領域に関し、ドイツの学界ないし法曹界に明確な共通の理解があったとはいいがたい。しかし、結果として、ドイツ民法は、八一二条一項一文に次のように不当利得の原則規定を定めた。「他人の給付又はその他の方法により、他人の負担において法律上の原因なくあるもの（etwas）を得た者は、これをその他人に返還する義務を負う」（無原因によるコンディクチオに対応する規定）。その他個別の有名コンディクチオに対応する規定として、ドイツ民法は原因消滅（八一二条一項二文）、非債弁済（八一三条、八一四条)、目的不到達(八一五条)、不法原因(八一七条)を定めている。

なお、原因欠缺のメルクマールが不当利得の原則規定に変遷していく歴史的状況についてのウィルブルクの見解について、本書一四八頁以下を参照されたい。

(2) L. Enneccerus, Lehrbuch des Bürgerlichen Rechts, Einleitung, Allgemeiner Theil, Schuldverhältnisse, 2. Aufl., (1901), S. 820 ff. ; P. Oertmann, Kommentar zum Bürgerlichen Gesetzbuch und seinen Nebengesetzen, 2. Buch, Recht der Schuldverhältnisse, 3 u. 4. Aufl. (1910), S. 1017 ; G. Planck, Kommentar zum Bürgerlichen Gesetzbuch, Bd. 2, Recht der Schuldverhältnisse, 1 u. 2. Aufl. (1907), S. 934.

(3) なお、これの説の内容は、「法律上ノ原因ナク」という要件の分類の問題として、日本法学に影響を与えていった。前章に述べた石坂、末弘、鳩山、我妻、松坂などの諸説における「法律上ノ原因」の分類には、これらの影響がみられる(本書五九頁以下の叙述および同所注(6)～(8)参照。なお、本款注(28)参照)。

(4) W. Collaz, Ungerechtfertigte Vermögensverschiebung. (1899), S. 20.

(5) L. Kuhlenbeck, Das Bürgerliche Gesetzbuch für das Deutsche Reich, Bd. 1, 2. Aufl. (1903), S. 659.

(6) F. Klingmüller, Der Begriff des Rechtsgrundes, seine Herleitung und Anwendung, (1901), S. 101ff.

(7) A. Hartmann, Der Bereicherungsanspruch des Bürgerlichen Gesetzbuch, Archiv für Bürgerliches Recht, Bd. 21, (1902), S. 224ff.

(8) E. Jung, Die Bereicherungsansprüche und der Mangel de „rechtlichen Grundes", (1902), insbes. S. 125ff.

(9) R. Stammler, Zur Lehre von der ungerechtfertigten Bereicherung nach dem bürgerlichen Gesetzbuch, in : Festgabe für Hermann Fitting, (1903), S. 131ff.

(10) R. v. Mayr, Der Bereicherungsanspruche des deutschen bürgerlichen Rechtes, (1903), S. 433ff.

(11) R. Plessen, Die Grundlagen der modernen condictio, (1904), S. 45ff.

(12) J. Kohler, Lehrbuch des Bürgerlichen Rechts, Bd. 2, 1. Teil, Schuldrecht, (1906), S. 131. この説自体は、一九〇〇年に特許法関係の文献で発表されている(J. Kohler, Handbuch des deutschen Patentrechts, (1900), S. 568)。

(13) F. Schulz, System der Rechte auf den Eingriffserwerb, AcP 105 (1909), 473ff. なお、本注引用のものにかぎらず、以上引用した諸学説の内容は、一部は第二節に紹介するが、他は本書一二六頁注(46)引用の諸文献参照。

（14） R. Krawielicki, Grundlagen des Bereicherungsanspruchs,（1936）, S. 2ff.

（15） E. Barnstedt, Das Merkmal der Rechtsgrundlosigkeit in der ungerechtfertigten Bereicherung,（1940）. なお、この紹介として、磯村哲「バルンステット『不当利得に於ける法原因欠缺の特質』」法学論叢四四巻一号（昭和一六年）一七四頁以下。

（16） W. Wilburg, Die Lehre von der ungerechtfertigten Bereicherung,（1934）.

（17） 時代としてウィルブルクに幾分先行する不当利得の非統一的把握説を例にとろう。ここでは不当利得法は次のように大別される。エンネクツェルスの教科書は「いつ利得が正当となる理由をもたないか」を「単一の公式によって定めることはできない」とし、三つのカテゴリーをたてた。利得者が何ものかを取得したのが、㈠給付による場合、㈡それ以外の人の行為による場合、㈢人の行為ではなく単に実定法規定による場合、の三種である。これに対しエルトマンのコンメンタールは、給付による場合とその他の場合という、ウィルブルクと似た二分法を採用する。これは、分類枠組のみならず内容としてもウィルブルクにつながるようにも思われる。「不当利得返還請求権のすべてを、特定の構成要件（法律上の原因——著者）にとっての基準である法的考慮との抵触に還元すべきではないのではないだろうか。すなわち、給付にもとづく場合においては、行為の法目的と……手段との矛盾に（還元され）、その他の場合には、……法秩序がある理由から一人の者に有価物を与えはするが、そこから生ずる抽象的な価値金額は与えないことに還元されるように思われる。附合、加工の場合がこれである」（L. Enneccerus, Lehrbuch des Bürgerlichen Rechts, Recht der Schuldverhältnisse, 23-27. Aufl.,（1927）, S. 634 f.; Oertmann, a. a. O.,（1929）, S. 1326）。統一的把握説においてもユングは最終的には統一的に不当利得制度を基礎づけるものの、二種の差異を承認する。本書一二〇頁引用のユングの説の中の「給付目的の不成就」、「給付意思がない」は、それぞれ給付による不当利得とその他の場合との区分に対応している。なおユングは、ウィルブルクの論稿に三年ほど先だって、一九〇二年の所論の発表に加え（注（8）参照）再度ここに述べた趣旨のものを発表している（E. Jung, Bürgerlichen Recht, in: Das gesamte Deutsche Recht, Bd. 1, von R. Stammler,（1931）, S. 753 ff.）。

（18） F. Leonhard, Besonderes Schuldrecht des BGB,（1931）, S. 454.

（19） U. v. Lübtow, Beiträge zur Lehre von der Condictio nach römischem und geltendem Recht,（1952）, S. 26.

（20） E. v. Caemmerer, Bereicherung und unerlaubte Handlung, in: Festschrift für Ernst Rabel, Bd. 1, Rechtsverglechung und Internationales Privatrecht, (1954), S. 334ff. なお、以後の引用頁は、Caemmerer, Gesammelte Schriften, Bd. 1, (1968) による。

（21） Enneccerus = Lehmann, Lehrbuch des Bürgerlichen Rechts, Recht der Schuldverhältnisse, 13. Bearb., (1950). 一九五〇年版には、ウィルブルクの二分論に対する言及がなく、一九五八年版八七三頁ではじめて言及が見られるようになる。

（22） この鑑定意見に関しては、本書一八五頁以下の紹介参照。シンポジウムとして、Ungerechtfertigte Bereicherung, Grundlagen, Tendenzen, Perspektiven, Symposium der Juristischen Fakultät der Universität Heidelberg zum Gedanken an Professor Dr. iur. Detlef König LL. M. (1984). このシンポジウムにおける報告も、その多くが給付利得、侵害利得などの観念を前提としたものである。

（23） これは、オーストリアのグラーツで出版された（ただし、公刊後四年ほどしてオーストリアはドイツに併合された）。ウィルブルク自身は、表題にドイツ不当利得法にも関係することを明記しており、内容的にもドイツ法の比重が重く、むしろオーストリア法がやや附属的となっている（表題には、「オーストリア法およびドイツ法に関する不当利得研究」と記されている）。

（24） 注（1）参照。

（25） Digesta, 12, 6, 14.

（26） この点につき、Caemmerer, a. a. O., S. 213. 参照。

（27） 本書五九頁以下。

（28） これらのドイツの学説の紹介は、石坂音四郎「法律行為ノ原因ト不当利得ニ於ケル法律上ノ原因」改纂民法研究上巻（大正八年）二七二頁以下、谷口知平『不当利得の研究』（昭和四四年）四二頁以下などに詳しい。この分類が便宜的であることにつき注（27）引用頁以下参照。

（29） 注（14）、（15）の引用文献、注（17）引用のユングなど。

（30） この点については、伊藤正己編・奥田昌道執筆『外国法と日本法』（岩波講座現代法14）（昭和四五年）二四四頁以下参照。

（31） 「いつ『法律上の原因なく』、そしてさらに、『他人の負担において』、利得が得られたのかが問題である。この問題は、すべての場合に統一的に答えることはできない」。「八一二条一項一文は、外見的には単一の構成要件を含んでいる。(しかし)、実際には法規にほのめかされているように、数個の異なった構成要件が問題となる」。「ある者が『他人の給付によって』何物かを得たのか、『その他の方法で』得たのか、が区別されねばならない」。しかし、「ウィルブルクはみたところ基本思想の統一性をも否定するかぎりでは、いきすぎである」(K. Larenz, Lehrbuch des Schuldrechts, Bd. 2, 8. Aufl., (1967), S. 364. ただし、一九七二年版ではこの叙述は削除されている)。

第三款　日本における学説思潮の変遷とその背景

一　日本においても、主としてスイス債務法、ドイツ民法第二草案を参照してのことであろう、[1] 統一不当利得法が民法典に採用された。しかし、日本における不当利得学説の変遷は、ドイツ法学におけるそれとはやや異なった経緯をたどった。まず、日本民法典施行直後には、不当利得制度の基礎づけに関して、ほとんど関心がもたれていない。起草者自身、ボアソナードの自然法的衡平観を排斥し、不当利得制度を法の規定にもとづくものとするにとどまり、それ以上の基礎づけの必要は感じていないように見受けられる。[2] また、初期の文献においては、不当利得制度の基礎の問題は、それほど関心を呼んでいない。[3] 不当利得制度の基礎づけという問題意識自体、石坂音四郎博士らによって、ドイツ法学から輸入されたものである。しかし、問題意識そのものを輸入した初期の日本の学説には、ドイツ法学と異なり、不当利得制度の統一的把握への志向はほとんど見受けられない。比較的早い時期にこの点に関する見解を表明した石坂、[4] 川名、[5] 末弘、[6] 鳩山[7]の諸学説は、すべて不当利得制度の統一的把握説を個別に検討した後、それらを排斥し、非統一的な把握をしている。これらの学説は、その内容をみるとドイツ法学の圧倒的な影響のもとにあり、不当利得をめぐるこの頃の学説状況は、『学説継受期』[8]の典型的な一例をなす。これらの学説が公にされたのは一九〇九年から一九二〇年に当たり、ドイツ法学においても、不当利得法の統一的把握説が一旦でそろった後、下火になり始めた時期に当たる。しかし、日本民法学が当初不当利得制度の非統一的把握説のみを継受した理由としては、摂取時期のドイツ法学の学説状況が鋭敏に反映されたという側面もあろうが、それ以上にドイツ民法典と日本民法典の置かれた状況の差異によるところが大きいように思われる。[9]さきにも述べたように、ドイツ不当利得法学における不当利得制度の統一的基礎づけは、個別の有名コンディクチオ体系に慣れた学界・法曹に対する説得の必要性をその基礎としていた。日本においても、民法典制定によって統一不当利得法が形成されたことは、ドイツと同様である。しかし、日本においては、個別の有名コンディクチオ体系に慣れた学界・法曹の存在を欠くがゆえに、当初から統一不当利得規定は当然視されうる。したがって、ドイツ法学におけるように、無理を冒してまでも不当利得制度が統一的であることを説得する強い要請が存在しない。学説継受に当たっては、ドイツ法学で主張されている学説を同一次元で検討し、より説得力に富むものを選択すれば充分である。ドイツにおける不当利得制度の統一的基礎づけ論は、強い社会的要請にもとづくがゆえに、大なり小なり無理を冒している。したがって、統一的把握の要請が弱い日本において、解釈学的説得力の見地からのみ問題が判断され、統一的把握が排斥されて、非統一的把握が相ついで主張されたとしても、奇とするには足りないであろう。

二　しかし、社会的状況の差異による強弱の差はあっても、統一的規定は統一的に基礎づけられるべきである、とする法典の側からの要請は、日本法においても存在する。このような要請にこたえ、わが国で最初に統一的把握説を主張したのは、明治末に権利説を主張した中島博士であろう。[10]中島博士は、コーラッツの債権関係説の影響を受けながら、それを修正し、独自の見解を展開した。この説は、次節に検討するように、内容としてはかなり説得力をもつものではあったが、他の学説の支持を得るには至らなかった。[11]

しかし、時代がすすむにつれ、非統一的把握説は統一的把握説にとってかわられることになった。日本において不当利得制度の統一的把握が一般的になったのは、昭和にはいって衡平説が主張されたことによる。衡平説出現の基本的な発想は、中島説と同様に、統一的な制度は統一的な観念をもって基礎づけられるべきである、という点にある。[12]大正末期、前述した鳩山説の表現が微妙に変化していたが、[13]その後昭和初期に入ると、「妥当性」にメルクマールを求める岡村説[14]、「公平の理想」を基礎とする我妻説[15]が相ついで発表され、衡（公）平説が有力な学説となるに至った。ただ、この時期における衡平説は、単に「衡平」という語を用いたにとどまり、それ以上内容を深めることはなかった。衡平の用語自体は、前にも述べた有名なポンポニウスの命題、「何人も他人の損失において利得せざることは自然に従い衡平である」[16]以来、普通法、ドイツ民法典下における不当利得学説、これ以前のわが国の不当利得文献[17]にも、しばしば見受けられる。もちろん、この時期の不当利得学説もこれらを参考にしたものであろうが、単に「衡平」などの観念を表明するにとどまるかぎり、頻繁に用いられる用語でもありかつ内容的特異性に乏しいため、具体的な学説継受の系譜をたどる必要もあるまい。

衡平説が、現在のような解釈学的な色彩をもつようになるのは、昭和六年の末川説に端を発する。ここでは、「衡平」の語には特段の言及はなかったが、次のように二元的に「法律上ノ原因」が把握された。「利得それ自体は形式的には適法に為されてゐても、実質的に観てその利得を正当づける理由がない場合には、法律上の原因がないといへるのである」[18]（傍点著者）。この二元的把握は、昭和一二年の我妻説によって衡平説に結びつけられることとなった。そこでは、「形式的・一般的には正当視せられる財産的価値の移動が実質的・相対的には正当視せられない場合に、公平の理想に従ってその矛盾の調整を試みんとすることが不当利得の本質」[19]（傍点著者）とされたのである。この我妻説は、不当利得法を形式法を修正するところの実質法であるとする、ドイツ法学にしばしばみられる二元的法把握を、衡平観と結合させたものであった[20]（以後、本書ではこれを二元論的衡平説と名づけることにする）。これ以後、衡平説的基礎づけが片山[21]、谷口[22]、吾妻[23]、二元論的衡平説が松坂[24]などの諸説によって採用され、実務にも大きな影響を与えながら[25]、わが国における不当利得観の主流を形成し、現在に至っている（なお、「公平」、「衡平」の語の用い方は論者によってさまざまであるが、本書においては、谷口『不当利得の研究』、松坂『不当利得論』などにならって基本的には「衡平」の語を用いることとした）。

不当利得制度の統一的基礎づけとして衡平説のほかに、個人意思自治の原則を基礎におきながら、債権関係説を採用した来栖説[26]がある。この説自体の検討は次節に行なう。学説史上は、これはユングの相対関係説の影響を受けたものであるが、必ずしもその後の学説には受け入れられていない。

以上検討したように、ドイツにおいてきわめて多種多様な形で存在していた不当利得制度の統一的基礎づけの論議のうち、日本の学説が承継したのは、衡平説および債権説（相対関係説を含めて）の二種に限定される。ドイツにおける不当利得制度の統一的基礎づけは、さきに述べた理由から大なり小なり無理を冒していた。これらのうち、内容が曖昧であるがゆえに破綻をきたしにくい衡平説と、もっとも説得力に富むとされた債権説（相対関係説）とが日本民法学に影響を与えたということができるであろう。

なお、昭和に入ってからは不当利得制度の統一的把握が学界の大勢ではあったが、例外的には伝統的な非統一的把握説も存在していた。[27]また、早い時期から、わが国では、不当利得の類型論的見解が表明されていたが、その点は後に四で検討することにしよう。

以上みたように、日本における不当利得制度の基礎づけの論議は、非統一的把握から統一的把握へと変遷をとげた。これは、ドイツの学説状況と異なった型の推移である。推移が異なったもっとも大きな原因は、前述のとおり、個別の有名コンディクチオ体系に慣れた学界・法曹に対する不当利得制度の統一性を説得する必要の存否であったように思われる。

三　しかし、ドイツにおいても、学界の関心を一旦は非常に集めた不当利得制度の統一的な基礎づけ論は、急速に学界の関心を失っていった。これは、前述したように[28]どの説によっても不当利得法は充分には解明されず、これらの論議がさきに引用したポンポニウスの平均的正義の命題[29]を他の言葉におきかえ、いいかえることに帰着し、不毛な論議であったことに帰因する。同じような背景があるために、日本においても、戦後、不当利得制度を統一的に基礎づける問題は、もはや従前ほどの関心をひかなくなったように思われる。少なくとも、あらためて新説を提起しようとする者はいなかったし、教科書によっては、この問題に関する叙述なしに、不当利得法に関する論述がなされている[30]。

この従来の不当利得の統一的基礎づけの論議が不毛であることを正面から指摘したのは、山中教授であった。『法律上の原因なくして』という……きわめて抽象的であるこの表現を前記のような別の抽象的な表現でおきかえる努力は無意味というのほかなく、このようなことはやめるべきである[31]」との主張である。山中教授は、同じくこの議論の不毛性を指摘したケメラーとは異なり、不当利得の類型論者ではない。しかし、現行不当利得法の法制度としての不備を指摘し、それを打破しようとする右の姿勢[32]は、現行不当利得制度のいきづまりを認識したためのものであった。このようないきづまりを打破するものとして、次に述べる不当利得の類型論が提唱される。

四　日本における不当利得制度の類型化の先駆としては、まず磯村教授をあげることができる。ウィルブルクの不当利得二分論は、ドイツにおいては簡単に無視されたが、日本においては、控え目な表現によってではあったが磯村教授によって比較的早い時期（一九四〇年代の初め）に肯定的評価をうけた[33]。後に、ドイツにおいてケメラーの類型論が発表された後も、磯村教授はその紹介を行ない[34]、不当利得制度類型化の志向を鮮明にした[35]。

磯村教授とは別にケメラーを全体として肯定的に評価し[36]、一連の著作[37]によって独自の類型論を展開していったのが、川村教授であった。川村教授の論稿は完結しておらず、不当利得法がいかなる類型をもつのかは、基本的部分は発表されているものの、いまだ最終的には明らかにされていない[38]。川村教授独得の民法典の体系的把握、独得の用語法が、川村説に対する一般の理解をさまたげているようにも思われる[39]。したがって、学界において、川村教授の類型論に対する肯定的評価はしばしば散見しうるものの、それが学界に広く受け入れられる、という状況では必ずしもない。川村教授の類型論の検討は、第三節において行なう。

このほか、不当利得の類型化の具体的な展開は、広中教授においても試みられている[40]。ここでは、ケメラーの主張する主要類型を中心として議論が展開されている。

以上のような学説史的展開は、本書とはまた異なった視点から山下教授の分析するところとなっている[41]。また、本書のもとになった雑誌論文連載中ないし連載完結後に類型的思考にもとづき不当利得論を体系書の形で展開したものとして、松坂博士[42]、鈴木教授[43]、四宮教授[44]の諸説があり、比較的小さな教科書の形で、衣斐教授[45]、山田教授[46]、土田教授[47]、中井教授[48]、また、講演記録の形で好美教授の説[49]が発表されている。また著者自身もこの間、著者の議論の全体像を教科書的な形でコンパクトに示す論稿を発表している[50]。この他、不当利得の個別問題を分析するさい類型論的思考に肯定的評価を下すものは多い。個別の学説の内容は節を改めて検討するが、現在わが国の不当利得学説の大勢が、類型的思考の方向を示しているということは、いえるであろう。ただ、我妻博士の近時の著作[51]が巨岩のようにこの流れに抗し、やはり不当利得法学に大きな影響を与えてきた谷口、松坂両博士の論議をみても、松坂博士の近時の著作[52]が類型論と伝統的立場との折衷であって、必ずしもドイツやわが国でいわれる類型論に全面的に与したものでないこと、谷口博士の編による『注釈民法』の不当利得の部分は、やはりドイツ類型論と異なった立場から編纂されている[53]ことや、来栖説[54]などが従来の立場を維持していること、比較的最近の教科書にあっても山本説[55]、半田説[56]などでは衡平説的立場が維持されていることなどは留意される必要があろう。このような状況のもとで、伝統的議論と類型的思考の双方を部分的に取り入れる神田説[57]のような立場も存在している[58]。

（1）　日本民法典の不当利得規定は、内容的にボアソナード法典財産編三六一条以下（「不当ノ利得」）との連関は比較的希薄なようである。しかし、その後の不得利得規定の立案にさいしどこの立法例が主に参照されたかが資料の上から明らかとなっているわけではない。原案の起草担当者は穂積陳重博士であったが、速記録には数多くの立法例が挙げられている（法典調査会民法議事速記録三九巻八二丁）。不当利得の立法は非常に紛糾し法典調査会においては結着がつかず、調査委員会、整理会へともち込まれ、整理会における論議の内容も民法修正案とは異なっている。民法修正案には調査委員会などの議論をとりこんだ跡がみられ、他国の立法例とくらべかなり独自な点もみられる。しかし、民法七〇三条に即していえば、調査委員会における起草者の案はスイス債務法旧七〇条に似ており、整理会における「損失」の語を附加した改案は、「その者の損失（負担）において」..auf dessen Kosten“ の文言を用いたドイツ民法第二草案に近似している（この間の具体的事情に関し、本書二七頁参照）。この事実から、同条の起草過程においては、主としてスイス債務法とドイツ民法第二草案とが影響を与えた、と推測される（ドイツ民法が公布されたのは一八九六年であるのに対し、整理会でこの不当利得の改案がとりあげられたのは明治二八年（一八九五年）一二月三〇日である。しかしながら、ドイツ民法第二草案が連邦参議院に全体として提出されたのがその二ヵ月前の一八九五年一〇月三〇日であって、かつ、これ以前にドイツでは民法各編は一部草案の形で公にされているので、右の整理会以前にドイツ民法第二草案の不当利得法の部分を参照する機会があったのではないかと推測できるであろう。なお、ドイツ民法の立法過程に関しては、H. H. Jakobs = W. Schubert, Die Beratung des Bürgerlichen Gesetzbuchs, Materialien zur Entstehungsgeschichte des BGB, (1978), S. 57 ff. 参照。また、わが国の民法起草過程でドイツ民法第二草案が途中から参照されたことにつき、仁井田益太郎発言「仁井田博士に民法典編纂事情を聴く座談会」法律時報一〇巻七号（昭和一三年）六五六頁参照）。

　なお、前款に述べたドイツ民法との対比で一言すると、ドイツ民法は一方で統一不当利得規定を定めたものの、同時に他の個別の有名コンディクチオに対応する規定をもかなりおいた（本書九七頁以下参照）。それに対し、日本民法典には、無原因のコンディクチオ（condictio sine causa）に対応する不当利得の原則規定以外に、個別の有名コンディクチオに対応する規定としては、非債弁済、不法原因給付を規定するにとどまる（民法七〇五条〜七〇八条）。この意味では、日本民法ではコンディクチオ体系の影響が相対的に弱まっている、ということができるであろう。

（2）起草者が自然法的衡平観を排斥したことに関し、民法修正案理由書、法典調査会民法議事速記録三九巻八一―八二丁参照。

（3）不当利得法を最初にまとまった形で網羅的に分析した邦文文献は、井上義男「不当利得論」法律学経済学内外論叢第四巻第三号一頁以下（明治三八年）であると思われる（ただし、法学士の卒業論文であり、後代への影響はあまりみられない）。ここにおいて、不当利得制度の存在理由として論じられるのは、無因的物権行為の場合に不当利得法が機能しうる、等々のことでしかない。やや後の、清瀬論文においても、不当利得における「公平主義」が注に附記されるにとどまっている（清瀬一郎『不当利得論』（明治四五年）三頁。ただし、この二論文の間に、注(10)引用の中島論文、次注の石坂論文が公にされている）。

（4）石坂音四郎「法律行為ノ原因ト不当利得ニ於ケル法律上ノ原因」改纂民法研究上巻（大正八年）二七二頁以下。初出は明治四二、四三年、京都法学会雑誌四巻一、二、四、八号、五巻一、二号。

(5)　川名兼四郎『債権法要論』(大正四年) 六七八頁以下。
(6)　末弘厳太郎『債権各論』(大正七年) 九四一頁以下。
(7)　鳩山秀夫『日本債権法各論下』(大正九年) 七九〇頁、七九六頁以下。
(8)　北川善太郎『日本法学の歴史と理論』(一九六八年) 一三五頁参照。
(9)　当時の学説が、一般にドイツの学説に対して鋭敏であったことにつき、次のような発言がある。「とにかくあの時代に、日本の法学界があれ程世界の法学界に直通しているような、インターナショナルな感じのする法学界があったのは今から考えると不思議な位ですね。向うの学界の論争が半年とたたぬ中にこっちの論争になった位、わが国の法学界は外国法学界の動きに敏感だった」(傍点著者)。末弘厳太郎発言・日本評論社編『日本の法学』(昭和二五年) 四六頁。
(10)　中島玉吉「不当利得ヲ論ス」民法論文集 (大正一一年) 六四頁、六七頁以下。初出は、京都法学会雑誌三巻九、一〇、一一号 (明治四一年)。
(11)　なお、本書一二一頁参照。
(12)　我妻栄『債権法 (事務管理・不当利得)』(現代法学全集三四巻) (昭和五年) 一四〇―一四一頁、岡村玄治『債権法各論』(昭和四年) 五九八頁。
(13)　鳩山秀夫『増訂日本債権法各論下巻』(大正一五年) 七九九頁。
(14)　岡村・前掲『債権法各論』五九八頁。
(15)　我妻・前掲『債権法 (事務管理・不当利得)』(現代法学全集三四巻) 一四一―一四二頁。
(16)　Digesta. 12. 6. 14.
(17)　不当利得の基礎として論じたものではないが (本書一〇一頁参照)、梅謙次郎『民法要義巻之三債権編』(明治三三年) 八六五頁、清瀬・前掲『不当利得論』三頁。
(18)　末川博「不当利得と不法行為の相関対比」不法行為並に権利濫用の研究 (昭和八年) 八頁 (初出は昭和六年、法学新報四一巻一号)。なお、二元的表現自体は、井上・前掲「不当利得論」法律学経済学内外論叢四巻三号一七頁にすでにみられる。しかし、この文献は後代の多くの学説からは無視されており、学説史的な影響は小さかったものと推測される。
(19)　我妻栄『事務管理・不当利得・不法行為』(新法学全集一〇巻) (昭和一二年) 二九頁。

(20) ドイツ法学においては、後に述べるように、物権行為の無因性を背景として二元的把握が問題とされるため、二元的把握を主張する者の数は多い。したがって、単なる二元的把握の場合は、内容的特異性に欠け、日本の学説の学説史的系譜は必ずしも確定できない。しかし、我妻博士自身の言によれば、我妻説の場合はユングを参考にしている、とのことである（我妻・前注引用書三四頁。ただし、ユングの説自体は相対関係説であり、その点の差異は前提とした上で我妻博士はユングを参考としたものである）。なお、我妻説にあっては、その後も一貫してこの二元論的衡平説の立場が維持されていることにつき、我妻栄『債権各論下巻一（民法講義V_4）』（昭和四七年）九三八頁参照。

(21) 片山金章「不当利得制度の基礎原理の史的発展」中央大学五十周年記念論文集（昭和一〇年）三〇三頁以下。

(22) 谷口知平『不当利得の研究』（昭和四四年）三九頁。ただし、必ずしも積極的に不当利得の基礎づけを試みるものではない。

(23) 吾妻光俊『債権法』（昭和三九年）二七四頁、二七七頁以下。

(24) 松坂佐一『不当利得論』（昭和四四年）一六四頁、同『事務管理・不当利得〔新版〕』（法律学全集22－I）（昭和四八年）五八頁。

(25) 実務に二元論的衡平説の影響がみられた例として本書一一六頁、本書六五頁注(4)引用の諸判例参照。

(26) 来栖三郎「民法における財産法と身分法（三）」法学協会雑誌六一巻三号（昭和一八年）三五六頁以下、なお、同「契約法と不当利得法」山田還暦　概観ドイツ法（昭和四六年）一八六頁以下。

(27) 石田文次郎『債権各論講義』（昭和一二年）二三二頁以下、同『債権各論』（昭和三八年）二三五頁以下。

(28) 本書九四頁。

(29) 本書一〇三頁。

(30) 戒能通孝『債権各論』（昭和二一年）四〇二頁以下。

(31) 山中康雄「不当利得法のあり方」愛知大学法経論集四〇号（昭和三七年）六頁。

(32) 山中教授は、不当利得の基礎を論ずることは無意味であるとして、不当利得の「あるべき姿」を追求した。結論としては、「実質的不当利得法」を観念し、その一環として民法七〇三条を把握し、種々の問題の解決を試みた。そこでは、「実質的不当利得法」は、損害負担の問題に関するものとされ、債務不履行、詐害行為取消権などをも含めた概念とされる。このような把握によって、不当利得法のもつ問題が解決されるか否かに関しては疑問を感ずるが、現行不当利得制度およびそれを基礎づけるべく努力した従来の学説に対する山中教授の批判自体は、きわめて適切なものであった。

（33）　磯村哲「不当利得に就ての一考察――利得の不当性を中心として――（二）、（三）」法学論叢四六巻一号九五頁、四七巻一号（以上昭和一七年）一三二―一三九頁。

（34）　磯村哲「（紹介）カェメラー『不当利得』」法学論叢六三巻三号（昭和三三年）一二四頁以下。

（35）　磯村教授自身の解釈学的立場を表明したものとしては、磯村・前掲「不当利得に就ての一考察（三）」法学論叢四七巻一号一三二―一三九頁、磯村哲「法律学一五〇講民法（債権法）11不当利得」法学セミナー二三号（昭和三三年）二二―二三頁。

（36）　川村泰啓「『所有』関係の場で機能する不当利得制度（一〇）、（一一）」判例評論一三八号三頁、一四〇号（以上昭和四五年）一四頁など（ただし、この箇所では全体的にはケメラーを高く評価するとともに、彼の説の一部に対する批判を展開する）。

（37）　川村泰啓「不当利得における利益と損失――不当利得原理の法律学的構成をめぐって――」法学教室2〈第一期〉（別冊ジュリスト）（昭和三六年）二八頁、同「返還さるべき利得の範囲（一）―（三）」判例評論五五号一頁・五七号六頁・六四号一頁（以上昭和三八年）・六五号一頁・六七号一〇頁（以上昭和三九年）、同「一つの中間的考察――『返還さるべき利得の範囲』の『むすび』および類型論の具体的展開の『序』に代えて――」判例評論七二号（昭和三九年）一二頁、同「不当利得における因果関係」判例演習債権法2（昭和三九年）一二八頁、同「不当利得返還請求の諸類型（一）―（三）」判例評論七六号一頁・七七号一頁・七八号八頁（以上昭和四〇年）、同「契約の無効・取消と不当利得」契約法大系Ⅶ（昭和四四年）一五四頁以下、川村泰啓＝山本裕策「不当利得の要件――一つの問題提起」民法基本問題一五〇講Ⅱ債権（昭和四四年）四〇六頁、川村泰啓「不法原因給付制度と類型論――不法原因給付制度『序説』」片山古稀　民事法学の諸相（昭和四五年）三二五頁以下、同「『所有』関係の場で機能する不当利得制度（一）―（一三）」判例評論一一七号（昭和四三年）一頁・一二〇号二頁・一二三号二頁・一二四号二頁・一二五号二頁・一二六号二頁・一二八号二頁・一二九号二頁（以上昭和四四年）・一三七号二頁・一三八号二頁・一四〇号二頁・一四二号二頁（以上昭和四五年）・一四四号（昭和四六年）二頁、同「給付利得制度――契約関係の場で固有に機能する不当利得制度」判例評論一四三号（昭和四六年）二頁。

(38)「所有」関係の場で機能する不当利得制度、給付利得制度（契約関係の場で固有に機能する不当利得制度）が、相対立する不当利得の基本的類型として把握されている。これ以外にも、「『求償』のための不当利得返還請求権」も、不当利得の類型として認められているが、さらに他にも、「所有権法と契約法との分化がすでに或る種の妥協をともなっている」ことに対応した不当利得の類型が存在するか否かは不明である（川村・前掲「不当利得返還請求権の諸類型（一）」判例評論七六号二頁参照）。川村教授が肯定的に評価するケメラーの場合は、多類型が存在し、かつそれが開かれた、すなわち、類型の追加が可能なものであることが原理上は予定されているだけに、この点に関する川村教授の見解の表明が望まれる。

(39) 例をあげれば、「『所有』関係の場で機能する不当利得制度」における「所有」概念は、「債権の上の私的所有」、「労働力の私的所有」、「企業のうえの私的所有」の言葉に代表されるように、財貨その他の帰属状態をあらわす言葉として用いられている（川村泰啓『商品交換法の体系　上』（昭和四二年）三九―六六頁参照）。また、「契約関係の場で固有に機能する不当利得制度」における「契約」の概念も、通常の用語法と異なり、無償契約や詐欺強迫による契約を含んでいない（川村・前掲『商品交換法の体系　上』六六―六七頁、同・前掲「給付利得制度―契約関係の場で固有に機能する不当利得制度」判例評論一四三号三―五頁、同・前掲「『所有』関係の場で機能する不当利得制度（一三）」判例評論一四四号一五―一七頁参照）。

(40) 広中俊雄『債権各論講義』（昭和五〇年）三六九頁以下、特に三七五頁以下。

(41) 山下末人「不当利得―無効・取消・解除と不当利得の関係を中心に―」法と政治二四巻二号（昭和四八年）一四七頁以下。

(42) 松坂・前掲『事務管理・不当利得〔新版〕』（法律学全集22―Ⅰ）一二三頁以下。

(43) 鈴木禄弥『債権法講義』（昭和五五年）四二三頁以下。

(44) 四宮和夫『事務管理・不当利得・不法行為上巻』（現代法学全集10）（昭和五六年）九九頁以下。

(45) 山本進一＝甲斐道太郎＝椿寿夫＝乾昭三＝中川淳編・衣斐成司執筆『債権各論』（昭和四九年）三〇二頁以下。

(46) 好美清光＝米倉明編・山田幸二執筆『民法読本2債権法』（昭和五三年）二〇四頁以下、篠塚昭次＝前田達明編・山田幸二執筆『講義債権各論』（昭和五六年）二四三頁以下。

(47) 川井健ほか共著・土田哲也執筆『民法第4巻契約・事務管理・不当利得』（昭和五五年）二二四頁以下。

(48) 中井美雄＝長尾治助共著・中井執筆『民法講義ノート(5)債権各論』(昭和五六年) 二二六頁以下。
(49) 好美清光「不当利得法の新しい動向について(上)、(下)」判例タイムズ三八六号一五頁以下、三八七号(以上昭和五四年) 二二頁以下。
(50) 高木多喜男ほか共著・加藤雅信執筆『民法講義6不法行為等』(昭和五二年) 二九頁以下。
(51) 我妻・前掲『債権各論下巻一(民法講義V4)』九三七頁以下、特に九八六頁以下の類型化が、その形式はともかく、内容において伝統的立場そのものであることは注目される必要がある。
(52) 松坂・前掲『事務管理・不当利得〔新版〕』(法律学全集22－I) 一一三頁以下参照。
(53) 谷口知平編『注釈民法(18)』(昭和五一年)。
(54) 来栖・前掲「契約法と不当利得法」山田還暦　概観ドイツ法一九三頁。
(55) 山本進一『債権各論』(入門法学全集7) (昭和五四年) 二〇三頁以下。
(56) 遠藤浩ほか編・半田正夫執筆『新版民法(7)事務管理・不当利得・不法行為』(昭和五六年) 四七頁以下。
(57) 神田博司『民法　債権法』(昭和五八年) 四二三頁および四二七頁参照。
(58) なお、校正時に接し得たものであるが、わが国の不当利得論の変遷を近時の類型論も含めて総括的に分析したものとして、土田哲也「不当利得の類型的考察方法」民法講座6事務管理・不当利得・不法行為(昭和六〇年) 一頁以下参照。

第二節　統一的把握

一　不当利得制度の統一的把握を試みた学説が不当利得法の解明・性格づけに成功するものであったならば、現行不当利得法をめぐる学説や実務の取扱はかくも混乱したものにはならなかったはずである。これは、すでに他の論者により指摘されている。(1)では、種々の統一的把握は具体的にどのような解釈学的欠陥をもっていたのであろうか。この問題は、二以下に分析するが、全体的傾向としては次のことがいえる。不当利得規定が実際に適用されている範囲は非常に広く、その紛争態様は多種多様であった。そのため、単一の概念をもってこれを把握する場合には、全体を包含するためその概念が曖昧で無内容となるか、これを避けて明晰な概念を用いようとすれば、不当利得紛争の相当部分にはあてはまるものの他の部分を説明しきれない無理な概念となるか、のいずれかであった（本書二七六頁の表参照）。

いうまでもなく、前節にあげた不当利得制度の統一的基礎づけのための諸説が、すべて現在も影響力をもっているわけではない。そこで、以下、現在も影響力をもつ基礎づけ論、ないし、必要と思われるかぎりその学説史的前身となる諸説の解釈学的限界をここで分析することにしよう。

二　衡平説

(イ)　「正義」または「衡平」の観念などによって不当利得法を基礎づける試みは、昭和初期に、岡村、我妻の諸説によってなされ、その後も、我妻、谷口、松坂説などの有力な学説の維持、継承するところとなっている(2)。この観念は、さきのポンポニウスの命題や、近世自然法学によるコンディクチオの研究においても唱えられ、厳格な形式法から柔軟な法へ、という法制史的発展を示すものといわれる(3)。このような自然法的衡平観は、ドイツ民法においても日本民法においても起草者によって排斥されたものではあるが(4)、歴史的背景をもっているがゆえに、しばしば不当利得法に関し言及された。財貨（利益を含む。以下同じ）移転と不当利得についての次の見解は、このような一例である。「人の損失になる財貨の移転が、契約的視点によっても不法行為的視点によっても攻撃されえない。しかし、それにもかかわらず、衡平の一般原則からはそれが不当に見える。（この場合に――著者）、不当利得返還請求権は、財貨の移転を再び取り除く。この訴訟の本質は、このことによって明らかにされうる(5)。」

しかし、このような把握によって不当利得制度を解明することはできない。そもそも法制度一般が、当該社会におけるなんらかの「正義」ないし「衡平」の観念を反映し、形づくられるのが通常である。したがって、単に一般的に「衡平」、「正義」をメルクマールとすることによっては、他の法制度に対する不当利得制度の特異性は確保できない。一定の状況のもとで、一定のパターンの「正義」、「衡平」を確保することによってのみ、各法制度は、その特異性と独自の機能を獲得するのである。これは、ドイツにおいても早くから指摘されており(6)、日本のこれらの論者自身も意識していたものと思われる。したがって、この説のねらいはむしろ次の点にあったと思われる。すなわち、統一的制度は統一的に基礎づけられねばならない。しかし、具体的な観念による不当利得制度の基礎づけはいずれかの箇所で破綻をきたす。そこで、たとえ積極的意味には乏しくとも、「衡平」などの曖昧な観念によって統一的基礎づけの外形を保つ。鳩山博士が衡平説の欠陥を意識しながらあえてそれを否定しなかったことは(7)、この間の事情を示しているように思われる。

(ロ)　しかし、前節にも述べたように、我妻説や、それに賛意を示す松坂説などの把握(8)は、単に「衡平」を云々するのではなく、次に述べるようなやや具体的な二元論的表現をとる。「統一的理念としては、形式的・一般的には正当視される財産的価値の移動が、実質的・相対的には正当視されない場合に、公平の理念に従ってその矛盾の調整を試みようとすることが不当利得の本質である(9)。」

これは、衡平説と、ドイツにおける二元的把握を結合させたものである。ドイツにおいては、不当利得制度の二元的把握がしばしば唱えられた。不当利得が生ずる場合を「完全に債権的または物権的効果をもって利得が往々生じうるが、それが内的、経済的には正当な基礎をもたない(10)」、または「請求が形式的には実定法上の原因にもとづいているが、実際は、他人の損失にもとづき実質的な法律上の原因がない(11)」場合としたり、「不当利得返還請求権を与える場合に法が従う指導理念は、形式法と社会的正義の意味における実質法との間に調整をもたらすことである(12)」、などの見解がそれである(13)。

しかし、ドイツにおけるこれらの二元的把握は、主として物権行為が無因とされる法制のもとにおける債権契約の無効・取消の事例を念頭において主張されたものである。物権行為が無因とされる法制においては、債権契約が効力をもたなくとも、物権行為が有効であれば物権は移転する。所有権移転を例にとって考えれば、相手方に物権法上有効に存在している所有権が、契約の無効・取消などがあった場合に不当利得法によって回復されることになる。物権法を形式法と考えるならば、不当利得法は形式法を修正するところの実質法となる。この点は、ドイツ法においてもユングその他によって指摘されたが[14]、不当利得法の機能が必ずしもその点に終始するわけではないとして、次のような批判を呼んだ。「物権法的結果を債権法的に調整するというその部分的任務のために、不当利得法を高位の法と呼ぶことは誤解を導く[15]。」ドイツの学者がこの二元的把握によって説明しきれない例としてあげるのは、譲渡に抽象性がない労務給付などの場合や、単なる他人の物の使用の場合である[16]。また、さきに引用した例からもわかるように、ドイツにおける二元的把握の表現はやや曖昧であって[17]、必ずしもすべてのものが無因的物権行為にもとづく物権法秩序の修正を、直截に表現しているわけではない。しかし、現在のドイツの通説のように、この関係を示すものとして二元的把握を理解した場合、日本法における二元的把握はいかなる意味をもつのであろうか。日本法のもとにおいても、物権行為の無因性を認める場合には、二元的把握がドイツ法と同じ意味をもつことはもちろんである。現に物権行為の無因性論をとる勝本説は、右のような二元的表現自体を採用しているわけではないが、無因的結果を修正することが不当利得法の機能である、と考えている[18]。しかし、我妻説のように、原則的に物権行為を有因と考える場合[19]、二元的把握がドイツ法において有していた意味は原則的には失われる[20]。二元的把握が妥当する例として、我妻説においても、所有権の帰属が不当利得法によって修正される場合、その他があげられているものの、それらは必ずしも説得的な例ではないように思われるし[21]、また、売買の無効による給付物の取戻などの、不当利得法にとって中心的ともいえる部分には——ドイツ法においてと異なり——二元的把握が妥当していない。この点を考えると、この説は、不当利得法の例外的な部分から、全体を説明しようとしているように思われる。

(ハ)　以上、二元論的衡平説の問題点を検討してきた。これは、単なる学理的次元の問題にはとどまらない。この説は、我妻、松坂というもっとも有力な研究者によって唱えられたため、わが国における法曹の不当利得観の主流を形づくることになった。そのため、本来二元論的衡平説が妥当しない分野において、実務に思いがけない混乱が生じている。このような一例として、次の裁判例を検討してみよう。

〔3・1〕　長野地諏訪支判昭和三一年八月三一日下民集七巻八号二三三七頁。

これは夫Yと妻Aとの間の夫婦関係が破綻した後、Aを扶養したAの兄Xが、Yに対し、妹のために出捐した病気療養費・生活費の求償をした事例であるが、裁判所は、「Yの利得につき不当性の存否」と題して以下の認定を行なった。

「右の免脱に因る利得と出捐に因る損失は共に訴外Aの扶養に関して生じたものである。そこでYの右免脱による利得が不当利得になるか否かを審按することとなるが、これはYが右利得を保有することが法律の理想からみて公平と認められるか否かによつて決せらるべきである。以下その点を検討することとする」とし、以下、夫婦関係破綻の責任が夫婦のいずれにあるか、破綻状態克服のための夫婦の努力はどうか、兄Xが破綻にどのように関与したかを、判例集四ページにわたり、こと細かに認定し、これらによって「法律上ノ原因」の有無が定まるものとした。

本事案においては、Yの利得の不当性、すなわち「法律上ノ原因」の要件内容は、Xの扶養義務とYの扶養義務とどちらが先順位であるのか、という問題につきるはずである。(22) しかし、「法律上ノ原因」の有無の判断が、衡平説によって、XとYとどちらが悪いのか、という衡平判断にすりかわってしまったものと思われる。

また、その内包が必ずしもはっきりしない衡平説が通説的見解となっているため、「法律上ノ原因」の要件が、現実には個々の事案における裁判官の実質的な価値判断を追認する機能を営んでしまいがちである。したがって、同一事件に関し、下級審が「法律上ノ原因」ありとして不当利得返還請求を棄却したものを、上級審が「法律上ノ原因」なしとして請求を認容する場合も、結論を述べるだけにとどまり、それ以上理由づけをする必要もなくなっている。もちろん同一事案に関し、要件内容の限界的事例の判断において、上級審と下級審とが判断がくいちがうことは、あらゆる法分野で生じうることである。しかし、「法律上ノ原因」の要件の場合は、限界事例に関する判断がくいちがうのと異なり、裁判官の実質的判断が異なることを、言葉の上で追認するにすぎない。このようなものとして、次の裁判例をみてみよう。

〔3・2〕浦和地判明治四五年(レ)三〇号新聞八七四号二三頁、評論二巻民法三四二頁（裁判年月日不明）。

〔3・3〕東京控判大正二年二月一五日評論二巻民法一六二頁（〔3・2〕の上告審）。

土地所有者Yは、その土地にAのために抵当権を設定した。Yは土地を売却し、最終的にXが所有者となった。その段階でAは抵当権を実行し、Xは土地所有権を喪失した。XがYに不当利得の返還請求をした事例である。原審は、Yの債務の消滅（利得）が適法に設定した抵当権実行の結果であるとし、「利得ニ付法律上ノ原因ナキモノト云フヲ得ザル……」と判示した。それに対し、上告審は、Yが自己の債務の履行を怠りながら、他人（X）の財産により利益を受けることは、「条理トシテ許ス可ラサルハ勿論法律ノ規定上ヨリスルモ毫モ其原因アラサレハナリ然レハ即チYハ法律上ノ原因ナクシテXノ財産ニヨリ利益ヲ受ケ之カ為メXニ損失ヲ及ホシタ」として、民法七〇三条の適用を認めた。

ここにおいては、「法律上ノ原因」の要件の充足をめぐり、正反対の結論が示されている。しかし、要件内容とは無関係に、裁判官の衡平感覚にもとづくXの返還請求を認めるか否かの判断が先行し（「条理」の言葉にこれがよくあらわれている）、「法律上ノ原因」は、その結論を追認するものとして形式的に語られているにすぎない。したがって、「法律上ノ原因」に関し、上級審は下級審と異なった判断を下したにもかかわらず、理由づけは施されていない(23)。また、別の例として、確定判決を「法律上ノ原因」と考えた第一審判決に対して、次のように二元論的衡平説を採用して、確定判決にもとづく財貨移動を不当利得法が修正しうることを認めた例がある。「配当異議訴訟が訴訟上の形成訴訟であることは原判決説示のとおりであつて配当異議訴訟の判決の内容に応じて変更された配当表に従つて配当が行われた以上、原則として確定判決の既判力が法律上の原因となり、確定判決に基く受益は不当利得とされず、再審の訴によるほか救済の道のないことはいうまでもない。これは、判決の権威を高めるとともに、権利関係の速やかな安定を図ろうとするものにほかならない。しかしながらそもそも不当利得制度の目的は形式的一般的には正当視せられる財産的価値の異動が実質的相対的にみて正当視されず公平に反すると認められるような場合に公平の理念に従つてその財産状態の畈趨を調整するためにその不公平な結果を除去するところにある。(24)」ここでは、二元論的衡平説が、判決ないしその既判力によって確定された結果を修正しうるものとして理解されている。

このような実務に対しては、ドイツにおいて衡平説に対して加えられた次の批判が想起されなくてはならない。「それはあまりに危険な誤解を導く。不当利得訴訟は、裁判官のおりにふれての衡平感覚のなかにある考慮によって許されるべきである、との考えは否定されなければならない。(25)」もちろん、実務においてこのような判決が非常に多いというわけではない。しかし、二元論的衡平説が、不当利得法によって他の法律関係にもとづき生じた結論を潜脱しうる、という印象を与えることは否定できない。後の第四章における裁判例の検討と照らし合わせれば自明なように、不当利得法の機能は、契約や他の法規の結論を修正することにあるわけではない。フランスにおいては、不当利得法の要件の一つとして、他の法規を潜脱しないことがあげられる。(26)もっともフランスの不当利得法は、——判例によって形成された構成要件が、日本不当利得法と外見的にはほぼ類似であるにもかかわらず——日本法、ドイツ法とは不当利得法が規制するところの紛争態様が異なっている。(27)したがって、フランス法における結論をそのまま日本法に参考としうるか否かは問題であるが、不当利得法によって他の法規による結論を修正しうるというこれらの考え方は、紛争解決の法的安定性という見地からも問題であるのみならず、後に検討する不当利得法の現実的機能にも合致しないように思われる。(28)

(二)　以上のほかにも、二元論的衡平説に対するかなり決定的な批判として、現実の裁判実務を前提とすると不当利得法の本体的部分はむしろ一元的構造をもっており、二元論的衡平説の把握が現実の不当利得法の相当部分に適合しない、という問題がある。しかし、この点も、やはり不当利得法の現実的機能を分析した後のほうがわかりやすいかと思われるので、後に第四章で詳述することにする。

三　来栖説

来栖教授は、次のような財産法の体系的理解のもとに、ユングの相対関係説を発展させた。

近代社会の財産法秩序は所有権秩序であり、自己に帰属する財貨からいかに権利者が利益を受けるかは、権利者に委ねられる。この権利者の自由を保障するものが、個人意思自治の原則（契約自由の原則）である。私的所有権と個人意思自治の原則を中核とする財産法の体系は、積極面と消極面をもつ。積極面は、権利者の意思にもとづく財貨変動であり、契約法、事務管理法がこれに当たる。消極面は、権利者の意思に反する財貨変動が生じた場合の権利者の保護であり、物権的請求権、不法行為法、不当利得法がこれに当たる。個人意思自治の原則のもとでは、財貨の移転は、原則的に契約、例外的に事務管理より生ずる債権関係にもとづく。したがって、原則として、債権関係にもとづかない財貨の移転は、権利者の意思に反し、法律上の原因を欠き、不当利得法による保護を受ける。しかし、右のように断定できない場合もあり、この場合は、債権関係の有無より一歩立ち入って、個人意思自治の原則上権利者を保護する必要があるか否かが検討される(29)。

要約すれば、来栖説においては、不当利得返還請求の成否は、第一次的には財貨移転が債権関係にもとづくか否かにより決せられ、それにより決せられない場合には、個人意思自治の原則にまで立ち返って判断されることとなる。しかし、実務において、不当利得法の保護を受けるものは、個人意思自治の原則にもとづく財貨変動にかぎられてはいない。あらゆる法律関係にもとづく財貨変動が不当利得法の保護をうける。具体例を裁判例から一、二あげれば、行政行為、裁判にもとづく財貨変動、また、相続による財貨変動や、親族関係にもとづく財貨変動（妻の夫に対する家事労務の提供など）も、不当利得法による保護をうけている(30)。これらは、直接には個人意思自治の原則に関係する場合ではないが、財貨変動の基礎となったこれらの法律関係が効力をもたない場合に、やはり財貨は不当利得として返還されなければならないのである。現実の社会における財貨変動は、必ずしも来栖教授の指摘したように、契約や個人意思自治の原則のみにもとづくものではない。さきにあげた裁判、行政行為、親族関係、相続関係のみならず、その他諸々の法律関係が財貨変動を基礎づけている。このような広い範囲にわたる財貨変動のすべてに関し、それを基礎づけるところの法律関係が効力をもたない場合に、財貨変動を矯正する必要が生ずる。実務がこのようなものとして不当利得法を機能させていることは、後に第四章で分析することにする。権利の静的状態の保護を不当利得法の目的とするかぎりでは来栖説はきわめて示唆にとむものではあるが、この説が現実の社会の広い財貨変動の一部にのみ着眼したものであり、不当利得法が現実に果たしている機能のすべてを基礎づけるものでないことは第四章で、不当利得の現実的機能と各学説の解明するところを表にして示すところから[31]、明らかであろうと考える。

来栖説の前提となったユングの相対関係説（財貨変動が債権的基礎をもつか否かを不当利得返還請求権成立のメルクマールとする）も、不当利得法の一部には妥当するが、すべての場合を解明できるわけではない。彼の論稿の紹介自体は、すでに他の論者によって何度か行なわれているので[32]、ここでは彼の結論だけを簡単に示すことにしよう。「私は、不当利得返還請求権は次のように公式化することが可能であると考える。法律上の原因なく、すなわち、損失者の給付意思がないか、あるいは給付目的の不成就のもとで生じた財産移動は、返還される。……またはこの二種に共通に、両当事者の相対的法律関係が効力がないのに実行された財産移動、すなわち、債権的基礎を欠く財産移動は回復されなければならない[33]」。この説は、マイル[34]、プレッセン[35]などの支持を得、後にクラヴィーリッキなどへと受けつがれていき[36]、衡平説、二元論的衡平説と並んで、かなり後の学説にも影響を与えた数少ない不当利得の統一的基礎づけ論の一つである。帰納的方法にたったユングの論稿は、緻密で説得力に富む。しかし、「法律上ノ原因」の欠缺を債権的基礎の欠缺に還元する彼の説は、不当利得法のすべてを解明することはできない。不当利得法のどの部分を解明しないかは、「法律上ノ原因」の欠缺に関する第四章の裁判実例の分析を前提として、後に表にして

示すことにしよう。(37)

四　権利説

中島博士は、コーラッツの債権関係説を修正し、「法律上ノ原因トハ即チ権利ノ義ナリ」と考え、ほぼ次のように述べた。権利には、積極的効力と消極的効力が存する。例を債権に求めれば、給付の請求をなしうるのが積極的効力であり、受けた給付を保有しうるのが消極的効力である。このように考えれば、権利により獲得した財産はこれを返還することを要せず、権利によらない場合に不当利得返還請求権が発生する。権利が存するか否かは、立証責任論上問題とされる発権事実の存否によって定まる。(38)また、ドイツにおいては、これとほぼ同様な説をハルトマンが主張している。(39)

しかし、日独双方において後の学説はこれを受けつぐことなく、わが国の学説は中島説に対して「『権利ナシ』ト言フノ意義明ナラズ」と批判し、「原因消滅ニ因ル不当利得」の場合、その他いくつかの場合に中島説が妥当しない、とした。(40)意義が明らかでないという批判には、論者によるニュアンスの差があるが、我妻博士は次のように批判する。「これは問題をもって問題に答へて居るに過ぎない。利得者が如何なる場合に利得を保有する権利がないのか、……これが問題の中心なのである」。(41)

しかし、結論として不当利得を認めるべきであると考えられる場合を、「権利ナシ」と修辞的に表現するような無内容な概念として、中島博士が「権利」の語を用いたのか否かは疑問である。中島博士は、権利の存否は発権事実の存否により決せられる、としており、むしろ実定法規に定められた個別の「権利」を観念していたものと思われる。(42)

このように考えると、中島説は不当利得法の一定部分を解明していたようにも思われるのであるが、この点も不当利得法の現実的機能を分析した後に検討することにしよう。(43)(44)

五　以上、日本民法七〇三条に即して主張された不当利得制度の統一的把握論、それに影響を与えたかぎりでの

ドイツの論議を検討してきた。不当利得基礎づけのための論議は、ドイツにはこれ以外にも多数存在し、これはさきにも列挙した（本書九一頁。ただし列挙したのは現行ドイツ民法典に関する学説に限定した）。これらの諸学説は、日本民法典上の不当利得制度の基礎づけのために論ぜられたものではなく、かつ、それは現代的意味に乏しい(45)。これらの紹介およびその解釈学的検討はすでに多くの論者のなすところでもあり(46)、本書では割愛する。

（1）山中康雄「不当利得法のあり方」愛知大学法経論集四〇号（昭和三七年）三頁以下。
（2）本書一〇二頁以下。
（3）W. Wilburg, Die Lehre von der ungerechtfertigten Bereicherung,（1934）, S. 19 ; E. Jung, Die Bereicherungsansprüche und der Mangel des „rechtlichen Grundes",（1902）, S. 25, Anm. 48.
（4）ドイツ民法に関し、Motive zu dem Entwurfe eines Bürgerlichen Gesetzbuches für das Deutsche Reich, Bd. II, Recht der Schuldverhältnisse,（1888）, S. 829. 日本民法について、民法修正案理由書、法典調査会民法議事速記録三九巻八一丁「第四章　不当利得」に関する穂積陳重委員の冒頭説明。
（5）L. Kuhlenbeck, Das Bürgerliche Gesetzbuch für das Deutsche Reich, Bd. 1, 2. Aufl.,（1903）, S. 659.
（6）「少しも故障とならないが、いずれにしても何も明らかにしない」（Jung, a. a. O., S. 24）。「衡平や正義、実質的正当性、内的基礎を単に指示すること……だけでは不充分である」（R. Stammler, Zur Lehre von der ungerechtfertigten Bereicherung nach dem Bürgerlichen Gesetzbuch, in : Festgabe für Hermann Fitting,（1903）S. 135）。
（7）鳩山説においては、衡平説などに関し次のようにいわれている。「総テノ不当利得ニ付テ法律上ノ原因ノ統一的意義ヲ定メントスレバ上ニ述ベタルガ如ク公平又ハ正義ト言ヒ或ハ法律ノ目的ト言フガ如キ茫漠タル概念ニ依ルモノヽ外総テ皆不当ナル結果ヲ生ズルコトヲ免レズ」（鳩山秀夫『日本債権法各論下』（大正九年）七九六頁）。
（8）文献は、本書一〇八頁以下注（19）、（24）参照。
（9）我妻栄『債権各論下巻一（民法講義V_4）』（昭和四七年）九三八頁。
（10）Kuhlenbeck, a. a. O., S. 659.
（11）G. Planck, Kommentar zum Bürgerlichen Gesetzbuch, Bd. 2, Recht der Schuldverhältnisse, 1 u. 2. Aufl.,（1907）, S. 575.

（12）O. v. Gierke, Deutsches Privatrecht, Bd. 3, Schuldrecht,（1917）, S. 995.

（13）現在でも Palandt, Bürgerliches Gesetzbuch, 29. Aufl.,（1970）, S. 662.

（14）Jung, a. a. O., S. 23, Anm. 46 ; P. Oertmann, Kommentar zum Bürgerlichen Gesetzbuch und seinen Nebengesetzen, 2. Buch, Recht der Schuldverhältnisse, 5. Aufl.,（1929）, S. 1325 ; Wilburg, a. a. O., S. 21 f.: R. Schmitt, Die Subsidiarität der Bereicherungsansprüche,（1969）, S. 9.

（15）J. Esser, Schuldrecht, Bd. 2, 3. Aufl.,（1969）, S. 332.

（16）第一例は、E. v. Caemmerer, Bereicherung und unerlaubte Handlung, Gesammelte Schriften, Bd. 1,（1968）, S. 215.
第二例は、Wilburg, a. a. O., S. 21.

（17）特に、初期の学説には、単に修辞学的に二元論的表現を採用したものもあるように見受けられる。これに対しては、「この対比は、……事例の説明にはほとんど寄与しないことが明らかである」、との批判があてはまろう。というのは、「不当利得返還請求権が、常に、不当利得返還請求権がなかった場合に存在するであろう法状態を修正する、ということは、不当利得返還請求権の特色ではなくて、すべての請求権に共通である」からである（引用は、それぞれ Jung, a. a. O., S. 22 f. ; Wilburg, a. a. O., S. 21）。
なお、二元的把握を不当利得返還請求権の補充性を導くための論理として用いた例として、Kuhlenbeck, a. a. O., S. 659 ; Schmitt, a. a. O., SS. 9 u. 97.

（18）勝本正晃『債権法各論概説』（昭和二三年）二二六頁以下。

（19）我妻栄『物権法（民法講義Ⅱ）』（昭和四一年）五七頁。

（20）なお、二元論的衡平説が、このようなドイツ法における物権行為の無因性説を基礎とするものであり、有因法制となじまないものであることは、本書のもとになった雑誌掲載論文が指摘するまで特に意識されないままにすごされてきた。しかし、その後は、好美説、四宮説などでもこのような見方が肯定されるに至っているが、この点については本書二〇七頁参照。

（21）やや長くなるが、我妻説において、二元的把握が妥当するとされる例を列挙する。「一度弁済して消滅した借金債務を誤って二重に弁済した場合にも、金銭の所有権は債権者に帰属する。他人の動産の受寄者が自分の物として売却すると、善意無過失の相手方は所有権を取得し、真実の所有者（寄託者）は所有権を失う（一九二条）。また、債務者がその債権の準占有者に善意で弁済すると、弁済受領者は給付されたものの所有権を取得し、債務者は債務を免れ、真実の債権者は債権を喪失する（四七八条）。さらには、他人の畑地を耕作して収穫をえた者は、収穫物の所有権を取得するとみられるであろう。他人の牧草地で自分の羊を放牧した者は羊の食んだ牧草の所有権を取得した結果となることも疑いないであろう。かような場合に、利得者が利得を取得するのは、取引の安全とか、物権理論とか、いずれにしても一般的・形式的な立場に立った私法の理論の適用の結果である。しかし、これらの場合に、利得をえた者とこれを失った者、すなわち、二重に給付を受領した者と給付をした者、無権限で売却して代金を取得した受寄者と所有権を失った寄託者、弁済を受領した債権の準占有者と債権を失った真実の債権者、他人の畑地を耕作しまたは他人の牧草地に放牧した者とそのために自分の土地の利用を妨げられた所有権者との間の相対的な関係からみれば、それぞれの財産的価値の移動は、公平に反し正当視されるものではない。そこでこの矛盾を調整し公平の理念を実現するために、損失者から利得者に対して不当利得の返還を請求することができるものとされる。これが不当利得の統一的な基礎理念である」（我妻・前掲『債権各論下巻一（民法講義V_4）』九三八頁以下）。

しかしながら、第四章の「法律上ノ原因」の分析に示すように、仔細に検討すれば、ここにあげられた例は二元論的衡平説の修辞的表現を必要とするものではなかった。債務の二重弁済や他人の畑地の耕作などの例は、それぞれ財貨移転を基礎づける債権関係の存否、民法一八九条以下の規定の適用の可否が、「法律上ノ原因」の有無を決定する場合である（本書二二三頁参照）。債権の準占有者に対する弁済や即時取得の例も、三当事者間における不当利得として、財貨移転を基礎づける三種の法律関係のうちの一つが存在しない場合である（本書二三一頁以下参照）。これらの事例は、すべて財貨移転を基礎づける具体的法律関係の存否が、不当利得返還請求の成否を決定するメルクマールとなっている。我妻博士は、「不当利得における三角関係」の概念を導入しながら（我妻・前掲『債権各論下巻一（民法講義V_4）』九五六頁以下、および九九三頁以下）、二元論的衡平説の修辞的表現を主張する。これでは新概念導入の意義が半減してしまうように思われる。我妻説が、ここで二元論的衡平説の例とするものは、すべて財貨移転を基礎づける法律関係の存否、という形式的判断に還元可能である（第四章参照）。

（22）　ただし、最判昭和四二年二月一七日民集二一巻一号一三三頁の判示を前提にすれば、扶養義務に関して家庭裁判所の審判によることとなるが、現行法のもとでの扶養義務の順位と不当利得法の関係については、本書二四二頁参照。

（23）　本件においては、X－Y間の売買契約において、土地の代価の決定にさいして、Y－A間の抵当権の被担保債権の価格が控除されたか否かによって、Xの請求の適否が決せられることになろう。すなわち、被担保債権の額が控除されていなければ、X－Yの売買契約上、YのAに対する債務の弁済が予定されており、抵当権実行という事態を招いたことは、YのXに対する売買契約上の債務不履行となろう。右の控除がなければ、抵当権の実行を防ぐのはX－Y間の売買契約上、Xの負担であったというべきであろう。このような売買契約上の問題が不当利得法に混入してきたがゆえに、上級審と下級審とで判断がくいちがうという混乱が生じたものと思われる。しかし、不当利得法に他の問題が混入してくることには、衡平説的な不当利得法の曖昧な理解が背景になっているように思われる。

(24) 名古屋高判昭和四一年三月二九日民集二二巻六号一四二三頁。しかし、この理論構成は最高裁判所において修正された（最判昭和四三年六月二七日民集二二巻六号一四一五頁。なお、この高裁判決の法律構成が不当であることにつき、本書二六二頁以下注(62)、(63)参照）。

(25) Wilburg, a. a. O., S. 19.

(26) 本書七一二頁以下のフランス法における不当利得返還請求権の補充性の要件についての叙述参照。

(27) 第一四章第三節参照。

(28) 本書二七九頁以下。

(29) 来栖三郎「民法における財産法と身分法（三）」法学協会雑誌六一巻三号（昭和一八年）三四八頁以下、同「契約法と不当利得法」山田還暦　概観ドイツ法（昭和四六年）一七七頁以下。

(30) 裁判例の引用に関しては、本書二三八頁以下、二三七頁以下、二三五頁以下参照。

(31) 本書二七六頁以下。

(32) 注(46)引用の文献、および近時発表された山田幸二「現代不当利得法の研究序説――ドイツにおける不当利得法の新展開――（二）」福島大学商学論集五〇巻一号（昭和五六年）八八頁以下など参照。

(33) Jung, a. a. O., S. 129.

(34) R. v. Mayr, Der Bereicherungsanspruch des deutschen bürgerlichen Rechtes, (1903), SS. 421ff. u. 433.

(35) R. Plessen, Die Grundlagen der modernen condictio, (1904), S. 45.

(36) R. Krawielicki, Grundlagen des Bereicherungsanspruchs, (1936), S. 2ff.

(37) 本書二七六頁。

(38) 中島玉吉「不当利得ヲ論ス」民法論文集（大正一一年）六六―七一頁、引用は、同書六九頁（ただし、引用文中の傍点削除）。
(39) A. Hartmann, Der Bereicherungsanspruch des Bürgerlichen Gesetzbuch, Archiv für Bürgerliches Recht, Bd. 21, (1902), S. 224ff.
(40) 最初の批判として、末弘厳太郎『債権各論』（大正八年）九三九―九四一頁、鳩山・前掲『日本債権法各論下』七九三―七九六頁をあげる（本文引用は、鳩山・前掲『日本債権法各論下』七九四頁）。他にもこれと類似の批判がある。
(41) 我妻栄『事務管理・不当利得・不法行為』（新法学全集一〇巻）（昭和一二年）三三頁。
(42) 必ずしも批判されているような無内容な学説ではない証拠に、中島博士自身かなり具体的な権利の例をあげている。「売買成立セス故ニ売主ハ代価ヲ保持スルノ権利ナキカ故ニ之ヲ返還ス可キ」（中島・前掲「不当利得ヲ論ス」民法論文集八四頁）。
(43) 本書二七四頁。
(44) なお、本書のもとになった雑誌掲載論文が発表された後の論文であるが、衡平説と権利説の双方に賛意を表するものとして、坂本芳孝「不当利得に関する一考察」大憲論叢二二巻一・二号（昭和五七年）一一七頁。
(45) 一つには、ケメラー、山中教授が指摘したように、これらの統一的基礎づけを論ずることが、不毛な議論でしかないからであるが（本書九三頁以下、一〇五頁参照）、一つには次の理由による。衡平説、二元論的衡平説、相対関係説を除くと、これらの不当利得制度の統一的基礎づけ論は、一九一〇年以後、ドイツの学説には受けつがれることなく、また、日本民法学にも個別的な学説の継受はなかった。この二重のフィルターによって、これらの学説はすでに淘汰されており、現在これらの学説を解釈学的にあげつらうことは、過去の亡霊と格闘する気味がなきにしもあらず、との感があるからである（なお、この学説淘汰という視角は、より一般的な学説批判の方法を前提としたものであるが、これについては、次節冒頭の叙述参照）。
(46) 松坂佐一『不当利得論』（昭和四四年）一四五―一八三頁、谷口知平『不当利得の研究』（昭和四四年）四一―五七頁、七二―一〇〇頁、石坂音四郎「法律行為ノ原因ト不当利得ニ於ケル法律上ノ原因」改纂民法研究上巻（大正八年）二五七―二九四頁、中島・前掲「不当利得ヲ論ス」民法論文集六一―六六頁、井上義男「不当利得論」法律学経済学内

外論叢四巻三号（明治三八年）三一—四一頁、その他、不当利得に関する教科書、体系書など多数。

第三節　類型論

第一款　緒　論

第一項　学説批判の方法

一　本節は、従来の不当利得の類型論の学説史を検討しながら、同時に個別の学説に解釈学的な批判を加えることを直接の目的とする。この解釈学的な批判の展開に当たって、本書では、意識的に次の方法を採用した。個別の学説に対し、著者自らの解釈学的立場から批判を展開することを可能なかぎり抑制し、個別の学説が学説史の発展のうちにいかに承継されていったかあるいは否定されていったかを視点として、そこに個別の学説に対する解釈学的批判を読みとる、との方法である。端的にいえば、学説史それ自体によって学説を批判させる、と要約できよう（本書においては、この方法を「学説史内在的学説批判の方法」と名づけ、特に各学説における論者自らの視点による批判を「学説批判の主体的方法」と表現する）。このような方法を意識的に採用したのは、次の理由による。法解釈学のある種の論議——不当利得論争のような認識論的な色彩の強い論議をも含め——の正否あるいは当否は、他者による了解がなされたか否かによって検証される。(1) その種のものにかぎっていえば、学界の争点となった論議の優劣を客観的に示すものは、まず、その論議によってどの程度の者が説得されたか（了解したか）という事実である。そこで、学説史を丹念に検討することにより、まず、この、学説の優劣のある種の客観的指標を求めることができる。また、学説相互の優劣のみならず、個々の学説がいかなる点において優れているのかという問題も、学説史の検討によって明らかとなる。学説は、全面的に承継あるいは否定される場合があるばかりでなく、部分的に承継され部分的には否定される場合があり、後代の学説における承継部分、非承継部分を認識することは、個別の学説がいかなる点において説得力に富み、いかなる点において説得力を欠くかを示す客観的指標となりうるからである。もちろん、学説史のうちに「客観的指標」が存在するとはいっても、学説状況が変化するものである以上、その「客観性」は暫定的な性格をもつこととなる。ここに、個々の論者による「主体的批判」の展開の余地が残されていることはもちろんである。しかしながら、従来の不当利得の論争に不毛な議論が多かったことに鑑み、著者としては、主体的批判を展開するにさいしても、まずそれに先だって暫定的であろうとも一応の「客観的指標」——学説史の発展——を示すことに努めた。

また、学説が内容的に先人たちの主張をなんらかの程度において踏襲している場合、学説は、その内容に関して先人が受けた解釈学的批判を克服するかあるいは受けつぐか、いずれかの道を選ばざるをえない。したがって、個別の学説を学説史上に正確に位置づけることによってその学説が受けるべき解釈学的批判を総体的に解明しうる（ただし、総体的解明とはいっても学説史的位置づけをなしえない独創的部分に対する解釈学的批判を別とする）。のみならず、学説の受ける批判の承継、克服を分析することは、研究者が自説を展開するにさいし特に有益である。それというのは、自らの学説史的位置づけを認識することにより、自らが克服すべき課題、自らが受けるべき批判をあらかじめ想定しうるからである。本書ではこのような分析に学説の相互発展の契機があると考え、学説史における批判の承継、および克服はできうるかぎり克明に分析した（本書においてはこれを「学説史における批判の承継・克服の分析」と名づける）。(2)

二　なお、現在の日本法学にみられるように、学説の承継ないし参照が、しばしば実定法の地理的適用範囲をこえて国外の学説を対象として行なわれる場合には、学説承継の分析に直ちに入ることはできない。この場合には、右の分析の前提として、国による実定法規および法体系の差異が学説の内容にいかなる影響を及ぼすのかを検討することが必要となる。[3] この点に関する分析を第二項で行なった。

第二款および第三款においては、前述した方法論にのっとり、ドイツおよび日本の学説を分析した。不当利得の類型論にとって歴史的なエポックを画する学説[4]としてここに重点的にとりあげたのは、レオンハルト、ウィルブルク、ケメラー、川村説であり、これらの相互関連および現代の学説への影響を分析した。そこでは学説史内在的学説批判の前提として学説の内容を具体的に確定する必要があるため、従来の日本の学説の作業と部分的には重複する嫌いはあったが、これらの学説の紹介を行なっている。

三　また、以上に述べたほかにも、学説批判の方法としては、それぞれの学説が、いかなる社会的背景のもとに、どのような社会的要請を担うものとして登場したのかを考察することは不可欠であろう。社会が変動するのである以上、社会的要請の変動と学説状況の変動との時期的対応関係をも視野に入れることが必要となる。

さらに、学説の対立にさいしては、同一の命題ないし同一の問題をめぐって論議が展開されていても、それぞれの論者が内心念頭においている問題が異なるがゆえに、対立が生じていることも多い。このような場合に学説の展開を分析するには、それぞれが念頭においている問題の差異を明確にしないまま、学説の抽象的表現のレベルでの外形的な結論の差異に即して形式的に学説の対立を捉えることは、単に不毛な議論を導くだけである。この場合には、念頭におかれた問題の差異を明確にし、それぞれの問題に対して一定の回答を与えることが、学説の対立を止揚する途となるであろう。

したがって、学説批判の方法も多面的に捉えられる必要があるが、本書では、三に述べたような方法は本節ではなく他の箇所においてその方法を述べた上でそれにもとづく実践的分析が展開されているので、詳細はそこでの叙述に譲ることとした。[5]

(1)　前節に示した学説史による学説淘汰という分析も、こうした観点に基礎を置くものである（本書一一六頁注（45））。なお、検証をこのようなものとして考えることは議論の残るところではあるが、それに深く立ち入ることは本書の直接のテーマをこえるため、それは別の機会に譲り、文献引用も省略した。
（2）この点につき、星野英一『民法論集一巻』（昭和四五年）二頁（はしがき）、同『借地・借家法』（法律学全集26）（昭和四四年）はしがき参照。
（3）平井宜雄『損害賠償法の理論』（昭和四六年）一一頁参照。なお、比較私法上検討されるべき問題点は他にも存在するであろうが、本節のテーマと直接的な関連が強い問題として、ここでは実定規定および体系的関連をとりあげた（北川善太郎『日本法学の歴史と理論』（昭和四三年）一八一頁参照）。
（4）ドイツにおいてこの三名が不当利得類型化の先駆者とされていることにつき、本書一七四頁注（3）参照。なお、この三人がいかなる意味においてエポックを画したのかにつき、本書一七三頁に簡単にまとめたが、不当利得を二分する枠組を与えたのがレオンハルトであり、それに対し、類型論の内容ないし性格規定の側面から現在の学説の先駆的存在となったのがウィルブルク、ケメラーである。
（5）学説の背後にある社会的要請、およびその変動と学説状況の変化については、本書九〇頁以下。学説が念頭におく問題の差異に関しては、本書六七六頁以下、七四二頁以下参照。また、学説分析に終始するものではないが、学説分析をも包含する、より一般的な法律学の方法論については本書八二七頁以下参照。

第二項　ドイツ法と日本法

一　他の法分野にも多くみられることではあるが、不当利得の類型論も、ドイツ法学の成果が日本法学に摂取された例の一つである。しかしながら、不当利得の類型論が有する意味はドイツ法の場合と日本法の場合とでは必ずしも同一ではない。そこにおいては、両法の二つの差異を検討する必要がある。第一は、ドイツ法においては不当利得法規の文言が類型化と関連するのに対し、日本法においては類型化と関連する文言が法規に存在しない、という問題である。第二は、法体系の差異――特に物権行為の有因、無因をめぐる両法の差異――が、不当利得の類型化のあり方に大きな影響を与えるのではないか、という問題である（本書の分析は、日本法における物権行為の有因性説を前提としている）。そこで本項は、個別の学説の検討に先だって、日独両法の法規および法体系の差異が不当利得の類型論に及ぼす影響を、包括的に分析しようとするものである。

二　(イ)　ドイツ民法八一二条一項一文は、不当利得法の原則規定を次のように定める。「他人の給付又はその他の方法により、他人の負担において法律上の原因なくあるもの（etwas）を得た者は、これをその他人に返還する義務を負う。」ここにおける「給付又はその他の方法」の文言が、ドイツ法においては不当利得の類型化を示唆するものとされる。後にみるように、同じく類型論と呼ばれていても、類型のたて方およびその内容は論者によって必ずしも同一ではない。しかし、ドイツの不当利得の類型論者ないしその先駆的学説にほぼ共通にいえることは、それらがドイツ民法八一二条にいう「給付」、または「その他の方法」の文言に即して不当利得法を大きく二分しているか、あるいはこの文言を意識しつつ類型化している、ということである。「その他の方法」による利得を一元的に把握するか否かはともかく、「給付」の場合を一類型として把握することはすべての論者に共通である。また、条文自体に類型化が示唆されていることは、しばしばこれらの論者自身によっても指摘される。（1）

日本民法七〇三条には、右のような不当利得の二分化を示唆するような文言は存在しない。それにもかかわらず、日本の学説も、不当利得を「給付による場合」と「その他の場合」とに大きく二分して論ずるのが通常である。これは類型論出現以前からの不当利得法学の伝統であった。（2）日本法学におけるこの二者の区分は、ドイツ民法八一二条の表現が学説継受によって間接的に日本法学に影響を与えた側面もあろうが、主として法制史上の datio condictio の系譜を顧慮した結果である。したがって、現行法の解釈に法制史的伝統を反映させることの意味、および右二分論が法制史的伝統を正確に反映しているといえるか否か、が問われる必要はあるとしても、法源論的観点から、右二分論を日本法のもとにおいて排斥するまでの必要はないであろう。ドイツにおける不当利得の類型論も、後に検討するように、（3）法規の文言を第一次的な根拠とするわけではなく、第一次的な根拠は、性格が異なるものが不当利得法に含まれているという、その実質的な問題にあるからである。

(ロ)　しかし、次の点は留意する必要がある。ドイツの不当利得の類型論においては、類型の一つが「給付返還請求権」(Leistungskondiktion) と名づけられ、そこに「給付」の語が用いられている。これには、ドイツ民法八一二条の「給付」の文言が影響しているものと推測される。一般には、「給付」概念は、伝統的に単に意思にもとづく財貨移転を意味するにとどまる。[4] それに対し、不当利得の類型論者は、抽象的には義務の履行として給付がなされた場合に限定して給付返還請求権の語を用いるようである。[5] しかも、給付返還請求権という類型の枠内で具体的に語られることは、多くは契約の無効、取消の事例でしかなく、[6] 元来の「給付」概念のごく一部だけが給付返還請求権の語によって語られることになる。このことは、元来の意味での「給付」を伴う事実であっても、給付返還請求権の枠外に置かれる事例があることを示唆している。この概念の違いのつじつまをあわせるため、ドイツの学説は、広義の給付概念と狭義の給付概念とを使いわけ、[7] あるいは給付概念を規定するための詳細な議論の展開を試みている。[8][9] 日本の類型論においてもドイツと同様の概念が採用された結果、同種の混乱が認められる。ドイツの不当利得の類型論中の主要二類型——ケメラーの表現を用いれば「給付返還請求権」および「他人の財貨からの利得」——を日本法に導入したのは、川村泰啓教授であった。[10] ところがこの「他人の財貨からの利得」類型にあっても、前述したように財貨移転が意思にもとづく——給付の——場合はありうるわけであり、現に、川村説では、このような場合については「『給付による』他人の財貨からの利得」[11] などの両者が混交した表現が用いられている。類型化という、本来区分をはかるための用語法としては再考を要するところであろう。

また、さらに実質的な問題として、次の点を考える必要がある。現実の裁判実務における不当利得をみると、「他人の財貨からの利得」に対置されるべきものは、契約の無効、取消などの事例に限定されず、広く法体系全体にまたがっており、「給付」を必ずしも伴わない、物権的財貨移転の無効等々の事例をも含んでいることである。

この点は後に詳論したいと考えるが、[12] 以上の二点を前提にすると次のようにいうことができるであろう。元来の意味での「給付」を伴わない事案が「給付返還請求権」の類型に含まれるので「給付」の語はこの類型の内包を表現する言葉としても不適当であるのみならず、元来の意味での「給付」を伴う事案の一部が「他人の財貨からの利得」の類型の一部を構成するので二つの類型の限界を画するのにも「給付」の語は不適当となる。そうであるとしたら、「給付」の語は、それが類型を提唱するための条文上の手掛りとなるドイツにおいては多少の意味をもったとしても、そのような条文をもたないわが国において、概念の混乱をおしてまで、採用するだけの意味はないように思われる。

三　以上は、用語法の問題であるが、次の問題はより実質的である。ドイツ民法における「給付」と「その他の方法による利得」との二分法――「給付返還請求権」と「他人の財貨からの利得」――は、日本における不当利得の類型論にも基本的には受けつがれている。しかし、この二分法は、日本法のもとでも維持しうるものであろうか。ここでは、物権行為の有因・無因をめぐる両法の法制の差異が問われなくてはならない。さきに述べたわが国で不当利得の類型論の先駆的存在である川村教授によれば、その二類型の完全な分離は日本法のもとにおいても維持しうるものとされる。すなわち、その分化は「単純にドイツ民法における物権行為の独自性と無因性の上に構成されたにすぎないものではなくて、もっと一般的な妥当性をもちうるものであるということが、改めて確認された。／『給付利得返還請求権』と『他人の財貨からの利得返還請求権』との分化は、近代法における所有権と契約＝債権との分離・独立に対応するものであり、所有者対非所有者の裸の対抗関係（所有権の排他性・絶対性として把えられる）と契約当事者間の具体的な緊張・対抗関係との関連と分化に対応するものである。したがって物権変動を無因的に構成するか有因的に構成するかの差異を超えて、近代法一般について妥当する。[13]」

しかし、物権行為の有因・無因をめぐる日・独両法の差異は、不当利得の類型論における右の二類型対立の意味を、ドイツ法と日本法とでは異なるものとした。例をもって説明しよう。ドイツの不当利得の類型論、および川村・類型論において、「他人の財貨からの利得」、典型的には所有権保護の延長としての不当利得としてあげられるのは、他人の物の費消、使用の場合の不当利得返還請求権である（第一例）。それに対し、「給付返還請求権」の典型例としては、契約の無効・取消の場合の給付物取戻のための不当利得返還請求権があげられる（第二例）。第一例において、不当利得返還請求権が、所有権者ないし所有権喪失者に与えられ、所有権保護の延長として機能している、ということはきわめて説得力に富む。問題は、第二例における不当利得返還請求権も、第一例と同様に所有権保護という機能を有しているものなのか、それともこれとは異なった性質をもつものなのか、という点にある。まず、物権行為の無因的構成のもとにおいては、売買を例にとれば次のようになる。債権契約は無効であっても、物権行為が有効であれば所有権は相手方に移転する。この場合の不当利得返還請求権は所有権者を相手方として主張されるのであるから、直接的に所有権保護に資するものではない。したがって、この点で第一例と第二例とでは不当利得返還請求権の性格に違いがある、ということも不可能ではない。[14]これに対して、物権行為の有因的構成のもとにおいては、債権契約が無効であれば所有権は相手方に移転せず原所有者のもとにとどまるわけであるから、この場合の不当利得返還請求権は、[15]契約が無効であることを原因として、所有権者に与えられる。したがって、この場合の不当利得返還請求権が所有権保護の機能を営まないということはいかにも不自然である。ここでは、この不当利得返還請求権は無効な契約関係を清算する機能を果たすとともに、所有権保護の機能をも果たす、といわざるをえないであろう。すなわち、物権行為の有因的構成のもとにおいては第一例は第二例と峻別された別類型として存在しているわけではなく、二者は共通の性格をもつことになる。したがって、日本法において物権行為の有因性説を前提とした場合には、第二例は二重の性格をもち、[16]川村教授のように二者を非連続的なものとして峻別することはできないであろう。[17]

このように、物権行為の有因、無因をめぐる日・独の法制の差異が、わが国にドイツ型の類型論を直輸入することを許していないことが、わが国で議論を展開するに当たっては留意される必要があると思われる。[18]

（1）　E. v. Caemmerer, Bereicherung und unerlaubte Handlung, Gesammelte Schriften, Bd. 1, (1968), S. 218. 本書一六六頁参照。K. Larenz, Lehrbuch des Schuldrechts, 10. Aufl., (1972), Bd. 2, S. 403 ; W. Wilburg, Die Lehre von der ungerechtfertigten Bereicherung, (1934), S. 22 ; F. Leonhard, Besonderes Schuldrecht des BGB, (1931), S. 454. など。

(2) 石坂音四郎「法律行為ノ原因ト不当利得ニ於ケル法律上ノ原因」改纂民法研究上巻（大正八年）二八七頁以下、末弘厳太郎『債権各論』（大正八年）九五四頁以下、鳩山秀夫『日本債権法各論下』（大正九年）八〇一頁など。また、近時のものとして我妻栄『債権各論下巻一（民法講義V4）』（昭和四七年）九八六頁以下、松坂佐一『事務管理・不当利得〔新版〕』（法律学全集22-I）（昭和四八年）一二三頁以下、一四〇頁以下。

(3) 本書一三八頁参照。

(4) Motive zu dem Entwurfe eines Bürgerlichen Gesetzbuches für das Deutsche Reich, Bd. II, Recht der Schuldverhältnisse, (1888), S. 831 ; J. v. Staudingers Kommentar zum Bürgerlichen Gesetzbuch, Bd. 2, 4. Teil, Lieferung 3, 11. Aufl., (1960), S. 2738.

(5) Caemmerer, a. a. O., S. 242 ; H. G. Leser, Von der Saldotheorie zum faktischen Synallagma — Ein Beitrag zur Lehre von Wegfall der Bereicherung —, (1956), S. 4.（ただし、未公刊の博士論文（Dissertation, Freiburg)）。

(6) Caemmerer, a. a. O., S. 219ff. ; Leonhard, a. a. O., S. 462. などが典型的である。ただし、ケメラーの「給付」概念に関しては本書一八〇頁注(75)参照。

(7) W. Erman, Handkommentar zum Bürgerlichen Gesetzbuch, Bd. 1, 3. Aufl., (1962), SS. 1451 u. 1454ff. なお、他にこの概念を使いわける例として、H. W. Kötter, Zur Rechtsnatur der Leistungskondiktion, AcP 153 (1954), 195ff. 参照。

(8) R. Scheyhing, Leistungskondiktion und Bereicherung „in sonstiger Weise", AcP 157 (1958), 375ff. ; H. N. Gräber, Bereicherung durch Leistung und in sonstiger Weise in § 812 BGB. Untersuchungen zum Leistungsbegriff, sein Einfluß auf der Tatbestand der Bereicherung in sonstiger Weise und auf aktuelle Probleme des Bereicherungsrechts, (1965), insbes. S. 25ff.

(9) なお、この点についてのドイツの議論を詳細に検討したものとして、和田隆夫「ドイツにおける不当利得法上の給付概念」判例タイムズ五五一号（昭和六〇年）一六〇頁。

(10) 文献に関しては、本書一一〇頁注(37)参照。

(11) 川村泰啓「『所有』関係の場で機能する不当利得制度（一）、（一一）」判例評論一一七号（昭和四三年）四頁、一四〇号（昭和四五年）一五頁。なお、この点との関連で、川村泰啓「不当利得返還請求権の諸類型（一）」判例評論七六号（昭和四〇年）三頁参照。

（12）　本書二七八頁注(10)参照。

（13）　川村泰啓「返還さるべき利得の範囲（五）――特に所有権に基づく返還請求権と給付利得返還請求権の関係を中心として――」判例評論六七号（昭和三九年）二〇―二一頁。この論拠は、所有権と契約とに関する川村教授の次の体系的理解にある。所有権の抽象性は実体化されるべきではない。すなわち、所有権者は自らの所有者たる地位をあらゆる場合に主張しうるものではなく、契約関係に立つことによって少なくとも契約当事者間においては所有者たる地位は変容する。実定法的にこれを語れば、所有権にもとづく返還請求権は契約によって常に排除される。賃貸借契約を例にとれば、その終了などに関しては、賃貸借契約上の返還請求権のみが認容され、所有権にもとづく返還請求権は排除される。

不当利得法における「給付利得返還請求権」と「他人の財貨からの利得返還請求権」との関係も、右の問題とパラレルである。契約に対応するところの「給付利得返還請求権」は、所有権に対応するところの「他人の財貨からの利得返還請求権」を常に排除する（同誌四三頁以下。なお、簡単には川村泰啓「契約の無効・取消と不当利得」契約法大系Ⅶ（昭和四四年）一七五頁以下。なお、この点は同教授の歴史的認識とも関連しており、川村泰啓『商品交換法の体系上』（昭和四二年）参照）。

しかしながら、現在の通説を前提とした場合に、川村教授自身も認めることであるが、「給付返還請求権」を所有権と峻別することは、次の場合に不可能となる。すなわち、売買契約が無効な場合に、依然として所有権者たる地位を失わない売主が、第三者に当該財貨の所有権を移転した場合である。この場合に、所有権を譲り受けた第三者が、当該財貨を占有する買主に物権的返還請求権を行使すれば、それは認容される。この売却によって、売主・買主間で給付返還請求権をもって売買契約の無効を清算することは不可能となる。給付返還請求権を所有権から完全に分離することは――かりに論者がその道を選択するとすれば――物権行為の無因性が前提とならねばならない（この点に関し川村・前掲「不当利得返還請求権の諸類型（一）」判例評論七六号六頁参照）。

（14）　所有権的視点を給付返還請求権の場合に否定することは、物権行為の無因的構成をとる法制のもとにおいてすらも全面的に肯定されているわけではなかった。ドイツにおいても給付返還請求権もまた失なわれた所有権（権利）の代償としての性格をもつのではないかとの疑念が早くから提示され、一時期リュプトウなどの支持者を見出していたのである（U. v. Lübtow, Beiträge zur Lehre von der Condictio nach römischem und geltendem Recht,（1952), S. 26（この内容につき、本書一五六頁の紹介参照)）。また、このリュプトウを支持する者として、Larenz, a. a. O., (1967), S. 364. ただし、近時ラレンツはこの点に関し立場を変じた（同書・一九七二版参照)。ドイツ法制のもとにおける論争の意味は、後に分析する（本書一七七頁注(50)参照)。

さらに、物権行為の無因性を前提とするドイツにおいても、次の場合は、有因性の法制のもとでと同じ状況が生ずる。すなわち、債権行為のみならず、物権行為も無効であった場合である。この事例における不当利得返還請求権をいかに性格づけるのかは、ドイツの類型論者においても見解が分れる。所有権者に請求権が与えられることを重視すれば「他人の財貨からの利得」として性格づけられることとなり、契約が無効であることを重視すれば「給付返還請求権」として性格づけられることとなろう（前の立場をとるものとしてLeser, a. a. O., SS. 5 u. 61ff. それに対し、ケメラーにおいては債権行為、物権行為がともに無効の事例（RG 1931. 7. 6, JW 1931, S. 2723, Nr. 24.）が給付返還請求権の箇所で語られており、後の立場がとられる（Caemmerer, a. a. O., S. 226.)）。注(13)に述べた川村教授の立場からは、ケメラーの説が肯定されることとなる。

(15)　当然のことではあるが、この返還請求権が物権的請求権として構成されることもある。かつては物権的請求権が存在する場合に不当利得の成立に否定的な見解もあったが、この場合に物権的請求権と競合する形で不当利得返還請求権——占有の不当利得——を認めることを主張したのは、我妻博士である（我妻栄「法律行為の無効取消の効果に関する一考察」春木還暦祝賀論文集（昭和六年）二一三頁以下、民法研究Ⅱ（昭和四三年）一六五頁以下)。

(16)　したがって、判例のなかには、この事案を物権的返還請求権と不当利得との二つの観点から判示したものも存する（大判昭和五年一二月一三日裁判例(4)民一二六頁)。

(17)　川村教授においても、このような視点が正面から否定されているわけではない。契約の無効、取消があった場合に、給付者の所有が語りえないわけではないが、この所有は契約的な潤色をうけている、とされる。しかし、このような場合の不当利得は契約関係の論理に即して構成されるとして、右の給付者が所有権を有しているという点は法律構成に反映されていない。注(13)に記した論理が、ここでも展開されるものと推測される（川村・前掲「『所有』関係の場で機能する不当利得制度(一)」判例評論一一七号三頁以下。なお、川村・前掲『商品交換法の体系　上』一七〇頁以下参照)。

(18)　本書のもとになった雑誌論文連載中ないし連載完結後に発表された類型論をみても、この問題にふれていないものもあるが、鈴木説、土田説、中井説など、この問題を意識したものも多い（鈴木禄弥『債権法講義』（昭和五五年）四四二頁以下、川井健ほか共著・土田哲也執筆『民法第4巻契約・事務管理・不当利得』（昭和五五年）二三一頁、中井美雄＝長尾治助著・中井執筆『民法講義ノート(5)債権各論』（昭和五六年）二二九頁、二三七頁。なお、鈴木説にあっては、不当利得の類型論との関係ではないが、元来このような問題意識があったことにつき、鈴木禄弥「法律行為の無効と給付物の取戻し」、「法律行為の無効・取消・解除の場合の給付物返還請求権は、どんな性質をもつか」物権法の研究（昭和五一年）二一七頁以下、二二九頁以下参照）。ただ、四宮説は、このような場合に給付利得と侵害利得の請求権競合を考え、後者を適用する余地も認めるのであるが、後述するようにこのような事例に侵害利得規範を適用する余地はないように思われる（四宮和夫『事務管理・不当利得・不法行為上巻』（現代法学全集10）（昭和五六年）一三六頁、本書五五一頁以下参照）。

第二款　ドイツにおける不当利得の類型論

一　ドイツにおける不当利得の類型論の萌芽的主張の展開は、一九三〇年代前半にレオンハルトが不当利得を二分論的枠組のもとに考察し、ウィルブルクがそれとはまた異なった視点から不当利得を二分した上で、そのそれぞれに独特の基礎づけを与えたことに始まる。(1)この考えは長らく学界に顧みられることがなかったものの、一九五〇年代にケメラーがウィルブルク的な考え方を類型論として再構成した後に、漸次有力となってきた。不当利得の類型論に対するこの学説思潮の対応の相違の原因が、民法典をとりまく社会的環境にあることは、第一節に略述した。(2)本款においては、これらの先駆的業績(3)から現在の学説状況に至るまでの、ドイツにおける学説内部的な発展状況を分析する。学説相互の客観的関連を明らかにするため、その前提として先駆的業績の紹介も行なうこととしよう(4)（なお、この各学説の紹介にあたって、「学説の大綱」と題して叙述した部分は著者自身が学説の内容を要約したものであるが、これ以外の部分は、できるだけ原典に忠実に紹介するように努めた。しかし、一部括弧を付した部分は、著者による挿入、ないし原文の意をやや離れた場合を意味するものである）。

二　レオンハルトの「類別説」(5)

レオンハルトは、不当利得法を給付による場合とその他の場合とに二分するという不当利得類型化の枠組をはじめて体系的に主張した。彼がその二つの類別に与えた内容＝性格規定などは、必ずしも後の類型論へ直接影響を与えなかったが、この枠組を提供したという点において、彼は現在の不当利得の類型論の先駆者ともいえる。彼自身、自らの説を「類別説＝Unterscheidungslehre」と名づけている。次にその類別説の内容を検討することにしよう。

(イ)　学説の大綱　不当利得法は、給付による場合とその他の場合と二つに大きく区別される。そして、おのおのの場合において不当利得法の構成要件、すなわち、「利得」および「法律上ノ原因」の欠缺の内容が(ハ)、(ニ)に述べるように）異なっている。この考え方によって、不当利得法のいくつかの問題が解明されることになる。たとえば、目的不到達による不当利得は、ドイツ民法八一二条一項前段（不当利得の原則規定）と性格が異なっている。それというのは、通説は目的不到達による不当利得についても「法律上ノ原因」を問題とするが、これに関しては「法律上ノ原因」を観念する余地はないからである(6)。また、不法原因給付も、通説のように八一二条の適用事例のうちの一種と考えることはできないであろう(7)。不法原因給付として返還請求が認容される場合は、その基礎は被請求者の有責行為にあり、「法律上ノ原因」の欠缺は要件ではないからである。不当利得返還請求権の効果も、常に利得の上に限定されるわけではなく、必ずしも一様ではない。

(ロ)　類別説の基本的発想(8)　ローマ法における不当利得法は、構成要件、効果の異なるいくつかの請求権として存在していた。それに対し、学説は現行法に単一の不当利得返還請求権（Ausgleichsanspruch）を設立しようと努力してきた。これは魅力的ではあるものの達成不可能な目標である。これによって学説は混迷し、見落してはならない差異を見落し、曖昧な基準を設定した。このことは、前述した構成要件、効果、その他に関して妥当するであろう。構成要件、効果において異なるのであるから、不当利得返還請求権は、いくつかの異なった請求権としてのみ把握されうる。もっともそれらの請求権が単一の目的から生ずるかぎりにおいては、それらを総括することも可能である。不当利得返還請求権は、一般的な取引の安全保護と当事者間の内部関係のより緻密な規制との矛盾に関連するもので、その内部関係が契約では調整されないところに調整を与える（ことを目的とする）。しかし、この共通の目的は、個々の請求権が構成要件、効果において異なることを排斥するものではない。むしろ、個々の場合を厳密に区分することこそが学問の任務であろう。このような考察方法を、ここでは類別説（Unterscheidungslehre）と名づけることにしよう。従来の学説においては、これらの相違がみすごされることによって不明瞭な規定が生じ、一般に不統一性が生じていたのである。

(ハ)　利得[9]　ドイツ民法八一二条は、「あるもの＝etwas」を取得することを要求している。それはいかなる財貨移動でも足りる、と一般に解されている。しかし、その移動が給付によって生じたか否かは、明確に区別されなければならない。給付によって移動が生じた場合には、不当利得法の適用にさいしあらゆる財産的利益を考慮することができ、契約が無効の場合には給付もしくはその価値の返還を請求しうる。それに対し、給付による移動以外の場合には、権利状況の変化、権利の移動が生ずることが必要である。後者の場合、占有、[10]他人の物[11]または無体財産権[12]の利用による利益、登記[13]などの回復のために不当利得返還請求権を適用することは、権利移動が存在しないため認められない。通説のようにこうした事実的利益まで含めて考えるとすれば、単なる立証状況の改良も、不当利得法上の利得を意味しそうであるが、現実には、学説、判例ともに、弁済していないことの承認や債務約束などは、不当利得法の対象となりえない、としている。[14]また、道路、鉄道の敷設によって旅館が収益をあげた場合に、不当利得返還請求権は与えられない（実は、通説自身もこれらの例においては、給付以外の場合に不当利得法によって事実的利益を回復することを認めていないのである）。出捐を免れることも利得となる、と一般に主張される。しかし、これも出捐すべき法的義務を負っている場合に利得となるにとどまる。このような法的義務が存在しない場合の出費の節約の場合――道路、橋の建設が近隣者の利益となり、近隣者が出捐を免れる場合など――にあっては、不当利得返還請求権は認められない。

㈡　法律上の原因の欠缺[15]　この要件に関して旧来の学説が行なった形式法と実質法などの二元的把握、ユングの相対関係説、シュルツの侵害利得論などは、正当ではない。（現行法のもとでは、）物権行為の独自性を前提とした所有権譲渡、附合などの事例を考えると、一般的な取引の安全の保護と個別の当事者間の内部関係の調整の双方が考慮されている。一般的な取引の安全の保護は所有権の移転により達成され、当事者間の内部関係は債権法的に調整される。しかし、これらのすべての場合を包含するためには、法律上の原因の欠缺の完全な定義を与えることでは充分ではない。むしろ、損失者の給付による財貨移動の場合とその他の場合とを区別することが必要である。これらを区別することは次の点から正当と考えられる。すなわち、給付の場合には法律上の原因のとりきめは給付者によって行なわれるが、それ以外の場合はそうではない。後者の場合には、当事者の行動、第三者の行動、その他の事情など種々の方法によって財貨移動が生ずる。しかし、そうではあっても、これらの方法によって後者の場合を区別するのは的を射たものとはいえないであろう[16]。なぜなら、いかなる事情によって財貨移動がおこったのかは重要ではなく、権利取得が生ずることが必要とされる（点が、肝要だからである）。ここでは、いかにして、法秩序が一方で権利取得という結果を規定しながら、同時に他方でその結果を帳消しにしうるのか、という問題がうかびあがってくる。この意味では、権利取得という結果が一般的には生じていても、当事者間の相対的関係においては生じていない、とも考えることができるであろう。また、この問題を次のような形で提示することも可能である。すなわち、権利移動と並んでさらに同じ譲渡を目的とする債権法的な第二命題が存在しているのか否か、所有権譲渡と並んで同じ結果を目的する債権関係が存在しているか否かが、（この場合の不当利得返還請求権の成否にとって）決定的である。

それに対し、財貨移動が給付にもとづく場合は、問題が根本的に異なっている。ここにおいては、絶対法と相対法との矛盾、一般的法律効果と当事者間の個別的関係との矛盾は、決定的ではありえない。なぜなら、ここでは権利の取得ではなく、労務などの経済的利益も問題となるからである。むしろ、法律上の原因の欠缺の意味は、実際に給付の法律的原因と理解されるべきである。給付は、一般に法律的原因によってはじめて本来の内容を獲得する。それというのは、法律的原因が述べられることにより、給付はその経済的限定を受けるからである。(たとえば、完全な給付が行なわれるためには、)金員を支払うだけで終わりなのではなく、(なぜ支払うかについての)説明ないし説示が必要である。それゆえ、この法律的原因の陳述は、元来一つの行為の一部分を構成するものである。しかし、現在の法制は、これを技巧的に分離し、抽象的な行為を観念している。給付を経済的に解明するのに必要な説示が法律的原因とみなされ、これが、給付による財貨移動があった場合の「法律上ノ原因」とみなされるべきなのである。

三　学説史からみたレオンハルト批判

レオンハルトの類別説は、次の点に特色があった。すなわち、不当利得法を給付による場合とその他の場合とに区分しそれを体系的に展開した点、および、後者の場合の不当利得の成立を権利移動が存在する場合に限定した点である。しかし、これらの点を別にすれば、彼の学説は、学説史的には伝統的な給付の causa 論と、ユングの相対関係説を折衷したものであった。まずこの点を学説史における批判の承継、克服の視点から分析し(イ)、次いで、後代の学説が彼の説をいかに受けついだのか(学説史内在的学説批判)を分析することにする(ロ)。

(イ)　レオンハルトは、給付による場合の不当利得の事案について、「法律上ノ原因」は、給付の経済的意味を明らかにするのに必要な説示である、と観念した。この表現の内容は、それほど明確ではない。しかし、彼が債務消滅、権利取得、贈与の三種の「元来の法律上の原因」に言及しているところを考え合わせると[17]、彼のいわゆる「説示」は、伝統的な給付の causa ——弁済原因、債権取得原因、贈与原因(それぞれ、causa solvendi, causa credendi, causa donandi)——を意味するようである。このようなカウザ論は歴史的な長い伝統をもっており[18]、不当利得法との関連においてこのカウザによる性格づけを正面から否定する学説は存在していない。しかし、学説はこれらの性格づけをもって不当利得法が充分解明されるものとは考えず、右のような把握をしながらそれとは別箇になんらかの形で不当利得法を性格づけることに努力するのを常とした(不当利得の非統一説以外にはすべてこのことは妥当しよう)。したがって、以上のカウザ論に対しては、不当利得法を解明するには不充分であるとの学界の暗黙の批判が従来から存在していたといえるであろう。ここでは、学説史による学説淘汰[19]と類似した、比喩的な表現を用いれば「減縮した形での学説淘汰」が行なわれていた[20]。レオンハルトの説も従来のカウザ論をやや変形したものにすぎなかった。したがって、ここにおける彼のカウザ論（給付の場合の不当利得）も従来の学説と同様の取扱をうけ、特に関心をもって後の学説に論じられることなく終ったのである。この点では、カウザ論に対する従来の学説の暗黙の批判と同様の批判がレオンハルトの説にも向けられ、さきに方法として述べた「学説史における批判の承継」がここにもみられることになった。

これに対し、その他の方法による不当利得に関するレオンハルトの説は、権利移動のかたわらに債権法的な第二命題の存在を観念することにより、この場合の不当利得が解明される、とするものであった。これは、財貨の移転が債権的基礎を欠く場合に「法律上ノ原因」の欠缺があると考える相対関係説と基本的内容においては変わりがない。これによって、この点に関するレオンハルトの説は相対関係説に対する批判と同じ批判を受けることになった。すなわち、後に分析するように[21]、不当利得の裁判実例に即して財貨変動を基礎づけうる法律関係には、債権関係のみならず、物権関係、親族関係、相続関係、その他の法律関係もある。財貨変動が生じたがこれらの財貨変動規定が存在しない場合にも、実務は不当利得返還請求権を認容している。そして、債権関係以外のこれらの法律関係の存否の問題を解明できないことが、相対関係説の基本的弱点である（本書二七六頁の表参照）。したがって、レオンハルトの説もこれと同じ弱点を承継することになる。彼がこの場合の不当利得返還請求権の成立を権利移転が存在する場合に限定することによっても、この点には変りがない。例えば、日本の実務[22]においては所有権という権利の移転が相続による場合にも問題となったが、この場合には必ずしも債権関係が併存しておらず、債権法的第二命題を観念することによっては、問題は解明されないからである。

(ロ)　レオンハルトの学説のうち後に受けつがれていったのは、不当利得法を給付による場合とその他の場合とに二分する発想であった。これは、ウィルブルクによって踏襲され[23]、現代ドイツの類型論にも基本的には受けつがれている。このような不当利得の類型化のための端緒を与えたという点では、彼の功績は大きい。しかし、これ以外の内容的な点においては、彼の説はほとんど支持されなかった[24]。

給付による場合の不当利得に関するレオンハルトの考えが、学界で元来説得的でないものとしての取扱を受けていたカウザ論をひきついだものであり、その結果、従前のカウザ論以上の支持を後の学説の間に見出せなかったことは前述した。また、給付による以外の不当利得の性格を基礎づけるものとしてレオンハルトに影響を与えたユングの相対関係説それ自体は、後の類型論にも影響を与えたものである。しかし、これはレオンハルトとは逆に、給付による場合の不当利得を基礎づけるものとして認められたのであった。類型論者がユングに放った批判は、彼の説は給付による場合の不当利得は解明しても、その他の方法での不当利得を解明しないということにあった[25]。このようにして、レオンハルトが二つの類別に与えた「法律上ノ原因」の性格づけは、ともに後の学説によって顧みられることはほとんどなかった。

また、その他の方法での不当利得の成立を権利変動が存在する場合に限定する点は、前述のようにレオンハルト独特のものであった。しかし、この点も後の学説は明示的に排斥するかあるいは無視した[26]。レオンハルトにおいては占有、登記の回復などが問題となる事案はそれぞれ占有訴権、登記訂正請求権などの手段による救済の道が開かれていたが、他人の物の使用あるいは他人の労務による利得の場合は結果として救済の道が閉ざされることとなった。これらの場合に実務が不当利得法による救済を認めてきたことは、なんらかの意味において社会的に救済の必要があったことを推測させる。ところが彼は、救済の必要性に対する疑念からではなく体系的関心を優先させて救済の道を閉ざしたのである。実践的志向がこのように極端に欠落していた点が、他の多くの法解釈学者の支持を得られなかった大きな原因であった、とも考えられよう。

四　ウィルブルク(27)

レオンハルトの「類別説」の発表から三年ほどして、ウィルブルクの不当利得論稿が発表された。これは、前述したように不当利得を給付による場合とその他の場合とに二分するという枠組に関しては、レオンハルトと共通していた。しかし、その二分化された内容＝性格規定などに関しては、両者はまったく異なっている。そしてこの点に関しては、レオンハルトの説が学説の支持をほとんど見出さなかったのに対し、ウィルブルクの発想は一時期は学界から無視されていたものの、基本的には現代の類型論へ承継された。その彼の論稿の内容は次のとおりであった。

(イ)　学説の大綱　不当利得返還請求権は、給付による利得とその他の方法による利得との区別に対応し、二種の基礎が異なった請求権に区分される。一つは給付返還請求権であり、他は権利の効果が存続することによる請求権（Rechtsfortwirkungsanspruch）である。前者は一種の法律行為的取消であり、後者は一定の財貨とその利用を権利者に割り当てるという、権利の経済的目的から生ずる。ここに述べた二種の請求権についての詳細は、それぞれ、(ハ)と(ホ)に論述する。

(ロ)　学説の基本的発想(28)　不当利得返還請求権は現行私法の確立した一部門を形成するが、その基礎および法的形式には疑問がある。不当利得法を一般的に把握しようとする学説の努力（によって、かえって不当利得法の）純粋な構成と整然とした限界が見失われたのである。そこで学説は、適用範囲を具体的に制限することによって基礎の曖昧さを補うことを試み、損失を要件とし、利得と損失の因果関係の直接性を要求した。しかし、これらは不当利得法にとって必要な要件とはいえないであろう。

ドイツ民法典は、不当性のメルクマールとして法律上の原因の欠缺をあげた。この概念によって給付返還請求権を特色づけることは、どうにか可能であろう。しかし、給付返還請求権の外においては、法律上の原因（という概念）は不当利得返還請求権の解明にとって充分ではない。法規、学説がその他の場合の不当利得にも原因欠缺の思想を転用したことが、不当利得法全体を曖昧にした。「その他の方法」での利得による訴訟と「給付による」利得のための訴訟とが一つの積極的な原則にもとづくとの前提に、何よりもまず疑いが向けられなければならない。この前提は今まで証明されたことはなく、逆に、今までの不当利得学説が（統一的基礎づけに）失敗したことは、明らかにこの二つが一つの原則にもとづくものではないことを物語っている。以下の研究は、二つを完全に分別することによって、明晰な成果を期待しようとするものである。曖昧さが著しいその他の方法での不当利得の基礎を探求することは、とりもなおさずその他の方法での不当利得を給付返還請求権から独立させることを意味することになろう。

(ハ)　給付の法律上の原因（給付返還請求権）(29)　財貨取得の法律上の原因としては、何よりもまず、給付のカウザ（原因）が考えられる。この場合、利得は給付者の意思行為にもとづくことになる。意思行為に条件が附されていない場合には、意思行為の効力は、意思形成の有効性に関して法が定めた要件に左右される。たとえば禁じられた目的に資する給付は、法秩序が否認する。また、それ以外でも錯誤、行為能力の欠缺に対しても、法秩序は一定の状況のもとにおいて給付者を保護している。これらの類型にもとづき、すべてのコンディクチオは分類されうる。（不法原因給付のように給付の）受領が非難される場合においては、返還請求権は、給付受領が違反するところの個別規範の目的から生ずる。それは、一方では不当利得返還請求権者の利益に資すると同時に、他方では、誰しも違法な行為によって利得すべきでないとの思想に奉仕する。非債弁済、目的不到達による不当利得などの原因なき不当利得として総括された他の返還請求権は、その存在を原因に関する錯誤に負っている。(30)

信頼すべき説は、給付者・受領者間の債権関係によって出捐の基礎を示している。それは、法律上の原因を弁済原因、債権取得原因、贈与原因と理解している。給付行為の背後に、それを是認するものとして原因行為があらわれる。給付と債権関係とは、その内部的結合において一つの全体を形成している。給付は、原則的に債権関係に奉仕するものとみなされる。返還請求の可能性は、債権の存在とその原則に従うものとなる。贈与した物を取り返そうとする者は、まず贈与契約を取り消すか無効を主張しなければならない。それに成功した場合に、ごく当然のこととして彼に不当利得返還請求権が与えられる。しかし、原因行為が有効な場合、原因行為があるにもかかわらず給付者が不当利得原則をもちだすことは許されない。物を有効に売却、譲渡した場合に、不当利得法をもって合意価格を争うことはできないし、買手が支払を拒んだ場合に解除にかえて目的不到達を理由として不当利得返還請求することもできない。ただ、（債権関係がない場合であっても、非債弁済のように）給付者が債権的基礎の欠缺を知っていた場合には、その給付を争うことはできない。彼は、原因の欠落は主張しうるであろうが、錯誤に陥っていたわけでもなく保護の必要がないからである。

このように、給付返還請求権は、原因なき（sine causa）という概念によって特色づけることがどうにか可能であろう。その背後には、法律行為に特有の意思形成に関する考慮が存在している。

(二)　給付以外の不当利得における「法律上ノ原因」(31)　附合、混和などの実定法規による権利の移転は、抽象性をもった給付と外面的には類似している。（しかしながら、右のような実定法規による権利の移転の場合と給付の場合とでは、その内容がまったく異なっている。具体的にいえば）前者の場合は法律行為ではなく事実の経過が問題である。また、所有権の変動は当事者の意思から独立し、それゆえ当事者の動機、目的に関係していない。（さらに、後者の場合には問題とされるような）行為基礎、給付のカウザの種類に従った法律上の原因も、問題とはならない。ここでは、法律上の原因の存在は、たかだか権利移転規定が補償なき（権利）取得を生じさせようとすることを意味し、法律上の原因の欠缺は、規定が価値の補償を認めていることを意味する。最初にあげた例や、時効、善意取得などを考えると、ここでは、法規の言葉、（権利）取得規定の解釈のみが基準となる。しかし、すべての不当利得が権利取得規定にもとづくわけではなく、他人の財貨の費消、使用による利得も存在する。この場合、不当利得訴訟を認めるか否かを決定する（権利）取得規範を参照することによっては、法律上の原因の問題を解明することはできない。

すべての場合において、「法律上ノ原因」という観念は、利得の正当化を意味するものにほかならない。それは単なる言葉の置換えであって、認識の源ではありえない。給付によらない不当利得の構成要件に「法律上ノ原因」を考えることは、それを解明するどころか次の誤謬に導く。すなわち、利得が正当とされるためには、利得には常に特別な原因が必要であり、利得者、損失者間に存在する債権関係によって利得者が請求しえないような財貨変動はすべて原因を欠き不当である、という考えである（コーラッツ、ユングなど）。（しかし、物権行為の無因法制のもとでの所有権取得などとは異なり、）さきにあげた例や善意占有者の果実取得は、債権関係がなくとも最終的である。線路区の移転により不動産の価格が変動し得失が生じても、価値移転のための「法律上ノ原因」は存在しないが、利得は決して不当ではない。

不当利得に原因欠缺のメルクマールを一般化したのは、普通法の悪しき遺産である。これは、給付返還請求権――この制度から不当利得学が発展したのであるが――の暗示によるものと解釈しうる。ユスティニアヌス、注釈学派の時代には、コンディクチオは一般不当利得訴訟としての性格をもっていなかったが、後期注釈学派によりこれが拡張され、（この派を代表する）バルトルスは、物が一人の者から他の者へと移転し受取人にそれを保有すべき原因がない場合にコンディクチオが常に適用される、と主張し始めた。サヴィニーおよび普通法学説は、この原則を重要視した。その他の方法での不当利得を受け入れることに（不当利得）思想も便乗した。訴訟の類似性から直ちに訴訟の根拠の類似性が導かれた。サヴィニーは、すべてのコンディクチオが一つであることを立証しようと努力し、窃盗によるコンディクチオ（condictio furtiva）、そして貸金返還コンディクチオ（Darlehrenskondiktion）までも所持原因の欠缺という視点で統一した（サヴィニーが根拠としたガイウスにおいては、消費貸借上の債務と確定金額返還のコンディクチオ（condictio certae pecuniae）とが同視された[32]――著者）。このようにして、法律行為外の財貨取得のための不当利得訴訟も原因なきコンディクチオ（condictio sine causa）と考えられ、カウザの欠缺が不当利得の一般的メルクマールとして紛れ込んだ。学説は、給付返還請求権の概念枠組に他のすべての不当利得をも押し入れてしまった。ドイツ民法第一草案の段階では、原因なき給付による不当利得返還請求権の後に、附随的な形で気がぬけたように

「その他の原因なき所持」に関する規定が挿入された。しかし、このようにこれを控え目に後置することにもギールケは反対し、原因欠缺が中心思想として不当利得法の先頭におかれた（現行ドイツ民法八一二条）。

㈭　給付以外の不当利得の基礎づけ(33)　侵害利得論のいうように利得者の違法行為に対する非難は（不当利得法にとって）決定的ではありえないとしても、不当利得法の基礎を損失者の権利に求める考え方は、決して無価値ではない。それどころか、この権利自体に着眼しなくてはならない。一定の財貨とそれからの利益を権利者に割りあてるという侵害された権利の実質的な目的に、他人の物の取得の不当性の秘密が含まれているように思われる。

(a)　所有権　まず、所有権について考えてみよう。所有権のうちには、物が所有者とその利益のために与えられるという所属性の承認がある。占有者に対する所有物返還請求権、妨害者に対する妨害排除請求権に表現を見出すところの物的支配が、まずこの理念に奉仕する。しかし、所有権の経済的目的はこれらの訴権をこえて及ぶものである。すなわち、物が独立性を失うかあるいは存在しなくなり、物的支配の可能性が終了した場合、この思想は他の形式において貫徹される。それは、権利侵害の視点からは損害賠償請求権を生み、より単純に割当内容にもとづいて不当利得返還請求権を生む。そのさい、利得が権利変更規定にもとづき権利取得として現われることは、決して本質的ではない。なぜなら、物の使用により他人が利益を受けるのは、不当利得のもっとも自然な場合であり、物が所有者以外のために使用されることは、所有権の目的に反し、清算が必要とされるからである。ここでは、所有権から不当利得返還請求権が発生するのである。また、附合、加工による所有権の変動があった場合にも、補償義務が生ずる。やはりここでもその補償義務の基礎はかつての所有権にあり、所有権の目的が債権法的形式をとって存続し、価値の返済を導いている。すなわち、法は、多様な手段をもって多様な目的を追求するものである。附合、加工などの場合、物権法上の明確さとの関係で、独立性を失った物の所有権は消滅せざるをえないが、その財貨割当効力は不当利得返還請求権において再びあらわれてくることになる。

通説は、この不当利得返還請求権と所有権とを関連づけることをひかえている。しかし、これが奇妙であることは、ドイツ民法典が収益に対する請求権をそれが単なる債権法的性格のものであっても所有権訴訟と結びつけていることからも明らかであろう。すなわち、消費果実の賠償、使用利益の賠償が所有権訴訟に属することは誰しも疑わない。無償占有者の収益返還義務、果実取得が通常の経営法則上物の収益と認められない場合の返還義務（ドイツ民法九八八条、九九三条が、ともに「不当利得の返還に関する規定にしたがった」返還義務を定める――著者）においては、所有権訴訟と不当利得法とは完全に結合しているように思われる。ここにおいては、不当利得法の機能が所有権への奉仕にあることは明白である。これは、果実ではなく、他人の物全部を費消し、または自己財貨のなかに組み入れた場合でも、ほとんど変わりはないものと思われる。

（ウィルブルクは、法制史、学説史において、所有権と不当利得との関連がなぜ見失われたのか、いかに考えられてきたのかを分析した後、次のように結語する）。この不当利得返還請求権のなかに、まさに所有権保護の継続が見出される。法律学は、従来の訴訟形式をこえて、目的の関連によって権利が発展していくことを理解しなければならない。

(b)　その他の絶対権など　所有権と同様に、所有権以外の権利、財産法上の規定からも不当利得訴権は生ずる。

(i)　無主物を先占する権利（狩猟権、漁業権、鉱業権、水利権）　現在の学説によれば、これらの権利は捕獲された動物などに対する所有権と解されるべきではなく、排他的な先占機能を附与する物権的形成権である。これらの権利から、ここに留保された物を無権原で取得した者に対する訴権が生ずる。（無権原取得があった場合、先占権の効力により問題となった物それ自体の引渡が義務づけられる。それが不可能な場合に）、先占権にかわり、先占権の債権的継続として損害賠償請求権および不当利得返還請求権が発生する。

(ii)　他物権（役権、建築権、質権、物権的先買権、物権的使用賃借権、物権的用益賃借権）（上記の他物権は不当利得の基礎となりうるが、）占有権は、不当利得返還請求権を発生させるにふさわしい権利ではない。なぜなら、占有権は、所有権のように財貨の分配を決定するという目的を追求しておらず、警察的な性格をもち、私力の禁止を意味するにとどまるからである。また、この制度の趣旨が暫定的なものと制限されていることから、占有権の効力にも限界が生ずる。占有のコンディクチオ（condictio possessionis）は学説が一致して認めるが、物権法の完全な基礎を破壊する体系の異物である。実務においても、占有のコンディクチオがその他の方法での不当利得として現われているわけではない。しかし、（その他の方法での不当利得の問題を離れれば、）占有が給付返還請求権の対象となることは妨げない。また、ドイツ民法一〇〇七条の占有権は、所有権の代用として所有権と同じ目的を包含しており、不当利得返還請求権を基礎づけることができる。

(iii)　無体財産権、その他　学説には反対もあるが、すべての無体財産権からひとしく不当利得訴権が与えられるべきである[34]。この不当利得は、侵害者の帰責事由の欠落ないしそれの立証不能の場合、また、損害賠償請求権の時効消滅の後のみならず、侵害者の利得が権利者の損失を越えるときに、主たる機能を果たすことになる。

人格的財貨として労働力、氏名、商号、肖像も財産権的効力をもつものである。道具、動物の使用と人間の労力の使用とは、なんらの法的な相違を意味するものではない。しかし、労働力という財貨からの不当利得返還請求権の成立は、実際に「使用」が存在するかぎりで、その狭い限度で認められなければならない。氏名は、実質的には取引上の評判の利用である。これについて法規は、明示的には損害賠償、および不作為の訴（ドイツ民法一二条）に言及するにすぎないが、不当利得訴訟もまた可能である。肖像権についても、不当利得返還請求権は非常に価値をもつ。これを使って、有名なダンサーなどは、写真を流布した者に対し損害賠償に限定されることなく、相応の報酬を取得すべく請求しうるからである。

不当利得返還請求権は、主観的権利のみならず財産を保護する法命題からも発生する。この場合には、不当利得返還請求権は原則として違法性を前提とする。たとえばドイツ大審院は、詐欺の共犯者に対し、禁じられた行為の結果であるとしてその者がえた利得の返還義務を課した[35]。より重要なのは、競争規範（ドイツ不正競争法）であって、これもまた不当利得訴訟の基礎を形成する。その個別の規定に違反する場合には、明らかに不当利得法の適用事例が生ずる。不正競争防止法は、一般的に良俗違反行動を規制している。ここにおける権利の発展は流動的であるが、善良の風俗に対する違反が存在するところでは、利得が不当と認められるべきであろう。

個人的権利と保護規定とが不当利得の基礎としてともに作用することは、不法行為による損害賠償法の構造と一致する（ドイツ民法八二三条一項における個人的権利、八二三条二項における法の保護する利益、八二六条の良俗違反）。しかし、これらの要素が不当利得と不法行為とにおいて対応した構成となっていること以上に、不当利得訴訟がもとづくところの個々の規範の解釈が重要である。

(c)　債権　絶対権と絶対的に保護される利益だけが不当利得訴訟の範囲である。債権関係においては、給付が不能な場合に効力をもつ代償請求権が、所有権に対する不当利得返還請求権と同じ機能をもっている。代償請求権は、権利の効果の存続の典型例である。しかし、ここでは絶対権の変化が問題となっているのではなく、単に債権の内容を変じた人的権利である代償請求権が問題となっているだけに、両者の関連が（絶対権と不当利得返還請求権との関係と較べて）より密接となっている。また、損害賠償請求権は元来の請求権と同一視され、特別の名を必要とする独立の権利とはみられない。それは既存の債権関係の枠にとどまり、用語法上は不当利得訴訟に属するものではない。

例外的には、債権も第三者に対して絶対的に作用することがあり、この場合には、純粋の不当利得返還請求権が発生する。債務者が善意で無権利の第三者に弁済しそれが効力をもつ場合（ドイツ民法八一六条二項――著者注、債権の準占有者に対する弁済など）、ドイツ民法八二二条において消滅ないし減縮した不当利得返還請求権が第三者に対する不当利得返還請求権を生ぜしめる場合などがそれである。

(へ)　その他の方法での不当利得訴訟の除外原因[36]　その他の方法での不当利得が、法命題の効力の継続を意味するものであり、その命題に（自らの）具体的な基礎を見出すとしても、まだ「法律上ノ原因」の欠缺を想起させる消極的視点が残っている。すなわち、特殊な事情がこの不当利得返還請求権を排除することがありうる。具体的にいえば所有権訴訟に対する占有者と同様に、他人の物を使用した利得者は、不当利得訴権に対し、対立する権利を抗弁として主張しうるのである。このような権利が彼に存する場合には、彼は補償を拒絶してよいであろう。このような権利としては、人的権利と並び、他人の物からの利得を認める物権も問題となる。また、このような権利がない場合でも、善意取得、時効取得など法秩序が課した特殊な目的が侵害された権利の効果の継続を切断したときは、他人の法益からの利得の清算は不要となる。

しかし、この側面は、コンディクチオ法の「法律上ノ原因」から区別されなければならない。外見上の結びつきによって、基礎の完全な相違を曖昧にすることは許されない。

(ト)　二つの請求権の関係[37]　その他の方法での不当利得返還請求権は、前述した発生の基礎の点に関しては、給付返還請求権となんら関連するものではない。前者は基本権の目的にもとづくのに対し、後者は誤った給付から発生する。前者は権利の効果の存続であり、後者は一種の法律行為的取消である。この基礎の根本的な相違を表現するために、「給付返還請求権」に対し、その他の方法での不当利得返還請求権を「権利の効果存続請求権」と対置させることもできるであろう。給付は多くの場合ある法益を交付するものであるという事実によっては、二つの訴権の対立は変わらない。取り消しうる給付の場合に、給付者の財貨の上のかつての権利が形式的には消滅しているが、返還請求権のうちに存続しておりその根拠となる、ということは仮定に近い。この考え方は、不当利得返還請求権の統一的源泉を給付返還請求権ではなくその他の方法での利得から探し、（不当利得を失われた物権的請求権の代償であると考える、いわゆる）ヴィンディカチオンスゲダンケ（Vindikationsgedanke）に統一的源泉を求めるものであろう。しかし、この考えは否定されるべきである。誰に対しても有効に保護される法益ではなく、事実的に有利な状況を提供する給付も存在するからである。委任を受けたものと錯誤し、他人のために第三者に義務を負った場合、誤想委任者に対する、効果が存続している権利は問題となりえないが、補償請求権が可能であることには疑いを容れない。同様に、特許を受けていない発明、工場機密、取引先のような利益は、誰に対しても保護を受けるような財貨ではないが、法律上の原因なく譲渡が行なわれたことにより給付返還請求権が成立する。このように考えると、給付返還請求権は損失者の権利と関係するものではない。給付返還請求権を解明するには、必要なカウザを欠く給付は回復されるべきであるとの思想で充分である。返還請求の対象としては、給付者が受取人に供与したあらゆる任意の利得が問題になる。債権関係の内容たりうるものはすべて給付返還請求権の対象である。占有のコンディクチオもここでは認められるべきである。

五　学説史からみたウィルブルク批判

以上のウィルブルクの説は、学説史的には、不当利得を二分する視点をレオンハルトから受けつぎ、給付による不当利得に関してユングの相対関係説などの影響を受け、「その他の方法で」の不当利得を主としてヴィンディカチオンスゲダンケの影響のもとに基礎づけ、これら三つの系譜をひいているといえる。まずこの点を学説史における批判の承継、克服の視点から分析し(イ)、ついで後代の学説が彼の説をいかに受けついだのか(学説史内在的学説批判)を分析することとする(ロ)。

(イ)　第一に、レオンハルトとの関係であるが、不当利得を二分する枠組がすでにレオンハルトによって主張されていることに、ウィルブルクはほとんど言及しない。むしろ、レオンハルト自身それほど重視しなかった不当利得返還請求権が共通の目的をもつとする点を強調し、この点でレオンハルトの説を攻撃する。[38] レオンハルトに対するこの点の取扱はやや公正さに欠けるようにも思われ、シャイイングなどの現代ドイツの学者も、ウィルブルクがレオンハルトと正面から取り組んでいないことを、特に指摘する。[39] ウィルブルク自身がいかに考えていたにしろ、不当利得二分の外形的枠組自体に関し、両者が共通することは否定できない。しかし、この枠組にレオンハルトとは異なった説得的な性格規定を与えたことに、ウィルブルクの功績があった。ウィルブルクにおいて給付による不当利得を基礎づけた債権関係の欠落は、レオンハルトにおいては「その他の方法での不当利得」を基礎づけるものとされる。ウィルブルクが「その他の方法での不当利得」に与えた「権利の効果の存続」という構成は、レオンハルトにはみられない。また、結論の現象的な異同に関しても、ウィルブルクの論議にとっては「その他の方法での不当利得」の本質的発現形態ともいえる他人の物の使用による利得が、レオンハルトの説においては権利の変動なしとしてそこから排斥される。また、両者がともに占有の不当利得を「その他の方法での不当利得」に認めないといっても、レオンハルトは権利変動の有無を問題とし、ウィルブルクは占有に財貨割当効力がないことを問題としており、その思考過程はまったく異なっている。前の点でウィルブルクがレオンハルトを攻撃し(40)、後の点で発想の違いを強調するのも(41)、ゆえなしとしない。

第二に、彼の給付返還請求権の把握——給付行為の背後にある債権関係の効力〔意思行為の有効性〕に着眼した——は、内容的にはユングなどの相対関係説の影響を受けたものであり(42)、現在のドイツの不当利得の類型論にこの考え方が基本的には受けつがれている。彼の功績は、相対関係説の内容を「給付返還請求権」という枠のうちに限定したことにある。このような限定によって、ユングの相対関係説に加えられる批判の一定部分を彼は克服することができた。給付を意思にもとづく財貨移動と広く解すればともかく(43)、かりに契約が無効などの場合の表見的契約給付と限定的に考えるならば、この類型における「法律上ノ原因」としては債権関係以外を観念する余地はないからである。

第三に、「その他の方法での不当利得」を権利の効果の存続として考えた彼の発想の中心は、所有権と不当利得との関係であった(44)。学説史上は、彼自身も認めるように両者の関連に言及するものがこれ以前に存在しなかったわけではない(45)。しかし、これらの説も所有権によって不当利得制度を基礎づけようとしたものではなかった。学説史上この関係を直截に把握したのは、コンディクチオを失われた物権的返還請求権の代償と考えた普通法におけるヴィンディカチオンスゲダンケ、およびその他の学説である(46)。ウィルブルク自身は、これらの諸学説をそれほど高く評価しないが、この点に関する彼の見解は、学説史上これらの普通法学説の系譜にあるといってよい。正確にいえば、ウィルブルクは、給付返還請求権に関してはヴィンディカチオンスゲダンケを否定し、その他の方法での不当利得に関してこれを肯定した、といえるであろう。

ウィルブルクに対する解釈学説の批判は、彼がヴィンディカチオンスゲダンケを半分だけ承継したという、その学説史的位置づけに対応する。すなわち、ヴィンディカチオンスゲダンケに肯定的な説は、給付返還請求権も所有権によって基礎づけられるべきであるとの批判を展開し、それに否定的な説は、「その他の方法での不当利得」が所有権によって基礎づけられる点を批判した。前者を代表するのがリュプトウであり、次のように述べた。「(ウィルブルクは二種のコンディクチオを分割した)これに対し、双方のコンディクチオの性格は、その基礎の点では同質であることが強調されるべきである。……給付返還請求権も、また、給付効果の抽象性によって失われた権利の代償としてのみ機能する。それもまた、権利の効果存続請求権である」[47]。後者の立場をとったのが一時期のエッサー[48](後に改説)であって、「不当利得責任は所有権から生ずるものではない」と主張した。ウィルブルクは、不当利得訴訟の一部のみを所有権により基礎づけた。したがって、ヴィンディカチオンスゲダンケに関する論争の双方の立場からこのようなまったく逆の二種の批判を承継したのである。特に、リュプトウ型の批判が生じるであろうことはウィルブルク自身早くから予想し、本書にさきに紹介したようにその批判に対する反論をあらかじめ論稿において[49]いたのであるが、無益に終わったようである[50]。

なお、この「給付なき利得」をウィルブルクが基礎づけるに当たって、彼は権利の「割当内容」という言語的構成によって説明した。この「割当内容」という表現と発想は、ヘック[51]に由来する[52]。

(ロ)　次に、ウィルブルクの学説を後の学説がいかなる形で承継していったのかを分析しよう。彼の説は、ケメラーによる再評価がなされるまで学界では無視され、肯定的に評価されることはほとんどなかった[53]。しかし、これは第一節に分析したように、ウィルブルクの学説に内容的な問題があったというより、彼の学説が当時の学説思潮に適合的であったか否かという要因に負うところが大きい[54]。日本においては、ケメラーによる再評価以前にも磯村教授[55]が彼の説に肯定的な評価を下していたが、ウィルブルクがドイツの学説史上に本格的に登場し、学説の内容に関し学説史内在的な批判が明確になるのは、ケメラーの類型論以降であるといえる。

不当利得を二分するウィルブルクの視点は、ケメラーの類型論のうちに発展的に承継された。すなわち、ケメラーは不当利得に数個の類型を析出していく作業のうちに、ウィルブルクの析出した二請求権を不当利得の中心的類型として位置づけた（「給付返還請求権」および「他人の財貨からの利得」。その紹介につき六参照）。このことは、ウィルブルクの不当利得を二分する視点がその性格規定をも含めて大筋において肯定されたことを意味すると同時に、他の類型が追加されたことにより次の点で彼に暗黙の批判が加えられたことをも意味する。すなわち、不当利得法のすべての分野が彼の二分的視点をもって解明されうるわけではない、との批判である。一時期のラレンツから極端にすぎると非難されたように(56)、確かにウィルブルクの説には極端で図式的な点が存在し、ケメラーの類型論の柔軟さとは対照的である。具体的にいえば、ウィルブルクにおいては、不当利得返還請求事例の成否が「給付返還請求権」あるいは「権利の効果存続請求権」の要件をみたすか否かによって形式的に判断されることが多かった。たとえば転用物訴権は、ウィルブルクにおいてはさきの二請求権の要件をみたさないとして、その成立が否定された(57)。これに対し、ケメラーは、転用物訴権を肯定すれば、それは不当利得の一類型を構成するとして、別の類型枠を設けてその成否を判断した(58)（ただし、結論的にはそれを否定）。あるいは他人の債務の支払の場合の債務者に対する求償も、ウィルブルクは事務管理の要件が存する場合に限定して認めたが(59)、ケメラーはこれを攻撃し、それを不当利得の一類型とした(60)。さらに、「権利の効果存続請求権」に彼が与えた性格規定は所有権などに関してはきわめて説得的であったが、彼が後半で叙述している事例に関してははたしてそれが妥当するのか否かに疑問が生じた。たとえば、ウィルブルクが「権利の効果存続請求権」が適用される一場合とした不正競争防止法違反などの事例がそれである(61)。ケメラー、エッサーなどは保護法規によって保障される地位が財貨の独占的割当を目的とするものではないので、不当利得の基礎としてこれらは不充分であるとし、ウィルブルクの考えを排斥している(62)（単に「他人の財貨からの利得」の範疇に入らないだけでなく、不当利得法上の保護が与えられない）。

また効果に関しては、ウィルブルクは、二請求権はその基礎において異なるものの、その具体的な効果は近似するとしたのに対し、ケメラーは、不当利得の類型化を効果論にも反映させようと努力した[63]。この点を較べると彼の説は実践的意義に乏しい[64]ともいえるが、これは、前述のように先行した学説の興味関心が不当利得基礎づけ論に集中していたことに制約された[65]という一面もあり、時代思潮と無関係ではありえないと思われる[66]。

学説史内在的批判を要約すれば、ウィルブルクが二種の請求権に与えた性格規定が後の類型論に承継されており、この点が彼の功績といえよう（二種の枠組の抽出はすでにレオンハルトによって行なわれていた）。しかしながら、後の類型論がこの二請求権に別類型を追加し、また「権利の効果存続請求権」に含まれていた夾雑物を排除したことは、多少硬直的な彼の論議が必ずしも充分な説得力をもっていなかったことを示すものであろう。

六　ケメラー[67]

以上、五に述べたように、ケメラーは、ウィルブルクの行なった不当利得法からの二請求権の析出を承継し、それを類型論の形に再構成した。ウィルブルクにおいては二請求権の析出が責任の基礎の問題に終始したのに対し、彼にあっては類型論が効果の問題とも結びつき、実践性を加えた点も功績に数えられるであろう。彼の論稿以後、ドイツの学界には多数の不当利得論文が発表され、不当利得を類型化することが趨勢となりつつある。

(イ)　学説の大綱　ケメラーは、一般条項は具体化されるべきであるとの発想のもとに、次の六類型を不当利得法より析出した。すなわち「給付返還請求権」、「他人の財貨からの利得」、「求償」、「費用償還」、「詐害行為取消権」、「他人の損害をきたす無償の利得」の六種である。前二者がウィルブルクの析出した「給付返還請求権」、「権利の効果存続請求権」にほぼ対応する。当初は、この二つに「求償」を含めた三類型が三大類型とされ、他は「中間型」ないし「変種」として位置づけられていた。しかし、彼が後に発表した論文においては、最後の二つは類型として析出されず、「求償」もこのような重要な位置づけを失っている。彼の思考の変化を推測させるが、後の論文がフランスにおける講演をもととしているという特殊事情もあり、必ずしも定かともいえない側面もあるので（七参照）、本書では、類型の枠組に関しては彼の当初の見解に即して紹介することにする。

(ロ) 類型論の基本的発想(68)　「何人も他人の損失においてかつ不法によって利得せざることは、自然法上衡平である(69)」(ポンポニウス)は、平均的正義の一般原則である。これが直接適用が可能な一般規定か否かは、従来、再三再四問題とされたところであった。しかし、それは今日同様の一般的表現の形で、スイス債務法六二条、ドイツ民法八一二条、アメリカ回復法リステイトメント一条、近時のイタリア民法二〇四一条、ギリシャ民法一九〇四条において繰り返されている。

一般不当利得返還請求権が承認されたところにおいては、判例、学説はその要件を厳格に規定することに努力している。そして不当利得のすべての場合に適合する一般的解答が求められる。しかし、不当利得法は、ローマ法などにおける個別的な構成要件から現在の形に成長してきたものである。これを個別的な構成要件とすべきかあるいは一般不当利得規定の公式とすべきかは、立法技術の問題である。(ほぼ事情が同様の不法行為法に関していえば)一般公式が立法化されたところにおいては、違法性の問題を具体化し、個別の類型——それは、むろん完結的なものではなく、新しい生活事象を克服していく上でさらに具体化が可能な不法行為類型——をつくりだすことが、法適用の課題となる。不当利得においても、それは同様である。不当利得返還請求権の類型は、不当性に関する問題を具体化することから明らかとなるであろう。一般的な基準の定立によってではなくこうした類型論によってのみ、不当利得返還請求権に形式と限界が与えられる。

単一の公式を(不当利得の基礎として)見出そうとの試みは、往々にして、誰も他人の損失によって利得すべきではないとの命題を他の言葉でいい換え、ポンポニウスの平均的正義の一般原則をほかの形式で表現することに帰着する(従来の統一的把握説は、右の批判が妥当するか、あるいはその他の解釈学上の難点をもつとしてすべて否定される)。あらゆる一般命題の特色であるが、誰も他人の損失によって利得すべきではないとの命題は、平均的正義の一般原則として魔術を営む。その一般命題は、具体化——そこから不当利得返還請求権の類型が明らかとなる——を必要としている。この類型の析出に当たっては、どこにおいても個別的な構成要件が端緒であったのであるから、法制史と比較法とが価値多い観察材料を提供できるであろう。そのさい、当然のことながらそれが歴史的偶然による種々の夾雑物をも含んでいることが、見落されるべきではない。

かつてウィルブルクは、このような基本的見解にもとづき、給付返還請求権と他人の法益の利用からの利得の構成要件とを、不当利得返還請求権の独立の類型として析出した。(70)（これ自体は高い評価されるべきであるが）、不当利得返還請求権の類型は、もちろんそれにつきるものではない。求償の場合、費用償還の場合、その他が残っている。

ケメラーは、各類型に関する叙述を展開した後、次のように結語する。(71) 以上述べた類型をもって不当利得訴訟の適用範囲が尽くされた、と主張されてはならない。（不当利得の）一般原則を適用する上で何が残されているかは、個々の法体系によって異なりうる。事務管理の事案は、英米法のように事務管理の思想が知られていないところでは、不当利得返還請求権の特別類型を形成するであろう。（その他いくつかのこのような例があるが）、歴史的に継承された大類型は、多くの法体系において少なくともその根本は一致している。ドイツ法にとっては、上述の類型が今日実務で認められる諸場合をほぼ完全に解釈するかもしれない。しかし、生活が示す新しい状況に対し開かれていることが、一般条項の本質なのである。

(ハ)　給付返還請求権(72)（Leistungskondiktion）　　給付返還請求権は、多くの法において一類型としてはっきりととりだされている。（諸法においては給付返還が他の場合と区別されて規定されており、その例として、プロイセン一般ラント法、オーストリア民法典、フランス民法典およびそれを補完する判例学説、イタリア民法典、をあげることができる。これはドイツ民法第一草案も同様であったが）、ドイツ民法典は、その最終草案においてスイス法の例に倣い、法技術的にあまり適切な方法ではなかったが、今日の八一二条一項における一般規定の形に不当利得構成要件を集約した。それにもかかわらず、現行ドイツ法においても、また給付返還請求権とその他の方法での利得が明らかに区別されている（傍点著者）。多くの規定が、給付返還請求権にのみ関連している（八一二条一項二文、二項、八一三―八一五条、八一七条、八一九条二項、八二〇条、八二一条）。またスイス法も、給付返還請求権を特に取り出しそれに特別規定を与えることを余儀なくされている（スイス債務法六二条二項、六三条、六五条）。

給付返還請求権を取り出すことは、ウィルブルクが指摘したように、歴史的伝統であるのみならずその内実においても是認される。給付返還請求権においては、失敗した給付の還付清算、あるいは原因関係の欠落による給付の還付清算が問題となる。この還付清算請求権は財貨運動法に――その補完および秩序の混乱を矯正するものとして――属する。

カウザの欠缺または消滅を理由とする給付返還請求権は、消費貸借、使用貸借、賃貸借、寄託、解除（Rücktritt. Wandlung）の場合の、他の債権法的清算請求権と同じ平面にある。かりに、これらの例において、固有の返還請求権が規定されていなかったとすれば、単に、目的消滅による不当利得が問題となったであろう。給付返還請求権、または右に挙げたより厳しい請求権のいずれを与えるかは、立法者にとっては基礎の相違の問題ではなく単に責任範囲の問題である。ドイツ民法のいくつかの規定がそれを明らかにしている(73)。給付受領者が原因関係の消滅に責任を負うべき場合には、解除の原則に従ってその者の責任は加重され、他の場合には、単に、責任範囲がより軽減された不当利得の原則に従って、受領物返還の義務を負う。さらに、目的消滅による不当利得返還請求権であっても、債権関係が予定どおりに消滅した場合は、ドイツ民法八二〇条が適用されるべきであろうから、同じく厳しい責任となる。

還付清算の本来の基礎は、法技術的には不当利得法の外にある。給付が債権者に属すべきか否かは債権契約による。売主が買主から暴利をむさぼった場合、あるいは売主が買主に詐欺をした場合等々に、売主が受領した売買価格相当分を不当に利得したとみなされるのは、暴利または詐欺のためである、とするのが自然な見解であろう。しかし、法はこの問題を分けている。債権法的な合意が有効に成立したか否かに関する多様な視点その他を、すべてコンディクチオの簡単な原則をもってかたづけることは不可能である。それに答えるためには、すべての契約法、債権法が参照されなくてはならない。債権契約が無効であるかまたは消滅した場合に、給付物が不当利得として返還請求されうることになる。給付受領者は、債権行為および給付受領によって消滅すべき請求権が存在しないがゆえに不当に利得しているものと、まったく形式的に考えられる。いわゆる現実行為においても問題を実質的に異なって取り扱うべき理由はない。ここにおいても、契約法および債権法の一般原則に従い、原因関係たる合意が存在するか否かが吟味される。債権法的合意の実行のみが、不当利得法的意味において重要な給付のカウザと思われる。その背後に存在する目的または前提は、不当利得法の適用範囲外にある。[74]そこで、双務契約の場合を例にとれば、反対給付が履行されないことを理由に、他方当事者の給付を不当利得返還請求することはできない。アメリカ法においては、（このような分離が認められず）、錯誤、行為基礎の喪失の問題その他が回復法（大陸法における不当利得法に対応する）において論じられる。こうした方式においては、その膨大な内容を統御し整理することはほとんど不可能である。

ドイツの実務においても、またこの境界が越えられることがある。広い意味での契約の前提が実現しなかったかあるいははずれていた場合、双務契約において不当利得返還請求権が使われてきた。（判例もいくつか存在するが）、不当利得法によるこうした返還請求は差し控えられるべきである。ここでは行為基礎が問題であり、行為基礎の喪失により、契約の解除、契約関係の解約告知が可能となる。（この考え方には）ドイツ民法八一二条一項二文（法律行為の内容に従って目的とされていた結果が生じなかったがための不当利得）が障害となろうが、この規定は、根底においては何よりもまず昔の無名践成契約の取扱から生じた歴史的な残滓である。今日の判例がまだこの規定を使用しているのは次の二つの場合である。一つは、給付が拘束力をもって約束されるべきではないか、あるいは法的な効力をもって約束がされえない場合である。ここにおいては、債権法的合意の特別類型、双務性の通常の形態の例外が問題となっている。近代不当利得法においては、それは根底において異物というべきである。第二は、契約上一定の前提と結合した無償の贈与である（婚約者の贈与など）。これも歴史的伝統に従ったものであるが、この場合は行為基礎が問題となっている。これは、贈与の撤回に似た債権行為の内容の問題であって、それは、給付の還付清算を技術的に調整することに限定される不当利得法の通常の枠をはずれている。

給付返還請求権の対象は、ローマ法においては当初は確定金額・確定物であったものが、後に労務その他の給付対象に拡大された（condictio incerti）。英米法においては、同様の制限が今日なお難点となる。しかし、ドイツ法によれば、給付返還請求権はあらゆる給付の還付清算を包含している。当事者の合意に従って給付対象となったものはすべて――物、権利の譲渡、労務給付のみならず、単なる機会やその他の利益の供与もまた――今日においては給付返還請求権をもって取り戻すことができる。

給付返還請求権は、失われた権利にもとづくものではなく、単に原因なく給付されたことにもとづく。給付者の有する所有権は、その者の返還請求権にとってまったく問題となるものではなく、給付者は自らの所有権の立証を免れる。これは、寄託契約や賃貸借契約などを理由として自分の物を返還請求する場合と同様である。（以上は、オーストリア法に関するエーレンツヴァイクの説であるが）、ドイツ実務の取扱もこの主張と一致する。間接給付の場合、法的に給付者とみなされる者が返還請求権者となる。給付者が他人の物を処分した場合にもこれは同様であり、売買契約が無効であれば所有権者ではなく給付者が不当利得返還を請求しうる。解除（Rücktritt, Wandlung）の返還請求権のみならず、ドイツ民法三二三条三項、三二七条二文の不当利得返還請求権も、給付者として売主に帰属する。同じことがドイツ民法八一二条一項の不当利得返還請求権にも適合する。売主が所有権者でなかったことは重要ではない。不当利得返還請求権は、受取人に所有権を供給することができかつ供給した者に帰属する。ドイツの実務も、（背後の所有権を問題とせずに）占有と登記名義を給付返還請求権の対象と認めている。もっとも、所有者もまた自らの権利を主張した場合には、もちろん請求権抵触の問題が生じえようが、これは受寄者が寄託者の請求権と所有者の請求権との双方の被請求者となっている場合などと同様に扱うべきである（また、価格賠償の場合を別にして、相手が非所有者であるとの抗弁は認められない）。

当事者間で何が給付とみなされるべきかは、当事者の意思が決定する。このことは、いわゆる間接給付の処理の解明にとって重要である。履行補助者の給付も、当事者の意思によって徒弟を使用している職人の給付となる。賃借人の委託により職人が家屋に施した修繕は、賃借人に対する給付であって家屋所有者に対する給付ではない。振替委任にもとづく銀行の貸し方記入も、当事者間で結ばれた合意の意味に従って、振替者の受取人に対する給付となる。給付返還請求権は、常に給付者に帰属し、給付受領者に向けられる。個々の場合に、法的に誰が給付者および給付受領者とみなされるべきかを解明することのみが残されている。[75]

(二)　他人の財貨からの利得[76]　他人の財貨が使用、利用、費消、売却[77]された場合[78]が、不当利得返還請求権の二番目に重要な類型、そして同時に「その他の方法による利得」の最も重要な場合を形づくる。何にもまして侵害利得の事例が目につく。有責侵害者は損害賠償義務を負い（ドイツ民法八二三条一項）、故意がある場合には取得利益を返還しなければならないが（ドイツ民法六八七条二項）、帰責事由なき侵害にさいしても、少なくともなされた使用の価値が関係者に補償されるべきであり、それは不当利得による。侵害の場合が目をひくため、学説は、たびたびここにおける利得の不当性を侵害の違法性の中に見出そうとした。しかし、所有者自身が誤って自分の物を（他人の利益に）使用したような違法な侵害が問題となりえない場合であっても、また不当利得返還請求権が与えられる。第三者が他人の建築材料を家屋建築に使用した場合に、ドイツ民法九五一条一項の不当利得返還請求権は、違法に行為した侵害者、つまり建築請負人に対してではなく、家屋所有者に向けられる。利得の不当性は、ウィルブルクと同様、物の使用が所有権の割当内容に矛盾する点に見出すことが、より適切である。財貨をその所有者に割り当てることが、絶対権の本質である。利得の不当性に関する判断は、所有権およびその他の絶対権の財貨帰属機能にもとづくことになる。使用、収益、処分（権能）は、物の所有者ないし制限物権を有する者に帰属すべきである。ある者が他人の物を使用、費消、加工、附合した場合や、権利の外観保護により他人の物を有効に譲渡した場合、その者は、所有権の割当内容に従えば所有者に帰属すべき物を取得したことになる。この利得は、所有権のうちに存在する財貨の割当に矛盾するがゆえに不当である。ここでは、不当利得返還請求権は、所有権（またはその他の物権）

に基礎を置いている。給付返還請求権が財貨運動法に属するのに対し、この不当利得返還請求権は、財貨保護に資する。この点は、物権的妨害排除請求権、物権的返還請求権、絶対権の有責侵害による不法行為損害賠償請求権ないし準事務管理訴権と同様である。所有権からの請求権に抗弁が存在する場合には、その抗弁もまたきかれる必要がある。ドイツ民法八五一条（物の占有者に賠償した場合の免責）も、ここに適用されるべきである。

所有権その他の物権のみならずすべての他の絶対権が、他人の侵害に対して不当利得法上の保護を受ける。著作権、特許権、実用新案権(79)、商標権(80)、債権(81)などがそれである。

いかなる権利がこのような方法によって保護されるべきかが、不当利得のこの類型において本来的な問題である。それは、利益衡量の問題である。法秩序がある法的地位に立つ者に当該有体物あるいは無体物の独占を保証しようとするのか否かが吟味されるべきである。第三者による利益の獲得が不当か否かを判定する問題は、このことのうちに存在している。その利用があらゆる人に許されているものの価値が侵害された場合、不当利得返還請求権による救済は認められない。

侵害利得による不当利得返還請求権の対象は、取得された物の価値であり、侵害者が得た利益ではない。責なき特許侵害者が、特許権の成果であるのみならず、自己の勤労および営業施設の所産でもある取得利得を引き渡さなければならないとすれば、それは実際に不当である。それは、特許権者が、他人が成功した場合に利得を奪うために、座して他人の所業を傍観する、という結果を導きうるであろう。不当利得返還請求権が価値補償に限定されれば、この懸念はない。責はない場合でも、他人の特許を利用した者が相応な特許使用料を権利者に支払わなければならないことは、正当である。

不当利得返還請求権を取得物の価値に限定することは、ドイツ民法八一八条二項、九五一条における一般規定と一致する。しかし、八一六条一項一文の表現がこれに疑念をいだかせる。そこで用いられている代償物の返還という考え方には、破産の場合の安全性という問題があずかっている。さらに、取得された価格は通常譲渡された物の価値を表現するため、取得された物に関し請求権が与えられている。しかし、処分者がその価値以下で売却した場合には、取得した代金の返還のみが義務づけられるべきことになる。ドイツ民法八一六条一項一文は、それゆえ制限的に解釈されるべきである。利得引渡義務がそこから導かれる必要はなく、ましてその他の不当利得法に転用される必要はない。

特許権使用料、賃料その他は、特許権者自身が特許を使用する状況にあったか否か、所有者が損害を受けたか否か、あるいは所有者自身それを賃貸、譲渡、加工する状況にあったか否かなどを考慮することなく、権利者に帰属すべきである。それに対し、利得の引渡は、帰責事由がある場合にのみ、しかも無体財産権以外では故意の侵害にさいしてのみ義務づけられる（六八七条二項）。普通法においては、不真正事務管理を非常に広げる学説が存在した。これに関連して、スイス法では、準事務管理の視点のもとに善意の侵害の場合に取得したすべての物の返還が行なわれるように思われる。しかし、私の見るところが正しいとすれば、連邦裁判所（スイス最高裁判所）は責ある侵害の場合にのみ従来利得の引渡に関する請求権を認めてきた（オーストリア法、アメリカ法の回復法リステイトメントにおいても同様の取扱がなされている）。価値補償が客観的な利得調整を務めとするのに対し、利得引渡は他人の権利の不法行為的侵害に対する特別の制裁を問題とする。しかし、利得を被害者に与えることを基礎づけるのは、そうたやすいことではない。これが単に実用的であることを別とすれば、被害者の、侵害により生じた損害の具体的証明がしばしば困難なことに、その正当性を見出すことができるであろう。

(ホ)　求償[82][83]　これは、他人の債務の弁済による求償の場合（ドイツ民法二六七条）、あるいは他人が最終的に負担しなければならないか、または持分に応じてともに負担すべき債務の共同責任にもとづく請求を含んでいる。ここでは、弁済によって免責された債務者あるいは共同債務者の利得は、法にかなった究極的負担分配に矛盾するがゆえに不当である。他人の債務の弁済は、契約によって引き受けた、弁済者の債務者に対する給付でもありうる。この契約が無効であった場合、当事者は給付返還請求権をもつ。また、他人の債務を弁済する者は、しばしば事務管理の見地から求償請求をなしえよう。（しかしながら）、他人の債務の弁済は不当利得の承認された一場合である。多くの場合には他人の債務の弁済がなされるものの、事務管理の要件が存在せず、したがって求償が必要となる。また他人の債務の弁済と並んで、真正、不真正連帯の場合、判例は好んで事務管理を用いるが、不当利得による求償が認められるべきである。

ここに属する事例の多くの場合は、法規が訴権譲渡あるいは法定代位によって償還を確実にしたため[84]、それらが内容的に不当利得返還請求権を上回るものとなったことは明らかである。これらの救済が求償のために用いられうる限りは、不当利得返還請求権がもちだされる必要はもちろんない。しかしながら、これらの求償規定が属しているところの不当利得法との関連においてこれらを検討することが有益である。また、（これらにおいて代位などが可能ではない場合においても）、不当利得法上の求償は残っている[85]。

(ヘ)　費用償還[86]　他人の物のためにした出捐が、また、一つの類型を形成する。他人の土地の上の建築物、改築物、土地改良、耕作労働、他人の物の修繕等々がここに属することになる。契約当事者間において契約上、実定法上問題が調整されているかぎり、あるいは事務管理の要件が存在するかぎりにおいては、困難は生じない。しかし、このような調整を欠くところに不当利得返還請求権が関与しうるか否かが、昔から人々の頭を悩ませてきた。

この類型の特色は、損失者が自らの行為によって他人に利得を生じさせたことにある。彼は自己の利益を追求して行為したのであるから、事情を知っている場合は、いかなる請求権も彼に与えられないであろう。しかし、損失者の行為にさいし事情の判断に誤りがあった場合、少なくとも不当利得返還請求権が与えられるべきなのであろうか。この場合、いかにして押しつけられた利得から利得者を保護すべきであろうか。逆に、その行為がなければ利得者がなさなければならなかった出費を彼が免れた場合は、少なくともその利得者に対し利得の返還を請求できるべきではないかが問題となるであろう。ここでは、この問題の解答が試みられるべきではない。ただ、昔から争われている特殊な問題点をもった類型がここに存在していることを、想起すべきである。

（こうして結論自体は留保されるのであるが、本類型の法体系上の位置づけは、次のとおりである）。

英米法は、改良に対する補償をすべて否定する。大陸法は、所有者―占有者の関係のための非常に分化した規定をもっている。ある者が占有者ではない場合あるいはドイツ民法九九四条以下が排除されるような債権関係に立つ場合に他人の物に出捐をなしたとすれば、出捐が不要であったかあるいは事務管理の観点から補償されないかぎり、その補償のためには一般不当利得法によるように指示されることになろう（ドイツ民法六八四条一文）。このことは、使用賃借人、用益賃借人、使用貸借契約にもとづく借主、質権者、用益権者、先位相続人の出捐、引渡前に売主が物になした出捐に当てはまる。(87) ドイツ民法九九四条以下の特別規定においてすら、六八四条一文と結合した九九四条二項によって不当利得の一般原則によるよう指示されている。

これらの場合の解決には、他人の財貨の使用という観点では充分ではない。ある場合には、費やされた労働力のほうが使われた財貨（材料）より重要である。さらに、ここにおいては自ら知悉した行為により利得を生じさせたのが被害者自身であることによって、この場合は「その他の方法による」利得の他の場合から区別され、給付返還請求権の問題に近づく。それにもかかわらず、給付返還請求権の規定は費用償還の場合に適合しない。なぜなら債権法的な合意の実行、またはその他の請求権が履行されるべき場合にのみ、給付に関し語ることが可能であるからである。

(ト)　詐害行為取消権(88)　ドイツならびに諸外国の文献にしばしばみられるように、詐害行為取消権においても、債権者の損失を理由とした利得の取消が、不当利得思想の実現であると考えられる。ある者が債権者に損害をきたしながら何物かを取得すれば、それは不当と思われる。債務者の財産は債権者の共同担保であり（フランス民法二〇九三条）、もちろん変動量においてではあるが責任対象として債権者に割り当てられる。このことは、物を一定の方法によって（債権者から）遠ざけること、すなわち、無償贈与および債権者詐害の意図をもった譲渡を、この割当思想に対する違反であり、かつ、債権者の損失をきたす不当な利得と解することを排除しない。請求権の基礎が、類型化にとっては決定的でなくてはならない。

(チ)　他人の損害をきたす無償の利得[89]　ドイツ民法八一六条一項一文、九八八条、ならびに八二二条が、一つの類型を形成する。すでに言及したいわゆる贈与の詐害行為取消権の場合、ドイツ民法二二八七条、二三二九条もここに属する。無償の利得は、他人の利益の背後に退かなければならない。寛大さにもとづく利得は、それ自体合法的ではあっても、他人に損害が生ずる場合には不当と思われる。

(リ)　「法律の規定による利得」が、しばしば不当利得の特別類型として扱われる。しかし、このカテゴリーは否定されるべきである[90]。

また、転用物訴権は、それを認容する法体系も存在し、その場合は不当利得の一類型を形成する。しかし、ドイツ民法典は意識的に転用物訴権を否定しており、その結論は正当である[91]。

不当利得返還請求権の各類型によって、いくつかの諸点に差異が生ずる。すなわち、返還の範囲、対象、出費節約が利得となりうるか否か、第三者との契約を「法律上ノ原因」として主張しうるか否か、差額説の適用の結果、国際私法上の準拠法の問題などである[92]。

七　学説史からみたケメラー批判――現代ドイツの学説状況

ケメラーの功績は、不当利得のうちからウィルブルクが析出した二請求権を、あらたに類型論として再構成したことにある。これを、まず学説史における批判の承継、克服を中心に分析し(イ)、ついで現代の学説がいかに彼の学説を承継したのか（学説史内在的学説批判）を分析する(ロ)。

(イ)　ケメラーの類型論の中心的類型である「給付返還請求権」と「他人の財貨からの利得」は、それぞれウィルブルクによって析出された「給付返還請求権」と「権利の効果存続請求権」とに対応するものであった。ケメラーは「給付返還請求権」に対してはウィルブルクに比べより具体的内容を与えており、「他人の財貨からの利得」についてはⅤにも示した通りその成立範囲を限定している。これらの修正は加えられたものの、二類型の性格に関しては、彼はウィルブルクの見解をほぼそのまま踏襲した。しかしながら、ウィルブルクの二請求権の対置を類型論として再構成したことは、学説の内容を時代思潮に適合させ[93]、説得性を加えた。ウィルブルクが長らく支持者を見出すことがなかったのも、彼の不当利得責任を完全に二種に分化する考え方が極端であるという学界の暗黙の批判がおそらくは存在していたのであろうから、尖鋭さを払拭する類型論という構成はその暗黙の批判に対する一つの解答であったともいえる。一時期のラレンツがケメラーの類型論を肯定的に評価しながらも、ウィルブルクの極端さを「いきすぎである」[94]と批判していた事実を考え合わせると、この尖鋭さを払拭したという功績は、必ずしも小さくはないであろう。[95]またウィルブルクの分析が不当利得責任の基礎という視点に終始しているのに対し、ケメラーは二類型の分化を要件効果の問題と結合させ、類型論に実践的性格を与えた。これもまた彼の分析が積極的評価を受けた一因であった。ケメラーの論稿においてその不当利得の統一的把握を論難された[96]エッサーがいちはやく改説し、主として法の適用という実践的視点から類型論を積極的に展開する[97]のもそのあらわれであろう。

この点ではケメラーはウィルブルクに対する（暗黙の）批判を克服したが、ウィルブルクに対する批判を克服したのはこの点のみにとどまった。ヴィンディカチオンスゲダンケを基軸としてウィルブルクに加えられた二種の批判のうち[98]、エッサーはケメラー論文により改説したのでもはやここでとりあげる必要はあるまい。リュプトウの批判に関してはケメラーは積極的に解答を与えることなく、給付返還請求権に関しては給付者の所有権が問題とならないことを主張することにより[99]、ウィルブルクの立場をくり返すにとどまった。彼は反対説であるリュプトウを引用することもしないが、彼の説はウィルブルクに対するこの種の批判を承継することとなる。[100]

(ロ)　ウィルブルクが主張した不当利得の分化に類型的構成を与えることによって、ケメラーは、後の多くの学説に支持されるにいたった。第一節に分析した不当利得制度の統一的把握に対する社会的要請[101]が法曹の世代交代によって消滅していった当時、統一的把握学説の不毛な歴史を前にして、不当利得制度の類型化そのものに対する抵抗は学界にそれほど強くなかった。近時の類型論者の多くは、その論稿、教科書などにおいて統一的把握が不可能であること、特に衡平説的な把握には問題があることを説く[102]。必ずしも類型論の影響を正面からは受けていないエンネクツェルス＝レーマンの債権法教科書や伝統的なコンメンタールの類、その他類型化そのものに反対する学説も存在するが[103]、ケメラー論文以後の多くの債権法の教科書は不当利得の類型化を展開し、いくつかの不当利得に関する論文はケメラーの提起した問題を具体的に深化させていった。したがって、学説史内在的なケメラー批判は、全体としてこのように肯定的な評価を受けたケメラーの類型論のうち、何が受けとめられなかったか、ということにある。

学説史内在的なケメラー批判のうちもっとも重要なものは、ケメラーが不当利得の諸類型として提唱した類型化の枠組が学説史によって拒絶されたことである。ケメラー自身は、当初次の六類型を提唱した。すなわち、「給付返還請求権」、「他人の財貨からの利得」、「求償」、「費用償還」、「詐害行為取消権」、「他人の損害をきたす無償の利得」の六種である。しかし、後の学説には、この六類型のうち前三類型ないし四類型のみを採用し、他を採用しないものが相当数あった（ラレンツ[104]、シャイイング[105]など）。また、メディクス[106]、エッサー[107]、フィケンチャー[108]、ゼーゲル＝ジーベルトのコンメンタール[109]、ロイター＝マルティネックの不当利得の概説書[110]のように、ケメラーのいくつかの類型を承継しながら、さらに自ら析出した類型を追加し、あるいはケメラーの第六類型をも問題とする者もあった。また、ドイツ連邦司法省から最近発行された『債権法改正のための鑑定意見および諸提言』[111]においては、「給付返還請求権」、「侵害利得返還請求権」、「出捐返還請求権」、「三当事者関係」を規定した後、これらによってカバーされない事例を受けとめるための「一般条項」がおかれている[112]。これらを総合して考えると、不当利得を類型化するという志向は学界の多くに共通して認められるものの[113]、具体的にどのように類型化するかに関しては、これらの論者がすべて一致して認める「給付返還請求権」と「侵害利得返還請求権」とを別にして[114]、他の類型を析出することに対する疑念が――学説史内在的評価は個々の類型ごとに異なり、疑念に強弱があるものの――存在したし、右の『鑑定意見書』などでは、これらの類型が不当利得事案のすべてをカバーするか否かについての疑念も存在したといえるであろう。

ケメラーの類型論は、法制史と比較法とを観察材料とし、新しい生活事象に開かれた事案類型としての色彩が強いものであった。財貨運動法と財貨保護法という視点はあるものの、ケメラーは事案並列的な意味で類型を考え（すなわち、「求償」を「給付返還請求権」、「他人の財貨からの利得」と並ぶ大類型とした上で）、さらに事案並列性を徹底させ「中間型」ないし「変種」となる類型を析出した。したがって、「その類型論は非常に分化した」[115]として一旦拒絶された場合には、事案類型であるだけにそれ以上説得の手段をもたない。このような学説史による批判をあびて、必ずしも定かではないが、彼自身類型枠組の主張を変じたように見受けられる。少なくとも、彼がフランスで行なった講演においては、最初の四類型のみが提唱されている（ただし転用物訴権を別とする）。

もちろん、ケメラーに対する学説史的批判は、以上につきるものではない。各類型の問題の各則的発展も、それぞれ学説史内在的にケメラーの限界、あるいは補充されるべき点を露呈させた。たとえば、レーザーの事実的双務性論[116]は、ケメラーの分析にその源をもつものではあったが、ケメラーの類型論自体この点に関し発展する余地があったことを示した[117]。また、近時は、三当事者間の不当利得という構成が提唱される[118]。この問題は、ケメラーにおいては、一部は給付利得における「間接給付」の問題として、「個々の場合に、法的に誰が給付者および給付受領者とみなされるべきか」を解明すべきことが指摘されているにとどまり[119]、一部は「求償」の問題として、法の「究極的負担分配に矛盾[120]」していることが指摘されているにとどまった[121]。三当事者間の不当利得の分析と比較すると、これらのケメラーの分析は不徹底であることを免れないが、単にそれだけにとどまらず、私見によれば、これは「求償」を独立類型として抽出することを否定しうる契機をも含み、不当利得法の構造を解明する一つの鍵を提供するものであるように思われる（第四章および第八章参照）。現に、本書のもととなった雑誌論文の連載とほぼ並行する時期に、ドイツではこの問題が種々論じられ、ケメラーが考えたところとは異なり、この事案が給付利得の枠にははまりきらないことが強調されるにいたっている[122]。前述したドイツ連邦司法省の『鑑定意見書』がこの立場に与したことは、この点に関してはケメラーの見解を修正すべきであるという見方がドイツでは一般的になっていることを推測させる。また、「他人の財貨からの利得」という類型も彼の唱えた内容がそのまま他の学説に承継されたわけではなく、多くの場合「侵害利得返還請求権」として構成され、[123]ケメラー自身も、後に、「他人の財貨の侵害」[124]とその呼称を変じた。もちろん、これが単なる「呼称」の変化にとどまるかぎりはたいした問題でなかったが、利得者の行為を要件とする場合には（エッサーにつき注(107)参照）、ケメラーの類型論に対する修正を意味する。また、この類型に関しては、ヤコブスによるいくつかの問題提起がなされている。[125]この類型に関するこれらの問題提起が、ケメラーの類型論を発展させたと評価しうるまでの内容をもつか否かは疑問であるが、学説史内在的批判としては、この類型に関するケメラーの分析も説得性の点では問題がなかったわけではないことを示しているといえよう。さらに、近時、一部にではあるが類型化そのものに反対する見解が、一方に英米法などを参考にする形で主張されるとともに、[126]他方では古典的なサヴィニーの見解の影響のもとに、不当利得を自己の財産の回復のための抽象的請求権と統一的に考えるなどの形で主張されていることも見落とされてはならないであろう。[127]

八　以上検討してきた類型論の学説史を簡単に要約すれば、次のようである。不当利得法を二分する枠組は、レオンハルトによって与えられた。そして、それをきわめて説得的に性格規定をしたのがウィルブルクであった。ウィルブルクの性格規定は不当利得責任の基礎を明確にするという以上の意味をもっていなかったが、これを不当利得の要件、効果の問題と結合させつつ、類型論として再構成したのがケメラーであった。これ以後、不当利得法を類型化するという志向はドイツの学界で多数を占めるにいたったが、[128]ケメラーの提唱した諸類型の枠組は必ずしも説得的ではなかったため、いかに類型化するかに関しては必ずしも学界内で一致をみない状況にある。[129]しかし、多くの論者に最低限共通にいえることは、「給付返還請求権」と「侵害利得返還請求権」を析出することであるが、それぞれの内容をいかに考えるかに関しては、また論者によるニュアンスの差がある。また、近時は、一部には主として「給付」概念をめぐって類型論に対する疑問や、さらにはより一般的な視点からの類型化そのものに対する反対もある状況にある、ということができるであろう。[130]

（1）レオンハルトにつき、本書一三九頁以下、ウィルブルクにつき本書一四五頁以下参照。
（2）本書九〇頁以下。
（3）この三名がドイツにおいても先駆者としての扱いを受けていることにつき、Soergel = Siebert, Bürgerliches Gesetzbuch, Bd. 3, Schuldrecht II, 10. Aufl.,（1969）, S. 752 ; K. Larenz, Lehrbuch des Schuldrechts, Bd. 2, 10. Aufl.,（1972）, S. 403（Anm. 1）参照。
（4）これらの学説を一般的な形でわが国に紹介したものとしては、ウィルブルクについて注（27）引用の諸論稿。ケメラーに関し注（67）引用の磯村教授の論稿がある。また、本書本章のもとになった雑誌掲載論文の後にも谷口知平編・山田幸二執筆『注釈民法⒅』（昭和五一年）一九頁以下、山田幸二「現代不当利得法の研究序説――ドイツにおける不当利得法の新展開――（一）、（二）」福島大学商学論集四九巻四号一頁、五〇巻一号（以上昭和五六年）八七頁以下などの紹介が発表されている。
（5）F. Leonhard, Besonderes Schuldrecht des BGB,（1931）, S. 451ff.
（6）なぜこのような問題提起がなされうるかについては、本書六五二頁以下参照。
（7）「不法原因給付」を規定するドイツ民法八一七条と日本民法七〇八条の規定とは、本文と但書の関係が反対である。しかし、ここに述べたレオンハルトの見解に関するかぎり、右法条の相違はわが国で問題を考察するさいに、別段の影響を与えないものと思われる。
（8）以下、Leonhard, a. a. O., SS. 452-454.
（9）以下、注（10）～（14）をも含めて、Leonhard, a. a. O., SS. 454-463.
（10）この救済は、もっぱら物権法によることとなる（ドイツ民法八五九条以下、一〇〇七条）。占有喪失にさいして一般的に不当利得返還請求権を認めると、物権法の体系が破壊される点が、論拠とされる。通説はこの結論を認めず、ローマ法における「窃盗によるコンディクチオ（condictio furtiva）」の存在をその論拠とする。しかし、彼は、ローマ法のコンディクチオは訴訟形式であって不当利得返還請求権以外のものも含んでおり、「窃盗によるコンディクチオ」は不当利得返還訴訟ではなく不法行為訴訟であった、とする。

(11)　彼の説においては、この場合の救済自体が認められない。果実収受ではない単なる使用利益は、悪意占有者も享受しうる。ドイツ民法五五七条――賃貸借終了後に賃借物を返還しない賃借人の約定賃料賠償義務を定める――の反対解釈を論拠とする。

(12)　この場合にも、帰責事由がある場合の損害賠償請求権は別として、不当利得法上の救済は認められない。座して待つ発明者が、他人の得た金員を奪うことに対する疑念――実質論を論拠とする。

(13)　この場合の救済は、もっぱらドイツ民法八九四条の登記訂正請求権によることとなる。

(14)　ドイツ民法八一二条二項は、「契約によってなされた債務関係の存在または不存在の承認は、これを給付とみなす」と定める。契約外での〝承認〟などは、この反対解釈として不当利得法の対象から排除される。

(15)　以下、Leonhard, a. a. O., SS. 474-481.

(16)　エンネクツェルスの説（本書九九頁注(17)参照）に対する批判である。この批判は、ドイツ法学における「法律上ノ原因」の分類を承継した日本の学説に対する批判としても妥当しよう（本書五八頁以下参照）。

(17)　本書で紹介した部分ではないが、Leonhard, a. a. O., S. 513f.

(18)　簡単な略述でしかないが、本書六六頁注(9)参照。

(19)　学説史による学説淘汰に関しては、本書一二七頁以下、および一二六頁注(45)参照。

(20)　日本においては、このようなカウザ論は、少なくとも不当利得法との関連においては、現在学界の関心をそれほどひいているわけではない。石坂・鳩山博士の時代と較べ、我妻説においてもこの概念がきわめて曖昧な形になっていることにすでにその徴候を読みとることができよう（注（18）引用箇所参照）。しかし、ドイツの不当利得文献においてはいたるところにこの観念ないし causa solvendi 概念の影響を受けた表現を見出しうる（典型例として、J. Esser, Schuldrecht. Bd. 2, 4. Aufl., (1971), S. 340ff.）。

(21)　本書二二一頁以下。

(22)　宇都宮地判昭和三五年一二月二六日下民集一一巻一二号二七七四頁。

(23)　ただし、ウィルブルク自身は、この点に関しレオンハルトを踏襲することを必ずしも認めないようである（少なくとも、レオンハルトを引用しない）。この点に関し、本書一五五頁参照。

(24)　R. Scheyhing, Leistungskondiktion und Bereicherung „in sonstiger Weise", AcP 157 (1958), 374.

（25）　W. Wilburg, Die Lehre von der ungerechtfertigten Bereicherung,（1934）, SS. 10 f. u. 14.（本書一四七頁および一五四頁以下参照）、E. v. Caemmerer, Bereicherung und unerlaubte Handlung, in: Festschrift für Ernst Rabel, Bd. I, Rechtsvergleichung und Internationales Privatrecht,（1954）, S. 337 f., in : Caemmerer, Gesammelte Schriften, Bd. 1,（1968）, S. 214. なお、以後の引用頁は、後者による。

（26）　Wilburg, a. a. O., SS. 13 u. 28. 本書一四七頁参照。

（27）　Wilburg, a. a. O. これを紹介する邦文文献として、松坂佐一『不当利得論』（昭和四四年）一六七頁以下、谷口知平『不当利得の研究』（昭和四四年）五三頁以下、来栖三郎「契約法と不当利得法」山田還暦　概観ドイツ法（昭和四六年）一七九頁以下など参照。なお、本書の紹介では、ウィルブルクがオーストリア法を念頭におきながら論をすすめる部分は、意識的に割愛している。

（28）　Wilburg, a. a. O., SS. 5 f., 11 f. u. 22f.

（29）　Wilburg, a. a. O., SS. 7-11.

（30）　この点につき、本書六五二頁以下参照。

（31）　Wilburg, a. a. O., SS. 12-18.

（32）　Institutiones, III, 91 ; Digesta, 44, 7, 5, 3.

（33）　Wilburg, a. a. O., SS. 27-47.

（34）　ウィルブルクは、この点次のように説く。通説は、著作権、意匠権においては不当利得返還請求権を認めるが、特許権、実用新案権、商標権においては認めない。この相違は、民法典に先行して成立した法規には民法の適用が排除されるということでしかなく、内在的な基礎をもたない。

すべての無体財産権に、不当利得返還請求権の適用を否定する説がある。不当利得概念が曖昧なこと、無体財産は有体物ほどはっきり限定できないこと、収益は侵害者の働きの所産であること、などが理由とされる。しかし、第二の点は特許、商標では登録によって、第三の点は侵害者の労務にも考慮を払うことによって解決される（Wilburg, a. a. O., S. 40 ff.）。

（35）　RG 1913. 1. 11, DJZ 1913, 530.

（36）　Wilburg, a. a. O., S. 47f.

(37) Wilburg, a. a. O., SS. 49–51.

(38) Wilburg, a. a. O., S. 23.

(39) Scheyhing, a. a. O., S. 374.

(40) Wilburg, a. a. O., SS. 13 u. 28.

(41) Wilburg, a. a. O., S. 39.

(42) もちろんウィルブルクの説は、目的概念を排斥するなど、ユングとのいくつかの違いも存する。あくまで、大筋として相対関係説が受けつがれたというにとどまる。

(43) なお、給付概念を学説がいかなる形で規定しているかにつき、本書一三二頁以下参照。

(44) 単に所有権と不当利得の関係ではなく、権利と不当利得という一般的な視点をもった説として、ウィルブルクはシュルツの侵害利得論を高く評価する（Wilburg, a. a. O., S. 25ff.）。

(45) 現行ドイツ民法に関する学説として、E. Jung, Die Bereicherungsansprüche und der Mangel des „rechtlichen Grundes", （1902）, S. 134 f.; H. A. Fischer, Bereicherung und Schaden, in: Festschrift für Ernst Zitelmann, （1913）, S. 55.

(46) rei vindicatio と condictio との関係が普通法学説においていかに考えられていたのかは、シュミットに詳しい（R. Schmitt, Die Subsidiarität der Bereicherungsansprüche, （1969）, S. 57ff.）。

(47) U. v. Lübtow, Beiträge zur Lehre von der Condictio nach römischem und geltendem Recht, （1952）, S. 26.

(48) J. Esser, Lehrbuch des Schuldrechts, 1. Aufl., （1949）, S. 435.

(49) Wilburg, a. a. O., S. 49 f. 本書一五三頁以下参照。

(50) この点に関するウィルブルク、リュプトウの見解の対立は、次のような性格をもっていた。給付の目的が所有権の移転にあった場合に、給付返還請求権が失われたヴィンディカチオにかわって出現していることは事実である。この点に着眼して、リュプトウのようにこの場合の給付返還請求権が「その他の方法」での不当利得と同じ性格である、と主張することも可能である。また、ウィルブルクが指摘するように、給付の目的が常に所有権などの権利にかぎられるものでないこともまた事実である。これらの所有権的性格をもちえない給付返還請求権と所有権回復のための給付返還請求権とは、やはり契約の無効などを前提としており同質性をもつ。この点に着眼し、給付返還請求権全体を所有権的性格ではなく原因行為の効力の点から特徴づけることも、また可能であった。この対立は、どちらの視点に力点をおくかにより決まるものであり、どちらの結論が正しいともいえない性格のものであった。

このように物権行為の無因性の法制のもとでは、給付返還請求権が所有権回復に用いられる場合に、請求者がかつて有していた所有権を顧慮しないウィルブルクの説は、多少苦しい部分はあるとしても、充分成り立ちえた。しかし、物権行為の有因的法制のもとにおいては、この給付返還請求権者は現に所有権を有する。前述したように、この場合に給付返還請求権が所有権保護の機能を営まないということは、いかにも不自然である。ここにおいては、給付返還請求権は所有権保護の性格も兼ね備えているといわざるをえない（前款第二項　ドイツ法と日本法、本書一三八頁以下参照）。リュプトウの批判は、物権行為の無因的法制のもとではどちらともいえるものであったが、物権行為の有因的法制を前提とした場合は無視できない内容をもっていた。

（51）　P. Heck, Grundriß des Schuldrechts,（1929）, S. 421.

（52）　H. H. Jakobs, Eingriffserwerb und Vermögensverschiebung in der Lehre von der ungerechtfertigten Bereicherung,（1964）, S. 23が、これを指摘する。割当内容に関する学説史は、同書二三頁以下に詳細である。なお、松坂佐一『事務管理・不当利得〔新版〕』（法律学全集22－Ⅰ）（昭和四八年）一四四頁参照。

（53）　ウィルブルクの師にあたるラーベルすらも、彼の説――特に、法益から不当利得返還請求権が発生するという公式――を必ずしも肯定的に評価していない。E. Rabel, Literatur, Zeitschrift für Ausländisches und Internationales Privatrecht, Bd. 10,（1936）, S. 424 ff. しかしウィルブルク自身は、この点に関しラーベルの講義――損害賠償請求権を、もとになった権利から有機的に発生するものとする――との関連に言及している（Wilburg, a. a. O., S. 35）。

（54）　この要因は次の批判のなかに読みとることができよう。「著者ウィルブルクの説は、伝統との関連を失わない場合にのみ、円熟さと確実さを得ることができる」（Rabel, a. a. O., S. 428）。なお本書九一頁以下参照。

（55）　磯村哲「不当利得についての一考察――利得の不当性を中心として――（二）（三）」法学論叢四六巻一号九五頁、四七巻一号（以上昭和一七年）一三二―一三九頁。

（56）　K. Larenz, Lehrbuch des Schuldrechts, Bd. 2, 8. Aufl.（1967）, S. 364. ただし、一九七二年版においてはこの叙述は削除されている。

（57）　転用物訴権に関するウィルブルクの判断事例として、Wilburg, a. a. O., SS. 109 ff., 53 ff. u. 78ff.

(58) Caemmerer, a. a. O., S. 245ff.
(59) Wilburg, a. a. O., S. 66f.
(60) Caemmerer, a. a. O., S. 237ff.
(61) Wilburg, a. a. O., S. 44 ff. 本書一五一頁参照。
(62) Caemmerer, a. a. O., S. 273 ; Esser, a. a. O., (1971), S. 365.
(63) Wilburg, a. a. O., S. 122ff.
(64) Caemmerer, a. a. O., insbes. S. 252ff.
(65) これを具体的に指摘するものとして、川村泰啓「返還さるべき利得の範囲（四）――フォン・ケメラーの不当利得論――」判例評論六五号（昭和三九年）一二頁。
(66) 本書九四頁以下。
(67) 以下、Caemmerer, Bereicherung und unerlaubte Handlung, a. a. O., S. 209 ff ; E. v. Caemmerer, Grundprobleme des Bereicherungsrechts, Gesammelte Schriften, Bd. 1, (1968), S. 370 ff. を中心に紹介をすすめる。前論文に関しては、すでに、磯村哲「〔紹介〕カェメラー『不当利得』」法学論叢六三巻三号（昭和三二年）一二四頁以下のすぐれた紹介がある。なお引用は、本款では以後前者をBereicherung、後者をGrundproblemeと略称する。Grundproblemeはフランスにおける講演を基礎としており、本章のテーマと関係しないフランス法に関する叙述があるが、その部分の紹介は割愛した。
(68) Caemmerer, Bereicherung, SS. 211-217, Grundprobleme, SS. 370-377. および注(71)引用箇所。
(69) Digesta, 50, 17, 206.
(70) なお、この点のウィルブルクの説については、本書一四五頁以下の紹介参照。
(71) Caemmerer, Bereicherung, S. 251 f. ; Grundprobleme, S. 391f.
(72) Caemmerer, Bereicherung, SS. 217-228. なお、本書で割愛したが、Grundprobleme, SS. 376-378. は、フランス法における給付返還請求権の対応物として、非債弁済（paiement de l'indu）を念頭においた議論を展開する（しかし、厳密にいえば、フランス法における非債弁済法は日・独法における給付返還請求権に全面的に対応するものとなっているわけではない（詳細は、本書七三〇頁参照））。

(73)　三二三条三項、三二七条二文、五四三条二項、六二八条一項三文。これらは、双務契約における給付不能の場合の既履行給付の返還、双務契約が解除された場合の返還、使用賃貸借が解約告知された場合の前払賃料の返還、雇用契約が解約告知された場合の前払報酬の返還を規定するものである。いずれも、返還義務者に帰責事由がないなどの場合に、返還義務の範囲を不当利得規定によることとし、軽減している。

(74)　ヴィントシャイト、レーネルの論争が念頭におかれる。この論争については、石坂音四郎「法律行為ノ原因ト不当利得ニ於ケル法律上ノ原因」改纂民法研究上巻（大正八年）二七六頁以下、松坂・前掲『不当利得論』二八二頁以下など参照。

(75)　ケメラーは、積極的に給付返還請求権を定義づけることはしないが、他の箇所では次のように給付が規定される。「債権法的な合意の実行、またはその他の請求権が履行されるべき場合にのみ、給付に関し語ることが可能である。」(Caemmerer, Bereicherung, S. 242)。これをみると請求権の履行が問題となる場合は、一般に給付返還請求権の枠内で問題が処理されるかのようである。しかしながら、ケメラーの給付返還請求権に関する具体的分析はほとんど契約給付の場合に終始しており、この点に関する彼の見解は必ずしも明確ではない。なお、本書一六一頁以下を参照されたい。

(76)　Caemmerer, Bereicherung, SS. 228-236 u. 272-277 ; Grundprobleme, SS. 378-383.

(77)　他人の財貨の売却にさいし、権利者がいかなる場合に不当利得の返還請求をなしうるかが争われている。所有権者がその権利を喪失した善意取得の場合にかぎられるのか。所有権者が物権的返還請求権を純粋に事実的な理由によって行使しえない場合にも、この権利をもつべきか。あるいは、すべての場合、それゆえ物権的返還請求権が実行可能な場合においても、それにかえて無権利譲渡人が得た利得を請求しうる選択権をもつべきか。ドイツ大審院の判例がとる第三の立場が正当であり、所有権者がその譲渡を追認したものとした上で、代価の引渡が認められる (Caemmerer, Bereicherung, SS. 265-269)。

(78)　ここに列挙されたものと性格を同じくする問題として、他人の物を無権限者が有効に担保に入れた場合の不当利得の事例がある（この事例が生ずるのは、ドイツ法のもとにおいては登記の公信力により、登記名義人が有効に担保物権を設定する場合が中心であろう。しかし、日本法のもとにおいては、動産質権の即時取得との関連においてこの事例が問題となる）。ケメラーはこれを別論文で取り扱うが、右事例は利得の評価に関し困難を生ずる。ドイツ大審院の判例や一部の学者の見解によれば、支払われた消費貸借上の金額が利得とされ、無権限処分者は所有者にそれを返還する義務を負う（その返還と引替えに、無権限処分者は自らの消費貸借上の債務より解放される）。しかし、担保権の設定は貸金の返還を保証するためであり、消費貸借金額を担保権の代償物（ドイツ民法八一六条一項一文）とみることはできない。担保権の実行があるか否かが判明するまでの間は、利得の評価がきわめて困難である。ケメラー自身は、次のように結論する。利得の返還は、無権限処分者が担保権を解放することによって達成される。しかし、債権者が担保の変更に同意しないなどの事情によりこれが不可能なことがある。このような場合には、担保権を除去する保証を銀行保証その他の方法によって不当利得返還請求権者に与えることによって、無権限処分者がその利得分を返還したこととなる（E. v. Caemmerer, Bereicherungsausgleich bei Verpfändung fremder Sachen, in : Festschrift Hans Lewald, (1953), S. 443 ff., in : Caemmerer, Gesammelte Schriften, Bd. 1, (1968), S. 279ff.）。

(79) 特許権、実用新案権については、ケメラーは次のようにいう。不当利得法上の保護は、著作権に関しては認められているものの、特許権、実用新案権については争われている。しかし、判例が被害者に次の三種の損害算定方法を許すかぎりにおいて、事実上ここにおいても、実務に関しては不当利得法的な保護が存在する。被害者は、第一に実際の販売量の喪失を主張しえ、第二に相応の特許使用料の支払、第三に加害者が獲得した利益の引渡を請求しうる。後二者は、もはや損害算定の一種ではない（帰責事由が前提とされる点を除けば、不当利得法的保護といえる）（Caemmerer, Bereicherung, S. 230f.）。

(80) 商標権については、ケメラーは次のようにいう。ドイツの判例は長い間商標権に不当利得法的な保護を与えなかった。しかし、学説はこれに強く反対し、一九六一年以来、連邦最高裁判所はこの保護を認めるに至った（BGH 1961. 2. 24, BGHZ 34, 320 ; BGH 1966. 1. 12, BGHZ 44, 372）（Caemmerer, Bereicherung, S. 275f., Grundprobleme, S. 382）。

(81) 債権については、ケメラーは次のようにいう。債権もまた、その所持（Innehabung）が第三者の侵害に対して絶対的に保護されうるところの財産対象である。差し押えられた債権を、以前に譲渡を受けていた第三者が請求する場合、同一の債権上の数個の差押が衝突したり、その他の場合たとえば僭称者訴訟、第三者異議の訴にさいしてそれは明らかとなる。本来の債権者の権利を第三者が侵害したことに対して、不法行為法上の保護が与えられるべきか否かは争われている。この問題は肯定されるべきである。権利の外観が保護される場合の取立による他人の債権の侵害は、他人の所有物の処分と利害はまったく変るところがない。いずれにせよ、債権はドイツ民法八一六条二項にもとづいて第三者の侵害に対し絶対的な方法によって不当利得法上の保護を受けており、悪意の侵害に対してドイツ民法六八七条二項（準事務管理）が与える保護に関しても同じことがいえる（Caemmerer, Bereicherung, S. 231f.）。

（82）注（84）を含めて Caemmerer, Bereicherung, SS. 237-240.

（83）前にも述べたことであるが（本書一五八頁）、ケメラー自身の求償類型に対する考え方も、後に変ったように見受けられる。初期の論稿（Bereicherung）においては、この類型は、「不当利得返還請求権の第三の重要類型」として「給付返還請求権」、「他人の財貨からの利得」と並ぶ位置づけを与えられていた（これ以外の諸類型は、中間類型または変種として取り扱われた）。しかし、後の論稿（Grundprobleme）においては、この類型は、「費用償還」につぐ小類型としての位置を与えられているにすぎない。内容的にも、連帯債務者、保証人等々として支払者が自ら共同責任を負っている場合は、初期の論稿においてはこの類型の一部を構成するものとされたが、後の論稿においては必ずしもこのように取り扱われているわけではない（vgl. Caemmerer, Grundprobleme, S. 385.）。

（84）弁済権者による他人の債務の弁済の場合の代位、ドイツ民法二六八条、一一五〇条、一二四九条。人的あるいは物的保証人による他人の債務の弁済の場合、七七四条一項、一一四三条一項、一二二五条、二六八条三項との関連で一二四七条一文。連帯債務者、共同保証人、共同質権設定者の場合、四二六条二項、七七四条二項、一二二五条二文。不法行為の場合、八四〇条一項、二項、三項、二五四条。保険者の求償の場合、保険契約法六七条、さらに一五八条、一五九条、帝国保険規則一二四九条参照。扶養義務の場合、一七〇九条二項、一六〇七条二項、一六〇八条二文、婚姻法六三条二項。以上の諸場合にわたって、ドイツ法においては弁済者の代位が認められている。

（85）これ以外に、求償類型との関係では、ケメラーは次の提言を行なう。

他人の債務を錯誤により弁済した者は、非債弁済の規定による保護を受けるのみならず、その弁済を有効とするか否かについての選択権を有する。錯誤弁済者がその弁済を有効とする場合には、その者は真の債務者に対し求償することができる（E. v. Caemmerer, Irrtümliche Zahlung fremder Schulden, in : Vom Deutschen zum Europäischen Recht, Festschrift für Hans Dölle, Bd. 1,（1963）, S. 147ff., in : Caemmerer, Gesammelte Schriften, Bd. 1,（1968）, S. 348ff. ; Caemmerer, Bereicherung, S. 269f.）。

（86）Caemmerer, Grundprobleme, S. 383 f. : Bereicherung, SS. 241-243 u. 258.

（87）ドイツ民法四五〇条、五四七条、五八一条二項、六〇一条、一〇四九条、一二一六条、二一二五条。

（88）Caemmerer, Bereicherung, SS. 243-245. Grundprobleme がこれにふれない事情に関して本書一五八頁参照。

(89) Caemmerer, Bereicherung, S. 245.
(90) これには、二つの理由がある。第一は、法規による権利変動ではあっても、不当利得とならない場合があるからである（消滅時効、除斥期間の満了、質占有の喪失、先順位権利の消滅による次順位担保物権の順位上昇などに関する規定。また、取得時効、善意取得、ドイツ民法九五五条、九九三条一項一文による物の収益の取得）。第二に、不当利得とはなるが、「他人の財貨からの利得」など、他の類型論的視点から説明されるものがある点からも、この類型は否定される（附合、混和、加工など）。以上、Caemmerer, Bereicherung, S. 240f.
(91) 契約は契約の相手方と結着をつける必要があり、相手方の支払不能は通常の契約の危険の問題であることを実質的な根拠とする（Caemmerer, Bereicherung, SS. 245–251 ; Grundprobleme, SS. 387–390）。なお詳しくは、本書七四四頁以下参照。
(92) Caemmerer, Bereicherung, SS. 252–265. 二六五頁以下のケメラーの叙述に関しては、ごく一部であるが、注(77)、(85)および本書一五七頁以下参照。
(93) ドイツにおいて類型論が他の法分野でも見受けられたことにつき、伊藤正己編・奥田昌道執筆『外国法と日本法』（岩波講座現代法14）（昭和四五年）二四四頁以下参照。
(94) Larenz, a. a. O., (1967), S. 364. なお、注(56)にも述べたように、この点は一九七二年版で改説している。
(95) 磯村・前掲「〔紹介〕カェメラー『不当利得』」法学論叢六三巻三号一三四頁参照。
(96) Caemmerer, Bereicherung, S. 214.
(97) Esser, a. a. O., (1971), S. 332ff.
(98) 本書一五六頁参照。
(99) Caemmerer, Bereicherung, S. 22 f. 本書一六三頁参照。
(100) 注(50)に述べたように、元来この対立が視点のおき方の差異によるものであり、結着がつき難い性格のものであったことが、この原因であろうか。
(101) 本書九三頁以下。
(102) 具体的な論者の引用については、本書二一七頁注(4)参照。
(103) 類型論の影響を受けていない例、あるいは反対する例として、Enneccerus = Lehmann, Lehrbuch des Bürger-

lichen Rechts, Bd. 2, Recht der Schuldverhältnisse, 15. Bearb. (1958), insbes. S. 872 ; RGR Kommentar, Das Bürgerliche Gesetzbuch, Bd. 2, 2. Teil, 11. Aufl. (1960), S. 1055 ; J. v. Staudingers Kommentar zum Bürgerlichen Gesetzbuch, Bd. 2, 4. Teil, Lieferung 3, 11. Aufl. (1960), S. 2721f. ; C. Kellmann, Grundsätze der Gewinnhaftung, Rechtsvergleichender Beitrag zum Recht der ungerechtfertigten Bereicherung, (1969), S. 76ff. ; J. Wilhelm, Rechtsverletzung und Vermögensentscheidung als Grundlagen und Grenzen des Anspruchs aus ungerechtfertigter Bereicherung, (1973), S. 173ff. ; J. Wolf, Der Stand der Bereicherungslehre und ihre Neubegründung, (1980), S. 153 ff. ; B. Kupisch, Einheitliche Voraussetzungen des Bereicherungsanspruchs ── ein Mißgriff des Gesetzgebers? in : Festgabe für Ulrich von Lübtow, (1980), S. 501ff. また、この点については、本書一七三頁、およびそこの引用参照。

（104）Larenz, a. a. O., (1972), S. 401ff. 類型として、「給付返還請求権」、「侵害利得返還請求権」、「費用償還請求権」、「求償請求権」をあげる。

（105）Scheyhing, a. a. O., S. 375ff. 類型として、「給付返還請求権」、「求償」、「権利の効果存続請求権（他人の財貨からの利得）」をあげる。

（106）D. Medicus, Bürgerliches Recht, 4. Aufl. (1971), S. 273ff. 類型としては、「給付返還請求権」、「侵害利得返還請求権」、「出捐返還請求権」、「有価証券法上の不当利得返還請求権」をあげ、三番目に「費用償還請求権」、「求償請求権」を含ませる。

（107）Esser, a. a. O., (1971), S. 330ff. エッサーは「給付返還請求権」と「その他の方法による利得」とをまず対置し、後者をさらに、「非給付返還請求権」と「ドイツ民法八一六条の特別規定の場合」に分ける。「非給付返還請求権」がさらに三分され、利得者自身の行為が原因の場合（「侵害利得返還請求権」）、他の者の行為が原因の場合（「出捐返還請求権」）、自然現象が原因の場合が抽出される。

（108）W. Fikentscher, Schuldrecht, 2. Aufl., (1969), S. 593ff. 「給付返還請求権」、「侵害利得返還請求権」、「第三の財貨コンディクチオ」と分類し、最後のものに「求償請求権」および「第三受領者に対する不当利得返還請求」を含めている。

（109）Soergel = Siebert, a. a. O., S. 750ff. 「給付返還請求権」と「その他の方法での利得」がまず区分され、後者の下位類型として、「侵害利得返還請求権」、「費用償還（他人の財貨の上の出捐）」、「求償」、「自然現象による利得」、「八二二条に規定された場合」があげられる。

(110) D. Reuter = M. Martinek, Ungerechtfertigte Bereicherung, Handbuch des Schuldrecht, Bd. 4, (1983). ここでは、不当利得がまず「給付返還請求権」と「非給付返還請求権」に大きく二分され、後者の下位類型としては中心的なものとして、「侵害利得返還請求権」がまずあげられ、その他「無償の利得」(ドイツ民法八一六条、八二二条)、「利得のすいあげの場合」(ドイツ民法八一二条一項二文)、「三当事者関係」の四つがあげられている。

(111) これについての紹介は、部分的な形ではかなり多いが、一般的な形で紹介したものとして、下森定＝飯島紀昭＝能見善久＝宮本健蔵「西ドイツにおける債権法改正の動向(上)、(下)」ジュリスト七七一号一一一頁、七七二号(以上昭和五七年)二〇二頁。なお、不当利得部分の紹介に関して、次注の末尾参照。

(112) Bundesminister der Justiz, Gutachten und Vorschläge zur Überarbeitung des Schuldrechts, Bd. 2, (1981), S. 1515 ff. なお、この不当利得部分の鑑定意見を担当したのは、故D. König 教授であるが、立法提案の部分を、ここに紹介しておくことにしよう。

第一章　給付返還請求権(Leistungskondiktion)

第一条　① 既存又は将来の債務の弁済のために他人にあるもの(etwas)を給付した者は、その債務の債権者と誤信された者(受領者)に対して、次の場合に給付したものの返還を請求することができる。

一　その債務が不存在、不成立又は後に消滅したとき。

二　その債権に対し、その債権の主張を永久に排除する抗弁が存在していたとき。

② この返還請求は、次の場合には認められない。

一　その給付が道徳的義務に合致するとき。

二　その債務が時効により消滅していたとき。

三　前項に規定する前提が存在していたにもかかわらず、給付者が給付したままにしておこうとしたものと、受領者が考えるべき理由があるとき。

四　無効な債権契約の履行として給付されたものを返還することが、無効規定の保護目的に反するとき。

第二条　① 債務の履行のためではなく、他人に特定の行為をなさしめる目的で、その目的を知る他人にあるものを給付した者は、その行為がなされないときは、その給付の返還を請求することができる。

②　この返還請求は、次の場合には認められない。
一　この目的の達成が当初から不可能であり、かつ給付者がそのことを知っていたとき。
二　給付者が信義誠実に反してこの目的の達成を妨げたとき。
第三条　債務の履行のためではなく、強制又は強迫によって他人にあるものを給付した者は、その給付の返還を請求することができる。但し、受領者がその給付に関して請求権をもっていることを立証したときはこの限りでない。
第四条　①　この返還請求は、取得されたもの、使用収益による利得、並びに、受領者が取得物の破壊、損傷又は侵奪のために得たものを対象とする。
②　取得されたものの性質のためにその返還が不可能な場合、又は他の理由によって受領者が返還できない場合は、受領者はその通常の価格を補償しなければならない。その価格の査定は、価格補償請求権が発生した時点を基準とする。
③　受領者が費消、再譲渡、滅失、毀損、又はその他の理由によって、その取得したもの又はその価値のいずれをも利得していない限りにおいて、この返還義務（Erstattungspflicht）は消滅する。
受領者がその取得が永続的なものであると信頼したために費用を支出し又は財産を損失した場合には、受領者は、それが補償されることと引き換えにのみ返還をなす義務を負う。但し、給付者がこの信頼を惹起したものではない場合又は信頼の惹起が給付者の責めに帰すべきものでない場合は、この限りでない。

この返還の費用と危険は、給付者の負担とする。

第五条　①　無効な双務契約の清算においては、無効規範の保護目的がこのような四条三項に規定した免責を与えるものである場合にのみ、受領者はその規定を援用することができる。

給付目的物の滅失又は毀損につき契約が有効であったとすれば給付者に責めがあったであろう場合、受領者は常に返還義務を免れる。
②　〔双方〕当事者の返還義務は引き換えで履行されなくてはならない。民法三二〇条、三二二条はこれに準用する。
第六条　①　受領者が受領にさいして法律上の原因の欠缺を知っていたか若しくは重過失によりそれを知らなかった場合、後にいたってそれを知った場合、又は返還請求権が訴訟に係属した場合には、受領者は、受領の時、悪意となった時又は訴訟係属の時から、四条一項、二項、五条並びに以下の規定に従って責任を負う。

②　受領者が通常のやり方に従えば得ることができたのであろう利益を得なかった場合、受領者は、自己に故意過失があるときは賠償義務を負う。受領者は金銭債務に利息を附さなければならない。取得したものを用いて得た利益も返還されなければならない。

③　受領者は、給付された物の滅失又は毀損につき故意過失があるときは損害賠償を支払わなければならず、故意過失がないときは免責される。受領者が給付された物の上に費した必要費について、受領者は事務管理の規定に従って補償を請求することができる。民法九九五条の規定はこれに準用する。必要費以外の出捐は補償されない。

④　前三項の規定は、債務者の履行遅滞から生ずるより一般的な責任に影響を与えるものではない。

第七条　この返還請求権は、権利者が請求権の存在を知った時から二年、知不知を顧慮することなく一〇年で時効によって消滅する。

第二章　侵害利得返還請求権（Eingriffskondiktion）

第一条　①　他人の所有権、その他の権利又は財産的価値のある法益を、その者の同意なくして、処分、費消、使用、附合、混和、加工その他の方法で侵害した者は、権利者に対してその通常の価格を返還しなくてはならない。

権利者は、その処分が無効であるときは、遅滞なく追認（民法一八五条二項一文）をすることと引き換えに侵害者に価格補償を請求することができる。

②　この価格の査定は、侵害の時点を基準とする。

有償処分の場合は、売却代金が通常の価格にあたるものと、権利者のために推定する。

第二条　無権利者に対して給付がなされ、それが権利者に対して有効であるときは、無権利者は権利者に対し給付されたものを返還する義務を負う。

第三条　侵害者は、重過失なくして権利がないことを知らなかった場合、補償請求権が訴訟係属した時点においてその価値をもはや利得していない限りにおいて、免責される。

侵害者がその価値を引きだした財貨を取得するために出捐したものは、侵害者の利得を減ずるもの〔としては斟酌され〕ない。

第四条　侵害者が故意又は重過失により他人の権利を無視した場合には、権利者は通常の価格をこえる利得〔の引渡〕をも請求することができる。

侵害者は、他人の財貨を用いていかなる利益をあげたかについての情報を与えなくてはならない。
第五条　この請求権は、権利者が侵害の事実及び補償義務者を知った時から三年、知不知を顧慮することなく侵害の時から三〇年で時効によって消滅する。

第三章　費用返還請求権（Aufwendungskondiktion）

第一条　他人の債務を故意又は錯誤によって弁済した者は、訴訟係属の時点で他人がその債務を免れることによって利得している限りにおいて、他人にその費用の返還を請求することができる。
第二条　他人の財物に故意又は錯誤によって費用を投じた者は、他人がその者の財産計画からみてもそれによって利得している限りにおいて、他人にその費用の返還を請求することができる。この利得の査定は、債務者が自己の物を取り戻した時点又は価値増加を享受した時点を基準とする。
　この請求権は次の場合には認められない。
一　請求権の相手方が費用投下によって生み出されたものの収去を請求することができ、かつそれを請求するとき。
二　請求権者が、その責めに帰すべき事由によって、計画された費用投下を適時に相手方に通知する義務を怠ったとき。
三　費用投下がなされる前に、相手方がそれに異議を唱えていたとき。
第三条　この請求権は一〇年で時効によって消滅する。

第四章　第三者関係（Drittbeziehungen）

第一条　①　第一章第一条に規定する場合に、債権者と誤信された者の指図にもとづき第三者にあるものを給付した者は、債権者と誤信された者に対して、あたかもその者に給付をなした場合と同様に、給付したものの返還を請求することができる。
　その給付をなさしめたことにつき債権者と誤信された者に責めを帰すことができないときは、返還請求は第三者に対してのみ認められる。
②　第一章第一条に規定する場合に、他人（要約者）との契約があるものと誤信して権利を有するはずの第三者にあるものを給付した者は（民法三二八条）、要約者と誤信された者に対して、あたかもその者に給付をなした場合と同様に、給付したものの返還を請求することができる。

給付をなさしめたことにつき要約者に責めを帰することができないときは、返還請求は権利を有していたはずの第三者に対してのみ認められる。

③　第一章第一条に規定する場合に、債権譲渡によって新債権者と誤信される〔立場に立った〕者にあるものを給付した者は、元来債権者と誤信されていた者に対して、あたかもその者に給付をなした場合と同様に、給付したものの返還を請求することができる。

給付をなさしめたことにつき元来債権者と誤信されていた者に責めを帰することができないときは、返還請求は新債権者と誤信される〔立場に立った〕者に対してのみ認められる。

④　第一章第四条ないし第七条の規定はこれに準用する。

第二条　①　第一章又は第四章第一条の規定する場合に、返還義務を負う受領者が取得したものを無償で第三者に給付し、受領者からの弁済が得られないときは、その第三者は、あたかも〔不当利得債権の〕債権者から法律上の原因なく給付を得た場合と同様に、返還義務を負う。

②　第一章第四条ないし第七条の規定はこれに準用する。

第三条　①　無権利者が権利者にとって有効な処分をあるものにつき無償でした場合には、その処分にもとづいて直接法律上の利益を得た者は、権利者に対し取得したものを返還する義務を負う。

②　第二章第三条ないし第五条の規定はこれに準用する。

第五章　一般条項（Generalklausel）

第一章ないし第四章の規定による以外の方法で他人の負担において利益を得た者は、利得が不当であるときにはその他人に取得したものを返還しなくてはならない。第一章ないし第四章に利得返還請求権の内容として定められた規定は、これに準用する。

＊　訳文中（　）括弧に入れた日本語は原文に存在したものであり、〔　〕括弧に入れた日本語は、訳出の便宜上あるいは読者の無用な誤解を防ぐために著者が挿入したものである。

＊　なお、多少異例ではあるが、本注ではZuwendungを「出捐」、「供与」ではなく原則としては「給付」と訳出した。したがって、本注の訳文においては、「給付」の語は、原文ではLeistungとZuwendungの双方の場合があることをお断わりしておきたい。これは、二つの語を訳しわけることが、かえって読者に無用な混乱をひきおこすよ

うに思われたからである。

＊　また、本提言部分の担当者であったケーニッヒ教授の死去に伴い、本書一〇〇頁注(22)に引用の不当利得についてのシンポジウムがドイツにおいて取り行なわれた。

＊　なお、校正のさい参照し得たものであるが、この鑑定意見書を紹介し、かつ法律案を翻訳したものとして、藤原正則「西ドイツ不当利得法の諸問題――デトレフ・ケーニッヒの法律案と鑑定意見の紹介を通じて――」法学志林八三巻二号（昭和六〇年）三三頁以下がある。

(113)　ただし、注(103)引用の諸学説参照。

(114)　この二類型のみをあげるものとして、Palandt, Bürgerliches Gesetzbuch, 31. Aufl.,（1972）, S. 713 ff.

(115)　Scheyhing, a. a. O., S. 380. ただし、拒絶ではあってもこれが部分的拒絶であることは、注(105)の示すとおりである。

(116)　H. G. Leser, Von der Saldotheorie zum faktischen Synallagma — Ein Beitrag zur Lehre von Wegfall der Bereicherung,（1956）, S. 49 ff.（ただし、未公刊の博士論文（Dissertation, Freiburg））。

(117)　レーザーのみならず、日本においても、磯村教授がケメラー論稿を紹介するさいにこの方向において分析されるべきことがすでに指摘されており（磯村・前掲「〔紹介〕カェメラー『不当利得』」法学論叢六三巻三号一一七頁）、やはり、川村教授の一連の業績がこの方向での実践であったことも（第三款参照）、ケメラーの分析がその点で発展の余地があるものであったことを示している。

(118)　H. A. Kunisch, Die Voraussetzungen für Bereicherungsansprüche in Dreiecksverhältnissen „Rückgriffskondiktion“ und „Kondiktion gegen Drittempfänger“,（1968）. なお、三当事者間の問題については、本書三三〇頁以下、四六五頁以下の叙述参照。

(119)　Caemmerer, Bereicherung, S. 226 ff. 本書一六三頁参照。

(120)　Caemmerer, Bereicherung, S. 237 ff. 本書一六六頁以下参照。

(121)　なお間接給付の問題や転用物訴権の問題ともからめて論じたものはあるが、いわゆる不当利得の三角関係を従来ケメラーがいかに考えていたのかは、次の論文に詳しい。E. v. Caemmerer, Bereicherungsansprüche und Drittbeziehungen, JZ 17（1962）, 385 ff., in : Caemmerer, Gesammelte Schriften, Bd. 1,（1968）, S. 321ff.

(122) なお、本書四六五頁に紹介したように、ドイツでは不当利得の三当事者関係を論じた文献は数多いが、ここでは、三当事者関係の問題を基点に「給付返還請求権」という見方に疑問を呈したものとして、C. W. Canaris, Der Bereicherungsausgleich im Dreipersonenverhältnis, in : Festschrift für Karl Larenz, (1973), S. 799 ff. ; B. Kupisch, Gesetzespositivismus im Bereicherungsrecht, Zur Leistungskondiktion im Drei-Personen-Verhältnis, (1978). の二つをあげることにしよう。なお、これらを紹介しつつ、この問題を検討したものとして、山田幸二「日独における『不当利得法における三角関係』論の近況について――カナリス論文『三者間における利得の調整』の紹介をかねて――」福島大学商学論集四六巻四号（昭和五三年）八二頁以下、四宮和夫「給付利得の当事者決定基準――三者不当利得の場合――（一）、（二）、（三）」成城法学八号（昭和五五年）一頁以下、九号一頁以下、一〇号（以上昭和五六年）一頁以下、広瀬克巨「三角関係における給付利得（一）、（二）」比較法雑誌一五巻一号一頁以下、二号（以上昭和五六年）一頁以下、和田隆夫「ドイツにおける不当利得法上の給付概念」判例タイムズ五五一号（昭和六〇年）一六〇頁以下など参照。

(123) ラレンツ、メディクス、エッサー、フィケンチャー、ゼーゲル＝ジーベルトのコンメンタール、ロイター＝マルティネックの不当利得の概説書に関しては、注(104)、(106)、(107)、(108)、(109)、(110)参照。

(124) Caemmerer, Grundprobleme, S. 378.

(125) Jakobs, a. a. O., S. 17ff. このうちいくつかの点に関し、松坂・前掲『事務管理・不当利得〔新版〕』（法律学全集22－Ⅰ）一四〇頁以下参照。なお、近時の論稿として、川角由和「侵害利得請求権の基本的性格――ヤコブスによる割合内容説批判の反批判的考察を介して――」法政研究五〇巻三・四号（昭和五九年）四三七頁以下参照。

(126) Kellmann, a. a. O., S. 76 ff. ; C. M. Kaehler, Bereicherungsrecht und Vindikation, Allgemeine Prinzipien der Restitution dargestellt am deutschen und englischen Recht, (1972), S. 295ff. ; J. Costede, Dogmatische und methodologische Überlegungen zum Verständnis des Bereicherungsrechts, (1978), S. 43 ff.

(127) Wilhelm, a. a. O., S. 19 ff. また、観点は異なるがやはり類型論に反対する近時の学説として、K. L. Batsh, Vermögensverschiebung und Bereicherungsherausgabe in den Fällen unbefugten Gebrauchs bzw. Nutzens von Gegenständen Eine Kritik der Lehre von der „Eingriffskondiktion“, (1968) ; E. Wolf, Lehrbuch des Schuldrecht, Bd. 2 (1978), S. 412ff.

(128) 近時のドイツの類型論の展開は、J. Wolf, a. a. O., S. 25 ff. に要を得た形で紹介されている。

(129) 今日的状況を示すものとしては、注(110)にあげたロイター＝マルティネックの不当利得の概説書が詳細であるが、邦語文献のなかから一例をあげれば、ケメラーが主要類型の一つとした「求償」は、ケーニッヒの債権法改正のための鑑定意見には必ずしも取り入れられてはいないが、近時のわが国におけるレーザー教授の講義では費用償還を含むものとしての「求償」類型がとりあげられている、などの状況がある（ハンス　G・レーザー、川村泰啓＝福田清明＝国宗知子訳「今日のドイツ不当利得法に関する覚書（上）」判例時報一一三一号（昭和五九年）九頁参照）。

(130) これらについては、本文に叙述したところであるが、ドイツ人による学説状況の紹介として、「給付」概念をめぐっての反対に関し、J. Wolf, a. a. O., S. 77ff. より一般的な反対論に関し、J. Wolf, a. a. O., S. 102ff. を参照されたい。

第三款　日本における不当利得の類型論

一　本款においては、日本においてもっとも体系的かつ詳細に不当利得の類型論を展開した川村教授の所説を中心に日本の学説の分析をすすめる。なお、川村説の分析にさいしては「学説史内在的学説批判」の方法を採用するのは一部にとどめ、それに先だって「主体的方法による批判」を行なう。これは、川村・類型論の内容的特異性のために、学説史内在的学説批判が可能となるような後の学説による対決あるいは承継が、現在までのところ具体的な学説の細部にわたってまでは行なわれていないためである。

(イ)　川村・類型論の展開にあたっては、不当利得責任の根拠に関する法体系的関心と問題の妥当な解釈という実用法学的関心の二つの観点が存在する。(1) その体系的関心は、抽象的な法構造分析を出発点とするものではなく、具体的な実用法学上の問題の分析から導かれたものであった。(2) そして、その法体系構造の理解が、さらに一転して不当利得法を含めた解釈学的諸問題の分析に反映する点に川村・類型論の特徴がある。(3) 具体的には次のとおりである。

不当利得の効果に関しては、ドイツにおいては差額説が通説であった。ところがその差額説の適用が、実務上事案によっては貫徹されていない場合がある。差額説によれば、不当利得の返還義務の範囲を画するに当たっては、利得変動と関連するすべての利得、損失が考慮されるべきであり、利得は常に財産差額となる。(4) このような観点に立てば、双務契約の無効の場合には反対給付は常に控除項目として利得縮減要因とされる（ドイツ実務の結論）。しかしながら、ドイツの実務は、次の事案においては出捐した給付の控除を否定した。すなわち、無権代理人から第三者所有物を買い受けた者が、その物を転売した後に所有者から不当利得返還請求を受けた場合、返還義務者が無権代理人に支払った代金の控除が認められない。さきの差額説の判断枠組そのものからは、この反対給付も控除されるべきこととなる。しかしながら、ドイツ判例法は、この場合に利得と支出との相当因果関係を否定することにより、控除を認めなかった。なにゆえにさきの事案と結論が異なるのであろうか。川村教授はいう。「利得縮減要因のそれぞれについて帰責の根拠が、個別的に、少なくも類型的に、問われる必要はないのか？」(5)

この問いの解答を、川村教授は次のケメラーの叙述のうちに見出し、それを自らの類型論の出発点とした。ケメラーは、その類型論を展開した後に差額説に関する実務の取扱の差異を指摘し、次のように述べた。(6)

「給付返還請求権と、他人の財貨あるいは権利の費消、加工、譲渡から生ずるその他の方法での利得とが、再び区別されねばならない。後者の場合、この不当利得返還請求権は、前述したように所有権保護の補充である。他人の物の占有者がその物をいまだ費消、加工、譲渡していないかぎりは、彼は所有者の物権的返還請求権に曝される。彼は（その物を第三者から購入して）代価を支払ったとしてもその代価のために留置権を行使することをえず、（この点については）反対にドイツ民法四四〇条によって彼の前者（売主）をあてにするよう指示される。彼がその物を費消、加工、転売したためにその物をもはや返還請求しえず、ドイツ民法八一二条、九五一条、八一六条一項一文によって価値賠償請求権あるいは利得引渡請求権が、失なわれた物権的返還請求権の代りとなった場合にも、この状況は変わらない。……利得者が自らの取得を正当化するものとして第三者に対して権原を主張しえないのと同様に、彼は第三者になした反対給付をその利得から控除できない。／それに反し、実務が不当利得債権者になした反対給付の控除を許している場合は、双務性の貫徹が問題となっている。給付が相対立するものとして欲せられかつ実行されたということは、双務的合意が無効であってもその還付清算にさいして顧慮されるべきである。それは、契約が無効であっても、それが事実として実行されたことから目をそらすことはできないという、他の分野でも確固たる地歩を占めた思想である。特に会社法において、株式会社については実定法規によって定められ、人的会社をも含めた他の会社規範にとっても判例によって発展してきたように、契約の瑕疵はそのさい実行された個々の給付全部の不当利得返還請求権をもたらすわけではなく、『事実上の』会社の清算を導く。同様に、差額説のうちには、事実として実行された契約関係の還付清算が問題となる、という思想がある。それゆえに、契約当事者自身が利得が消滅したために受領した物をもはや返還しえない場合に、それと無関係な形で自らの給付の返還を請求することは許されない(7)」(ただし、括弧内は著者挿入)。

このような一般的視点のもとに、ケメラーにおいては給付受領物が滅失した場合にも原所有者が不当利得返還請求権を行使する場合と、所有者が物権的返還請求権を行使しうる場合とでは、後者には差額説が適用されないため効果に差異が生ずるという問題も指摘された(8)。

(ロ)　体系的関心　このケメラーによる差額説をめぐる実務の取扱の差異の分析が、前述したように川村教授においては、民法典の体系的分析へと発展していった。ケメラーが物権的請求権の代償と双務性の貫徹によって反対給付の控除をめぐるドイツ実務の取扱の差を基礎づけたことが、まず着眼された。ごく簡単にいえば、これが一般化され、物権的返還請求権の代償が「私的所有関係」の論理の貫徹へと昇華し、双務性の貫徹が「(有償)契約関係」の論理の貫徹へと昇華する。これが川村教授の歴史認識と結合し、「私的所有」関係と「有償契約」関係の峻別を基礎におく「商品交換法の体系」が成立する。

民法典は「市民相互間の社会関係を規律する制定法の集大成である。……市民相互間の社会関係の実体は貨幣を媒介とした商品交換の関係を意味する(9)。」「新生⇅四〇円そのものは貨幣と商品との『交換』関係そのものである。しかし、タバコ屋と買手との関係がこのように商品交換の関係として現われる基礎・起点には、私的所有の相互承認というもう一つの関係がある。……売り手も買い手も、ともに相手方の欲する交換条件(代金あるいは商品＝タバコ）を充たしたうえで代金あるいはタバコを手に入れるのは、交換当事者が、相互に、交換されあう物のうえには、それぞれ、相手方の固有な支配がある、いいかえればタバコのうえにはタバコ屋の、しかも彼だけの私的所有がある、四〇円のうえには買い手の、しかも彼だけの私的所有がある、ということを相互に承認し合っているからに他ならない。……貨幣と商品との『交換』関係は、交換されあう物についての右にみたような規範関係――『私的所有』関係――を基礎・起点としている。(10)」

「近代法は貨幣（＝私的所有）と商品（＝私的所有）との交換の完了をまつことなく、すでに交換についての合意の瞬間に将来の交換へ義務づけられた関係に入ると構成している結果（いわゆる諾成の原則……）、商品交換の関係は、交換当事者双方が相互に相手方に対して、合意されたところにしたがって給付することを請求し或いは逆に義務づけられてある規範関係――債権・債務関係＝『契約』関係――として現われる。(11)」

なお、実定法上の通常の用語法との関係で右の叙述に著者なりに若干の補足をしておくと、「私的所有」は、交換関係の前提として当事者相互に承認される相手方の処分可能性＝財貨の帰属を意味するから、有体物上はもとより、帰属性が明確である労働力、無体エネルギー、債権、その他にも成立する。(12)また、「契約関係」も、商品交換法として多くの場合有償契約を意味し、一定の無償契約は排除される。(13)かつ、交換における私的所有の相互承認の契機を欠く、詐欺または強迫が介在した場合の合意は「契約関係」の概念から排除される。(14)民法典における物権法と債権法の対置は、民法典をその背後にある社会関係にまで還元して確定しようとすれば、改めて私的所有関係と契約関係との分化に即して再構成されるべきこととなる。(15)このようにして、私的所有の世界においては、人はすべて「所有」・「非」所有の規範関係にあるとしてそこを貫く「all or nothing の論理」が抽出され、また、契約の世界においては、人は私的所有と私的所有との「交換」当事者として相対することとなるとし、そこを貫く論理として「give and take の論理」が抽出されるのである。(16)

この「商品交換法」における私的所有と契約との分化が不当利得法に投影されることにより、川村・類型論は成立する。すなわち、「不当利得返還請求権（民法七〇三条以下）も、私的所有の世界では『現存利得』返還請求権（民法七〇三条）として現われるのに対して、契約の世界では実行された契約関係の清算（ないし捲き戻し）制度（法規の欠缺）として現われる。両者はひとしく『債権』として現象しながら、前者は私的所有の転化物としての債権の私的所有としてあるのに対して、後者は契約的債権＝双務関係としてある。[17]」前者における不当利得関係は、「all or nothing の論理に抵触した財貨の帰属」として現われ、「他人の財貨からの利得」制度と呼ばれる。[18] 後者は、「無効な或いは有効に取消された契約のうちにつつまれて在る『対価的』給付の双方が或いはその一方が誤って実行されたという事実に基づいて成立[19]」し、「給付利得制度」と呼ばれる。さきにケメラーが提起した具体的問題、受領物滅失の危険の負担が、物権的返還請求権と不当利得返還請求権のいずれを請求者が行使するかによって異なり、不均衡が生ずるという問題なども、右の基本的性格を論理的に反映した上できわめて明解な結論が与えられることになる。なぜなら、「理論的であることは実際的である[20]」のだから。

なお、ここで留意すべきは、私的所有の場においても契約の場においても法的保護のメカニズムが二元的なものとして把握されることである。すなわち、「没」主体的な法的保護と「主体的」責任との分化がそれである。不法行為責任、債務不履行責任などの規範侵害者の過責を契機とするものが「主体的」責任とされる。それに対し、規範侵害者の過責を考慮することなく、不適法状態に対して客観的に内部的規律を強行するものが「没」主体的法的保護とされる。不当利得法（民法七〇三条）は、所有の場においても契約の場においても、「没」主体的な法的保護として機能する。[21]

(ハ)　以上が、川村・類型論の基本的枠組といえよう。では、このような類型化は、いかに評価されるべきであるのか。川村説の場合、具体的問題の解決が体系把握と密接不可分の関係にあるため、類型化の枠組のみをここに取り出して分析することは、ある意味では不適切であるが、叙述の便宜上細部にわたる問題——特にきわめてすぐれた内容をもつ「給付利得制度」の分析——は第二部に譲る。また、方法論的視点および歴史認識そのものを問うことは本書の直接のテーマをこえることとなり、ここではひかえよう。本章では川村・類型論がはたして不当利得法を解明しているのか否か、という問題に焦点を絞る。

(a) これを分析する前にまず学説史的な事実として指摘しておく必要があるのは、川村教授は自らの体系学的類型論をドイツ類型論、とりわけケメラーのそれの系譜にあるものとして位置づけているが、ケメラー自身には川村教授がいう意味での体系的、歴史的視点が存在していないことである。

川村教授は次のようにいう。ケメラーにおける「給付利得」と「他人の財貨からの利得」の区別、その他の論議は、「究極において、近代市民法における所有権と契約＝債権関係の峻別、それに対応する所有権法と契約＝債権法との関連と分化、という歴史的論理に対する彼の透徹した認識に媒介されている。[22]」「v・ケメラーの仕事に啓発されてドイツではおびただしい文献が書かれている。然し、彼の体系の基礎にある所有権と契約＝債権の峻別という商品交換の法的論理は、物権、債権の対置のドグマに慣れた彼らにはなかなか理解が困難なようにみえる。[23]」「われわれ（ドイツ類型論をふくめて）……の基本的発想は、個別を普遍から捨象された特殊としてではなく、むしろ普遍を体現している個別として普遍との体系的関連にそくしてとらえることに在る。[24]」

しかしながら、前款に紹介したように、ケメラーの類型論は、事案類型としての色彩が強いものであった。[25] これは、ケメラーがウィルブルクの二類型（二請求権）の峻別を踏襲せずに、一般条項であるがゆえに具体化が必要であるとして、比較法と法制史を観察材料とした不当利得の多類型構造を提唱した点、[26] および彼自身の結語――生活が示す新しい状況に開かれた[27]類型論――の表現に明確にあらわれている。

また、川村教授は、ケメラーが双方的給付利得という類型を析出したことを強調する。[28] これが、川村・類型論とケメラーの類型論とがともに「商品交換法」としての法体系的構造をもっている、とする川村教授の「評価」の前提であった。このような「評価」があまりにも精力的に語られたために、わが国の一部には、不当利得の類型論がドイツにおいても法構造論的意味をもっているとの誤解が生まれた。しかし、前款に紹介したように、ケメラー自身の類型論においては、給付返還類型は双務的給付という限定をうけることなく語られていたはずである。[29] ではなにゆえに川村教授のような「評価」が生まれたのであろうか。ここには、川村教授の次のような「読みこみ」がある。「筆者（川村）は、v・ケメラーの類型論が、所有権と契約＝債権の峻別という商品交換の論理の貫徹として主張されているものと理解するから、本稿もまた、筆者の解釈と補充をまじえながら、この視点を首尾一貫した[30]」（傍点、および括弧は著者による）。さらに、別の論点との関連で、「ことわっておくが、このようなことを、フォンケメラー自身はどこでも述べているわけではない。不当利得論……における……私の関心（本稿の主題）から再構成されたものである。このような操作は、本稿の叙述全般についてもいえる。念のため。[31]」

ここで語られるドイツ類型論は、川村教授の体系論的関心によって内容的修正を施されたものであった。[32] そうであるとしても、それは直ちに川村・類型論の解釈学的な価値を低めるわけではない。双方的給付利得類型の析出が誰によってはじめられようとも、この類型を析出することが、法解釈学的実践としてきわめて価値多いものであったことは疑いを容れないからである。[33][34] しかしながら、これは本章のテーマである学説史の分析にとっては大いに問題であった。(a)の冒頭にあげた川村教授の叙述は、ドイツにおいては事案類型としての色彩が強かった類型論が、川村教授によってすぐれて体系的な問題に転化したという学説史上の事実を隠蔽したからである。

川村教授によって、事案型の類型論から法体系型の類型論への転換がなされたことは、方向としてはきわめて示唆にとむものであった。ドイツにおける事案型の類型論は、どの論者も説得的な類型枠組を提唱しえず、類型のたて方が論者により異なる、といういきづまりを示しているからである。この方向転換をいかに受けとめるべきかは、後に述べることにする。

(b)　川村・類型論に対する最も重要な解釈学的な疑問は、はたして不当利得法が川村教授のいわゆる「商品交換法」の場で機能しているか否かという問題である。「商品交換＝売買関係の堆積以外の何物でもない[35]」近代社会、という川村教授の理念型の適否はともかく、現実の不当利得法が川村教授のいわゆる「商品交換法」の枠をはみでて機能していれば、このような分析はこと不当利得法に関するかぎりは無力である。後の第四章における裁判例の分析が示すように、現実の不当利得法が機能する法分野は多様である。社会における財貨移転の根拠となるものは、単に有償契約にとどまらず、不法行為による損害賠償請求権にもとづく金員移動、所有権、用益物権、担保物権にもとづく財貨移動、扶養義務にもとづく財貨移動や親族関係にもとづく労務提供、遺産分割の協議などの相続法上の規定にもとづく財貨移動、株主の利益配当請求権などの社員権にもとづく財貨移動、恩給、課税などの行政行為（支給裁定、課税処分）にもとづく財貨移動、あるいは裁判その他にもとづく財貨移動も存在した。ここに述べた法律関係が法的効力をもっていないにもかかわらず現実には財貨移動が行なわれた場合に、実務は不当利得法にもとづく返還請求を許した。またこれらの権利にもとづく財貨移動ではあっても、物権の優先的効力（物権相互、物権と債権）その他により、他の者が同一財貨にもつ権利にその権利が劣後する場合には、不当利得返還請求権がまた発生した[36]。これら多くの事例は、川村・類型論においてはいかに取り扱われるのであろうか。これらの財貨移動は有償契約に基礎をおくわけではないから、「『給付による』他人の財貨からの利得[37]」その他として、all or nothing の論理が貫徹されることになるのであろうか。この点、川村・類型論が未完であるため、必ずしも川村教授の解答は明らかではないが、現在まで川村・類型論は、ここに列挙された法律関係が存在する場合を視野の外においたまま展開されたように思われる。著者が現実の不当利得法が機能する分野を網羅していると考える本書二七六頁の表に従って説明してみよう。川村・類型論の二類型が典型的に念頭におく事案は、この表に即していえば、(i)(一)ⓒと(ii)である。すなわち、有償契約の無効な場合（(i)(一)ⓒの一部）と、ここに列挙したような法律関係が表見的にも存在していない場合(ii)とが、「給付利得返還請求権」と「『他人の財貨からの利得』返還請求権」とに典型的に対応する。給付利得制度が、(i)(一)ⓒ（債権関係の存否が法律上の原因となる場合）に含まれることは自明であろう。「他人の財貨からの利得」制度が(ii)（具体的法律関係が表見的にも存在しない場合の不当利得）に対応することは、川村教授の次の叙述が示す。「先ず、『他人の財貨からの利得』規定に関する限り、受益が『法律上の原因を欠く』という要件は駄足であった。」[38] ⅱの場合のように、具体的法律関係が表見的にも存在しないにもかかわらず移転した財貨の価値の回復──まったくの無権原占有者による他人の財貨の費消などの事例──は、所有権の回復の補完として働き、法形式的に物権的返還請求権類似のものとして構成することも可能である（すなわち、「法律上ノ原因」の要件を相手方の抗弁事由として考え、不当利得法の要件から排除することも可能である）からである（第五章参照）。

しかしながら、こうした川村教授の法二分的な類型論においては、さきに列挙した法律関係が表見的には存在する場合（二八八頁の表に即していえば、ⓒの一部を除くⓐ～ⓘの場合）を解明することが困難となる。このような事例の一つである恩給の過（誤）払の判例は、川村教授においては、「所有」関係の場で機能する不当利得の一例として分析される[39]（事案内容からは過払いか誤払いか不明であるが、過払いであるとすれば、支払裁定という行政行為が具体的財貨移転の一部を基礎づけえなかった事例となる）。行政行為にもとづいて行なわれる恩給給付が有償契約でないのはもちろんであるから、表見的な行政行為による財貨移転であることは顧慮する必要はなく、この事案は「私的所有」関係に還元されるべきであると考えうるのであろうか[40]。川村教授は、これを当然に前提としながら分析をすすめる。しかし、この財貨移転が表見的に行政法規にもとづく恩給給付関係にあることを川村教授のように顧慮しないでよいものであろうか。この事案において、判例は現存利益の不存在を認定し、返還義務を否定した。日本の判例のみならず、川村教授がすでに紹介しているようにオーストリー、ドイツの判例も同じ結論を導く。川村教授はこの結論が導かれた要因を分析し、「或る種の受ケタル利益が受ケタル利益としてもっている特質こそが重要である」[41]とする。ここにいう「特質」こそが、両当事者が表見的恩給給付関係にあることではなかろうか。一方当事者が困窮した市民であり（少なくとも日本の判例においては）、他方当事者が通常の市民と同様の財産的保護を与える必要が必ずしもない国であることが顧慮された結果、このような表見的恩給給付関係という場において権利濫用的考慮が施され、各国の判例がこぞって返還義務を否定したのではなかろうか（日本においては、一般に判例は善意者の返還義務の軽減を認めるのに厳しい態度をとるにもかかわらず、この種の事案に関しては複数の裁判例がこの結論を採用し、学説もそれに賛意を表している）[42]。

しかしながら、川村教授は、この事案を「所有」関係の場で機能する不当利得として位置づけた。そして、本事案にこの類型に通常与えられている効果と違った効果が与えられていることを、単に「例外」として把握した。したがって、この種の事案の類型的特質は、最後まで着眼されることはなかった[43]。

川村・類型論の出発点となったケメラーにおいては、双務的合意が無効であっても事実としてそれが実行されたことを顧慮すべきことが強調された[44]。しかし、事実として実行されたことが顧慮されるべきは、双務的合意にかぎられるのであろうか。双務契約以外の債権、物権、親族法、相続法等々の法律関係が事実上実行されたことは、常に考慮に値しないのだろうか。「私的所有」と有償契約との峻別を基礎とする川村・類型論には、原理的にはこれを顧慮するという姿勢はない。また事実、川村教授は、行政行為と関連する表見的恩給給付関係においてはそれを顧慮しなかった。しかし、川村・類型論の出発点となったケメラーの差額説の分析において「事実上の会社」の問題が語られていることからも明らかなように、契約の無効の問題とそれに伴う双務性の貫徹のみを語ればすべて事が足りるわけではない。財貨移転を表見的に基礎づけていた具体的関係に即して類型化をすすめることが必要である。有償契約の内部においては、川村教授は事実的に履行された契約が交換型契約であるか賃貸借契約かによって効果が異なるとしている[45]。これは表見的に存在する法律関係の性格如何によって不当利得法の効果を異ならせたものとして、高く評価されるべきである。しかし、表見的法律関係の性格を反映しなければならないのは、有償契約あるいは有償契約における内部的差異だけではあるまい。川村教授が視野の外においているさきに列挙した法律関係などもそれぞれ〝事実的法律関係〟として顧慮する必要があろうと考える。川村・類型論は「近代の市民的財産法がもっているもっとも根源的な社会関係の型」[46]（傍点著者）を私的所有関係と有償契約関係と規定した。そのため、「もっとも根源的」とはいえない社会関係の型を反映する不当利得法、ないし川村教授のいわゆる商品交換法の枠をはみだす領域における不当利得法を必ずしも解明しえなかった。後述する第四章の分析が示すように、現実の財貨移転は、「商品交換」にのみ還元されるものではない。家族法をはじめ、団体法、行政法、裁判制度など、多くのものが財貨移転を基礎づけている。それにもかかわらず、これらを視野の外においたまま、性急にこの単純化された「根源的な型」の投影のうちに不当利得法をとらえようとすることに根本的な無理があり、現実の不当利得法の機能を捕捉しきれなかったように思われる。

冒頭に述べたように、川村教授による、事案型の類型論から法体系型の類型論への転換は、ドイツの類型論のいきづまりを考えるときには、きわめて示唆にとむ方法であった。私見の展開にさいしては、このような方向を受けとめた上、第四章に分析、列挙するような法律関係の特質を不当利得法にすべて反映しうる形で議論を展開する必要があると考える。学説の伝統的用語法を用いるならば、あらゆる財貨運動法が——少なくとも原理的には——不当利得法に反映しうるものでなくてはならない。このような原理が構成要件上に保障されていてこそ、利得の不当性の特質を要件、効果に反映した無理のない不当利得論が形成されるであろう（第六章の表見的法律関係論、および本書二八二頁注（4）参照）。

(二)　以上が川村・類型論に対する批判の中心であるが、さらに次の二点がつけ加えられる必要があろう。

第一は、物権行為の有因、無因をめぐる日、独両法の法制の差異が不当利得の類型化に反映される必要があるという点である。しかし、この点は既に第一款において分析した。

第二は、川村・類型論の具体的展開が実務的な判断枠組として有効か否かという問題である（川村・類型論の各則的分析には傾聴すべき議論が多いが、その点は第六章にゆずる）。

(a)　川村・類型論の先駆となったドイツの類型論においては、不当利得が数個の類型に分化されるのが通例であった。川村・類型論は未完であるため、最終的にいかなる類型が認められるのかは確定的ではない。しかし、現在までに発表されたものにおいては、次の類型が認められているようである。「他人の財貨からの利得」制度、「給付利得制度」の他、「求償のための利得返還請求権」、「費用償還請求のための利得返還請求権」である。(47) しかし、川村・類型論が範としたケメラーの場合は、事案類型としてこれらの類型がやや並列的に並べられ、せいぜい、三大類型とその中間型ないし変種として位置づけられているにすぎない(48)。川村・類型論においても、初期においてはこの立場が継承されるにとどまっていた(49)。しかし、川村・類型論が、類型化の方向を事案類型から法体系的類型へとより深化させるに伴い、これらの求償、費用償還などは、それぞれ体系的位置づけを得るに至ったようである。現在発表されているかぎりにおいては、「真実の債務者が他人の私的所有の犠牲において債務の免責をうけたことを利得の不当性の根拠としている」「『求償』のための他人の財貨からの利得返還請求権(50)」、「『費用償還請求』のための他人の財貨からの利得返還請求権(51)」など、とされている。しかし、これらの小類型が析出され、かつこのような位置づけを与えられたことにより、川村・類型論は紛争解決のための判断基準としては、きわめて錯綜し、煩雑なものとなった。自動車売買契約にもとづいて双方の給付がともに履行されたが、その契約が無効であった場合を例にとって説明しよう(52)。この場合、双方に自動車または金銭を目的とする給付返還請求権が発生する。しかし、買主が自動車を使用、収益した点に関しては、売主は他人の財貨からの利得債権を有する。したがって、買主がそれを他人に賃貸した場合などにはその利益に関しては彼は現存利益返還義務のみを負う（この効果は、受領した金員が独自の「定在」をとるか否かによってさらに異なる）。しかし、買主の使用、収益ではあっても、買主が給付利得返還義務の履行遅滞に陥ったのちは、他人の財貨からの利得たることを止め、給付利得制度のうちにそれは吸収される（給付利得返還義務の不履行責任）。買主が自動車などの上に投じた必要費、有益費に関しては、逆に買主に「費用償還のための他人の財貨からの利得」債権が発生する。現実の紛争においては、これらの個々の利益について個別的な判断枠組に即して返還義務の内容が算定され、最後にそれが総体として決済されることになるのであろう。川村教授の「私的所有」関係と「契約関係」の論理が全面的に貫徹していることを認めるにはやぶさかでないが、判断基準としてはいかにも煩雑で、現実の裁判規範としての有効性には、いささか疑問なしとしない(53)。

(b)　さらに、川村・類型論に対する疑念としては、それがややもすると実定法規への適合性の点で問題が存することを指摘できよう(54)。これは、民法典の法源性をきわめて限定的に解する教授の法源論とも関連するのであるが、次の分析に典型的にみられる。
「『他人の財貨からの利得』制度」において効果として認められるのは、「『他人の財貨からの利得』債権」の発生である。それは「『原』私的所有」が利得債務者のもとで形を変じた金銭の上の私的所有であり、それが金銭であるがゆえに債権という形をとらざるをえなかったのである。したがって、その債権は第三者に対しても一定の態様において主張しうる（絶対性）[55]。まず、債権の対象が「定在」している場合には、他人の財貨からの利得債権者は利得債務者の他の債権者の強制執行に対して第三者異議の訴を提起しうる[56]。のみならず、こうした「定在」なくして債務者が破産に陥った場合にも、その債権の確定額について取戻権が認められる[57]。川村教授自身が認めているように、破産法上の取戻権は有体物所有権を念頭において構成されているがゆえに、この考え方によるとすれば法規との間に矛盾が生ずる（破産法五五条は対抗要件の具備を前提としているなど。ただし、川村教授はこの条文との無矛盾の法律構成をさらに提唱する）。

川村・類型論はきわめて透徹した論理に支えられている。右に例示した解釈論に即していえば、「他人の財貨からの利得」債権が「原」所有の性格を徹底的に承継することが、右の結論を論理的に生みだし、債権と物権とを対置せず、それに代って私的所有と契約とを峻別することが、債権に対するこのような保護を可能にしている。しかし、破産法などの多くの実定法規が物権と債権の対置などの〝伝統的〟構成を前提として構成されている以上、〝伝統的〟法律学の根源的構成を否定する川村・類型論が、実定法規に対してややもすると非適合的になる部分が生ずることがあるのはやむをえない。そうであるとするならば、川村・類型論が実務において直ちに採用しうる解釈基準としての実践性を有するか否か、やはり疑念が残る。

(c)　右に述べた二点、すなわち判断枠組としての煩雑さも、実定法規とややもすると非適合的になる点も、川村・類型論はそれを自覚し、叙述した上で、なおかつ自らの論理を貫徹したものである。そうであるとするならば、実務的な判断枠組としての適合性という直截な実践的視点は、川村法学にとって必ずしも第一義的な意味はもっていないのであろう。それだからといって、そのような姿勢自体をとりたてて非難する必要もないであろう。なにも法律学のすべてが、裁判所のパトロン、あるいは市民のための法律学として、直截な実践的志向を第一義とする必要はあるまい。またこのような意味での直截な実践性を離れれば、川村法学が驚くほどの問題提起を深く広くなしたことは事実である。しかしその場合は、そのような徹底的な問題提起をなしえたことの代償として、川村法学が直截な法実践的視点からは、裁判所における判断枠組としての適合性に乏しい、との評を甘受しなければなるまい。

二　わが国においては川村教授以外に不当利得の類型論者ないし類型的思考を示したものとして、特にここでは、磯村教授、広中教授および松坂博士をあげる。磯村教授のドイツ不当利得類型論への着眼が非常に早い時期におけるウィルブルクの肯定的評価にはじまることは、第一節に示した。不当利得類型論との関連では、教授の見解はごく簡単なものしかみることはできないが、基本的には次のとおりである。不当利得法の基礎は、権利者の意思（原則として契約の形式をとる）に反する財貨移転の回復に存在する。給付利得返還請求は第一次的にはこの意思的財貨移転過程の瑕疵に着眼したものであり、その結果、財貨の帰属が回復される。それに対し、その他の利得返還請求権は、直截に財貨帰属自体を保障するものである。ここにおいて、この二種は、第一次的機能を異にするものとして分化されるが、同時に最終的機能を同じくするものとされる。財貨帰属と財貨移転に着眼することにより不当利得を解明しようとする点では磯村説の後に発表された川村・類型論と同じ思考の上にたつものであったが、二種を分化し、かつ非峻別的な基礎づけを与えた点が示唆的であった。しかし、この非峻別的基礎づけが、そのまま解釈学的に反映されることはなかった。なぜなら、右の観点がもっとも明確にあらわれるのは、物権行為の有因的法制のもとにおける売買契約の無効などの事例であるが、磯村教授にあっては、この場合の返還請求権に双方の観点が生かされることなく、第一次的な着眼点に即して給付者の物権的返還請求権を不当利得の一形態として、給付物の返還はすべて不当利得法をもって律せられるべきである、とされるからである。また、財貨移転秩序に関し、川村教授が有償契約にのみ着眼したのに対し、磯村教授は、やや広く意思的財産移転に着眼した。しかし、財貨移転秩序が限定的に考察されることは両説ともに共通であったため、時代的には磯村説が先に発表されたが、ここに学説史における批判の承継と同様の現象がおこった。すなわち、磯村説が物権にもとづく財貨変動、損害賠償請求権にもとづく財貨変動などの意思的財産移転以外の財貨移転秩序の瑕疵（本書一九八頁以下参照）を視野の外においているとの、川村説に対する批判と同種の批判が成立した。なお磯村教授は、転用物訴権を不当利得の一類型として認めるべき方向を示しており、この点でも示唆的であった。

広中教授の類型論[61]は、学説的系譜としては主としてケメラーの類型論、および川村、来栖、磯村などの法体系型不当利得論（第四節に後述）の双方の系譜をひいている。そこでは、「給付利得」、「他人の財貨からの利得」、「その他（特に求償関係）」が類型としてあげられる（転用物訴訟権には否定的）。ケメラーの類型論のうちの三類型に主として着眼したものである。その点ではケメラー継受の方向としては現代ドイツの諸学説と結果的には一致しているが[62]、思考態様はかなり異なる。ドイツにおいては事案類型としての説得性の点からこの三類型が承継されたのに対して（第四節に後述）、広中教授においては法体系的視点から前二類型がまず承認された[63]。そして、法体系的視点を柔軟にとらえ、「もちろん、近代財産法は、このような『財貨帰属秩序』および『財貨移転秩序』の確保に奉仕する制度に尽きるわけではない。そのほかに、若干のいわば充塡物が存在する[64]」として、この求償類型を事務管理法とともに「充塡物」として位置づけたものである。

また、松坂博士は、近時公刊された著書のうちで「給付利得返還請求権」と「給付以外の事由による不当利得返還請求権」とに不当利得を大きく二分した後、後者に「侵害利得返還請求権」、「支出利得返還請求権」（「費用利得返還請求権」および「求償利得返還請求権」を含む）、などを含ませる構成を採用した[65]。松坂博士は、系譜としては特に特定されることのないドイツ類型論を全般的に参照したものであるが、伝統的衡平説と類型論との縫合を志向するものであった。松坂説は、もともと衡平説から出発しているため、類型論自体が当然に事案類型として受けとめられたように思われる。

三　以上が本書のもとになった雑誌掲載論文発表時までの学説状況であるが、右論文の発表後、ないしそれと並行して、わが国では相当数の不当利得論稿が発表された。その間の状況については、第一節でごく簡単に紹介したが、ここでも、概括的な傾向をみておくことにしよう。

まず、類型論を展開する前提として、伝統的な通説といえた我妻説[66]、松坂説[67]にみられる二元論的衡平説をどのように評価するかが、問題となる。ただこの点は、ドイツにおいて無因的物権変動の法制を前提として論じられていた文言が、その問題意識を欠いたまま形式的にわが国に輸入された結果、種々の混乱が生じたという著者の見方[68]が、その後、好美説、四宮説などでも基本的に受け入れられたようなので[69]、学界にもほぼ定着した、といえるように思われる[70]。

類型化の枠組としては、多当事者間の不当利得の問題を別にすると、鈴木説が非常にゆるやかな枠づけのもとに「他人の財貨からの不当利得」と「給付不当利得」の二類型につき分析を展開し[71]、ドイツの議論をふまえて山田説[72]、そして衣斐説[73]が類似の枠組のもとに類型論を展開している。また、これとは多少異なった新しい視角から土田説は「移転財貨回復のための不当利得返還請求権」と「財貨の帰属回復のための不当利得返還請求権」という形でやはり二類型を重視した議論を展開している[74]。

これに対し、右の二類型を重視しつつも多類型枠組のもとに議論を展開するものもある。まず前述した松坂新説[75]などもこの系譜であろうが、その後、四宮説は右の二類型――「運動法型不当利得」、「財貨帰属法型不当利得」として一般化される――に加えて、「負担帰属法型不当利得」として求償型と費用償還型をも分析している[76]。好美説も、前述の二類型を中心に論述が展開されるが、枠組としては多類型構造となっている（大きく「給付利得」、「非給付利得」と全体を二分した後、前者が「双務契約の無効・取消など」と「その他の給付利得」に分けて考察され、後者が「侵害利得」、「支出利得」（「費用利得」と「求償利得」を含む）、「第三者受領利得」に分類される[77]）。そして、中井説がこれとほぼ同様の見解を展開している[78]。

このように、ドイツと同様、わが国でも類型枠組に関して、必ずしも学界中に定まった見解は存在せず、ただ、二類型を認めることに関してのみ、見方が共通しているにとどまる。その内容としては、ドイツの諸学説、川村説、私見等々、それ以前に展開されてきた類型論をふまえた上で、それぞれの論者独自の内容がつけ加えられているが、この点は、第二部以下の関連箇所で適宜検討することにしよう。

ただ、本書の立場から一言すると、本書ないしそのもととなった雑誌掲載論文でいろいろな問題を提起したが、そのうちの重要な点の一つに、次の問題があった。従来の、ドイツないしその流れをくむわが国の学説が、「給付利得」と考えていた問題は、単純な給付関係としてはとらえられず、給付がからむものもからまないものも含めて財貨移転があった場合に、それを基礎づける法律関係の有無、およびその対抗可能性の有無等々により、不当利得返還請求権の成否は決せられるものであった。そして、この法律関係の有無などの判断は、民法総則、物権、債権、親族、相続法という民法典全体のみならず、商法、行政法、民事訴訟法上にまたがる、ある意味では全実定法をふまえたものになる、という点である（本書第四章参照）。この点は裁判例をふまえて実証的に論証したつもりであるが、これを前提とすると、ドイツの議論をそのまま受けついだ形での給付利得という把握はできなくなるはずである。この問題は、最近の学説のほとんどが明白に意識しているが、一部には、これを単に給付利得と呼ぶか否か、という用語法の問題として、依然右の問題の実質を見落しているると思われるものもあるので、ここで一言注意を喚起する次第である。

（1）　川村泰啓「不当利得返還請求権の諸類型（一）」判例評論七六号（昭和四〇年）二頁は、これをドイツにおける不当利得の類型論一般の問題として語る。しかし、必ずしもこのように一般化できないことにつき、本書一九七頁(a)参照。なお、川村教授のこのような視点につき、「『所有』関係の場で機能する不当利得制度（一一）」判例評論一四〇号（昭和四五年）一一頁参照。

（2）　「返還さるべき利得の範囲」の分析のうちに見られた「所有と双務契約の分類」が、いくつかの論稿をへながら『商品交換法の体系』へと内容的な発展をみせていく経緯に注意されたい。この体系的結実には、右の具体的問題に関する分析と川島武宜『所有権法の理論』（昭和二四年）の強い影響との結合があるように見受けられる。

（3）川村泰啓「『所有』関係の場で機能する不当利得制度（一）」判例評論一一七号（昭和四三年）一―二頁のまえがきを参照されたい。

（4）E. v. Caemmerer, Bereicherung und unerlaubte Handlung, Gesammelte Schriften, Bd. 1,（1968）, S. 260 f.

（5）高松高判昭和三七年六月二一日判時三〇九号一九頁の事案を念頭におきながら、議論が展開される。

（6）川村泰啓「返還さるべき利得の範囲（二）――高松高裁判決を機縁として――」判例評論五七号（昭和三八年）七頁（ただし、引用文中の傍点削除）。

（7）Caemmerer, a. a. O., S. 262 f.

（8）Caemmerer, a. a. O., S. 263 f.

（9）川村泰啓『商品交換法の体系　上』（昭和四二年）七頁。

（10）川村・前注引用書一〇頁以下。

（11）川村・前々注引用書一一頁以下。

（12）川村・前注（9）引用書三九頁以下。なお、「権利の上の所有権」概念を否定する我妻、川島説との関係につき同書四六頁参照。

（13）川村・前注（9）引用書六六頁以下。

（14）川村泰啓「給付利得制度――契約関係の場で固有に機能する不当利得制度」判例評論一四三号（昭和四六年）五頁、同・前掲「『所有』関係の場で機能する不当利得制度（一三）」判例評論一四四号（昭和四六年）一二頁。

（15）川村・前掲『商品交換法の体系　上』はしがき二頁以下。

（16）川村・前注引用書三三頁。

（17）川村・前々注引用書一五三頁。

（18）川村・前掲「『所有』関係の場で機能する不当利得制度（一）」判例評論一一七号三頁。

（19）川村・前掲「給付利得制度」判例評論一四三号四頁（ただし、引用文中の傍点削除）。

（20）川村・前掲「不当利得返還請求権の諸類型（一）」判例評論七六号二頁。この点を敷衍すれば次のようになろう。「法制度は、それが対処しようとしている対象自体がもっているメカニズムにそくした構成があたえられるとき始めて、法実践にとって有効な道具として機能することが保証される」（川村泰啓「不法原因給付制度と類型論」片山古稀　民事法学の諸相（昭和四五年）三六六頁）。
(21) 川村・前掲『商品交換法の体系　上』八二頁。
(22) 川村・前掲「返還さるべき利得の範囲（五）――特に所有権に基づく返還請求権と給付利得返還請求権の関係を中心として――」判例評論六七号（昭和三九年）二〇頁。
(23) 川村・前注引用論文判例評論六七号二〇頁。
(24) 川村・前掲「『所有』関係の場で機能する不当利得制度（一一）」判例評論一四〇号一一頁。
(25) 本書一七二頁。
(26) Caemmerer, a. a. O., S. 216. 本書一五九頁以下参照。
(27) Caemmerer, a. a. O., S. 252. 本書一六〇頁。
(28) 川村・前掲「返還さるべき利得の範囲（四）、（五）」判例評論六五号（昭和三九年）一二頁、六七号二四頁。ただし、前者においてはケメラーの分析が事実上の析出にとどまることが述べられている。
(29) 本書一六〇頁以下の紹介参照。そうであるからこそ、ケメラーのこの叙述を紹介するにあたり、磯村教授は「私見によれば」として、双務性の確立の問題との関係において分析すべきである、とするのである（磯村哲「〔紹介〕カェメラー『不当利得』」法学論叢六三巻三号（昭和三二年）一二七頁）。
(30) 川村泰啓「契約の無効・取消と不当利得」契約法大系Ⅶ（昭和四四年）一七六頁。
(31) 川村・前掲「返還さるべき利得の範囲（四）――フォン・ケメラーの不当利得論――」判例評論六五号三頁。
(32) 前に述べたようにケメラーが差額説の分析において物権的返還請求権の代償と双務性の貫徹を語ることは事実である（本書二〇一頁以下）。この観点が川村教授によってケメラーの類型論全体に通じるものと一般化されたのは、川村教授自身が右の視点をケメラーのいわゆる「財貨保護法」、「財貨運動法」と対応させたことによる（川村・前掲「返還さるべき利得の範囲（五）」判例評論六七号一九頁）。しかしながら、これらの概念は「所有」と「有償契約」に端的に対応するものではなかったはずである。なおこの点に関し、同論文（四）判例評論六五号三頁参照。
(33) 磯村・前掲「〔紹介〕カェメラー『不当利得』」法学論叢六三巻三号一二七頁。
(34) 川村教授は、これを次のように基礎づけた。「給付利得制度に、給付による利得一般を処理する法制度としての法的構成をあたえるか、それともヨリ限定した機能を担う法制度としての法的構成をあたえるか……は、結局、構成される法制度の道具としての有効性評価にかかっている問題なのである。」「道具的な構成は、あくまでも Zweck und Mittel の適合関係についての考量によって指導される」（川村・前掲「給付利得制度」判例評論一四三号四頁）。

しかしながら、目的と手段の適合関係から考える場合に、給付利得一般と双務的給付利得の類型化を択一的に考える必要はない。これらは、一方が他方を包括する概念であって排斥しあう関係にある概念ではない。財貨移転を特定するための給付概念としては、給付一般（表見的契約関係）として考えるのが適合的であり、双務的対価性が問題となる場合には双務的給付関係（表見的双務契約）を問題とすれば足りる。類型論における相互排斥的な類型相互の峻別は、性格――ひいては要件、効果がまったく異なる分野においてのみ必要である（転用物訴権と一般の不当利得返還請求権など）。それ以外においては争点となった問題に即して類型の枠が異なりうるし、構成要件自体が問題の性格を反映しうる柔軟な構造をもたなければならない（詳しくは、本書二八二頁注(4)、四一九頁以下における表見的法律関係論参照）。

(35)　川村・前掲『商品交換法の体系　上』八頁。
(36)　以上述べてきた裁判例の具体的内容については、本書二二三頁以下参照。
(37)　川村・前掲「『所有』関係の場で機能する不当利得制度（一）、（一一）」判例評論一一七号四頁、一四〇号一五頁。
(38)　川村・前掲「『所有』関係の場で機能する不当利得制度（一）」判例評論一一七号一〇頁。
(39)　川村・前掲「『所有』関係の場で機能する不当利得制度（八）」判例評論一二九号（昭和四四年）五頁以下。
(40)　川村教授の法体系把握においては、「民法が『市民相互間の社会関係の法である』」ことが前提となる（前掲『商品交換法の体系　上』七頁）。そうであるとするならば、恩給給付は商品交換法の枠外の問題として、商品交換法の一部である不当利得法はこの事例において自らの位置づけを失うようにも思われるが、この点川村教授の見解は明らかでない。あるいは、過払いであることに着眼すると、行政行為は「無と評価」され、超過分に関しては国も一私人と同様に「裸の所有関係」に立つのであろうか。
(41)　川村・前掲「『所有』関係の場で機能する不当利得制度（八）」判例評論一二九号六頁。
(42)　大判昭和八年二月二三日新聞三五三一号八頁、高松高判昭和四五年四月二四日判タ二四八号一四七頁。衡平説的観点から賛意を表するものとして、谷口知平『不当利得の研究』（昭和四四年）三五四頁、我妻栄『債権各論下巻一（民法講義V4)』(昭和四七年)一一〇〇頁。本書で後に述べるような実定法的不当利得像を前提として権利濫用的基礎づけをするものとして、好美清光『不当利得法の新しい動向について(上)』判例タイムズ三八六号(昭和五四年)一二頁。なお、この点については、本書七一頁、および四一六頁参照。

(43) 川村・前掲「『所有』関係の場で機能する不当利得制度(八)」判例評論一二九号六頁。

(44) 本書一九三頁以下。

(45) 川村・前掲「不当利得返還請求権の諸類型(二)——類型論の具体的展開——」判例評論七七号(昭和四〇年)一頁以下、同・前掲「契約の無効・取消と不当利得」契約法大系Ⅶ一七九頁以下。

(46) 川村・前掲「不当利得返還請求権の諸類型(一)」判例評論七六号一頁。

(47) 川村・前掲「『所有』関係の場で機能する不当利得制度(一一)」判例評論一四〇号一四頁は、ケメラーがウィルブルクにいくつかの類型を追加したことを、「彼の特筆さるべき功績である」とする。

(48) Caemmerer, a. a. O., S. 241. 本書一五八頁、一八二頁注(83)参照。

(49) 川村泰啓「一つの中間的考察——『返還さるべき利得の範囲』の『むすび』および類型論の具体的展開の『序』に代えて——」判例評論七二号(昭和三九年)一七頁、同・前掲「不当利得返還請求権の諸類型(一)」判例評論七六号二頁。

(50) 川村・前掲「『所有』関係の場で機能する不当利得制度(六)」判例評論一二六号(昭和四四年)四頁。なお、同論文(一)判例評論一一七号七頁、同・前掲『商品交換法の体系　上』五一頁参照。

(51) 川村・前掲「『所有』関係の場で機能する不当利得制度(六)」判例評論一二六号三頁。なお、同論文(一三)判例評論一四四号一四頁では、「費用償還請求のための『他人の財貨からの利得』債権」と表現されている。

(52) 以下の叙述は、主として川村・前掲「『所有』関係の場で機能する不当利得制度(一三)」判例評論一四四号一一頁以下の判断枠組に依拠している。

(53) これらの疑問が生ずることを予想してのことであろう。川村教授は次の方法的観点を述べる。「契約関係の場で生ずる不当利得について、これらを網羅的に捕捉する一個の法制度を構成するか、それとも異なる複数の法制度を構成して機能を分担させるか、これらすべては、結局、構成される法制度の道具としての有効性評価にかかっている問題なのである」(川村・前掲「給付利得制度」判例評論一四三号四頁)。

(54) 川村・前掲『商品交換法の体系　上』はしがき二頁。
(55) 以上、川村・前掲「『所有』関係の場で機能する不当利得制度（四）」判例評論一二四号（昭和四四年）一〇〇頁以下。
(56) 川村・前掲「『所有』関係の場で機能する不当利得制度（一三）」判例評論一四四号三頁。
(57) 川村・前注引用論文判例評論一四四号九頁。
(58) 磯村哲「不当利得についての一考察」法学論叢四六巻一号九五頁、四七巻一号（以上昭和一七年）一三二―一三九頁。
(59) 磯村・前掲「〔紹介〕カェメラーの『不当利得』」法学論叢六三巻三号一三二頁以下、磯村哲「法律学一五〇講民法（債権法）11不当利得」法学セミナー一二三号（昭和三三年）一八頁以下参照。
(60) 磯村・前掲「法律学一五〇講民法（債権法）11不当利得」法学セミナー一二三号二二頁。
(61) 広中俊雄『債権各論講義』（昭和五〇年）三七五頁。
(62) 本書一七一頁参照。
(63) 広中・前掲『債権各論講義』三七二頁。
(64) 広中・前注引用書四九四頁。
(65) 松坂佐一『事務管理・不当利得〔新版〕』（法律学全集22－I）（昭和四八年）一二三頁以下。
(66) 本書一一四頁参照。
(67) 前注引用箇所参照。
(68) 本書一一四頁以下参照。
(69) 好美・前掲「不当利得法の新しい動向について（上）」判例タイムズ三八六号一六頁以下、四宮和夫『事務管理・不当利得・不法行為上巻』（現代法律学全集10）（昭和五六年）四九頁以下。
(70) たとえば、前注引用の四宮説は、かつては二元論的衡平説を支持する立場であったことからも、このことが窺えるように思われる（我妻栄編著・四宮和夫執筆『判例コンメンタール⑥事務管理・不当利得・不法行為』（昭和四四年）三四頁）。
(71) 鈴木禄弥『債権法講義』（昭和五五年）四二三頁以下、特に四六八頁以下参照。

(72) 好美清光＝米倉明編・山田幸二執筆『民法読本2債権法』（昭和五三年）二〇四頁以下。
(73) 山本進一＝甲斐道太郎＝椿寿夫＝乾昭三＝中川淳編・衣斐成司執筆『債権各論』（昭和四九年）三一六頁以下。
(74) 川井健ほか共著・土田哲也執筆『民法第4巻契約・事務管理・不当利得』（昭和五五年）二三〇頁以下。
(75) 松坂・前掲『事務管理・不当利得〔新版〕』（法律学全集22－Ⅰ）参照。
(76) 四宮・前掲『事務管理・不当利得・不法行為上巻』（現代法律学全集10）参照。
(77) 好美・前掲「不当利得法の新しい動向について（上）」判例タイムズ三八六号、特に一八頁参照。
(78) 中井美雄＝長尾治助共著・中井執筆『民法講義ノート(5)』（昭和五六年）二二八頁。

第四節　学説史総括

一　最後に、類型論の展開と従来の日本の学説との関係を総括してみよう。

本書のもとになった雑誌掲載論文発表以前の日本における不当利得法学には、二種の系譜があった。一つは、財貨の移転と帰属とを軸とし、法体系的理解を基礎におく来栖、磯村、川村、広中説の系譜である[(1)]。他は、衡平というやや融通無礙な指標をかかげ、融通無礙である代りに、問題解決の個別的妥当性をまず確保しようとする我妻、松坂、谷口説の系譜である。不当利得の類型論それ自体としては、論理的にいずれかに結びつかなくてはならないものではない。前者に結びつけば法体系型の類型論が語られ、後者に結びつけば、事案型の類型論が語られることとなる。ただ後者と結びついた場合は、類型論が、融通無礙なるものの放棄、少なくとも融通無礙なるものの歯止めとしての意味をもつことだけは理解されなくてはならない（ケメラーが、一般条項は魔術を営むから具体化されるべきである[(2)]、とするのはこの意味である）[(3)]。単に衡平の理想の顕現形態の差異として類型論が出現するわけではない。ドイツの類型論者が特に好んで衡平説攻撃を繰り返すのも[(4)]、この融通無礙に対する危惧の念のゆえである。

逆に、法体系的把握に立つ説についても問題は残る。この系譜に立つ学者がそれぞれにケメラーを語りながら、一様に、「給付返還請求権」と「他人の財貨からの利得」にのみ着眼し、他を軽視するという事実がある。(5) ケメラーの析出した諸類型のうちこの二つのみが、さきの法体系的構造理解にのるからにほかならない。ドイツにおける後の学説史の類型の取捨選択も、結果は類似していたが、それは、事案類型として納得がいくか否かという素朴な視点から選択されたものでしかなかった。したがって、個々の学説においてはこの二類型以外のものも常に視野のうちに入り、新類型の析出も行なわれている。著者のいわゆる「学説史内在的学説批判」という表現も、ケメラーに関してはこの取捨選択の過程を分析することにほかならなかった。類型承継のうちにも承継に程度の差はある。しかし、ドイツにおいてさきの二類型がもっともよく承継された、という事実は、これが誰にも納得のいくものであったという、事案類型としての説得性にすぐれていたことを意味する。しかし、日本の場合はそれとは違う。現象的には、これらの論者に二類型のみが承継されたとしても、それは他の類型が選択者の体系的枠組にのってこなかったからである。つまり、単に事案的な説得性を欠くからいくつかの類型が捨象されたのではなく、事案類型であるから承継されなかったという志向のずれがここには存在していた。したがって、どの類型が承継されたかという結果は現象的には日本とドイツとで類似していても、学説史内在的学説批判として導かれる結論はまったく異ならなくてはならない。日本におけるこれらの学者によるケメラーの承継の仕方からは必ずしも明瞭ではないが、ここでは、ケメラーの類型論は歴史的な法体系的認識を欠いて多類型構造を提起したものである、(6) という事実が認識される必要がある。学者が自己の問題関心に従って他の学説を受けとめること自体はなんら非難されるべきことではないが、この方向性のずれがはっきり認識されなくてはならない。これらの論者は、ケメラーの類型論のうちに部分的に存在した「財貨運動法」と「財貨保護法」という視点を、不当利得法に関する観点として前面におしだし、特に二類型を重視したのである。

二　以上本章においては学説史を検討することによって、現在われわれが直面している状況を客観的に示すことを心がけた。解釈学がカズイスティッシュに論争を繰り返しているうちにも、学説淘汰という現象によって時間の経緯のうちにすすむべき方向は自然にうきあがってくるものであろう。それにもかかわらず、このような作業を前提としたのは、常にカオスでしかありえない現在という時間に身をおきながら、いくらかでも自覚的に解釈学的実践にとりくもうと考えたがゆえにほかならない。

不当利得学説は、統一的把握から類型論へと単純に変遷をとげたものでは決してなかった。学説史には学説史変遷の論理が存在する。その学説史の論理に従って不当利得の統一的把握説が強く志向されたのは、ドイツ民法施行前後の十年間に集中的であった。しかし、統一的把握への社会的要請が残存している時期に出現したウィルブルクの先駆的業績（類型論にとっての）は当然のことながら学界では顧みられなかった。類型化という発想が肯定的に受けいれられるには、ドイツ民法典の施行後に存在したさきの社会的要請の消滅を待たなければならなかった。このような時期に、ケメラーによる類型論が提唱され、それがドイツの学界に受けいれられていった。不当利得の統一的把握の試みがほとんど成果を生まないまま半世紀がすぎた歴史をもつドイツにおいて、不当利得が類型化されるべきであるとの発想は容易に受けいれられるものであったからである。しかし、不当利得をいかに類型化すべきかという、類型論にとってはいわば基本的な問題すらも、学界で完全なコンセンサスが得られているわけではなかった。給付返還請求権と侵害利得返還請求権という二類型を析出することについて、学説の基本的一致があるにとどまった。しかしながら、すでにみたように、物権行為の有因・無因をめぐる日・独両法の差を考えると、わが国においてこの二類型をそのままの形で輸入することは許されない。

不当利得類型化の枠組自体がドイツにおいて一致をみなかったのは、ドイツの類型論が法制史と比較法を軸とする事案類型として出発したことに起因する。事案類型は、それが拒絶された場合にそれ以上の説得の手段をもたない。ドイツにおける不当利得の事案類型化の行きづまりをみるときに、川村教授による体系的類型化への方向転換は示唆的であった。しかしながら、川村・類型論は不当利得紛争の相当部分をその視野の外においていた。また、透徹した歴史的論理を展開した代償として、直ちに実務的な判断枠組たりうるかという意味では、実践性に欠けるうらみがあった。

以上のような学説史の状況からは、ドイツ類型論をそのまま輸入することも、川村・類型論の枠組をそのまま承継することも許されない。ドイツ法学において数多くの論者に試みられた事案類型化への試みが、類型枠組に関し他者を説得することにすべて失敗しているときにわが国において同じ途を試みることは得策ではあるまい。川村教授による方向転換を受けつつも、より実定法体系に密着した形で問題を考えることが、残された一つの方策であろう。本書においてはこのような方向で第四章以下において不当利得法の再考が試みられるものである。

（1） それぞれの内容については、本書一一九頁、二〇五頁、一九二頁、二〇六頁以下参照。

（2） 本書一五九頁参照。

（3） 松坂佐一『事務管理・不当利得〔新版〕』（法律学全集22－I）（昭和四八年）一一一頁。

（4） たとえば、W. Wilburg, Die Lehre von der ungerechtfertigten Bereicherung, (1934), S. 18 ff.; E. v. Caemmerer, Bereicherung und unerlaubte Handlung, Gesammelte Schriften, Bd. 1, (1968), S. 215 f.; J. Esser, Schuldrecht, Bd. 2, 4. Aufl., (1971), S. 332; R. Scheyhing, Leistungskondiktion und Bereicherung „in sonstiger Weise", AcP 157 (1958), S. 371; W. Fikentscher, Schuldrecht, 2. Aufl., (1969), S. 594.

（5） 「……求償の場合や費用償還の場合などを不当利得の類型として挙げることにどれだけの意味があるのか、なお疑問があるように思われるので、ここではそれらの類型に立ち入らないことにし、最初に挙げた二つの主たる類型のみを問題にしよう」（来栖三郎「契約法と不当利得法」山田還暦　概観ドイツ法（昭和四六年）一八二頁）。なお、磯村哲「〔紹介〕カェメラーの『不当利得』」法学論叢六三巻三号（昭和三一年）一三七頁、川村説に関しては、本書一九二頁以下の紹介を参照されたい。広中説の場合には、前三者と較べ求償類型その他がやや重視されているが（広中俊雄『債権各論講義』（昭和五〇年）三七八頁）、基本的な重要性をもつのはやはりこの二類型である、とされる（同書三七二頁）。

（6） この多類型構造の意味を指摘しているものとして、磯村・前掲「〔紹介〕カェメラーの『不当利得』」法学論叢六三巻三号一三四頁参照。

第二部　不当利得法の基本構成

第四章　不当利得法とは何か

第一節　「法律上ノ原因」の内容分析
――裁判例の総合的分析から――

一　第二章、第三章で分析したように、日本においてもドイツにおいても、学説のほとんどは、不当利得制度本質論と、不当利得における「法律上ノ原因」の内容の分析とを区別することなく取り扱ってきた(1)。これは、「受益」、「損失」、両者の「関連性」という要件が不当利得法の適用対象となる財貨(利益を含む、以下同じ)移転を特定するのに対し、「法律上ノ原因ナク」の要件は不当利得法適用の是非を決定し、不当利得法の適用範囲を画する機能をもっていたためである(2)。その結果、「法律上ノ原因」はときに不当利得のアクロポリスとも呼ばれる不当利得法の中心的要件となった。

しかしながら、この要件の内容を把握する試みは、要件内容を具体的に分類・区分する方法によっても、抽象的な基準を与える方法によっても、学説上成功しなかったことは、今までの叙述の示すとおりである(3)。そうではあっても、当然のことながら、不当利得を根拠とする請求は裁判にあらわれてきたし、裁判官はそれらの紛争に決着をつけることを迫られてきた。指針がないまま決着をつけることだけを迫られた裁判官は、多くの事例において、第二章に示したように判決理由を不当利得構成要件とかかわりなく叙述し、不当利得の条文に裁判羈束機能を失わせるような形で、自らの結論を導かざるをえなかったわけである(4)。しかしそれにもかかわらず、これらの裁判官は無目的、無方向に、自らの実質判断を導いたわけでは決してなかった。自覚的でこそなかったが、これらの法律学の素養をつんだ裁判官が下す結論には、無意識的に一つの基準が前提となっていたように思われる。このヴェールにつつまれていた無意識的な基準を、自覚的なレベルの明確なものにすることが、不当利得法学の現況からは必要と思われ、まずそれを本節の課題としたい。そのために、民法典施行以後、不当利得法により処理されてきた、多数の裁判実例における「法律上ノ原因」の判断基準を分析することを、出発点とする。

二　裁判実例における「法律上ノ原因」の内容を具体的に分析する前に簡単な鳥瞰図を示しておこう。不当利得返還請求の成否を決する実務の結論と事案との対応を観察すると、不当利得の成否の判断――「法律上ノ原因」の有無――は、次のように判断されている。

㈠　財貨受領者が、契約その他の法律関係を根拠として財貨を受領している。この場合、財貨移転の相手方が、その財貨受領を不当利得であるとして返還請求しても、財貨受領者は、契約その他の法律関係が財貨受領の「法律上ノ原因」である、と構成してその請求を排斥することができる。

㈡　財貨移転を根拠づける契約その他の法律関係の一応の外観はあるが、その法律関係が現実には存在しなかったり、法的効力をもたない――契約の不成立・無効・取消・解除、など。この場合、財貨受領者に対し、その相手方が、財貨受領を不当利得であるとして返還請求をすれば、契約などの法律関係の不存在が「法律上ノ原因ナク」と構成され、不当利得返還請求は認容される。

㈢　一歩すすめて、外観上もなんらの法律関係なくして他人の財貨を受領している――他人の物を無断で使用している、など。この場合、当該物件の所有者が無断使用者に不当利得の返還請求をすれば、両者の間になんらの法律関係も存在しないことが「法律上ノ原因ナク」と構成され、不当利得返還請求は認容される。

これらの事例は、すべて、財貨移転を基礎づける法律関係＝「法律上ノ原因」、となっている。ここにおける「法律上ノ原因」は、後述のように、契約関係・物権関係などの明白な実定法的概念がその内容となる。ここにおいては、「法律上ノ原因」という言語的表現は、その内容に適合しており、要件、判断枠組として充分機能しうるわけである。

三　(イ)　では具体的に、ここにあげた「法律上ノ原因」の内容は何であろうか。事例イメージとしては、契約無効の場合の給付の取戻が直ちに想起される。そのためであろうか、「法律上ノ原因」の欠缺を債権的基礎の欠缺と考える学説も出現した。(5)　しかし、具体的な裁判実例でみるかぎり、この法律関係は、契約上の債権関係のみならず、事務管理、不当利得、不法行為法上の債権関係を含むし、債権関係にかぎらず、物権関係や民法総則編上の関係、親族、相続法上の関係等々の民法全体にまたがる法律関係を含むものであるし、それのみならず、商法、民事訴訟法、行政法上の法律関係をも含み、きわめて多様である。そこで、どのような法律関係が「法律上ノ原因」とされるのか、従来の裁判実例に即して、その全体像を具体的に考えてみよう。

(a)　債権関係

(一)　契約　契約にもとづき金員を受領した場合、契約が有効である限り受領者は受領金員を不当利得として返還する必要はない。(6)(7)　それに対し、契約を締結して財貨を受領したが、契約が不成立(8)・無効(9)の場合、もしくは取消(10)・解除(11)があった場合には、受領者は財貨ないし財貨相当額を不当利得として返還しなければならない。ここにおいて「法律上ノ原因」の有無として判断されているのは、財貨移転を基礎づける契約関係の存否にほかならない。

(二)　不法行為・不当利得・事務管理から発生する債権　不法行為による損害賠償金として金員を給付したが、不法行為法上の賠償責任がなかった場合、給付金員は不当利得として返還されなければならない。(12)　また、受領者が不当利得返還請求にもとづき受領した金員を、逆に、給付者が受領者に不当利得として返還請求をしても、給付者に不当利得返還義務があった以上、それは認められない。(13)　しかし、不当利得返還義務がないにもかかわらず不当利得として返還したものは、逆に再度不当利得として返還されるべきことになる。(14)　これと同様の状況は、給付金員受領者が事務管理の費用償還請求権をもっていた場合にも存在する。(15)　これらにおいて「法律上ノ原因」、すなわち、財貨移転を基礎づける法律関係となっているのは、不法行為・不当利得・事務管理から発生する債権である。財貨受領者が、その財貨移転にさいし、不法行為による損害賠償請求権・不当利得返還請求権・事務管理の費用償還請求権をもっていたか否かが、「法律上ノ原因」の有無のメルクマールとなっている。

以上の㈠、㈡に共通する問題であるが、債権消滅の後にされた弁済給付が不当利得となるのは当然である。[16] もはや債権関係が存在しないためである。また債権は存在しても破産、差押などによってそれが弁済受領権能を失った場合には（破産法一六条、民事執行法一四五条（昭和五四年改正前民事訴訟法五九八条）など）、不当利得返還請求が認められる。[17] これは、当該債権が財貨の移転を基礎づけることができないためである。

(b)　物権関係[18]

㈠　所有権　土地の非所有者が小作料を受領した場合には、その小作料は不当利得として返還されなければならない。[19] 小作料請求権は土地所有権に従属するので、ここでは所有権の存否が、「法律上ノ原因」の有無のメルクマールとなっている。この例においては、財貨受領を基礎づける法律関係は、所有権という物権関係となる。

㈡　用益物権　自己の所有地を他人が使用していても、それが地上権にもとづく場合は、所有者は不当利得の返還を請求することはできない。[20] この場合、財貨移転を基礎づけているのは地上権（用益物権）であり、その存否が、「法律上ノ原因」の有無のメルクマールとなる。

㈢　担保物権　担保物権に関しても、事情は同じである。債権者が質権にもとづき優先的に金員を受領したが、質権が無効であった場合、優先的に受領された金員は、不当利得として破産財団に返還されなければならない。[21] 抵当権に関しても同じことがいえる。[22] ここにおいては、担保物権の存否が、「法律上ノ原因」の内容をなしている。[23][24]

(c)　民法総則編上の法律関係

財貨受領が無権代理人の責任（民法一一七条）にもとづく場合には、その財貨受領には「法律上ノ原因」があり、不当利得返還請求は認められない。[25] また、裁判例ではないが、自分の物を他人が利用したとしてその者に不当利得返還請求したとしても、相手方がその物を時効取得していれば、その請求は認められないことになる。これらにおいては、無権代理人の責任の有無、取得時効の成否という民法総則編上の法律関係の存否が「法律上ノ原因」の有無を決することになる。

(d) 親族法上の関係

妻の家事労務により夫は利益を受けるし、子が親を看護すれば、子の労務により親は利益を受ける。これらの場合、妻が相手方に不当利得の返還請求をしても、婚姻関係などの有効な親族関係があれば、その請求は認められない。[26] しかし、子が判決文にいう「白痴」の親を看護した場合も、養子縁組無効などにより、親族関係が法的効力をもたない場合には、〝子〟の〝親〟に対する不当利得返還請求が認容される。[27] これらの場合は、労務提供関係を通常含んでいる親族関係の存否が、より正確にいえば、そこにおける扶助義務、扶養義務の存否が、「法律上ノ原因」の有無のメルクマールとなる。なお、これらは扶養義務などが労務提供の形で履行された事例であったが、金員給付の形で履行される場合であっても、扶養義務の存否が不当利得の「法律上ノ原因」の有無のメルクマールとなることは当然であろう。[28]

(e) 相続法上の関係

相続分をこえて金員を受領した者は、その部分を本来の相続人に不当利得として返還しなくてはならない。[29] また、遺産分割の協議によって財貨を受領したが、遺産分割の協議が無効であった場合、受領財貨は不当利得として返還されなければならない。[30] ここにおいては、相続、遺産分割の協議という財貨移転を基礎づける相続法上の法律関係の存否が、「法律上ノ原因」の有無のメルクマールとなる。

以上、(a)〜(e)を総合してみると、財貨移転を基礎づける民法総則、物権、債権、親族、相続という民法の五編の法律関係の存否が「法律上ノ原因」の有無の判断内容をなしていることがわかる。しかし、不当利得における「法律上ノ原因」の内包は、このような民法上の法律関係にとどまらず、前に述べたように、商法上、民事訴訟法上、行政法上の法律関係の存否をも含む多様な内容をなすので、それを次に検討してみよう。

(f)　商法上の法律関係

(一)　会社法上の法律関係　会社法上の社員権（社員としての地位）の存否も、それが財貨の移転を基礎づける法律関係を含むかぎりにおいて、「法律上ノ原因」の有無のメルクマールとなる。株主権における利益配当請求権・残余財産分配請求権などがそれである。判例も、株主たる地位をもたない者が利益配当金を受領した場合、その者に不当利得返還義務を認める。[31]また、裁判例ではないが、社員の義務に関しても問題は同様である。合名会社、合資会社の無限責任社員が自らの責任にもとづき会社債権者に財貨を給付しても（商法八〇条、一四七条）、その財貨移転には責任関係という「法律上ノ原因」があり、不当利得が問題となる余地はない。しかし、無限責任社員以外の者が責任を負うものと誤って給付をしたような場合には、財貨移転に「法律上ノ原因」がなく、その者は不当利得返還請求権をもつことになろう。ここでは、商法上の「責任関係」の存否が「法律上ノ原因」の有無の判断を導くことになる。

(二)　手形・小切手法上の法律関係　手形・小切手による金員の支払をうけたが、偽造・無効などによりその手形・小切手が効力をもっていなかった場合、受領者は、支払人に対してその金員を不当利得として返還しなければならない。[32]ここでは、手形・小切手などの有価証券に化体された債権の存否が、「法律上ノ原因」の有無として判断されている（なお、有価証券上の債権の存否と、原因関係にもとづく債権の存否との関係については、本書一一三頁以下参照）。

(g)　民事訴訟法上の法律関係

財貨受領（印紙の追貼）を命ずる裁判があった場合、裁判に違法の節があっても、裁判が取り消されない限り、その印紙の追貼という財貨受領を不当利得として返還請求することは認められない。[33]一般に、確定判決や、それに準ずる確定した支払命令にもとづき受領された財貨は、判決や支払命令が有効に存在している以上、「法律上ノ原因」をもち不当利得とはならない、とされる。[34]しかしながら、仮執行宣言付判決にもとづき債務が支払われても、上級審で請求が放棄され、仮執行宣言付判決が失効した場合には、弁済として受領した給付は不当利得として返還されなくてはならない(35)。また、有効な仮処分にもとづく財貨受領であれば、それに「法律上ノ原因」があり、不当利得とならないことになる(36)。これらの事例においては、財貨受領を基礎づける裁判の存否が、「法律上ノ原因」の有無のメルクマールとされている（なお、裁判とその背後にある実体的法律関係とが矛盾した場合につき、本書二三七頁以下参照。公正証書に関しては、注(37)参照）。

強制執行は、私法上の請求権満足のための手続行為にすぎない。そこにおける財貨の移転は、この私法上の請求権、場合によっては私法上の請求権を確定するところの判決などの債務名義によって基礎づけられ、執行行為それ自身によっては基礎づけられない(37)(38)。したがって、執行行為自体の有効無効は、当然には不当利得返還請求権の成否に影響を与えるものではない。しかしながら、執行行為が、新たな実体的法律関係を形成する、とされる場合がある。たとえば、転付命令による債権の移転、競落許可決定による所有権の移転などがそれである。ここにおいては、執行債権が不存在の場合であっても、転付命令が有効であれば債権は移転し、また、競落許可決定が有効であれば所有権は移転する（もちろん当該物件が表見債務者の所有に属することは必要である。強制競売の性質いかんという問題――私法上の売買か公法上の処分か――には、ここでは立ち入らない）。この場合には、執行行為が財貨移転を基礎づけ、執行行為の有効無効が、「法律上ノ原因」の存否を決定する。転付命令が無効の場合、訴の基礎となった債権自体は有効であっても、弁済した第三債務者は差押債権者に不当利得返還請求をなしうる、とされる(39)。後に述べるように、この執行行為にもとづく法律関係は、常に財貨の保有を最終的に基礎づけるとはかぎらない。執行行為の基礎となる実体的法律関係がない場合には不当利得返還請求権が認容されることになる（本書二三八頁参照）。しかし、この場合、第一次的には財貨移転が執行行為によって形成された法律関係によって基礎づけられており、そのような法律関係の存否によって不当利得の「法律上ノ原因」の有無が決せられている。

また、前述したように、差押、破産などによって債権が弁済受領権能を失った場合には（民事執行法一四五条（昭和五四年改正前民事訴訟法五九八条）、破産法一六条）、債権にもとづく財貨受領であっても当該債権が財貨移転を基礎づけることができないために、その財貨についての不当利得返還請求が認められる。(40) さらに、詳しくは後に検討するように、一定の法律関係にもとづく（あるいはもとづかない）財貨移転であっても、その法律関係の存在、不存在の主張が判決の既判力によって封じられていれば、既判力によって確定された内容に即して、法律関係の存否が判断されることになる。(41) これらも、必ずしもその内容が単純な法律関係の存否の問題に終始するものではないが、民事訴訟法学の考え方が「法律上ノ原因」の有無の判断に影響を与えた一例といえるであろう。

(h)　行政法上の法律関係

まず、行政法上の法律関係、特に行政行為が「法律上ノ原因」として観念される場合を例にあげる。有効な課税処分にもとづき徴収した税金は、当該課税処分が取り消されない限り、不当利得とはならない。(42) 恩給法にもとづく遺族扶助料の受領は、支給裁定が取り消された場合、不当利得とされる。(43) また、行政処分に重大かつ明白な瑕疵がある場合には、行政処分は無効とされ、不当利得返還請求は認容される。(44) 行政行為の公定力をいかに考えるかは、注（42）に記した裁判例などからはやや問題がのこるが、不当利得法の構造としては、これらの事例において、財貨移転を基礎づける行政処分の存否が「法律上ノ原因」の有無のメルクマールとなっている、といえる。

行政行為の例を離れても、行政法規に財貨移転義務が定められていれば、その義務の存否という形で「法律上ノ原因」の有無が判断されることがある。一例をあげれば、鉄道営業法上「割増賃金支払義務」があればそれが「法律上ノ原因」とされ、それにもとづいて国が支払いをうけた金員は不当利得とならない。(45)

(i)　諸法　右の(h)後段では、広い意味で行政法規に分類しうる法律を例にあげたが、それ以外の諸法にあっても、法律の規定上債権が発生し、それが財貨移転を基礎づけうる場合、その法律の適用の可否、すなわちその法規にもとづく債権関係などの存否が「法律上ノ原因」の有無のメルクマールになりうることは問題がない。刑法ないしそれにもとづく刑事判決ですらも、罰金刑などにあっては、金員という財貨移動を基礎づける「法律上ノ原因」

となりうるわけである。

(ロ)　以上(イ)では、財貨受領を基礎づけうるなんらかの具体的な法律関係を観念しうる場合を検討してきた。しかし、以上検討してきたような具体的関係が表見的にも何も存在しないのに財貨の移転があった場合にも、不当利得返還請求権の成立が認められる。他人の土地を無権限で使用している者に対して、所有者がその土地の利用に関して不当利得返還請求をなしうるなどの場合がそれに当たる。(46)なお、この場合に、相手方に土地の利用権能がないことを不当利得返還を主張する土地所有者に個別具体的に立証させるとすると、請求者・被請求者間に賃貸借・使用貸借などの契約関係がないことはもちろんのこと、それ以外にも、地上権などの物権関係や、婚姻に伴う同居協力扶助義務などがないこと（夫所有の土地家屋を妻が使用している場合を想起せよ）、社員権として社団施設の利用権によってその土地使用が基礎づけられていないこと等々、論理的抽象的に問題となりうる法律関係は際限なく広がっていくが、それらのすべてを個々の紛争で検討する必要はないように思われる（この点は、本書三一八頁以下で詳説することにしよう）。

(ハ)　また、(イ)に列挙した法律関係がいかなる範囲において財貨変動を基礎づけるかは、それぞれの法律関係の趣旨によって定まる。たとえば、他人の家屋を賃貸し賃料を収受した者に対し、所有権者がその賃料を不当利得として返還を求めた事例があるが、この場合、不当利得返還請求が認容されるか否かは、事案が民法一八九条（善意占有者の果実取得権）の要件を充足しているか否かによる。(47)ここにおいて、財貨移転を基礎づける法律関係＝「法律上ノ原因」は、民法一八九条の規定である。この場合に、善意占有者の果実取得権が、占有者にどの範囲まで果実取得を基礎づけるか、すなわち、果実所有権のみならず、その経済的価値の取得まで基礎づけるか否かは、民法一八九条の趣旨によって定まる。しかし、これは、民法一八九条が不当利得の「法律上ノ原因」となる場合に特有な現象ではない。財貨移転が債権契約にもとづく場合も、契約が売買契約か賃貸借契約かによって、基礎づけられるべき財貨移転の範囲は異なる（使用・収益権能のみが移転されているのか、処分権能も移転されているのか）。契約内容が微妙な場合には、具体的な財貨移転が当該契約により基礎づけられるか否かに関し、法規の趣旨と同様、契約の趣旨が問題となることもあろうし、現実の裁判例の中にも、契約と関連してなされた財貨移動が、実際には契約の範囲をはみだし、契約によっては基礎づけられない場合に、受領財貨は不当利得として返還されなければならない、としたものがある(48)。また、担保物権に関し、その趣旨が論じられる例として、留置権がある。民法二九八条は、留置権者に保存に必要な使用を認めている。これは、利得保有までは認めない趣旨と学説では通常理解されているもの(49)の、反対説がないわけではない(50)。判例上も、留置権や同時履行の抗弁権に関して、それに伴う他人の物の使用収益は基礎づけられないものとされている(51)。また、確定判決に関して、任意競売における配当異議訴訟の確定判決が既判力をもつ、とした原審に対し、その確定判決は「各抵当権の存否、その順位を確定するものではない」とし、不当利得返還請求を認容した最高裁判例がある(52)。

契約、担保物権、判決など、すべての法律関係に関し、それがいかなる財貨移転を基礎づけるかは、常にその法律関係の趣旨・制度目的から判断されている。ただ、趣旨・制度目的が比較的明瞭な場合には、それが意識されていないだけにすぎない。裁判例としても、消滅時効による権利変動の場合に、時効により得た利益を不当利得として返還を認めるか否かにつき、消滅時効制度の趣旨が争われたものがある(53)。

四　多当事者間の不当利得関係

以上の分析においては、財貨移転があった当事者間において、直接不当利得関係が問題となる二当事者間の不当利得関係を主として念頭においてきた。しかし、財貨移転があった場合に、財貨移転が事実として行なわれた当事者以外の者をまき込んで不当利得が問題とされることがある。本書ではこれを多当事者間の不当利得関係と呼ぶことにするが、具体的法律関係の存否が不当利得の「法律上ノ原因」の有無のメルクマールとなることは、二当事者間における財貨の移転のみならず、多当事者間における財貨の移転においてもまったく同様である。まずここでは、三当事者間の不当利得関係を検討することにする(54)。三当事者間における財貨移転の事案を、第三者のためにする契約関係の事案にひき直して考えると、給付関係・補償関係・対価関係ともいうべき三種の関係のうち、いずれかの法律関係が欠落していることがある。その場合、法律関係が欠落している部分において、財貨移転のための「法律上ノ原因」がないとされ、その関係当事者間において不当利得返還請求権が生ずるのが原則である(55)。二、三例をあげよう。

〔図1〕　第三者による弁済

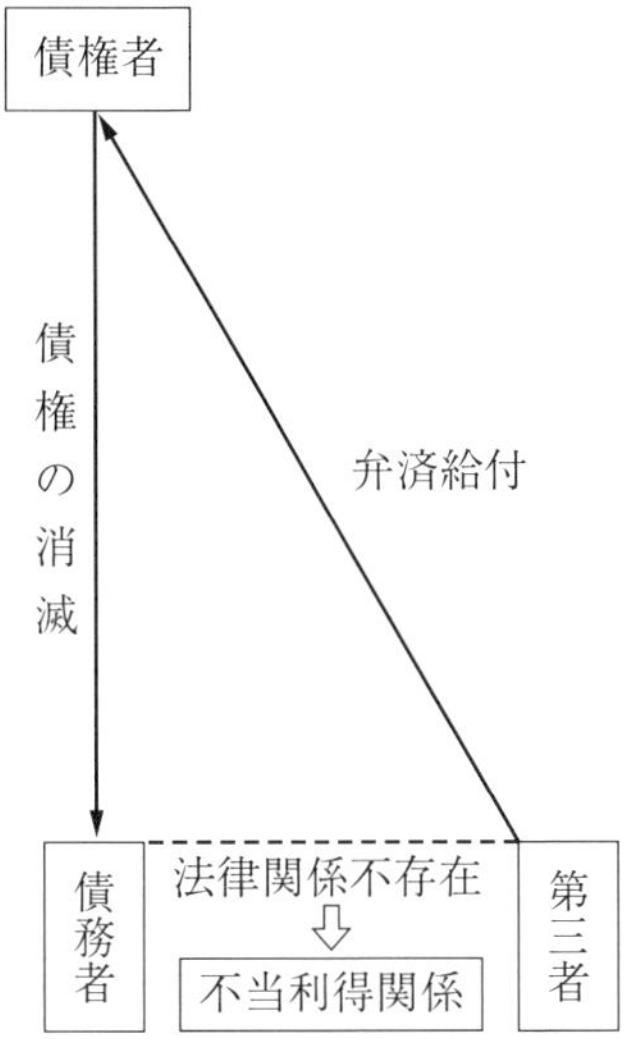

第三者のためにする契約

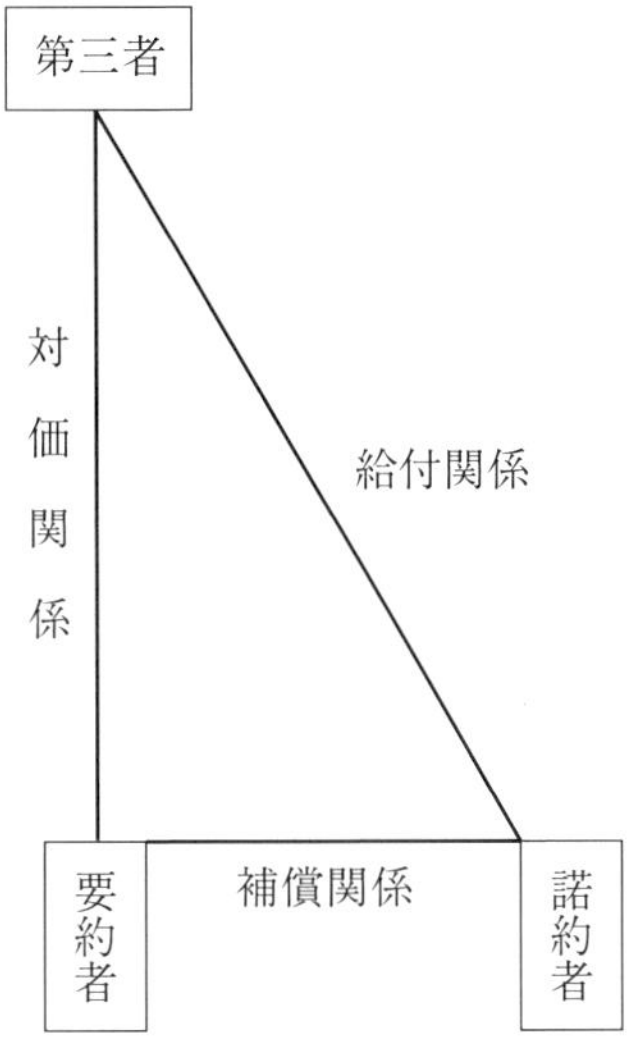

〔第一例〕　第三者による弁済の事例

他人の債務を債務者以外の第三者が有効に弁済した場合に（民法四七四条）、債権者の承諾がないなどの事情によって、代位の要件が満たされない場合がある（民法四九九条）。しかし、この場合、債務を免れた債務者に対し、弁済をした第三者は不当利得の返還を請求しうる(56)、とされる。第三者による弁済は、三当事者間における財貨移転を基礎づける法律関係として、給付関係（民法四七四条により第三者のした弁済は有効）・対価関係（その効果としての債権の消滅）ともいうべき法律関係は存在するが、補償関係に対応する法律関係は存在しない（〔図1〕参照）。三当事者間における財貨の移転はこの部分において基礎づけられない。この部分における法律関係の欠落が「法律上ノ原因ナク」とされて、この部分の関係当事者（債務者と弁済をした第三者）間において不当利得関係が生ずる。ここにおいても、なんら法律関係が存在しないことが、「法律上ノ原因ナク」とされる。小切手による支払の場合と対比

〔参考図〕　小切手による支払

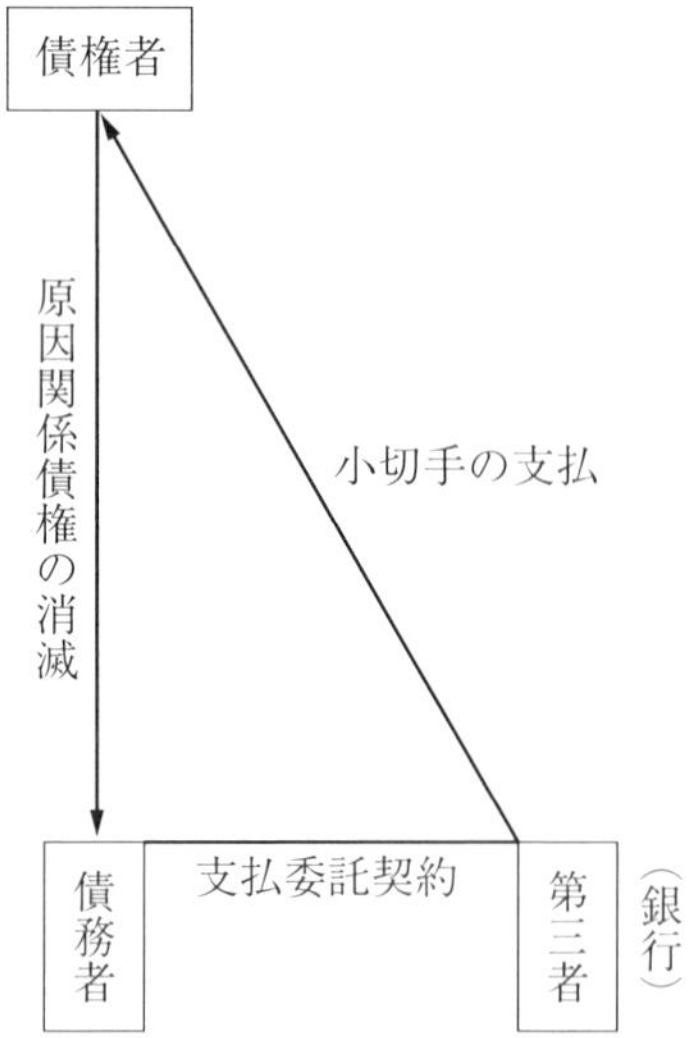

〔図２〕　債権の準占有者に対する弁済

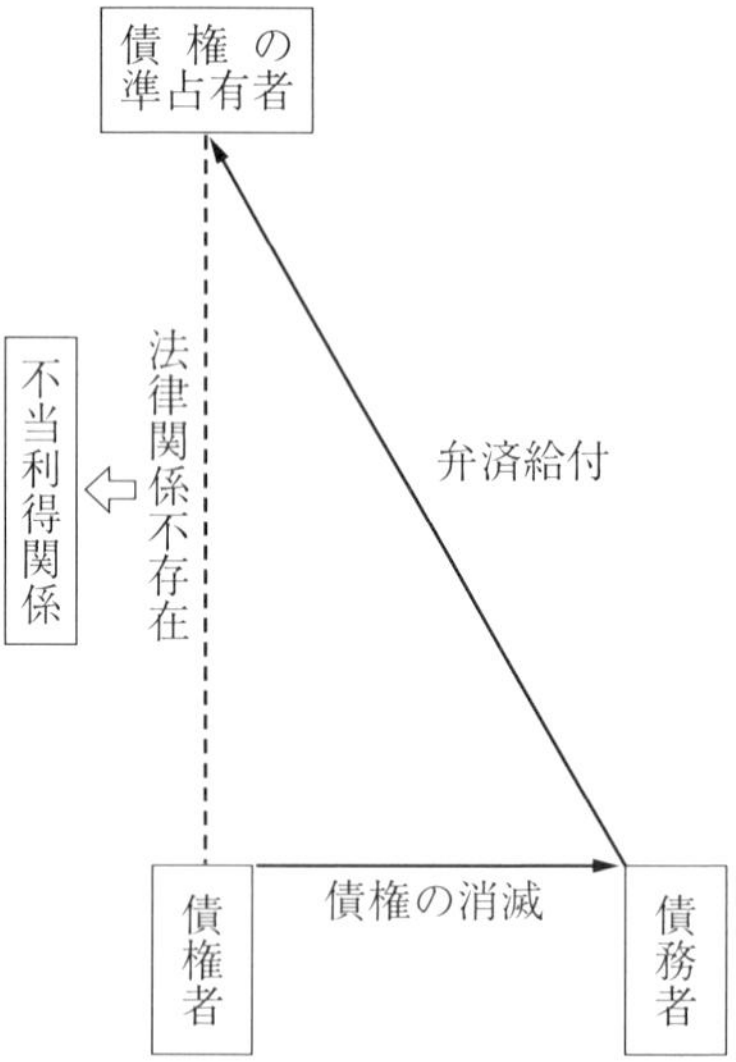

すれば、問題はよりはっきりする（参考図参照）。この場合、債務者・第三者間には契約による支払委託などが存在し、三当事者間における利益の移転はすべて基礎づけられており、不当利得関係は生じない。第三者の弁済の事例においては不当利得法によってなされた債務者・第三者間における利益の調整は、参考図の例では支払委託契約によってなされるからである。

〔第二例〕　債権の準占有者に対する弁済

債権の準占有者に対する債務者の弁済があった場合、民法四七八条の要件を満たせば債権は消滅する。その場合、債権を喪失した債権者は、弁済をうけた債権の準占有者に対し不当利得の返還請求をなしうる、とされる(57)。債権の準占有者に対する弁済の場合、三当事者間の財貨移転を基礎づける法律関係として、給付関係（民法四七八条により弁済は有効）・補償関係（その効果として、債権が消滅）ともいうべき法律関係はあるが、対価関係に対応する法律関係は何も存在していない（図２参照）。したがって、三当事者間における財貨の移転はここにおいて「法律上ノ原因」を欠くこととなり、この二当事者間において不当利得返還請求権が生ずることとなる。これを第三者に対し受領委託があった場合と対比すれば、問題ははっきりする（参考図参照）。この場合、三当事者間における利益の移転はすべて基礎づけられており、不当利得関係は生じない。債権者・弁済受領者（銀行など）の利益の調整は、受領委託契約によってなされる。

〔第三例〕　小切手による支払委託など

なお、三当事者間における不当利得は、右の例のように、補償関係や対価関係に相当する部分になんらの法律関係が存在しない場合のみならず、補償関係・対価関係として存在していた具体的な法律関係が法的効力をもたない場合にも、当然認められる。判例は、第三者により代金の一部が支払われた売買契約の取消があった場合に、弁済をした第三者は補償関係に立つことを理由とし、その代金の返還も対価関係当事者、すなわち、売買契約当事者間の不当利得として処理されるべきことを、判示している(58)。

〔参考図〕　受領委託

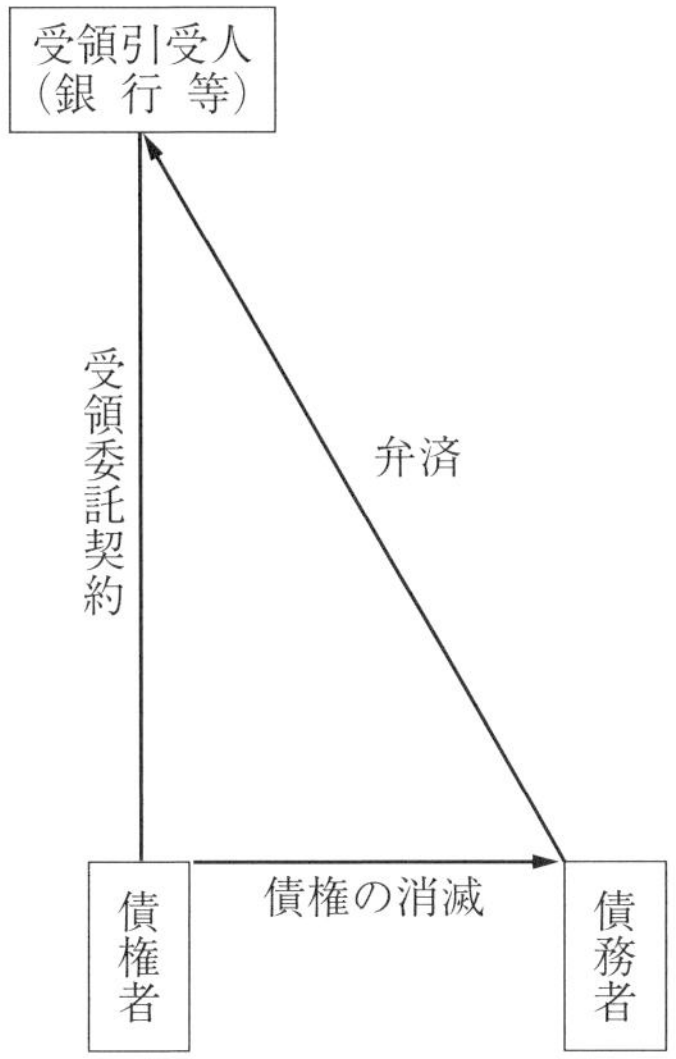

〔図3〕　小切手による支払

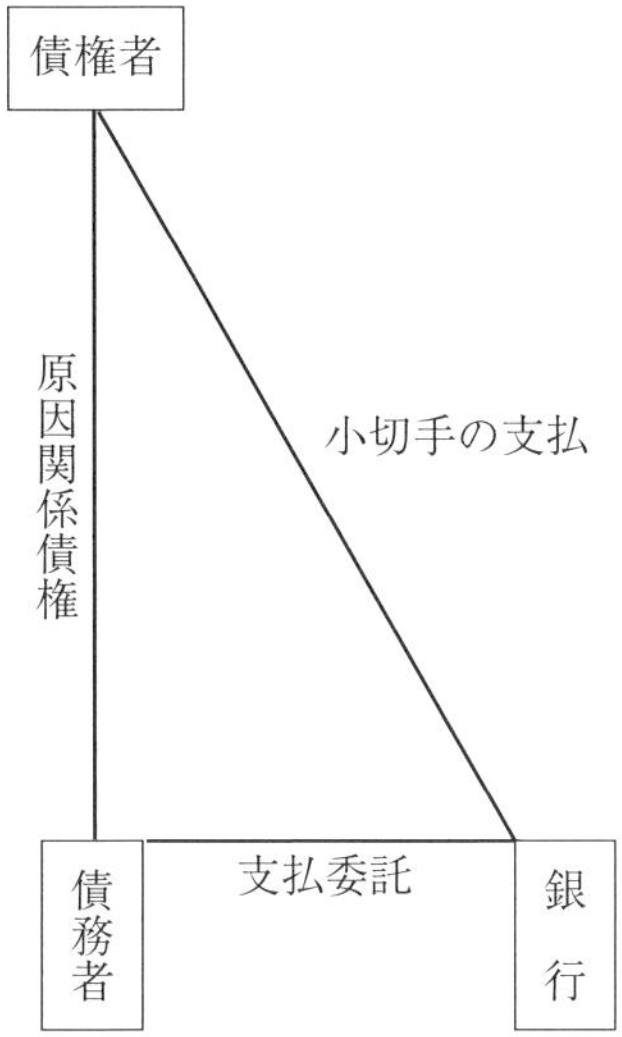

裁判例を離れるが、小切手による支払委託を例にとればこれは明瞭となる。別段、著者は、小切手の支払委託を主たる目的とする当座勘定契約を第三者のためにする契約であると主張するものではないが、分析の便宜上第三者のためにする契約との対比において問題を考察することにする。事案を簡単にするため、小切手が振り出されたまま流通に置かれなかった場合を考えてみよう（図3参照）。債権者が有効な小切手にもとづき金員を受領した場合、銀行に対しては、小切手が有効なことが金員受領の「法律上ノ原因」となる。しかし、原因関係債権（対価関係に対応する）が無効な場合、その関係当事者である債務者・債権者間においては前者から後者

〔図4〕　即時取得

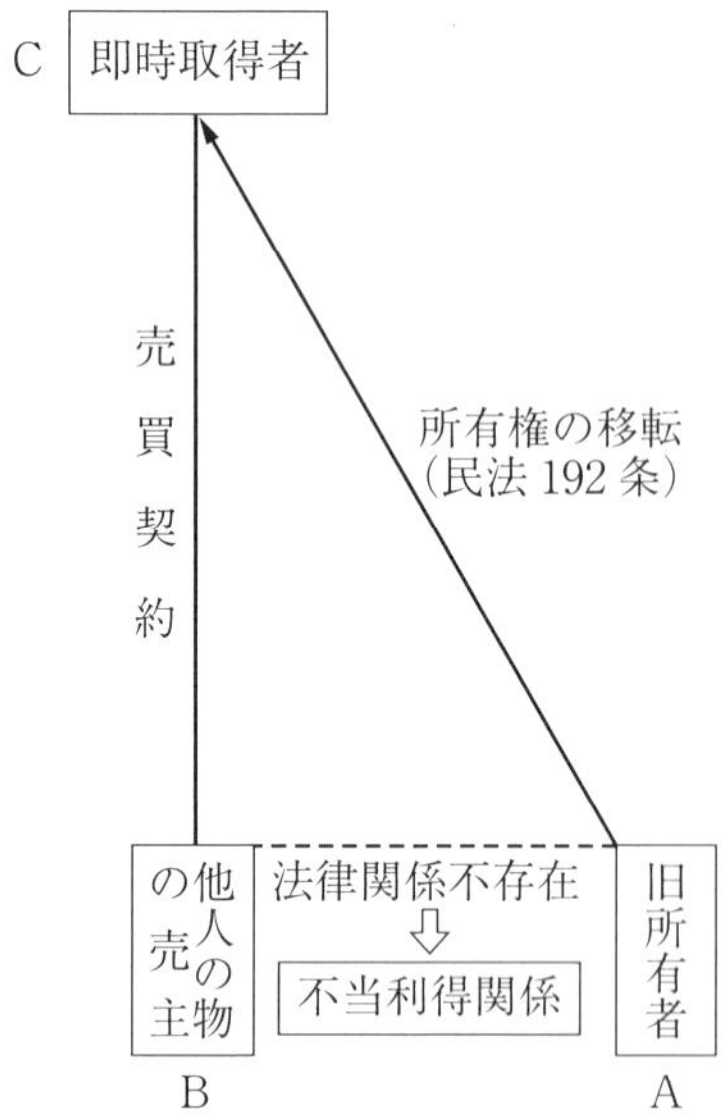

に対する不当利得返還請求権が認められる。小切手（給付関係に対応する）が有効なことは、その関係当事者間、すなわち、銀行・債権者間の財貨移転を基礎づけるだけであって、対価関係に対応する原因関係債権上の利益変動までは基礎づけない。右は、小切手が有効で原因関係債権が無効の例であった。逆に、小切手が無効で、原因関係債権が有効な場合も同じことがいえる。この場合、銀行は、債権者に対し支払金員を不当利得としてその返還を請求しうる（すなわち、給付関係に対応する法律関係に瑕疵があったため、その関係当事者間に不当利得関係が生ずる）。しかし、小切手の無効を債務者が主張して債権者に不当利得返還を請求しても、債権者はいずれにせよ原因関係債権によって財貨を受領すべき関係にあるので、この請求は排斥される。このように、第三者のためにする契約にひき直して考えるならば、小切手の有効無効が給付関係に対応する当事者間での財貨の移転を、原因関係債権の有効無効が対価関係に対応する当事者間での財貨の変動を、それぞれ別個に基礎づけている。また、この場合に、債務者・銀行間における支払委託契約が無効な場合には、補償関係に対応する当事者間、すなわち、債務者・銀行間に不当利得返還請求権が発生することは、当然である。

〔第四例〕　即時取得

典型的な第三者のためにする契約の形にひき直しにくい三当事者間の財貨移転の事例においても、財貨移転を基礎づける法律関係の存否が不当利得法における「法律上ノ原因」の有無のメルクマールとなる、という原則は維持される。〔図4〕の即時取得の例を考えよう。即時取得が生じた場合、他人の物の売主は、所有権を喪失した旧所有者に対し不当利得返還義務を負う(59)、とされる。しかし、かりに、〔図4〕において、Bが間接代理人であった場合などにおいても所有権は結果としてAからCへと移転するが、A・B間に委任契約その他が存在することによって不当利得関係は生じない。即時取得の場合は、A・B間にこのような委任契約その他法律関係が存在していない。したがって、それを補うものとして、A・B間に不当利得関係が生ずる。やはり、財貨移転を基礎づけるところの法律関係の欠落が、「法律上ノ原因」の有無のメルクマールとなる。A・B間の売買委託を内容とする委任契約が無効となった場合でも、まったく無権限で（すなわち、A・B間になんらの法律関係のないまま）Aの物を占有していたBがそれを売却した場合でも、右の意味においてはまったく変わりはない。

五　(イ)　以上、**三**、**四**に検討してきた、財貨移転を基礎づける具体的法律関係の存否が「法律上ノ原因」の内容をなすことが、不当利得法の考察に当たっては、ある意味では決定的である。本書の分析は、これ以後右の事実を基礎におきながら展開されていくことになるのであるが、その前に、明治以来の数多くの裁判例の中には、右の原則的な枠組――不当利得の「法律上ノ原因」の有無の内容は、財貨移転を基礎づける具体的法律関係の存否である――をはみだすものが多少あることに、注意を払う必要がある。明治以来の裁判例をみると、**三**に列挙したような具体的法律関係が存在しない場合には常に不当利得返還請求権が成立するという結論が導かれている。しかし、逆にこのような法律関係が存在する場合には不当利得返還請求が否定されるのが原則であっても、例外的に、不当利得返還請求が認容される場合もないわけではない。そのような事例として、次の三つの場合を列挙しよう。

(一)　不当利得返還が争われた両当事者間に**三**に述べた具体的法律関係が複数存在し、それが矛盾する場合。例をあげれば、かりに無因的物権行為を観念する立場をとった場合の物権関係と債権関係、財貨移転を基礎づけるところの判決とその背後にある実体的法律関係などが、相互に矛盾する場合。この場合、両当事者間における財貨移転が一方の法律関係によって基礎づけられるとしても、他方の法律関係によって基礎づけられないことにより、不当利得返還請求権が認容される場合がある。

(二)　財貨受領者が**三**に述べた具体的法律関係にもとづいて財貨を受領しても、不当利得返還請求者が当該財貨に競合的な法律関係をもっており、前者の法律関係が後者の法律関係に劣後する場合、ないし対抗できない場合。例をあげれば、抵当権にもとづき競売代金を受領したが、他に先順位の抵当権者がいた場合、債権関係にもとづく利益享受が、物権を有する者に対抗できない場合などがそれに当たる。この場合、財貨の受領が三に述べた具体的法律関係にもとづいていても、不当利得返還請求が認容される。

㈢　(i)　不当利得返還請求の両当事者が競合的な法律関係にたつが、その優先劣後が実定法上必ずしも明らかではない場合がある。この場合、実務は、一律に両者の優先劣後を判断せずに、事案ごとに妥当な結論を導こうと試みることがある。いわゆる失念株の事例などがそれに当たる。

(ii)　財貨の移転は三に述べた具体的法律関係にもとづいており、その法律関係は、単に不当利得返還請求者の財貨の受領を基礎づけるのみならず、不当利得返還請求者の財貨喪失を基礎づけている。したがって、不当利得返還請求の両当事者のうち、返還請求者は、当該財貨を回復すべき何の形式的権利をもっていないようにみえる。それにもかかわらず、不当利得返還請求が認容されている少数の事例がある。いわゆる目的不到達による不当利得、転用物訴権などがそれである。

では、以上の三つの場合のうち、実定法的基準が明確な㈠と㈡とを㈺、㈻で検討し、実定法的基準があまり明確ではない㈢を、改めて六で検討することにしよう。

㈺　二重の具体的法律関係

前に三で列挙した「法律上ノ原因」の内容をなす財貨移転を基礎づける法律関係が存在している場合であっても、それらの法律関係は常に単独で存在しているとはかぎらず、重畳的にも存在しうる。この場合、重畳的に存在する二つの法律関係が矛盾すれば、一方の法律関係は、財貨の受領を最終的に基礎づける法律関係としては、他方の法律関係の背後に退く。財貨移転が一方の法律関係によって基礎づけられていたとしても、究極的には他方の法律関係の存否によって「法律上ノ原因」の有無が判断されることとなる。「法律上ノ原因」が重畳的となる例としては、物権関係とその基礎となった債権関係、裁判とその基礎となる実体的法律関係、執行行為により形成された実体的法律関係と訴の目的となった請求権、などの場合があげられる。

(a)　物権関係と債権関係が重畳的に存在する場合

物権変動の法律構成には諸説があるが、かりに物権行為の独自性論をとった場合であっても、物権行為が有因の場合には、物権的権原と債権的権原は常に一致する。しかし、無因的な物権行為がなされた場合[60]、物権的権原と債権的権原は必ずしも一致しない場合が生ずる。さきに引用した裁判例[61]をやや修正した上で考えてみよう。永小作権の設定された土地が売却され、所有権移転の物権行為が無因的になされたが、売買契約が無効であった。物権の移転が無因とされる以上、売買契約が無効であっても、所有権は当然には売主に復帰しない。買主は自らの所有権にもとづき小作料を収受しうる。所有権は、小作人に対する関係では小作料収受の「法律上ノ原因」でありうる。しかし、この場合、売主に対する関係では、小作料収受を基礎づける物権関係は最終的なものではない。売主は買主に対し、土地所有権のみならず、収受した小作料も不当利得として返還請求しうる（一応、民法一八九条、一九〇条の占有の効力の規定は適用がないものとして考える）。売買契約当事者間においては、財貨移動は最終的に契約関係によって基礎づけられる。この場合、物権関係と債権関係のいずれが優先するかは、売買における、無因的物権行為と債権契約の構造的関係によってきまる。

(b)　判決とその基礎となる実体的法律関係

判決は、実体的法律関係を基礎とするものであるが、両者に矛盾が生ずる場合がある。判決は有効に存在するが実体的法律関係不存在の場合、実体的法律関係は存在するがいわゆる判決の無効の場合である。確定判決やそれに準ずるものとされる確定した支払命令は、実体的法律関係を確定する効力をもつ。したがって、判決、支払命令が確定した後に、実体的法律関係の不存在が判明したとしても、判例は、再審の訴によることはともかく、不当利得による返還請求を認めていない[62]。確定した判決、支払命令は、財貨受領を最終的に基礎づける法律関係とされ、実体的な法律関係はこれらの背後に退く。判決と実体的法律関係が矛盾する場合、どちらが優先するかは、両者の関係がいかなる構造をもつかによって判断される。裁判は、実体的法律関係に関して紛争がある場合に、その紛争を最終的に解決するために行なわれる。したがって、裁判の紛争解決の最終性を確保する要請から、判決には既判力が認められ、判決が実体的法律関係に優先する、と考えられる。[63] なお判決の無効という概念も講学上存在するが、判決の無効にもとづき給付物の不当利得返還請求を認めた裁判例は現在まで見当たらない。ただ支払命令により給付を受領したが、異議申立により支払命令が効力を失った場合に、不当利得返還の成否が実体的法律関係によって決せられる、とした例が存在する。[64]

(c)　執行行為により形成された実体的法律関係と、訴の目的となった請求権

実体関係の変動を伴う執行行為は、前述したように[65]そこにおける財貨変動を基礎づける。しかしながら、この執行行為も、最終的には訴の目的となった請求権の満足のために存在している。したがって、二つの法律関係がともに有効に存在していれば問題はないが[66]、執行行為自体が有効であっても、それを基礎づけるべき訴の目的となった請求権が存在しない場合には、その有効な権利変動自体が不当利得とされる。有効な転付命令により差押債務者の第三債務者に対する債権が差押債権者に移転したが、訴の目的となった債権自体が不存在の場合、差押債務者は差押債権者に対し、不当利得の返還を請求しうる。移転債権が存在している場合には、その債権の不当利得[67]、債権消滅の場合にはその評価額（通常は受領金員）の返還が問題となる。[68] このようにして執行行為が訴の目的となった請求権の背後に退くのは、執行行為全体が訴の目的となった請求権の実現のために存在するという、両者の構造的関係によるものである。

(ハ)　競合的法律関係の優先劣後

財貨の受領、義務負担の免脱が、三に列挙した法律関係にもとづいていても、なお不当利得返還請求が認容される場合として、次の例がある。財貨受領者のみならず、それ以外の者が当該財貨の受領、義務負担の免脱に関して

なんらかの法律関係をもっている場合、その両者の法律関係の調整が必要となり、それが不当利得法に委ねられる。この場合は、両者の法律関係のいずれが優先しいずれが劣後するか、あるいは一方の法律関係が他方の法律関係に対抗しうるか否かによって、不当利得関係の成否は決せられる。前の叙述との関係を明確にするためにここで一言すれば、さきに述べた(ロ)は、財貨移転を基礎づける複数の法律関係が、不当利得返還請求者・被請求者間に、重畳的に存在する場合であった。それに対し、ここにあげる(ハ)は、不当利得返還請求者・被請求者が、それぞれ受領財貨ないし両当事者以外の第三者との間に財貨移転を基礎づける法律関係をもち、それが競合する場合である。具体的にいえば、物権の対抗力、優先的効力が問題となる事案、扶養義務者間の求償の事案その他がこの例である。これらの点を裁判例に即して次に示してみよう。

(a) 物権の対抗力・優先的効力の問題

(i) 対抗力ある物権と対抗力なき物権

いわゆる対抗力なき権利にもとづき財貨を受領している場合には、財貨受領を基礎づける法律関係はあっても、その法律関係を対抗できない第三者に対し不当利得返還義務を負うことがある。裁判例としては、次のものがある。

〔4・1〕 名古屋控判大正七年八月九日新聞一四五九号一九頁（〔4・17〕、本書二九二頁）。

土地の二重譲渡があり、登記は第一の譲受人Xに移転されたが、占有は第二の譲受人Yに移転された。Yはその土地を小作にだし、小作米その他を受領していた。Xは、Yが受領した三年分の小作米その他を不当利得として、その返還を求めて訴提起。裁判所は、Xの不当利得返還請求を認容した（ただし、Yは悪意の占有者である）。Yは、売買により土地所有権を取得しており、ただ対抗要件を備えていないにとどまる。したがって、Yの小作米収受は、その所有権に基礎を置いている。しかし、Yはその所有権の取得をXに対抗できないため、Xの不当利得返還請求が認められる。ここでは、財貨受領者の法律関係が不当利得の返還請求者に対抗できるか否かが、不当利得返還請求の成否を決定している。

(ii)　物権相互の優先劣後

抵当権者が、抵当権にもとづき競売を行ない、競落代金の配当を受けた場合、競落人・抵当物件の旧所有者に対する関係では、抵当権・被担保債権が配当金受領の「法律上ノ原因」となる。しかし、抵当権・被担保債権は、競落人・抵当権者間で金員の移動を基礎づけるにとどまる。当該物件に関し、他に抵当権者があり、その者が配当金受領を不当利得として返還請求した場合、不当利得返還請求権の成否は抵当権の順位いかんによって決せられる。ここにおいては、同一財貨、その延長としての換価金の上に、請求者、被請求者ともに抵当権という法律関係をもつ。この二つの法律関係の優先劣後が不当利得返還請求権の成否を決し、それが「法律上ノ原因」の内容をなす。このことは、次の例にあらわれている(69)。

〔4・2〕　大判昭和八年一〇月一八日裁判例(7)民二四二頁（〔4・21〕、本書三〇五頁）。

抵当権にもとづき、競売手続が実行され、競売代金が交付された。しかし、第一順位の抵当権者Xは配当を受けず、後順位抵当権者Yが配当を受領した。XよりYへの、不当利得返還請求が認容された。

次の判例のように、抵当権者と抵当不動産の第三取得者との間で、優先劣後が争われることもある。

〔4・3〕　大判昭和一六年一二月五日民集二〇巻二四号一四四九頁。

抵当権実行により競売手続が行なわれ、配当表が作成された。Xは、第一順位および第二順位抵当権を有し、N円の配当を受け、剰余金が抵当不動産の第三取得者Yに配当された。しかし、Xの有する被担保債権に配当表に記載されていない残額があり、それがYの受領金員を上まわっていた。Xは、Yの受領金員を不当利得としてその返還を請求し、訴提起。裁判所は、この請求を認容した。

(iii)　物権の債権に対する優先的効力

優先劣後関係は、前の例では抵当権相互の、後の例では抵当権と所有権の登記順位によって決せられている。

内容が衝突する物権相互の場合のみならず、物権と債権との関係においても、これは同様である。有効な賃貸借契約にもとづき土地を使用収益している賃借人は、契約（賃貸借）という法律関係を財貨受領の基礎としている。しかし、賃貸人が第三者に土地所有権を譲渡した場合、賃借権が対抗力をもたないかぎり、新所有者に対し賃借人は自らの賃借権を主張できない（売買は賃貸借を破る）。かりに、新所有者が、賃借人の使用、収益を不当利得であるとしてその返還を求めれば、賃借人が自己の賃貸借契約を対抗できない以上、不当利得返還請求は認容されることとなる（ただし、賃料支払済の場合は、現存利益がないとされるか否かが問題となる）。判例も、賃貸借契約を所有者に対抗できない場合に、所有者の賃借人に対する不当利得返還請求権の成立を認めている。(70)

このような物権の優先的効力は、一般債権者と担保物権を有する者の間でも問題となる。たとえば、二人の債権者の一人が担保物権をもっており、一方がもっていないような場合、請求者、被請求者のいずれが担保物権を有し、どちらが優先するかによって、不当利得返還請求権の成否が決せられる。(71) このことは、次の例からも明らかである。

〔4・4〕 大阪地判大正一二年三月三日新聞二一三三号二一頁。

Aは B会社の株主であったが、B会社解散により、残余財産分配請求権をもっていた。Aの債権者Yは、自己の債権にもとづき右請求権を差し押え、転付命令を得、分配金を受領した。ところが、Aの債権者Xは、当該株式の上に質権を有していた。Xは、Yが受領した分配金を不当利得として、訴提起。裁判所は、この請求を認容した。

本件において、Yの財貨受領は、有効な法律関係にもとづいていた。Yは、Aに債権をもち、有効な強制執行手続によって財貨を受領している（すなわち、AやBは、Yの受領財貨を不当利得として返還請求を求めることはできない）。しかし、Yが受領した金員に関し、Xもそれを受領すべき法律関係（債権および質権）をもっている。そして、二つの法律関係のうち、Xの法律関係が、質権によってYの法律関係（単なる債権）に優先すべきものとされるがゆえに、Xの不当利得返還請求は認容される。ここにおいて、不当利得返還請求の成否を決しているのは、二つの法律関係の優先劣後の関係である。(72)

これらの(i)〜(iii)の事例においては、不当利得返還の被請求者は、三にあげた具体的法律関係を基礎として財貨を受領している。しかし、その法律関係が請求者に対抗できない、あるいは請求者のもつ法律関係に劣後するがゆえに、不当利得返還請求が認容された。ここにおいて、不当利得返還請求の成否を決する判断、すなわち、「法律上ノ原因」の内容は、物権の債権に対する優先的効力、物権相互の優先劣後ないし物権の対抗可能性などの問題にほかならない。

(b)　扶養義務者間の求償の場合にも、やはり法律関係の優先劣後関係が「法律上ノ原因」の有無の内容をなすという構造がある。

扶養義務にもとづいて扶養した場合、その財貨の移転は法律の規定に基礎づけられ、「法律上ノ原因」をもつ（民法七五二条、七六〇条、八二〇条、八七七条など）。この場合、扶養者は、被扶養者に対し、給付したものを不当利得としてその返還を求めることはできない。しかし、複数の扶養義務者が存在する場合に、出捐を免れた扶養義務者に対しては、扶養者は不当利得法により求償することが可能である。この場合の不当利得返還請求が認容されるか否かは、昭和二二年民法改正前においてはどちらの扶養義務が先順位かによって定まっていた。改正前民法九五五条、九五六条は、扶養義務の順位を詳細に法定していたからである。判例は、扶養をした後順位義務者が、先順位義務者に対して不当利得返還請求をする場合には、その請求を認容した(73)。逆に、先順位義務者の後順位義務者に対する求償である場合、その請求は棄却された(74)。また、扶養義務者相互に扶養義務に関する特約が結ばれており、それに従って扶養がなされた場合には、不当利得返還請求は棄却された(75)。これは、扶養義務者間における利益の変動が、契約によって基礎づけられ、「法律上ノ原因」があるためと思われる。

現行法においては、扶養義務の順位は、旧法のように細目にわたって法定されていない。扶養義務の順位は当事者間の協議または家庭裁判所の審判によって定まる、とされる（民法八七八条）。しかしながら、通説によれば(76)、夫婦とその間の未成熟子の間の生活保持義務、直系血族および兄弟姉妹間の絶対的扶養義務（民法八七七条一項）、それ以外の三親等間の相対的扶養義務（民法八七七条二項）は、性格・順位が異なる、とされており、実務においても依然扶養義務の順位という観念に言及されることがある。[77] このような立場からは、現行法のもとにおいても、扶養出捐者が不当利得法によって他の扶養義務者に求償した事案が扶養義務に順位差が確定的にある事案であるならば、別段家庭裁判所の審判によらなくとも、いずれの扶養義務が先順位かによって不当利得返還請求権の成否が決せられてよいものと考える[78]（ただし、同順位扶養義務者ないし順位差が明確でない者の間での求償の事案に関しては、このように判断することはできない。判例は、各自の扶養分担額は協議または家庭裁判所の審判により定められるべきであって、判決手続で定めることはできない、としている[79]）。

なお、扶養義務者間の求償は、不当利得の問題としては以上のように構成されるが、この問題は、しばしば事務管理による費用償還請求権としても構成される。そのため、事務管理の法律構成の影響も判例には見受けられる。[80] この点は本書では割愛する。

（c）その他の法律関係の優先劣後

不当利得返還の被請求者の財貨受領を基礎づけている法律関係と、不当利得返還請求者がその財貨の上にもつ法律関係との優先劣後によって、不当利得返還請求権の成否が決せられるのは、以上の例にかぎらない。法律が両当事者の法律関係の優先劣後を定めているときは、不当利得返還請求権の成否は、すべてその優先劣後によって決せられている。裁判例としては次の例がある。

〔4・5〕 東京高判昭和三五年一月二七日高民集一三巻一号四四頁。

国（Y）は、国税債権にもとづく滞納処分手続によって納税義務者所有の不動産を公売に付し、競落代金を国税債権に充当した。Xは、当該不動産の抵当権者であった。Xは、Yが競落代金を充当したことを不当利得として、訴提起。

国税債権と、納税者の財産上の担保物権との関係は、国税徴収法三条に定められていた[81]（昭和三四年改正前）。X

の抵当権は、部分的には国税徴収法三条の国税債権に優先する要件をみたしていたが、全部優先するわけではなかった。裁判所は、Xの抵当権が国税債権に優先する範囲においては不当利得返還請求を認容し、優先しない部分に関してはXの請求を棄却した。

(ニ)　以上五で検討したところを総合すると、既判力などによって一定の主張が封ぜられているという関係や、物権などで一定の権利関係を第三者に対抗できないという問題等々も、そのまま不当利得における「法律上ノ原因」の有無の判断に投影されていることになる。この意味においては、不当利得における「法律上ノ原因」の有無の判断は、財貨移転を基礎づける法律関係の存否という単純な枠組をこえた総合的な判断となるが、その内容は、判断者の衡平判断、あるいは種々の諸要素を総合勘案した上での決断などが介在したものではなく、実定法規にきわめて密着したものであることが留意される必要があろう。

六　(イ)　以上に検討してきた例は、財貨移転を基礎づける法律関係の存否、または請求者・被請求者のそれぞれが移転財貨の上にもつ法律関係の優先劣後、対抗関係が、それぞれ法規または講学上一義的に結論づけられる場合であった。これらの紛争においては、不当利得返還請求権の成否に関する判断を法規に依拠して提示することができた。しかし、数多くの不当利得判例の中には、不当利得返還請求権の成否――「法律上ノ原因」の有無の判断――が、実定法的基準に還元しえないと思われるものも存在しないわけではない。明治以来の裁判例を総合的に検討してみると、それには次の五つの種類があるように思われる。すなわち、騙取金員による弁済の事案、いわゆる目的不到達による不当利得、失念株についての不当利得、質入債権についての転付命令、および転用物訴権の事例である。そのそれぞれを次に検討してみよう。

(ロ)　騙取金員による弁済

金員騙取があった場合に、騙取者その人が利益を受けることは当然であるが、騙取者がその騙取金員をもって第三者に債務の弁済をし、その第三者が利益を受けることがある。この場合、被騙取者が、受益した第三者に対して不当利得の返還請求をすることがあるが、この問題につき、最高裁判所は次のように判示した。

〔4・6〕　最判昭和四二年三月三一日民集二一巻二号四七五頁（〔13・4〕、本書六三四頁）。

Yは、訴外Mに対し、売買代金などの債権を有していた。Yより再三の支払請求を受けたMは、Xより金員を騙取し、その大部分をYへの弁済にあてた。Yは、これを善意で受領した。Xの、Yに対する不当利得返還請求権は、第一審においては認容されたが、原審、最高裁においてはともに認められなかった。その理由は、次のとおりである。

「このような事実関係のもとにおいては、Yは、自己らに対してMが負担する債務の弁済として本件金員を善意で受領したのであるから、法律の原因に基づいてこれを取得したものというべきであり、右金員が前記のようにMにおいてXから騙取したものであるからといつて、Yについてなんら不当利得の関係を生ずるものではないと解すべきである」（傍点著者）。

かねてからこの種の事案に関する判例がきわめて多数存在し、それが混乱を極めていたことは周知の事実である。本件を含めたこの種の事案においては、X－M、M－Y間に、それぞれ、契約債権、不法行為による損害賠償請求権、不当利得返還請求権、民法一一七条の無権代理人の責任による債権などのいずれかが存在している。しかし、X、YがそれぞれMに対してもつ債権は、Mの無資力によって効を奏さないため、X－M－Yと移転されていった金員をめぐり、両者の法律関係の優劣が争われる。これまでの判例には、これを「受益と損失の因果関係」の問題と構成するもの[82]、「法律上ノ原因」の問題と構成するものが混在しており、判例すべてを統一的に理解することはできない[83]。しかし、多数の判例は、XとYの優先関係のメルクマールを主として金銭所有権の所在に求めた。原則的には金銭所有権は被騙取者にあるが[84]（ただし、逆の判例もある）[85]、仲介者Mが当該金員を自己の金員と混和したか否か[86]、Yが金員を即時取得したか否か[87]、をメルクマールとしながら、不当利得返還請求の成否を判断する、等々。

しかし、本件最高裁判決は、当該被騙取金員ないしその価値に対する、被騙取者、第三者のそれぞれの法律関係の優劣を論ずることなく、当事者の「善意」というある種の帰責事由ないし衡平判断に問題解決の鍵を求めたように思われる。これ以後、この方向をさらに押しすすめるような最高裁判例[88]もでているが、この問題については、判例学説ともに一つの問題を見落しているようにも思われ、また金銭所有権の特殊性を顧慮すべきであるなどの本書で後に検討する問題もあるので、詳細な検討は後の叙述[89]に譲ることにする。

(ハ)　目的不到達による不当利得

日本民法典のもとにあってもローマ法に源を発する目的不到達によるコンディクチオ（condictio causa data causa non secuta）の伝統が受けつがれ、給付が出捐の当時に予期された目的を達せずに終わった場合は不当利得となる、と一般にいわれる。典型的事例としてよくあげられるのは、婚姻不成立による結納の返還の場合である。裁判にあらわれるのも結納の事例がほとんどであるため、これを例にとろう。

判例において、結納は「他日婚姻ノ成立スヘキコトヲ予想シ授受スル一種ノ贈与[90]」と解されている。結納がとりかわされた後婚姻が不成立に終わった場合、結納が返還されるべきであるとする結論は、実務において確立している（後述する特段の事情がある場合を除く）。この場合、贈与契約を、婚姻成立という解除条件付きと解し、あるいは、行為基礎の喪失などを問題とし、贈与契約自身の効力を問題とすることも論理的には可能であった[91]。しかし、この問題の先駆となった大審院判例が贈与契約の効力をいかに考えていたのかは明確でない。

〔4・7〕　大判大正六年二月二八日民録二三輯二九二頁（〔13・7〕、本書六五四頁）。

「結納ナルモノハ他日婚姻ノ成立スヘキコトヲ予想シ授受スル一種ノ贈与ニシテ婚約カ後ニ至リ当事者双方ノ合意上解除セラルル場合ニ於テハ当然其効力ヲ失ヒ給付ヲ受ケタル者ハ其目的物ヲ相手方ニ返還スヘキ義務ヲ帯有スルモノトス蓋シ結納ヲ授受スル当事者ノ意思表示ノ内容ハ単ニ無償ニテ財産権ノ移転ヲ目的トスルモノニアラスシテ如上婚姻予約ノ成立ヲ証スルト共ニ併セテ将来成立スヘキ婚姻ヲ前提トシ其親族関係ヨリ生スル相互ノ情誼ヲ厚フスルコトヲ目的トスルモノナレハ婚姻ノ予約解除セラレ婚姻ノ成立スルコト能ハサルニ至

リタルトキハ之ニ依リテ証スヘキ予約ハ消滅シ又温情ヲ致スヘキ親族関係ハ発生スルニ至ラスシテ止ミ究局結納ヲ給付シタル目的ヲ達スルコト能ハサルカ故ニ斯ノ如キ目的ノ下ニ其給付ヲ受ケタル者ハ之ヲ自己ニ保留スヘキ何等法律上ノ原因ヲ缺クモノニシテ不当利得トシテ給付者ニ返還スヘキヲ当然トスレハナリ」（傍点著者）。

本件の理由中、結納が「効力を失い」と、「給付したる目的を達すること能わざるが故に」不当利得返還義務を負うとが、いかなる関係に立つかは明確でない。しかし、本判例において、効力失効の原因が明示されていないことと、後に第一三章で検討する学説の大勢もあって、その後の実務には、贈与契約の無効という構成ではなく、主として目的不到達による不当利得という法律構成が受けつがれたようである。(92)

「目的不到達」が、贈与契約自身は瑕疵をもたずその効力は有効であるが、なんらかの契約法外の考慮から不当利得返還請求権が発生する、との構成であるならば、両当事者の関係は次のようになる。この不当利得をめぐる被請求者は、贈与契約にもとづき財貨（結納）を受領し、請求者は贈与契約にもとづき財貨を喪失している。しかし、給付目的不到達の場合は、契約に基礎づけられた財貨移転を不当利得法によって修正しうる。実務において結納返還が問題とされる場合、贈与契約の失効事由は言及されないのが通常であるが、その構成の内容を明確にすれば右のようになろう。しかし、この考え方自身には問題があり、判例もある場合には無意識的に右構成を潜脱しているが、この点は後に検討することにしよう。(93)

(二)　失念株など

株式の移転にさいし名義書換がされておらず、株主名簿上の名義は実質株主を反映していない場合に、名義上の株主が利益配当金を受領したり、新株の引受をしたとき、株式譲受人は、これらを不当利得としてその返還を求めることができるか。名義上の株主がこれらの財貨を受領したのは、商法二〇六条に原因する。しかし、株式譲受人は、株券の交付を受けた場合には株主たる地位を取得している（商法二〇五条）。利益配当請求権は、株式の内容をなす権利であるし、新株引受権は、必ずしも株式の内容をなすとはいえないものの、経済的には株式所有を基礎としている。ここにおいて不当利得返還を認めるか否かは、利益配当、失念株の帰属を最終的に基礎づけるために、商法二〇六条と実質的株主との二種の法律関係のいずれを優先させるべきか、という判断に帰着する。

利益配当を名義株主が受領した場合、判例は、実質株主のその者に対する不当利得返還請求を常に認容する。[94] 利益配当請求権は株主の権利であり、それに対し、商法二〇六条は権利の所在の問題ではなく「資格」の問題である、と講学上観念される。利益配当に関しては、実質的株主という法律関係が常に商法二〇六条に優先することになるが、利益状況も単純であり、問題は少ない。

しかし、失念株などの株式取得に関しては、問題はやや複雑となる。株主割当による新株の額面発行がされ、時価が額面を上回る場合には、その新株発行には株式分割としての色彩もあり、そのかぎりでは新株は実質株主に帰属すべきものである。しかし、他方、株式においては当然株価の変動が予定されているので、新株発行の後になってから実質株主から名義株主に新株の不当利得返還請求を許すことは、株価変動のリスクを一方的に負わせることにもなりかねない。この問題を顧慮してであろうか、次の判例は、このような不当利得返還請求権を認めなかった。

〔4・8〕　最判昭和三五年九月一五日民集一四巻一一号二一四七頁（〔13・9〕、本書六六七頁）。

株式譲渡に伴う典型的失念株に関する事案である。株式譲渡人Yが引き受けた増資新株を不当利得として、株式譲受人Xは、譲渡人Yに対しその返還を請求した。その請求は棄却された。その理由は、新株引受権は株主総会決議より発生したが、その決議における新株引受権を附与される株主とは登記簿上の名義人を意味する、という総会決議の『解釈』にある（なお、本件では、昭和二五年商法改正以前の株式譲渡が問題とされている）。

本件に関しては次の点を顧慮する必要がある。まず、定款によって株主に新株引受権が与えられている場合、株主たる地位はその内容として抽象的新株引受権を含むこととなる（この点、利益配当に状況が類似する）。しかし、定款に右の定めがない場合、株主以外の第三者に新株引受権を附与することも自由であって、新株引受権は株主たる地位が当然にもたらす権利ではない。しかし、株主に新株引受権を附与する場合、経済的には株価に新株引受権附与の期待が反映し、株式に含まれる利益となる。本件は、実質株主にこの利益の帰属を認めなかったことになる。この判例をどのように考えるかについては種々の問題があり、それは後に検討するが[95]、かりに、最高裁判所が、実質株主に帰属すべき新株につき、株式の特性を顧慮して不当利得返還請求権を認めなかったのだとすると、法規の形式を離れた実質判断がこの種の不当利得について展開されている、と考える余地もでてくることになろう。

(ホ)　質入債権についての転付命令

不当利得返還請求者・被請求者間の財貨の移転が、実体関係の変動を伴う執行行為により基礎づけられている場合、すなわち、執行手続において債権者が転付命令を得、係争債権は消滅した場合に（民事執行法一六〇条（昭和五四年改正前民事訴訟法六〇一条））、それを不当利得法によって修正した事案がある。これは、右の転付された債権が質権の目的となっており、質権者がその権利を実行したため差押債権者は現実には弁済を受けずに終わった場合に、差押債権者から差押債務者に対する不当利得返還請求を認容したものである。この場合、不当利得返還請求者・被請求者間の財貨の移転は、有効な転付命令にもとづく。しかし、差押債権者の債権取得が経済的実効性を伴わないため、その利益の移転を不当利得法により修正することを、裁判所が認めたことになる。まず、その裁判例を次に示してみよう。

〔4・9〕　大判大正一四年七月三日民集四巻一二号六一三頁（〔13・11〕、本書六七二頁）。

右の本文に述べたような事案において、経済的満足を得られなかった差押債権者Xが、このような質入債権の転付によっては係争債権は消滅しないと主張し、差押債務者Yに債務の履行を求めた。大審院は、この請求を棄却し、質権の目的となった債権の転付も民事訴訟法六〇一条所定の効力が生ずる、と判示した。その理由中に、傍論として、「転付債権ニ付質権ヲ有スル者カ其ノ権利ヲ実行シ差押債権者ニ於テ転付債権ノ弁済ヲ得ルコト能ハサルトキハ差押債務者ニ於テ不当利得ヲ為スモノナルヲ以テ差押債権者ハ之カ返還請求ヲ為スコトヲ得ヘシ」と述べた。

本書で後に記すように、右の当事者間における不当利得返還請求を後の下級審判決は認めているし、戦後の下級審判決も類似事案で同一の結論を認めている。(96)

ここにおいては、執行行為により形成される実体的法律関係における利益の変動（転付命令による債権の消滅）が、不当利得法によって修正されることとなる。しかし、このような結論それ自体に、民事訴訟法学からの反対もあることであり、この結論の是非は後に検討しよう。(97)

(ヘ)　転用物訴権

右の(ホ)に述べた事案と同様に、不当利得返還請求者・被請求者間の財貨移転が契約関係によって――正確にいえば、契約関係の連鎖によって――基礎づけられている場合に、それを不当利得法によって修正する事例がある。近時、最高裁判所によって認められた転用物訴権の事例がそれである。

〔4・10〕　最判昭和四五年七月一六日民集二四巻七号九〇九頁（〔2・14〕、本書五〇頁および〔14・4〕、本書六八三頁）。

Y－M間にブルドーザーの賃貸借契約が結ばれていたが、請負人Xは、賃借人Mとの契約によりブルドーザーを修繕した。Mの支払不能によりXは請負代金債権の満足を得ず、一方Yは賃貸借契約消滅の後、ブルドーザーを回収した。Xの、Yに対する不当利得返還請求が認容された。その理由中には、次の文言があった。「修理費用をMにおいて負担する旨の特約がMとYとの間に存したとしても、XからYに対する不当利得返還請求の妨げとなるものではない。」

本件において、Xの修繕による利益の移転は、第一に請負契約（X－M間）、第二に賃貸借契約（M－Y間）にもとづく。Yは契約にもとづき利益を保有している。Xも、契約にもとづき労務提供をなしたにすぎない。しかし、第一の契約が、形式的には財貨移転を基礎づけているが、現実にはXにとっては実効を奏するものではなかった（すなわち、Mの支払不能により、請負代金債権の満足をえない）。おそらく、この実質に着眼し、裁判所は、形式的には利益移転が契約関係の連鎖に基礎づけられているにもかかわらず、不当利得返還請求を認容したものと思われる。

この判決は、一見すると単純な事案にもかかわらず、利益状況は実際はかなり錯綜しており、本判決の結論が妥当性を維持するのは、わずかな分野にとどまるのであるが、この点かなり詳細な分析が必要でもあり、やはり後に論ずる。(98)

七 (イ) 以上の検討を総合すると、**六**に記したものを除き、明治以来の約五百件に達する裁判例にあらわれたかぎり、(99)不当利得における「法律上ノ原因」の有無の判断は、非常に実定法的な判断内容に還元しうるものであった。具体的にいえば、財貨移転を基礎づける法律関係が当事者間に存在するか否かによって、「法律上ノ原因」の有無が決定されたのである。このことは、二当事者間の不当利得関係であろうと、多当事者間の不当利得関係であろうと変わるところはない。このかぎりにおいては、不当利得法の原則規定である民法七〇三条が「法律上ノ原因ナク」と規定している、その言語的表現そのものに即した内容がこの要件の内包となっていたのである。(100)

ただ**五**に述べたように、財貨移転を基礎づける法律関係が存在していても、それが物権法上第三者に対抗できない、あるいは、民事訴訟法上の既判力によってその主張を遮断されているような場合に、そのことは、不当利得の「法律上ノ原因」の判断に反映されることになる。この意味においては、不当利得における「法律上ノ原因」の有無の判断は、ほとんどの場合においては、財貨移転を基礎づける法律関係の存否という単純な内容であるが、ときにそれをこえた、対抗問題、既判力等々をも顧慮した多面的な――しかし、あくまで実定法的な――内容となることは事実である。

後に検討するように、本節**六**に検討した事案は、従来不当利得法の性格が曖昧なままにされていたために、それを隠れ蓑に紛争の法的性格が充分に分析されつくされなかったという憾みがある。したがって、その点についての後の分析をも前提にしていえば、(101)不当利得法における「法律上ノ原因」の判断内容は、一部にいわれるように、(102)衡平判断や道徳的判断なのでは決してなく、きわめて実定法規に密着した判断であることを、まずはここに確認しておきたい。

(ロ)　本節の分析が示すところとして、(イ)に述べた不当利得の「法律上ノ原因」の内容がきわめて実定法的判断であるということに加え、もう一つの重要な問題がある。それは、不当利得の「法律上ノ原因」の判断内容には、民法典のみならず、商法、民事訴訟法、行政法等々をも含んだ実定法の体系が、鏡に映したように投影されており、この点で、不当利得法が、財産法体系の箱庭ともいうべき縮図構造を示していることである。しかし、この点こそが、不当利得法の性格を分析する鍵ともなるように思われるので、節を改めてこの点を検討しよう。

(1)　特に、本書八九頁以下参照。
(2)　前注引用箇所参照。
(3)　本書五八頁以下、一一二頁以下、一一七頁以下参照。
(4)　本書一九頁以下。
(5)　E. Jung, Die Bereicherungsansprüche und der Mangel des „rechtlichen Grundes". (1902). S. 129. なお、これを修正した説として、来栖三郎「民法における財産法と身分法（三）」法学協会雑誌六一巻三号（昭和一八年）三六〇頁以下、同「契約法と不当利得法」山田還暦　概観ドイツ法（昭和四六年）一七七頁以下。これらについては、本書一二〇頁、一一九頁以下参照。
(6)　大判大正八年一二月一一日民録二五輯二二八〇頁、札幌地判昭和三一年四月三〇日下民集七巻四号一一二九頁など。
(7)　ただ、契約が有効であっても、その契約がどのような財貨移転を基礎づけるのかという問題があるが、この点は本書二二九頁以下の叙述参照。
(8)　福岡地判昭和四五年九月九日判タ二五七号二四五頁、東京控判大正四年一〇月二六日評論四巻民法八〇五頁など。
(9)　最判昭和三〇年五月一三日民集九巻六号六七九頁、東京地判昭和四五年二月一〇日判時五九五号九一頁、札幌高判昭和五九年一〇月二二日判タ五四五号一五五頁など。
(10)　大判明治四五年二月三日民録一八輯五四頁など。
(11)　東京地判昭和四年五月二五日評論一八巻民法八六九頁、大阪地判昭和二九年三月二五日下民集五巻三号四一九頁など。

(12)　大判昭和一八年八月三一日法学一三巻三九〇頁〔4・16〕、本書二九一頁)。なお、京都地判昭和四五年三月一九日交通民集三巻二号四三五頁は、和解契約の成立を認定しているか否か必ずしも明瞭でないが、和解契約が介在していないとすれば、同じ構造と思われる。

(13)　大判昭和一五年三月九日評論二九巻民法六六九頁〔12・1〕、本書六一九頁)。なお、甲府地判昭和三二年六月一〇日下民集八巻六号一〇八八頁〔4・22〕も、このような構成のもとに判示されるべき事案であるが、判決の理由づけが不明確であることは、後に述べる(本書三一〇頁)。

(14)　判決理由中の認定が当事者間の権利義務に関し多少明確でないところはあるが、横浜地判昭和五一年二月三日判タ三四一号二四三頁は、このような事案かと思われる。

(15)　この構成について判示した判決は見当たらないが、注(13)引用判例の上告理由ではこの構成も主張される(大判昭和一五年三月九日評論二九巻民法六七三頁上告理由ノ二)。

(16)　大判大正六年五月一四日民録二三輯七八六頁(更改による債権の消滅の場合)。

(17)　大判大正四年八月二六日民録二一輯一四一七頁。債権にもとづく財貨の受領ではあったが、債務者が破産したため、破産財団に対し、受領財貨を不当利得として返還すべきであると判示された(質権設定は、効力をもっていなかった)。なお、差押の場合の求償権は、民法四八一条二項に法定されるが、これは不当利得返還請求の性質を有する、と通説は解する(我妻栄『新訂債権総論(民法講義Ⅳ)』(昭和四一年)二七二頁、於保不二雄『債権総論』(法律学全集20)(昭和四三年)三二三頁、磯村哲編・沢井裕執筆『注釈民法⑿』(昭和四五年)一二二頁など)。

なお、別の例として、大阪地判昭和五五年八月二五日下民集三一巻五―八号四九九頁。更生会社(X)に対する国税債権(更生債権の一種)にもとづき、国(Y)が滞納処分をし、配当金を受領した。この配当金の受領は、通例ならば、会社更生法一一二条但書にもとづき是認されるべき場合であったが、本件においては、会社財産が共益債権の総額を弁済するのに足りなかったため、更生債権者は弁済を受けられない場合であった(会社更生法二一〇条の解釈)。XからYへの不当利得返還請求が認められた。この事案も、債権が弁済受領権能を失っていたため、財貨移転を基礎づけることができず、不当利得返還請求が認められたものである。

(18)　なお、本文には、所有権、用益物権、担保物権のみをあげたので、ここで占有について一言しておこう。占有権が本権と対置される意味での事実状態の保護に終始するかぎりにおいては、ここでの「法律上ノ原因」の内容、ひいては不当利得法に直接関係するものではない。しかし、占有権が本権的な権利変動の基礎となる場合には、「法律上ノ原因」の内容をなすことになる。たとえば、善意占有者の果実取得権（民法一八九条）や即時取得（民法一九二条）は、果実、あるいは物それ自体についての財貨変動を基礎づけ、民法一八九条、一九二条の要件を充足するか否かが、「法律上ノ原因」の有無の判断内容をなすことがある（前者の例として、大判大正一四年一月二〇日民集四巻一号一頁、後者の例として、大判昭和一三年一一月一二日民集一七巻二三号二二〇五頁――ただし、金銭の即時取得を問題とした事例で、法律構成としては検討を要するものである）。なお、即時取得が「法律上ノ原因」と考えられることとの関連で、本書七四五頁参照。

(19)　大判大正一五年三月三日新聞二五九八号一四頁。ただし、売買当事者間での紛争であり、土地売買の買受人が、小作料を受領した土地売却者に対し、不当利得の返還請求をした事案である。事案内容によっては、誰が小作料受領権者となるかは土地売買契約により規律されることになろう。しかし、当事者間では確定的に所有権が移転した後であれば、不当利得法の適用が問題となる。本件は、いまだ登記名義が買主に移転されていない事案のため、本来は不当利得法によって問題を解決すべきものではなかったように思われるが、他に適当な裁判例も見当たらないので、ここに引用することにした。

(20)　大判明治三六年一二月二三日民録九輯一四六〇頁。

(21)　大判大正四年八月二六日民録二一輯一四一七頁。破産者が支払停止直前に質権を設定した。その質権設定が、商法（明治二三年法三二）九九〇条により無効とされた。

(22)　詐害行為取消権により抵当権設定行為が取り消された場合に、破産財団が、優先的に受領された金員の取戻をはかった。この場合に、不当利得法による金銭の取戻を認めた下級審判決がある。詐害行為取消権に関する判例をはみるものではあるが、参考までにかかげる。東京地判昭和一五年一一月一八日新聞四六七四号一〇頁。

(23)　担保物権が問題となる場合は、金員受領を基礎づける法律関係（＝「法律上ノ原因」）として、担保物権関係とともに債権関係が存在するのが通例である。本文に述べた質権無効の事案は、債務者が破産したため、債権が金員受領を基礎づける法律関係とはならない場合であった。そのため、優先的弁済受領権能のうち担保物権の優先性が否定されれば、返還請求が認められた。担保物権の問題が、きわめて純粋な形であらわれている。

(24)　なお、当然のことではあるが、「法律上ノ原因」となる担保物権の内容が具体的な財貨移転を基礎づけうるものであることが必要であるが、この点は本書二三〇頁参照。

(25) 大判大正一三年七月二三日新聞二二九七号一五頁〔13・1〕、本書六二九頁)。ただし、騙取金員による弁済の事案(本書六二八頁以下)に関するものであり、法律構成には問題がある事案である。

(26) 大判大正一〇年五月一七日民録二七輯九三四頁。ただし、内縁関係の事案。内縁関係解消後、かつての夫に対し妻が不当利得の返還請求をしたが、認められなかった。

(27) 東京控判大正八年一一月六日評論八巻民法一二六四頁。

(28) 福岡高判昭和三一年四月一三日高民集九巻三号二〇六頁。ただし、家庭裁判所の許可を得ていない事実上の養子につき、内縁の養親子関係にあり相互に扶養義務があるものと認定した上、老齢かつ病弱で自活能力がなかった養親を自らの申入によって扶養した養子から、死亡した養親の相続人に対する不当利得返還請求を認めなかったもので、事案それ自体の解決としてはかなり問題があるものであった。それというのは、本件の養子縁組の予約は、〝養親〟のためになされた色彩も濃いので、本件は未成年を対象とする養子縁組であったがはたして家庭裁判所の許可がおりるべき事案であったか否かは疑わしく、少なくとも、内縁養子の内縁養親に対する扶養義務を認めるべき事案ではなかったように思われるからである。なお、本判決については、福地陽子「判例研究」神戸法学雑誌七巻三号(昭和三二年)五五二頁、梶村太市「判例研究」家族法判例百選〔第三版〕(別冊ジュリスト)(昭和五五年)一二二頁など参照。

(29) 広島地判昭和四九年五月二八日判時七六一号一〇一頁。

(30) 宇都宮地判昭和三五年一二月二六日下民集一一巻一二号二七七四頁。

(31) 最判昭和四三年一二月一二日民集二二巻一三号二九四三頁〔13・10〕、本書六七〇頁)、最判昭和三七年四月二〇日民集一六巻四号八六〇頁。ただし、株主名簿上の名義株主に対し、実質株主が不当利得の返還請求をした事案である。より典型的な例としては、株式引受の無効取消により株主たる地位をもたない者に対し、会社が利益配当した場合に、それを不当利得として返還請求をする事案、などが考えられよう。

(32) 大判昭和四年五月一日新聞三〇二五号一四頁〔2・9〕、本書三三頁)、東京地判大正七年一一月二八日評論七巻民法一〇五九頁。

(33) 東京地判昭和三二年一月一八日下民集八巻一号四四頁。「裁判所ないし裁判長の判断により印紙の追貼を命ずる裁判のあったときは、この裁判は訴状にいくばくの印紙が貼用さるべきかについて規範的効力を有するものであるから、

〔図1〕　通常の執行関係

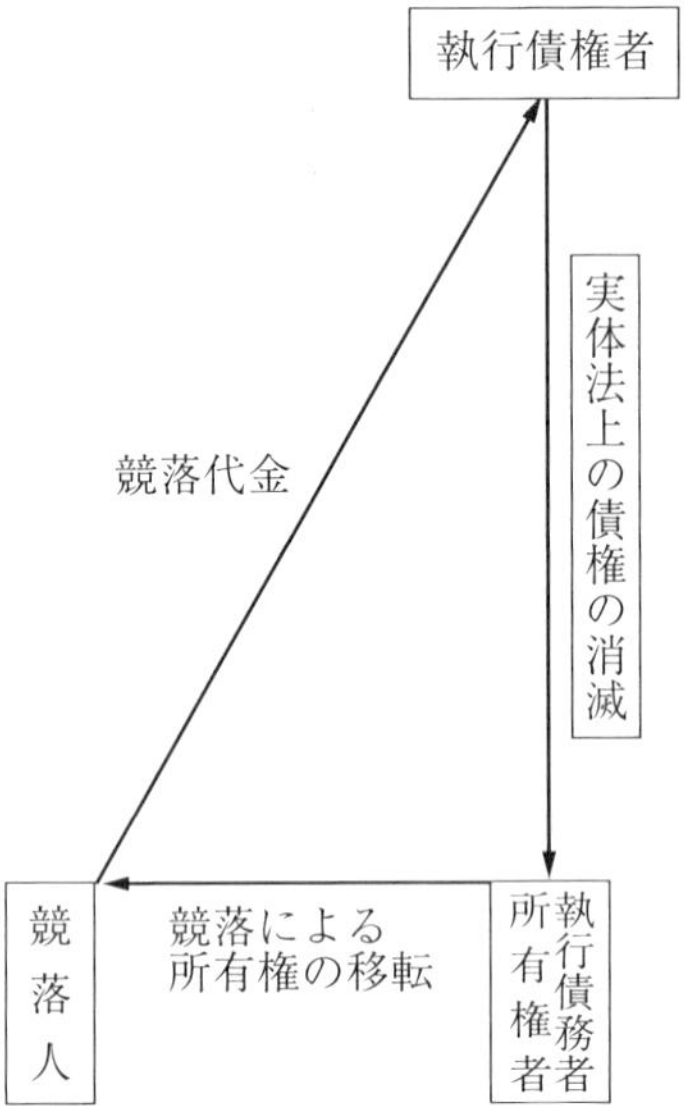

この裁判が、訴提起により国の受くべき印紙の貼用についての法律上の原因をなすものといわなければならない。従つて仮にこの裁判に違法の節があるにしても、これが取り消されることなく有効に存在する以上は、同命令により国が印紙の追貼を受けたことは以て不当に利得したものとする余地はない」（傍点著者）。

(34)　確定判決をもって財貨移転を基礎づける法律関係とした例として、大判明治三八年二月二日民録一一輯一〇二頁、東京控判明治三五年九月二九日新聞一〇八号九頁。支払命令に関する判例として、大判明治三三年三月一〇日民録六輯三巻五一頁。

(35)　札幌高判昭和五四年七月五日判タ四〇二号一〇

〔図2〕　第三者所有物に対する執行

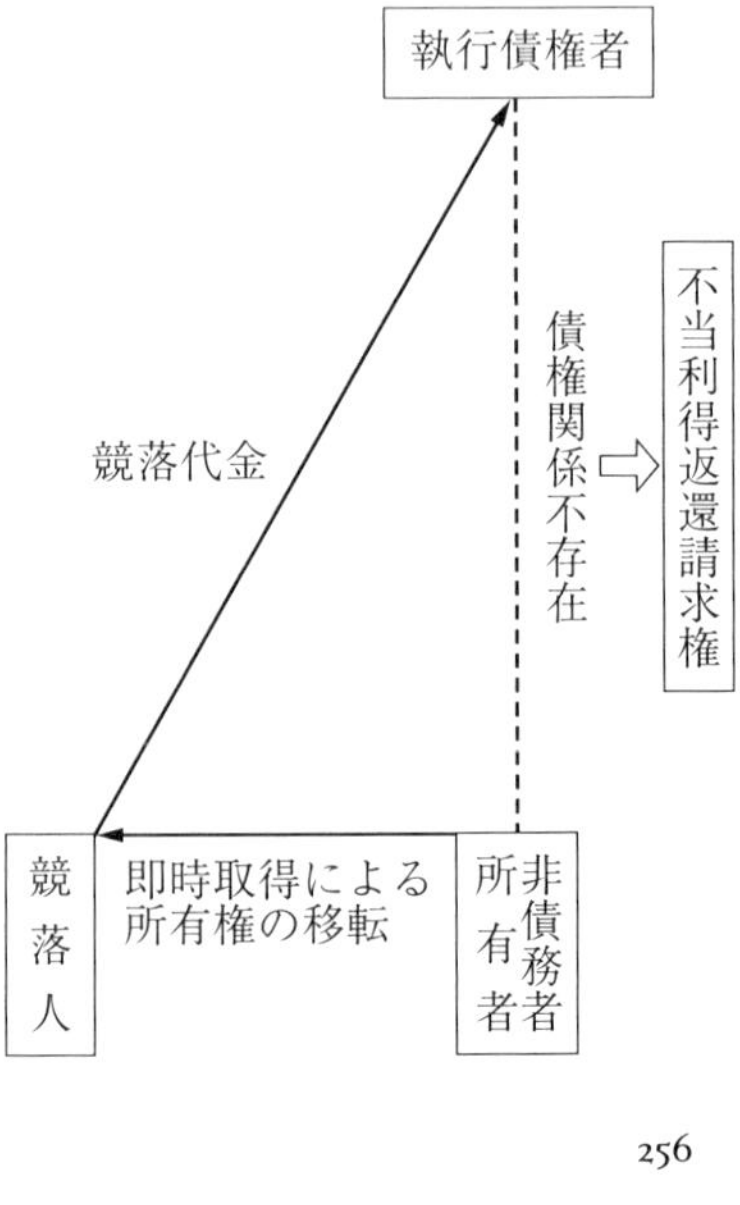

〔図3〕　無効な担保物権による競売

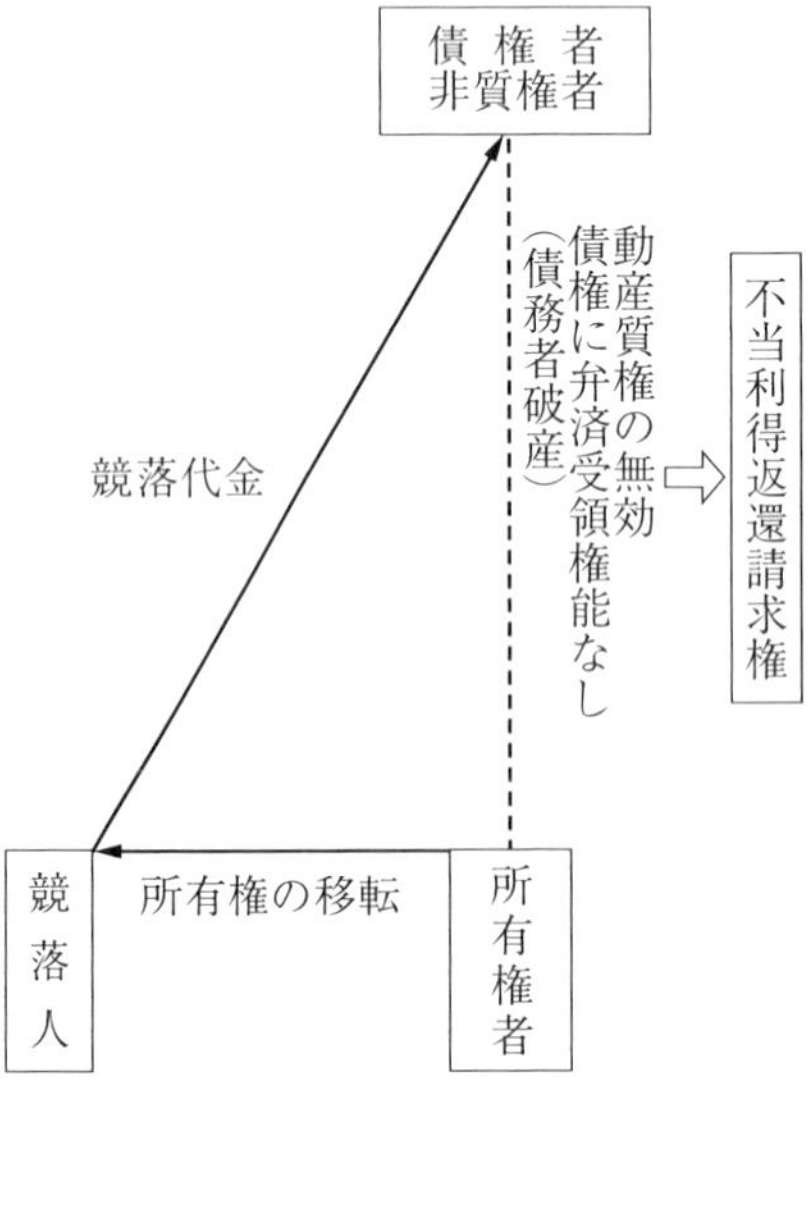

九頁。

(36) 大阪地判昭和五〇年三月二七日ジュリスト五九四号六頁。

(37) したがって、執行行為があった場合にも、不当利得返還請求権の成否は、今まであげた実体的法律関係の存否によって決せられる。債権が消滅した後に、執行行為による財貨移転がなされた場合には、執行行為自身は適法に行なわれていても不当利得の返還請求が認容される（大判大正一三年二月一五日民集三巻一号一〇頁、大判昭和一五年一二月二〇日民集一九巻二三号二二一五頁）。これは、債権不存在により、財貨移転を基礎づける法律関係がなく不当利得となる場合であって、本文の分類では(a)に当たる。また、公正証書は、その内容となる権利関係を確定しない。したがって、債権不存在のまま、公正証書にもとづき執行がなされた場合にも、不当利得返還請求が認められる（右引用の大判昭和一五年判例、大判昭和八年六月二八日新聞三五八一号八頁）。これも、不当利得返還請求権の成否、すなわち、「法律上ノ原因」の有無が、債権関係の存否によって判断される場合（a）の一例である。

強制執行が債務者以外の第三者の所有物に対してなされ、それが即時取得された場合、所有権を喪失した第三者は、債権者に不当利得返還請求をなしうるものとされる（大判昭和七年一二月二六日裁判例(6)民九〇〇頁）。この場合も事情は同様である。執行関係による三者間での財貨移転は、執行債権者・執行債務者間に実体法的意味における権利関係、たとえば債権関係が存在することを一つの基準とする（〔図1〕参照）。しかし、第三者所有物に対する執行の場合は、執行債権者・所有者間に債権関係は存在していない（すなわち、本文分類の(a)に当たる）。また、本文に述べたように、執行行為それ自体は財貨移転を基礎づけるものではない。そのため、法律関係が欠落している所有者・執行債権者間に不当利得関係が生ずる。（〔図2〕）。

なお、担保物権の無効に関しても、同じことがいえる。無効な質権にもとづき競売がなされた場合、やはり債権者・所有者間において不当利得関係が生ずる、とされる（ただし、債務者が破産し、債権によっては財貨移転が基礎づけられなかった事案である。さきにも引用したが、大判大正四年八月二六日民録二一輯一四一七頁）。この場合には、財貨移転を基礎づける担保物権関係が存在していないから（すなわち、(b)の場合である）、その法律関係が欠落した両当事者間において、不当利得関係が生ずることになる（〔図3〕参照。なお詳しくは本文**四**参照）。

学説が、「法律上ノ原因」の分類において、利得が利得者の執行行為にもとづく場合と呼んでいる類型がある（我妻栄『債権各論下巻一（民法講義V_4）』（昭和四七年）一〇二七頁）。しかし、そのほとんどは、結局、本文に述べてきた

(a)～(i)の法律関係によって基礎づけられるものであった(なお、配当手続に関して不当利得が問題となる場合については、本書二四〇頁参照)。

なお、本注冒頭に引用した二つの判例は、執行行為による実体的権利変動と、訴の目的となった請求権とが二重の「法律上ノ原因」となる事例である。本書の叙述によれば本来、五で述べるべき事例であるが、適当な裁判実例がないまま、これらを引用した。

(38) 明治時代の下級審判決であるが、強制執行を許さずとの宣言ある債務名義にもとづき、強制執行を行なって得た利益を、不当利得として返還請求したものを認容した例がある(大阪控判明治四一年一二月一一日新聞五四四号一六頁)。また、和議手続中には和議債権の強制執行が禁止されるが(和議法四〇条)、これを無視した場合にも、債務者からの不当利得返還請求が認容されている(名古屋控判大正一五年五月三日評論一五巻諸法四六五頁、なお、和議法五八条との関連で、大判昭和八年三月三日民集一二巻四号三〇九頁)。しかし、これらの事例においても、債権に強制執行権能がないにとどまり、原則的には債務者の任意弁済は債権者が受領できる。そうであるとすれば、これらの事件においては受領者の財貨受領権能が問題にされたのではなく、債権の目的達成のための方法――財貨受領方法の違法が問題とされたのであろう。通常の完全債権(自然債務の反対概念)に関しても、給付対象財貨を不法な自力救済により債権者が保有するにいたった場合は、原状回復が認められる(我妻栄『新訂民法総則(民法講義Ⅰ)』(昭和四一年)四一頁、占有回収の訴との関連で大判大正八年四月八日民録二五輯六五八頁、設例はややずれるが明石三郎『自力救済の研究』(昭和三六年)二〇五頁参照)。また、弁済行為に瑕疵がある場合をいかに取り扱うかは、昔より学説の争うところであった(弁済の法的性質)。これらの判例において争われたのは、弁済行為の瑕疵や、自力救済などの債権満足のための行為が違法な場合をいかに考えるか、と同じ次元の問題であった。不当利得法の他の事例とは多少性格を異にするものの、裁判所は原状回復という結論を導くために不当利得という法律構成を用いた、と考えられる。

(39) 大判大正七年三月八日民録二四輯三九一頁。二重差押によって転付命令が無効な場合、他の差押債権者に対し配当すべき限度において、第三債務者は転付命令を得た差押債権者に対し不当利得返還請求をなしうる、と右判決は判示した(正確にいえば、この事案の利益状況は複雑であり、判例は動揺している)。

(40) 本書二二四頁。

(41) 本書二三八頁。

(42)　東京高判昭和四五年八月三一日判タ二五六号二二五頁、大判昭和五年七月八日民集九巻一〇号七一九頁など。これが伝統的な行政行為の公定力の理論に即した結論と思われるが、近時は、必ずしもこの結論に忠実ではない下級審判決も見受けられ、さらには最高裁判所もこのような考え方を採用するに至った（東京地判昭和四四年三月一九日訟務月報一五巻五号五八三頁、東京高判昭和四二年一二月二六日訟務月報一三巻一三号一六五〇頁、最判昭和四九年三月八日民集二八巻二号一八六頁）。これは不当利得についての衡平説的な考え方を前提とし、行政行為は有効であっても実質的にそれを変更する不当利得返還請求を認めたものであった。学説にもこのような考え方を支持するものもあったが（兼子仁「租税判例研究」ジュリスト四四四号（昭和四五年）一五六頁）、むしろ、行政行為の後発的一部無効の概念を導入し、行政行為の有効・無効を問題とした上で不当利得を導く考え方も提唱されている（金子宏「行政判例研究」自治研究四五巻七号（昭和四四年）一七〇頁、同「租税法律関係における不当利得法の法理の適用」ジュリスト五九〇号（昭和四九年度重要判例解説）（昭和五〇年）三二頁）。

他方、行政行為の遮断効が及ぶ範囲の問題としてこの問題を解決しようとする考え方もあるし（小早川光郎「先決問題と行政行為」田中二郎古稀　公法の理論上（昭和五一年）三七一頁）、また公定力概念不要説を説く立場もある（遠藤博也「誤まった更正処分に従って納めた税金を返してもらうには――公定力・不当利得――」行政法を学ぶＩ（昭和五三年）七八頁以下、なお前記最高裁判例につき、遠藤博也「判例批評」民商法雑誌七二巻一号（昭和五〇年）一一三頁参照）。ここでは、公定力ないし公定力の客観的範囲についての行政法学の論議に立ち入るつもりはないが、こと不当利得法との関係からみるかぎり、前記の最高裁判例は不当利得の衡平説的な考え方が非常に有力であったことを背景に出現したものと思われる。しかし、行政処分によって導かれた結論と矛盾する形での不当利得返還請求が認められる以上、行政処分の有効・無効の問題として考える金子説的立場のほうが、不当利得との関係がより簡明に構成されるように著者には思われる。

(43)　高松高判昭和四五年四月二四日判タ二四八号一四七頁。なお、大判昭和八年二月一三日新聞三五三一号八頁（〔2・18〕、本書七一頁）。ただし、これらにおいては現存利益がないとされ、結論としては返還義務が認められていない。

(44)　浦和地判昭和五八年三月二八日判タ五〇六号一三三頁、東京地判昭和三三年一〇月三日下民集九巻一〇号一九八三頁。ただし、後者は事案としては本文**五**（ハ）に述べる競合的法律関係が問題となる場合に属し、法律構成自身にもやや問題がある。

(45) 大判大正五年七月一五日民録二二輯一五四三頁。なお、本件事案自体は鉄道営業法の規定により財貨移動が基礎づけられているが、同じ事案は私鉄の営業規則にもとづく割増運賃などに関してもいえるので、単純に法規の規定のみを根拠と考えうるか否かは、多少検討を要するところであろう（この種の事案として、最判昭和五三年二月九日判時八八四号五〇頁）。

(46) ただし、民法一八九条以下との関係をどのように考えるべきかなどの問題が残るが、この点は本書三四五頁以下参照。

(47) 大判大正一四年一月二〇日民集四巻一号一頁。なお、学説上はやや議論があるが、ここでは立ち入らない。

(48) 最判昭和四六年四月九日民集二五巻三号二四一頁の事案が、それである。被告は、保険契約を根拠として保険金を受領した。

しかし、保険契約との関連で問題となった火災は「被保険者ト世帯ヲ同ジクスル家族ノ故意ニ因リテ生ジ」、この保険契約の適用範囲内の問題ではなかった。保険会社の、被告に対する不当利得返還請求が認容された。

(49) この点の不当利得関係を論じたものとして、白羽祐三「留置権・同時履行の抗弁権と不当利得」、中島一郎「建物（造作）買取請求後の土地・建物の占有利用」、それぞれ谷口還暦　不当利得・事務管理の研究(1)（昭和四五年）一〇七頁以下、一一四頁以下参照。

(50) 明石三郎「留置権の効力」判例演習物権法（昭和三八年）一八四頁。

(51) 大判昭和一〇年五月一三日裁判例(9)民一四〇頁、大判昭和一一年五月二六日民集一五巻一二号九九八頁、最判昭和三五年九月二〇日民集一四巻一一号二二二七頁（〔4・13〕、本書二八五頁）。

(52) 最判昭和四三年六月二七日民集二二巻六号一四一五頁。なお、注(62)参照。

(53) 東京地判昭和三九年一一月二八日判タ一七〇号二四一頁、山形地判昭和四五年三月三一日判時五九八号八六頁。

(54) 四当事者以上が関係する例については、本書四七五頁以下参照。

(55) この考えは、クニッシュに負うところが大きい（H. A. Kunisch, Die Voraussetzungen für Bereicherungsansprüche in Dreiecksverhältnissen „Rückgriffskondiktion“ und „Kondiktion gegen Drittempfänger“.（1968）. S. 35f.）。これを紹介したものとして、山田幸二「H・A・クニッシュ『三角関係における利得返還請求権のための前提要件』」民商法

雑誌六三巻二号（昭和四五年）二八一頁以下。なお、我妻・前掲『債権各論下巻一（民法講義V4）』九五六頁以下、九九三頁以下、山田幸二「不当利得法における『三角関係（Dreiecksverhältnis）』について」福島大学商学論集四二巻一号（昭和四八年）一〇四頁以下参照。

（56）最判昭和四七年一月二五日民集二六巻一号一頁（これは、固定資産税に関し第三者の弁済があったと不当利得の観点からは評価しうる事案であるが、本件については、谷口知平「判例批評」民商法雑誌六七巻三号（昭和四七年）四〇三頁、山田二郎「租税判例研究」ジュリスト五一二号（昭和四七年）一四一頁、千種秀夫「判例解説」最高裁判所判例解説民事篇昭和四七年度（昭和四九年）一頁）。また、立替弁済に関する下級審判決のなかには、弁済による代位という構成をとると債権が時効消滅してしまう事案において、事務管理の有益費償還請求権による求償を認めた例がある。この判決は、「理由」中で有益費償還請求権にかえて不当利得返還請求権によることも可能であると、述べている（福岡高判昭和三七年三月二九日金融法務事情三〇五号一一頁）。

なお、扶養義務に関しても、扶養義務者がいる場合に扶養義務者でない者が要扶養者を事実上扶養した場合には、第三者の弁済と同様の事案となるが、この場合に扶養義務者に対する不当利得返還請求を認めたものとして、神戸地判昭和五六年四月二八日判タ四五二号一四三頁。

（57）大判昭和一七年五月二三日新聞四七七八号五頁（〔4・19〕、本書三〇二頁）。債権者・債権の準占有者間において株式が移転されたが、その移転が効力をもたなかった。株券の引渡とともに、債権の準占有者が受領した配当金の引渡を求めた事案である。なお、弁済をした債務者の、債権の準占有者に対する不当利得返還請求権を排斥し、その「理由」中において、債権者が準占有者に対して不当利得の返還を請求すべきである、と述べた例がある（大判大正七年一二月七日民録二四輯二三一〇頁）。

（58）大判昭和一五年一二月一六日民集一九巻二四号二三三七頁。なお、最判昭和二八年六月一六日民集七巻六号六二九頁も基本的に同様の考え方をとるものである。この最高裁判決では、取り消された売買契約の目的物の返還請求にさいし、同時履行の関係として売買代金の返還が争われた（買主が不当利得として売買代金の返還を求めたことに相当する）。第三者が代金の一部を支払っていたが、買主と第三者との間に補償関係は存在しているはずであるとして、買主の同時履行の抗弁権（不当利得返還請求権）が認められた。また、第三者が弁済したのだから、当然給付関係は存在している。そして、売買契約上の代金債権が対価関係となっていたところ、本件では、対価関係が取り消され、その両当事者間において不当利得関係が認められたことに帰着する。

(59) 強制執行がらみの事件であるが、東京高判昭和四八年一月二四日判タ三〇二号一九五頁。

(60) この点に関する学説の争いには立ち入らないが、いわゆる有因性説においてもこの状況は生じうる（我妻栄『物権法（民法講義Ⅱ）』（昭和四一年）五七頁参照）。

(61) 注(19)引用の裁判例。

(62) 注(34)引用の裁判例。なお、下級審における裁判例のうちには、後に判明した実体的法律関係を、確定した判決に優先させようとするものも存在したが、最高裁判所は、その理論構成を修正した（最判昭和四三年六月二七日民集二二巻六号一四一五頁）。ただし、事案としてはやや特殊な事例である。星野英一「判例研究」法学協会雑誌八六巻八号（昭和四四年）九八三頁以下、民事判例研究第二巻2債権（昭和四七年）五一二頁以下参照。

(63) しかし、判例は、後にいわゆる既判力の詐取による不法行為の成立を認めた（大判大正二年三月三一日刑録一九輯四三〇頁、最判昭和四四年七月八日民集二三巻八号一四〇七頁）。これにより、既判力理論による判決の紛争解決手段としての最終性は、一部破られることとなる。既判力理論の修正は、不法行為法に依拠する場合には、一方当事者に帰責事由がある場合に限定して認められることになる。これに対し、不当利得法に依拠する場合は、既判力理論は当事者に帰責事由がない場合にも全面的に修正されることとなり、裁判の紛争解決としての最終性は確保されない。確定判決が実体的法律関係に乖離していることが後に判明しても、不法行為による損害賠償請求は許されても、不当利得の返還請求が許されてはならないゆえんである。前注引用の最高裁判決も、実質的にはこれらの点を顧慮したものと推測される。なお、この問題を詳論したものとして、上田徹一郎「騙取判決の既判力と不当利得」谷口還暦　不当利得・事務管理の研究(3)（昭和四七年）二六五頁以下参照。

(64) 大判明治三五年一〇月三〇日民録八輯九巻一六二頁。

(65) 本書二二七頁。

(66) 二つの法律関係がともに有効な場合に、第三者からの不当利得返還請求が認められなかった例として、大阪控判明治四五年三月二二日新聞七八四号二三頁。しかしながら、被転付債権に質権が設定されていた場合に、不当利得返還請求が認容されることにつき、本書二四九頁以下参照。

(67) 大判昭和一五年一二月二〇日民集一九巻二三号二二一五頁。

(68)　大判大正一三年二月一五日民集三巻一号一〇頁。
(69)　なお、本文引用の大審院判例以外にも、東京高判昭和四八年七月一九日金融・商事判例三八七号（昭和四八年）七頁も、この一例である。
(70)　大判昭和一三年八月一七日民集一七巻一八号一六二七頁（〔4・18〕、本書二九二頁）。ただし、二重譲渡と賃貸借契約がからんだ事案である。被請求者は、二重譲渡の対抗要件を備えない譲受人から土地を賃借した。対抗要件を備えた譲受人が賃借人に不当利得返還請求をし、それが認容された。
(71)　一方が抵当権のみならず、債権ももっていない場合がある。弁済により債権・抵当権が消滅した後に、登記簿上に抵当権登記が残存しているのを奇貨として、競売代金を受領する場合。この場合も、登記簿上後順位となる抵当権者は、受領された競売代金を不当利得として返還請求しうる。しかし、この場合は、二つの競合的法律関係の優先劣後、対抗関係の問題ではない。競売代金受領者は、それを基礎づける債権関係なく（すなわち、三にのべた(a)に当たる）金員を受領したのであり、原告適格が、かつての債務者のみならず、抵当権者にも認められる、という問題である（最判昭和四三年六月二七日民集二二巻六号一四一五頁、最判昭和三二年四月一六日民集一一巻四号六三八頁（〔2・7〕、本書二九頁）など）。
(72)　一般的には、物権と債権の関係は本文に述べた状況にあるが、特殊な債権であって、それが物権に優先することが法定されているものにあっては、物権にもとづき財貨を受領した者に対し、債権を有する者からの不当利得返還請求が認容されることがある。これも、二つの法律関係の優先劣後関係が「法律上ノ原因」の内容をなし、それによって不当利得返還請求権の成否が決せられているといえるであろう。次の判例はその例である。

〔4・11〕　最判昭和四八年七月一二日民集二七巻七号七六三頁。

抵当不動産の第三取得者Xは、農地に造成工事を施し、宅地としたところ、後に抵当権が実行され、当該不動産は他の者によって競落された。競落代金は抵当権者Yに交付された。ところが、Xは、抵当不動産の第三取得者として抵当不動産に必要費または有益費を支出したのであるから、本来、民法三九一条にもとづいて、最先順位の抵当権にも優先する償還請求権を有するはずであった。Xの、Yに対する不当利得返還請求権が認容された。

なお、本件の判例研究としては、石川明「判例批評」民商法雑誌七〇巻六号（昭和四九年）九九五頁、吉原省三＝笹井保大「新判例評釈」判例タイムズ三〇三号（昭和四九年）八一頁、石田穣「判例研究」法学協会雑誌九二巻三号（昭和五〇年）三六一頁、川口富男「判例解説」最高裁判所判例解説民事篇昭和四八年度（昭和五二年）一八三頁などがある。

(73)　大判大正一三年一月二四日民集三巻二号四五頁〔4・20〕、本書三〇四頁〕、また、中津区判大正一五年四月二一日新聞二五四六号五頁。ともに、父の認知により母の扶養義務が後順位になった場合に、母から父への不当利得返還請求を認容した例。

(74)　大判昭和六年五月九日新聞三二七六号一〇頁、大判昭和一三年三月三〇日新聞四二六三号一一頁。ともに、子が母の家に入っていた場合に、母の扶養義務が先順位であるため、母から父への不当利得返還請求を認めなかった例（昭和二二年改正前民法九五六条但書）。また、事実上の養子の養育費の返還を、縁組解消後、かつての養父が実父に請求したが、法律上の養子縁組と同様に、養親の扶養義務を先順位（昭和二二年改正前民法九五六条但書）とし、この請求を認めなかった例もある（東京控判昭和一三年九月六日新聞四三三六号七頁）。

(75)　名古屋控判昭和一三年六月三〇日新聞四二九七号六頁。戦後判決としては、大阪高判昭和四三年一〇月二八日判時五四四号四八頁。現行民法のもとでは、事案によっては、順位決定の協議（民法八七八条）としてこの特約が理解されることもあろう。

(76)　我妻栄『親族法』（法律学全集23）（昭和四一年）四〇四頁以下など。扶養義務の順位に関する学説については、於保不二雄編・明山和夫執筆『注釈民法(23)』（昭和四四年）三九六頁参照。なお、鈴木禄弥「『生活保持義務』と『生活扶助義務』とのあいだには、いかなる差異があるか」民法の基礎知識(1)（昭和四五年）一八一頁以下などには、この区別が絶対的でないことが指摘されている。

(77)　高松高判昭和三一年八月二一日下民集七巻八号二二四八頁。他に、富山地判昭和四〇年二月一九日民集二一巻一号一四二頁、長野地裁諏訪支部判昭和三一年八月三一日下民集七巻八号二三五五頁〔3・1〕、本書一一六頁）などの記述にも扶養義務の順位という観念がみられる。

(78)　民法改正後の裁判実例は、複数の同順位扶養義務者間の求償の事例が多いが、必ずしもそうではないものとして右の長野地裁諏訪支部判昭和三一年八月三一日下民集七巻八号二三三七頁〔3・1〕、本書一一六頁）参照。
　学説としては必ずしも本文で述べた考え方が定説とはいえない。学説の具体的引用は省略するが、注（79）引用の判例との関係で、唄孝一＝林順碧「判例研究」法学協会雑誌八五巻二号（昭和四三年）二六二頁を参照されたい。

(79) 最判昭和四二年二月一七日民集二一巻一号一三三頁。なお、この判決が不当利得法に与える影響などにつき、上野雅和「過去の婚姻費用と不当利得」谷口還暦　不当利得・事務管理の研究(1)（昭和四五年）一五二頁など参照。また、現在の立替扶養料の求償をめぐる学説状況については、上野雅和「扶養義務」民法講座7親族・相続（昭和五九年）三三〇頁以下に詳細であり、それを参照されたい。

(80) 事務管理の要件として、「他人のためにする意思」が問題とされる。そのため、子への「愛情ヨリ……養育シタ」などの、扶養者の主観的態様が問題とされた（大判大正五年二月二九日民録二二輯一七二頁。これを緩和したものとして、最判昭和二六年二月一三日民集五巻三号四七頁）。

(81) 改正前の国税徴収法三条が端的に適用される事案ではなく、抵当権設定者から納税者が当該不動産を譲り受けていた事案である。前に引用した東京地判昭和三四年一一月一一日下民集一〇巻一一号二四一〇頁〔2・2〕、本書二一一頁）と事案はほとんど同じといえる。

(82) 本件判決は、「受益と損失の因果関係」を認めたが、その点に関して本書六三四頁以下参照。

(83) 判例〔4・6〕についての星野英一「判例研究」法学協会雑誌八五巻三号（昭和四三年）四五九頁、民事判例研究第二巻2債権（昭和四七年）五〇四頁以下参照。

(84) 大判大正九年五月一二日民録二六輯六五二頁、大判大正九年一一月二四日民録二六輯一八六二頁。

(85) 大判昭和一〇年二月七日民集一四巻三号一九六頁。

(86) 大判昭和二年七月四日新聞二七三四号一五頁（ただし、用語としては「混同」の語を用いる）、大判大正九年五月一二日民録二六輯六五二頁。

(87) 大判大正一三年七月一八日新聞二三〇九号一八頁、大判昭和一三年一一月一二日民集一七巻二二号二二〇五頁。

(88) 最判昭和四九年九月二六日民集二八巻六号一二四三頁〔2・15〕、本書五一頁および〔13・5〕、本書六三五頁）。

(89) 本書六三四頁以下。

(90) 大判大正六年二月二八日民録二三輯二九二頁〔4・7〕、および〔13・7〕、本書六五四頁）。

(91) これについては、本書六六四頁以下およびそこでの注(14)、(16)参照。

(92) 本書六五三頁以下。

(93) 本書六五二頁以下参照。

(94) 最判昭和四三年一二月一二日民集二二巻一三号二九四三頁（〔13・10〕）、本書六七〇頁）、最判昭和三七年四月二〇日民集一六巻四号八六〇頁。
(95) 本書六六七頁以下。
(96) 東京地判大正一五年一一月二日新聞二七五一号一一頁（〔13・12〕）、本書六七三頁）、東京地判昭和四五年五月二八日判時六〇五号七二頁。
(97) 本書六七二頁以下。
(98) 本書六四八頁以下。
(99) いかなる裁判例かについては、本書一六頁注(1)参照。
(100) ボアソナード法典財産編三六一条における「不当ノ利得」の構成要件には「正当ノ原因ナク」の言葉があったが、これを「法律上ノ原因」と修正したのは、前者は徳義上、社交上の意義をも包含するため、不当利得の原因の範囲を明確にするためである、と起草者はいう（民法修正案理由書第七〇二条）。この明確化とは、起草者はおそらく弁済原因、贈与原因などのカウザ（causa solvendi, causa donandi など）を念頭においていたものと思われ（法典調査会民法議事速記録三九巻八三丁）、本書における分析と直接結びつくものではない。しかし、起草者がこの要件の実定法化を志向していたことは、前に検討した日本の学説の大勢がこの要件を曖昧にしていったことに鑑み、留意する必要があろう。また、結果論にすぎない側面はあるにしても、この、実定法化という志向をもつ、「『法律上ノ』原因『ナク』」という表現にこの要件の内包がかなり適合するものであった点もやはり留意すべき点と思われる。
(101) 本書第一三章、一四章。
(102) 本書一一三頁以下、八二四頁参照。

第二節　財産法の体系の箱庭としての不当利得
——学説の再検討を兼ねて——

一　前節では、明治以来の裁判実務を網羅的に分析することによって、実務における不当利得の「法律上ノ原因」の有無の判断基準を析出することに努めた。そこでの分析内容を表の形にまとめてみたものが、次ページの〔表二〕である。

前節に分析したところによれば、不当利得における「法律上ノ原因」の有無の判断は、財貨（利益を含む。以下同じ）移転を基礎づける法律関係の存否の判断を基調とするものであった。その財貨移転を基礎づける法律関係には、具体的には契約、用益物権など種々のものがあったが、前節に列挙した法律関係を多少順序を変えて〔表二〕に(i)(一)として記すと、民法総則編上の法律関係、物権関係（所有権、用益物権、担保物権）、債権関係（契約、事務管理、不当利得、不法行為から発生する債権）、親族法上の関係、相続法上の関係、と財貨移転と関連するかぎりで民法五編にわたる法律関係が広く関係したものであることがわかる。さらに、民法典以外の法律関係にも目を移すと、表に(i)(二)として記したように、商法上の法律関係（会社法上の法律関係、手形・小切手法上の法律関係）、民事訴訟法上の法律関係、行政法上の法律関係、その他もろもろの法律関係の存否が問題になっている。

また、この表での、(ii)〜(iv)の内容のうち、(ii)の内容は非常に明確ではあるが、(iii)、(iv)の内容は、財貨移転を基礎づける法律関係の存否という単純な判断内容をこえるものではある。しかしながら、二、三の例に即して検討すれば、物権の対抗力・優先的効力の問題(iv)(一)も、(i)(一)ⓑにおいては所有権、用益物権、担保物権の存否という「物権各論」的権利の有無の判断にとどまっていたものが、一定の場合には対抗力・優先的効力という「物権総論」的内容をも加味して「法律上ノ原因」の有無を判断する必要がある、ということにすぎない。また、物権関係と債権関係の問題(iii)(一)にしても、物権変動論をどう構成するかというやはり「物権総論」上の議論がそのまま不当利得法に反映しているだけのことである。さらに、扶養義務の順位の問題(iv)(二)も、(i)(一)ⓓにおいては扶養義務の存否という単純な内容であったものが、状況によってはその順位をも考えて不当利得法の成否を考える必要があるという、純粋に親族法的内容が不当利得法に反映されているものである。また、判決とその基礎となる実体的法律関係(iii)(二)にしても、執行行為により形成された実体的法律関係と訴の目的となった請求権(iii)(三)にしても、

〔表一〕　不当利得の成否の現実的判断基準——裁判例の総合的分析から

(i)　不当利得返還請求の成否を決する原則的メルクマール——「法律上ノ原因」の有無の判断——が財貨（利益）移転を基礎づける具体的法律関係（ⓐ〜ⓘ）の存否である場合

(一)　民法典上の法律関係

ⓐ　民法総則編上の法律関係

ⓑ　物権関係（所有権、用益物権、担保物権）

ⓒ　債権関係（契約、事務管理、不当利得、不法行為から発生する債権。なお、有価証券上の債権関係についてはⓕ参照）

ⓓ　親族法上の関係

ⓔ　相続法上の関係

(二)　民法典以外の法律関係

ⓕ　商法上の法律関係

①　会社法上の法律関係

②　手形・小切手法上の法律関係

ⓖ　民事訴訟法上の法律関係

ⓗ　行政法上の法律関係

ⓘ　その他、諸法における法律関係

(ii)　右に述べた具体的法律関係がなにも存在しない場合（(i)、(ii)の原則的メルクマールは、多当事者間の不当利得関係についても適合している）

実　定　法　的　判　断　内　容

(iii) 複数の右法律関係が、不当利得返還を争う両当事者間に重畳的に存在する場合
㈠ 物権関係と債権関係
㈡ 判決とその基礎となる実体的法律関係
㈢ 執行行為により形成された実体的法律関係と訴えの目的となった請求権

(iv) 不当利得返還請求者、被請求者が、それぞれ競合的に(i)に述べた法律関係を有しており、その優先劣後が問題となる場合
㈠ 物権の対抗力・優先的効力
㈡ 扶養義務の順位
㈢ その他

(v) 不当利得返還請求の成否を決する原則的メルクマール――「法律上ノ原因」の有無の判断――実定法的判断内容に還元されない場合
㈠ 騙取金員による弁済
㈡ 目的不到達による不当利得
㈢ 失念株
㈣ 質入債権に対する転付命令等の事例
㈤ 転用物訴権

伝統的法律構成の変容（(v)㈠～㈣）
- ㈠ → 債権の対外的効力の問題ないし金銭所有権の第三者追及効の問題
- ㈡ → 契約の無効ないし失効の問題
- ㈢ → 判例の結論の変更
- ㈣ → 転付命令の要件の問題

㈤ → 転用物訴権

既判力その他の民事訴訟法の考え方が不当利得法にも反映することのあらわれであろう。

以上のように考察すると、〔表二〕の(i)～(iv)としてあらわれた、不当利得返還請求の成否――「法律上ノ原因」の有無――の判断には、法律関係の存否の判断を基調としながら、やや多面的な実定法規の内容が、民法、商法、民事訴訟法、行政法等々と財貨移転に関連するかぎりで、広く反映されていることが判明する。これが、本書の分析の基本的モチーフとなる、「不当利得の『法律上ノ原因』は、財貨移転と関連するかぎりでの全実定法体系の箱庭である」ということの基本的な意味なのである（なお、財産法の語は、一般には私法体系の中の、身分法と対置される概念として用いられている。しかし、本書では、本節にかぎらず、財貨移転と関連する法という意味において「財産法」の語を用いていることに留意されたい。したがって、身分法ではあっても扶養請求権などは扶養料の支払を基礎づけるかぎりではここにいう財産法に含まれるし、公法ではあっても租税法規は租税の支払を基礎づけるかぎりではやはりここでの財産法に含まれることになる）。

二　ただこのように考えた場合、〔表二〕に(v)として分類された事案をどのように考えるべきかという問題は残る。ここにおいては、前節に述べたように不当利得返還請求の成否は必ずしも実定法的判断に還元されえないからである。しかしながら、これは、従来、不当利得返還請求権の性格規定が不明確なまま衡平説的な漠とした性格規定が跋扈していたために、不当利得法がこれらの紛争の法律構成に一定の隠れ蓑を提供してきたことに由来する面が大きいように思われる。ここにあげた五種の紛争をその性格に即して分析していった場合、唯一転用物訴権に検討すべき点があることを除いては現在の法律構成は紛争の実体に即応していないことが判明する。そして、これらの紛争の法律構成をその性格に即して純化させた場合、請求の成否が裁判官の衡平判断に委ねられるかのような構成の曖昧さはすべて払拭される。そして、これらについては、それらの紛争事案の実体に即したごく自然な分析をすれば、一部はその成否が実定法的判断基準に還元されるところの不当利得法(i)～(iv)として、一部は不当利得法外の問題として、それぞれ明瞭な法律構成を取得するに至る。これらの五つの問題についての叙述は重複をさけるため第四部に譲る。

三　右に述べたような箱庭的な構造は、実定法体系との関係では、種々の法制度が不当利得法に投影された結果生ずるものであると思われるが、なぜこのような箱庭的な構造が成立しうるのかが、次に当然に問題となるところであろう。ただ、この点の考察は、不当利得の機能分析の問題と密接にからむことになるので、節を改めて検討することにしたい。

四　この右の問題を検討する前に、裁判における不当利得法の現実の適用領域を〔表二〕のように確定した場合に、従来の不当利得をめぐる諸学説が不当利得法のどの部分を解明し、どの部分を解明していなかったのかをここに明らかにしておきたい。

(イ)　第三章に記したように、従来のわが国においてもっとも有力な不当利得学説は、衡平説、(1)とくに本書が二元論的衡平説と名づけたものであった。そこでは、不当利得に関しては、「統一的理念としては、形式的・一般的には正当視される財産的価値の移動が、実質的・相対的には正当視されない場合に、公平の理念に従ってその矛盾の調整を試みようとすることが不当利得の本質である」(2)と説かれる。そこで、本書に述べたような形で現実の裁判における不当利得返還請求権の成否の判断基準を把握した場合に、二元論的衡平説が、現実の不当利得紛争のどの範囲において妥当するのかを次に検討してみよう。前節の分析によれば、不当利得返還請求権の成否（「法律上ノ原因」の有無）の判断は、原則として、財貨移転を基礎づける法律関係――契約、不法行為による損害賠償請求権などの債権関係・物権関係・親族相続関係・その他――の存否による。財貨移転がこれらの法律関係にもとづく場合は、「法律上ノ原因」があるとして、不当利得返還請求は認められない。逆に財貨移転が、このような法律関係なしに行なわれた場合には、「法律上ノ原因」がないとして、不当利得返還請求が認められる。ここにおける不当利得返還請求権の成否の判断は、具体的法律関係の存否という実定法に密着したきわめて形式的な判断でしかない。ここでは、二元論的衡平説が示唆するように、実定法規が定めた結論が実質的考慮から破られることはない。この不当利得の成否の原則的判断基準に関しては、そもそも視点が二元的に分化する余地はないのである。

不当利得返還請求権の成否の判断が二元的構造をもつのは、〔表一〕に即していえば、(iii)〜(v)の例外的判断基準においてである。しかし、ここにおいても、大部分の場合は判断内容は実定法規に依拠した形式的判断でしかない。まず、(iii)の財貨受領が二重の法律関係にもとづく場合を例にとろう。ここにおいては、二重の法律関係が相互に矛盾する場合に、どちらの法律関係が優先するのか、が問題となる。例をあげれば、債権契約が無効であったがその契約にもとづいて無因的になされた物権行為は有効で相手方に所有権が残った場合、裁判にもとづいて財貨を受領したが、その後裁判の基礎となった債権の不存在が判明した場合などがそれである。二元論的衡平説においては、前の例における物権法的結論と債権法的結論の矛盾が、「形式的・一般的判断」と「実質的・相対的判断」との矛盾として、比喩的に表現されることとなろう。しかし、後の例では不当利得返還請求が否定されており、裁判の結論という「形式的・一般的判断」が、後に判明した債権の存否という「実質的・相対的判断」に優先することもある。前節に分析したように、この矛盾する二つの重畳的法律関係の優位・劣位は、売買における債権行為と物権行為の構造的関係、裁判とそこにおける判断対象である実体的法律関係との構造的関係（裁判がもつ、紛争解決の最終性の確保という制度的要請——「既判力」）によって定まる。したがって、結論は決して裁判官の個別的な衡平判断に委ねられているわけではない。次に、(iv)の例を考えよう。財貨受領者が(i)に述べた法律関係をもつ場合にも、それが不当利得返還請求者の法律関係に対抗できなかったり、それに劣後する場合には、不当利得返還請求が認められた。この場合にも、同一物件に関しては物権が債権に優先するという物権の優先的効力、対抗力の問題、あるいは抵当権の順位、扶養義務の順位などにみられるように、優先関係が法定されるか、または講学上定まっている。ここでも、不当利得返還請求権の成否を定める「法律上ノ原因」の判断内容は、法規に依拠するところの「形式的・一般的」判断でしかなく、法規に定められた優先劣後、対抗の関係が、裁判官の「実質的・相対的」な衡平判断によって修正されるということはないのである。

二元論的衡平説がはじめて妥当しうるのは、〔表一〕に即していえば、(v)の場合であろう。なぜなら、転用物訴権、いわゆる目的不到達による給付物の返還（婚姻不成立の場合の結納の返還）などの事例に即して問題を考えると、これらの場合は、少なくともその法律構成においては、契約にもとづく財貨の移転が、実質的衡平判断によって回復されているし、また、騙取金員による弁済、失念株、質入債権に対する転付命令の事案にしても、財貨移転が法律関係にもとづいているにもかかわらず、不当利得返還請求が認容されているとも考えうるからである。この場合には、「形式的・一般的には正当視される財産的価値の移動が、実質的・相対的には正当視されない場合に、公平の理念に依ってその矛盾の調整を試み」たもの、ともいえるであろう。

以上を総括すると、次のようになる。不当利得返還請求の成否の原則的判断基準である(i)、(ii)の場合は、二元的把握自体が成立せず、不当利得返還請求の成否は、一元的な、かつ、契約・実定法規などに即した形式的な判断であった。二元的把握が成立しうるのは、不当利得返還請求の成否の例外的判断基準である(iii)～(v)に関してである。しかしこの場合においても、二元的法律関係の優先劣後は法規などによって形式的に判断される場合が大部分である(iii、iv)。「実質的・相対的」判断が行なわれているのは(v)の場合だけに限られており、不当利得のごく一部に限定されることになる。二元論的衡平説は、不当利得紛争の一部には妥当しても、すべてには妥当しえない観念を、不当に一般化した無理な基礎づけである、というべきであろう(3)（本書二七六頁の〔表二〕参照）。

(ロ)　不当利得返還請求権の成否を債権的基礎の欠落に求めたユングの説、あるいはそれを発展させた来栖説も、不当利得の全体を解明するものでないことは、本章に分析したところから明らかであるように思われる(4)。〔表一〕の(i)に列挙した財貨受領を基礎づける法律関係のうち、債権関係は、契約や不法行為などのみならず、法規、行政行為などを介しても生ずることがある。しかしながら、債権関係ではなく、財貨移転を基礎づける他の法律関係が問題となる場合が、裁判例には多々存在した。他人の土地の使用が地上権という物権関係によって基礎づけられた例、妻の家事労務を受領することが婚姻関係（親族関係）に基礎をおく場合、相続による財貨の移転、債権がないのに確定判決を得、それにもとづき財貨を受領する場合等々がそれである。これらの法律関係があれば、債権関係が存在しなくとも、不当利得返還請求権は認められない。逆に、財貨受領が債権関係にもとづく場合にも、債権者がその債権関係を対抗できない物権的権利を有する者に対し、不当利得返還義務を負った実例も存在した(iv)。その他、(v)にあげた裁判例でも、転用物訴権の事案、婚姻不成立による結納の返還などのいわゆる目的不到達の事案等々では（結納を解除条件附贈与と解さないかぎり）、債権関係が存在するにもかかわらず、不当利得返還請求が認容されている。現実の裁判例で検証すると、さきの分類(i)〜(v)のうち、ユングの相対関係説が妥当するのは、(i)(ii)のそれぞれ一部だけであり、他には妥当しない。ユングの基礎づけが、不当利得紛争の一部には妥当するが全体を解明しないものであることは、疑いを容れないものと思われる。また、来栖説では、債権関係から個人意思自治の原則にまで問題が発展されてはいるが、〔表二〕をみれば明らかなように、不当利得法に反映されるのは私的自治の領域内の法にかぎらず、行政法規や刑法などの諸法も反映されるし、私法内部にあっても親族法、相続法なども反映され、必ずしも「意思」にもとづく財貨変動に限定されるわけではないのである。

(ハ)　このように考えた場合、むしろ権利説をとる中島説が、不当利得返還請求権の成否についての原則的判断基準である〔表二〕の(i)、(ii)の部分を念頭においていたもの、ということができるであろう。[5] (i)の分類を、それぞれ、受益者が、受領財貨の上にもつ契約上の権利、物権法上の権利、相続による権利等々と構成することは、大部分可能である。ただ、中島説のいう「権利」がありながら不当利得返還義務を負う(iii)〜(v)の場合を、中島説が解明できないことは、事実である。また、権利説的構成を貫徹するために多少の立ち入った分析を要する三当事者間の不当利得の問題に――我妻説では、これが二元論的衡平説の具体例にあげられている[6]――、中島説が特段の回答を与えていないことも否定できない。しかしながら、「法律上ノ原因」の原則的内容である(i)の場合を、やや曖昧な表現をもってではあるが、すでに中島説が解明していることは、注目に値するというべきであろう。

(ニ)　同じような批判は、不当利得の統一的把握を試みる論者のみならず、いわゆる不当利得の類型論を主張する論者にも当てはまるように思われる。ケメラーの類型論[7]においても、「給付返還請求権」は契約不存在の場合を主として念頭においているものである。「他人の財貨からの利得」類型が〔表一〕の(ii)に対応するものであるが、この点の分析は次節の叙述から自ずと明らかになると思われるので、そこに譲ることにする。ケメラーは、右の二類型以外にも、求償その他のいくつかの類型を析出するので、それらにカバーされる分野も視野に入ることになるし、小類型の中にはこの表の分類には適さないものもあるが、基本的には〔表一〕の(i)のうちの債権契約の部分と、(ii)が中心で、それ以外の部分が類型化の視野の外におかれている。

この批判は、わが国の類型論に対しても当てはまる。(8) 川村説においては、給付返還請求権の範囲が有償契約の無効の場合に限定されている。(9) したがって、この点では、ケメラー以上にその類型論がカバーする範囲も限定されることになる。また、そのほかの類型論にしても、ケメラーを主流とするドイツ型の類型論を受けつぐかぎりは、通常、給付返還請求権などの形で表現されている類型は、主に契約給付を念頭においていることとなり、〔表一〕の(i)に列挙した多様な法律関係のごく一部にのみ着眼していることになろう。また、かりにここに述べた多様な法律関係の存在を前提として類型化を主張しているとしても、「給付」利得返還請求権というドイツ流の用語にこだわるかぎりは、〔表一〕の(i)、(iii)、(iv)などにあらわれた現実の不当利得紛争の中で相当部分を占める非給付型の財貨移転をやはり視野の外において論議を展開することになってしまうからである。(10)

(ホ) 以上、従来の不当利得の基礎づけないし本質をめぐる諸学説が不当利得の現実的機能のうちいかなる部分を解明し、いかなる部分を視野の外においていたのかを図示したのが、次頁の〔表二〕である。多少、例をあげて補足すれば、債権関係説にしても、民法上の債権発生原因のみならず、商法上あるいは行政法上の関係から債権が発生するような場合も含みうるであろうから、厳密な意味での図示とはいえないが、従来の諸学説が、不当利得法が反映している多様な法律関係の一部のみを念頭において自説を展開しており、不当利得の全体像を把握していなかったことは明らかなように思われる。

〔表二〕　学説が不当利得法の現実の適用範囲のいかなる部分を解明しているか

(i) 不当利得返還請求の成否を決する原則的メルクマール――「法律上ノ原因」の有無の判断――が財貨（利益）移転を基礎づける具体的法律関係（ⓐ～ⓘ）の存否である場合

(一) 民法典上の法律関係

ⓐ 民法総則編上の法律関係

ⓑ 物権関係（所有権、用益物権、担保物権）

ⓒ 債権関係（契約、事務管理、不当利得、不法行為から発生する債権。なお、有価証券上の債権関係についてはⓕ参照）

ⓓ 親族法上の関係

ⓔ 相続法上の関係

(二) 民法典以外の法律関係

ⓕ 商法上の法律関係

① 会社法上の法律関係

② 手形・小切手法上の法律関係

ⓖ 民事訴訟法上の法律関係

ⓗ 行政法上の法律関係

ⓘ その他、諸法における法律関係

(ii) 右に述べた具体的法律関係がなにも存在しない場合

（(i)、(ii)の原則的メルクマールは、多当事者間の不当利得関係についても適合している）

我妻説では点線部分の一部が二元論的衡平説の例とされるが、その例が必ずしも適切でないことにつき本書123頁注(21)参照。　〔二元論的衡平説〕

部分、及び点線部分の一部につきユングの相対関係説が妥当する　〔相対関係説〕

権利説が適合する　〔権利説〕

他人の財貨からの利得　給付返還請求権（契約が中心ではあるが、他の箇所へもある程度広がる可能性がある）　費用償還　〔ケメラー型の類型論〕

(iii) 複数の右法律関係が、不当利得返還を争う両当事者間に重畳的に存在する場合
(一) 物権関係と債権関係
(二) 判決とその基礎となる実体的法律関係
(三) 執行行為により形成された実体的法律関係と訴えの目的となった請求権

(iv) 不当利得返還請求者、被請求者が、それぞれ競合的に(i)に述べた法律関係を有しており、その優先劣後が問題となる場合
(一) 物権の対抗力・優先的効力
(二) 扶養義務の順位
(三) その他

求償

(v) 不当利得返還請求の成否を決する原則的メルクマール――「法律上ノ原因」の有無の判断――実定法的判断内容に還元されない場合
(一) 騙取金員による弁済
(二) 目的不到達による不当利得
(三) 失念株
(四) 質入債権に対する転付命令等の事例
(五) 転用物訴権

二元論的衡平説が適合する

(1) 我妻、谷口、松坂説などに代表される衡平説の系譜については、本書一一三頁以下参照。
(2) 我妻栄『債権各論下巻一（民法講義V4）』（昭和四七年）九三八頁。
(3) 本書の後の第四部の叙述を前提にしていえば、二元論的衡平説が妥当する(v)の部分は、従来不当利得法の性格規定が曖昧であったことが隠れ蓑になって、法律構成が純化されなかった分野であることに注意する必要がある。
右の問題との関連で我妻説について一言すると、「法律上ノ原因」における二元論的衡平説、受益と損失との「関連性」についての社会観念上の因果関係論、などに代表されるように、我妻説には比較的融通無碍な指標をもちだすことによって判断基準を非硬直的なものに溶解させ、個別事案に関して問題解決の具体的妥当性を維持しようという発想がある。ただ、判断基準の溶解とはいっても、条文の構成要件の判断羈束性を否定した型の利益較量論のように、判断者に判断基準を全面的に委ねるのではなく、我妻説の場合、一見標語的な要件論のなかに――一線を画する形ではないが――感覚的な外延が存在している。この、具体的妥当性の確保と判断基準性の確保とが中庸をえた形で調和しているのが我妻法学の特色であり、我妻説が実務にも広く受け入れられ、通説となっていったゆえんであろう。しかしながら、こと不当利得法に関するかぎり、我妻法学の右の特性が、不当利得という法制度の実体を隠蔽してしまったように思われるのである。
(4) ユング、来栖説などに関しては、本書一一九頁以下参照。
(5) 中島説については、本書一二一頁参照。
(6) 本書一二三頁注(21)参照。
(7) ケメラーの議論については、本書一五八頁以下参照。
(8) わが国の類型論については、本書一九二頁以下参照。
(9) この点については、本書一九四頁以下参照。
(10) 学問の国際化という観点から、給付利得をも含むドイツ類型論の用語をそのまま継承すべきであるとする考え方もあるが（好美清光「不当利得法の新しい動向について（上）」判例タイムズ三八六号（昭和五四年）一八頁）、現実の裁判ではこの非給付型の財貨移転も不当利得的清算の対象となっていることをも考えると、給付利得という表現が「おかしくない」か否か、その適否を再検討する必要があるように思われる。〔表一〕に析出したような財産法の体系の箱庭としての「法律上ノ原因」の内包は、次節に述べる不当利得法の機能をも考えると、日本法のみならず、ドイツの不当利得法においても同様にみうけられるものと推測される。もちろん、このような箱庭型の構造を明確に意識した上でのことではないが、ドイツで「給付利得」概念が一般の給付概念と食い違い、現実の不当利得の機能を捕捉しうるものか否かがときに議論されるのは、右のような背景もあってのことなのである（この問題については、本書一三一頁以下参照。なお、この問題に焦点を絞った論文として、和田隆夫「ドイツにおける不当利得法上の給付概念」判例タイムズ五五一号（昭和六〇年）一六〇頁参照）。

第三節　不当利得法の機能

第一款　不当利得法の統一的基礎

一　前節までの分析を要約すると次のようになる。不当利得法の中心的要件である「法律上ノ原因」の有無は、基本的には、財貨（利益を含む。以下同じ）移転を基礎づける法律関係の存否によって決定される。そしてこの「法律上ノ原因」の有無の判断に投影されるところの法律関係は、債権関係の存否、物権関係の存否のみならず、親族法的関係、相続法的関係などの民法の全体系、さらには、商法上の法律関係、民事訴訟法上の法律関係、行政法上の法律関係にまたがって問題となる。そのうえ、単純な法律関係の存否のみならず、その法律関係の対抗可能性、主張可能性（既判力に伴う失権効）の有無なども、「法律上ノ原因」の有無の判断に反映し、直接・間接に財貨移転と関連するかぎりでの実定法体系全体が「法律上ノ原因」の判断に投影され、「法律上ノ原因」の内容は、全実定法体系の箱庭の観を呈するに至る。

このように、不当利得の「法律上ノ原因」が全実定法の箱庭的な様相を示す原因が何であるかが次に問題となるが、それは、不当利得法がその機能の一つとして財貨移転の矯正法としての意味をもっていることにあるからのように思われる。実定法規の相当部分は——契約法、用益物権などの物権法などにも典型的にみられるように——財貨移転を基礎づける内容となっている。ところが、このような財貨移転を積極的に基礎づけている種々の法律関係は、講学上ないし法典の上では全実定法体系を形成するものとして通常構成されている。これらの法律関係を、陽の関係として考えると、不当利得法の機能はこれらの関係が財貨移転を基礎づけえない場合に、その財貨移転を矯正することにある。したがって不当利得法は、これらの積極的な法律関係の裏面として、財貨移転と関連する全実定法体系のネガティブな補完法として存在していることになる。そのために、不当利得法の「法律上ノ原因」は陽の実定法体系のそれぞれに対応するところの陰の体系として、全実定法の箱庭的な様相を呈するに至ったものと考えられるのである。

本書では、財貨移転を基礎づける法律関係の不存在の場合に、対抗力や既判力等々によって右の法律関係が具体的財貨移転を基礎づけえない状況にある場合を加えて、財貨移転秩序に瑕疵がある場合と呼ぶことにする。この言葉によって前段に述べたことを言い換えれば、不当利得法には財貨移転秩序に瑕疵があった場合に、行なわれた財貨の移転を矯正するという機能があり、これが不当利得法の実定法体系の箱庭的な構造をもたらす源となっている。

しかしながら、不当利得法の機能は、右の瑕疵ある財貨移転の矯正法という点につきるわけではない。たとえば売買契約の無効によりすでに給付されていた目的物が不当利得法により〝売主〟に返還されるとき、この不当利得法は瑕疵ある売買契約にもとづく財貨移転の矯正という機能を果たすとともに、目的物が〝売主〟の所有である場合には、所有者に目的物の帰属を回復するという別の第二の機能をも果たしているのである。

さらに、このような売買契約の無効などの事例を離れても、所有物が他人のもとで費消され、物権的請求権による回復が不能になった場合に、所有者であった者から目的物の価値を手中におさめた者への不当利得返還請求が従来認められてきたが、これは財貨の（経済的価値の）帰属の回復という第二の機能のみが正面から問題となる場合なのである。

これらの財貨帰属の回復という機能が単独あるいは重畳的に問題となる場合にも、目的物を費消した者が所有者であった者と消費貸借契約などのその財貨費消を基礎づける法律関係に立っていては不当利得関係は問題にならないであろうから、財貨移転を基礎づける法律関係の不存在という「法律上ノ原因ナク」の要件が充足される必要があることはもちろんである。そうであるとすれば、以上述べてきたすべての場合に、実体的には同一内容となる「法律上ノ原因ナク」が観念され、不当利得返還請求権の成否を決する判断基準は統一的に観念しうることになる。(1)

二　不当利得法はその機能には二種あるものの、その機能が重畳的に発揮されることがある（この点は次款以下に詳述するが、正確には、重畳的に機能が発揮される場合が多い）。その上、不当利得返還請求権の成否を決する判断基準は共通なのであるから、不当利得法は次のような形で統一的に基礎づけられるように思われる。不当利得法は、財貨移転秩序に瑕疵がある場合に財貨の移転を矯正し、財貨の帰属を回復することにその機能があり、この不当利得返還請求の成否を決する判断基準は、財貨移転を基礎づける法律関係の存否を基調とする財産法体系の箱庭ともいうべき内容である。

従来、不当利得をめぐる諸学説によっても不当利得を統一的に把握する努力がなされてきたが、(2)これらの古典的学説の多くは、実証的な分析を怠り、直観的な洞察をもって不当利得の本質を喝破する一命題を定立しようとすることに終始したために、右に述べた問題の実質を見逃していたように思われるのである。

三　詳細は後に示すように、このような形で不当利得が統一的な像を保つものであることは、不当利得法が全体として均一的な内容をもつことを意味するものではない。次款以下に記すように右に述べた二種の機能に即して、不当利得制度を――特に、「法律上ノ原因」の立証責任と、効果論を中心に――再構成していく必要はある。このような観点から、従来の不当利得の類型論には肯定的に継受すべき点も多いが、必ずしも不当利得の類型論を二極分裂型のものと考える必要はなく、前述のような統一的把握が可能な内容が、その性格に即して分化されていくと考えれば充分なように思われる。(3)(4)

（1）ここで「実体的」と述べたのは、本書のさきざきの叙述を前提とすれば、「法律上ノ原因ナク」の内容はすべての不当利得に共通するものの、立証責任の分配が不当利得の機能によって異なるからである。
（2）本書九〇頁以下、一一二頁以下参照。
（3）この点に関しては、鈴木説の示す類型化にあたっての柔軟な姿勢が高く評価されるべきものと考える（鈴木禄弥『債権法講義』（昭和五五年）四六九頁以下参照）。
（4）ここで、いわゆる類型論と本書の内容との関係を一言しておくことにしよう。後の叙述を前提にしていえば、本書では不当利得の二種の機能に即して帰属法的不当利得規範と矯正法的不当利得規範とに分けて分析されているし、後者はさらに表見的法律関係に即して問題が分化するものとされているが、別段これは、類型が相互に他の類型を排斥する硬直的な形で類型論を貫徹しようとするものではない。
　たとえば、矯正法的不当利得規範にあっては表見的法律関係に即して効果を考察すべきであるというのが本書の立場であるが、売買契約無効の例をとっても、それを表見的売買契約と考えることも、表見的双務契約、表見的契約関係、表見的債権関係と考えることも、まったく自由であり、考察を施すべき具体的問題のレベルに応じて表見的法律関係のレベルを変えればよいものである。これは、有効な売買契約それ自体が、売買契約としてばかりでなく、双務契約、契約、債権等々のいずれのレベルでも位置づけられることの裏返しにすぎない。本文の表現を借りて述べれば、財貨移転を基礎づけるさいの実定法体系上の種々の問題が、債権、契約、双務契約、売買契約上のそれぞれのレベルで論じられることに応じて、陰の体系としての不当利得法でもそれが問題になるにすぎない。不当利得法は、ある意味では陽の実定法体系の鏡なのであって、陽の体系をそのまま反射しうる構造になっているのであり、矯正法的不当利得規範の中の諸類型もそのようなものとして考えれば充分なのである。

　さらに、帰属法的不当利得規範と矯正法的不当利得規範との関係についても、本書の立場は、不当利得の二種の機能に即して問題を分化させていくという意味においては、従来の類型論の系譜をひきつぐものであり、そのかぎりにおいて類型論と呼ばれても差しつかえはない。そして、本書ではこの二種の規範につき典型的な場合を念頭においた論議を展開している。しかし、さらに一言するならば――本書の後の叙述を前提とすると――矯正法的不当利得規範の効果として表見的法律関係の顧慮が必要になるが、そこではどの程度表見的法律関係を顧慮するのかという程度の問題が必ず入ってくることになる。したがってここでの論議は、類型が常に相互排斥的意味をもたねばならないという意味での、峻別的な類型論ではなく、両者間での移行もありうる開かれた体系となる。具体的に述べると、前注引用の鈴木説がいみじくも指摘するように、幼児との取引には、行為無能力による取消、意思無能力による無効、意思表示を観念すべくもない法律行為不存在、と具体的状況いかんによって種々のレベルが考えられる。強(脅)迫も、法律行為の取消が問題となるものから、意思表示を観念すべくもないものまで種々のレベルがあるであろう。この場合に、不当利得法においても、矯正法的不当利得として表見的法律関係を相当程度に顧慮すべきものから、まったく顧慮する必要がなく帰属法的不当利得規範のレベルで問題を処理しうるものまで、連続的に種々の事案が存在しうることが見落とされてはならないのである。

本書に述べた内容が従来の類型論ともっとも異なるのは、不当利得法の箱庭的構造を折出した点と、二種の規範(ないし二類型)の重畳的構造を説く点(第七章ないし第三部参照)であろう。この点では、本書の内容は従来の類型論と基本的なところで異なっているともいえる。不当利得がとりあげられた昭和六〇年の私法学会のシンポジウムでも述べたことであるが、本書の内容については、従来の類型論との右の差異に力点をおいて類型論でないと評価することも、前段に述べた類型論との系譜的連続性に力点をおいて類型論であると評価することも、どちらも可能であり、著者自身としてはいずれのレッテルを貼られることにも別段異論があるわけではない(この発言は、私法四八号収録)。

なお、本書においては、私見を述べるにさいして、類型の語を用いることを避けたが、これは、帰属法、矯正法の二「類型」を観念してみても後述するように多くの場合は二「類型」が重畳的になり、このように相互に境界が明確でない二「類型」を観念することが、通常の「類型」という用語法にそぐわないと考えたためで、それ以上の他意はない。また、表見的法律関係を類型論的に構成して、「表見的売買類型」、「表見的賃貸借類型」、「表見的地上権類型」などを観念することももちろん可能であろう。ただ、「表見的売買(または賃貸借)類型」を例にとっていえば、それらの「類型」が、本書に述べた内容に従えば、「表見的双務契約類型」、「表見的契約類型」、「表見的債権類型」と法の段階構造に即しても考えられうるものだとすれば、一般に区分を目的として用いられる「類型」の語を用いることは通常の用語法と異なるように思われ、ここでも「類型」の語を用いることを避けることにした。したがって、本書が私見の叙述に「類型」の語を用いることを避けたのは、もっぱら「類型」という言葉の通常の用語法との内容的齟齬を避けようとしたためであって、それ以上の他意があるわけではないことを、繰返しではあるが強調しておきたい。

第二款　不当利得法の二種の機能と三種の発現形態

一　第一款にも述べたように、不当利得法の基本的機能は、財貨（利益を含む。以下同じ）移転秩序に瑕疵[1]がある場合に財貨の移転を矯正し財貨の帰属を回復することにある。

この命題は、不当利得法には二種の機能があることを意味している。一つは、財貨の帰属の回復であり、一つは、瑕疵ある財貨移転秩序にもとづく財貨移転の矯正、いいかえれば正当な財貨移転秩序にもとづかない財貨移転の矯正である。従来の学説の用語法を用いるならば、それぞれが財貨保護法、財貨運動法の一側面を担うことになるであろう[2]。現実の不当利得の裁判例をみると、不当利得法の適用が問題となるすべての事案において、この二つの機能が常に問題となっているわけではない。ある場合には財貨の帰属の回復のみが問題とされ、ある場合には移転秩序に瑕疵ある財貨移転の矯正のみが問題とされ、ある場合には、財貨帰属の回復と瑕疵ある財貨移転秩序の矯正との双方が問題とされる。その、それぞれの場合を本款においては、二、三、四に分説することとする。ただ、誤解をさけるために一言すれば、この三つの場合が、それぞれ同じような比重で現実の裁判例にあらわれているわけではない。日本の裁判例では、不当利得法は四に述べるような双方の機能が問題となる事例が圧倒的に多い。そうであるから本節冒頭にも、そして第一款など今までの叙述にも、不当利得法の機能として二つの視点を重畳的に掲げてきたわけである。この、不当利得返還請求権の機能に即した三通りの発現形態を分析した後、五で本書で前にもふれた[3]いわゆる不当利得における三角関係とも呼ばれている多当事者間の不当利得の事案においても、不当利得法が前述した二種の機能を果たしていることを分析することとしよう。

二　財貨帰属の回復規範としての不当利得法

(イ)　不当利得の裁判例のうち、財貨の帰属の回復をその目的とするものを、次の例に即して考えてみよう。

〔4・12〕　東京高判昭和三九年五月二〇日東高時報一五巻五号一〇三頁。

Yは、訴外Aに不動産を売却した。しかし、当該不動産はXらとYとが共同相続したものであって、Yはそれに三分の一の持分を有していた。Xらは後に右不動産売却を追認し、不当利得としてYに売買代金の三分の二の返還を求めて訴提起。裁判所はこのXらの請求を認容した[4]（事案の紹介にあっては、Yの側の相続関係を省略した）。

この種の事案においては、元来、Xらは、当該不動産の持分三分の二に関してAに物権的返還請求権を行使することが可能であった。ところが、Xらは、この物権的返還請求権を行使することなく、無権限でなされたY－A間の売買を追認した上で、Yに当該不動産の代価に関し不当利得返還請求権を行使した。この不当利得返還請求権の機能は、Xらが物権的返還請求権によって目的物自体の帰属を回復するかわりに、目的物の価値（代価）の帰属を回復することにある、とみることができる。不当利得法が、このように物権的返還請求権にかわる所有物の価値の帰属のために用いられることは、かなり多い。YがXの物を処分しAがそれを即時取得した場合のXのYに対する不当利得返還請求、[5] Xの物がYのもとで費消された場合のXのYに対する不当利得返還請求などがそれに当たる。また、金員返還請求[6]が不当利得返還請求権として構成される場合も、この一例である[7]。

また、このように、物権的返還請求権の行使が不可能となった場合の機能的代替物というような直截な形ではなくとも、物権保護の延長として不当利得法が機能する場合がある。次の例がそれである。

〔4・13〕　最判昭和三五年九月二〇日民集一四巻一一号二二二七頁。

Xは、自己所有の土地をAに賃貸していた。Aは、Yに賃借権を譲渡したが、この譲渡にはXの承認をうることができなかった。Xの土地明渡請求に対し、Yは建物買取請求権を行使し、買取代金の支払があるまで同時履行の抗弁にもとづき右建物の引渡を拒んだ。その結果、YはXの敷地を占有することになり、XのYに対する、賃料相当額の不当利得返還請求が認められた。

この事案においては、Xの土地所有権にもとづく三つの権能——使用、収益、処分（民法二〇六条）——のうち使用、収益権能を保護するために不当利得返還請求権が用いられている[8]。これも、財貨そのものではないが、所有権の内容である一定の利益の回復に不当利得法が用いられている一例といえよう。(9)〔4・12〕の裁判例やそこでの叙述であげた例、そして〔4・13〕の裁判例と、不当利得法が物権保護の補完として用いられている事例をみてきた。不当利得法のこのような側面を、かつてウィルブルクが「権利の効果存続請求権」として鋭く分析し、それが後に不当利得の類型論に大きな影響を与えていった経緯については前に記した。(10)そこでも論じられていたことであるが、裁判例をみても物権以外の財貨ないしその価値の帰属も不当利得法によって保護されている。次の事例においては、労働力より生じた価値の帰属の保護が問題となっている。

〔4・14〕　東京地判昭和四三年八月八日ジュリスト四二六号六頁(11)。

Xは自動車修理業を営んでいる者であるが、正式な自動車修理契約を締結することなく、Yの自動車を修理した。XのYに対する不当利得返還請求が認容された。

以上、例示的にみてきた財貨、価値の帰属の回復のみを目的とする不当利得返還請求を以後本書では帰属法的不当利得返還請求、それを規律する規範を帰属法的不当利得規範と呼ぶことにする。ここでもっとも問題となるのは、帰属法的不当利得返還請求がいかなる範囲において認められるか、換言すればいかなる財貨、価値に関して帰属法的不当利得返還請求が認められるかということである。

(ロ)　右の問題は権利論の問題と関連してくるものと思われるが、具体的問題から考察をすすめるとすれば、しばしば反射的利益としてひかれる次の例を考えるべきかもしれない。「鉄道の敷設によって沿線の住民が利益を受け、用水路の開設によって下流の住民がその余水を使用することができても、不当利得とならない。(12)」また、メディクス、松坂博士の設例(13)を修正していえば、女優Xの家庭医Yが、その回想録においてXの病気について書いたために回想録の売上が増大した場合にも、刑法上の制裁は別として（刑法一三四条、ドイツ刑法三〇〇条）、XのYに対する不当利得返還請求権は認められない。このような事例において、法律家が不当利得返還請求権が否定されるべきであると考えるのは、一体なぜであろうか。

おそらくこの点は、私人の利益支配をめぐる現実社会の意識と、その法的、規範的評価としての「権利」的構成がいかなる実質をもっているかによって決せられるものと思われる。すなわち、私法上財産と呼ばれるものには――別にイェーリング(14)に倣っていうわけではないが――一定の利益支配をその内容とするものが多い。そこでの、私人の財貨、価値支配の法的保護は、まず、その財貨、価値の帰属を法的に保障する「権利」構成を与えることによって実現される。その端的、かつ典型的なあらわれが、有体物の帰属を確保するために認められる物権的返還請求権である。ところが、財貨、価値の帰属の保障が社会的に必要とされるのは、有体物に限られない。有体物が費消などによって消滅した後の有体物の価値、有体物の使用によって生ずる利益、労務から生ずる利益なども、非有体的利益ではあるがその帰属を保障することの必要が、社会経済的に意識される。そこで、前に述べたようにこれらの利益に関して右の社会経済的要請を基盤に帰属法的不当利得返還請求権が認められるわけである。しかし、このようにはいっても、物権的返還請求権と帰属法的不当利得返還請求権が完全に同一の機能を営んでいるわけではない。ひとしくその帰属が保障される財貨であっても、有体物は可視的あるいは物理的メルクマールによって特定され、同一性を通常追及しうるのに対し、非有体的利益の特定は必ずしも簡単ではなく、価値移転があってもその同一性を追及しうるものとはかぎらない。そこに、有体物利益が物権として構成され、その回復が対世的主張が可能とされる物権的返還請求権をもって保護されるのに対し、非有体的利益の回復が特定の者に対してのみ主張が可能な債権という構成――不当利得返還請求権――によって保護されざるをえない現実的基盤が存在するわけである。物権的返還請求権も帰属法的不当利得返還請求権も、ともに財貨帰属の保護に資するものであるが、前者においては財貨の帰属があらゆる者に対し保護されているのに対し、後者においては特定の者に対してしか保護されえないという点において両者の保護の程度にかなりの差異があることになる。これは、被請求者の破産の場合を例にとって物権的返還請求権と帰属法的不当利得返還請求権の保護の差異――取戻権と破産債権――を考えてもただちに首肯しうるところである。しかも、右の債権的保護と物権的保護という法律学の所産は、財貨帰属の保障に関する社会的要請が強いものから弱いものまで現実としては連続的にあるものを、二種の典型的構成に分離、峻別したものにほかならない[15]。そのことに対応し、実体破産法は、物権的保護と債権的保護との中間的な保護の要請があることを見逃さず、中間的な取扱——代償的取戻権（破産法九一条）——をも用意しているのである。

このように、財貨帰属の保障の社会的な要請に対応する法規範上の構成としては、第一段階はその要請が非常に強いものが物権的返還請求権、第二段階にその要請がやや弱い、あるいは強い保護が事実上困難なものが（帰属法的）不当利得返還請求権として規定されることになる（この、物権的返還請求権と帰属法的不当利得返還請求権の機能、目的がパラレルであるということが、不当利得法の要件、効果の分析に反映されることになるが、その点は第五章に譲る）。しかし、さらに、第三段階の利益も存在しないわけではない。社会的、事実的な意味では利益といえても、その利益帰属を保護するという要請がそれほど強くなく、帰属法的不当利得規範による保護の必要が感じられていない利益がそれである。さきに例示した、鉄道敷設や女優の家庭医の事案は、その利益の帰属を保障する社会的規範的要請が弱いがゆえに、法学者はこぞって不当利得返還が認められないものと考えるのではなかろうか。このように、不当利得返還請求を認めるか否かを分かつ現実的基盤は、究極のところ社会現実的な保護の要請の強弱にあると思われる。従来、法学者は、鉄道敷設によって沿線住民が土地の値上りその他の利益を受けても不当利得にならないことを基礎づけることに腐心し、「損失」がないことをその理由にあげた[16]。しかし、これらの論者は、他人の物の使用の事例では所有者にその物の利用可能性がない以上所有者に「損失」はないはずであるが、この場合には「損失」があるとして不当利得返還請求権の発生を基礎づける[17]。これらの議論においては、「損失」の語は論者自らの欲する結論を正当化するために、適宜操作される便宜的な要件となっている。しかし、これらの論者が二つのケイスで結論を異ならせるのは、究極のところ、利益の帰属を保障する社会的要請の強弱が異なることにその基礎があるように思われてならない。すなわち、物の使用による利益は、それ自体直接に所有権の内容——民法二〇六条の所有物の使用権能——として、強い保護をうける規範的評価を受けているものである。それに対し、鉄道敷設に伴う交通の利便という利益は、鉄道という有体物ないし有体的施設自体の使用ではなく、鉄道所有権の内容からやや迂遠なものとの規範的評価を受けており、その結果この種の利益が「反射的利益」と構成され、不当利得法による保護を受けないと考えられているだけなのではなかろうか。

以上のように考えれば、どの種の利益が帰属法的不当利得規範によって保護され、どの種の利益が保護されないのかも、社会の変化とともに異なるものであろうし、同一社会においてもその利益の規範的評価が異なればまた異なってくる。たとえば、非有体的利益のうちでも「発明」から生ずる経済的利益が「特許権」として一定の者に帰属すべきであるとの規範的評価が下されるにいたったのは、たかだかここ何世紀かの現象にすぎない。このような社会経済的要請を背景として、現在は他人の特許の無断実施の場合に不当利得返還義務が発生すると考えられている(18)（ただし、特許法一〇二条、一〇三条によって、損害賠償法に不当利得法的実質がとり込まれているため、このように考える実益がそれほど大きいわけではない(19)）。しかし、現在同じように他人の発明の無断使用が行なわれていても、その発明が特許権となっていない――正確には、特許法五二条により出願公告がなされていない――段階では不当利得返還請求権は認められないと考えるべきであろう(20)。有体的利益の場合とは異なり、特許権などにおいてはかなり技術的人工的な手続によって、利益が特定されているのであり、その手続をまってはじめて利益帰属を保障する規範的評価が混乱なく貫徹しうると考えられるからである(21)。このように考えると、発明という同一事実に関しても、利益帰属に関する社会の規範的評価が異なることによって、帰属法的不当利得返還請求権が認められるか否かは異なることになる。

この問題は当然に「権利論」と関連してくることになろうが、最後にここでの結論を簡単に記せば、所有権、無体財産権、鉱業権その他「権利」が観念されうる利益に関しては、その利益帰属の規範的評価が実定法上確立しており、その利益の帰属主体が法定されている。このような場合に、権利者以外の者がその権利領域(22)から利益を得た場合には――物権的返還請求権のような利益回復のための特別の手段が法定されていればそれによることになるが

――一般に帰属法的不当利得返還請求権による利益回復が認められる。また、このように定型的に「権利」とは構成されるまでには至っていない利益であっても、労務および労務から生ずる利益などその帰属性が社会で明確に意識されている利益も存在し、それらの利益の帰属はやはり帰属法的不当利得返還請求権によって保護される。しかしながら、利益の帰属を保障する社会的要請がそれほど強くない利益も存在するわけであり、それらの利益は「反射的利益」その他として帰属法的不当利得規範による保護を受けないことになる。ここで当然のことながら帰属法的不当利得規範による保護を受ける利益と受けない利益との限界が問題となるが、もとよりこの限界は一律に定まるものではなく、利益の帰属に関する社会的評価――それは、当該社会の経済的文化的構造を基礎にした社会の一般的感覚としてあらわれるが――によって定まるように思われる。法定されている権利にしても、結局はこのような社会感覚を基礎に文言化、法定化されたものなのであり、法定の仕方が社会感覚とずれていれば、慣習法上の物権等々が生ずるにすぎない。したがって、不当利得の基礎となる利益を無理に限界づけようとしても一律の基準を与えられるものでもなく、評価者自身が一般の社会感覚を対象化することなくその中から評価を展開するかぎり、ケメラーのいうように[23]利益較量の問題として問題を個別的に考察していくことにならざるをえないわけである。ただ、この限界事例の判断は現実にはかなり微妙なものである。一例をあげれば、学界では用水路の開設に伴う水利上の利益は通常「反射的利益」と考えられているが[24]、下級審の裁判例では、これと類似の貯水池の改修に伴う水利上の利益の返還が問題となる事案に関して不当利得返還請求が認められることを前提としたものがあることも[25]、この判断の微妙さを暗示するものといえよう。また、ケメラーがこの種の問題を考察するに当たって、法秩序がある法的地位に立つ者に当該有体物あるいは無体物の独占を保証しようとするのか否かを吟味して決するべきであると[26]するのも、結局のところ、問題が利益帰属に関する社会の規範的評価によって決着をつけざるをえないことを意識した上でのことであろう。なお、この問題は、矯正法的不当利得規範の問題とも関連するので、後に再度検討することにする（本書二九五頁以下参照）。

三　財貨移転の矯正規範としての不当利得法

不当利得法は、右の財貨の帰属確保という機能以外に、次の機能を果たすことがある。すなわち、財貨が移転したがそれを基礎づけるべき法律関係が法的に無効、不存在と評価を受けるなど財貨移転秩序に瑕疵がある場合に、不当利得を理由に瑕疵ある財貨移転の矯正をはかることである。二、三の判例に即してそれを考えてみよう。

(イ)　まず、契約が財貨移転の基礎となっていた場合を例にとろう。

〔4・15〕　大判昭和二年一二月二六日新聞二八〇六号一五頁。

Xは自己所有の日本画に三百円を附した上、Y所有の日本画と交換した（補足金附交換契約）。しかし、Xに錯誤があったためこの交換契約は無効とされ、XのYに対する、日本画および金三百円の返還請求が不当利得を理由に認容された。

このXの不当利得返還請求権は、交換契約が無効であり、日本画および三百円の財貨移転を基礎づけえないがゆえに認められる。本件にかぎらず、契約が不成立、無効の場合、あるいは取消、解除があった場合などでは、不当利得を理由としてその契約にもとづいていた財貨移転の回復が認められる(27)。ここにおいては、現実に行なわれた財貨移転を基礎づけるべき契約という財貨移転秩序が法的に不完全なものであるがゆえに、不当利得法が財貨の回復を実現し、それを矯正する機能を果たしているわけである。このような不当利得法の機能は、契約の効力に関連してのみ問題となるものではない。契約債権以外の債権にもとづき財貨が移転した場合にも同様に問題となる。

〔4・16〕　大判昭和一八年八月三一日法学一三巻三九〇頁。

Xは、警察署の留置の継続を忍びえなかったので、Yの要求に従い、損害賠償金としてYに金員を給付した。しかし、Xには不法行為責任がなかったために、XのYに対する不当利得返還請求権が認容された。

本件において不当利得返還請求が認容されるのは、X－Y間に不法行為による損害賠償請求権が存在しなかったため、金員の財貨移転に法的基礎づけが欠けていたことによる。不法行為責任以外でも、不当利得返還請求権、事務管理の費用償還請求権がないにもかかわらず、それらにもとづくものとして行なわれた財貨移転は、不当利得を理由に回復されることとなる。(28) これらにおいても、不当利得法は、財貨移転秩序に基礎づけられないままに行なわれた現実的財貨移転の回復、矯正をその任務としていることになる。以上の二例においては、財貨移転秩序としては債権関係が問題となっていた。(29) しかし、財貨移転秩序として問題となるのは債権関係に限定されるわけではない。

次に、物権関係が問題とされる例を検討してみよう。

〔4・17〕　名古屋控判大正七年八月九日新聞一四五九号一九頁（〔4・1〕、本書二三九頁）。

Aは自己所有の土地をXおよびYに二重譲渡し、登記を第一の譲受人Xに移転した。一方、Yはその土地をBに小作させ、小作米をBより受領していた。Xは、Yが受領した三年分の小作米を不当利得として、その返還を請求した。裁判所は、Xの不当利得返還請求を認容した（ただし、Yは悪意の占有者である）。

〔4・18〕　大判昭和一三年八月一七日民集一七巻一八号一六二七頁。

右に引用した〔4・17〕と類似の事案において、(30) Bは賃料の一部をYに対して支払っていなかった。Xは、Bがそれを不当に利得しているとしてその返還を求めて訴提起。裁判所はその請求を認容した（なお、本事案の紹介では、〔4・17〕との関連を明確にするために、被請求者をBと表示した）。

前にも述べたことであるが(31)〔4・17〕の事案においては、Yの小作料収受が実定法上基礎づけられうるか否かが問題であった。Yが本件土地を他に賃貸し収益をあげることは、Yの所有権にその基礎をおく（民法二〇六条）。しかし、Yは売買契約にもとづき土地所有権を取得したが、登記を備えていないためにそれをXに対抗できない（民法一七七条）。そのため、Yは受領した小作米をXに返還すべきことになったのである。本判決は、この小作米は、「Yニ於テ不当ニ利得シタルモノ」と述べているが、ここでの不当利得法は、財貨移転秩序に反する財貨移転を矯正することにある。すなわち、A－Y間の財貨移転（小作米収受）が物権規範に反しており、それが不当利得法によって矯正されたことになる。〔4・18〕の事案に関しても、不当利得法は同様の機能を果たしている。ここでは土地の利用権能というＹ－Ａ間での財貨移転は、Ｙ－Ａ間の賃貸借契約に一応の基礎をもつ。しかし、その賃貸借契約自体が、Ｙという当該土地の処分権能（＝所有権）をＸに対抗できない者によって締結されていた。したがって、Ａの財貨受領は、究極的には物権法上是認されないものとして、不当利得法がその矯正をはかったことになる。

以上四つの例においては、債権的秩序、物権的秩序に反する財貨移転を矯正する機能を不当利得法が担っていた。当然のことながら、財貨移転秩序としては、債権的なものと物権的なもののみが問題とされるわけではない。これら以外にも、親族法上の関係、相続法上の関係、会社法、手形・小切手法などの商法上の法律関係、民事訴訟法上の法律関係、行政法上の法律関係など、法体系のほとんどすべてにわたって、財貨移転秩序は問題となり、それに反する財貨移転が不当利得法によって矯正されることになる。しかし、この点はすでに数多くの裁判例に即して本章第一節で検討したところからほぼ明らかと思われるので、具体的な叙述は、そこに譲ることにしよう。

(ロ) 以上(イ)に引用した四つの裁判例は、実は、不当利得法が純粋に財貨移転の矯正法としてのみ機能している場合ではない。後に**四**に分析するように、これらの事例では、不当利得法は財貨帰属の確保という機能をも同時に営んでいる。したがって、後の**四**の分析との関係をも考えると、ここで不当利得法が純粋に財貨移転の矯正規範としての機能を営む事例をあげておくべきかもしれない。ただ、この種の裁判例にはここに引用するのに適当なものが少ない[32]ので、机上設例をもって検討することにする。

〔設例一〕 Ｘは、Ａ所有の物を盗み、それをＹに売却した。ところがＸ－Ｙ間の売買契約は無効であった。Ｘは、不当利得としてその物の返還をＹに求めた。

このようにＸ自身に所有権がないことが明白な事案において、Ｘに不当利得返還請求権を与えることに疑問が提示されるかもしれない[33][34]。しかし、次の二つの理由から、著者はこの場合のＸにも、不当利得返還請求権を与えるべきである、と考える。第一は、かりにＸの不当利得返還請求権を否定すると、不当利得返還の被請求者が請求者の所有権その他の権限を争う途が一般に開かれることになる。この場合、売買契約の無効が立証されている以上Ｙが占有権限を有しないことは確実であるから、この立場は必要以上に煩瑣な要件をもちこんでXを保護する範囲を限定するように思われる。特に、詳論は避けるが立証責任論[35]の内容いかんによってはXが所有権その他の権限を有するか否かが真偽不明な場合にも、Xの不当利得返還請求権が否定される可能性が生ずるが、Yに占有権限がないことが確実であるのに、このような結論をとることは妥当とはいいがたい。第二に、X－Y間の無効な契約が賃貸借契約などであった場合を例に考えてみよう。かりに、この場合にもXに所有権その他の権限がないことを理由に目的物についての不当利得返還請求を否定したとしよう。この結果、Yは、本来の所有者からの返還請求がないかぎり、その物の占有を継続することになる。Yとしては、賃貸借契約が有効な場合においても一定期間の占有を予定していたにすぎない。したがって、右の結論はいきすぎであり、賃貸借契約が無効な場合などにおいては、少なくともXの権限は問題とすべきではあるまい。この賃貸借契約の場合についての結論を承認した上で、売買契約の無効による不当利得返還請求の場合にはXの権限の証明が必要であるとすると、次の問題が生ずる。すなわち、Xが契約の無効を理由に給付物の取戻をはかる場合に、無効な契約の種類──売買契約か賃貸借契約か──を特定する必要が生ずることになる。このような結果は、いたずらに訴訟を煩瑣にし、実際的ではあるまい[36]。このように考えると、契約の無効に伴う給付の取戻にさいしては、権限の証明のない不当利得返還請求権を認める途を一般的に開くべきであろう。このことは何も奇異なことではない。ケメラーが指摘するとおり[37]、債権法のレベルにおいては、他人の物の売買、寄託、賃貸借などが認められている（したがって、他人の物の賃貸借契約などの終了を理由に給付の取戻をはかることも可能である）。いわばその裏返しとして、それらの契約が無効な場合の債権法的な手当てとして無権限者の不当利得返還請求権を認めることが必要となるだけである。

以上、このような不当利得返還請求権を認めるとの結論にたてば、これが瑕疵ある財貨移転の矯正という、前述した不当利得法の機能の第一の側面にのみ焦点を合わせたものであることは明らかであろう。そして、ここで無権限者の不当利得返還請求を認める以上、(イ)に述べた事例においても、不当利得返還請求者の権限を問う必要はなくなる。たとえば、〔4・15〕では、日本画交換契約が無効であるから、物権行為の有因性説を前提とするかぎり、通常の場合、不当利得返還請求権者が同時に日本画の所有権者でもあることが多いであろう。しかし、不当利得返還請求権を行使するさいに、その者は、自らの所有権を立証することを必要とするわけではない（もちろん、自らの所有権を立証して物権的返還請求権を行使することも可能であるが、この点は後に四で検討する）。このような請求が認められた場合に、それが——裁判で立証された事実のみを前提とするかぎり——財貨の帰属確保の問題とは関係なく、もっぱら瑕疵ある財貨移転の矯正にのみ関係することになる。この点こそが、後に四で検討するように(イ)に述べた事案が多くは実体的に両性的不当利得事案であるにもかかわらず、権限立証の困難を避け、あるいはその手間を省くために、財貨の返還を請求するに当たって三の矯正法的不当利得返還請求権が裁判で行使されることがあることの実質的な基盤なのである。

(ハ)　以上、(イ)、(ロ)において財貨移転の矯正規範として検討してきた不当利得事例においては、財貨そのものは比較的明瞭な内容をもっていた。すなわち、有体物、有体物の使用による利益、労務からの利得など、帰属法的不当利得返還請求権によって保護されうる種類の利益が、その帰属主体を問うことなく、(38)財貨移転秩序の瑕疵のみを理由として回復されていたわけである。しかし、このように明確に財貨として通常意識されておらず、帰属法的不当利得規範の次元では「反射的利益」と構成されうるものも、矯正法的不当利得規範の次元ではその回復請求が問題となることがある。このような場合にも、不当利得法は純矯正法的機能のみを示すことになる。机上設例が続くが、次の例に即して考えてみよう。

〔設例二〕　Yは呉服業を営んでいたが、近隣のXが呉服店の開設を予定していることを聞き、Xと次の内容の競業避止契約を締結した。Xは今後三年間呉服業を営まず、Yは三年後にその対価としてXに三〇万円払う。ところが、この競業避止契約がYの行為無能力を理由に三年後に取り消された。この場合に、Xは契約を根拠として三〇万円の支払を請求することはできない。しかし、Xが三年間現実に競業を避けていたかぎり、XはそれによるYの利益を不当利得として返還請求しうるものと思われる。

競業避止が行なわれた場合に、一定の経済的利益が発生することは事実であるが、それが特定の者に帰属するとは社会的に意識されておらず、帰属法的不当利得規範の次元では、何ら保護されるものではない。たとえば、設例において、Xが隣人Yに対する遠慮あるいは思いやりから、呉服業を営みたい心を抑えていたものだとしても、XのYに対する不当利得返還請求は認められないであろう。二に述べた権利論との関係からいえば（本書二八九頁以下）、これは利益帰属が法的保護を受けない第三段階の利益に当たると思われる。しかし、この第三段階の利益に関しても、それが私人間において契約給付などの形で特定されれば、当事者間の私的処分に服することは可能である。そして、この場合に契約などの無効があれば、社会的事実としての表見的契約関係によって利益が特定されていることに伴い、不当利得規範の保護対象となりうると考えられる[39]。そしてここでの不当利得規範は財貨移転秩序に瑕疵があるために現実になされた財貨移転の矯正をその任務としていることになる。設例において、XのYに対する不当利得返還請求が認められるのも、このような趣旨においてであろう。この設例自体はやや現実離れしたものと受けとられるかもしれないが、現在の取引社会にしばしば見受けられるノウハウの供与契約が無効であった場合に即して考えるならば、このような不当利得返還請求権を考えることが現実にも意味があることが明らかになろう。他人のノウハウを利用して利益をあげたとしても、そのノウハウが無体財産権になっていないかぎり、帰属法的な次元において不当利得返還請求が認められるわけではない[40][41]。しかし、ノウハウの供与が無効な契約にもとづくような場合には、ノウハウを知ったことにより事実上経済的利益を受けた者は、通常は矯正法的次元において不当利得返還義務を負うべきものと思われる。このような、帰属法的不当利得規範による保護を受けえない第三段階の利益が矯正法的レベルにおいて保護を受けうる財貨となるのは、無効な契約など表見的債権関係によって利益が特定される場合ばかりとはかぎらず、表見的物権関係によって利益が特定される場合もある。たとえば、一定の対価の支払をも内容としていた日照地役権が無効であれば、日照地役権が有効であると思って[42]建物建設などを自制した

〝承役地〟所有者は、利益を受けた〝要役地〟所有者に不当利得返還請求をなしうるものと考えられよう。一般に帰属法的なレベルにおいては、日照を遮断しなかった者から日照を享受した者への不当利得返還請求権が成立するとは考えられてはいないが[43]、ここでは無効な地役権という表見的物権関係によって、それは矯正法的不当利得規範の保護対象としての財貨となるように思われる（この例からも、伝統的な不当利得の類型論が給付返還請求権の枠内で考えていたように利益の特定が表見的契約関係によるものの保護のみがここで問題となるわけではないことが明らかであろう。この無効な地役権の事例を「他人の財貨からの利得」として考えるわけにはいかないが、それでも、この事例に不当利得法的な保護を与えることが必要となるからである）。

四　両性事案についての不当利得法

次に、不当利得法の財貨の帰属の回復と瑕疵ある財貨移転秩序の矯正という二つの機能が重畳的に発揮されている場合を考えてみる。まず、財貨移転の矯正規範としての不当利得法として前に述べた諸例のうち、三(イ)の事案を考えてみよう。まず、〔4・15〕の日本画交換契約の事案においては、日本画の返還を求めるにさいし[44]、原告は自らの請求を不当利得返還請求としてではなく、物権的返還請求権として構成することも可能である。その場合には、訴訟は次のような過程をたどることが予想される[45]。

一、Xは、Yに対し日本画の上の物権的返還請求権を行使する（請求）。

二、Yは、自分は交換契約にもとづき日本画を保有している、と主張する（抗弁）。

三、Xは、右の交換契約が錯誤により無効である、と主張する（再抗弁）。

この訴訟においては、訴訟法学の通常の考え方に従えば、当初請求である所有権にもとづく物権的返還請求権が認容されているのであり、抗弁、再抗弁は単なる攻撃防禦方法にすぎない[46]。所有権にもとづく物権的返還請求権の目的、機能が、財貨の帰属を権利者に確保することにあることは疑いを容れない。したがって、〔4・15〕の訴訟において物権的請求権ではなく、不当利得返還請求権が行使された場合にも、それが現実には物権的返還請求権に代って財貨帰属確保の機能をも果たしていると考えられることになる。[47] 実は、〔4・15〕のような訴訟において、物権的請求権が認容されるのか不当利得返還請求権が認容されるのかは、実務においても学界においてもかなり曖昧なままに処理されていることが多いように見受けられる。旧訴訟物理論においても、兼子説などはこの点に一定の回答を与えていなかったわけではない（注(47)の叙述参照）。しかし、現実としては、判決で請求が認容された後に、見方によっては不当利得事案ともいえ、見方によっては物権的請求権に抗弁、再抗弁などが提出されたともいえる事案が、判例集、学説などではその点は判然とさせないままに全体として不当利得判例として取り扱われることが多かったというのが実相であるように思われる。[48] このような曖昧な取扱は、不当利得の要件、効果をつめて考えるさいに破綻をきたし、それが第三部での統一的請求権概念の析出とその法律構成の提言へと連なっていくことになる。しかし、この点はしばらくおくことにして、ここでは従来の漠然たる用語法に従って全体を不当利得返還請求権と呼ぶことにすれば、この不当利得返還請求権は、三に述べた財貨移転の矯正という機能を果たしていると同時に、財貨帰属の確保という機能をも営んでいる。この点に着眼して、このような形で不当利得返還請求権が用いられる場合を本款では両性的不当利得事案とかりに呼ぶことにしよう。売買契約の無効取消にもとづく給付物の取戻のさいの不当利得返還請求など、不当利得事案の相当部分はこれに当たることになる。実は、三(イ)に引用した裁判例はみなこの種のものである。〔4・15〕の事例と同様、物権的請求権などの当初請求、抗弁、再抗弁（否認）という形で事案を構成すると問題が明確になると思われるので、順次この観点から分析してみよう。

〔4・16〕の損害賠償責任を負わない者が、賠償金として交付した金員の返還を求めた事件は、Xの物権的返還請求権あるいは帰属法的不当利得返還請求権の行使とそれに対する、抗弁、否認として次のようにも展開される。

一、XのYに対する金員返還請求（請求。これは交付金員が特定されたまま被請求者のもとにあるときは、価値の上のヴィンディカチオとして物権的返還請求権となり、特定されないときは、他の有体物費消の場合などと同様、帰属法的不当利得返還請求権の行使となる）。[49]

二、Yは、自らの金員の保有が、YのXに対する不法行為による損害賠償請求権にもとづくことを主張する（抗弁）。(50)

二′、Xは、右の不法行為による損害賠償請求権が発生していないことを主張する（否認）。

〔4・17〕の土地の二重譲渡に伴う小作米の返還請求の事案も、次のように構成することが可能である。

一、Xは、自分が当該土地の所有権をAより取得しているにもかかわらず、そこからの果実（小作料）をYが悪意で取得しているとして、その返還をYに請求する（民法一九〇条――請求）。(51)

二、Yは、自分もAより当該土地の所有権を取得しており、果実（小作米）収受は所有権にもとづく（民法二〇六条など）と主張する（抗弁）。

三、Xは、自己に所有権取得の登記があり、Yは自らの所有権取得をXに対抗できない、と主張する（再抗弁）。(52)

また、〔4・18〕の小作人に対して不当利得返還請求した事案も、帰属法的不当利得返還請求を当初請求として次のような展開を訴訟がたどることも考えられる。

一、Xは、当該土地の所有権は自己にあるにもかかわらず、それをBが使用しているとして、その利得の返還をBに請求する（請求）。(53)

二、Bは、自らの利得（土地の利用）がY－B間の賃貸借契約にもとづくのであり、かつYが当該土地の所有権者であることを主張する（抗弁）。(54)

三、Xは、当該土地の所有権登記は自分にあり、Y－B間の賃貸借契約がXに対抗できないものであることを主張する（再抗弁）。

それでは、これらの三件の当初請求が何かをまず考えてみよう。〔4・16〕、〔4・18〕に即していえば、当初請求は物権的返還請求権または帰属法的不当利得返還請求権であった。これらの請求権の機能が財貨の帰属を確保することにあることは、今までの叙述が示すところであろう。他方、〔4・17〕においては、当初請求は民法一九〇条にもとづいていた。(55) 民法一九〇条は物権的請求権の附属規範であり、有体物より生ずる果実の帰属を定める。そうであるとすれば、この三件の訴訟は、すべて財貨帰属の確保を目的とする当初請求と、それに対する抗弁、再抗弁（あるいは否認）としても展開されうることになる。前に述べたように、従来の学説、実務においてはこのような展開が現に訴訟においてなされたのか否かは曖昧なままに、全体が漠然と不当利得と呼ばれることが多かったことは、これらの事例に関しても当てはまる。そうであるとすれば、これらの不当利得返還請求権も、三に述べた財貨移転の矯正規範としての機能を果たしていると同時に、財貨帰属の確保という機能をも果たしていることになり、両性的な不当利得事案であるということがいえるように思われる。このように考えると、判例集や学説において不当利得と呼ばれている例のうち、両性的な不当利得に当たる事案の割合が非常に大きいであろうことが、より明白になるであろう。

しかし、両性的不当利得事案に関する本款の分析は暫定的なものでしかなく、問題は数多く残されている。たとえば、〔4・15〕の事案が物権的請求権とそれに対する抗弁、再抗弁として構成されるとしても、給付された日本画が滅失毀損した場合はどうなるのか。当初請求が物権的返還請求権だとすると民法一九一条が適用されることになりそうだが、そうすると単純に不当利得返還請求権が行使されると構成した場合と効果に差異が生ずることはないのか。不当利得法の効果自体は次章以下に論ずるが、当然に右のような疑問が生ずる。また、別の問題として、これらの判例において、不当利得法の「法律上ノ原因ナク」という要件の内容は、交換契約の無効、不法行為による損害賠償請求責任の不存在、被請求者の側の所有権に対抗力がないことなどである。(56) 訴訟が不当利得法を根拠に展開された場合、伝統的立証責任論に従うならば、「法律上ノ原因ナク」は権利発生事実であるから、不当利得返還請求をするXがすべて右に述べた事実を立証すべきことになる。ところが、同じ事案が当初請求、抗弁、再抗弁（否認）として展開された場合には、右に述べた「法律上ノ原因ナク」の内容が抗弁、再抗弁（否認）の内容をなし、請求者、被請求者の双方がそれぞれ一定部分を主張立証すべきことになる。具体的にいうならば、Xの当初請求に対して、YまたはBが抗弁として財貨移転を基礎づけるべき契約関係、不法行為による損害賠償請求権、物権関係などの「法律上ノ原因」に当たる事実を主張立証し、それが「ナイコト」がXの再抗弁ないし否認の内容をなすことになる。同一の紛争において、いずれの法律構成をとるかによって一定事実の立証責任が異なるが、はたしてこれでよいのか。このような問題をそれぞれ仔細に分析すると、この種の事案を漫然と不当利得、あるいは両性的不当利得事案と考えていては問題は解決されず、統一的請求権を観念することが必要であることが次第に明らかとなってくる。しかし、この問題は叙述の便宜上第三部に譲ることが適当と思われるので、本款では、ここでの両性的不当利得事案という分析枠組には暫定的な側面もあり、必ずしも本書全体の最終的な結論ではないことを明記しておくにとどめる。

五　多当事者間の不当利得関係と、不当利得返還請求権の機能

以上、財貨移転があった当事者間において直接不当利得関係が問題となる事例に即して、不当利得法の機能を検討してきた。この不当利得法の機能は、直接財貨移転があった当事者以外の者をも巻き込んで不当利得関係が問題となる、多当事者間の不当利得の場合にも、基本的には変わるところがない[(57)]（なお、前にも記したように本書では、不当利得関係が、財貨移転があった直接の当事者間で問題となる場合を「二当事者間の不当利得関係」、それ以外の者を含めて問題となる場合を「多当事者間の不当利得関係」と呼ぶことにする。後者は従来学界において不当利得における三角関係と呼ばれていたものを、単に三当事者間における不当利得関係としてではなく、より一般的な形で考察するための枠組であるが、叙述の便宜上四当事者以上がからむ事案に関しては、第八章の叙述に譲ることにしたい）。ただ、帰属法的不当利得規範が単純な形であらわれる場合には常に二当事者間の関係として問題となる。そのため、多当事者間の不当利得関係としては純粋の財貨移転矯正規範、あるいはそれが財貨帰属回復規範と重複して問題となる両性事案との二種の場合のみが問題となる。それぞれの場合を次に、(イ)、(ロ)として検討することにしよう。

(イ)　多当事者間の不当利得関係が財貨移転矯正規範として問題となる場合。

〔4・19〕 債権の準占有者に対する弁済

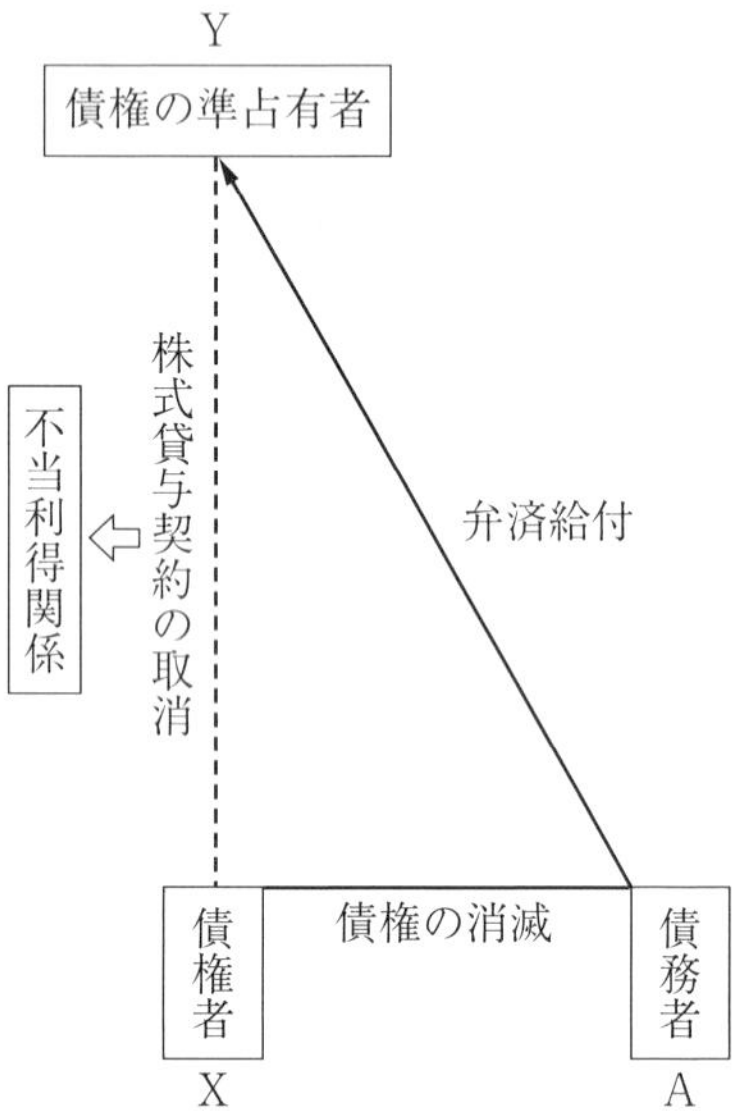

〔参考図〕 受領委託

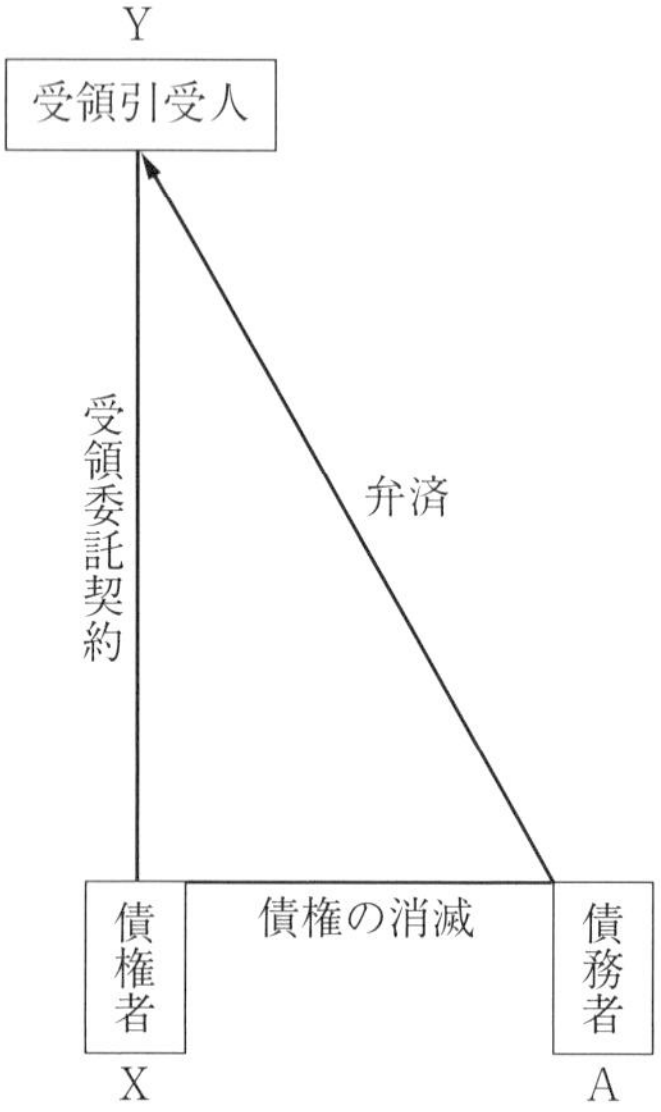

まず、次の、債権の準占有者に対する弁済の例を考えてみよう。

〔4・19〕 大判昭和一七年五月二三日新聞四七七八号五頁。

Xは Y にA社の株券を貸与した。ところがXは未成年者で、右の貸与は、親権者であるXの母が親族会の同意のないままになしたものであって、後に取り消された（昭和二二年改正前民法八八六条）。ところが、右株式に関するA社の配当金をYが受領したのでXは不当利得としてその返還を求め、それが認容された。

この判決においては、Yの配当金の受領は債権の準占有者に対する弁済とされ、不当利得返還請求が認容された[58]。この不当利得返還請求権の認否を判断するために、前に述べた[59]ところを繰り返せば、次のようになる。三当事者間における財貨移転の事案を、第三者のためにする契約関係の事案にひき直した場合、それは、給付関係・補償関係・対価関係という三種の関係に分解される。具体的財貨移転にこれらの三種の法律関係が有効に存在している場合には、その財貨移転は三当事者間ですべて有効に基礎づけられる。したがって、そこでは、不当利得の問題が生ずる余地はない。しかし、これらの三種の法律関係のいずれかが存在しないか、あるいは無効等々の場合に、法律関係に瑕疵がある関係当事者間において不当利得返還請求権が発生することになる。三当事者間にかぎらず一般に多当事者間における財貨移転が、それを構成する個別当事者間の法律関係によってすべて基礎づけられている場合（参考図のように、多当事者関係が実線関係で結ばれる場合）には、それらの法律関係によって当該財貨の移転は自己完結的に処理される。ここにおいては、多当事者間における閉鎖的な財貨移転の系が完結しており、不当利得関係は問題とならない。不当利得が問題となってくるのは、多当事者間の財貨移転が、このような閉鎖的、自己完結的な財貨移転の系によって基礎づけられない場合である（図示したところに従えば、多当事者間に破線関係が残る場合である）。この、閉鎖的な財貨移転の系が多当事者間において完結していない場合に、瑕疵ある財貨移転秩序の矯正が不当利得返還請求権によってなされることになる。

その点を〔4・19〕の事例に即してやや具体的に再度考えてみよう。(60) かりに、本件がX－Y間の株式貸与契約が有効であるか、あるいはXがYに配当金の受領を頼んだような場合であるとする。この場合に、参考図に示したように、Yが自己の受領権限をAに示した上で、Xに代ってA会社の配当金を受領することにはまったく問題がない。三当事者間の法律関係から考えて、あるべき財貨移転が行なわれたにすぎない（YがXに配当金を引き渡すべきか否かは、株式貸与契約あるいは配当金受領委託契約の内容によって定まることである）。この財貨移転秩序が完全な参考図の場合と対比すると、〔4・19〕の債権の準占有者に対する弁済の場合、財貨移転を基礎づける法律関係が不完全なものであることは明瞭であろう。本件においては、X－Y間の株式貸与契約が取り消されたがゆえに、不当利得返還請求権が認容された。また、このようなX－Y間の契約関係の取消があった場合にかぎらず、債権の準占有者に対する弁済がなされた後にXのYに対する不当利得返還請求権が認められるのは、やはりX－Y間にそれを基礎づける法律関係が存在しないためである。この三当事者間の関係においても財貨移転秩序に瑕疵がある場合に、不当利得返還請求権が認容されていると考えられる。

このような事案では、三当事者間における財貨移転に瑕疵があるがゆえに請求が認容されるのであって、ここで

〔4・20〕 扶養義務者間の求償関係

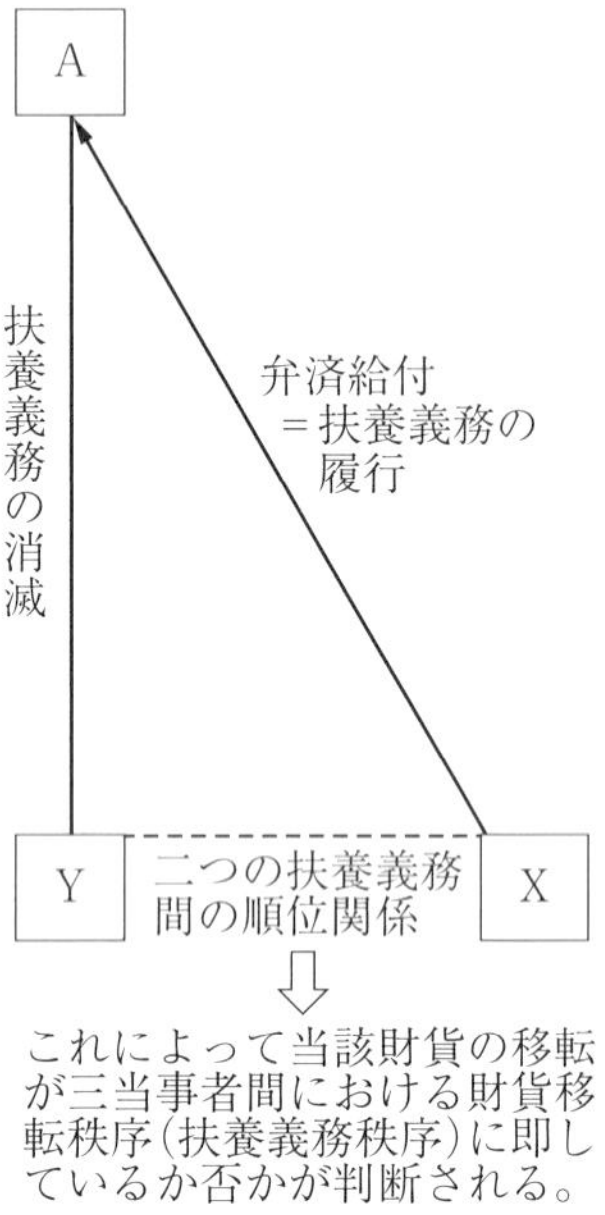
A
扶養義務の消滅
弁済給付
＝扶養義務の履行
Y
二つの扶養義務間の順位関係
X
これによって当該財貨の移転が三当事者間における財貨移転秩序（扶養義務秩序）に即しているか否かが判断される。

の不当利得法の機能は瑕疵ある財貨移転の矯正にあることがわかる。不当利得法がこのような機能を果たすのは、次に述べる扶養義務者間の求償の事例などにおいても同様である。

〔4・20〕 大判大正一三年一月二四日民集三巻二号四五頁。

X女は、婚姻関係にないYとの間に子Aをもうけ、自らその子を養育した。その後認知請求の訴が提起された結果、YはAを引き取り、庶子として入籍した。私生子認知の効力は出生の時に遡る（昭和二二年改正前民法八三二条）。その結果、Xの扶養義務よりYの扶養義務が先順位となった（昭和二二年改正前民法九五六条）。大審院は、Xの不当利得返還請求が認容されるべき旨を判示した（事案の紹介にあたっては、Xの相続関係を省略した）。

この事案において、X‐A間の財貨移転はXのAに対する扶養義務によって基礎づけられている。ところが、XのAに対する給付（扶養義務の履行）が、単にX‐A間の法律関係の変動のみならず、Y‐A間の法律関係の変動――扶養義務の消滅――をもひきおこしている点に問題がある。Y‐A間の扶養義務を消滅させるX‐A間の財貨移転が、A、X、Y当事者間の法的関係――財貨移転秩序――に即したものであるか否か、が問題とされる。Yの扶養義務が先順位であって、財貨移転秩序に反する場合に、その財貨移転の矯正が不当利得法によって実現される。

(ロ) 以上、例としてあげた二つのものは（〔4・19〕、〔4・20〕）、多当事者間で債権法的な財貨移転秩序に瑕疵がある場合と、親族法的な財貨移転秩序に瑕疵がある場合であった。多当事者間で物権法的な財貨移転秩序に瑕疵がある場合にも、同様に不当利得返還請求権による矯正がなされる。しかし、ここで留意しなければならないことは、物権法はそれが財貨移転と関連する場合にも物権法の目的である最終的な財貨の帰属の問題と密接に結びついている点である。したがって、以下にあげる物権的財貨移転秩序が問題となる例は、瑕疵ある財貨移転秩序の矯正という側面とともに、財貨帰属の確保という側面が同時に問題となる。次の例に即して考えてみよう。

〔4・21〕 大判昭和八年一〇月一八日裁判例(7)民二四二頁（〔4・2〕、本書二四〇頁）。

A所有の不動産につき、抵当権にもとづき競売手続が実行され、競売代金が交付された。しかし、第一順位の抵当権者Xは配当を受けず、後順位抵当権者Yが配当を受領した。XのYに対する不当利得返還請求が認容された。

この不当利得返還請求権が認容されたのは、当該財貨の移転が、それを基礎づけるはずの抵当権秩序に即していないためであることは明らかである。しかし、この不当利得返還請求権が認容されることによって、瑕疵ある財貨移転秩序が矯正されると同時に、債権的価値把握を優先的に実現するという、価値権とも呼ばれる担保物権の価値把握機能——これは財貨帰属の確保を意味する——が実現されている。

〔4・21〕 抵当権者間の配当金受領

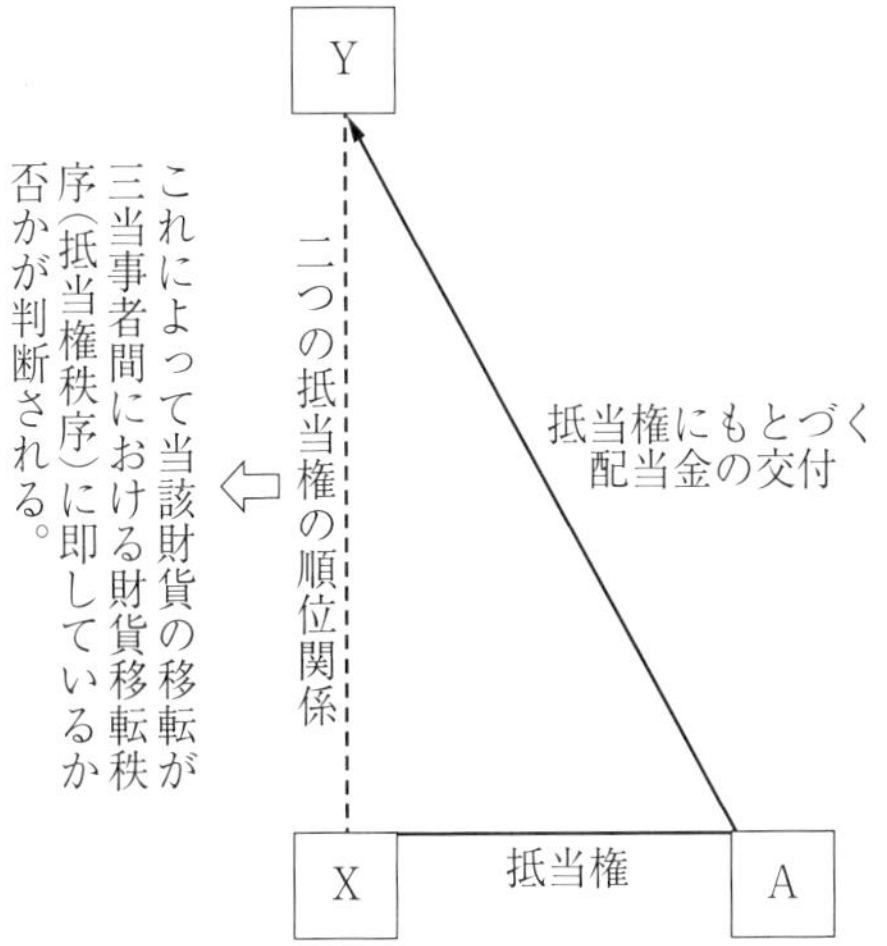
Y
抵当権にもとづく配当金の交付
二つの抵当権の順位関係
X
抵当権
A
これによって当該財貨の移転が三当事者間における財貨移転秩序(抵当権秩序)に即しているか否かが判断される。

このような形で三当事者間がすべて純粋の物権的関係で結ばれている場合以外でも、三当事者間の財貨移転が物権変動、あるいは物権的利益の喪失を伴う場合には、不当利得法の二つの機能が重複した両性事案としての性格をもつことがある。すなわち、不当利得返還請求によって多当事者間における瑕疵ある財貨移転秩序が回復されると同時に、財貨帰属の確保が実現されることになる。所有権相互の相剋と用益権の問題がからむものとして前に述べた〔4・17〕、〔4・18〕（本書二九二頁以下）は、その一例としてここにあげられるべきものであるが、ここでは即時取得の例に

〔図〕　即時取得

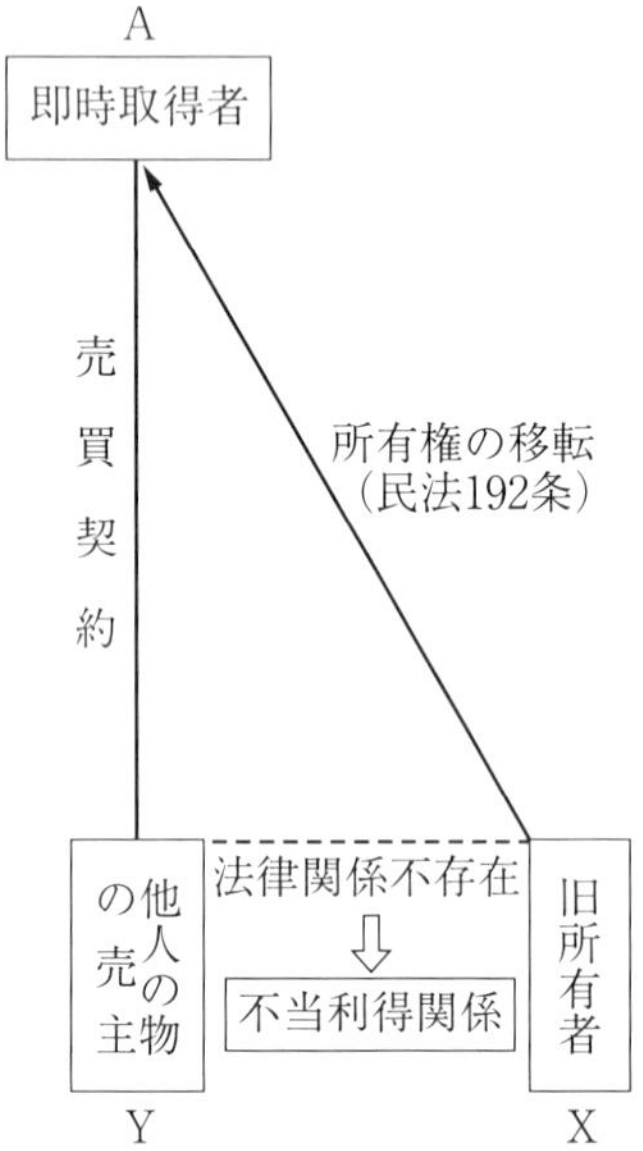

〔参考図〕　代理関係

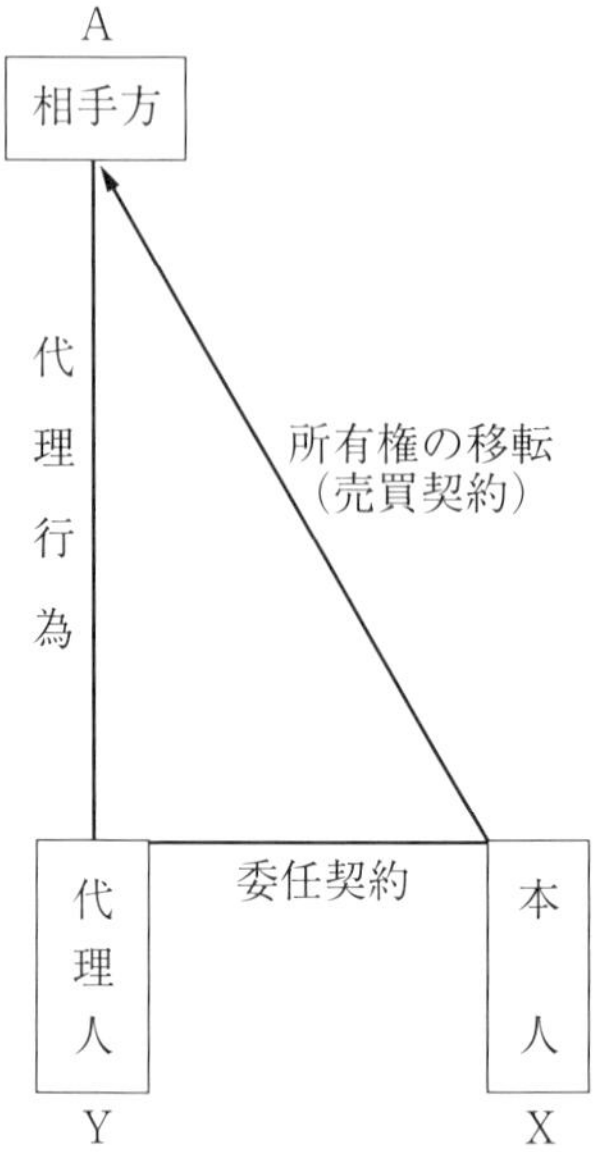

即して分析してみよう。

X、Y、A三当事者間において、Xの所有物をYがAに売却し、Aが即時取得をした場合を考える。この場合に、X、Y間に法律関係が何も存在しなければ、図示したように三当事者間における財貨移転はこの箇所で閉鎖的な系を完結せず、それを矯正すべく不当利得関係が生ずる。この財貨が閉鎖的な系をなしている場合、たとえば参考図に示したようにXが目的物の売却をYに頼んだような場合には、財貨移転には瑕疵がなく不当利得関係は生じない（Yが売買代金をXに引き渡すことが必要であれば、それは委任契約（民法六四六条）によってなされることになる）。この点を考えると、この不当利得返還請求権は、多当事者間における瑕疵ある財貨移転の矯正をその機能としている、といえる。しかし、同時に、この不当利得返還請求権は、Xにとってはその所有権喪失の代償として与えられたものであり、所有権の価値帰属＝財貨の帰属の確保として機能していることも否定できない。この不当利得返還請求権は、三に述べた諸例と同様、不当利得の二種の機能をともに果たしており、両性事案ということになるわけである。

以上、検討してきたように、多当事者間（具体的に検討したのは三当事者の場合であったが）の不当利得関係においても、不当利得の機能は、二当事者間の場合と基本的には変わりがないように思われる。

六　以上本款に述べてきた不当利得の機能分析は、そのまま次章以下の、帰属法的不当利得規範、矯正法的不当利得規範、両性的不当利得事案、多当事者間の不当利得の要件、効果の分析（それぞれ、第五章、六章、七章、八章）、さらには第三部の統一的請求権概念の析出に連なっていくので、より詳細な分析はそこに譲る。

（1）　この用語法については、本書二八〇頁参照。

（2）　来栖三郎「契約法と不当利得法」山田還暦　概観ドイツ法（昭和四六年）一七七頁。ただし本書では、財貨運動法を債権関係ばかりでなく広く実定法体系全体にまたがるものとしてとらえている。この点が、不当利得法が全実定法体系にまたがる財貨運動法の裏面を担い、不当利得法が実定法体系全体の箱庭的構造をなすと第一款に分析したことの基礎となる。

（3）　本書二三〇頁以下。

（4）　本決判においては、Xの、売買追認の意思表示が認定されている。しかし、Xが追認のための特別の意思表示をしなかったとしても、本判決のような形でXが不当利得返還請求権を行使すること自体が、Y－A間の売買（無権代理、あるいは他人の物の売買）を追認したものと、認定しうるものと考える。なおこの点につき、E. v. Caemmerer, Bereicherung und unerlaubte Handlung, Gesammelte Schriften, Bd. 1, (1968), S. 265 ff.（以下本款では、Bereicherung と略称する）。E. v. Caemmerer, Grundprobleme des Bereicherungsrechts, Gesammelte Schriften, Bd. 1, (1968), S. 379 f.（以下本款では、Grundprobleme と略称する）、伊達秋雄「動産の返還請求権と代償請求権及び不当利得返還請求権」民商法雑誌一〇巻二号（昭和一四年）二〇四頁以下参照。

判例の中には、他人の物の売買があった場合に、買主の側の即時取得、所有者の側からの追認などをとりたてて認定することなく、所有者から他人の物の売主に対する不当利得返還請求権を認容したものも見受けられるが、本注に述べたような理解のもとに是認すべきものであろう（大判明治三八年一一月三〇日民録一一輯一七三〇頁）。

（5）　この事案については、本書三〇六頁をも併せ参照されたい。

（6）　金銭において、所有は常に占有と一致するという近時の有力な考え方に従えば、この金員返還請求権は、常に不当利得返還請求権ということになる。それに対し、著者は、金銭の返還請求も一定の場合に物権的返還請求権（価値の上のヴィンディカチオ）として構成されるべきであると考えている。しかし、このような考え方にたっても、価値の特定が失われた場合には、金員返還請求は、他の有体物の費消などの場合と同様不当利得返還請求として構成されることになる。どちらの法律構成をとろうとも、現象的にはともに金銭を引き渡せという請求であって差異はないが、被請求者が債務超過の場合には、他の一般債権者に自らの請求権の優先性を主張しうるか否か、などに差異が生ずるわけである（本書六四一頁以下参照）。

（7）　後に述べる裁判例〔4・16〕（本書二九一頁、二九八頁以下）におけるXの当初請求が価値の上のヴィンディカチオではなく不当利得返還請求権であるとすれば、この一例となる。

（8）　〔4・18〕（本書二九二頁、二九九頁）における当初請求も同様の性格をもつものである。

（9）　この点、不当利得法と民法一八九条以下との関係が問題となるわけであるが、この点の著者の見解については、本書三四七頁以下参照。

（10）　本書一四五頁以下。

（11）　簡単な紹介でもあり、必ずしも事案の詳細は分明ではない。X、Yが正式な自動車修理契約を締結しないということの具体的意味も必ずしも明らかではないが、一応ここでは後述する表見的法律関係は存在しないものとして叙述をすすめた。

（12）　松坂佐一『事務管理・不当利得〔新版〕』（法律学全集22－Ⅰ）（昭和四八年）七五頁。類似設例につき、我妻栄『債権各論下巻一（民法講義Ⅴ4）』（昭和四七年）九六八頁参照。

（13）　D. Medicus, Bürgerliches Recht, 4. Aufl.,（1971）, S. 287. この例を紹介したものとして、松坂・前掲『事務管理・不当利得〔新版〕』（法律学全集22－Ⅰ）一四一頁。

（14）　R. v. Jhering, Geist des römischen Rechts, 3. Teil, 1. Abteilung, 5. Aufl.,（1906）, S. 327ff.

（15）　この点の詳細については、著者自身の報告であるが、「物権、債権とは何か」民法研究会　財産法の今日的課題 Law School 一六号（昭和五五年）三三頁以下参照。

（16）　松坂・前掲『事務管理・不当利得〔新版〕』（法律学全集22－Ⅰ）七五頁、我妻・前掲『債権各論下巻一（民法講義Ⅴ4）』九六八頁参照。

（17）　松坂・前注引用箇所、我妻・前注引用書九六七頁参照。

（18）　W. Wilburg, Die Lehre von der ungerechtfertigten Bereicherung,（1934）, S. 40 ff.; Caemmerer, Bereicherung, S.

230 f. なお、この二人の見解の紹介として、本書一五一頁、一六五頁以下参照。また、わが国の学説として、馬瀬文夫「特許の無断実用化と不当利得」谷口還暦　不当利得・事務管理の研究(1)（昭和四五年）二四五頁以下参照。

(19) なお、特許侵害があっても損害賠償が認められない部分に関し、不当利得法による救済を認めた例として、大阪高判昭和五七年一月二八日無体集一四巻一号四一頁。

(20) なお、結論は著者と必ずしも同一ではないが、この問題を詳細に検討するものとして、小野昌延「特許登録前の発明侵害行為と不当利得」谷口還暦　不当利得・事務管理の研究(1)（昭和四五年）二二八頁以下参照。

(21) 念のためにいえば、これは帰属法的不当利得返還請求権の成否との関連から述べたものであって、不法行為による損害賠償請求権の成立をも全面的に否定するものではない。特許登録前の発明侵害であっても、ドイツ法がいうところの良俗違反的な方法によって行なわれた場合には、また別の考慮が働き、損害賠償請求権の成立を認めるべきものと思われるからである（ドイツ民法八二六条参照）。

(22) 本文で述べたように実定法上の具体的な権利の内容を必ずしも意味しているわけではないが、「権利領域」の語を用いて問題にアプローチするものとして、来栖・前掲「契約法と不当利得法」山田還暦　概観ドイツ法一八七頁以下参照。

(23) Caemmerer, Grundprobleme, S. 382. なお、このケメラーの立論に関しては、本書ですでに紹介した（本書一六五頁以下）。

(24) 本書二八六頁に引用した松坂説の設例（注(12)）参照。

(25) 次の裁判例がそれである。

〔4・22〕 甲府地判昭和三二年六月一〇日下民集八巻六号一〇八八頁。

Yらは、任意組合を組織して溜池の改良工事をした。Xは、右溜池の水利使用権を有していたが、右の組合の組合員でなかった。Xは右溜池改良の恩恵に浴しており、YはXより工事負担金を賦課徴収した。Xは、右出捐金員を不当利得として、返還を求めて訴提起。

「Xは上ノ原共同施行区なるものの組合員でなく、又義務金の負担を承諾した事実もないからY等が一方的になした決定に拘束される謂れがなく従つてこの原因ではY等に対し本件金員を出捐すべき義務を有しないかのように思われる。しかしながらXは旧宮久保耕地整理組合の組合員としての資格において溜池の水利使用権を有したとはいえ、過去十年来破損して使用できなかつた溜池をY等が補助金以上の工事金を費して修理復活したことは前に認定したとおりであつて、Xも亦昭和二十九年以降現に右溜池の水利を得て水田の植付耕作をなしその恩恵に浴していることは原審におけるX本人尋問の結果に徴して明かである。しかのみならずXが出捐した金六百三十一円の金額は補助金以上に費した溜池の工事金を右溜池を利用すべき地区内の全耕地面積で除して得たものであることは之亦前認定のとおりであるから、その算出方法が必ずしも不合理のものとはいえないし、これをXの溜池の水利による利益と比較するときは決してXに格別の損失があるものとなすことはできない。而して不当利得の制度は専ら具体的場合につき公平の観念に基いて当事者間の利得の変動を調節しようとする制度であるから、その成立要件である法律上の原因なくしてというのは公平の理念からみて財産的価値の移動がその当事者間において正当なものとするだけの実質的相対的理由がないという意味に解しなければならないのである。だとすれば右認定の事実関係からみて未だY等はXの損失において不当に利得したものとは断定できないから、XはY等に対し前掲出捐の返還を請求し得ないものといわなければならない。」

本判決は、第二章に示した実務における不当利得の要件事実の規範へのあてはめの混乱を示す一例ともいえ、X－Y間に金員移転があった——すなわち、通常の不当利得の裁判例においては、Xの「損失」とYの「利得」を認定しうる——にもかかわらず、Xの「損失」の要件を欠くとして問題を解決してしまった。

しかしながら、かりにXの請求を認めないという本判決の結論を維持するのであれば、本件はむしろ、次のような構成のもとに判示されるべき事案であった。Xの金員出捐はXの「損失」、Yの「利得」である。しかし、Yの金員受領には、「法律上ノ原因」がある。すなわち、Yの溜池改良工事により、Xは法律上の原因なく利得をうけている。したがって、Yは、Xに対し不当利得返還請求権を有しており、これにもとづきXより金員を受領した。したがって、出捐した金員の返還を求めるXのYに対する不当利得返還請求権は、Yの金員受領に不当利得返還請求権という「法律上ノ原因」があることを理由として棄却されるべきものである。

かりにこのように考えてみると、本判決は旧組合の組合員として水利使用権を有する者が任意組合には加入しなかったというやや特殊な事案で、この結論を一般化しうるか否かには問題があるものの、本件では、溜池改良者から水利上の利益を受ける者への不当利得返還請求権が前提とされていることになる。

(26)　ケメラーのこの見解につき、Caemmerer, Grundprobleme, S. 382. なお、この紹介として本書一六五頁参照。

(27)　この種の裁判例は数が多いが、その具体的引用は、本書二二三頁に譲る。
(28)　裁判例につき、本書二二三頁以下参照。
(29)　債権関係が問題となる例として、本文引用のもののほかに、有価証券が問題となることもあるが、その点につき、本書二二六頁参照。
(30)　本文の論述に影響を与えるものではないが、本事案は正確には、賃貸借の内容が小作ではなく、宅地の貸借である点において〔4・17〕とは異なっている。
(31)　本書二三九頁参照。
(32)　誤解を避けるために一言すれば、これは、不当利得法が現実の裁判において純粋の財貨移転の矯正規範として機能することがほとんどないことを必ずしも意味しているわけではない。後の叙述をもふまえていうならば、実体的には両性的不当利得事案が問題となる場合であっても、訴訟においては純矯正法的不当利得規範の要件事実のみが立証されること──統一的請求権の質的一部主張──は、数多く見受けられる。(イ)に述べた四つの裁判例も、正確にいえば、このようなものの一種というべきであった。ただ、このような訴訟的真実と実体的真実との食い違いを前提とした例ではなく、実体的にも純粋に財貨移転の矯正法的機能を営む事例は、現実の裁判ではそれほど多くないことは、否定できない。そうであるからこそ、このような例を分析しようとした本文(ロ)においては、机上設例によった叙述にならざるをえなかったわけである。
(33)　ドイツにおいても、このような不当利得返還請求権は一般に認められているが、この点をめぐるドイツの議論については、E. v. Caemmerer, Leistungsrückgewähr bei gutgläubigen Erwerb, Gesammelte Schriften, Bd. 1. (1968), S. 295 ff.
(34)　なおドイツの判例でも、請求者が所有権を有せずという、被請求者の抗弁は認められていない（RG 1931. 7. 6, JW 1931, S. 2723, Nr. 24）。
(35)　なお、立証責任に関しては、近時学界で論争のあるところである。この点に関する著者の見解は統一的請求権概念析出との関連で述べるが（本書六〇〇頁以下参照）、本款においては伝統的な通説を前提として分析をすすめる。
(36)　後述する表見的法律関係という構成によれば、売買契約の無効と賃貸借の無効で法律効果を異にする側面が生ずる。しかし、それは単なる給付物の取戻においては問題とならず、それ以上の効果の差異を主張する場合にはじめて問題となる（詳しくは第六章参照）。

(37)　Caemmerer, Bereicherung. S. 224ff.

(38)　この帰属主体をも問い、かつ矯正法的不当利得をも問題とすることが、後述する両性的不当利得事案、さらには本書第三部の統一的請求権の法律構成への析出へと連なっていくことになる。

(39)　帰属法的不当利得規範に関して、第三段階の利益としてとりあげたものにも、このようなことがいえると思われる。たとえば、本書二八六頁にあげた女優と家庭医の例にしても、一般には女優Ｘは家庭医Ｙに対する不当利得返還請求権を有するものでないことはそこに述べたとおりである。しかし、家庭医が、回想録の執筆にさいして女優に私事公開の許可を求め、一定対価を払うような契約を締結したがその契約が法律的には無効であった場合を考えてみよう。この事例において、家庭医が女優の私事公開によって利益を得た後には、Ｘは対価を得ることを予期しつつ私事の開示を許したのであるから、通常であればＸのＹに対する不当利得返還請求は認められるべきように思われる。そして、この不当利得返還請求権は、帰属法的規範のレベルでは認められなかったものが、矯正法的規範のレベルで認められたものというべきであろう。この例のほかに、（本書二八六頁参照）（帰属法的なレベルでは）不当利得返還義務が発生しない例として学者があげる鉄道敷設や用水路の開設の例（本書二八六頁参照）にしても、それについていったん契約が締結され、それが無効であった場合には同じようなことがいえるように思われる。

(40)　ただし、良俗違反的方法によって他人のノウハウを利用するにいたった場合に、損害賠償法上の保護は受けられると考えるが、この点につき、注(21)参照。

(41)　本文叙述の問題と多少事案はずれるが、ノウハウについての契約上の請求権が時効消滅した後に、端的なノウハウに関しての不当利得返還請求を否定した例として、東京地判昭和五八年九月二八日判タ五三六号二六一頁参照。

(42)　〝承役地〟所有者が日照地役権の無効を知っていたような場合には、民法七〇五条によってその者の不当利得返還請求は認められないと考える。非債弁済法のこのような解釈につき、高木多喜男ほか共著・加藤雅信執筆『民法講義6不法行為等』（昭和五二年）九八頁以下参照。

(43)　日照による利益をどこまで保護すべきかは、都市化の進行とそれに伴う高層ビルの多出によって、現在、社会的変動過程にあるように思われる。したがって、一定の社会的要請に対応した規範的評価を与えることが一つの任務である法学界においても、日照権を認めるか否かという、権利構成の是非をめぐって議論がたたかわされており、一定の場合には日照権が認められる方向にあるように見受けられるが、法規範が安定的な状況にあるわけではない。しかし、ここでの論議は、通常日照を遮断された者が遮断した者に不法行為による損害賠償などを請求しうるか否かという枠組のもとでたたかわされている。したがって、本文に述べたような逆の枠組――すなわち、日照を遮断しなかった者から日照を享受した者に不当利得返還請求権を認めるという方向――に関しては、日照利益の権利的構成を主張する者は当然のことながら存在しない。日照権という言葉を用いるにさいしても、日照による利益保護の社会的要請がこのような片面的な構造をもっており、また日照権というその規範的評価も、利益支配を内容とする権利構成をとってはいてもやはり片面的な性格をもっており、所有権というような共通的利益支配を意味する言葉とは異なるものであることには留意すべきであろう（なお、このような利益保護の片面性に関して、川島武宜『所有権法の理論』（昭和四六年）一四三頁参照）。

(44)　注(6)にも述べたように、三百円という金員の返還は価値の特定がある場合には物権的返還請求権（価値の上のヴィンディカチオ）、特定がなければ帰属法的不当利得返還請求権として構成されることになる。本文に一、二、三と分記したところに即していえば、Xの当初請求が右に述べたように変わるだけで、抗弁、再抗弁の内容は日本画返還の場合と同様である。

(45)　なお、立証責任論に関しては、注(35)参照。

(46)　この当初請求、抗弁、再抗弁が実体的にどのような意味をもっているのかについては、第三部で統一的請求権を考察するさいに改めて検討する。

(47)　訴訟において原告が日本画の所有者であることが明らかにされていなければ、実体的真実としてはともかく、訴訟的真実のレベルにおいては本文に述べたようなことはいえないのではないか、との疑問もありうるであろう。しかし、当該訴訟で、交換契約締結以前にXがその日本画を占有していた事実が立証されればXの本権は推定されるわけであり（民法一八八条）、訴訟的真実のレベルにおいても不当利得法がこのような機能を果たしている場合はかなり多いものと思われる。また、これらの事実が請求原因としてあげられている場合、そこから請求の趣旨として物権的返還請求権、不当利得返還請求権の双方いずれもひきだしうるわけである。たとえ旧訴訟物理論にたつとしても、兼子説などではこのような場合に二つの請求権が選択的併合の関係にたつことになる（兼子一『実体法と訴訟法――民事訴訟の基礎理論――』（昭和三二年）七三頁）。したがって、双方の請求権の要件事実が立証されているかぎり訴訟上認容された請求権が残されたもう一方の請求権の機能をも現実には果たすことになるのは当然である。この点は、次に本文で述べている問題とも関連するので統一的請求権の問題の一環として第三部で検討することにする。

(48)　学説でこの問題を明示的に意識していたのは鈴木説である。鈴木説の内容の検討は第三部に譲ることとして、ここでは文献引用にとどめることとする（鈴木禄弥「法律行為の無効と給付物の取戻し」、「法律行為の無効・取消・解除の場合の給付物返還請求権は、どんな性質をもつか」物権法の研究（昭和五一年）二一七頁以下、二二九頁以下）。

(49)　二つの法律構成によっていかなる点が異なるかについては、注(6)参照。

(50)　本件では、このような主位的抗弁が否認された場合に備え、Yが、予備的抗弁として非債弁済を主張し、Xがそれを否認することも考えられよう。

(51)　この場合に、民法一九〇条ではなく、Xの当初の請求が果実に対する不当利得返還請求権として構成されるべきである、との見解もあろう。この物権的請求権（民法一八九条以下の附随的請求権も含めて）と不当利得返還請求権との適用範囲に機能的分担をみる著者の見解に関して、詳細は本書三四五頁以下参照。

(52)　Xにおける登記の存在などの、いわゆる対抗要件具備の問題を、Xが当初請求の段階で立証すべき事由と考えるか、本文のように再抗弁事由と考えるのかは、一個の問題である。対抗要件の具備も、所有権の主張という権利発生事実の一部とみて、当初請求の段階でXが立証責任を負担するという考え方も、論理的には考えられなくはない。しかし、民法一七七条の「第三者」に無制限説をとればともかく、制限説をとるのであれば、再抗弁事由としたほうが、当事者間の実体的関係に即応し易いように思われる。なぜなら、制限説に立つ以上、Yが不法占拠者などの場合はXは対抗要件を具備しなくとも自らの所有権を主張しうる。そうであるならば、Yの抗弁によって二重譲渡、その他対抗要件の具備が必要な事案であることが明示されてから、再抗弁としてXに立証させたほうが、より簡便な処理のように思われるからである（この問題につき、豊田健「所有権と建物賃借権の対抗問題とその証明責任」実務的研究民事法の諸問題Ⅳ（昭和四五年）一一五頁以下など参照）。なお、近時の司法研修所の要件事実教育においては、基本的には本文に述べた形で当事者の主張立証が展開されているものの、Xの再抗弁の前提となるYの抗弁（本文二）は、本文に述べた内容の主張・立証に加え、「Yが対抗要件を具備するまではYの右土地の所有権取得を認めない」との主張が必要である、とされる模様である（司法研修所「民事訴訟における要件事実第一巻」（昭和六〇年）一四七頁以下）。

(53)　これは一般には帰属法的不当利得返還請求と考えられようが、物の使用利益にも民法一八九条、一九〇条の適用があると考える立場では当初請求はそれらの規定によることになる。

(54)　これは、本書七五七頁以下に述べる「連鎖的抗弁」の一例となるわけであるが、この連鎖的抗弁の問題については、加藤雅信「債権関係の対第三者主張についての事例的考察――『物権と債権』という枠組についての一つの各論的考察を兼ねて――」法政論集八八号（昭和五六年）一〇一頁以下参照。

(55)　民法一八九条、一九〇条が法体系の中でいかなる位置をしめるかは、帰属法的不当利得規範の効果との関連で次章に述べるが（本書三四五頁以下）、別段その検討をまたずとも、本文に述べたように民法一九〇条が物権的請求権の附属規範であり、果実の帰属を定めるものであるということはいえるであろう。

(56)　この点については、本書二二三頁以下参照。

(57)　本書二三〇頁参照。

(58)　正確には、判旨では配当金の全額が債権の準占有者に対する弁済とされているわけではない。また、本件では配当金の分配以外に株券の引渡が争われているので、本件事案は、本来は配当金の分配のみを孤立させて考察すべきではなく、表見的な株式貸与関係との関連で考察することが必要なものであった。

後に第六章に述べる矯正法的不当利得の効果をも前提とした上で具体的に考えると、本件は、究極のところ、株式貸与契約の取消に伴って、貸与目的物である株式に生じた果実（配当金）をどう処理すべきかという事案にほかならない。貸与契約の取消であれば、目的物の返還が問題となると同時に、そこに発生した果実の返還も当然に認められてしかるべきものである（貸与契約に関しては、本書四三三頁に述べたような、双方給付が対価的に等価である事案は観念しにくいからである）。したがって、判決の結論そのものには問題はないとしても、その理由には多少問題がある事案だったといえよう。

しかし、本文では叙述の便宜上これらの点を省略し、単純な債権の準占有者に対する弁済として取り扱った。

(59)　本書二三〇頁以下。

(60)　前注引用箇所、特に二三二頁参照。

第五章　帰属法的不当利得規範

第一節　帰属法的不当利得の要件

一　前章において、不当利得返還請求権は財貨ないし財貨に内包されている価値の帰属を回復することをその機能の一つとしていることを示した。そこで例示的にとりあげた三つの事案に即して、不当利得返還請求権の要件の問題を本節で、効果の問題を次節で考察してみよう。

まず、〔4・12〕[1]の事案をやや修正して簡単な形で示せば、次のとおりである。YがXの所有物をAに売却した場合に、Y－A間の他人の物の売買をXが追認した上で、売買代金を不当利得としてXがYに返還請求したものであった。〔4・13〕[2]は、Xの土地をYが使用していた場合に、Yの土地利用を不当利得としてXが賃料相当額の返還請求をしたものであった。〔4・14〕[3]は、Xが正式な契約関係がないままYの自動車を修理した場合に、XがYに不当利得返還請求したものであった。いずれの事案においても、Xの請求は認容されたが、これらの事案において、立証されるべき要件、それに該当する事実は一体何であったのであろうか。後（本書三二二頁）に検討する不当利得の類型論者の見解を別にすれば、衡平説などの通説的見解においては、これらの事案の要件、立証責任の問題は、不当利得法の一般的な要件論、立証責任の問題の一環として処理される。その結果、「受益」、「損失」、両者の「関連性（＝因果関係）」、「法律上ノ原因ナク」の四点が要件であり、それらに該当すべき事実をそれぞれの事案に即して、不当利得返還請求をする者が立証責任を負うことになる。ところが、このように考えると、やや奇妙な結果が生じる。これを各要件に即して検討するが、叙述の便宜上、不当利得法の中心的要件と考えられてきた「法律上ノ原因ナク」を先に二で検討した上、次に三で「受益」、「損失」、両者の「関連性」の要件と「他人ノ財産又ハ労務ニ因リ」の要件とを検討し、四、五で全体を総括した上で、関連する問題を考えることにする。

二　それでは、前述した三種の事案において「法律上ノ原因ナク」の内容はいかなるものであろうか。「法律上ノ原因ナク」の内包は、本書の分析によれば、財貨（利益を含む。以下同じ）移転を基礎づけうる種々の法律関係の存否の判断を中心として、それにその法律関係の対抗可能性その他の判断が加味された、全財産法体系の箱庭的内容をもつものであった。(4) このような観点からは、〔4・12〕に関して「法律上ノ原因ナク」というためには、当該目的物の代価をYが保有することを基礎づける法律関係が存在しないことが必要である。具体的にいえば、X－Y間に、売買契約、贈与契約、委任契約その他の代理権の授与関係、相続関係等々が存在しないことである。〔4・13〕に即していえば、そこでの「法律上ノ原因ナク」とは、Yの不動産利用を基礎づけうる法律関係が存在しないことである。具体的には、賃貸借契約、使用貸借契約、地上権、あるいは社員たる地位にもとづく社団施設の利用権、婚姻の同居協力扶助義務に反射的に伴う配偶者の土地の利用権能、等々の不存在、ということになる。(5)〔4・14〕に即していえば、そこでの「法律上ノ原因ナク」とは、Xの労務の結果がYのもとに存在することを基礎づける法律関係の不存在であり、具体的には、請負契約、雇傭契約、労務出資を内容とするところの組合契約、事務管理関係、相互的な労務提供を通常内容として含む親族的法律関係、(6) 等々の不存在となろう。

立証責任に関する通説的見解によれば、「法律上ノ原因ナク」に該当する事実は、権利発生事実として、不当利得返還請求をするXが立証責任を負担する、とされる。その結果、利得を正当化する種々の法律関係の不存在をすべてXが立証すべきことになる。もちろん、実際には、Xが、一般的に利得を正当化する法律関係が存在しない、と述べても、Yがそれを争わない限り、擬制自白（民事訴訟法一四〇条）となるから、Xはそれ以上の事実を立証する必要はあるまい（ただし、これは権利自白として取り扱われるべきものであろう）。では、Yが一旦それを争ったときには、

Xは、これらの法律関係の不存在を、裁判官の確信の程度に至るまで立証しなければならないものであろうか。このように利得を論理的には正当化しうるすべての法律関係の不存在という漠たる内容のものを立証責任の対象としてとらえた場合には、裁判の内容が、紛争の社会的実態からかけ離れた空虚なものとなる恐れがある。

このような問題があるので、ドイツの判例は、一般には「法律上ノ原因ナク」（ドイツ民法八一二条）の立証責任を不当利得返還請求する者に負わせつつも(7)、一定の事案に関しては、利得を基礎づける法律関係の存在につき被請求者に立証責任を負わせたのである(8)。一部の判例では次のようにいわれている。「法律上の原因が何も存在しなかったという否定命題に関しても、返還請求をなす者が全面的に立証をすべきか否かは、一般に明らかではない。しかし、ここでは、その問題を追及する必要はあるまい。なぜなら、ここでは、法律上の原因があるという立場から、被告が原告に対しもととなった請求権への反証をなすことのみが重要であるのだから。……事態がかくあることはむしろ原告に対して立証されるべきであったのであり、その立証が不充分であることは、原告の負担ではなく、被告の負担に帰せられるものである(9)。」そして、ローゼンベルクは、間接反証概念を用いることによって、これらの結論を基礎づけた(10)。

この結論を間接反証として基礎づけるべきか否かには、かなり疑問があるが、間接反証の問題を論ずることは本書の直接のテーマを離れることになるので、注に譲り(11)、物権的請求権との対比から問題を考えてみよう。〔4・12〕の事案は、かりにYが目的物を占有していれば、XがYに物権的返還請求権を行使することも可能であった。ここでは、Yの占有喪失およびY－A間の他人の物の売買によって失われたXの物権的返還請求権の代償として、不当利得返還請求権が認容されている。この事案以外にも、失われた物権的返還請求権の代償として不当利得返還請求権が認められる例は多い。次の設例に即して問題を考えてみよう。

〔設例一〕　Xの所有米をYが占有していた。後、Yがその米を食用に供し、費消してしまった。この場合、米の価格相当額を不当利得とするXのYに対する返還請求が認容される。

この設例で、不当利得返還請求権の「法律上ノ原因ナク」とは、贈与契約、売買契約などの、X－Y間の米の移転を基礎づけうる種々の法律関係がすべて存在しないことである。ところが、Yが米を費消する以前には、XはYに物権的返還請求権を行使して、米を取り戻すことが可能であった。ところが、この物権的返還請求権も、X－Y間に贈与契約などが存在した場合には認容されず、贈与契約その他が存在しない場合に最終的に認容されるものである。そして、その場合の訴訟は次のような経緯をたどるのが、通常であろう。

一、Xが、自己所有の米がYの占有下にあるとして、物権的返還請求権を行使する（請求）。

二、Yは、自らの米の占有は贈与契約にもとづく、と主張する（抗弁）。

三、Xは、Yが主張する贈与契約はなかったと主張する（否認）。あるいは、XはYが主張する贈与契約が無効であった、などと主張する（再抗弁）。

このように、「贈与契約がなかった」ことの主張は、Xが物権的返還請求権を行使した場合には、抗弁―否認、あるいは抗弁―再抗弁という分断された形で、XおよびYによってなされることとなる。そして、いずれにしても、贈与契約の存在自体は、Yに立証責任があることになる。ところが、米が一旦費消されて、Xが不当利得返還請求権を行使した場合には、通説的な立証責任論の建前からは、「贈与契約ナク」は「法律上ノ原因ナク」の内容として、Xがその全体に関して立証責任を負担することになる。Xとしては、物権的返還請求権を行使するにせよ、不当利得返還請求権を行使するにせよ、実質的には同一の利益を追及しているにもかかわらず、費消の前後でこのように立証責任に変動が生じることは、いかにも奇妙である。不当利得の場合にも、贈与契約の存在などの問題はYに立証責任を負わせるドイツの一部の判例の考え方は、きわめて健全なものであるといわねばならない。しかし、これは、はたしてローゼンベルクがいうように間接反証として考えるべきものであろうか。注（注（11））で詳細に検討したように、不当利得の「法律上ノ原因」があることは、通常の間接反証事例とはやや異なったものである。むしろ、物権的返還請求権を行使した場合との対比からは、不当利得返還請求権に関しても、物権的返還請求権の場合と同様に、抗弁と考えるほうが素直なのではあるまいか。

では、同じ問題を、〔4・13〕の事案に即して考えてみよう。この事案では、XはYに不当利得の返還請求をすると同時に、土地の明渡請求をもしている。ここでは、物自体の返還とその物の使用利益の返還とが、同時に審理されたわけである。そして、物自体の返還に関しては、訴訟は通常次の経緯をたどることになるであろう。

一、Xは、自己所有の土地をYが占有しているとして、物権的返還請求権[12]を行使する（請求）。

二、Yは、自らの土地の占有が、賃貸借契約にもとづくことを主張する（抗弁）[13]。

二'、Xは、その賃貸借契約が、民法六一二条の「承諾」を欠くため、自らに対抗できない旨を主張する（否認）[14]。

では、物の使用利益に関しては、当事者はどのような主張、立証をなすべきであろうか。ここでは、不当利得を理由として使用利益の返還請求がなされているわけであるが、その「法律上ノ原因ナク」は、賃貸借契約がXに対抗しえないことであろう[15]。そして、通説的見解によれば、それらの事実は、権利発生事実として請求者が立証すべきことになる。Xとしては、物自体の返還にさいしては、抗弁、再抗弁として両当事者に立証責任が分配された内容とまったく同一の事実を、使用利益の返還にさいしては、全面的に立証責任を負担する形で立証活動を展開することになる。また、裁判官の心証において、賃貸借契約の存在が真偽不明となった場合には、物の返還請求は認容されるが、その物の使用利益の返還請求は棄却されることになる。このような結果がいかにも奇妙であることは否定できない。そうであるとすれば、物の使用利益についての不当利得返還請求の場合も、物権的返還請求の場合とパラレルに、「法律上ノ原因」の存在を相手方の抗弁事由と考え、このような問題が発生することを回避すべきである、と考える。

〔4・12〕、〔設例一〕においては、消滅した物権的返還請求権と、その代償として発生した不当利得返還請求権との間で、要件のバランスが問題となった。また、〔4・13〕については、物の使用利益に関する不当利得返還請求権と、同一訴訟手続で並行して争われている物の返還を目的とする物権的返還請求権との間で、要件のバランス

が問題となった。その結果、「法律上ノ原因ナク」は、不当利得返還請求者が請求の当初に立証すべき要件ではなく、むしろ、相手方が「法律上ノ原因」があることを抗弁として主張すべきであるとの結論が導かれた。

それに対し、〔4・14〕は、修理という労務から生ずる利得の返還請求が問題となっている。労務に関しては、物権的請求権に対応するような請求権が存在しているわけではない。したがって、請求権間での要件のバランスが問題となることはない。ただ、ここでも、次の点は問題となりうるであろう。本書三一八頁に列挙したような、利得を論理的に正当化しうるすべての法律関係の不存在という漠たる要件を立証させることによっては、裁判の内容が紛争の社会的実態とかけ離れた空虚なものになる、ということである。これを回避するためには、単に論理的にではなく、現実に利得を正当化しうる特定の法律関係の存在を被請求者が抗弁として提出し、それを個別的に吟味したほうがいいということは、ここでもいえるように思われる。

ただ、ここで留意すべきは、このような構成は、すでに従来の不当利得の類型化を主張する学説の一部においても意識されていた点である。ウィルブルクは、この種の不当利得返還請求権——その他の方法による不当利得——に関して、「法律上ノ原因」ともいうべき内容を、歯切れの悪い留保を伴ってではあるが、抗弁として構成している(16)。また、川村説において、「『他人の財貨からの利得』規定に関する限り、受益が『法律上の原因を欠く』という要件は駄足であった(17)」とされているのも、これらの点を意識した上でのことと思われる。「法律上ノ原因」をYの抗弁としてとらえることによって、ともに財貨帰属の回復をその機能としている物権的返還請求権と帰属法的不当利得返還請求権との体系的バランスが保たれ、二つの請求権の連続性が確保された法政策的にも望ましい結論であると考えるが、この点は、効果の問題および第三部で統一的請求権を考察するさい、再度考えることにしよう。

三　次に「受益」、「損失」、両者の「関連性」の要件と「他人ノ財産又ハ労務ニ因リ」の要件とを検討する。

〔4・12〕の事案においては「受益」、「損失」、両者の「関連性」の要件に関しては問題がない。「損失」はXが所有権を喪失したこと、「受益」は不動産の代価がYのもとに存在すること、両者の「関連性」は右の利得と損失

とが、Y－A間の売買契約とXのそれの追認によって生じたこと、となるであろう。しかし、〔4・13〕、〔4・14〕に関しては、様相はやや異なる。Xの所有物をYが利用したこと、あるいはXの労務の結果がYのもとにあることという一つの事実が、Xの側からみて「損失」、Yの側からみて「受益」と評価されているにすぎない。「受益」と「損失」とは一つの事実の楯の両面であるから、特にその間の「関連性」を問題にするまでもない。条文に忠実に、個別の要件に該当する事実を立証することを要求してみても、それほど意味があるわけではない。なぜなら、そこでは「受益」、「損失」、両者の「関連性」に即して、一個の事実が三度立証されるにとどまるからである。(18)

さらに、一定の場合には、「損失」の要件の充足が考えられない事案もある。〔4・13〕において、所有者Xが当該不動産を利用する可能性がなかったような場合には、Yが使用したことによる不動産の価値低落があれば格別、一般にはXに経済的意味の「損失」があるわけではない。同じことは、特許の無断使用によってある者が利益をあげたが、特許権者にその特許の利用可能性がなかった場合など、無体財産権の利用に関しても問題となる。(19) 他に、前にもあげた石田（文）説では、「乗車券なくして汽車または電車に乗車したとか、入場券なくして野球等を観覧したとか、届出なくしてラヂオを聴取したとかの場合」(20) に同じ問題があることが指摘されている。

これらの事例に関しても、伝統的に不当利得返還請求権の適用はあるものと考えられてきた。そこで「損失」概念を拡大したり、「損失」を擬制したりする学説が出現した。この間の事情はすでに分析したところであるが、(21)「損失」の語は、民法起草委員の当初の考えによれば、不当利得の要件とはされていなかった。起草委員が最初に提示した不当利得法の要件文言は、「法律上ノ原因ナクシテ他人ノ財産ヨリ利益ヲ受ケタ者ハ其利益ノ現存スル限度ニ於テ之ヲ返還スル義務ヲ負フ」(22) というものであった。「労務」および「損失」の語は、後につけ加えられたものである。そして、解釈論としても、「損失」の要件が実質的な機能を営んでいないことなどに着眼して、それを不要とする説もあらわれている。(23)

「損失」の要件が不要か否かに関しては、不当利得一般についてはまだ検討を要する点もあるが、以上に検討してきたような事案に関するかぎりは、「損失」の要件が不要ないしは有害無益であった、といえるのではあるまいか。正確にいえば多当事者間の不当利得にも当たる〔4・12〕の事案に関する検討をしばらくおくとすると、ここでは、二つの問題があった。一つは、「利得」、「損失」、両者の「関連性」の要件を個別に充足することを要求しても、それが重複的な立証に終始することであり、他は、一定の事案に関しては「損失」の要件を充足しないため、法解釈学上混乱が発生していることである。これらは、ともに起草委員の原案に「損失」の語を附加することさえなければ生じなかったものである。これらの事案、および〔4・12〕をも含めた帰属法的不当利得返還請求権の事案は、他人の「権利領域」(24)からある者が利得を得た場合に、その利得の返還を求めるものであった。そうであるならば、民法七〇三条の文言としては、「他人ノ財産又ハ労務ニ因リ利益ヲ受ケ……タル者ハ」が、右の内容を表現していることになる。受益、損失、両者の関連性をとり込んだ従来の要件文言──「他人ノ財産又ハ労務ニ因リ利益ヲ受ケ之カ為メニ他人ニ損失ヲ及ホシタル者ハ」──が法解釈学上の混乱をひきおこさざるをえないとすれば、それにかえて、前述した民法七〇三条の部分的文言のみを、帰属法的不当利得返還請求権の実質的要件と考えることが、思考経済に添うであろう。

四　以上の検討によって、帰属法的不当利得返還請求をなす者は、相手方への財貨移転の事実と、当該利益に対する自己の権利性──条文の文言に即していえば、相手方が「利益ヲ受ケ」たことと、その利益が自己の「財産又ハ労務ニ因ル」こと──のみを主張、立証すれば足り、「法律上ノ原因」があることはむしろ相手方の抗弁事由と構成することが適切であることが判明した(25)(26)。この構成は、物権的返還請求権において、自己の権利性（自分の所有物であること）と相手方の占有の事実のみを主張、立証し、占有権原は相手方の抗弁事実となることとパラレルである。

現行の不当利得の原則規定（民法七〇三条）の文言のうち、帰属法的不当利得の要件として意味をもつのは、右に引用した二部分だけで、「損失」、受益と損失の「関連性」、「法律上ノ原因ナク」の部分が意味をもたないことになる。法文の要件に忠実に実質的な判断を下そうとすれば、今まで検討してきたような無用な思考の迷路におちいることになるだけであろう。

五　右の結論に対して、ただちに疑問として想起されるのが、いかなる範囲で自己の権利性が認められるのか、いかなる範囲の利益が、自己の「財産又ハ労務」といえるのか、という点であろう。〔4・12〕、〔4・13〕のように、所有権、あるいは所有権に内在する使用権能として、実定法上明確な権利構成が与えられているものについては、問題がない。また、〔4・14〕のように、直截に労務そのものが争われている場合にも、問題はない。しかし、実定法上権利と構成されていない利益について不当利得返還請求が争われた場合[27]においては、その判断はかなり微妙なものであろう。しかしながら、この点は、帰属法的不当利得返還請求権の認められる範囲として前章に詳論した[28]ところであり、そこでの叙述に譲ることとしたい。

（1）本書二八四頁。
（2）本書二八五頁。
（3）本書二八六頁。
（4）本書二六六頁以下。
（5）〔4・13〕の事案は、実は、Yが、同時履行の抗弁権にもとづき目的物を占有したものであった。この同時履行の抗弁権が、Yの土地利用を基礎づけうるか否かは、同時履行の抗弁権の『解釈』によって定まるところである。本判例は、同時履行の抗弁権は、土地利用権能までも含むものではない、と判断した（本書二二九頁以下参照）。
（6）このような親族的法律関係の存否から、「法律上ノ原因」の有無を考えた裁判例につき、本書二二五頁参照。
（7）RG 1931. 5. 15, RGZ 132, 386 ; OLG Dresden 1911. 1. 19, Seuff Arch. 66 Nr. 208, S. 403.
（8）RG 1912. 9. 27, JW 1913, S. 30, Nr. 18. ドイツ普通法における不当利得に関して類以の判断を示した判断として、RG 1901. 4. 2, JW 1901, S. 336, Nr. 24.
（9）RG 1916. 11. 2, DJZ 1917, 749.
（10）ローゼンベルク・倉田卓次訳『証明責任論』（昭和五〇年）二二七頁。この部分は、原本の第五版においても、特に改訂されていない（L. Rosenberg, Die Beweislast, 5. Aufl.（1965）, S. 196）。

(11)　近時の立証責任論争において、間接反証概念が問題視されることが多い（石田穣「立証責任論の現状と将来」法学協会雑誌九〇巻八号（昭和四八年）一〇八九頁以下、同「立証責任論の再構成──通説の批判──」判例タイムズ三二二号（昭和五〇年）四頁以下、同「立証責任再説──その一──」ジュリスト六〇七号（昭和五一年）一〇二頁以下、同『民法と民事訴訟法の交錯』（昭和五四年）七頁、三七頁、六三頁、七九頁以下、同『証拠法の再構成』（昭和五五年）二一三頁以下、新堂幸司『民事訴訟法』（現代法律学全集30）（昭和四九年）三五五頁以下）。ローゼンベルク自身は、間接反証を、法律要件分類説の変更ではなく、補充であると理解している（Rosenberg, a. a. O., S. 193）。ところが、間接反証概念によって現実には立証責任の分配が変更されていることが、これらの論者の批判の一つのようである。しかし、この点は言葉の問題にすぎないように思われる。なぜなら、間接反証概念を用いることによって、その概念を欠いたままでの法律分類説と結論が異なってくることを前提として、ローゼンベルクも叙述をすすめているからである。

むしろ問題になるのは、間接反証概念自体の有用性であろう。この点について、著者は次のように考えている。訴訟において立証の対象となるのは通常具体的な事実である。この事実が主要事実であっても、一定の要件に該当するか否かに関しては、常にあてはめが行なわれる。条文の構成要件がきわめて具体的に規定されている場合においてはあまりこの点は意識されないが、やはり要件と主要事実との間にはギャップがあり、あてはめが行なわれているのである。経験則に従えば通常このあてはめがなされうるが、争われている具体的事件に関してはあてはめをなしえないという事実の立証が間接反証と考えられるべきであろう。言葉を換えていえば、主要事実と抽象的な構成要件とのギャップを照らし出し、推認を破るものが間接反証事実である。ローゼンベルク、あるいはわが国の通説があげる間接反証の事例は、多くはこのようなものであった。このかぎりにおいて、間接反証事実を主張する者にその事実についての確定責任を負わせるという従来の考え方は正当であった。

しかし、間接反証という言葉の用い方自身、従来必ずしもこのようなものにのみ限定されていたわけではなく、ローゼンベルク自身も、ときにこの枠をこえて間接反証概念を用いることがあった。不当利得の「法律上ノ原因」の欠缺に関するローゼンベルクの見解はその一例である。彼は、次のようにいう。

「しかし法律上の原因の欠缺が──ちょうど不法行為における違法性と同様に──状況からただちに明らかになるような事件もある。」「こういう場合には、被告の利得を基礎づけるものだと被告側で主張するところの法律上の原因は間接反証の基礎たるものであり、かかるものとして被告の証明責任に属することになる。そこで原告の砂土の不当な発掘により、あるいは原告の預金通帳を勝手に払い出したことにより、得られた利得の返還を求める訴においては、発掘なり払出しなりを正当化すべき原因の証明は被告がなすべきであるとの判例があり、それで正しいのである」(Rosenberg, a. a. O., S. 196. 本訳の第二の鉤括弧部分は、ローゼンベルク・倉田訳・前掲『証明責任論』二二七頁による。ただし、傍点著者)。ここでは、二つの事例において、状況から法律上の原因の欠缺が明らかであることが前提とされている。しかし、砂土の「不当な」発掘、あるいは、通帳の「勝手な」払出、というとき、「不当」、「勝手」という言葉は、実は、「法律上ノ原因ナク」の日常用語的な表現にすぎない。そうであるとすれば、「法律上ノ原因」の欠缺は砂土の発掘が「不当」であること、通帳の払出が「勝手」であることが立証されたがゆえに判明したのにすぎない。この点についての立証責任は、通常の原則通り請求者にあると考えれば、ローゼンベルクは、この種の事案において、不当、勝手という「法律上ノ原因ナク」の立証責任は請求者が負担するが、発掘、払出を正当化する「法律上ノ原因アル」ことの立証責任は被請求者が負担する、という主張をしていることになる。一定の要件事実に関し、その不存在の立証責任を請求者が負担し、その存在の立証責任を被請求者が負担するのでは、真偽不明の場合に決着のつけようがない。真偽不明の場合に決着をつけるのが立証責任論の本来の機能であるから、ここでの論議は自家撞着に落ち入っていることになる。

実は、前述の訳文を前提にここでは分析をすすめてきたが、次の点を考える必要がある。検討してきた事例に関して、発掘が不当(ungerechtfertig)であるとの語は原文にもみられるが、払出が「勝手」であるとの語は、原文にはないものを、訳出にさいして倉田博士が補ったもののようである。したがって、自家撞着に落ち入っているとのローゼンベルクに対する論難は、第一の事例に関する彼の叙述については当然いえるものの、第二の事例に関する叙述については留保する必要があるかもしれない。しかし、ここで考える必要があるのは、なぜ訳者の倉田博士が「勝手に」の語を補ったのか、ということである。実は、この種の語を補わないと、この事例は、ローゼンベルクがいうような状況から「法律上ノ原因」の欠缺が明らかといえる事案にはならない。他人の通帳の払出というだけでは、依頼を受けてなすことも多く、通常法律上の原因がない利得とは必ずしもいえないからである。したがって、ローゼンベルクが、推認を破る間接反証の例としてこの事例をもちだすことには、やや無理があったことは否定できない。倉田博士は、この点の無理を補正すべく、「勝手に」の語を補って訳出したものと推測される。しかし、その場合には無理な事例ではなくなる代わりに、前述したような自家撞着を起こすことになる。

また、後に本文に述べるように、著者自身は、ローゼンベルクが間接反証と考えた発掘権原を抗弁事由と考えた。その結果、通常の裁判例と同じように、抗弁、再抗弁、再々抗弁の連鎖がつづきうることになる。例をもって示せば、原告の請求に対して、発掘権原として原告、被告間の請負契約を主張し（抗弁）、それに対し原告が錯誤（民法九五条）による契約の無効を主張し（再抗弁）、さらに被告が原告に「重大ナル過失」の存在を主張する（再々抗弁）、などの展開がそれである。ところが、右のような例は、ローゼンベルクによれば、発掘権原は間接反証事実であるから、間接反証について当事者間の再反証活動の連鎖が続いていることになるであろう。一般的にも、間接反証に関して再間接反証事実などが考えられないわけではないが、右の例をそのようなものとして理解することは、あまり的を射たものとはいえないであろう。

帰属法的不当利得返還請求権、統一的請求権を本文で論ずるさい検討するように、不当利得の「法律上ノ原因ナク」の立証責任に関しては、種々の問題がある。しかし、これは立証責任論の次元の問題ではなく、不当利得の要件の次元での問題であった。ローゼンベルクが、実体不当利得法を研究対象とせず、立証責任を論ずる書において、問題の所在を見破っていたということは、ある意味では、彼の慧眼をたたえるべきである。後に述べるように一部の例外はあったが（本書三三二頁）、ドイツにおいても日本においても実体不当利得法学を研究する者の多くがこの問題を見逃していたにもかかわらず、彼は簡単に問題の所在を喝破したのであるから。

ただ、この功績を認めるとしても、他方でこの種の叙述によって彼が立証責任論の分野にもたらした混乱を見逃すのは衡平ではあるまい。彼は、この種の事案を間接反証に組み入れることによって、自家撞着を起こし、あるいは無理な事案を間接反証であると強弁し、間接反証概念に無用の混乱をひきおこしたのである。著者自身は、間接反証概念を全面的に否定しようと考えるものではない。本注の初めに記した範囲内においては、間接反証はきわめて有用な概念である、と考えている。しかし、ローゼンベルク自身をも含め、従来の通説的論者の一部が、さきに述べた範囲をこえ、間接反証概念を乱用することがままあり、立証責任論全体にも無用な混乱をひきおこした側面があることは否定できないと考える。今後は、間接反証は、主要事実と抽象的な構成要件とのギャップを照らしだし、推認を破る事実に関してのみ認められるべきであろう（なお、本書の性質上、主として不当利得との関係で著者の考えを述べてきたが、間接反証に関する一般的な著者の考え方につき、「研究会『証明責任論とその周辺』」判例タイムズ三五〇号（昭和五二年）七四頁以下参照）。

（12）　この土地明渡請求権が、物権的返還請求権か物権的妨害排除請求権かは、論者により構成の異なるところである。

ここでは一応物権的返還請求権として叙述をすすめるが、反対説をとる論者は、本文の叙述における物権的返還請求権の語を物権的妨害排除請求権と読みかえていただければ幸いである。

(13)　正確には、これは著者がいうところの連鎖的抗弁の一例となる（「連鎖的抗弁」一般に関しては、本書七五六―七六一頁および加藤雅信「債権関係の対第三者主張についての事例的考察――『物権と債権』という枠組についての一つの各論的考察を兼ねて――」法政論集八八（昭和五六年）一〇一頁以下参照）。本書二八五頁に引用した〔4・13〕の事案に即していえば、連鎖的抗弁の内容は次のようになる。㋑X－A間の賃貸借契約により、Aが賃借人となった。㋺A－Y間の賃借権譲渡契約により、Yが賃借権者となった。㋩X－A間の第一の法律関係が、A－Y間の第二の法律関係を許容するものである（すなわち、民法六一二条の「承諾」があった）。

債権譲渡に伴い多当事者間の法律関係が発生し、連鎖的抗弁が問題となる場合には、一般には、㋩の要件はそれほど問題とならない。それというのは、民法四六六条で一般には債権に譲渡性が承認されていることによって、その種の債権は、常に㋩の要件を充足するからである。しかし、賃借権に関しては一般的には譲渡性が認められていないため、㋩の要件として民法六一二条の「承認」を立証することが必要となる。

(14)　なにゆえにこれが否認となるかについては、前注参照（立証責任の問題にここで過度に深入りするつもりはないが、前注に述べた連鎖的抗弁の㋩の部分の立証責任を相手方に転換し、一種の「権利抗弁」を考える立場も成り立たないわけではないであろう（民法六一二条についての言及はないが、「権利抗弁」の考え方については、司法研修所『民事訴訟における要件事実第一巻』（昭和六〇年）二四七頁以下参照）。この説に立った場合には、本注引用の本文は、「二」が「三」に、「否認」が「再抗弁」に改められることになる）。

(15)　このような対抗可能性が「法律上ノ原因」の内容をなすことにつき、本書二四〇―二四二頁。

(16)　W. Wilburg, Die Lehre von der ungerechtfertigten Bereicherung, (1934), S. 47 f. 本書一五二頁以下参照。

(17)　川村泰啓「『所有』関係の場で機能する不当利得制度（一）」判例評論一一七号（昭和四三年）一〇頁。

(18)　本書三五頁、四四頁参照。

(19)　このような問題があるため、特許法一〇二条は、損害賠償的構成に即してであるが、「損害の額の推定」を定めることによって問題を解決している。なお、他の無体財産権に関しても、類似の規定がおかれている。実用新案法二九条、意匠法三九条、商標法三八条、著作権法一一四条参照。

(20) 石田文次郎「不当利得に於ける『損失』に就て」法学論叢三七巻四号（昭和一二年）五七二頁。
(21) 本書三五頁以下参照。
(22) 法典調査会民法議事速記録三九巻八二丁。なお、この点につき、本書二七頁参照。
(23) 広中俊雄『債権各論講義』（昭和五六年）三八一頁、石田(文)・前掲「不当利得に於ける『損失』に就て」法学論叢三七巻四号五七一頁以下。また、本書の帰属法的不当利得規範に対応する「他人の財貨からの利得」に即して「損失」を要件とすることに疑問を呈するものとして、中井美雄「不法行為による利得と不当利得」谷口還暦　不当利得・事務管理の研究(2)（昭和四六年）一四五頁以下。
(24) この視点から分析を展開するものとして、来栖三郎「契約法と不当利得法」山田還暦　概観ドイツ法（昭和四六年）一八七頁以下。
(25) なお、本書のもととなった雑誌掲載論文の後の近時の学説の中にも、「法律上ノ原因」を衡平説的に解して、その立証責任を一律に請求者に認めるものがある（並木茂「法律判断事項を要素とする要件事実の考え方(四)」判例タイムズ四五九号（昭和五七年）二七頁以下）。
(26) 今まで検討してきた事案に即して、例示的に不当利得返還請求者の主張を示してみよう。〔4・12〕に即していえば、Xは次の事実を立証すべきことになる。一、Yが他人に売却した不動産の代価が、Yのもとにあること。二、当該不動産が自己の所有に属していたこと。〔4・13〕に即していえば、Xは次の事実を立証すべきことになる。一、Yが不動産を使用したこと。二、当該不動産が自己の所有に属すること（民法二〇六条により、使用権能は所有権者に帰属している）。〔4・14〕に即していえば、Xは、次の事実を立証すべきことになる。一、修繕労務によって増加した価値が、Yのもとにあること。二、当該修繕労務を提供したのが、自分であること。
なお、以上明確を期すため、二つの要素に分けて叙述したが、もちろん一文にこの二要素をとり込んで叙述することが、妨げられるものではない。前三つの事例において第一の文に、「X所有の」不動産であること、「Xの」修繕労務であることを明記しても、帰属法的不当利得返還請求権を基礎づける事実は、すべてあらわれているというべきであろう。
(27) この観点から問題となる興味深い事例として、大分地判昭和三九年五月一二日判タ一六二号一九四頁参照。
(28) 本書二八六頁以下。

第二節　帰属法的不当利得の効果

本節では帰属法的不当利得返還請求権の効果の問題を検討するが、従来の学説においては、不当利得の効果に関して、二つの視点が存在していた（もちろん、「帰属法的」という枠組を附した上でのことではない）。一つは、被請求者の物理的な受領利益に即して不当利得の効果を考えるという視点であり、他は、不当利得の前後における財産状態の差という、経済的な差額に即して不当利得の効果を考えるという視点である。この点を次に簡単に検討してみよう。[1]

一　「受ケタル利益」と差額説

不当利得返還義務を定める条文には、「利益ノ存スル限度」における返還（七〇三条）と、「受ケタル利益」の返還など（七〇四条）との二つの内容が規定されている。しかし、前に述べたように、民法七〇三条に関しても、実務は、利得が減縮するのは例外的な事態であって受領した利益が現存することが原則的な事態と考えて「受ケタル利益」の返還を原則とする取扱をしているし、[2]学説の多くもそれに同調している。[3]したがって、「受ケタル利益」の返還が不当利得に共通する本則的な返還義務となるが、民法起草者自身は、これを「初メ受ケタル利益」[4]という、被請求者が受領した物理的意味での具体的財貨、具体的価値を指称する概念として用いていたようである。[5]後の学説で、このような方向を受けついだ代表的なものとしては、「不当利得の返還義務は原則として受益財産自体について生ずる」[6]との議論を展開した谷口説をあげることができよう。

それに対し、わが国で不当利得の効果に関し差額説的な議論を展開したものとして典型的なものは、次に引用する末川説であろう。「利得と損失とはともに現実の財産と非現実の財産とを比較して得られる計算上の差であるということができる。ところがある人が有する現実の財産とその者が有すべきはずであると考えらるる非現実の財産とはともに時の推移につれて増減し得る可変的な大きさを有するものであるから、……具体的な不当利得返還義務の物体として利得を具体的に観察するにあたっては、一定の時を標準として、かかる可変的な大きさを有する利得を恒定せしめこれを変動し得ざるものとする必要がある。／しからばいずれの時点を恒定の標準となすべきであるかというに、(イ)受益者が悪意であるならば受益の事実……を生じた時、(ロ)受益者が当初善意であって後に悪意となったのならばその悪意となった時、(ハ)受益者が終始善意であるならば利得返還の請求を受けた時を標準となすべきであると思う。」[7] この考え方自体は、民法七〇三条、七〇四条を全体的に把握するための構成として、それなりに首尾一貫したものであった。

以上、不当利得の返還義務の範囲を被請求者の物理的な受領利益に即して具体的に考える立場と、経済的な差額計算として考える立場とを対比したが、多くの学説は、この点、谷口説や末川説ほど明快な形で自説の内容を展開しているわけではない。効果として返還対象を論ずるさいには受領利益に即した叙述を展開しつつ、他方要件として「受益」概念を論ずるさいには、「受ケタル利益」の返還という文言があるため返還対象と同一内容になるはず[8]であるのに差額説的な計算概念を展開し、必ずしも一貫していない例が有力な学説の中にも見受けられる。[9] そこまで極端ではなくとも、総論としては差額説的な議論を展開しながら、個別的な検討としては、具体的受領財産に着眼した叙述をすすめる説もあった。[10][11] もちろんすべての学説にこのような傾向があったわけではないし、[12] また教科書などでもその叙述からはこの点に関する見解を窺いえないものもいくつかあるが、わが国の学説全体としては、物理的な受領財産という視点と経済的な差額説的視点とが混在したまま、不当利得の効果が論じられてきた傾向が強いように思われる。

このことは、従来の学説の多くが不当利得を衡平説的な調整規範としてとらえてきたことを考えると、それほど不自然なわけではない。経済的な差額に関しても、具体的な受領財貨に関しても、衡平な調整をしていくことができる規範を構築することが望ましいと、かりに衡平説を主張する者が考えたとしても、少しもおかしくないからである。衡平説的視点からは、規範内容が具体化・固定化することより、多少曖昧ではあっても、事案の多様性に柔軟に対処できることのほうが重要だといえるようにも思われる。

ただ、本書の今までの分析からは、不当利得は一般的な曖昧な形での衡平実現という機能を担ってきたのでは決してなく、財貨（利益を含む。以下同じ）帰属の確保と財貨移転の矯正という二種の機能を果たしていることが判明した。ここでいう財貨の帰属の確保も、財貨移転の矯正も、抽象的な経済的差額について問題となるのではなく、個々具体的な財貨が観念される場合にはそれに即して問題となることは、前に行なった裁判例の分析からも明らかであろう。(13)このように考えると、不当利得の返還対象は、基本的には具体的な財貨――起草者の言葉を借りるならば、「初メ受ケタル利益」――に即して考えられるべきものであり、その具体的財貨移転を観念しえない形で求償などが問題となる場合に補充的に経済的な「受益」概念が問題となるだけであることを確認しておくことが必要になると思われる。(14)

二　帰属法的不当利得の効果の基本構造

右の一での結論を前提として、以下に帰属法的不当利得の効果を考察するが、ここでは法体系全体のバランスを顧慮しつつ、個別的法制度としての帰属法的不当利得返還請求権の効果を考察するという方法をとることにしたい。(15)

まず、帰属法的不当利得返還請求の効果を、かりに民法七〇三条、七〇四条の文言、および通説的見解に即してそのまま考えるとすれば、返還義務の範囲は次のようになる。

① 原則的には、受益者は「受けた利益そのものを返還するのが本則(16)」である。

② しかし、返還義務者が善意であって、受けた利得が縮減した場合には、受益者は「其利益ノ存スル限度ニ於テ」（民法七〇三条）返還義務を負う。

③ さらに、返還義務者が悪意の場合には、受益者は「其受ケタル利益ニ利息ヲ附シテ」返還せねばならず、その上、「尚ホ損害アリタルトキハ其賠償ノ責ニ任ス」ることとなる（民法七〇四条）。

このような構成は、条文の文言に比較的忠実な無理のないものであろうと思われる。しかし、さらに重要なのは、右のように考えることによって、物権的請求権と機能を同じくする帰属法的不当利得規範が、その要件のみならず効果においても、物権的請求権とパラレルとなることであり、この点がもっとも肝要なのであるが、叙述の便宜上それは次節第一款に譲ることにしよう。

三　「現存利益」の概念

ここでは、物権的請求権と帰属法的不当利得規範が、機能、要件、効果においてパラレルであるという後に検討される結論を叙述の便宜上前提とした上で、「現存利益」の概念を検討してみよう。

まず、現存利益とは何かという問題についての従来の通説的見解を考えると、我妻説などで利得が現存しないものとされていたのは、利得した金銭を債権の形で保有していたところ債務者の無資力によって債権の価値が低落した場合、生活費に費消した金銭のうち生活水準の向上のために使われた出費、浪費、不可抗力による滅失の場合などであった(17)。このような場合に利得が現存しないと我妻説が考えた背後には、この規定を善意者保護の特別規定とする次のような我妻説の理解があった。「善意の不当利得者の返還義務を現存利益に限ることは、その者を保護するための特別の責任軽減であることを理解すべきである(18)。」こうした観点のもとに、我妻説は、無能力者に関して現存利益の償還義務を定めた民法一二一条の無能力者保護の規定(19)と、善意の不当利得者の返還義務の範囲は同一であるとして、前述の例をあげたわけである(20)。

この現存利益なるものをどのように解するかは、民法起草過程から議論の対立したところではあったが、少なくとも民法起草者は、民法一二一条と民法七〇三条の現存利益とを同一内容のものとは考えていなかった(21)。それどころか、現行民法一二一条と民法七〇三条と文言上類似の表現となってしまった点を、梅博士などは「整理ノ時ニ文字ヲ改メナケレハナラヌ(22)」とまで考えていたのであった。民法起草者が、現存利益がない場合の典型例として考えていたのは、利得の焼失、盗難、天災による滅失、などがあった場合(23)で、これらはすべて物理的、事実的次元での利得の減少、喪失があった場合ということができる。我妻説とは異なり、受益によって生活水準が向上したとしても受領した受益はすべて返還されるべきものと穂積委員は主張しているし、浪費に使っても返還義務は消滅しないものと富井委員は考え、梅委員も、必ずしも徹底しない部分は残るものの、無能力者は浪費した利益を返還しなくてもよいのに対し、不当利得者は基本的には返還義務を負い、それゆえ二つの条文の表現を変える必要がある、と考えていたのである。[24][25][26][27]

以上のような民法起草者の意図を考慮すれば、文言上の類似性があるからといって、民法七〇三条における現存利益と民法一二一条とは必ずしも内容的同一性を保つ必要はないように思われる。後述するように、民法一二一条は矯正法的ないし両性的不当利得事案の効果を、無能力者保護のために無能力者に有利に変更するものであるのに対し、民法七〇三条の「現存利益」は、私見に従えば財貨帰属回復の範囲を画するものであって、法目的が元来異なっているからである。また、後に検討する帰属法的不当利得返還請求権と物権的返還請求権の対比から考えるならば、不当利得の現存利益でいわれている利得の縮減とは、物権的請求権の附属規範としての民法一九一条の「現ニ利益ヲ受クル限度」に対応するものなのであり（本書三四六頁以下参照）、民法一九一条が念頭においている有体物の滅失、毀損に対応するような、物理的・事実的意味での利得の喪失に不当利得の現存利益の概念も限定されるべきものと考える。無能力者の場合の民法一二一条の規定とは異なり、我妻説のように浪費などを利得縮減事由にあげる必要はあるまい。この結論は、基本的には民法起草者の考えと、帰属法的不当利得返還請求権と物権的返還請求権との法体系的位置づけの二点から導かれるものである。

四　「悪意」の概念

前述した帰属法的不当利得の効果の基本構造の中には、民法七〇四条の規定にもとづく「悪意」者の返還義務があった。しかし、ここにおける「悪意」の意味については、若干検討を要する点がある。それというのは、二に述べた悪意の返還義務者の「悪意」は、現実に発生した利息の返還の問題に関しては、通常の用語法どおり受益が「他人ノ財産又ハ労務ニ因」ることの知・不知の問題として考えてよいが、生ずべかりし利息の返還および損害賠[28]

償義務の要件としては、帰責的な要素を含むものとして考える必要があるからである。ただこの点を論証するには、不法行為と不当利得の関係を考察する必要があるので、次節第二款の検討（本書三六七頁以下）に譲り、ここでは結論のみを記しておく。

五　次に、簡単に立証責任の問題にふれておこう。帰属法的不当利得返還請求権の一般的成立要件の立証責任については前節でふれたので、効果の問題に関してのみここに述べる。

まず、受益者が「受ケタル利益」をそのまま返還することを主張する場合には、不当利得の成立要件としての「利益ヲ受ケ」たことに右の内容が含まれており、不当利得返還を請求する者が当初要件として主張、立証するところから返還対象も同時に明らかとなり、それ以上の立証が必要なわけではない。しかし、利得が消滅、縮減したことにより、返還義務の消滅あるいは軽減がある場合には、受益者が利得の消滅あるいは縮減の事実を主張、立証しなければならない。伝統的には、これは権利滅却事由としての性格を有するものと考えられてきたのであるが、実質的に考えても、返還義務の消滅あるいは軽減が受益者に有利な事実である以上、受益者にその点の立証責任を負わせたほうが客観的真実に到達する蓋然性を確保しやすいなど、訴訟政策的にも妥当な結果が得られるからである。(29) したがって、現存利益という利得の縮減は、受益者の抗弁として構成されるわけである。判例も、立証責任の問題か事実上の推定の問題かは明確にしないものの、利得の現存は推定されるなどと述べ、(30) 学説にも、この点の立証責任は受益者にあるとするものが相当ある。(31) もっとも受益者は特に自らの善意を主張、立証する必要はない。(32) なぜなら民法七〇三条の文言上、善意は要件となっていないからである。そして実体的に受益者が善意でないのに現存利益の抗弁が行使された場合には、不当利得返還を主張する者が、再抗弁として、受益者の「悪意」を主張、立証し、今度は民法七〇四条を根拠に「受ケタル利益」の返還を再度請求することになる。

民法七〇四条の責任加重に関しては、悪意および損害発生は不当利得の返還請求をする者が主張、立証しなくてはならない。(33) "悪意"が、帰責事由を含むものとして解釈されるべき場合には、そのような内容を主張、立証しなければならないことは当然である。

ただ、悪意のもう一方の効果である利息附与に関しては、やや検討を要すべき問題がある。四で簡単に結論だけを記したように、この利息附与の内容には、二種のものがある。一つは、受益が他人の財産または労務に因ることを知っているという、知・不知の意味での「悪意」を要件として、現実に発生した利息について受益者が返還義務を負うという内容である。他方は、帰責事由的な内容を有する〝悪意〟を要件として、生じうべき利息をも返還請求するという内容である。前者に関しては、立証責任に関して特に問題が生ずることはない。受益者の「悪意」と、受益者が利息を受領したことの、二点を立証すればよい。民法七〇四条にもとづき「受ケタル利益」の返還請求をし、それに附加して利息の返還を請求する場合には、悪意の要件はすでに立証されているわけであるから、その場合には受益者が利息を受領した事実のみを立証すればよいであろう。ところが後者に関しては、次の問題がある。受益者の——帰責事由的な意味での——〝悪意〟と、「受ケタル利益」の額、および利益享受の時期が口頭弁論で主張され、立証された場合、利息附与のための要件事実はすべて立証されたこととなり、民法四〇四条にもとづく法定利率による利息計算の問題が残るだけである。ところが、右の三点は、悪意者に関して「受ケタル利益」の返還を求めるさいに、多く
の場合に立証されている事項であろう（ただし、すべての事案において右の三点が立証されているわけではない。というのは、悪意の内容が、一方では知・不知の問題であるのに他方では帰責事由の問題を含み、異なっている上、利益享受の時期そのものは、「受ケタル利益」の返還を請求するさい、必ずしも立証する必要はないからである）。したがって、当事者が「受ケタル利益」の返還を求めて右の三点を立証したが、利息返還までは主張しなかった場合に、裁判所が、当事者が事実を語った後の法の適用の問題として、利息附与を認めてよいか、という問題が残る。もちろん、民事訴訟法一八六条の適用があるから、この点が現実の問題になる場合とならない場合がある。例をもって説明しよう。当事者が「受ケタル利益」を一〇〇万円であるとして不当利得返還請求をし、裁判所が「受ケタル利益」を一〇〇万円であると認定したとすれば、民事訴訟法一八六条により、当事者の求める限度をこえて裁判所が判決をするこ

とはできないので、利息附与の問題を裁判所が云々する余地はない。ところが、右の例で、裁判所が「受ケタル利益」を七〇万円であると認定した場合に、裁判所が、当事者の申立の有無にかかわらず利息附与を認めることができるか、という問題がうかびあがってくる。

この問題は、悪意の不当利得にまつわる特殊な問題であり[34]、従来学界、実務でもそれほど論じられていたわけではない。論者により考え方の分かれうるところであろうが、その考え方の筋道はおおむね次のとおりであろう。第一に、民法七〇四条は「受ケタル利益ニ利息ヲ附シテ之ヲ返還スルコトヲ要ス」と規定するが、ここでの「受ケタル利益」の返還と、利息の返還とをどの程度に一体的なものと考えるかが、まず、問題となる。ここで、二つを一体的なものと考えると、民事訴訟法一八六条にいう申立ては一つである。すなわち、訴訟物は一個であるということになって、裁判所による利息附与を認める可能性がでてくる。しかし、二つを別個のものと考えると、右の申立、訴訟物は二つということになり、裁判所は、「当事者ノ申立テサル事項」である利息の問題については判決をする余地がなくなる（民事訴訟法一八六条）。著者自身は、「受ケタル利益」の返還は財貨帰属の確保のために認められるのに対し、この事例での利息返還は前述したように不法行為的な発想にもとづくものであるから、二つは異なった利益の追及であって、訴訟物も異なるものとして取り扱うべきであると考えている（なお、新訴訟物理論との関係は注に譲る[35]）。第二に、かりに第一の問題に関して訴訟物が一個であるとの立場をとったとしても、一部請求の問題を考える必要がでてくる。すなわち、この立場では、原告のなした一〇〇万円の不当利得返還請求は、総体としては利息分の請求も可能であるのに、「受ケタル利益」の分にかぎってなされた一部請求ということになる。ここでの一部請求は、請求の趣旨にあらわれた数量によって上限が画されているのみならず、当事者が示した「受ケタル利益」という識別標準によっても性格的な形で申立の範囲が画されている。したがって、数量的には一部認容になる場合にも、裁判所が弁論にあらわれた事実を基礎に利息附与の問題に立ち入ることは、識別標準による性格的な当事者の申立の範囲を越えることとなり、民事訴訟法一八六条違反として許されないと考える。

考え方自体は論者により異なりうるが、いずれの考え方をとっても、結論的には、この場合の利息附与は、当事者が請求しないかぎりは、要件事実が弁論にあらわれており立証されたとしても、認められないというべきであろう。

(1) なお、この点は、不当利得の要件としての「受益」概念との関連で前に本書三一一頁以下にも検討したが、要件のレベルのみならず不当利得の効果を考えるさいにも問題となるため、再度ここで検討したものである。
(2) 本書六九頁以下。なお本節注(30)参照。
(3) 注(31)参照。
(4) 穂積陳重発言・法典調査会民法議事速記録三九巻一一三丁、および梅謙次郎発言・同民法議事速記録一一四丁。
(5) それであるがゆえに、民法起草者は、利得減少の例として受益の物理的、事実的次元での滅失、毀損というべきものを列挙しているのである（本書三三四頁参照）。
(6) 谷口知平『不当利得の研究』（昭和四四年）二五四頁。
(7) 末川博「不当利得返還義務の性質およびその範囲」続民法論集（昭和三七年）三一七頁。なお、この論文の最初の発表は、法学論叢五巻四号（大正一〇年）六四頁。
(8) なお、このような観点から、要件としての「受益」の立証と返還対象の立証とが同一内容に帰着する、という後述する結論が生まれるのであるが、この点については、本書三三六頁参照。
(9) 末弘厳太郎『債権各論』（大正九年）九二六頁と九九〇頁、鳩山秀夫『増補日本債権法各論下巻』（昭和一一年）七八三頁と八三五頁、石田文次郎『債権各論』（昭和二六年）二三八頁と二五〇頁。
(10) 我妻栄『債権各論下巻一（民法講義V4）』（昭和四七年）九四五頁以下。
(11) なお、この点を批判的に分析するものとして、川村泰啓「一つの中間的考察――『返還さるべき利得の範囲』の『むすび』および類型論の具体的発展の『序』に代えて――」判例評論七二号（昭和三九年）二〇頁。
(12) 谷口説のように受益財産自体について不当利得の返還義務を考えると正面からいっているわけではないが、磯谷説や松坂説の叙述の仕方からは受益財産の視点を重視する姿勢が我妻説などより強いように見受けられる（磯谷幸次郎『債権法論（各論）下巻』（昭和四年）七九一頁および八〇三頁以下、松坂佐一『事務管理・不当利得〔新版〕』（法律学全集22－Ⅰ）（昭和四八年）六九頁以下および二一五頁以下参照）。

(13)　本書二二三頁以下に、「法律上ノ原因」に関してかなり網羅的な分析を展開したが、そこで多数引用した裁判例の返還対象が何であったかを想起されたい。また、差額説的意味における受益がないにもかかわらず、具体的財貨移転に着眼して不当利得返還請求を認容した裁判例に関し、本書三二頁以下参照。

(14)　本書にかぎらず不当利得の類型論を主張する場合には、いずれにしても不当利得の効果を個別の財貨に即して考えることが必要になると思われる。この点につき、川村泰啓「『所有』関係の場で機能する不当利得制度（五）」判例評論一二五号（昭和四四年）二頁、同「給付利得制度——契約関係の場で固有に機能する不当利得制度」判例評論一四三号（昭和四六年）八頁、広中俊雄『債権各論講義』（昭和五六年）三八八頁、三九〇頁など参照。

(15)　一つの法制度の効果を考察するさい、法体系的バランスを考えることによって、一定の結論が導かれることがある。本書では帰属法的不当利得返還請求権の効果を考えるにさいして、物権的返還請求権やその附属規範とのバランスを考えて結論を導いた。有体物が費消された場合に物権的返還請求権が帰属法的不当利得返還請求権に転ずることがあるという二種の規範の機能的連続性と、財貨の帰属の確保という二種の規範が担う機能の同質性からこのような対比をなしたものである。しかし、これは帰属法的不当利得返還請求権の効果を考察する方法として、必ずしも論理必然性な一義性をもつ結論を導くとまではいえないであろう。

つまり、ここに述べる私見は、他の見解を論理的に排斥するものではなく、論理的には当然に存立基盤をもつ他の見解と、その相対的な優劣を判定者の主観の中で競うものである（ちなみに、「法律上ノ原因」の欠缺に関しての私見（本書二二三—二四四頁）は、これとはまったく異なった意味をもつものと考える。それというのは、「法律上ノ原因」の欠缺に関する私見は、論理と検証によって異説を排斥するか、あるいは、私見に対する異論が論理と検証によって私見を排斥するか、いずれかの関係に立っていると考えるからである。ここでは、法解釈学の多くの分野にみられるように複数の矛盾する学説がそれぞれ何分かの理をもって対立しているという状況は予定されていない。この点についての私見は、事例の観察と、政策的価値判断を排除した論理的分析によって導かれたものであり、観察対象が裁判例という社会事象であるという点を除けば、自然科学にみられる認識命題に近いものであるだけに、他の学説との間に右に述べた関係がなりたつものと著者自身は考えている（このような著者の法律学方法論については本書八二七頁以下の「あとがきにかえた方法的覚え書き」参照））。ここで考察した帰属法的不当利得返還請求権の効果に関する結論は、「法律上ノ原因」の欠缺や次に述べる瑕疵担保の問題その他で著者が内心意図してきた検証ないし反証可能性を有しているという意味での客観性をもった結論の提示という方向とはややずれたものとなった。その原因としては、ここでの結論が、法体系的整合性を追及するといっても、二種の法制度のアナロジカルな整合性を分析したものであり、機能的連続性と機能的同質性から二種の規範の対比の必要性を説得はできるものの、その対比の必要性は最終的には論証しえないものであるがゆえに、客観的な形での結論追及をなしえなかったものと考える。

　したがって、本文に述べた法体系的整合性を追及して個別の法制度の効果を考察する方法にしても、アナロジカルな整合性の追及ではなく、異なった法制度間での論理的な整合性を追及する場合には、反証可能性があるという意味での客観的な結論を導くことも可能であると考えている（著者が、かつて売主の瑕疵担保責任の効果について考察したところは、対比される法制度自体は通説的理解によるという前提を附してではあるが、右の方法を採用し客観的な結論を追及したものである、と自分自身では考えている（加藤雅信「売主の瑕疵担保責任――対価的制限説再評価の視点から」森島昭夫編・判例と学説3民法Ⅱ〔債権〕（昭和五二年）一七五頁以下））。また、法律効果ではなく、法律構成を論じたものであるが、騙取金員による弁済の問題を債権の対外的効力の問題と考えた私見や、目的不到達による不当利得を契約の無効の問題であるとした私見も、いずれも複数の法制度間の論理的整合性を追及した結果導かれた結論であるが、反証可能性があるという意味では、客観性を有するものと考えている（この二点の私見については、本書六二八頁以下、および六五二頁以下参照）。もちろん、法体系的整合性が法解釈学が追及する唯一の価値ではないから、法体系的整合性を有する結論が他の見地から解釈学的に低い評価をうけることは、充分ありうることである。ただ、「法体系的整合性」の枠内でという留保をつけた場合には、かなりの程度既述した意味での客観性を有する結論を導きうる分野もあると考える。

(16) 我妻・前掲『債権各論下巻一（民法講義V_4）』一〇五六頁。民法七〇三条の文言そのものからは、現存利益返還請求権がむしろ本則となりそうであるが、実務や学説において利得の減少が例外的事態とされていることにつき、本書三三六頁参照。

(17) 我妻・前注引用書一〇九七頁以下。

(18) 我妻・前々注引用書一〇五六頁（ただし、引用文中の傍点削除）。

(19) なお、現存利益という観念をめぐって、民法一二一条と民法七〇三条を対比したものとして、遠藤浩「無能力者保護と不当利得」谷口還暦　不当利得・事務管理の研究(3)（昭和四七年）一〇九頁以下が詳細であり、以下の叙述もこれに負うところが大きい。また、山田幸二「行為無能力を理由とする未成年者保護の制限について」福島大学商学論集四九巻一号（昭和五五年）二五頁以下をも参照されたい。

(20) 我妻栄『民法案内Ⅱ』（昭和四一年）二九二頁。

(21) 富井政章『民法原論第一巻総論』（明治四三年）四七一頁。

(22) 梅謙次郎発言・前掲法典調査会民法議事速記録三九巻九三丁。

(23) 前注引用民法議事速記録九四—九九丁に散在する梅謙次郎委員、穂積陳重委員のいくつかの発言参照。また、なぜ、民法起草者が物理的・事実的次元での利得の減少、喪失の事例を「現存利益」の問題と考えていたかにつき、注(5)およびその本文参照。

(24) 通常イワシを食べている者が、タイを不当利得して食した事例においても、タイの代価を返還すべきである、とする穂積陳重発言・前々注引用民法議事速記録三九巻九〇丁参照。

(25) 富井政章発言・前注(22)引用民法議事速記録三九巻九九丁。

(26) 梅謙次郎発言・前注(22)引用民法議事速記録三九巻一〇〇丁参照。

(27) 梅謙次郎発言・前注(22)引用民法議事速記録三九巻九三丁参照。

(28) 伝統的に、不当利得における「悪意」とは、「法律上の原因のない」ことを知っていたこと、とされる（我妻・前掲『債権各論下巻（民法講義V4）』一一〇二頁、松坂・前掲『事務管理・不当利得〔新版〕』）（法律学全集22－Ⅰ）二五二頁など）。それに対し、本文において「悪意」を受益が「他人ノ財産又ハ労務ニ因」ることを知っていることと述べ、通説的な悪意の観念に従わなかったことには三つの理由がある。第一に、通説のように考えると第三部に述べる私見——統一的請求権——との関係で次の問題を生ずる。例として、当初請求として物権的返還請求権ないし帰属法的不当利得返還請求権が行使され、相手方が契約にもとづいて当該財貨を受領したのだとの抗弁（「法律上ノ原因」があるとの抗弁）を主張し、当初請求をなした者がその契約の無効を主張した事案を考えよう。その場合、法律上の原因がないことを知っていることを悪意と考えると、それは、抗弁事由、再抗弁事由を知っていることとなる。ところが、詳しくは第三部に述べるが、右のような事案における法律効果は、悪意による責任加重（および善意の場合の責任軽減）によって規律されず、基本的には表見的法律関係によって規律される、と著者は考えている。したがって、通説に従って、法律上の原因がないことが悪意であると考えても、その要件をみたした事案に関して、右のように、悪意の場合の法律効果が発生しないという結果が生ずる。第二の理由は、帰属法的不当利得返還請求権についての私見では、「法律上ノ原因ナク」は抗弁・再抗弁、あるいは、抗弁・否認として展開されるものであって、帰属法的不当利得返還請求自体の要件とはされていないので、善意、悪意を問題とするさいに、要件内容自体の知・不知の問題としたほうが、法律構成として首尾一貫するように思われるからである。第三の理由は、第三節に述べるように、帰属法的不当利得返還請求権の効果を考えるさい、著者は物権的返還請求権の附属規範（民法一八九条、一九〇条、一九一条）の効果と対比し、この二つをパラレルな内容をもつものとして位置づけている。ところが、民法一八九条〜一九一条における善意・悪意とは、占有者が本権を有していないことの知・不知の問題である。この点からは、帰属法的不当利得返還請求権における善意・悪意も、「他人ノ財産又ハ労務ニ因」る利益であること、すなわち、自己に権利性がない利益であることの知・不知の問題と考えたほうが、二つの規範の相似性がよりよく保たれることとなる。以上の三点を考え、本文で、帰属法的不当利得返還請求権の善意・悪意を、通説と異なって、他人の財産又は労務による利益であることの知・不知と述べた次第である。内容的には、他人の財産又は労務による利益であること、すなわち、自己に権利性がないことが、「法律上ノ原因ナク」という抗弁・再抗弁（否認）を導く端緒的要件となっているので、実質的には通説との違いはそれほど大きくないであろうが、右に述べた三つの半ば形式的な問題が回避されるわけである。

(29)　著者自身は通説である法律要件分類説の立証責任の分配を基本的には支持しながら、法律要件分類説の基本的性格を訴訟の効率的運営を目的とする弁論主義と類似の訴訟政策――訴訟当事者の私利を動機とした立証意欲の相克に真実探究の基礎をおき、自己に有利に法律状態の変更を主張する者に立証責任を負わせるものである――と理解するものであるが、この考え方の詳細については、本書六〇〇頁以下参照。

(30)　大判明治三五年一〇月一四日民録八輯九巻七三頁、大判明治三九年一〇月一一日民録一二輯一二三六頁、大判大正八年五月一二日民録二五輯八五五頁、大判昭和五年一〇月一五日新聞三一九九号一三頁、大判昭和八年一一月二一日民集一二巻二三号二六六六頁、大判昭和一六年一二月五日民集二〇巻二四号一四四九頁（〔4・3〕、本書二四〇頁）。

(31)　村上博巳『証明責任の研究』（昭和五〇年）一九八頁、川島武宜「判例研究」判例民事法昭和八年度一八三事件六七五頁以下、金銭による利得に関してであり、立証責任の問題か否かやはっきりしない点があるが、我妻・前掲『債権各論下巻一（民法講義V4）』一〇九六頁以下、松坂・前掲『事務管理・不当利得〔新版〕』（法律学全集22‐Ⅰ）二二二頁、並木茂「法律判断事項を要素とする要件事実の考え方（四）」判例タイムズ四五九号（昭和五七年）二七頁。ただし、条文の文言そのものからは、当初請求の返還義務の範囲が現存利益であるかのように読めるので、雉本朗造『判例批評録第三巻』（昭和四年）七七六頁、岩松三郎＝兼子一編・当該部分に関する執筆担当者不詳『法律実務講座民事訴訟編第四巻』（昭和三六年）一一五頁、小室直人「不当利得請求権の主張・立証責任」谷口還暦　不当利得・事務管理の研究⑵（昭和四六年）一八七頁以下は、利得の現存する限度は不当利得返還請求をなす者が主張・立証責任を負う、とする。しかし、注(29)に述べたように利得の縮減を主張・立証することによって利益をうける者は受益者のほうであるので、このように考えると、訴訟当事者の真摯な立証活動を期待しにくいという難点が残ると思われる。したがって、この点からは通説の結論のほうが適当かと思われるが、立法技術的には、この点の立証責任が明確となるよう、ドイツ民法八一八条三項と同様、利得が現存しない場合の返還義務の縮減、という形の表現を採用すべきであったと考える。

(32)　谷口知平編・山木戸克己執筆『注釈民法⒅』（昭和五一年）五八八頁以下。

(33)　前注引用書五九一頁。悪意に関して、小室・前掲「不当利得請求権の主張・立証責任」谷口還暦　不当利得・事務管理の研究⑵一八九頁。

(34)　類似の問題は、民法五四五条の解除の規定が、原状回復義務、利息附与、損害賠償と、ほぼ民法七〇四条に対応する内容を定めているため、解除に関しても生ずるであろう。また、不法行為と遅延利息に関しても類似の問題がおこる。不法行為による損害賠償債務は、成立と同時に当然に遅滞にあるものと解されている。したがって、「損害」自体の賠償請求で不法行為の時さえ特定されていれば、利息附与のための要件事実はすべて立証されているからである。ただ、この場合には、損害賠償請求と遅延賠償の請求では、債権発生原因自体が異なっているので、民事訴訟法一八六条の申立が異なるとして、訴訟物を別と考える考え方が有力であろうかと、推測される（不法行為による損害賠償請求権の訴訟物をいかに考えるかに関しては、見解の種々分かれるところであるが、遅延利息の点はあまり問題にされていないようである）。

(35)　従来、新訴訟物理論と旧訴訟物理論が対立したのは、同一の経済的利益をめぐって複数の実体法規の適用が可能な場合であった。ここでは、「受ケタル利益」と「利息」という法的性格のみならず経済的利益としても異なったものが問題とされているので、これは訴訟物論争が直接に対象としている問題ではない。ただし、新訴訟物理論の基礎には、紛争解決の一回性という要請があるので、「受ケタル利益」の返還と利息の返還とが一回的な解決をすることが望ましい経済的利益であるか否かという視点から、訴訟物の枠を考えるという余地があり、このかぎりで新訴訟物理論の基礎にある考え方とは、この問題が無縁なわけではない（なお、前注にも述べたように、不法行為による損害賠償請求権の訴訟物についていろいろな考え方があるが、新訴訟物理論を唱える者がどの範囲の経済的利益を同一訴訟物と考えるかにつき参考になるものとして、三ケ月章「訴訟物をめぐる戦後の判例の動向とその問題点」民事訴訟法研究第一巻（昭和五一年）二四四頁以下がある）。

第三節　関連問題についての考察

第一款　物権的請求権およびその附属規範（果実取得権など）と不当利得

一　前節に、民法七〇三条、七〇四条の文言に忠実に考えた帰属法的不当利得の効果は、物権的返還請求権の効果とパラレルである旨を述べた。本款ではその点を具体的に検討することとして、まず、前節に述べた帰属法的不当利得の効果としての返還義務の範囲を最初に確認してみよう。

①　原則的には、受益者は「受けた利益そのものを返還するのが本則[1]」である。

②　しかし、返還義務者が善意であって、受けた利得が縮減した場合には、受益者は「其利益ノ存スル限度ニ於テ」（民法七〇三条）返還義務を負う。

③　さらに、返還義務者が悪意の場合には、受益者は「其受ケタル利益ニ利息ヲ附シテ」返還せねばならず、その上、「尚ホ損害アリタルトキハ其賠償ノ責ニ任ス」ることとなる（民法七〇四条）。

これに対し、物権的返還請求権の返還義務の範囲を、物権的返還請求権の附属規範としての民法一八九条以下をも加味して検討すると、以下のようになる。

①　物権的返還請求権に関しても、目的物がそのまま返還されることが、まず原則である。

②　しかし、目的物が毀損した場合には、毀損された状態でその物を引き渡せば足りるし、目的物が滅失した場合には、物権的返還請求権も消滅する。この場合、返還義務者ないし返還義務者であった者が善意であれば、目的物の滅失、毀損に伴う損害賠償は「現ニ利益ヲ受クル限度ニ於テ……義務ヲ負フ」にとどまる（民法一九一条）(2)。

③　不当利得返還請求の場合の受益に対する利息附与の問題は、有体物の場合には果実の問題に対応するわけであるが(3)、果実の返還も、善意占有者に関しては問題とならず、返還義務者悪意の場合にのみ義務づけられる（民法一八九条、一九〇条）。この果実返還義務の内容は、悪意の元物占有者は、現存する果実自体または消費した果実の代価を償還し、果実の毀損または収取懈怠があった場合には、過失を要件として代価償還義務を負う、というものである。この点、悪意の不当利得の利息返還義務についての本書三七一頁以下の叙述を参照されたい）。

また、返還義務者悪意の場合には、目的物の滅失、毀損に帰責事由があることを要件として(4)、「其損害ノ全部ヲ賠償スル義務ヲ負」う（民法一九一条）。

このように考えると、帰属法的不当利得返還請求権の返還義務の範囲は、右の①、②、③のそれぞれにおいて物権的返還請求権とその附属規範が定める返還義務の範囲に完全に対応していることになる。この「帰属法的」と特に名づけた不当利得返還請求権は、その機能が財貨帰属の確保にあり、その典型例の一つは、目的物が滅失し、物権的返還請求権の行使が不可能となったときに、失われた所有権保護の延長として与えられる場合であった(5)。この点を考えると、所有権保護の手段としての物権的返還請求権と、その機能的代替物である帰属法的不当利得返還請求権とが返還義務の範囲を同一に画していることは、きわめて理にかなったことといえる。また、直截な機能的代替物となる場合以外についても、財貨帰属の確保という点で物権的返還請求権と帰属法的不当利得返還請求権の機能、目的がパラレルなことは、前に指摘したところである(6)。このような観点からは、二つの請求権が前節で述べたようにその要件においてパラレルであるのみならず、効果においてもパラレルであることが、法体系的バランスを保つ点からも、望ましいというべきであろう(7)（さらに、本書のさきざきの叙述との関連をもつけ加えるならば、統一的請求権の展開にさいして当初請求として位置づけられる点、「法律上ノ原因」ないしその内容が抗弁として位置づけられる点でも、この二種の請求権はパラレルとなる）。

後に三において検討するように、不当利得と民法一八九条以下の関係については、従来学界で種々の論議がなされてきた。しかし、以上のように考えるのであれば、両者は財貨の帰属の確保という共通の目的をもち、要件および効果をパラレルにしながら、有体物の帰属の回復と、非有体的利益の帰属の回復という、適用分野を異にする二つの請求権とその附属規範として体系的に位置づけられれば十分であるように思われる(8)。

二　しかしながら、このように考えた場合、従来当然のように不当利得法が適用されてきた帰属法的不当利得事案の一部に関しては、はたして不当利得法が適用されてよいか否かを検討する必要がある。ここで検討されるべきものとしては、次の三種の事案がある。第一は、他人の物から生じた果実の返還ないし他人の物の使用利益の返還の事案、第二は、他人の物の費消などの事案、第三に、民法一九六条の占有者の費用償還請求権の規定が適用される事案である。第一、第二の事案などは帰属法的不当利得事案の中心的な事例の一部でもあったのであるが、これらの三点を、一の叙述との関連から順次検討していくこととしよう（なお、この点をめぐる学説状況の検討は、叙述の便宜上三に譲ることとする）。

まず第一の事案に関してであるが、実務をみると、他人の土地を小作にだし小作料を得ていたような場合(9)、あるいは、本書二八五頁の〔4・13〕の事案のように他人の土地を使用していた場合、所有権者から小作料ないし賃料相当額の不当利得返還請求が可能であることは、当然視されていた。また、学説も、果実ないし物の使用利益に関して不当利得返還請求権が成立することに、ほとんど疑念を抱いてこなかった。しかし、不当利得返還義務者が、小作料を生じさせた元物――右事例に即していえば土地――を占有していた場合に、このように考えることには次のような疑問がある。右の事例に即していえば、不当利得法では小作料や賃料相当額が「受ケタル利益」となり、それが返還されるべきことが原則である。ただ、返還義務者が善意の場合に返還義務の範囲が軽減されたり、返還義務者悪意の場合に附加的に返還義務が加重されるにすぎない。ところが、民法一八九条および一九〇条の適用を考えた場合には、これとはまったく異なった結論が導かれる。土地占有者が善意であれば、小作料などが現存していようとその返還義務はなく、悪意の場合のみ返還義務を負う。受益者ないし占有者が善意の事例で特に顕著なように、一方によれば小作料などを返還しなければならないのに、他方によれば返還義務を免れるなど、結論にきわだった差異が生ずる。このような不均衡を放置したまま、二種の規定が同一事案にともに適用可能であるとし、法適用の偶然的結果のままに結論の差異を放置しておくことは衡平とはいえない。さきの、物権的返還請求権の附属規範と不当利得規範との体系的機能分担を考えるならば、果実や使用利益の回復など民法一八九条、一九〇条の適用がある、と考えられる範囲においては、不当利得法の適用はなく、もっぱら民法一八九条、一九〇条によって規律される、と考えるべきであろう(10)。

次に、第二の、他人の物の費消などの事案の検討にうつるが、ここでは問題はさほど深刻な形ではあらわれてこない。他人の物が費消された場合に不当利得返還請求権が発生することは、従来当然のことと考えられてきた。しかし、その事案に、民法一九一条の規定を適用することを否定する理由は何もない。また、不当利得規範が適用されようと民法一九一条が適用されようと、返還（賠償）義務の範囲は同一であって、事案解決の結論に差異が生ずるわけではない。したがって、一方規範の適用を排除する必要があるわけではないが、この種の事案に関しては、不当利得規範と民法一九一条とが実体的に同一に帰し、規範内容に差異がないことだけは留意される必要があろう。

第三に、一で帰属法的不当利得返還請求権の効果と物権的返還請求権およびその附属規範の効果との対比をしたさい問題となった条文ではないが、民法一九六条の占有者の費用償還請求権との関係も、ここでは問題となる。占有者が占有物に費用を費した場合、労務支出であれ、金員その他の支出であれ、その占有物を回復した者に受益があったと評価しうる場合には、基本的には、不当利得ないし添附の規定（民法二四八条）を媒介として、帰属法的不当利得返還請求権の要件をみたすはずである（ただし、占有者、回復者間に表見的に契約関係などが存在した場合については、後述）。しかし、民法七〇三条、七〇四条的な枠組のもとに、費用支出の受益者である回復者の善意、悪意によって返還義務の範囲を異なるものとしてみても、それがこの当事者間の関係を規律するのに適した規範内容であるとはいいがたい。なぜなら、多くの事案においては回復者から物理的に離れた占有者のもとで費用支出が行なわれるのであるから、回復者がその事実を知っていようといまいと回復者の帰責の程度には無関係な事例が圧倒的で、善意・悪意によるところの責任軽減や責任加重が行なわれることが、むしろ奇妙な感があるからである。ところが、民法一九六条の規定は、被請求者の善意・悪意を問題とせず、むしろ、支出された費用が必要費であるか有益費であるかを中心として、また、善意・悪意は費用を支出した側について問題として、当事者間の関係を規律している。帰属法的不当利得規範によるか、民法一九六条によるかによって結論は大きく異なり、当事者間の関係を規律するのに適しているのは、むしろ民法一九六条である、というべきであろう。ここでも、帰属法的不当利得返還請求権に優先して民法一九六条の占有者の費用償還請求権の規定が適用されるべきである、と考える。

以上の検討をふまえて、帰属法的不当利得規範と物権的返還請求権およびその附属規範との関係を考察してみよう。果実返還の問題（民法一八九条、一九〇条）と、占有者の費用償還の問題（民法一九六条）とに関しては、これらの規定が帰属法的不当利得返還請求権に優先して適用されるべきであるとの結論が導かれた。また、占有物の滅失、毀損に関する占有者の損害賠償義務（民法一九一条）に関しては、帰属法的不当利得返還請求の規定と規範内容が同一である。したがって、この点は、帰属法的不当利得規範を適用しても、結果的には民法一九一条を適用したことと同一になる、と述べることもできる（ただし、逆の表現もまた可能である）。さらに、物権的返還請求権自体との関係も、後に四に検討するように、有体物の回復は、もっぱら物権的返還請求権によるべきで、帰属法的不当利得返還請求権によるべきではない、と考える。その理由は、このように考えないと、物権的返還請求権の独自の適用領域が失われ、物権的返還請求権の存在意義が失われるからである。

結論として、以上の四点を総合すると、物権的返還請求権とその附属規範は、常に帰属法的不当利得返還請求権に優先的に適用されることとなる。そうであるとすれば、価値をも含めた財貨の帰属の回復に関しては、帰属法的不当利得返還請求権が一般法であり、有体物自体の回復およびそれに附随的に派生する利益の回復に関する物権的返還請求権とその附属規範が特別法である[11]と考えることが自然なのではあるまいか。従来、不当利得に三種の発現形態があることが見逃され、不当利得一般として論じられてきたがゆえに、不当利得と物権的返還請求権およびその附属規範との関係について学説が混乱し、右の一般法と特別法の関係が看過されていたように思われる（事実、後述する私見においても、帰属法的不当利得返還請求権の枠を離れれば、不当利得と物権的返還請求権およびその附属規範とは一般法と特別法というような単純な関係には立たない。矯正法的不当利得返還請求にさいしては、物権的返還請求権の附属規範は適用される余地はないし、両性的不当利得事案においては、統一的請求権という別の考慮が必要となり、結論的には物権的返還請求権の附属規範は適用されないからである）。

三　民法一八九条以下と不当利得返還請求権に関する学説状況

不当利得返還請求権と民法一八九条以下の関係をいかに考えるかについての私見は、こと帰属法的不当利得返還請求権に関するかぎりは[12]、基本的には一、二に述べたところにつきる[13]。ここでは、私見が学説史上どのような立場にあるのかを示すために、この問題に関しての学説状況を簡単に検討することにしたい[14]。もちろん、従来の学説の多くは、不当利得法一般とこれらの規定との関係を問題とし、私見のように帰属法的不当利得返還請求権とこれらの規定との関係を問題としているわけではない。しかし、叙述の便宜上、帰属法的不当利得返還請求権の枠をこえてこれらの規定との関係を論じているものもここで取り扱うこととした。まず、学界で論じられることのもっとも多い果実に関する一八九条、一九〇条と不当利得法との関連の問題を中心として、(イ)で検討し、その後は簡単に目的物の滅失、毀損に関する一九一条との関係を(ロ)で、占有者の費用償還請求権に関する一九六条との関係を(ハ)で検討することとする。

(イ)　現行民法一八九条、一九〇条は、ボアソナード法典財産編一九四条、一九五条を受けついだものである。ボアソナード法典と対比すると、現行民法典においては、善意占有者が果実取得をしうる範囲が非常に拡げられている点が何よりも目につく（悪意占有者の責任はあまり変わっていない）。しかし、これらの条文の起草段階において、民法起草者が不当利得法との関係をいかに考えていたのかは、それほど詳らかではない。法典調査会における論議からは、民法一八九条は不当利得や不法行為などの他の規定と重畳的に適用されうる――すなわち、民法一八九条によって一旦果実を取得した善意占有者が、不当利得や不法行為の要件をみたすことによって、返還義務や損害賠償義務を負うこともありうる[15]――と、起草者は考えていたようである。しかしながら、民法修正案理由書には、利息附与の問題は不当利得法に規定し、果実返還の問題は一九〇条に規定するところに譲るという、ある種の法の適用分担を考えているかのような叙述があり[16]、必ずしも一貫していない。民法起草者の後の著作にも、この問題への言及は特になく[17]、起草者自身が最終的にどのように考えていたのかは、明確ではない。ただ、岡松参太郎『民法理由』には、不当利得の返還義務は「給付シタルモノヨリ収取シタルモノニモ亦及フ」との叙述に括弧付で附記して「占有者カ果実ヲ返還スルノ義務ニ付テハ一八九、一九〇……ノ規定ヲ適用シ……」と述べたものがみられる[18]。右の叙述からは、論者の結論自体は明確でないものの、問題の所在ははっきり意識されていたことが読みとられる。

その後、明治、大正、昭和初期の学説の展開をみると、学界においてこの問題はそれほど注目されていたわけではない[19]。したがって、直接この点を論ずる者はそれほど多くはなかった[20]が、それでも次段に検討する我妻説出現以前、学界では、不当利得返還義務者が同時に占有者でもあった場合に、民法一八九条以下が優先的に適用されその者が善意であれば果実返還義務を負わないという立場[21]と、原則的には返還義務を負うという立場[22]とが、対立していた。さらには、一九〇条との関係がどこまで意識されていたのかは定かでないものの、悪意の受益者は、法定利息、あるいは果実の多額なほうを返還すべきであるという見解も存在していた[23]。

これに対し、昭和六年に発表された我妻論文においては、次のような見解が表明された。まず、わが国においては基本的には物権行為は有因であるものと解すべきである。その前提のもとでは、法律行為の無効、取消があった場合に給付されていた目的物の返還請求をする根拠として、論理的には、所有権が請求権者のもとにあるときは物権的返還請求権、所有権が被請求者のもとにあるときは不当利得返還請求権ということが考えられそうである。しかし、所有権の所在いかんによって当事者間の法的規律が異なることは実際的ではないので、この両当事者間の法律関係はもっぱら不当利得返還請求権によって規律されると考えるべきである。そして、民法一八九条、一九〇条の規定は、不当利得の特則として、右の場合に適用されることになる(24)（ただし、我妻博士の後の叙述をみると、民法一九〇条を適用する結果と民法七〇四条を適用する結果とには大差がないものとされているから、これは民法一八九条に関して特に意味をもつことになる。(25)一において民法一九〇条と民法七〇四条とが効果においてパラレルであることを指摘したが、この二規定が内容的にほぼ同一であることが、すでに我妻博士において指摘されている）。

ここでの我妻説が念頭においているのは、本書の枠組でいう帰属法的不当利得返還請求権ではなく、両性的不当利得事案（後の叙述をも先どりしていうならば、統一的請求権）の場合であった。後述するように（簡単には注(12)およびそこでの引用箇所参照）、両性的不当利得事案においては、両当事者間の関係は物権規範ではなく不当利得規範によって規律されるべきであるという点では、我妻説も私見も異なるところはない。しかし、私見においては、民法一八九条以下は物権的返還請求権の附属規範として両性的不当利得関係を規律するものではないのに、我妻説では、民法一八九条以下が不当利得規範の一環として右の関係を規律することになる点で好対照をなす。この結論の違いは、民法一八九条以下の法体系的位置づけが我妻説と私見とで異なっていることに原因するものである。しかし、この問題は、単に右に要約した我妻説と、一に述べた私見とで、いずれがこれらの規定の体系的位置づけにおいて優れているかという問題にとどまるものではない。それというのは、我妻説のように、契約の無効などの事例においても民法一八九条以下が適用されうるものとすると、無効な契約の当事者の清算関係において両当事者間の対価的バ

信山社

＊全国の書店・楽天・生協等でもお買い求め下さい。

（税別）

労働法のスタンダードテキスト。各種試験・実務・研究に

労働法

川口美貴 著

A5変・上製 1032頁

安野光雅 画『田舎の秋』

5000円

日本民訴法の源流・オーストリア法研究

近代民事訴訟法史・オーストリア

A5変・上製 228頁

鈴木正裕 著

4000円

公取委元官僚が紡ぐ政治に翻弄された史実

独占禁止法の歴史（下）

平林英勝 著

A5変・上製 568頁

12000円

定評のある教科書

藤岡康宏 著 ◎「権利の保護」と「救済規範」の新たな法実現

民法講義V 不法行為法 4800円

平野裕之 著 ◎初歩から実務まで段階的に詳述

民法総合6 不法行為法（第3版） 4800円

柳原正治・森川幸一・兼原敦子 編 ◎待望の国際法分野の演習書

演習 プラクティス国際法 2200円

軍縮の基本を立体構成で辞典で説く

軍縮辞典

DISARMAMENT LEXICON

5000円

日本軍縮学会 編

四六変・並製 ISBN978-4-7972-8756-1 C3532

携帯性・一覧性に優れた好評の超薄型六

法学六法'16

1000円 ★事項索引付

石川　明・池田真朗・宮島　司
安冨　潔・三上威彦・大森正仁
三木浩一・小山　剛　編集代表

四六変・並製 ISBN978-4-7972-5739-7 C0532

精義シリーズ

公共契約法精義 ◎あるべき公共契約法の構築への模索 3800円

公的資金助成法精義 ◎公的資金助成法に関する本格的体系書 4000円

政府経費法精義 ◎政府経費法に関するわが国初の体系書 4000円

社会保障財政法精義 ◎社会保障財政法のわが国初の体系書 5800円

行政契約精義 ◎行政契約に関する日本の状況の研究 6500円

都市行政法精義Ⅰ・Ⅱ ◎「まちづくり」への行政法アプローチ 6000円 7000円

基礎を固める ブリッジブックシリーズ

法の現実の世界での役割・影響を学ぶ入門書

ブリッジブック 法システム入門（第3版）

宮澤節生・武蔵勝宏
上石圭一・大塚　浩 著

四六変・並製 372頁

2700円

「法の哲学」に好個の入門書第2版

ブリッジブック 法哲学（第2版）

四六変・並製 312頁

長谷川晃
角田猛之 編

2300円

刑法学習の基礎体力づくりのために

ブリッジブック 刑法の考え方（第2版）

高橋則夫 編

四六変・並製 272頁

2200円

ランスが崩れる可能性が生じ、実際問題としても不当な結果を導く可能性があるからである。ただ、この点は両性的不当利得事案の効果の箇所で詳述することとなるので、そこでの叙述に譲ることとしたい。

その後の学説状況を時代的順序とかかわりなく概観すれば[26]、次のとおりである。第一に、右に述べた我妻説を基本的に支持する潮流があった[27]。しかし、第二に、それに反対して起草段階における穂積博士[28]と同様、民法一八九条にもとづき一旦果実の所有権を取得したとしても、不当利得法の要件が具備された場合には、その果実は不当利得として返還されなければならないとするものがあった（谷口説[29]）。第三に、系譜的には梅博士[30]に比較的近いものと思われるが、民法一八九条を返還義務の軽減としてとらえるものがあった（末弘説[31]、舟橋説[32]）。なお、川島説においては、民法一八九条以下は、物権的返還請求権の内容を規定するものとして、物権的返還請求権の附属規範的な位置づけが与えられていた[33]。第四の立場として、我妻説と同様に無効、取消があった契約当事者間の関係は物権的返還請求権によってでなく不当利得法によってのみ規律されると考えるが、我妻説と異なり、この当事者間に民法一八九条以下は適用されないとするものである（山中説[34]、伊藤（高）説[35]）。右の結論は、不当利得の類型化を主張する論者も徹底した形で主張するところであった（広中説[36]、川村新説[37]、松坂新説[38]）。この類型論者の考え方は、民法一八九条以下に関する点をも含め、近時のいくつかの学説にも支持されている（四宮説[39]、田中説[40]）。第五に、第四に述べた学説の一部と重複するが、この問題を、単に伝統的な請求権競合問題の枠組の中で論ずることに満足せず、請求権ないし規範競合の問題に根源的なメスを入れることによって再考しようとするものがあらわれた（四宮説[41]、鈴木説[42]）。契約の無効・取消があった場合の民法一八九条以下の適用に関しては、四宮説は消極的であるのに対し、鈴木説は積極的であり[43]、この点の結論は同一ではなかったが、きわめて注目すべきアプローチといえた。

以上の学説状況を概観した場合、一に述べた私見の学説史的位置づけは、第三〜第五に述べた学説を部分的に継承した上で、さらに、物権的返還請求権と不当利得返還請求権をパラレルなものと位置づけることによって形成されたものということができよう。

(ロ)　民法一九一条の規定は、ボアソナード法典財産編一九八条の規定を基本的には承継したものである（ただし、ボアソナード法典には物の滅失の場合が規定されていなかったのを規定するなど、部分的な修正はある）。起草過程における論議からは必ずしも明確ではないものの[44]、起草者自身、民法一九一条の内容を不当利得法に即して考えていたようである。それというのは、梅博士の民法一九一条に関する叙述に「善意ノ占有者ト雖モ敢テ不当ノ利得ヲ為スコトヲ許サザルカ故ニ其滅失又ハ毀損ニ因リテ現ニ利益ヲ受クルトキハ其利益ノ限度ニ於テ真ノ権利者ニ償還ヲ為スヘキハ亦固ヨリ当然ナリトス（七〇三）[45]」との記述がみられ、富井博士の叙述には、これに加えて、悪意占有者に関しても民法七〇四条との対比がみられるからである[46]。このようにみてみると、民法起草者が不当利得法一般を観念していたのに対し、一、二に述べた私見は帰属法的不当利得規範という限定を附していた点に差異があるものの、その基本的枠組においては、私見は民法起草者の見解と隔たるところはない。

その後の学説の展開を昭和六年の前掲我妻論文に至るまでみてみると、教科書類などの圧倒的多数においては民法一九一条と不当利得法の関係について言及されていないものの、言及する者にあっては、起草者と同様、民法一九一条が不当利得法の内容と一致するものとして述べられている[47]。この点は、条文の文言を素直に読み較べた場合に直ちに導かれる結論であるから、その後の学説が起草者の見解と一致したのは、自然な流れであったといえる。

昭和六年に発表された我妻論文も、こと民法一九一条に関するかぎりそれほど特異なものではなかった。我妻説においては、前述したように、法律行為の無効・取消があった場合に、当事者間の関係は物権的返還請求権でなく不当利得返還請求権によって規律され、民法一九一条は――民法一八九条、一九〇条、一九六条と同様――不当利得法の特則として右の当事者間に適用される、と考えられていた[48]。しかしながら、民法一八九条、あるいは一九六条に関しては、それらの規定が適用された場合と民法七〇三条、七〇四条のみが適用された場合とで結論に差異がありうることが一応了解されるのであるが、民法一九一条に関しては、その適用があった場合と、不当利得の規定の適用があった場合とで結論にいかなる差異があるのかが、条文の文言からは一義的に明らかではなかった（民法一九〇条に関しては本書三五二頁参照)。したがって、起草者の見解や注(47)に引用した諸学説はその内容が直ちに了解可能であるのに対し、この点に関する我妻説は内容が必ずしも明らかとはいえないままに議論が展開されたのである。そして、我妻博士の後の論稿では、善意占有に関して、民法一九一条の適用を認めても民法七〇三条の適用を認めても、結果において差異のないことを承認する。(49) 右の結論が導かれるのは、民法一九一条と不当利得法とが規定している内容が基本的に同一であるからにほかならない。

したがって、民法一九一条に関しても、右の我妻説に賛意を表するものもあった(50)が、果実取得の問題に関しては我妻説と異なる内容を積極的に展開した諸学説(本書三五三頁参照)の多くは、民法一九一条と不当利得法との関係については比較的簡単な叙述を展開するにとどまる。いずれの規定を適用しようと結果に差異がない以上、規範適用の優先劣後に学説がそれほど関心を示さないのは、いわば自然な態度である、といえるであろう。いずれにせよ、民法一九一条と不当利得法の内容が結果的に同一に帰するという二に述べた私見は、従来の学説の相当数がある程度意識するところであった、といえよう。

(ハ)　次に民法一九六条と不当利得の関係について学説状況を検討することとするが、民法一八九条〜一九一条の学説状況の検討は、一、二の双方と関連するのに対し、民法一九六条の問題は二にかかわるだけなので、その検討は簡単なものにとどめたい。

占有者の費用償還請求権が認められる場合、占有者の費用支出が占有物を回復した者に受益を与えていれば、その事案は同時に不当利得の構成要件を満たしていることになる。したがって、民法一九六条の規定する必要費、有益費の償還のうち、有益費に関しては不当利得の構成要件を常に満たしているわけであるし、必要費に関しても不当利得の構成要件を満たしている事案が多いであろう(なお、事案によっては、事務管理の費用償還請求権の要件をも満たす可能性もある)。

この占有者の費用償還請求権と不当利得返還請求権との関係であるが、有益費の償還に関して、民法起草過程において二つの請求権の関係が論議されているし[51]、起草者自身も有益費に関しては、民法一九六条が不当利得法の内容を修正したものであることを意識していた[52]。後の学説の展開においても、有益費償還請求権と不当利得法の関係[53]、あるいは費用償還請求権全体と不当利得法の関係[54]は、物権法の教科書の一部その他で言及されていた。以上の諸説においては、民法一九六条の規定が不当利得法の規定に優先的に適用されることが暗々裡に前提とされていたのではないかと思われる（ただし、債権法の教科書の中には、民法一九六条の存在を念頭においていたか否か、やや疑わしく思えるようなものも存在していなかったわけではない[55]）。

このような学説状況の中で、昭和六年の我妻論文[56]は、次の二点で特色を有するものであった。第一は、不当利得規範と民法一九六条とが競合する場合に、後者に不当利得関係の細部を決定する特則という位置づけを与えた上でのことであるが、当事者間の関係が民法一九六条によって律せられる点を正面から認めた点である。第二は、法律行為の無効・取消があった場合について、右に述べた関係を認めたことである。

第一の点に関しては、民法一九六条などが不当利得の細部を決定する特則であるという位置づけにまで賛意を表する説[57]もあったし、それ以外の説でも結果的に不当利得の規定に優先して民法一九六条が適用されるという点では、もちろん異説もあるが[58]、多くの説の結論も同じ方向をとっていた[59]。しかし、第二の契約の無効・取消があった場合に、民法一九六条の優先的適用を考える点は、不当利得の類型論のみならず他の学説に必ずしも受け入れられなかった[60]。このような学説状況からは、民法一九六条を――帰属法的、その他の枠をつけるか否かは別として――不当利得法に優先して適用すべきであるとの私見の結論自体は、従来の学説の大勢を受けつぐものであったといえよう。

以上、(イ)、(ロ)、(ハ)を総合してみた場合、一、二に述べた私見は、学説史の中ではほぼ次のように位置づけうるように思われる。果実の問題に関しては、私見には先行する学説の影響が種々みられるものの、必ずしも私見と類似の内容の学説が従来主張されていたわけではなかった。しかし二に述べた、民法一九一条、一九六条と不当利得法の関係についての私見は、基本的には民法起草者自身が意識し、後の学説の大勢となったところと、結論的にはそれほど異なるものではなかった。ただ、一に述べたような形で、これらの規定全体を物権的返還請求権とその附属規範という形で把握し、それらの効果が帰属法的不当利得返還請求権の効果と全体として相似性を保っていることを指摘し、法体系的位置づけをなした点に私見の特色があると思われる。

四　不当利得の「原物返還の原則」との関係

物権的返還請求権と不当利得との関係については、以上検討したほかに、第三部で分析する統一的請求権との関連も検討されるべきであろう。しかし、その点は先の叙述に譲ることとすると、ここでは、帰属法的不当利得返還請求権の枠にとどまる問題ではないが、いわゆる原物返還の原則について、簡単にふれておく必要があると思われる。従来、不当利得の効果に関しては通説的見解は「不当利得として返還すべきものは、利得した原物を原則とし、不可能な場合に、価格で返還すべきである[61]」と考え、これが原物返還の原則と呼ばれてきた。また、占有の不当利得を承認するという議論[62]も――特に所有権が被請求者のもとに移転しなかった事案を念頭におきつつ――不当利得法を根拠とする原物返還を承認することに帰着するから、原物返還と占有の不当利得とは、このかぎりで裏腹の関係に立つ。しかし、私見の不当利得の枠組においては、原物返還が不当利得一般に通じる原則的効果ということにはならない。原物返還ないし占有の不当利得は、矯正法的不当利得返還請求権の枠内でのみ承認されるべきものにすぎない。次章以下に述べる結論を先取りする形にはなるが、叙述の便宜上ここで三種の不当利得の発現形態に即して私見といわゆる原物返還の原則との関係をまとめておこう。

帰属法的不当利得返還請求権は、非有体的利益に関してのみ認められるから、効果は常に金銭返還となる。前述したように、帰属法的次元においては、有体的利益（有体物）の帰属の回復は常に物権的返還請求権によるべきであって、不当利得法による原物回復は認められるべきではない。その理由は、このように考えないと、物権的返還請求権の独自の適用領域が失われ、物権的返還請求権の存在意義が失われるからである[63]。

それに対し、矯正法的不当利得返還請求権においては、原物返還が可能であるならば原物返還によるべきである。

このかぎりでは通説的見解をそのまま踏襲することに特に問題はないが、原物返還が不可能となった場合に、通説のように不当利得の効果が価格返還に変ずると考える必要は何もないであろう。このような場合には、債務者に帰責事由がなければ原則的に双務的関係については危険負担の問題となるし、帰責事由があれば、不当利得債務が履行不能を理由として債務不履行による損害賠償請求権に転ずるだけである[64]（本書四三〇頁参照）。日本民法典は、債務不履行を債権法の総則の章に規定する。したがって、法典の構成上、それは、債権各論としての契約、事務管理、不当利得、不法行為のすべてを共通に規律するものであったはずであり、初期の文献などでもそれは明言されていた[65]。したがって、学界で中心的に論じられる契約債務の不履行、不法行為債務の不履行（不法行為時に履行遅滞となることがしばしば論ぜられる）のみならず、為す債務などを発生させる事務管理や、特定債務などを発生させる不当利得に関しても、債務不履行にもとづく損害賠償義務が発生することは、きわめて当然のことと思われる。この点は、事務管理に関しては従来から意識されていたものの[66]、不当利得に関しては価格返還が認められることと債務不履行の問題とが混同される嫌いがないではなかったため[67]、留意する必要があろう。

最後に、両性的不当利得事案の場合であるが、ここでも、可能であるならば原物返還が認められるべきであろう。しかしながら、両性的不当利得事案は本書では後述するように最終的に統一的請求権として再構成されることになる。そこでは、原物の取戻ないし占有の回復が認められはするものの、それは当初請求が物権的返還請求権であることから当然に導かれる。したがって、ここでは原物返還の問題を不当利得規範の効果として特に強調する理由は何もないように思われる。

以上総合すると、帰属法的不当利得返還請求権に関しては金員返還のみが認められ、矯正法的不当利得返還請求権に関しては原物返還が原則となり（ただし、履行不能の場合に債務不履行による損害賠償請求権に転化することがある）、両性的不当利得事案（統一的請求権）においては原物返還が認められるが、それは不当利得の効果として強調する必要はないことになる。原物返還ないし占有の不当利得に関する右のような結論は、統一的請求権の点を別にすれば、従来不当利得の類型論者も広く認めるところであった[68]。このように、原物返還ないし占有の不当利得の認められる範囲を限定することは、ローマ法において盗品などに関しても一般に占有の返還請求訴訟（condictio possessionis）が認められていた[69]という法制史的伝統には必ずしも忠実なものではないが、物権的返還請求権と不当利得法との体系的機能分担を考える場合には不可避的な結論であろうと考える（なお、占有の不当利得についての一般的な検討は、田中教授の論文に詳細であり[70]、ここではこれ以上の立ち入った検討はそこに譲ることとしたい）。

また、原物返還が認められる場合に、悪意を理由に民法七〇四条の適用があれば、原物を金銭評価した上で利息を附すべきであるという見解[71]と、それを否定する見解[72]とが、従来対立してきた。しかし、私見においては、次のように、この学説の対立自体が解消されることになる。帰属法的不当利得返還請求権の枠組においては、原物返還が認められないので、右の問題は発生しない。また、矯正法的不当利得規範や、両性的不当利得事案に関しては、後述するように表見的法律関係によって効果が規律され、返還義務者悪意の場合の利息附与その他の、返還義務者の善意・悪意による責任軽減、責任加重は適用されない。したがって、原物返還にさいして利息附与が問題となる事案があらわれるはずはなく、前述した見解の対立はもはや生ずる余地がなくなるのである。

（1）　我妻栄『債権各論下巻一（民法講義V_4）』（昭和四七年）一〇五六頁。

（2）　本文では、民法一九一条の現存利益の賠償の要件として、占有者の善意のみをあげた。しかし、条文では、他に占有物の滅失、毀損に関する占有者の帰責事由の要件があげられている。この、帰責事由の要件が本文に述べられていないが、それは次の理由によるものである。かりに、不可抗力など、占有者に帰責事由がないままに占有物が滅失、毀損したとする。その場合に、占有者のもとに現に利益が存在していたとすると、その占有者が右の利益を最終的に保有すべき理由は何もなく、それは本権を有する者に返還されるべきものであろう。したがって、帰責事由の要件を充足するか否かにかかわらず、善意占有者に関するかぎり、その者の賠償（返還）義務の範囲には変わりがない。条文の体裁にもかかわらず、この帰責事由の要件は、注（4）に述べるように悪意占有者に関しては意味をもっているが、善意占有者に関するかぎり実質的な意味を失っている。そこで著者としては、善意占有者に関するかぎりはこの要件にふれることなく、本文叙述のように述べたものである。ただ、形式的にはこの要件を生かした形で、帰責事由がない場合には、民法一九一条ではなく民法七〇三条を根拠として右の返還義務を構成していく立場は充分ありうるであろう。このように考えても特に差しつかえはないが、この場合には、同一効果を規定するものを、なぜ無意味な要件を用いて二ヵ条の適用分担をはかるのか、という問題は残るであろう。

（3）この点を明確に指摘するものとして、重岡薫五郎発言・法典調査会民法議事速記録三九巻一六二―一六四丁。

（4）民法一九一条は、他人の物の滅失、毀損という不法行為事案全体に関する帰責事由を要件としているのではなく、占有物の滅失、毀損という部分的事項に関する帰責事由を要件としている。しかしながら、この点は、占有者の悪意を要件として附加した場合には、占有物が他人の物であることを知りながら、その滅失、毀損に帰責事由がある事案に限定され、全体として不法行為的な意味での帰責事由を充足していることとなるであろう。したがって、損害賠償義務は不法行為的な帰責事由がある者に課されるという構造が採用されていることになる。

（5）特に、本書一四九頁以下に紹介したウィルブルクの見解、および一六四頁以下のケメラーの見解など参照。

（6）本書二八四頁以下。

（7）この点については、本書三二四頁参照。

（8）従来、民法一八九条の存在理由に関して、学界では争いがあった。すなわち、同条は、善意占有者に果実を取得する権利を与える趣旨であるとする見解と、善意占有者の返還義務を免除し責任軽減を図る趣旨であるとする見解との対立がそれである。この点は、民法起草者間においても、民法一八九条の存在理由に関し考え方の差異があり、それが右の見解の対立の萌芽的内容をなすようである。具体的には、本条の起草を担当したと思われる穂積博士は、善意占有者に果実を取得する権利を与えるものとして本条を位置づけていたのに対し、梅博士は、元物返還の附属規範として本条を位置づけ、善意占有者の責任軽減を定めたものとして考えているようだからである（穂積陳重発言・法典調査会民法議事速記録六巻一三五丁、一四〇丁、梅謙次郎『民法要義巻之二物権編』（明治二九年）四一頁以下、なお、富井政章『民法原論第二巻物権』（大正四年）六七九頁も、元物返還の附属規範としての位置づけはなされていないが、責任軽減という見方では梅博士の見解に近い）。梅博士の見解は、不当利得法の効果との体系的バランスの問題を別にすれば、本文叙述の私見と非常に近いものがある（なお、本書三五三頁に引用の末弘、川島説参照）。

（9）大判大正一五年三月三日新聞二五九八号一四頁。

（10）　民法一八九条に関して、民法起草者のように天然果実にのみ同条の適用があり法定果実には適用がないという考え方や（穂積陳重発言・前掲法典調査会民法議事速記録六巻一四四丁）、使用利益に関しては本条が適用されないという考え方をとった場合には、民法一八九条不適用の範囲に関しては、不当利得法によって規律されることとなろう。

（11）　なお、後述する統一的請求権を観念した場合に、特別法と一般法の関係をどのように考えるべきかについては、本書五九九頁注（3）参照。

（12）　不当利得返還請求権のうち、帰属法的不当利得返還請求権以外のものと、民法一八九条以下との関連を、ここに簡単に述べておこう。純粋の矯正法的不当利得返還請求権との間には、民法一八九条以下との競合問題は発生しない（請求権者が所有権などの本権を有しないためである）。しかし、両性的不当利得事案に関しては、論理的に民法一八九条以下の適用も問題となりうる。しかし、統一的請求権を論ずるさいの結論を先取りしてここに述べるならば、不当利得当事者間では表見的法律関係にもとづく効果規律が優先して適用されることになるため、現実には民法一八九条以下は適用されないことになる（この点について、本書五五七頁以下参照）。

（13）　なお、もう一つの問題である、矯正法的不当利得規範とこれらの物権的返還請求権の附属規範との関連については、本書五五七頁以下参照。

（14）　なお、本書では私見の学説史的位置づけのために、この点についてはわが国の学説状況のみを検討したが、本書のもととなった雑誌掲載論文とほぼ時を同じくして発表された山田幸二「物の利益・収益と不当利得——民法一八九条と七〇三条との関係を中心として——（一）、（二）」民商法雑誌七九巻一号一頁、二号（以上昭和五三年）四三頁以下には、ドイツの判例学説やわが国の判例も分析されているので、併せ参照されたい。なお、これ以前にこの点のドイツの状況を詳細に検討したものとして、奥田昌道「所有者と占有者との法律関係の一考察——請求権競合論の観点から——（一）」法学論叢七九巻三号（昭和四一年）一頁以下参照。

（15）　穂積陳重発言・前掲法典調査会民法議事速記録六巻一四六—一四八丁。なお、注（8）にも述べたことであるが、穂積博士が本条の起草を担当したようである。

（16）　民法修正案理由書　第七〇三条理由。

（17）　富井・前掲『民法原論第二巻物権』、梅・前掲『民法要義巻之二物権編』、梅謙次郎『民法要義巻之三債権編』（明治三〇年）における、民法一八九条、一九〇条、不当利得法に関する叙述参照。

(18) 富井政章校閲・岡松参太郎著『註釈民法理由下巻』（明治三一年）次四四七頁。

(19) たとえば、民法一八九条以下、不当利得に関する昭和六年までの教科書類などをみても、以下のものなどにおいては、この問題はふれられていない。川名兼四郎『物権法要論』（大正四年）、横田秀雄『債権各論』（大正五年）、同『改版増補物権法全』（大正一五年）、末弘厳太郎『物権法上巻』（大正一五年）（――ただし、注(22)参照）、三潴信三『全訂物権法提要上巻』（昭和四年）。

(20) 直接的な言及はなくとも、物権的返還請求権が成立する場合に不当利得返還請求権が成立しないなどの趣旨を述べたものはあった（岡村玄治『債権法各論』（昭和四年）六二四頁。なお、岡村説は、不当利得の効果として金員返還のみを認め、原物返還を認めないものである）。

(21) 中島玉吉「不当利得ヲ論ス」民法論文集（大正一一年）九四頁以下。なお、中島玉吉『民法釈義巻之三上』（大正一〇年）一七一頁参照。

(22) 末弘厳太郎『債権各論』（大正九年）九九四頁、鳩山秀夫『日本債権法各論下巻』（大正九年）八二六頁。

(23) 磯谷幸次郎『債権法論（各論）下巻』（昭和四年）八一一頁。

(24) 我妻栄「法律行為の無効取消の効果に関する一考察――民法における所有物返還請求権と不当利得との関係――」春木還暦（昭和六年）二一三頁、民法研究Ⅱ総則（昭和四三年）一六五頁以下。なお、この考え方の原型は、右論文の発表に一年ほど先だってごく簡単な形で示されていた（我妻栄『債権法（事務管理・不当利得）』（現代法学全集三四巻）（昭和五年）一七九頁）。

(25) 我妻栄『事務管理・不当利得・不法行為』（新法学全集第一〇巻）（昭和一二年）九三頁。なお、民法一九〇条と七〇四条との適用に差異がないことは、現在も指摘されるところである（川島武宜編・田中整爾執筆『注釈民法(7)』（昭和四三年）七五頁）。

(26) この問題の学説状況を概観したものとしては、田中整爾教授の以下の著作が詳しい。田中整爾『占有論の研究』（昭和五〇年）三七七頁以下、原島重義ほか六名共著・田中整爾執筆『民法講義2物権』（昭和五二年）一八四頁以下、川島編・田中整爾執筆・前掲『注釈民法(7)』五八頁以下、谷口知平編・田中整爾執筆『注釈民法(18)』（昭和五一年）四一五頁以下。なお、この問題に関するドイツの判例、学説を概観したものとして谷口知平『不当利得の研究』（昭和四四年）三〇五頁以下、山田・前掲「物の利益・収益と不当利得（一）、（二）」民商法雑誌七九巻一号一頁、二号四三頁以下参照。

(27)　まず、昭和六年以降の我妻博士自身の手によるものとして、我妻・前掲『事務管理・不当利得・不法行為』（新法学全集第一〇巻）八九頁以下、我妻・前掲『債権各論下巻一（民法講義V₄）』一〇七二頁以下、一一〇七頁以下、さらに我妻説に基本的に賛意を表するものとして、戒能通孝『債権各論』（昭和二一年）四〇九頁、加藤一郎「民法講座〔一七〕不当利得」時の法令二三四号（昭和三二年）五〇頁、加藤一郎『民法教室債権編』（昭和三五年）一六七頁、吾妻光俊『新版債権法』（昭和三九年）二八三頁、松坂佐一『事務管理・不当利得』（法律学全集22）（昭和四一年）一一三頁（ただし、この点に関し、後の『事務管理・不当利得〔新版〕』（法律学全集22－Ⅰ）（昭和四八年）二三八頁では改説があった）、我妻栄編著・四宮和夫執筆『判例コンメンタール⑥事務管理・不当利得・不法行為』（昭和四四年）六〇頁。

(28)　注(8)および(15)参照。

(29)　谷口・前掲『不当利得の研究』二七六頁。

(30)　注(8)参照。

(31)　末弘厳太郎「占有権の効力とくに果実収取権について」民法雑記帳（上巻）（昭和四三年）二五一頁以下。

(32)　舟橋諄一『物権法』（法律学全集18）（昭和四三年）三〇九頁。

(33)　川島武宜『民法Ⅰ』（昭和四一年）一〇五頁以下。

(34)　有償契約の場合に限定した叙述であるが、山中康雄「請求権の競合」判例演習〔債権法2〕（昭和三九年）二三五頁以下。

(35)　伊藤高義『物権的返還請求権序論――実体権的理解への疑問として――』（昭和四六年）一四頁以下。

(36)　広中俊雄『債権各論講義』（昭和五六年）三九〇頁。

(37)　川村泰啓「『所有』関係の場で機能する不当利得制度（一三）」判例評論一四四号（昭和四六年）一一頁。なお、これは、川村教授が「不当利得返還請求権の諸類型（三）――類型論の具体的展開――」判例評論七八号（昭和四〇年）一二頁に展開した見解を、前注引用の広中教授の批判を受け入れ、改めたものである。

(38)　松坂・前掲『事務管理・不当利得〔新版〕』（法律学全集22－Ⅰ）二三八頁。

(39)　四宮和夫『請求権競合論』（昭和五三年）一七三頁以下。

(40) 田中整爾「善意占有者の返還義務と不当利得」谷口還暦　不当利得・事務管理の研究(2)（昭和四六年）九一頁以下、同・前掲『占有論の研究』四七一頁以下。
(41) 四宮・前掲『請求権競合論』参照。
(42) 鈴木禄弥「法律行為の無効と給付物の取戻し」、「法律行為の無効・取消・解除の場合の給付物返還請求権は、どんな性質をもつか」物権法の研究（昭和五一年）二一七頁以下、二二九頁以下。
(43) 四宮・前掲『請求権競合論』一七三頁以下、鈴木・前注引用書二二九頁。
(44) 前掲法典調査会民法議事速記録六巻一六二丁以下参照。
(45) 梅・前掲『民法要義巻之二物権編』五八頁。
(46) 富井・前掲『民法原論第二巻物権』七三二―七三四頁。
(47) 横田・前掲『改版増補物権法全』二五七―二五九頁、三潴・前掲『全訂物権法提要上巻』三一九頁。
(48) 注(24)引用文献参照。
(49) 我妻・前掲『事務管理・不当利得・不法行為』（新法学全集第一〇巻）九〇頁。ただし、我妻博士が民法一九一条但書を云々する点は、その意味が明瞭ではない。また、同書九二頁は、悪意の占有者に関する民法一九一条と民法七〇四条との適用に関し、占有者の帰責事由の有無によって結論に差異がある旨を強調するが、この点は本書三六九頁以下に述べた私見の構成が一つの解答となるであろう。なお、ここで我妻説がいう、民法一九一条の善意占有者の責任と民法七〇三条とが同内容であり、悪意占有者の責任と民法七〇四条とに差異があるとの指摘は、現在もいわれているところである（川島編・田中執筆・前掲『注釈民法(7)』七五頁）。
(50) 末川博『物権法』（昭和三一年）二二〇頁、吾妻・前掲『新版債権法』一八三頁、松坂・前掲『事務管理・不当利得』（法律学全集22）一一三頁（ただし、後の新版（注(27)引用）一三九頁で改説されている）、我妻編・四宮執筆・前掲『判例コンメタール⑥事務管理・不当利得・不法行為』六〇頁。
(51) 前掲法典調査会民法議事速記録六巻一九五丁以下の議論参照。
(52) 梅・前掲『民法要義巻之二物権編』六〇頁以下、富井・前掲『民法原論第二巻物権』七三七頁。ただし、法典調査会での発言としては、富井委員は、不当利得によっても民法一九六条の有益費償還請求によっても結論が変わらない旨も述べており、一貫していない点もみられる（前注引用民法議事速記録六巻一九六丁）。なお、富井政章校閲・岡松参太郎著『註釈民法理由中巻』（明治三一年）九三頁は、二つの請求権の効果が異なることを前提とした叙述をしている。
(53) 横田・前掲『改版増補物権法全』二六二頁。
(54) 中島・前掲『民法釈義巻之二上』二〇三頁以下。なお、民法一九六条の優先的適用を明示的に主張している文献として、中島・前掲「不当利得ヲ論ス」民法論文集九六頁。
(55) 鳩山秀夫『増補日本債権法各論下巻』（昭和一一年）八三九頁は、大筋において次の内容を述べる。受益者の費用支出により受益の保存がなされた場合、返還義務の範囲から支出費用が減ぜられる。鳩山説においては、この場合に受益が有体物であって返還義務者が本権なき占有者であれば民法一九六条の適用が問題となり、同条二項但書の期限許与の適用がある事案では不当利得返還を認めた時点で費用控除を認めることができるか否かという問題が生ずるはずであるが、これらの問題は無視されていることになる。本文叙述のような疑問が生ずるゆえんである。なお、民法一九六条の存在を意識しつつも、鳩山説と同旨の内容を展開する説として、末弘・前掲『債権各論』九九六頁以下参照。
(56) 注(24)引用文献参照。
(57) 注(27)引用の諸説参照。
(58) 谷口・前掲『不当利得の研究』三六八頁。
(59) 近藤英吉『改訂物権法論』（昭和一二年）八二頁（ただし、八四頁以下をも参照）、石田文次郎『債権各論講義』（昭和一三年）二五三頁、舟橋・前掲『物権法』（法律学全集18）三一二頁、四宮・前掲『請求権競合論』一三二頁。
(60) 川村・前掲「『所有』関係の場で機能する不当利得制度（一三）」判例評論一四四号一二頁、松坂・前掲『事務管理・不当利得〔新版〕』（法律学全集22－Ⅰ）二三八頁、田中・前掲『占有論の研究』四七一頁、同・前掲「善意占有者の返還義務と不当利得」谷口還暦　不当利得・事務管理の研究(2)九一頁以下、伊藤・前掲『物権的返還請求権序論』一四頁以下。
(61) 我妻・前掲『債権各論下巻一（民法講義V4）』一〇五四頁。なお、松坂・前掲『事務管理・不当利得〔新版〕』（法律学全集22－Ⅰ）二一六頁なども同旨。
(62) 我妻・前注引用書九四七頁、松坂・前注引用書一二八頁。
(63) 鈴木・前掲「法律行為の無効と給付物の取戻し」物権法の研究二二〇頁以下参照。
(64) 危険負担の問題についての川村説は次章に論ずることとして、不当利得債務の給付利得類型に関して、債務不履行にもとづく損害賠償請求を観念することを論じたものとして、川村・前掲「不当利得返還請求権の諸類型（三）」判例評論七八号九頁参照。

(65) 岡松・前掲『註釈民法理由下巻』次四四七頁参照。

(66) 我妻・前掲『債権各論下巻一（民法講義V4）』九一六頁、松坂・前掲『事務管理・不当利得〔新版〕』（法律学全集22－Ⅰ）三七頁など。

(67) たとえば、次の判例においては、趣旨は必ずしも明瞭ではないものの、原告が契約無効の場合において給付物の返還を求めたのに対し、給付物の占有がなくとも不当利得返還請求権が認められると判示された。しかし、被請求者が給付物の占有を失ったのであれば、（矯正法的）不当利得返還請求権における原物返還が履行不能となったのであり、被請求者に帰責事由があれば、債務不履行にもとづく損害賠償が問題となる事案であったと思われる。

〔5・1〕 大判昭和六年六月二七日新聞三三〇二号一六頁。

「原審ハＹカＸヨリ本件恩給証書ノ交付ヲ受ケ之ヲ占有スル所ニシテ而モ其ノ間ニ為サレタル担保契約ハ法律上無効ナルヲ以テＹノ本件恩給証書ノ占有ハ不当利得ニ該当シ悪意ノ利得者ニシテ其ノ受ケタル限度ニ於テ之レカ返還ヲ為ス義務ヲ負担スルカ故ニ仮ニ本件証書ヲＹカ占有セストスルモ之レカ返還義務ヲ免カルルコトヲ得スト為シＹ（Ｘの誤りか――著者）ノ本件請求ヲ許容シタ」として、原審判決を維持した。

しかし、必ずしも判例は常に本件のような結論を維持しているわけではなく、本件以前のものであるが、Ｙの占有を必要とし、占有がない場合には不当利得返還請求を認めるべきではないとの趣旨を述べた判例もある（大判昭和五年一二月一三日裁判例(4)民一二六頁）。

(68) ウィルブルクに関しては、本書一四六頁の紹介参照。E. v. Caemmerer, Bereicherung und unerlaubte Handlung, Gesammelte Schriften, Bd. 1, (1968), S. 225. 川村泰啓「返還さるべき利得の範囲（五）――特に所有権に基づく返還請求権と給付利得返還請求権の関係を中心として――」判例評論六七号（昭和三九年）一九頁以下、同・前掲「『所有』関係の場で機能する不当利得制度（一）」判例評論一一七号（昭和四三年）一〇四頁。「占有の不当利得」という「構成」そのものの否定という形をとった叙述であるが、広中俊雄『債権各論講義』（昭和五六年）三九〇頁。ただし、類型論を展開するものの中でも、松坂・前掲『事務管理・不当利得〔新版〕』（法律学全集22－Ⅰ）一四〇頁は、給付利得以外に関しても占有の不当利得を承認するようである。

（69）松坂佐一『不当利得論』（昭和四四年）五九頁参照。
（70）田中・前掲『占有論の研究』四〇二頁以下。
（71）末弘・前掲『債権各論』九九八頁、鳩山・前掲『増補日本債権法各論下巻』八四二頁など。
（72）我妻・前掲『債権各論下巻一（民法講義V4）』一一〇八頁、松坂・前掲『事務管理・不当利得〔新版〕』（法律学全集22－I）二五三頁注（8）もこの意か。

第二款　「悪意」の不当利得と不法行為

一　前節に述べた帰属法的不当利得の効果に関する構成は、条文の文言に比較的忠実な無理のないものであると思うが、「悪意者」の返還義務に関しては、「悪意」の概念ないし不法行為法との関連で二、三検討を要すべき点があるように思われる。(1) それは、次の点である。悪意の不当利得の効果が、「受ケタル利益」の返還に終始するかぎり、「悪意」とは、受益が他人の財産または労務に因ることを知っているという通常の知・不知の問題として処理すれば足りるであろう。(2) 他人に帰属すべき利益であることを知っている以上、それを返還すべきことは当然ともいえるからである。しかし、利息附与や損害賠償の責任加重の要件としての悪意を右のように解してよいか否かには、やや問題がある。その点に関し、最初に二で損害賠償義務の問題を検討し、次に三で利息附与の問題を検討することにする。

ただ、その前に、実務上、右に述べた悪意という構成がどのように運用されているかを、過去の裁判例を参考にしながら、考えてみよう。帰属法的不当利得返還請求の問題にかぎらず一般的な分析であり、また利息附与の問題と損害賠償の問題とを分けて考察したわけではないが、第二章において、善意者、悪意者に分けて不当利得の効果を規定した民法七〇三条、七〇四条の構成が、現実の裁判を羈束する機能を失っていることを指摘した。(3) 具体的にいえば、裁判例では、事案によっては「悪意」の受益者に責任軽減規定（民法七〇三条）を適用し、逆に、「善意」

の受益者に責任加重を認め、善意・悪意による責任軽減と責任加重という民法典の基本的枠組が崩されていたのである。その原因は、次の点にあったと思われる。民法の起草にさいして、受益者の善意・悪意により不当利得の効果が異なるものとされたのは、それによって受益者の帰責の程度が異なると考えられたためであろうが、現実には、受益者の善意・悪意がそのまま帰責事由につながらない事案が多々存在したからである。以上は不当利得一般に関する分析であったが、帰属法的不当利得返還請求権の効果を受益者の善意・悪意によって異ならせるとすれば、右の問題がここでも関係してくる可能性はないであろうか。この点を次に検討してみよう。

二　まず、悪意と損害賠償の問題を考えてみる。さきにいくつかの事例検討を行なったなかでは、〔4・13〕の事案には右に述べた問題があるように思われる(4)。この事案では、Yは、建物買取請求権を行使し、買取代金の支払があるまで同時履行の抗弁にもとづき建物の引渡を拒み、その結果Xの敷地を占有することとなった。その結果として、敷地利用を理由とするXのYに対する不当利得返還請求が認められた。この事案におけるYは、自らが他人の敷地を利用していることを知っているはずであり、善意・悪意を知・不知の問題とする通常の民法典の用語法からすれば、Yは悪意の受益者となる。しかし、Yは「悪意」の受益者ではあっても、Xに対する同時履行の抗弁を行使した結果不可避的にXの敷地を利用することになったのであって、この点について特に帰責事由があるわけではない。したがって、民法七〇四条の文言どおりにYに一般的に損害賠償責任があるとすると、やや奇妙な結論が導かれた感は否めない。第二章で分析した裁判例は、このような印象を与える事案に関して、条文の規定と異なる結論を導いたものであった。そうであるとすれば、帰属法的不当利得返還請求権の効果を考えるにさいしても、善意・悪意の枠組を単純に採用するだけでは、実務上過去にもあった混乱をそのまま受けつぐ恐れがあり、この点についてなんらかの手当をする必要がある、といえよう。

そこで、善意・悪意という枠組が実務上このような混乱をひきおこすものであるとしたら、民法の起草過程においてこの問題がいかに考えられていたのかを検討する必要があろう。実は、民法七〇四条の立案にさいしては、

「本条ハ故意ニ不当利得ヲ受ケタル者ニ対スル特別規定ニシテ或ハ不法行為ニ関スル規定中ニ掲載スヘキモノナリト雖モ」(5)として、不法行為的な不当利得事案が念頭におかれていた。しかし、民法七〇四条の要件を、単に「悪意」の受益者と表現することが、はたして民法起草過程において念頭におかれていた事案を正確に表現する途であったか否かは、疑わしい。悪意の受益者が、不法行為の要件を満たす事案が多いことも事実ではあろうが、善意・悪意が知・不知を意味するという通常の用語法を前提とするかぎり、〔4・13〕の事例や第二章に引用した例など、不法行為的な事案をはみだすものが相当あることも、また否定できないからである。現行民法七〇四条の原案の起草を担当した穂積委員は、受益者が「過失懈怠等」(6)の不法行為の帰責事由の要件をみたすことを前提として、悪意の不当利得者の損害義務を考えていた。また、梅博士にしても、悪意の受益者という表現によって不法行為の帰責事由の要件が充足されることを当然視しており、「悪意ノ受益者ハ不当利得ノ外ニ不法行為ヲ為シタル者ナルカ故ニ」(7)と後の教科書では述べている。法典調査会における論議もこのような考え方を前提とする議論が圧倒的であって、委員によっては現行民法七〇四条の規定を削って不法行為の規定によるべきこと(8)、あるいは、「悪意ノ受益者ニ付テハ不法行為ニ関スル規定ヲ準用ス」(9)と規定すべきことを主張していた。このような見解に対し、起草者は便宜論から抵抗はしたものの、学理的視点からは完全に賛意を表して、右の見解を「夫レハ理屈ハ能ク立ツテ居リマス之ハ不法行為ニ相違アリマセヌ夫レテスカラ一ツノ立派ナ学説ニ相違アリマセヌ」(10)と評価していた。それに対し、悪意の不当利得が直ちに不法行為とならない場合がある、というきわめて正当な疑問(11)も、次のように法典調査会に提出されないではなかった。「悪意ト云フモノハ故意ヲ以テ向フヲ害シテ取ツタト云フノテナイ取ツタト云フノハ唯タ権利ノナイト云フコトヲ知リツツ持ツテ来タノカ悪意ト云フノテアルカラ不法行為ノ中ニハ這入ラヌ場合カアルカモシレマセヌ」(12)。しかし、前述したような雰囲気のもとでは、このような疑問は、それほど注目をひかないままに終わってしまったのである。

このように考えると、悪意の不当利得と不法行為法とのバランスを図る必要がある。善意・悪意を通常の用語法に従って知・不知の問題と考えた場合、帰責事由がないままに、民法七〇四条によって損害賠償義務を負う場合がでてくる。民法はそのもっとも基本的な指導原理の一つとして、損害賠償に関して過失責任の原則を採用している、と一般にいわれている。それは、実定法規としては民法七〇九条の規定するところである。しかし、条文上特に帰責事由が要件とされていない履行遅滞や不完全履行などの債務不履行にもとづく損害賠償に関しても、学説の圧倒的多数は、ドイツ民法の影響と過失責任の原則を根拠に、帰責事由を要件として補って解釈している。民法七〇四条を文言どおりに解釈し、帰責事由なき場合にも損害賠償責任を認めることは、従来の学説の解釈態度、およびその基礎と考えられていた過失責任の原則と矛盾することにはならないであろうか。特に、民法七〇四条と民法七〇九条とは、重畳的な適用が考えられる事案も多いだけに、逆に、この点で右の二ヵ条がバランスを崩していることが明白となり、この点の検討が必要であろう。もちろん、過失責任の原則にしても、近来、報償責任、危険責任などを根拠に一部修正が施されつつある。しかしながら、民法七〇四条のカバーする分野は一般的にはこれらの修正原理と特に関連するわけではないことを考えると、この法体系的バランスの問題も無視できないように思われる。

以上の問題を考えると、こと損害賠償義務に関するかぎり、民法七〇四条に規定する〝悪意〟は、通常の用語法とは異なり、単に受益が他人の財産または労務に因ることを知っているという知・不知の問題にとどまらず、帰責事由的な内容をも含むと解釈すべきであろう。このように考えることによって、今まで検討してきた問題点はすべて解決されることとなる。第一に、過去に現実に生じ、また将来の発生も予測される善意・悪意をめぐる実務的混乱が回避されることになる。第二に、民法起草段階において起草者たちが意図していた事案に対して現実に民法七〇四条が適用されることになり、起草者の意図と法文の表現との乖離が解消する。第三に、第二の問題に伴って発生した法体系上の不均衡の問題が解消し、民法七〇四条と民法七〇九条、ひいては過失責任の原則との法体系的バランスも保たれることになるからである。

三　次に、利息附与の問題に即して「悪意」の要件を検討しよう。

民法起草者の意識においては、悪意の受益者は同時に不法行為者と意識されていたために、この利息附与の問題も、損害賠償義務と同様、特に厳しい義務を課すものとして意識されていたようである[13]。しかし、第二章に分析したように[14]、実務においては、利息附与の問題は受益者の帰責を前提とするような責任加重の問題であるとは意識されていなかった。それどころか、裁判例の中には特に帰責事由も認められない善意の受益者に利息返還義務が認められたものも、少数ながら存在したのである。

ここにおいても、民法起草者が意図したところと、その後の実務の運用が大きく食い違ってしまったわけであるが、この点はどのように考えるべきであろうか。実は、利息附与が問題とされる事案の中には、民法起草者が意識していた不法行為的な事案と、非不法行為的な事案とが混在していた。それが一括して悪意の不当利得として論じられたがゆえに、民法起草者の意図と実務の取扱との乖離が生じたように思われる。まず、非不法行為でありながら、利息附与が必要と考えられる事案を分析してみよう。著者がさきに分析したところによれば、帰属法的不当利得返還請求権は、非有体的利益の回復に関して認められ、有体物自体の回復は物権的返還請求権によることとなる。言葉を換えていえば、帰属法的不当利得返還請求権の効果としては金銭回復のみが認められ、原物回復は認められないわけである。悪意の受益者とは、――通常の用語法を前提とすれば――自己が保有すべきでないことを知りながら他人に帰属すべき非有体的利益を保有しているものである。このように考えると、元物的な本体的利益について保有権限がないことを知っているのだから、そこから生じた利息についても自らに保有する権限がないことを知っているのは当然で、知・不知の意味での「悪意」者は、現実に発生した利息についても返還義務を負う、と考えるべきであろう。

ただ、現実に発生した利息については返還するのが当然としても、現実には発生しなかった、生ずべかりし利息についても単なる悪意者に返還義務を負わせることには、やや問題がある。さきに検討したように、悪意の受益者に不法行為的な意味の帰責事由がない事案が存在するのであるが、そのような受益者が、現実に取得したわけではない利息まで返還する理由は特になさそうに思われる。現実に取得しなかった生ずべかりし利息の返還が要求されるのは、民法起草者が念頭においていたような、不法行為的な不当利得者――言葉を換えていえば、帰責事由ある不当利得者というべきであろう。

以上二点を総合すると、悪意の受益者の利息返還義務に関しては、現実に発生した利息については、知・不知という通常の意味での「悪意」者が返還義務を負うが、生ずべかりし利息については、帰責事由を含む意味での〝悪意〟者に返還義務が認められることになる。このような、一個の言葉を二様に解する解釈論は、一見便宜的にすぎるようではあるが、前款で検討した民法一九〇条の悪意占有者の果実返還義務の内容と軌を一にしている。民法一九〇条においては、現存する果実および消費した果実については悪意の占有者が直ちに返還義務を負うのに対し、「毀損シ又ハ収取ヲ怠リタル果実」――いわば、本来の形で現存しうべき果実――に関しては過失を要件として悪意者が返還義務を負う、とされているからである。

四　以上の分析をふまえて、帰属法的不当利得返還請求権の効果に関する結論との関係を、ここに要約してみよう。帰属法的不当利得返還請求権の返還義務の範囲は、基本的には、本書三三三頁①、②、③に述べた内容となる。ただ③に述べた悪意の返還義務者の悪意は、現実に発生した利息附与の問題に関しては通常の用語法どおり受益が他人の財産または労務に因ることの知・不知の問題として考えてよいが、生ずべかりし利息の返還および損害賠償義務の要件としては帰責的な要素を含むものとして考えなければならない。

従来の通説的見解も、帰属法的不当利得返還請求権などの枠組とはもちろん無関係にではあるが、悪意の不当利得者の利息返還義務や損害賠償義務について、「これは不当利得の返還を超えて、不法行為の責任を課するものである」[15]などと述べてきた。[16]右に述べた私見は、この通説的見解を法律構成の段階でも徹底させたものである、ということができるであろう。

（1）本款に述べたような「悪意」概念を媒介として不当利得と不法行為の関係を考察しようとする視点とは異なった観点からの分析であるが、本書にいう帰属法的不当利得規範に対応する「他人の財貨からの利得」と不法行為との関係を一般的に論じたものとして、中井美雄「不法行為による利得と不当利得」谷口還暦　不当利得・事務管理の研究(2)（昭和四六年）一四五頁以下参照。

（2）なお、この点については本書三四二頁注(28)参照。

（3）本書七二―七六頁。

（4）本書二八五頁参照。ただし、前に検討したように、この種の事案は最終的には不当利得の規定ではなく果実返還の問題として民法一八九条、一九〇条によって処理されるべきこととなるが、この点に関しては、本書三四七頁以下参照。本文に述べた問題が顕在化し、しかも最終的にも帰属法的不当利得返還請求に入る事例をここに付加すれば、労務提供者が、被提供者がそれを望まないにかかわらず労務提供をなし、後に不当利得返還請求をするような場合があげられよう。この場合、受益者は「悪意」とはいえても帰責事由はなく、加重した責任を負担すべきいわれは何もないように思われるからである。

（5）民法修正案理由書　第七〇三条理由。

（6）穂積陳重発言・法典調査会民法議事速記録三九巻一一二丁。

（7）梅謙次郎『民法要義債権編巻之三』（明治三〇年）八七〇頁。

（8）岸本辰雄発言・前掲法典調査会民法議事速記録三九巻一八一丁（なお、次注引用個所参照）、土方寧発言・同民法議事速記録一九五丁。

（9）岸本辰雄発言・前注引用民法議事速記録一九五丁。

（10）梅謙次郎発言・前々注引用民法議事速記録一八三丁。

（11）なお、次注引用の磯部発言がもっとも明瞭にこの点をついているが、土方寧発言・前注(8)引用民法議事速記録一一六丁もこの点を疑問とするものか（なお、この土方質問があった頃、法典調査会の不当利得をめぐる議論は紛糾をきわめていたために、土方質問のうちこの点に関する部分には、その場では起草委員は正面から解答しないままに終わり、次の会期に部分的に再論されるにとどまった（一六二丁参照））。

（12）磯部四郎発言・前注(8)引用民法議事速記録一八九丁。この疑問は、本文にも述べた、現行民法七〇四条削除説に対する疑念として述べられたために、当然のことながら、起草委員からの解答はなかった。

(13) 富井政章発言・前注(8)引用民法議事速記録一七五丁など参照。

(14) 本書七五頁以下。

(15) 松坂佐一『事務管理・不当利得〔新版〕』(法律学全集22-Ⅰ)(昭和四八年)二五二頁。なお、表現は大分おだやかとなるが、我妻栄『債権各論下巻一(民法講義V$_4$)』(昭和四七年)一一〇五頁参照。

(16) 不法行為制度と不当利得制度とのバランスの問題を、本文では受益者悪意の場合に限定して検討した。しかし、この点は善意の受益者に関しても問題にならないわけではない。善意の受益者として民法七〇三条に従い現存利益の返還義務を負うものが、同時に過失の要件を満たすことによって民法七〇九条に従い損害賠償義務を負う事案も考えられるからである。この場合はいずれの規定によるかによって法律効果が異なることとなる。しかし、後の叙述をも前提とするならば、この問題は著者のいうところの横型の統一的請求権の問題として解決されるように思われる。すなわち、｛帰属法的不当利得返還／不法行為による損害賠償｝請求権の法律構成が考えられ、民法七〇三条と民法七〇九条との規範調整の問題となる。結論的には、著者個人としては両規範の要件が満たされる場合には、不法行為規範が優先し、現存利益でなく、一般的な損害が賠償されるべきである、と考えている。

なお、本文に述べた帰属法的不当利得返還請求権の効果は本書三四五頁以下に述べたように、物権的返還請求権およびその附属規範の規定する効果と完全に相似形になっているものであり、右の統一的請求権の構成も、物権的返還請求権の附属規範に関してもやはり問題となる。すなわち、他人の物を滅失、毀損した善意占有者が、民法一九一条に従い現存利益賠償義務を負担し、同時に、過失の要件を――滅失、毀損に関してのみならず一般的に――充足することによって民法七〇九条の損害賠償義務をも負担する事案が考えられるからである。この場合にも｛民法一九一条にもとづく現存利益／民法七〇九条にもとづく損害｝賠償請求権という横型の統一的請求権が考えられ、規範調整がなされるべきなのである。なお、この場合に関して、著者の個人的結論としては、規範調整の結果、民法七〇九条の規定する効果によるべきであろう、と考えている(なお、本書五九〇頁以下参照)。

このように、善意の受益者に関する不当利得(民法七〇三条)と不法行為(民法七〇九条)との競合問題は、後に叙述する統一的請求権の観念とその法律構成を用いることによって、困難なく解決されるため、特に本文に記すことはしなかった。それに対し、本款に述べた悪意の受益者に関する不当利得制度と不法行為制度のバランスの問題は、統一請求権を観念することによっても解決されない（帰責事由がないため、民法七〇九条の要件を満たさず、規範競合が生じない事案にさいして、問題が深刻となる）。そのため、特に「悪意」をめぐる要件論の一環として論じたものである。

第六章　矯正法的不当利得規範

第一節　矯正法的不当利得の要件

一　第四章において、不当利得返還請求権は、瑕疵ある財貨（利益を含む。以下同じ）移転の矯正をはかることをその機能の一つとしていることを示した。具体的にいえば、財貨が移転したがそれを基礎づけるべき法律関係が法的に無効、不存在と評価を受けるなど財貨移転秩序に欠陥がある場合に、不当利得を理由に移転した財貨の回復が認められていた。そこで例示的にとりあげた事案に即して、矯正法的不当利得返還請求権の要件を考えてみよう（そのさい、純粋の矯正法的不当利得事案を例示的に分析することには何の問題もないが、不当利得法が純粋に財貨移転の矯正法としてのみ機能する場合はそれほど多くはなく、右の機能が問題となるほとんどの事案においては、この機能に加えて、同時に財貨の帰属確保という機能も果たされていることは第四章に述べたとおりである。本章で矯正法的不当利得返還請求権の要件、効果を考察するさい、このように不当利得規範が両性事案において重畳的な機能を果たしている場合も検討対象とする(1)）。

矯正法的不当利得の事案として、第四章にあげたもののうちから、二当事者間の不当利得関係(2)となるものとして本書二九一頁以下に挙げた〔4・15〕、〔4・16〕と本書二九三頁以下の〔設例一〕、〔設例二〕をここでとりあげてみよう（〔4・17〕、〔4・18〕は、多当事者間の不当利得関係を論ずる第八章でふれることにする(3)(4)）。まず、〔4・15〕は、絵画交換契約が履行されたが、その契約が無効であったために、交換目的物である絵画などの返還が不当利得を理由に認容された事案であった。第二に、〔4・16〕は、不法行為責任がないにもかかわらず、警察署での留置の継続を避けるために、他の者に損害賠償金を給付した者が、それを不当として返還請求した事案であった。(5)〔設例一〕は、他人の物の売買契約が無効の場合に、引き渡した目的物の不当利得返還請求が認められる、というものであり、〔設例二〕は、競業避止契約が取り消された後に、現実に行なわれた競業避止から利益を受けていた者に対して不当利得返還請求が可能である、という内容である。

これらの四つの事例を検討すると、返還請求認容の前提として、次の二点が問題となっているように思われる。第一は、被請求者が、請求者からなんらかの形で財貨を受領していることである。〔設例一〕、〔設例二〕、〔4・15〕、〔4・16〕の順に、この点を具体的にあげるならば、それぞれ、売買目的物の受領、競業避止が履践されたことによって利益を得たこと、絵画などの受領、金員受領などが財貨受領に当たる、といえよう。第二に問題となるのは、この財貨受領を基礎づける法律関係が存在しないことである。この点を順に四つの事例に即して検討するならば、売買契約の無効、競業避止契約の取消、交換契約の無効、不法行為責任の不存在などの事由がこれに当たることになる。

以上の二点を条文の表現に即して考えるならば、第一の点が「利益ヲ受ケ」という受益事実＝財貨移転の事実、第二の点が「法律上ノ原因ナク」に当たる（第一の点に関して、「損失」や「関連性」を要件としてとりあげてみても、前にも述べたように重複的立証になるだけで、それほど意味がないであろう）。(6) このように考えると、まず四つの事例を検討した段階では矯正法的不当利得規範においては民法七〇三条の文言のうちこの部分が要件としての機能を果たしている、といえそうである。

この矯正法的不当利得事案であって、かつ二当事者間の不当利得関係に当たる事例は、かなり多い。(7) それらを逐一列挙して検討を繰り返すことは煩瑣にすぎるであろうが、第四章に分析した数多くの裁判例中これに当たるものを概観すれば、右の二点が請求の認否を定める前提要件となっていることが明らかとなるであろう。

二　矯正法的不当利得返還請求権の要件として、「利益ヲ受ケ」、「法律上ノ原因ナク」という二点をあげたが、この二要件が相互に内容的な連関を有する点には注意する必要がある。すなわち、「利益ヲ受ケ」という財貨移転が問題となると同時に、その財貨移転を基礎づけるべき法律関係の不存在が「法律上ノ原因ナク」として問題となり、「法律上ノ原因」は具体的財貨移転との関係で考えられなければならない。この点は裁判例においては無意識的に処理されることも多く、二要件に該当する事実を表現の上では相互独立に認定していることもあるが、二要件の連関が必要であることを、二、三の事例から説明しておこう。

〔設例二〕においては、競業避止契約が取り消されたが、現実に履践された競業避止による利益につき不当利得返還請求が成立する、と述べた。しかし、前にも述べたように、隣人が遠慮などから競業を避止していたとしても不当利得返還請求権が発生するものではない[8]。競業避止によって「利益ヲ受ケ」るという財貨移転の事実は、〔設例二〕の請求者―被請求者間においても多様な業種に関して問題となりうるはずであるが、法的に問題とされるのは無効な契約に規定されていた業種に関して、しかも無効な契約に規定されていた期間などの範囲内での利益移転だけにとどまる。ここでは競業避止契約の内容が財貨移転（「利益ヲ受ケ」）の内容を規定し、その無効が「法律上ノ原因ナク」となっており、二要件の内容的なつながりは明らかであろう。また、物権関係を例にとれば、無効な日照地役権から利益を受けた者は不当利得返還義務を負うが、隣人が自制して日照妨害とならないような建築をしたとしても、相手方に不当利得返還義務が発生するわけではない[9]。日照妨害をしないことによって「利益ヲ受ケ」るという財貨移転は右の請求者―被請求者間にも一般的に存在しえようが、無効な物権関係（地役権）に画された、時期、内容などの範囲での利益移転だけがここで問題とされるにとどまる。物権関係の内容が財貨移転（「利益ヲ受ケ」）の内容を規定し、その無効が「法律上ノ原因ナク」の内容をなし、両者が内容的連関を有するものであることはここでも明らかであろう。

また、別の例をあげるならば、A－B間の契約にもとづき家屋と一〇〇万円とがとり交わされたとする。この契約が無効であれば、家屋および一〇〇万円のそれぞれについて不当利得返還請求権が発生する。しかし、売買契約が無効であるならば、一〇〇万円の不当利得返還請求権と対価的関係に立つのは家屋の返還そのものであるが、賃貸借契約が無効であるならば、一〇〇万円の不当利得返還請求権と対価的関係に立つのは家屋の使用利益の返還であり、家屋そのものの返還ではない。ともに、物理的には、家屋と一〇〇万円とがとり交されているのであるが、「法律上ノ原因ナク」の内容が売買契約の無効であるか、賃貸借契約の無効であるかによって、「利益ヲ受ケ」という財貨移転――家屋の移転、家屋使用利益の移転など――の位置づけが異なってくる。この点は川村説の指摘したところであり[10]、このように考える結果、不当利得法の効果に差異が生ずることになるが、この点は詳しくは第三節に検討することにする。この二種の事案において、物理的事実的レベルにおいては差異がない財貨移転も、「法律上ノ原因ナク」の内容いかんによって異なった規範的評価を受ける余地があるということだけは、ここで指摘しておくべきであろう。

三　さらに、第一、第二の要件のそれぞれに関して、検討を要すべき点がある。まず、叙述は多少重複するが[11]、従来の不当利得の類型論における「給付利得返還請求権」という用語法と本書の「矯正法的不当利得規範」という表現との関係について述べることにする。第一の要件である「利益ヲ受ケ」という受益事実は、被請求者が請求者から財貨を受領していることをさしているので、これが「給付」という形でとらえられることがあった。このためもあって、従来、ドイツにおいても日本においてもこの種の不当利得が「給付利得返還請求権」などと呼ばれることも多かった[12]。しかし、同時に「給付」概念は伝統的に意思にもとづく財貨移転を意味していたために、契約関係などの無効、取消などがまったくない場合であっても、労務提供などは「給付」と考えられていた。単なる労務提供自体は帰属法的不当利得事案の一例であるにもかかわらず、給付概念を用いることによって不当利得の類型論の類型の境界に混乱が生じ、「『給付による』他人の財貨からの利得[13]」などの表現もみられるようになった。この種の不当利得を「給付利得」という枠組でとらえることはこのような混乱を招く。また、ドイツ民法の不当利得の原則規定（ドイツ民法八一二条）には「給付」の文言があり、文言上の手がかりを求めるために多少の概念の混乱をおしても、「給付利得返還請求権」の語を用いることも考えられないではない。しかし、日本民法においては不当利得の原則規定（民法七〇三条）にこのような文言が存在しておらず、法文上の手がかりを求めることができるわけではないので、概念の混乱をおしてまで「給付利得」ないし「給付利得返還請求権」の語を用いる実益はないように思われる。さらに、財貨移転の矯正は、不当利得の類型論者がこれまで主に念頭においていた無効な契約給付の矯正のみならず、さきに財産法体系の箱庭として示したような広い範囲にわたって問題となる。(14) これらの事案のすべてにおいて財貨移転が「給付」の形をとって行なわれるわけではない。ここでは一、二の例だけをあげれば、無効な用益物権にもとづく土地の利用は、一般に所有者の「給付」によって行なわれるわけではないし、相続による財貨移転も別段「給付」によるわけではない。ところが、このような事例によっても次節に検討する表見的法律関係についての顧慮が必要であるとすれば、「給付利得返還請求権」の語はいわゆる財貨運動法的な不当利得の相当部分を視野の外に落としてしまって適当な表現ではない。そこで本書ではその機能に即して矯正法的不当利得の語を用いることにした。

次に、第二の、「法律上ノ原因ナク」という要件であるが、ここでは請求者―被請求者間に財貨移転を基礎づける法律関係が存在しないことがその内容となっている。ところが、当事者が指称した具体的法律関係自体は不存在であったとしても、他の法律関係によって当該財貨移転が基礎づけられていることはありえないわけではない。帰属法的不当利得返還請求権を検討するさい問題となった、「すべての法律関係の不存在」を立証する必要があるか否かが、ここでも問題となる。

矯正法的不当利得返還請求権にとっては、被請求者が「利益ヲ受ケ」たことと、「法律上ノ原因ナク」は権利発生事実であり、ともに請求者が立証責任を負担するものである。かりに、請求者が「法律上ノ原因ナク」に該当する事実として契約の無効その他の立証に成功したとしても、被請求者が他の法律関係の存在につき真偽不明の心証を裁判官にいだかせれば、請求者はその法律関係の不存在を裁判官が確たる心証をいだく程度にまで立証をしなくてはならない。最後の点の立証に請求者が失敗した場合、立証責任がつくされなかったことによって、その請求は棄却されることになる。

ローゼンベルクは、前に述べたように不当利得の「法律上ノ原因」に関して、間接反証論を非常に奇妙な形で用いた[15]。このローゼンベルクのような立場に従って、前掲の事例で、請求者が「法律上ノ原因ナク」に該当する事実として契約の無効その他の立証に成功した場合には、被請求者は他の法律関係の存在につき間接反証責任を負う——他の法律関係の存在について、被請求者は裁判官に真偽不明の心証をいだかせるのでは足りず、その点の確定責任を負う——と考えるとすると、次の例に示すような奇妙な結論になってしまう。かりに、Xが親族関係にないYに、親族関係があると誤認し、扶養のために金員を給付したとする。この場合に、Xが不当利得返還請求をするためには、第一の「利益ヲ受ケ」の要件としてYの金員受領、第二の「法律上ノ原因ナク」の要件として扶養義務の不存在を立証するのが本来であろう。ところが、Xがわざと第二の要件に関してX‐Y間に金員移転を基礎づける契約関係の不存在を立証したとする——契約の不存在は事実であり、Xとしてはその立証は容易であろう。ローゼンベルク流の考えによれば、この場合には、間接反証理論によってYが扶養義務の存在につき立証責任（確定責任）を負うことになる。Xとしては、本来の財貨移転を基礎づけるためには、現実には関連をもたない法律関係の不存在を立証することによって、現実的な関連を有するはずの法律関係についての確定責任をYに転嫁できることになる。この場合を間接反証の一事例と考えてはならないゆえんである。前章に、ローゼンベルクの間接反証論はときに安易に流れると批判し、間接反証は、主要事実と抽象的構成要件とのギャップを照らしだし、あてはめをなしうるという推認を破る事実に関してのみ認められるべきである、と述べた[16]のは、以上述べたような問題を意識してのことにほかならない。

私見によれば、請求者は「法律上ノ原因ナク」の要件につき立証責任を負うことになるが、このことは、受益＝財貨移転を論理的に基礎づけうるすべての法律関係の不存在という漠たる内容のものを、請求者が現実に立証することを要求するものではない。請求者が本来立証すべきものは、社会的事実としては当該財貨移転を基礎づけていた法律関係が、法的には不存在、無効などと評価されることである。請求者がこのような本来的立証をなしたにもかかわらず、あるいは請求者がこのような本来的立証ではなく社会的事実としても存在しなかった法律関係の不存在の立証に終始したため、被請求者が、他に当該財貨移転を基礎づけうる法律関係が存在する可能性があることについて裁判官に――確信をいだく程度ではなく――真偽不明の程度にまで心証をいだかしめた場合、その法律関係の不存在、無効などを請求者は裁判官の確信の程度にいたるまで立証しなければならない。「法律上ノ原因ナク」について、財貨移転を基礎づけうるすべての法律関係の不存在という漠たる内容のものを立証対象としてとらえると、裁判の内容が紛争の社会的実体からかけ離れた空虚なものとなる恐れがあるが[17]、以上に述べた考え方によって、立証内容の具体性、および裁判の内容の社会的実体との密着性は確保しうるであろう。

四　以上の検討をふまえ、二当事者間における矯正法的不当利得返還請求権の要件をここに要約してみよう。要件は二点あり、被請求者が「利益ヲ受ケ」、それを基礎づけるべき法律関係が存在していない――「法律上ノ原因ナク」――ということである。この二点は、権利発生事実として請求者が立証責任を負うものである。

（1）　何故にこの種の事案が本章の検討対象になりうるかについては、注(5)参照。

（2）　「二当事者間の不当利得関係」、「多当事者間の不当利得関係」の語に関しては、本書二三〇頁。

（3）　なお、本書三〇二頁に挙げた〔4・19〕も、本来の事例自体は二当事者における不当利得関係において、給付物からいわば果実が発生した場合に、それをどのように取り扱うべきか、という内容であった。しかし、第四章においては、注記したように債権の準占有者に対する弁済という多当事者間の不当利得関係の事案として引用したので（本書二六一頁注(57)参照）、ここでも後の第八章の叙述に譲ることにしよう。

（4）　純粋の帰属法的不当利得返還請求権は、前に述べたように、いわば〝権利者〟とそこからの〝受益者〟との間で問題となり、常に二当事者間における不当利得関係となるので、純粋の帰属法的不当利得返還請求権の分析にさいしては、特に多当事者間の不当利得との関係を考慮する必要はなかった（本書三〇一頁、三一七頁以下、四八九頁以下参照）。

(5) これら二つの事案の法律構成として、訴訟上、当初に物権的返還請求権（ないし帰属法的不当利得返還請求権）が行使され、抗弁、再抗弁（否認）が後に主張される場合があることを前に示した（本書二九七頁以下）。しかし、このような構成も可能であるが、同時に、これらの事案において物権的返還請求権に対する言及をまったくせずに、端的に不当利得規範のみを根拠規定として返還請求することも可能なはずである。実務的取扱、学説などをみても、この点に反対するものはまったくみられないし、著者自身もこれらの事案に関してこうした取扱が可能であると考えている（この点は、本書五九三頁以下の「統一的請求権の質的一部主張」を参照されたい）。このように考えるかぎりは、社会実体的には両性事案（ないし統一的請求権）として取り扱われるべき内容を有するものではあっても、訴訟の場においては矯正法的不当利得規範としてあらわれることもありうるわけである。このかぎりにおいて、これらの事案も矯正法的不当利得規範の要件、効果を考察するさい、顧慮すべきものである。

(6) 本書三四頁以下。

(7) 本書二二三頁以下の引用例参照。

(8) 本書二九五頁以下参照。

(9) 本書二九七頁参照。

(10) 川村泰啓「不当利得返還請求権の諸類型（二）――類型論の具体的展開――」判例評論七七号（昭和四〇年）五九頁以下。

(11) 本書一三二頁以下。

(12) ドイツの状況については本書一三九頁以下、日本の状況については本書一九二頁以下参照。

(13) 川村泰啓「『所有』関係の場で機能する不当利得制度（一）、（一一）」判例評論一一七号（昭和四三年）四頁、一四〇号（昭和四五年）一五頁。

(14) 本書二六八頁。

(15) この点のローゼンベルクの見解については、本書三二六頁以下参照。

(16) 本書三二六頁。

(17) 本書三一八頁以下。

第二節　矯正法的不当利得の効果

第一款　緒　論

次に、矯正法的不当利得返還請求権の効果を考えることにする。帰属法的不当利得返還請求権の場合には、不当利得規定の文言をそのまま適用することによってその効果を考えた。[1] しかし、矯正法的不当利得返還請求権に関しては、必ずしも条文の文言に忠実にその効果を考えることができない側面がある。この点をまず、いくつかの例示的分析を基礎としながら考えてみることにしよう。例示としてとりあげるのは、会社不成立の場合の清算と不当利得、継続的債権契約の無効・取消、一時的債権契約の無効・取消、身分行為の無効・取消等々についての不当利得法的清算、公法上（または行政法上）の不当利得関係である。これらは、民法、商法、行政法の分野から、不当利得法的清算の特質が明らかとなる代表的な事例を選んだものである。次款以下におけるこれらの分析をふまえて、最後に第七款で、矯正法的不当利得返還請求権の効果に関する著者の考え方の基本的な枠組を示すこととする。

以上、本節に示すものは、矯正法的不当利得返還請求権の効果に関する総論的な枠組にすぎない。問題の細部は、最後に第七款にも述べるように、各則的な、具体的紛争事案に即した分析に委ねられるところが大である。このような分析を補う意味も含めて、次節に矯正法的不当利得規範とその効果についての一つの各則的分析をおくことにする。ここにおいては、特に、矯正法的不当利得にとってもっとも重要な問題であろうと思われる売買契約の無効、取消の問題を中心に、それとの対比において贈与契約の無効、取消の問題をとりあげることにする。また、この問題に関しては、従来、川村説が精力的に分析をすすめてきた。[2] 契約の無効、取消などをめぐっては、本節と次節と二度にわたって叙述がなされることになるが、本節では矯正法的不当利得返還請求権の効果の総論的な枠組を導くための一般的な議論を中心とし、次節では契約各論的分析を中心とすることによって、重複を避けることにする。

（1）　本書三三三頁以下参照。
（2）　具体的引用については、次節参照。

第二款　会社の不成立――事例的考察その一

一　矯正法的不当利得返還請求権の効果を考えるにさいして、この問題の特異性が典型的な形であらわれるのは、株式会社の設立に瑕疵があった場合の不当利得関係である。株式会社の設立無効の取扱は商法四二八条に規定されており、その規定の意味は後に考察するので（本書三九二頁以下）、まず商法にこのような規定がない会社不成立の場合を、次の設例に即して考えてみよう。

〔設例〕　発起人以外に、A_1…A_{10}を株式引受人（A_1…A_{10}の出資額総計一〇〇〇万円）とするQ株式会社の設立が企画された。Aらは株式の払込をしたが、最終的に会社の設立登記はなされず、会社不成立に終わった。ところが、登記がなされていない段階で、発起人はQ会社設立のためにB_1…B_{10}と売買をなし、B_1…B_{10}は総計一〇〇〇万円の売買代金債権を有していた。会社の不成立が確定した後の清算関係はどのような形になるであろうか。

二　右の事例を考える前提として、発起人の行為によって発生した権利義務関係をいかに考えるかという商法学上大いに争われた問題に言及しておくことにしよう。設例に即していえば、Bらの有する債権の債務者は誰か、という問題である。

学説の状況をごく簡単に記すと、かつては、この取引行為が会社設立のためのものであっても、設立中の会社は法人でないことを理由に、発起人に一旦権利義務が帰属し、会社成立の場合にそれが法律上当然に会社に移転すると考えられていた（松本説など）[1]。この説では、Bらの債権に関しては発起人が債務者となる。その後、田中耕太郎博士の所説[2]いらい、設立中の会社を権利能力なき社団としてとらえる立場が有力となった。この立場をとる者の中でも、権利能力なき社団の実質をどこまで法的効果に反映させるかにはニュアンスの差がある。そして、現在では、会社成立以前に関しては、形式的には発起人に権利義務が帰属するが、実質的には設立中の会社に権利義務が帰属する、と説かれることが多い(3)。ただ、これらの者も、設例のように、会社不成立に終わった場合には、論拠には差異があるものの、結論として発起人が責任を負う、と考えている（石井＝鴻説、鈴木説、大隅説、竹内説(4)（ただし、竹内説は形式論、実質論の使いわけをしていない））。しかしながら、これらの者の中にも設立中の会社の清算を説く説もあるし（北沢説(5)）、さらに徹底して設立中の会社を権利能力なき社団とみる視点を貫徹して、形式、実質という区別をすることなく設立中の会社を権利、義務の主体とし、その解散を説く少数説も存在しないわけではない（平出説(6)）。

この学説状況を要約すれば、設立中の会社の権利義務の帰属に関しては、一方の極に発起人を権利主体と考える松本説などがあり、他方の極に一貫して設立中の会社を権利主体と考える平出説があり、その中間に多数説として、「実質的には」設立中の会社が権利主体であるが、会社不成立に終わった場合には「形式、実質ともに」発起人が権利主体となる、と考える立場がある。さらに、北沢説のように、この多数説と平出説との折衷的な立場も存在しているわけである。

三　著者は専門も異にし、軽々しい断定をすべき立場にもないが、この多数説の「実質論と形式論」の使いわけには次の点を考える必要がある、との印象をもつ。このような説明は、設立段階にある会社の法律関係の実体をよく反映しており、この法律関係が会社成立後に成立した会社に帰属することを得心させるものである(7)。したがって、説明概念としては有用であるが、紛争解決のための規範概念としては次の点がまだ明晰でないように思われる。すなわち、設立中の会社をめぐる紛争が現実に裁判などにもち込まれる場合に、請求者適格・被請求者適格が、実質的な権利主体としての設立中の会社にあるとして取り扱うべきか、形式的な権利主体としての発起人にあるとして取り扱うべきか、という裁判規範としての中心問題が曖昧なままに残されている。そこで、多数説の結論を維持した上で、法律構成のみを再構築し、次のように考えることはできないであろうか。設立中の会社は生成途上の法人である。民法でいう「権利能力なき社団」は、社会実体的には「法人格を取得した社団」と同等の実質を有しながら、法人格を取得していないものに対処する議論であった。しかし、設立中の会社をめぐる議論は、しばしば自然人の胎児との対比で語られることからも明らかなように、社会実体的には、法人格を有する設立された会社となる以前の段階のものを、どのように取り扱うべきか、という議論である。ここでは、設立中の会社が法人格および団体の形成という段階にあるために、発起人などのみに着眼した個人法的取扱をすることは実体に反すると同時に、民法の「権利能力なき社団」論が予定している完備した団体でもないため、完全な「権利能力なき社団」としての取扱も適当ではない。比喩的な表現を用いるならば、設立中の会社は生成途上の法人として、半「権利能力なき社団」なのである。設立中の会社の法的取扱は、その社会実体としての半「権利能力なき社団」であることを反映した場合に、もっとも妥当なものとなるであろう。

　具体的には、第一に、会社設立中で設立の成否が判明していない段階、第二に、会社成立後、第三に、会社不成立に終わった場合の法的取扱が問題となる。まず、第一、第二の段階について考える。第一の段階に関しては、設立中の会社は、生成中のものではあるが、社団的実質をもっている側面を強調し、設立中の会社を権利主体として考えるべきであろう。こう考えることによって、第二の段階に関し、会社成立後に設立中の会社の権利義務が当然に会社に帰属するという、近時有力ないわゆる同一性説的な考えが貫徹され、社会実体的にも自然だからである。その結果、第一の段階ではあっても、設立中の会社と法律関係に立った者は、設立中の会社を相手方として、種々の請求をなし、訴訟を提起すべきこととなる（ただし、このように考えることは、設立中の会社の代表者として行為する発起人が、担保的に債務負担をなし、また補充的に責任財産を担保すべきことの、妨げになるものではない（商法一九四条参照）。この点については、権利能力なき社団、財団一般に関して、代表者に担保的債務負担、補充的責任財産担保を認める、著者の別稿参照(8)）。しかし、第三に述べた会社不成立という事情が確定した場合には、法主体の不存在が確定したわけであるから、その代表者として行動した発起人は、虚無人の代理人として行動したことに帰着し、無権代理人の責任を負担すべきことになる。したがって、民法の一般原則によっても、相手方は、契約その他の法律関係の履行請求、または損害賠償請求をなしうるものである（民法一一七条一項）。商法一九四条の規定は、このような考え方を基礎として発起人に責任を認めたものである。また、この規定によって、発起人の連帯責任が定められ、会社不成立の場合の発起人の責任に関しては、民法一一七条二項のような留保がないことも明示されている。

以上、設立中の会社を生成途上の法人として半「権利能力なき社団」と考え、設立中および会社設立後には「権利能力なき社団」的側面を強調して設立中の会社に権利義務の帰属を認め、会社不成立の場合には「権利能力なき社団」としての実体が完成していない側面を強調し、無権代理人の責任を基礎に発起人が責任を負うことを認めた。これは、前述した多数説の結論——会社成立以前には「実質的に」設立中の会社に権利義務が帰属するが、不成立の場合には発起人が責任を負う——を基本的には承認した上で、それに民法学的な基礎づけを与えたものである。

四　かりに、多数説を補正したような右の著者の考え方が許されるものであるとしたら、〔設例〕はどのように考えられるべきなのであろうか。結果として会社不成立となっているので、右に述べたようにBらは発起人に商法一九四条にもとづく、無権代理的な責任追及をすることも可能である。しかしながら、この事例でBらの取引は、Qという設立中の会社を相手としてなされたものであった。そうであるとすれば、Q会社の不成立によって、Bらが予定していた債務者の不存在が確定し、債権関係が不存在となったわけである。したがって、Bらは、右の予定された債権関係を基礎に事実上発起人などのもとに移転した財貨そのものを不当利得を理由[9]に取り戻すことも可能であることになる。Bらは、発起人に対し商法一九四条を根拠に売買代金を請求することも、不当利得法を根拠に原物返還その他を請求することもありうる[10]（原物返還請求が履行不能によって金銭賠償に転化しうることは、前に示した[11]）。

一方、〔設例〕において、Bらのほかに A らはどのような請求をなしうるであろうか。会社設立の場合の株式引受の法的性質は、古くから論じられるところであるが、この点の検討には立ち入らず、ここではAらは発起人以外の株式引受人に当たるので、近時の通説である入社契約説に即して考えていくこととしよう。ここでも、Aらの契約の相手方をいかに考えるかに関して、前（本書三八六頁以下）に述べた考え方の対立が影響してくるが、多数説に従うならば、設立中の会社を相手として入社契約が締結されたが、会社不成立に終わったので発起人が責任を負うことになろう。そして、この株式の引受という入社契約は、会社不成立によって目的不到達となったので、Aらの払込金員に関して発起人を返還義務者とする不当利得返還請求権が発生することになる[12]（この点は、株式引受に関して、発起人を相手とする契約と観念しても、同様の結論が導かれる。しかし、前述の少数説からは不当利得返還請求権ではなく、端的に設立中の会社に対する残余財産分配請求権が導かれ、また発起人も別途責任を負うことになる[13]）。

このように考えると、設例のような事例においては、Aらも、Bらも、発起人に対し、それぞれ一〇〇〇万円ずつ、総計二〇〇〇万円の不当利得返還請求権をもっていることとなる。商法一九四条の規定もあり、発起人の資力が充分であれば、何の問題もない。しかし、発起人の資力がこれらの債務を弁済するに充分でない場合に、A_1…A_{10}、B_1…B_{10}はどのような関係に立つと考えるべきであろうか。かりに、不成立に終わった会社の資産が一五〇〇万円あるのみで、発起人自身は一人として資産を有しておらず、Aらはもちろん[14]、Bらにも取戻権行使の可能性はなく、ともに金員返還を請求するだけで、他に債権者はいないというもっとも単純な形を考えてみる。A_1…A_{10}、B_1…B_{10}の不当利得返還請求権が個別に行使されているかぎりは、債務超過の実態はなかなか明らかとならないであろうが、この点が明確となり、破産宣告がなされたとする。この場合のAら、Bらの二種の不当利得返還請求権の処理に関して、考え方は二つに分かれる[15]。一つは、A_1…A_{10}、B_1…B_{10}がともに平等弁済を受け、各自債権額の四分の三ずつ弁済を受けるというものである。他方は、株式引受人という事実上の株主になることを予期していたAらは株主関係は不成立であるとしても一般債権者であるBらに劣後するものとして、B_1…B_{10}は各自債権金額総計一〇〇〇万円全額の弁済を受け、その後にA_1…A_{10}が各自債権額の二分の一ずつの弁済を受ける、とするものである。

この二種の立場のうち後者が妥当であることは、次の事例を考えれば明らかなように思われる。かりに、発起人が商法一六八条の手続をふんで会社社屋の請負建築などをさせていたところ、請負価格以上の価値の建物が建設された、あるいはその後値上がりがあったなどの事情により、未成立の会社の資産が二五〇〇万円になったとする。ところが、なんらかの理由により会社の設立登記がなされず、会社不成立に終わった。この場合に、A_1…A_{10}、B_1…B_{10}が不当利得返還請求権を行使するだけだと五〇〇万円が宙に浮くことになる。この五〇〇万円が発起人の株式引受総額を上回っているとした場合、その残余額はどのように取り扱われるべきであろうか。かりに、この残余額が発起人に帰属すると考えるとすると、設立登記がなされていればすべての株主間で残余財産を分配することになるのに（商法四二五条）、登記をしないことによって他の株式引受人を排除した形で発起人が残余利益を独占しうることになり、それは望ましい結論ではあるまい。そうであるからといって、無主物としたり、成立しなかった売買契約の相手方であるBらに残余額が帰属するとしたりするのはいかにも奇妙であるから、やはり残余額は株主となることを予定して株式引受人となった発起人およびAらに帰属すべきもののように思われる。AらとQ会社との株主関係は法的には成立しなかったわけであるが、その不当利得的清算関係には、有効に会社が成立し株主関係になったと同様の残余財産分配請求権（商法四二五条）的な考慮が、やはりなされるべきことになる。事実上財産に残余が生ずる場合に、それが株主になることを予定していた者に帰属すべきものであるとすれば、前述したような発起人の財産が不足するような場合にも、それは株主となることを予期していたAらが負担すべきものであろう。そうであるとすれば、さきほどの設例では、B_1…B_{10}は一〇〇〇万円の債権の満足を得る一方、A_1…A_{10}は債権額の二分の一の満足を得るという結論が採用されることになる。

以上のような会社不成立の場合の清算が実社会で問題とされることはそれほど多くなく、必ずしも設例も現実的な例ではないにもかかわらず、それを詳細に検討してきたのは、次の点を明らかにしたかったためである。すなわち、AらおよびBらの請求はともに不当利得返還請求権という同一の名称で呼ばれながらも、それぞれの事実上の財貨移転を基礎づけていた法律関係が表見的な株主関係であるか表見的な売買契約であるかによって、この二者の不当利得返還請求権の効果に違いがあることである。そして、その効果の差異は、事案の妥当な解決をはかるために表見的法律関係の属性——株主関係における残余財産分配請求権など——が不当利得返還請求権の効果に反映されると考えることによってもたらされたものである。

五　なお、社会的紛争としても重要な会社の設立無効に関しては、設立無効の「関係を一般原則によって解決すること、……会社の成立を無効とすることによって、すべての法律関係を遡って無効とすること……は、……適当でない(16)」として、事実上の会社の存在を清算関係にも反映させるべきであると考えられ、商法四二八条に手続が法定されている。ここでは、無効判決があっても、会社・株主間、会社・第三者間の既存の権利義務関係には影響を及ぼさず、もっぱら清算手続によって法律関係の整理がはかられることになる。一般原則どおりに考えるならば、設立無効によって会社という法主体が存在せず、株主関係、債権その他の法律関係が、不成立として不当利得法的清算の対象となるところが、商法四二八条によって法律関係は有効に成立したものとして取り扱われ、清算関係にも当然その法律関係の差異が——物権関係、債権関係、株主関係など——反映されるわけである。浜田教授は、このような考え方を前提として、会社の設立無効の訴えを基礎づけ、次のようにいう(17)。設立無効にさいして、「企業活動によって資本が増加していたために内外の清算完了後なお余りがある場合、それは誰に帰属すべきか。外部的債権者に帰属するとは構成しがたく、さりとて無主物先占に委ねるのも不条理であるから、結局、無効と評価されたとはいえ過去に事実上存した表見的法律関係の趣旨を尊重して、内部的債権者である出資者に帰属させることになろうか。資本が減少していたために事実上の会社の財産が内外のすべての債権を満足させるに足りない場合には、どのように処理するか。」商法は、「表見的出資関係の趣旨を尊重して、資本の増加分を出資者に帰属させるかわりに資本が減少している場合には」、「出資者の不当利得返還請求権は外部的債権者に後れて行使しうるにすぎない」とする。「出資者は資本の増減を享受または甘受すべく会社事業に加わったのであって、設立無効・取消を主張することによって、資本減少の甘受だけを外部的債権者の犠牲の上に免れることをそれらの者に認めるのは、公平な処置とはいいがたいからである。」

ここでは、会社の設立無効に関して、さきに会社不成立に関して述べたところと同様の見解が述べられている。このように、清算関係に関しても、事実として存在していた清算されるべき法律関係の性格を顧慮した取扱をなすべきことは、会社の設立無効のように社会的重要性を有するものに関しては、すでに法規が一定の回答を用意していた。しかし、法の規定はなくとも、同種の問題が発生する会社不成立についてもこの種の考慮がやはり必要となる。商法学の内部においても、前述したようにこのような問題に対処しようとする平出説のような少数説が存在していた。従来、不当利得法自体は、遡及的清算を目的とするもので、右のような問題に対処しうるだけの内包を備えているとは考えられてこなかったがゆえに、設立無効の訴の制度も、会社不成立に関する少数説も、民法の一般原則を離れた特殊会社法的処理を提示したものと考えられてきた。しかし、民法学の側からも、これらを単に特殊会社法的処理と考えるだけではなく、民法の一般原則である不当利得法的清算のあり方を再考してみる必要はないのであろうか。もちろん、ここでの、表見的社員と表見的債権者を同列に扱いえないという会社設立に関する一例だけをもってしては、一般的結論を導けようはずもなく、他の分野にも目をむけて問題を考えていくことが必要であろう。ただ、他の分野の考察にうつる前に、ケメラーも不当利得の効果を考えるさいに、簡単な言及にすぎないが、この事実上の会社の問題を顧慮していた形跡があり、清算にさいして法律関係が事実として実行されたことから目をそらすことができないことの実例としてこれを考えていたことだけを、(18) ここに付け加えておくこととしたい。

（1）　松本烝治『会社法講義』（大正一〇年）二七〇頁、また、同『日本会社法論』（昭和四年）一六八頁以下参照。なお、高鳥正夫「発起人の法律上の地位」慶應大学法学研究三八巻一二号（昭和四〇年）一五六三頁以下の叙述参照。

（2）　田中耕太郎「発起人責任論」合名会社社員責任論（大正八年）三四五頁以下、特に四〇一頁以下。

（3）　ニュアンスの差、および会社成立後の債務負担に関する見解の差異を無視していえば、会社成立以前に関してこのような結論を説くものとして、石井照久＝鴻常夫『会社法第一巻商法Ⅱ‐1』（昭和五二年）一〇〇―一〇四頁、鈴木竹雄『新版会社法〔全訂第一版〕』（昭和四九年）四四―五二頁、大隅健一郎「株式会社の成立と権利義務の帰属」会社法の諸問題〔商法研究Ⅰ〕（昭和三七年）五三頁、北沢正啓「設立中の会社」株式会社法講座第一巻（昭和三〇年）二一三頁（ただし、二一八頁では、形式論と実質論の使いわけはなされていない）、同『会社法〔新版〕』（現代法律学全集18）（昭和五七年）一一六頁。ただし、このような立場にたたない説も存在している（佐藤庸「会社不成立の場合における発起人の責任」成蹊大学政治経済論叢一三巻一号（昭和三八年）二二頁以下）。

（4）石井＝鴻・前掲『会社法第一巻』一四四頁以下、鈴木・前掲『新版会社法〔全訂第一版〕』七二頁以下、大隅・前掲「株式会社の成立と権利義務の帰属」会社法の諸問題〔商法研究Ⅰ〕六七頁、竹内昭夫「会社法講義（九）、（一一）」法学教室四五号九四頁以下、四七号（以上昭和五九年）六四頁（竹内説は、近時次のように説く。会社不成立の場合にも、設立中の会社は途中まで存在したことにかかわりなく、会社の不成立により解散したものと解される。したがって、本来、ここでは清算のうえ残余財産を株式引受人に分配すべきであるが、商法一九四条は、発起人全員の連帯責任を定め、債権者を保護するのみならず、政策的に株式引受人の保護を図り、株式引受人が払込金の全額の返還を受ける旨を定めたと解すべきである。このような竹内説の考え方に立つと、本文に次に述べる、会社不成立になる以前の設立中の会社をめぐる紛争の請求者適格・被請求者適格は説立中の会社に認められることになろうか、と推測される）。

（5）北沢・前掲「設立中の会社」株式会社法講座第一巻二三六頁、同・前掲『会社法〔新版〕』（現代法律学全集18）一一六頁。

（6）平出慶道「株式会社不成立の場合における発起人の責任（二）」北大法学論集一二巻三号（昭和三七年）三八四頁以下、同『株式会社の設立』（昭和四二年）八四頁以下および三一〇頁以下。

（7）なお、この成立後の会社に対する権利義務の移転を検討したごく最近の論文として、丸山秀平「いわゆる『会社の前身（Vorgesellschaft）』について――権利義務の移転に関する西ドイツ法の展開――」田中米寿　現代商事法の重要問題（昭和五九年）一八頁以下。

（8）加藤雅信「判例研究」法学協会雑誌八八巻七・八号（昭和四六年）七四九頁以下、とりわけ七五七頁以下参照。

（9）移転した財貨それ自体の返還請求であれば、正確には、両性的不当利得事案ないしは、不当利得規範をも構成要素とする統一的請求権となる。

（10）なお、ここでの不当利得返還請求権の被請求者適格は――自然人名の虚無人をかたって財貨を受領した者に対する不当利得返還請求とパラレルに考えると――発起人に認めるほうが一般的であろう。しかし、浜田教授が会社の設立無効に関して説くところをかりに会社不成立に関して転用しうるとすれば、不成立の会社に清算目的の範囲内で限定権利能力を認め、それに不当利得返還請求権の被請求者適格を認めることも考えられるかもしれない。浜田教授は、会社の設立無効に関し、「無効会社と取引した者との法律関係——外部関係——の清算と、出資者に関する法律関係——内部関係——の清算に分かち、前者」について、次のようにいう。「一般民事法をそのまま適用した場合には、会社の権利能力が遡及的になかったことになるから、いかなる権利義務も会社自体に帰属しえず、会社を当事者として行なわれた法律行為は一切無効とならざるをえないものと解されているようである。しかし、外部的法律行為の一切が無効とされるにしても、一般民事法に忠実たらんとする限り、無効であった法律関係が両当事者による移転財貨の取戻によって清算されなければならず、そのためには不当利得返還請求権および返還義務という権利義務が会社に帰属することを認めなければならない。外部的清算は、無権代理規定の類推により、事実上代表取締役として行動した者との間で行なわせることが説かれるが、しかし、その場合にも事実上の代表取締役自身と会社との法律関係は、それによって清算しえない。要するに、過去の法律関係の清算目的の範囲内で、権利義務帰属主体としての事実上の会社の存在を前提とせざるをえないことになろう」（浜田道代「会社設立行為に関する一考察」鈴木古稀　現代商法学の課題（下）（昭和五〇年）一五五九頁）。

このように考えることによって、発起人と設立中の会社との間の清算の法律関係も明確となるし、発起人の個人債権者が設立中の会社に事実上帰属していた財産にかかっていく事態も避けられることになろう。ただ、会社不成立の場合にもこのような考え方を貫くには、商法一九四条の存在が一つの問題となろう。

(11)　本書三五八頁参照。

(12)　この「目的不到達」は、著者の構成においては、入社契約における黙示の解除条件（前提的黙示条件）の成就として、入社契約の効力の消滅と考え、正確には、契約不存在を理由とする不当利得返還請求と構成される必要がある。この点については、本書六六二頁参照。

(13)　注(5)、(6)参照。

(14)　〔設例〕において、A_1…A_{10}は、発起人でないという前提になっているので現物出資の可能性はなく（商法一六八条二項）、取戻権行使の余地はない。

(15)　発起人らが引き受けた株式もあるので、発起人に対する出資の返還も論理的には問題となりうるところであるが、不成立になった会社が債務超過であるため、たとえ発起人に対する返還があっても、それは商法一九四条により、A_1…

A_{10}、B_1…B_{10}からの責任追及の対象になってしまうものと思われる。したがって、最終的な財産分配には影響を与えるものではないので、本文では、発起人の引き受けた株式は無視して分析をすすめることとした。

なお、発起人が現物出資をしたが会社不成立に終わった場合、当該財貨の返還が問題となり、その財貨につき物権的返還請求権を行使することも可能となろう。しかし、後述する矯正法的不当利得の効果や両性的不当利得事案（あるいは統一的請求権）についての結論をも先取りしていえば、右の物権的返還請求権の行使に対する抗弁、否認その他の形で、会社不成立の事案であることが明らかとなれば、表見的法律関係が会社設立であることに着眼して、清算手続と発起人の責任履行（商法一九四条）とを前提に、それと引きかえに認容すべきものと思われる。

(16) 石井＝鴻・前掲『会社法第一巻』一四八頁。

(17) 浜田・前掲「会社設立行為に関する一考察」鈴木古稀　現代商法学の課題（下）一五六一頁以下。

(18) E. v. Caemmerer, Bereicherung und unerlaubte Handlung, Gesammelte Schriften, Bd. 1, (1968), S. 262f. なお、この部分を訳出したものとして、本書一九四頁参照。

第三款　継続的債権契約の無効、取消——事例的考察その二

——法律行為の無効、取消の規範的意味の考察を兼ねて——

一　次に、主として継続的債権契約の問題を中心として、契約の無効、取消、不成立などの場合の、不当利得法による清算の問題を考えてみよう(1)(2)（契約の解除、その他に関しては注参照）。

従来、契約などの法律関係の有効、無効という視点は、一方は契約などの法律関係の規範的意味を一〇〇％貫徹しうるのに対し、他方はその法律関係の規範的意味がゼロとして取り扱われる、と考えられてきた。確かに、有効、無効に関する法律学的な建前は右のとおりであるし、その法律関係をこれから実現しようとする請求に対しては、右の建前どおりの取扱が現実にもなされる。しかし、事実上無効な契約などが履行されている場合に、無効な契約の規範的意味がゼロであるという建前は、従来も決して貫かれているわけではなかった。無効な雇用契約にもとづ

き労務に服した者が報酬請求権を行使した場合に、契約の無効を理由にそれは認容されなかったとしても、不当利得を理由に報酬請求権的実質が相当程度に実現されることは否定できない。無効な賃貸借契約にもとづき目的物が貸与された場合に、そこでの不当利得返還請求権が賃料請求権的な実質を有することも否定できないであろう。同じようなことは、消費貸借契約、信託契約をめぐっても生ずる。本書では前に[3]、この問題を「不当利得法による事実的な契約実現」と名づけたが、法律関係の有効、無効という枠組の現実的意味を考えるにさいしては、この点をもう少し考察する必要がある。

契約の解除その他との関連で、一時的債権契約と継続的債権契約とを区別し、前者に関しては〝解除〟によって契約の効力を過去にさかのぼって消滅させることが可能であるが、後者に関しては将来に向かって契約の効力を消滅させることのみが可能であり、〝解約〟告知として解除と区別すべきであることが主張されてきた[4]。これは、過去の既履行の契約に関しては、解除による遡及効を認めてみても、「実際上は契約どおり対価支払の債務が存続するのと変りがない[5]」からである。しかし、継続的債権関係においては、解除のみならず無効、取消にさいしても、やはりすでに実行された法律関係を遡及的に消滅させることは事実上不可能である。このような事例に関しては、無効、取消という枠組はどのような意味をもっているのであろうか。

二　この点、著者は次のように考えている。継続的契約関係に関しても、一般原則に従うかぎりは無効、取消の主張は認められることになる。前述したように不当利得返還請求権が報酬請求権的実質や賃料請求権的実質をもつとしても、契約そのものは無効などと評される結果、当事者の約定した契約条件に裁判所が拘束されることはない。たとえば、雇用契約の報酬請求権や賃貸借契約の賃料請求権が客観的市場価格を反映していない場合――一方当事者に意思無能力、行為無能力、錯誤、詐欺、強迫があった場合など、このような事態が発生することはかなり多いと思われる――、契約の無効などによる不当利得返還請求権は客観的市場価格によることになる。このかぎりにおいて、この不当利得返還請求権は、当初の合意内容の規範的意味をそのまま実現するものではなく、合意内容の客観的市場価格による改訂という機能をもっているが、反面において、その市場価格を基礎としながら、過去に事実として行なわれたかぎりにおいては、〝雇用〟〝賃貸借〟関係を実現する、という機能を果たしている、という二面性を有している。ここでは、無効などと評される法律関係の規範内容が一〇〇％貫徹されているわけでもないが、それがゼロとしてまったく無視されているわけでもなく、二つの制約のもとに——第一に、過去に実現された限度において、第二に、客観的市場評価を基礎としながら——実現されていることになる。

このようにみてみると、法律関係の規範内容を一〇〇％実現させる場合と、ゼロとして取り扱う場合の中間に、無効などと評される法律関係を一定程度尊重しながら既存の関係を不当利得法によって清算していく場合が従来からあったことがわかる。もちろん、このような取扱は、有効、無効という枠組のもつ建前論に反するため、正面からその性格を明らかにされず、特に論じられることもないまま実務的処理に委ねられていたのである。

三　次に、この点に関する従来の学説を簡単に検討してみよう。通説的見解を前提に分析をすすめてみても、これらの不当利得法的清算は、右に述べたように無効などとの評価を受ける法律関係の規範内容を一定程度実現するものとなるわけであるが、さらに徹底してその規範内容を全面的に実現させようとする説もないではなかった。ドイツや日本の一部の学説は、継続的債権関係を発生させる契約の無効、取消につき遡及的主張を制限すべきではないか、という問題を検討する(6)。このような必要は、我妻説などにおいても感じられていたようであり、取消にかぎり、かつ、断定は避けた慎重な表現をもってであるが、次の叙述が見受けられる。

「取消の遡及効は、民法の明言するところであるが（一二一条）、取消の本質的効果であるかどうかは疑問であるだけでなく、継続的法律関係については、むしろ遡及効を制限することを本則とすべきものかとも考えられる。婚姻・縁組の取消に遡及効のないのは、その適例であるが（七四八条・八〇八条）、賃貸借・雇傭・委任・組合などの継続的契約関係の解除に遡及効のないこと（六二〇条・六三〇条・六五二条・六八四条）の趣旨は、ある場合には、取消にも拡張されてよいものではないかと考えられる(7)。」

また、いわゆる「事実的契約関係」論が提唱された動機は複合的であって、提唱者のハウプトにおいては三種の問題に関して事実的契約関係が論じられているが[8]、このうちの一つは、無効、取消があった雇用契約、組合契約が実行されていた場合に、事実上の労働関係、事実上の組合を観念し、無効、取消があった雇用契約や組合契約の規範的な意味を貫徹させようということにあった。注記（注(6)参照）したように、継続的法律関係の無効などの遡及的主張の制限も、ドイツにあっては主としてこれらの契約について論じられていたので、このかぎりにおいて事実的契約関係論と継続的債権関係論とは同じ問題に焦点をあわせた論議という側面が一部にあることがわかる。

また、右のような一般的な枠組のもとで問題を論ずるのではなく、個別契約の無効などをめぐる議論をみても、雇用契約や組合契約に関しては、わが国においても、無効などの遡及的主張を制限する学説がみられる。雇用契約に関しては、民法学者では我妻説がこのような無効、取消の遡及的主張を禁ずる立場を詳細に論じ[9]、この結論をとる者が多い[10]。また、労働法学者でこの問題を論ずる者も遡及効を否定したり[11]、遡及効の及ぶ範囲に限定を加えるなど[12]、なんらかの形で無効、取消の遡及的主張を制限する立場をとる者が多い[13]（ただし、この問題についてわが国においては労働法学界の関心がそれほど高いとはいえない状況にある。経歴詐称の取扱に顕著なように、民事的には詐欺、錯誤など、契約の取消、無効などが問題となりうる事案であっても、解雇によって問題が処理されることが多いことも、無効、取消の遡及効の制限が労働法学界において特に関心をもたれていないことの一因であろう）。また、組合契約に関しても、契約の無効、取消があっても、組合関係の遡及的否認を否定する解釈やなんらかの形で制限的に解する解釈などが民法学上主張されている[14]。

四　継続的債権関係一般について考えるにせよ、ある種の契約に限定して考えるにせよ、契約が履行された場合に無効、取消の遡及効を否定することは、すでに履行されているかぎりにおいては、無効などと評される契約の規範的意味を一〇〇％貫徹させることを意味する。しかし、契約の無効、取消原因が契約の内容に影響を及ぼしている可能性——無効、取消原因によって雇用契約における報酬額の約定、組合契約における出資割当の約定が対価的バランスを失っていたなど——を考えると、このような結論は必ずしも全面的に肯定されるべきであるとはいえないであろう。さきに引用した無効、取消の遡及効を制限する諸学説のなかにも、用心深くこの点に留保をおくものと留保をおかないものの双方があるので、この点は注意を要する。そこで著者としては、前述した一般原則に従った不当利得法的清算の考え方と、これらの学説の意図するところを折衷し、次のように考える。無効などと評される契約が事実上履行されている場合、無効、取消原因が契約内容に影響を与えているかぎりにおいては――客観的市場価格を反映した――不当利得法的清算にみられる合意内容の改訂がなされる必要があるが、合意内容が無効、取消原因の影響を受けていない限度においては、その内容をできるかぎり反映させ、過去における〝雇用〟、〝組合〟あるいは〝継続的債権関係〟を破壊しない清算関係が実現される必要がある。

学説の対立をこのような形で収斂させることが適当か否か、については、おそらく異論もありうるところであろう。ただ、ここで強調しておきたいのは、無効などと評される契約の規範的意義を――過去に実現されている限度においては――ゼロとするのではなく、むしろ一〇〇％貫徹させるべきであるとの主張が、雇用、組合、あるいは継続的債権関係をめぐって従来から存在していた、という事実である。

以上、継続的債権関係ないしその一分野とされる雇用契約、組合契約をめぐって問題を検討してきた。しかし、同じ問題は継続的債権関係以外に関しても生ずる。たとえば、通常請負契約は継続的債権関係に含められているわけではない(15)。しかし、無効な請負契約にもとづき家屋の修繕などがなされた場合にも、不当利得が問題となり、ここでも、実現された法律関係を遡及的に消滅させることは事実上不可能であって、不当利得返還請求権が請負代金請求権的な実質を有することになる。ここにおいても、過去に事実上履行されていた契約関係を無視し、その規範的意義をゼロとして取り扱うことはできない、というべきであろう。

(1)　契約の解除の効果も、約定解除や合意解除で契約に特別の定めがないかぎりにおいては、一般的清算関係として矯正法的不当利得規範と基本的には変わるところはない、と考える。しかし、法形式として、返還請求の根拠規定は、法定解除の場合には民法五四五条、約定解除の場合には当初契約、合意解除の場合には解除契約であって、いずれも民法七〇三条以下の不当利得法を直接の根拠としているわけではない。返還請求の効果も、基本的には法定解除の場合には民法五四五条、約定解除や合意解除の場合には契約内容――当初契約、解除契約の内容――によって規律されることになる。ただ、民法五四五条の把握の仕方に関しては学界に争いがあるが、同条には「原状回復」という基本方向が定められているだけでそれ以上の細部は規定されておらず、約定解除や合意解除の場合にも解除清算をすることの合意があるだけで、それ以上の細部的取決は契約に規定されていないことも多いであろう。これらの場合には、一般的に清算をなすべきことが問題となり、本文に述べる矯正法的不当利得返還請求と同様の考慮が必要とされることとなる（以上に述べてきたことは、必ずしも通説的見解と一致しているわけではない）。現実には、このように解除の場合にも矯正法的不当利得返還請求権と同様の考慮――後述する「表見的法律関係」の配慮――が必要とされる場合が多いであろうが、約定解除や合意解除の場合に契約に清算方法に関する定めがあればそれが優先することは当然であるし、法定解除の場合には一方当事者の債務不履行という帰責事由がある状況が契機となっていることを清算関係にさいして定型的に顧慮する必要がある。このような点まで立ち入って検討することは本書のテーマとやや離れることになるので、本文には解除の問題は取りあげなかったものである。

　なお、学説の本格的な検討は解除の問題を検討する別の機会に譲るが、以上述べた問題に焦点を合わせた論文として、山下末人教授の一連の研究――「取消・解除に於ける原状回復義務」法学論叢六一巻五号（昭和三〇年）九九頁以下、「不当利得――無効・取消・解除と不当利得の関係を中心に――」法と政治二四巻二号（昭和四八年）一四七頁以下、「契約解除における原状回復義務と不当利得」谷口還暦　不当利得・事務管理の研究⑵（昭和四六年）一二五頁以下、および本田純一「給付利得と解除規定――西ドイツにおける近時の理論展開を中心として――（一）、（二）、（三）」成城法学一号（昭和五三年）二九三頁以下、四号（昭和五四年）七五頁以下、六号（昭和五五年）七一頁以下、高森八四郎「解除に基づく原状回復義務――不当利得との関係――」Law School 四五号（昭和五七年）四頁以下、好美清光「契約解除の効力――とりわけ双務契約を中心として――」現代契約法大系第二巻（昭和五九年）一七五頁以下、がある（なお、この好美論文は、次節で検討している危険負担、果実・使用利益などの問題を解除の場合に即して検討したものであるので、次節との内容的連関からも一読されたい）。また、判例解説であるが、著者が前述した視点から叙述したものとして、加藤雅信「契約の解除と買主の使用利益の返還」昭和五一年度重要判例解説（昭和五二年）六六頁以下参照。なお、本書校正時に接し得たものであるが、本田純一「民法五四八条の系譜的考察――解除に基づく清算義務の重畳的性格

（上）、（下）」判例タイムズ五五六号一六頁以下、五五七号（以上昭和六〇年）三四頁以下も参照されたい。

（2）合意解除や約定解除に関して述べたこととほぼ同様のことは、法律行為の附款としての条件、期限に関してもいえる。解除条件成就によって契約の効力が消滅した場合、終期の到来によって契約の効力が消滅した場合、契約が事実として履行されていればその清算が必要となる。その根拠は、当初契約の合意内容にあることになるが、当初契約に清算方法などに関しての約定がないかぎり、一般的に清算をなすべきことの合意があるにとどまり、矯正法的不当利得返還請求と同様、本文に後述する「表見的法律関係の配慮」が必要となろう。このかぎりにおいて、問題は矯正法的不当利得規範の場合と異なるところはないわけである。

（3）本書六八頁以下。

（4）解除ないし解約告知一般との関係でこの問題を検討した文献はきわめて多いが、最近この問題を一般的に検討したものとして、田中整爾「継続的法律関係とその特性」現代契約法大系第一巻現代契約の法理⑴（昭和五八年）一七六頁以下参照。

（5）三宅正男『契約法（総論）』（現代法律学全集9）（昭和五三年）一五四頁。ただし、三宅説自体は、継続的契約に関しても、民法五四一条による解除の余地を認める。

（6）下井隆史「いわゆる『継続的法律関係』の無効・取消について――ドイツにおける論議の展開についての一覚書――」熊本商大論集八号（昭和三三年）九五頁以下、奥田昌道「契約が取消されたり無効の場合の返還請求について」法学教室（第二期）7（ジュリスト別冊）（昭和五〇年）四四頁。なお、一般的枠組のもとで問題を検討するが、無効、取消の問題に関しては雇用契約について分析するものとして、後藤清「状態的法律関係を設定する契約」経済理論五三号（昭和三四年）一頁以下。ドイツの学説は、継続的法律関係の無効の遡及的主張の制限を、とりわけ雇用契約および組合契約について論ずるようである。この間の事情を紹介したものとして、前掲論文のほか、五十嵐清「西ドイツ民法学の現況」北大法学会論集一一巻一号（昭和三五年）九三頁以下参照。

（7）我妻栄『新訂民法総則（民法講義Ⅰ）』（昭和四一年）三八七頁。

（8）G. Haupt, Über faktische Vertragsverhältnisse, in: Festschrift für Heinrich Siber, Bd. 2.（1940）, S. 9ff. 事実的契約関係については、ドイツの論議のみならず、邦文文献の紹介をも含め、谷口知平編・植林弘執筆『注釈民法⒀』（昭和四四年）八五―一〇六頁、五十川直行「いわゆる『事実的契約関係理論』について」法学協会雑誌一〇〇巻六号（昭和五八年）一一〇二頁以下、森孝三「事実的契約関係」現代契約法大系第一巻現代契約の法理(1)（昭和五八年）二一六頁以下が詳細である。また、不当利得法との関係については、右近健男「事実上の契約関係と不当利得」谷口還暦　不当利得・事務管理の研究(2)（昭和四六年）一〇九頁以下参照。

（9）　我妻説はこの結論を継続的債権関係との関係において論じており、本文に検討した一般的問題とも関連し興味深いものがある。その内容は以下のようである。

雇用契約の無効および取消に関しては、「雇用契約が締結されただけで労務の給付が行われない間は、無効と取消に関する一般理論を適用して少しもさしつかえない。しかし、労務が現実に給付された後には、——主として財貨の一時的な給付について発展した——無効と取消の一般理論を適用して労務の給付が最初から法律上の原因を欠くものとすることは、徒らに法律関係を複雑ならしめるだけで、少しも合理的な解決とはならない。継続的な契約関係の特殊性……と現実の給付の有する重要性とにかんがみて、取消の遡及効と無効の効果の遡及的主張を禁じ、取消及び無効の主張はともに即時解約と同様の効力を有するに過ぎないと解すべきである」（我妻栄『債権各論中巻二（民法講義V3）』（昭和四一年）五五五頁以下）。

（10）　須永醇「いわゆる事実的法律関係と行為能力」熊本法学一号（昭和三九年）一五頁以下、幾代通編兼執筆『注釈民法(16)』（昭和四三年）二三頁以下、星野英一『民法概論Ⅳ（第二分冊　契約各論）』（昭和五一年）二三九頁、広中俊雄『債権各論講義』（昭和五六年）二一七頁。ただし、必ずしもこのような結論をとらないものとして、右近・前掲「事実上の契約関係と不当利得」谷口還暦　事務管理・不当利得の研究(2)一一八頁以下。

（11）　一般的にこのような主張をする者として、片岡曻『団結と労働契約の研究』（昭和三四年）三〇一頁、宮島尚史『労働法学』（昭和三九年）一〇〇頁、有泉亨『労働基準法』（昭和四三年）一三一頁以下。なお、後藤清「労働契約の成立」労働法大系5（昭和三八年）一〇頁以下はこのような立場に立つドイツの学説を紹介するものであるが、論者自身の見解を示すものとして、注（6）引用論文のほか、後藤清「労働関係における人法的要素とその過大評価——経歴詐称に関する判例を素材として——」ジュリスト二六八号（昭和三八年）三〇頁以下参照。また、経歴詐称との関係でこの問題を詳論する者として、桑原昌宏「経歴詐称の法理の再検討——民法上の詐欺、錯誤規定を労働法的に修正する試み」労働法学研究会報別冊資料五巻一号（昭和四〇年）一頁、同「学生運動歴の詐称と労働契約の取消」判例タイムズ二二六号（昭和四三年）五七頁。

(12)　花見忠「労働契約の無効取消について――ラムの所説を中心として――」法学協会雑誌七四巻二号（昭和三二年）一四九頁以下。
(13)　ただし、無効、取消の遡及効を認めている者として、津曲蔵之丞「経歴詐称は懲戒解雇の事由となるか」季刊労働法二二号（昭和三一年）六二頁。
(14)　国歳胤臣「組合員の交替」契約法大系Ⅴ（昭和三八年）一八五頁以下、須永・前掲「いわゆる事実的法律関係と行為能力」熊本法学一号六頁以下、我妻・前掲『債権各論中巻二（民法講義Ⅴ3）』七六四頁以下、加藤一郎＝鈴木禄弥編・福地俊雄執筆『注釈民法⒄』（昭和四四年）三一頁以下、右近・前掲「事実上の契約関係と不当利得」谷口還暦不当利得・事務管理の研究⑵一二〇頁以下、星野・前掲『民法概論Ⅳ（第二分冊　契約各論）』三〇二頁以下など参照。
(15)　たとえば、継続的債権関係という視点の提唱者であるギールケは、請負を継続的債権関係の例にあげていない。O. v. Gierke, Dauernde Schuldverhältnisse, Jherings Jahrbücher, Bd. 64 (1914), S. 393ff.

第四款　一時的債権契約の無効、取消――事例的考察その三

一　以上前款に検討した例は、請負をも含めて、過去に実現された法律関係を遡及的に消滅させることが事実上不可能な場合であった。そうであるからこそ、多くの学説が、遡及的無効の主張を制限し、過去に実現されている部分は有効として取り扱うか、それほど極端ではなくとも、過去に事実として実現された法律関係に一種の継続的影響力を認め、清算関係に反映させようとしたのであった。ところが、従来は民法の建前どおりの、無効、取消による遡及的清算が容易であると考えられていた一時的債権関係――ないし、戒能説の枠組でいえば(1)、継続的契約関係に対置される交換型契約関係――の代表例である売買などに関しても、それが無効な場合に、過去に事実として無効な法律関係が実現されていたことをその不当利得法的清算にさいして顧慮されるべきであることが、わが国においては川村説によって主張され、学界でも賛同者を見出すにいたった(2)。

たとえば、無効な売買契約にもとづき、目的物と代金とが相互に給付されたとする。この場合、目的物について

も代金についても不当利得返還が問題となりうるが、目的物が滅失、毀損したとしたら、どのような処理がなされるべきであろうか。民法七〇三条、七〇四条の枠組からは、受益者の善意、悪意を認定し、善意であるならば現に「利益ノ存スル限度ニ於テ」目的物を返還すればたりそうである。しかし、このような場合に、川村説は無効な売買契約が事実として実行されていることに着眼し、目的物の返還と代金の返還とが対価的、双務的関係に立っている以上、不当利得返還においてもその対価性、双務性が貫徹されるべきであるとして、一方の不当利得返還義務が現存利益の範囲に縮減されることを首肯しなかった。この内容の具体的検討それ自体は、第三節で矯正法的不当利得の各則的分析として詳細に行なうのでここでの叙述は簡単なものにとどめるが、このような考え方の基礎は次の点にあるように思われる。売買契約の無効など、双務契約の清算を例にとれば、双務契約が有効な場合には、双務的給付が相互に交付されることを前提として民法に一定の規律が用意されている。しかし、既履行双務契約が無効であった場合にも、それぞれの給付が相互的に返還されることになる。このかぎりにおいて、無効な関係の清算も双務契約が有効な場合の履行関係と利益状況に共通する側面があり、有効な双務契約に関して民法が用意した規律が、そのまま清算のための双務的不当利得関係にも妥当しうることになる。ここでは、利益状況の共通性その他を基礎に、無効などの評価を受けた双務契約関係の規定をその清算関係にも一定程度類推適用していくことによって、事実として履行された無効な契約関係に一種の継続的な影響力を認める途が開かれているのである。

二　ところで、一時的債権契約にも継続的債権契約にも共通する問題であるが、無効な商行為にもとづき発生した不当利得返還請求権に関し、その消滅時効、法定利率は、無効な契約関係の継続的な影響力を認め商事時効、商事利率と考えるか、それとも民事時効、民事利率と考えるのか、という問題がある。時効と利率と基本的に考え方は共通なので、近時判例で問題となった時効を中心にここでは論ずることにしよう。この問題については学説は分かれ、古典的な不当利得学説の中には民事時効説をとるものが多かったが[3]、商法の学説の中では商事時効説をとるものがむしろ有力であった[4]。また、判例も解除に関しては商事時効説をとりながら[5]、不当利得に関しては民事時効説をとっていたところ、(6) 近時最高裁判所はこの立場を再度確認するに至った。(7) しかし、現実の取引社会においては、時効期間に即して証拠保全行為が行なわれることも多いであろうから、当事者の予期を保護する上では商行為が無効であっても——当事者が無効事由をともに知っていることが必ずしも一般的でないことをも考えると——商事時効の規定を適用したほうが望ましいように思われる。(8) 現に、この判決は金銭消費貸借契約において弁済後九年ほどして利息制限法違反を問題としたもので、当事者の証拠保全期間についての予期を破る可能性のある事案であった。

したがって、ここでも、無効な契約の清算に関して、無効な契約の性格を顧慮すべきように思われるのであるが、この点は、前述の最高裁判所判例において、中村治朗裁判官の反対意見に明確にあらわれているので、次にそれを引用してみよう（なお、この反対意見には、団藤重光裁判官も同調しており、前述の最高裁判所の結論は、三対二で下されたものであった）。

「私は、……多数意見と見解を異にし、……原判決を破棄すべきものと考える。その理由は、次のとおりである。／商法五二二条本文の時効期間の規定が、商事取引関係の迅速な解決を図るため、商行為によって生じた債権につき一般民事債権の場合に比し短期の消滅時効期間を定めたものであること、及び商行為に属する法律行為から直接生じた債権でなくても、なお右規定の趣旨にかんがみてこれに準ずべき債権とみられるものについては、同条の適用又は類推適用により商事債権として右短期の消滅時効期間に服するものと解すべきことについては、私も多数意見と全く見解を一にするものであり、多数意見と私見との違いは、多数意見が本件不当利得返還請求権は右の『準ずべき債権』にあたらないとするのに対し、私見はこれにあたると解する点にある。／本件不当利得返還請求権は、被上告人が上告人から借り受けた金員につき上告人に対して支払った約定利息金及び元金のうち、利息制限法の適用上過払となる金額について、上告人が法律上の原因なくして利得したものとしてその返還を請求するというものである。そして上告人の主張によれば、被上告人は商人で、前記消費貸借契約は被上告人がその営業のために行ったものであり、同契約は附属的商行為にあたるというのであるから、問題は、商行為に属する契約の全部又は一部が無効であるため、右契約上の義務の履行としてされた給付による利得につき生ずる不当利得返還請求権を、時効期間の関係で、商行為によって生じた債権に準ずべき債権と解すべきかどうかに帰着すると考えてよいと思われる（もっとも、利息制限法に違反する約定が反公序良俗性ないし強い違法性をもち、これに基づいてされた給付による利得の保持自体がこのような評価を受けるものであれば、また別の考慮を必要とするであろうが、利息制限法上過払となる金員の支払は、単に契約が一部無効であるため債務がないのにあるものとしてその履行がされたというにすぎないものと考えられるので、上記のように一般化して事を論ずれば足りると思う。）。／ところで、商事契約の解除による原状回復義務が商法五二二条の商事債務たる性質を有することは、当裁判所の判例とするところであるが（最高裁昭和三三年(オ)第五九九号同三五年一一月一日第三小法廷判決・民集一四巻一二号二七八一頁）、その趣旨は、契約解除による原状回復は、契約によって生じた法律関係を清算するものとしていわばこれと裏腹をなすものであり、商事契約に基づく法律関係の早期結了の要請は、その解除に伴う既発生事態の清算関係についてもひとしく妥当するから、解除による原状回復義務についても、契約そのものに基づく本来の債務と同様商事債務としての消滅時効期間に服せしめるべきであるとするにあると考えられる。ところで、一般に、契約解除による原状回復は、契約上の義務の履行としてされた財貨の移動につき、その後契約の解除によってそれが法律上の原因を欠くこととなったため、これによる利得を相互に返還せしめて契約の履行前の状態に復せしめようとするものであり、法律上の原因によらない利得の返還という点においては、右の原状回復義務は、本質的には不当利得返還義務にほかならないということができるのである。他方、不当利得返還の場合の中でも、契約上の義務の履行としてされた給付が右契約の無効等の理由により法律上の原因を欠くこととなり、その給付による利得につき不当利得返還義務が生ずるような場合は、契約の履行によって生じた関係を清算するものである点において契約解除による原状回復の場合と全く選ぶところがない。そうすると、このような場合の不当利得の返還は、契約解除による原状回復と同じく、契約によって生じた法律関係を清算するものとしてこれと裏腹をなし、右契約が商事契約である場合には、右の清算関係についても早期結了の要請がひとしく妥当するものということができるのであり、一が契約解除という法律行為を媒介として生ずる法律関係であり、他が法律行為を媒介としないで法律の規定から直接に生ずるそれであるということは、右の両者を異別に取り扱う合理的理由となるものではないというほかはないように思われる。私は、以上のような理由から、商事契約の無効等の理由によって右契約に基づいてされた給付による利得につき不当利得返還請求権が生ずる場合には、右債権は、商事債権ないしはこれに準ずるものとして、商法五二二条所定の消滅時効期間に服すべきものと解するのが相当であると考えるものであり、これと異なる多数意見には賛同することができない。そして、原判決は、本件不当利得返還請求権につき、本件消費貸借が商行為であると否とに関係なく、一般民事債権としてその消滅時効期間を一〇年とし、上告人の時効の抗弁を排斥したものであるから、右は法令の解釈適用を誤ったものといわざるをえず、その誤りが判決に影響を及ぼすことが明らかであるから、この点に関する論旨は理由があるものとして原判決を破棄し、更に審理を尽させるため、本件を原審に差し戻す旨の裁判をすべきものと考える。(9)」

この少数意見や前述した商法の多くの学説にあらわれているように、法的に有効であろうとなかろうと、当事者は事実として展開された法律関係に即して一定の予期をもつわけであり、かかる観点からはその不当利得法的清算も、事実として展開されていた法律関係の性格に即して行なわれるべきものであろうと考える。

三　以上のような状況を考えると、契約法の非常に多くの分野にわたって、過去に履行された無効などの契約の清算に関しては、事実として実現されている〝契約〟関係を顧慮する必要が種々の学説によって従来から主張されていたことがわかる。このような学説状況を直視した場合に、伝統的な法律関係の有効、無効に関する枠組——法律関係が有効であればその規範的意味が一〇〇％貫徹され、無効であればゼロとして取り扱われる——は依然として死守されるべきなのであろうか。それとも、契約に関しては、右の枠組は無効などの契約関係をこれから実現しようとする請求に関して妥当するだけであって、一旦それが履行された後の不当利得法的清算に関しては無効などの契約関係の規範的意味が一定程度顧慮されるという現実を、法律構成の上にも反映させるべきなのであろうか。

第二款で会社不成立の場合の不当利得法的清算にさいして問題になった疑問とほぼ同様の疑問が、ここでも再び浮かびあがってくることとなる。この点の結論をだす前にさらにつぎの二、三の問題を検討してみることにしよう。

（1）　戒能通孝『債権各論』（昭和二一年）三三二頁以下。
（2）　文献引用は、次節の叙述を参照されたい。
（3）　我妻栄『債権各論下巻一（民法講義V4）』（昭和四七年）一一〇八頁、松坂佐一『事務管理・不当利得〔新版〕』（法律学全集22-I）（昭和四八年）二一七頁、我妻栄編著・四宮和夫執筆『判例コンメンタール⑥事務管理・不当利得・不法行為』（昭和四四年）五八頁。
（4）　野津務「商行為の法的性質」民商法雑誌一巻一号（昭和一〇年）三七頁、西原寛一『商行為』（法律学全集29）（昭和四三年）一四五頁、服部栄三＝星川長七編・小島孝執筆「基本法コンメンタール5」（別冊法学セミナー）（昭和五〇年）九四頁、清瀬信次郎「判例研究」金融・商事判例五一六号（昭和五二年）二頁、高木多喜男「新判例解説」判例タイムズ三七七号（昭和五四年）五八頁、平出慶道『商行為法』（現代法律学全集17）（昭和五五年）一五九頁。
（5）　最判昭和三五年一一月一日民集一四巻一三号二七八一頁。
（6）　大判昭和一〇年一〇月二九日新聞三九〇九号一五頁。また、下級審判例として東京控判大正四年一一月二六日法律新聞一〇七〇号一五頁、東京地判大正九年二月一〇日評論九巻民法二八八頁、東京高判昭和五一年一月一四日金融・商事判例五〇四号三七頁。
（7）　最判昭和五五年一月二四日民集三四巻一号六一頁。なお、この判決に関しては、商事時効説の立場からの解説として、浜田道代「最新判例批評」判例評論二六〇号（昭和五五年）四〇頁、土田哲也「民事判例研究」法律時報五二巻一〇号（昭和五五年）一三九頁、青竹正一「最新重要判例解説」Law School No. 23（昭和五五年）九三頁、高木多喜男「重要判例研究」ジュリスト七四三号（昭和五五年度重要判例解説）（昭和五六年）七一頁、柳沢秀吉「民事判例研究」名城法学三〇巻四号（昭和五六年）七五頁。また、論拠は様々であるが、むしろ多数意見に賛意を表するものとして、森泉章「判例批評」民商法雑誌八三巻二号（昭和五五年）三〇〇頁、半田正夫「民事主要判例解説」判例タイムズ四三九号（昭和五六年）一〇〇頁、鎌田薫「一九八〇年主要判例解説」法学セミナー三一三号（昭和五六年）一〇九頁、江頭憲治郎「判例研究」法学協会雑誌九九巻六号（昭和五七年）九三二頁。いずれかの立場が表明されているものではないが、篠田省二「時の判例」ジュリスト七一五号（昭和五五年）六五頁、同「判例解説」法曹時報三五巻一一号（昭和五八年）一九三頁以下などがある。

なお、この判決自体は、商事金銭消費貸借契約に関するもので、必ずしも一時的債権契約に関するものではないが、問題としては共通するので、叙述の便宜上ここで取り扱ったものである。
（8）公法上（行政法上）の不当利得の消滅時効に関しても同じことがいえるが、この点は、本書四一五頁。
（9）民集三四巻一号六五頁以下。

第五款　身分行為の無効、取消と不当利得――事例的考察その四

一　身分行為の無効、取消にさいしても、事実上行なわれた身分行為に伴って生じた財産ないし経済的利害の変動について、不当利得法による清算を行なうことは当然に問題となる。民法典はそのうち、婚姻の取消と養子縁組の取消についてのみ、特別の規定を置いている（婚姻取消に関し、民法七四八条二項、三項、七四九条による七六八条の準用、養子縁組取消に関し、民法八〇八条による七四八条の準用）。ここでは、右の清算関係が身分法学においてどのように考えられているのかを概観してみることにしよう。比較的よく論じられる婚姻の取消の問題を二で検討した後、養子縁組の取消の問題を三で簡単にふれることとし、四で本款の結論をまとめてみることにする。

二　婚姻取消に伴う財産的利害変動の清算に関し、民法典は若干矛盾する規定を置いている。婚姻取消の効果について、民法七四八条一項は、「婚姻の取消は、その効力を既往に及ぼさない」として一般的に遡及効を否定しているが、こと財産上の効果に関してはその例外を認め、二項で取消原因についての善意者には現存利益の範囲内での財産返還義務、三項で悪意者にはすべての利益の返還義務と善意の相手方に対する賠償義務を定めている(1)。それに対し、戦後の民法改正によって、民法七四九条により、離婚の効果の規定が婚姻の取消に準用されることになった。民法七六八条の財産分与の規定も準用されているので、民法七四九条の規定の文言にもかかわらずこの準用を否定する少数説(2)に立てば格別、一般には、民法七四八条の遡及的清算と、民法七四九条の将来に向かっての財産分

与との関係をいかに考えるべきかが問題となる。

民法起草者は、民法七四八条の遡及的清算を「不当利得ノ原則ヲ適用シ」[3]たものと考えていた（ただし、厳密に考えると、民法七〇三条の規定する不当利得とはいくつか異なる点があるが、この点は右近教授が詳論するところである[4]）。それに対し、戦後の改正のさいに、民法七四九条による財産分与の準用が民法七四八条との関係においていかなる意味をもつと考えられていたのかは、必ずしも詳らかではない[5]。しかし、不当利得法的な遡及的清算と、将来に向かっての財産分与の清算とは明らかに矛盾するものであるので、この問題を解決する道は、論理的に三つしかない。第一は、不当利得法的清算が優先すると考える立場であり、第二は、財産分与が優先すると考える立場であり、第三は、場を分かって二つが併存すると考える立場である。この問題を正面から取り扱った論文それ自体は、それほど多くはないが[6]、学説としては、第一の立場[7]、第二の立場[8]、第三の立場のものも存在するものの、大勢としては、第二の立場が有力[9]であり、また財産分与が優先するとは考えながらも二つの併存も否定しない、という第二の立場を基本としながらそれに第三の立場を加味して考える者も多かったように思われる[10]。

それに対し、近時、財産分与の優先適用を認めたものとも解しうるような最高裁判所判例があらわれた[11]。これは、重婚において前婚の妻からする後婚の取消請求を、後婚が離婚によって解消された場合には、特段の事情がない限り認めない、として棄却したものである。この後婚の離婚にさいして財産分与も行なわれていたため、民法七四八条の不当利得法的清算に財産分与が優先するかのように思われる結論がとられたわけである。この判決それ自体をどのように解すべきかについての議論はここでは注に譲ろう[12]。本件それ自体の解決はともかく、身分法学には、一般的に「取り消しうべき婚姻であっても取消あるまでは婚姻の事実があったわけで、法もそれを認めているので……財産関係についてはつねに……財産分与の問題とする方が適切であろう[13]」とする見解があり、これが解釈論、立法論のレベルで、前述の第二の立場を有力なものにしていることが注目されなくてはなるまい。このように解することによって、身分行為の「事実先行[14]」的特色に即した解決が可能になるからである。

三　養子縁組の取消があった場合にも、やはり財産関係の清算は問題となりうるところである。この問題については、民法典は八〇八条を用意し、民法七四八条のみを準用しているだけなので、条文そのものが矛盾する状況にはない。ここでは、民法典からは遡及的な不当利得法的清算のみが導かれるので、学説としてもその結論を肯定する者が多いが、[15]「それにしても、いちおう有効とされた養親子関係にもとづく財産関係を『不当利得』の問題として処理することには、理論上の無理を感じ」るとして、「それは、ほんらい、財産分与ないし慰謝料の問題として処理されるべきものである」[16]とする有力な主張があることは留意されるべきであろう。ここでは、事実上の養親子関係が顧慮された将来へ向かっての清算が考えられているわけである。

四　以上総合すると、身分行為の取消に関しても、表見的婚姻関係に即した清算を考える説がむしろ有力であり、法文上に手がかりがない表見的養親子関係があった場合の清算に関しても、その法律関係の性格に即した清算が少数ではあるが有力に主張されていることがわかる。問題は、これが特殊身分法的考慮なのか否かということであるが、この点の結論をだす前に次の問題を検討することにしよう。

(1)　したがって、善意者と悪意者とでは、返還義務の程度が異なっているのみならず、善意者には財産返還義務が、悪意者には利益返還義務が認められており、返還対象そのものも多少異なっていることになる。民法典の文章からは、善意者は受領した具体的財産に関して——しかも現存利益の範囲で——清算義務を負うのに対し、悪意者は、親族間での労務提供（扶養の一側面）等々の財産とはいえない利益に関しても清算義務を負うと解すべきであろうし、伝統的にはこのように考えられていた（我妻栄『親族法』（法律学全集23）（昭和四一年）六九頁、中川善之助『新訂親族法』（昭和四〇年）二〇七頁など。なお、近時の文献として、青山道夫『改訂家族法論Ｉ』（昭和五二年）八八頁もこの意か）。しかし、近時はこれに反対し、善意悪意の双方ともに財産的清算のみが問題となると考える説がむしろ有力である（深谷松男「婚姻の取消と不当利得の返還」中川還暦　家族法大系Ⅱ婚姻（昭和四五年）一五三頁以下、久貴忠彦『親族法』（民法学全集九）（昭和五九年）七二頁、青山道夫編・中尾英俊執筆『注釈民法⒇』（昭和四三年）三〇八頁、谷口知平編・右近健男執筆『注釈民法⒅』（昭和五一年）四八六頁など）。起草過程における議論からはそれほど明確ではないものの（法典調査会民法議事速記録四八巻二八丁以下など参照）、民法典の文言から考えても、民法起草者は善意と悪意で返還対象を異なるものと考えていたようであるし、このような考え方には一定の政策的合理性もあると思われるので、著者個人としてはむしろ前説の立場を支持したい。

（2）鈴木禄弥＝唄孝一『民法新教科書5人事法Ⅰ』（昭和五五年）一七四頁。

（3）梅謙次郎発言・前掲民法議事速記録四八巻三一丁（ただし、二項の返還義務に関しての発言であり、三項については、むしろ損害賠償との関連が強調されている）。

（4）谷口編・右近執筆・前掲『注釈民法⒅』四八五頁以下。

（5）深谷・前掲「婚姻の取消と不当利得の返還」中川還暦　家族法大系Ⅱ婚姻一五一頁も指摘するところであるが、我妻栄編『戦後における民法改正の経過』（昭和三一年）にはこの問題への言及はない。また改正作業に参加した我妻博士の改正直後の教科書は、民法七四九条に関し「解釈上の疑義を除いたという位で、実際にそれほど重要な意味をもつものではあるまい」と述べられているだけで、民法七四八条との矛盾が意識されていた形跡は見当たらない（我妻栄『改正親族・相続法解説』（昭和二四年）五九頁）。

（6）深谷・前注引用論文がこの問題をもっとも詳細に分析したものである。

（7）鈴木＝唄・前掲『民法新教科書5人事法Ⅰ』一七四頁。

（8）我妻栄＝立石芳枝『親族法・相続法』（昭和二七年）八九頁以下。

（9）久貴・前掲『親族法』（民法学全集九）七三頁。

（10）深谷・前掲「婚姻の取消と不当利得の返還」中川還暦　家族法大系Ⅱ婚姻一五四頁以下、我妻・前掲『親族法』（法律学全集23）七〇頁。

（11）最判昭和五七年九月二八日民集三六巻八号一六四二頁。なお、これに関し、小山昇「最新判例批評」判例評論二九四号（昭和五八年）四三頁、右近健男「判例批評」民商法雑誌八八巻五号（昭和五八年）一三〇頁、西原諄「民法判例レヴュー」判例タイムズ四九九号（昭和五三年）一四二頁、吉本俊雄「昭和五七年度民事主要判例解説」判例タイムズ五〇五号（昭和五八年）一三七頁、鷺岡康雄「重要判例解説」実務民事法三（昭和五八年）二〇〇頁。

（12）前注にあげた多くの評釈も指摘しているように、後婚の夫と妻との間での財産関係の清算が、不当利得法的清算によるか財産分与によるかで差異があるとして、前婚の妻が取消請求の時点でその点に利害関係を有することはそれほど多くはない。夫の死亡があり相続が問題になる場合と、夫が無資力で妻が夫への扶養請求権を根拠に民法七四八条の不当利得法的な請求権を代位行使するなどの特別な場合はともかく、前婚の妻がとりたてて利害関係をもっていない場合には、すでに離婚している後婚を取り消すことは、腹いせ的な感情的満足を別にすれば、とりたてて法的意味はないことになる。このような意味では、「特段の事情」がない限り、取消請求を認めないとしたこの最高裁判決は是認しうるところであろう。

(13) 青山編・中尾執筆・前掲『注釈民法(20)』三一一頁。

(14) 中川善之助「身分行為の無効――特にその追認可能性について――」身分法の総則的課題――身分権及び身分行為――（昭和一六年）一九四頁以下。

(15) 我妻・前掲『親族法』（法律学全集23）二八九頁、青山・前掲『改訂家族法論Ⅰ』一八五頁、久貴・前掲『親族法』（民法学全集九）一三二頁。

(16) 中川善之助編・阿部徹執筆『注釈民法22のⅡ』（昭和五〇年）七〇五頁。なお、中川・前掲『新訂親族法』二〇六頁以下参照。

第六款　公法上（または行政法上）の不当利得関係――事例的考察その五

一　以上検討してきた私法上の法律関係の清算の場合以外に目を向けると、行政法学においても「租税の過誤納、恩給又は給料の過誤払」などを「公法上の不当利得」とし、それは「やはり公法上の制度であり、公法上の不当利得の返還請求権も公権の性質を有する」と考える見解がある(1)。このような考え方に対しては、種々の議論がありうるところであるが――公法・私法の二元論に関する問題、過納・過払いと誤納・誤払いとでは、納付や支払の段階で実体法的、手続法的に有効な行政処分が存在するか否かに差異があるものと観念されるため、先決事項としてその取消を求めるべきか否かに差異を生じ、両者の取扱を異にすべきではないかという問題、給与に関して行政法的特殊性を認めることについての問題など――、それらを検討することは本書の意図するところではない。ここでは、このような論者にあってはもちろん他の「行政法上の不当利得」という枠組で問題を考える論者にあっても、「多かれ少かれ、通常の民事関係における不当利得とは異るものがあることが予想されている」(2)ことが注目されなければならない。要件論としては、不当利得の「法律上ノ原因ナク」の要件を充足するために、行政行為が無効な場合はともかく、そうでなければ先決問題として行政行為の取消が必要であると考えるのが伝統的な考え方と思われるが、この点は公定力理論をめぐる近時の学説の変化をもふまえて前に検討したので(3)、ここでは法律効果に限定して問題を考えることにしよう。そうすると、行政法規が明文の規定をもって特殊の効果を規律しているときにそれによることとなるのは当然であるが、それ以外でも不当利得債権の消滅時効を、事実として先行した法律関係が行政法的関係であったことを反映して会計法三〇条に即して五年と考えるか否かが問題とされる(4)。

この不当利得返還請求権の時効期間については、基本的には次のように考えるべきものと思われる。たとえ行政行為が行政行為として無効な場合であっても、現実にはそれが有効なものとして取り扱われることが多い。このような場合に、表見的な行政行為を行なった者およびその相手方が、行政行為の有効なことを前提に証拠保全をはかることが考えられる。このような事情が認められる場合には、行政行為の無効などにより不当利得返還請求権が発生するとしても、その時効期間も行政行為のそれと同一とするのが、当事者の予期を保護するゆえんであろう。したがって、時効期間なども表見的な法律関係に即して考える必要がある。もちろん、具体的な問題の解決に当たっては、その問題に即したきめ細かい分析が必要であり、ここでは原則的な一般指針を示すにとどまるが、基本的には会計法三〇条が適用されるべきものであろう。この意味では、前に商行為の無効の場合の消滅時効に関して検討したことと、同じことがいえるように思われる(5)。

この他の問題としても今村説においては、返還義務の範囲についても、民事的な規律とちがって、国が不当利得返還債務者の場合には受けた利益の全部に利息を附して返還すべきであるとし、国が債権者で私人が債務者となる場合には現存利益の範囲に縮減する途が認められている(6)。なお、法律効果の問題ではないが、訴訟手続の問題として、論者によっては、この不当利得返還請求訴訟は一般民事訴訟手続によるのではなくて、行政事件訴訟特例法が適用されるべきことが主張されており、この立場に立てば現在では行政事件訴訟法が適用されることになるであろう。(7)

二　以上は行政法学の側からの議論であるが、民法学の側からも、谷口説は、「国家公共団体を一当事者とする不当利得関係」に関して、「特別の諸考慮なくして私人間に於けると同様に取扱ふべきものではない」として、返還義務範囲の認定につき、次の三点をその特別な考慮としてあげる。(8)第一に、国家・公共団体の命令行為の権威のもとの給付であったか否かによって、救済が必要か否かを考慮する。第二に、国家・公共団体の財政確保の必要性を考慮する——具体的には、国が不当利得返還につき権利者の場合には現存利益ではなく全額返還とし、逆に国が返還義務者の場合には返還義務の否定や分割猶予の余地を認める。第三に——第二の考慮とは逆であって、相互に拮抗するものであるが——、社会政策的見地から市民が受けた過誤の給付は、本来直ちに費消せられるべき性質であること、また、受益者の環境上返還義務を軽減すべき考慮が必要であるとする、(9)などの点である。

三　このように、行政法学の側からは今村説が、民事法学の側からは谷口説が展開していた特殊行政法的な考慮は、一部現実の判例の中にもとり入れられている。たとえば、判例は一般に現存利益の抗弁を認めることに厳しい態度をとっているにもかかわらず、(10)恩給の過（誤）払いがあった場合に、国がその返還を求める不当利得返還請求にあっては、現存利益の不存在を認定し、返還義務を否定している。(11)このような結論は、不当利得を衡平説的に理解する者からも賛同を得ているが、(12)本書のような実定法的不当利得像を描く場合には、前にも述べたように、(13)国に一旦発生する不当利得返還請求権が、一方当事者が困窮した市民であり、一方当事者が通常の市民と同様の財産的保護を与える必要が必ずしもない国であることが顧慮された結果、権利濫用としてその返還請求が認められなかった、と考えるべきであろう。(14)本書の立場では、現存利益の主張は帰属法的不当利得規範についてのみ認められるものであるし、(15)かりに本書のような立場をとらない者にあっても、民法七〇三条の現存利益の問題として民法起草者が考えていたのは、利得の物理的、事実的滅失であって、右の裁判例のような一般的費消ではなかったと思われるからである。(16)

また、下級審の裁判例の中には、市の締結したガス供給契約が無効であった場合の市の相手方に対する不当利得返還請求権が行使されないとすれば、それは地方自治法二四二条の「公金……の徴収……を怠る」場合に該当し、同法二四二条の二の住民訴訟の対象となると判示したもの(17)があるが、きわめて正当な判断というべきであろう。

このような具体的問題はさておくことにすると、さきに、行政法学、民法学において主張されている見解を紹介してきたが(18)、これらの論者は、議論のたて方にはかなり差異があるものの、いずれも法的効力をもたない行政法的関係が事実として実現された場合に、その不当利得法的清算に先行する事実関係の性格を顧慮したなんらかの特殊な取扱をしようとしている。また、裁判例においても、それはすでに一部実現されていたわけである。この特殊な取扱の内容は、論者によって異なるところもあり、それを具体的に検討することが――行政法学、民法学の双方に課せられた一つの課題であり――矯正法的不当利得法の各論の一つとなるところであろう。ここでは、そのような分析にまでは立ち入らないが、先行する事実的法律関係の性格が不当利得法的清算に影響を与えるという枠組においては、公法上（行政法上）の不当利得関係も、会社の不成立、契約の無効、取消などに関して検討してきたところと、異なるところはないこととなる。

（1）　田中二郎『行政法総論』（法律学全集6）（昭和四一年）二五五―二五六頁。なお、この問題についての田中説の詳細については、田中二郎「公法上の不当利得に就て――公法に於ける私法規定適用の限界に就ての一考察――」公法雑誌四巻九号（昭和一三年）一〇三七頁以下、公法と私法（昭和三六年）四三頁以下参照。

（2）　今村成和「行政法上の不当利得」民商法雑誌三六巻二号（昭和三二年）一七九頁、現代の行政と行政法の理論（昭和四七年）三四頁。

（3）　本書二五九頁に課税処分をめぐる最高裁判所判例（最判昭和四九年三月八日民集二八巻二号一八六頁）に即して近時の判例、学説を検討したので、そこでの叙述参照。

（4）田中・前掲『行政法総論』（法律学全集6）二五六頁は一般的にこれを肯定し、今村・前掲「行政法上の不当利得」現代の行政と行政法の理論四八頁は、行政行為をもって返還を命じうべき場合にかぎってこれを肯定する。
（5）本書四〇五頁以下参照。
（6）今村・前掲「行政法上の不当利得」現代の行政と行政法の理論四二頁以下。
（7）田中・前掲『行政法総論』（法律学全集6）二五六頁、今村・前注引用書四九頁（なお、この点については、今村説は後に改説をしているが、この点は同書五〇頁補注参照）。
（8）引用部分をも含め、谷口知平『不当利得の研究』（昭和四四年）五八一―五八二頁。
（9）なお、このような考慮が現実になされたと思われる裁判例につき、注(11)参照。
（10）本書六九頁以下参照。
（11）大判昭和八年二月二三日新聞三五三一号八頁（〔2・18〕、本書七一頁）、高松高判昭和四五年四月二四日判タ二四八号一四七頁（これらの分析につき本書二〇〇頁以下参照）。なお、オーストリア、ドイツの判例もこの種の事案では類似の結論を導くことにつき、川村泰啓「『所有』関係の場で機能する不当利得制度（八）」判例評論一二九号（昭和四四年）四頁参照。
（12）我妻栄『債権各論下巻一（民法講義V4）』（昭和四七年）一一〇〇頁。
（13）本書二〇〇頁。なお、本書七一頁をも参照されたい。
（14）好美清光「不当利得法の新しい動向について（上）」判例タイムズ三八六号（昭和五四年）一二頁。
（15）本書八一七頁参照。
（16）本書三三五頁以下。
（17）大津地判昭和五七年九月二七日判時一〇七三号五七頁。
（18）なお、この問題に関しては、谷口知平編・小高剛執筆『注釈民法⒅』（昭和五一年）五一一頁以下が詳細である。また、この行政法上の不当利得の一例である租税の過誤納をめぐる問題についての、判例、学説については、注(3)引用箇所参照。

第七款　矯正法的不当利得の効果の基本枠組

一　以上の検討をふまえ、また後に第三節で具体的に検討することの一部を先取りしながら、ここに矯正法的不当利得返還請求権の効果の基本的な枠組を述べることにしよう。

矯正法的不当利得返還請求権においても、移転した財貨＝「受ケタル利益」が返還されなければならない。ここまでは、前章に検討した条文の文言および通説的見解に即した結論と変わるところはない（本書三二・三三頁）。しかし、さらに返還義務の範囲の細部に関して、民法七〇三条、七〇四条には、受益者の善意、悪意の場合を分かち、現存利益の返還、利息附与（プラス損害賠償）などが定められている。ところが、会社の設立、契約、身分行為、行政法的関係の無効、取消、不存在などさきに検討した事例を考えると、受益者が善意であって受益が後発的に減少したとしても、民法七〇三条以下の枠組が適用されて返還義務の範囲が現存利益に減少するという結論を従来の学説の多くが一致して採用している、という状況では決してなかった。それらにおいてはむしろ、具体的な返還義務の内容としては、無効などと評される法律関係の性格を受け、事実上財貨移転を基礎づけていた法律関係の性格を顧慮した清算などが主張されていた。そこで、本書では、矯正法的不当利得返還請求権の効果の一般枠組としては、「受ケタル利益」の返還を本則としつつ、その具体的内容および細部は、法的に有効ではないが財貨移転を基礎づけると事実上考えられていた「表見的法律関係」によって規律される、と考える。

二　ただ、このように考えるにさいしては、検討されるべきいくつかの問題がある。まず、何よりも、本書に例示的に検討した、会社の設立、契約、身分行為、行政法的関係の無効、取消、不存在など以外の分野において、右のような関係がどこまでなりたつのかが問題となろう（なお、本書校正時に接し得た近時の論稿からは、一定の民事訴訟法上の不当利得についても、このような関係が成り立つように思われる(1)）。また、右の事例やそれ以外の場合にこのような取扱がなされるとしても、表見的法律関係の性質が全面的に清算関係に反映されるはずもないので――全面的に反映されると法律関係が有効な場合の終了と変わりはなくなり、無効などと評価した意味が貫徹されない恐れがある――表見的法律関係の規範内容のどの部分が不当利得法的清算に反映されるべきかが問題となる。これらの問題は、各論的分析として一部は次節に論じられるものの、本書でもすべての法律関係にわたって分析を展開するわけではない。それというのは、ここには次に述べるような状況が存在するからである。

表見的法律関係が不当利得法的清算にさいして顧慮されるということは、抽象的一般的規範としての表見的法律関係が顧慮されるということでは決してなく、当該財貨移転を基礎づけていた具体的な表見的法律関係を顧慮しなければならないということである。例をもって示すならば、売買が無効な場合の不当利得にあっては、原則としては目的物の返還と代金返還との対価性、双務性が顧慮されなければならないが、目的物と代金との対価的バランスが当初の無効な契約においても保たれていない場合に――行為無能力、錯誤、詐欺強迫などに伴い、このような事態が生ずることは多いであろう――不当利得法的清算にさいして対価性、双務性を全面的に顧慮すると、かえって妥当とはいえないような結果をもたらす（詳しくは次節参照）。ともに売買契約無効の場合であり、その表見的法律関係は抽象的には同種であっても、その清算は決して一様に考えられるものではなく、無効な契約の具体的差異――対価的バランスがとれているか否かなど――も顧慮されなければならない。ここでは、一定程度は問題を類型的に考えることはできるが、問題解決の最終的なあり方は各事件ごとの考察に委ねられるという性格が濃厚である。

三　また、不当利得法的清算にさいして表見的法律関係の性格を顧慮すべきか否かということは、表見的法律関係の種類――会社設立関係、契約関係、身分行為、行政法的関係、その他種々の関係――に即して、類型的のみならず個別具体的にも考察されるべき問題であるが、そればかりではなくその法律関係の効力が否定される契機に即しても、具体的に考察する必要がある。法律関係の無効、取消があった場合のみならず、契約その他の法律関係が不成立であった場合、有効な法律関係と具体的財貨移転との間にズレがあるような場合（売買の目的物と異なった物が引き渡された場合など）にも、清算にさいして表見的法律関係を顧慮すべき場合は多々ありうるからである。無効、不成立というものは、法律関係に効力をもたせないための法的評価の枠組にすぎず、法的に不成立であるならば社会的事実としても何も存在しないというものでないことは、当然の話ではあるが、ここに、注意を喚起しておきたい。さらに、表見的法律関係論が法律関係不成立の場合をカバーすることもあることとの関連で、何が表見的法律関係であるのかも、常に明晰とはかぎらないことを、ここに付け加えておきたい。たとえば、ある物が現実に貸借されたが、一方当事者が使用貸借のつもりで契約の申込をし、他方当事者が賃貸借のつもりで承諾の意思表示をしていたような場合には、契約は不成立であり、表見的貸借関係は存在するものの、表見的賃貸借関係なのか表見的使用貸借関係なのか――表見的有償関係か表見的無償関係か――は、それ自体としては決定されえない。しかし、このような場合であっても、当事者間の関係を債権関係を顧慮しない単なる物権関係として規律すべきか、それとも表見的貸借関係であることを顧慮した矯正法的不当利得関係として規律すべきかは、具体的に当事者間の関係を考察した後に決まることである、と考える。

またさらにいえば、このような表見的法律関係は、実定法体系の段階構造に即して、きわめて柔軟にとらえうるものであることを附言しておきたい。売買契約の無効の場合の不当利得法的清算を例にとれば、これを表見的売買契約として契約各論的意味で売買契約の規定を顧慮することは当然可能であるが、同時に表見的双務契約、表見的有償契約として双務契約や有償契約についての規定を顧慮することも可能であるし、また表見的契約関係として契約一般の規定を顧慮することも可能なのである（表見的債権関係を顧慮することは、不当利得法それ自体が債権法として規定されている関係上それほど意味がないが、他の法分野に関してであれば、表見的物権関係か、表見的親族関係か等々を問題にする余地は当然あることになろう）。

四　以上述べてきたように、効果の具体的内容はあらゆる意味において事案に即した各論的分析に委ねられるのであるが、ここで、不当利得法的清算にさいして表見的法律関係を顧慮しうるという一般枠組を提示したことは、法解釈学的に単なる〝白紙条項〟を提示したわけではなく、次のような解釈学的意味を有するものである。

前にも述べたように（本書三九六頁）、法律関係の有効、無効、不存在などの枠組は、一方がその法律関係の規範内容を一〇〇％貫徹するものであり、他方はそれをゼロとして取り扱う両極的な枠組であって、中間的な取扱は存在しない、ということが従来の講学上の建前であった。ところが、本書では、事実上実現された法律関係の不当利得法的清算に関しては、事実として存在した表見的法律関係に残存効ともいうべき継続的な影響力を認め、一〇〇かゼロかの間に中間的な取扱をする途を開いたものである。

従来も、実際問題としては、会社設立、継続的債権関係、事実的契約関係、あるいは雇用契約や組合契約、身分行為の取消、公法上（行政法上）の不当利得関係をめぐって、このような取扱の途が開かれていないではなかった。しかし、これらの主張を展開する学説は、自らが主張している取扱が特殊であると考え、会社法上の特殊性、継続的債権関係の特殊性、身分行為の特殊性、公権の特殊性などを強調してきた。それは、これらの諸説が、前述した有効・無効をめぐる建前論が貫かれる原則的な場が清算関係においてもあると考えたがゆえに、それとの対比において自ら主張する取扱を特殊と位置づけたためにほかならない。しかし、このような建前論が清算関係においても貫きうる——言葉を換えていえば、遡及的無効論が貫かれる——典型的な例と考えられてきた売買などの一時的債権関係においてすらも、右の建前論は貫かれず、事実として先行した法律関係を尊重した清算がなされるべきことを後述する川村説は説得的に論証したのである。ここに至っては、右の建前論が清算関係に関して貫かれる場は崩れ去ったというべきであろう。右の建前論は、無効などの法律関係をこれから実現しようとする請求に対して妥当するものであって、すでに事実上実現された法律関係の清算に関して妥当するものではなかった。それを法律構成の次元において明示したものが、本書に述べた矯正法的不当利得返還請求権の効果に関する一般枠組なのである。

しかし、本書では効果に関する一般枠組は示しても、中間的取扱としての清算関係の具体的あり方は——一部、第三節に示すにとどまり——各論的な事案に即した考察に委ねることとなった。その理由を次の例に即してまとめてみることにしよう。現実に実行された売買契約関係の有効、無効、不成立などのケースをいろいろ考えると、社会的現実としては、一方の極にそれを有効としてその規範的意義を一〇〇％認めてよい場合があり、他方の極に契約不成立などとはいってもその規範的意義をまったく認める必要がなく単なる物権関係（ないし帰属法的不当利得関係）として扱ってよい場合があり、その中間に事実として存在した表見的法律関係の規範的な意義を一定程度尊重すべき場合が存在する。(2) しかし、そこにおいてもその表見的法律関係をどの程度に尊重すべきかは、一様ではない。

尊重されるべき程度は、無効、取消原因や、〝不成立〟と評されるものの実体、またこれらの瑕疵の合意内容に対する影響などによって大きく異なることとなる。矯正法的不当利得規範は、財貨帰属に関する法としての物権法や帰属法的不当利得規範と、財貨の移転に関する法としての契約法などとの中間にあり、両者を連続的につなぐものなのであって、個別事案に即した考察こそが重要である、といえる。そうであるとすれば、具体的事案を離れて清算基準を示すことは実際上不可能であり、可能なことは、一般枠組を示すことと、たかだか類型的な清算基準を示すことだけであろう。そこで本書は、本節において一般枠組を示すと同時に、次節で各論的分析として、民法上問題となることが多い売買契約の無効、取消の場合をとりあげ、その不当利得法的清算についての――事案に即してではなく――類型的な基準を一部示したものである。帰属法的不当利得返還請求権の効果を論じたときとは異なり、各論的な事案分析に委ねられている分野はきわめて大きいというべきであろう。

（1）　伊藤眞「賃金仮払いの仮処分の失効と不当利得」判例評論三二一号（昭和六〇年）一九一頁（これは、賃金仮払いの仮処分が失効した後にもそれを有効として扱うべき旨を説くものであるが、追記に「表見的法律関係」に言及されているように、この種の仮処分が失効した場合に、その不当利得関係において「表見的法律関係」を顧慮すべきものと考える余地もあり、本書の立場からも興味深いものである）。

（2）　本書三八二頁に述べたように、訴訟当事者が、社会的実体として当該財貨移転の基礎づけとまったく無関係の法律関係をとりあげ、その不存在を「法律上ノ原因ナク」として主張、立証することがありうる。このような場合に、その法律関係が矯正法的不当利得返還請求権の効果に影響を与えないことは当然であるが、このような極端な事例でなくとも、意思表示の不一致による契約不成立などでは、事案によってはそこでの表見的契約関係が継続的な影響力――残存効――をもたないほうが事案の解決として妥当な場合も考えられよう。

第三節　各論のための例示的分析
――売買契約・贈与契約の無効、取消をめぐって――

一　矯正法的不当利得返還請求権の効果は、前節で一般枠組を検討したが、細部にわたる考察は各則的分析に委ねられる側面が大きい(1)。そこで、例示的な意味をも含め、契約の無効・取消があった場合の不当利得関係を、社会的重要性がもっとも大きくかつ一時的債権契約の代表的な例である売買契約の無効・取消の事例を中心として、付随的に贈与契約の無効の例をもとりあげながら考えていくことにする。

なお、契約の無効などの場合の不当利得関係、とりわけ双務契約の無効などの場合の不当利得関係の処理については、従来、川村説(2)がドイツのいわゆる事実的双務関係論(3)などをとり入れつつ、精力的な分析を展開してきたところである。本節の叙述は、この点についての川村説の問題提起とその内容を基本的には肯定的方向で受けとめながら、この問題処理のあり方に関する私見の結論を明らかにしようとするものである(4)。

まず、本節の分析の中心となる売買契約の無効・取消などがあった場合の不当利得関係を考えると、それが問題となるのは大きく二つの場合に分かれる。第一は、売買の目的物・代金がともに相手方に交付されている場合であり、第二は、売買の目的物ないし代金のみが交付され他方の給付は交付されていない場合である。まず、双方給付が交付された売買契約が無効などの場合の枠組を、本書では次の問題ごとに分説することとする。**二**　対価的牽連関係の枠組。**三**　履行上の牽連関係――同時履行の抗弁権。**四**　目的物の滅失などの場合の不当利得関係――債務不履行、相殺、危険負担（存続上の牽連関係）。**五**給付内容における対価的牽連関係――果実と利息。**三―五**の分析を終えた後、**六**において、一方給付だけが既履行のときに売買契約が無効などの場合の不当利得関係を分析し、それとの対比のため贈与契約の無効などの問題にごく簡単にふれることにする。これは、無償契約の無効などの場合の矯正法的不当利得規範に関する例示的分析の意味をもつものでもある(5)。最後に七で、本書の結論に対し予測される異論との関係で、私見のもつ意味を考えてみることにする。

二　対価的牽連関係の枠組

売買の目的物・代金ともに交付済みであるにもかかわらず、売買契約が無効、あるいは取り消された場合にあっては、その〝契約〟に定められた目的物と代金とが対価的なバランスを保っている事案と保っていない事案がある。対価的バランスが崩れた約定がなされる原因としては、意思無能力、行為無能力、錯誤、詐欺、強迫など多様な原因が考えられる。以下に検討する種々の問題に関していえば、双方給付の対価的バランスが保たれているか否かによって、問題処理の基準が異なる場合と異ならない場合との双方がある。そこで、本書の以下の叙述においては、特に留保をつけない場合には対価的バランスがとれている場合を念頭において分析をすすめ、必要がある場合に対価的バランスが崩れている場合の叙述を付記することとする(6)。

売買契約が無効などの場合に、双方給付がすでに履行済みであるとすれば、当事者が不当利得返還請求権を行使するときに目的物の返還と代金の返還とが相互に対価的牽連関係にたっていることを考慮しないと、両当事者の利害の調整が均衡を失する恐れがある。売買契約が有効な場合には、目的物の引渡や所有権移転と、代金の支払という双務的な給付を履行するにさいして、相互の対価的牽連関係を確保するために同時履行の抗弁等々、いくつかの規定が用意されている。ところが、売買契約の無効などによって目的物返還義務と代金返還義務の双方が問題になる場合においても、売買が有効な場合の相互的な給付の交換と利益状況が基本的に同一であるという側面がある。このかぎりにおいて、契約が有効な場合の相互の対価的牽連関係を確保するための諸規定が、利益状況が同一である両当事者の不当利得関係をも規律することが適当となる。前述したいわゆる事実的双務関係論、それをふまえた川村説が「誤って展開された契約関係の捲き戻し機能(7)」を担うものとしてここでの不当利得関係をとらえるのは、問題へのアプローチの仕方には本書に述べるところと異なるところがあるにせよ、基本的にはこのような問題を念頭におくものである。

では、対価的牽連関係を確保するためのいかなる規範がこの不当利得関係において問題となるのであろうか。契約が有効であった場合に、双務契約により発生する双方の債務の牽連関係を確保する法制度として通常あげられるものは、論者により多少の差異があるが、次の諸点である(8)。第一に、債務の成立について、その契約内容たるべき一方の債務が成立しなければ、その対価である他方の債務も成立しない。第二に、債務の履行上の牽連関係確保のために、同時履行の抗弁権が認められる。第三に、債務存続上の牽連関係として危険負担の規定が用意されている。第四に、不履行についての牽連関係として、契約解除を論者によってはとりあげている。

さらに、双務契約という債務に焦点を合せた構成を離れ、この牽連性を対価的バランスという経済的有償性という枠組で考えるのであれば、第五の問題として売主の担保責任の問題も視野のうちに入ってくる可能性もある。民法五六三条などの定める代金減額という効果はまさにこのような対価的バランスを考慮したものであるし、瑕疵担保責任に関しても、対価的制限説、あるいは債務不履行や危険負担との法体系的バランスから代金減額請求権を考える立場（著者自身の見解であるが、危険負担的代金減額請求権説(9)）をとった場合には、右のようにいえるからである。また、第六の問題として、売買契約法上の規定で、双方給付の対価的バランスに基礎をおいたものとしては、目的物から生じた果実と代金から生ずる利息とについてともに相手方に引渡ないし支払の必要がないことを原則とした民法五七五条の規定がある。第七に、債権総論の規定となるが、相殺も二種の債務の対価的同一性を基礎にした規定である（売買契約が有効な場合にも、契約債務不履行による損害賠償請求権と代金請求権との相殺という形で問題となりうる）。他にも問題がありえなくはないであろうが、本書においては、主要な問題としてまずこの七点を考えることにしよう。

有効な契約につき対価的バランスの確保と関連するこれらの諸規定のうち、どれが契約が無効などの場合の不当利得関係においても同じように顧慮される必要があるのかを次に検討することとしよう。第一の債務成立上の牽連関係は、不当利得関係においても問題となるがそれほど深刻な問題とは思われない(10)。第四の解除は状況によって不当利得関係に適用する余地がないかあるいは必要がないかのいずれかであると思われ(11)、第五の担保責任は不当利得返還請求においては問題となる余地がないように思われる(12)。そこで、これら三点の検討は注に譲り（注(10)〜(12)参照）、本文では以下にそれ以外の諸点を検討していくことにする。

三　履行上の牽連関係――同時履行の抗弁権

まず、履行上の牽連関係としての同時履行の抗弁権に関してであるが、解除の場合の原状回復に関しては同時履行の抗弁権が準用されることが条文上も明言されているが（民法五四六条）、不当利得関係については特に規定はおかれていない。この点につき、かつて大審院は同時履行の関係を認めることに消極的であった(13)。しかし、それに対して一部の学説はこの場合に同時履行の抗弁を承認すべきことを主張しており(14)、戦後は二つの最高裁判決によって同時履行の関係が積極的に承認されるに至った。まず、昭和二八年に最高裁判所は、不動産売買の取消の事案――ただし、未成年者の不動産の売却にさいし、旧法時代にその親権者母が親族会の同意を得ておらず、昭和二二年改正前の民法八八六条、八八七条が適用された事案――において、「取消による原状回復に付き同時履行の抗弁が有効に主張され得るか否かは問題の存する処であるけれども、未成年者の取消についても……民法五四六条に準じ同法五三三条の準用あるものと解するを相当とする(15)」と判示し、その判示内容の射程を未成年者の取消に限定しつつ、同時履行の抗弁権を肯定したのである。その後の学説には契約の無効・取消の場合に同時履行の関係が一般的に認められることを主張したり、最高裁判所がさきざきこの方向で判示することを予測するものが多かったし(16)、昭和四七年の最高裁判所は、第三者の詐欺を理由とする不動産売買契約の取消が主張された事案に関し、二八年判決と異なって特にその判断内容が及ぶ射程には言及することなく、同時履行の抗弁を承認した(17)（ただし、この事案が第三者の詐欺による取消と構成されるべきか否かについては、疑問が呈されている(18)）。また、下級審判決のレベルにおいても、私的契約の無効・取消といえるものに関しては、戦前、戦後を問わずほとんど例外なく同時履行の関係が認められている(19)。

このように考えると、双務契約の無効・取消に関して比較的広く同時履行の関係が承認されているとまでは、判例、学説の双方からいいうるところなのであるが、そこからさき、無効・取消があった場合に、全面的に同時履行の関係が承認されるといいえるか否かについては、即断を許さない側面もある。昭和四七年の最高裁判決自体についても、右のように全面的に同時履行の抗弁を承認したものと理解することも可能であるが、他方、昭和四七年判決は第三者の詐欺の事案に関して同時履行の抗弁を認めたにとどまり、訴訟当事者自身が詐欺、強迫などを行なった事案に関しては、この判例の射程は及んでいない、と解することも可能であろうし、現にこのような論者も存在するからである（注(20)参照）。一般に、詐欺、強迫などを行なった者に同時履行の抗弁を認めることには、信義則ないし衡平の観点から抵抗を感ずる向きもあろうし、法体系的バランスの問題として、他の規定との関係を顧慮する必要もあるからである。この点を具体的にいえば、まず第一に、類似事案に関して、相手方の主張が留置権の抗弁として展開された場合には、民法二九五条二項によって「占有カ不法行為ニ因リテ始マリタル場合」として留置権が認められないこととのバランスが問題となる。さらに、目的物が費消され、不当利得返還請求が相互に金員請求となった場合に、詐欺、強迫をした者からの相殺が認められるか、という問題もからんでくる。もちろん、両当事者の請求が不当利得であることに着眼して相殺を認めることも充分可能であるが、詐欺、強迫をした者が不法行為者であることに着眼して、その者が損害賠償請求に対して相殺をもって対抗できない（民法五〇九条）ことをここでも顧慮すべきであるとの主張も考えられなくはない。後者の立場をとるならば、同じ不当利得関係でも、特定債権の場合には同時履行の抗弁が問題となりえ、他方金銭債権に転じた場合には相殺をもって対抗できないこととなるが、この点がバランスを失することはないか、検討される必要があろう。

このように、一方当事者が不法行為の要件を具備しているときに、民法二九五条二項、五〇九条との関係で問題が顕在化する。したがって、詐欺、強迫や、あるいは相手方の行為無能力に乗じた場合で不法行為的な事例などを考えると、その場合に同時履行の抗弁を認めることに問題がないわけではない。昭和四七年判決の評釈の中には、このような問題との関連から、同判決の射程を限定して考えるものが多い[20]。また、川村説も別の観点から、詐欺、強迫の場合を除外した上で同時履行の関係を承認すべきことを主張している[21]。しかし、それにもかかわらず、著者自身は、これらの事案においても同時履行の抗弁を認めるべきである、と考える。その理由は、昭和四七年判決の解説をした調査官も指摘していることであるが、同時履行の抗弁を認めないとしても、その者の反訴提起などがあればそれは認めざるをえない以上、同時履行の抗弁を否定することの実質的意義はあまりないからである[22]。逆に反訴提起があれば、裁判において本訴が認容される以上それと裏腹の反訴も原則的には認容されることとなり、印紙などの反訴費用は反訴に敗訴する詐欺の被害者が負担することになるので（民事訴訟法八九条）、同時履行の抗弁を認めず反訴ないし別訴提起に問題をうつすことが当事者間の関係から衡平であるともいいがたいようにも思われる。したがって、個人的見解としては、一方給付が経済的に無価値な物であって意味なく同時履行の抗弁が主張されているような場合はともかく、実質的に意味のある給付が双方的に交換された場合には、別段双方給付の対価的バランスが崩れていても、また、その契約の無効・取消原因に詐欺、強迫その他不法行為的要素が関連していたとしても、同時履行の抗弁を認めて一般には差しつかえないものと考える。さきの調査官は、今後の判例が無効、取消の場合に一般的に同時履行の関係を是認することになるであろうことを「推測[23]」しているが、著者自身もこうした方向を是認するものである。

四　目的物の滅失などの場合の不当利得関係——債務不履行、相殺、危険負担（存続上の牽連関係）

次に、無効などの売買の目的物が滅失・毀損した場合の不当利得関係を考えてみることにする。民法七〇三条以下を機械的に適用すれば、善意の返還義務者の返還義務の範囲は消滅ないし「現存利益」に縮減するのに、他方、その者は自らが交付した給付を全面的に取り戻しうる、という結論も考えられないわけではない。しかし、このような考え方には後述するように問題があり（本書四三九頁以下参照）、またこのような取扱によれば、二当事者の保護のバランスが一方に極端に偏することとなる。そこで、双方給付の牽連性を何らかの意味で考えることが必要となる。実務的にも、右のような機械的結論を採用することに——後述する双方給付の牽連性を強調した川村説の出現以前にあっても——裁判所が逡巡してきた跡を窺うことができる[25]。また、民法典自体も、解除に関しては、目的物の滅失・毀損があった場合の両当事者の保護のバランスの問題に一応の配慮を示し、解除権者に帰責事由があれば解除権は消滅し、帰責事由がなければ解除権は消滅しない、という結論を出している（民法五四八条。ただし、同条は、非解除権者のもとでの滅失・毀損の場合、および解除権者のもとでの解除の意思表示後の滅失・毀損の場合について言及するものではない）[26]。それに対し、無効・取消の場合のこの問題に関しては民法典はほとんど言及していないが[27]、なんらかの形で相互的な牽連性を考えることが必要であろう。このような観点から、この問題を、債務不履行、相殺、危険負担などの法制度との関連において、考えていくこととする。

まず、無効などの売買の目的物が買主のもとで滅失・毀損した場合に、その不当利得関係は次の三つの場合に分けて考えることができよう。すなわち、その目的物の滅失・毀損に伴う返還不能などに関して、①買主に帰責事由がある場合、②売主に帰責事由がある場合、③双方ともに帰責事由がない場合、の三種である[28]。

最初に①の買主に帰責事由がある場合を考えると、売主の目的物自体についての不当利得返還請求権は滅失の場合には、履行不能となり、毀損の場合には毀損した状況での引渡を内容とするものになるわけであるが（民法四八三条）[29]、帰責事由が買主にあるので、滅失・毀損のいずれにせよ、その債務不履行責任が問題となり、買主は損害賠償義務を負担することになる。この点は、前に不当利得法の効果が原物返還か価格返還かを検討するさい、論じたところであるので、そこでの叙述に譲ることとする[30]（ただし、川村説も指摘するように有効な契約にもとづく特定債権と較べ、帰責事由の認定にさいし、差異が生じうる点は留意する必要がある）[31]。ただ、このように考えると、特定債権であった不当利得返還請求権が金銭債権に転化し、他方当事者のもつ代金についての不当利得返還請求権も金銭債権であるため、両当事者の間で相殺が可能となる[32]。そのため、双方給付が基本的に等価であれば、債務不履行などにより他方の損害などが問題になればともかく、相殺によって不当利得返還請求権が機能しないという状況も考えられる。もちろん、詐欺、強迫、行為無能力などにより非等価給付が交換された場合を考えれば明らかなように、不当利得返還請求権は客観的な市場価格によるように合意内容を改訂するという機能を有しており、双方給付の客観的市場価格に差があればその差額に関しては相殺があっても取戻が可能ではある。(33) しかし、「不当利得法による事実的な契約実現」という、継続的債権契約などに関して前に検討したのと同じ状況、(34) すなわち、無効などと評される法律関係の規範内容が——客観的市場価格による改訂を受けながらも、過去に実現された限度において——不当利得法を媒介としつつ実現されるという法状況がここでも生じていることには、留意する必要があろう。(35) このことは、不当利得による債務不履行を観念する立場をとらなくとも、価値返還相互に関して相殺が可能である以上、常に生じる問題である。

次に買主には帰責事由がない②、③の場合を考えると、目的物が滅失・毀損したときは、その返還をめぐる不当利得返還請求権それ自体は、履行不能によって消滅するか、あるいは毀損した状態で目的物を引き渡せばたりることとなる（民法四八三条）。しかし、一方の不当利得返還請求権が消滅ないし縮減した状況になっている場合に、それを顧慮することなく、代金に関する他方の不当利得返還請求権を認めると、最初に述べたように両当事者の利害の調整が均衡を失する恐れがある。そこで、双務的不当利得関係の対価的牽連を確保するために、川村説が指摘する(36)ように危険負担の問題をここで考慮する必要がでてくる。具体的には、物権行為の有因性説を前提とするかぎり、不当利得返還請求権は目的物の引渡という占有移転を目的とする債権となる。通説的見解においては、単なる占有移転を目的とする債権は民法五三四条にいう「物権ノ設定又ハ移転」を目的とする債権として扱われておらず、民法五三六条の適用があるものとして取り扱われている。(37) それに従って具体的事例を考えるならば、②の売主に帰責事由がある場合には、債権者の帰責事由によって履行が不能ないし一部不能になったのであるから、買主は、反対債権である代金の不当利得返還請求権を失うことはない（民法五三六条二項）。③の双方ともに帰責事由がない場合に関しては、反対債権である買主による代金の不当利得返還請求権は消滅ないし縮減することとなる(38)（民法五三六条一項）。ただ、③の場合には、結果的に無効などの清算が行なわれなくなるわけで[39]、ここでも「不当利得法による事実的な契約実現」という状況が発生することには留意する必要があろう（一方当事者の詐欺・強迫などがあった場合の私見については、注に譲る[40]）。

このような場合の不当利得関係を双務的に構成し、危険負担その他の考え方をとり入れていくことは、前述したようにわが国では川村説に始まるものであるが、その後、この考え方は衡平説的立場にある我妻説や、松坂説にも影響を与えていくこととなった。たとえば、目的物が買主のもとで滅失した場合について、我妻説は次のようにいう。滅失が買主の帰責事由にもとづく場合は、買主は時価を返還する責任を負う[41]（これは、価格返還の一場合として述べられており、本書に述べたような債務不履行構成は顧慮されていない）。これに対し、買主に帰責事由がなければ、その者の不当利得返還義務は消滅するが、反対債務である売主の代金の不当利得返還義務に関しては、「売買が無効でありまたは取消されるに至った原因についての売主の関与の程度と態様を斟酌して、売主の返還義務を縮減するのが妥当である[42]」とする（ただし、原文に「A」とされているものを引用文では「売主」と変更している）。ここでは、差額説および事実的双務関係説においては時価売買などの場合に売主の代金返還義務が発生しないことが紹介され、「差額説の右の結論は妥当なようであるが[43]」としつつも、そこまではふみきらず、谷口説的な過責の考量論[44]と危険負担の顧慮との折衷的な結論が採用されているわけである。それに対し、松坂説は「差額説を正当とする[45]」ことを明言し、売主の代金の不当利得返還請求権が消滅することも観念するようである。

したがって、以上述べてきたような問題については、法律構成としても問題の性格を明示した上でそれに対処するか、あるいは我妻説のように問題の性格をめぐる尖鋭的な議論に立ち入ることは避けつつ折衷的、妥協的な——それだけに抵抗の少ない——形で対処するかには差異があるとしても、問題の所在と、それに対処した形で紛争解決の結論を導くべきことに関してだけは、近時の学界の大勢は一致しているというべきである。

実務に目を移すと、目的物の滅失が問題となった古い大審院および下級審判決例が少数ながら存在している。もちろん、学説による問題提起以前のものであるから、ここに述べているような明晰な形で問題の所在を意識しているわけではなく、判決文の抽象的な論議においては二つの不当利得返還請求権が相互独立の関係にあることが述べられているのではあるが、それにもかかわらず、一方給付の滅失をそれなりに顧慮していることが、判決の結論ないし理由中の表現から窺えるものも少なくないのである。その具体的な内容は注に譲るが[46]、今後、実務に今まで述べてきた問題を内包している事案があらわれたときに、裁判所がどのように対応するかは、前述した学界の大勢との関連もあり、注目する必要があるように思われる。

五　給付内容における対価的牽連関係——果実と利息

さらに、無効などの売買の目的物から果実などが生じた場合の問題を考えてみる。この問題は、学説史的視点からいえば、我妻博士の「法律行為の無効取消の効果に関する一考察」などに代表されるように、民法一八九条以下との関連として論じられることが多く、非常に議論を呼んできたものであるが、その点はすでに検討したところである[47]。そこで述べたように契約の無効などの場合に民法一八九条以下の適用を考える余地はないので[48]、この種の不当利得関係の事案処理における双務性の貫徹という観点だけからここでは問題を考察することとする。このような観点から双方給付がとり交された場合の不当利得返還請求を考えると、目的物に関しては果実の発生が、代金に関しては利息の発生が問題となりうる。双方給付の返還の対価的バランスを保つためには、果実、利息をともに返還させるか、ともに返還させないか、いずれかの途が必要である。果実、利息の一方の返還を認め、他方の返還が認められない結果を導くような判断を下しては、両当事者の保護のバランスが崩れることとなろう。

この点はごく当然の結論のように思われるが、最高裁判所は近時解除に関し、右の枠組をはみだす判断を下している[49]。すなわち、売買契約の解除にもとづく買主からの代金返還請求にさいして、原告は被告側に解除の日以前の代金の利息の返還を請求していないにもかかわらず、最高裁判所は原告である買主の側の目的物の使用利益を控除すべき旨を判示した。しかも、その理由中では、「買主が引渡を受けた目的物を解除するまでの間に使用したことによる利益をも返還させる必要がある」として、利息請求がなされていない期間に対応する目的物の使用利益を控除すべきことを明言しているのである。本判決には事案自体にやや特異な点もあり、詳論は別の論稿(50)に譲るが、従来、大審院や最高裁判所の判例(51)に、双方給付が完全には交換されていない事案の解除に関して使用利益の返還義務を認めたものがあった。そのため、最高裁判所はその先例に従うつもりで右の判示をなしたものと推測されるが、先例である大審院判例との事案の相違のために、近時の最高裁判所の判決は不当な判断内容となってしまったものである。

同じ問題は、解除のみならず、無効などによる不当利得返還義務に関しても生ずるものであるので、今後の判例の展開には注意を要する。この場合、前述したように、果実、利息の双方に関して不当利得返還義務を認めるか、双方に関して認めないか、いずれかの結論が採用されるべきである。いずれの結論が採用されても特に不都合があるわけではないが、次のように考えることもできよう。既履行の売買契約が無効などの場合には、代金についての買主の不当利得返還請求権と、目的物についての売主の不当利得返還請求権という対価的関係にたつ二つの請求権が対立していることになる。これは、有効な売買契約において、買主の目的物引渡請求権と売主の代金請求権が対立している関係の、いわば裏返しである。売買契約においては、二つの請求権が対価的バランスをとっているため、それらに附随して発生する目的物の果実と代金の利息とが売買の当事者双方に分属して発生しているかぎりは、相互に請求しあわないものとして、清算的な処理がされている（民法五七五条）。このような方策によって、手続は簡便なままに妥当な解決がはかられるからである。そうであるなら、売買契約が無効などの場合の二つの不当利得返還請求権の対立が、売買契約が有効な場合における二請求権対立の裏返しであり、利益状況自体もその裏返しであるとすれば、無効などによる不当利得法的清算関係にも、売買関係規範の準用を考えることができるであろう。そこで、一般には民法五七五条を不当利得関係にも準用し、売主は果実ないし使用利益の返還を請求できず、買主は利息を請求できない、との結論が導かれることになろう。

しかし、代金の一部が未払であるなどにより双方の不当利得返還請求権の対価的バランスが崩れている場合[52]、無効・取消原因が意思（行為）無能力、錯誤、詐欺、強迫などであって双方給付の対価バランスが崩れた不当利得関係である場合には、民法五七五条の予定した利益状況と異なった状況となるから、五七五条の準用を考えるべきではないことになる。これらの事例では、代金の不当利得返還請求には利息附与を認め、目的物の返還請求にさいしては果実、使用利益の返還をも認めるべきであろう。もちろん、前段の検討事例とも共通する枠組として、利息の返還、果実、使用利益の返還が一般的に認められるとの結論でも別段差支えはないであろう。ただ、解除に関する近時の最高裁判例のような一方の返還は認められ、他方の返還が認められないという結論だけは修正される必要がある。

以上に述べてきた問題についての学説状況であるが、川村説はかつてここに述べたような問題意識から基本的には同様の議論を展開していた（ただし、給付の一方のみが履行されており、対価的バランスが保たれていない場合の問題解決の結論自体は、本書と必ずしも同一ではない）[53]。しかし、川村教授はこの点後に改説している[54]。このような不当利得の類型論をも含め、この点の学説状況については本書ですでに検討したところであるので[55]、そこでの叙述に譲ることとしよう。

六　一方給付のみが既履行である売買契約が無効などの場合の不当利得関係──贈与契約が無効などの場合の不当利得関係との対比から

債務の一方のみが履行された売買契約が無効などの場合──売買契約において先履行特約があった場合、あるいは一方債務の履行遅滞の場合など──に、その不当利得関係が問題となることがある。その場合には、既履行給付に関しての不当利得返還請求権が一つ存在するだけである。当然のことながら、本書でこれまで検討してきたような同時履行の関係、あるいは民法五七五条を準用する目的物についての果実と代金についての利息の相殺的処理などは考える余地もない。したがって、それは一見すると既履行の贈与契約が無効などの場合の不当利得関係と類似した形となる。では、財貨（利益を含む。以下同じ）移転を表見的に基礎づけていた法律関係が、無効などの売買契約であろうと、無効などの贈与契約であろうと、その不当利得関係は同一になるのであろうか。それとも、現象的には単一財貨の移転という同一の事実に関しても、それを表見的に基礎づけていた契約が売買か贈与かによって、その不当利得関係は異なってくるのであろうか。この問題は、前節に述べた表見的法律関係論――矯正法的不当利得返還請求権の効果の一般枠組は、「受ケタル利益」の返還を本則とするものであるが、その具体的内容および細部は、法的に有効ではないが財貨移転を基礎づけると事実上考えられていた表見的法律関係によって規律される(56)――に、一つの具体的回答を迫るものである。ここでは、この問題を以下検討することとする。

売買契約の一方給付が既履行であるといっても、目的物の引渡がなされている場合と、代金の支払がなされている場合の、双方がありうる（贈与契約との対比でいえば、それぞれ、有体物の贈与がなされた場合と、金銭の贈与がなされた場合に対応する）。この双方の不当利得関係のうちでは、代金の不当利得返還請求に関しては金銭債権であるから履行不能はありえないと通説的見解でも考えられるのに対し、目的物の不当利得返還請求に関しては目的物の滅失・毀損なども問題となり、後者のほうがより問題が複雑である。そこで、後者の問題をまず検討した上で、有体物贈与の無効などの場合の不当利得と対比してみよう。

双方給付既履行である売買の無効などの不当利得関係として、今まで次の諸点を検討してきた。三で、履行上の牽連関係――同時履行の抗弁権、四で、目的物の滅失などの場合の不当利得関係――債務不履行、相殺、危険負担（存続上の牽連関係）、五で、給付内容における対価的牽連関係――果実と利息。これらの関係のうち、最初に述べたように同時履行の抗弁権、相殺はここでは問題となる余地がない。しかし、それ以外の関係は、後の叙述に示すようにここでも――多少変容した形になるものもあるが――問題となるので、それを順次検討することとする。

まず、目的物が滅失・毀損した場合の問題を考えてみよう。目的物の滅失・毀損があると、その目的物についての不当利得返還請求権は、滅失の場合には履行不能となり、毀損の場合には毀損した状況での引渡を内容とするものとなる（民法四八三条）。そこで、そこから先の問題処理の内容であるが、双方給付が履行済みの場合には、目的物の滅失・毀損に伴う返還不能に関して買主に帰責事由がある場合を①、売主に帰責事由がある場合を②、双方ともに帰責事由がない場合を③として考えたが（本書四三〇頁参照）、ほぼそれに対応して次のように考えることができるのであろう。

まず、①の買主に帰責事由がある場合、不当利得返還債務の債務不履行責任が問題となり、買主は損害賠償義務を負担することとなる（双方給付履行済みの場合の不当利得関係と基本的には同じであるが、相殺が問題とならない点だけが異なる。なお、民法七〇三条、七〇四条の枠組によるべきであると考える立場、あるいは民法一九一条を適用すべきであるとする立場も考えられるであろうが、それらについては、すべて七の叙述に譲る）。

では、買主に右のような帰責事由が存在しない場合は、どのように考えるべきであろうか。債権法の一般原則をそのまま適用すれば、滅失などの場合不当利得返還請求権は履行不能によって消滅することになる。このような場合に、双方給付が履行済みの事案にあっては危険負担の問題として反対債権の消滅の成否を考えてきたわけであるが、川村説はこの点についてきわめて卓越した考え方を示した。すなわち、一方給付のみが実行されている場合であっても、その給付に関する不当利得返還請求権と、未履行給付に関する法律関係とが、対価的牽連関係に立つべきことが、指摘されたのである[57]。

このような考え方に従えば、危険負担的な考え方をこの場合の不当利得関係においても顧慮することになろう。実質的に考えても、特に、反対給付が履行遅滞にあったために一方給付の不当利得のみが問題とされる状況を考えれば明らかなように、その者が履行をしていれば目的物滅失の危険を負担すべき場合に、その者が履行をしていないことによってその危険を免れるとする合理的な理由は見当たらない。契約が無効な場合はともかく、取り消しうべき契約については、取消の意思表示以前の履行遅滞は単純な「債務不履行」として構成される可能性もあるが、この場合にそのような債務不履行によってその者が債務を履行した場合よりも有利となるような結論が不当であることは、論をまたないであろう。単純な債務不履行ではなく、買主が無効・取消原因を知って代金支払などをしなかったのだとしても、それならば目的物を相手方に速やかに返還すべきであって、相手方の危険においてその物を保持することを認めるべきではあるまい。先履行特約にもとづいて給付の一方のみが履行されていた場合には問題はやや微妙であるが、法的には無効であっても、後払いの代金——言葉を換えていえば、全体的には対価的関係が保たれること——を前提とした上で目的物が引き渡されたという事実をその不当利得関係においても無視すべきではないように思われる。

では、この不当利得関係においても危険負担的な顧慮を払うということは、具体的にはいかなる意味をもつものであろうか。もちろん、反対債権そのものは存在しないわけであるから、その消滅や縮減などを考えることは不可能である。ここでは、単に、危険負担の規定を適用したと同一の利益状況を確保することだけが可能であるにすぎない。そこで、双方給付が履行された場合との対比で問題を考えていけば、前に②としてあげた目的物の滅失・毀損に伴う履行不能について債権者である売主に帰責事由がある場合は、その危険は債権者である売主が負担するものであった（本書四三二頁参照）。したがって、一方給付のみが履行された場合でも、これと同様に目的物の不当利得返還についての債権者である売主が危険を負担するものとして、この不当利得返還請求権が消滅すると考えてよいであろう（結果として、債権法の一般原則に従い、履行不能によって債権は消滅するという結論と同一となる）。しかし、③の双方ともに帰責事由がない場合には、双方給付が履行済みであれば目的物の滅失・毀損についての危険は債務者である買主が負担すべきものであった（本書四三二頁参照）。したがって、一方給付のみが履行済みの場合でもこれと同様の結論を採用するためには、一般原則の履行不能による債権消滅の例外的場合として、依然その債務を——金銭債務に転化した形で——負担すると考えるべきであろう[(58)]。

次に、果実の問題を検討しよう。ここでは、目的物から生じた果実、その使用利益など、すべて返還義務の対象となると考える（逆に、目的物ではなく、代金のみが支払われた売買契約の無効などに関しても、代金の不当利得返還請求にさいして、法定利息附与の主張があれば、それは認められるべきものと考える）。双方給付の返還が問題となっているわけではないので、最初に述べたように民法五七五条などの準用を考える余地はない。

では、以上の分析との対比において、贈与契約無効などの場合の不当利得関係を、本書四三五頁以下に述べたように有体物贈与の場合を主に念頭におきながら、考えることにしよう。私見に即して結論だけを簡単に述べるならば、ほぼ次のようになる。目的物の滅失・毀損によって不当利得返還義務が履行不能になった場合、履行不能に関して債務者である〝受贈者〟に帰責事由があれば、その不当利得返還債務は、債務不履行による損害賠償債務に転化する。しかし、債務者に帰責事由がなければ、一般原則にもとづきその不当利得返還債務は履行不能によって消滅する。もちろん〝受贈者〟が「履行不能を生じたと同一の原因によって……利益をえ……たときは、債権者はその引渡または譲渡を請求することができる」(59)が、これは一般的な代償請求権によるものであって、何ら特別の配慮によるものではない（当然のことながら、贈与契約以外の契約無効などに関しても、一般的に問題となりうることである）。このように考えると、贈与契約の無効などの場合の不当利得関係と無効などの売買契約の一方給付のみが履行された場合の不当利得関係とのそれぞれにおいて、目的物が滅失・毀損したときの取扱を比較すると、特に代償請求権が発生しなかった一般の場合を考えると、債権者である贈与者や売主に履行不能につき帰責事由があったときは同一内容となるが、双方に帰責事由がなかったときは異なった内容となる。これは、事実的な財貨移転が有償関係を前提とするものであったか無償関係を前提とするものであったかが、その不当利得法的清算に関しても顧慮された結果であり、別に問題はないと考える(60)。

なお、目的物からの果実や使用利益は、贈与契約が無効である以上、〝受贈者〟がそれらを取得するいわれはなく、それらも不当利得として返還されるべきものと考える。

七　以上本書に述べてきた結論については、種々の立場から異論がありうることと思われる。その異論の核心は、はたして不当利得関係において本書に述べたような形で表見的法律関係を顧慮する必要があるのか、ということであろう。かりに、表見的法律関係を顧慮しないとすれば、問題はどのような形で処理されることとなるであろうか。まず考えられるのが、民法七〇三条、七〇四条は法典の形式上も不当利得の一般原則として規定されているのだから、本書に検討してきたような事案の処理も、それによるべきである、との主張である。本節で検討した問題だけに限っても、目的物の滅失・毀損は民法七〇三条にいう「現存利益」の問題と無関係ではないし、果実、利息などに関しても少なくとも「利息」に関しては、民法七〇四条に規定がある。規定がある以上それらによるべきではないか、との主張は、ある意味ではもっともである。

さらに別の主張として考えうるのが、民法一八九条以下の規定の適用であろう。果実の問題をいかに処理すべきかは民法一八九条、一九〇条が直截に規定するところである。また、物の滅失・毀損があった場合の処理も、民法一九一条が正面から規定している。これらの規定の適用を考える論理としては、これらを不当利得の特則と考える我妻説(61)のような立場もあろう。また、契約が無効ないし取り消された以上、その契約の規範的意義はゼロであり、物権的請求権、およびその附属規範としての民法一八九条以下が適用されるのになんら支障はない、とオーソドックスに考える立場もあるであろう。

また、右の二種の主張のいずれかに立ち、本書に述べたような立場を否定するとしても、全面的にそれを否定するか、部分否定にとどまるかは、また差異のありうるところであろう。予想される否定的立場を、本書に検討した事案に即して述べるとすれば、ほぼ三段階の主張を想定しうるように思われる。まず第一に、本書の主張を否定するもっともひかえ目な立場としては、贈与などの無償契約に関しては表見的法律関係を顧慮することなく、民法七〇三条以下ないし民法一八九条以下を適用すべきである、との主張が考えられる。第二に、もう一歩すすんで、一方給付のみが履行された場合の不当利得関係については、観念的レベルではともかく現実には双務関係が存在していないのに危険負担的顧慮をする必要はないとして、双方給付が履行された場合の、現実に双務的不当利得関係になった場合にかぎって表見的法律関係を顧慮し、対価的牽連関係などを貫徹させればよい、との主張も考えられる。

第三に、本書の主張を全面的に否定し、問題はもっぱら民法七〇三条以下、ないし民法一八九条以下を適用して処理されるべきである、すなわち、対価的牽連関係その他を顧慮せず、個別給付ごとに問題を処理すれば足りる、との主張も考えられるであろう。

このように、本節に述べた考え方については、異論が種々の段階にわたって考えられるところであるが、著者には、このような異論には共通して、次のような弱点があるように思われるのである。

表見的法律関係を――全面的に、あるいは前述した一定事案に関して――顧慮しないとすれば、最初に述べたように、おそらくその事案は、民法七〇三条、七〇四条によって処理されるか、民法一八九条以下によって処理されるかのいずれかであろうと思われる。しかし、いずれにせよ、これらの規定はともに被請求者善意の場合の責任軽減と被請求者悪意の場合の責任加重をその内容としているものである。これらの規定は、〝悪意〟を責任加重の基礎となりうるような帰責事由類似のものと考えているわけであるが、契約の無効・取消の事例をめぐる不当利得などに関しては、〝悪意〟が責任加重の基礎となるような帰責事由にならない場合が多く、実務上も善意・悪意の認定に混乱をきたしている状況がある。この点は前に分析した(62)ので詳論は避けるが、そこでも引用した山中教授の言は、問題の所在をきわめて明確にするものであろう。すなわち、「利得者の善意悪意という区別が、ときにはたして妥当か否か疑わしいときもある。被強迫者は、強迫により取消しうべきことを震えあがるほどよく知っているが、かれが強迫で受けとらされたものについて、悪意の責任をおうべきものにしてよいか。善意悪意という標準じたいが、かここではピッタリせぬのではないか(63)」。この叙述が示唆するように、契約の無効・取消に関してかりに帰責的要素を顧慮するとすれば、帰責事由があるのは無効・取消原因を与えた者であって、無効・取消原因の存在を知っている〝悪意〟の者ではないであろう。それにもかかわらず、民法七〇三条以下、民法一八九条以下の規定は善意・悪意による責任加重と責任軽減を基本的な枠組としているために、契約の無効・取消に伴う不当利得事案などの処理の判断基準としての適正を欠いているように思われるのである。それが、本書が民法七〇三条、七〇四条の基本的枠組の適用範囲を帰属法的不当利得規範の問題に限定し[64]（民法一八九条以下の適用範囲についても、注（64）参照）、矯正法的不当利得規範についてその適用を考えなかったことの基本的原因なのである。したがって、以上本書に述べてきた結論が絶対的な唯一無二の解決であることを主張しようとするものではないが、少なくとも、民法七〇三条、七〇四条の枠組をこの場合にも適用せよとの主張、あるいは民法一八九条以下を適用せよとの主張が事態適合的な解決案ではないことだけはいえるように思われ、効果についての本節の結論をかりに否定するとしても、これらの条文の枠組と異なる別の解決案を提示することが必要となるように思われる。

本書では、契約の無効・取消の問題を含め、矯正法的不当利得規範を、財貨移転を基礎づける法律関係が法的に無効・不存在と評価を受けるなど財貨移転秩序に欠陥がある場合に、帰責事由などを問題とすることなく、当該財貨の回復をはかる、客観的な財貨回復制度と考えた。財貨移転に関し、それが予定としていた基礎づけのための法律関係を欠いていた場合に、その財貨自体の回復が必要であるとは一般的にいいうるところであろう。矯正法的不当利得規範それ自体としては、移転した財貨の回復をはかることが本体であり（「受ケタル利益」の返還が本則）、表見的法律関係にしても単にその具体的内容と細部を定めるものにすぎない[65]。別段、当事者の善意・悪意、帰責事由その他を顧慮して、責任軽減や責任加重をはかる必要はなく、より中立的に財貨の回復をはかる制度として純化されていけば充分と思われる。善意であっても錯誤者などは無効・取消原因を与えた者なのであり、悪意ではあっても被強迫者などのように無効・取消原因の発生に関与していない者もあることを考えれば、帰属法的不当利得規範で考えたような善意の場合の責任軽減、悪意の場合の責任加重を考えることは適当とは思われないからである。かりに、一方当事者に帰責事由的な要素があれば、それは不法行為の問題として取り扱えば充分であろう。特に、本書の後の叙述を前提としていえば、統一的請求権を観念することにより、不当利得事案に関しても同時に不法行為的要素を加味して問題を処理することは、比較的容易である。

このように、本書は、矯正法的不当利得規範それ自体は客観的な財貨移転の回復制度と考えたわけではあるが、ここでも、移転した財貨の回復範囲が、より縮減された形になる場合がないわけではない。行為無能力を理由とする取消に関しては、民法典自体が無能力者の返還義務の範囲を現存利益の範囲に限定している（民法一二一条）。また、公序良俗違反を理由とする無効の場合には、返還義務それ自体が否定される（民法七〇八条）。したがって、これらが無効・取消原因であった場合には、本書に検討してきた内容が適用されず、あるいは一部変容した形で適用される必要もあるが、想定事案のすべてにわたって処理基準を示す各論的分析をすることは本書のなしうるところではなく、また適当とも思われないので、これらは必要がある機会ごとに、判例評釈その他の形で分析を行なうこととしたい。

（1）　本書四二〇頁以下。なお、本書校正時に接し得たものであるが、本節の叙述と関連する近時の文献として、山田幸二「給付物の毀滅とその危険分配──給付不当利得の一内容──」私法四七号（昭和六〇年）一四七頁以下、本田純一「無効な双務契約の清算と不当利得（上）」判例タイムズ五五八号（昭和六〇年）一九頁以下参照。

（2）　論稿は非常に多数にわたるが（本書一一〇頁注(37)参照）、本節の叙述に特に関連するものを二、三あげれば、川村泰啓「不当利得返還請求権の諸類型──類型論の具体的展開──（二）、（三）」判例評論七七号一頁以下、七八号（以上昭和四〇年）八頁以下、同「契約の無効・取消と不当利得」契約法大系Ⅶ（昭和四四年）一五四頁以下、同「給付利得制度──契約関係の場で固有に機能する不当利得制度」判例評論一四三号（昭和四六年）二頁以下などがある。

（3）　H. G. Leser, Von der Saldotheorie zum faktischen Synallagma, (1956).（ただし、未公刊の博士論文（Dissertation, Freiburg)）。なお、ケメラーのこの点についての見方については、本書一九三頁以下の紹介、その位置づけに関して本書一九七頁以下参照。なお、レーザーなどをも含め、ドイツの議論を紹介するものとして、川村教授の諸論稿のほか、我妻栄『債権各論下巻一（民法講義V_4）』（昭和四七年）一〇五三頁以下、特に一〇五八頁以下、松坂佐一『事務管理・不当利得〔新版〕』（法律学全集22-Ⅰ）（昭和四八年）二二五頁以下など参照。

（4）　なお、この問題に関する川村説はきわめて示唆的であり、本節の内容はそれに負うところ大であるが、ここでは、川村説と私見との枠組における大きな差異として、次の三点を指摘しておきたい（具体的な問題処理基準に関しては、本節の後の叙述とそこに引用される川村論稿とを対比されたい）。

第一は、川村説のいわゆる「給付利得制度」が有償契約の無効などの場合の不当利得関係を規律するものであるのに対し、本書にいう矯正法的不当利得規範は、有償契約の場合にとどまらず、無償契約の無効などの場合はもちろん、財貨移転を基礎づけるべき法律関係一般についてその無効などの場合の不当利得関係を規律するものであって、その射程範囲が相当異なることとである（無償契約の無効に関して、こうした枠組を観念する意味については、本書四三九頁の贈与契約の無効などの場合の具体的取扱を参照。なお、無償のノウハウ供与契約が無効の事例その他においては、当事者は矯正法的不当利得規範によってしか保護を受けえないという側面もあり、この点からも無償契約の無効などの場合に矯正法的不当利得規範を観念することの意味があるが、この点については、本書二九五頁以下の叙述を――設例、引用例を無償契約と読みかえた上で――参照されたい。財貨移転を基礎づける法律関係一般についてこうした枠組を観念することの意味については、本書一九七頁―二〇二頁における川村説に対する著者の批判と、本書三八五頁以下における私見の一般枠組とを対比されたい。また、本書二八二頁注(4)参照)。

第二に、川村説においては、民法典上、詐欺・強迫による契約の取消と構成される事案は、「詐欺・強迫による契約……は、商品交換＝有償契約関係の不可欠の前提としての私的所有の相互承認という契機が欠落しており、したがって裸の社会的事実としても契約関係ではない」という原理的視点によって「給付利得制度」の枠からはずれることになる（引用文は、川村・前掲「給付利得制度」判例評論一四三号五頁、この点に関するドイツの判例につき、川村泰啓「返還さるべき利得の範囲（五）――特に所有権に基づく返還請求権と給付利得返還請求権の関係を中心として――」判例評論六七号（昭和三九年）一三頁以下、この問題が川村説においてどのように処理されるかにつき、川村泰啓『所有』関係の場で機能する不当利得制度（一三）」判例評論一四四号（昭和四六年）一二頁以下参照）。それに対し、本書においては、詐欺・強迫があった事案を一括して別扱いにするような取扱はなされていない。著者の考えるところによれば、事案処理のために詐欺・強迫をくくって別扱いしなければならない要請は別段存在していない。別扱いをする要請が一部、問題によっては存在するとすれば、それは、後述するように、むしろ双方給付の対価的バランスが崩れている場合、ないしは一方当事者が不法行為の要件を具備した場合であろう（本書四二八頁以下、四三五頁、四五三頁注(38)、同頁注(40)など参照）。双方給付の対価的バランスが崩れることは、詐欺・強迫によってでも生じうることであるが（もちろん、詐欺・強迫があっても価格などの問題に影響しないこともある）、同じことは錯誤、意思（行為）無能力の場合などにも生じうる。また、不法行為の問題にしても、詐欺・強迫をした者がその要件をみたすことは事実であるが、他人の無能力に乗じて不当な利益を得るなどの場合も不法行為となることがあり、詐欺・強迫の場合に限られるわけではない。したがって、いずれにしても、詐欺・強迫をカテゴリカルに別扱いする必要はないと、著者は考えている。

ただ、強迫に関しては、一口に強迫といっても、事案にかなり幅がありうる。その一方の極には、物理的強奪すれすれの強迫もありえないではない。そのような場合に、表見的法律関係としての契約を顧慮することなく、単なる物権関係などとして当事者間の関係を取り扱うことが適当な場合もあろう。しかし、このような取扱自体、すでに本書の示した一般枠組の許容するところであるし、なによりも強迫一般に関してではなく、事案の具体的内容に即して考慮すべきものであろう、と考える（この点については、本書四二〇頁以下、また二八三頁に述べたところを参照されたい）。

第三に、川村説においては、契約が無効などの場合の不当利得関係が全面的に「給付利得制度」によって処理されるのではなく、「給付利得制度」と「『他人の財貨からの利得』制度」の双方により問題処理がなされる。売買の無効などを例にとれば、給付それ自体の返還は「給付利得制度」によることとなるが、目的物の使用収益による利益は、買主が給付利得返還義務の履行遅滞になる前は「『他人の財貨からの利得』制度」によって処理され、履行遅滞以後は「給付利得制度」の不履行責任として処理される。この点、問題処理の枠組としては判断基準が煩雑にすぎるように思われる（この点は、本書二〇三頁により詳細に述べたところであり、文献引用などもそこに譲ることとする）。それに対して、本書は、契約が無効などの場合の原則的処理を矯正法的不当利得規範によることとしており、帰属法的不当利得規範との交錯状況は予定されていない（後述する両性的不当利得事案ないし統一的請求権においても、両当事者間の関係は矯正法的不当利得規範によるのであって、物権的規範関係が問題となるのは、その対世的権利主張が問題となる場合だけである。詳しくは第三部の叙述参照）。

以上の三点が、契約無効などの場合の不当利得との関係で——問題処理基準提示の前提としての——枠組上の差異としてここに述べておきたい主要なものである。

（5）　前注に述べた、第一点参照。

（6）　注（4）に述べた第二点参照。

（7）　川村・前掲「給付利得制度」判例評論一四三号三頁。なお、川村説は「give and take の論理」としてこの対価的牽連性を位置づけるのであるが、この点に関して、本書一九五頁およびそこでの引用文献参照。

(8) 債務の成立、履行、存続についての牽連関係のみを問題にするものとして、我妻栄『債権各論上巻（民法講義V1）』（昭和四二年）八二頁以下、三宅正男『契約法（総論）』（現代法律学全集9）（昭和五三年）四八頁以下など。これに加えて、不履行についての牽連関係をも問題にするものとして、谷口知平編兼執筆『注釈民法⒀』（昭和四四年）二二九頁。解除に関しては論者により位置づけが異なるが、日本民法典は契約一般について解除制度を規定するのに対し、ドイツ民法やフランス民法においては日本的な意味での法定解除は双務契約に関して認められているという比較法的な差異にも留意する必要があろう（谷口知平編・山下末人執筆『注釈民法⒀』（昭和四四年）三五四頁など参照）。

(9) 加藤雅信「売主の瑕疵担保責任」森島昭夫編・判例と学説3民法Ⅱ（債権）（昭和五二年）一七五頁以下。なお、この点につき、民法研究会「財産法の今日的課題」Law School No. 16（昭和五五年）二八頁における著者の発言参照。

(10) 契約債務成立上の牽連関係と呼ばれている問題は、双務契約が無効な場合に契約内容たるべき一方の債務が成立しなければ他方の債務も成立しないという、契約の有効、無効が一体として問題とされる現在の法律行為論から当然に導かれる結論を述べただけで、それ以上の意味はない。不当利得関係にさいしても、目的物と代金の双方が交付済みであれば、その双方について不当利得が問題となりうる以上、相互の不当利得返還債務の成立に関しても牽連関係が確保されているというべきであろう。無効・取消が問題となる場合には、契約はその締結時にさかのぼって効力がないのであるから、目的物や代金の交付があった以上、その返還の原始的不能——債権不成立などを観念する余地はないからである（一方債務の後発的不能の場合には、本書四三〇頁以下に述べるように、債務者に帰責事由があれば不当利得返還債務の債務不履行が問題となり、帰責事由がなければ危険負担が問題となるだけである）。

(11) かりに、一方の不当利得返還義務者に債務不履行があった場合に、他方に解除権を認めその者も不当利得返還義務を履行しなくてよい、と考えると、無効などの契約にもとづき事実上実現されていた財貨移転の状況がそのまま固定されることとなる。

このような結論は、契約の無効原因などが強行法規違反などの客観的原因による場合には、客観的違法状況が——当事者の債務不履行および他方当事者の解除の意思表示という私的行為によって——固定されることとなり、望ましい結論ではあるまい。

それに対し、意思の欠缺、瑕疵ある意思表示、意思無能力、行為無能力など、無効・取消原因が意思表示者の保護という私的レベルにかかわるものであるときは、一考の余地がある。すなわち、一方当事者（甲）が無効・取消の主張をしたが、他方当事者（乙）が返還義務を履行しない以上、甲が、現状を固定することを望み、将来乙が――現在返還を拒んでいる給付を提供しつつ――甲に返還請求をするという恣意的行為を防止しようとすることには、充分合理性がある。しかし、このことは、双務的不当利得関係の解除という法律構成をことさら用いなくとも、実現しうるように思われる。それというのは、右の結論自体は、既存の法律構成としての「追認」によって実現されうるものだからである。具体的にいえば、契約が無効であった場合であっても、右の事例において甲は契約が無効であることを知りつつ追認することによって、その時点で「新ナル行為ヲ為シタルモノト看做」される（民法一一九条）。その結果、甲の意思表示に対応する契約の相手方乙の意思表示が存在していない虚偽表示などの場合は格別、乙の意思表示が存在している場合（甲の錯誤、意思無能力により契約が無効であった場合など）には、契約を有効なものとして取り扱うことができるであろう（ただし、この点異論がありえないところではない）。契約が取り消しうべき場合には、一般には追認が可能なはずであるが（民法一二四条）、ここで問題となっているのは、甲が一旦取消の意思表示をして不当利得返還請求した後の段階である。一般には無効主張や取消の意思表示を一旦した後に、民法一一九条にいう「追認」によってその法律関係を有効と取り扱うことを主張することは禁反言という視点から許されないものと思われる。しかしながら、この場合には無効・取消を主張した後に相手方の債務不履行という状況に直面して右の「追認」をするのであり、これを許すだけの合理的基盤が存在するであろう。したがって、この場合にあっては、「取消シタル行為ハ初ヨリ無効ナリシモノト看做」されること（民法一二一条）を前提に、右に述べた契約無効の場合の処理と同様の取扱が可能であろう、と考える。

このように考えるならば、甲が、乙の不当利得返還債務の不履行を前にして現状を固定させたければ、右の追認行為をなせば充分であり、双務的不当利得関係の解除を観念する必要はない。また、「追認」によって強行法規違反などによって無効とされる契約が有効となるわけではないことは従来から学説の認めるところであり、このような法律構成によれば、本注の最初に述べた問題も発生しないことになる。

なお、川村説も、解除は不当利得関係には適用されないとの結論を採用し、次のようにいう。「民法典が有効な契約に基づく双務関係にそくして構成している契約解除制度（民法五四一条以下）は、給付利得返還請求権の制度の性質上、適用の余地がない。有効な契約に基づく双務関係を構成している『対価的』両債務は商品交換の実現を媒介するものとして在るからこそ、契約解除制度も独自な存在意義をもってくるわけであるが、給付利得返還関係を構成している対価的両債務は初めから返還義務として在る関係で、ここには契約解除制度が改めて介入してくる余地はまったく存在していない、からである」（川村・前掲「給付利得制度」判例評論一四三号一三頁）。

(12)　無効・取消が問題となる場合には、契約はその締結時にさかのぼって効力がないのであるから、数量不足にせよ、目的物に隠れた瑕疵がある場合等々いずれの場合にせよ、前の売買契約では問題がなかった担保責任が不当利得関係の当初から急遽問題となるという状況はありえない（数量不足や目的物に隠れた瑕疵がある売買契約に無効・取消原因があっても、対価的バランスを崩した双方給付の不当利得返還が問題となるだけで、担保責任が問題になるわけではない）。また、不当利得返還義務が発生した後に、数量不足、目的物の隠れたる瑕疵などが生じた場合には、不当利得についての債務不履行や危険負担が問題となり、担保責任が問題となるわけではない。

不当利得返還の目的物を第三者が善意取得した事例、または無効・取消を対抗できない第三者が目的物に用益権や担保権を設定した事例など、一見その不当利得関係が担保責任の諸規定——他人の物の売買、用益的権利による制限がある場合の売主の担保責任、担保的権利による制限がある場合の売主の担保責任など——と類似した場合を考えても、このような事情は不当利得債権の成立以後に発生しているのであり、前述したように、債務不履行や危険負担によって問題を処理するのが適当であって、担保責任の規定を準用することは適当とは思われない。

(13)　同時履行の抗弁を否定した大審院判例として、補足金附交換契約が無効な事例について、大判昭和二年一二月二六日新聞二八〇六号一五頁（〔4・15〕、本書二九一頁）。ただし、ここでは右の交換契約が錯誤によって無効と判示されており、被請求者が同時履行の関係に立つことを主張している絵画が偽物などで全く無価値である可能性もあるが、この点判決文からは必ずしも明確でない。かりに経済的にほとんど無価値な物について同時履行の抗弁が主張されていた場合には、後述するように著者自身も同時履行の抗弁を認める必要はないものと考える（注(23)の著者の結論参照）。したがって、この大審院判例と次に本文に述べる二つの最高裁判決とは、同時履行の抗弁の採否に関して形式的には逆の結論を採用しているが、事案の実質自体が異なっている可能性も絶無ではないことは留意する必要があろう。

なお、この問題と関連する大審院判例として、大判大正三年四月一一日刑録二〇輯五二五頁、大判昭和一八年六月三日新聞四八五〇号九頁がひかれることがある。しかし、これらは厳密には、同時履行の抗弁自体につき、判示したものではないことに留意する必要がある。第一の判決は、サフランの球根売買が詐欺を理由に取り消された事案であるが、代金の不当利得返還請求からサフラン球根の価格を控除せよ、という差額説的な「受益」の認定、ないしは相殺という形で、当事者の主張や判決内容が展開されている。第二のものは、株式売買が錯誤により無効とされた事案であるが、代金の不当利得返還請求に対して、他方当事者が返還の対象を双方給付の差とすべきであるというさきの事案と同様の差額説的な主張をしたが、大審院は、双方に代金と株式のそれぞれについて不当利得返還請求権が発生するとしてその主張を否定したにとどまり、同時履行の抗弁権自体が主張されているわけではない。

(14) 昭和二八年の最高裁判所判決以前に、このような場合に同時履行の抗弁を認めることを主張するものとして、近藤英吉『注釈日本民法（総則編）』（昭和七年）四六七頁、柚木馨「同時履行の抗弁権（一）」民商法雑誌三巻三号（昭和一一年）四二頁（ただし、後に二度ほど改説があり、同『判例民法総論下巻』（昭和二七年）二九八頁は、同時履行の抗弁を認めた下級審判決──次注引用の昭和二八年の最高裁判決の原審──に反対しており、さらに、注(16)引用書で、同時履行の抗弁肯定説に立ち戻ることとなった）、谷口知平『不当利得の研究』（昭和四四年）四一八頁以下などがあった。

(15) 最判昭和二八年六月一六日民集七巻六号六二一頁。なおこの判決については、長谷部調査官「重要判例紹介」判例タイムズ三一号（昭和二八年）六四頁、西沢修「判例批評」民商法雑誌二九巻五号（昭和二九年）二六頁以下があり、その原審である東京高判昭和二四年七月一四日高民集二巻二号一二四頁に関しては、川島武宜「高等裁判所民事判例研究」判例研究三巻三号（昭和二四年）一二八頁、谷口知平「判例批評」民商法雑誌二六巻五号（昭和二六年）六二頁、白羽祐三「判例研究」法学新報五八巻六号（昭和二六年）五九頁などがある。

(16) 前注引用の西沢論稿、柚木馨「同時履行の抗弁権」総合判例研究叢書民法(2)（昭和三一年）一二五頁、同『債権各論（契約総論）』（現代法学全書）（昭和三一年）六四頁、我妻・前掲『債権各論上巻（民法講義V_1）』八九頁、谷口知平編・沢井裕執筆『注釈民法⒀』（昭和四四年）二四四頁、広中俊雄『債権各論講義』（昭和四五年）三〇五頁、我妻・前掲『債権各論下巻一（民法講義V_4）』一〇七六頁。

(17) 最判昭和四七年九月七日民集二六巻七号一三二七頁。この判決については、福地俊雄「民事判例研究」法律時報四五巻六号（昭和四八年）一三五頁、加藤正男＝村田博史「最新判例批評」判例評論一七二号（昭和四八年）一九頁、星野英一「判例研究」法学協会雑誌九一巻三号（昭和四九年）五三四頁、奥田昌道「判例研究」法学論叢九六巻一号（昭和四九年）八七頁、鈴木弘「判例解説」最高裁判所判例解説民事篇昭和四七年度（昭和四九年）六六九頁などがある。

(18) 前注引用の星野論稿、奥田論稿参照。

(19)　戦前戦後を通じて、同時履行の問題をめぐって判例集などに登載された下級審判決は、後に最高裁判所で判示されたものの原審判決をも含め、六件ほど存在する。そのうち一件は、私的契約をめぐる紛争とはいいがたく、公共的性格を有する交換の無効が争われた事件――自作農創設特別措置法二三条にもとづく交換が無効で、国が一方当事者であった事件――であるが（釧路地判昭和三六年一〇月二一日訟務月報八巻三号四四三頁）、これを唯一の例外として、私的契約の無効などをめぐる事件は五件ともすべて同時履行の関係などを肯定している。具体的には、次のとおりである。㋑朝鮮高判昭和一七年四月二八日法律新報六五一号九頁（未成年者に関し、後見開始事由がないのに誤って後見人が選定され、その者が無権代理によって未成年者所有の土地の売買契約を締結した。判決は、代金返還と土地の返還との牽連関係を、同時履行の抗弁ではなく留置権という構成のもとに、承認した。法律構成としては、同時履行の抗弁とずれるが、問題の実質を共通にする面があるので、ここに紹介したものである）。㋺東京高判昭和二四年七月一四日高民集二巻二号一二四頁（最高裁の昭和二八年判決の原審なので事案紹介は省略する。なお、右の高民集の標題には留置権が認められた旨記載されているが、これは誤記であり、高裁判決自体は留置権が消滅したと認定した上で、同時履行の抗弁権を承認したものである）。㋩大阪地判昭和三一年六月二九日下民集七巻六号一七〇八頁（商法二一〇条違反の自己株式の取得として株式売買契約が無効とされたが、代金の返還請求と株式の返還請求とが同時履行の関係にたつものと判示された）。㋥東京高判昭和四六年七月二〇日判タ二六九号二七一頁（最高裁の昭和四七年判決の原審であり、売買契約の取消の場合に同時履行の関係を認めたものであるが、事案内容については本文を参照されたい）。㋭東京高判昭和五〇年一一月二七日判時八〇七号三二頁（本書で今まで分析してきた事案は、大審院、最高裁判例をも含め、売買ないし交換契約の無効などの事例であった。それに対し本件は、消費貸借契約が無権代理によって効力がない事例において、金員返還請求と担保のための登記の抹消請求とが同時履行の関係にある、と判示したものである。単・契約上の双務的給付の枠をこえた形で同時履行の関係を広く認めた点にも特色がある）。

(20)　注(17)引用の文献中、星野、奥田、福地教授らの諸論稿が判決の射程を限定して考える立場に立ち、加藤（正男）＝村田論稿が結論を留保し、鈴木論稿が将来の方向として逆の予測をしている（なお、鈴木論稿については本節の後の叙述参照）。

(21)　詐欺・強迫を除外することについては注(4)引用の諸文献に譲るが、同時履行の問題につき、川村・前掲「不当利得返還請求権の諸類型（二）」判例評論七七号一頁、同・前掲「給付利得制度」判例評論一四三号一三頁、同・前掲

「契約の無効・取消と不当利得」契約法大系Ⅶ一八〇頁など参照。
(22) 鈴木・前掲「判例解説」最高裁判所判例解説民事篇昭和四七年度六七六頁。
(23) 同時履行の抗弁に関しては、返還義務の履行の牽連性を確保することが基本的問題であるため、双方給付の価値が等価であることは別に要求されず、危険負担や果実の問題に関して後述するような考慮（注(38)、本書四三五頁参照）は、別段必要とされないであろう。同時履行の抗弁を認めた裁判例においても、最高裁の昭和四七年判決の事案は、売買代金の内金（八五〇万円中の一〇〇万円）と登記移転請求などとの同時履行の関係が問題にされたのであって、当然のことながら、双方給付の等価性は問題とされてはいない（なお、この他にも、大阪地判昭和三一年六月二九日下民集七巻六号一七〇八頁なども、等価ではない返還給付相互の間に同時履行の関係を認めたものである）。しかしながら、詐欺その他に伴って一方給付がまったく無価値であるにもかかわらず、当事者が判決のひきのばしや執行にさいしてのいやがらせなどを目的として、無価値な給付との同時履行の関係を主張することも考えられる。このような場合には、同時履行の抗弁を認めるだけの実質的意義に乏しく、権利濫用（民法一条三項）などの構成によって、同時履行の抗弁の主張を排斥すべきであろう、と考える。
(24) 鈴木・前掲「判例解説」最高裁判所判例解説民事篇昭和四七年度六七七頁。
(25) 注(46)の叙述参照。
(26) この点につき、我妻・前掲『債権各論上巻（民法講義Ⅴ$_1$）』一九五頁、星野英一『民法概論Ⅳ（第一分冊　契約総論）』（昭和五〇年）九〇頁以下、三宅・前掲『契約法（総論）』（現代法律学全集９）二四二頁、谷口編・山下執筆・前掲『注釈民法⑬』四二一頁および同書引用の諸文献など参照。
(27) 滅失、毀損と少しずれるが、民法一二一条によれば、目的物の譲渡などがあった場合には、取り消しうべき行為の法定追認となる。
(28) これ以外にも、双方に帰責事由がある場合が考えられるが、後の叙述を前提としていえば、債務不履行とそれに対する過失相殺が問題となる事案と考えれば充分と思われ、ここでは特に検討しなかった。
(29) 本条と債務不履行との関係については種々議論のあるところではあるが、その点については、磯村哲編・北川善太郎執筆『注釈民法⑿』（昭和四五年）一六三頁以下など参照。
(30) 本書三五八頁。

（31）有効な契約にもとづく特定債権は、債務者に目的物の滅失・毀損にさいして故意または過失などがあれば、その者は自らが契約上引渡義務を負っていることを知悉しているはずであるから、直ちにその者に履行不能についての帰責事由が存在することとなり、当該債権は債務不履行による損害賠償請求権に転化する。ところが、契約の無効などによる不当利得返還請求権の場合は、不当利得返還義務者が無効原因の存在などにつき悪意の場合には右と同様に考えうるが、善意の場合には、目的物の滅失・毀損に関して故意または過失などがあっても、その者が自らが返還義務を負っていることを知らないわけで、直ちに履行不能に関して帰責事由があるとはいえない（所有者自身が自己の所有物を滅失・毀損しても、元来法的問題は発生しないはずである）。したがって、この場合に、履行不能につき返還義務者に帰責事由があるというためには、無効・取消原因の存在につき善意――自分が不当利得返還義務を負い、または負う可能性があることにつき善意――であることについて過失などがあり、また目的物の滅失・毀損に関して故意・過失などがあった場合にかぎられることとなる。このかぎりにおいて、この不当利得返還請求権が損害賠償請求権に転化する場合は契約が有効な場合との対比からは狭い、といえるであろう（なお、この点につき、川村・前掲「給付利得制度」判例評論一四三号一二頁は同様の趣旨を述べるが、この川村説は、かつて不当利得返還義務者が悪意の場合にのみ帰責事由を観念しうるとしていたものを善意有過失の場合に拡大したものと思われる（川村・前掲「不当利得返還請求権の諸類型（三）」判例評論七八号八頁以下））。

（32）債務不履行による損害賠償請求権は、事案が同時に不法行為の要件を満たす場合はともかく、一般には民法五〇九条の相殺禁止の規定が適用されるとは考えられていないことにつき、磯村哲編・乾昭三執筆『注釈民法⑿』（昭和四五年）四三〇頁以下参照。

（33）不当利得関係の場合、客観的市場価格によるべく合意内容が改訂されることは、通説も同様に考えている（我妻・前掲『債権各論下巻一（民法講義V_4）』一〇八三―一〇八四頁の事例など参照）。

（34）本書三九六頁以下。

（35）我妻・前掲『債権各論下巻一（民法講義V_4）』一〇五九頁は、ドイツの学説の紹介にさいして相殺が認められることに言及するにもかかわらず、一〇八四頁は、自説の展開にさいして相殺の問題に言及することなく、相互的な時価相当額の返還を説くにとどまるのであるが、相殺の要件を一般に充足している以上おそらく相殺を否定するまでの趣旨ではないものと思われる。

なお、川村説は不当利得に関して債務不履行を観念するものであるが（川村・前掲「給付利得制度」判例評論一四三号一二頁、同・前掲「不当利得返還請求権の諸類型（三）」判例評論七八号九頁）、特に債務不履行の問題との関連としてではなく、一般論として、価値返還相互について相殺が可能であることを明言する（同・前掲「不当利得返還請求権の諸類型（二）」判例評論七七号二頁）。

(36) 川村・前掲「不当利得返還請求権の諸類型（二）」判例評論七七号二頁、限定的な適用を強調した表現となるが、川村・前掲「給付利得制度」判例評論一四三号一三頁以下など。なお、この考え方に賛同するものとして、奥田昌道「契約が取り消されたり無効の場合の返還請求について」法学教室（第二期）7（ジュリスト別冊）（昭和五〇年）四三頁。

(37) 賃貸借契約、運送契約による占有移転に関する判断として、我妻・前掲『債権各論上巻（民法講義V₁）』一〇九―一一〇頁、谷口知平編・甲斐道太郎執筆『注釈民法⒀』（昭和四四年）二九八頁など参照（これらについては、特則として民法六一一条、商法五七六条の適用がありうるわけであるが、原則的判断としては民法五三六条の債務者主義の適用がある事例であるとの考えが、ともに展開されている）。

(38) 本文では、双方給付が完全に等価であることを前提として、目的物の滅失にさいして反対債権としての不当利得返還請求権の消滅（目的物毀損の場合には縮減）を考えた。しかし、双方給付が等価でない場合には、このような反対債権の全面的消滅を考えることは適当ではない。この場合には、目的物の滅失に伴う履行不能につき当事者双方に帰責事由がなければ、滅失の危険――滅失に伴う客観的損失額の負担――は債務者が負担するという限度で、民法五三六条一項が適用されるべきである。双方給付の対価的バランスがとれていない場合には、目的物の滅失による履行不能に伴い民法五三六条一項が適用された後にも、差額について不当利得返還請求をすることが可能である。以上の点は、すでに川村説が指摘するところである（川村・前掲「給付利得制度」判例評論一四三号一四頁）。

(39) 川村・前掲「給付利得制度」判例評論一四三号一四頁。

(40) 以上、両当事者の利益保護にとって中立的な制度としてこの不当利得関係を考え、危険負担の適用などをも考えてきた。しかし、一方当事者に詐欺・強迫があった場合にはこのような中立的な制度を観念することに抵抗を感ずる向きもあろう。しかし、詐欺・強迫があった場合には、事案は同時に不法行為の要件を満たしているのであり、不当利得的要素と不法行為的要素を勘案することによって、事案自体の妥当な解決を導きうるものと考える。詐欺者などからの債務不履行による損害賠償請求に対しては、民法四一八条を拡大解釈して過失相殺を考えることも可能であろうし、双方に帰責事由なくして相互の不当利得返還請求は消滅したとしても、詐欺・強迫などの被害者には自らの経済的出捐を不法行為を根拠に取り戻すことは依然可能だからである。後述する統一的請求権の問題と関連するが、当事者の主張、立証したところが複数規範の構成要件を充足しており、しかも結論に差異を生ずるのであれば、その点について裁判所は事態適合的な規範を選択しうることになる（本書五九〇頁以下参照）。

(41)　我妻・前掲『債権各論下巻一（民法講義V₄）』一〇九二頁。

(42)　我妻・前注引用書一〇九〇頁。

(43)　我妻・前々注引用書一〇九〇頁。

(44)　過責の考量論を返還義務の範囲との関係で展開した部分として、谷口・前掲『不当利得の研究』四二四頁以下参照。

(45)　松坂・前掲『事務管理・不当利得〔新版〕』（法律学全集22－Ⅰ）二二六頁。

(46)　東京控判大正二年六月二四日新聞八八七号二四頁。これは意思無能力を理由に繭の売買契約が無効となった事例である（本件は、一方当事者が相手方の意思無能力に乗じ、時価の約三倍で繭を売りつけたものらしく、双方給付の等価性が保たれている事案でない――ただし、判決理由のみならず、当事者の主張から事案内容の判断を補った部分がある）。判決は、その理由中の文言では、「繭の売買は無効なるを以て……当事者双方の為したる給付は……全く相牽連することなく独立し……当事者双方の給付は相互に不当利得を組織し之れが返還の請求権は独立して発生するや明らかなり」（ただし、傍点削除）と判示している。

しかし、本判決を、判文の文言どおりに二請求権の相互関連性を否定したものと考えてよいか否かについては、やや検討を要するように思われる。それというのは、判決理由中には明示されていないものの、当事者が事実として主張しているところも補って判断すると、支払った繭の代金中（六八〇円）、その一部の返還（三〇〇円）については第一審判決などで確定しており、残代金（三八〇円）から繭の時価相当額（二二八円）を差し引いた代金（一五二円）について不当利得返還請求が認容されているらしいのである。繭は生糸となり滅失しており原物返還は不可能なのであるが、代金の不当利得返還請求にさいして繭の代金を控除し、双方給付の対価的牽連性を顧慮した結論が現実には導かれているように思われる（私見の構成によれば、代金の不当利得返還請求にさいして、反対債権である繭の不当利得返還請求が履行不能により損害賠償請求権に転化した上、相殺がなされると構成されることになるが、損害額に関する特段の事情も主張されていないので、認容額は本判決の結論と同様になろう）。

東京地判昭和二年五月一四日新聞二七〇五号一〇頁。これは石炭鉱試掘鉱区の試掘権売買が錯誤により無効であった事案である（ただし、本注後掲の川村論稿も指摘するように、詐欺の事案であった可能性もある）。売買代金の不当利得返還訴訟が係属中に、試掘権は存続期間の満了により消滅した。被告は、原告が保存行為を怠ったため試掘権が消滅したとして、代金の不当利得返還請求にさいしてその点を顧慮すべきことを主張した。しかし、裁判所はその点を顧慮することなく、代金の不当利得返還請求を認容した。

確かに、この判決の結論自体、反対給付の消滅を顧慮してはいない。しかし、この結論を導くにあたって、本判決は理由中で、被告の試掘権についての不当利得返還請求権は、試掘権の消滅によって直ちに消滅せず、「被告ニ対スル利益ノ保護ハ法律上自ラ存スルモノトス」ということを強調する。もちろん、本文に述べてきたような履行不能による不当利得債権の消滅（ないし損害賠償請求権への転化）を考えるに至ったのは近時の学説であるから本判決がそれを考えていないことは当然であろう。しかし、伝統的構成によっても、試掘権の不当利得返還請求権は、試掘権が消滅すれば民法七〇三条の「現存利益」なしとして消滅する可能性も多いと思われる（ただし、事案からは買主は契約当初は無効原因につき善意であるが、試掘権消滅時には悪意なので、善意・悪意の認定時期いかんによって結論は異なることとなる）。それにもかかわらず、判決がその点にふれないまま、売主も試掘権の不当利得返還請求権を有することを強調したのは、一方給付の不当利得関係が消滅し、他方給付の不当利得返還請求権だけが行使されるという結論には、裁判官自身釈然としないものを感じていたからではあるまいか。この点は推測にすぎないが、少なくともこの判決理由においては、一方の不当利得関係が消滅し、他方の不当利得関係だけが存続しているという状況ではないことが前提とされた上で、前述した結論が導かれていることは、注意すべきであろう。

したがって、これらの二件においては、裁判所は本文に検討してきた問題を暗々裡に意識するか、少なくとも無意識的に回避した形で判断を展開しているといえるのである。

それに対し、サフラン球根売買の無効が問題となった大判大正三年四月一一日刑録二〇輯五二五頁は、サフラン球根が処分されておりその不当利得返還請求権の行使が不可能なことを相手方当事者が主張したが、その点を顧慮しなかった判決であり、この問題が意識されていない、といえよう（ただし、相手方当事者が詐欺した事案であり、注(40)参照）。

なお、この問題に関する川村説の判例分析について、川村・前掲「契約の無効・取消と不当利得」契約法大系Ⅶ一六一頁以下参照。

(47)　正確にいえば、我妻説などは本書にいう両性的不当利得事案を念頭におくものであるが、その点をも併せて、本書三五〇頁以下、特に三五二頁以下参照。

(48)　前注引用箇所、特に本書三五二頁にも述べたように、民法一八九条以下との競合が問題となりうるのは、両性的不当利得事案の場合であって、今ここで検討している矯正法的不当利得返還請求の場合ではない。両性的不当利得事案の場合に、民法一八九条以下と不当利得規範との競合に関しては、本書四五九頁以下、および第三部の統一的請求権参照。

(49)　最判昭和五一年二月一三日民集三〇巻一号一頁。本判決については、北村実「民事判例研究」法律時報四八巻一〇号（昭和五一年）一一四頁、田中整爾「最新判例評論」判例評論二一二号（昭和五一年）一九頁、谷口知平「判例批評」民商法雑誌七五巻四号（昭和五二年）六九八頁、瀬川信久「判例研究」法学協会雑誌九四巻一一号（昭和五二年）一六七八頁、島田礼介「判例解説」最高裁判所判例解説民事篇昭和五一年度一頁以下の他、加藤雅信「判例解説」昭和五一年度重要判例解説（昭和五二年）、など参照。

(50)　著者自身の見解については、前注引用の著者の判例解説参照。

(51)　まず、この先例としては大判昭和一一年五月一一日民集一五巻一〇号八〇八頁をあげることができる。これは、解除によって、代金の一部と目的物全体との返還が問題となった事案である。大審院は、売主に代金受領の日からの利息の支払を命ずる一方、買主に使用料の返還義務があることを判示した。ここにおいては、本文四三五頁に記した、双方給付の対価的バランスを失した場合の処理と同じ取扱がなされているのであり、妥当な解決がもたらされたものと考える。

なお、最判昭和三四年九月二二日民集一三巻一一号一四五一頁も、代金の一部と目的物の全部の返還が問題となった、右の大審院判決と類似の事案なのであるが、代金についても利息が発生しうることを顧慮しないまま、目的物の使用利益のみを計算しており、大審院判決と異なり妥当な結論であるとはいいがたい。

なお、解除と使用利益をめぐってはこの他にもいくつか下級審判決があるが、その内容は、瀬川・前掲「判例研究」法学協会雑誌九四巻一一号一六八一頁に簡にして要をえた形で表にまとめられており、それを参照されたい。

(52)　解除の事案であるが、前注引用の大審院判決参照。

(53) 川村・前掲「不当利得返還請求権の諸類型（二）」判例評論七七号六頁。
(54) その具体的内容については、川村・前掲「『所有』関係の場で機能する不当利得制度（一三）」判例評論一四四号一二頁以下。
(55) 注（47）引用箇所、とりわけ類型論との関連については、本書三五三頁参照。
(56) 本書四一九頁以下。
(57) なお、本文の表現は著者なりに川村説を受けとめたものであるので、正確を期するために原文を引用すれば、次のとおりである。「給付利得返還関係は誤って展開された『契約』関係の捲き戻しのために設定される法的装置としての契約関係である。ところで、誤って展開された『契約』関係は、誤って実行された一方の『対価的』給付のみから構成された『契約』関係なのではなくて、誤って実行された『対価的』給付と実行されないままにとどまっている他方の『対価的』給付とから構成される『契約』関係として在る。そうだとすれば、この誤って展開された『契約』関係の捲き戻し機能を担う法的装置としての『契約』関係も、誤って実行されたために捲き戻しが必要な『対価的』給付と実行されないでいたために捲き戻しが『不』要な『対価的』給付とから成る『契約』関係――give and take の関係――として構成すればよいことになる」（川村・前掲「給付利得制度」判例評論一四三号七頁。なお、原文にあった注の引用は省略した）。
(58) 川村説の結論および論理の展開につき、川村・前掲「給付利得制度」判例評論一四三号一四頁、同・前掲「不当利得返還請求権の諸類型（二）」判例評論七七号二頁以下参照。
(59) 我妻栄『新訂債権総論（民法講義Ⅳ）』（昭和四一年）一四八頁。
(60) この点の川村説につき、川村・前掲「給付利得制度」判例評論一四三号一四頁。
(61) この我妻説の引用と検討については、本書三五二頁以下参照。
(62) 本書七二頁以下。
(63) 山中康雄「不当利得のあり方」愛知大学法経論集四〇号（昭和三七年）一三頁。
(64) この点につき、本書三三三頁以下、三四五頁以下参照。
(65) 本書四一九頁。

第七章　両性的不当利得事案

第一節　両性的不当利得事案の処理

一　以上、帰属法的不当利得返還請求権の要件・効果、矯正法的不当利得返還請求権の要件・効果を検討してきたわけであるが、第四章に述べたように、[1]右の不当利得の二種の機能が重畳的に発揮されている場合が、事例としてもかなり多い。第四章引用の事案の一例をここであげれば、〔4・15〕の日本画交換契約が錯誤によって無効であった場合などが、[2]それに当たる。この事案においては原告の日本画返還請求が認容されたのであるが、この結論自体は、無効な交換契約にもとづいて移転された財貨（利益を含む。以下同じ）の返還が認められたという矯正法的性格を有すると同時に、日本画の本来の所有者の所有が回復されたという帰属法的性格をもち、二面的な性格を有する。この事例においては、論理的には目的物の回復請求は、物権的返還請求権によることも、矯正法的不当利得返還請求権によることも可能であろう。この種の両性的不当利得事案をすべて包摂しうるように[3]より一般的に語るのであれば、履行済みの契約などが無効などの場合に、有体物の回復に関しては物権的返還請求権（その附属規範としての民法一八九条以下をも含む）と矯正法的不当利得返還請求権との競合が、非有体的利益の回復に関しては帰属法的不当利得返還請求権と矯正法的不当利得返還請求権との競合が、問題となる。このような場合の不当利得返還請求をいかに考えるかに関し、私見の最終構想は、第三部に述べる統一的請求権という構成によることになる。しかし、この結論を採用すると、問題は、不当利得法の枠内にとどまらず、実体規範と請求権の関係いかんという一般的枠組に連なることとなる。そこで、問題をそこに拡げる前に、統一的請求権という構成自体は採用せず、伝統的な、一規範から一請求権が発生するとの立場をとった場合に、この種の事案の解決をどのように考えるべきかを、簡単にここに記すことにしよう。まず、いわゆる請求権競合論的な立場をとった場合といわゆる法条競合論的な立場をとった場合とを考えた上で、次に不当利得返還請求権の補充性をめぐる議論に、ここでの検討と関連するかぎりでふれることにする。

二　両性的不当利得事案においては二種の請求権が競合しうることになるが、物権的返還請求権（ないし帰属法的不当利得返還請求権）が最初に行使されたとしても、財貨移転を基礎づける契約の存在やその無効などが抗弁、再抗弁として主張されることにより、裁判の場における紛争の展開に矯正法的不当利得規範の実質があらわれてくることは、前に記したとおりである。(4) そこに記したように、実務においては、物権的返還請求権（ないし帰属法的不当利得返還請求権）の行使から請求を展開し始めることも、端的に矯正法的不当利得返還請求権を行使することも認められていたという意味において、請求権競合論的な取扱がなされていたというべきであろう。(5)

ただ、この場合に、請求権競合論の純粋型をそのまま踏襲して、裁判所が判断すべき請求の内容としての要件・効果は当事者が選択する請求権によって決定される、と考えることには、次のような問題がある。

売買契約の無効などの事案において、売主が目的物を取り戻すために物権的返還請求権を行使し、または、目的物が費消されたなどの場合に帰属法的不当利得返還請求権を行使するにさいし、法の定める効果をそのまま適用すれば、以下のようになる。目的物が滅失していたとしても、返還義務者が善意であれば返還義務は消滅し、現に利益を受ける限度で所有者に損害賠償をすれば足りる（民法一九一条）。帰属法的不当利得返還請求権に関しては、利得が喪失すれば、善意の返還義務者は現存利益がないものとして返還義務を免れる（民法七〇三条）。

しかし、このように考え、一方、買主は売主に対して代金についての不当利得返還請求権を有すると考えると、売主は自らは目的物ないし利得についての返還請求権をもたないのに、自分の受領した代金についての不当利得返還義務は免れないという事態も生じうるわけで、売買契約清算の対価的バランスが崩れることになろう。このような事態をさけるためには、前章で分析したように[6]、やはり財貨移転を基礎づけていた表見的法律関係が売買契約であったことに着眼して危険負担の問題を考える必要がある。ここでは、物権的返還請求権あるいは帰属法的不当利得返還請求権の効果としての返還義務者の善意、悪意による責任軽減、責任加重よりも、より優先して表見的法律関係に即して効果が考えられるべきなのである。

このことは、危険負担問題以外についても、同様である。売買契約無効による目的物の取戻にさいして、目的物に果実が生じていたとする。物権的返還請求権という法律構成によれば、その果実の返還義務があるか否かは、返還義務者の善意、悪意によって区別されることになる（民法一八九条、一九〇条）。しかし、反対給付である代金についての不当利得に関しても、やはり果実（利息）が問題となりうるわけである。両者の対価的バランスからは、双方給付の価値の均衡がとれている一般的事例については、前述したように[7]返還義務者の善意、悪意を問わず、果実と利息との対価的バランスをとった売買契約上の規定（民法五七五条）が準用されることが望ましい。

このように考えると、物権的返還請求権（ないし帰属法的不当利得返還請求権）と矯正法的不当利得返還請求権とが請求権競合の関係にたつといっても、その効果自体は当事者間では矯正法的不当利得返還請求権に即して考えられるべきことになろう。このような措置は、物権的返還請求権などが行使された場合にも抗弁、再抗弁などによって紛争の矯正法的不当利得返還請求権としての性格が裁判の場でも明らかとなるので、その段階で施されるべきであろう。それに対して、破産の場合の取戻権の行使、「口頭弁論終結後ノ承継人」（民訴法二〇一条）への既判力、執行力の拡張など、対世的な権利主張がなされた場合には、当初請求が物権的請求権であるときは、当該事案は物権的返還請求権としても認定されるべきものであるからそれらの対世的主張も認められるべきであろう。請求権競合にさいしては、一般的にも一方の規範を他方の請求権に類推適用するなど、なんらかの平準化が主張されることが多い[8]が、ここでは最低限、効果のレベルにおいて当事者間では矯正法的不当利得返還請求権に即して、対世的主張としては物権的請求権に即して平準化が行なわれるべきである、といえよう（なお、このような平準化がなぜ必要なのかについては第三部において詳論する予定であり、叙述の重複を避けるため第三部の分析を参照されたい）。

右のように考えるにしても、請求権競合を認める立場をとる以上は、訴訟の場において物権的返還請求権などを主張し、その要件の主張から訴訟が展開していくことが認められる。しかし、効果のレベルにおいては問題となることが多い当事者間の関係が全面的に矯正法的不当利得返還請求権に即して考えざるをえない以上、要件においても矯正法的な不当利得返還請求権に即して考えるべきであるとする法条競合論の主張も考えられないわけではない。このような立場にたてば、訴訟においては物権的返還請求権などを行使することは認められず、もっぱら矯正法的な不当利得返還請求権の要件効果に即して紛争解決がはかられることとなる。

なお、請求権競合論、法条競合論などのいずれの枠組を用いるかはともかくとして、ここでは、両性的不当利得という枠内においては、効果に関して、当事者間の関係のみについていえば矯正法的不当利得の規範内容が物権的返還請求権などの規範内容に優先して適用される旨を述べた。この結論の実質は、川村説などの不当利得の類型論者や他の一部の学説も従来から主張するところであった。しかし、この点の学説状況は、物権的請求権と不当利得規範の関係について論じたところにすでにふれたので、そこでの叙述に譲る(9)。

さらに、不当利得に関しては、請求権競合論や法条競合論以外に、いわゆる不当利得返還請求権の補充性を認める議論が存在した。すなわち、他の請求権が存在する場合には、不当利得返還請求権の適用は認められないと考える立場である。他の請求権との関係で常に不当利得返還請求権が劣後すると考える立場が絶対的補充性論と呼ばれ、特定の請求権との関係で不当利得返還請求権の劣後を考える立場が相対的補充性論と呼ばれている。補充性の問題自体の検討は別の箇所に譲るが(10)、ここでの検討によれば、不当利得法が劣後するどころか、効果に関するその規範内容が物権的請求権に優先して適用されるべきなのであり、絶対的補充性論はもちろん、物権的請求権との関係での相対的補充性論も採用しえないことは明らかであろう(11)。

（1）本書二九七頁以下。
（2）本書二九一頁、二九七頁。
（3）いくつかの例示につき、本書二九七頁以下参照。
（4）本書二九七頁以下参照。
（5）一般的には、前注引用箇所参照。また、この問題をめぐっては、我妻博士の「法律行為の無効取消の効果に関する一考察」春木還暦祝賀論文集（昭和六年）二一三頁以下、民法研究Ⅱ（昭和四一年）一六五頁以下をはじめ、特に民法一八九条以下との関連において種々論議されてきたところであるが、この点については本書三五二頁以下参照。
（6）本書三五二頁以下。
（7）本書四五三頁以下。
（8）四宮和夫『請求権競合論』（昭和五三年）五八頁以下参照。
（9）本書三五三頁以下参照。
（10）本書六一四頁以下。
（11）なお、本文に述べたように物権的請求権との関係における相対的補充性論も採用しえないことは明らかであるが、両性的不当利得事案以外に関しては物権的請求権の適用が常に不当利得法に劣後するわけではない。帰属法的不当利得返還請求権との関係においては、むしろ物権的請求権の適用が優先することにつき、本書三五七頁参照。

第二節　解決されるべき問題

以上のように、伝統的な請求権競合論（ただし、効果を平準化することは必要である）にたっても、法条競合論にたっても、不当利得法の実務的運用の大部分においてはそれほど支障があるわけではない。もちろん、請求権競合論をとれば、当事者間の関係においては物権的請求権に不当利得の効果が接合する等々の奇妙な点は残る。また、法条競合論をとれば、詳しくは後に述べるように、既判力、執行力の拡張（民訴法二〇一条）が必要となった場合に、所有権をもっているにもかかわらず、法条競合論によって所有権の主張を封ぜられた者をどのように取り扱うか——既判力、執行力の拡張を認めないのか、あるいは認めるとしてそれをどう基礎づけるか——などの問題が残る(1)（他にもいくつかの個別問題が発生するが、これらについても重複をさけるため、第三部の叙述に譲る）。

しかし、既判力、執行力の拡張が必要となる場合は例外的であるし、また、説明や基礎づけの奇妙さなどは、紛争の妥当な解決の前に一歩引き下がるべきものであろう。したがって、実務的視点からは、個別的問題をカズイスティッシュに解決しつつ、請求権競合論、あるいは法条競合論の枠にとどまることも許されないわけではあるまい。

しかし、もう少し理論的な視点から考えるならば、カズイスティッシュな解決を必要とするような個別的問題を発生させず、また論理的な奇妙さをも生まない一般枠組を提供することが必要となろう。このような視点から、右の問題を発展的に分析したものが、第三部の統一的請求権の構成であるが、その点については後に述べることとする(2)。

（1）　本書五一三頁以下。
（2）　本書五二七頁以下。

第八章　多当事者間の不当利得

第一節　多当事者間の不当利得の要件

一　第二部のこれまでの叙述においては、財貨（利益を含む。以下同じ）移転があった当事者間において直接不当利得関係が問題となる二当事者間の不当利得関係を念頭におきながら、純粋の帰属法的不当利得、矯正法的不当利得の要件、効果を考え、さらに両性的不当利得事案に関しても考察を加えてきた。しかし、このような不当利得事例以外にも、再三指摘してきたように、財貨移転があった場合に、その財貨移転が事実として行なわれた当事者以外の者をまきこんで不当利得が問題とされることがある。本書ではそれを多当事者間の不当利得関係と呼んできたが、その要件、効果の問題をここで考えてみることにしよう。要件について本節で検討した後、その効果を第二節で検討することにする。

なお、多当事者間の不当利得関係の問題は、三当事者間の事例を中心としてドイツにおいても種々論じられており、その中には、カナーリス、クピッシュなどのように、ドイツ型の類型論に対する批判の契機となるものもある。[(1)] これらの議論のうちの相当部分は初期の山田教授の紹介をはじめ、[(2)] 多くの論者によってわが国にも紹介されて種々の論議が展開されている。[(3)] ここでは、これらの学説に示唆を受けながらも、[(4)] 本書の問題意識と異なる部分や学説史の問題に深入りするよりは、[(5)] 第二部の今までの叙述と同様、むしろ著者なりの分析結果を直截に示すことに力点をおいて叙述をすすめていくこととする。

帰属法的不当利得、矯正法的不当利得の要件を考えるにさいしては、不当利得規定の文言を具体的事案に適用し、それがそのまま妥当するか否か、また妥当しない場合には、文言のどの部分が要件として機能しているのかを検討した。多当事者間の不当利得の要件の問題を考えるにさいしても、この点を具体的事例に即して考えていくこととする。まず、三当事者間の関係を第三者のためにする契約の事案にひき直して考えた場合、(6) 現実に財貨移転が行なわれる給付関係は別とし、対価関係、補償関係に対応するいずれかの法律関係が無効などにより存在しない事例をとりあげ、**二**に検討することとする。さらに**三**で、対価関係、補償関係に対応する法律関係がともに存在しない場合を検討し、最後に、多当事者間における不当利得関係一般の問題を考えるために、四当事者以上がからむ事例を**四**で検討し、**五**で全体をまとめてみることにしよう。

二　補償関係、対価関係に対応する法律関係のいずれか一方が存在しない場合

民法七〇三条の文言のうち、実務的には、「受益」、「損失」、両者の「関連性」(7)（＝因果関係）」、「法律上ノ原因ナク」の四点が要件として機能している。(8) ここでは、債権の準占有者に対する弁済、即時取得その他の例に即してこれらの要件を検討してみることとしよう。

まず、金員の弁済給付があったが、債権の準占有者に対する弁済として、民法四七八条が適用されうる事案を考えてみよう。(9) 第一に、「受益」と「損失」の要件であるが、次頁に図示した関係に即して考えてみると、この事案では、物理的財貨移転としてAによる金員の給付がなされ、その結果、法的な権利変動としてA‐X間の債権関係が消滅している。後に引用する諸例をみれば明らかになるように、多当事者間における不当利得関係においては、すべて物理的財貨移転と法的な権利変動が発生していることがその特徴である。物理的財貨移転は、財貨受領者からみれば「受益」であり、出捐者からみれば「損失」である。法律関係の消滅なども、それは権利者の側からみれば「損失」であり、義務者の側からみれば「受益」である。このような「受益」と「損失」は、一つの事象——物理的な財貨移転、または法律関係の変動——の楯の両面を分解評価したものにすぎないが、その連鎖が各当事者に

即して考えられる。図示した債権の準占有者の例に即していえば、まず、Aにとっては、金員出捐をしたことが損失であるが、同時に債務を免れたという受益が発生している。それに対し、Xには、債権の喪失という損失が発生し、Yには、金員の受領という受益が発生していることとなる。

第二に、受益と損失との「関連性」であるが、右に述べたYの受益とXの損失は、その具体的内容は金員の受領と債権の喪失であって、直接に物理的財貨移転（または法的権利変動）の楯の両面という関係にたつものではない。しかしながら、ともにAの給付行為という同一の原因によって発生したものであり、この意味で両者に「関連性」がある、といえよう。(10)

債権の準占有者に対する弁済

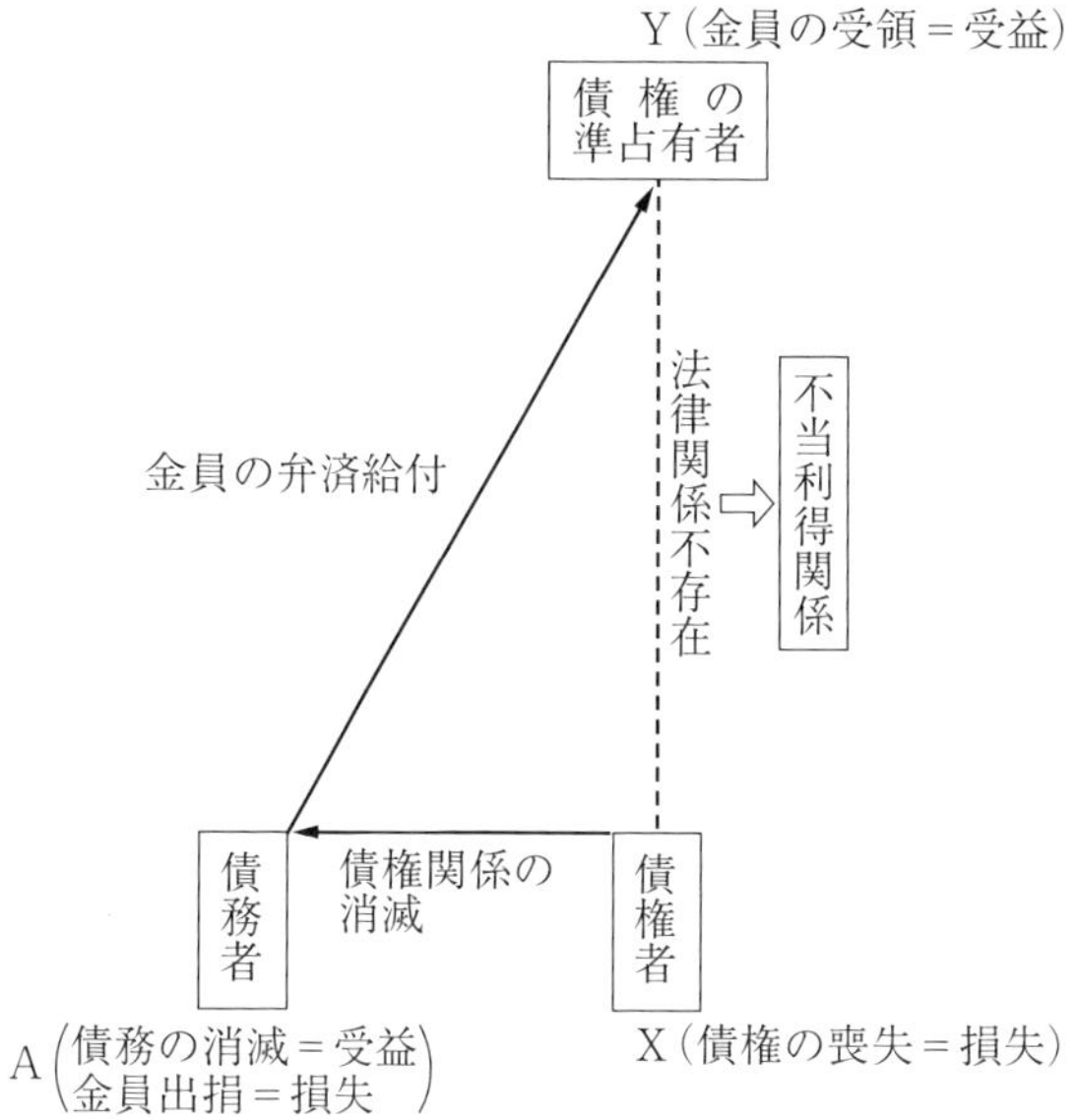

第三に、「法律上ノ原因ナク」の要件であるが、三当事者間の不当利得関係において、この要件は、問題となっている事案を第三者のためにする契約関係の事案にひき直した場合に、給付関係・補償関係・対価関係の三種に対応する法律関係のうち、いずれかの部分において財貨移転を基礎づける法律関係が欠落しているとき、その当事者間において「法律上ノ原因」がないこととなる。(11)A、X、Yの三当事者間における財貨移転を基礎づける法律関係として、給付関係（民法四七八条により弁済は有効）・補償関係（民法四七八条により債権が消滅）ともいうべき法律関係は存在するが、対価関係に対応する法律関係は何も存在していない。したがって、この三当事者間における財貨移転は、X－Y間において基礎づけられてお

即　時　取　得

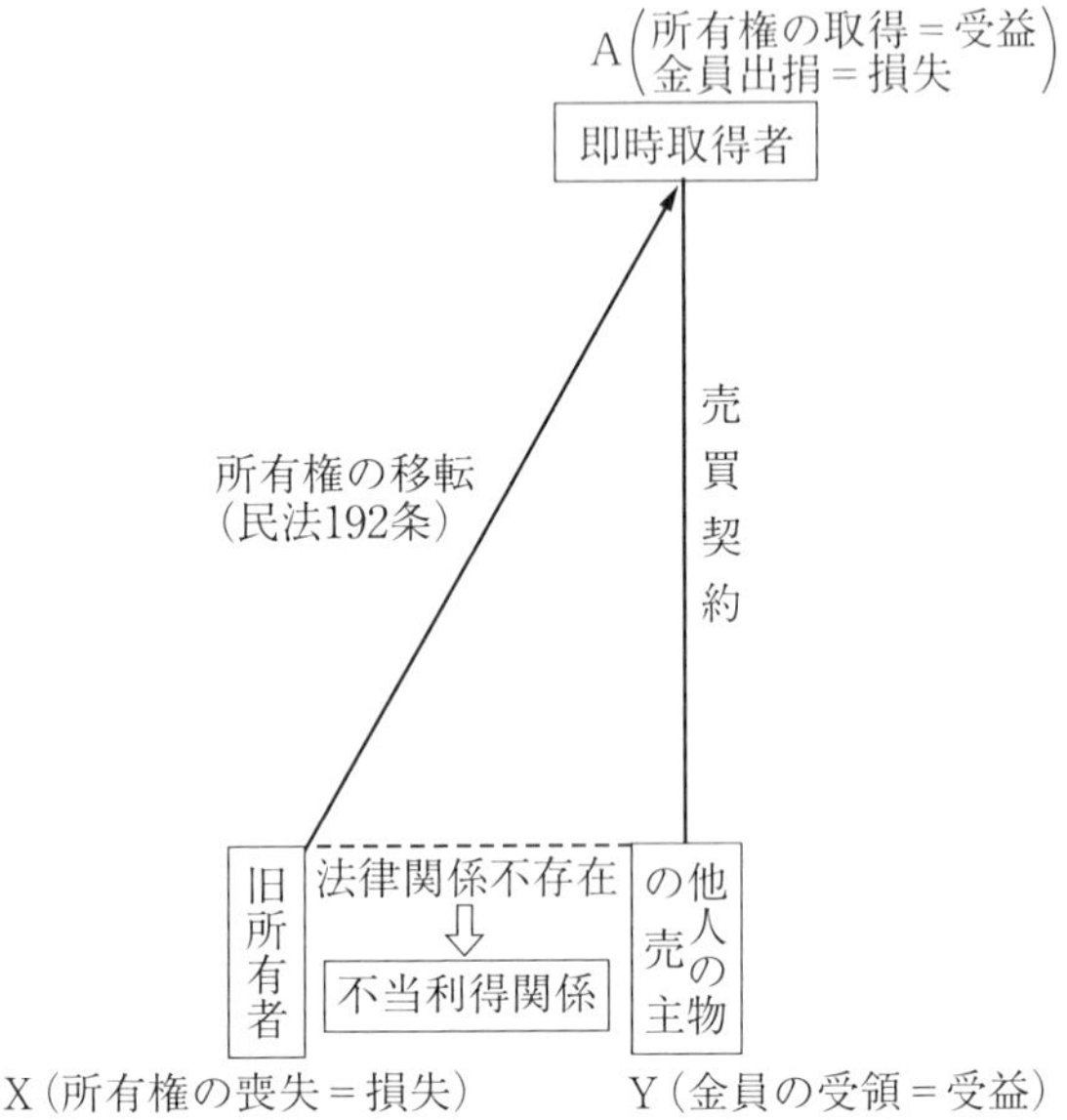

らず、ここに「法律上ノ原因」がないものとして、Yの「受益」に関して、「損失」を被ったXからの不当利得返還請求権が発生することとなる。

以上のように考えると、少なくともこの事案に関しては、民法七〇三条において不当利得返還請求権の要件とされる「受益」、「損失」、両者の「関連性」、「法律上ノ原因ナク」の四点をすべて充足した上で不当利得返還請求権が発生していることとなる。

即時取得においても、判断枠組は債権の準占有者に対する弁済として検討したところとそれほど異なるところはない。他人の物の売買の結果としてその物が即時取得された場合[12]を例にあげよう。まず、この事案においては、A－Y間の売買契約の結果、法的な権利変動としてXからAにいわば所有権が移転した形になっている（厳密には原始取得なので移転というのは多少不正確であるが、他に適当な表現がないまま、図などでも移転の語を用いている）。これらを分解評価して、三当事者における受益と損失の連鎖を考えると、次のようになる。Aにとっては、所有権の取得が「受益」であり、同時に金員出捐が「損失」となる。Xにとっては、所有権の喪失という「損失」があり、Yにとっては金員の受領という「受益」[13]がある。右のX、Yの「受益」と「損失」は、直接に物理的財貨移転（または法的権利変動）の楯の両面という関係にたつものではないが、民法一九二条の要件をみたすYの売却という同一の原因によってともに発生しており、「関連性」が認められるものである。この三当事者間における財貨移転を基礎づける法律関係は、X－Y間において存在せず、この当事者間で「法律上ノ原因」がないこととなり、Yの「受益」に関して、「損失」を被ったXに不当利得返還請求権が与えられることとなる。

このように、三当事者間の不当利得関係にあっては、「受益」、「損失」、両者の「関連性」、「法律上ノ原因ナク」の文言が、それぞれに要件としての機能を果たしている。ただ、本文で今まで検討してきた例は、「法律上ノ原因ナク」の内容が非常に明瞭な、財貨移転を基礎づける法律関係の不存在という場合であった。しかしながら、「法律上ノ原因ナク」の内容が、物権の対抗力が問題となる事例や扶養義務者間の求償事例のように、競合的法律関係の優先劣後の判断となることがある。このような事例に関しては、右の判断を展開する前に一定の前提をおくことが必要となるが、その点は注で分析することとし(14)、本文では法律関係の不存在という原則的な場合の叙述にとどめることとする。

三　対価関係、補償関係に対応する法律関係がともに存在しなかった場合

具体的に問題を考えるために、第三者の弁済として、金員が給付された場合と金員以外の有体物が給付された場合の双方をとりあげてみる。

〔設例一〕〔設例二〕

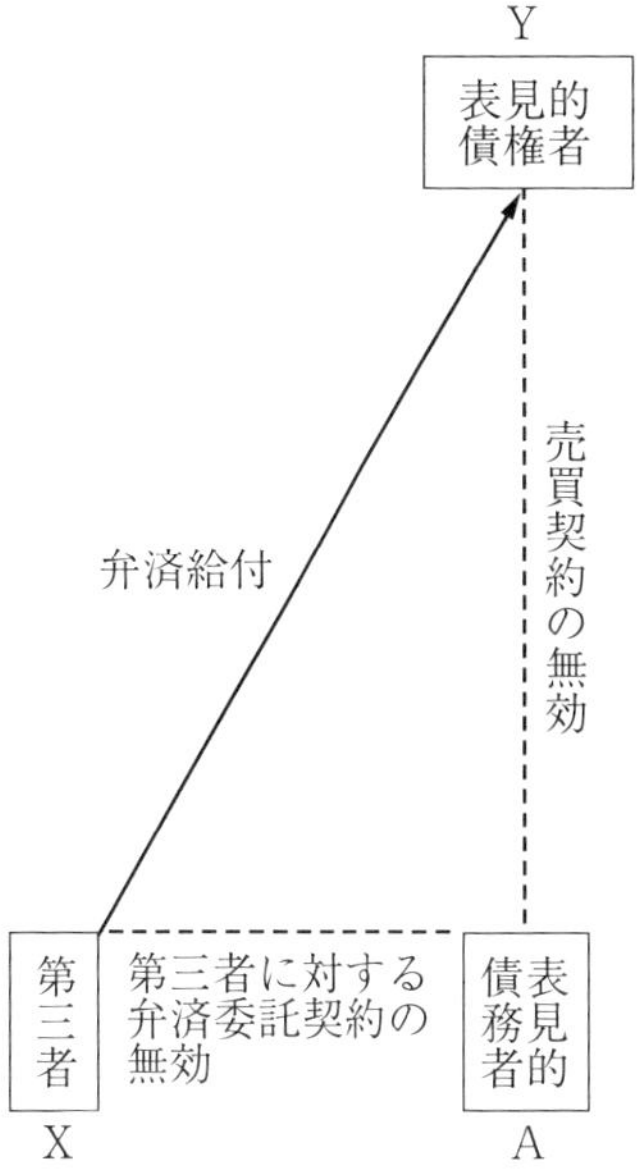

〔設例一〕　まず、金員以外の有体物の給付に関して、次のような関係を想定し、図示したところに従って考えてみよう。A－Y間で、種類物に関し、売買契約が締結された。売主Aは、目的物の給付を第三者Xに委託し、XはそれをYに給付した。ところが、A－X、A－Y間の契約がともに無効であった。

このような事例において、Yのもとにある給付された目的物がXに返還されるべきであることは、わが国

ではほとんど異論があるまい[15]。逆に考えれば、右の三当事者間において、A－Y間の売買契約が有効であり、かつ、A－X間の弁済委託契約が有効であれば、Yが、弁済された目的物を保持しうることは問題がない。いわば、ここではA－X間の補償関係とA－Y間の対価関係とが、全体としてX－Y間の給付関係という財貨移転関係を基礎づけ、その「法律上ノ原因」をなしているともいえるのであり、これらが効力をもっていない以上、X－Y間の財貨移転に「法律上ノ原因」がない、といえるからである（ただ、これを単純な不当利得関係とのみ考えてよいか否かにはやや検討を要する点もあるが、その点は後に検討する）。

〔設例二〕　弁済給付の対象が金員であった場合にも、以上述べた点に変わるところはない。さきの設例を少し修正し、売主、買主は〔設例一〕の説明と入れ替ることになるが、A－Y間に売買契約が締結され、買主AがXに代金支払いを委託し、XがYに代金を支払ったが、それらの契約が無効であったとする。

この場合にもA－X、A－Y間の契約がともに有効であればYは受領した金員を保持しうるが、ともに無効であった場合に、X－Y間の財貨移転に「法律上ノ原因」がなく、当該金員はYからXに返還されるべきものと思われる。

以上の検討によれば、三当事者の関係を考えた場合、給付関係を基礎づけるものは補償関係と対価関係であり、法的に有効な形の補償関係と対価関係がいずれも存在しなければ、当該財貨の移転は給付関係当事者間で回復されるべきことになる[16]。そして、この点を、財貨移転があったが、それを基礎づけるべき法律関係（＝補償関係と対価関係）が存在しない、すなわち、「法律上ノ原因」を欠くためである、と不当利得法的にとらえることも可能である。前に述べたところ[17]によれば、矯正法的不当利得返還請求権の要件は、第一が財貨移転の事実（「利益ヲ受ケ」）、第二が「法律上ノ原因ナク」であり、右に述べた内容はまさにこの要件そのものであり、ここにいう不当利得法的とは、矯正法的なそれを意味するものである。

しかし、これらの事案を単なる矯正法的不当利得としてとらえるのではなく、他のとらえ方をすることも可能である。本書では、多当事者間における財貨移転の法律構成を論ずる一環として、複数当事者間の実体関係に適合し、当事者間に齟齬をきたさない規範関係を構築するために、「連鎖的抗弁」――複数当事者間の法律関係を複合的に組み合せた抗弁――を観念することになるが、[18] それを前提とした上で、次の展開を考えてみよう。

まず、金員以外の有体物をXが給付した〔設例一〕のケイスに関しては、矯正法的不当利得返還請求権として構成する以外に、次の構成が考えられる。

一、Xは、自己の物をYが占有しているとして、所有権にもとづく物権的返還請求権を行使する（請求）。

二、それに対し、Yは抗弁を提出することが必要となる。しかし、Yは目的物をAとの契約にもとづき取得しているのではあるが、〝所有権者〟Xに対し、その所有権主張と矛盾する第三者Aとの契約関係を主張しても抗弁として意味をもつわけではない（物権の優先的効力によってその主張は破られる）。しかし、〝所有権者〟Xが、A－Y間の売買契約を前提とした上で、Aと弁済委託契約を締結しており、このようなX－A、A－Y間の法律関係の連鎖があることによって、Yの目的物取得は基礎づけられることとなる。これを連鎖的抗弁の形にまとめると、Yの抗弁は次のようになる。

Yは、Y－A間の売買契約とA－X間の弁済委託契約にもとづき目的物を取得しており、所有者が締結した第二の契約は、第一の契約を前提としていたはずである（抗弁。なお、注(21)参照）。

三、Xは、Y－A間の売買契約の無効、およびA－X間の弁済委託契約の無効を主張する（再抗弁――ただし、正確には、後述するようにここに述べた「および」は「または」にかえる必要がある）。

この事案は、矯正法的不当利得返還請求権として考えることもできると同時に、物権的請求権とその抗弁、再抗弁として展開されることも充分可能であり、しかも、抗弁、再抗弁の内容によって矯正法的不当利得返還請求権的な実質が示されている。また、本事案におけるXのYに対する返還請求権の機能を考えてみると、目的物の所有者Xにその物の帰属を回復するという帰属法的側面と、三当事者間での法律関係が有効に存在しないがゆえに既履行の財貨移転を矯正するという機能の双方があり、両性的性格を有するものである。請求、抗弁、再抗弁の展開から考えても、機能から考えても、この事案は、前述した(19)両性的不当利得事案と完全に一致するものである。

ただ、再抗弁の内容として、前に三では、X－A間の契約とA－Y間の契約との双方が無効な場合を述べた。もちろん、双方が無効な場合にXの返還請求権が認容されるべきは当然であるが、そのうちの一方が無効な場合であってもXの物権的返還請求権が認容されうるものである。X－A間の弁済委託契約が無効であれば、Xは自らの所有権を失ういわれはなく、A－Y間の売買契約自体は有効であるとしても、XがYに物権的返還請求権を行使しうるのは当然であろう（前述した物権の優先的効力）。また、A－Y間の売買契約が無効な場合には、A－X間の弁済委託契約が有効であっても物権行為の有因法制のもとでは所有権の変動が発生するはずもなく、XはYに物権的返還請求権を行使しうることとなる。

実体としては、Xの再抗弁は、Yの連鎖的抗弁の構成要素の一つを無効とすれば成立するにもかかわらず、最初にやや過重な内容をもり込んだ形で再抗弁の内容を叙述し、右の検討をすすめてきたのは、次の事例との対比を明確にしたいからにほかならない。

Xによる第三者の弁済の対象が、売買代金であり、XがYに金員を給付した〔設例二〕の場合を考えてみよう。この金員がYのもとで特定されていないとすれば、金銭に関する物権的返還請求権（価値の上のヴィンディカチオ）は問題にならず、前に述べたように(20)帰属法的不当利得返還請求権が問題となる。このような事案において、Xが、さきに述べたような形で矯正法的不当利得返還請求権を行使するかわりに、帰属法的不当利得返還請求権という形で自らの主張を展開した場合には、訴訟は次のような経緯をたどることとなろう。

一、Xは、Yに対し金員を出捐したとして帰属法的不当利得返還請求権を行使する（請求）。

二、Yは、自らの金員ないしその価値の保有が、Y－A間の売買契約とA－X間の弁済委託契約とにもとづくものであると主張する(21)（抗弁——なお、正確には注(27)参照）。

三、Xは、Y－A間の売買契約の無効、およびA－X間の弁済委託契約の無効を主張する（再抗弁）。

このXのYに対する請求は、機能的にはXが出捐した金員の価値の帰属をXに保証するという帰属法的性格と三当事者間での瑕疵ある財貨移転を矯正するという矯正法的性格との二面をもち、帰属法的性格が当初請求に反映し、矯正法的性格が抗弁、再抗弁にあらわれている。これは本書の今までの分析からいえば、両性的不当利得事案というべきものである。この点は、〔設例一〕についての分析と変わるところはない。

〔設例一〕と〔設例二〕が大きな違いをなすのは、対価関係、補償関係のいずれか一方のみが無効であった場合に――その無効な法律関係の当事者間で不当利得法による請求が可能なことは判例上も認められており[22]、このことは当然として[23]――給付当事者間で返還請求が可能か否かという点である。

〔設例一〕においては、さきに検討したように、売買契約、弁済委託契約の一方のみが無効な場合であっても、Xは物権的返還請求権を行使できた。しかし、XのYに対する当初請求が帰属法的不当利得返還請求権という債権的請求権にすぎない〔設例二〕においては、必ずしもこのように考えることはできない。

かりに、〔設例二〕の事案で、A－X間の弁済委託契約のみが無効であったとしよう。その場合にXがAに請求することなくYに当該金員の価値につき帰属法的不当利得返還請求権を行使したとする。そのさい、Xは帰属法的不当利得返還請求権の要件として、財貨移転の事案としての金員受領（「利益ヲ受ケタ」こと）と当該金員を自己が出捐したこと（自己の「財産又ハ労務ニ因ル」こと）を主張、立証することとなる[24]。しかし、YはAとの売買契約にもとづく金員を受領したことを抗弁として主張しうるはずである。この場合に、Xの請求権は債権的なものであるから、物権的請求権の場合とは異なり、優先的効力がなく、Xの請求は認められないこととなる[25]。

また、逆に、A－Y間の売買契約だけが無効な場合を考えてみよう。Xが当初請求として帰属法的不当利得返還請求権を行使した場合、前に述べたように、帰属法的不当利得返還請求権は自己の権利領域からの利得に関して認められるものであり[26]、要件としても、Xは自己の「財産又ハ労務ニ因ル」ことを主張、立証する必要がある。この事案では右の要件が充足されておらず、Xは確かに自己の金員を出捐しているが、それは最終的にXの負担に帰するものでなくX－A間の弁済委託契約にもとづくものであるためAの負担となることを、Yは主張しうるように思われる。[27]

最後に、以上の検討をふまえて、三での叙述をまとめてみることとしよう。三当事者間の財貨移転関係において、補償関係、対価関係に対応する法律関係がいずれも法的に無効などの場合には、給付当事者間においてその物ないし価値の回復請求が認められる。[28]機能的に考えると、この返還請求は、給付者にその所有物ないし失った所有権の価値を回復するという帰属法的側面と、三当事者間での瑕疵ある財貨移転を回復するという矯正法的側面との双方があり、両性的な性格をもつものである。また法律構成の側から考えると二つの途が考えられる。一方は矯正法的不当利得として、財貨移転事実（「利益ヲ受ケ」）と「法律上ノ原因ナク」（補償関係および対価関係双方の無効、不存在など）を主張、立証していくことである。他方は、物権的返還請求権（または帰属法的不当利得返還請求権）を当初請求とし、抗弁、再抗弁の面で問題を展開していく途である。このように、二つの方法が可能なことは、両性的不当利得事案一般にみられることで、ここで検討している事案特有の問題ではない（後の叙述を前提としていえば統一的請求権の質的一部主張の問題である）。

さらに、以上の検討との関係で、二に検討してきたような対価関係、補償関係の一方のみが存在しない場合に、その当事者間での不当利得関係以外に、給付当事者間でも回復請求が認められるか否か、という問題が発生する。これは、給付者が当初請求として物権的請求権を行使したような場合には、物権の優先的効力からして認められることとなる。しかし、給付者の請求が債権的なものである場合[29]には、このような請求は認められず、あくまで無効などの法律関係の当事者間において清算がなされることとなる。

四　多当事者間の不当利得関係一般についての問題検討

以上、不当利得における「三角関係」[30]とも呼ばれることがある、三当事者間の不当利得関係に即して、分析をすすめてきた。しかし、以上の分析の結果は、四当事者以上がからむ多当事者の不当利得関係においても変わるところはない。その点を第二章でとりあげた、次の最高裁判例の事案に即して検討してみよう。

〔8・1〕　最判昭和五一年一一月二五日訟務月報二三巻一二号二七三一頁[31]（〔2・13〕、本書四六頁）。

A株式会社は、Y_{1-7}（以下Yと表示する）を株主とする清算中の法人であり、立倒木をその唯一の資産としていた。その立倒木を売却し、A会社の清算をはかるにあたり、租税負担の軽減のため——当時有価証券譲渡所得が非課税とされていたことに着眼し——株主Yがその所有する株式を立倒木相当代価で売却する形式をとることを考えた。ただ、立倒木の買主Bは、一部上場会社であり、決算書類に解散会社Aの株式の取得が計上されると不良会社に投資したとの印象を与えることを恐れ、最終的には次の形式をとることとした。すなわち、BがAから立倒木をN円で購入する一方、YはN円で第三者Xに株式を売却することとする。そして、N円の支払は、本来ならば、Bが立倒木代金としてA会社に支払い、Aが残余財産の分配として新株主Xに支払い、Xが株式譲受代金としてYに支払うべきところであるが、Bが直接その金をYに交付することによりすべて一時に清算することとした。以上の関係を図示すると、図のようになる。

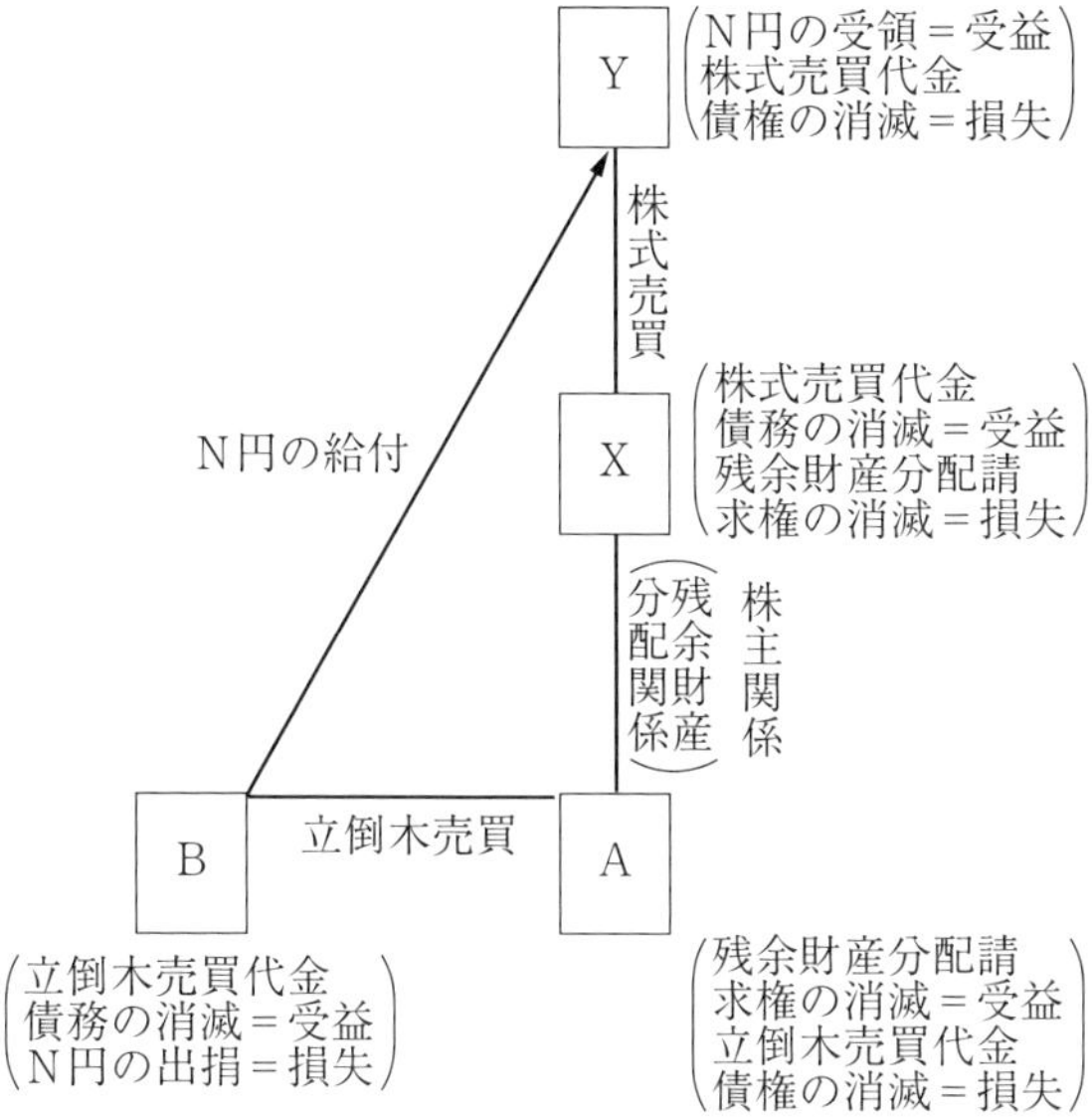

　この当事者が前提としていた以上の法律関係が法的にもすべて有効に存在していたとすれば、この事案は次のように考えられることとなる。ここでは、物理的財貨移転としてBによる金員給付がなされ、その結果、法的な権利変動として、

A－B間の立倒木売買代金債権の消滅、X－Y間の株式売買代金債権の消滅、A－X間の残余財産分配請求権の消滅という、三種の権利変動が発生している。これらを分解評価し、四当事者間における受益と損失の連鎖を考えると、図示したような形で、それぞれの当事者の内部において、受益と損失とがバランスを保って存在している。また、このような財貨変動は四当事者間の各法律関係によって基礎づけられており、どこの部位においても「法律上ノ原因」が存在し、不当利得関係は発生しない。

しかし、現実には、本件の各当事者間に存在する法律関係の効力にはいくつかの問題があった。ここでは、多当事者間の不当利得関係の典型例を分析するための便宜から、複数の法律関係のうちの一つが効力がなかった場合をまず叙述し、次いで複数の法律関係が効力をもたなかった場合を検討することとしよう。(32)

事案紹介の最初に租税の問題に言及したが、本件紛争は租税負担の問題として、A株式会社がα円の法人税の納付義務を負っていることに端を発したものである。このα円の租税負担を顧慮し、かつ今まで叙述してきた以外の権利義務をAが有していないとすれば、本件立倒木がAの唯一の資産であるから、唯一の株主であるXの残余財産分配請求権の額は、N－α円となるはずである。したがって、株式の客観的価値はN－α円でしかないが、Xはそれを N円でYから購入している。本件においてはXは租税問題は発生しないものと説明された結果、この点に気づかなかったものであり、X－Y間の株式売買契約は錯誤による無効が問題となる事案であった。(33) この売買契約が錯誤により無効であるとすると、他の法律関係が有効であっても、四当事者間の財貨移転はこのX－Y間において基礎づけられていないこととなり、「法律上ノ原因」を欠くこととなる。この場合、N円の受領がYの「受益」であり、残余財産分配請求権の消滅がXの「損失」となる（図示した関係のうち、株式売買契約が無効であるため、Yの損失であり、かつXの受益であると図示した「株式売買代金債務の消滅」が消え、単純に、Yの受益とXの損失だけが残ることとなる）。また、この「受益」と「損失」とは、単一の法的権利変動の楯の両面という関係にはないが、ともにBのN円給付という同一の原因によってひきおこされたものであり、「関連性」を有することは問題がない。

このように考えると、三当事者間の不当利得関係のみならず、この四当事者間の不当利得関係においても、「受益」、「損失」、両者の「関連性」、「法律上ノ原因ナク」という民法七〇三条の定める四つの要件を充足した上で、不当利得返還請求権が発生しているといえるように思われる（なお、現実の訴訟にあっては、〔8・1〕事件では、X－Y間の売買契約の無効のみならず、BがN円を給付した時点で清算手続が進行していなかったことを理由としてA－X間の残余財産分配請求権の不発生が問題となり、A－Y間に直接に不当利得返還請求権が発生するものと判示された。[34] しかしながら、本件においてはA－B間の立倒木売買契約も無効であったと考える余地があり、四当事者間ですべて財貨移転が基礎づけられないものとして処理されるべきであったように思われる。[35] ただ、これらの点の詳細はやや煩雑でもあるので、注(34)(35)の検討に譲ることとする)。

五　以上検討してきた事例は別段なんら特殊なものではなく、今まで分析してきた要件論は、三当事者、四当事者以上を問わず、多当事者間の不当利得関係に一般的に適合するものである。叙述が単なる繰返しとなるのでこれ以上の事例説明は避けるが、一般的には次のようにいうことが許されるであろう。多当事者間の財貨移転に関し、不当利得関係が発生するためには、民法七〇三条の定める「受益」、「損失」、受益と損失との「関連性」（発生原因の同一性）、「法律上ノ原因ナク」という四つの要件をすべて充足することが必要である。このように、多当事者間の関係において不当利得返還請求権が発生するのは、請求者と被請求者のもとにそれぞれ「損失」と「受益」が単一的に存在し、しかもその間で財貨移転を基礎づけるべき法律関係が欠落している（「法律上ノ原因」を欠く）という単純な図式をとる場合であることは、裏を返せば、法的に効力をもつ多当事者間の財貨移転とは、各当事者間の「受益」と「損失」の連鎖に関し、それを基礎づけるべき法律関係の閉鎖的な系が存在する場合である、ということがいえるであろう。[36]

（1）注(3)に述べるようにドイツ型類型論における「給付返還請求権」の「給付」概念は三当事者間の不当利得において貫徹されえない側面があるが、この観点から論理を展開する代表的な例として、C. W. Canaris, Der Bereicherungsausgleich im Dreipersonenverhältnis, in : Festschrift für Karl Larenz, (1973), S. 799 ff. ; B. Kupisch, Gesetzespositivismus im Bereicherungsrecht, Zur Leistungskondiktion im Drei-Personen-Verhältnis, (1978).

(2) 山田幸二「H・A・クニッシュ『三角関係』における利得返還請求権のための前提要件」民商法雑誌六三巻二号(昭和四五年)一〇五頁以下、同「不当利得法における『三角関係(Dreiecksverhältnis)』について」福島大学商学論集四二巻一号(昭和四八年)一〇四頁以下、同「日独における『不当利得法における三角関係論』の近況について――カナリス論文『三者間における利得の調整』の紹介をかねて――」福島大学商学論集四六巻四号(昭和五三年)八二頁以下、谷口知平編・山田幸二執筆『注釈民法⒅』(昭和五一年)四五頁以下など。

(3) 四宮和夫「給付利得の当事者決定基準(一)、(二)、(三)」成城法学八号(昭和五五年)一頁、九号一頁、一〇号(以上昭和五六年)一頁以下、広瀬克巨「三角関係における給付利得――ドイツ類型論の一断面――(一)、(二)」比較法雑誌一五巻一号一頁、二号(以上昭和五六年)一頁以下、和田隆夫「ドイツにおける不当利得法上の給付概念」判例タイムズ五五一号(昭和六〇年)一六〇頁以下。

ドイツ、あるいは、それを受けた日本の議論では、多当事者関係をめぐる二つの点が問題とされることが多い。第一は、「給付」概念の混乱である。本文に述べるように、多当事者間の不当利得は、財貨移転当事者間ではなく、別の当事者間で問題となる。ところが、ケメラーなどの類型論者は、当事者間で何が給付とみなされるべきかは、当事者の意思が決定するものであり、このことは、いわゆる間接給付の処理の解決にとって重要である、と考えていた(E. v. Caemmerer, Bereicherung und unerlaubte Handlung, Gesammelte Schriften, Bd. 1, (1968), S. 227)。このように考えると、給付返還請求権における「給付」概念は、――多当事者間の不当利得関係においては――物理的財貨移転に即して考えることができず、一般の給付概念と異なった形で不当利得法上の給付概念を観念せざるをえないことになる。したがって、ドイツの不当利得の類型論をそのまま輸入し、「給付」返還請求権、「給付」不当利得などの観念まで導入すると、わが国でも同種の混乱を生ずるであろうことは、著者のつとに指摘したところである(「類型化による一般不当利得法の再構成(四)」法学協会雑誌九一巻九号(昭和四九年)一三七一頁、本書一三二頁)。この点の問題性に加え、実務にあらわれている不当利得法の機能をも前提とした場合には、非給付型財貨移転も財貨運動法的性格を帯びるものとして、とりあげざるをえない(本書二七四頁以下)。したがって、給付返還請求権などの用語を用いると、この種の事案をとり込めないという難点も生じる(本書三八〇頁)。したがって、本書では、不当利得を類型化ないし機能分化させて考察するに当たっても、「給付」の語を用いることを避け、矯正法的不当利得の語を用いたのである。したがって、本書の立場から考えるかぎり、近時のドイツ、日本におけるこれらの議論をとりたてて分析する必要はないことになる。

　これに対し、次の第二の問題はより実質的である。多当事者間の不当利得関係にあっては、紛争当事者である不当利得返還をめぐる請求者・被請求者以外に、裁判（ないし直接的紛争）の場にはあらわれない第三者が常に存在していることになる。被請求者がこの第三者に対して抗弁を有するなどの場合に、それを請求者との関係でどのように考慮すべきかが問題である。これは、従来の法律学では充分議論されてこなかった難しい問題ではあるが、実は不当利得法特有の問題というわけではない。三当事者（ないし多当事者）が相互的に入り組んだ三(多)面的法律関係において常に問題となりうることで、現在では、リース、ローン提携販売をめぐってこの種の問題が続出している（問題が詳細に分析されている文献として、千葉恵美子「ローン提携販売の法的構造に関する一考察（一）、（二）、（三）」北大法学論集三〇巻二号三三三頁、三号（以上昭和五四年）五一三頁、三四巻三・四号（昭和五八年）五六七頁以下、不当利得との関連につき、同論文（三）三四巻三・四号五八九頁参照）。ここでは、右に述べてきた抗弁の対抗、という形で問題が展開されることもあるし、第三者に対する請求を他の当事者に転化した形での直接請求が可能か、という形で問題が争われることもある。この種の問題の一部を解決するために、昭和五九年割賦販売法が改正され、抗弁の対抗が導入された（同法三〇条の四、五）。しかしこれは、三(多)面的法律関係の問題のごく一部に立法的手当てをしたにとどまるし、改正法の理論的基礎に関しても困難な問題があることは否定できない（この問題については、竹内昭夫「割賦販売法の改正」ジュリスト八一八号（昭和五九年）六頁、稲葉健次「割賦販売法の改正の概要と運用上の問題点」ジュリスト八一八号（昭和五九年）一七頁、島川勝＝金子武嗣「立替払契約と抗弁の切断（上）、（下）」ＮＢＬ二七一号（昭和五七年）一六頁以下、二七四号（昭和五八年）三七頁以下、太田幸夫「立替払契約をめぐる若干の問題」判例タイムズ四五七号（昭和五七年）二四頁、植木哲「消費者信用取引をめぐる抗弁権対抗の理論」、岡孝「判例にみる消費者信用取引と抗弁権の対抗」、加藤良三「消費者信用取引と抗弁権の対抗をめぐる各国立法例の検討」、植木哲＝岡部真純＝木村晋介＝山岸良太＝山下俊六「消費者信用取引における抗弁権対抗の法律構成と射程距離」以上それぞれ金融法務事情一〇四一号（昭和五八年）七頁、二二頁、二九頁、三八頁以下、木村晋介「クレジット契約と抗弁権切断条項」月刊クレジット三二二号（昭和五八年）九頁、清水巌「クレジット契約と消費者の抗弁権」現代契約法大系４（昭和六〇年）二六〇頁以下、田中秀明「割賦販売法改正と抗弁権の接続」金融法務事情一〇八三号（昭和六〇年）二〇頁、佐藤歳二＝小池裕「改正割賦販売法の民事実体規定について——抗弁の対抗、損害賠償額の制限を中心として——」判例タイムズ五四九号

（昭和六〇年）一一頁以下など参照）。

本書で再三指摘してきたように、不当利得法（とりわけ矯正法的不当利得）は、財貨移転と関連するかぎりでの全実定法体系が投影されたものなのであり、そのかぎりでは実定法体系の鏡である。したがって、投影される実定法体系の側で多当事者の法律関係の規律をめぐっての法律構成が混乱したものであれば、それを映す鏡である不当利得法においても、多当事者間の関係はまた混乱したものにならざるをえないのである。

したがって、右の第二の問題は特殊不当利得法的問題としてではなく、多当事者間の法律関係一般として考えていくべきものであろうと考え、本書でとくに取り上げることはしなかった。困難な問題であるため、著者が問題を解決しうる最終的案までをもっているわけではないが、基本的方向としては、直接的請求にしても抗弁の対抗の問題にしても、契約（債権）関係の連鎖を基礎に構成されるべきものと考えており、近い将来、リース契約における三面関係を素材に問題を展開したいと考えている（このような方向での、基本的考え方を一部示したものとして、著者の「債権関係の対三者主張についての事例的考察――『物権と債権』という枠組についての一つの各論的考察を兼ねて――」法政論集八八号（昭和五六年）一〇一頁以下、特に一一三頁における「『連鎖的抗弁』の提唱」を参照されたい）。

（4）　三当事者間の不当利得関係における「法律上ノ原因ナク」の考え方は、基本的にはクニッシュに負うところが大きい（H. A. Kunisch, Die Voraussetzungen für Bereicherungsansprüche in Dreiecksverhältnissen „Rückgriffskondiktion" und „Kondiktion gegen Drittempfänger", (1968). なお、本書二六〇頁注(55)参照）。

（5）　基本的に、近時の学説と本書の内容とで問題意識の異なる点として、注(3)に述べた「給付」概念を不当利得法に導入することの可否などの問題に加え、次の点がある。近時の不当利得論稿の多くにおいては、本書にいわゆる多当事者間の不当利得、転用物訴権、騙取金員による弁済の三種の事案が、一括して多当事者間の不当利得ないしそれと類似の標題のもとに論じられている。しかし、私見によれば、騙取金員による弁済と転用物訴権との二種の事案は不当利得とは法的性格を異にし、また、三種の事案を区分するメルクマールも、比較的明瞭に見出されると考えられる。したがって、騙取金員による弁済や、転用物訴権は、多当事者間の不当利得の一場合、ないしそれと並列的に論じられるべき事案ではないと考えるが、この点は、これらの事案の法的性格を分析してから述べたほうが理解が容易に得られると思われるので、本書の後の叙述に譲ることにした（本書六九六頁参照）。

（6）　このような考え方につき、本書二三〇頁以下。

（7）　この点の用語法については本書四五頁以下参照。
（8）　この四点以外の文言が実務では要件としての機能をもっていなかったことにつき、本書二六頁以下参照。
（9）　この場合も、Xの債権をYが準占有するにいたった原因――準占有の取得が物理的要因によるのか、X‐Y間の債権譲渡契約の無効などが原因か、など――によって、問題がやや異なる側面があるが、この点は効果との関連で、後に述べることとする（本書四九二頁参照）。
（10）　なお、「関連性」の要件の内容については、本書四八頁参照。
（11）　本書二三〇頁以下、および三〇一頁参照。
（12）　この場合にも、債権の準占有者に対する弁済に関して述べたと同様、Xの物に関してYが占有を取得したことが、物理的要因によるのか、X‐Y間の売買契約の無効などによるのかによって問題が異なる側面があるが、この点については、本書四九三頁以下参照。
（13）　金員出捐を軸とした説明のほうがわかり易いと思われるので、一応このように説明はした。しかし、債権の準占有者に対する弁済にせよ、後に分析するいくつかの事例にせよ、金銭給付と金銭債権の消滅（四六七頁以下、四七〇頁〔設例二〕、四七五頁以下〔8・1〕）、扶養給付と扶養請求権の消滅（四八二頁以下）、有体物の給付とそれを目的とする売買契約上の債権の消滅（四六九頁以下〔設例一〕）など、物理的財貨移転の内容と、それに伴う法的権利変動とは密接な内容的関連をもっている。この観点からいえば、この即時取得の事案においても、正確には次のように考えるべきであろう。ここでは、物理的財貨移転としてA‐Y間に目的物の占有移転が行なわれ、それに伴う法的権利変動として、民法一九二条にもとづくA‐X間の所有権移転と、売買契約上の目的物の所有権を移転するという債権・債務が給付当事者であるA‐Y間において目的到達によって消滅するという結果が生じている。これらを分解評価し、三当事者間のこの受益と損失は、右の物理的財貨移転が民法一九二条の要件をみたすという同一の原因によって発生したものであり、受益と損失の連鎖を考えると、Xに所有権の喪失という「損失」と、Yに右の契約債務の消滅という「受益」とが残る。「関連性」が認められる。なお、この三当事者間の財貨移転を基礎づけるべき法律関係はX‐Y間において存在せず、この当事者間で「法律上ノ原因」がないこととなり、XからYに対する不当利得返還請求が認められる。このように考えた場合、金員出捐それ自体は、A、Yにとってそれぞれ損失と受益となるが、しかしそれと同時に売買契約上の代金債権の消滅という受益と損失とがA、Yに発生しているわけで、それ以上問題にする必要はないものとなる。

(14)　扶養義務者間の求償の問題を、左に図示したところに従って考えてみると、次のようになる。扶養義務者Xが扶養義務の履行としてAに金員の給付その他なんらかの扶養給付をした場合を考えると、A‐X間では物理的財貨移転としての扶養給付と、法的権利変動としての扶養請求権の消滅が生じ、それぞれが両当事者に関して「受益」と「損失」として分解評価されることになる。この場合に、X以外にYもAに対し扶養義務を負っていたとすると、X‐A間の扶養給付によって、A‐Y間にも扶養請求権の消滅という権利変動が生ずることとなる。以上のような事実関係にあっても、Xの扶養義務がYの扶養より先順位であれば、この三当事者間において不当利得関係は発生しない。扶養給付をなしたXが後順位扶養義務者であった場合に、先順位扶養義務者Yに対する不当利得返還請求権が発生する、とされる。

この図では、先順位者、後順位者のいずれが扶養義務を履行しても、各当事者間における「受益」、「損失」の状況はまったく変わっていないことが明らかであるから、一見するところでは「法律上ノ原因」(＝扶養義務の順位差)だけによって不当利得の問題が決せられているかのようにみえる。本文叙述の諸例が、今まで検討したものも今後検討するものも含めて、被請求者のもとに「受益」が、請求者のもとに「損失」が単一的に存在し、その間で財貨移転を基礎づけるべき法律関係＝「法律上ノ原因」を欠くという単純明快な図式であることと較べると、この扶養義務関係の図式は、このままではきわめて明瞭さを欠くこととなる。しかし、このような事案も、先順位義務者との関係においては、後順位扶養義務は存在しないもの

後(先)順位扶養義務者による扶養義務の履行

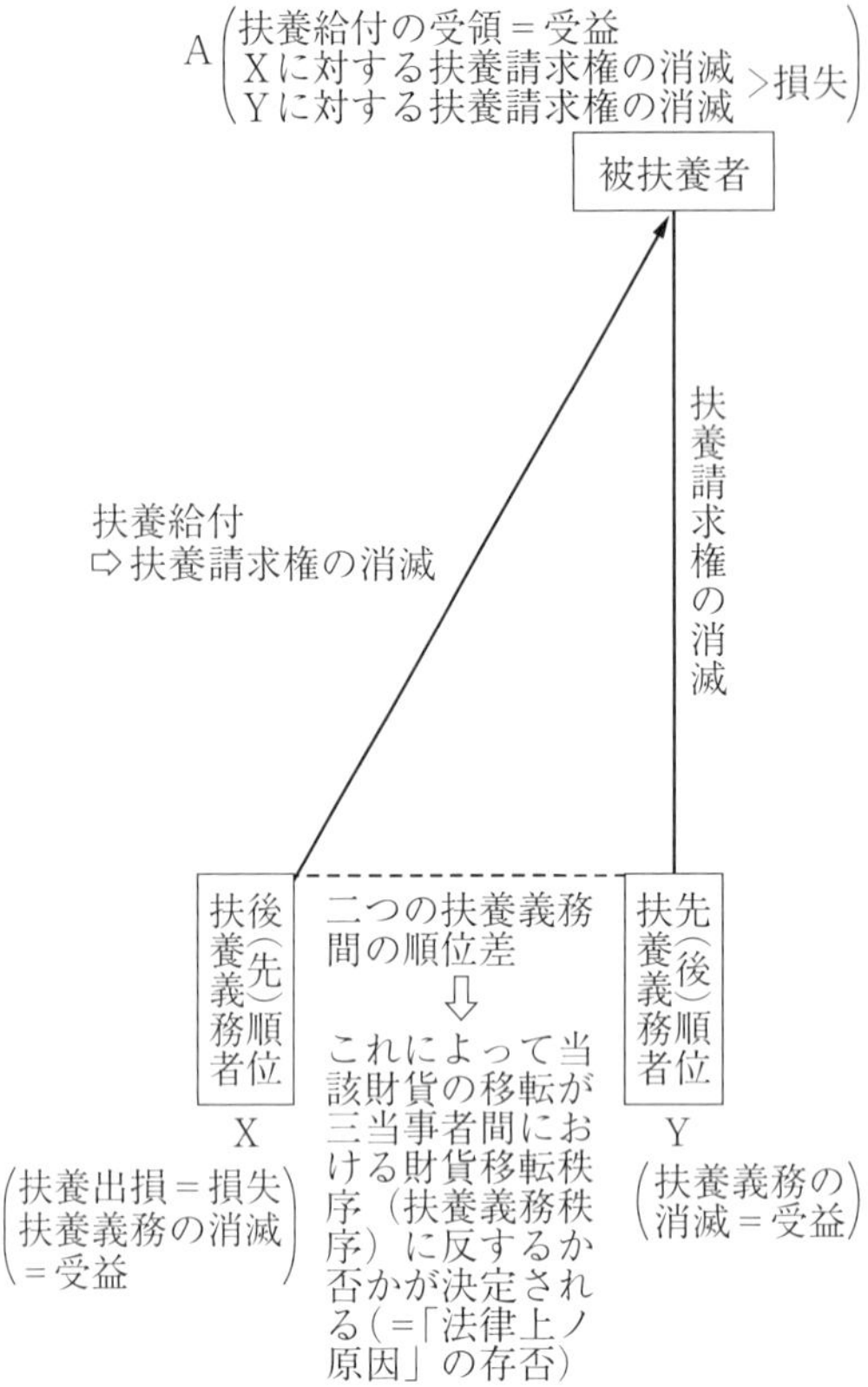

後順位扶養義務者による扶養義務の履行

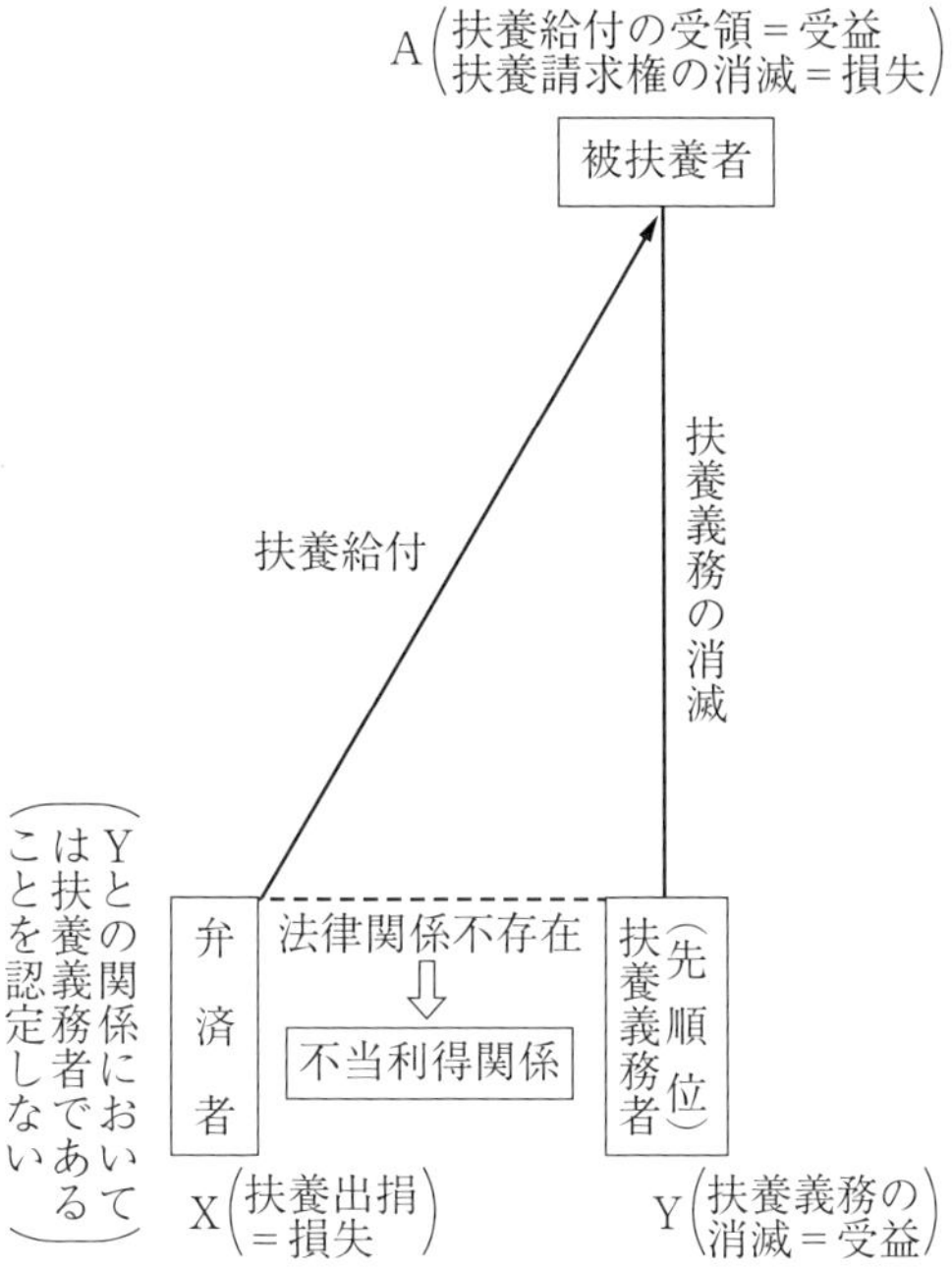

として考えてみると、問題は単純となる。Xが先順位扶養義務者として扶養義務を履行した場合には、後順位扶養義務を存在しないものとして考えるのであれば、問題は扶養者―被扶養者の二当事者関係に還元され、きわめて単純な形態をとる（X－A間で扶養給付という財貨移転があり、それによって扶養請求権が消滅しているだけのことである。後順位扶養義務は先順位者との関係では存在しないものと考えれば、Yは無関係にとどまる）。また、上に図示したようにXが後順位扶養義務者として扶養義務を履行した場合には、Yとの関係においてはその後順位扶養義務が存在しないものとして考えるのであれば、Xは義務なき給付をしたという第三者の弁済類似の関係となる。

ここでは、Xが先順位扶養義務者であれば不当利得関係が発生しないのは当然であり、後順位扶養義務者であれば通常の三当事者間の不当利得関係としてX－Y間に不当利得返還請求権が発生することとなる（なお、後者の事例については、事務管理の費用償還請求権が当然に問題となり、見方によっては弁済者の代位も問題となりえないではないが、本書の直接のテーマと離れるため、それらの点には立ち入らないこととする）。

(15) ドイツにおいては二重原因欠缺との関係において議論のあるところではあるが、この点のドイツの学説については、谷口編・山田執筆・前掲『注釈民法⑱』五一一頁以下参照。

(16) 札幌高判昭和五九年九月二七日判タ五四二号二二一頁は、補償関係、対価関係がともに具体的財貨移転を基礎づけえない場合に、給付当事者間での不当利得返還請求権を認めたものである。

(17) 本書三七八頁。

(18) 本書七五六頁注(17)参照。
(19) 本書二九七頁以下。
(20) 本書二九八頁など。
(21) さきに検討した売買目的物に関しXが物権的返還請求権を行使した事案では、Yの抗弁は次の内容を有していた。三当事者間での財貨移転が、㋑X－A間の法律関係、㋺A－Y間の法律関係によって基礎づけられていること。㋩かつ、所有権を有するXが関係する第一の法律関係（㋑）が、第二の法律関係（㋺）を許容していること（本書四七一頁、および本書七五八頁参照）。
　この㋩の要件が必要となるゆえんは、所有権などの対第三者主張が可能な絶対権を有する者は、物権の優先的効力によって第三者（Y）との間に締結された㋺の第二の法律関係と矛盾する主張をなすことが可能であるからにほかならない。それに対し、本文で検討している事案は、Xの主張が帰属法的不当利得返還請求権という債権であるので、第三者（Y）に対しそれが有する法律関係と矛盾するXの主張が優先的効力などによって貫徹される可能性はない。したがって、債権的請求に対する連鎖的抗弁においては、㋩の要件は不必要なものとなるのである。連鎖的抗弁についての分析を補う意味で結論部分を繰り返していえば、㋑、㋺が財貨移転を連鎖的に基礎づけるための連鎖的抗弁の構成要素であるのに対し、㋩は、連鎖的抗弁の中では、物権の優先的効力に抗する機能をもつ構成要素にすぎないため、当初請求が債権的請求権である場合には不必要となるものである。
(22) 最判昭和二八年六月一六日民集七巻六号六二九頁がこのような意味をもつことにつき、本書二六一頁注(58)参照。
(23) 〔設例二〕に関して、売買契約のみが無効である場合を考えると、結果として、第三者所有物に関する売買契約が無効となるわけであるが、この場合にも矯正法的不当利得法による清算がなされる必要があることにつき、本書二九三頁以下参照。
　もちろん、XがYに対し目的物を取り戻した後にあっては、無効な売買契約の当事者であるA－Y間では売買目的物の返還は履行不能となるが、この場合にはA－Y間の矯正法的不当利得関係において、危険負担その他の問題を発生させるだけのことである（本書四三一頁以下参照）。
(24) 本書三二四頁参照。
(25) XとYとは矛盾する債権関係に立ち、どちらも優先的効力をもたない。したがって、Xは自らの主張を貫徹させせよ

う と先に仕掛けたから負けるだけのことで、本文の結論は、Y－A間の債権関係にX－A間の債権問題に対する優先的効力を与えるものではない。なお、ここにいう優先的効力の問題に関しては、民法研究会「財産法の今日的課題」Law School No. 16（昭和五五年）三三頁以下の著者の報告「物権、債権と何か」参照。

(26) 本書三二四頁、およびそこに引用の来栖論文参照。

(27) 本文四七二頁には、Yの抗弁として、Y－A間の売買契約とA－X間の弁済委託契約の双方をあげた。しかし、本文のこれまでの叙述をみればわかるように、いずれか一方の契約が有効であっても抗弁は成立しうるので、現実には次のような展開を示すべきこととなろう。すなわち、㈠Xの当初請求に対し、㈡Yがいずれか一方の契約の存在を主張し（抗弁）、㈢Xがその無効を主張する（再抗弁）、そのため㈣Yがもう一方の契約の存在を主張し（再々抗弁）、㈤Xがその無効を主張する（再々々抗弁）。さきの本文に、抗弁以下をまとめた形で叙述したのは、最初に財貨回復請求、第二にそれを基礎づける法律関係が存在することの主張、第三にその無効などの主張、という対比を明示し、一般の両性的不当利得事案との関係を明らかにしたかったからで、それ以上の他意はない。

(28) ただし、注(3)に述べた抗弁の対抗などの問題が生じうることは前述のとおりである。

(29) なお、今までの検討においては当初請求が債権的な場合として、帰属法的不当利得返還請求権の場合だけをとりあげたが、注(34)の検討をみれば明らかなように、四当事者以上がからむ財貨移転関係を三当事者の関係に還元するような場合には、当初請求が、帰属法的なものではなく、矯正法的不当利得返還請求としての債権関係である場合もありうることに留意されたい。

(30) 注(2)引用文献など参照。

(31) ただし、事件の内容それ自体に関しては、原審についての訟務月報二一巻四号七七四頁、第一審についての訟務月報一八巻七号一〇四〇頁に詳細である。なお、本件紛争の実態は、A株式会社の法人税の滞納処分にもとづき、国がAの債権の差押をはかったことにある。しかし、事案自体がかなり錯綜しているため、まず単純化した形にひき直した上で多当事者間の不当利得関係の問題を分析し、その後に、訴訟の実態にあわせた分析を行なうこととする（特に、注(34)、(35)参照）。また、以下の事案紹介におけるX、Yは、本文叙述の不当利得関係における請求者、被請求者を表示するにとどまり、現実の訴訟における原告、被告を意味するものではない。なお、事案紹介にさいし、相続関係の紹介は省略した。

（32）以下の本文では、X－Y間の株式売買契約だけが無効であった場合を検討するが、A－X間の残余財産分配請求権も存在しなかった場合を検討したのが注（34）の分析である。

（33）正確にいえば、本文に述べた事実関係を前提とした場合、A株式会社が負担しているα円の租税に関し、Xは国税徴収法三四条にもとづき、第二次納税義務を負うこととなる。しかるに、YはXが租税を負担することにはならないものとXに語っているため、X・Y間の株式売買契約の錯誤無効が問題となり、また、YがXの第二次納税義務の負担を知っていた場合にはXは詐欺による取消を主張しうる可能性もあった。

（34）原審判決、およびそれをふまえた最高裁判決においては、A－B間の立倒木売買契約が有効に存在することを前提として、本文に述べた形で判決された。A－B間の売買契約が有効であれば、X－Y間の株式売買契約が無効であり、かつA－X間の残余財産分配請求権が存在しない場合に、A－Y間に不当利得返還請求権が発生するとされたことは、この四当事者の関係をA、X、Y間の三当事者間の関係に還元して考えてみれば、首肯しうるところであろう。この三当事者間の関係を図示すれば、上のようになる。

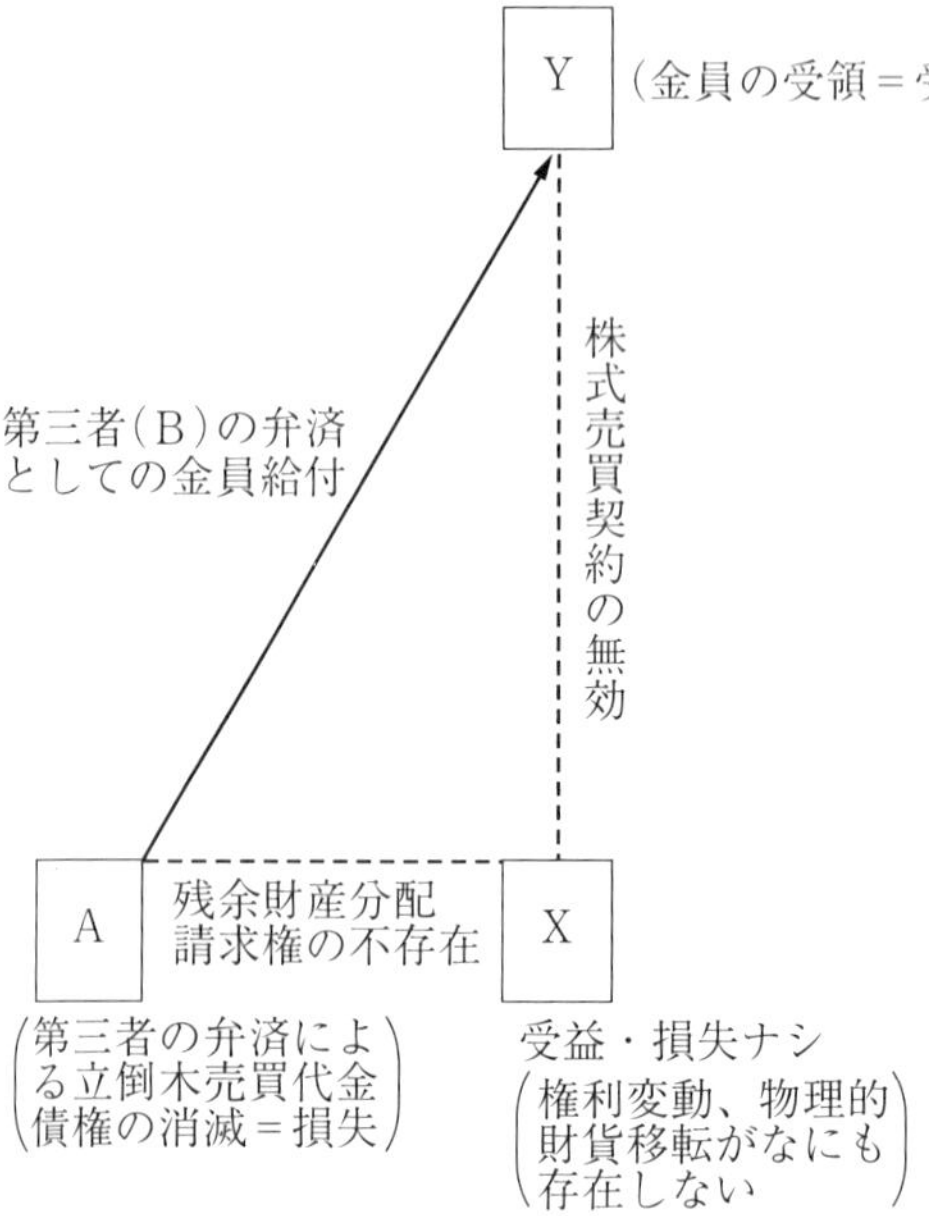

この図をみれば明らかなように、A、X、Yの三当事者間における財貨変動は、A－X、X－Y間でともに基礎づけを欠いており、直接財貨変動があった当事者間、すなわち、A－Y間で不当利得返還請求権が発生するものである。これは、一般に三当事者間の関係において、対価関係、補償関係に対応する法律関係がともに存在しない場合には、現実に財貨移転が行なわれた給付当事者間で直接に不当利得返還請求権が発生するとした分析から認めうるところであり、ただ、本件はA－Y間で物理的給付がなされたものでない点に

特色を有するだけのことである。

(35)　A－B間における立倒木売買契約は、BがN円をYに給付することによって四当事者間における法律関係による決済が可能なことを前提として締結されたものである。しかし、現実にはそれは可能ではなかったのであって、この点Aに錯誤があったことになる。もっとも、これは動機の錯誤にすぎないが、この動機は本件ではBに表示されているので、通説に従ってもA－B間の立倒木売買契約自体も錯誤無効とされる可能性がある。この場合、四当事者間における財貨移転すなわち、N円の給付と立倒木の給付はすべて法的な基礎づけを欠くこととなる。その結果、上に図示したように現実に行なわれた財貨移転の当事者間で不当利得関係が発生することとなる。すなわち、AはBに対し立倒木に関して売買契約無効を理由とする不当利得返還請求権を有し、BはYに対して給付した金員の不当利得返還請求権を有することとなるわけである。

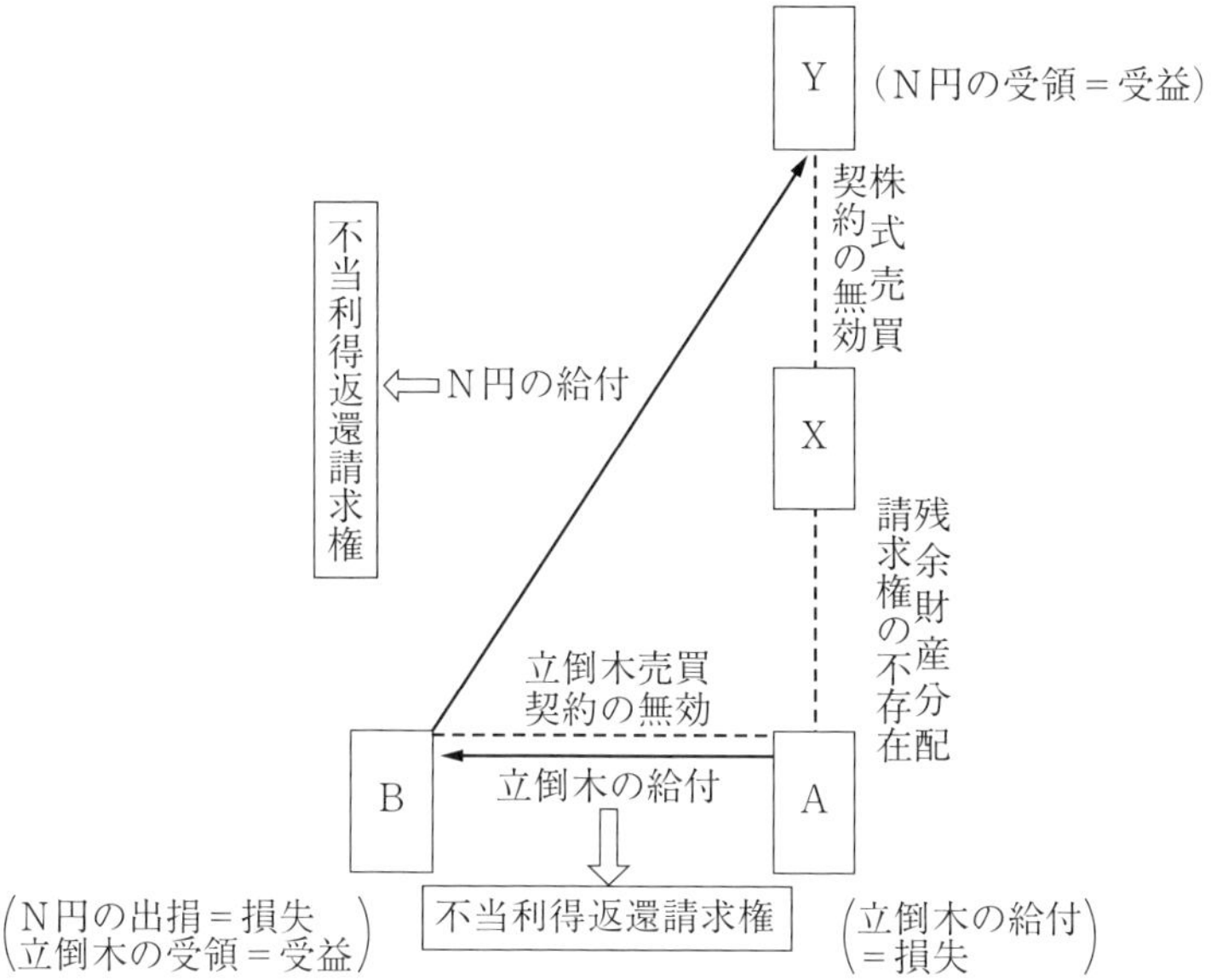

(36)　したがって、物権関係を争う場合など、当事者間に連鎖的法律関係が予定されていない場合にあっては、一見多当事者関係とみえても、一部の当事者が本来的意味をもたない、疑似的な多当事者関係にすぎない場合があることに注意する必要がある。たとえば、不動産所有権の二重譲渡を受けたXとYとがおり、登記を得たXが目的物を使用したYに対し不当利得返還請求をする場合には、それがX、Yの二当事者間の関係であり、帰属法的不当利得返還請求であることは問題がない（叙述の便宜上本注では民法一八九条以下の適用の問題をひとまず除外して

考察する)。しかし、Yが目的物を自ら使用するかわりに、第三者Aに目的物を使用させ賃料をとりたてていたとしても、X－Y間の不当利得返還請求の実質に変更をきたすものではない。

後者にあっては、所有者Xに目的物の使用利益を帰属させるという帰属法的な要素と、AのYに対する賃料支払が所有権秩序に反するという矯正法的要素の双方があるが、第四章で分析したとおり、前者の要素がまず帰属法的不当利得返還請求権として行使されるのに対し、後者の要素が抗弁、再抗弁として展開されるという両性的不当利得事案特有の展開がここにもみられるだけである。

形式的には三当事者が、物権の優先的効力との関係で登場する事例として、第四章では所有権相互の優先的効力が問題となる事案〔4・17〕、物権と債権の優先的効力が問題となる事案〔4・18〕、抵当権者相互の間で物権の優先的効力が問題となる事案〔4・21〕をあげ、前二者に関しては、その不当利得関係が――物権という財貨帰属の問題がその底にあることを反映して――帰属法的不当利得返還請求権と抗弁、再抗弁として展開していくことを示した(本書二九一頁、二九八頁以下)。そこでの叙述を補充する意味をも含めて、抵当権者間の配当金受領の事案を考えてみても、この帰属法的不当利得返還請求権と抗弁、再抗弁という展開には変わるところがない。本書三〇五頁の叙述を前提としていえば、この事案はXの債権・抵当権という権利領域からYが利得している事案にほかならず、XがYに帰属法的不当利得返還請求権を行使しうる事案であった(本書三二四頁参照)。ここでは、次のような展開が考えられることとなろう。

一、Xは、自己がAに対し債権・抵当権を有しているにもかかわらず、Yが配当金を受領したとしてその返還をもとめる(帰属法的不当利得返還請求)。

二、Yは、自らの配当金受領がAに対する債権・抵当権にもとづくものであると主張する(抗弁)。

三、Xは、自己の抵当権がYの抵当権より先順位であることを主張する(再抗弁)。

ここでは、帰属法的な要素が当初請求として主張され、配当金の分配が抵当権秩序に違背しているという矯正法的要素が、抗弁、再抗弁として展開されている。この事案が、両性的不当利得事案であり、その類型特有の当初請求、抗弁、再抗弁という展開がみられることは、ほとんど問題がないものと思われる(ただし、右に述べた債権、抵当権を同時に主張するのではなく、段階的に主張・立証すると考えることも充分可能であり、このように考えた場合には、右の事案は、当初請求から再々抗弁に至る五段階にわたって展開されることになる)。

〔4・17〕、〔4・18〕、〔4・21〕など、物権の優先的効力との関係で三当事者以上がからむ事案は、物権法の基礎に

ある財貨帰属（担保物権法では価値帰属）の問題が不当利得にも反映し、帰属法的不当利得返還請求権ないしそこからの発展として問題が展開されるのであり、本文に述べてきたような多当事者間の不当利得関係として処理されうるものではない。この点は、これらの事案において、請求者の「損失」の問題を考察した場合に、ただちに明らかとなる。すなわち、帰属法的不当利得返還請求権の一定事案に関しては、「損失」の要件を充足しえないことを、そのため一部学説は「あるべき財産（Sollvermögen）」などを観念することなどによって「損失」概念を拡大していることは前に示したところである（本書三五頁以下）。実は、物権の優先的効力が問題となった三種の事案もこのようなものにほかならず、「あるべき財産（Sollvermögen）」などを観念しないかぎり損失があるとはいえず、請求権者に、多当事者関係について本書が観念していたような具体的「損失」――物理的財貨の出捐、または権利の消滅――は存在しないのである。この意味からも、これらの事案は本文に述べたような多当事者間の法律関係とはかなり異なるものであり、その元来の性格に即し、帰属法的不当利得返還請求権として展開することが適当であろうと考える。

第二節　多当事者間の不当利得の効果

一　次に、多当事者間の不当利得返還請求権の効果の問題を検討することにしよう。前に分析したところによれば[1]、多当事者間の不当利得関係は、純粋の財貨移転矯正規範として働く場合と、それと財貨帰属回復規範とが重複した形で両性事案において働く場合との二種があった。多当事者間において発生した不当利得返還請求権の効果は、基本的には、その請求権が右の二種のうちいずれの性格を有するかによって定まる。多当事者関係特有の問題は、ないわけでないが、それほど大きな意味をもつものではないように思われる。

二　この点を、まず矯正法的不当利得としての性格が問題となる事例に即して考えてみることとし、第三者に代金支払委託のあった売買契約が無効であった事例をとりあげてみよう。X－Y間の売買契約が締結され、買主は第三者であるA銀行に支払を委託し代金を振り込んだが、X－Y間の売買契約は無効であったとする。次頁に図示し

第三者に支払委託のあった売買契約無効の事例

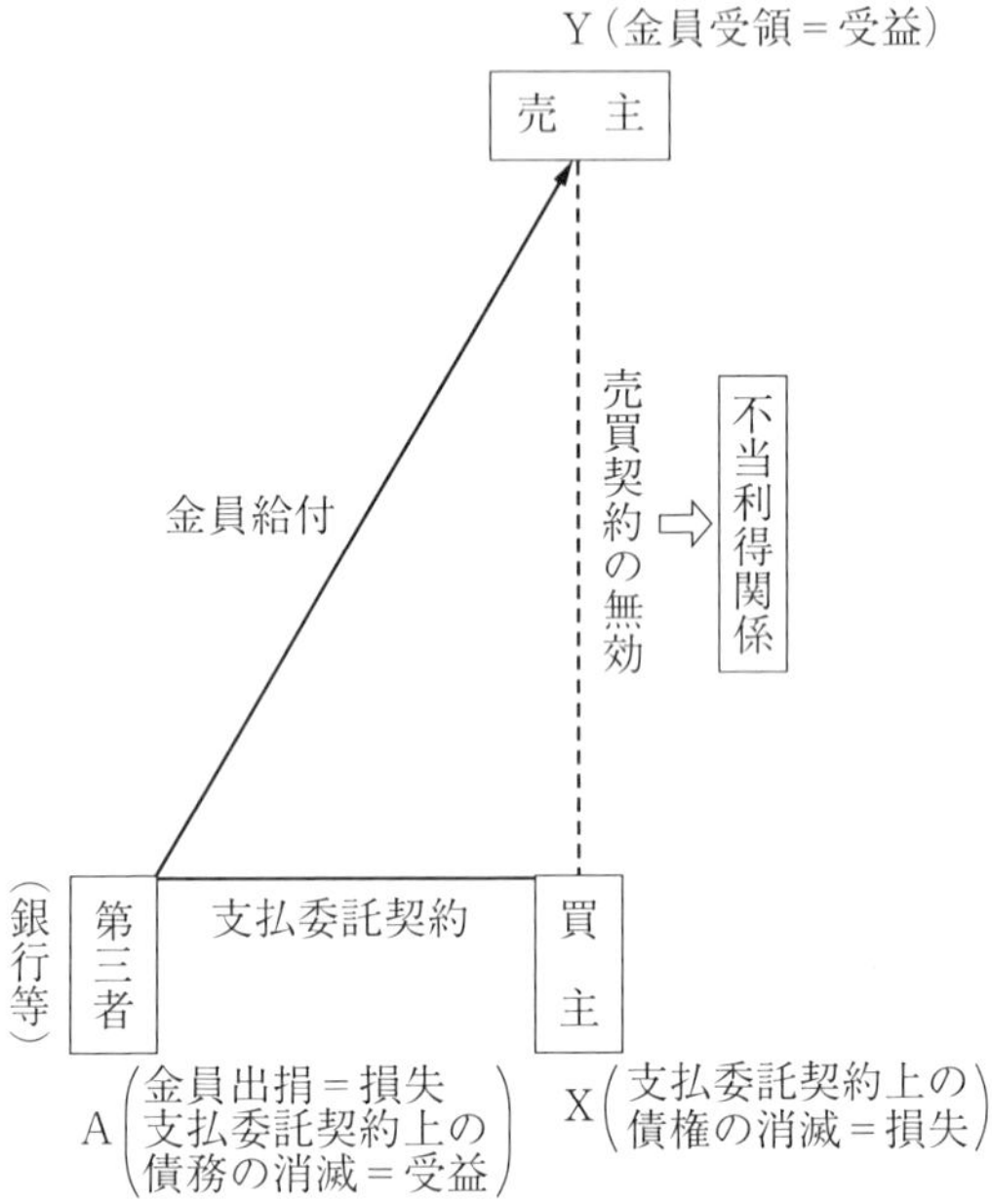

たところをみればわかるように、前節に述べた多当事者間の不当利得の要件は、すべて充足されている。すなわち、三当事者間の財貨移転において、Aのもとでは金員出捐という「損失」と支払委託契約上の債務の消滅という「受益」の双方が存在しているが、Yには金員受領という「受益」が、Xには支払委託契約上の債権の消滅という「損失」がそれぞれ単一的に存在し、それらはAの金員給付という同一原因によってもたらされたものであって、「関連性（＝因果関係）」を有する。また、三当事者間の財貨移転は、売買契約の無効によってX－Y間で法的基礎づけを欠き、この当事者間において「法律上ノ原因」がない。したがって、XのYに対する不当利得返還請求権が発生するが、これは売買契約の無効ゆえに三当事者間に行なわれた財貨移転を矯正するものであり、矯正法的不当利得にほかならない。

ところで、ここでの代金支払をめぐる不当利得は、三当事者間の関係としてXがYに請求する形で展開されるが、他方、売買目的物が給付済みであれば、その目的物をめぐってはYがXに対して不当利得返還請求権をもっている（後者は、売買契約の無効を理由として、単純な二当事者間の矯正法的不当利得関係として問題となるものである）。かりに売買契約が無効であっても、物理的にもその当事者間において代金の給付と目的物の給付とが相互にとり交された場合には、前述したように(2)代金についての不当利得返還請求権と売買目的物についての不当利得返還請求権とが相互に対価的牽連関係にたち、それを顧慮した清算が必要であった（一般的枠組に即して述べるならば、表見的法律関係を矯正法的不当利得の効果として顧慮する必要がある）。これと同様に右の事案においても、代金決済をめぐって多当事者間の関係として発生したXのYに対する不当利得返還請求権と、YのXに対する売買目的物をめぐっての不当利得返還請求権とは、売買の無効に端を発した、相互に対価的牽連関係を有するものであり、それを顧慮した清算が必要となろう。右の二つの請求権は、二当事者間の関係として発生したか、三当事者間の関係において発生したかという違いはあっても、ともに表見的法律関係を共通にする矯正法的不当利得返還請求にほかならない。この事案に関しては、一般的な矯正法的不当利得の効果として第六章に考察してきたところと、異なった取扱を必要とする状況は別段ないように思われる。

さきに検討した〔8・1〕の事案に関しても、問題状況は変わることはない。この四当事者の不当利得関係において、本書四七六頁に仮定的な形で分析したように、X－Y間の株式売買契約だけが無効であり、他の法律関係が有効であるとして、問題を考えてみよう。この場合に、X－Y間において、株式の引渡は現実になされているがそこでは物理的な代金支払は行なわれておらず、四当事者間で清算的処理によって代金支払がなされているにとどまる。この代金支払をめぐって、XのYに対する不当利得返還請求権が多当事者間の関係において発生するが、それとYのXに対する給付された株式の返還を目的とする不当利得返還請求権とが対価的関係にたち、その牽連性を顧慮する必要が生ずる。ここでも、表見的法律関係を顧慮した取扱が必要となり、矯正法的不当利得の効果に関する一般枠組のもとで問題は処理されれば充分であり、それ以上特別の問題は生じていないように思われる。

以上検討した事案にあっては、矯正法的不当利得の効果は、「受ケタル利益」の返還を本則としつつ、その具体的内容および細部は、法的には有効でないが財貨移転を基礎づけると事実上考えられていた表見的法律関係によって規律される、という一般枠組〔3〕がそのまま維持されている。

三　しかし、多当事者間における矯正法的不当利得返還請求権の特色として、二当事者間において観念してきたような表見的法律関係そのものを観念しえず、いわば表見的法律関係が白紙であるような事例があることは留意する必要があろう。

(イ)　まず、債権の準占有者に対する弁済を例に表見的法律関係が問題になる場合とならない場合を対比してみよう。債権の準占有者に対する弁済事例が発生する原因としては種々の場合が考えられる。本書四六七頁に図示したところに即して考えると、X‐Y間の債権売買契約としての債権譲渡が無効であった場合にも、Yは債権の準占有者となり、債務者AがYに弁済すると債権の準占有者に対する弁済となると考えられる。しかし、この場合は、債権の準占有者に対する弁済との関連での不当利得関係を孤立的にとらえるべきではなく、債権と代金の双方を含む売買契約全体の無効に即してその不当利得関係を考えるべきものと思われる。すなわち、ここではX‐Y間でそれぞれ債権の給付と代金の給付が相互的にとりかわされたのであり、本来はそのそれぞれについて二当事者間で矯正法的不当利得関係が問題になるものである。したがって、XはYに債権の不当利得返還請求権を行使でき、他方、YはXに代金の不当利得返還請求権を行使でき、その間で表見的売買関係であるという双務性などの顧慮が必要となる。ただ、Aが債権の準占有者（Y）への弁済をした段階では、債権の準占有者に対する弁済という三当事者の関係としてXのYに対する不当利得返還請求権が発生するわけであるが[4]、依然それとYの代金の不当利得返還請求権とが双務的、対価的に対立しており、やはり表見的法律関係の顧慮が必要である。

それに対し、債権の準占有者に対する弁済で、表見的法律関係が白紙とも呼ぶべき事案となるのは、なんらかの物理的要因によってXの債権証書を所持していたようなYに、Aが弁済したような場合であろう。この場合のXのYに対する不当利得返還請求権は、前に分析したように[5]、三当事者間での瑕疵ある財貨移転を矯正するという意味で矯正法的な機能を有するものである。しかし、本書四六七頁の図に即していえば、X‐Y間に表見的法律関係と呼ぶべき関係は存在しておらず、矯正法的不当利得の基本効果である「受ケタル利益」それ自体の返還が問題となるだけであって、それ以上、表見的法律関係に即した返還義務内容の具体化および細部決定が問題となる余地はない。

(ロ)　次に即時取得に即して右の問題を検討してみよう。本書四六八頁に図示したところに従って考えることとするが、即時取得の発生原因としても、X－Y間の売買契約が無効であった結果、第二の売買としてのY－A間の売買が他人の物の売買となり、Aが目的物を即時取得することもある。この場合には、第一の売買の当事者であるX－Y間で、目的物と代金が物理的にも交換されているが、それを基礎づけるべき売買契約が無効であったので、第二の売買さえなければ、X－Y間での二当事者間での矯正法的不当利得関係が問題となるだけであろう。前述した債権売買契約無効の事案と状況は同じであるが、具体的には、売買契約無効の結果、XのYに対する目的物の不当利得返還請求権と、YのXに対する代金の不当利得返還請求権とが対立し、そこで双務性などの表見的売買関係を顧慮することが必要となる。ただ、第二の売買によって即時取得の要件が満たされれば、三当事者間の関係としてXのYに対する不当利得返還請求権が発生するが、依然それとYの代金の不当利得返還請求権とが双務的、対価的に対立しており、表見的法律関係の顧慮が必要であることも、債権譲渡に関して述べたところと同様である(6)。

即時取得の事例で、表見的法律関係を白紙として取り扱うことが必要となるのは、Xの物をYが所持している関係が、表見的にも法的基礎づけを欠く、物理的な要因による場合であろう。この場合にも、前節に述べたような形で、X－Y間に不当利得返還請求権が発生するが、この請求権は、Xにとっての失った所有権の代償という帰属法的な性格を有すると同時に、三当事者間での瑕疵ある財貨移転の矯正という矯正法的な性格との二面をもち、両性的性格を有するものである(7)。しかし、矯正法的性格を有してはいても、表見的法律関係を具体的に観念しえないので、表見的法律関係に即した規律が問題となる余地はない。

それでは、この不当利得返還請求権の効果は、どのように考えるのが適当であろうか。矯正法的要素に即して顧慮すべき表見的法律関係が白紙とも呼ぶべき状況にあるので特に顧慮を要しないとすれば、右の事案にはバランスの問題が残るだけのように思われる。すなわち、所有者Xとしては、YがXの物を物理的に費消したことによって所有権を喪失した場合でも、Yの売却行為によってAが即時取得した結果所有権を喪失した場合でも、ともにY側の事情によって所有権を喪失しているという状況はほぼ同一であり、その不当利得返還義務の範囲が異なることはむしろ奇異に感じられる。表見的法律関係を顧慮することが不要であるとすれば、即時取得などの三当事者関係の事案にあっても、二当事者間での物理的費消の事案と、不当利得返還義務の範囲の同一性を保つことが望ましい。そうであるとすれば、帰属法的不当利得の場合の返還義務の範囲の一般原則に従い、Yは「受ケタル利益」をXに返還することを原則とするが、Yが善意の場合には現存利益の範囲に返還義務が縮減されることがあり、悪意の場合には利息附与と損害賠償責任が加重されることとなる(8)。

このように、表見的法律関係が白紙とも呼ぶべき事案があることが、多当事者間における矯正法的不当利得事案の特徴といえば特徴であるが、右に述べた債権の準占有者に対する弁済事例や、即時取得事例においてこのことが問題となるのみならず、次の事案に関しても、これは問題とされる。

(ハ)　前節三においては、三当事者の関係で対価関係、補償関係がともに存在しなかった場合に、また前節注(35)においては四当事者以上の関係ですべての法律関係が有効に存在しなかった場合に、それぞれ給付当事者間において両性的不当利得返還が問題となることを述べた。しかし、これらの事案においては、給付当事者間の具体的財貨移転を事実上基礎づけていた法律関係は複数存在する。その結果、財貨移転を表見的に基礎づけていた法律関係を単一的に観念し、それに一種の残存的な影響力を認めることはできない。また、複数の表見的法律関係の残存効を認めることが適当とも思われない。ここでも、表見的法律関係が白紙の場合として、表見的法律関係に即した返還義務の具体化、細部決定などを考える必要はないように思われる。

では、この場合の不当利得返還義務の内容はどのように考えられるべきであろうか。本書四六九頁以下で〔設例一〕、〔設例二〕に即して検討したように、これらの事案は、両性的性格のうち帰属法的な要素が当初請求として(物権的返還請求または帰属法的不当利得返還請求)、矯正法的要素がそれに対する抗弁、再抗弁として展開されうるものである。しかし、当初請求と抗弁、再抗弁などの形でも、あるいはそのほかの形でも、物権的返還請求権(または帰属法的不当利得返還請求権）の要件と矯正法的不当利得の要件との双方が訴訟の場で立証された場合、この矯正法的要素が単一の表見的法律関係としてはあらわれてこないとすれば、表見的法律関係が白紙状況のためそれによる修正が必要ない場合として、物権的返還請求権ないし帰属法的不当利得返還請求権の効果をそのまま認めても別段差支えないように思われる。特に〔設例一〕などを考えると、補償関係や対価関係がともに無効であった場合、X－Yの関係それ自体は物権関係そのものであり、その間の物権的規律を修正する必要はどこにも見出せないように思われるからである。

四　以上の検討をまとめてみると、多当事者間の関係において発生した不当利得返還請求権の効果は、ほぼ次のようにいうことができるであろう。多当事者間の不当利得返還請求権の効果は、それ独自の考察を要するというよりは、基本的には当該請求権の具体的性格をふまえ、本書が前に検討してきた帰属法的不当利得、矯正法的不当利得に即して考えられるべきものである。ただ、それに部分的修正を施すことは必要となる。

具体的には、多当事者間の不当利得返還請求権が、純粋に矯正法的不当利得としての性格をもつ場合には、表見的法律関係を観念しうるかぎり、二当事者間における矯正法的不当利得返還請求と同様の規律をすれば充分である。ただ、多当事者間の関係の場合には、矯正法的不当利得返還請求ではあっても、表見的法律関係を具体的に観念しえない、いわば白紙の状況もあり、このような場合には、返還義務の内容は「受ケタル利益」の返還という原則的な取扱に終始することとなる。

多当事者間の不当利得返還請求は、機能的に分析すると、純粋の矯正規範として働く場合と、両性事案において働く場合との、二種に分かれる。後者に関しては、一般論としては帰属法的規範の効果よりも矯正法的規範の効果が優先して適用されるべきことは、今までの分析に示してきた。ただ、多当事者間の不当利得関係においては、前述したように矯正規範に関して問題となる表見的法律関係が白紙ともいうべき場合があり、この場合には帰属法的規範の効果を別段修正する必要がなくなる。この種の事案に関しては、両性事案であっても帰属法的規範（物権的請求権、または帰属法的不当利得返還請求権）の効果をそのまま適用して特に差しつかえはない。

（1）　本書三〇一頁以下参照。
（2）　本書四二四頁以下。
（3）　本書四一九頁。
（4）　Aが債権の準占有者（Y）への弁済をした段階で、元来XがYに対してもっていた債権の不当利得返還請求権は履行不能となり、Yの帰責事由の有無に従って債務不履行による損害賠償請求権または代償請求権へと転化する。これと、本文に述べた債権の準占有者に対する弁済によって発生した多当事者間の不当利得とは競合関係に立つことになるが、これは一般的には請求権競合、本書の枠組では横型の統一的請求権として処理すれば充分であろうと思われる。
（5）　本書三〇二頁以下。
（6）　この場合にも、第二の売買によってAが目的物を即時取得したため、元来XがYに対してもっていた目的物の不当利得返還請求権が履行不能となり、それが債務不履行による損害賠償請求権ないし代償請求権に転化することになるが、これと本文に述べた多当事者間の不当利得返還請求権とが競合関係に立つことも債権譲渡に関して述べたところと同じであり、詳しくは、注（4）を参照されたい。
（7）　本書三〇六頁参照。
（8）　ここにいう「悪意」の意味をも含めて、本書二三三頁、三六七頁以下参照。

第三部　統一的請求権と不当利得

第九章　統一的請求権論序説

一　(イ)　第二部に述べたように、両性的不当利得事案に関する本書の今までの叙述は、要件、効果の検討も必ずしも最終的な結論ではなく、暫定的な結論を示すにとどまっている。この点を補うためにも、ここでは両性的不当利得事案の要件、効果の問題を考えることが必要となるが、後に詳述するように、問題は要件、効果の枠にとどまるものではない。それどころか、本書ではこれまでのところ両性的不当利得事案を漠然と不当利得法の一環と考えてきたのであるが、はたして不当利得事案と呼んでよいものなのか否か、まず最初の出発点からして問題なのである。

両性的不当利得事案の例として第四章にあげた〔4・15〕の、日本画交換契約が無効であり、日本画などの返還請求が問題となった事案を再びここで考えてみよう。(1)この事案に関して判決は請求認容という結論を導いているが、これを、被請求者への日本画移転の事実(「受益」)とそれを基礎づけるべき交換契約が無効(「法律上ノ原因ナク」)という、矯正法的不当利得規範の要件を充足しているためであると理解することも可能であろう。(2)しかし前にも述べたように、(3)この事案を次のように考えることもできる。すなわち、日本画の所有者が物権的返還請求権を行使し、それに対し交換契約が抗弁として提出されたが、その無効を主張する再抗弁によってそれが覆された。このような二種の考え方が可能な場合に、右の判決で原告勝訴に終わった結論は、原告の物権的返還請求権が認容されたと考えるべきなのであろうか、それとも不当利得返還請求権が認容されたとみるべきなのであろうか。従来、学界および実務においては、この種の別の構成が可能な事案もしばしば不当利得法の適用例とされ、そのような標題のもとに判例集に登載され、あるいは文献に引用されてきたことは、紛れもない事実である。このような用語法を前提とするかぎり、分解すれば物権的返還請求、抗弁、再抗弁などとされうるような実体が、ときとすると従来一体として「不当利得」の事案と考えられていた側面があることは否定しがたい。しかし、同じ事案を、訴訟において抗弁、再抗弁が展開された結果、最終的に当初の物権的返還請求権が認容されたと考える見方も同時に従来の実定法学にはあったのであり、それを論難する余地はなさそうである。そうであるとすれば、本事案において物権的返還請求権と不当利得返還請求権とはいかなる関係にたっているのであろうか。さらに、かりに本事案が不当利得事案でもありうるとすると、それを立証するための要件事実と、第四章に記した物権的返還請求権から出発する立証責任の分配とは、いかなる関係にたつのであろうか。疑問点は多岐にわたる。

(ロ)　ここに述べたような問題は、従来の学界においては、請求権の競合という枠組の中でとらえられ、検討されてきた(4)。しかし、逆に、請求権の競合という観点から右の問題を考えてみると、このような問題は、不当利得法との関連のみならず、他の領域においても発生しているものである。一例をあげると、賃貸借契約の終了時に賃貸人兼所有権者に認められる返還請求権は、いかなる性格のものであろうか。賃貸借契約の終了を原因とする契約上の請求権とみることも可能であるが、物権的返還請求権とみることも可能である（この場合の抗弁、再抗弁の展開については、本書五〇七頁以下参照）。

両性的不当利得事案の問題は、このような、他にも生じうる一般的な問題の一環として分析することが本来必要なものである。そこで、第三部においては、分析対象を一旦は一般枠組に拡げ、その中で、両性的不当利得事案の問題を検討していくことにする。

二　(イ)　結論を最初に述べれば、本書では、右に述べた一般枠組として、「統一的請求権(5)」という法律構成を析出することによってこの問題の解決を試みることになる。ところで、この統一的請求権の法律構成は、非常に広い問題を射程にとり込むことになる概念枠組である。

(ロ)　最初に、その具体的内容を、実体法学の視点からとらえれば、まず、請求権競合論、法条競合論などの問題がここに関係してくる（さらに、不当利得法との関連では、その特有の問題として不当利得返還請求権の補充性の問題が関係することになる）。また、本書の分析においては、物権と債権の混淆状況を前提とした統一的請求権――対世的主張が可能な物権的性格を潜在化させながら、債権関係当事者間ではもっぱら債権規範による規律が認められる「縦型の統一的請求権」――が認められることになるので、このかぎりにおいては、（縦型の）統一的請求権という構成自体、物権と債権の峻別という現行私法の規範構造の意味に対する一つの問いかけという側面をもっていることになる。

(ハ)　さらに、訴訟法的観点から統一的請求権の射程を考えると、訴訟物論争および近時の新実体法説への展開が、この問題に密接にかかわってくる。特に、縦型の統一的請求権にあっては、当初請求のみならず、抗弁、再抗弁などの形で主張される内容によって、訴訟物が附加的に変更されていくことになり、従来の訴訟物についての議論とかなり異なった見方がとられることになる。さらに次の問題として、この抗弁、再抗弁などの内容は、従来は攻撃防禦方法と考えられていたがゆえに、既判力の問題と関連しないと一般には考えられていた。しかし、ここではそれが訴訟物を構成することになるので、訴訟物の範囲と既判力の範囲とを一体的に考えるか否かはともかく、抗弁、再抗弁の内容が一定程度既判力の問題と関係してくることは否定できない。そうであるとすれば、問題意識には異なるところがあるにせよ、争点効の問題、ないし近時ドイツで盛んに論じられている判決理由中の判断の既判力、拘束力の問題などが、右の統一的請求権の構成にかかわってくることとなる。また、縦型の統一的請求権における請求、抗弁、再抗弁をセットにした構成と、かつてのドイツ普通法時代における法定序列主義との関連も検討を要するところであろう。また、立証責任論についても、本書はローゼンベルク以来の伝統的考え方を前提としているものの、統一的請求権という構成を採用することによってそれに一定の修正を加えることが必要となる。

(ニ)　次に、歴史的観点から問題を考えると、統一的請求権、ないしそれが前提としている新実体法説的な考え方に関しては、巨視的には次の歴史的展開図を鳥瞰することができる。かつてアクチオにおいて統一されていた訴訟手続的視点と実体的視点とは、ヴィントシャイトによるアクチオの解体、請求権概念の析出などによって、分離していくことになった[(6)]。そして、その後ヴィントシャイトの請求権体系を前提とした形で[(7)]、一九世紀後半の普通法においては訴訟法、訴訟法学が、実体法、実体法学から独立するとともに、二つの視点は乖離したままそれぞれの法学の内部で自己展開をとげていくことになる。実体法的には、アクチオの崩壊はアクチオ法体系に内在した実体的利益保護の個別性、限定性の克服をもたらし、権利保護という形でより一般的に実体的利益が保護されるに至った。訴訟法的には、アクチオの裁判所の利用を可能にするという側面が訴権論として継承された。それと同時に、実体法上より一般的な利益保護の体系が出現したことと裏腹に、アクチオのもっていた裁判所の利用可能性を限定するという側面が、「訴の利益」の観念に継承されていった。また、アクチオ法体系においては裁判の対象が何かは常に自明であったわけであるが、実体法上より融合的な権利保護の体系が出現したことを反映して、アクチオの訴訟対象限定機能[(8)]は「訴訟物論」に承継されることになる。このほかにも、アクチオの消耗が「既判力」として論じられるなど、アクチオ観念の有する多面的な機能が、実体法がより融合的な権利保護の体系に変じたことを反映しつつ、訴訟法学の個別的な論議に分化しながら承継されていった。新実体法説の論者――本書も基本的に、それに与することになるが――の結論は、この、訴訟手続的視点と実体法的視点が分化し、それぞれ訴訟法学、実体法学という独立の学問分野を形成した歴史を受けながら、訴訟物―請求権概念を媒介として二つの視点を再度統一ないし関連づけることにもなるものである。アクチオにおいては、個別的な利益保護の体系のなかで手続的視点と実体的な視点とが統一されていた。それに対し、統一的請求権においてはより一般的な権利保護の体系出現の歴史を受けて、複数規範の融合状況のなかで手続的視点と実体的視点とが関連づけられる。比喩的な表現を用いることが許されるならば、アクチオ（ここでは請求権と翻訳する）においては細い請求権が併存的に複数存在する場合に、統一的請求権においては太い請求権が一本存在することになる。これは、アクチオ崩壊以後の実体法学、訴訟法学の分離発展の歴史を受けた一種の弁証法的発展の結果ということもでき、統一的請求権を考えるにさいしては、この点の歴史的展開の上にその内容を位置づける作業が必要となろう。

また、右のような大上段の議論は別としても、学説史の展開として、ここ二〇年余りの間にドイツおよび日本において、精力的に展開されたこの問題をめぐる論議をふり返ることが必要となろう。(9)

(ホ) このように、統一的請求権の問題を考えるに当たっては、本来多岐にわたる考察が必要となる。そのうち、本書の分析においては、実体法的には請求権競合論（正確には規範適用の問題）、訴訟法的には訴訟物ないし新実体法説をめぐる議論に適用規範の問題を中心にアプローチすることとし、それ以外の争点効・理由中の判断の既判力の問題その他は本書の構成とかかわるかぎりで分析することとはしたが、背後の学説や学説史との関連をふまえて問題を総合的に浮きぼりにしていく作業までには立ち入らないこととした。

このような方途をとったのは、多岐にわたる問題のすべてにこうした作業を行なっていくだけの準備が現在の著者にはできないこともその理由の一つではあるが、これらを全面的に検討すると不当利得という本書の本来のテーマとかけ離れた部分の比重が大きくなりすぎることが懸念されるからでもある。不当利得問題の分析のためにも一般問題としてのこの点の分析を避けて通ることはできないので、一部にデッサン的な性格を帯びることを知りつつこのような叙述方針をとったのであるが、このような検討が、請求権競合—訴訟物論その他にとっても、何らかの問題提起になれば幸いである。

なお、ここでの分析は、物権と債権の峻別の問題にかかわってくることになるが、本書においては第一一章でそれが統一的請求権にどのように反映しているのかを簡単に示すにとどめ、物権と債権の対置一般についての著者の見解は粗い形ではあるが別の場所で発表することにした。(10)

なお、第三部の構成を簡単に示せば、次のとおりである。まず、一般枠組の問題として第一〇章で「適用規範の問題からみた訴訟物論争」、第一一章で「統一的請求権とその法律構成」についての分析をすすめる。不当利得法をめぐる競合問題についての私見も基本的には第一一章で取り扱うこととするが、さらに第一二章で不当利得の競合問題についての諸学説——不当利得返還請求権の補充性（補助性）その他——について一言することにする。これは、私見が、伝統的諸学説との関係でいかなる位置にあるかを明らかにするための作業である。したがって、統一的請求権概念析出のための議論それ自体の展開は、主として前二章で取り扱うものである。(11)(12)

(1) 本書二九一頁、二九七頁以下参照。

(2) この要件論につき、本書三七八頁参照。

(3) 注(1)引用箇所参照。

(4) 本書四五九頁以下参照。

(5) なお、内容は本書に述べるところと必ずしも同一ではないが、「統一的請求権」ないし「単一的請求権」(der einheitliche Anspruch) という用語に関しては、A. Georgiades, Die Anspruchskonkurrenz im Zivilrecht und Zivilprozeßrecht, (1967), S. 167 参照。

(6) この点については、奥田昌道『請求権概念の生成と展開』(昭和五四年)、特に三頁以下参照。

(7) ドイツ民事訴訟法の制定にさいして、すでにヴィントシャイトのいう「請求権」が前提とされていたことについては、カール・ハインツ・シュワープ著・松浦馨訳「ドイツ民事訴訟法における訴訟物論の現状」民事訴訟雑誌一三号(昭和四二年)三頁参照。

(8) ただし、アクチオの指定によって審判事実が固定されるという考え方が、すでに普通法時代に崩れていたことにつき、Georgiades, a. a. O., S. 27.

(9) この点については、第一一章で簡単にふれているので、そこの叙述を参照されたい。

(10) 加藤雅信報告「物権、債権とは何か」民法研究会　財産法の今日的課題 Law School No. 16 (昭和五五年) 三三頁以下参照。

(11) なお、この議論は、ごく簡単な形では最初に著者の不当利得の教科書の中で発表したが(高木多喜男ほか共著『民法講義6不法行為等』(昭和五二年) 七八頁以下)、その後の本書のもととなった雑誌掲載論文発表の後にも(法学協会雑誌九八巻一号、三号(昭和五六年))、著者は、統一的請求権の問題に焦点を当てて——基本的には本書の内容と重複するものではあるが——実務家向け、学生向けに次の論稿を発表している。「請求権競合論と『統一的請求権』論——訴訟物・争点効論争をふまえて——」判例タイムズ五一四号(昭和五九年)二〇八頁以下、「実体法学からみた訴訟物論争

（一）、（二）、（三）」法学教室四九号一一七頁、五〇号五三頁、五一号（以上昭和五九年）三七頁以下。なお、学会報告として、「請求権競合と統一的請求権――訴訟法的視点をふまえて――」私法四六号（昭和五九年）一九八頁以下がある。

(12) この問題の研究に当たっては、当時の名古屋大学法学部の松浦馨教授、伊藤眞教授、徳田和幸教授、太田勝造助教授、実務家の房村精一判事、太田勇弁護士に御教示を数多く受けたとともに、北海道大学の小山昇教授からも、著者が『民法議義6不法行為等』に発表した統一的請求権の叙述について手紙にて御教示を受けた。もちろん、叙述の内容それ自体は著者に責任があるものであるが、これらの諸先生の御教示に心から感謝の意を表す次第である。

第一〇章　訴訟物論争の再検討
――実体法的規範適用の視点から――

第一節　旧訴訟物理論とその問題

一　では、不当利得の問題をしばらく離れ、一般的な請求権競合の問題を考察してみよう。近時、訴訟物概念によって訴訟法上の諸問題を一挙に解決しようとするアプローチは必ずしも一般的ではなく、訴訟物を問題ごとに異なりうる相対的な概念として考えることも主張されているが(1)、ここではまず訴訟物との関係で請求権競合の問題を論ずることにする。そのさい、わが国の訴訟物論争においては、紛争解決の一回性という訴訟政策的視点から主に論争が展開されていったが、ここではより実体法的な適用規範の問題から訴訟物論争を再考してみることにしたい。まず、前章にもあげた債権的請求権と物権的請求権が競合する次の例を考えてみよう。

〔設例一〕　Xは、自己の所有家屋をYに賃貸した。賃貸借契約期間の終了後、XはYに賃貸家屋の返還を求め、それが認容された。

このXの請求は、前述したように物権的返還請求権（ないし物権的妨害排除請求権）として構成することも、賃貸借契約にもとづく返還請求権として構成することも、ともに可能である、と通常考えられている(2)。それぞれの構成をとった場合に、訴訟がどのように進行するのかを次に考えてみよう。

物権的返還請求権の場合は、次のようになる。

一　Xが、自らが所有者であり、Yがそれを占有していることを理由に当該家屋の明渡を求め、Yに物権的返還請求権を行使する（請求）。

二　Yは、自分は賃貸借契約にもとづき当該家屋を占有していると主張する（抗弁）。

三　Xは、右の賃貸借契約は終了した旨を主張する（再抗弁）。

それに対し、賃貸借契約にもとづく返還請求の場合はより簡単である。

一　Xは、家屋の引渡を約した契約にもとづき、Yが家屋を引き渡すべきであることを主張する（請求）。

後者における、家屋引渡を約した契約とは、具体的には、賃貸借契約の中の、賃貸借契約終了時に家屋を返還する旨の条項をさす。(3) したがって、実際にはXは、賃貸借契約の存在と、その終了という、物権的返還請求権という構成によった場合の抗弁、再抗弁（二、三）をともに立証しなければならない。結果として、法律構成によって賃貸借契約の存在の立証責任がXにあるか、Yにあるかが異なってくる。

立証責任の問題はさておき、最初の例における訴訟の展開を旧訴訟物理論との関連で考えてみよう（ただし、「原告の請求原因として掲げる事実関係を分析すると、これから法律上請求の趣旨としての結論が幾重にも引出せる場合は、……この点を原告が意識すると否とに拘らず、請求を（選択的に――著者注）併合していることにな」(4)る、という兼子説の立場は、ここでは一応とらないものとする）。Xが物権的返還請求権という構成によって請求した場合に、当該訴訟において訴変更の手続がなされていないかぎり、賃貸借契約の存在およびその終了の主張は当事者の攻撃防禦方法（抗弁、再抗弁）となり、この訴訟においてはXの物権的返還請求権が認容された、と考えられる。したがって訴訟物は物権的返還請求権となる。(5)

しかし、ここでかりに、Yが、この建物に造作をとりつけており、造作買取請求権を行使した場合を考えてみよう。この賃貸借契約が借家法の適用をうける事案であり、Xの返還請求権が「賃貸借終了ノ場合」（借家法五条）に行使され、一定の要件を具備しているかぎり、Yの行使する買取請求権を認容しないわけにはいかない。ところが、造作は、建物所有権の一部を構成しないものと通常考えられているために、[6]物権的返還請求権の附属規範である占有者の費用償還請求権は造作には適用されない。ここで旧訴訟物理論を貫徹して、訴訟物はXの物権的返還請求権であり、それが認容された、といってみても、そこに現実に適用されている法規範――附随的調整規範――は、物権的返還請求権のそれではなく、債権的請求権（賃貸借終了にもとづく返還請求権）のそれでしかない。しかも、それはXの返還請求の認容に引換給付文言がつくか否かという形で、判決主文に影響を及ぼすわけである。

このような問題は、被請求者が造作買取請求権や建物買取請求権を行使した特別の場合にのみ問題となるわけではない。一般の費用償還請求権が行使される場合にも、さらには返還請求権それ自体に関しても――取立名義か受忍名義かという形で――問題となる。まず前の例から論じよう。

〔設例二〕で、Yが賃借家屋に造作以外の費用を投じたとする。Xの請求が物権的返還請求権の場合であれ賃貸借上の返還請求権の場合であれ、一定の要件さえみたせば、Yはその費用の返還を費用償還請求権によって求めることができる。そして、この費用償還請求権に関しては二種の構成が考えられる。一つは物権的返還請求権の附属規範である占有者の費用償還請求権の規定であり、他は、賃貸借契約上の規範である賃借人の費用償還請求権の規定である。ところが二種の請求権のいずれによるかによって必要費の返還義務の範囲に差異がある。占有者の費用償還請求権の場合は原則的には必要費全額の返還が認められる（民法一九六条一項本文）のに対し、賃借人の費用償還請求権の場合には賃貸借契約上「賃貸人ノ負担ニ属スル必要費」（民法六〇八条）の返還のみが認められることになる（ここでは一応、契約に民法六〇八条の適用を排除する特段の定めがないものとして考えることにする）。つまり、いずれの構成によるかに従いXの返還額そのものが異なる可能性があることになるが、この場合にXの返還義務の範囲が賃貸借契約上Xが負担すべき限度であることに異論はあるまい。前述した結論によれば、判決で認容されるのはXの物権的返還請求権ということであったが、この点をめぐるX‐Y間の関係は現実には物権的規律としての民法一九六条ではなく、賃貸借契約上の規範である民法六〇八条によって規律されることになる。そして造作買取請求権が行使された場合と同様に、この判決の結論はXに対する引換給付判決の認容となるが、主文に記された引換金額そのものの認定に、賃貸借契約の終了という抗弁が影響を与えることになる。

以上の例は、造作買取請求権にせよ、必要費の償還請求にせよ、賃借物の返還にさいし常に問題となるものではなかった。しかし、次に述べる返還態様――持参名義か取立名義か、等々――の問題は、賃借物の返還にさいして常に問題となる。そして、法律構成が物権的返還請求権によるか賃貸借にもとづく返還請求権によるかで、その点に関する結論は必ずしも同一とはならない。賃貸借にもとづく返還請求の場合、弁済場所、その費用に関する特約があればそれに従うことになるが、特約がない場合には、家屋の返還をなすべき所は家屋の存在した場所であり、弁済の費用は返還債務の債務者（賃借人）が負担することになる（民法四八四条、四八五条）。それに対し、物権的請求権の場合、それが持参名義となるか取立名義となるか――通常行為請求権か受忍請求権かとして争われている――は、学説によって異なるところである。[7] したがって、法律構成による返還態様の食い違いは学説によって異なることになるが、行為請求権説に立ち被請求者が費用を負担すると考えないかぎり、特約がない賃貸借の場合と返還態様に食い違いを残す可能性がある。この点、物権的請求権を行為請求権と解するのがかつては通説であり判例もその立場をとるといわれているものの、通説・判例自身、費用負担を被請求者が負わない例外的場合を認めている。[8] また、現在の学説状況では、多数説はむしろ、物権的請求権を常に行為請求権とは考えていないように見受けられる。[9]

これらの点と、取立名義か持参名義か、あるいは費用負担の問題などについての物権的請求権と賃貸借契約にもとづく返還請求権との相違を考えると、たとえ訴訟において当事者が当初、物権的返還請求権を行使したとしても、抗弁、再抗弁によってそれが賃貸借事案であることが判明したならば、返還態様ないし費用負担の問題などは、賃貸借規範に即して処理するほうが、実体的には正当というべきであろう。そうであるとすれば、ここで訴訟物がXの物権的返還請求権でありそれが認容されたといってみても、その内容を規律するのは物権法ではなく、債権契約ということになる。

このように考えると、Xの返還請求それ自体にせよ、それに附随的に伴うYの費用償還請求権にせよ、それを規律しているのは賃貸借契約法上の諸規範であって、物権法上の諸規範ではないことがわかる。[10]そうであるとすれば、訴訟上最初に提出されたXの物権的返還請求権は、Yの賃貸借契約の抗弁を覆すためXが賃貸借契約の終了という主張をしたことによって、債権的返還請求権に変質した、というほうがその実態に即しているのではあるまいか。ここでXが提出した賃貸借契約終了の主張は、単なる攻撃防禦方法の一環としての再抗弁としての位置づけを与えられるべきものではなく、Xの請求（訴訟物）を物権的請求から債権的請求に変える訴の変更としての実質をもつものではなかったのか。そして、一般にこの点の、訴の変更としての実質が見逃されていたがゆえに、書面提出、相手方への送達などの手続の履践（民事訴訟法二三二条二項、三項）が必ずしも厳格に守られていたわけではない、ということが実相なのではあるまいか。とりわけ、実務によれば訴の変更ではあってもこのような請求原因のみの変更については書面は不要とされるのであるから、[11]この場合を訴の変更と考えたところで手続上の懈怠があったことにもならないのである。

旧訴訟物理論を前提とした場合、以上検討してきた構成は、訴の変更としての実質をもつものであったと思われる。[12]しかし、この点が学界、実務において一般に見逃されていた点にも、[13]原因がないわけではない。造作買取請求権、建物買取請求権、あるいは費用償還請求権の関連する事案が争われた場合には、以上述べてきた問題が表面化する。しかし、前にも述べたように、契約終了に伴う賃借物の返還にさいして、これらの請求が常に争われるわけではない。一方、ほとんど常に問題となる返還態様ないし履行費用の負担にしても、それが次に述べるようにやや小さな問題であることは否定できない。第一に、物権的請求権が行為請求権か受忍請求権かということは、学説上争いがあって実体法上も決着がついていないし、判例も必ずしも一定の結論をとっているわけではない。[14]このような学説、判例の状況を前提とした場合、実務が多くの場合に返還態様の問題にこだわらなかった、あるいはこだわりようがなかったのも、無理のない一面があったといえる。第二に、取立名義か持参名義かは、本来判決主文に反映すべきものであると考えるが、実務はこの点を必ずしも厳密に区別せず、「……を引き渡せ」と書くにとどまっているようである。[15] これは、あまり望ましい取扱であるとは考えないが、このような取扱の欠陥が明白になるのは、判決が言い渡されてからかなり後の段階になってからである。具体的にいえば、判決が言い渡された後、訴訟当事者が自主的にその判決を履践する場合、それが取立名義として履践されようと持参名義として履践されようと、当事者双方に不服がないかぎりは、それは裁判所の関与するところではない。次に、それが当事者の任意の履践にまかされず、執行機関が問題を処理する場合でも、それは同様である。すなわち、たとえ債務名義が持参名義であったとしても、執行機関が債務者の持参そのものを直接強制できるわけではない。持参名義の場合も取立名義の場合も、執行機関は債務者から目的物をとりあげ、債権者へその占有を移すことになる。執行態様そのものには両者に差異がない。両者に差異が生ずるのは、執行債務者から執行債権者への目的物の占有移転に運送費などの費用を要した場合に、その費用をいずれが負担するかに関してである。実体法上それは取立名義の場合に債権者が負担すべきことになり、持参名義の場合に債務者が負担すべきことになる。しかしながら、実務は判決の書き方に関して取立名義と持参名義とを区別しておらず、判決主文にはほとんどの場合執行費用の問題は明示されないこともあって、この種の執行費用の負担の問題にもそれほど注意を払っていないようである。類似の問題につき取立債務か持参債務かを顧慮した通達がないわけではないが、[16] 実務家の解説でも特に債務名義が取立名義か持参名義かは顧慮されていないように見受けられるからである[17]（実定法規にも、「必要なもの（以下「執行費用」という）は、債務者の負担とする」（民事執行法四二条）と定められており、取立名義の場合もありうることについては特段の顧慮が払われていない）。

以上の事情もあって、実務および旧訴訟物理論にたつ学説は、物権的請求権が一貫して当該訴訟の訴訟物となっているという思考に、それほど疑念をいだかずにすんできたものと思われる。しかし、問題をより精緻に分析した場合には、抗弁、再抗弁としてあらわれた賃貸借の終了という問題を、単に物権的請求権に関する攻撃防禦方法とはみることはできず、裁判の内容はむしろそれに即して展開していることが以上の叙述から判明したものと思われる。

二　では、旧訴訟物理論を前提とした場合に、一に著者が示唆したように実質的には訴の変更があった、として処理すればよいのであろうか。問題はそれほど単純ではない。旧訴訟物理論を前提とするかぎり、この訴訟においてはXの物権的返還請求権と賃貸借契約の終了にもとづく債権的返還請求権との二つの訴訟物があることになり、一での分析によれば後者が認容されていることになる。では他方の物権的返還請求権はいかなる運命をたどることになるのであろうか。この場合、論理的に解答は二つしかない。一つは、Xが債権的返還請求権を主張した――賃貸借の終了を主張した――段階で、物権的返還請求権が訴訟から脱落したものとして取り扱う方向である。訴訟法的には――相手方の同意その他一定の要件を具備した場合にかぎられるが――訴の交換的変更[18]、訴の一部取下、請求の一部放棄として構成されることになろう。他方は、物権的返還請求権も依然訴訟係属しているものとして扱う――Xの賃貸借終了の主張を、追加的訴の変更として取り扱う――方式である。

まず、前者の取扱をした場合を考えてみよう。この場合に、当該訴訟における訴訟物は債権的返還請求権となるが、次の問題はいかに解決されることになるであろうか。XのYに対する返還請求が認められたが、当該訴訟の口頭弁論終結後にYがAに目的物を引き渡したとすると、この場合に「口頭弁論終結後ノ承継人」（民事訴訟法二〇一条）としてAに当該訴訟の既判力、執行力が及ぶか否かが問題となる。この点、旧訴訟物理論に立つ兼子説によれば次の結論となる。「所有権に基く返還請求や妨害排除請求の相手方としての資格である占有者又は妨害物件の所有者から、目的物の占有を承継し又は物件を譲受けた者は、その請求に対する義務の承継人といえるが、……対人的な債権に基く物の引渡請求であれば、被告から目的物の引渡を受けた者を被告の承継人と取扱うことはできない[19]」。かりにこのように考えるのであれば、Xの賃貸借契約終了の主張によって訴訟物が物権的請求権から債権的請求権に変じ、前者は訴訟係属を失う――一定の要件を満たした場合に、訴の交換的変更、訴の一部取下、請求の一部放棄があった――という取扱をすることはできない。このような取扱によれば、Xは、物権的返還請求権を主張、立証したにもかかわらず、当該訴訟の既判力、執行力をAに及ぼすことができないという不利益を蒙ることになるからである。

では、第二の途である物権的請求権の訴訟係属を認める訴の追加的変更という構成を採用すべきなのであろうか。かりにこのような構成をとったとしても、選択的併合として、判決が物権的請求権ではなく契約上の返還請求権を認容するとの結論をとった場合には、判決にAに対する追及効を附与できないことになる。しかし、この点を考えて物権的返還請求権を認容してみたとしても、前に例示した引換給付判決の引換額や返還態様（取立名義か否か）などの問題がある場合には、この物権的返還請求権の内容が執行されては困る、という背理が生ずることになる。ここでは二請求権のいずれか、あるいは双方が認容され、選択的に一方が執行された場合に他方も消滅するという単純な関係にはない。返還請求の内容自体はあくまで契約内容に即して規律された債権的なものであり、同時に既判力の主観的範囲などの側面に関しては物権的請求権としての効力を附与されたものと考えないと、結果として実体的関係にそぐわない点がどこかでてくることになる。

この点を意識して、交付請求権と取戻請求権の概念を析出したことこそが次節に述べる三ケ月説の特筆されるべき功績である[20]。本書の分析もそれに負うところがきわめて大きいのではあるが、しかし、この三ケ月説に関して実体法学の側では、次の点を考える必要があるのではなかろうか。三ケ月説は、この問題が「物権的請求権か債権的請求権かという固定しきった観点に固着するだけでは処理しきれず、その対立をつきぬけた別な地点で解決を求めなければならないのは明らかである[21]」と説くわけであるが、この交付請求権と取戻請求権という概念は、物権と債権という民法典の基本構成に対して民事訴訟法学からつきつけられた大きな刃ではなかったのか。伝統的に物権と債権の峻別論が主張されてきたこと、あるいは少なくとも民法典に従って物権と債権という用語法が広く一般に用いられてきたことを考えると、物権と債権の観念、ないし両者の関係につき、実体法学の側で深刻な反省がなされる必要があるのではあるまいか。このような反省をするにさいし、この点の回答は三通りに分かれるように思われる。一つは、いうまでもなく三ケ月説をそのまま承認することである。第二は、一部の民事訴訟法学者のいうように、債権も既判力、執行力の拡張、破産法上の取戻権、第三者異議の訴の基礎になりうると考えることである。[22] しかし、この場合、物権には対世効が認められるが、債権は債務者に対してのみ主張されえ相対効しか認められないという民法の基本原則[23]は、民事訴訟法学の分野で破られることになるわけである。第三は、物権と債権の観念ないし両者の関係に一定の考察を加え、三ケ月説からの問題提起に対してしかるべく回答を提示した上で、物権と債権の観念を維持しつつ、交付請求権と取戻請求権の観念を止揚する途である。著者が後に述べる統一的請求権の法律構成は、第三の立場からする、実体法学から民事訴訟法学に対する一つの回答の試みにほかならない。

三　この点はさておき、今までの検討をここで簡単に要約してみることとする。前述の賃貸借終了時の目的物返還のような事例においては、当事者の実体的関係をみると、物権的返還請求権と債権的返還請求権とはそれぞれの独自性を保持したままの独立的請求権として取り扱いきれない。旧訴訟物理論のように無理にこれを孤立させ、独立の訴訟物として扱ってみても、物権的返還請求権の判決主文に債権的返還請求権の内容が反映されるという、きわめて奇妙な結果が生ずるか、債権的請求権の判決主文なので第三者追及効の問題に混乱が生ずるか、のいずれかだからである。わが国においては、新訴訟物理論が旧訴訟物理論を攻撃した中心的論拠は、紛争解決の一回性という政策的要請、ないしイデオロギーであった。[24] したがって、旧訴訟物理論の側からは、新訴訟物理論の訴訟政策的妥当性をめぐって反論がなされたわけである。[25] しかし、このような訴訟政策的是非以前の問題として、実体法的考察を仔細に施していった場合に、旧訴訟物理論はその内部において右に述べたような理論的破綻を示していたのではなかろうか。既判力に伴う失権効をいかなる範囲で認めるべきかという訴訟政策的判断以前に、旧訴訟物理論に次の問いが鋭く発せられているといわねばなるまい。訴訟物が物権的返還請求権であるとしながらも、「再抗弁」が提出されたことにより判決主文[26]が債権的返還請求権の内容を実質的にはもつにいたるのであるとしたら、債権的返還請求権が訴訟対象（訴訟物）となっていないことを理由にそれにもとづく再訴を許すことに、一体どのような意味があるのか。

もちろん、このような旧訴訟物理論の破綻は、請求権競合の事案においてはじめて問題となるものである。単一規範の適用のみが問題となる場合にあっては、旧訴訟物理論、新訴訟物理論のいずれをとろうと、あるいは後述する統一的請求権という構成を採用しようとしまいと、特別の差異は生じない。ただ、以上の分析をふまえてここで確認しておきたいことは、設例で認容されたXの請求の実体法的性格は、物権的請求権、債権的請求権のいずれでもなく、双方の性格を兼ね備えたものであったことである。

（1）訴の併合、二重起訴の禁止、訴の変更などの問題については新訴訟物理論的な訴訟物概念をもって処理するが、既判力によって確定的に捉えられるものは、法的観点によって把握された具体的実体権であるとするものとして、小室直人「訴訟対象と既判力対象」大阪市大法学雑誌九巻三・四号（昭和三八年）三四五頁以下。また、K. Blomeyer, Arrest und einstweilige Verfügung, ZZP 65 (1952), S. 58 ; G. Baumgärtel, Zur Lehre vom Streitgegenstand, Juristische Schulung, 1974, Heft 2, S. 69 ff. 新堂幸司『民事訴訟法』（現代法学全集30）（昭和五六年）二二〇頁、村松俊夫ほか編・松浦馨執筆『判例コンメンタール15民事訴訟法Ⅱ』（昭和五一年）一〇〇頁など参照。この点は近時種々論ぜられるところであるが、その状況は、文字浩「訴訟物概念の役割」民事訴訟法の争点（ジュリスト増刊）（昭和五四年）一七二頁以下に詳しいので、そこを参照されたい。

（2）この可能性を明言する代表的なものとして、我妻栄『物権法（民法講義Ⅱ）』（昭和四一年）二一頁以下参照。

なお、前章において、二通りの構成が可能な事案を不当利得事案と考えるべきか、物権的請求権が争われた事案とみるべきか、必ずしも明確でない旨を述べた。この点は賃貸家屋の返還事例に関しても同様であり、実務家自身、このような場合も請求原因を物権的請求権とみるべきか、賃貸借契約の終了とみるべきか、明確でないとの感想を述べている例がある（「研究会・実務と新訴訟物理論（一）」判例タイムズ一五四号（昭和三九年）四頁における近藤完爾発言参照）。

（3）この場合に、賃貸借の終了が争われていると考える立場以外に、単純に目的物の返還約束が争われているという見解も論理的に存在しうるわけであるが、ここではこの見解の検討にまでは立ち入らない。ただ関連する文献として、田辺公二「攻撃防禦方法の提出時期」民事訴訟法演習Ｉ（昭和四二年）一三四頁、この問題を論評したものとして賀集唱「賃貸家屋返還請求の訴訟物――いわゆる返還約束説の紹介を兼ねつつ――」賀集唱＝宮川種一郎編・民事実務ノート第一巻（昭和四三年）一三〇頁以下、なお賃貸借事例との関係ではないが一般にこの問題と関連するものとして三井哲夫「要件事実の再構成（一）、（二）」法曹時報二七巻一〇号一八四七頁以下、一一号（以上昭和五〇年）二一〇三頁以下（賃貸借に関しての見解については一〇号一八五二頁）など参照。

（4）兼子一『実体法と訴訟法――民事訴訟の基礎理論』（昭和三二年）七三頁。

（5）新堂幸司「家屋明渡訴訟の訴訟物」実務民事訴訟講座4不動産訴訟・手形金訴訟（昭和四四年）三頁など参照。

（6）星野英一『借地・借家法』（法律学全集26）（昭和四四年）六二六頁、大塚勝美「借家人の造作買取請求権と費用償還請求権」契約法大系Ⅲ（昭和四五年）二六頁など。

（7）この点の詳細は、舟橋諄一編・好美清光執筆『注釈民法(6)』（昭和四四年）六九頁以下参照。

（8）たとえば、我妻・前掲『物権法（民法講義Ⅱ）』一六九頁。判例に関しては、傍論として述べたものも含め、舟橋編・好美執筆前注引用書六九頁参照。

（9）注（7）引用文献に詳細であるが、現在の論者の説くところには、人による差異があるように思われる。そこで、ここでは紙数の関係からそれらの検討は省略し、著者の考え方のみを簡単に記すことにする（ここに述べた考え方は、基本的には川島説その他に影響を受けたものである（川島武宜「物権的請求権に於ける『支配権』と『責任』の分化（一）、（二）、（三）」法学協会雑誌五五巻六号一〇七五頁、九号一六五八頁、一一号（以上昭和一二年）二〇七三頁以下））。

①物権的請求権は、それが社会総体の中において果たす機能をしばらくおき、個々人の間の関係として考えるかぎり、物権を有する者の目的物支配という権利者の利益に資するものである。そして、それは、被請求者の主観的態様にかかわりなく、第三者の行為あるいは不可抗力によって物権的支配に支障が生じた場合、さらには請求者自身の行為によって物権的支配に支障が生じた場合にも常に認められる。これらを考えると、両当事者間の関係からは物権的請求権は、権利者の負担において実現されるのが公平であり、受忍請求権として構成されるべきものと思われる。この結論は、かつて別の箇所で述べた近代市民法典の基礎的原理である市民の自由・平等の確保という視点からも導かれるものであろう（詳細は加藤雅信報告「物権、債権とは何か」民法研究会　財産法の今日的課題 Law School No. 16（昭和五五年）

三三頁以下)。すなわち、債務負担であろうと、物権的義務負担であろうと、市民にとっては自由が拘束されることには変わりがない。しかし、契約債務の場合には自由の拘束がその者の意思にもとづくものであるが、物権的義務負担はそのような基礎をもつものではなく、権利者の財貨確保の反射として認められるものである。その点を考えると、物権的請求権の内容が財貨確保に必要なかぎりで被請求者の自由の拘束がより少ないものであることが望ましい。このような観点から行為請求権説と受忍請求権説とを比較すると、受忍請求権説のほうが、自由の侵害の程度がより消極的であるだけに、市民の自由の保障という近代市民法の要請にかなうものといえよう。

これらの点はさておき、物権的請求権を受忍請求権として構成する説に対しては、次の批判がある(於保不二雄「物権的請求権の本質」法学論叢七〇巻二号(昭和三六年)一八頁など)。それは、Aの所有物がBの土地の上に存在する場合、Aが物権的返還請求権を行使するか、Bが物権的妨害排除請求権を行使するか、によって費用負担が異なり、両すくみとなる、というものである。しかし、この場合、ABのいずれが請求するかによって費用負担が異なることは事実であるが、それぞれ自己の物権的支配の貫徹を欲した者、いいかえれば自己の利益を追求した者がそのための費用を負担するだけのことである。A、Bはともに物権的請求権を行使する義務があるわけではないのだから、自己の利益を追求したほうがそのための費用を負担するのは、いわば当然と思われる。このように考えると、両すくみとなるから不当とは必ずしもいえないであろう。

②しかし、物権的請求権行使の前提となる物権的支配の不完全状況＝いわゆる客観的違法状態が人の有責行為によって惹起される場合がある。この場合、物権を有する者が、不法行為法にもとづき物権回復の費用をその者に損害賠償請求しうることは当然である。その有責行為をなした者が物権的請求権の被請求者である場合も、これは同様である。これらはもっぱら不法行為法上の問題として解決される。

③しかしながら、物権的請求権の被請求者の有責行為があった場合に関しては、問題が常に右の構成によって解決されなければならないか否かは、一箇の問題である。②に述べた構成によれば、この当事者間の関係は、裁判の場では物権的請求権による受忍判決と不法行為による金銭賠償判決という二種の判決によって解決されることになる。しかし、それを一層簡便に、被請求者自身の行為ないし費用によって請求者の物権的支配を回復させ、問題を一挙に解決することも一つの方策だからである。このように考えるのであれば、物権的請求権は、元来客観的違法状態に即して認められるものであるが、請求者が客観的違法状態に加えて被請求者の帰責事由という主観的違法をも立証することによって、

受忍請求権から行為請求権へと転化することになる。有力な学説の一部はむしろこのような考え方をとるようである（川島説など、学説の詳細については舟橋編・好美執筆・前掲『注釈民法(6)』六九頁以下参照。鈴木禄弥『物権法議義』（昭和四三年）一八八頁、近藤英吉『改訂物権法論』（昭和一二年）一一頁は、これに反対し、もっぱら②の構成によるべき旨を主張する意か）。

④しかし、被請求者の帰責事由を立証することによって、物権的請求権が行為請求権に転化すると考えることには、やや疑問がないわけではない。詳しくは後に検討するように、裁判規範としては、行為請求権という構成と受忍請求権という構成との差異が顕在化するのは、執行費用の負担という金銭負担の形においてだけである（本書五一二頁参照）。そうであるならば、被請求者の有責行為が原因となって物権的請求権が行使された場合にも、受忍判決と金銭賠償判決とを下しておく余地はあるように思われる。強制執行の段階になればこの二種の判決はともに生きてくることになるし、判決後に被請求者が自主的に原状回復行為をしたとしても、目的の到達によって金銭債権も消滅するからである。物権的請求権を社会的な行為規範としてではなくあくまで裁判規範として考えるならば、物権的請求権を「物的支配」貫徹のための受忍請求権と考え、「責任」の要素を債権法である不法行為法の分野に放逐することも、また可能なのである。このように考えることによって、物権法と債権法の問題がきわめて明快に峻別されることになる。③に述べた考え方だと、物権的請求権は物権法と債権法との二元的性格を有すると考えざるをえなくなるので（川島・前掲「物権的請求権に於ける『支配権』と『責任』の分化（三）」法学協会雑誌五五巻一一号二〇八〇頁）、ここに述べたように②の考え方を貫徹したほうが体系的には一層すっきりしたものになる。

⑤しかし、このようには考えながらも、この点を断定することには幾分の躊躇が残る。第一に、判決には当事者の自主的な履践を期待するという行為規範の側面があろう。そうであれば、④に述べたように裁判規範としての側面のみを強調して、物権的請求権の体系的整合性を追求することに対するためらいが残るからである。第二に、裁判規範としても、実際には当事者が判決を行為請求の形で履践する可能性があるのに、不法行為による損害賠償として損害額の認定などを裁判でするのは無意味ではないか、ということである。

⑥これらの点に疑問が残るので、最終的な決断は留保して、私見としては次の点を提示するにとどめる。①物権的請求権は基本的には受忍請求権として構成されるべきである。②しかし、物権的請求権行使の必要が物権を有する者以外の者の有責行為によって生じた場合には、物権を有する者はその者に物権回復の費用を損害賠償請求しうる。③さらに、

右の有責行為が物権的請求権の被請求者によってなされた場合、①、②を並存的に請求しうることは当然であるが、それにかえて行為請求権としての物権的請求権を行使しうると考えるか否かに関しては、結論を留保する。

以上をふまえて、ここでは暫定的に、①、②の範囲で考えるとすれば、物権的請求権という構成と賃貸借契約（特に特約はないものとする）にもとづく返還請求権という構成では、次の点が異なることになる。〔設例一〕の家屋の返還態様は、いずれの構成によっても家屋の存在した場所で行なわれることになって、特に差異は生じないと思われる（民法四八四条と物権的返還請求権）。しかし、その返還費用の負担に関しては、契約を根拠とする場合には債務者の負担になるのに対し（民法四八五条）、物権的請求権を根拠とする場合には不法行為の要件を立証しないかぎり所有者が負担することになり、差異を生ずる可能性がある。

これが、動産賃貸借終了の場合には、費用負担のみならず、返還場所そのものも違ってくる可能性が大きい。賃貸人の手もとにあった物を貸した通常の場合では、その返還債務は持参債務となるのに対し（民法四八四条。この点反対説もありえないではないが、詳論は避ける。ここでは、委任契約との関連で預った物の返還に関し、右に述べたところと同様の結論をとった下級審判決を参考として掲げるにとどめる。東京地判昭和六年一一月二七日法律新報二八五号二三頁）、物権的返還請求権を行使した場合には、判決は取立名義となるからである。

物権的請求権と賃貸借契約にもとづく返還請求権の法律構成のいずれをとるかによって、私見によれば以上のような差異が生ずることになる。しかし、この差異が実際上どのような意味をもっているかについては、本書五一二頁を参照されたい。

(10)　そうであるからこそ、実務のうちには、このような場合に「賃貸借終了を理由とする債権的請求権一本で整理すべきである」との見解が出現しているわけである（賀集唱「要件事実の考え方——所有者でもある賃貸人の賃貸家屋返還請求（いわゆる請求権競合）の場合——」本井巽＝中村修三編・民事実務ノート第二巻（昭和四三年）六頁）。また、学説の一部が、契約関係が存在する場合には物権的請求権が発生しないと考える背後には、この点に関する実質的考慮が存在している（川島武宜「物権的請求権」岩波法律学辞典第四巻（昭和一一年）二三四四頁、兼子一「給付訴訟における請求原因——訴訟物学説に関連して——」菊井献呈　裁判と法上（昭和四二年）二七八頁、L. Raiser, Eigentumsanspruch und Recht zum Besitz, in: Festschrift für Martin Wolff, (1952), S. 123 ff.（この論文は、奥田昌道「所有者と占有者との法律関係の一考察——請求権競合の観点から——（一）」法学論叢七九巻三号（昭和四一年）・頁以下に詳細に検討されている)、Enneccerus = Wolff = Raiser, Lehrbuch des Bürgerlichen Rechts, Sachenrecht, 10. Bearb.,（1957）, S. 320 ; W. E. Krause, Die Haftung des Besitzers nach den §§ 989-993 BGB, Ein Beitrag zur Lehre von Eigentümer-Besitzerverhältnis,（1965）, S. 86ff.）。

また、物権的請求権によると契約規範上の処理が貫徹されなくなるという実質的考慮とはやや異なる視点からではあるが、物権的請求権が他の人的な請求権に一般的に劣後するとする見解もある（H. Siber, Die Passivlegitimation bei der Rei vindicatio als Beitrag zur Lehre von der Aktionenkonkurrenz,（1907）, SS. 227ff. u. 239ff. ; H. Siber, Eigentumsanspruch und schuldrechtliche Herausgabeansprüche vom Standpunkte der Rechtsneuordnung, Jherings Jahrbücher, Bd. 89（1941）, S. 1ff.）。さらに、権利概念の把握に関する論議がからむものであるが、物的関係を人的関係と異なった「型」として理解する伊藤説においても、契約関係がある場合には結論として物権的請求権が認められないことが主張される（伊藤高義『物権的返還請求権論序論――実体権的理解への疑問として――』（昭和四六年）四九頁以下）。これらの論議も、程度の差はあれ、前述した実質的問題が念頭におかれているものである。この問題に関しては、さらに本書五三二頁注(24)参照。

(11)　大判昭和一八年三月一九日民集二二巻七号二二一頁、最判昭和三五年五月二四日民集一四巻七号一一八三頁など。

(12)　いわゆる訴訟物論争を経た後になるが、兼子博士はこの点に関して次のように述べた。「原告が更に賃貸借関係の終了をもって反論したことは、再抗弁の提出になるわけであるが、これによって当初の不法占拠に基づく物権的請求権の主張が、全然別個の賃貸借終了に基づく債権的返還請求権の主張に転換されたように見えるかも知れない。しかし、それでは抗弁や再抗弁によって当初の請求が変更されることになって、前述の訴訟物確定の原則に反する結果になるであろう」（兼子・前掲「給付訴訟における請求原因――訴訟物学説に関連して――」菊井献呈　裁判と法上二七七頁以下）。そして、契約当事者間では物権的請求権は潜在化するが、被請求者が目的家屋の占有を第三者に移転したなどの場合には、「潜在的であった物権関係が殻を破ってむき出しになって現実化され」（同書二七八頁）、訴訟引受（民事訴訟法七四条）、確定判決の効力を第三者に及ぼすこと（民事訴訟法二〇一条一項）、承継執行文の付与（民事訴訟法四九七条ノ二、五一九条）などが可能になるとする。しかし、債権的請求権と物権的請求権とを峻別しながら、ある場合には債権的請求権として処理され、ある場合には物権的請求権として処理されるというのでは、あまりに便宜的取扱であるとの観を免れない。おそらくこの点を意識した上でのことであろう、兼子説においては物権的請求権と契約上の請求権とは法条競合その他の明快な位置づけを与えられることなく、「もともと表裏一体である請求権の側面が裏返しになった」(同書二七八頁)として、さきの扱いを説明していたのである。この表裏一体的構造をそのまま素直に法律構成に反映させたのが、後述する私見の統一的請求権の構成であることを考えると、この兼子説の立言にはきわめて興味深いものがある。この点についての兼子説に関してだけいえば、旧訴訟物理論自体が、すでに新実体法説の入口に接近していたことを、これは物語る。そして、後述することでもあるが、わが国の新訴訟物理論も、「給付を求めうる法律上の（実体法上の）地位」、「受給権」などに着眼することによって、新実体法説に接近していた（文献引用は本書五二九頁注(1)、(2)参照)。したがって、論争の最終段階においては、旧訴訟物理論、新訴訟物理論、新実体法説と表層的な法律構成の差異は大きいにもかかわらず、問題の実質がそれぞれの立場から紙一重の差で把握されていた側面もあるわけである。

(13)　船越隆司「不当利得返還請求訴訟の訴訟物」谷口還暦　不当利得・事務管理の研究(2)（昭和四六年）二二四頁は、これを訴の変更とし、そのような取扱をした判例を分析している。

(14)　これらに関しては、舟橋編・好美執筆・前掲『注釈民法(6)』六九頁。

(15)　司法研修所『四訂民事判決起案の手びき』（昭和四二年）九頁参照。しかし、登記の抹消などに関しては、司法研修所教育においても、「『……の登記を抹消しなければならない』と書いても、意味は通じるが、正確にいえば……『登記抹消手続に協力せよ』、『登記抹消を申請せよ』、『登記抹消手続をなせ』等とする方がよい」として、給付態様を主文において明確に表示する旨を指導しているようである（同書一一頁。ただしこの点六訂版では異なっている）。

なお、学説のなかには、物権的返還請求権に関し、行為請求としてのそれと、受忍請求としてのそれと表現を区別するものがある。そこでは、前者は一般の返還請求として表現されるのに対し、後者は所有者が「自ら除去することを受忍せよ」と表現される模様である（星野英一『民法概論Ⅱ』（昭和五一年）一二頁）。取立名義、持参名義に関する判決主文一般の書き方としても、傾聴すべき表現であろう。「……を返還せよ」、「……の取立を受忍せよ」等々と表現すべきように思われるからである。

(16)　最高裁判所事務総局民事局編『強制執行及び競売に関する通達回答集』（昭和二八年）三四頁（大正元年八月七日民事第二六号甲府地方裁判所長宛民事局長通牒）。

(17)　強制執行の手引き書などでもこの問題を論じたものは少ないが、これを検討したものとして、杉田洋一＝藤村馨

「家屋収去、土地明渡を命ずる債務名義の執行に要した費用取立ての執行方法はどうか」判例タイムズ一八二号（昭和四〇年）九三頁など参照。

(18) 訴の交換的変更を認めるべきか否かに関する論争には特にここで立ち入らない。

(19) 兼子『新修民事訴訟法体系〔増訂版〕』（昭和四三年）三四五頁参照。なお、訴訟物論争後の兼子説につき、注(12)参照。また、旧訴訟物理論にたつとはいっても、実務は必ずしもこの結論には従っておらず、債権的請求権に関しても執行力の拡張を認めている（裁判上の和解に関するものであるが、最判昭和二六年四月一三日民集五巻五号二四二頁など）。また、この点に関しては三ケ月説の鋭い分析があり（次注引用文献および三ケ月章「訴訟物をめぐる戦後の判例の動向とその問題点」民事訴訟法研究第一巻（昭和三七年）二四〇頁以下）、本書もそれに負うところが大きいが、その点については本書五一四頁参照。

(20) 三ケ月章「特定物引渡訴訟における占有承継人の地位」民事訴訟法研究第一巻（昭和三七年）二八五頁以下。

(21) 三ケ月・前注引用論文二九八頁。

(22) 詳しくは第一一章に述べるが、取戻権につき、中田淳一『破産法・和議法』（法律学全集37）（昭和四三年）一一六頁、山木戸克己『破産法』（現代法律学全集24）（昭和四九年）一四四頁、第三者異議の訴につき、兼子一『増補強制執行法』（昭和四三年）五六頁。

(23) この基本原則がもつ意味に関しては、加藤・前掲報告「物権、債権とは何か」民法研究会　財産法の今日的課題 Law School No. 16 三三頁以下の著者の発言参照。

(24) 随所でいわれることであるが、例として三ケ月章『民事訴訟法』（法律学全集35）（昭和四二年）一九頁、同・前掲「特定物引渡訴訟における占有承継人の地位」民事訴訟法研究第一巻二九三頁参照。なお、このような把握の一般的背景に関して、三ケ月章「新訴訟物理論について」民事訴訟法研究第三巻（昭和四一年）二〇一頁以下、特に、二〇八―二五九頁参照。

(25) 金子文六「訴訟における実体法の規範性」民事訴訟雑誌七号（昭和三六年）一頁以下、木川統一郎「新訴訟物論批判」、「訴訟物の規模を決定するもの」、「新訴訟物理論の検討」民事訴訟政策序説（昭和四三年）一九三頁以下、二三一頁以下、二五七頁以下、兼子・前掲「給付訴訟における請求原因――訴訟物学説に関連して――」菊井献呈　裁判と法上二八三頁。

（26）訴訟物が判決主文に反映されるべきものであることにつき、兼子・前掲『新修民事訴訟法体系〔増訂版〕』三四一頁、三ケ月・前掲『民事訴訟法』（法律学全集35）一二一頁など参照。

第二節　新訴訟物理論とその問題

一　以上、暫定的に旧訴訟物理論を前提とした上で問題の展開とその理論的破綻を追ってきた。では、このような理論的破綻は、新訴訟物理論においては回避されるものであろうか。必ずしもそうとはいえないように思われる。わが国の新訴訟物理論は、給付訴訟の訴訟物を通常「相手方から一定の給付を求めうる法律上の（実体法上の）地位があるとの権利主張（1）」あるいは「受給権（2）」などととらえる（3）。そこでは請求を基礎づける法的観点＝法規範の属性は捨象され、請求権概念は「その機能面に着眼する限り物権的なものであろうと債権的なものであろうと、不法行為に基くものであろうと債務不履行に基くものであろうと同じ」であり、「無色なもの」として把握されている（4）。その結果、給付訴訟において肝要なものは給付命令のみであり、原告が主張する法的観点と異なる観点から裁判所が給付請求を是認することも可能となるわけである。複数の法的観点から生ずるそれぞれの請求権の給付内容にまったく差異がない場合には、右のように考えても特に支障は生じない。しかし、はたしてここに差異はないものであろうか。新訴訟物論者が右にあげた例に即して検討してみよう。

ここでは物権的な請求権と債権的な請求権が対比されているが、その代表的な一例として今まで検討してきた物権的返還請求権と賃貸借による契約上の返還請求権とを再度考えてみよう。右に引用した以外にも、新訴訟物理論においてはしばしば次のようにいわれる。「……一回の給付を求める地位（受給権）が『所有権にもとづく明渡請求権』があるから是認されるのか、『賃貸借終了にもとづく明渡請求権』が認められるからかは、原告にとり、さしあたりどちらでもかまわない（5）。」しかし、本書五〇八頁以下に検討してきたとおり、この二種の請求権のうちいずれを根拠とするかによって、建物買取請求権、造作買取請求権などが認められるか否か、償還される必要費の範囲、給付態様（取立名義か持参名義か）と返還費用の負担、などの点が異なるはずである。さらに、執行力の拡張に関しても、対世効がある物権につきそれを認め、相対効しかない債権についてはそれを否定するのが論理的であろう（このような構成が可能であることにつき、本書五六三頁以下参照）。そうであるとすれば、この点もまたいずれの構成によるかによって異なってくる。

両請求権の効果に以上のような差異があるとしたら、いずれの法的観点が認められるかは、原告にとって「どちらでもかまわない」とはたしていえるのであろうか。たとえば、相手方から建物買取請求権が行使されたような場合を考えると、物権的請求権として請求が認容されるか、それとも債権的請求権として多額の引換給付判決となるかは、原告の利害にも大きくかかわってくる問題といえよう。当事者の利害を考えると、裁判所に法的観点選択の自由を認めてはならない場合があることは否定できない。そして、このような状況は決して例外的な事態ではない。微細な利害関係までも常に慎重に配慮するとすれば、取立判決になるか持参判決になるかという返還費用の負担の問題に関しては、いずれの請求権が認められるかによって両当事者の利害が異なる可能性がほとんど常にあることになる。

このような法的効果における差異のみならず、同様の差異は法律要件に関しても見出しうる。本書五〇七頁以下の分析によれば、両請求権のいずれによるかによって、両当事者の立証すべき要件事実の違いは、事実上次の結果をもたらすことになった。そこで述べた〔設例一〕におけるX－Y間の賃貸借契約の存在の立証は、物権的請求権の構成によった場合はYが、賃貸借契約上の返還請求権という構成によった場合にはXが、それぞれ負担すべきものとなる。この点の論証は本書五〇八頁に両者を対比して示したところに譲るが、ともかく、いずれの構成によるかによって、同一事実に対する立証責任が異なってくる。したがって、訴訟において賃貸借契約の存在の証明が真偽不明に終わった場合、X勝訴になるか、Y勝訴になるかは、二種の法律構成のいずれが主張されているかによって決せられることになる。また、判決以前の段階においても、それぞれ最終的に勝訴をめざす訴訟当事者にとっては、立証責任の負担が立証活動を促す契機となるわけである。(6) したがって、二種の法律構成のいずれが訴訟で問題とされているかが明らかでないと、当事者は賃貸借契約の立証をしたほうが有利か不利か、見極めがつかなくなる。(7)(8) これらの点を考えると、どちらの請求が認められるかは、原告にとり「どちらでもかまわない」といえるか否かには、かなり疑問があるというべきであろう。

右に検討してきた事例以外においても、新訴訟物論者があげる他のいくつかの事例に関しても同様のことがいえる。債務不履行と不法行為とのいずれを法的観点とするかは、(9) 相手方が相殺の抗弁を提出した場合には請求内容に大きな差異を生じさせる。時効、その他に関しても、両者に差異が生ずる可能性はありうるし、また、要件に関しても、帰責事由の立証責任が異なってくる。(10) 消費貸借契約にもとづく貸金の返還請求か不当利得の請求かは、(11) 約定利率と法定利率とがたまたま同一であるような場合を除いては、利息との関係で請求認容額が異なってくる可能性も強い。請求認容額が異なる可能性があることは、不当利得返還請求権と不法行為による損害賠償請求権との競合に関しても同様であろう。(12) この点新訴訟物論者は、次のようにいう。Y所有の馬がX所有の牧草を食べた場合に、不法行為を原因として一万円請求することも、不当利得を原因として一万円請求することも、訴訟物には変わりはない、(13) と。確かに、紛争が一万円の請求に終始する間はそのとおりである。しかし、Yが善意有過失の場合、民法七〇三条と七〇九条との競合が問題となる。Yの現存利益の抗弁や一万円に附せられる利息が問題となるかぎりにおいては、認容されるべき請求には法律構成によって差異が生ずることになる。また、Yが相殺の抗弁を提出した場合、あるいは消滅時効の時効期間などに関しても、差異が生ずる可能性がある。これらを考えると、いずれの法的観点が採用されるのかは、当事者の利害に大きく関係してくるはずである。

新訴訟物理論の前提には――必ずしもすべての論者に共通ではないが――次の認識がある。「権利というのは、生活利益を享受する力で法によって認められたものであるといわれる。……ところで、人の生活事実は、極めて複雑である。そこで、利益の認否を、多様の生活事実の角度から、判断することを可能ならしめる必要がある。その結果単一の利益の認否の判断に用いられる可能性のある基準（法規）が数個存するという現象も生じたわけである。[14]」

このかぎりにおいては、右の認識はきわめて的を射たものである。しかし、これが新訴訟物理論において、実体的法規範を法的観点と考え、受給権を基礎づける相互代替的視点とするについては、次の点での飛躍があったように思われる。すなわち、いかなる角度から生活事実を把握するかによって、生活利益のとらえ方にそれぞれ差異がある点である。同じく給付請求ではあっても、いくつかの例に即して検討してきたように、要件（立証責任の問題をも含め）、効果に関して差異があることが多い。

そもそも請求権の競合が論じられる事案は、請求権の内容が大筋としては類似ではあるとしても、規範内容に何らかの差異があるのが通常である（そうでなければ、実体法が複数法規範を用意したことの意味がなくなる）。新訴訟物理論というのは、この差異を無視しうる場合を念頭においた理論である。しかし、当然のことながら、社会の実体的紛争においては、この差異を無視しうる場合と無視しえない場合の双方がある。新訴訟物理論は、後者を例外的事態としてとらえ「法的評価の再施[15]」などによって救済するにとどめ、一般には法的観点の選択は裁判所の自由として、規範内容の差異による利益、不利益は当事者が負担するものと考えることになる。[16]しかしながら、三ケ月教授が正当にも指摘するとおり、要件、効果を異にするときに、請求権「競合論・非競合論の最も実質的な問題がひそんでい[17]」るのである。そうであるとすれば、裁判所に法的観点選択の自由を全面的に認めることが、はたして合理的な取扱といえるのであろうか。その破綻は、法律構成によって同一事実の立証責任が異なってくる賃貸借契約にもとづく返還請求権と物権的請求権との競合、不法行為による損害賠償請求権と債務不履行による損害賠償請求権との競合などに関して、まず明白となる。そして、要件のみならず効果に関しても問題は同様である。おそらく、論者自身も、原告が債務不履行と不法行為の双方の法的観点を主張し被告が相殺の抗弁を提出したような場合には、裁判所に法的観点決定の負担を負わせざるをえないであろう。このように考えるのであれば、請求内容を規定している規範の属性をすべて捨象するとはいっても、請求内容自体に法的観点による差異がありうることになる。このような「法的観点毎におうとつのある訴訟物」を観念することがはたして適当なのであろうか。論者自身が「法的評価の再施」の必要を一定の場合に承認するのも、法的観点によって執行力、既判力などに差異が生ずることを前提としての上のことにほかならない。このように、規範ごとに属性の差異があることを考えるならば、新訴訟物理論が請求権を無色なものと規定し、法的観点を訴訟物からまったく捨象して相互代替的なものとしてしまったその前提には無理があったように思われる[18]。

二　では、新訴訟物論者はこのような無理を放置したまま、自らの議論を展開したのであろうか。もちろんそうではない。論者自身は二種の回答を用意していたように思われる。一つは二重の武器論であり、一つは要件、効果の平準化論である。前の点は注(16)で検討したので、ここでは第二の点に絞って検討をすすめよう。

三ケ月説においては、裁判所に法的観点選択の自由が認められるために、二つの請求権の競合、非競合を考えるさいに、実体法学が二種の請求権の間の責任要件の平準化をはかっていることが前提とされている[19]。これは具体的には不法行為責任と債務不履行責任の競合に関して述べられているのであるが、問題は、はたしてこのような要件、効果の平準化が充分行なわれているか否かにある。ドイツにおいては、こと契約責任と不法行為責任の競合に関するかぎり、要件、効果の平準化が実務においても学説上もかなりはかられているとの叙述が見受けられる[20]。また、わが国においても、三ケ月教授が右の叙述のさいに引用するように、川島説[21]、加藤説[22]など、要件、効果の差異の一部について平準化を考える立場が実体法学のうちで有力に主張されていることは事実であるし、さらにはアイヒラーの説を引用しつつ平準化を主張する谷口説[23]なども存在する。しかし、紛争の実際的取扱——実務や、学者による判例批評など——を考えた場合、はたして、一定事案に複数法規範の適用が可能であることが常に意識され、要件、効果の平準化が常に行なわれているといえるのであろうか。医療事故の場合の診療契約上の責任と不法行為責任、交通事故によって乗客が被害を蒙った場合の契約責任と自賠法上の責任その他の関係等々を考えると、著者としては要件、効果の平準化が多くの場合に考えられているとは、とうてい思えないのである。論者が例にあげた不法行為責任と債務不履行責任に関してすらそうである。まして、物権的請求権と契約上の請求権、不当利得と不法行為の競合などの場合、要件、効果の平準化は、一部の論者を除けば学界あるいは実務全体としては意識されていないことのほうが多い、とさえいえそうに思われる。(24)そして、要件、効果の平準化が行なわれないままに法的観点選択の自由が裁判所に認められるとすれば、前述したようにそれによる利益、不利益はまったく偶然的に当事者の上にふりかかってくることになる。

しかし、この非難は、訴訟法学に対してではなく、実体法学に向けられるべきものであろう。むしろ、三ケ月説の指摘自体は、請求権競合の場合の要件、効果の平準化の必要を示した、実体法学に対する問いかけとして虚心に受けとめるべきであろう。訴訟物論争以前の問題としても、社会的には同一の紛争が、法律構成――ややもすると法律家という専門職の専有物になり易いもの――によって、異なった取扱をうけることは、いかにも不穏当だからである。(25)この点を考えると、複数規範の重複的適用が可能な場合に、なんらかの形で要件、効果の統一性をはかることが必要となる。そして、これは、三ケ月教授がいみじくも指摘するように、「訴訟法理論の側よりするかかる結果の導出は、一つの規範体系（例えばパンデクテンシステム）の体系上の要請が本来一個なるべき請求権＝『他人から作為・不作為を要求しうる権利』（独民一九四）を技術的に細分したのであって、決してそれを自然物的存在として出発してはならないということ、ひいて又従来考えられている形での請求権の競合という考え方自体にも尚反省・再編成の余地のあることを暗示する」(26)であろう。そして、この点で想起されるものが、近時学界で論じられる新実体法説というべきであろう。

（1）　三ケ月章『民事訴訟法』（法律学全集35）（昭和四二年）一〇一頁。

（2）　新堂幸司「『訴訟物』の再編成――給付の訴と確認の訴とを手がかりとして――（二）」法学協会雑誌七五巻二号（昭和三三年）一五九頁、同『民事訴訟法』（現代法学全集30）（昭和五六年）二〇七頁、四一三頁。

（3）小山説においては、請求は一般的に「なんらかの法的効果……として実体法により承認されている生活利益の主張」と定義されるが、給付請求においては「給付すべきこと……の主張」が請求とされている（小山昇『民事訴訟法』（現代法律学全集22）（昭和五〇年）一三九―一四〇頁。ただし、引用文中の傍点削除）。

（4）引用は、三ケ月章「請求権の競合」民事訴訟法研究第一巻（昭和三七年）九七頁。なお、この点については、三ケ月章「訴訟物をめぐる戦後の判例の動向とその問題点」民事訴訟法研究第一巻（昭和三七年）二四〇頁以下参照。

（5）新堂・前掲『民事訴訟法』（現代法学全集30）二〇七頁。なお、小山昇『訴訟物論集』（昭和四一年）五九頁参照。

（6）このように立証責任を考える私見については、本書六〇〇頁注（11）参照。

（7）なお、注（10）参照。

（8）わが国において新訴訟物理論が主張された後に、それに対して旧訴訟物理論の立場からなされた批判の一つは、訴訟当事者の立証活動などの審理の過程において、実体規範の構成要件が影響を与える、ということにあった（金子文六「訴訟における実体法の規範性」民事訴訟雑誌七号（昭和三六年）一頁以下）。ただし、旧訴訟物理論とはいっても、本書五〇八頁に述べた兼子説の立場にたつと、本文に述べた新訴訟物理論に対する批判と同様の批判を受けざるをえないと思われる。

（9）この点に関する新訴訟物理論の立場については、三ケ月章「法条競合論の訴訟法的評価――新訴訟物理論の立場よりの一考察――」民事訴訟法研究第一巻（昭和三七年）一二九頁以下、特に一五一頁以下、同・前掲「請求権の競合」民事訴訟法研究第一巻七七頁以下など参照。

（10）この点、新訴訟物理論においては、立証責任の食い違いの結果、一方の法的観点しか認められない場合は、その観点によって原告の請求を認めればよいと比較的簡単に考えられているようである（三ケ月・前掲「法条競合論の訴訟法的評価」民事訴訟法研究第一巻一五二頁）。この点は、論者の二重の武器論に対する批判（注（16）参照）とも関連するが、一方の法的観点によれば原告勝訴となり、他方の法的観点によれば被告勝訴となる場合に、なぜ常に原告有利に取り計らわなければならないのかが、問われる必要があろう。

ただ、同じように立証責任の食い違いは生じても、不法行為責任と債務不履行責任の競合の場合には、前述した賃貸借の目的物返還の場合と較べ（本書五二五頁）、問題の深刻さが半減していることは事実である。賃貸借の目的物の返還に関して法律構成による立証責任の食い違いは、次の二つの問題をもたらす。一つは、要証事実が真偽不明に終わった場合に、原告勝訴か被告勝訴かが法律構成によって異なることである。第二は、立証責任が訴訟当事者の立証活動をなすべきか否かの指針となる結果、立証活動をした場合の有利、不利が法律構成によって異なるというジレンマに、当事者が立たされ、立証活動の円滑な進行が期待できないことである。ところが、不法行為責任と債務不履行責任の競合の場合には、既述したように第一の点は問題となるが、第二の点は必ずしも深刻な問題とはならないからである。それというのは、不法行為責任の場合には請求者が帰責事由の存在の立証を、債務不履行の場合には被請求者が帰責事由の不存在の立証をすることになり、いずれの構成の場合も、請求者・被請求者の立証努力の方向には変わりはない。詳言すれば、いずれの法律構成の場合も、帰責事由は請求者にとってはあるほうが有利なのであり、被請求者にとってはないほうが有利である。ここにおいては、立証活動をすることの有利、不利が法律構成によって異なるというジレンマは存在しない。単に、真偽不明の場合の不利益をいずれが負担するかに差異が生ずるため、立証活動の熱意が異なるという問題が生ずるだけである。それに対し、賃貸借の目的物の返還の場合には、法律構成によって原告、被告が負担する立証責任の内容がともに、賃貸借契約の存在という共通のものである。不法行為責任と債務不履行責任の競合の場合のように、存在の立証責任と不存在の立証責任という逆の関係になっていないがゆえに、問題が深刻となるわけである。

(11)　この事例に関しては、小山・前掲『訴訟物論集』六一頁など参照。
(12)　この事例につき、小山・前注引用書一五四頁、三ケ月・前掲「法条競合論の訴訟法的評価」民事訴訟法研究第一巻一四三頁など参照。
(13)　小山・前注引用箇所参照。
(14)　小山・前注(11)引用書一九頁。なお、請求権の競合に関してこの立言と類似の見方をするものとして、A. Georgiades, Die Anspruchskonkurrenz im Zivilrecht und Zivilprozeßrecht, (1967), SS. 1 f. u. 101f.
(15)　三ケ月章「特定物引渡訴訟における占有承継人の地位」民事訴訟法研究第一巻（昭和三七年）二八五頁以下。
(16)　新訴訟物論者は、この問題に対して二つの方法による対処を考えている。一つは二重の武器論であり、他は要件、効果の平準化論である。第二の点に関しては本書五二八頁以下）に論ずる機会があるのでここでは二重の武器論について少し考えてみよう。

これに関しては次のようにいわれている。すなわち、「請求権競合という二重の武器を与えられている原告は、一つの武器しか与えられていない場合よりも有利であってよいと一般には考えられる」として、二つの規範がある場合に

「原告に有利に両者共通の属性を……認める」（三ケ月・前掲「法条競合論の訴訟法的評価」民事訴訟法研究第一巻一五一頁）。これは、具体的には契約責任と不法行為責任の競合について述べられたものであるが、一般的に右のようにいうことには疑問が残る。たとえば、土地賃貸借終了にもとづく契約上の返還請求権と物権的請求権との競合の場合を考えてみよう。前の法律構成によれば相手方に建物買取請求権が認められるのに対し、後の法律構成によれば費用償還請求権が認められるにすぎないから、この点では物権的請求権のほうが原告に有利である。そうであるからといって、この場合共通の属性として民法一九六条のみの適用を認め、建物買取請求権の適用を認めないわけにはいかない。この場合には、原告の有利不利を問わず、両当事者間の関係はもっぱら賃貸借契約によって律せられるのが、実体的関係に即していると思われる。請求権競合＝二重の武器論——請求権競合の場合には、すべて原告の有利に取り扱う——の考え方は、この例からもわかるように、当事者間の実体的関係を直視しないという欠陥をはらんでいる。二重の武器論は新実体法説にも影響を及ぼしている議論であるが、著者にはかなり問題を含んだ立論のように思われてならない（本書五四二頁以下参照）。

(17)　三ケ月・前掲「法条競合論の訴訟法的評価」民事訴訟法研究第一巻一五二頁。

(18)　この点に関して説得的な議論を展開するものとして、奥田昌道『請求権概念の生成と展開』（昭和五四年）三三一頁、伊東乾『民事訴訟法の基礎理論』（昭和五五年）二三七頁以下、上村明広「請求権と訴訟物」民事訴訟雑誌一七号（昭和四六年）一〇二頁以下参照。

(19)　三ケ月・前掲「法条競合論の訴訟法的評価」民事訴訟法研究第一巻一五三頁。

(20)　Georgiades, a. a. O., S. 86ff. が、不法行為責任と債務不履行責任に差異がある個々の点ごとに、判例学説を検討しているので参照されたい。

(21)　川島武宜「契約不履行と不法行為との関係について——請求権競合論に関する一考察——」民法解釈学の諸問題（昭和四〇年）一四五頁。

(22)　加藤一郎『不法行為〔増補版〕』（法律学全集22‐Ⅱ）（昭和四九年）五〇頁。

(23)　谷口知平＝植林弘『損害賠償法概説』（昭和三九年）一〇頁以下。

(24)　たとえば、物権的請求権と契約上の請求権との関係については、多くの説が請求権競合と解し、一部にやや異なった考え方を展開するものがあるという状況である（学説および判例の詳細については、舟橋諄一編・好美清光執筆『注釈民法(6)』（昭和四四年）四四頁以下、本書五二〇頁注(10)参照）。いずれにおいても、要件、効果の平準化自体は考えられていないわけである。ただ、この点では、ごく一部にではあるが、わが国ではすでに「ある面で契約的で他の面で物権的な一の請求権」という、新実体法説につながりうるような把握がすでになされていることは、注目に値いする（鈴木禄弥『物権法議義』（昭和四三年）一八七頁。なお、この点との関連で、本書五二一頁注(12)引用の兼子説参照）。

なお、ドイツにおいては、物権的返還請求権と契約上の返還請求権との競合の場合に、学説や実務は一部相違点の平準化をはかっているようである。物権的請求権に関しても、契約の消滅時効期間、債権的拒絶権能としての留置権（ドイツ民法二七三条――留置権の性格は日本民法とドイツ民法とではまったく異なる）を適用する、など（Georgiades, a. a. O., S. 95）。

また、不当利得につき、請求権競合の点にかぎってではないが、一般に問題が見落されがちであることを指摘した実務家の発言につき、本書五九〇頁参照。

(25)　なお、訴訟物論争との関連で一言すると、この点の不穏当さは、新訴訟物理論のみならず、兼子説的な立場での旧訴訟物理論をとっても、それほど変わるところはない。前にも引用したが、兼子説によれば、「原告の請求原因として掲げる事実関係を分析すると、これから法律上請求の趣旨としての結論が幾重にも引出せる場合は、原告はその訴で同一内容の数個の権利を主張しているので、この点を原告が意識すると否とに拘らず、請求を併合していることにな」る（兼子一『実体法と訴訟法――民事訴訟の基礎理論』（昭和三二年）七三頁）。このように考えるかぎりは、旧訴訟物理論ではあっても、選択的併合の場合の裁判所の適用規範が異なることによる利害得失を、当事者はやはり偶然的に負担しなくてはならない。またかりに、選択的併合による裁判所の規範適用の自由を認めないとしても、やはり原告がどの規範に依拠して請求するかによって、同一紛争が異なった取扱をうけることになるからである。

(26)　三ケ月・前掲「法条競合論の訴訟法的評価」民事訴訟法研究第一巻一五五頁。

第三節　中間総括

訴訟物論争をめぐる以上の検討を簡単に総括しておきたい。訴訟物論争は、わが国ではドイツと異なり訴の変更が簡単に認められることもあって、紛争解決の一回性を中心とする訴訟政策的イデオロギーの側面を中心に展開されていったように思われる。その結果、適用規範をいかに考えるかという実体法的問題はそれを訴訟物とみるか、法的観点とみるかという訴訟法学的視点が中心となった。その結果として、適用規範の問題からみた訴訟物論の矛盾は等閑視されることになったのである。たとえば、適用規範の問題を考えた場合の旧訴訟物理論の内部破綻（本書五一五頁以下）は見逃され、訴訟物論争後にも、実務は旧訴訟物理論をとる、などの言が一般に実務家の間では交されることになった。訴訟政策的妥当性の問題からアプローチする以上、最終的な妥当性判断が相互に食い違えば、それ以上相手を説得する術がないのは、いわば自然の理であったといえよう。

この、適用規範の問題を等閑視する姿勢は、かなりの程度の差はあったものの、新訴訟物理論自体にも受けつがれた。ここでは、「法的評価の再施」によって法規範相互の矛盾を調整する方策はあったものの、基本的には複数法規範間で要件、効果の平準化が行なわれているという——実体法上は必ずしも実現されていない——前提の上に基本的な論議が展開されたからである。

本章の今までの叙述は、訴訟物論争のこのような欠缺部分を埋め、実体法学の立場から訴訟物論争を補強する機能を果たすことになろう。しかし、この点以上に問題なのは、右の適用規範の問題に充分の考慮が払われていないという状況が、四宮説などの強い警鐘はあるにもかかわらず(1)、未だ現在の実体法学においても訴訟物論争の後裔としての新実体法説においても、完全には克服されていない点であろう。この点を章を改めて次に検討することとしよう。

(1)　四宮和夫『請求権競合論』(昭和五三年)参照。

第一一章　統一的請求権とその法律構成

第一節　新実体法説と適用規範

一　前章においては、適用規範の問題を中心として訴訟物論争を再検討したわけであるが、本章では、訴訟物論争の後裔として近時主張される新実体法説を、やはり適用規範の問題を中心としながら分析してみることとする。最初に、本章の構成を簡単に述べておくこととしよう。本章では、まず本節の二において新実体法説の概要とその法学史上の意味、現在そこに残されている問題などを検討することとする。そのさい、新実体法説が展開されてきた学説史について、ごく概略的にふれることとしよう（学説史の展開については、すでにすぐれたいくつかの諸論稿が発表されているので、その詳細はむしろそれらの文献を参照されたい）。[1]

次に、右の作業を前提とした上で、私見を展開することとする。まず三で、総論的な議論を――主として従来の新実体法説の成果を受けとめ、総括する形で――展開する。具体的には、「統一的請求権」を観念し、それに一定の法律構成が附与されることになるが、そこには二種の異なった性格のものが含まれている。その二つを本書では、「縦型の統一的請求権」、「横型の統一的請求権」と名づけ、それぞれ第二節、第三節で検討することとした。ただ、横型の統一的請求権に関しては、個別事案に即した考察が重要となるのに対し、縦型の統一的請求権に関しては一般枠組それ自体が大きな意味をもち、また、この問題を取り扱う契機となった両性的不当利得の問題は縦型の統一的請求権の構成と関連するので、本章の叙述は縦型の統一的請求権に重点をおいたものとなっている。

なお、本書では請求権の問題に焦点を合わせながら法規範の競合を分析してきたが、このような規範の競合は請求権にのみ限定されるものではない。抗弁などの段階においても当然に問題となりうる。その点を明示するために、本書では「統一的抗弁」の観念を析出し、それについて簡単に叙述することとし、さらにその後、統一的請求権、統一的抗弁を観念することに伴って発生する問題とその解決を簡単に述べた。これらは、本書にとって中心問題である縦型の統一的請求権を論じた後、すべて第三節で併せ論じ、最後に第四節で、民事訴訟法学におけるこの問題についての「近時の学説的展開」について簡単にふれることとする。

二　まず(イ)で新実体法説出現の背景と、この説の内容を簡単に紹介し、次に(ロ)で、ドイツ、日本における新実体法説の展開を概観した上、(ハ)で新実体法説の法学史上の意味と現在残されている問題を分析することとしよう（なお、叙述の便宜上、(ハ)においても学説の展開の一部を併せ述べることとする）。

(イ)　新実体法説とその出現　いわゆる旧訴訟物理論においては、実体法上の請求権に即して訴訟物が観念されていた。ここでは、実体法上の請求権＝訴訟物という図式が描かれることによって、実体法と訴訟法との連結が保たれたのである。ところが、新訴訟物理論においては、複数の実体法上の請求権にまたがりうる形で訴訟物が観念されたため、実体法上の請求権＝訴訟物という旧訴訟物理論にみられた実体法と訴訟法との連繋が切断されることになった。この点に、新訴訟物理論によって実体法からの「訴訟法の独走が始まった如く非難される」(2)側面が生ずることとなった。前章で述べたように、わが国の新訴訟物理論は、請求権と訴訟物が一対一に対応するという旧訴訟物理論的な実体法と訴訟法の対応関係は存在していないものの、給付訴訟に関して給付を求めうるか否かという実体的な権利＝法的観点に着眼して訴訟物を構成している。(3)それに対し、ドイツの新訴訟物理論は、申立と事実関係、あるいは申立のみに着眼して訴訟物を構成し、わが国の新訴訟物理論と対比した場合にも、実体法と訴訟法の乖離は著しかった。その結果、逆にその乖離に対する疑問も発生し易く、新訴訟物理論にとっても先駆的役割をはたしたニキッシュは、一九五五年の論稿においては「まったく同一の請求権が多様な法的観点によって基礎づけられている」として、「民法理論が究極的には再度民事訴訟法と不可欠的な調和を保ったものとなる」[4]ことの必要性を指摘した。ここにおいては、従来の実体法学が請求権規範に関して当然の前提としていた、一規範の構成要件の充足から一個の請求権が発生し、複数規範の構成要件の充足から複数の請求権が発生するという伝統的発想法が否定されることになった。その結果、従来は事案の内容が複数の構成要件を充足することによって、〝請求権競合〟と考えられていた場合が、複数の法規範を基礎として、実体法上一個の請求権が発生し、同時にそれが訴訟法上も訴訟物と考えられることになった。ここに至って、新訴訟物理論において訴訟物と観念された内容を前提として、実体法上の請求権概念のほうを、新訴訟物理論における訴訟物概念と一致する方向に変容することによって、請求権＝訴訟物という関係が再度回復されたのである。

わが国において旧訴訟物理論、新訴訟物理論と名づけられた学説は、ドイツにおいては、訴訟物を実体法的観点から構成するか、実体法を離れた純訴訟法的観点から構成するかに即して、それぞれ実体法説、訴訟法説と呼ばれていた。それに対して、右に述べた新説においては、訴訟物概念が実体法上の請求権概念と一致し、形式としては訴訟物を実体法的に構成していることになるので、この説は新実体法説と呼ばれることになった。

右に述べた旧訴訟物理論、新訴訟物理論、新実体法説の差異は、奥田教授の手によって、きわめて明快に図示されているので[5]、それを示せば、次頁のとおりである。この図において、①が旧訴訟物理論を前提とした請求権競合の場合であり、③がわが国の三ケ月説に即して分析した新訴訟物理論、④がニキッシュの述べた新実体法説となる（なお、②の法条競合論は、実体規範に関して法条競合関係を認めるという結論を採用するかぎりは、最終的には規範が競合する関係にないので、旧訴訟物理論、新訴訟物理論、新実体法説による違いは生じないこととなる。ただ、旧訴訟物理論的な立場にたつ場合に、訴訟物の競合などを認めたくはないがゆえに、実体規範の競合の問題を考察するさいに、ともすると法条競合論をとることになり易いというような、逆の影響は認められる可能性があるであろう）。

(ロ)　新実体法説の展開　　まず、新実体法説が最初に出現したドイツの学説状況の概略を簡単に述べることとす

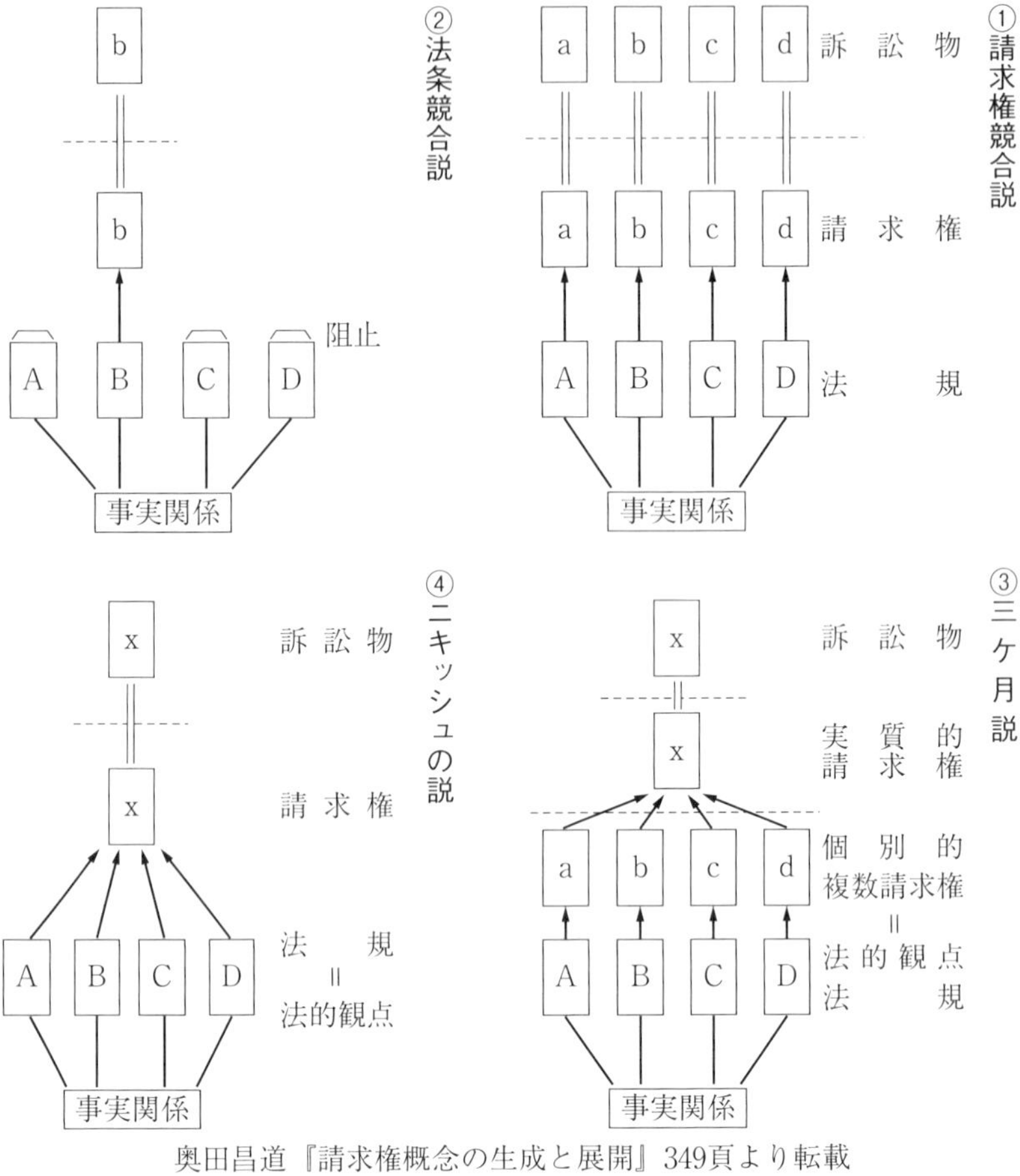

奥田昌道『請求権概念の生成と展開』349頁より転載

る。実は、複数規範を基礎に一個の請求権が発生するという考え方それ自体は、新訴訟物理論出現以前の二〇世紀初頭にも一度主張されたことがあったが(6)、その後学界の支持を得ることなく、孤立的学説に終わっていた。ところが、前述したニキッシュの論議は、訴訟法学説として先行していた新訴訟物理論の欠陥——訴訟法と実体法の乖離——を克服するものであったために、その後、実体法学者、訴訟法学者の相当数に支持を見出すにいたった。たとえば、契約、不法行為を基礎とする一つの損害賠償請求権という新実体法説にもとづいた考え方は、ラレンツ(7)、エッサー(8)、アイヒラー(9)らが展開している。また、ゲオルギアデスは、新実体法説をより具体化し、かつて請求権競合と考えられていた事案の相当部分に、複数規範を根拠とする一個の統一的請求権を観念する説を展開した[10]。また、このような一般的な形ではなくとも、請求権概念のもつ多様な諸機能、諸側面の一定分野に限定した形で新実体法説的な考え方を採用する者も多い。右のゲオルギアデス以前に新実体法説にとって画期的な論稿を発表したヘンケルは、請求権概念のうちの処分対象と経済的価値を特定する機能に即して単一の請求権を観念した[11]（請求権の譲渡、弁済などの法的処分を考えると、当該請求権に関して複数の法規範の適用が可能な場合であっても、処分対象としての請求権は一個であり、ここでの請求権概念は一個の経済的価値を表象していると考えるのである）。その後もヘッセルベルガーは給付機能に即して単一の請求権を観念し[12]、リンメルスパッヘルは法的地位の側面に即して統一性を承認する[13]。新実体法説的な考えに反対する学説もあるが[14]、新実体法説のめざす方向性は以上述べたようにかなりの者の受け入れるところとなっており、これらの学説の具体的内容も、相当程度にわたってすでにわが国に紹介されている[15]。

次に、わが国の学説の展開を概観すると、前述したニキッシュの論稿は、その発表直後に伊東乾教授によって好意的な評価を受けている[16]。その後の訴訟物論争においても、わが国においては新訴訟物理論それ自体が給付を求めうるか否かという実体的な権利に着眼して訴訟物を構成したために[17]、当初から新実体法説にかなり近接した見解が展開されていたといえる[18]。したがって、さきにあげたニキッシュの説は、わが国において新訴訟物理論を積極的に展開した三ケ月教授によっても当初から高い評価を受けていたし[19]、ドイツにおけるその後の新実体法説の展開に対しても、三ケ月教授は好意的な評価を下している[20]。しかし、このような親近性はあるとしても、もちろん三ケ月説などが実体法上の「請求権」概念の再構築を目的としていたわけではなかった[21]。このような請求権概念の問題をも包摂する形で、わが国で新実体法説の論議を積極的に展開したのは上村教授の一連の著作であった[22]。他方、このような民事訴訟法学における議論の展開とは別に、実体法学の立場から、奥田教授の一連の論文によってアクチオの解体から請求権概念が生成されていく歴史が分析されるとともに、同教授自身の手により、その分析成果が新実体法説の展開と結びつけられることになった[23]。また、このような問題をふまえて、四宮教授によって請求権競合の側からの徹底した分析がなされている。[24] さらに、問題分析の視角やアプローチの仕方には異なるところがあるが、鈴木禄弥教授の諸論稿も、その問題意識の底流において新実体法説と親近性をもつ側面があった。[25] これらのわが国の学説が果たした役割については、(ハ)で再度検討することにしよう。

以上述べたようにドイツ、日本において新実体法説の展開を担ってきた学者は相当数存在するものの、これらの諸説においても、問題意識と問題解決の方向性は一致していても、「請求権」概念のとらえ方や、問題解決の具体的議論は、必ずしも一致しているわけではない。わが国において新実体法説の立場を精力的に展開してきた上村教授は、現在の状況を総括して近時次のように述べる。「現在のところ、新実体法説として統一的な見解が固まっているわけではないが、要するに、この立場は、基本的には、実体法規と権利の関係を目的論的見地から再検討することにより、『実体法上真に保護するに値する法的地位＝実体的給付請求権』という形で請求権の再構成をはかるとともに、これを訴訟物にすえることによって、訴訟物と請求権との直接的な結びつきを回復させようとするものである。[26]」

(ハ)　では、現在右に述べられたような不確定な状況にある新実体法説出現の法学史上の意味と、そこに残されている問題とを、ここで少し考えてみることにしたい。

新実体法説の法学史上の意味は、右の上村教授の叙述や本書に今まで述べてきたところからも明らかなように、実体法、手続法を通じて法をどのように構成していくか、ないし解明していくかについて、複数規範を基礎とした単一の請求権＝訴訟物という関係を観念することによって、一つのきわめて鮮明な像を析出させ、法の全体構造の統一性を回復させたことにある。この点を法の体系的構築という構成的な、作為的問題と考えるか、法構造の解明という探究的問題と考えるかは方法論上一つの問題であろうが、いずれの視点をとるにせよ、法構造の統一性を確保する上で新実体法説の果たした功績はきわめて大きいといわなければならない。

しかし、それにもかかわらず、(イ)に述べたような新実体法説の枠組それ自体は、旧来から訴訟法学、実体法学において検討されてきた個別的解釈問題をなんら解決するものではない、という点は留意する必要があろう。かりに、複数規範を基礎とした単一の請求権＝訴訟物という新実体法説の立場を採用したとしても、訴訟法学的には、新訴訟物理論において訴訟物をめぐって発生した諸問題が、新実体法説においては請求権をめぐって問題になるだけのことである。他方、実体法学の側においても、新実体法説を採用することだけでは、具体的紛争の解決の仕方が従前と異なることになるわけではない。従来は「請求権競合」と呼ばれていた問題が、新実体法説においては単一請求権内の請求権を基礎づけるべき「法的観点の競合」ないしは請求権を基礎づける「複数規範の競合」となるだけで、新実体法説それ自体としては具体的問題解決の実体的内容になんら変更をきたすものではないからである。ここでは訴訟物の問題が請求権の問題に、請求権競合の問題が法的観点の競合に、等々、問題の名称的な外観だけは変わっても、問題の実質は変わることなく依然継続していることになる。訴訟法学上、実体法学上の諸問題の解決に新実体法説が資するところがあるか否かは、単に請求権＝訴訟物という枠組をこえて、さらに具体的に新実体法説の内容として何を提唱するかによって決まることである。

そうであるとすれば、前章において検討した問題点その他は、新実体法説という枠組のもとで、依然として検討されるべき課題として残っていることになろう。そのうちの一部については、後に第三節で言及することになるが、まず、最初に検討されるべき課題として、新訴訟物理論に対する前章での疑問を考えてみることとしよう。そこでは、新訴訟物理論に対して次のように述べた。競合する請求権規範の内容が同一でないのに、その「規範の属性をすべて捨象するといっても、請求内容自体に法的観点による差異がありうることになる。このような『法的観点毎におうとつのある訴訟物』を観念することがはたして適当なのであろうか。[27]」この新訴訟物理論に対する疑問は、新実体法説の枠組を採用してみても、「訴訟物」の語を単に「請求権」に変ずるだけで、新実体法説に対してそのまま妥当することになろう。すなわち、「法的観点毎におうとつのある訴訟物」を観念することに対する疑問が、「法的観点毎におうとつのある請求権」を観念することに対する疑問に変容するだけなのである。競合する請求権規範の内容上の差異をそのままに、単純に統一的な請求権を観念してみても、具体的紛争の解決にさいして、いずれの規範――法的観点――が適用されるかによって、紛争解決の結論が異なり、訴訟当事者は適用規範の差異による利益、不利益をいわば偶然的に負担することになる。ここにおいては、前章において新訴訟物理論に呈した疑問と同じ問題が、新実体法説の名のもとに継続しているわけである。

右の問題意識をもって、わが国の新実体法説をめぐる学説の展開を考えた場合に、その目ざす方向はきわめて示唆的である。実体法学者として、わが国では最初に奥田教授によって、新実体法説における請求権の構造がきわめて鮮明な形で示されることになったが(28)、そこでは、規範適用の問題については、「競合する請求権のそれぞれの性質から、合理的に選択して単一の請求権の属性（法的性質）を決定する(29)」として、「法規の重畳的適用(30)」をも認める立場がとられている。また、上村説も、「この単一の請求権……の属性は、基礎をなす複数の法規の総体により決定される(31)」としており、わが国の新実体法説は、奥田説にせよ上村説にせよ、当初から規範調整の問題を視野におき、調整を施す方向での問題解決に歩をすすめていた、ということがいえる。この点をさらに徹底させ、決定的な歩をすすめたのが四宮説であった。四宮説は「全規範統合」として、競合する規範を法的効果のレベルにおいてのみならず、構成要件のレベルにおいても統合することを提唱し、しかも、このような競合事案の具体的事例に即していかなる形での統合を行なうべきかについての分析を具体的に展開した(32)。

では、四宮説のように規範調整を徹底していくことが今後の方向であるとした場合に、残された課題は何であろうか。一つは、四宮論文自体が展開しているように、いかに規範調整をすべきであるかを個別具体的に検討していくことであろうが、それと同時に規範調整のための一般的枠組を提示しておくことが必要なように思われる。それというのは、前章までに検討したように、不法行為と債務不履行、物権的返還請求権と債権的返還請求権との関係を考えてみても、四宮説その他の問題提起があるにもかかわらず、実務上、または講学上、適用可能な複数規範の要件、効果の平準化――規範調整――の問題が常に意識されているとは、とてもいえない状況にあるからである。そうであるとしたら、実務上も講学上も右の規範調整の問題が常に意識され、かつ訴訟当事者が自らの利益のために——裁判所がそれを意識していない場合にも——規範調整をなすべきことを主張しうるような枠組を与えることが必要となるであろう。このことによって、社会的実体として同一の紛争は同一に処理されるべきであるとの要請が、はじめて実効的に達成されることになるであろう。

三　この問題を解決するための法律構成を述べる前に、第二節、第三節のための前提作業として、ここでは従来の新実体法説の内容をどのように受けとめるべきか、著者の考えるところを簡単に記しておくことにしよう。

まず、実体法、手続法の枠をこえた法構造の統一的構成を構築していくためには、新実体法説の説く立場を基本的には肯定し、一つの給付を基礎づける規範が複数競合する場合には、原則としては[33]、それらの複数規範を基礎に一つの「統一的請求権」が発生する、と考えるべきであろう。この統一的請求権は一回の弁済によって消滅し、譲渡その他の処分も全体を一個としてなさねばならず、規範ごとに分断した形での弁済や譲渡は許されない[34]。物権的返還請求権と賃貸借終了にもとづく債権的返還請求権との競合に即していえば[35]、原告が同一物の返還を二回求めうるわけでもないとともに（いわゆる満足の一回性）、それぞれを別人に譲渡することや、目的物の返還を法律構成に応じて別の二人に訴訟委託することなどは、認められるべきではあるまい。不法行為を理由とする損害賠償請求権と債務不履行を理由とする損害賠償請求権との競合の場合にも同じことがいえるであろう。

では、このような統一的請求権の単一性は、どのようにして決定されることになるであろうか。この統一的請求権の特定は、特定物の給付請求にあってはもちろん、不特定物の給付請求にあってもほとんどの場合は、原則として給付内容によってなされると考える[36]。しかし、金銭その他の代替物の給付請求の場合で、同一当事者間において額、量が等しい二個以上の給付が問題となる場合には、統一的請求権の特定にさいして、給付内容のみならず事実関係の助けを借りることが必要であろう[37]。新訴訟物理論において、三ケ月説は、給付訴訟の訴訟物は原則的には「請求の趣旨」の記載によって特定されるが、金銭または代替物の一定数量の引渡請求にあっては「請求の趣旨」

の記載と「請求原因」に記載される具体的事実関係とがあいまって特定される、と説いた(38)。この三ケ月説の内容は、新実体法説においても、請求権＝訴訟物の特定にさいして、そのまま受けつがれるべきである、と考える。

このような形で「統一的請求権」を観念した場合に、それを基礎づける複数の規範は、請求権を基礎づける「法的観点」として位置づけられることになる。従来は、給付を基礎づける一規範の構成要件の充足から一個の請求権が発生することを当然の前提として、複数規範の構成要件の充足によって複数の請求権が発生したと考え、こうした状況は「請求権競合」と呼ばれていた。しかし、新実体法説の立場をとり、この場合に単一の請求権しか発生しないと考えるのであれば、もはや請求権は競合していないのであるから、伝統的な「請求権競合」の語を用いることは不適切であろう。また、請求権のレベルのみならず、後に第三節に述べるように抗弁のレベルにおいても種々の規範の競合が考えられるので、ここでは単に「規範競合」の語を用いることとした(39)。

ただ、このように考えたとしても、「規範競合」にさいして、個々の規範の属性の差異をいかに調整するかという、新訴訟物理論において平準化として取り扱われた問題(40)は、新実体法説においても依然として残っていることとなる。この問題に具体的回答を与えることこそが、新実体法説の立場をとる実体法学者に課せられた一つの任務というべきであろう。

そのために、新実体法説に具体的な法律構成を附与し、実務上右に述べた規範調整が確実に行なわれるための枠組を与えることを試みたものが、次に述べる「統一的請求権の法律構成」である。規範調整の枠組としての統一的請求権の法律構成は、要件、効果、属性決定の基礎となるべき競合する規範を明示し、かつそれ自体として規範調整の仕方を示しうるものであることがもっとも望ましい。この点を前章までの検討結果をもふまえて考えると、統一的請求権の法律構成には、二種の異なったものがあるように思われる。ここでは、それを次に第二節、第三節に分説して検討することにしよう。

(1)　ヴィントシャイトによる請求権概念の析出から現在に至るまでの、請求権概念の展開を分析した労作として、奥田昌道『請求権概念の生成と展開』（昭和五四年）。歴史的展開をテーマとしたものではないが、実体法学の立場から先行する諸学説に言及しつつこの問題を論じたものとして、四宮和夫『請求権競合論』（昭和五三年）。民事訴訟法学の立場から、新実体法説の学説史ないしそれに至る過程を概観した邦文文献として、上村明広教授による一連の論文（注(22)の引用参照）の他、中野貞一郎「西ドイツにおける訴訟物論の近況」ジュリスト三二三号（昭和四〇年）四七頁以下、カール・ハインツ・シュワープ著・松浦馨訳「ドイツ民事訴訟法における訴訟物論の現状」民事訴訟雑誌一三号（昭和四二年）一頁以下、柏木邦良「西ドイツ民事訴訟法学の現況――ローゼンベルク＝シュヴァープ『民事訴訟法』一〇訂版を通して――（2）、（9）」ジュリスト四七七号（昭和四六年）一三八頁以下、五三二号（昭和四八年）九六頁以下、ライポルト著・染野義信訳「ドイツにおける訴訟物理論とその発展の傾向」日本法学四二巻二号（昭和五二年）一頁以下、三ケ月章『民事訴訟法』（昭和五四年）九五頁以下。個別的学説紹介については、注(15)引用の諸文献など参照。

(2) 三ケ月章「法条競合論の訴訟法的評価――新訴訟物理論の立場よりの一考察――」民事訴訟法研究第一巻（昭和五一年）一五五頁。

(3) 本書五二九頁以下注(1)〜(3)参照。

(4) A. Nikisch, Zur Lehre vom Streitgegenstand im Zivilprozeß, AcP 154 (1955), 283.

(5) 奥田・前掲『請求権概念の生成と展開』三四九頁。

(6) 複数の法規範が競合する場合に、単一の請求権が発生し単に基礎づけが競合しているだけであるとする見方は、すでに一九〇五年にフィッシャーが展開している（O. C. Fischer, Die Verletzung des Gläubigerrechts als unerlaubte Handlung, (1905), S. 104ff.）。ここにおいては、損害賠償請求権に、契約法と不法行為法の双方の規定が適用されるなど、訴訟法的視点を別にすれば、結論として現在の新実体法説にきわめて近接した論議が展開されていた。わが国においては、大正七年に発表された岡村説が、フィッシャーの論説の影響を受けたものであった（岡村玄治「請求権ノ競合否認論」法学志林二〇巻九号（大正七年）一三九頁以下）。しかし、このフィッシャーの論議は、わが国においては戦前ときに言及されることがなくはなかったものの（加藤正治「契約上ノ請求ト不法行為ノ請求権トノ競合」海法研究二巻（大正五年）三六四頁以下、川島武宜「契約不履行と不法行為との関係について」民法解釈学上の諸問題（昭和四〇年）七九頁など）、岡村説を除いてはそれらの説の結論に影響を与えることはなかったし、通説からは長らく無視されつづけてきた。そして、このような事情は、ドイツにおいてもほぼ同様であった。学説状況がこのようになった原因としては、おそらく次の点をあげるべきであろう。それは、フィッシャーの考え方が、通説が当然の前提としてきた「一法規の構成要件の充足」→「一請求権の発生」（奥田・前掲『請求権概念の生成の展開』三四五頁）という図式的な平明さを破るものであった、ということである。この図式的平明さを破ってまでも請求権概念を変容する必要が学界に痛感されるためには、右の平明な図式が内包する欠陥がはっきりと露呈される訴訟物をめぐる論争をまたなければならなかったのである。このことは、新実体法説の提唱にさいし、ニキッシュが次のように語っているところからも明らかであろう。「民事法学はこのような場合に請求権の競合を語る。……これは、請求権の単複に関して現在一般に承認されている訴訟法理論と明白に矛盾する。この矛盾においては、民事訴訟法学者が勝利することははじめから確実である」（Nikisch, a. a. O., S. 282）。このように、現在の新実体法説が新訴訟物理論を土壌として育ってきたという事情のもとに、フィッシャーの説は内容的に現在の学説を先取りするところがあるにもかかわらず、現在の学説との連続性を基本的に欠く、孤立的先駆的な存在となったのである。

（7） K. Larenz, Lehrbuch des Schuldrechts, Bd. 2, 10. Aufl.,（1972）, S. 523ff.

（8） J. Esser, Schuldrecht, Bd. 2, 4. Aufl.,（1971）, S. 458 ff. ; J. Esser = E. Schmidt, Schuldrecht, Bd. 1, Teil 1, 5. Aufl.,（1975）, S. 17f.

（9） H. Eichler, Die Konkurrenz der vertraglichen und deliktischen Haftung im deutschen Recht, AcP 162（1963）, 401.

（10） A. Georgiades, Die Anspruchskonkurrenz im Zivilrecht und Zivilprozeßrecht,（1967）.

（11） W. Henckel, Parteilehre und Streitgegenstand im Zivilprozeß,（1961）. なお注（34）参照。

（12） D. Hesselberger, Die Lehre vom Streitgegenstand,（1970）.

（13） B. Rimmelspacher, Materiellrechtlicher Anspruch und Streitgegenstandsprobleme im Zivilprozess,（1970）.

（14） P. Arens, Zur Anspruchskonkurrenz bei mehreren Haftungsgründen, AcP 170（1970）, 392 ; P. H. Schlechtriem, Vertragsordnung und außervertragliche Haftung,（1972）; K. H. Schwarb, Gegenwartsprobleme der deutschen Zivilprozeßrechtswissenschaft, Juristische Schulung, 1976, Heft 2, S. 69ff.

（15） 注（1）、（22）引用の諸文献の他、柏木邦良「ゲオルギアデスの『請求権競合論』について」北海学園大学法学研究五巻二号（昭和四五年）五一七頁以下、鈴木重勝「書評 Wolfram Henckel : Parteilehre und Streitgegenstand im Zivilprozeß 1961」民事訴訟雑誌九号（昭和三七年）二一六頁以下（なお、注(11)に引用したものではないが、ヘンケルのその後の著作につき本書五八一頁注(12)に引用した文字教授の紹介がある）。

(16) 伊東教授は、さきに引用したニキッシュの論稿と同年に脱稿した論文において、次のように述べている。「ニキッシュの新稿が、実体法学者の請求権競合論に対して疑問を提出し……、私法理論に revidieren の決意を促しているのは……、極めて重要である。／私には、旧説の枠を守りながら、新説に示唆せられて『実体法上の』権利もしくは法律関係の単複異同を、実体法上の権利もしくは法律関係の単複異同そのものの問題として、考えなおすということこそ、訴訟物理論に関し我国の学界が果すべき責務であるように思われてならない」（伊東乾「訴訟物管見」民事訴訟雑誌三号（昭和三一年）六四頁）。このような問題意識が、その後の同教授の訴訟物をめぐる論議へと発展していくこととなるが、それについては、伊東乾『民事訴訟法研究』（昭和四三年）所収の諸論稿、および『民事訴訟法の基礎理論』（昭和五五年）など参照。

(17) 注（3）引用箇所参照。

(18) この点を指摘するものとして、奥田・前掲『請求権概念の生成と展開』三四二頁以下、三ケ月章「訴訟物再考」民事訴訟雑誌一九号（昭和四八年）三頁以下。

(19) 三ケ月・前掲「法条競合論の訴訟法的評価」民事訴訟法研究第一巻一四八頁、一五五頁以下参照。

(20) 三ケ月・前掲「訴訟物再考」民事訴訟雑誌一九号七頁以下参照。

(21) この点については、三ケ月・前注引用論文一〇—一一頁参照。

(22) 上村明広「最近のドイツにおける訴訟物理論の展開——シュバプ及びハープシャイド理論についての一覚え書」神戸法学七巻三号（昭和三二年）五一一頁以下、同「既判力の客観的範囲に関する一問題」岡山大学創立十周年記年論文(上）法学と法史の諸問題（昭和三四年）一七九頁以下、同「形成対象の繰返しと既判力」民商法雑誌五五巻一号（昭和四一年）二八頁以下、同「給付訴訟の訴訟物」岡山大学法経学会雑誌一八巻二号（昭和四三年）六一頁以下、同「請求権と訴訟物」民事訴訟雑誌一七号（昭和四六年）一八九頁以下、同「訴訟物論争の回顧と展望」岡山大学法学会雑誌二一巻二号（昭和四六年）一頁以下、同「アクチオ法的思考と訴訟物」岡山大学法学会雑誌二五巻三・四号（昭和五一年）一頁以下、同「新実体法説の理論とその位置づけ」Law School No. 21（昭和五五年）四頁以下、中野貞一郎＝松浦馨＝鈴木正裕編・上村明広執筆『民事訴訟法講義』（昭和五二年）一二二頁以下（第二編第五章「訴訟上の請求」の部分)。

(23) 奥田・前掲『請求権概念の生成と展開』収録の諸論文、および同書はしがき一頁以下引用の諸論文参照。

(24) 四宮・前掲『請求権競合論』およびそのもととなった法学協会雑誌論文(九〇巻五号(昭和四八年)～九四巻一一号(昭和五二年))参照。

(25) 鈴木禄弥「法律行為の無効と給付物の取戻し」、「法律行為の無効・取消・解除の場合の給付物返還請求権は、どんな性質をもつか」それぞれ物権法の研究(昭和五一年)二一七頁以下、二二九頁以下、同『物権法講義』(昭和四三年)一八六頁以下、同『債権法講義』(昭和五五年)四四二頁以下。

(26) 中野＝松浦＝鈴木編・上村執筆・前掲『民事訴訟法講義』一四三頁。

(27) 本書五二八頁。

(28) 奥田・前掲『請求権概念の生成と展開』三四二頁以下の叙述および、本書五四〇頁転載の同教授の図示参照。

(29) 奥田・前注引用書三七五頁。

(30) 奥田・前々注引用書三七八頁。

(31) 上村・前掲「請求権と訴訟物」民事訴訟雑誌一七号二一二頁。

(32) 四宮・前掲『請求権競合論』、特に七七頁以下参照。

(33) 一般的には、一つの給付に関して複数規範による基礎づけが可能な場合に、統一的請求権を観念しうると考えるが、占有訴権と本権上の請求権、手形債権と原因債権とに関しては、それぞれを法的観点とした統一的請求権を観念しうるか否か、また観念しうるとしたらどの範囲においてか、議論があるところである。これらの場合の問題に関しては、本書では結論を留保しているが、本書五九九頁以下参照。

(34) Henckel, a. a. O., S. 262ff. ヘンケルは、請求権概念の諸機能ごとに、単一の請求権を観念するか、複数の請求権を観念するかを異にしている。本文に述べたところは、ヘンケルが経済的価値および処分対象として請求権の単一性を承認するところに倣ったものであるが、他方、彼は、請求権の包摂機能などに関しては請求権の複数性、競合を承認する(S. 259ff.)。したがって、法規範の適用を考えるにさいしては、複数規範の異なった規定がそのまま適用されることとなり、消滅時効なども個々の規範ごとの異なった期間が競合的に同一事案に適用されることとなる(S. 262)。ヘンケルのように請求権の包摂機能に関して請求権競合を考えるのであれば、処分対象としての単一の請求権が「法的観点毎におうとつのある請求権」となり、当事者が適用規範によって異なった取扱をうけるという、本文にこれまで検討してきた論難を免れることはできない。そこで、私見においては後述するように、このような個々の規範内容の矛盾する属性を個別事案の性格に即して適宜調整し、統一した規範の適用を考えている。著者としては、ヘンケルのように、請求権概念の一定機能に即して請求権の複数性、請求権競合を観念する必要が特にあるとは考えていない。

(35) なお、物権と債権の枠をこえた形で統一的請求権を観念することには、賛否両論がありえようが、この点については、次節の叙述および本書五六九頁注(34)参照。

(36) Georgiades, a. a. O., S. 159.

(37) Georgiades, a. a. O., S. 157f.

(38) 三ケ月章『民事訴訟法』(法律学全集35)(昭和四二年)一〇三頁以下。

(39) Eichler, a. a. O., S. 415f. 参照。なおゲオルギアデスは、請求権規範競合の語を用いるが(Georgiades, a. a. O., S. 164)、本文にも述べたように抗弁に関しても規範競合が考えられ(本書の立場ではこの場合に統一的抗弁が観念される)、やはり規範調整という同種の問題が発生するので、本書では枠組を拡げて考えることとしたものである。

また、不当利得に関し、新実体法説的視点から規範競合を説くものとして、船越隆司「不当利得返還請求訴訟の訴訟物」谷口還暦　不当利得・事務管理の研究(2)(昭和四六年)二一八頁。

(40) 本書五二八頁以下。

第二節　縦型の統一的請求権

第一款　縦型の統一的請求権の法律構成

一　前章においては、最初に旧訴訟物理論がいかなる問題を内包し、結果としてその法律構成が破綻をきたさざるをえないものであることを分析したが、それは主として次の問題に即してであった。すなわち、賃貸借契約の終了にさいして目的物の取戻をはかる場合に、物権的返還請求権として構成するにせよ、賃貸借契約終了にもとづく債権的返還請求権として構成するにせよ、請求者の請求の実体法的性格と一致しないという問題である。そこでの検討によれば、訴訟において原告が物権的返還請求権を行使すると考えてみても、訴訟の過程において賃貸借契約の存在、そしてその終了がそれぞれ抗弁、再抗弁として提出された場合には、目的物の返還をめぐる当事者間の関係には、規範内容として賃貸借契約規範のそれを適用せざるをえない。それでは、逆にその返還関係は端的に賃貸借契約終了にもとづく返還請求権であるとして考えてみると、その訴訟の口頭弁論終結後に目的物が賃借人から第三者に引き渡された場合に、賃貸人はその者に判決の既判力、執行力を及ぼすことができないという問題が生ずる。あるいは、賃借人が破産した場合に、賃貸人が債権的請求権を基礎に取戻権を行使することの是非という問題が発生する。このように考えると、当事者間の関係を規律するものは、単純な物権的返還請求権とも賃貸借終了にもとづく債権的返還請求権とも考えることはできず、双方の性格を兼有しているものと考えざるをえないこととなる。(1)

このように訴訟において物権的返還請求としての視点と、賃貸借契約の終了による返還請求としての視点の双方があらわれているならば、次のような形で規範調整がなされる必要があることを、前章の分析は示唆する。すなわち、賃貸人─賃借人間の直接的関係はもっぱら賃貸借規範によって規律されるべきであるが、賃貸人が自らの権利を賃借人以外の第三者に主張する場合──口頭弁論終結後の目的物の承継人、賃借人が破産した場合の破産財団などに権利主張をする場合など──には、物権的規範としての性格が勘案される必要がある。これは、同一物の給付をめぐって、物権関係と債権関係が併存している場合に、当事者間の関係はもっぱら債権関係によって規律されるが、対世的権利主張は物権関係によって規律されることを意味し、著者が別の機会に述べた物権の絶対効と債権の相対効という現行法上の物権と債権の対置構造(2)をそのまま反映することとなる。

右のような場合に、我妻説など従来の通説は請求権競合を認めており(3)、当事者間の関係が物権的規範によって規律されるか、債権的規範によって規律されるかは、いわば偶然に委ねられていた。しかし、この取扱が不合理であることは、川島説、兼子説、伊藤（高）説などにおいてはすでに気づかれており、当事者間の関係を規律するのは物権規範ではなく債権規範であるべきことが、つとに主張されていた。[4] 兼子博士は、示唆的にも次のようにいう。「元来物権関係というのは、契約的関係の存しない主体間に妥当するものであって、その当事者間に契約関係が存すればそれが表面に現われ、物権関係は背後に隠れてしまうのである。そこで物権的請求権も潜在化し、債権的請求権の外衣をまとって登場することとなるだけであって、両者は別個のものではない。……／ところで、この場合被告が目的家屋の占有を第三者に移転したとすると、第三者との関係では契約関係は働かないため、ここに潜在的であった物権関係が殼を破ってむき出しになって現実化されることとなる。そこで、物権的請求権に対応する責任者たる地位が、目的物の占有移転によって第三者に移転し、第三者が被告の立場を承継することとなるのである。訴訟上は訴訟係属中の移転であれば、民訴法七四条の規定する訴訟引受が認められるし、口頭弁論終結後であれば、被告に対する確定判決の効力が第三者に及び（民訴二〇一条一項）、それが被告敗訴の明渡判決であれば、原告は第三者に対して承継執行文の付与を受けて執行できるのである（同四九七条ノ二・五一九条）。このことは、債権的請求権そのものが第三者に向け変えられたのではなく、もともと表裏一体である請求権の側面が裏返しになっただけのものと理解すべきである。[5]」

右の分析は、きわめて鋭い内容を含むものであるが、兼子博士のいわゆる「表裏一体である請求権」は、契約当事者間の関係としては、次の側面を含むことに留意する必要がある。賃貸借終了の事案において、原告の物権的請求権の行使に対し、被告が賃貸借契約を抗弁として主張した場合に、兼子博士自身によっても、「原告が更に賃貸借関係の終了をもって反論したことは、再抗弁の提出になるわけであるが、これによって当初の……物権的請求権の主張が、全然別個の賃貸借終了に基づく債権的返還請求権の主張に転換されたように見える」[6] ことである。このような問題それ自体は、新訴訟物理論をめぐって、すでに実務家からも指摘されており、次のようにいわれている。「ここでは、その再抗弁がまた実体法上の請求権の発生原因でもあるわけで、同じく訴訟物は一であるといつても、債務不履行と不法行為といった一の社会現象を二つの法的評価でとらえるいわば論理的平列《ママ》の関係にある場合とは異なるわけですね。後者の場合には、原告の主張だけで、現実の審判対象がきまつてくるのに対し、前の場合は、被告の主張如何により審理の範囲が変つてくることがありうる。(7)」

訴訟のこのような進行を前提とするのであれば、訴訟の過程において、当初の物権的返還請求権の主張に加えて、賃貸借の終了が主張された段階で、訴の変更があったと考えたほうが自然なのではあるまいか（ただし、右に引用した兼子博士自身はこのような立場をとらないが、この点は後に本書五七一頁以下で検討することとする）。しかし、そうであるとしても前章に検討したように(8)、従来の講学上の観念を単純に受けつぎ、訴の交換的変更または追加的変更と考えることはできない。最終的な判決内容は、物権的返還請求権のみに依拠するものであっても、債権的な返還請求権のみに依拠するものであっても、実体的法律関係を正確に反映しておらず、双方の性格を兼有した内容となる必要があるからである。この意味では、訴の変更に伴い同一給付についての重畳的な審判がなされる必要がある（ただし、本書五九五頁以下の統一的請求権の質的一部判決参照）。

二　そうであるならば、この場合の判決の対象＝訴訟物は、裁判において判断された内容をそのまま反映することが、もっとも素直な構成となるように思われる。したがって、右の事案に即していえば、当初請求以下の双方当事者の主張をそのまま列挙し、〔物権的・賃貸借・終了による〕返還請求権と表現することによって、最終的に判決主文に反映される可能性がある裁判の対象がそのまま明示されることとなる。

給付をめぐって、訴訟が当初請求、抗弁、再抗弁、再々抗弁、等々の形で展開していくことは、今まで検討した賃貸借契約の終了以外にも、当然のことながら多々存在する。たとえば、履行済みの売買契約が無効あるいは取り消された場合を考えると、無効なあるいは取り消し得べき契約において売主であった者からの目的物の取戻としては、まずその者が物権的返還請求権を行使し、相手方が抗弁として売買契約の存在を主張し、再抗弁としてその無効・取消が主張されることがある(9)。賃貸借契約の無効・取消にさいしての目的物の取戻においても、同様の展開が考えられる。このような場合に、前の例に倣えば、それぞれ〔物権的・売買・無効（取消）による不当利得〕返還請求権、〔物権的・賃貸借・無効（取消）による不当利得〕返還請求権という構成を与えることが可能である（なお、正確には再抗弁レベルの無効・取消原因を明示すべきであると考えるが、この点は後述する）。かりに、契約が不成立の場合には、再抗弁事由にかえて否認事由をそのままかかげて、〔物権的・売買—不成立による不当利得〕返還請求権という構成が考えられる。契約終了や不当利得関係のみならず、契約解除に関しても直接効果説を採用するのであれば、〔物権的・売買・解除による〕返還請求権と構成することが可能であろう。(10)

以上、いくつか例示的に示したような、訴訟の展開をそのまま括弧でくくった形の〔当初請求・抗弁・再抗弁〕請求権、〔当初請求・抗弁—否認〕請求権を、本書では縦型の統一的請求権と名づけることにする（再抗弁の後に、再々抗弁、再々々抗弁が展開される場合には、統一的請求権がそれをも構成要素に含みうることは、もちろんである）。

このような縦型の統一的請求権を観念することの法解釈学的な意味はどこにあるのであろうか。縦型の統一的請求権の法律構成は訴訟過程における当事者の主張を示すものではあるが、当然のことながら、それを図示することを目的としてこのような構成を著者は提唱したわけではない。この構成によって一定の解釈学的目的が達成されると考えるものであり、それは主として、次の三点にある。第一に、このような法律構成を附与することによって、縦型の統一的請求権において、競合する規範の調整の方式を法則性をもって示すことができるように思われたからである。第二の利点としては、この構成によって、縦型の統一的請求権の構成要素である当初請求、抗弁、再抗弁などの規範の内容がそれぞれに最終的な請求権の属性を決定していくことが、もっともよく明示されるように思われる。第三に、物権と債権を対置した現行私法の法構造に混乱をもたらす議論が従来行なわれていた——あるいは、行なわれざるをえなかった——分野において、この種の混乱を解消させることが、この法律構成によって可能となる。

ただ、この法律構成はこのような利点をもつものであるが、従来の講学上の議論との関連で二、三検討を要すべき点も存在する。第一は、従来の訴訟法学において、訴訟物は訴の提起の段階で確定することが原則とされていたが、右に述べた構成においては、訴訟の過程において訴訟物が変動していくことになる。この点に問題はないのかが、まず検討される必要がある。なお、この点を検討することによって、右の構成には従来論じられていた争点効ないし理由中の判断の拘束力の問題などの相当部分が解明されるという利点も存することが明らかとなる。第二の検討事項として、訴訟当事者は、右に述べた形で訴訟を展開していくことが強制されるのか否かが問題となる。従来の議論においては、旧訴訟物理論においても、新訴訟物理論においても、訴訟物の単複の評価には異なるところがあっても、当事者が当初から賃貸借契約の終了や、不当利得を理由に返還請求をすることが認められていた。このような主張が本書の議論のもとでは認められないとすれば、訴訟当事者としてはかえって不便を蒙ることにもなりかねない。この不便を避けるためには、賃貸借の終了や不当利得のみを理由とする返還請求の主張をも認める必要があるが、他方、それが規範調整による不利益を潜脱する手段とならないことも必要である。ここでは、二つの要請を両立させるような枠組を考えることが必要となろう（統一的請求権の質的一部主張の問題）。この他にも、立証責任や、占有訴権、手形債権をどのように位置づけるかなど、いくつかの検討されるべき問題が存在している。

そこで、以下本款においては三―五において前述した三つの利点を、第二款においては、検討事項のうち、第一の訴訟物確定の原則の問題と、それと裏腹の利点となる争点効の問題との関連などを論ずることにする。検討事項のうち、第二の統一的請求権の質的一部主張などの問題は、後述する横型の統一的請求権とも関連するので、その検討を終えた後に第三節で検討することとする。

なお、二に例示した縦型の統一的請求権はすべて当初請求を物権的請求権とするものであったが、それ以外にも、当初請求が帰属法的不当利得返還請求権である場合、あるいは、債権者代位権にもとづく物権的請求権の代位行使が当初請求となる場合にあっても、縦型の統一的請求権が観念されることが、三、四の叙述において示されることとなろう。

三　まず最初に、規範調整の方式の問題を検討しよう。前章で検討した賃貸借終了の問題を考えると、伝統的には、このような場合に物権的返還請求権と賃貸借終了にもとづく返還請求権とが競合すると考えられていた。それにもかかわらず、賃貸人―賃借人間を規律する規範内容は、すべて賃貸借規範によるものとならざるをえないことは、前章ですでに分析したところである。[11] この事例を、縦型の統一的請求権の法律構成を採用し〔物権的・賃貸借・終了による〕返還請求権を観念することを前提として考えてみた場合には、当事者間の関係は当初請求を基礎づけていた規範によってではなく、抗弁、再抗弁として後に提出された規範によって規律されている、といえそうである。

では、売買契約が無効な場合の目的物の取戻の事例を考えてみよう。伝統的に、このような事例に関して、物権的返還請求権と不当利得返還請求権との競合が考えられていたことは、前に記した。[12] ただ、このような競合関係がみられるといっても、当事者間の関係を規律する規範内容は、物権的規範ではなくすべて不当利得規範（正確には、矯正法的不当利得規範）によるものとならざるをえないことは、そこに分析したとおりである。この事案を、縦型の統一的請求権として、〔物権的・売買・無効による不当利得〕返還請求権と構成した場合には、やはりここでも当事者間の関係は当初請求を基礎づけていた規範によってではなく、抗弁、再抗弁として後に提出された規範によって規律されているといえる。

以上の二つの事例に即した検討のみならず、二に示した他の事例にしても本書が後に示す他の事例にしても、縦型の統一的請求権の場合に、当事者間の問題の規律は、早い段階で主張された規範によってではなく、後の段階で主張された規範によってなされる、という状況が一般的に成立している。この点を本章にあげた各統一的請求権ごとに確認してそれをここに述べることまでは叙述の重複を避けるためにここではしないが、それらの検討をもふまえるならば、一般的には次のようにいうことが許されるであろう。縦型の統一的請求権にあっては、規範調整の方式としては、要件規範の調整は、訴訟の当初請求、抗弁、再抗弁などの一般的展開にまかせれば充分であるためとりたてて考える必要はない（構成要素となる個々の規範の要件について、それぞれ立証責任を負う者がその規範の要件事実を立証するにとどまり、四宮説が説くような形で複数規範の調整として要件自体の統合を考える必要はない）。また、効果に関しては当事者間の関係の規律は後順位規範優位を原則とし、先順位規範が意味をもつのは、その権利関係の主張が当事者の関係を越えた対世的なものになる場合だけである（具体的には、口頭弁論終結後の承継人、破産財団に対する権利主張などを意味するが、詳細は五の叙述参照）。前述した兼子説が、当事者間では契約関係が表面にあらわれて物権的請求権は潜在化し、第三者との関係においては潜在的であった物権関係が殻を破ってむき出しになる、とするのは（本書五五三頁の引用参照）、右の内容を喝破したものにほかならないであろう。[13]

当初請求、抗弁、再抗弁（否認）が、物権規範と債権規範との間での規範競合であるかぎりにおいては、右に述べたようになるが、この規範調整の方式――後順位規範の優位――は、債権規範相互の間の規範競合においても変るところがない。その点を次の事例に即して考えてみることとしよう。

売買契約の無効、取消の場合に、目的物の取戻にさいして、その物がすでに費消されていたようなときには、〝売主〟は当初請求として、物権的返還請求権にかえて帰属法的不当利得返還請求権を行使することになろう。このような場合にも、相手方が抗弁として売買契約の存在を主張し、その無効が再抗弁として主張されることが考えられる。[14]このような場合に、当初請求としての帰属法的不当利得返還請求権の効果に即して当事者間を規律すべきではなく、表見的売買関係を顧慮した規律が必要となることは前に論じた。[15]右の訴訟の展開を統一的請求権として構成すると、〔帰属法的不当利得・売買・無効による不当利得〕返還請求権となる。ここでは、統一的請求権の構成要素として、帰属法的不当利得規範と矯正法的不当利得規範の双方が問題となっている。しかし、規範調整の問題としては要件に関しては当初請求、抗弁、再抗弁という訴訟の展開に委ねるだけでとりたてて調整の必要はなく、効果に関しては、右の結論によれば矯正法的不当利得規範の内容に即して規律されるべきことになり、後順位規範の優位のもとに規範調整がなされることは明らかであろう（物権規範を一つの構成要素とする統一的請求権の場合とは異なり、競合する規範がいずれも対世的主張をなしえない債権規範であるため、統一的請求権としても破産にさいしての取戻権の行使など、対世的主張が展開される余地はない。したがって、効果に関しての規範調整として後順位規範優位の原則は全面的となる。したがってここでは、事案内容は帰属法的不当利得規範の要件をも充足しているにもかかわらず、規範調整を施した場合にその効果はまったく適用されないこととなる）。

また、これとは別の、債権規範相互の間の規範調整の例を考えてみると、右のような有体物の費消の事例以外にも、労務提供を目的とする請負契約が無効であった場合[16]には、当初請求、抗弁、再抗弁という訴訟の展開を統一的請求権として構成すれば、次のようになる。〔帰属法的不当利得・請負・無効による不当利得〕返還請求権。この場合の規範調整も、要件に関しては訴訟の当初請求、抗弁、再抗弁などの一般的展開にまかせればよいため特に必要がない。また、効果に関しては――請負契約の無効それ自体に即して検討したものではないが――かつて分析したように原契約における双務性を顧慮する必要があるとしたら、帰属法的不当利得規範に即して効果を考えることは許されないであろう[17]。ここでも、効果に関して、表見的請負契約ないし表見的双務契約への顧慮は必要であるとすれば、後順位規範優位として規範調整がなされるべきこととなろう[18]。

以上検討したように、物権規範を構成要素とする場合であろうとも、債権規範のみを構成要素とする場合であっても、縦型の統一的請求権においては、規範調整は要件に関しては特に必要がない。効果については、規範調整の方式として、後順位規範優位が原則となる。ただ、物権規範を構成要素とする場合には対世的権利主張が問題となりうるので、抗弁、再抗弁によって当事者間では潜在化していた物権規範が再度顕在化し、その内容を第三者に主張しうる可能性が残ることとなる。

四　次に、縦型の統一的請求権の構成要素としての当初請求、抗弁、再抗弁の規範内容のそれぞれが、最終的な請求権の属性を決定していくことを論ずることにしよう。

まず第一に、当初請求の影響であるが、三に述べたように、当初請求が物権的請求権という物権規範にもとづくものであったか、帰属法的不当利得返還請求権という債権規範にもとづくものであったかによって、最終的に統一的請求権とされても対世的主張が可能であるか否かについて差異を生ずるものであった（なお、この点については、本書五六三頁以下の五の叙述をも参照されたい）。この点に関しては、当初請求が統一的請求権の属性決定に一つの役割を果たしているということがいえるであろう。

第二に、抗弁に関してであるが、抗弁内容が統一的請求権に影響を与えることは、次の二、三の事例を考えてみれば明らかであろう。契約の終了を理由に土地を返還請求する場合にも、賃貸借契約の終了、使用貸借契約の終了など、種々の事案がありうる。それぞれ、統一的請求権としては、〔物権的・賃貸借・終了〕返還請求権、〔物権的・使用貸借・終了〕返還請求権となり、契約事案の違いは抗弁にあらわれているだけである。そして、この抗弁の違い——契約事案の違い——が、土地の貸与契約が建物所有を目的とするものであった場合に、法定更新が成立するか否か（借地法六条）等々の差異をもたらすことになる。また、所有者が寄託した物を取り戻す場合には、その請求権は〔物権的・寄託・終了〕返還請求権となる。この場合には、所有者は契約における返還時期の定めに拘束されないが（民法六六二条）、かりに抗弁内容が使用貸借や賃貸借であった場合には契約における返還時期の定めの拘束を受けることになる（民法五九七条一項、六一六条）。

このように、抗弁の内容によって統一的請求権の属性に差異が生ずることは、右にあげた契約の終了の場合のみならず、矯正法的不当利得規範を構成要素とする統一的請求権にあっても同様である。契約の無効による給付物の取戻にさいしても、無効な契約が売買契約であるか賃貸借契約であるか(19)、売買契約か贈与契約か(20)によってその効果は一様ではない。同じ不当利得関係であっても、表見的法律関係が何かによって効果が異なることは前に論じたところであるが（本書四一九頁）、これらの差異がすべて統一的請求権の抗弁の部分に明示されるものであることは、具体的に統一的請求権を記してみれば明らかであろう。すなわち、〔物権的・売買・無効による不当利得〕返還請求権、〔物権的・賃貸借・無効による不当利得〕返還請求権、〔物権的・贈与・無効による不当利得〕返還請求権の三者を対比してみれば、表見的法律関係はすべて抗弁部分に明示されることになる。

以上の検討からは、抗弁部分が統一的請求権の属性を決定するにさいして一定の役割を果たしているということがいえるように思われる。言葉を換えれば、抗弁が再抗弁によってくつがえされる場合、あるいは否認される場合であっても、抗弁が一種の残存効を有することによって統一的請求権の属性決定がなされる（本書に今まで述べてきた「表見的法律関係論」は、純粋の矯正法的不当利得規範においては単純にその効果の問題となるが、本章に述べるように両性的不当利得事案を縦型の統一的請求権として構成した後にあっては、そこでの「表見的法律関係論」は基本的には抗弁の残存効のあらわれとして問題になる）。再抗弁ないし否認によって否定された抗弁が、どのような残存効を有するのかは、抗弁の内容が社会的実体としてどのように存在したかという個々の事案ごとの実体と、それを——不当利得に即していえば——清算関係にどこまで反映させるべきかという規範的評価によって定まることである。例をあげれば、物権的返還請求権の行使に対して、相手方が社会的実体を欠くままやみくもに売買、賃貸借、その他なんらかの契約関係を抗弁として提出し、それが否認されたとしても、その抗弁が残存効をもつものでないこと——表見的法律関係として右の契約内容が顧慮されないこと——は、当然であろう[21]。また、否認される抗弁の内容が必ずしも具体的に特定されない場合も存在するであろうが、これについては前に述べたところであるので、注に譲る[22]。

第三に、再抗弁事由が、統一的請求権の属性を決定していく側面を考えることとしよう。さきに述べた統一的請求権の事例を列挙して、〔物権的・賃貸借・終了〕返還請求権、〔物権的・賃貸借・無効による不当利得〕返還請求権、〔物権的・賃貸借・解除による〕返還請求権の三者を対比してみよう（ただし、ここでは解除に関しては直接効果説を前提とする）。この場合に、右の三つの統一的請求権が、それぞれ契約の終了、不当利得、解除を構成要素としていることは、再抗弁によって示されている。そして、再抗弁事由が統一的請求権の属性決定にさいしてさらに大きな意味をもつのは、再抗弁のもっと具体的な内容によって統一的請求権の性格が異なってくることにある。

その点は、不当利得規範を一つの構成要素とする統一的請求権において特に明確であるが、まず、次の事案に即して考えてみよう。売買契約の無効、取消に伴う不当利得関係が統一的請求権として構成される場合であっても、無効、取消原因が虚偽表示、詐欺などの場合には善意の第三者に対しては物権の対世的主張をなしえないのに対して、無効、取消原因が錯誤、強迫などの場合には、一般的に対世的主張が可能となる(23)（一応、ここでは条文の規定どおりにこの問題を考えることとする）。これらの差異は、再抗弁事由に無効、取消原因を具体的に明示することによって、明らかとすることができるであろう。すなわち、〔物権的・売買・虚偽表示無効による不当利得〕返還請求権、〔物権的・売買・詐欺取消による不当利得〕返還請求権などの形で再抗弁事由に、虚偽表示や詐欺が明示されていれば、当初請求が物権規範によるものであって一般的に対世的主張が可能であっても、再抗弁事由に民法九四条二項、九六条三項などの制限があることから善意の第三者に対世的主張をなしえなくなることが明らかとなる。それに対し〔物権的・売買・錯誤無効による不当利得〕返還請求権、〔物権的・売買・強迫取消による不当利得〕返還請求権などの場合には、一般的に対世的な主張が可能な物権規範による当初請求を特に制限する規範が後に適用されるわけではないので、最後まで対世的主張が可能なことが、明らかであろう。

このように、再抗弁事由を明示することによって統一的請求権の属性が明示されることは、右に例示した善意の第三者への対世的主張の可否にかぎられるものではない。たとえば、〔物権的・売買・公序良俗違反無効による不当利得〕返還請求権の場合には、直ちに民法七〇八条の不法原因給付の規定の適用があり、この返還請求が認容されないことが明らかになる。従来の学説は、不法原因給付が不当利得規定の特則であることを前提として、それが物権的返還請求権にも適用されるべきことを説いてきた(24)。これらの学説は、物権的返還請求権と不当利得返還請求権とが別個に発生するという、従来の請求権競合的な考え方を前提とした上で、不当利得規範としての不法原因給付の規定を物権的請求権に準用すると考えたのである。しかし、縦型の統一的請求権を観念した場合には、物権的返還請求規範と不当利得返還請求規範は相互に孤立した無縁なものでは決してなく、当初請求自体は物権的な返還請求権であっても訴訟の展開に従って当然に不法原因給付規定の適用が問題となるものであることが明示され、とりたてて準用などと構成する必要はなくなるであろう。

さらに、再抗弁事由が統一的請求権の属性規定に影響を与える別の例としては、行為無能力の場合があげられるであろう。〔物権的・売買・行為無能力取消による不当利得〕返還請求権が行使されたが目的物が毀損していた場合、あるいは費消その他の理由によって目的物が滅失して〔帰属法的不当利得・売買・行為無能力取消による不当利得〕返還請求権が行使された場合を考えてみよう。前に述べた一般枠組に従えば危険負担などの顧慮が清算関係においてなされることになるが、この場合には右の一般枠組どおりに考えることはできないであろう。[25] なぜなら、通常の無効、取消原因の場合とは異なり、行為無能力については民法一二一条の規定がある以上、目的物の滅失・毀損があれば、無能力者の返還義務は現存利益の範囲に軽減されるべきものと考えられるからである。そして、この点も、再抗弁事由によって明らかにされるのである。

以上述べてきたいくつかの事由、善意の第三者に対する主張の制限、不法原因給付の規定の適用、行為無能力を理由とする返還義務の軽減は、既述してきた訴訟の展開、それを反映する統一的請求権の構成においては、すべて再々抗弁として位置づけられることとなる。[26] 再々抗弁の行使によって、請求が棄却されたり一部認容になったりする統一的請求権の事例は、右に述べたものだけにかぎられるわけではない。不当利得規範を一つの構成要素とする統一的請求権にあっても、再抗弁が錯誤無効を理由とする場合に表意者の重過失が再々抗弁として主張されるなど、他にもいろいろな事例が考えられる。

五　縦型の統一的請求権を観念する第三番目の利点として、物権と債権とをめぐる法の体系区分を明快な形で貫徹しうることがあげられるであろう。民法の古典的構成においては、物権は対世的主張が可能な絶対権であるのに対し、債権は債務者に対してのみ主張しうる相対権として観念されていた。[27] しかし、民事訴訟法学の分野においては、この区別が必ずしも貫徹されず、破産の場合の取戻権や、第三者異議の訴については、次のようにいわれていた。「破産者に対する賃貸人や寄託者なども、契約上の返還請求権に基づいて取戻権を有する」[28]、あるいは、「目的物が全然債務者に属しない場合には、これを債務者から取戻し得る債権的（対人的）請求権を有する者も、執行による譲渡又は引渡を妨げる利益を有する事になる。……例えば、債務者に対し賃貸借、使用貸借、寄託等の契約関係に基いて、目的物の返還請求権を有する場合の如きである。この場合第三者は、目的物につき所有権その他の物権を有することを要しない（例えば、転貸人・再寄託者の場合）[29]」。

このような観点を、「口頭弁論終結後ノ承継人」（民事訴訟法二〇一条）との関係において徹底して分析し、等しく債権的請求権と呼ばれるものにあっても、背後に物権を担う債権的請求権とそうでない請求権とがあり、対世的な主張――第三者異議の訴、破産にさいしての取戻権、執行力の拡張――が認められるのは、前者の場合であることを指摘したのは三ケ月説であった[30]。三ケ月説においては、背後に物権を担う債権的請求権が「取戻請求権」、そうでないものが「交付請求権」と呼ばれているが、このような観念の定立が、「もはや物権的請求権か債権的請求権かという固定しきった観点に固着するだけでは処理しきれず、その対立をつきぬけた別の地点で解決を求め[31]」たものと意識されていることは、前に述べたとおりである[32]。

しかし、統一的請求権を本書のように観念してみれば、第三者異議の訴、取戻権、既判力、執行力の拡張など、対世的主張が認められるのはすべて統一的請求権の構成要素として物権規範が問題となる場合であるということがいえるのではあるまいか（転貸借などの問題は、後述）。従来の学説は、一規範の構成要件の充足→一請求権の発生を当然の前提としていた。そのために、債権的請求権が取戻権の基礎となると考えること、あるいは物権、債権の観念とは別に取戻請求権や交付請求権の観念をたてることが必要となり、実体法学と食い違った論議が民事訴訟法学においては展開されることとなった。このような実体法学と民事訴訟法学との齟齬は、統一的請求権を観念することによって――単に訴訟物＝請求権概念の問題にとどまらず、物権と債権の体系的区分という領域においても――解消することとなろう。従来、実体法学の側でも、賃貸借契約の終了にもとづく目的物の取戻や売買無効の場合の目的物の取戻など、物権規範と債権規範の競合の場合を念頭におきながら、鈴木説などでは次のような見解が主張されていた。売買無効の場合の売主の「請求権は、『物権を蔽う債権』ないし『取戻を求める不当利得請求権』であり、逆にいえば、『債権に包まれた物権』ないし『不当利得という外被をまとった所有物返還請求権』で、物権的請求権（所有物返還請求権）と債権（不当利得返還請求権）の中間的・混合的なものといえるのではあるまいか。[33]」この指摘自体はきわめて鋭い画期的なものであったが、ここではやや平板に物権と債権の中間的・混合的形態が観念された嫌いがあるため、当事者が二つの視点を並列的に主張していく場合はともかく、請求・抗弁・再抗弁という形で物権規範と債権規範の主張が展開されていく場合をどのように考えるかは、明らかにされていなかった。次款に述べる訴訟手続の動態的な構造も考えた場合には、本書のような縦型の統一的請求権を観念することによって、実体的な物権と債権の――中間的というよりは――重畳的な性格と、訴訟手続におけるそのあらわれ方とが、無理なく結合されるであろう。それと同時に、近時の訴訟法学の側にみられた物権と債権をめぐる法体系構造の理解の混迷がすべて氷解し、物権法と債権法の性格的差異に関して再度明快さを取り戻すことができるように思われるのである。一部に、物権法と債権法の体系的差異を理由に、物権法と債権法とにまたがる統一的請求権を観念することを拒絶する論者も存在するが[34]、前述した物権と債権をめぐっての近時の訴訟法学における種々の論議をもふまえた場合には、議論の混迷を解消するためにも、むしろ積極的に物権法と債権法にまたがる統一的請求権を観念することこそ必要なように思われる。

ただ、以上のように物権と債権の関係を考えるにさいして、請求権者が直接に所有権をもたない、転貸借、再寄託の場合をどのように構成するか、が一つの問題として残るであろう。ただ、このような場合には、債権者代位権の行使を認めれば、それほど問題はないものと考える。一般に、賃借人などの「不動産の債権的利用権者が貸主ないし所有者に代位して、不法占拠者に対して、妨害排除の請求をする[35]」ことが認められている。転貸借契約が無効、不成立であれば、あるいは転貸借契約が終了すれば、転借人はある意味では不法占拠者となるので、このような請求の対象から転借人を除外することは考えにくい。したがってこのような請求を転借人などに対しても一般に認めれば、次のような統一的請求権が観念されることとなる。すなわち、〔債権者代位による物権的・賃貸借・終了〕返還請求権という構成である（もちろん、再抗弁が無効などによる不当利得、あるいは解除などであったとしても差し支えない）。このような統一的請求権において、所有権者と債権関係にたつ者が、その所有権の対世的主張をも代位行使しうる結果、第三者異議の訴、取戻権、既判力、執行力の拡張をも主張しうるとすれば、物権にのみ対世的主張が認められているという一般枠組がここでも維持されている、ということができるであろう。なお、新訴訟物理論において、三ケ月説はこのような債権者代位権にもとづく場合も取戻請求権として考えていたのであるが[36]、右の構成によってそのような問題意識をそのままひきつぐことができるように思われる。

（1）本書五一三—五一六頁。
（2）加藤雅信報告「物権、債権とは何か」民法研究会　財産法の今日的課題 Law School No. 16（昭和五五年）三三頁以下参照。
（3）本書五一六頁注(2)参照。
（4）本書五二〇頁注(10)参照。
（5）兼子一「給付訴訟における請求原因——訴訟物学説に関連して——」菊井献呈　裁判と法上（昭和四二年）二七八頁。
（6）兼子・前注引用書二七七頁。ただし、兼子博士自身はこれを訴の変更とは考えないのであるが、この点については、本書五七〇頁以下、五二一頁注(12)の引用参照。
（7）西村宏一発言「実務と新訴訟物理論（三）」判例タイムズ一五六号（昭和三九年）一六頁。
（8）本書五一三頁以下。
（9）このような構成については、本書二九七頁以下に詳論したので、そこを参照されたい。
（10）前にも述べたように、契約の解除の効果も、約定解除や合意解除で契約に特別の定めがないかぎりにおいては、一般的清算関係として矯正法的不当利得規範と基本的には変わるところはなく、「表見的法律関係」を顧慮した清算が必要となろう。後述するように不当利得規範を一つの構成要素とする統一的請求権にあっても、当事者間の返還関係は「表見的法律関係」を顧慮したものとなる。それと同様、解除規範を一つの構成要素とする統一的請求権にあっても、

「表見的法律関係」を顧慮した返還関係を考える必要があるであろう。ただ、解除については解除特有の考察を施すべき点が二、三存在するので、本書では本文、および右に述べた一般枠組を示すにとどめ、それ以上の考察には立ち入らないとする（解除特有の問題の具体的内容、文献引用などについては、本書四〇〇頁注(1)参照）。

(11) 本書五〇七頁以下参照。

(12) 本書四五九頁以下。なお、適用されるべき規範の具体的内容いかんに関しては、本書四二四頁以下をも参照されたい。

(13) 四宮和夫『請求権競合論』（昭和五三年）一五四頁、一六九頁以下。

(14) 贈与契約の無効に即した検討であるが、本書三二〇頁参照。

(15) 本書四二四頁以下。

(16) 本書二八六頁引用の事案（〔4・14〕）が、かりに、自動車修理契約の無効を原因とするものであったとしたら、本文叙述の事例に該当することとなろう。

(17) 本書四四一頁以下の叙述が、この事例にも当てはまるであろう。

(18) 単なる労務提供ではなく、製作物供給契約を念頭においたものであるが、請負契約の無効の場合の不当利得関係を論じたものとして、川村泰啓「不当利得返還請求権の諸類型（三）――類型論の具体的展開――」判例評論七八号（昭和四〇年）一六頁以下参照。

(19) 無効な契約当事者間で、一〇万円と有体物がそれぞれに引き渡された場合であっても、表見的法律関係が売買契約か賃貸借契約かによって次の差異が生ずる。すなわち、目的物の滅失・毀損に関する危険負担の考慮、目的物の使用利益（果実に準ずる）と一〇万円の利息との相殺的処理などは、売買契約無効の場合には多くの場合双方給付の対価的バランスが保たれているため全面的になしうることが多いであろう（本書四三一頁、四三三頁以下参照）。しかし、賃貸借契約無効の場合には、通常は双方給付の対価的バランスがとれていないため、右のような考慮を全面的に貫徹することはできない。さらに、賃貸借契約の無効は、継続的契約関係の無効であって、無効主張にたいしても過去に実現された関係を原則として破壊しない清算関係が実現される必要があることとなる（本書三九六頁以下）。

(20) この差異の具体的内容は、本書四三五頁以下に詳論したので、そこを参照されたい。

(21) 本書四二三頁参照。

(22) 貸借契約にもとづき目的物が引き渡されたものの、〝契約〟の締結が一方の使用貸借契約の申込に対し、他方が賃貸借のつもりで承諾の意思表示をした場合に、契約の不成立として否認される抗弁の内容は、賃貸借とも使用貸借とも特定されないことになるが、このような事例については本書四二一頁参照。

(23) この絶対無効の問題と相対無効の問題を論じた最近の論文として、瀬戸正二「契約の無効・取消」現代契約法大系二巻(昭和五九年)二二三頁以下。

(24) 我妻栄『債権各論下巻一(民法講義V4)』(昭和四七年)一一七四頁以下、松坂佐一『事務管理・不当利得〔新版〕』(法律学全集22-I)(昭和四八年)二〇六頁以下、谷口知平『不法原因給付の研究〔第三版〕』(昭和四五年)一六〇頁以下など。

(25) 本書四二九頁以下。

(26) 民法七〇八条の不法原因給付を理由とする返還義務の消滅、民法一二一条但書による返還義務の「現存利益」への軽減が、既述した訴訟の展開において再々抗弁として主張されることについては、紛争が無効、取消があった当事者間で展開されることになるのでほとんど問題はあるまい。それに対し、無効などの法律関係の当事者以外の者を含めた形で紛争が展開される、善意の第三者に対する主張の制限については疑問がありうるかとも思われるので、一言すれば、次のとおりである。詐欺の事例をとりあげ、X-A、A-Yと二つの売買によって目的物がXから最終的にはYに移転したが、第一の売買につきAが詐欺をした場合を考えよう。この場合に、XがYに目的物の返還を求める訴訟としては、次のような形の進行が考えられる。

一　Xが、Yに物権的請求権を行使する(当初請求)。

二　Yは、X-A、A-Y間の売買によって自己が所有権を取得した旨を主張する(抗弁。現実には、民法一八八条の推定規定を用いることが多く、この場合には右の二点は挙証責任が転換され、三のXの再抗弁の一部となるであろう)。

三　Xは、X-A間の売買契約を詐欺を理由に取り消したので、Aは所有者ではなく、Yも所有権を取得しない旨を主張する(再抗弁)。

四　Yは、自己は善意の第三者であって、民法九六条三項により、Xはその取消をYに対抗できない旨を主張する(再々抗弁)。

以上の検討によれば、善意の第三者に対する対世的主張の制限が、この訴訟の展開において再々抗弁として位置づけられていることは、明らかであろう。

(27) この点については、加藤・前掲報告「物権、債権とは何か」民法研究会　財産法の今日的課題 Law School No. 16 三三頁以下参照。

(28) 山木戸克己『破産法』(現代法律学全集24)(昭和四九年)一四五頁。なお、中田淳一『破産法・和議法』(法律学全集37)(昭和四三年)一一六頁参照。

(29) 兼子一『増補強制執行法』(昭和四三年)五六頁。

(30) 三ケ月章「特定物引渡訴訟における占有承継人の地位」民事訴訟法研究第一巻(昭和五一年)二九八頁以下。

(31) 三ケ月・前注引用論文二九八頁。

(32) 本書五一四頁参照。

(33) 鈴木禄弥「法律行為の無効・取消・解除の場合の給付物返還請求権は、どんな性質をもつか」物権法の研究(昭和五一年)二三五頁。

(34) A. Georgiades, Die Anspruchskonkurrenz im Zivilrecht und Zivilprozeßrecht. (1967). SS. 146 f. u. 220 ff. わが国においてもこれに賛意をあらわす説もあるが(船越隆司「不当利得返還請求訴訟の訴訟物」谷口還暦　不当利得・事務管理の研究(2)(昭和四六年)二一七頁)、近時の新実体法説ないしそれに近い立場をとる者には、むしろこれに反対する者が多い(四宮・前掲『請求権競合論』一四六頁、奥田昌道『請求権概念の生成と展開』(昭和五三年)三七八頁、柏木邦良「ゲオルギアデスの『請求権競合論』について」北海学園大学法学研究五巻二号(昭和四五年)五五二頁以下、上村明広「請求権と訴訟物」民事訴訟雑誌一七号(昭和四六年)二一六頁など)。

(35) 我妻栄『新訂債権総論(民法講義Ⅳ)』(昭和四一年)一六三頁。

(36) 三ケ月章発言「実務と新訴訟物理論(一三)」判例タイムズ一七〇号(昭和四〇年)一一頁。

第二款　争点効論争などとの関連

一　縦型の統一的請求権を以上述べたように観念した場合に、訴訟物確定の原則、訴訟物と攻撃防禦方法との関係、争点効あるいは判決理由中の判断の拘束力など、民事訴訟法学上の問題をいかに考えるべきかが、当然に問題となろう。ここでは、これらの問題との関連から、縦型の統一的請求権の法律構成のもつ意味を概観し、一つのデッサンを描いてみることとしたい。後の叙述をみれば明らかなように本書においては右に述べた三点は密接不離にからんだ形で分析が展開されることとなる。ただ、本書では、これらの点に関する従来の学説、判例の詳細な検討にまで立ち入る余裕はないので、それらの点は、統一的請求権の問題を単独の主題とする論稿を書くさいに譲ることとし、ここでは訴訟物確定の原則と新堂説が提起した争点効の問題を基軸としながら分析を展開していくこととしたい。

二　(イ)　まず、最初に従来の訴訟法学において考えられていた訴訟物確定の原則に、この縦型の統一的請求権の考え方が反することになるのではないかが、検討される必要があろう。訴の提起にあたって、原告は訴状に請求の趣旨および原因を記載することになるが（民事訴訟法二二四条）、これによって裁判の対象である訴訟物は特定され、単なる攻撃防禦方法によっては変動しないことが、従来の民事訴訟法学では前提とされていた。

ところが、旧訴訟物理論の立場にたつと、前章に分析したように、賃貸借の終了の場合などに物権的返還請求権を訴訟物としても、現実の裁判それ自体は賃貸借契約の内容に即して判示される必要があり、裁判の対象としての訴訟物が不変であるということに、どれほどの実質的意味があるのかは、かなり問題であった。[1]このような問題は、旧訴訟物理論の論者自身、決して意識していなかったわけではない。この種の問題をを念頭においてのことであろう、兼子博士は次のように述べる。近代民法典においては、「単一の規定によつて、権利義務が引出される場合は殆どなく、そのために現在の権利関係を確めようとすれば、多数の規定の複合組合せによらなければならないし、その中には権利の発生の要件を定める規定（権利根拠規定――権利主張事由）もあれば、他方その不発生の要件を定めるもの（権利障害規定――抗弁事由）もあり、更に又その不発生の障害を除去して再び発生に導くもの（再抗弁事由）もあるという風に、これらの規定も単なる平面的な羅列ではなく、相互間に適用の順序次元を異にする点で、一種の弁証法的論理による立体的な構造をもつ体系なのである。……特に前述のように、私法の規定がその適用次元によつて、弁証法的体系を形成していることは、裁判規範、紛争解決規範としての特質を示すものである。そしてそれは正に、訴訟上の紛争当事者の攻撃防禦としての弁論の弁証法に対応するものに外ならない」(2)。また、「訴訟の目標としての終局判決は、一挙一瞬に出来上るのではなく、訴訟手続の進行即ち訴訟審理の場面における訴訟主体の行動によつて、その内容が次第に形成されて行くのである。これが同時に紛争解決のための実体法の適用過程である。」(3)

本書にいう縦型の統一的請求権は、訴訟手続の動態的構造と、兼子博士のいわゆる私法の弁証法的体系とを、そのまま結合して請求権という枠組の内に表現したものにほかならない。しかし、このような変動する請求権を訴訟物と考えることには兼子博士は反対し、訴訟物論争の後の論稿において、「抗弁や再抗弁によって当初の請求が変更されること」は、「訴訟物確定の原則に反する結果になる」(4)と述べている。

従来の訴訟法学においても、本書に述べる抗弁、再抗弁による変動とは必ずしも同じ視角からではないが、伊東乾教授は訴訟物を動態的に把握すべきことを主張していた(5)。この見解は、実体規範の異同の問題を訴訟物の観念との関係において考える点でも注目すべきものであった(6)。しかし、伝統的には、訴訟物確定の原則から右の兼子説のような結論がとられてきたわけであり、この考え方の背後には、抗弁・再抗弁は攻撃防禦方法なのであって、したがってそれらによる訴訟物の変動はない、という硬直した図式があるように思われてならない。かつて新訴訟物理論をめぐって議論が交された中で、これまでに何度か検討してきた賃貸借終了のさいの目的物の取戻に関し、賃貸借の終了が再抗弁なのか否かが問題とされたことがあった。そのさい、それが訴訟物理論よりも一つ下の段階での考慮であるという議論に対し、実務家から「それが果して訴訟物理論よりも一つ下の問題といえるかどうか」(7)という疑問がごく簡単な形ではあったが呈せられたことがあった。確かにこのような疑問には一理あるように思われ、抗弁、再抗弁には、攻撃防禦方法としての機能のほかに、裁判の対象の枠を拡げ、あるいは対象を変更する、「反訴的抗弁」ないし「訴の変更的再抗弁」とも呼ぶべき機能を果たす側面があるのではあるまいか。その点を次に検討してみることとしよう。

(ロ)　まず、抗弁の問題から考えよう。賃貸借の終了による目的物の返還請求に対して、抗弁として造作（建物）買取請求権または費用償還請求権が行使され、それが認められたとする。結果としては引換給付判決が下されることとなるが、従来それは当初請求の一部認容である、と考えられてきた。確かに、ここでの被告の造作（建物）買取請求権、費用償還請求権の行使は、当初請求に対する引換文言の要求である、という意味においては、当初請求に対する防禦方法的な意味をもつものであり、そのかぎりでは一部認容という見方も的を射ていないではない。しかし、当初請求としての有体物の引渡請求に対して、相手方が原告に対し金員給付という当初請求とは別個の経済的利益についての給付を主張しているという意味では、本案の申立て的である。ここでは審判の対象の枠が、当初は有体物の給付であったものが、抗弁によってそれに対抗する金員給付を加えたものに拡大しているというとらえ方も可能である。かりに、訴訟当事者が判決の後にこの引換給付文言に反する主張を後訴で主張したような場合には、それが認められるべきではないことは、新堂説による争点効の提唱などによって主張されているところである。[9]確かに、そこで主張されるように、引換給付文言などが後訴拘束力をもたないとすれば、判決自体が後の訴訟によって潜脱される恐れがある。したがって、その点に関しても一定の要件のもとに後訴拘束力が認められるべきであると著者も考えるが、後訴拘束力以外にも、問題は存在するように思われる。

たとえば、前述した訴訟で、被告が造作（建物）買取請求権、費用償還請求権を行使して引換給付判決を求めるかたわら、別訴でこの点についての金員給付を求めることが許されるであろうか。二重起訴の禁止（民事訴訟法二三一条）の根拠に関しては、「……被告にとって迷惑である。訴訟制度としても、重複した審判をすることは不経済であるばかりでなく、同一事件について矛盾する審判が生じて混乱するおそれもある[10]」ことなどが理由としてあげられるが、このような問題は右の事例についてもそのまま当てはまる。そうであるとしたら、二重起訴の禁止の規定も、この事案に適用されるべきように思われる。

以上のように、ここでの造作（建物）買取請求権などが防禦方法としての性格と同時に、当初請求とは別個の給付請求として本案の中立て的な性格をも兼有し、これらについて、訴訟物に関して伝統的に観念されてきた判示内容の後訴拘束力や二重起訴の禁止の適用がありうるとしたら、ここでの被告の主張は半ば反訴的性格をもったものであると考えることが自然なのではあるまいか。このようなものをかりに「反訴的抗弁」と呼ぶとしたら、この訴訟においては、原告の当初請求と被告の反訴的抗弁とが組み合わさって複合的な訴訟物が形成されており、これに対応して引換給付判決が下されている。その結果、当初請求に対応する目的物給付判決にも、反訴的抗弁に対応する金員給付文言にもそれぞれ既判力が発生し、二重起訴の禁止も適用されると考えられることになろう。このように考えると、前述したようにこの統一的請求権の法律構成は、争点効[11]、ないし理由中の判断の既判力または拘束力[12]の問題に相当程度関係してくることが明らかであろう。

なお、この「反訴的抗弁」は、純然たる反訴とは異なり、抗弁と反訴との中間的性格をもつものである、と考えるべきであろう。それというのは、前述した例において引換給付判決が下された場合に、被告があくまで金員給付を有体物の引渡との引換として主張した以上、金員給付文言にそれ単独の——有体物の引渡と分離した——執行力が認められるべきではあるまい（民事訴訟法一八六条参照）。ここでは、既判力と執行力とが分離した形で認められることとなる（なお、訴訟物の同一性によって、民事訴訟法上の諸問題を一律に解決すべきではなく、問題ごとに個別的に考えるべきことは、近時民事訴訟法学において広く主張されるところであるが[13]、比較的一体的取扱いが当然視されていた既判力と執行力に関しても、本書とは異なった視角からではあるが最近議論がなされるに至っている[14]）。また、既判力の問題としても、純然たる反訴の場合とは異なり、一定の事情が存する場合に既判力潜脱の抗弁を認める必要があると考えるが、この点は新堂説の検討と併せて、後に述べることとする。

ただ、実体的にこのような反訴に準ずる効果を一定程度認めるとしたら、手続の上においても今後一定の事項を反訴状ないしそれに代わる書面に記載させるなど、反訴手続に関する一定部分についてはそれを履践していくことが必要となろう（民事訴訟法二四〇条参照）。既判力の問題にせよ、二重起訴の禁止にせよ、手続上の明確さを前提とすることが必要と思われるからである。

では、このような「反訴的抗弁」という観念を承諾した場合に、本書が縦型の統一的請求権として構成してきた事案はどのように取り扱われることになるのであろうか。例として、今までしばしば検討してきた「物権的・賃貸借・終了」返還請求権に即して検討することにしよう。

まず賃貸借の抗弁について考えると、一般に物権的返還請求権の行使に対して、抗弁として賃貸借契約の存在が主張され、請求が棄却されたとする。そこで、今度は別訴で賃料請求の前提として賃貸借関係の確認を求めたところ被告が後訴では一転して賃貸借契約の不存在を主張した場合に、そのような主張は認められるのであろうか。新堂説はこの場合に争点効を認め、後訴におけるこのような主張を認めない[15]。確かに一般的にいえば、新堂説が説くようにこのような矛盾する背信的な主張を認めることは望ましくなく、この点の前訴での主張に、なんらかの形で後訴拘束力を認める必要があるであろう。

次に、二重起訴の問題との関連を考えてみる。物権的返還請求権の行使に対し、抗弁として賃貸借契約の存在を主張している者が、中間確認の訴を提起することなく、別訴で賃貸借契約存在確認の訴を提起することは許されるであろうか。前述した二重起訴の禁止の基礎にある相手方の迷惑、重複審理の不経済性、矛盾した審判の可能性などは、この場合にもそのままあてはまることを考えると、抗弁と別訴の並立を認めるべきではないように思われる。

このように考えると、右の事例における賃貸借契約の主張も、やはり半ば反訴的な性格をもったものと考えることが自然であり、これを、賃貸借契約の確認をその趣旨とする反訴的抗弁と考え、反訴についての手続の一定部分を履践させた上で、既判力、二重起訴の禁止などの規定を適用していくべきように思われるのである（純然たる中間確認の訴の場合とは異なり、既判力に関しては潜脱の抗弁を提出しうると考えるが、その点は後に述べる）。

(ハ)　次に、統一的請求権の再抗弁の問題に分析をすすめる。右に述べてきた物権的請求権の主張と、それに対する賃貸借契約の抗弁が展開されてきた事例において、再抗弁として賃貸借契約の終了などが主張された場合に、その主張には、被告の抗弁を覆すという攻撃方法としての性格と、新たな本案の申立という性格の双方がみられるように思われる。特に、前章に述べたようにこの再抗弁の行使によって当事者間の関係を規律すべき規範の内容は、物権的返還請求権の内容から賃貸借契約終了による返還請求権の内容へと変更されることになる(16)。そうであるとすれば、この再抗弁は、「訴の変更的再抗弁」として考える余地があるのではあるまいか。これは、一種の訴の追加的変更というべきであろうが、一つの給付に関して、物権的規範と契約の終了という債権規範とが重畳的に適用されることによって、執行力の拡張など対世的関係においては物権規範によって規律され、当事者間の関係においては債権規範によって規律されるものとなり、重畳的な訴訟物に関する判決と考えられるべきものであろう。「訴の変更的再抗弁」に関しても、その既判力、二重起訴の禁止の規定の適用の必要があるのは、反訴的抗弁と同様であろう（なお、既判力に関しては、既判力潜脱の抗弁を提出しうると考えるが、この点は次に述べる）。そして、このような効果をも考えると、やはり書面提出などの訴の変更の手続が一定程度履践されることによって、「訴の変更的再抗弁」の趣旨が明示される必要があると思われる。

㈡　以上、主に既判力と二重起訴の禁止の問題を念頭におきながら、抗弁、再抗弁が反訴、訴の変更としての性格を兼有している側面があり、それらを単に攻撃防禦方法としてではなく訴訟物に準じて取り扱う必要を説いてきた。しかし、単純に準訴訟物的な取扱といってみても、このままでは、その効果としてどの範囲で訴訟物に関する取扱と同様に取り扱い、どの範囲で異別に取り扱うかが曖昧と思われるので、その点を検討することとしよう。二重起訴の禁止に関しては、当事者が別訴提起を望むのであれば、先行する訴訟において反訴、訴の変更などをすればよいだけであるから、通常の訴訟物についての取扱と同様の範囲で二重起訴を禁止することが許されるであろう。しかし、既判力に関しては、二、三検討を要すべき問題があるように思われる。

まず、反訴的抗弁が認められた場合、多くの場合にはその抗弁についての判断に後訴拘束力が認められても、別段差支えはないように思われる。前述した例で、賃貸借の終了による目的物の返還請求に対して、被告が造作（建物）買取請求権を行使し、引換給付判決がなされるような場合には、原告は金員を給付しなければならないことになるかもしれない以上実質的に争うのが通例であろうし、実質的に争わなかったとしてもそれによる不利益を一般には負担すべきものと考えられるからである。このことは、本訴の既判力に関しても同じ事態がありうる以上、特に異とするに足りないであろう。さきに検討した例として、物権的返還請求権の行使に対し、反訴的抗弁として賃貸借契約の存在が主張された場合にあっても、右の実質的状況には変わるところがない。反訴的抗弁の成否によって当初の請求が棄却になるか否かという状況にある以上、当事者としては実質的に争うのが通例であり、争わなかったとしてもそれによる不利益はその者が負担すべきであろう。

では、反訴的抗弁に関して常に既判力を考えうるかというと、必ずしもそうではない。反訴的抗弁に関して、再抗弁が提出された場合その他においては、次のような問題を顧慮する必要があろう。物権的返還請求権に対して抗弁として使用貸借契約の存在が主張された場合に、原告としてはその契約関係は賃貸借という別の契約であると考えたが、被告の抗弁を認めたとしても契約自体の終了という再抗弁の提出によって目的物の返還を求めうると考えたがために、訴訟では使用貸借か賃貸借か等々を争わないことがある。このような場合に、後に目的物の返還以外の利益（賃料債権の有無など）をめぐって紛争が発生した場合に、使用貸借契約の存在確認についての既判力が及ぶとされたのでは、当事者は予期せぬ不利益を蒙ることとなる。同じような状況は、再抗弁に関して再々抗弁が提出されている場合その他に関しても考えられるであろう。

このようなことを考えると、純粋の反訴や訴の変更の場合とは異なり、反訴的抗弁や訴の変更的再抗弁に関しては、原則としては既判力が発生するが、後訴拘束力の例外として、次の二つの要件のもとに既判力潜脱の抗弁を認めるべきものと考える。すなわち、当事者としては、反訴的抗弁などとして特定される訴訟対象に関して、㋑前訴において自分が争わなかったため充分な審理がされていないこと、㋺前訴で争わなかったないし充分争わなかったことにつき正当な理由があること（具体的には注（21）を参照）を立証して、既判力の適用を免れることができると考えるべきであろう。

実は、このような実質それ自体は、基本的には新堂説が争点効に関して指摘したところであった。新堂説は、「前訴で当事者が主要な争点として争い、かつ、裁判所がこれを審理して下したその争点についての判断[17]」について「前訴と後訴の係争利益がほぼ同等[18]」の場合に争点効が発生するとしている。本書の右の叙述は、基本的には新堂説の問題提起を受けつぎながら、部分的にそれを変容したものである。そこで、右に述べた議論と、従来の議論との関係を一言しておく必要があるように思われる。

三　本書の統一的請求権の議論は、これまでの叙述をみてもわかるように、主として実体法上の規範調整および規範の相互関連の分析と、請求権および訴訟物概念の分析を中心に問題にアプローチしたものである。その分析との関連から、従来争点効ないし理由中の判断の既判力、拘束力と呼ばれてきた問題の一部も関連してくることとなった。これらの議論において主張されていた、裁判において争点となった判断に関して後訴拘束力を認めるという問題意識は、紛争解決の統一性を保つためにも、訴訟経済という観点からも、的を射たものというべきであり、その目ざす方向は支持されるべきものと考える。ただ、争点効との関係でいえば、次のようにいうことができるであろう。「争点効は、当事者間の公平の観念にその根拠を求める[19]」といわれている。それだけに、裁判における判断としても、非常に広い範囲にわたって争点効の対象が考えられ、要件の明確化をはかるとしても「それはあくまでも一応の基準でしかない[20]」として、問題解決の個別的妥当性がまず重視されている。

本書は、このように一般的な形で後訴拘束力を考えるものではなく、抗弁、再抗弁等々に該当する事由で、しかも反訴手続、訴の変更手続の一定部分を履践するという、実体的、手続的限定を附した上で、それについての後訴拘束力を考え、それに伴って、後訴拘束力を認めるための要件を争点効論において主張されているところから一部変容したものである[21]。後に述べるように、争点効として学説、判例で問題とされる事例の大部分は、今まで述べてきた反訴的抗弁、訴の変更的再抗弁など、あるいは注記した先決的法律関係の確認[22]などの本書にいう準訴訟物的取扱によって解決されうる場合であった。しかし、それ以外に、後訴拘束力を認めるべき場合が存在しないことを別段本書は主張しようとするものではない[23]。むしろ、本書の構成の眼目は、争点効的な公平判断につきまとう、問題処理基準の曖昧さを一定範囲――反訴的抗弁、訴の変更的再抗弁など、先決的法律関係の確認――の場合にかぎってでも払拭し、その範囲で後訴拘束力の問題に明確な基準を与えようとすることにあった。

争点効について処理基準の明確さを求めることは、従来の学界においても一部に主張されていたところであり、たとえば竹下教授は次のようにいう。「信義則は、一般条項として、法的思考の軟弱化、法律生活への不確実性の導入、恣意への門戸解放といった危険を、そのうちに宿している。……争点効の理論は……信義則という一般条項のもつ利点を最大限に発揮させた理論と評しうる」反面、「この理論は、その基礎たる信義則が一般条項としてもつ危険性から身を守る手段を備えて、はじめて、実定法理論として定着することができる[24]。」また、実務家からも、倉田判事は、「この理論の指向する基本的な方向自体には賛成する[25]」としつつも、「積極否認……の事実にも争点効がおよぶとすれば証明責任に影響しないか[26]。争点効の人的限界はどうか。時的限界はどうか。理由に対する上訴を認めるわけか。既判力にはその前身としての二重起訴禁止があるが、争点効にはそれに対応するものがなくてよいのか、といった種々の疑点……、それらが解明され、要件が明確化されるまでは、要するに、理論の現段階では、これを実務の理論とすること……は、無理がある、といわざるを得ない[27]」との疑問を呈したことがあった。本書に示したように、統一的請求権の中で、反訴的抗弁、訴の変更的再抗弁など、問題を訴訟物次元でとらえて既判力を観念していくことは、従来の訴訟物と既判力をめぐる論議を基本的には用いることとなるので、そのかぎりで倉田判事のいう要件の明確性の要求に対する一つの回答としての意味をもちうるように思われ、竹下教授が問題とする、信義則という一般条項のもつ曖昧さを払拭するものといえるであろう。

本書の構成によって後訴拘束力を認められるのは、前訴での、伝統的な構成によると抗弁、再抗弁などとされる事項についての判断、および給付訴訟における先決的法律関係の確認にかぎられることとなる。しかし、従来の争点効の議論も、枠組としては信義則という一般的な非常に広い形をとりながらも、論者が例としてあげるそのほとんどは抗弁、再抗弁事由などか、先決的法律関係の確認に関するものである。また、判例においても、最高裁判所は「既判力……に類似する効力（いわゆる争点効……）を有するものではない」[28]などとして争点効を否定するが、下級審判決には争点効を承認したものが数件存在する。ところが、それらは具体的にみると前訴における抗弁に関する判断、ないし前訴における先決的権利関係の確認をめぐっての判断に後訴拘束力を認めたものであった。[29][30]また、近時の最高裁判所判例には信義則を根拠として後訴拘束力を問題とするものが散見される。しかし、それらも基本的には本書の構成――抗弁事由に（反訴的構成によって）既判力を認める、あるいはそれ以前の問題として新訴訟物理論ないし新実体法説的な訴訟物を観念すること――によって、解決されうる事例であるように思われる。[31]そうであるとすれば、本書のように縦型の統一的請求権などを観念し、訴訟物の次元で既判力として後訴拘束力を考えていくことは、争点効論争の中心的な部分を相当広い範囲にわたってカバーしていることになる。この構成によって、後訴拘束力の要件、効果に明確な基準を与えることにある程度成功しているとすれば、従来論議されてきたこの問題の解決にとって、右の構成のもつ実際的意義は小さくないように思われる。それが、争点効論によって提起された問題を基本的には、肯定的方向で受けとめながら、それをめぐって従来学界、実務から指摘されていた問題をも斟酌する形で、ここでこのような構成を提唱したゆえんである。

（1）　本書五〇七頁以下参照。
（2）　兼子一『実体法と訴訟法――民事訴訟の基礎理論』（昭和三二年）五一―五三頁。
（3）　兼子・前注引用書一二九頁以下。
（4）　兼子一「給付訴訟における請求原因――訴訟物学説に関連して――」菊井献呈　裁判と法上（昭和四二年）二七八頁以下。本書に述べた統一的請求権の法律構成との関連を考えると、この点の兼子説の立言にはきわめて興味深いものがあるが、その点については、本書五二一頁注(12)参照。

(5) 伊東乾「訴訟物の動態的把握——新旧両説対立の止揚のために——」民事訴訟法研究（昭和四三年）二三七頁以下。

(6) 伊東乾『民事訴訟法の基礎理論』（昭和五五年）二三四頁以下。

(7) 田辺公二発言「実務と新訴訟物理論（三）」判例タイムズ一五六号（昭和三九年）一六頁。

(8) 当初請求が物権的返還請求権である場合には、造作（建物）買取請求権などは再々抗弁となろう。本文に述べたようにそれが抗弁となるのは、賃貸人が所有者（ないしそれと契約関係に立つ者）であれば、後述する統一的請求権の質的一部主張として、当初から賃貸借の終了による返還請求が行使された場合である。

(9) 新堂幸司「条件付給付判決とその効果」民事訴訟雑誌一〇号（昭和三八年）一頁以下参照（なお、設例自体は本書叙述のものと少し異なっている）。

(10) 新堂幸司『民事訴訟法』（現代法学全集30）（昭和五六年）一五五頁。

(11) 争点効については、前々注引用論文の他、新堂幸司「既判力と訴訟物」法学協会雑誌八〇巻三号（昭和三八年）一頁以下、同「参加的効力の拡張と補助参加人の従属性——争点効の主観的範囲に関する試論（その一）——」兼子還暦　民事訴訟法の諸問題中（昭和四四年）四〇七頁以下、同「争点効を否定した最高裁判決の残したもの」中田還暦　民事訴訟法の理論下（昭和四五年）六九頁以下、同「訴訟当事者から登記を得た者の地位——争点効の主観的範囲に関する試論（その二）をかねて——（一）、（二）」判例評論一五二号二頁以下、一五三号（以上昭和四六年）二頁以下、同「責任限定を明示した給付判決の効力——『既判力に準じる効力』と『既判力類似の効力（いわゆる争点効）』との関係を中心として——」我妻追悼　私法学の新たな展開（昭和五〇年）六〇九頁以下、同「訴訟物概念の役割——最近の最高裁判決を手がかりとして——」判例評論二二三号（昭和五二年）二頁以下、同「訴訟物概念二つの役割」書研所報二九号（昭和五四年）三頁以下、全体像をまとめたものとして、新堂・前掲『民事訴訟法』（現代法学全集30）四二五頁以下。

争点効論の提唱を受けて、それを論じたものとして、中務俊昌「民事訴訟の動向」現代の裁判（現代法5）（昭和四〇年）七五頁以下、住吉博「争点効の本質について（一）、（二）」民商法雑誌六一巻（昭和四四年）二号七五頁以下、五号（昭和四五年）七五頁以下、伊東乾「判決の争点効」実務民事訴訟講座2（昭和四四年）九三頁以下（ただし、伊東教授は争点効を認めることについては批判的である）、斎藤秀夫『民事訴訟法概論』（昭和四四年）三九七頁、倉田卓次「いわゆる争点効の理論について——京都地裁昭和四〇・七・三一判決を廻って——」民事法の諸問題Ⅲ（昭和四四年）三一五頁以下、新堂幸司他「〔座談会〕争点効をめぐって――事例を中心に――I―V」判例時報五八六号三頁以下～五九二号（以上昭和四五年）一〇頁以下、中田真之助「争点効論の検討」判例時報五九八号（昭和四五年）三頁、小山昇「いわゆる争点効について――争点効理論の深化へのひとつの刺戟として――」ジュリスト五〇四号（昭和四七年）七五頁以下、同「争点効」続民事訴訟法判例百選（別冊ジュリスト）（昭和四七年）一九二頁、奈良次郎「争点効」演習民事訴訟法（上）（昭和四八年）四七九頁以下、中野貞一郎「いわゆる争点効を認めることの可否」法学教室〈第二期〉4（ジュリスト別冊）（昭和四九年）六一頁。

(12)　理由中の判断の既判力、拘束力という形で問題を論ずるものはドイツにおいて種々みられるところであるが、わが国で発表された論文のみを数点あげれば、上村明広「既判力の客観的範囲に関する一問題」岡山大学創立十周年記念論文集（上）法学と法史の諸問題（昭和三四年）一七九頁以下、同「判決効の拡張をめぐる利益較量」法学教室〈第二期〉7（ジュリスト別冊）（昭和五〇年）六五頁以下、霜島甲一「紹介ツォイネル著『既判力の客観的限界』――Albrecht Zeuner, Die objectiven Grenzen der Rechtskraft im Rahmen rechtlicher Sinnzusammenhänge (1959)」法学協会雑誌七六巻六号（昭和三五年）六八九頁、井上正三「既判力の対象と裁判所の選択権――『請求』論争への一視点――（一）、（二）」立命館法学三二号七三頁以下、三三号（以上昭和三五年）一七頁以下、同「『一部請求』の許否をめぐる利益考量と理論構成」法学教室〈第二期〉8（ジュリスト別冊）（昭和五〇年）七九頁以下、吉村徳重「判決理由中の判断の拘束力――コラテラル・エストッペルの視点から」法政研究三三巻三―六号（昭和四二年）四四九頁、同「判決理由の既判力をめぐる西ドイツ理論の新展開」法政研究三九巻二―四号（昭和四八年）四五三頁以下、同「判決理由中の判断の拘束力」民事訴訟法の争点（ジュリスト増刊）（昭和五四年）二七八頁以下、同「判決の遮断効と争点効の交錯」新・実務民事訴訟講座2（昭和五六年）三五五頁以下、文字浩「〔紹介〕ヘンケル『訴訟法と実体法』Wolfram Henckel: Prozeßrecht und materielles Recht 1970」法学論叢八七巻五号（昭和四五年）七四頁以下、普通法時代までさかのぼった検討として、文字浩「ドイツ『既判力の客観的限界論』の展開（一）」民商法雑誌六九巻四号（昭和四九年）七一〇頁以下、柏木邦良「西ドイツ民事訴訟法学の現況――ローゼンベルク＝シュヴァープ『民事訴訟法』一〇訂版を通して――（8）、（9）」ジュリスト五三一号七四頁、五三二号（以上昭和四八年）九六頁、竹下守夫「判決理由中の判断と信義則」山木戸還暦　実体法と手続法の交錯下（昭和五三年）七二頁以下など。

(13)　この点については、本書五一六頁注(1)参照。

(14) 中野貞一郎「執行力の客観的範囲——承継執行と転換執行——」山木戸還暦　実体法と手続法の交錯下（昭和五三年）二八八頁以下。
(15) 新堂・前掲「既判力と訴訟物」法学協会雑誌八〇巻三号二九九頁。
(16) 本書五〇八頁以下。
(17) 新堂・前掲『民事訴訟法』（現代法学全集30）四二五頁。なお、正確には注（21）の引用参照。
(18) 新堂・前注引用書四三四頁。
(19) 新堂・前々注引用書四二八頁。
(20) 新堂・前掲「参加的効力と補助参加人の従属性」兼子還暦　裁判法の諸問題中四三四頁。
(21) ここで、新堂説の争点効の要件論を紹介した上で、本書の議論との異同を簡単にまとめておくこととしよう。新堂・前掲『民事訴訟法』（現代法学全集30）四三一頁以下があげる争点効の要件は、訴訟当事者間においては、次の四点である。㈠争点効を生ずべき判断が、「前後両請求の当否の判断過程で主要な争点となった事項についての判断であること」㈡「当事者が前訴においてその争点につき主張立証を尽くしたこと」㈢「裁判所がその争点について実質的な判断をしていること」㈣「前訴と後訴の係争利益がほぼ同等であること。」

本書は基本的にこれを受けつぎながら、主に次の三点においてそれに変容を施したものである。第一に、本文にも述べたことであるが、新堂説の第一の要件である㈠の主要な争点を、本書の構成においては、反訴的抗弁、訴の変更的再抗弁などあるいは次注前段に叙述の給付訴訟における先決的法律関係の確認の場合に限定し、それとともに反訴手続、訴の変更手続の一定部分の準用によって、後訴拘束力が生ずる対象に実質的、形式的な枠を画したことにある。第二に、新堂説は、㈡、㈢で、争点が実質的に争われ、審理されたことを要件としているが、本書の構成においては、第一に述べたところで後訴拘束力の対象を訴訟物に限定した反面、当事者の不抗争に正当理由がない場合には既判力が発生すると考えた。すなわち、本書五七六頁以下に述べたように「前訴で争われなかったないし充分争わなかったことにつき正当な理由があること」を既判力潜脱の抗弁の要件としたのであるが、このような判断の実質については、本書五七六頁の叙述例を参照されたい（なお、新堂説においても、新堂・前掲『民事訴訟法』（現代法学全集30）四三一頁によれば、当事者が真剣に争った「『はずである』という規範的な期待可能性が前提とされている」ことを指摘したものとして、吉村・前掲「判決理由中の判断の拘束力」民事訴訟法の争点（ジュリスト増刊）二八二頁参照）。また、新堂説の要件

㈣も、右の要件によってカバーすることとした。したがって、右にいう「正当な理由」には、その点を争っても再抗弁の提出その他の理由で同一の結論が導かれると思って争わなかった場合はもちろん、当該訴訟で問題となった係争利益が少額なために、その前提となる法律関係について争わなかった場合、その他が含まれることになる。また、上訴の利益がないために、上級審で争う機会が制度上奪われていたことも、不抗争の「正当な理由」になりうるであろう。第三の新堂説との違いは、新堂説においては、争点効という後訴拘束力の発生のために、当事者は一定要件を立証すべきものとされた。それに対し、本書の構成においては、既判力として一般的に反訴的抗弁、訴の変更的再抗弁、先決的法律関係の確認などについては後訴拘束力が発生するものとして、例外的に当事者の既判力潜脱の抗弁を本書五七六頁に述べた㋑、㋺の要件のもとに認めることとしたことである。㋑の要件の実質は、新堂説の㈡、㈢の要件と基本的には変わるところはないが、新堂説においてはこのような実質判断が常になされることが必要になるのに対し、本書では抗弁とすることによって一般的には既判力の発生要件を判決の存在という形式的なものとし、実質判断が必要となる場合を例外的なものとしようとしたものである。

最後の点にかぎらず、本書でこのような変容を施した基本的な理由は、後訴拘束力の問題の一定部分に関して形式的な画一性を可能なかぎり導入することによって、その要件効果を明確にしようとした点にあるが、この点については本文の後の叙述を参照されたい。

なお、近時井上説は、争点効を既判力によって代置する方向を示唆しつつ、その代置にさいして争点効の要件とされる「当事者がその争点を『天王山として』『真剣に』に争った」という「歯止めは、……外してはならない貴重な視点」であることを強調している（井上・前掲「『一部請求』の許否をめぐる利益較量と理論構成」法学教室〈第二期〉8（ジュリスト別冊）八三頁）。前述した本書の既判力潜脱の抗弁という構成は、要件㋺の留保はあるものの、基本的には井上説が右に述べた問題意識と方向性を同じくするものといえよう。

(22)　給付訴訟においては、給付要求を中心として訴訟が展開されることになるが、その前提として権利関係の存否の確認が訴訟において行なわれている。一例をあげれば、所有権にもとづく返還請求権の成否にさいしては、それにさきだって所有権の存否が判断される、などがそれである。ここでは、所有権の存否の判断に後訴拘束力を認めるべきであるとともに、この訴訟が係属している間は、この訴訟における中間確認の訴によらずして別訴で所有権の確認を求めることは禁ずるべきように思われる。したがって、このような先決的な権利関係の確認についても既判力や二重起訴の禁止を考えてもよいであろう。ただ、一般的には既判力によって後訴拘束力を認めるとしても、このような場合に、被請求者は内心相手方に所有権はないと考えつつも、請求者は契約にもとづいても自分に対し目的物の引渡請求が可能であるような場合に、相手方の所有権を争わないという状況なども考えられる。したがって、中間確認の訴などの手続がとられていないかぎり、やはりここでも本文に述べた既判力潜脱の抗弁が認められるべきであろう。結論的には、このような訴訟においては、中間確認の訴がなされていないとしても、主たる紛争としての給付請求と、副次的紛争としての先決的法律関係についての確認の訴とが複合的な訴訟物を形成しているのであり、前者に関して一般に既判力などが認められるのは当然であるが、後者に関しても既判力潜脱の抗弁がありうる形での既判力などが認められるべきである、と考える。このような考え方には、一種の確認訴訟原型観にもとづくなどの批判もありえようが、それらの点は別の機会に論ずることとしたい（なお、兼子一『新修民事訴訟法体系〔増訂版〕』（昭和四三年）一四三頁以下、三ケ月章「民事訴訟の機能的考察と現象的考察――兼子一著「実体法と訴訟法」の立場をめぐって――」民事訴訟法研究第一巻（昭和五一年）二六三頁以下など参照）。

(23) 本文に述べた準訴訟物的取扱が可能なもの以外について、後訴拘束力を認めることが妥当な場合については、かりに争点効という概念枠組を否定した最高裁の立場（注(28)参照）を前提としても、現在でも「信義則」を用いて問題を解決することは可能であると思われる。

(24) 竹下・前掲「判決理由中の判断と信義則」山木戸還暦　実体法と手続法の交錯下一一六頁。

(25) 倉田・前掲「いわゆる争点効の理論について――京都地裁昭和四〇・七・三一判決を廻って――」民事法の諸問題Ⅲ三一七頁。

(26) 立証責任の問題への影響は、本書に述べたような縦型の統一的請求権を観念することによっても生ずるが、その点については、本書六〇〇頁注(11)を参照されたい。

(27) 倉田・前掲「いわゆる争点効の理論について――京都地裁昭和四〇・七・三一判決を廻って――」民事法の諸問題Ⅲ三三二頁。

(28) 最判昭和四四年六月二四日判時五六九号四八頁（引用文は、四九頁。本件は、先決的法律関係の確認について、後訴拘束力を否定したものであった）。また、最判昭和四八年一〇月四日判時七二四号三三頁も、争点効を否定する。なお、下級審判決として争点効を否定したものとして、大阪高判昭和四二年二月一五日下民集一八巻一・二号一三六頁、

福岡地判昭和四二年三月一日判時四九〇号六七頁、東京地判昭和四二年四月二五日判時四九〇号六三頁、京都地判昭和四三年一一月二〇日判時五八六号八三頁、大阪地判昭和四五年七月一三日判タ二五二号二〇〇頁、東京地判昭和四九年二月二五日判タ三一〇号二九七頁。

(29) まず、前訴における先決的権利関係の確認ないし抗弁についての判断に、同一当事者間で後訴拘束力を認めたものは次の五件である。京都地判昭和四〇年七月三一日下民集一六巻七号一二八〇頁、東京地判昭和四一年四月二〇日下民集一七巻三・四号三二六頁、広島高判昭和四二年三月六日高民集二〇巻二号一四四頁、大阪地判昭和四二年八月一八日判時五〇九号六一頁、東京高判昭和五〇年七月一六日下民集二六巻五―八号六三九頁。

なお、右に述べた五件以外に、名古屋高判昭和五四年一一月二八日判タ四〇九号一〇五頁は、「判決理由中の判断に…既判力類似の効力は認められない」（同誌一一一頁）として争点効を否定するかのような表現をとりながら、信義則を根拠に後訴拘束力の問題を考える（この点についての次注参照）。判決の結論としては前訴の先決的権利関係の確認についての後訴拘束力を否定しているが、その理由には、前訴で両当事者の主張立証、裁判所の審理が充分になされたとはいいがたいことがとりあげられており、内容的には新堂説的な争点効の枠組がむしろ積極的に用いられているとも評価しうるものである。この点は、既判力潜脱の抗弁として構成されさえすれば、後訴拘束力の対象は先決的法律関係の確認なので、本書に述べた私見の法律構成によってカバーされることは問題がない。

これ以外に、東京地判昭和四九年五月一五日判時七五六号九〇頁は、争点効的な枠組を理由中に述べるが、当事者の一方が前訴では有限会社、後者ではその代表取締役と異なっており、争点効の主観的範囲（私見の構成に引き直していえば、既判力の主観的範囲）が問題となる事案であった。かりにこの点が法人格の否認などによって解決されうるならば、後訴拘束力の対象はやはり先決的法律関係としての所有権の確認と考えうる事案なので、やはり本書に述べた法律構成によってカバーされるものであった。

(30) なお、注(28)、(29)に引用したほかにも、争点効の語に言及する下級審判決が若干存在するが、事案の実質は必ずしも争点効の問題とは関係しないようである。たとえば、和歌山地裁新宮支部判昭和五二年六月二八日判時八七一号八八頁は、「本訴請求は既判力ないし争点効に触れ不適法であるか、……」と理由中に述べる。しかしその実体は、民法七〇九条にもとづく損害賠償請求を求めた前訴で敗訴した当事者が、後訴で有限会社法三〇条ノ三の取締役の第三者に対する責任にもとづき、損害賠償を請求することが許されるかという問題であった。旧訴訟物理論にたてば右の二種の請求は訴訟物が異なることになるが、新訴訟物理論にたてば損害賠償を求めうる法的地位をめぐって二つの法的観点が並立していることになるし、新実体法説にたてば一つの損害賠償請求権をめぐって民法七〇九条、有限会社法三〇条ノ三という二つの法的観点が並立していることになる。訴訟物の範囲で既判力が発生するとの立場にたてば、新訴訟物理論、新実体法説では、後訴で別の法的観点を主張することは――法的評価の再施を必要とする場合以外は――許されないことになる。右の判決は「既判力ないし争点効」と述べるが、問題の実質は、わが国の訴訟物論争の眼目となった訴訟物、および既判力の範囲そのものであり、争点効などの問題とは直接関係しないものと思われる。

また、大阪高判昭和四六年四月八日判時六三三号七三頁にも争点効を意識したかのような表現が判決理由中に見受けられるが、事案としては、端的に民事訴訟法二〇一条一項をいかに考えるかに関して判示すれば問題は解決され、争点効などの問題を考えることは必要がなかった事案と考えられる。

(31)　最判昭和四九年四月二九日民集二八巻三号五〇三頁は、前訴において債権の支払請求が限定相続を理由に相続財産の範囲内で認められた場合に、「限定承認の存在及び効力についての前訴の判断に関しては、既判力に準ずる効力があると考えるべきである」と判示した。前訴の事実関係に必ずしも明確でないところがあるが、前訴で被請求者が限定相続を主張したとすれば、前訴の抗弁に既判力が認められることとなり、本書の構成にそのまま合致することになる。この判決につき小山教授は、限定相続の抗弁について既判力に準ずる効力を認めるためには、それを「訴訟物に準ずるとするか相殺の抗弁に準ずる抗弁……とするしかないであろう」と論ずる(小山昇「新判例評釈」判例タイムズ三一四号(昭和五〇年)一一五頁)。このことからも、反訴的抗弁として訴訟物に準じて既判力を考える本書の構成と、この判例との親近性が窺われるであろう(なお、前訴において、原告が当初請求の段階で相続財産の範囲内で債権の支払請求をしていたとすれば、一部請求についての既判力が残部に及ぶか否かの問題となるが、この点については、新堂・前掲「責任限定を明示した給付判決の効力」我妻追悼　私法学の新たな展開六〇九頁以下参照)。

最判昭和四八年七月二〇日民集二七巻七号八九〇頁は、前訴に関して訴の取下があったとみなされる場合に、後訴における前訴と矛盾する主張が信義則に反するものではないとされた事例である。前訴が確定していない以上、本書の構成においても既判力そのものが発生すると考える余地はない事案であった。

最判昭和五一年九月三〇日民集三〇巻八号七九九頁は、新訴訟物理論、新実体法説にたてば、基本的には前訴と後訴は――登記移転請求に関しては――同一の訴訟物ないし請求権と考えられる事案であった。判例は、それを前訴、後訴で訴訟物が異なるとしながら、訴訟物の枠をこえて後訴提起を遮断するために、信義則をもちだしたものであった。本書の構成においては、請求権概念の問題として解決される事案であったのである。ただ、後訴の控訴審において追加された明渡請求に関しては、私見による前訴における先決的法律関係の確認に関しての既判力を考えることによって解決されるということができ、この点については私見の構成とかかわりをもつ事案であったといえる。

なお、最判昭和五二年三月二四日裁判集民事一二〇号二九九頁も、信義則を理由に前訴の主張のむしかえしを否定している。しかし、この事案は、従来の旧訴訟物理論の考え方にたっても、わが国の大勢というべき考え方としては基本的には前訴の既判力に後訴が抵触する事案であったと思われるが、後訴において詐欺による取消の意思表示がなされている――この点はっきりしない――とも考える余地があった。この点について前訴の既判力による遮断効を認めることの適否が従来の判例、学説から問題となりうるなどの事情があったため、最高裁判所は信義則をつかって後訴における主張を認めなかったのではないかと推測される。

また、下級審判決においても、最高裁判所判例の影響を受け、信義則を根拠に後訴拘束力を認めるものが見受けられる。そのうち、注(29)にあげた名古屋高判昭和五四年一一月二八日判タ四〇九号一〇五頁は、本書の構成によってそのまま解決される事案であった。しかし、東京地判昭和五二年五月三〇日判時八七四号五八頁などは、前訴の先決的法律関係の確認に関して後訴拘束力が問題となったものではあるが、その後訴拘束力を口頭弁論終結前の承継人に及ぼしたものであり、この結論を維持するためには信義則などを根拠とする必要がある事案であろう（なお、東京地判昭和五二年九月二九日判時八八四号七四頁は、前訴判断の後訴拘束力ではなく、前訴不判断事実の遮断効などが第三者異議の訴の特殊性との関係で禁じられているので、ここにはとりあげない。また、東京高判昭和五三年七月二六日判時九〇四号六六頁も、前訴で建物買取請求権が認められなかった意味が、後訴をも禁ずる趣旨か、別訴を許す趣旨か、評価の分かれうるところと思われ、特殊な問題がからむのでここにはとりあげない）。

第三款　結　論

以上前款までの検討で、本書における縦型の統一的請求権をめぐっての一応の考察を終わることとする（ただし、質的一部主張その他若干の問題が後に第三節で検討される）。本書に述べた〔当初請求・抗弁・再抗弁〕請求権という縦型の統一請求権は、原告の当初請求に対して、被告の反訴的抗弁と、原告の訴の変更的再抗弁とが組み合わさって、複合的な訴訟物が形成されていくものであった。また、〔当初請求・抗弁―否認〕請求権にしても、原告の当初請求に対して、被告の反訴的抗弁が組み合わさって複合的な訴訟物が形成されたものである。これは、兼子博士のいわゆる弁論および実体私法の弁証法的動態構造(1)を法律構成の上に反映させたものである。このような縦型の統一的請求権の法律構成を観念することによって、従来の実体法学、訴訟法学で問題となっていたいくつかの問題が解明されることになる。すなわち、この構成によって規範調整の方式が明示されるとともに、縦型の統一的請求権の構成要素である当初請求、抗弁、再抗弁などのそれぞれが最終的な請求権の属性を決定することや、物権と債権の法体系的関連が――交付請求権、取戻請求権概念を止揚する形で――明らかにされる。さらに、争点効ないし理由中の判断の拘束力として論じられていた問題の相当部分に明確な法律構成が附与され、それの既判力、二重起訴の禁止の問題との関連も明らかになる。

以上述べたほか、あるいは第三節で検討する問題のほかにも、この縦型の統一的請求権をめぐって検討されるべき問題は民事訴訟法一九九条との関連など多々存在することと思われる。しかし、一応著者の考え方の大枠だけは、以上の叙述および第三節に述べるところで示しえたものと思われるので、次の問題にうつることとする。

(1)　兼子一『実体法と訴訟法――民事訴訟の基礎理論』(昭和三二年)一一九頁以下。

第三節　横型の統一的請求権など

一　横型の統一的請求権

以上前節では、物権的請求権と債権的請求権の競合など、いわゆる請求権競合事案のうちで、請求、抗弁、再抗弁などの形で訴訟が展開しうる場合を検討してきたわけであるが、このような展開が、請求権の競合のすべての場合に見られるわけではない。たとえば、請求権競合の代表的な例とされる債務不履行責任と不法行為責任との競合を考えてみよう。この競合においては、原告の当初請求がいずれの法律構成にもとづいて行なわれるかは問題となるが、他方が抗弁、再抗弁として問題となることはない。弁論の展開を考えると、前に述べた新訴訟物理論をめぐっての実務家からの指摘にもみられるように、本書にいうところの縦型の統一的請求権における規範競合が「論理的には先後の関係に立ち、併列的な関係ではない」のに対し、「債務不履行と不法行為といった」ものは「一の社会現象を二つの法的評価でとらえるいわば論理的に平列《(ママ)》の関係にある場合[(1)]」にすぎない。また弁論の展開の問題をはなれて、要件、効果の問題を考えても、いずれを根拠とするかによる帰責事由の立証責任の差異、損害賠償請求に対して相手方が消滅時効を抗弁として援用した場合、あるいは相殺の抗弁が提出された場合の差異などを考えると、いずれの法律構成に依拠するかによって裁判の最終的な結論は異なる可能性がある（民法一六七条以下と民法七二四条、民法五〇九条適用の有無など）。この場合にも規範調整——要件、効果の平準化——の必要があることは、縦型の統一的請求権の場合と異なるところはない。しかし、縦型の統一的請求権にみられたような（本書五五七頁以下参照）、規範調整の方式に規則性が見出せるような実体的関係はここには存在しない。ここでは請求権競合は、具体的事案に即して、各問題点にいずれの規範の属性を適用するかというカズイスティッシュな検討を必要とするというきわめて平板な問題にとどまる。しかし、現実の実体法学において、もっとも競合関係が頻繁に論じられている債務不履行と不法行為との関係すら、実務、学界いずれにおいても規範調整が充分行なわれていない、という状況にある（前章参照）。他の規範競合の場合の調整は、ほとんど手つかずといってもよい。したがって、適用規範の偶然的な選択によって当事者間の規律が変わることを避けるためには、規範調整を行なった上で両当事者の関係を規律することが必要である。そのためには、複数規範の適用が可能な場合にそのすべてが必ずしも法律家の念頭におかれていないのが現状であるとすれば、規範競合の状況を明示し規範調整を行なった上で、具体的規律を考えるという方向へ誘導することを考えなければならない。そのための一般枠組を考えることが必要となろうが、この場合、弁論の展開、規範調整のあり方、ともに並列的、平板なカズイスティッシュなものにすぎないので、それをそのままに表現し、〔不法行為／債務不履行〕による損害賠償請求権と表示することが考えられる。ここでは、規範調整の方式そのものは示されていないものの、このような構成によって規範競合の状況が明示されている以上、消滅時効、相殺の抗弁が提出されたり、帰責事由の存否が真偽不明の場合に規範調整が必要となることは、実務、あるいは学界に明示的につきつけられており、不用意に規範調整が忘れられることはほとんどあるまい。本書ではこのような構成を横型の統一的請求権と呼ぶこととする。右にあげた債務不履行責任と不法行為責任との競合の場合のみならず、他の場合にも横型の統一的請求権の構成は種々考えられる。一例を示すのであれば、〔使用者責任にもとづく／自賠法三条にもとづく〕損害賠償請求権、等々。

不当利得に関しても問題は同様である。不当利得の例として、しばしば、他人の物の費消の事例があげられる。これについては民法一九一条との調整も必要であるし、費消に関して故意過失があれば、民法七〇九条の不法行為による損害賠償請求権との調整が必要であるが、この問題が常に意識されているとはいいがたい状況にある。規範競合の問題だけに限っての発言ではないが、実務家によると「訴訟にでてくる頻度が多い」請求については「必要な争点の審理をまず落すということはない。ところが不当利得とかなんとかいうことになってくると、……どれだけ訴訟関係者が、その要件やこれにからむ微妙な法律問題の所在に予め気がついているかは非常に問題です[2]」ということである。そうであるとすれば、前述した事例のような場合に、横型の統一的請求権を観念して規範調整の必要をすべての者に明示する実益は大きいであろう。さきの例で、費消者がその物が他人に属することにつき善意、有過失であるとすると、次の、三つの規範を構成要素とする横型の統一的請求権が観念されることになる。〔帰属法的不当利得返還／民法一九一条による損害賠償／不法行為による損害賠償〕請求権。この競合関係についての私見[3]はひとまずおくとして、いずれの規範の適用があるかによって、請求権の対象に量的差異や属性の差異がありうることは明らかであろう。すなわち、請求権者に支払われるべき金員の額は、不法行為規範によれば「損害」ということになり、通例目的物の価格またはそれを越えたものとなろうが、帰属法的不当利得返還規範ないし民法一九一条によるときには「現存利益」の範囲に縮減される可能性がある。また、属性としても、不法行為規範によれば過失相殺の可能性(4)や民法五〇九条による相殺禁止の可能性があり、また時効期間にも規範による長短の差異がありうる。このように考えると、いずれの規範がいずれの当事者に有利かは問題によって異なり、一律に決まるものではない。事案が右の三つの規範の構成要件をみたす場合に、原告が不法行為規範のみを理由に賠償請求をしてきたとしても、事案が同時に帰属法的不当利得規範ないし民法一九一条の適用を受けるべきものであり、かつ被告が現存利益の抗弁を主張立証している場合には、事案内容から、不法行為事案として「損害額」の支払を命ずべきか、それ以外の事案として「現存利益」の範囲内での支払を命ずべきかが検討される必要がある。逆に、この請求権につき帰属法的不当利得規範を根拠として相殺の主張がなされた場合に、それを認めてよいか否か（当該事案に民法五〇九条の規定の適用を考えなくてよいか否か）は、事案の実質に即して検討される必要があろう。

このような規範調整の必要が生ずるのは、右に述べたような単一規範の並列的競合という単純な事案においてばかりではない。前述した縦型の統一的請求権と他の規範とが並列的に競合し、相互の調整の必要から横型の統一的請求権を形成する場合も考えられる。たとえば双務契約の無効、取消による矯正法的不当利得請求規範に関しては、原物返還が原則であることを本書では説いてきた(5)。しかし、無効、取消原因が詐欺、強迫その他不法行為的なものである場合に、金銭賠償ないし金銭返還でなくとも、原物返還にも不法行為規定を流用することが適当な事例も考えられるであろう。そのような場合には、次のような縦・横複合型の統一的請求権を観念し、規範調整によって原物返還に不法行為規定を適用することも可能である、と考える。〔帰属法的不当利得・売買・詐欺取消による不当利得返還／不法行為による損害賠償〕請求権(6)。

横型の統一的請求権にとっては、どのような事案に、競合する規範のいかなる要件をいかなる属性を適用すべきかということこそが、中心的問題となるであろう。しかし、この点は個別事案の特性に応じた個別的な考察が必要となるので、本書の具体的に展開しうるところではない。本書では、横型の統一的請求権に関しては、規範調整が必要であることを一般に示しうる枠組を用意し、規範調整の必要性が見落とされることをできるかぎり防止し、規範調整を促進することをもって満足するほかはない。ただ、ここで注目すべきは、四宮教授による『請求権競合論』が、非常に広い範囲にわたって、このような調整の類型的なガイドラインともなりうべきものを示していることである。横型の統一的請求権に関してはこのような作業こそが肝要と考えるが、考察が個別的なものにわたらざるをえないので、著者としては判例などで問題となった事案などに即して、機会あるごとに評釈その他の形で論ずることとし、本書では前述した枠組の提示にとどめることとしたい。

ただ、この横型の統一的請求権と、前述した縦型の統一的請求権との関係については、一言しておく必要があろう。賃貸借の終了のさいの目的物の返還などの場合に、原告が訴訟の最初から物権的返還請求権と賃貸借契約上の返還請求権とを並行して主張することがある。あるいは、売買契約が無効な場合の目的物の取戻にさいしても、原告が訴訟の最初から物権的返還請求権と不当利得返還請求権とを並行して主張することがある。しかし、このような場合にも、二つの請求権が横型の統一的請求権を構成し、カズイスティッシュな規範調整がなされると考えるべきではないし、考える必要もない。ここにおいては、縦型の統一的請求権における抗弁部分――第一の例にあっては賃貸借契約の存在、第二の例にあっては売買契約の存在――が、原告によって先行自白されていると考えれば充分であり、規範調整の内容は前節に述べたところに従って考えるべきであろう。

二　統一的抗弁

以上、規範競合とその調整の問題を本書では請求権の問題に即して検討してきた。しかし、規範競合とその調整は、請求権にかぎらず、抗弁あるいは再抗弁に関しても同様に問題となりうる(7)。同時履行の抗弁と留置権との競合、あるいは、契約の錯誤無効と詐欺による取消の競合などの場合がそれである。これらに関しても、現在の実体法学上規範調整が充分行なわれているとはいいがたい。しかし、抗弁、再抗弁における規範競合に関しても、横型の統一的請求権の法律構成とほぼ同様の形で「統一的抗弁」(8)を観念することによって規範調整の一般的な枠組だけは与えられるように思われる。例をもって示せば、〔物権的・〔同時履行による売買代金引換／留置権による金銭引換〕〕返還請求権、〔物権的・売買・〔錯誤無効／詐欺取消〕による不当利得〕返還請求権、等々と構成することによって、抗弁、再抗弁レベルにおける規範調整の必要だけは明示されるものと考える。同時履行の抗弁と留置権とが競合する場合などにおいて、このような関係の発生について不法行為がからんでいるとしたら、当該事案に関して民法二九五条二項を適用すべきか否かが、被告が同時履行の抗弁の規範のみを主張したとしても検討される必要がある。また、錯誤と詐欺の規範が競合するような場合には、善意の第三者に対する対世的主張を認めるか否か、規範調整がなされる必要があろう(9)。この統一的抗弁における規範調整も、別段調整の方式などは存在せず、事案の実質に応じた個別的な考察によるカズイスティッシュなものであると考えられるであろう。

三　統一的請求権の構成と関連する若干の問題

本書が述べてきたような形で統一的請求権を観念することに伴い、検討を要する点が二、三存在する。そのうちここでは、統一的請求権の質的一部主張、質的一部判決の問題を中心に検討することとし、既判力や立証責任などにも簡単に言及することとしよう。

(イ)　統一的請求権の質的一部主張、質的一部判決　本書に今まで述べてきた形で統一的請求権を観念した場合に、当事者は縦型の統一的請求権における請求、抗弁、再抗弁という法定序列主義的な形で訴訟を展開することが要求され、端的に賃貸借の終了にもとづく返還請求や不当利得による返還請求権を行使することはできないのであろうか。また、横型の統一的請求権に関しても、あるいは統一的抗弁に関しても、当事者としては競合する規範をすべて明示して、その要件を主張した上でなければ自らの請求や抗弁などを展開できないのであろうか。

かりにこのように考えるとしたら、当事者にとっては訴訟の展開は従来以上に窮屈なものとなり、本書に述べた法律構成はむしろ当事者の訴訟の展開の自由を害するものに化す恐れがある。したがって、縦型、横型を問わず、競合する規範の一部のみを基礎として、請求を訴訟で展開する「統一的請求権の質的一部主張」を認める必要がここにでてくることになる。(10)

他方、本書において、規範調整の必要を強調し、そのための枠組として統一的請求権の法律構成を提唱してきたのは、次の理由によるものであった。新訴訟物理論にせよ、新実体法説にせよ、法的観点ごとに当事者の関係を規律する規範内容に差異があり、それによる利益、不利益を一方あるいは双方当事者が偶然的に負担することは望ましくない。そうであるとすると、右の統一的請求権の質的一部主張を許すことと、規範内容の偶然的負担を避けるべきであるという要請との調整をはかることが必要となろう。しかし、この点は次のように考えることによって解決されうるのではないか、と考える。それは、右の統一的請求権の質的一部主張を許すことによって不利益を蒙る他方当事者に、請求権を基礎づけうる他の規範の要件事実を立証し、規範調整を主張する途を開くことである（立証責任の問題が当然に関連してくるが、この点については注(11)参照）。このような規範調整を主張する途さえ両当事者間に開かれていれば、それがたまたま行使されないことによって、社会的実体としての当事者間のあるべき規律と、質的一部主張によって適用される規範による規律とが食い違ったとしても、それは裁判所の関知するところではない。現在の民事訴訟における弁論主義の建前のもとでは、他にも当然生じうべき事態にすぎないからである。

具体的に問題を検討するために、賃貸借の終了による目的物の取戻を考えてみよう。この事案に関しては、縦型の統一的請求権を観念しうるわけであるが、原告が物権的規範の要件事実を主張立証して返還請求したのに対し、被告が賃貸借規範による規律を欲するのであれば、賃貸借契約の抗弁（反訴的抗弁）を主張することによって問題をその方向にむけることができる。しかし、被告が、いずれの規範が適用されようと目的物の返還それ自体は認容されるであろうからそれ以外の物権規範と債権規範の規範内容の差異には拘泥しないと考え、抗弁を提出せず、原告も賃貸借の終了に言及することなくそのための要件事実を主張、立証しなければ、判決としては物権的請求権が認容されることとなる。社会的実体としては統一的請求権の性格を有する事案がそれと異なる規範内容によって規律されることにはなるが、両当事者がそれを是とする以上、特にこの点問題はあるまい。

原告がかりに統一的請求権の質的一部主張として、賃貸借の終了のみを主張したとしよう。統一的請求権としての実体をもつ可能性がある場合であっても、原告―被告間は前述したように賃貸借終了の規範内容によって規律されるので、被告には別段不利益はない。原告にとっては、物権的規範の要件事実を主張立証しないことによって、権利の対世的主張の可能性がその訴訟を基礎にしては認められないことになるが、原告自らがその途を選ぶ以上、特にその点は問題があるまい（ただし、一定の要件のもとに「法的評価の再施」が認められるべきであるが、この点は後述する）。

次に、横型の統一的請求権の質的一部主張が、{帰属法的不当利得返還／民法一九一条による損害賠償／不法行為による損害賠償}請求権についてなされたとする。かりに、被告について善意、有過失が認定されうる事案であるとすれば、法的観点によって請求額に差異を生ずる可能性もある（利得の減少（現存利益）の抗弁、過失相殺の主張の可能性などをも考える必要がある）。しかし、原告が統一的請求権の質的一部主張として一方の法的観点の要件事実を主張立証した場合に、被告としては他方の法的観点の適用を主張し、その要件事実を主張立証する途が与えられている必要はある[11]（この点については注で立証責任について述べたところ参照）。しかし、そのような可能性があるにもかかわらず両当事者とも他方の法的観点の要件事実を主張立証しないとすれば、裁判所としては一部主張についてのみ判断すれば充分である。当事者自身が、法的観点による規範内容の差異を重視しておらず、規範調整を望むことなく一方規範の要件事実を主張立証することに終始する以上、裁判所がそれ以上に立ち入って判断を下す必要はどこにもないからである（ただし、一定の場合に「法的評価の再施」を施す必要がでてくるが、この点は後述）。

以上、規範調整をしないことによる不利益を蒙る他方当事者が、競合する別規範の要件事実の立証責任を負うという、詳しくは注(11)に述べた前提を附してではあるが、統一的請求権の質的一部主張が可能であることを論じてきた。では、訴訟において、競合する法規範の要件事実がすべて立証されている可能性がある場合に、裁判所はすべての規範に即して判断を下した上でしか判決できないのであろうか。当事者の側からする統一的請求権の質的一部主張ではなく、裁判所の側からする統一的請求権の質的一部判決は認められないのであろうか。この点を次に考えてみることにしよう。

本書において統一的請求権を観念することの基本的意味のもっとも重要なものの一つは、複数規範の適用が可能な場合に、どの規範が適用されるかによる規範内容の差異が、偶然的に当事者の上にふりかかってこないようにすることにあった。したがって、当該訴訟において適用規範による差異が存在する場合には、裁判所は右に述べたような統一的請求権の質的一部判決をする自由をもつものではない。井上説が指摘するように、「判決効に差が生ずることに注目すれば、法的視点の選択につき裁判所の持つ選択権も制限されざるを得ない(12)」ものと思われる(13)。

しかしながら、基本的には右のようにいえるとしても、当該訴訟における紛争内容との関連においては、競合する規範内容による差異が直接に影響をもたらさず、潜在的なものにとどまっている場合がある。たとえば、賃貸借終了にさいしての目的物の取戻に関して、物権的返還請求と賃貸借契約終了にもとづく返還請求がともに主張されており、後者の要件事実が存在することについては裁判官は充分な心証を得たが、物権的返還請求の前提である原告が所有者であるか否かについては心証形成ができていない状況にあるとする。右に述べた二つの規範が重畳的に適用されうる可能性はあるとしても、前に述べたように契約当事者間の関係を規律するのは賃貸借契約規範であり、原告が対世的主張をする必要をそれほど感じていない場合には、潜在的には統一的請求権となりうる可能性がある実体に関して賃貸借契約規範のみを基礎とする質的一部判決を下すことを裁判所に認めてもそれほど差しつかえないようにも思われる。

また、別の例として、一〇〇万円の価値の物を所有者以外の者が費消し、所有者がその者に一〇〇万円の支払を求めたとする。それを基礎づける法的観点としては、民法七〇九条、民法一九一条、帰属法的不当利得規範など種々のものが考えられるが、紛争内容が一〇〇万円の支払に終始し、現存利益の抗弁、相殺などが問題となっていないかぎり、法的観点による差異が紛争解決の結論に差異をもたらさない状況もありうる。

右の二つの例に示したような、法的観点による差異が当該紛争において顕在化していないような場合には、裁判所は統一的請求権として構成される可能性がある事案に関して、その質的一部判決をすることも可能であると考えるべきであろう。そうでないと、裁判所の審理の弾力性が失なわれ、いたずらに硬直したものとなる可能性があるからである。

ただ、このような場合にあっても、当事者が将来の予測の問題として別の法的観点による審理の必要を感じている場合もありうる。第一の例に即していえば、さきざき対世的権利主張をする必要がでてくる可能性が高いこと、あるいは第二の例に即していえば、さきざき相手方の相殺の抗弁を封ずる必要がでてくる可能性が高いことを感じているような場合がそれである。このような状況にある場合には、当事者の予期を害した形で裁判所が審理を展開することは望ましくないので、裁判所は統一的請求権の質的一部判決となる蓋然性が高い場合には、他の適用可能性がある規範との規範調整の必要の有無を、釈明その他によって当事者が述べる機会を与えるべきであろう。この点においても、裁判による紛争解決は当事者のためになされるのであるから、裁判所の法的観点選択の自由は制限されるべきものと思われる。

(ロ)　法的評価の再施　さらに、統一的請求権の質的一部主張、質的一部判決を認めるのであれば、その訴訟の口頭弁論終結後に生じた事由によって、適用規範の違いによる差異が意味をもってくる場合に規範調整を行なう途が開かれる必要があることになろう。具体的に例をあげれば、法的観点として不法行為規範も問題となりうるのにそれを除いた質的一部判決が下され、後に相手方が取得した反対債権をもって相殺の意思表示をした場合、あるいは、物権的規範も法的観点として問題となりうるのにそれを除いた質的一部判決が下され、後に目的物が第三者に引き渡された場合などに、右の問題が発生する（前の例にあっては、民法五〇九条適用の可否、後の例にあっては、民事訴訟法二〇一条の適用の可否をめぐって問題となる）。しかし、このような問題は、すでに三ケ月説が新訴訟物理論の提唱にさいして、複数の法的観点の適用が可能な場合に、判決の後に「改めて異った法的観点を適用する余地を封ずるものではない」[14]として法的評価の再施を認めることで解決していたものであった。本書では、統一的請求権の質的一部主張、質的一部判決を認める以上、三ケ月説が提唱した法的評価の再施を認めることがここでも必要となることを指摘しておけば充分であろう。新実体法説をとる上村説においても、質的一部判決については法的評価の再施などをなしうべきことが説かれているところである。[15]ただ、法的評価の再施が頻繁に主張されては、判決が紛争解決の最終的手段とはならなくなるので、法的評価の再施が認められるのは、次の三つの要件を満足した場合にかぎられるべきであろう。(イ)確定した判決が、他の法的観点によっても基礎づけられうる可能性があること。(ロ)規範調整の結果、確定した判決とは異なった属性を認める判決が導かれうる可能性があること。(ハ)右の異なった属性を明確にする必要が、前訴の既判力の基準時以後に発生した事実によって生じたこと（当事者が前訴で問題となりうる法的観点をすべて主張しなかった（統一的請求権の質的一部主張の）場合は(ハ)の要件には問題がない。しかし、当事者の主張があったにもかかわらず、裁判所が質的一部判決をしたような場合は、前述した当事者に対する規範調整の必要の有無の釈明などが行なわれてはいても、(ハ)の要件を多少弾力的に考える必要はあろう）。これらの要件が満たされる場合には法的評価の再施がありうるとすれば、統一的請求権の質的一部主張、質的一部判決を認めることによって、訴訟運用の弾力性と、当事者間の関係の妥当な規律――適用規範の違いによって偶然的に規律に差異が生ずることを当事者が望めば常に避けうる規範関係――とを両立させうるように思われるのである。

(ハ)　既判力の段階的効果　以上述べてきた考え方では、既判力が、オール・オア・ナッシングの一刀両断的なものとして常に捉えられるのではなく、多少段階的要素をもったものとして捉えられている点に留意する必要がある。本書五四五頁に述べたような統一的請求権の大枠ともいうべき給付義務の判断そのものについては、常に後訴拘束力が認められる伝統的な既判力概念が本書でも維持されている。しかし、法的観点のレベルでは、右の(ロ)に述べたように三要件が充足されれば、後訴拘束力潜脱の可能性もありうるわけである。また、本書五七六頁以下に述べたように、縦型の統一的請求権においても、法的観点ともいうべき準訴訟物のレベルでは既判力潜脱の抗弁が可能であった。究極のところ、本書では、給付義務の存否そのものについては、完全な——比喩的な表現が許されるならば、黒い——既判力が認められるのに対し、法的観点ないし準訴訟物のレベルでは、例外ではあるにしても場合によっては潜脱が可能な——グレーの——既判力が認められているのである。

(二)　この点以外にも、統一的請求権をめぐって論議されるべき問題は多々存在するであろう。本章のはじめに記したように、新実体法説それ自体としては、従来存在していた訴訟法学、実体法学上の解釈学的諸問題を解決するものではない。本書に述べてきた統一的請求権の法律構成にしても、種々の問題に一定の解決を与えるとは考えるものの、当然のことながらすべての問題を解決しうるわけではない。特に占有訴権と本権上の請求権との競合を民法二〇二条との関係からいかに考えるかという問題[16]と、手形債権と原因債権との競合を手形の無因性や手形訴訟の存在からいかに考えるか、という問題などは、統一的請求権を観念するさいにも、いろいろ検討を要する点が多い。ここでは、これらの問題などにまで立ち入った検討を加える余裕はないが、これらは請求権競合といっても特殊な場合であって、これらについての結論の留保が、本書が今まで述べてきた一般的な結論についてさきざき影響を与えることになるとは思われないので、これらについては将来の課題とすることとしたい。

(1)　西村宏一発言「実務と新訴訟物理論(三)」判例タイムズ一五六号(昭和三九年)一六頁。
(2)　田辺公二発言「実務と新訴訟物理論(一)」判例タイムズ一五四号(昭和三九年)一六頁。
(3)　民法一九一条と帰属法的不当利得返還請求権との関係が私見においては特別法と一般法としてとらえられていることや、民法一九一条と七〇九条との関係については前に記した(本書三五〇頁、三七四頁以下)。そこにも記したことであるが、特別法と一般法の関係は、統一的請求権における規範調整にたいして、一方規範が他方規範によって全面的に排除される極限形態であると考える(なお、この点は、法条競合に関して、四宮和夫『請求権競合論』(昭和五三年)七七頁の指摘するところである)。
(4)　下級審裁判例の中には、不当利得には過失相殺の規定が類推適用されないことを当然の前提としたものもあるが、基本的には、事案が不法行為の要件をも満たすものである場合には、規範調整により類推適用の可能性を認めるべきであると考える（東京地判昭和五六年八月三一日判タ四六五号一一三頁）。

（5）本書三五七頁以下。

（6）なお、本書四五三頁注(40)参照。

（7）このような観点から問題を論じたものとして、奥田昌道「民事法におけるいわゆる『二重効』の意義と問題性について述べよ」民法学1（昭和五一年）六〇頁以下、特に七三頁以下参照。

（8）用語法としてまぎらわしいので一言すると、本書で前に述べた連鎖的抗弁は統一的抗弁とはまったく別の観念であって、二つの観念には関連性は存在しない（本書七五六頁注(17)参照）。

（9）統一的抗弁などの観念を用いるものではもちろんないが、我妻栄『新訂民法総則（民法講義Ⅰ）』（昭和四一年）三〇三頁以下は、この詐欺と錯誤に関しての規範調整を行なっている一例である。

（10）新実体法説にたっても、規範調整を特に義務づけないかぎり、質的一部主張が認められることは当然であろう。後に本書五九八頁で検討する、主張されなかった法的観点に関して既判力が及ぶか否かという問題はあるが、質的一部主張自体を禁ずる理由は何もないからである（A. Georgiades, Die Anspruchskonkurrenz im Zivilrecht und Zivilprozßrecht. (1967). S. 266ff. 参照）。

なお、規範調整を前提とする立場にあっても、奥田昌道『請求権概念の生成と展開』（昭和五四年）三八〇頁以下も、質的一部主張を許す方向で問題を検討している。

（11）本文に述べたように、訴訟当事者が現在訴訟で提示されている法的観点と競合する異なった法的観点の適用を主張しうるとするためには、立証責任の問題を考える必要があるであろう。それというのは、このような方策を認める場合には、伝統的な通説であった法律要件分類説の基盤にある基本的な発想そのものを受けつぐことはできるものの、単に形式的に権利発生規定、権利消滅規定、権利障害規定、などのカテゴリーを適用することだけに終始することはできず、部分的な形においてではあるが、それを修正することが必要となるからである。

そこでやや長くはなるが、本文叙述の問題からはやや迂遠な部分も含まれるので、ここで立証責任の問題に言及することとする。まず、最初に、右に述べた修正を論ずる前提として、法律要件分類説の基盤にある考え方や、立証責任をめぐる基本的な考え方について一言することが、後の叙述との関係で必要となる。

わが国においては、つい先頃まで法律要件分類説が通説として確固たる地位を占めていたところ、近時、後にあげる石田説、新堂説によって通説に強い批判が加えられるに至った。しかしながら、立証責任の基本的な考え方としては、通説がローゼンベルクなどの古典的法律要件分類説にとどまるならばともかく、近時その修正要素として主張される危険領域説、あるいは権利障害規定をめぐって近時表明される疑念をとりこむのであれば、両説の実質的差異はそれほど大きなものではない、と著者自身は考えている。かりにこれらの修正要素をとり込んだ場合には、通説の立証責任の分配に関する実質的判断基準は、次のように要約することが可能であろう。第一に、自己に有利に法律状態の変更を主張する者は、その規定の前提事実について立証責任を負う（権利発生規定、権利消滅規定に関する立証責任）。しかし、権利発生の根拠となる要件ではあっても、圧倒的多数の事例がその要件を具備する、という蓋然性を考慮し、あるいはそのほか衡平判断ないし法政策的考慮から、右の法律状態の変更を否定する者に立証責任を負わせることもある（権利障害規定）。また、補充的基準として立証責任を負う者が右の立証をした場合に相手方が一定事実の立証責任を負う場合がある（間接反証——これについては本書二二六頁注(11)参照）。第二に、右の立証責任の分配基準にもかかわらず、ある者の危険領域内の事実は、その者が立証責任を負う。一方当事者が証拠に近く、立証が容易であるのに対し、他方当事者が立証の危険にさらされていることが、その実質的理由である（さらに、危険領域を支配する者に立証責任を負担させることが、損害発生防止に資することも、理由とされる）。それに対し、近時の説は、立証責任の分配は衡平の理念を基礎とし、立法者意思の問題を別にすれば、第一次的には証拠との距離、立証の難易、禁反言によって判断され、これによって確定されない場合に第二次的に法律要件分類説による（石田穣「立証責任論の現状と将来」法学協会雑誌九〇巻八号（昭和四八年）一〇八四頁以下、同『民法と民事訴訟法の交錯』（昭和五四年）四五頁以下（ただし、同『証拠法の再構成』（昭和五五年）一四三頁以下は、第二次的基準としての法律要件分類説に言及していない。例外的判断基準なので言及しなかったものか、説を改めたものかは明示されていないが、本注の叙述内容との関係では問題となるところであろう）。新堂幸司『民事訴訟法』（現代法学全集30）（昭和五六年）三五一頁以下）。以上の叙述から判明するように、修正された通説とこれらの新説とでは、二種類の判断基準のうち、いずれを原則としいずれを例外とするのかが逆になっている。間接反証、権利障害規定の問題を別にすれば、両説の判断基準は原則、例外が逆転しているだけで実質的にはそれほど差異があるわけではない。実質的差異としてあげられるのは、新説では危険領域という概念枠組が取り払われている点であろう。危険領域説がドイツにおいてもあらゆる法領域で承認されているわけではないから、新説によれば限界的事例において証拠との距離、立証の難易などの要素が従来以上に顧慮され易くはなるであろうからである。

両説の差異として強調されるべきは、むしろ法的思惟の側面であろう。確かに法律要件分類説の一部には、法律要件分類説のよってたつ実質的な基盤を探究することを忘れ、権利発生規定、権利消滅規定、権利障害規定、あるいは間接反証、危険領域などの概念の論理操作によって結論を導こうとする傾向がやや見られなくはなかった。それに対し、新説は利益較量的手法によって実質的判断基準を正面にひきだそうとしているからである。しかしながら、伝統的な法律要件分類説を単なる概念法学的思惟として排斥することは、次の問題を見落とすこととなろう。権利発生事実、権利消滅事実を主張する者がそれぞれの事実につき立証責任を負担するという法律要件分類説の発想は、前述したように実体的には、自己に有利な法律状態の変更を主張する者はその規定の前提事実につき立証責任を負う、ということに基礎をおいていると考えられる。この結果として、まず第一に、立証責任を負う者が立証のために熱意を示し、客観的真実に到達する蓋然性を確保することができる。第二に、訴訟に不可避的に伴う客観的真実と訴訟上確定された事実とが食い違う危険を、利害関係人の立証方法の巧拙、あるいは熱意不足に帰因するものとして、利害関係人の不利益に帰することも、ある程度は容認しうることになる。このように考えると、法律要件分類説は、弁論主義的考え方とその発想の基礎を共通にしたものであることがわかる。法律要件分類説が長らく通説的地位を占めてきたことについても、民事訴訟において弁論主義が機能的な方策であるとされてきたことと、無関係に評価されるべきではあるまい。もちろん、法律要件分類説だけが訴訟の効率的運営に資する唯一の方策ではないし、部分的には、危険領域説、あるいは石田説、新堂説などから批判を受けているように、一定の修正を受ける必要は確かにあるであろう。なぜなら、法律要件分類説は、訴訟当事者の私利を動機とした立証意欲の相克に真実探究の基礎をおくものであるから、立証意欲はあっても現実の立証活動が封ぜられている場合――たとえば、証拠からの距離が遠いなどの場合――に、修正の必要があることは否定できないからである。これは、「弁論主義の理念は、訴訟当事者が……完全な弁論の尽くせる対等な能力（を有すること――著者挿入）を前提として、始めて達成できる」（兼子一『実体法と訴訟法』（昭和三二年）九七頁）とされることと、同様な考慮にもとづくものである。したがって、危険領域説が例にあげる場合等々で、法律要件分類説に修正を施すこと自体は著者も必要と考えるものの、これらの修正の必要に注目するあまりに、法律要件分類説を単なる概念法学的発想として全面的に否定してしまうことは、右に述べた訴訟の制度的要請からは必ずしも適当とは思われない。法律要件分類説が答えているところの制度的要請も、それは裁判所のために存在するものというより、裁判所を利用する訴訟当事者をマクロにとらえた上でいかに訴訟を運営していくか、ということに対する一つの訴訟政策的回答だからである。著者の理解するところによれば、修正された通説と、通説を攻撃した当初の石田説、新堂説とには、構成の差は一見大きいにもかかわらず、右の制度的要請と当事者間の衡平とがともにとり込まれており、実質的判断基準としてはそれほど大きな差異は存在していなかった。ただ、二種の基準のいずれを原則、いずれを例外と位置づけるかという点で、両説は異なっていたのである。

しかし、通説、新説において――原則的基準、例外的基準という差はあるにしても――顧慮されていた制度的要請を前提とした上で、新訴訟物理論ないし新実体法説の立場にたつと、必ずしも従来の法律要件分類説を全面的には貫きえなくなる側面がでてくる。次の例に即して考えてみよう。XがYに対し、不法行為、債務不履行の双方を法的観点とし うる損害賠償請求権を有していた。ところが、YはXに反対債権を有しており、相殺の可能性が高いとする。この場合に、Xとしては、不法行為という法的観点の要件事実の立証に成功すれば、それ以外に債務不履行の要件事実（契約の存在など）を立証することは、相手方の相殺を認めうるか否かについて規範調整の途を開くことになり、かえって自己に不利益な結論を導きかねないものである。Xとしては、不法行為の構成要件を立証するのに成功したと考えた場合には、自らの不利益になる債務不履行の主張立証に熱意を示さないのが自然であろう。ここにおいては、権利発生事実ではあっても、Xに主張立証責任があるとしたのでは、法律要件分類説にみられた弁論主義的側面が充分に機能しない状況が考えられる。

著者の考えによれば、法律要件分類説は、さきに述べたように、訴訟の機能的効率的運用という視点から、当事者がそれぞれ自己に有利な結論を導くための事実関係を明らかにすべく努力することが期待しうるので、自己に有利な事実についてはその者に立証責任を負担させるものであった。しかしながら、新訴訟物理論ないし新実体法説をとった場合には、法律要件分類説が意味を変ずる側面があることが見落とされてはならない。権利が発生すること自体は、抽象的に考える限り権利者に有利な事実であることは疑いを入れない。そして、旧訴訟物理論のように、権利が孤立して他と分断して把握されるかぎりにおいては、法律要件分類説は何の破綻もきたさなかった（ただし、後述するように選択的併合を認めた場合には新訴訟物理論や新実体法説と同じ問題が生じることになる）。しかし、新訴訟物理論ないし新実体法説の立場をとった場合には、法的観点による有利、不利が存在するために、一定の法的観点が立証された以上、たとえ権利発生事実ではあっても相対的に不利な法的観点が存在するという問題が生じたのである（わが国の新訴訟物理論は、前章に紹介したように「無色の請求権」などの観念により、法的観点によって結論に差異が生ずることはないという前提で議論を展開したので、この問題が顕在化することがなかった。しかし、「法的評価の再施」などが必要となるのは、法的観点による差異があるからこそであり、やはりこの問題を無視できないものと思われる）。ここでは、ある当事者が、自己に相対的に有利な規範の要件事実の立証に成功したと確信した後には、その者にとっては相対的に不利な規範の要件事実の立証責任を負担させても、その立証に熱意を示すことは期待しにくく、前述した弁論主義的観点からする訴訟の機能的運営は確保しえない可能性が大である。しかし、相対的に不利な規範ではあっても、相対的により有利な規範の要件事実が立証される以前は、権利の発生、消滅などを基礎づける以上、それを主張する者に有利であり、その者が立証責任を負うと考えることによって弁論主義的機能がもっともよく確保されることもまた事実である。そうであれば、新訴訟物理論ないし新実体法説によりつつ訴訟の機能的運営を考えると、基本的には法律要件分類説に立つとしても、一方当事者が複数規範の立証責任を負う場合に、複数規範のうちその者に相対的に有利な規範の要件事実が立証されたとの心証を裁判所がえた場合には、その者に相対的に不利な規範の要件事実に関し立証責任が転換されることを、裁判所は当事者に一定の手続をもって明示すべきである、と考える。この考え方は、従来いわれてきた、「原告又は被告の何れが挙証責任を負うかということは、最初から抽象的に定まっているのである。具体的な訴訟の経過によって、最初原告にあった挙証責任が、被告に転換されるというようなことはない」（兼子一『新修民事訴訟法体系〔増訂版〕』（昭和四三年）二五七―二五八頁）という命題に反することとなろう。確かに、立証責任が一貫して同一当事者にあるということは、訴訟運行の安定性のために望ましいことはいうまでもない。しかし、従来の説が、一貫した立証責任を観念して訴訟運行の安定性を確保してきたことの裏には、適用可能な複数規範のいずれが現実に適用されるかによる有利、不利は――新訴訟物理論においても、またわが国の旧訴訟物理論にあっても選択的併合という形で――当事者が偶然的に負担するという、当事者の実体的利益を無視した取扱が前提とされていたのである。この立証責任論の修正の必要は、著者が述べたように縦型、横型の統一的請求権を観念することによってはじめて問題となるものではなく、選択的併合を前提とした旧訴訟物理論、新訴訟物理論、新実体法説をとっても、実体規範による差異が存することを認める以上問題となるのであるが、従来は必ずしも明確には意識されていなかったように思われる。

（12）　井上正三「既判力の対象と裁判所の選択権（二）――『請求』論争への一視点――」立命館法学三三巻（昭和三五年）四八―四九頁。本書は、複数の規範調整を行なうことで問題を解決することを提唱したが、井上説は、前章に検討した二重の武器論の方向をより徹底した形で問題の解決を試み、当事者に法的観点の指定、順序づけの権限を与えることを提唱するものである（同論文五〇頁など参照）。

(13) なお、この点につき、上村明広「給付訴訟の訴訟物」岡山大学法経学会雑誌一八巻二号（昭和四三年）九〇頁以下参照。

(14) 三ケ月章「法条競合論の訴訟法的評価——新訴訟物理論の立場よりの一考察——」民事訴訟法研究第一巻（昭和三七年）一四四頁。

(15) 上村明広「請求権と訴訟物」民事訴訟雑誌一七号（昭和四六年）一三六頁。なお、バーダーの見解を含め、同・前掲「給付訴訟の訴訟物」岡山大学法経学会雑誌一八巻二号八六頁以下。

(16) この点については、三ケ月章「占有訴訟の現代的意義——民法二〇二条一項の比較法的・系譜的考察——」民事訴訟法研究第三巻（昭和四九年）一頁以下参照。

第四節　近時の学説的展開

本章に述べた統一的請求権の議論が、今後の学説史の展開の中でどのように受容あるいは否定されていくのかは、現段階ではそれほど明確ではない。この見解がはじめに雑誌論文の形で発表されてから多少の時間は経過したが、少なくとも書かれたものでみるかぎり、この議論に関係する見解の表明がそれほど多いとはいえない状況にあるからである。この原因は、この議論の内容が、実体法的な請求権競合論、訴訟法的な訴訟物などの二分野にまたがるものである上に、従来学界よりはむしろ実務において論議されることの多かった証明責任論を取り込むものでもあったため、伝統的な請求権競合論や訴訟物論の見地からみるかぎり、多少特異であることにあろうか、と考える。また、こと民事訴訟法学との関係に関する限り、この論議が、訴訟物論争が鎮静化し、民事訴訟法学の学界の関心が、総体的にみると訴訟物論から他の問題へと移行していった時期に発表されたことも無関係ではないかもしれ

ない。(1)

しかし、ごく最近に至って、このような私見と関係する論議が学界にも多少あらわれるに至った。たとえば、理由中の判断の既判力の問題との関連で、論陣を張ってきた吉村教授は、近時の論稿では次のような見解を表明している。(2)

「このようにみてくれば、既判力拡張の実体的基礎と訴訟的根拠とは訴訟過程における当事者の攻防レベルでの手続保障ないし行為責任の分担を媒介として発展的かつ統一的に把握しうるものではないかと考える。ただ、その際に、一方で、訴訟過程における攻防の展開に即して既判力の範囲を規律するとすれば、他方で、訴訟物たる権利関係を照準として既判力拡張の可否を決定することといかに関連するのかという問題が最後に提起される。これは結局、ここで訴訟物たる権利関係として考えられているものは何かという民事訴訟に基本的な訴訟物論の問題に帰着することになる。ここではもちろんこの点に立ち入って検討するゆとりはないが、既判力拡張との関連では、いわゆる旧説か新説のいずれかの見解だけでは必ずしも十分に対処しえないように思われる。／元来、訴訟前の私的紛争の一方当事者が、これを訴訟にもち込むには、当初の訴訟上の請求として一定の権利関係の主張を設定して、そのための攻撃防御方法を提出することになる。しかし、そこで当事者が仮定的に提示している権利関係は、訴訟過程における攻撃防御の展開につれて内容的にも進展し具体化してゆくものではないかと考える。同じ特定物引渡請求でも、当初は物権的請求権として設定されたものが、攻撃防御の展開につれ、たとえば、賃借権の抗弁および賃貸借終了の再抗弁を経て、債権的請求権の特性を備えるに至り、あるいは逆の発展を示すこともありうる。しかも、この展開は前訴後訴にまたがり、前訴請求ではもっぱら賃貸借終了による債権的請求権だけを主張し審判されたのに、後訴になって初めて物権的請求権としての攻防方法を提出していわゆる『取戻』請求権として再評価されることもある。そこで、既判力拡張との関連で訴訟物たる権利関係というときには、このような攻防の展開のなかで具体化されてゆくものとして、発展的に把握すべきではないかと考える。既判力は訴訟過程においてこのように具体化される権利関係をめぐる攻防の態様に即して遮断効を生じ、その第三者への拡張が問題となるのである。そうであれば、既判力作用の及ぶ要件として、後訴が前訴の訴訟物と同一、先決後決ないし矛盾関係にあるか否かという基準も、前訴過程における攻防によって具体化された権利関係を標識として判断すべきことになろう。」

もちろん、ここでは統一的請求権の用語も、本書に展開した図式的フォーミュラも採用されているわけではないが、請求、抗弁、再抗弁という訴訟の動態的展開が訴訟物と把握されるという私見の基本方向は、ほぼ受け入れられているように思われる（ただし、吉村説においては、右に引用したように、「既判力拡張との関連で訴訟物たる権利関係というとき」という限定が附されている点には留意すべきであろう）。

さらに、論者が私見との関係をどのように考えているのかは必ずしも明確ではないが、次のような見解が表明されていることも、注目すべきように思われる。

「訴訟物の存否の判断　つぎに、訴訟物の存否の判断というとき、これには二義があることに注意しなければならない。すなわち、これには、原告提示の訴訟物それ自体の存否の判断（狭義の訴訟物の存否の判断）をいう場合と、それのほか、訴訟物自体の存否に影響を与える主張、すなわち抗弁、再抗弁、再々抗弁などについての判断を経て訴訟物自体の存否を再確認する、複合的な判断（広義の訴訟物の存否の判断）をいう場合の、二つがあるのであり、これを明確に区別しなければならないのである。／主文において示される判断　さて、判決主文において示される判断は狭義の訴訟物存否の判断ではなく、広義の訴訟物存否の判断である。なぜならば、もし主文において狭義の訴訟物存否の判断のみを示したとすれば、それは判断の脱漏となるからである。したがって、判決の既判力を訴訟物からではなく、判決主文上の記載から出発して考察するならば、既判力は当然広義の『訴訟物についての判断』の効力ということになり、したがって、その範囲も原告の提示した訴訟物、すなわち狭義の訴訟物ではなく、広義の訴訟物について論じなければならないはずである。(3)」

この見解では、広義、狭義の訴訟物概念が使い分けられることになる。本書においても、訴訟物概念と準訴訟物概念を使い分け、後者は抗弁、再抗弁等々に関して観念されるものとし、給付義務の存否という訴訟物全体についての完全な既判力と、法的観点ないし準訴訟物についての——既判力潜脱の抗弁もありうる——既判力の二段構えの取扱がなされ、右の見解にいう広義の訴訟物について既判力が認められているわけであるし、それに加え、請求、抗弁、再抗弁などによる訴訟の動態的展開を訴訟物レベルで把握しようという点でも、右の見解も本書の基本的発想と軌を一にするように著者には思われるのである。

　このように、まだごく一部で関連する論議がなされているにとどまるので、本書が提起した請求権の問題が今後学界でどのように受けとめられていくかは、いまだ明らかとはいえないであろう。また以上本節で検討したものは、本書の論議と密接した内容に関して、それぞれの論者の見解が表明されたものであった。しかし、本書の論議と論理的内容としては別の見地から出発しながら、問題処理の結論そのものは同一となる見解は他にも存するところであるが、(4)本書における検討は、統一的請求権の主題と密接不離に関連するものにとどめることにした。

(1)　統一的請求権論の発表経緯については、本書五〇四頁注(11)参照。

(2)　吉村徳重「既判力の第三者への拡張」講座民事訴訟6裁判（昭和五九年）一七一—一七二頁。なお、本文引用の見解が展開される以前の同教授の見解については、本書五八一頁注(12)引用の諸論文、とりわけ、最近のものとして、吉村徳重「判決の遮断効と争点効の交錯」新・実務民事訴訟講座2判決手続通論Ⅱ（昭和五六年）三七四頁以下参照。

(3)　柏木邦良「訴訟物概念の機能」講座民事訴訟2訴訟の提起（昭和五九年）二〇五頁。この問題についての論者の見解をより詳細に示すものとして、柏木邦良「重複起訴の禁止、訴えの変更、訴えの併合、審理・判断の範囲と訴訟物概念の機能（上）、（下）」判例時報一一〇七号三頁、一一〇九号（以上昭和五九年）一二頁以下参照。

(4)　一例として、本書の先決的法律関係の確認と関係する例をあげれば、近時の小室説では次のように説かれている。「所有権の帰属に争いのある物の所有権に基づく返還請求訴訟の訴訟物は、旧説・判例（大判大一五・二・一判例捨《ママ》遺一巻民三七頁、同昭八・一二・二一新聞三六六四号一二頁）によれば、所有権に基づく返還請求権であり、新説によれば、物の給付を求めうる法律上の地位である。したがって、どちらの説によっても、その認容判決が先決関係として所有権の存在を認定していても、所有権は訴訟物には属せず、この判断には既判力は生じることはなく、被告はその所有権の帰属を再び争うことができるとされるのである。しかし、それはあまりにも形式論であり、訴訟経済と常識に反することは明らかである。なるほど物権的請求権と所有権とは実体法上は別個な権利であり、また訴訟法は所有権の存否を既判力的に確定する手段（二三四）を設けているが、物権の帰属の争いを前提とする訴訟においては、物権的請求権による給付訴訟が、物権確定の簡明直截で実質的な手段であり、かかる給付請求は所有権そのものの物権紛争訴訟における表現形式にほかならないということができる。物権とその物権的請求権の区別は、民法の静態的理論としては必要であるが訴訟の動態理論としては一体として考察し、中間確認という手段をとらせるまでもない場合がある。まさに、この場合には、物権的請求権＝所有権であり、その訴訟の訴訟物は実質的には所有権であるということができる。／上述の観点から、物権紛争においては、その抜本的解決方法としては、物権的請求の訴訟によるべきで、単独の物権確認請求は、その必要のあるときにのみ認めれば足る。この理は、占有権紛争についてみれば明白で、そこでは占有権確認請求を必要としない。また、所有権を主張してする登記抹消請求についても、所有権の存否を判断してなされた抹消請求の認容または棄却判決は、所有権の存否判断についても既判力を生じると解することができよう。」（小室直人「訴訟上の請求」新・実務民事訴訟講座1判決手続通論Ⅰ（昭和五六年）三五〇―三五一頁）。

ここでは、先決問題の確認についても既判力が生ずるという結論それ自体においては、私見とほぼ同一の結論が採用されているわけである（なお、「ほぼ同一」としたのは、私見によれば、この場合にも既判力潜脱の抗弁が可能であり、この点で結論に差異が生じうるからである。本書五八三頁注(22)参照）。

第一二章　不当利得返還請求権と他の請求権との関係をめぐる伝統的諸学説

第一節　請求権競合論など

一　以上、統一的請求権とその法律構成について一般的な形で問題を論じてきたが、そこですでに述べたように、不当利得規範と他の規範との競合は、この統一的請求権の問題の一環として、縦型の統一的請求権あるいは横型の統一的請求権として考えられるべきものである。本書が両性的不当利得事案として何度となく物権的返還請求権や帰属法的不当利得返還請求権と矯正法的不当利得返還請求権との競合関係を問題としてきた事案は、縦型の統一的請求権として構成され、当初請求、抗弁、再抗弁のそれぞれが全体としての統一的請求権の属性を決定するものとなっている。(2)また、不法行為による損害賠償請求規範と帰属法的不当利得規範などは、横型の統一的請求権として規範調整がなされるべきことになる。(3)ここでは、本書が右のような結論を採用することを前提とした上で、従来の学説が、この不当利得規範の競合問題をどのように考えていたのかを、一部これまでに述べてきたことと重複することになるが、簡単にまとめてみることとする。

二　従来、不当利得返還請求権と他の請求権との関係については、「判例および通説は、……できるだけひろく《請求権の競合》を認めようとする」(4)と説かれているように、請求権競合が通説と一応いえる状況であった。しかし、このように不当利得に関しての請求権競合論は、一般的に内容的にほぼ同一の給付をめぐって複数の請求権が並存する場合に請求権競合を観念し、単に不当利得返還請求権もその一環として位置づけるにとどまっていた。そこでは、一般論を説くにさいしても、不当利得返還請求権に焦点を合せた形で請求権競合論を説くことすらも例外であった。したがって、物権的返還請求権と不当利得返還請求権、不法行為による損害賠償請求権と不当利得返還請求権などの個別問題に即して請求権競合論ないし請求権競合論的な実質が採用されるにとどまり(5)、議論として特に検討の対象となる特異な点はほとんどなかったといってよい。

三　しかしながら、契約の無効、取消の場合にあっての物権的返還請求権と不当利得返還請求権の競合に関しては、本書の叙述をみてもわかるように当事者間の関係としては不当利得規範が優先的に適用される必要があった。このような結論は法条競合論によっても達成されるところであるが、端的にこの場合に法条競合論を主張している説は見当たらない。しかし、伊藤(高)説においては、このような場合――不当利得関係などの「人的な関係がある場合」――には物権的返還請求権がそもそも発生しない(6)、とすることによって右に述べた結論が――契約の無効、取消の場合等々の枠組は存在せず、一般的な形においてではあるが――実質的には実現されていた。ここにおいては、法条競合の言葉は使われていないまでも、法条競合的な実質が実現されていることになる。

さらに、川村説、広中説、松坂新説など不当利得の類型論者は、当然のことながら右に述べた契約の無効、取消という枠組を附した上で、不当利得規範のみが適用されるべきことを主張していた(7)。

四　また、本書に述べた物権規範と不当利得規範の重畳的適用の議論は、もちろん本書に述べたような統一的請求権の議論を展開するものではないが、鈴木説が主として請求権の性格規定という観点から(8)、四宮説が規範調整という観点から(9)展開していたところであった。

五　以上ごく簡単に学説状況を概観したところからは、不当利得返還請求権と他の請求権との関係においても、一般的な請求権競合の場合に論じられるところに対応して、種々の諸学説が対立していたことが判明する。しかしながら、不当利得に関しては、これらの諸学説に加え、不当利得特有の議論として(10)、いわゆる「不当利得返還請求権の補充性(補助性)」を主張する学説がある。わが国でこれを主張する学説が多いわけではないが、現在でもときに「補充性」の問題が論じられることもあるので、[11] これを次節に検討することにしよう。

(1) 本書二九七頁以下、本書四五九頁以下。

(2) 本書五五九頁以下参照。

(3) 本書五九〇頁参照。

(4) 我妻栄編著・四宮和夫執筆『判例コンメンタール⑥事務管理・不当利得・不法行為』(昭和四四年) 二一八頁。

(5) 民法一八九条以下と不当利得法の問題をひとまずおくと、わが国の現在の有力な学説は、不当利得返還請求権と、物権的返還請求権や不法行為による損害賠償請求権との請求権競合的な取扱を認めている(我妻栄『債権各論下巻一(民法講義V_4)』(昭和四七年) 九四四頁、九四七頁、一〇〇七頁。松坂佐一『事務管理・不当利得〔新版〕』(法律学全集22-I)(昭和四八年) 六七頁以下 (ただし、補充性論との関係につき、本書六一九頁参照))。

このような請求権競合的な取扱は、物権的返還請求権と不当利得返還請求権をめぐっては、民法起草者がそれを認めて以来、それを引き継ぐ形で、あるいは物権的返還請求権と競合することになる占有の不当利得を認める、などの形でその後の多くが学説の承認するところであった(梅謙次郎『民法要義巻之三債権編』(明治三〇年) 八五六頁、井上義男「不当利得論」法律学経済学内外論叢四巻三号(明治三八年) 二七頁(ただし、本書六二三頁注(28)引用箇所も参照されたい)、鳩山秀夫『増訂日本債権法各論下巻』(昭和三年) 七八五頁、川島武宜「物権的請求権」岩波法律学辞典四巻(昭和一一年) 二三四四頁、戒能通孝『債権各論』(昭和一一年) 三九三頁、吾妻光俊『新版債権法』(昭和三九年) 二七七頁など)。

(6) 伊藤高義『物権的返還請求権論序論——実体権的理解への疑問として——』(昭和四六年) 二頁以下(なお、このような方向で問題解決をはかるものとして、H. Siber, Eigentumsanspruch und schuldrechtliche Herausgabeansprüche vom Standpunkte der Rechtsneuordnung, Jherings Jahrbücher Bd. 89, (1941), S. 21ff. 参照)。

(7) 川村泰啓「契約の無効・取消と不当利得」契約法大系Ⅶ補巻(昭和四四年) 一六八頁以下、同「給付利得制度——契約関係の場で固有に機能する不当利得制度」判例評論一四三号(昭和四六年) 四頁、および同所に引用される諸論稿、広中俊雄『債権各論講義』(昭和五四年) 三九〇頁、松坂・前掲『事務管理・不当利得〔新版〕』(法律学全集22-I) 六八頁、二二三八頁など。

（8）　鈴木禄弥「法律行為の無効と給付物の取戻し」、「法律行為の無効・取消・解除の場合の給付物返還請求権は、どんな性質をもつか」それぞれ物権法の研究（昭和五一年）二一七頁以下、二二九頁以下、同『債権法講義』（昭和五五年）四四二頁以下。

（9）　四宮和夫『請求権競合論』（昭和五三年）一六三頁以下。

（10）　なお、後に記すように、「補充性」という議論は別段不当利得法との関連で発生したものではないので、他の請求権に関してこの語を用いることが論理的に排除されているわけではないが、この点は次節参照。

（11）　この不当利得返還請求権の補充性論は、フランス法では一般的な議論であるが、現在のわが国やドイツではほとんど主張されていない。これらの学説状況については次節参照。

第二節　不当利得の補充性（補助性）論

一　不当利得返還請求権の補充性あるいは補助性と呼ばれる議論は、不当利得返還請求権は他の請求権が成立しない場合にはじめて行使しうる、とするものである。このように考えるのであれば、不当利得返還請求権は実定法上の他の請求権を補充するものとなり、不当利得返還請求権と他の請求権との競合は生じないこととなる。

ただ、ここで留意する必要があるのは、比較法的検討を行うさいに、次の問題が存在することである。ドイツ法と日本法とは不当利得の概念がほぼ共通しているために、不当利得返還請求権の補充性を論じるさいにもほぼ同種の問題が念頭におかれている。しかしながら、フランス法においては、不当利得の語は主として転用物訴権の事案を意味するため、不当利得返還請求権の補充性として論じられるものは、転用物訴権の補充性をめぐってである。そこでの補充性論の具体的内容は論者によって異なるが、――一例をあげれば仲介者の支払不能を要件とするために補充性論が主張されるなど――そのいずれも、わが国において説かれる不当利得返還請求権の補充性論とは念頭におかれる問題が異なっており、比較法的検討にさいしては注意する必要がある。このような問題があるため、こここではフランス法における不当利得返還請求権の補充性の問題を後にフランス不当利得法を叙述するさいに譲り[1]、ドイツ法と日本法とを中心に問題を考えることにする[2]。ただ、後の叙述をみればわかるように、基本的には補充性の議論はドイツにおいては今日的意味をもたないものであり、今後のわが国においてもそれほど意味をもつものとは著者は考えないので、補充性の議論がいかにして発生しまた展開してきたかを、補充性論の意味をうきぼりにするかぎりで略述するにとどめ、学説、判例の細部にわたる検討にまでは立ち入らないこととする。

二　ドイツの学説状況

補充性の概念は、歴史的には普通法における「補充性（Subsidiarität）」の観念に由来する。この観念は、初期には普通法における訴権競合の一類型として、第一の訴権が充分目的を達しなかった場合に使われる第二の訴権――例をあげれば、第一の訴権で遺産分割の実行をした後にも、共有物として残った物を第二の訴権をもって分割請求する場合など――を意味するものとして出現した。しかし、後にその概念が転用され、一九世紀には、同一の結果を生みだす他の訴権が存在しない場合に提起しうる訴権の性格づけに、補充性の語が用いられるようになった。ここでは、補充性は訴権の破棄事由としての意味をもつに至り、今日的な意味で補充性の語が用いられ始めたのである。そのさい、補充性の根拠それ自体はそれほど論じられることはなかったが、それを論ずる者は、訴権が補充的性格を有するか否かはその訴権の目的により定まる、としている。ここで不当利得返還請求権はその目的が衡平を基礎とする最後的な補助手段であるとして、補助的性格を有するという考え方と不当利得とが結びついたのである[3]。

しかしながら、一般には、普通法の時代にあっても、転用物訴権は契約不存在の場合に認められるという意味で補充性の観念と結びついていたものの、現行不当利得法の源となるコンディクチオ法（condictio）はコンディクチオ以外の訴権との関係で補充性の観念と結びついていたわけではない（ただし、物権的返還請求権（rei vindicatio）との関係では、コンディクチオ法の補充性を認めるという意味ではないが、両者の関係につき多少議論があったところであり、これが後の誤解の原因となった側面がある）。単に、複数の有名コンディクチオのうち、狭義の無原因によるコンディクチオ（condictio sine causa）が、他の有名コンディクチオによっては解決しえない場合適用されるという特別な立場を占め、コンディクチオ相互の間でのみ補充性が問題となったにすぎない(4)。

ドイツ民法の制定にさいして、ドイツ民法第一草案は普通法学説に従い、個別のコンディクチオの体系を条文化した。具体的にいえば、非債弁済（七三七条～七四一条）、目的不到達による不当利得（七四二条～七四四条）、原因消滅による不当利得（七四五条～七四六条）、不法原因給付（七四七条）を規定し、最後に無原因による不当利得（七四八条）を規定したのである（それぞれ順に、condictio indebiti, condictio causa data causa non secuta, condictio ob causam finitam, condictio ob turpem causam, condictio sine causa）。ここでは、個別の規定は補充的性格をもつものとはされていなかったが、最後の無原因による不当利得は、他のコンディクチオ法の間隙を埋めるものとされていた。しかし、無原因による不当利得が補充的であるのも他のコンディクチオ法に対してだけで、それ以外のものに対して補充的であったわけでなく、不法行為による損害賠償請求権などとの競合は認められていた。また、コンディクチオ法と物権的返還請求権との競合も認められていた(5)。

この第一草案の規定の仕方に対しては、有名なギールケ、レーネルの批判があり、不当利得の一般原則を定めるべきことが主張された(6)。その批判を受け、第二草案そしてそれにもとづくドイツ民法典は、不当利得法の冒頭に無原因の不当利得を不当利得の一般原則として規定することとなった。ドイツ民法第一草案にあっては、他のコンディクチオに対して補充的な condictio sine causa specialis が不当利得法の末尾に規定されたのに対し、第二草案およびドイツ民法典においては、普通法末期に他のコンディクチオ法をも包摂する不当利得の一般原則と考えられていた condictio sine causa generalis が不当利得法の冒頭に規定されたことになる。しかし、ドイツ民法制定以後も、この不当利得の一般原則をめぐって補充性の問題が議論されていくことになった(7)。

しかし、まず補充性の概念に焦点を合わせてみると、ドイツ民法制定以後、この補充性の性格をどのように位置づけるかは、学界の中でもそれほど明確になっていたわけではなかった。補充性を有する規範は他の規範に劣後し、その適用が排除されることになるわけであるが、法条競合にさいしても一方規範の適用排除がみられる。それでは補充性論と法条競合論とはいかなる関係にたつことになるのか。ドイツの学界においても考え方は一様ではなく、一方にその内容が曖昧であるとして補充性概念を否定するシュミットの立場があれば、(8)他方に法条競合とは別個の概念として補充性を認めるレントに代表される立場もあり、(9)さらに、法条競合論の亜種として補充性の概念を認めるディーツの立場もあった。(10)この意味では、補充性の概念それ自体が、請求権競合や法条競合のように学界の中で固まっているとはいいがたいものだったのである。(11)

次に、不当利得返還請求権をめぐる議論に焦点を合せると、ドイツ民法施行以後の最初の三〇年間は、学説の多くは不当利得返還請求権の補充性を否定してきたものの、(12)不当利得返還請求権の補充性を認める説も一部に存在した。この補充性を認める説には二種のものがあった。一つは、一般的に不当利得返還請求権の補充性を認め、他のあらゆる請求権に対して不当利得返還請求権が劣後すると考える立場であり、他は、特定の場合にのみ不当利得返還請求権の補充性を認め、特定の請求権との関係においてのみ不当利得返還請求権が劣後すると考える立場である。具体的学説は次段以下に論ずることとして、一般には、前者を絶対的補充性、後者を相対的補充性と名づけることができるであろう。(13)

さらに、この不当利得返還請求権の絶対的補充性を認める立場にあっても、その根拠に関しては二種の立場に分かれる。第一は、不当利得返還請求権の性格論を根拠としてそれに補充性を認める見解である。ドイツ民法典上の不当利得法に関してこのような見解を最初に主張したのはクーレンベックであるが、彼は、不当利得法は、通常の法手段をもってしては攻撃しえない形式的法状況と実質的な正義の要請との乖離をとりのぞくことがその役割であるとして、不当利得法の衡平説的把握を根拠に一般的な補充性を承認した。(14)この他にも、不当利得法の衡平説的把握を根拠に絶対的補充性を認める者が、ヘーデマン他、(15)若干存在しないわけではない。(16)しかし、多くの学説は、一見すると絶対的補充性をとるかのような表現をとってはいても、仔細に検討してみると、特定の請求権と不当利得返還請求権との関係を問題としているだけであり、[17]不当利得法の性格論を根拠に絶対的補充性を認める者は右にあげた者などほんのわずかにとどまるようである。

不当利得返還請求権の絶対的補充性を認める根拠についての第二の立論としては、他の請求権が存在する場合には不当利得返還請求権の要件が充足されない、と考える立場がある。具体的には、他の請求権によって利得を返還しなければならない以上被請求者に「受益」がない、あるいは、他の請求権によって利得の返還を求めうる以上請求者には「損失」がない、と考える立場である。ここでは、他の請求権が存在する場合には「受益」ないし「損失」の要件が常に充足されないことになり、不当利得返還請求権は他の請求権に対して絶対的に補充的なものとなる。マイルは、事務管理訴権などとの関係において、次のようにいう。「不当利得返還請求権は、本質的に他人の損失による利得を条件とする。事務管理訴権が利得者・損失者間に存在しているかぎり、債務者が権利者の損失において利得していると主張することはできない。それというのも、その請求権によって権利者はいつでもこの表見上の利得を債務者から取り去りうる状況にあるからである。換言すれば、それは請求権という形をとって、すでに権利者の財産のなかに存在するのである。[18]」このような、受益、損失の要件の不充足を根拠に実質的に不当利得返還請求権の補充性を認める見解は[19]、この他、ユング[20]、シュルツ[21]らによっても採用されている。

しかし、ドイツにおいては、一九三〇年代のヘーデマンの学説[22]を最後に、不当利得返還請求権の絶対的補充性を主張する説は姿を消した。判例においても、不当利得返還請求権の補充性が問題となることがそれほど多いわけではなく、論者によって判例の評価はさまざまであるが、判例上も不当利得返還請求権の補充性が認められたことはない[23]。このようにみてみると、ドイツにおいては不当利得法の絶対的補充性論は一時期一部の者によって主張されただけで、現在的な意味をもつ学説ではないということがいえるであろう[24]。

なお、相対的補充性論の問題に関しては、当然のことながら、問題となる個々の請求権の性格を考えることが必要となり、問題は一様ではない。ドイツにおいては、物権的返還請求権（ドイツ民法九八五条）ないしドイツ民法九八七条以下の規定（日本民法一八九条以下（果実取得権の問題など）に対応する）との関係、契約上の請求権、不法行為による損害賠償請求権、占有回収訴権その他（ドイツ民法八六一条、一〇〇七条）、事務管理訴権との関係などが種々論議されるところである。この点は、わが国にもある程度紹介されているところでもあり[25]、問題は個別的にならざるをえないので、本書では詳細には立ち入らないこととする[26]。

三　わが国の学説、判例の状況　次にわが国における不当利得の補充性論の問題を概観してみよう。民法起草過程において不当利得返還請求権の補充性が論じられた形跡は特に見当たらないが[27]、ドイツにおいて不当利得返還請求権の補充性が論議されていることは、すでに明治期の論文においても紹介されている[28]。しかしながら、補充性を認めるべきであるとの結論を展開する者はそれほど多くはなかった。古くは中島説が受益の要件の不充足を根拠に――絶対的補充性ではなく、個々の請求権との関係で相対的に――補充性を認める一般枠組を展開している（ただし、中島説も現実の結論としてはほとんどの場合に競合関係を認めている）[29]。また、谷口説[30]、松坂説も[31]、一定の場合、特に不当利得返還請求権によって他の制度や法規が回避され、崩壊するような場合に、不当利得返還請求権は補充的であるべきであるとしている。また、我妻説も契約訴権などとの競合に関し、利得や損失の要件を手がかりとしながら契約訴権に対する劣後性を承認している[32]。これらの説においては、現実に不当利得返還請求権が補充的とされる事例は一般的ではなく例外であったのに対し、玉田説は、やはり不当利得法を衡平説的にとらえた上で、原則的に補充性を認め、広い範囲にわたって不当利得返還請求権の適用が劣後すべきことを説いている[33]。

以上検討したところによれば、前節に述べたように、わが国においては不当利得返還請求権についても請求権競合と考える立場が大勢であり、補充性論が有力に主張されていたわけではなかった。また判例も、基本的には不当利得返還請求権の補充性を次のように否定している。

〔12・1〕　大判昭和一五年三月九日評論二九巻民法六六九頁。

「不当利得ノ返還請求権ヲ以テ他ノ請求権ニ対スル補充的権利ト做スモノトハ解シ難ク従テ不当利得ノ要件ヲ

具備スル以上之ニ基ク返還請求権ハ他ノ請求権ト競合スルコトアルヘキモ後者ノ存在ハ敢テ前者ノ発生ヲ阻止スヘキモノニ非スト解スルヲ相当トス」

しかし、裁判例の中には、ドイツのマイルやわが国の中島説同様、請求者がほかに請求権をもっている以上「損失」を蒙ったとはいえないとして、「損失」の要件によって実質的に不当利得返還請求権の補充性を認めたものもある。

〔12・2〕大阪控判大正九年七月八日新聞一七三四号一九頁。

Xは、Yの債務を弁済し、消滅させた。裁判所はこれが事務管理であるとして、次のようにいう。

「然らばXは民法第七百二条により自己の出捐に付きYに対し求償権を有するものなるを以てXは右の行為に依り損失を蒙りたるものと云ふことを得ず然ればYのAに対する前示の二通の手形債権は全然消滅しYは該債務を免れたる利益ありとするもXに於て右出捐に付き求償権を有するものと認むべき以上XはYに対し其利益を不当に利得するものとして不当利得の返還請求権あるものと云ふことを得ざるものとす」

右の裁判例において、裁判官が不当利得の補充性の問題であることを意識して判示したか否かは不明であり、単純に不当利得の損失の要件の問題として考えた可能性もある。また、〔12・1〕の大審院判例の存在をも考えるならば、むしろわが国の判例は不当利得返還請求権の補充性を否定していると理解するほうが素直であろう。

四　以上検討してきたような不当利得返還請求権の補充性を——原則的に、あるいは例外的に——認める説が少数ながら存在したのは、不当利得法を衡平説的に把握した上で、それがとりとめもなく拡がって他の法制度が潜脱されることを恐れるからであろう。本書に述べたような形で、不当利得法を他の実定法規範と同様の具体的法制度として考えるならば、右にあげた論者が恐れたような危険はもはや存在しないといってよい。具体的に考えても、前章（あるいは第六章）の検討をみれば明らかなように、物権規範と不当利得規範とでは、こと当事者間においては不当利得規範が優先すべきものであり、決してそれは補充的なものとして考えられるべきではなかった。また、補充性論の沿革から考えても、無原因の不当利得（condictio sine causa）が不当利得の原則規定として定められたために、condictio sine causa specialis に即して考えられていた他のコンディクチオへの劣後性と、系譜的には不当利得法と関連しないものであった補充性の議論とが結合し、補充性の概念それ自体も明確とされないままに論じられてきたという色彩が濃厚であるように思われる。転用物訴権に関しては契約訴権への劣後性を明確にするために補充性を観念することの意味がないではないが、こと一般の不当利得法に関しては、比較法的には種々議論がないではないものの、その補充性を観念することはいたずらに議論を混乱させるだけで、とりたてて意味は存在しないように思われる。

（1）本書七一二頁以下。
（2）以下のドイツ法の叙述は、基本的にはR. Schmitt, Die Subsidiarität der Bereicherungsansprüche,（1969）に依拠するものである。わが国において補充性の問題を論じたものとしては、浜上則雄「不当利得返還請求権の『補助性』」谷口還暦　不当利得・事務管理の研究(3)（昭和四七年）一頁以下、水本浩「不当利得の補助性――無効・取消と不当利得を中心として――」続学説展望（別冊ジュリスト4）（昭和四〇年）八四頁、谷口知平『不当利得の研究』（昭和四四年）一頁以下、同「不当利得」別冊法学セミナー三二基本法コンメンタール新版債権各論（昭和五二年）一九三頁以下、四宮和夫『請求権競合論』（昭和五三年）一七五頁以下、同『事務管理・不当利得・不法行為上巻』（現代法律学全集10）（昭和五六年）五六頁以下など参照（この他、後に補充性の学説史を述べるさいに紹介する松坂説、玉田説、中島説など参照）。
（3）Schmitt, a. a. O., S. 12 ff.
（4）Schmitt, a. a. O., SS. 83 f. u. 57ff.
（5）Schmitt, a. a. O., S. 85 f.
（6）O. v. Gierke, Der Entwurf eines bürgerlichen Gesetzbuchs und das deutsche Recht,（1889）, S. 272ff.; O. Lenel, Die Lehre von der Voraussetzung（im Hinblick auf den Entwurf eines bürgerlichen Gesetzbuches）, AcP 74（1889）, 237.

(7) Schmitt, a. a. O., S. 87ff.

(8) R. Schmidt, Die Gesetzeskonkurrenz im bürgerlichen Recht, (1915), S. 16.

(9) F. Lent, Die Gesetzeskonkurrenz im bürgerlichen Recht und Zivilprozeß, Bd. 1, (1912), S. 27ff.

(10) R. Dietz, Anspruchskonkurrenz bei Vertragsverletzung und Delikt, (1934), S. 40ff.

(11) Schmitt, a. a. O., S. 17ff.

(12) 学説の詳細については、Schmitt, a. a. O., S. 88. Anm. 18. 参照。

(13) Schmitt, a. a. O., S. 88.

(14) L. Kuhlenbeck, Das Bürgerliche Gesetzbuch für das Deutsche Reich, Bd. 1, 2. Aufl. (1903), S. 659.

(15) J. W. Hedemann, Schuldrecht, 2. Aufl. (1931), S. 425 f. なお、この後のヘーデマンの改説につき注(22)参照。

(16) シュミットは、次の二名のみをこの見解をもつものとしてあげるが、文献未入手のため著者未見である。E. E. Hölscher, Durch die Pandekten zum BGB, Eine romanistische Einführung in das Verständnis des heutigen bürgerlichen Rechts, (1928), S. 187 ; J. B. Waecher, Die Subsidiarität des Bereicherungsanspruchs, (1932), S. 17 ff., zit. nach Schmitt, a. a. O., S. 97.

(17) この点についての具体的な学説の検討に関しては、Schmitt, a. a. O., S. 98f. 参照。

(18) R. v. Mayr, Der Bereicherungsanspruch des deutschen bürgerlichen Rechtes, (1903), S. 358.

(19) 他の請求権が存在する場合には、受益、損失などの要件を充足しないので、不当利得返還請求権は発生しないという考え方は、複数請求権の間の順位関係を問題とするのではないから、補充性を問題としているのではない、とする見解がある（Schmitt, a. a. O., S. 95. なお、わが国の学説として、浜上・前掲「不当利得返還請求権の『補助性』」谷口還暦　不当利得・事務管理の研究(3)一五頁、我妻栄『債権各論下巻一（民法講義V_4）』（昭和四七年）九四四頁）。しかし、この見解は形式的にすぎるように思われる。他の請求権をもつ場合に「受益」または「損失」があると考えるのかないと考えるのかは、「受益」・「損失」の概念から論理的に判断されるわけではない。論理的には「受益」・「損失」の有無はいずれとも評価しうる（多くの説においては、物の占有も利益とされるのであるから、現に、ドイツにおいても、請求権が存在している場合にも受益があるといえるのではないかという反論が、マイルなどの説に対してはなされている。R. Plessen, Die Grundlagen der modernen condictio, (1904), S. 60）。この評価を決定するのは、他の請求権と並置して不当利得返還請求権を認めるべきか否かの判断でしかない。そうであるとすれば、この問題は、「補充性」の問題そのものにほかならない。

(20) E. Jung, Die Bereicherungsansprüche und der Mangel des „rechtlichen Grundes", (1902), S. 43.
(21) F. Schulz, System der Rechte auf den Eingriffserwerb, AcP 105 (1909), 481.
(22) Hedemann, a. a. O., (1931), S. 425f. においては、不当利得返還請求権の絶対的補充性が主張されていた。しかし、同書三版（一九四九年）三三七頁においては、「できるだけ補充的に」との弱い表現に改められた。
(23) 判例の評価の点をも含めて、Schmitt, a. a. O., S. 89f.
(24) ただし、スイスにおいては、マイルなどと同様の、受益と損失の要件の不充足を根拠に実質的に不当利得返還請求権の補充性を認める見解が今日なお主張されていることにつき、Schmitt, a. a. O., S. 118 ff.
(25) 浜上・前掲「不当利得返還請求権の『補助性』」谷口還暦　不当利得・事務管理の研究(3)一六頁以下。
(26) これらの問題の詳細については、Schmitt, a. a. O., S. 102ff. 参照。
(27) たとえば、梅博士が物権的返還請求権と不当利得返還請求権の関係につき、請求権競合的な考え方を展開していたことにつき、本書六一三頁注(5)参照。
(28) 井上義男「不当利得論」法律学経済学内外論叢四巻三号（明治三八年）二一頁以下など。
(29) 中島説は、一般論としては次のように述べる。「他ノ救済手段存スル場合ニ於テハ未タ利得ヲナシタリト云フヲ得サルヲ以テ不当利得ノ条件ヲ缺クヲ以テ此ノ点ヨリシテ不当利得ノ訴権ヲ生セサルコトアリ……我民法ノ解釈トシテモ亦当ニ此ノ通説ノ如クナル可シ……他ノ救済手段存スル場合ニ未タ利得ナシト云フヲ得ルヤ否ヤハ個々ノ場合ニ就キテ決定ス可キモノニシテ……」（中島玉吉「不当利得ヲ論ス」民法論集（大正一四年）一〇四頁）。
(30) 谷口・前掲『不当利得の研究』三九頁以下。なお、同書一二頁は、注(18)引用のマイルの説に言及している。
(31) 松坂佐一『事務管理・不当利得〔新版〕』（法律学全集22-I）（昭和四八年）六五頁以下。
(32) 我妻・前掲『債権各論下巻一（民法講義V_4）』九四四頁参照。
(33) 玉田弘毅「不当利得における悪意受益者の「責任」について——民法七〇四条第二文の体系的地位の検討——」明治大学法制研究所紀要二号（昭和三四年）五一頁以下。

第四部　不当利得法に混入していた若干の夾雑物

第一三章　法律構成が未純化の諸問題

第一節　緒　論

不当利得法の基本構造は、第二部、特に第四章に示したところでほぼ明らかになった、と考える。しかしながら、さきに判例を総合的に検討したさい、実務上不当利得事案とされていた問題を表にして示したが[1]、そのうち、第二部で取り扱わなかった問題が四点ほど存在する。それは、財貨移転が法律関係によって一応基礎づけられているにもかかわらず、不当利得法によってその財貨移転が修正されるかにみえる事案であり、失念株、騙取金員による弁済、目的不到達による不当利得、質入債権に対する転付命令の四つの事案がそれである。ところが、個々的に検討してみると、これらの事案をめぐる従来の議論は、必ずしも問題が純化されないままに展開されてきたという側面があることが判明する。そして、個々の事案にその実体に即した法律構成を与えるならば、これらの事案は、もはや法律関係によって基礎づけられている財貨移転を不当利得法によって修正するという、二元論的衡平説が考えていたような問題にとどまるわけではない。ある種の事案は不当利得法外の問題として法律構成が純化された形で解決され、ある種の事案は法律構成が純化されれば、財貨移転を基礎づける法律関係の存否が不当利得法の成否を決するという、不当利得法の基本枠組にそのまま合致したものに転化することになる。これによって、第四章にとらえた不当利得法の基本構造――財貨移転を基礎づける法律関係の存否が不当利得法の成否を決し、財貨移転秩序に瑕疵がある場合に財貨の帰属を回復することが不当利得法の基本的機能であるということ――が、実務で不当利得とされていたものについて例外なく貫徹されることになる。この点を明らかにするため、第二節で騙取金員による弁済と第三者の受益、第三節で目的不到達による不当利得と法律行為の効力、第四節で商法、民事訴訟法上の問題として失念株の問題と質入債権に対する転付命令の問題とを検討することにする。

（1）本書二六八頁参照。

第二節　騙取金員による弁済と債権の対外的効力
――「価値の上のヴィンディカチオ論」をふまえつつ――

一　大正年間から近時に至るまで、わが国の不当利得法学において判例、学説を混乱させていた一つの問題として、金員を騙取した者が、債務の弁済などのためにその金員を第三者に交付した場合に、被騙取者が、騙取者に対してではなく、金員受領者その他の受益者に対して不当利得返還請求をなしうるか、という難問があった。判例は一定の場合にこの請求を認めていた。しかし、そうすると被請求者は債権関係にもとづき弁済として金員を受領し、財貨移転は法律関係によって基礎づけられているにもかかわらず、不当利得法による返還請求が認められることになり、この意味で、この事案は第四章に述べた観点からすると不当利得法の異物といえたのである。

この問題に関して、判例は、数がきわめて多いにもかかわらず、近時に至るまで安定した結論を示すことなくゆれ動いていた。また、この間、学説においても、この問題について確固たる解決が示されていたわけではなかった。このような混迷した状況の中で、最高裁判所は昭和四二年に新たな視点によって問題を解決し、この判決の打ちだした方向は学界で多くの賛同を得るに至った。しかし、それにもかかわらず、著者にはこの判決の法律構成には大きな問題が含まれているように思われる。判決自体はそれを意識していなかったものの、この判決が提示した要件を仔細に吟味していくと、債権者取消権や債権者代位権などの債権の対外的効力とこの事案との異同が問題とならざるをえない側面がある。この点を解明していくと、従来、学界、実務を混乱させてきたこの種の事案がいかなる実体をもつものであったかについて、後述するように一つの明瞭な像が浮かびあがってくることになる。

以上の状況をふまえ、本節ではこの問題を次の順序で論ずることとする。まず、昭和四二年判決以前の混迷状況を、**二**で裁判例に即して、**三**で学説に即して検討した後、**四**で昭和四二年判決およびそれ以後の判例、学説を紹介し、**五**でこれらの判例の批判的検討を行なった上で問題の実相と解決のあり方についての著者の分析を示すことにしたい。

二　判例の混迷状況

(イ)　まず最初に、問題の状況と本節全体の分析を明瞭にするために、次の三つの判例を例示的にとりあげ、この種の事案における三つの紛争の型を示した上で、(ロ)で判例の状況を述べることにしよう。

まず、この種の事案を「法律上ノ原因」の有無の問題として扱ったものがある。

〔13・1〕　大判大正一三年七月二三日新聞二二九七号一五頁。

Mは Yとの金銭消費貸借契約にもとづき金銭債務を負担していたところ、その返済にさいしてXを欺罔し、偽造株式を担保にXと金銭消費貸借契約を結び、そこで得た金員をYへの弁済に当てた。判決においては、M－Y間の金銭消費貸借契約は有効であるが、M－X間の金銭消費貸借契約は要素の錯誤によって無効とされている。XはYに不当利得返還請求権を行使したが、裁判所はそれを認めなかった。その理由は、主として、Yが自らの債権にもとづき金員を受領し、「法律上ノ原因」が存在することにある。

次に、この種の事案を、受益と損失との「因果関係の直接性」の問題としてとりあげた、二つの事例がある。

〔13・2〕　大判大正八年一〇月二〇日民録二五輯一八九〇頁。

Y（=次々頁図のA）は自らが借主となってBより金員を借りたが、それはMの依頼にもとづくものであった。そのさい、MはYに対しこの債務に関し自らが責任を負い、Yになんら迷惑を及ぼさないことを約定していた。

後にこの債務の返済が問題となったさい、Mは、Yを無権代理しXより金員を借り受け、それをもってYのBに対する債務を弁済した。それにより、Yは債務を免れたことになるわけで、その利得の返還を求めて、XはYに不当利得返還請求権を行使した。大審院は、Yの受益とXの損失との間にMの独立した行為が介在し、「直接ノ因果関係」がないとして、この請求を認めなかった。

〔13・3〕　大判大正一〇年六月二七日民録二七輯一二八二頁（ただし、事案の要約につき同一事案についての判示である大判大正一三年七月一八日新聞二三〇九号一八頁をも参照した。なお、本書六四九頁参照）。

Mは、代理権を有していないにもかかわらずAの代理人としてY（＝次頁図のB）より金員を借り受けた。その後、それを返済することが必要となったため、Mはやはり無権代理人としてA名義でXより金員を借り受け、その金員をもってYに弁済した。XはYに対して不当利得返還請求権を行使した。原審は、X・Y間の関係にMの弁済行為が介在しており、因果関係の要件が充足されていないとして、Xの請求を棄却した。大審院は、因果関係の要件が充足されるか否かは、Mが当該金員の所有権を取得したか否かによって異なるとして、破棄差戻をした。

例示的にあげた、右の三つの判例の当事者間の関係を図示すると、次頁のようになる。〔13・1〕は、中間のMが、Xより金員を騙取し、Yにそれを引き渡しているだけで、事案としては単純である。他方、〔13・2〕、〔13・3〕の事案は次の点で比較的類似している。まず、MないしAは、Bより金員を借り入れていた。その返済をなすにさいして、MはXより金員を騙取し、その金員をもって弁済に当てた。ただ、Xが不当利得返還請求権を行使するにさいして、〔13・3〕の事案においては金員を直接受領したBを被請求者としたのに対し、〔13・2〕の事案においては、右の弁済によって債務を免れたAを被請求者としたのである（なお、以下本文ではX、Y、M、A、Bなどの記号を左に図示したところに従って用いることにする）。[1]

大審院においては、後述するように、騙取金員による弁済の事案をめぐって何度となく判決が繰り返されることとなったが、事案のタイプとしては、左に図示したこの三種の事案にすべて分かれている（なお、ここで事案を分けて問題を考える意味については、五の叙述参照）。

(ロ)　裁判における要件論の混乱　右に例示した判決からも推察できるように、従来、この種の事案は、数多くの判例において「利得と損失の因果関係の直接性」の問題、あるいは「法律上ノ原因」の問題として論議されてきた。これらの判例の総合研究(2)をみてもわかるように、判例の結論は錯綜しており統一的理解はほとんど不可能であるが、判例をそれぞれが問題としている要件論に従って分類してみると、戦前ほぼ三つの視点からこの問題についての判断が下されていた、といえそうである。

第一に問題とされたのが「受益と損失の因果関係の直接性」である。初期の判例である〔13・2〕は、受益と損失との中間に騙取者Mの独立した行為が介在すること自体を問題として、いわゆる因果関係の直接性を否定したものであった(3)。しかしながら、その判例の直後には、逆の判例として中間者Mの行為が介在しているにもかかわらず、因果関係の直接性という枠組にふれることなく、被騙取者Xから金員を受領したBに対する不当利得返還請求権を認容した例が存在している(4)。その後には、〔13・3〕にみられるように再度「因果関係の直接性」という枠組が判例上採用されるに至ったが、その内容が右にあげた初期の判例〔13・2〕とは異なっていた。すなわち、初期の判例〔13・2〕は、受益と損失の中間に騙取者Mの独立した行為が介在することそれ自体が因果関係の直接性を否定する要因と考えた。それに対し、後の判例は〔13・3〕をも含めて、Mの行為は

〔13・1〕

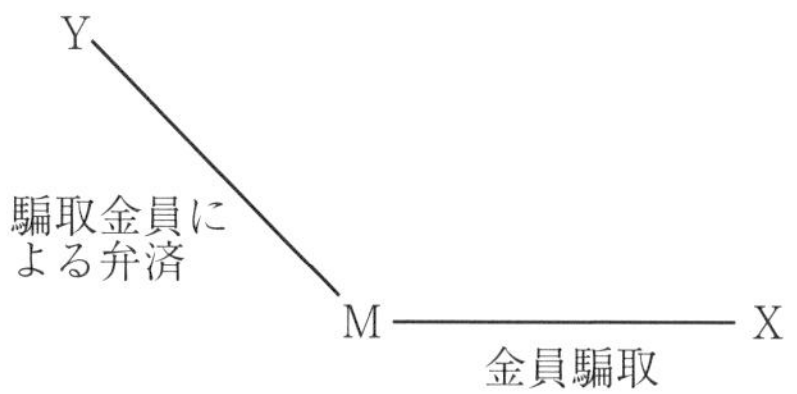

〔13・2〕〔13・3〕

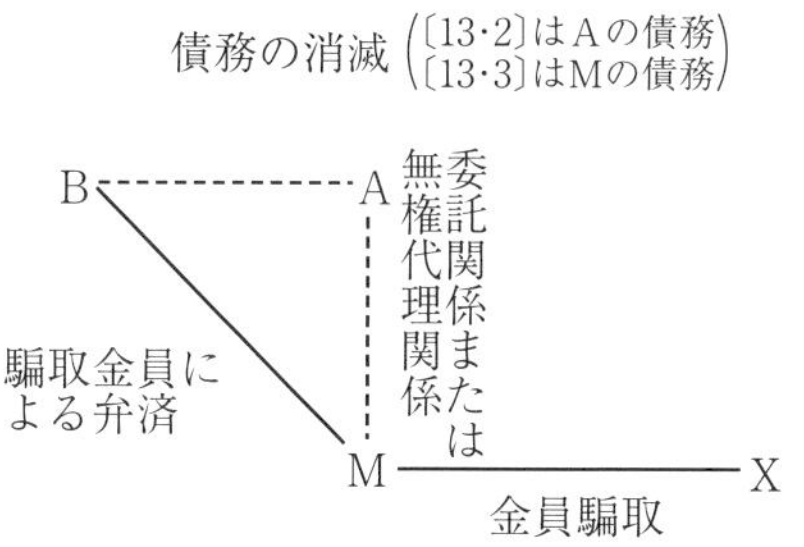

介在していたとしても、Mの行為によって同時にXの損失とYの利得が発生すれば因果関係の直接性は維持される、と考えたようである。このため、当該事案において、問題となっている金員の所有権がいずれにあるかが、判例上きわめて重視されるに至った[5]。かりに、MがYまたはBに弁済する時までXに金銭所有権があれば、Mの弁済によってXの損失（金員の喪失）とYの利得（金員受領、または債務の免脱）とが同時に生じ、因果関係の直接性も存在することになる。それに対し、Xがそれ以前に金銭所有権を喪失していれば、利得と損失とは、別の時点で発生することになり、因果関係は直接とはいえないことになるからである。このような枠組のもとでは、Mのもとで金員が混和し、Xがその所有権を喪失したか否かも重視された[6]。以上総合すると、「因果関係の直接性」をめぐる判例は、その判断枠組を採用するものとしないものとに分かれるのみならず、採用する判例の内部においても内容が一律ではなかったことが分かる。

第二に問題とされたのは、Yが自らの債権の弁済としてMから金員を受領した場合に、Yの債権が「法律上ノ原因」となると考えるか否かであった。YがMと結んだ契約が有効である場合に、YがMから金員を受領したことはその契約上の債権にもとづくとして「法律上ノ原因」があるとした例がある[7]。また、Mの行為などが無権代理などで契約が有効に成立しない場合であっても、Yは少なくともMに対する無権代理人の責任（民法一一七条）、損害賠償請求権その他の債権を有しているはずであり、その債権が金員受領の「法律上ノ原因」となるとした例がある[8]。

第三に、判例は金銭に関してYの即時取得があった場合を問題とした。一部の判例はYの即時取得があった場合にはXの不当利得返還請求権は認められないとしたが、一部の判例は、逆に即時取得があったとしてもXの不当利得返還請求権は認められる、と判示した[9]。

このように三つの視点の内部においてもしばしば判例の考えが分裂していた。それのみならず、三つの視点の相互の関係もはっきりしていないままに判例が複数の視点に言及することが多かった。このような論理構成上の問題に影響されて、判例の具体的結論も一定しないままに終わっていたのである。

戦後、下級審においても、この種の事案についていくつもの判決が下されたが[10]、基本的には戦前の大審院判決の混迷状況の枠をこえるものではなかった。

三　学説の混迷状況

判例に関して検討した受益と損失との「因果関係の直接性」の要件は、第二章で述べたようにわが国の学説としては明治期にはあまり問題となっていなかったようであり[11]、大正年間に入って末弘説[12]や鳩山説[13]によって主張されるに至った。特に鳩山説などはこの要件のもとに不当利得返還請求権を認容した前記の裁判例を引用した上でこの叙述を展開しており、後述する我妻説の出現までは、他の学説もこのような見解に従っていた[14]。

ところが、「因果関係の直接性」という要件はドイツ法学から輸入されたものであったが、ドイツにおいては、「直接性」は財貨移転が三当事者以上にわたる事案における不当利得返還請求を否定するために提唱された要件論であった。ドイツにおいて具体的に「因果関係の直接性」を要件とすることによって、不当利得返還請求権が否定されるべきものと考えられたのは、転用物訴権と二重原因欠缺の事案で[15]、騙取金員による弁済の事実が直接論ぜられることはあまりない。ただ、事案の詳細は不明ながら、この種の事案が争われたのではないかと思われる例外的な場合にも、ドイツ大審院は財貨移転が直接でないことを理由に不当利得返還請求を認めていない[16]。ところが、日本においてはドイツ法学の問題意識が理解されないままに、要件の文言のみが形式的に輸入されたという色彩が濃厚であり、判例や学説がこの要件を維持したまま、財貨移転が三当事者以上にわたるこの種の事案に関しても、不当利得返還請求を認容していったのである。

このような因果関係の直接性論が空洞化している状況のもとで出現したのが我妻説であった。この説は、「直接の因果関係」という観念にかえて「社会観念による因果関係」という判断基準を提唱し、この種の事例に因果関係の存在を肯定した上で、不当利得法適用の限界はもっぱら「法律上ノ原因」によって画すべきである、と主張した[17]。したがって、ここでは不当利得返還請求権の成否は、「法律上ノ原因」の有無の判断に委ねられることとなる。しかし、これを主張した我妻説においても、いかなる場合において「法律上ノ原因」ありと判断しうるのかは、それほど明確に提示されているわけではない[18]。言葉を換えていえば、我妻説は、ここでの不当利得返還請求が必ずしも「因果関係」の要件によって否定されるものでないとし、問題を別の要件である「法律上ノ原因ナク」という場に移しただけであって、この種の事案の最終的な解決については、明確な指針を示さないままに終わってしまったともいえる。

このような欠陥はあったが、その後の学説の展開においてはこの我妻説が多くの学者の支持を受け[19]、わが国の不当利得法学のほぼ通説ともいうべき立場を占めるに至ったのである。

四　判例変更による問題状況の進展

以上の判例、学説の混迷状況を一変させたのが、次の昭和四二年の最高裁判決であった。

〔13・4〕　最判昭和四二年三月三一日民集二一巻二号四七五頁（〔4・6〕、本書二四五頁）。

Yは、訴外Mに対し売買代金などの債権を有し、その支払を再三Mに請求していた。Mは、Xを欺罔し、X－Y間の売買契約を斡旋するかのように装い、金員を騙取し、その大部分をYへの弁済に当てた。第一審判決は、調査官の解説[20]するところによれば、Xの金員がMの所持金と混同（原文のママ）されることなくYに提供され、しかもXなど列席の上MよりYに提供された――控訴審の認定はこの点異なる――のであるから、Xの損害とYの受益との間には直接の因果関係がある、と判示した。「法律上ノ原因」については次のように判示している。YはMに対する債権の弁済として金員を受領し、Xは（Mの詐欺により）X－Y間の売買の前渡金と考えておりMの債務のため第三者弁済をなす意思はなかったのであるから、XとYとの関係においては右金員は法律上の原因を欠く。この結果、XのYに対する不当利得返還請求は認容された。これに対し、控訴審はXの不当利得返還請求を認めなかった。その理由は、次に紹介する最高裁判決の理由づけとほぼ同様であったが、X上告。

「このような事実関係のもとにおいては、Yは、自己らに対してMが負担する債務の弁済として本件金員を善意で受領したのであるから、法律の原因に基づいてこれを取得したものというべきであり、右金員が前記のようにMにおいてXから騙取したものであるからといつて、Yについてなんら不当利得の関係を生ずるものではないと解すべきである」(傍点著者)。

右の判決は、YがMから債務の弁済として金員を受領した場合に、その金員がMがXより騙取したものであっても、Yが金員を善意で受領した場合には、「法律上ノ原因」があり、XのYに対する不当利得返還請求は認められない、とするものである。結局、この判決は、この種の事案における「法律上ノ原因」の有無の結着を、受益者の善意・悪意という主観的態様に求めたわけである。この昭和四二年判決の考え方を基礎としながら、さらに判断基準をより具体的にしたのが、次の昭和四九年の最高裁判決であった。

〔13・5〕　最判昭和四九年九月二六日民集二八巻六号一二四三頁(〔2・15〕、本書五一頁)。

国庫金を詐取していた農林事務官Mは、X農業共済団体連合会の職員を教唆またはその者と共謀の上、Xの金員を横領ないし騙取した。この金員をMは国Yに返還したが、この返還は二種の経路をたどった。第一の金員は小切手の形でXの職員がM立会いのもとに直接Yに引き渡したが、第二の金員(正確には小切手)はMが自分の預金口座に入れ一時流用する等々の曲折をへた上でYに支払われた。原審は、第一の金員については、Xの職員が金員(小切手)の支払をYにしたのは、MがYに負っている国庫金詐取にもとづく損害賠償債務の一部をMにかわって弁済したもので、「法律上ノ原因」がある、と判示した(なお、小切手を受領したYの職員は、M、X、およびXの職員の間での金員調達の経緯につき善意であった)。第二の金員については、YがMの損害賠償金として受領した金員が、社会通念上Xの職員がMに交付した金員に由来するものとみることはできない、として因果関係を認めなかった。

最高裁判所は、第一の金員については原審の判断を肯定した上で、第二の金員について次のように判示した。「Mが、Xから金銭を騙取又は横領して、その金銭で自己の債権者Yに対する債務を弁済した場合に、XのYに対する不当利得返還請求が認められるかどうかについて考えるに、騙取又は横領された金銭の所有権がYに移転するまでの間そのままXの手中にとどまる場合にだけ、Xの損失とYの利得との間に因果関係があるとなすべきではなく、Mが騙取又は横領した金銭をそのままYの利益に使用しようと、あるいはこれを自己の金銭と混同《マヽ》させ又は両替し、あるいは銀行に預入れ、あるいはその一部を他の目的のため費消した後その費消した分を別途工面した金銭によつて補填する等してから、Yのために使用しようと、社会通念上Xの金銭でYの利益をはかつたと認められるだけの連結がある場合には、なお不当利得の成立に必要な因果関係があるものと解すべきであり、また、YがMから右の金銭を受領するにつき悪意又は重大な過失がある場合には、Yの右金銭の取得は、被騙取者又は被横領者たるXに対する関係においては、法律上の原因がなく、不当利得となるものと解するのが相当である。」（なお、原文の甲、乙、丙を、引用文においてはそれぞれM、X、Yとした）。

右のような一般論を前提に、本件に関しても、Yが受領した金員は、社会観念上Xの金員に由来するものというべきであり、YがMから損害賠償金を受領するにつき、悪意または重大な過失あったと認められる場合には、法律上の原因がなく、不当利得が成立する場合がある、と判示し、破棄差戻とした。

この昭和四九年判決は、基本的には昭和四二年判決に従うものではあるが、昭和四二年判決が単にYの善意にのみ言及していたものをYの重過失にも言及し、判断基準のきめをやや細かにした。これは、昭和四二年判決に関して、我妻説が、Yの善意を基準とするより悪意重過失がないことを基準とすることが一層妥当であると論じていた(21)点を受け入れたものということができよう。また、本判決は、金員の物理的同一性が確保されない場合にも昭和四二年判決の考え方が適用されることを明示したものである。

不当利得返還請求権の成否にこの善意・悪意というメルクマールをたてることは、不当利得制度を衡平確保のための制度として基礎づける現時の通説的見解をより徹底させたもの、といえよう。事実、昭和四二年判決に対して学説の多くは基本的に賛意を示しているし、昭和四九年判決に関してもそれは同様である(22)。

五　私見の展開

(イ)　このように多くの学説が昭和四二年判決、昭和四九年判決に賛意を表しているにもかかわらず、著者は、受益者の善意・悪意を基準として「法律上ノ原因」の有無を考える判例の立場には、強い疑念をもつ。その疑念の内容は、具体的には次の点にある。

まず、判例のいう、Yの善意・悪意の意味を考えてみよう。法律学における通常の善意・悪意の用語法から考えれば、Yが、Mの弁済がXからの騙取金員によることを知っているか否か、という知・不知が、善意・悪意の問題となるはずである。しかし、しばしば指摘されるように、金銭は高度な代替性をもつ。たとえMのYに対する弁済がXからの騙取金員をもってなされ、それをYが知っていようとも、MがXに弁済するにたる十分な資力をもっていれば、Yには責められるべき点はなにもないはずである。金員に個性がなく、どの金員による弁済がなされても同価値であることが、金銭の高度の代替性の本来的意味だからである。このように考えるならば、この返還請求権が認容されるべきであると考えられるYの悪意とは、次の内容をもつものでなければならないことになろう。Mが Xからの騙取金員をもって弁済をなすことにより、Mの資力から考え、MのXに対する弁済が不可能となることを知っていることである。これによれば「悪意」とはいっても、その内容は単なる騙取金員であることの知・不知の問題ではなく、「詐害の事実を知っている」ということになろう。Yの悪意を前提とするこの不当利得返還請求権は、民法四二四条に定められた債権者取消権の要件のうちにほぼ吸収されることになる。昭和四二年の判例によって形成されたこの不当利得返還請求権は、本来的には、XのMに対する損害賠償請求権（ないし不当利得返還請求権）を基礎とする債権者取消権として構成されるべきものであり、詐害行為の要件が認められる場合にのみXの請求が認容されるべきであろう。

ただここで問題となるのは、債務超過の債務者が一部の債権者に弁済することがはたして詐害行為となるか否か、である。有力な学説は、どの債権者に弁済するのも債務者の自由であるという「原則」を重視して、それを否定する。[23] 判例も、債務者と債権者の共謀があった場合などは別として、通常の弁済は原則として詐害行為にならないものとする。[24] 近時の学説は、判例を支持し、弁済は債権者との共謀がある場合には詐害行為となるが、単なる弁済は詐害行為とならない、とする者がふえているようである。[25]

このような判例や、近時の学説の傾向からは、昭和四二年判決と昭和四九年判決とは次のように総括できるように思われる。昭和四二年判決は、Yが善意と認定されているように、M・Y間の共謀関係があった上での弁済ではないため詐害行為取消権の行使自体が認容されるはずもない事案であったところ、この事案に関して、裁判所はXの不当利得返還請求を棄却するとの結論を採用した。昭和四九年判決はこの点が必ずしも明確ではなかったところ、この判決は事実関係を――Yの「悪意又は重大な過失」という枠組のもとに――確定すべく破棄差戻という結論を採用したものである。以上に検討したところを総合すれば、裁判官が意識した上でのことではないが、昭和四二年判決および昭和四九年判決にいう不当利得返還請求権は実質的には債権者取消権としての内容をもっており、法律構成としても端的に債権者取消権として扱うことによって、「善意・悪意」などに関する前述した無用の混乱を避けうるように思われる。

右に検討した昭和四二年判決、昭和四九年判決は、ともに被請求者が中間の騙取者から金員を受領している〔13・1〕型の事案であった。本節冒頭に記した三つのタイプのうち、やはり被請求者が自己の債権にもとづいて金員を受領している〔13・3〕型の事案も、債権者取消権によって処理されるべき事案であった（この点、詳しくは注(27)に検討する）。では、被請求者が債務を免れたなど直接の金員受領者ではない〔13・2〕型の事案はどのように解決されるべきなのであろうか。それを〔13・2〕事件に即して考えてみることとしよう。この事件においては、Yは自らが借主となってBより金員を借りたが、それはMの依頼にもとづくものであった。その、YのBに対する債務を弁済するために、MはYを無権代理しXより金員を借り受け、それをもってBへの弁済に当てた。この弁済は、原審の認定によれば、「MガYトノ契約ニ基キ第三者トシテ弁済ヲ為シタ[26]」ものであった。それにより、

Yは債務を免れたことになるわけで、その利益の返還を求めてXはYに不当利得返還請求権を行使した。大審院は、Yの受益とXの損失との間にMの独立した行為が介在し、「直接ノ因果関係」がないとして、この請求を認めなかったが、この事案は不当利得として「因果関係の直接性」を云々すべきものではなく、次のように構成されるべきものであった。ここでも、XはMに対して民法一一七条などにもとづき債権を有している。一方、Mは、第三者の弁済にもとづき、Yに求償権あるいは代位によって取得した債権（民法四九九条、五〇〇条）を有している。Xは、Mの無資力を要件として、MのYに対する右の債権を代位行使することができる（民法四二三条）。この事案は、窮極のところ債権者代位という構成によって処理されるべきものであったと思われる（なお、本件事案では、Mがした第三者の弁済はY－M間の履行引受契約にもとづくもので、MはYに求償権その他の債権を有していなかったようである。したがって、XがYに債権者代位によって請求をしたとしても、それは認められるべきではなかった。法律構成はともかく、この判決の結論それ自体は正当であったことになる）。

以上の検討からある程度明らかになったように、騙取金員による弁済の事案は、不当利得法によるのではなく、債権者代位権、債権者取消権によって処理していくことが、事案の実質に即した方向と思われる。最高裁判例も、意識した上でのことではないが、実質的にはこのような方向に一歩ふみだしているわけである。また、従来問題となっていたこの種の事案は、基本的にすべてこの二種の法律構成によって解決されうるものであった(27)。

(ロ)　右の結論は、たまたま昭和四二年判決、昭和四九年判決が採用した要件が債権者取消権の要件に類似していたことから偶然的に導かれた結論ではなく、事案の性格から導かれるべくして導かれた結論である、と考える。次にこの点を考察することとしよう。

これまで分析した判例からもわかるようにこの種の事案においては、XはMに対し不法行為による損害賠償請求権、不当利得返還請求権、民法一一七条にもとづき発生する債権等々、何らかの債権を常に有している。したがって、通常はX－M間で紛争が解決されるべき事案であり、そのX－M間で紛争の解決がつけば何もそれ以上の問題は生じないが、Mの無資力によってその債権が効を奏しない場合には、Xとしては Yその他の、M以外の第三者にかかっていく必要が生じ、この種の紛争が裁判にもあらわれるわけである。ところで、実定法はこのような場合に、債権の対外的効力として、債権者代位権と詐害行為取消権を定めており、これらの判例にあらわれた事案は、基本的にはXのMに対する金銭債権の対外的効力の問題そのものだったはずである。それにもかかわらず、従来はこのような問題の実質が見落されており、また問題を曖昧に処理することを許す衡平説的な不当利得像が隠れ蓑になっていたためにその点が明確にされないまま、実務、学界においてはこの問題が長らく不当利得の問題として取り扱われてきたものと思われる。しかし、近時の判例は、このような問題について法典が予定した債権の対外的効力の問題として処理する方向に――無意識的にではあったが――歩を進めたといえる（ただし、このように考える場合には、判例がいうように一部債権者に対する弁済も債務者が債権者と通謀した場合には詐害行為になる、と考えることが前提となる）。

(ハ)　この種の事案を債権の対外的効力の問題として処理する場合、Xの債権者取消権、債権者代位権の行使に関して、Y、その他Mの一般債権者の配当加入などが問題とならないかぎりは、実用法学上そのような処理によって特に問題は生じないであろう。しかしながら、Mの一般債権者の配当加入などが問題となる場合には、金銭についての物権的回復としての「価値の上のヴィンディカチオ」の問題が事案処理に関係してくる。この点は、この問題についての私見を最初に発表したときから、「これを通常の債権を基礎にした詐害行為取消権ではなく価値の上のヴィンディカチオとして構成するのは、民法四二五条の規定――『総債権者ノ利益ノ為メニ其効力ヲ生ス』――の適用を排除し、他の債権者の配当加入を認めるべきではない、等々後述する物権の優先的効力の問題がからむからである」[28]などの形で問題にしていたところであるが、一部に著者の真意につき誤解もあるようなので繰り返せば、これは次のような問題である。[29]

やや一般論となるが、まず金銭所有権の保護の問題とそれに関する学説を一瞥してみよう。古典的には、金銭所有権は他の有体物所有権と特に異なるものとは考えられず、それと同列に取り扱われていた。したがって、無効な契約にもとづき移転された金員がさらに流通におかれたような場合にも、特定さえ可能であれば所有権者による回復がなされうる、と考えられていた。本書が前に引用した金銭に関して即時取得を観念する諸判例（注（9）参照）も、このような考え方を前提としたものであった。しかし、貨幣は基本的に交換価値として等質であり個性的差異の存しないものであるから、特定を要件としてその貨幣それ自体の回復を目的とする物権的請求権の行使を認める必要はなく、回復請求にたいしても、等価でありさえすれば他の貨幣による回復を認めるだけで当事者は充分目的を達しうることになろう。それのみならず、貨幣は元来転々流通することが予定されているものであるから、たまたま無効な契約にもとづき交付された貨幣であることが特定された場合であるとしても、転々流通した後に当該貨幣に関して物権的請求権にもとづく回復が認められては、貨幣の流通性が害されることになる。古典的見解のこのような欠陥をふまえて、貨幣においては占有が所有と一致することが主張せられ、判例においてもそれが承認されるに至った(30)。この考えによれば、貨幣に関しては物権的請求権は観念されず、貨幣を失なった者には常に債権的保護のみが与えられることになる。

これは、法解釈学的には、通常の状況のもとでの貨幣所有のあり方をとらえるものとしてはきわめて正鵠を射たものではあったが、一定の状況のもとでは金銭所有権に他の有体物所有権と較べてより弱い保護しか与えないという機能をも果たすものであった。すなわち、甲の金銭が乙に盗まれた場合、甲は乙に対し不法行為による損害賠償請求権あるいは不当利得返還請求権など、債権的請求権のみを有する。したがって、盗まれた金員は乙の一般財産に組み込まれ、甲は他の一般債権者と同様に相手方無資力の危険を負うことになる。乙が債務超過となっていない場合にはとりたてて問題はないが、債務超過の場合にかぎっていえば、金銭以外の有体物には一般債権者に優先する物権的回復が認められることを考えると、金銭所有権の保護は他の有体物所有権に比し弱いものとなる。この、金銭の所有権は占有とともに移転すると考える近時の有力な見解の法解釈学的弱点を克服するためには、金銭回復に関してもなんらかの範囲で物権的優先効を認めることが必要になる。ここで問題となるのが、金銭に関しても一定の場合には物権的返還請求権を与える、いわゆる「価値の上のヴィンディカチオ」を観念する立場なのである。

では、価値の上のヴィンディカチオはどのようなものとして構成されるべきなのであろうか。金銭は、しばしば指摘されるように高度な代替性をもち、その回復にさいしても他の金銭による返還を認めざるをえない。この意味では、目的物の物理的特定を基準としつつ目的物それ自体の回復を目的とする一般の物権的返還請求権とは異なり、価値の上のヴィンディカチオは別の金員による返還が認められるという意味で現象的には金銭債権と酷似したものとなる。しかし、これが単純な金銭債権ではなくてヴィンディカチオとしての実体をもつためには、それに物権的な効力が附与される必要がある。このためには、物権の優先的効力と追及効が附与されなくてはならない。

第一に優先的効力の問題としては、具体的に金銭の盗難などの事案を念頭において考えると、価値の特定を要件としつつ、他の債権者に対してこの請求権が優先効をもつと考えることによって、その価値が現存している限り債務超過の者からも失なわれた金員全額の回復が可能となり、他の一般の有体物の回復とのバランスがとれることとなろう。このような考え方をおしすすめれば、価値の上のヴィンディカチオについては次のように考えるべきことになる。まず価値の上のヴィンディカチオにもとづく差押の場合、一般債権者は配当要求をすることができない。被請求者が、金銭所有権者の回復請求を満足させる充分な一般財産をもたないあるいはもたなくなる恐れがある場合、金銭所有権者は、価値の特定を要件としつつ、他の者の強制執行に対し第三者異議の訴を提起することができる。被請求者破産の場合には、金銭所有権者は、その価値を特定できる場合には取戻権、その価値の譲渡を特定できる場合には、代償的取戻権（破産法九一条）を行使しうる。

第二に、価値の特定を要件としつつ第三者追及効をもつことが必要となる。しかし、金銭が流通におかれた場合を考えるならば、たまたま金銭が特定された場合に、本来代替的性格が強い金銭に一般的に「所有権者の回復」を認めては、取引の安全は完全に害されることになる。再び金銭の盗難などの事案を念頭において考えれば、金銭が代替的なものであるだけに、基本的には金銭ないし価値の回復は盗まれた所有者と盗人との間で解決されれば充分のように思われる。このような観点からは、第三者追及効が必要となるのは最初の被請求者が債務超過の場合にかぎられるであろう。また、取引の安全からは、金員を受領した第三者が不意打ちによって、回復請求の対象となることは望ましくなく、金員を引き渡した者が債務超過に陥っていることを金員受領者が知っていることが必要であろう。このように考えると、価値の上のヴィンディカチオの第三者追及効は、詐害行為取消権と同一の要件のもとに認められるべきように思われる。この点は価値の上のヴィンディカチオが現象的に金銭債権と酷似することを考えれば、その第三者追及効が金銭債権の第三者追及、すなわち、詐害行為取消権と類似の要件のもとに承認されるのが、ある意味では自然であると思われる。

このように考えると、単なる金銭債権の第三者追及効と価値の上のヴィンディカチオの第三者追及効の違いがいずれにあるかが問題となるが、この点は、やはり、第一に述べた他の債権者に対する優先的効力をもつか否かの点にあるように思われる。具体的にいえば、この第三者のもとにある価値が特定できる場合には、その第三者の債権者に対しても、価値の上のヴィンディカチオを有する者は優先してその価値を回復しうることになる。このように考えることによって、一般の有体物所有権の保護とほぼパラレルな形での価値の保護が考えられるからである。以上の考え方により、一般の有体物所有権保護と完全に同一ではないものの、物権として優先的効力も追及効も一定限度で認められる『金銭所有権』概念が形成されることになる。この考え方を前提とすると、どの程度に価値の同一性が認められれば、Xの請求が単なる金銭債権ではなく、価値の上のヴィンディカチオとして優先的効力、追及効が認められるのかということが、次の重要な問題として浮かびあがってくる。この点は事案をふまえたガイドラインを提供していくことこそがその回答となろうが、問題は金銭所有権の保護それ自体の問題であり、不当利得の問題とは離れていくので、別の機会の検討に譲ることとする。

金銭所有権の保護の問題は、「価値の上のヴィンディカチオ」を承認する方向で、近時、四宮説の詳論するところとなっている(31)。また、ドイツ法、アメリカ法などをふまえた形で、わが国においてもときに論じられている問題である。本書は、このような議論の検討には立ち入らないまま、従来不当利得法の問題と考えられていた騙取金員による弁済の問題を検討することとの関係から、簡単ながらこの問題についての一つのデッサンを示したものである。[32]

(ニ)　以上の考え方を前提とした上で、かりに、さきに述べた最高裁の昭和四二年判決、昭和四九年判決の事案に即して考えると、これらの事案において、XおよびYは双方ともにMに対して不法行為による損害賠償請求権ないし不当利得返還請求権を有する。したがって、これらを価値の上のヴィンディカチオではなく単純な債権と考えるのであれば、債務者Mをめぐって二つの債権が並立することになる。しかし、これは債権の競合であるからMの責任財産がたとえ不足しても、どちらかが優先することはない。どちらが履行されたとしても、それは債務者の任意に委ねられるのが「原則」のはずである。かりに、Xが詐害行為取消権を行使したとしても、Yをも含めたMの債権者はそれに配当要求をすることが可能となる。債権者取消権の効力は「総債権者ノ為メニ」生ずるものだからである。しかし、XのMに対する請求がX－M－Y間の金員の移転を特定しうるために価値の上のヴィンディカチオとして構成される場合には、他のMの債権者の配当加入は排除され、Xが排他的にその価値を独占することになろう（なお、これらの事案においては、Yが直接Mに金員を出捐した場合であっても、その金員はMのもとで費消されているため特定はできず、Y－M間の関係は債権関係にとどまる。したがって、Xの請求の場合とは異なり、Yの側のMに対する請求を価値の上のヴィンディカチオと構成する余地はないように見受けられる）。

(ホ)　以上のように、この問題は、債権の対外的効力の問題を基礎としながら、価値の同一性を認定しうる一定の場合には「価値の上のヴィンディカチオ」としてそれに物権的性格を附与する方向で解決すべきものと思われる。これによって、騙取金員による弁済の事案は、もはや不当利得法の異物ではなくなり、紛争の実体に即した法律構成が与えられることになるであろう。[33]

（1）　なお、〔13・3〕型の事案において、Aが虚無人の場合、あるいは単に名をかたられたのにとどまり当該紛争において法的意味をもたない場合などは、実質的には〔13・1〕型の事案と異なるところはないことになる。この意味ではこの二種の事案には原理的な区分があるわけではなく、後の分析においても、基本的にはともに債権者取消権によって処理されるべきものとなるのであるが（ただし、〔13・6〕事件、本書六四九頁参照）、一見したところの事案の差異は大きいので、ここに分けて記したものである。

（2）　松坂佐一「不当利得における因果関係」、「法律上の原因なきこと」それぞれ総合判例研究叢書民法⒀（昭和四三年）三頁以下、四七頁以下、谷口知平『不当利得の研究』（昭和四四年）二一二頁以下、山田幸二「不当利得法における『三角関係（Dreiecksverhältnis）』について」福島大学商学論集四二巻一号（昭和四八年）一三六頁以下、および注（22）にあげる諸文献参照。

（3）　大判大正八年一〇月二〇日民録二五輯一八九〇頁（〔13・2〕事件）。本件の上告理由においては、不当利得の規定では利得と損失の直接の関係は要件とされていないと主張され、さらにかりにそれが要件とされるとしても本件事案には直接の関係が認められることが主張された。それに対し、本判決は、「他人ノ損失ト受益者ノ受益トハ直接ノ因果関係アルコトヲ要ス」との一般論を述べた上で、〔13・2〕に引用した事案においては「受益ノ発生原因ト其損失ノ発生原因トカ直接ニ関連セスシテ中間ノ事実介在シ他人ノ損失ハ其中間事実ニ起因スル」として不当利得返還請求権を否定したのである（ただし、引用文中の傍点削除）。本判決自身は大判明治四四年五月二四日民録一七輯三三〇頁（執行官による白米換価が介在した事件）を先例として引用するし、一般にもこれが因果関係の直接性を承認した先例として引用されることも多いが、この判例は因果関係が存在しうることを前提に破棄差戻したものであり、不当利得の要件として因果関係の直接性を承認したものとしては、右の大正八年判決が最初のものであろう。

（4）　大判大正八年一二月一二日民録二五輯二二八六頁（ただし、関連事件（本書六四九頁参照）について後の大審院判決は、注（5）に引用したところからも明らかなように、金員所有権の所在に即した形での因果関係の直接性論を展開するに至っている。大判大正一〇年六月二七日民録二七輯一二八二頁〔13・3〕）。この他にも、この種の事案を「法律上ノ原因」ないし即時取得として取り扱う判例の中には因果関係の直接性を問題としないものがみられる。

（5）　注（6）引用判例はもちろんこの系譜にあるが、「混和」などの問題に言及することなく、単に金員所有権の所在を問題として判断を展開した判例として、大判大正九年一一月二四日民録二六輯一八六二頁、大判大正一〇年六月二七日民録二七輯一二八二頁〔13・3〕、大判大正一三年七月二三日新聞二二九七号一五頁〔13・1〕（ただし、最初の判決は

Mの騙取行為によってXは金員所有権を失わないとするのに対し、二番目の判決は金員所有権が移転するものと認定し、最後の判決も、Mの騙取行為によるものであっても物権契約によって所有権自体は移転し、Xは所有権を喪失する、と考えている。判断枠組自体は、三つの判決は共通であるものの、具体的な所有権の所在については結論がくいちがっているわけである)。

(6)　大判大正九年五月一二日民録二六輯六五二頁、大判昭和二年七月四日新聞二七三四号一五頁。

(7)　大判大正一三年七月二三日新聞二二九七号一五頁（〔13・1〕）。

(8)　大判大正一三年七月一八日新聞二三〇九号一八頁、また、後に同一事案につき判示した大判昭和二年四月二一日民集六巻四号一六六頁も同様である。

(9)　即時取得を理由に不当利得返還請求を否定した例として、大判大正一三年七月一八日新聞二三〇九号一八頁、大判昭和一三年一一月一二日民集一七巻二二号二二〇五頁。不当利得返還請求を肯定した例として、大判昭和一〇年三月一二日民集一四巻六号四六七頁、大判昭和一一年一月一七日民集一五巻二号一〇一頁。

なお、前に引用した判例のうち、大判大正八年一〇月二〇日民録二五輯一八九〇頁（〔13・2〕）、大判大正九年一一月二四日民録二六輯一八六二頁は、ともに債務免脱によって利益を受けたAが被請求者となっている事案であるが、これらの判決は、その判決理由中で訴外Bが受領金員を即時取得したものと判示している。

(10)　なお、非典型的な事案を別にすると、戦後はなぜかこの種の事案はそれほど判例集には登載されておらず、下級審判決においても既述の大審院判決と類似の事案としては、仙台高判昭和三七年二月二七日判時三一二号二六頁、京都地判昭和三九年一月三一日判タ一五九号一七四頁、東京地判昭和四二年八月一五日金融法務事情四九一号三二頁、東京高判昭和四五年三月二〇日訟務月報一六巻六号五三五頁など若干のものにとどまるようである（なお、末尾にあげた二件は、それぞれ後述する最判昭和四九年九月二六日民集二八巻六号一二四三頁（〔13・5〕および〔2・15〕、本書五一頁）の第一審判決、第二審判決である)。

(11)　本書五六頁注(21)参照。

(12)　末弘厳太郎『債権各論』（大正九年）九三二頁。

(13)　鳩山秀夫『増訂日本債権法各論下巻』（大正一五年）七九〇頁。

(14)　岡村玄治『債権法各論』（昭和五年）五九五頁。

(15) 二重原因欠缺に関しては、磯村（中塚）哲「直接利得の要求に就いて――利得の不当性への問題的関連性――」法学論叢四七巻五号（昭和一七年）六二八頁以下、特に六五五頁以下に詳しい。

(16) この判例〔14・独〕については、本書七五三頁の検討参照。

(17) たとえば、我妻栄『事務管理・不当利得・不法行為』（新法学全集一〇巻）（昭和一二年）四八頁は、次のようにいう。「私の前述した標準によれば、甲が乙から騙取した金銭をそのまま丙の債務の弁済に充てようが、一度銀行に預けようが、両替しようが、混合しようが、とにかく、社会観念上乙の金銭で丙の債務を弁済したのだと認められるだけの事実上の連絡ある場合には、その金銭の所有権の帰属には関係なく、乙の損失と丙の利得との間には因果関係ありといふことになる。そして、その上で、乙から丙への不当利得返還請求権を認むべきか否かは更に丙に法律上の原因ありや否やを考へて決すべきことになる。」他にも我妻栄『債権法（事務管理・不当利得）』（現代法学全集三四巻）（昭和五年）一三五頁以下、同『債権各論下巻一（民法講義V$_4$）』（昭和四七年）九七七頁以下。

(18) 我妻・前注引用書のそれぞれの該当頁参照（なお、我妻・前掲『債権各論下巻一（民法講義V$_4$）』については一〇二一頁以下をも参照されたい）。

(19) 谷口・前掲『不当利得の研究』二三〇頁以下、松坂佐一『事務管理・不当利得〔新版〕』（法律学全集22－Ⅰ）』（昭和四八年）八四頁以下など。

(20) 高津環「判例解説」最高裁判所判例解説民事篇昭和四二年度（昭和四三年）一〇〇頁以下。

(21) 我妻・前掲『債権各論下巻一（民法講義V$_4$）』一〇二三頁。

(22) 昭和四二年判例に関しては、注（20）引用の「判例解説」のほか、谷口知平「最新判例批評」判例評論一〇六号（昭和四二年）一二三頁以下、谷口茂栄「金融判例研究会報告」金融法務事情四九四号（昭和四二年）三〇頁以下、星野英一「判例研究」法学協会雑誌八五巻三号（昭和四三年）四五五頁以下、民事判例研究第二巻2債権（昭和四七年）五〇四頁、明石三郎「判例批評」民商法雑誌五七巻四号（昭和四三年）五八一頁以下、中井美雄「不当利得と因果関係」（セミナー法学全集11）民法Ⅳ債権各論（昭和四九年）二三八頁、衣斐成司「騙取金員による弁済と受領者の不当利得」（基本判例シリーズ5）判例民法Ⅱ2債権各論（別冊法学セミナー）（昭和四九年）一一四頁。

昭和四九年判決に関しては、井田友吉「判例解説」最高裁判所判例解説民事篇昭和四九年度（昭和五二年）五七六頁、同「最高裁新判例の解説」金融法務事情七三九号（昭和四九年）三二頁以下、同「時の判例」ジュリスト五七八号（昭和五〇年）一九四頁、中井美雄「判例解説」昭和四九年度重要判例解説ジュリスト五九〇号（昭和五〇年）七一頁以下。なお、参考までに必ずしも賛意を表しているわけではない評釈をかかげると、著者自身のもののほかに（「最新判例批評」判例評論一九八号（昭和五〇年）二三頁以下）、谷口知平「判例批評」民商法雑誌七三巻一号（昭和五〇年）一一六頁、石田穣「判例研究」法学協会雑誌九三巻四号（昭和五一年）六二〇頁などがある。

(23) 我妻栄『新訂債権総論（民法講義Ⅳ）』（昭和四一年）一八五頁、松坂佐一「債権者取消権」総合判例研究叢書民法(7)（昭和四四年）一八五頁など。

(24) 大判大正五年一一月二二日民録二二輯二二八一頁、最判昭和三三年九月二六日民集一二巻一三号三〇二二頁。

(25) 学説状況については、下森定「債務者の債権者への本旨弁済や、相当代価での不動産売却行為は詐害行為となるか」民法学4（昭和五一年）一五五頁を参照されたい。

(26) 民録二五輯一八九六頁。

(27) この点を実証するためには、従来この種の事案として判示された裁判例を、債権者取消権として構成されるべきものと、債権者代位権として構成されるべきものとに分けて列挙することが一番簡単であろう。そこでこのような観点から、大審院判例、最高裁判所判例、戦後の下級審判例を分類すれば、次のとおりである。

債権者取消権として構成されるべき事案は、大判大正八年一一月一二日民録二五輯二二八六頁、大判大正一〇年六月二七日民録二七輯一二八二頁（〔13・3〕）、大判大正一三年七月一八日新聞二三〇九号一八頁、大判大正一三年七月二三日新聞二二九七号一五頁（〔13・1〕）、大判昭和二年四月二一日民集六巻四号一六六頁、大判昭和二年七月四日新聞二七三四号一五頁、大判昭和一〇年三月一二日民集一四巻六号四六七頁、大判昭和一三年一一月一二日民集一七巻二二号二二〇五頁、京都地判昭和三九年一月三一日判タ一五九号一七四頁、最判昭和四二年三月三一日民集二一巻二号四七五頁、東京地判昭和四二年八月一五日金融法務事情四九一号三二頁、東京高判昭和四五年三月二〇日訟務月報一六巻六号五三五頁、最判昭和四九年九月二六日民集二八巻六号一二四三頁（〔13・5〕および〔2・15〕、本書五一頁）（最後の三件が、同一事件に関するものであることにつき、注(10)参照）。

これらの判決のうち、〔13・1〕型の事案が債権者取消権として構成されるべきことは、同型の事案である昭和四二年、昭和四九年の最高裁判所判例に即して検討したところから、明らかであろう。ここでは、本書がまだ直接検討をしていない〔13・3〕型の事案が債権者取消権として構成されるものであることを具体的に検討してみることにしよう。

〔13・3〕事件は、同一事案に関して破棄差戻の結果大審院判決が三回繰り返されるという、戦前の裁判例の混迷状況を象徴するかのような事件でもあり、この点からも検討に値するように思われる。

〔13・3再掲〕　大判大正一〇年六月二七日民録二七輯一二八二頁、大判大正一三年七月一八日新聞二三〇九号一八頁、大判昭和二年四月二一日民集六巻四号一六六頁（なおこの三件に加え、大判大正八年一二月一二日民録二五輯二二八六頁も、これらと当事者の一方や訴外人などを同じくした類似案件である）。

本書六三〇頁に述べたように、この事件において、Mは無権代理人として、YおよびXから金員を借り受けたものである。したがって、XはMに対して、民法一一七条の無権代理人の責任、民法七〇九条などによって、債権を有するものであった。かりに、Mが充分な資力を有していれば、問題はX－M間で結着がつく場合であった。一方、Yも、Mに対してやはり民法一一七条などによって債権を有しており、大審院の述べるところによれば（新聞二二〇九号一八頁）、Yの金員受領はこの義務の履行としての意味をもつものであった。そうであるとすれば、この弁済が詐害行為と認定されるものであれば、Xは債権者取消権を行使しうべき事案であった（ただし、大審院判決は、Yを〝善意〟としており（民録二七輯一二八二頁）、具体的にみるとYは詐害の事実を知らなかった事案のようであり、結論としては請求は棄却されるべき場合であったようである）。

次に、債権者代位権として構成されるべき事案をあげれば、本書六二九頁以下に述べた〔13・2〕事件の大判大正八年一〇月二〇日民録二五輯一八九〇頁、大判大正九年五月一二日民録二六輯六五二頁、大判大正九年一一月二四日民録二六輯一八六二頁、大判大正一二年二月二一日民集二巻二号五六頁（後掲〔13・6〕）、仙台高判昭和二七年二月二七日判時三一二号二六頁。

このうち、ほとんどは本書六二九頁以下に債権者代位権の問題として構成されるべきことを検討した〔13・2〕と同型の事案であるが、次の一件だけは事案の型が少し異なるので、ここに検討してみることにしよう。

〔13・6〕　大判大正一二年二月二一日民集二巻二号五六頁。

Y村の村長Mは、村会の決議に反し、X銀行より金員を騙取し、Y村の費用に当てた。XがYにそれを不当利得として返還請求し、それが認容された。

この事件においては、XはMに民法七〇九条などにもとづき債権を有し、MはYに拠出した金員相当額の返還請求権を有している。したがって、Mが無資力であれば、XはMに対する債権にもとづき、MのYに対する返還請求権を代位行使しうべき場合であった。

本件は、MがXより騙取した金員をYに引き渡した場合であり、三当事者間の関係は、図示したように〔13・1〕と似た形になる。しかし、〔13・1〕事件およびこれと同型の他の事件は、YがMに対してなんらかの債権を有し、それにもとづいてMから金員を受領した事案であって、MがYに対して支払った金員についての返還請求権を有するものではなかった。そのため、Mの弁済が詐害行為か否かが問題となったのである。それに対し、〔13・6〕事件では、MのYに対する金員の引渡が債務の弁済ではなく、MがYに返還請求をなしうる場合であったため、債権者代位権の行使として処理されるべき事案となったのである。

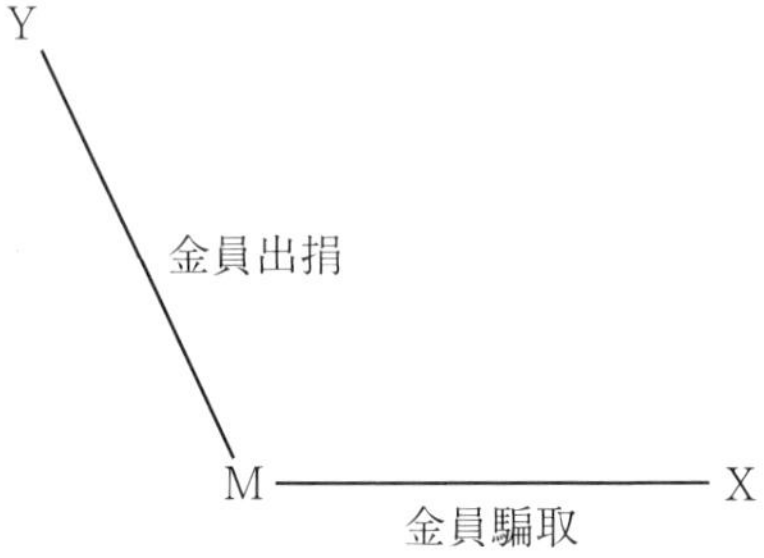

なお、判決理由から確定しうる事実のみに依拠した場合には、右に述べたようにいえる事案であったが、上告理由に述べられているところからは、Mは第三者の財産を費消しており、Y村が結果的にそれを弁済した形になっているようである。そうであるならば、Y村はMに対して求償権などを有するはずであり、Xの債権者代位権の行使に対して、Yは相殺をもって対抗できた事案ではないか、と思われる。

以上検討したところからわかるように、大正年間以来混乱をきわめてきたこの種の事件の解決は、債権者代位権と債権者取消権という法律構成によって、基本的には解決されるべきものであったというべきであろう。

(28)　加藤雅信「類型化による一般不当利得法の再構成（五）」法学協会雑誌九二巻八号（昭和五〇年）九二七頁以下。なお、同「最新判例批評」判例評論一九八号（昭和五〇年）一三頁以下をも参照されたい。

(29)　注(33)参照。

(30)　川島武宜『所有権法の理論』（昭和四六年）一九七頁以下、末川博「貨幣とその所有権」民法論集（昭和三四年）二五頁以下、我妻栄『物権法（民法講義Ⅱ）』（昭和四一年）一四五頁など。最判昭和二九年一一月五日刑集八巻一一号一六七五頁、最判昭和三九年一月二四日判時三六五号二六頁。

(31)　四宮和夫「物権的価値返還請求権について――金銭の物権法的一側面――」我妻追悼　私法学の新たな展開（昭和五〇年）一八三頁以下。

(32)　ドイツ法の議論を取り扱ったものとして、石田喜久夫「ファルック『金銭とその物権法における特殊な地位』――„Das Geld und seine Sonderstellung im Sachenrecht" von Bernhard Falck, 1960――」阪大法学三六号（昭和三五年）七八頁。

アメリカ法の関連する議論を取り扱ったものとして、松坂佐一『英米法における不当利得』（昭和五一年）一三一頁以下、一六七頁以下、谷口・前掲『不当利得の研究』四四五頁以下、土田哲也「準契約法上の救済について――S. J. Stoljar の所説を中心として――(1)―(3)」香川大学経済論叢四〇巻三・四号一〇七頁以下、五号（以上昭和四二年）三六七頁以下、六号（昭和四三年）四九六頁以下。

わが国の問題を中心としたものとして、吉岡幹夫「金銭所有権に関する一考察」静岡大学法経短期大学部法経論集一九巻（昭和四〇年）三一頁、川島武宜編・好美清光執筆『注釈民法(7)』（昭和四三年）九八頁以下など。

(33)　なお、本書に述べた見解を発表した後にも、この問題についていくつかの学説が発表されている。

まず、論文の形では、林良平「金銭騙取による不当利得」磯村還暦　市民法学の形成と展開下（昭和五五年）一四一頁以下、清水誠「騙取された金銭をめぐる法律関係――金銭債権研究の一素材として――」東京都立大学法学会雑誌二四巻一号（昭和五八年）六九頁以下の二つが発表されている。両論文とも結論そのものは私見と同じではないが、林論文は、中間者の責任財産が不足した場合の問題であると考える限度で、私見と共通する側面をもつ。また、清水論文では、私見について、価値の上のヴィンディカチオ論については反対するが、事案の実体が詐害行為取消権としての性格をもつものであるという分析に関しては「鋭い指摘であり、賛成である」と述べられている（同誌九八頁）。

なお、近時の体系書においては、私見に対し次のような批判がなされている。「判例の認めた不当利得返還請求権を債権者取消権として構成しなおす……ことは、騙取者に対する一般の債権者が弁済受領者を追及する可能性までも開くことになろうから、適当でない」（広中俊雄『債権各論講義』（昭和五四年）三八七頁）。しかし、本書では、一般債権者の追及を認めるのが適当でない場合があるがゆえに、まさにそれを封ずるべく「価値の上のヴィンディカチオ」を承認することを当初から提唱しているので（本書六四〇頁参照）、この批判の背後には、なんらかの誤解があるように著者には思われてならない。

また、別の批判として、次のものがある。「Yは悪意とはいえ、Mに対し有効な債権を有し、それにつき本旨弁済をえたのであるから、それを詐害行為というのは、妥当でない」（鈴木禄弥『債権法講義』（昭和五五年）四六二頁。ただし、原文の乙、丙をY、Mに変じた上で引用した)。しかし、私見では、Yが騙取の事実を知っているだけ(悪意)でYに金員返還義務を認めるのは適当ではなく、それに加えてMの無資力まで知っていてはじめてYは金員返還義務を負うものであり、ここに述べた内容が詐害行為の要件と重なるといっているのであるから(本書六三七頁以下)、この批判も当たらないものと思われる。

第三節　目的不到達による不当利得と法律行為の効力

一　目的不到達による不当利得は、ローマ法の condictio causa data causa non secuta の伝統をひくものであり、現在でも不当利得の体系書などに、不当利得の一場合として書かれている[1]。ここでは、一見すると有効な契約にもとづく財貨受領であるにもかかわらず、目的不到達ということでその財貨が返還請求の対象となるという印象を与えるような議論が一般的であった。この意味において、第四章に述べた観点からすると、目的不到達による不当利得は不当利得法にとって一つの異物といえたのである。従来のこの問題についての研究状況をみると、法制史的研究はローマ法に焦点を定めて吉野教授によって展開されており[2]、比較法的研究はドイツ法に焦点を合せて土田教授が詳細に展開するところとなっている[4]。法制史的、比較法的分析についてはこれらのすぐれた業績が存在するので[3]、本書はむしろ法概念の機能的分析からこの問題にアプローチしたい。このような機能的な分析は、法律行為論の問題と関連し、最終的には「法律行為」という概念のたて方という問題と連なるものではあるが、それは本書の直接のテーマとは離れた大問題であるので、それについては問題の所在を指摘するにとどめておく。以下、本節の構成としては、まず二で「目的不到達による不当利得」という法概念の機能的な分析を試み、三で法律行為論との関係を考察した上で四で私見を示すことにする。

二　(イ)　まず、目的不到達による不当利得という概念は「目的についての合意があつたけれどもその目的が達せられなかった場合」[5]についての不当利得関係を問題とする。種々議論のありうるところではあるが[6]、一般には比較的簡単に、目的不到達の場合に不当利得返還請求権が発生し、目的到達の場合には発生しない、という枠組が採用されている[7]。

しかしながら、右の引用に述べた「合意」が通常の「契約」を意味するのか否か、かりに「契約」だとすると、その契約の有効無効と不当利得返還請求権の発生とがいかなる関係にあるのかなどの問題は、従来の学界ではそれほどつめて考えられずに、曖昧なままに放置されてきた側面がある。この点について論者によって議論は必ずしも一律ではないが、たとえば我妻説は次のようにいう。

「出捐行為が目的の不到達を解除条件とするときは……、その条件の効力として、目的が消滅する……から、その理由で不当利得が成立する。しかし、解除条件というほど明確な合意内容はなく、客観的にみて一定の目的が達成されることを前提としてなされるものである場合には、目的不到達による不当利得が成立する[8]」。

この表現からは、明示されてはいないもののニュアンスとして、条件の成就の問題は契約の効力と関係するが、目的不到達の場合には契約の効力に影響を与えないまま不当利得が成立するような印象をうける。しかし、我妻説においても、婚姻不成立の場合の結納返還の事例が、目的不到達による不当利得の例としてひかれると同時に、条件附贈与契約として構成される余地も示されており[9]、二種の構成の境界はそれほど明瞭ではない。

学界がこのような状況にあることを反映し、実務においてもこの点は曖昧なままに放置されてきた。目的不到達による不当利得の代表的な例は、右に述べた婚姻不成立による結納の返還の事例である。結納の法的性格については学説に争いがあるところであるが（注(16)参照）、この種の事案について、〔13・7〕のように、結納を「他日婚姻ノ成立スベキコトヲ予想シ授受スル一種ノ贈与[10]」と解する判例もあったが、この「贈与契約の効力」の問題にはふれないままに、婚姻不成立の場合には目的不到達による不当利得として結納の返還を認める判例がほとんどであったからである。

〔13・7〕　大判大正六年二月二八日民録二三輯二九二頁（〔4・7〕、本書二四六頁）。

「結納ナルモノハ他日婚姻ノ成立スヘキコトヲ予想シ授受スル一種ノ贈与ニシテ婚約カ後ニ至リ当事者双方ノ合意上解除セラルル場合ニ於テハ当然其効力ヲ失ヒ給付ヲ受ケタル者ハ其目的物ヲ相手方ニ返還スヘキ義務ヲ帯有スルモノトス蓋シ結納ヲ授受スル当事者ノ意思表示ノ内容ハ単ニ無償ニテ財産権ノ移転ヲ目的トスルモノニアラスシテ如上婚姻予約ノ成立ヲ証スルト共ニ併セテ将来成立スヘキ婚姻ヲ前提トシ其親族関係ヨリ生スル相互ノ情誼ヲ厚フスルコトヲ目的トスルモノナレハ婚姻ノ予約解除セラレ婚姻ノ成立スルコト能ハサルニ至リタルトキハ之ニ依リテ証スヘキ予約ハ消滅シ又温情ヲ致スヘキ親族関係ハ発生スルニ至ラスシテ止ミ究局結納ヲ給付シタル目的ヲ達スルコト能ハサルカ故ニ斯ノ如キ目的ノ下ニ其給付ヲ受ケタル者ハ之ヲ自己ニ保留スヘキ何等法律上ノ原因ヲ缺クモノニテ不当利得トシテ給付者ニ返還スヘキヲ当然トスレハナリ」（ただし、一部原文の傍点削除）。

本件の理由中、「結納が効力を失い」ということと、「給付したる目的を達すること能わざるが故に」不当利得返還義務を負うということとが、いかなる関係に立つかは明確でない。しかし、本判例において効力失効の原因が明示されていないことと、後に検討する学説の大勢が必ずしも契約の効力の問題にそれほどとらわれていなかったこともあって、その後の実務には、贈与契約の無効という構成ではなく、主として目的不到達による不当利得という法律構成が受けつがれたようである。(11)

(ロ)　「目的不到達」の概念は、基本的には(イ)に述べたように不当利得返還請求権の成立を導くために用いられるものであるが、判例の中には、それ以外の目的で「目的不到達」の概念を用いたものがある。それを次に検討しよう。

〔13・8〕　大判大正七年七月一六日民録二四輯一四八八頁。

X・Y間において、XがYに雇傭契約の斡旋をし、YはXに謝金として七〇円支払うという契約が結ばれた。

しかし、Yが現金を所持していなかったため、さらに、この金銭債務を目的として準消費貸借契約が締結された。Xは、雇傭契約の斡旋に失敗したにもかかわらず、消費貸借上の債務の履行を求めて訴提起。大審院は、次の理由によってXの請求を認めなかった。X・Y間の謝金をめぐる契約の目的とした結果（雇傭の斡旋）が不発生であった以上、謝金債権およびそれを目的とした消費貸借上の債権は、目的不到達として不当利得となる。したがって、YがXの債務履行請求を拒絶することができるのは当然である。

本事案自体の解決として、右の法律構成が適当であったか否かには、やや問題がないわけではない。ただ、ここで注目すべきことは、事案の解決そのものに着眼してみると、本判決においては「目的不到達」の概念が不当利得返還請求権を導くための要件として機能しているのではなく、「目的不到達」が履行請求に対する拒絶事由として機能していることである。

「目的不到達」がこのような履行拒絶事由としての機能をもたざるをえないことは、仔細に考察すれば、結納の事例を考えても明らかであろう。結納交付の合意の後、現実には結納を手渡していない段階で婚姻約束が破談になったとする。その後、一方当事者が結納交付に関する契約を理由に相手方に結納交付の履行請求をしたとしても、その請求は一般に認められるべきではあるまい。そのような請求を認容したとしても、それはしょせん目的不到達による不当利得として交付者からの回復請求が認められるものであり、元のもくあみに帰するだけだからである。

このように考えると、「目的不到達」の概念は、〔13・8〕の判例においてのみならず、一般的に履行拒絶事由としての機能を営まざるをえないことがわかる。

(ハ)　以上、(イ)、(ロ)に検討したところを総合してみると、「目的不到達」の概念は、一方で不当利得を理由に給付した結納などの返還請求権を導くと同時に、他方では履行請求に対する拒絶事由となることがわかる。そうであるとすれば、この「目的不到達」の概念と契約ないし法律行為の無効事由との異同が検討される必要がでてくる。

法律行為の無効の概念がいかなるものであるかについては、次のようにいわれている。「無効な行為とは、その行為に由来する義務で未履行のものについては、履行せよという請求が否定されること、履行ずみのものについては、相手方がこれを保持する根拠がないから、不当利得になって（民法七〇三条、七〇四条）これを返還せよという請求が認められることである」[12]。ここでは、履行拒絶と不当利得返還請求の前提となることの二点が、「無効」の意味である、とされている。そうであるとすれば、さきに述べた「目的不到達」の概念が導く二つの機能は、「無効」という概念によって導かれる結論と、完全に一致したものとなる。このように、実質的には同一の機能を有する概念を、法律学が一方では「無効」という概念枠組のもとに論じ、他方では、目的不到達による不当利得という概念枠組のもとに――法律行為の有効、無効との関係を曖昧なままにしながら――論じ、異別の枠組のもとに放置しておくことは、無用な混乱を招くだけであり、概念の純化という学問的視点からも望ましいことではない。ここでは、「目的不到達」の観念は、法律行為の無効事由の一場合として考えられるべきであろう。

もちろん、従来このような混乱した形で二つの概念枠組が用いられてきたことには、それなりの歴史的背景があった。一つは、本節冒頭に述べたように、目的不到達による不当利得は、ローマ法の condictio causa data causa non secuta に由来するもので、その歴史的系譜ゆえに現在でも不当利得の一場合と考えられていたという側面である。

もう一つは、従来の不当利得観自体が曖昧であったことにある。不当利得法の本体的部分に関し、不当利得返還請求権の成否（「法律上ノ原因」の有無）は財貨移転を基礎づける法律関係の有無によって基本的には判断されていたことが本書によって明らかにされた。しかし、従来有力であった二元論的衡平説的な考え方にたてば、不当利得法は形式的に正当視される財貨移転を実質的視点から修正するものなのであるから、有効な契約関係にもとづく給付が不当利得法による返還請求の対象となるとしても、別段奇異には感じられないであろう。

しかしながら、不当利得法の本体部分が右に述べたような形で実定法的な具体的内容をもつものに純化された場合には、従来の目的不到達による不当利得の観念をそのまま受けつぎ、有効な契約関係にもとづく給付が契約が有効なままに不当利得法によって返還請求の対象となると考えては、それは、不当利得法の本来の姿と、真向から対立したものとなる。ところが、「目的不到達」の概念それ自体を仔細に分析していくと、機能的には法律行為の無効の概念と一致するのであるから、従来「目的不到達による不当利得」と考えられていたものは、契約が無効である場合に無効な契約にもとづき給付されたものの返還が問題となるだけであって、矯正法的不当利得返還請求権の一場合に当たることになる（もちろん、給付物それ自体の回復が物権的請求権によって可能である場合には、矯正法的不当利得規範を一つの構成要素とする統一的請求権として構成されることになる）。

ドイツ民法八一二条は「法律行為の内容に従えば給付の目的とされていた結果が発生しなかった場合に」不当利得返還義務が発生すると規定しており、ドイツにおいては「目的不到達による不当利得」は、実定法の明定するところとなっている。これは、ドイツ法学においても「歴史的な残滓」[13]とされているが、わが国においては、「目的不到達による不当利得」という概念は講学上のものにとどまり、実定法に明定されているわけではない。それだけに、歴史的な残滓ともいうべき condictio causa data causa non secuta にもとづく「目的不到達による不当利得」の概念を廃棄することは、わが国においては比較的容易なものと思われる。

三　(イ)　「目的不到達」を法律行為の無効という枠組のもとに取り扱うべきであるということそれ自体は、機能的同一物に二つのレッテルをはることを承認すれば格別、そうでなければ比較的容易に受け入れられるのではないか、と思われる。しかしながら、伝統的な「目的不到達」の事案を、どのような法律構成のもとに「無効」として取り扱うかに関しては、仔細に検討してみるとかなり法律学にとって根深い問題をはらむものである。ここでは、まず(ロ)で、現行民法のもとで受け入れ易いと思われる解釈論を提示し、次に(ハ)でこの問題が「法律行為論」にもつ意味を簡単に言及することにする。

(ロ)　目的不到達の事案を法律行為の効力の問題として考えるとすれば、贈与契約における行為基礎の喪失を問題にする余地もないではないが[14]、まず一般に広く受け入れられ易い構成として考えられるのは、目的不到達を解除条件として構成する方法であろう。さきにもふれたように、我妻説も、結納に関してこのような構成をも示唆し、「婚姻が不成立に終れば結納の贈与契約は効力を失うという条件」[15]について言及している。また、結納の法的性質については種々議論されるところであるが、その一つの立場として解除条件附贈与と解する説も有力に主張されているところである。[16]

ただ、このように考えるにさいして一つ問題となることは、目的不到達による不当利得とされる事案は、さきにもふれたように（本書六五三頁）に引用した我妻説が説くように、解除条件というほど明確な意思表示がなされていない、ということであろう。結納をかわすにさいして、婚姻不成立の場合にその返還を求めるという条件を明示的に意思表示することは、通常人の行なうところではない。したがって、これは一種の黙示条件ということになるが、はたして当事者の意思が〝黙示条件〟と呼べるほど強いものであるか否かには、問題なしとしないであろう。この当事者の社会実体的な意思内容と、黙示条件という法律構成とには幾分のギャップがあるように感じられることが一つの弱点ではあるが、この点は(ハ)に再度検討することにする。

右の弱点を別にすれば、黙示条件という法律構成は、実用法学的には、従来「目的不到達による不当利得」事案とされてきた問題についての実務上の解決に、かなり適合的な構成といえるように思われる。それというのは、実務におけるこの事例の取扱は非常に柔軟であるが、右の法律構成によれば、結果的にはそれと同一の結論が導かれるように思われるからである。すべて下級審裁判例であるが、実務は、婚姻不成立の場合には概念的には結納の給付目的は不到達となるが、婚約解消の有責者からの返還請求は認めていない。[17]また、逆に、婚姻が成立しており概念的には目的不到達とはいえない場合にも、被請求者に婚姻破綻に関する非常に大きな帰責事由がある場合は、結納返還を認めている。[18]最後の点は、高梨説なども指摘するように、[19]判例の事案から考えても不法行為による損害賠償の問題として処理すべきように思われる。しかしながら、有責者からの返還請求を認めないなどの、具体的衡平を重んじた実務の結論は、黙示の解除条件という構成によれば、民法一三〇条の条件成就の妨害という規定を適用することによって、そのまま維持されることになろう。

このように目的不到達を黙示の解除条件と考える法律構成によれば、「目的不到達」の概念と法律行為の「無効」の概念が機能的に同一であるにもかかわらず、別々の概念枠組として用いられるという概念上の不明晰さを回避できると同時に、従来の実務が採用していた紛争解決にさいしての柔軟な結論をそのまま維持しうると思われる。ただし、「目的不到達」を法律行為の「黙示の解除条件」と考える構成は、実際的観点から利点の多いものであるが、さきにも述べたように、それは当事者の社会実体的意思内容から考えると、黙示の条件といえるほど強いものであるのか否か、という問題をはらんでいるということはいえるであろう。

(ハ)　右に述べた黙示条件という法律構成の問題点は、「目的不到達」の概念が法律行為の無効の問題と機能的には同一に帰着することの理由と関連するところである。その点を、問題の所在の指摘という限度で、次に簡単にふれることにする。

目的不到達の問題と関連する議論として、前世紀末のヴィントシャイトの前提理論[20]を考える必要がある。ヴィントシャイトにおいては、条件、期限と並ぶ意思の自己制限事由として「前提」という概念が存在した。これは、「条件には至らない意思制限[21]」とされ、条件ほど不確かではない、意思表示の前提とされた事情をさすものである。条件の場合には、「私は……ならば……しよう」と考えられるのに対し、前提の場合には「私は……しよう。しかし、……でないとすれば……しないであろう」と考えられることになる[22]。前者にあっては条件とされる不確定要素は、後者にあっては例外的に実現されなかった場合の留保事項にすぎない。本節での検討事例と類似のものをあげれば、嫁資として贈与された場合などに婚約が存続していることも「前提」の一例とされる[23]。彼によれば、意思表示の前提が存在せず、または後に消滅した場合には、不当利得返還請求権が発生し、請求に対してはそれを抗弁として対抗できることになる。この前提理論は、後に目的論にたつレーネルなどの批判をあび[24]、ドイツ民法典には採用されなかった。

その結果、ドイツ法学、その影響を受けた日本法学における法律行為論は、ヴィントシャイトのいわゆる「前提」の問題が意思表示論ないし法律行為論にとり入れられないまま、形成されていったものである。しかし、法典がそれを採用するか否かにかかわらず、ヴィントシャイトが「前提」として構成したところの実質的問題は依然残っていた。それが、後の法律学においては種々の形をとりながら、論じられることになった。このことは、ヴィントシャイト自身、前提理論が「戸口より投げだされようとも、再び窓から入ってくる」[25]として予想していたところであった。後の議論においては、ヴィントシャイトのいわゆる「前提」的な内容が法律行為のときに存在しなければ、それは動機の錯誤論として論じられることになる[26]。それが法律行為の後に消滅した場合は、事情変更の原則[27]ないし行為基礎論[28]として――論者による差異はあるが、少なくともその一部として――取り扱われた。これらは、法律行為論と関連をもつ論議であったが、「目的不到達による不当利得」論は、形式的には法律行為論の枠外において、この種の問題の解決の一翼を担っていたのである。

ヴィントシャイトの前提理論とこれらの議論との近似性は、前提理論が認められる場合と動機の錯誤が認められる場合の要件論に関しての論議にもみることができる。動機の錯誤によって法律行為が一般に無効とされると取引の安全が害される範囲がそれだけ拡がることになるが、その問題を考慮し、わが国においても「動機が表示され、相手方がこれを知っているとき[29]」に無効主張が認められるとして、相手方の認識をその要件とする説が有力に主張されたことがあった。この点、ヴィントシャイトも前提理論に関して取引の安全から同様の考慮を必要と考え、前提が意思表示の相手方に認識しうべきであるとし、相手方の認識可能性を要件としている[30]。問題の実質が同一である以上、そこで顧慮される要件内容も類似してくることはきわめて自然である、ということができるであろう。

前述したように、ヴィントシャイトの前提理論においては、「前提」は不当利得返還請求権を導くと同時に、相手方の請求に対する抗弁事由ともされている。この意味では「前提」は機能的にみれば法律行為の効力と同一の問題となる。動機の錯誤は、わが国においては法律行為の無効を導くものであり、事情変更の原則や行為基礎論も、契約の改訂の問題を別にすれば、契約の失効や解除という形で法律行為の効力を問題としている。「目的不到達」概念も、このような一連の問題との関連をふまえながら、法律行為論の中に位置づけられていく必要がある。ただ、ここでの議論は、目的といっても、前提といっても、法律行為の中で具体的には表意されない内容に関して、法律行為の効力への影響を認める途を開こうとするものだけに、それに明確な限界を与えることが必要であるにもかかわらず、それは容易ではない。同じことは、錯誤論における動機、あるいは行為基礎論における行為基礎の観念に関してもいえることである。

現在わが国においても通説となっている伝統的な法律行為論は、基本的には、表示内容と、それに対応するかぎりでの「内心の意思」の存否をとらえて、意思理論を組みたてていったものであった。しかし、そのような表層的な部分をとらえることだけでは、法律行為の当事者間の規律を妥当になしうるものでないことは、右に述べてきたヴィントシャイト以来の歴史の示すところであろう。ヴィントシャイトの「前提理論」は、当時の法律行為論の一般的傾向に従い意思とその表示との間に明確な区別を認めるものではないが[31]、現代的な観点からふりかえるならば、〝表示およびそれと対応する内心の意思〟以外の非表層的部分にまで立ち入った意思表示論を形成しようとするものであった。その議論は、取引の安全からは表意性との妥協を迫られざるをえなかったし（相手方の認識可能性を要件とする点）、「前提」という内容自体も明確とはいいがたかったがゆえに、当時の学界の受け入れるところとはならなかった。その意味では、この前提理論に対する拒絶は無理からぬものともいえる。しかしながら、拒絶してみたところで問題の実質がなくなるものでもなく、動機の錯誤、事情変更の原則、行為基礎論、目的不到達による不当利得など、種々の形をとりながら後の学界で問題とされたのであった。

この問題を抜本的に解決するためには、右に述べた民法学の諸問題をも関連させながら、〝表意と対応する内心の意思〟以外の、非表層的部分までもとり込んだ形で法律行為論を再構築していくことが必要となるが、この非表層的な部分を明確な形で法律行為論にとり込む方策を現在の著者が見出しているわけではない。当面の問題に関しては、現在のところは基本的には(ロ)に述べた黙示の解除条件という法律構成をもって満足するほかはない。ただ、(ロ)に述べた「目的不到達」を黙示の解除条件とする構成が当事者の意思とは必ずしも一致していないという点は、ヴィントシャイトが前提に関して当事者の意思内容を図式的に述べた（本書六五九頁以下）と同様、当事者の意思としては、不確定な要素とはいっても例外的に実現されなかった場合の留保条項としか考えていないものを、条件として「もし……ならば……しよう」というより不確かなものについての意思表示に読みかえることへの疑問というべきであろう。条件という表現がこのようなギャップを生みだすのであれば、この内容が例外的な留保条項であって表意されていないことを明示するために、これを「前提的黙示条件」として、一般の条件との差異を明確にしておくことが適当であろう。

四　最後に結論を示せば、以上のように考えると、従来の曖昧な観念をそのままに「目的不到達による不当利得」という概念枠組を用いつづけることは、もはや許されないというべきであろう。これは、「目的不到達」概念と「無効」概念との機能的同一性を隠蔽し、無用な概念の混乱を招くことになる。そこで、私見としては、「目的不到達」を解除条件的な「前提的黙示条件」と考え、法律行為の効力の問題としてこの種の事案を処理すべきである、と考える。この点で概念が純化されたとすれば、もはやこの種の事案は不当利得法にとっても何の異物でもなくなるのである。また、この構成によれば、民法一三〇条の条件成就の妨害に関する規定はここにも適用されることになり、それによって、従来「目的不到達」という枠組のもとで実務が採用していた柔軟な結論が維持されることになるであろう。

（1）　我妻栄『債権各論下巻一（民法講義V_4）』（昭和四七年）九九二頁以下、松坂佐一『事務管理・不当利得〔新版〕』（法律学全集22－Ⅰ）（昭和四八年）一三五頁以下、谷口知平『不当利得の研究』（昭和四四年）四三頁以下。

（2）　吉野悟「Datio ob rem における目的――ローマ法の目的不到達による不当利得返還請求訴権の位置について――」谷口還暦　不当利得・事務管理の研究(1)（昭和四五年）四八頁以下。

（3）　比較的最近のこの問題についてのドイツでの論文として、A. Söllner, Der Bereicherungsanspruch wegen Nichteintritts des mit einer Leistung bezweckten Erfolges（§812 Abs. 1 S. 2, 2. Halbsatz BGB), AcP 163（1964), 20 ff.; G. Welker, Bereicherungsausgleich wegen Zweckverfehlung? Kritisches zu §812 Abs. 1 S. 2 2. Alt. BGB. Zugleich ein Beitrag zur Struktur der Leistungskondiktion,（1974).

（4）　土田哲也「給付利得返還請求権――目的不到達の場合について――」谷口還暦　不当利得・事務管理の研究⑵（昭和四六年）三一九頁、谷口知平編・土田哲也執筆『注釈民法⒅』（昭和五三年）四〇三頁以下、また、不当利得法的観点からだけのものではないが、土田哲也「目的不到達となった労務の給付と報酬請求権」香川大学経済論叢四四巻四・五・六号（昭和四七年）二七頁以下。

（5）　谷口・前掲『不当利得の研究』四三頁。

（6）　前注引用箇所の谷口説の論議参照。

（7）　我妻・前掲『債権各論下巻一（民法講義V_4）』九九二頁、松坂・前掲『事務管理・不当利得〔新版〕』（法律学全集22－Ⅰ）一三五頁。

（8）　我妻・前注引用書九九三頁。

（9）　我妻・前々注引用書九九二頁の例示と本書六五八頁に引用した我妻・前々注引用書九九三頁の叙述を対照されたい。

（10）　大判大正六年二月二八日民録二三輯二九二頁〔13・7〕および〔4・7〕、本書二四六頁）。

（11）　目的不到達による不当利得という法律構成を採用し、婚姻不成立の場合に不当利得返還請求権を認めた事例として、大判大正六年二月二八日民録二三輯二九二頁〔13・7〕および〔4・7〕、前注引用頁）、逆に婚姻が法的にまたは事実上成立したとして不当利得返還請求を認めなかった例として、最判昭和三九年九月四日民集一八巻七号一三九五頁、大阪地判昭和四二年一月一九日下民集一八巻一・二号二〇頁、東京地判昭和三四年四月一三日判タ九三号五六頁、高松高判昭和三〇年三月三一日下民集六巻三号六二二頁、津地判昭和二七年八月六日下民集三巻八号一〇八五頁など。ただし、事案不明であるが、目的不到達という構成では説明がつかないと思われる例もある。婚姻予約不履行により支度金名義の贈与がその目的を失ったとされた例である（大判昭和一八年六月二一日法学一三巻三九三頁。掲載誌には内縁破棄との表題が附されており、婚姻成立（目的到達）にもかかわらず、不当利得返還義務が認められたもののようである。なお、後注⒅引用の裁判例についても同じことがいえる）。

(12) 星野英一『民法概論Ⅰ(序論・総則)』(昭和四六年)一三一頁。

(13) E. v. Caemmerer, Bereicherung und unerlaubte Handlung, Gesammelte Schriften, Bd. 1, (1968), S. 222. なお、この点のケメラーの見解につき、本書一六二頁参照。

(14) ただし、行為基礎論の母国であるドイツにおいては、この考え方は否定されている。ドイツにおいても婚姻不成立の場合に、「婚約の徴表として与えたる物」の返還は、不当利得法に依拠するものとされる(ドイツ民法典一三〇一条)。また、目的不到達による不当利得という構成自体が、次に述べるように民法典に規定されている。しかし、この規定は行為基礎の喪失の事例には適用されない、といわれている(J. Esser, Schuldrecht, Bd. 2, 3. Aufl., (1969), S. 354 ; Söllner, a. a. O., S. 43ff.)。

ドイツ民法八一二条一項後段は、「法律上の原因が後に消滅したとき、若くは給付に関し法律行為の内容として目的とされていた結果が発生しなかったときには、この義務(不当利得返還義務——著者)が発生する」と定める。なお、ドイツ民法典と日本民法典における個別の有名コンディクチオ体系承継の差異に関し、本書一〇七頁参照。

(15) 我妻・前掲『債権各論下巻一(民法講義V_4)』九九三頁。

(16) 解除条件附贈与契約説をも含め、結納をめぐる現在の学説の状況については、太田武男「結納の法的性質」民法の争点(ジュリスト増刊)(昭和五三年)三四八頁以下参照。より詳細には、やや古いものとなるが、太田武男「結納の返還請求に関する一考察」民商法雑誌三五巻四号(昭和三二年)四七五頁以下参照。なお、若干の判例に言及すると、婚姻ないし内縁成立後の離婚の事案であるが、解除条件附贈与契約という法律構成が争われた例として、高崎区決昭和一三年四月一三日新聞四二八六号一三頁、長崎控判明治四四年(ね)四九号新聞七四〇号二八頁(裁判年月日不明)。また、大阪地判昭和四三年一月二九日判時五三〇号五八頁は、「それは、一応、民法上の婚姻不成立を解除条件とする贈与に類似した贈与であると考えられる」(同誌六三頁)と性格づける。

(17) 神戸地判昭和二七年五月二六日下民集三巻五号六八六頁、奈良地判昭和二九年四月一三日下民集五巻四号四八七頁、大阪地判昭和四三年一月二九日判時五三〇号五八頁、東京高判昭和五七年四月二七日判時一〇四七号八四頁。

(18) 鳥取地判昭和二七年八月一三日下民集三巻八号一一三二頁(〔2・3〕、本書二四頁)、東京控判昭和六年七月一四日新聞三三一四号五頁。なお、注(11)をも参照されたい。

(19) 高梨公之「婚約の破棄」家族法大系Ⅱ婚姻(昭和四五年)二一〇頁。

（20） B. Windscheid, Die Lehre des römischen Rechts von der Voraussetzung, (1850). 簡単には、Lehrbuch des Pandektenrechts, Bd. 1, 10. Aufl., (1906), S. 507 ff. 不当利得との関係で、Lehrbuch des Pandektenrechts, Bd. 2, 10. Aufl., (1906), S. 865 ff. の他注（22）引用文献など参照。なお、この点を論じた近時の論稿として、W. Simshäuser, Windscheids Voraussetzungslehre rediviva, AcP 172（1972）, 19.
この議論そのものは、明治以来何度となく紹介されてきたものであるが、戦後の文献として、五十嵐清「事情変更の原則と不当利得――ヴィントシャイトの前提論を中心に――」谷口還暦　不当利得・事務管理の研究⑶（昭和四七年）八七頁以下、同『契約と事情変更』（昭和四四年）七五頁以下、谷口・前掲『不当利得の研究』四六頁、松坂佐一『不当利得論』（昭和四四年）一八二頁以下、注（26）引用の磯村論稿などがある（戦前のものについては、松坂・本注引用書三〇五頁注（66）参照）。

（21） B. Windscheid, Lehrbuch des Pandektenrechts, Bd. 1, 10. Aufl., S. 507.

（22） Windscheid, Die Voraussetzung, AcP 78（1892）, 195.

（23） Windscheid, a. a. O., S. 182.

（24） O. Lenel, Die Lehre von der Voraussetzung（im Hinblick auf den Entwurf eines bürgerlichen Gesetzbuches）, AcP 74（1889）, 213ff. なお、この批判の具体的内容については、五十嵐・前掲「事情変更の原則と不当利得――ヴィントシャイトの前提論を中心に――」谷口還暦　不当利得・事務管理の研究⑶九三頁以下、松坂・前掲『不当利得論』二八四頁以下などに詳しい。

（25） Windscheid, a. a. O., S. 197.

（26） このような問題との関連において動機の錯誤を論じたものとして、磯村哲「動機錯誤と行為基礎――ドイツ錯誤論の発展――（一）、（二）、（三）」法学論叢七六巻三号（昭和三九年）一頁以下、七七巻一号（昭和四〇年）一八頁以下、七九巻一号（昭和四一年）一二頁以下参照。

（27） 勝本正晃『民法に於ける事情変更の原則』（大正一五年）、五十嵐・前掲『契約と事情変更』。

（28） エルトマン、ラレンツなどの説については前注引用書に紹介されているが、ラレンツの翻訳として、勝本正晃校閲・神田博司＝吉田豊訳『行為基礎と契約の履行』（昭和四四年）参照。

（29） 我妻栄『新訂民法総則（民法講義Ⅰ）』（昭和四一年）二九七頁。

(30) Windscheid, a. a. O., S. 200 f.; Windscheid, Die Lehre des römischen Rechts von der Voraussetzung, S. 83.
(31) P. Oertmann, Die Geschäftsgrundlage, (1921), S. 3.

第四節　商法、民事訴訟法上の諸問題

第一款　失念株など

一　以上検討した問題のほかにも、財貨移転が一定の基礎づけを有するにもかかわらず不当利得が問題とされた事案として、失念株および名義株主に対する利益配当、質入債権に対する転付命令という商法、民事訴訟法上の問題が存在している。これらの問題については、実は商法学者、民事訴訟法学者の手によって妥当な法律構成がすでに提唱されており、その構成によれば、これらの事案は不当利得法の異物とはいえなくなる。本書によってこれらの問題の解決それ自体につけ加えるべきものが別段あるわけではないが、右の点を明らかにするために、本款において失念株などの問題、次款において質入債権の転付命令の問題を取り上げることにする。

二　株式の移転にさいし名義書換がされておらず、株主名簿上の形式株主が利益配当金を受領したり、新株の引受をした場合に、実質株主である株式譲受人がそれらを不当利得として返還請求なしうるか否か、という問題がある。ここでは、商法二〇六条と実質株主という法律関係をどのように考えるかが、不当利得法上問題となるが、この点を次に考えてみることにしよう。

株主の権利のうちもっとも重要なものの一つである利益配当請求権が実質株主に帰属すべきものであることについては問題は少ない。判例上も名義株主に利益配当がなされた場合に、実質株主からする不当利得返還請求権が常に認容されている。(1)

また、失念株とはいっても、増資新株発行の事案ではなく、新株が無償交付され、実質的に株式の分割としての意味をもつ場合に、それが実質株主に割り当てられるべきものであることは当然であり、判例も割り当てられた新株についての実質株主から名義株主に対する不当利得返還請求を認めている。(2) しかしながら、増資新株の発行の場合には問題は単純ではない。株主割当による新株の額面発行がなされ、額面が時価より低廉な場合には、その新株発行には株式分割としての色彩もあり、そのかぎりで実質株主に新株は帰属すべきものである。現実に、株主に新株引受権を附与する場合、経済的には株価に新株引受権附与の期待が反映し、株式に含まれる利益となっているわけである。しかし、他方では、実質株主から名義株主に対する新株の不当利得返還請求権を全面的に認めた場合には、次の問題が発生することになる。「実質上の株主権者は、株式名義人によって引受けられた新株の市場価格の振わない間は固く緘黙して語らざるに引きかえ、新株の市場価額が上昇したときは俄かに新株の引渡を求めるであろう。(3)」

最高裁判所は、このような懸念をもふまえて、新株引受権者を定めた株主総会決議（昭和二五年改正前商法三四八条）の「解釈」に依拠してではあったが、株式譲渡から四ヵ月後に新株引受権附与の株主総会決議がなされた事案において、次のように実質株主から名義株主に対する失念株の返還請求（根拠としては不当利得をも含む種々のものがあげられている）を否定している。

〔13・9〕　最判昭和三五年九月一五日民集一四巻一一号二一四七頁（〔4・8〕、本書二四八頁）。

株式譲渡に伴う典型的失念株に関する事案である。株式譲渡人Yが引き受けた増資新株を不当利得として、株式譲受人Xは、譲渡人Yに対しその返還を請求した。その請求は棄却された。その理由は、新株引受権は株主総会決議により発生したが、その決議における新株引受株を附与される株主とは株主名簿上の名義人を意味する、という総会決議の『解釈』にある。

しかし、このように全面的に実質株主の保護を否定することは、前述した株式分割としての色彩を有する増資新株の発行の場合には、実質株主の保護に欠けることになる。そのため、その後の下級審判決にもこれに従わないものが見受けられるし、[4] 最高裁判所も今後この昭和三五年判決の結論を維持するか否か、多少微妙な点もあるように思われる。[5]

学説としても一部に右の昭和三五年判決と同様、返還請求権を認めないという結論をとるものもあるが、[6] 大勢としては必ずしもこのような結論に賛意を表しているわけではない。多くの学説は、このような失念株ないしそれに代わる利益の返還請求を認めるとの結論を採用しているが、その法的根拠に関して論議が分かれている。具体的に根拠としてあげられるものは不当利得法、[7] 準事務管理法、[8] そしてその両方である。[9] さらに次の説も存在している。証券業協会の会員間の取引を規律する日本証券業協会が定めた「株式の名義書換失念の場合における権利の処理に関する規則」（統一慣習規則二号）が一般人が会員を通じて取引をする場合にも商慣習として適用されるとする説である。[10]

前段に述べた諸学説のうち、日本証券業協会の定めた統一慣習規則二号が一般人にとって商慣習的意味を常にもっていると考えることには多少無理があるように思われるし、民法典に定められている制度ではない準事務管理を認めることが必要か否かは、やや慎重な検討を要するところであろう。そこで、本書のテーマとの関連で、不当利得法を根拠とする場合について検討すれば、従来の学説においては、「関連性（＝因果関係）」の要件が問題となっていた。具体的には、「譲受人の損失は名義書換の失念に基づくもので、譲渡人が引受権を行使しても、しなくても、同じように免れないものだから」、[11] 関連性（＝因果関係）は存在しないとして、不当利得返還請求権は成立しないという立場が有力に主張されたのである。しかし、この点はすでに商法の分野で竹内説によって、次に述べるように明晰な反論を受けており、そこにつけ加えるべきものはないように思われる。すなわち、右のように考えるのであれば、「甲が落した金銭を乙が拾得して費消したとしても、甲の損失は遺失によって生じ乙の利得は拾得によって生じたもので因果関係はない、ということになってしまう」[12]、との指摘である。このように、この事案は受益と損失との関連性の要件を充足しないとは思われない。そうであるとすれば、実質的に株式分割としての色彩をもつ新株発行の場合には、そのかぎりでは新株は実質株主に帰属すべきものであり、実質株主から、新株を受領した名義株主に対する不当利得返還請求権が認められるべきであろう。

しかしながら、このように考える場合に一つ問題として残るのは、株価の変動をみた上でこの請求権が行使されたり行使されなかったりし、株価変動のリスクを相手方に全面的に負わせることになりはしないか、という前述した問題であろう。一般の有体物の帰属に関してとは異なり、株式にあっては目的物の価格が変動することが常態であり、しかもそれが払込金額との対比においてリスク計算としての意味をもっているのである。この問題について回答を与えたのも、竹内説であった。その具体的内容は、次のとおりである。[13] ここで不当利得されているのは新株引受権であり、その価格――新株発行直後の市価と払込金額との差額として算定される――が返還されるべきである。新株発行の後に、株価が値上りしたとしても、それは新株を引き受けた名義株主の投資によって生じた利益である。また、新株発行後に株価が値下りすれば、一旦名義株主が利得した新株引受権の価格の「利益ノ存スル限度」が減少したものとして返還義務はそれだけ減少する。さらに、一旦下がった後に再度値上りしたとしても、一旦下がったときを基準に現存利益を算定すべきであり、その後の値上りは投資の結果として名義株主に帰属すべきである。

このような考え方は、後の学説に支持者を見出しており、[14] 事案の解決として妥当なものと考える。このように考えれば、名義株主への利益配当の問題、株式分割としての色彩をもつ新株発行にさいしての失念株の問題は、商法上の株主権という特殊な権利に関して、そこに定められた財貨や利益の帰属を確保する、帰属法的不当利得返還請求権の一場合というべきであろう。本書では前に、[15] 被請求者の財貨受領を基礎づけている法律関係である商法二〇六条と、請求者の当該財貨についての法律関係である実質株主としての地位との競合という視点でこの問題を考えた。この点は商法二〇六条は権利の所在の問題ではなく「資格」の問題として一般に考えられているところであり、実質株主という権利関係にもとづき財貨、利益の帰属が決定されることには、それほど問題はないであろう。

（1）本書二六六頁注(94)引用の諸判例参照。

（2）最判昭和三七年四月二〇日民集一六巻四号八六〇頁。株主名簿上の名義株主Yと実質株主Xとが分離していた。昭和四九年改正法前に存在した再評価積立金の資本組入れに伴い、新株の無償交付が行なわれ、Yがこれを受領した。XのYに対する不当利得返還請求権が認容された。

（3）東京地判昭和二七年七月二一日下民集三巻七号一〇一〇頁、引用は一〇二三頁。なお、本件は〔13・9〕として引用した最高裁判決の第一審判決である。

（4）東京地判昭和三七年四月一二日下民集一三巻四号七二八頁（〔2・17〕、本書七〇頁）、大阪地判昭和四五年二月二六日判時六一二号八九頁、山口地判昭和四二年一二月七日下民集一八巻一一・一二号一一五三頁など。ただし、最初の東京地裁の判決は、判決理由中においては前記最高裁判決を強く批判するが、結論としては失念株についての不当利得返還請求権を認容していない。また、二番目の大阪地裁判決は、失念株の処理に関する証券業協会の統一慣習規則を商慣習と認め、それによる返還請求を認め不当利得にもとづく返還請求は認めなかった。最後の山口地裁判決は、不当利得を根拠に失念株の返還請求を認めている（現実に認容されたのは、新株取得当時における新株の市場価額と払込金員の差額である）。

（5）最高裁判所は、昭和三五年判決の後、名義書換の失念に伴う問題ではないが、株式を保持していた証券会社に新株割当日以前に親株の引渡請求をしたが、証券会社がそれに応じなかった事案で、名義株主である問屋としての証券会社が自己名義で取得した新株について実質株主からの返還請求を認めている。

〔13・10〕　最判昭和四三年一二月一二日民集二二巻一三号二九四三頁。

X所有の株式がY証券会社に保管され、Yが名義人となった。Yは新株を引き受けた。しかし、その新株は不当利得とされ、Xに返還されるべきものである、と判示された。

さらに、同種の事案に関し同様の結論を示したものとして、東京地判昭和五六年六月二五日判時一〇二八号一〇六頁。この判決は、不当利得法を根拠に新株の引渡を認めるが、私見によれば、問題は問屋との委託契約にもとづいて規律されるべき事案であろう（ただし、事案としては問屋の破産の問題が関係する場合である。なお、この判決と昭和三五年判決との異同を論じたものとして、柳川俊一「判例解説」最高裁判所判例解説民事篇昭和四三年度下（昭和四四年）一〇六六頁、一〇七〇頁）。

（6）松田二郎『新会社法概論』（昭和三一年）二五六頁。
（7）竹内昭夫『判例商法Ⅰ』（昭和五一年）七九頁以下（ただし、純正の事務管理の成立の余地は認める）。堀口亘「失念株」新商法演習Ⅰ（昭和五一年）一五五頁、同「名義書換失念株主の名義株主に対する権利」商法の争点（ジュリスト増刊）（昭和五五年）六八頁、大原栄一「名義書換失念と新株引受権の帰属」会社判例百選〔第三版〕（別冊ジュリスト）（昭和五四年）四二頁。
（8）塩田親文「判例総合研究『失念株』の問題について（一）、（二）」民商法雑誌三〇巻三号一七三頁以下、四号（以上昭和三〇年）二六二頁以下（準事務管理法については三七五頁）、菅原菊志「失念株をめぐる諸問題」商事法務研究一九二号（昭和三五年）一七頁、同「名義書換の失念と新株の帰属」商事法務研究二〇八号（昭和三六年）八頁、西原寛一「失念株」商法演習Ⅲ（昭和四二年）二九頁、同「名義書換の失念と新株引受権の帰属」会社判例百選〔新版〕（別冊ジュリスト）（昭和三九年）一三〇頁、宮川茂夫「失念株主からする新株引受の請求」谷口還暦　不当利得・事務管理の研究(1)（昭和四五年）二七七頁以下、石井照久＝鴻常夫『会社法第一巻商法Ⅱ－1』（昭和五二年）二五九頁。
（9）長谷部茂吉「失念株と増資新株の帰属」法律のひろば一四巻三号（昭和三六年）四頁以下、高鳥正夫「名義書換の失念と増資新株の帰属」会社法の諸問題（昭和四八年）四一七頁以下、田中誠二『全訂会社法詳論上巻』（昭和四九年）三四六頁。
（10）菅原・前掲「失念株をめぐる諸問題」商事法務研究一九二号一八頁、西原・前掲「失念株」商法演習Ⅲ三〇頁、山崎悠基「失念株」商法の判例（ジュリスト増刊）（昭和四二年）九九頁、高鳥・前掲「名義書換の失念と増資新株の帰属」会社法の諸問題四二六頁、必ずしも断定的な表現ではないが、長谷部・前掲「失念株と増資新株の帰属」法律のひろば一四巻三号九頁、および注（4）引用の大阪地裁判決参照。
（11）西原・前掲「失念株」商法演習Ⅲ二八頁。基本的に同様の結論をとるものとして、塩田・前掲「判例総合研究『失念株』の問題について（二）」民商法雑誌三〇巻四号二七三頁、菅原・前掲「失念株をめぐる諸問題」商事法務研究一九二号一八頁。
（12）竹内・前掲『判例商法Ⅰ』八五頁。
（13）竹内・前注引用書八五頁以下。
（14）関俊彦「商事判例研究」ジュリスト四五〇号（昭和四五年）一五一頁（ただし、竹内説的な内容を清算関係にもち込み、返還対象は新株そのものとする）、堀口・前掲「失念株」新商法演習Ⅰ一五六頁、神崎克郎『商法Ⅱ（会社法）』（現代法律学講座17）（昭和五二年）一三二頁、北沢正啓『会社法〔新版〕』（現代法律学全集18）（昭和五七年）二二八頁。なお、不当利得構成を明示するわけではないが、新株引受権に着眼し、新株の価格と引受価格との差額を返還すべきことを早い時期に説いたものとして、星野孝「所謂『失念株』について」ジュリスト三九号（昭和二八年）三一頁がある。なお大隅健一郎『全訂会社法論上巻』（昭和二九年）三二二頁が、「引受によつてえた利益を返還すれば足る」とするのは、このような方向をさすものであろうか。

(15)　本書二四八頁。

第二款　質入債権についての転付命令

前に論じたように[1]、判例においては、次の場合に不当利得返還請求権が認められていた。執行手続によって債権者が転付命令を得、係争債権は消滅した（昭和五四年改正前民事訴訟法六〇一条、現行民事執行法一六〇条）。しかし、転付された債権が質権の目的となっておりその質権が実行されたため、差押債権者は現実には弁済を受けられなかった。満足を得られなかった差押債権者から差押債務者に対して不当利得返還請求権を行使した場合である。ここでは、転付命令によって基礎づけられた債権の消滅が不当利得法によって修正されているようにみえる。前の叙述と多少重複するが、このような判例としては、次のものがあげられる。

〔13・11〕　大判大正一四年七月三日民集四巻一二号六一三頁（〔4・9〕、本書二四九頁）。

右事案において、経済的満足を得られなかった差押債権者Xが、右質入債権の転付によっては係争債権は消滅していないと主張し、差押債務者Yに債務の履行を求めた。大審院は、この請求を棄却し、質権の目的となった債権の転付も民事訴訟法六〇一条所定の効力が生ずる、と判示した。その理由中に、傍論として、「転付債権ニ付質権ヲ有スル者カ其ノ権利ヲ実行シ差押債権者ニ於テ転付債権ノ弁済ヲ得ルコト能ハサルトキハ差押債務者ニ於テ不当利得ヲ為スモノナルヲ以テ差押債権者ハ之カ返還請求ヲ為スコトヲ得ヘシ」と述べた。

〔13・12〕　東京地判大正一五年一一月二日新聞二七五一号一一頁。

右事件〔13・11〕の当事者間において再び紛争が生じ、右事案を不当利得とする差押債権者の主張が認められた。なお、戦後においても、この種の事案において同一の結論を導いた下級審判決が存在する。(2)

しかし、このような判例に対して、学説は通常右の構成をとらず、質権の目的である債権は、券面額が浮動的であるから転付命令の要件をみたさない、とするものが多い(3)（ただし、この立場をとらない学説も一部存在する）(4)。不当利得という構成をとった場合には、請求をする者は新たに債務名義を取得する必要があるのに対し、右の構成によれば元来の債権についてすでに取得した債務名義をそのまま用いることができる。このような学説の構成によれば、質入債権についての転付命令の問題は不当利得法の枠外において解決されるべきものとなり、不当利得法の異物としての性格をもはやもたないことになる。

（1）　本書二四九頁以下。

（2）　東京地判昭和四五年五月二八日判時六〇五号七二頁。なお、この問題の実質が不当利得以外の法律構成の枠組で争われることもあるが、これについては、東京高判昭和五三年一月二六日金融・商事判例五四五号三〇頁など参照。

（3）　吉川大二郎「転付命令の要件」民商法雑誌一四巻三号（昭和一六年）四四九頁、同『判例転付命令法』（昭和三二年）四七頁、中務俊昌「取立命令と転付命令」民事訴訟法講座四巻（昭和三七年）一一八九頁、兼子一『増補強制執行法』（昭和四三年）二〇四頁、小山昇「転付命令」菊井維大編・全訂民事訴訟法下巻（昭和四四年）二九九頁、松浦馨「転付命令」民事訴訟法演習Ⅱ（昭和四五年）一九一頁、宮脇幸彦『強制執行法（各論）』（法律学全集36-Ⅱ）（昭和五三年）一五三頁、田中康久『新民事執行法の解説』（昭和五五年）三四九頁、三ケ月章『民事執行法』（昭和五六年）三九五頁、中野貞一郎編・福永有利執筆『民事執行法概説』（昭和五六年）一九一頁、疑問を述べる形であるが、住吉博『民事執行法入門』（昭和五五年）二二九頁。

（4）　菊井維大『民事訴訟法(二)』（昭和二五年）一八九頁、加藤正治『改訂強制執行法要論』（昭和二六年）二〇五頁（後者は、本文引用の大正一四年判例に賛成し、不当利得構成をも認めることを明言するものである）。また、近時の説として、浦野雄幸『民事執行法』（昭和五六年）五三〇頁。

第一四章　転用物訴権

第一節　緒　論

一　前章までの検討の結果、実務が従来不当利得法の枠内で処理してきた第四章の分析事例のうち、転用物訴権が本書に述べた不当利得の性格規定に適合しないものとして残った唯一のものとなる。転用物訴権の内容をいかに考えるかは本章第二節に述べるようにやや微妙な問題がある。しかし、ここでは暫定的にドイツの通常の用語法に従うことにすれば、契約外の第三者が契約関係から受益した場合の利得引渡請求権が、転用物訴権と呼ばれる。したがって、転用物訴権は、財貨（利益を含む。以下同じ）が有効な契約関係の連鎖によって移転した場合、すなわち、財貨移転秩序に瑕疵がない場合に財貨の回復を認める点で、一般の不当利得法と異なる。一般の不当利得法は、前述のように財貨移転秩序に瑕疵がある場合にそれを矯正し、財貨の帰属を回復することを目的としているからである。

立法例によっては転用物訴権を認めておらず、日本の学説にも同様の立場をとるものがある。しかし、本書においては、近時の判例にならって、一定の範囲で転用物訴権を承認することにした。転用物訴権を認めるという社会的要請ないし法解釈学上の要請がそれほど深刻なものであるとは思わないが、一種の利益較量的視点と財貨移転秩序の個別的吟味からは、一定の範囲でそれを承認することの必要性もまた否定しえない、と考えたからである。

転用物訴権を本書では不当利得法の外に位置づけた。転用物訴権は法制史上もローマ法上のある種の訴権（actiode in rem verso）に端を発し、現行不当利得法を形成した訴権であるコンディクチオ（condictio）とは異別の起源をもつ上、日本民法の起草者は転用物訴権を意識していなかったようであるから、「法の欠缺」部分に判例が一定の請求権を承認した、と考えたからである。法体系的視点からみると、私見によれば、不当利得法も転用物訴権も、いずれも財産法における財貨移転の体系の生んだ落とし子のように思われる。ただ、前者が、財貨移転を基礎づける法律関係の存否という形式的論理的視点に終始するのに対し、後者は、財貨移転を基礎づける法律関係の強度（脆弱さ）という、やや立ち入った実質的判断を必要とする。この意味において、後者は前者の異物であることは否定できないものの、財産法の体系の中では、両者は類似の位置を占めるものであろう。これらに関しては後に詳述することとしよう。

二　転用物訴権は、時代および法体系によってその内容に差異が存し[1]、すべてに通ずるような形で一義的に定義することは困難である。しかし、前述の用語法をより具体的に述べれば、それは現在では通常次の事例をさして用いられている。すなわち契約上の給付が契約の相手方のみならず第三者の利益となった場合に、給付をなした契約当事者がその第三者に対し不当利得返還請求をする場合である[2]。このような用語法にはさきに暫定的と述べたように問題がないではないが[3]、それはともかく、この意味の転用物訴権は近時最高裁判所において広い範囲にわたって承認されるに至った[4]。しかしながら、転用物訴権の内容を仔細に検討してみると、転用物訴権を判例のように広く認めることには、いささかの疑問を感じないではない。法制史上も、ドイツにおいては転用物訴権を広く認めた一八世紀普通法の見解は一九世紀には異口同音に否定され[5]、転用物訴権は「藪医者の売る万能薬」[6]と非難された。そして、現行ドイツ民法は、その継受を明示的に否定したのである[7]。また、フランス法においても、判例が日本の最高裁判所判例の類似の事案において一旦は転用物訴権の成立を広く認めたものの、その後の判例は転用物訴権の成立を制限することに腐心している[8]。

日本における転用物訴権の研究は、従来法制史的側面に関しては優れたものがあるが[9]、解釈学的研究は比較的少数である。しかも、それらのものも、多くは転用物訴権にごく簡単に言及しているにとどまり、解釈学的問題に焦点を合わせた研究はさらに僅少である[10]。本書においては、転用物訴権の機能に解釈学的分析を加えた上、それを認めるべきか否か、あるいはいかなる範囲において認めるべきかを検討する。

本章では、まず、右の主題——転用物訴権の機能とその法的構成——を、第二節において分析する。第二節では、最初に一で、判例が転用物訴権を承認するにいたるまでの日本の学説および実務における転用物訴権の取扱を概観する。次に二で、転用物訴権の機能を利益較量の視点から分析した上で、転用物訴権を承認しうる範囲を考察する。以上の検討をふまえた上で、最後に三で転用物訴権に与えるべき法的構成と、その性格を示す。転用物訴権は、必ずしも民法七〇三条の構成要件に適合せず、通常の不当利得法と同様に取り扱うことはできないからである。

第三節においては、以上の検討によって導かれた結論をフランス不当利得法との比較において検証した。フランスの判例は、一旦日本と同様に転用物訴権を一般的に承認した上で、その後転用物訴権の成立範囲を限定していった。その限定は、私見と異なった法的観点から行なわれたが、その限定の過程において第二節で著者が指摘した問題点がいかにして組み込まれていったのか、あるいは組み込まれていなかったのか、を機能的に分析した（なお、前にも一言したことであるが[11]、ドイツ不当利得法に関しては個別的な文献までしばしば日本に紹介されているのに対し、フランス不当利得法の紹介は必ずしも充分とはいえない。これを補う意味を含めて、第三節の注においてはフランス不当利得法一般の紹介を行なった。第三節は、本文はフランス転用物訴権の分析であるが、注をも併せた場合には、フランス不当利得法全体についての叙述となっている）。

第四節においては、ドイツ、および日本の一部の転用物訴権に関する学説の提起した諸問題を分析した。ドイツにおいては、転用物訴権を承認しうるか否かに関して賛否両説が存在する。しかし、いずれの学説にせよ、第二節における著者の結論を承認する説は存在しない。なぜならそれらの学説がそれぞれの結論を導くに当たって念頭におく問題が私見と異なっていたからである。そのようなものとしてここでとりあげたのは、次の四種の問題である。

すなわち、契約の相手方の信用に関する危険の問題と転用物訴権承認の必要性の検討。間接代理の場合の代理的効果——取引の相手方と本人との間の直接的法律関係の成立——を承認することの可否。事務管理人に代理権を認め、事務管理の本人と事務管理人の法律行為の相手方との間に直接の法律関係を構築することの可否。家族共同体の法主体性とその債務負担の問題。ドイツ、日本の一部にみられる転用物訴権承認説は、実はこれらの諸問題の解決との関連において展開されたものであった。その検討に必要なかぎりにおいて、もとより試論の域をでないが、これらの問題に関する私見を簡単に示した。

（1）　転用物訴権の起源となったローマ法の actio de in rem verso は、ローマの家長制、特有財産制を背景としたものであった。すなわち、家子、奴隷が第三者より取得したものを家長の利益に転用した場合に、それが認められた。それに対し、ドイツ普通法においては、ローマ特有の家族制度、特有財産制度を欠くため、転用物訴権のこのような性格は維持されなかった。早期普通法においては、転用物訴権が非常に広い範囲にわたって認められたのに対し、後期普通法においては仲介者、被請求者間に事務管理関係、間接代理関係がある場合に限定してそれが認められた（於保不二雄「転用物訴権に就て」法学論叢三五巻二号（昭和一一年）五七八頁以下、磯村哲「直接利得の要求に就いて——利得の不当性への問題的関連性——」法学論叢四七巻五号（昭和一七年）六二八頁以下、同「不当利得・事務管理・転用物訴権の関連と分化（一）、（二）」法学論叢五〇巻四号三二〇頁以下、五・六号（以上昭和一九年）四四一頁以下、B. Kupisch, Die Versionsklage, (1965) ; R. Schmitt, Die Subsidiarität der Bereicherungsansprüche, (1969), SS. 28-49. など参照）。さらに、転用物訴権の名称は、請求者・被請求者間に仲介者が介在する場合に通常用いられている。しかし、フランスにおいては、action *de in rem uerso* のもとに二当事者間における不当利得関係も包摂され、同様の例は普通法の歴史その他にもみられる（フランス法に関しては、本書七一〇頁以下、特に七二八頁以下注(2)、(3)参照。普通法その他に関しては磯村・前掲「不当利得・事務管理・転用物訴権の関連と分化（一）、（二）」法学論叢五〇巻四号三三四頁、五・六号四四一頁以下参照）。

（2）　磯村哲「法律学一五〇講民法（債務法）11不当利得」法学セミナー二三号（昭和三二年）二一頁、E. v. Caemmerer, Bereicherung und unerlaubte Handlung, Gesammelte Schriften, Bd. 1, (1968), S. 245 ; D. König, Der Bereicherungsan-

spruch gegen den Drittempfänger einer Vertragsleistung nach französischem Recht,（1967）, S. 10.
（3）　本書六九七頁以下参照。
（4）　最判昭和四五年七月一六日民集二四巻七号九〇九頁。
（5）　König, a. a. O., S. 13.
（6）　Seuffert, Beiträge zur Gesetzgebung, S. 119（zit. nach König, a. a. O., S. 13.）.
（7）　Motive zu dem Entwurfe eines Bürgerlichen Gesetzbuches für das Deutsche Reich, Bd. II, Recht der Schuldverhältnisse,（1888）, S. 871ff. この内容に関しては、本書七五四頁（4）参照。
（8）　本書七一二頁以下参照。
（9）　注（1）引用の磯村論文、於保論文参照。
（10）　転用物訴権に関する解釈学的研究の比重が重い論文としては、最近公けにされた、三宅正男「事務管理者の行為の本人に対する効力」谷口還暦　不当利得・事務管理の研究⑴（昭和四五年）三三八頁、山田幸二「不当利得法における『三角関係（Dreiecksverhältnis）』について」福島大学商学論集四二巻一号（昭和四八年）一〇四頁をあげることができよう。
（11）　本書一七頁。

第二節　転用物訴権の機能と法的構成

一　判例による転用物訴権の承認まで

(イ)　日本において転用物訴権が問題とされるに至ったのは、民法典の施行後かなりの期間が経過してからのことである。[1] ドイツでは「理由書」が転用物訴権の可否をかなり論じていたのに対し、日本民法の起草過程ではこれが特に問題とされた形跡は見当たらない。不当利得の要件としてしばしば挙げられる「因果関係の直接性」も、ドイツにおいては転用物訴権を不当利得法から排除する機能を営んでいた。[2] それに対し、日本においては、この要件はドイツから輸入されたものであったにもかかわらず、このような機能を営むことは指摘されなかった。[3]また、騙取金員による弁済の事案を念頭におきつつ展開された、我妻説による「因果関係の直接性」の否定と「社会観念上の因果関係」論の提唱は、[4]論理的にはこの要件による転用物訴権排除の機能を失わせるものであったが、この点が特に念頭におかれることはなかった。これらについての学説史は、前に第二章で詳述したところである。[5]

(ロ)　転用物訴権が学界で一応の注目をあびるに至ったのは、於保、磯村両教授の法制史的研究[6]以降であるように思われる。これ以後、戦後の不当利得法学を代表する谷口、松坂説などにおいても、簡単な論述ではあったが、解釈学上転用物訴権がかなり広い範囲で認められるに至った。例として松坂説をあげよう。「転用物訴権は一般的にこれを認めることを得ないが、……唯だ例外として契約上の訴権が原告の過失によらずして消滅に帰し、または無価値となつた場合には、これを認めてもよいのではあるまいか。[7]」そして、転用物訴権を認容しつつも疑問形で語られた、このひかえめな表現が、後には完全な肯定形に変じた。[8]承認範囲に関してはこれほど明確な主張がされているわけではないが、谷口説[9]においても転用物訴権は認められるようである。そしてこれらの説が、後述する最高裁判所判例の形成に大きな影響を与えた。[10]しかし、これらはごく簡単な論述でもあり、転用物訴権を認めた場合に生ずる混乱にはふれることはなかった。転用物訴権を広く認めた早期普通法の混乱や、一旦これを広く認めたフランス判例法が後にこれを制限するため多大な努力を払ったことなどを思い起こすと、このように簡単に転用物訴権を広く認めることには疑問が残る。

この点を顧慮し、転用物訴権を承認する際に、その限界を規定することが不可欠であることを指摘したのは、磯村説であった。「この類型（転用物訴権――著者）の特色は、給付者は有効な契約に基いて給付し従って形式的な受益者は契約の相手方だが実質的な受益者は第三者だという点にある。従って、これを不当利得として承認する際には二つの困難が生ずる。それは実質的に契約の危険は契約者が負担すべきであるという原理（資本主義的 Berechenbarkeit の要求に対応する）の修正を意味し……、これを一般的な形で肯定するとなるとふたたび早期普通法の無限界な利得原理へ逆転するおそれがある。第二に形式的・法論理的にいって、損失者の給付が有効な契約に基いていることはこれを目的（原因）を欠く給付として『不当性』を構成することが困難である。……わが民法のもとでも一定の諸関係（とくに家族・不動産賃貸・事務管理関係等）においてこの類型を承認する必要はあろう。ただこれを承認する際にはその類型を明確にしその限界を具体的に規定することから出発することが必要である。(11)」また、磯村説が指摘した諸点を考慮し、転用物訴権を否定する説もあった（広中説）。この説においてもまた、転用物訴権の承認を主張するさいにはその適用限界を明確にすることが不可欠である、と指摘されていた(12)。

しかし、最高裁判所判例の出現以前は、解釈学のレベルでは転用物訴権の問題は学界で注目をあびることはほとんどなく、ごく一部で論じられるにとどまっていた。したがって右に述べられたような転用物訴権の適用限界を具体的に示した学説は少なく、この最高裁判所判例以前の学説に限定すれば衣斐説(13)と三宅説(14)とがあげられる程度である。特に後者は第四節に検討するように注目すべき内容をもっていたが、最高裁判所判例は特に限定を附することなく、転用物訴権の成立を広い範囲にわたって承認した。ただ、当時の学界状況を反映して、最高裁判所が判決に当たって当該事件が転用物訴権の事案であることとその問題性をはたしてどの程度意識していたのかには疑問がある。

(ハ)　この判例を具体的に検討する前に、実務における転用物訴権事例の取扱を概観してみよう。学者が転用物訴権の事例としてあげるものは必ずしも一定していないが(15)、最高裁判所判例以前に、前節に述べた用語法に従って転用物訴権と呼べる事案は下級審裁判例に三件ほど存在したようである(16)。

〔14・1〕　東京地判昭和三〇年一〇月一八日下民集六巻一〇号二一九四頁(17)。

Y所有の建物を賃借してキャバレーを営んでいたMは、Xとの請負契約によって右建物を改装した。Xが右請負契約上の代金債権全額の満足を得ないうちに、Mはキャバレー営業を廃止した（Mは支払不能のようであるが、この点はっきり認定されていない）。Xは、改装工事による建物の価格増大分をYが不当利得したとし、訴提起。裁判所はこの請求を認めず、転用物訴権を否定した。

「X等は本件請負契約によりMに対し約金六百四十万円の工事代金債権を有し、この債権がX等の右改装工事に投じた金銭及び労務の対価をなす関係にあるのであるから、X等は右工事施行により何等の損失を受けているものではなく、ただMにその支払能力がなく又はその債務不履行により事実上損失を生じているにすぎず、右損失は前記工事による価値の増加によつて所有者たるYが利益を受けたために生じたものとはいえない。」

この判決は利得と損失との因果関係がないとし不当利得の成立を認めなかったが、添附と関連する次の二つの判決においては不当利得返還請求が認容された。[18]

〔14・2〕　東京簡判昭和三三年六月三〇日判時一六一号二二頁。

MはYとの契約にもとづき変電所建築工事を請負ったが、さらにその工事の一部をXに下請させた。Xはその工事を完成したが、M会社は経済力を失い事実上解散し事務所より退去し所在不明となった。そのためその工事結果の引渡は不可能であり、請負代金債権も内金として受領した分を除いては満足を得ることができなかった。その後Mにかわって Aが変電所工事を完成させ、Xが完成させた建築物はそれに附合した。Xは変電所所有者Yに対し不当利得返還請求をなし、それが認容された。

〔14・3〕　東京地判昭和四五年六月一五日判時六一〇号六二頁。[19]

MはYとの契約によりビル建築工事を請負い、Xはそのうちの骨組工事をMより下請負した。Xは右工事を完成させたが、Mが倒産状態になって工事代金の支払をしないため、Mに鉄骨築造物を引き渡すことはしなかった。この時点では鉄骨築造物の所有権はXにあった、と認定されている。YはMとの間で右鉄骨工事の代金額を清算し、請負契約を合意解除した上、他の業者に依頼してビル建築工事を完成させた。そのさい右鉄骨築造物を利用したので、それは附合、加工によりビルの構成物としてYの所有に帰した。XはYに対し右鉄骨築造物の価額(=工事代金額)を不当利得としてその返還を求め、それが認容された。YがMに右鉄骨築造物の支払をしたことは、右鉄骨築造物の所有権はXにあることから、無権利者に対する支払とされ、特に顧慮されなかった。

このように下級審判例では、これまでこの種の事案は転用物訴権の問題であることが意識されないまま一般不当利得法の一環として判示され、また、請求を認めるか否かの結論が分かれていたが、次の最高裁判所判例はやはり転用物訴権の事案において不当利得返還請求を認容した。

〔14・4〕　最判昭和四五年七月一六日民集二四巻七号九〇九頁（〔2・14〕、本書五〇頁および〔4・10〕、本書二五〇頁）。Xは、訴外Mとの契約にもとづきブルドーザーを修繕した。当該ブルドーザーはY所有であって、それをMがYより賃借していたものであった。修繕後間もなくMは倒産した。XのMに対する修繕代金債権の回収はきわめて困難な状態になった。一方、YはMの倒産の後ブルドーザーの返還を受けた。Xは、Y所有のブルドーザーが修理代金相当の価値を増大したとし、Yに不当利得の返還請求をした。第一審、第二審は、利得と損失との間の因果関係を認めず、X敗訴。最高裁判所は、利得と損失の間の直接の因果関係を認め、この不当利得返還請求を認容すべきものとした。ただ、XのMに対する債権が実質的にいかなる限度で価値を有するかを審理させるため、破棄差戻とした。

「本件ブルドーザーの修理は、一面において、Xにこれに要した財産および労務の提供に相当する損失を生ぜしめ、他面において、Yに右に相当する利得を生ぜしめたもので、Xの損失とYの利得との間に直接の因果関係ありとすることができるのであつて、本件において、Xのした給付（修理）を受領した者がYでなく訴外Mであることは、右の損失および利得の間に直接の因果関係を認めることの妨げとなるものではない。ただ、右の修理は訴外Mの依頼によるものであり、したがつて、Xは訴外Mに対して修理代金債権を取得するから、右修理によりYの受ける利得はいちおう訴外Mの財産に由来することとなり、XはYに対し右利得の返還請求権を有しないのを原則とする……が、訴外Mの無資力のため、右修理代金債権の全部または一部が無価値であるときは、その限度において、Yの受けた利得はXの財産および労務に由来したものということができ、Xは、右修理（損失）によりYの受けた利得を、訴外Mに対する代金債権が無価値である限度において、不当利得として、Yに返還を請求することができるものと解するのが相当である（修理費用を訴外Mにおいて負担する旨の特約がMとYとの間に存したとしても、XからYに対する不当利得返還請求の妨げとなるものではない）。」

そして、この破棄差戻判決を受けた下級審裁判所は、次のとおり判決した。

〔14・5〕　福岡高判昭和四七年六月一五日判時六九二号五二頁。

XのMに対する修理代金債権は、Mがまったく無資力の状態にあり、全額無価値である。したがって、修理代金相当額をXは損失し、Yは利得している。しかし、修理完了後にブルドーザーが使用され、その価値が減少した点が、利得の現存額に関して考慮される[20]。このようにして、本事案が「直接の因果関係」、および「法律上の原因なくして」の要件を充足するものとして、Xの請求が認められた。しかし、後の分析との関係で述べると、本判決では同時に次の点も認定されていた。

YはMに対しブルドーザーを「賃料は日額二〇万円、賃貸期間中の修理費・油代などの諸経費一切は賃借人であるM負担の約束で賃貸したが、当時右ブルドーザーはかなり損耗してその機能も相当低下しており、修理を要することが予見されていたので右賃料も相場からみて安価に定められ、もし右修理費が余りにも高額になる場合はさらに右賃料を値引する了解もなされていたこと。」

いずれにせよ、〔14・4〕の判決によって、わが国においても転用物訴権事案において原告の請求が認容されることが判例法上確定した。そして、その転用物訴権承認の範囲は、Mの無資力を要件とするのみで、きわめて広いものであった。しかしながら、このように広く転用物訴権を承認することは、種々の混乱をひきおこす。それを転用物訴権の機能の分析とともに、次に検討することにしよう。

二　転用物訴権の機能とそれを承認すべき範囲

(イ)　この最高裁判所判例に対する批評をみるかぎりにおいては、学説はこのような請求を認容することにむしろ否定的である[21]。しかし、この判例にせよこれに否定的な学説にせよ、広中説[22]を除くこれらの説の多くは、第三受益者Yと請求者Xとの利害の調整をこの請求についての中心的問題と考え、この両者の態様その他を考慮した上で、自らの結論を導いているように見受けられる。しかしながら、転用物訴権の実際の機能は必ずしも一律ではなく、具体的状況によって異なっている。それはX－Y間の利害の調節のみならず、仲介者Mの一般債権者の利害もからみ、問題はかなり複雑である（以後、X、M、Yの記号を用いて論述をすすめる）。具体的な利益状況は、次に述べるM－Y間の関係いかんによって異なる、と考えられる。

・MがYの利得保有に対応する反対債権をもっている場合……………………………〔Ⅰ〕
・Mがこうした反対債権をもたない場合
　・Yの利得保有がM－Y間の関係全体からみて有償と認められる場合……………〔Ⅱ〕
　・Yの利得保有がM－Y間の関係全体からみて無償と認められる場合……………〔Ⅲ〕

ところでM－Y間における財貨（利益を含む。以下同じ）の移転は、契約その他の法律関係にもとづく場合もありうる。そのため、Yの財貨の受領がMとの契約その他にもとづく場合に、Yの受益の不当性をいかに構成するか、が問題となる。この不当性（「法律上ノ原因ナク」）を根拠づけることは非常に困難であるが[23]、谷口説、松坂説は「法律上ノ原因」を相対的に考え、M－Y間の契約関係はXに対する関係においては「法律上ノ原因」とならない[24]、とした。これはこれらの学説の衡平説的な不当利得法の把握を前提とした場合には、この問題に対する一つの法技術的解答ではあるが、この解答によってその背後にある次の実質的問題が見落されてはならない。この場合に転用物訴権を認めることは、M－Y間の契約関係にXが介入し、その契約関係が破られることを意味する。より一般的にいえば、財貨の移転にそれを基礎づけるべき法律関係が存在している場合[25]に、その法律関係を破って、移転した財貨を回復することが、はたして許されるのであろうか。第二部に分析したように、不当利得法は財貨移転を基礎づける法律関係がない場合にはじめて機能を有するものであった。法論理的視点からは、このような不当利得法こそがあるべき形であり、それと真向から矛盾する転用物訴権は全面的に否定されるべきである、ともいえる（この点は、本書六九九頁以下参照)。事実、フランスにおいては、YがMと契約関係などに立つ場合には、それを「法律上ノ原因」として転用物訴権の成立が否定される。[26] かりに、このように徹底した法論理的立場には立たないとしても、取引の安全と個人意思自治の原則からは、契約関係は契約当事者間において決着がつけられ他から干渉されないことが望ましい、とはいえよう。したがって、転用物訴権はこの点に関し問題を含むがゆえに、民法典自身が明文をもって他人の契約関係に関与する可能性を認めている諸制度――債権者代位権や債権者取消権――とのバランスを考慮しつつその成否を考えることが、最小限必要であろう。

以下、この点をふまえながら、さきにあげた三種の場合のそれぞれにつき転用物訴権の機能を分析する。

(ロ)　まず、〔Ⅰ〕の、MがYの利得保有に対応する反対債権をもっている場合を考えよう。前述した最高裁判所判例〔14・4〕を修正していえば、契約条項または民法六〇八条(賃借人の費用償還請求権)にもとづいて、MがYに修繕費用を請求しうるような場合がここに入る。あるいはM‐Y間に契約関係は存在していなくとも、Mが民法一九六条にもとづき占有者の費用償還請求権を行使しうる場合などもここに含まれよう。これらの場合においてYが自らの債務を履行しておれば、Yが修繕結果を保有していてもYに受益はない。[27] したがって転用物訴権が問題となるためには、Yの債務が未履行であることが前提となる。[28][29]

この〔Ⅰ〕の場合の転用物訴権の機能は、結論だけを簡単にいえば、XとYとの利害の調整というより、Mの一般債権者に対する優先的な立場をXに与えることにある。

まず、関係当事者X、M、Yの利害を考える。M‐Y間に契約関係が存在している場合であれば、転用物訴権を承認すると、M‐Y間の契約に対する介入をXに許すことになる(イ参照)。しかし、〔Ⅰ〕の場合には、これはそれほど大きな問題ではない。Yとしては、債務履行の相手方がMからXに変わるものの、いずれにせよ未履行であった債務を弁済するだけにとどまる(転用物訴権の効果の構成いかんによっては、給付内容が未履行給付より減縮した内容となることもありえよう)。債務履行の相手方の変更は、債権の差押や債権者代位の場合にも事実上生ずることであり、転用物訴権に関してこれを認めても特に差支えはあるまい。しかし、債権者代位などの場合はYが既存債務を履行するという法律構成が採用されているのに対し、転用物訴権においてはこのような構成がとられないため、二重払の危険が生じないように配慮する必要がある。このため、かりに〔I〕において転用物訴権を認めるとすれば、Yが転用物訴権上の債権をXに弁済した場合には、XのYに対する債権とXのMに対する債権とがともに消滅することを明示的に示す必要があろう(30)。

一方、Mは、転用物訴権が認められた場合には、Yに対して債権を有しながら、その履行を受けることができなくなる。しかし、これはMのXに対する債務不履行を原因として生ずるものであり、債権の差押や債権者代位の場合にも同様の事態は生ずる。しかも、Mは、Yに対する債権を喪失するかわりにXに対する債務からも解放されるのであるから、転用物訴権が承認されたとしてもそれほど大きな利害関係を有するものではない。

このように、X、M、Yの利害の調整に着眼するかぎりにおいては、〔I〕の場合に転用物訴権を承認しても、問題はそれほど生じない。

しかし、ここで問題となるのはMの一般債権者の利害である。YがXに転用物訴権にもとづく弁済をすることにより、MのYに対する債権が消滅し、Mの他の一般財産が減少する。同時にMの債務も消滅するわけであるが、Mが支払不能の場合には、消滅する二つの債権は経済的には等価値とはいえない。〔I〕の場合に転用物訴権を承認すれば、Xは、支払不能に陥ったMに対する債権を行使せずにそれを潜脱して、Mの他の一般債権者に対する優先的な立場を獲得することが可能となる(31)。したがって、ここにおける転用物訴権の機能はXとMの他の一般債権者との利害の調整にあることになる。はたしてこのようにXに優先的立場を与えることに合理性があるのか否かが問題である。

Xの立場とMの他の一般債権者の立場との間にかりに差異が存するとすれば、次の点であろう。すなわち、XがMに対してなした契約上の給付がそのままYの受益となり、あるいはYに再給付されるなど、MがYに対して有する債権と、Xがなんらかの事実的関連を有することである。民法典自身が一種の事実的関連を基礎に、ある者に優先的立場を附与することがある。動産の先取特権、不動産の先取特権などは、見方によっては、物と債権との事実的関連を基礎とする、とみられなくもない。転用物訴権と先取特権の類似性を指摘する見解がある[32]のも、これらの点をふまえてのことであろう。しかし、仔細に検討してみると、転用物訴権は先取特権の機能と同一の機能を有するものではなく、むしろそれを補充的に拡大するものであり、転用物訴権が意味をもつのは、先取特権が消滅した場合、あるいは先取特権が機能しえない場合である。敷衍しよう。動産の上の先取特権は、目的動産が第三者に移転された場合に消滅する（民法三三三条）。あるいは、登記されない不動産の先取特権または一般の先取特権は、登記を備えた譲受人に対抗できない（後者に関し、民法三三六条但書参照）。転用物訴権を承認した場合、これらの先取特権消滅の場合に譲受人に対する請求が認められることになる[33][34]。さらに、目的物が元来債務者の所有にないときは、そもそも先取特権が発生しないが、その場合にも、債権者は転用物訴権によって目的物の所有者に対する請求が可能となる。転用物訴権は、先取特権のように特定の債権に関してのみ発生するものではないという点を別とすれば、先取特権の第三者追及効を補強し、同時に債務者所有の物という要件を緩和する機能を有する。

先取特権に関するこれらの諸制限を緩和し、債権の種類に対する限定もなく、転用物訴権によってXに優先的立場を与えるべきであろうか。X、M、Y等々と財貨が転々と流通することは、取引社会では通常予定されていることである。この場合に、事実的関連を有する債権が順次発生するのが通常であることを考えると、単なる事実的関連がXの優先的立場の根拠となりうるか否かは、かなり疑わしい[35]。M－Y間の関係を一体的に考えうる特定の場合を除き[36]、一般的にはXに特に優先的立場を与える根拠はないように思われる。転用物訴権が認められるのはMが支払不能の場合なので、Mの破産手続が開始されることもあるわけであるが、この場合に、Xは転用物訴権を行使することによって破産手続を回避する可能性が生ずる。たとえ、解釈学上Mの破産手続の開始をXの転用物訴権行使の消極的要件として右の結果を封じてみても、Mの破産宣告前になされたXのYに対する転用物訴権の行使に否認権の効力を及ぼすことは困難であろう。このように〔Ⅰ〕の場合に転用物訴権を承認すると、破産法秩序が害される可能性がある点からも、これを承認すべきではない、と考える。

もっとも、転用物訴権以外にも一定の債権者に他の債権者に対する優先的な立場が与えられている例がないではない。判例によれば、債権者代位権、債権者取消権においても、金銭の支払を請求する場合には代位債権者、取消債権者が事実上優先弁済を受ける結果となる。しかし、これは立法の不備であるともいわれており、[37]転用物訴権をこれらと同様に取り扱うだけの合理性に乏しい。特に、債権者代位権や債権者取消権は多くの債権者がそれを行使する可能性をもつ。したがって、より勤勉な債権者が保護される、[38]との観点から右の結果を是認する考え方もなりたちえないではない。しかし、転用物訴権はすべての債権者に行使の可能性があるわけではなく、この観点からXに優先的立場を認めることを正当化することもできない。

以上の検討の結果、〔Ⅰ〕においては転用物訴権を承認すべきではない、と考える。

(ハ)　次に、〔Ⅱ〕の、MがYの利得保有に対応する反対債権をもたないが、Yの利得保有がM－Y間の関係全体からは有償と認められる場合を検討する。〔14・4〕の最高裁判所判例に即していえば、次のような例があげられよう。M－Y間の賃貸借契約上Mが修繕義務を負っており、それにもとづいてMが修繕をした場合には、Mはその修繕に関して反対債権をもたないが、それが賃料などの他の契約条項に反映していれば、賃貸借契約全体としては有償性を保持していることになる。この場合にMとYとは契約にもとづき修繕に関してYが直接の出捐をしないことを予定しているので、[39]ここで転用物訴権を認めると、MとYとの契約にもとづく予期が破られる(イ参照)。その上さらに重要なことは、M－Y間の契約全体としては有償であるがゆえに、転用物訴権を承認すると、Yは修繕費に関して二重の経済的負担を蒙ることになる。こうした結果を招く以上、〔Ⅱ〕の場合に転用物訴権を承認することが不合理であることには、ほとんど異議があるまい。[40]もちろん、契約が全体としては有償であるといっても、厳密に契約が等価といえるか否かは多くの場合問題にする余地があろう。しかし、賃貸借契約などのようにいくつかの債務が複合して全体の契約関係を形成している場合、契約が全体として等価か否かの判断は微妙である。当事者が等価と考えて契約を締結した以上、原則的にはこのような判断に第三者や裁判所が介入すべきではあるまい。

ところが、最高裁判所判例〔14・4〕は、「修繕費用を訴外Mにおいて負担する旨の特約がMとYとの間に存したとしても、XからYに対する不当利得返還請求の妨げとなるものではない」とし、〔Ⅱ〕の場合にも不当利得返還請求権が認められることを明言した。そこで、その差戻審はXの請求を認容したが、その認定事実によれば、本件ではMが修繕義務を負っているがゆえに、賃料が「相場からみて安価」に定められ、Mの修繕費が多額になる場合には、賃料改訂も予定されていた〔(14・5)の引用参照〕。したがって、本件事案は完全に〔Ⅱ〕に該当することとなり、Yは修繕費に関し二重の経済的負担を負うこととなった。当該事案に関してもこのような不当な結果をもたらすこととなった[41]〔14・4〕の判例は、この点に関し判例変更が必要である、と考える。

㈡　最後に、〔Ⅲ〕の、MがYの利得保有に対応する反対債権をもたず、かつ、Yの利得保有がM‐Y間の関係全体からみて無償と認められる場合を考える。〔14・4〕の判例の事案を少し修正すれば、MがYに対して求償権を放棄したり、あるいは、Mがブルドーザーの特殊な改良を必要としたため、その費用をMの負担とするとの特約がM‐Y間で締結されたような場合である。

まず結論を簡単にいえば、後に検討するいくつかの問題はあるものの、この場合には、基本的にはXと無償で利益を得たYとのいずれが保護されるべきかが問題であり、Xにより要保護性が認められよう[42]。

〔Ⅲ〕において転用物訴権を承認した場合には、元来経済的出捐を免れていたYに経済的負担を強いることになる。特に、Yの利得保有がMとの契約関係にもとづいている場合には、契約にもとづく当事者の予期を保護しなくともよいのかも問題となろう〔(イ)参照〕。しかし、一般的には有償契約と無償契約とでは契約保護の程度に差異が存してもやむをえないのではなかろうか〔(後述)〕。第四節に引用したドイツ不当利得法の規定〔(ドイツ民法八一六条一項二文、八二二条)〕も、有償関係と無償関係とではその保護を異にし、無償契約関係が破られる可能性を認めている。しかし、無償関係であるからといって、契約にもとづく当事者の予期をまったく無視しうる場合ばかりではあるまい。右の例に即していえば、自らには益するところの少ない特殊な改良ではあるが、Mがその費用を負担するがゆえに、特にYが改良を許す場合もありえよう。このような場合には、このYの予期はある程度保護されるべきであるが、この点は受益との関連において後に述べることにする。また、無償関係が法律の規定その他契約以外の法律関係にもとづくような場合、その無償関係を覆しうるか否かは、その法律関係の趣旨とXの立場とを勘案して個別的に決することになろう。

Yの利得保有が契約関係にもとづくにせよそれ以外の場合にせよ、転用物訴権を承認した場合、M－Y間の関係はXの介入を受けてまったく変容してしまうことになる。この点に関しては後に検討するが（本書七〇〇頁参照）、このような他人間の関係への大幅な介入が実定法上許されているのは、債権者取消権の場合であろう。債権者取消権の場合に、M－Y間の関係を破壊することがXに許されるのは、おそらくは債務者Mの詐害の意思と受益者、転得者Yの悪意のゆえであろう。(43) それに対し、転用物訴権の場合にM－Y間の関係にXの介入を許す根拠は、次の点にあろう。すなわち、Yは単に無償で得た利益を剝奪されるにとどまり、それ以上の損害を蒙ることがないこと、さらに、Mも、転用物訴権が承認された場合に特にそれ以前と異なる立場に置かれるわけではなく、不利益を蒙ることがないこと、である。

したがって、ここで転用物訴権を承認する場合、その返還義務の範囲がYの受益に限定されるべきである。民法七〇三条、七〇四条の構成とは異なり、Yの善意、悪意の区別によって返還義務の範囲が加重されることがあってはならない。Mの無資力によってXが自らの契約上の債権の満足を得られないとしても、それはXが契約締結にさいして自ら選択した契約の危険の結果にほかならない。Yが受益にさいしてその事情をたまたま知っていたとしても、Yは自らの当然の権利を行使する（14・4）に即していえば、賃貸物を回収した）だけであるからYが悪意者として損害賠償義務などの加重された責任を負う合理的根拠は存在しない。民法起草者は善意、悪意を一種の帰責事由として考えていたが、現実には善意・悪意が帰責事由としての意味をもたない紛争事例が多く、実務においては善意・悪意の区別が必ずしも貫徹されていないことは、前に分析した[44]。転用物訴権も、このような例の一つといえよう。ただ、Yが無資力者Mを意図的に利用したような場合にYが不法行為責任を負うことが別問題として残ることは、もちろんである。

さらに、転用物訴権の一部の事例においては、「受益」の内容が問題となる。まず問題とされるのは、Yのもとに生じた客観的価値増加額――〔14・4〕の判例に即していえば、ブルドーザーの価格の増大――であろう。この事例においては、Yは建設機械の販売、賃貸を少なくともその業務の一部としていたように見受けられ、事実、Yは本件ブルドーザーを後に他に転売している。このように目的物に高い流通性が認められる状況においては、客観的価値増加額がそのままYの受益と認められても、問題は生じない。しかしながら、個人所有の家に改装が加えられたような場合には、客観的には価値が増加しても、それが換価されてその経済的利益がYのもとで現実化するとはかぎらない。また、Yが自ら費用を負担するならば、その種の改装をしなかったと認められる場合もあろう[45]。このような場合には、ドイツで費用償還類型に関してしばしば論じられる「押しつけられた利益[46]」の問題と同種の問題が生ずる。流通性が低いものにつき右の事情が認められるときは、Yの受益を単に市場的な意味での価値増加額とはみずに、主観的事情をも加味して現実的に評価し、返還額を減縮することが必要となろう。前述した最高裁判所判例は、Yの利得をXの修繕代金債権に即して評価した。これは利得の市場的評価の一方法であるが、この評価方法が可能か否かは、事案ごとに検討される必要があろう。

なお、XのMに対する債権がいくらかでも残存価値をもつ場合には、それを考慮すべきは当然であろう。Yは元来無償で利益を保有すべき立場にあったのであるから、Xが元来の契約上の債権額の満足を得た場合には、その残余はYが保有すべきであるからである。

(ホ)　〔14・4〕の最高裁判決、および右の分析内容が発表された後に、転用物訴権について判示した下級審の裁判例が数件存在する。これらの裁判例をみると、裁判官の間で転用物訴権の問題性が明確に認識されているという状況にあるとはいいがたいものの、転用物訴権を認容した判決は、基本的には本書の分析にいう〔Ⅲ〕の無償の利得に関して請求を認容したものであった。本書に述べたような形での転用物訴権の法理が理論的レベルで実務に浸透しているわけではないが、実務の健全な感覚が、〔Ⅰ〕、〔Ⅱ〕に述べたような形での結論的な破綻を回避している、といえようか。まず、それらの裁判例を次に検討することにしよう。

次の事件においては、Yの無償の利得につき、転用物訴権が認容された（ただし、判決それ自体は、不当利得の標題のもとに、請求を認容したものである）。

〔14・6〕　東京高判昭和五五年一一月一三日判時九八九号五一頁[47]（なお、第一審判決は、東京地判昭和五二年七月二五日判時八八一号一二八頁）。

M所有の建物は競売手続に附され、Yを競落人とする競落許可決定がなされたが、競落代金が未納付であったため、依然所有権はMのもとにあった。Xは、Mに貸金債権を有しており、M所有の本件建物につき譲渡担保権を有していたが、Mが右債務の弁済をしなかったので、本件建物を他に賃貸してその賃料をMに対する債権の弁済に充てるため、Mから本件建物の一定部分の引渡を受けた。本件建物には破損箇所などがあったので、Xは、右の競落許可決定の直後に、一五〇万円弱の費用を投じて本件建物の改修工事を行なった。Xが競落手続にある建物についてなぜ費用投下を行なったのかは判決理由からは明らかではないが、控訴審判決についての判例時報のコメントは、Xは「競落許可決定のあったことを知らなかったために改修工事を注文したものと思われる」と述べている。この工事完成の直後、Yは競落代金を納付して、本件建物の所有権を取得した。前述の競落許可決定は、建物改修工事以前になされたため、この競売手続における最低競売価額および競売代金額は、いずれも右改修前の状態を基礎に決定されたもので、改修による価値の増加分はそれに反映されていない。Xは、不当利得を理由にYに利得の返還を求めた。第一審はそれを認めなかったが、第二審はそれを認容した。

本件は、競落許可決定から代金納付までの間に、改修工事によって目的物の価値が増加したという、きわめて珍しい事件である。本件において、XがMより本件建物の一部の引渡を受け、改修をしたのがX‐M間のいかなる関係にもとづくかにつき、事実認定は多少明確でないが、譲渡担保権の実行ではないので、M‐X間の合意にもとづくものと思われる。この合意の内容は、M‐X間に、Xの転貸を許容するところの賃貸借契約が締結され、XがMに支払うべき賃料を、MのXに対する貸金債務の弁済と相殺するというものであろう。そうであるとすれば、別段の特約がなければ、Xの改修工事費用は、民法六〇八条の費用償還請求権により、Mに請求しうべきものとなる（本件事案ではMは──判決理由中に明示的な形での認定はないものの、事案の趣旨からみて──無資力のようなので、この費用償還請求権も、MがXに払うべき賃料との相殺が予定されていたのではないかと思われる）。ところが、Mの無資力により、この賃貸借契約上の費用償還請求権は効を奏さない。一方、Xの修繕工事の結果は、競落により、MからYのもとに移転している。しかも、競落代金にはこの価値増加分は含まれていない。しかし、所有者は競落許可決定の事実を知るのが通例であるから、競落許可決定後に目的物の価値増加をもたらしたとしても、旧所有者から競落人への不当利得返還請求権は認められるべきではあるまい（旧所有者は競落を知りながら価値を増加させたのであり、このような請求を認めると、競落人に対するいやがらせ的な価値増加工事が行なわれる事態が発生する恐れがあるからである）。そうであるとすれば、MはYにこの点につき反対債権をもっておらず、価値増加分については、Yの利得保有は無償と認められることになる。Xが競落を知りながら工事を行なった場合には「押しつけられた利益」の問題も生ずるが、本件のようにXが事情を知らなかった場合には、まさに本書の今までの分析が転用物訴権を認めるべき場合としてきた場合に、該当するように思われる。

本件以外にも、次の下級審判決はやはりM‐Y間が無償関係である場合に転用物訴権を認めている。

〔14・7〕　東京地判昭和五六年四月八日判時一〇一九号一〇一頁。

Y所有の店舗を、賃貸借契約にもとづき、Mは賃借していた。M‐X間の工事契約により、Xは本件店舗の内装工事を請負った。(48) Xが工事を完成し、製作物をMに引き渡し、工事代金の四パーセント弱の支払を受けたが、その後Mは倒産。YはMとの賃貸借契約を解除し、そのさい、MがYに対し、本件製作物についての所有権を放棄する旨の記載が、証拠として提出された書面になされている（ただし、この点判決の事実認定は微妙である）。(49) その後、Yは訴外Aに店舗を賃貸するに当たり、内装についての製作物をAに売却した。Xは製作物に関してYが得た利益を不当利得として、Yにその返還を求めた。裁判所はこの請求を認容した。

本件においては、Xの工事の施行・完成の結果、民法二四二条の附合の規定により、店舗の構成部分となった製作物が店舗所有者Yの所有に帰し、これにつき転用物訴権が問題となる案件であった。(50)(51) ここにおいても、Mの倒産が判決理由中に認定されており、XのMに対する契約上の代金債権が効を奏さない状況にある。また、判決文中その旨の記載があったことが認定されている、Mの製作物についての所有権放棄の意思表示は――附合により、すでにYが製作物についての所有権を取得している以上――求償権放棄の意思表示と解釈されることになろう。(52) すると、この事案において、MはYの利得保有に対応するYに対する反対債権を有しておらず、Yの利得保有は無償であることになる。したがって、本件も、前述の〔Ⅲ〕の場合に、転用物訴権を認容したもの、と評することができるであろう。

しかし、このような無償の利得取得が問題となる事案ではあっても、転用物訴権を実質的に認めなかった裁判例もある。(53) この事件では、中間のMが会社の設立、倒産を繰り返すことを常習とする者が主宰する個人会社で、Xはその実態をよく知っており、また事件の原因となった工事にさいしても、Xの工事途中で、MがXに振り出した約束手形が不渡になったにもかかわらず、その後もXは漫然と工事を続行、完成させたという事情があった。したがって、かりにXのYに対する転用物訴権が認められると、少なくともXが不渡手形をつかんだ後の工事については、「押しつけられた利益」そのものの問題になる。それに加えて、本件は通常の契約以上に契約の危険が高く、しかもXはそれを知悉していたので、裁判所は、当事者の個人的事情を顧慮してXの請求を認めなかったものと思われる。

(ヘ)　このように、実務の大勢は、結果としては健全な結論を導いているものの、法理としての転用物訴権が実務に浸透しているとはいいがたい。この原因としては、転用物訴権が最近注目され始めた問題である、ということに加えて、学界での論議にも一部に多少不透明さが残っていることも、一因をなしているように思われる。それというのは、学説のなかには、多当事者間の不当利得と、転用物訴権、騙取金員による弁済の事案を、すべて三当事者間の不当利得と考え、この三つの事案の相互の境界をそれほど明確にしていないものも見受けられるからである。このような状況のもとでは、他の法制度との関係がわからないままに転用物訴権の法理をとりあげることに、実務が躊躇を示すのも、無理からぬ側面があるように思われる。そこで、本書の立論を前提とした場合に、右の三つの事案がどのような関係に立つかを次に簡単に示すこととしよう。

まず、多当事者間、あるいは三当事者間の不当利得として、純粋の不当利得関係が問題となるのは、いずれかの当事者間において財貨移転を基礎づける法律関係が欠落しているときに限られる[54]（ただし、複数の法律関係の優先劣後が問題となることもある）。これに対し、転用物訴権においても、騙取金員による弁済の事案にあっても、当事者間において財貨移転を基礎づける法律関係はすべて存在している。したがって、まず、当事者間において財貨移転を基礎づける法律関係が存在しているか否かによって、三(多)当事者間の不当利得と、他の事案とは区別される。

では、転用物訴権と騙取金員による弁済の事案とは、どのように区別されることになるだろうか。前に述べたところによれば[55]、騙取金員による弁済の事案は債権の対外的効力の問題として解決されるべきものであり、具体的には債権者代位権、債権者取消権の行使が問題となった。債権者代位権の行使が問題となる場合——XのMに対する債権を基礎に、XがMのYに対する債権を代位行使する場合——には、MのYに対する債権が存在するので、本章の分析の〔Ⅰ〕に該当することになり、本書の結論では転用物訴権はそもそも認められないことになる。

債権者取消権の行使が問題となる場合——XのMに対する債権を基礎に、XがM-Y間の無償の法律行為を詐害行為として取り消す場合――にも、基本的には前段同様に考えるべきであろう。詐害行為取消権の性格論にはここでは立ち入らないが、どのような構成をとろうとも、詐害行為取消権の行使は「総債権者ノ利益ノ為メニ」効力を生ずることが建前である(56)（民法四二五条）。したがって、ここで転用物訴権を認めることは、〔Ⅰ〕に検討したのと同様、XにMの一般債権者に対する優先的な立場を附与することになる。したがって、M－Y間の無償関係が詐害行為となる場合には、MがYに反対債権をもっている場合に準じて、転用物訴権は発生しない、と考えるべきであろう。この意味においては、債権者取消権が転用物訴権に優先すべきものなのである。このように考えると、騙取金員による弁済の事案と転用物訴権との競合は問題にならず、両者の境界は明瞭となる。

したがって、本書の立論を前提とするかぎり、三(多)当事者間の不当利得、転用物訴権、騙取金員による弁済は、それぞれ異別の法制度であり、混合、並列的な形で論じられるべきものではないことになる。

(ト)　以上の検討は、暫定的に転用物訴権に関する伝統的な用語法に従って、X－M間に契約関係が存在することを前提としてきた。しかし、右に分析した〔Ⅰ〕、〔Ⅱ〕、〔Ⅲ〕の利益状況は、次の二つの場合においても異なるところがない(57)。すなわち、X－M間の契約関係が有効でありXがMに契約上の請求権を有する場合と、その契約関係が無効であって、XがMに不当利得返還請求権を有する場合との二つである。したがって、後者の場合にもYに対する転用物訴権が認められるべきであろう。そのためには通常の転用物訴権概念を拡張することが必要となる。実は、ドイツ法のもとにおいては、次の規定が存在するためこの拡張の問題は生じない。「受領者が取得したものを無償にて第三者に出捐したときは、これによって受領者の利得返還請求権が排除される限度において、法律上の原因なくして債権者より出捐を得た場合に準じて、返還の義務を負う(58)」（ドイツ民法八二二条）。ここでは後者の事例――X－M間の契約が無効であるが、その契約にもとづいてXがMに供与した物がさらにMからYに無償で供与された場合――においては、XのYに対する返還請求は、ドイツ民法八二二条にもとづいて認められる。したがって、私見の転用物訴権の承認範囲を前提として考えるならば、ドイツにおいては特に転用物訴権概念を拡張することなく、通常用いられている転用物訴権概念を維持することが可能である。[59]転用物訴権の保護する範囲とドイツ民法八二二条の保護する範囲とがそれぞれバランスを保ちうるからである。しかし、日本においては、ドイツ民法八二二条に相当する規定が存在しない。したがって、ドイツ民法八二二条によって保護されている範囲をカバーするために、転用物訴権概念の拡張――ＸがＭに対して不当利得返還請求権を有する場合をもそれに包含すること――が必要となる（なお、この点に関しては第四節参照）。

(チ)　以上検討してきた転用物訴権の承認範囲を、ここに簡単にまとめてみよう。後に述べるように、民法七〇三条の構成要件によって転用物訴権を基礎づけることは必ずしも適当ではない。したがって、転用物訴権は、一種の法の欠缺として、ここに記す範囲において不当利得法の枠外で承認すべきである、と考える。

(i)　ＸがＭに対して契約上の訴権をもち、自らの債務は履行したのにもかかわらず、Ｍの支払不能その他によって反対給付を受けることができない。あるいは、ＸがＭに不当利得訴権を有するが、Ｍの支払不能などによりそれが効を奏さない。

(ii)　ＸがＭに対して履行した給付が、Ｍ－Ｙ間の無償関係（特に無償の法律行為）によりＹのもとに存在し、ＭはＹになんらの反対債権などをもっていない。[60]

(iii)　この場合、Ｘは、Ｍの無資力などのためにＭに対する債権の実質価値が低下した限度で、Ｙに利得の引渡を請求しうる。

(iv)　Ｙの利得は、客観的市場価値によって算定されることを原則とする（Ｙの善意・悪意は、その返還義務の範囲に影響を与えない）。しかし、Ｙの受益に低い流通性しか認められず、「押しつけられた利益」ともいうべき場合には、利得はＸ、Ｙの個人的事情も加味して評価され、減縮されることがある。

以上は二の分析内容をまとめたものであるが、このように限定的な形でのみ転用物訴権を承認する考え方の基本的方向は、現在の学界でもある程度支持されているように思われる。[61]

三　転用物訴権の法的性格

以上の範囲で転用物訴権を認めた場合、転用物訴権は次の機能を果たすことになろう。すなわち、XのMに対する訴権が効を奏さない場合、それを担保的に補強する訴権をXに与える。したがって、Mからの無償利得者がいる場合には、Xは通常の債権を有する場合以上の保護を受けることになる（この点については、第四節第二款参照）。

次に、転用物訴権の性格を民法七〇三条の「法律上ノ原因ナク」の要件との関連から考察してみよう。転用物訴権を不当利得法によって基礎づけるとき、「法律上ノ原因ナク」という要件がその障害となる。もちろん、衡平説的見地からは窮するところはないが[62]、「法律上ノ原因」を実定法的関係に還元する著者の立場からは、この財貨移転には「法律上ノ原因」が存在することになる。かりに、X－Y間に直接の財貨移転が存在しても、それはX－M、M－Y間の契約関係その他によって基礎づけられているからである（次頁図参照）。この点で、前にも述べたように不当利得（多当事者間の不当利得をも含めて）と転用物訴権とは性格を異にすることになる。この転用物訴権に関しては「法律上ノ原因ナク」を基礎づけることが困難なことは、磯村教授らによって以前より問題とされていた[63]。

また、本節一に引用した裁判例からも明らかなように、転用物訴権はしばしば添附の事例においても問題とされる。添附の場合には、民法二四八条の規定が不当利得法に依拠した償金請求を規定している。ドイツ民法九五一条一項にも同様の規定が存在するが、ドイツの判例は転用物訴権の事案においては、原則的にはこの償金請求を認めていない[64]。この償金請求の規定は通常任意規定とされ、当事者間の契約によって排除しうるとされている。転用物訴権が問題となる事例においても、複数の契約関係など（「法律上ノ原因」）によってこの償金請求権は排除され、真正の不当利得返還請求権は発生しないはずである。〔14・4〕の判決を例にとって説明しよう（次頁図参照）。X－Yの関係をみれば、Xの修繕労務によってブルドーザーの上に生じた利益は、Yに帰属する。これは、民法二四六条の規定とも一致するが、むしろ、X－M間の修繕請負契約によってXの所有権取得が排除されているから、と考えられる。そして、このX－Y間の利益の移転は、X－M間の修繕請負契約およびM－Y間の賃貸借契約における修

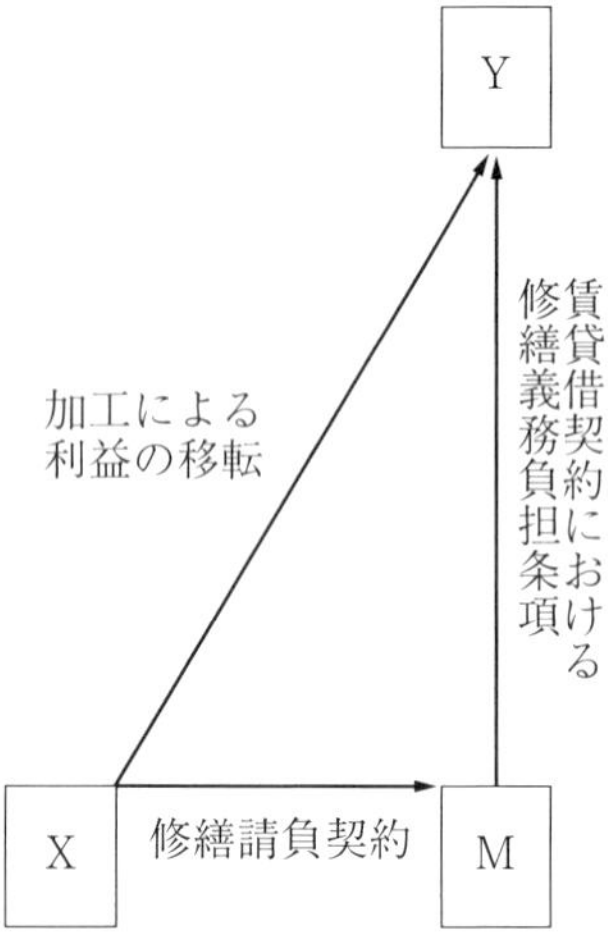

繕義務負担条項（Mの負担を定める）という二つの契約関係によって基礎づけられている。したがって、財貨の移転は、三当事者間においてそれぞれそれを基礎づけるべき法律関係を有し、本来の不当利得返還請求権は発生しないことになる。[65] これは、被傭者の労務（加工）により雇傭者に利得が生じたとしても、民法二四八条の規定にもかかわらず雇傭契約（「法律上ノ原因」）の存在によって、不当利得返還請求権が発生しないこととまったく同様である。それにもかかわらず、転用物訴権は、M‐Y間の関係が無償関係であることに着眼して、この財貨移転関係を破壊することになる。これは、財貨移転秩序に瑕疵がないにもかかわらず、Xの請求を認容する点で、転用物訴権が不当利得法にとって異物であることを示している。そして、このことは有償契約と無償契約の法的保護の一般的問題に関連し、かなり重要な視点を含んでいる。

民法典における有償契約と無償契約の法的保護に関しては、契約当事者間ではある程度の差異が存する。贈与契約においては一定の場合に撤回権が認められ（民法五五〇条）、使用貸借は要物契約とされるなどがそれである。ただ、日本民法起草者のうち、梅博士は契約自由の原則をきわめて徹底して考え、無償契約にも無方式性を貫徹することに疑念を感じていなかったようである。[66] 民法典自身も、消費貸借契約、寄託契約を一般的に要物契約とし、同時に諾成的消費貸借契約（消費貸借ノ予約）をも一般的に承認しているようであり、必ずしもそれらが有償契約の場合と無償契約の場合とを明確に区別してはいない側面もあるようにも思われる。しかし、広中教授の一連の業績に再三指摘されているように、これについては異なった取扱をすることが、法解釈学上必要なように思われる。この異なった取扱には、次の三つの側面が考えられる。第一に、契約の成立に関していえば、有償給付約束は契約方式自由の原則のもとに完全な拘束力を認めうるが、無償給付約束には完全な法的拘束力を認める必要はない。[67] 第二に、給付約束が契約として成立した後にも、その拘束力を、無償契約と有償契約とで同一に扱う必要はない。無償契約の債務者には、一定の場合に履行拒絶権（法的構成としては解除権、解約告知権となる）を承認する必要が生ずる。(68)これをさらに徹底させれば、ドイツ民法五三〇条、フランス民法九五五条以下が贈与契約の撤回を定めるように、履行済無償契約の回復要求を認めることも考えられる。第三に、無償契約にもとづくところの財貨取得を契約当事者以外の第三者に主張することを一定の場合に制限することが考えられる。

第一、および第二の問題に関連する規定は使用貸借の要物性、書面によらない贈与契約の取消権等々不徹底ながらも実定法上存在したが、本書の主張する転用物訴権の承認範囲の提言は、法理としては、無償契約に関する第三の問題に即したものにほかならない。この第二および第三の問題は、無償契約が財貨移転を基礎づける法律関係として有償契約よりも脆弱であることを示している。そして、転用物訴権と第二部に分析した不当利得法との関係は、このように考えればより明確となるように思われる。すなわち、不当利得返還請求権の成否は、財貨移転を基礎づける法律関係の存否という形式論理的視点によって判断された。それに対し、転用物訴権は、そのような法律関係が存在することを前提とした上で、その法律関係が脆弱か否かにまで実質的に立ち入って判断して、その成否を決するものである。転用物訴権が不当利得法にとって異物であるという命題は、具体的には右のような意味をもっている。M－Y間の無償関係は、以上述べてきた契約関係以外に、法律の規定、単独行為（たとえば債務免除）など種々の法律関係でもありうる。このような場合に転用物訴権の成否を決するのは、前述したようにM－Y間の無償的法律関係にもとづく財貨移転の安定性と、Xの立場とのいずれを保護すべきかという、相対的な利益較量判断である。この意味において、転用物訴権は、歴史的にしばしば不当利得法、転用物訴権、事務管理の費用償還請求権などを基礎づけてきた自然法的衡平観にその基礎を置く、といわざるをえないであろう。

転用物訴権をかりに民法七〇三条によって基礎づけるとすれば、その「法律上ノ原因」は二元論的衡平説によって考えることが必要となろう。すなわち、財貨移転を基礎づける法律関係が一般的には存在するものの、Xとの相対的関係においては、それが存在しないものとして扱うのが妥当であるとして、「法律上ノ原因」の相対的不存在を考えることになろう。しかし、不当利得法一般に関しては一般的形式的視点を貫き、転用物訴権の部分でのみ相対的実質的判断を持ち込むことは、民法七〇三条の「法律上ノ原因」概念を無用に混乱させることとなる。したがって、著者自身は、一定の範囲では転用物訴権を認める立場に立つものの、一般的形式的視点を貫き、転用物訴権については不当利得法上の「法律上ノ原因」があることを前提とした上で、民法七〇三条の枠外でそれを承認することが、無用の混乱を避ける途であると考える（「法の欠缺」）。

なお、民法七〇三条の要件との関連では、転用物訴権は、「法律上ノ原因ナク」の要件以外にしばしば利得と損失の「因果関係の直接性」の要件からも問題にされる[69]。日本の下級審判決は、この要件を充足するか否かに関して結論が分かれていたが[70]、最高裁判所は、判例〔14・4〕によりこの要件を充足するものと判示した。ドイツにおいてはこの要件が転用物訴権を否定する機能を営んでいたが[71]、日本においては必ずしも同じ機能を果たさなかったわけである。転用物訴権を承認するか否かは、一箇の政策的判断であり、因果関係の存否の問題から論理必然的に結論が導かれるわけではない（フランスにおいても、利得と損失の関係が不当利得の要件とされるが、転用物訴権は認容されている）[72]。しかしながら、日本法において転用物訴権を承認する途を選択するならば、前述したように利得と損失の「因果関係の直接性」ないし本書の用語に即していえば、直接的関連性などを要件にかかげる実益は、もはや存在しないように思われる[73][74]。

（1）　Motive zu dem Entwurfe eines Bürgerlichen Gesetzbuches für das Deutsche Reich, Bd. II, Recht der Schuldverhältnisse, (1888), S. 871ff. なお、このごく一部の訳出にすぎないが、本書七五四頁注（4）参照。

（2）　この点については、本書七四四頁参照。なお、E. v. Caemmerer, Bereicherung und unerlaubte Handlung, Gesammelte Schriften, Bd. 1, (1968), S. 248f.（以下、Bereicherung と略称する）。

（3）　末弘厳太郎『債権各論』（大正八年）九三二頁以下、鳩山秀夫『日本債権法各論下』（大正九年）七八六頁以下参照。

したがって、後にみるように判例もまた、転用物訴権の事例が因果関係の直接性の要件を充足するものとしている〔14・4〕参照）。

(4) 我妻栄『債権法（事務管理・不当利得）』（現代法学全集三四巻）（昭和五年）一三五頁以下。

(5) 本書五一頁以下参照。

(6) 本書六七八頁注(1)参照。

(7) 松坂佐一『不当利得論』（昭和四四年）二五三頁。

(8) 松坂佐一『事務管理・不当利得〔新版〕』（法律学全集22－Ⅰ）（昭和四八年）九八頁。

(9) 谷口知平『不当利得の研究』（昭和四四年）二二四頁。なお、谷口知平「判例批評」民商法雑誌四六巻五号（昭和三七年）九一一頁参照。

(10) 同判例を解説する最高裁判所調査官は、もっぱら谷口説、松坂説、後述するフランスのブウディエ判決を参考としている（可部恒雄「判例解説」最高裁判所判例解説民事篇昭和四五年度上（昭和四六年）一五六頁以下参照）。

(11) 磯村哲「法律学一五〇講民法（債権法）11不当利得」法学セミナー一二三号（昭和三三年）二一一頁以下。

(12) 広中俊雄『債権各論講義』（昭和四五年）三八六頁以下。なお、現在の立場については、注(61)参照。

(13) 衣斐成司「不当利得における因果関係」大阪市大法学雑誌一六巻二・三・四号（昭和四五年）二一一頁以下、特に三九頁以下、同「間接利得と因果関係」神戸学院法学一巻一号（昭和四五年）六九頁以下。

(14) 三宅正男「事務管理者の行為の本人に対する効力」谷口還暦　不当利得・事務管理の研究(1)（昭和四五年）三三八頁以下。

(15) 学者によっては、騙取金員による弁済の場合の不当利得返還請求の事例を、転用物訴権の一例としている（三宅・前注引用論文三四九頁以下。また、三角関係の視点と転用物訴権としての視点がどの部分で重なるのか必ずしも明確ではないが、山田幸二「不当利得法における『三角関係（Dreiecksverhältnis）』について」福島大学商学論集四二巻一号（昭和四八年）一二七頁以下参照。以下、転用物訴権の事案に即して被騙取者をM、弁済を受けた第三者をYとする）。騙取金員による弁済の事案は、X－M間に有効な契約関係が存在しておらず、有効な契約関係から契約外の第三者が受益する場合とはいえない。したがって、転用物訴権に関する通常の用語法を前提とする場合には、この事案は転用物訴権の範疇には属さないことになる。しかし、この用語法に従わない場合には——著者も最終的にはこの立場をとるのであるが（本書六九七頁以下）――多少検討を要すべき点も生ずるが、騙取金員による弁済と転用物訴権は法的にはまったく別の紛争で両者を混合して考察する余地はないものと考える。この点の論証については、本書六九六頁以下参照。

また、大判大正九年一一月一八日民録二六輯一七一四頁が、しばしば転用物訴権の例としてあげられる（谷口・前掲『不当利得の研究』二二三頁、松坂佐一「不当利得における因果関係」総合判例研究叢書民法⒀（昭和四三年）四〇頁）。この判決自体は、Mを受益者と認定してYに対する不当利得返還請求を否定したものであり、かつ、X－M間の関係も不詳である。この点の事案いかんによっては、この判決は転用物訴権を否定した先例であると評価することも可能であろう。しかし、この点に関し事案内容が必ずしも明確でないため、本書ではこの判決を検討の対象としていない。

(16)〔14・2〕、〔14・3〕の裁判例の存在につき、昭和四八年私法学会における「転用物訴権」についての著者の報告の後に東京大学助手瀬川信久氏（現北海道大学助教授）より御教示いただいた。ここに記し、感謝の意を表する次第である。

(17)この評釈として、大原栄一「商事判例研究」ジュリスト一七二号（昭和三四年）七〇頁がある。なお、衣斐・前掲「不当利得における因果関係」大阪市大法学雑誌一六巻二・三・四号二九頁以下参照。

(18)添附と関連する点をいかに考えるべきかにつき、本書六九九頁以下参照。

(19)この判決においては、Yの債務を既履行同様に評価しえたにもかかわらず、転用物訴権が認容された。これでは、Yは二重に経済的負担を蒙ることになる。この問題は次に二で検討することにする。

(20)転用物訴権の事案がこれらの要件を充足するか否かについては、本書六九九頁以下、七〇二頁参照。

(21)本書のもととなった雑誌掲載論文発表以前のものに限定すると、土田哲也「判例研究」香川大学経済論叢四三巻六号（昭和四六年）一一六頁、山田幸二「判例批評」民商法雑誌六四巻四号（昭和四六年）六六八頁。なお、武内光治「不当利得における因果関係」民事研修一六五号（昭和四六年）五九頁以下は、本判決に賛意を表している。また、注(10)引用の最高裁判所調査官の解説をも参照されたい。

(22)広中俊雄「ブルドーザー・ケースの問題性」法学セミナー二一五号（昭和四八年）八五頁。

(23)この点に関し本書六九九頁以下、特に七〇一頁以下参照。

(24)谷口・前掲『不当利得の研究』二三四頁以下、松坂・前掲『不当利得論』二五一頁以下。

(25)第四章（本書二二一頁以下）の叙述参照。

（26）本書七一五頁以下参照。

（27）Motive II. S. 872.

（28）エヴァルトは、M－Y間の事務管理関係を前提とした上で転用物訴権を承認すべきことを主張したが（詳しくは第四節参照）、そこでは次の要件を附加している。「本人（Y）が、……いまだ仲介人（M）に給付の対価を引き渡していない場合にのみ、原告（X）の訴は成功しうる」（Ewald, Wie weit ist im Bürgerlichen Rechte der Gedanke der Gemein＝und Landrechtlichen Versionsklage verwendbar? Ein Beitrag zur Lehre von der ungerechtfertigten Bereicherung, Gruchots Beiträge zur Erläuterung der Deutschen Rechts, 65.（1921）, S. 175. なお、M、X、Yの記号は著者が挿入したものである）。

（29）なお、RGR Kommentar zum Bürgerlichen Gesetzbuch, Bd. 2, 2. Teil, 11. Aufl.（1960）, S. 1077. は、YがMに反対の給付をなすべきことを理由にYが不当に利得していないとし、転用物訴権の成立を一般的に否定する。

（30）ケーニッヒによれば、ドイツ民法の起草者たちは、Mが支払不能の場合に転用物訴権の必要性を法政策的には認めながらも、この錯綜した関係の処理の技術的な困難の前に退いた、とのことである。すなわち、転用物訴権を承認した場合、XとMとがYに対し二重に債権を有し、MとYとがXに二重に債務を負担する。Xのために優先性を認める必要があるが、Xの権利行使以前にMが自らのYに対する請求権を有効に処分することも可能なので、Xの保護はきわめて不完全となる（Handschriftliche Protokolle der Ersten Kommission, 170. Sitzung v. 31. 1. 1883, S. 1670f. ただし、著者は未見であり、D. König, Der Bereicherungsanspruch gegen den Drittempfänger einer Vertragsleistung nach französischem Recht,（1967）, S. 14. による）。しかし、「理由書」にはこれを思わせる記述が存在しないではないが、ケーニッヒ自身も認めるように、「理由書」からは、これがケーニッヒがいうほど重要な論点であったようにはうかがえない（vgl. Motive II, S. 872.）。また、かりにこれが重要な論点であったとしても、ドイツ民法の起草者が念頭においているのは、M－Y間に事務管理、委任関係などが存在している場合であって、一般的に転用物訴権を問題にしているわけではない（vgl. Motive II, 871ff.）。

（31）この点を指摘するものとして、広中・前掲「ブルドーザー・ケースの問題性」法学セミナー二一五号八五頁、P. Oertmann, Kommentar zum Bürgerlichen Gesetzbuch und seinen Nebengesetzen, Recht der Schuldverhältnisse, 5. Aufl.（1929）, S. 1331. なお、第三節引用のフランスの諸学説参照（本書七一九頁、七二一頁参照）。

(32) フランスの学説であるが、本書七一九頁、七二一頁参照。もちろん、この指摘は、〔Ⅰ〕の場合に妥当するのみで、〔Ⅱ〕、〔Ⅲ〕の場合は転用物訴権は先取特権と類似性をもたない。

(33) 逆に、先取特権に第三者追及効がある場合、たとえば、不動産先取特権が登記されているなどの場合を考えよう。この場合、Xが自らの先取特権の行使によって被担保債権の満足を得られるかぎり、転用物訴権の承認はXにとってすら必要でなくなる。

(34) この場合に転用物訴権をかりに認めるとすると、それが一定の物と密接な関連のもとに認められることに着眼し、転用物訴権を抵当権類似なものと考えた例もある（普通法の見解。磯村哲「不当利得・事務管理・転用物訴権の関連と分化（一）——不当利得の構造とその他位（一）——」法学論叢五〇巻四号（昭和一九年）三二九頁参照）。

(35) 松坂説においては、X-Mの行為とM-Yの行為に「目的の関連」がある場合に、受益と損失との因果関係の要件が充足され、不当利得返還請求権——ひいては転用物訴権の成立が認められる（松坂・前掲『不当利得論』二四八頁以下）。これは、X-M間の契約事情、それを通してXがもつに至った自己財産出捐の帰属先の予見という、ある種の主観的事実の関連に不当利得返還請求の成否をかからせている（山田・前掲「不当利得法における『三角関係（Dreiecksverhältnis）』について」福島大学商学論集四二巻一号一五八頁参照）。しかし、このような解釈論を展開するに当たっては、その説のもつ機能——XにMの他の一般債権者に対する優先的立場を認める結果となる——の是非を検討することが、不可欠であったように思われる（なお、この点に関する松坂説は、ヘーデマンの説をとり入れたものと思われるが、ヘーデマンの説との関連でも多少検討を要する点があるように思われる。これについては、本書七六八頁注(7)参照）。

(36) このような場合として従来考えられていたのは、後に検討するM-Y間に事務管理関係、間接代理関係、家族関係が存在する場合などである。しかし、後述するように、これらは、事務管理あるいは委任の規定そのものによって問題が解決されるのであり、転用物訴権によることは必要ではない（本書七六三頁以下参照）。

(37) 我妻栄『新訂債権総論（民法講義Ⅳ）』（昭和四一年）一六八頁以下、一九四頁以下。

(38) 星野英一「相殺の担保的機能」民法論集第二巻（昭和四五年）二六九—二七一頁（日本私法学会第二九回大会シンポジウム）。

(39) 土田・前掲「判例研究」香川大学経済論叢四三巻六号六八九頁は、この点からYの受益の不当性を説明しがたいことを強調する。なお、ドイツの判例との関連で、山田・前掲「判例批評」民商法雑誌六四巻四号六七二頁、六七八頁以下参照。

(40) 広中・前掲「ブルドーザー・ケースの問題性」法学セミナー二一五号八五頁は、この場合に転用物訴権を認めることが、「Xに過大な保護を与えることになる可能性が大きい」ことを指摘する。

(41) なお、この見解に反対するものとして、岩城謙二「不当利得法理による債権回収」ジュリスト七〇七号（昭和五五年）二一六頁。

(42) ドイツ民法第一草案の起草者たちはこの場合にも転用物訴権を認めなかったが（Motive II, S. 872 f.）、無償出捐の場合にそれを認める説として、C. Crome, System des Deutschen Bürgerlichen Rechts, Bd. 2, (1902), S. 998.

(43) 債権者取消権に関する学説の争いに本書は特に立ち入ることはしないが、いずれの説をとるにしても、実質的な利益状況の問題としては、本文叙述のようにいえるように思われる。

(44) 本書七二頁以下参照。

(45) 衣斐・前掲「不当利得における因果関係」大阪市大法学雑誌二一・三・四号三〇頁がすでに指摘するように、〔14・1〕の事例は、建物改装がキャバレー営業という特殊な目的をもつものであったがゆえに、工事による建物の経済的価値の増加をそのままYの受益と評価しうるかという問題がある。

(46) K. H. Schindler, Die aufgedrängte Bereicherung beim Ersatz vom Impensen, AcP 165 (1965), 499 ff.; Caemmerer, Bereicherung, S. 241 ff.; E. v. Caemmerer, Grundprobleme des Bereicherungsrechts, Gesammelte Schriften, Bd. 1, (1968), S. 383 f.（本書一六七頁以下参照、なお、これは以下 Grundprobleme と略称する）。なお、ドイツ民法九九四条以下に関してであるが、H. Müller, Verwendungsanspruch und Kreditrisiko, in: Festschrift für Friedrich Lent, (1957), S. 182. もこの問題を指摘する。

(47) 本件については、本書の分析とは多少異なった視角から叙述されたものであるが、山田幸二「最新判例批評」判例評論二七〇号（昭和五六年）二二頁以下がある。

(48) 判決理由中には、この工事につきX、M、Yの三者間で書面が取り交わされた旨が認定されているが、その書面は「内装工事に関する規約及び注意事項」と題するものであるので、この内装工事契約は三者間契約ではなく、あくまで判決理由に述べられているように、M－X間の契約と考えるのが正当であろう。

(49) 判決理由中には、Mが、Yに対し本件製作物について所有権を放棄するとの記載のみでは、Xが、Yに対し本件製作物について所有権を……放棄した旨のＹの主張を認めるのに十分ではない、と述べられているだけで、右の記載そのものが否定されているわけではない。

(50) なお、本件においてはこの他に、Ｘの工事により家屋に附合しなかった製作物につき、Ｘの所有権留保がなされていたが、それがＹ－Ａ間の売買により、Ａに即時取得されている。それについても、ＸはＹに不当利得として返還請求をし、それが認容されている。このようなＸの請求は、私見においても、帰属法的不当利得として一般に――言葉を換えていえば、転用物訴権の成立範囲とはかかわりなく――認容されるべきものと考える。それというのは、Ｘが所有権留保という物権的効果を伴う措置を有効に講じた以上、それには強い効果が認められ、Ｙ－Ｍ間の関係が有償であろうと無償であろうと、Ｙ－Ｍ間に債権関係があろうとなかろうと、Ｘの返還請求が基本的には認容されるべきだと考えられるからである（ただし、本書七五六頁に述べた連鎖的抗弁が、Ｘの物権的請求に関して認められるような場合には、Ｘの帰属法的不当利得返還請求が、Ｙ－Ｍ間の債権関係に優先することはない、と考える）。

(51) 添附の場合の、民法二四八条の不当利得法に依拠した償金請求の規定と転用物訴権との関係については、本書六九九頁以下参照。

(52) なお、本事案においては判決理由からは必ずしも明らかではないが、この意思表示が民法四二四条の詐害行為として、取消の対象となる可能性がある。その場合には、詐害行為取消権によって問題は処理されるべきで、転用物訴権は認容されるべきではないと考えるが、この点は、本書六九六頁以下を参照されたい。

(53) 大阪高判昭和五二年七月二九日判時八七八号七六頁。

(54) 本書二三〇頁以下参照。

(55) 本書六二八頁以下参照。

(56) なお、この建前は金銭支払を目的とする債権者取消権に関しては崩れることになるが、この点は前に本書六八九頁で検討したところなので、ここでは繰り返さない。

(57) この点については、東京大学における本論文の研究報告会において四宮教授より御教示を受けた。

(58) 訳出にさいしては、現代外国法典叢書を参照している。

(59) しかし、ドイツの転用物訴権の承認論の内容は私見と異なるため、学説によっては、Ｘ－Ｍ間の有効な契約関係を必ずしも前提としない例も見受けられる。たとえば、ヘーデマンは、ＸがＭに契約訴権ではなく、契約解除にもとづく返還請求権を有する事例において、転用物訴権を認めるべきものとしている（J. W. Hedemann, Bereicherung durch Strohmänner, in : Festgabe für August Thon, (1911), S. 63ff.）。

(60) 詐害行為についての性格論にはここでは立ち入らないが、この無償関係が詐害行為となる場合には、「MはYになんらの反対債権などをもっていない」場合ではない、と本書では考えている。

(61) 土田哲也「転用物訴権」民法の争点（ジュリスト増刊）（昭和五三年）二八二頁、鈴木禄弥「いわゆる直接請求権の承認をめぐる利益衡量」末川追悼　法と権利1民商法雑誌七八巻臨時増刊(1)（昭和五三年）三三一頁（ただし、鈴木禄弥『債権法講義』（昭和五五年）四六二頁は私見と異なる結論を展開する）、広中俊雄『債権各論講義』（昭和五六年）三八五頁、好美清光「不当利得法の新しい動向について（下）」判例タイムズ三八七号（昭和五四年）二八頁、同「転用物訴権」好美清光編・基本判例双書民法〔債権〕（昭和五七年）一八八頁、神田博司『民法債権法』（昭和五八年）四二三頁、石田喜久夫「不当利得（転用物訴権）」遠藤浩＝川井健＝石田喜久夫『演習民法（財産法）』（昭和五九年）一九五頁。また、四宮説も、結論としては転用物訴権否定論をとるが、本書でとりあげた視点もある程度重視されている（四宮和夫『事務管理・不当利得・不法行為上巻』（現代法律学全集10）（昭和五六年）二四二頁、同「給付利得の当事者決定基準（二）」成城法学9号（昭和五六年）二九頁）。なお、本注に引用した以外の近時の学説については、注(69)をも参照されたい。

(62) 本書六八五頁に紹介した谷口説、松坂説、武内・前掲「不当利得における因果関係」民事研修一六五号六六頁。なお、必ずしも衡平説的見地から基礎づけるものではないが、衣斐・前掲「不当利得における因果関係」大阪市大法学雑誌一六巻二・三・四号三九頁参照。

(63) 磯村・前掲「法律学一五〇講民法（債権法）11不当利得」法学セミナー二三号二二頁、同「〔紹介〕カェメラー『不当利得』」法学論叢六三巻三号（昭和三三年）一一九頁。なお、土田・前掲「判例研究」香川大学経済論叢四三巻六号六八九頁は、この点を論拠の一つとして〔14・4〕の判例に反対する。

(64) 本書七五六頁注(16)参照。

(65) 本書二三〇頁以下参照。

(66) 梅謙次郎『民法要義巻之三』（明治三〇年）四五六―四五七頁における贈与に関する叙述参照。

(67) pacta sunt servanda という命題が、有償契約と結びついていることにつき、広中俊雄『契約法の研究〔増訂版〕』

（昭和四五年）三五頁以下参照。
(68) 委任の場合の解除権（民法六五一条）の取扱を、有償委任、無償委任によって異なるものとすべきことにつき、広中・前注引用書一七五頁以下参照。同様の配慮は寄託契約（民法六六三条二項）に関しても必要であろう。
(69) この因果関係の観点から転用物訴権を問題とする近時の論稿として、木村常信「直接性の原則の例外と転用物訴権」産大法学一〇巻二号（昭和五一年）一頁以下、我妻栄＝有泉亨『民法2債権法』（昭和五二年）三九二頁、衣斐成司「不当利得──因果関係の直接性」法学セミナー二七六号（昭和五三年）一一四頁、松坂佐一『民法提要債権各論』（昭和五六年）二四六頁、遠藤浩ほか編・半田正夫執筆『新版民法(7)事務管理・不当利得・不法行為』（昭和五七年）四四頁、伊藤進「不当利得における三角関係と因果関係」法学セミナー三三七号（昭和五八年）一五二頁、円谷峻＝小野秀誠「受益と損失との因果関係」遠藤浩編・判例ハンドブック〔債権〕（昭和五八年）一四二頁。
(70) この要件の充足を肯定した例として、〔14・2〕（ただし、因果関係に関する判示部分は本書に引用していない）、これを否定した例として、〔14・1〕、〔14・4〕の下級審判決がある。
(71) Caemmerer, Bereicherung, S. 248 ; Caemmerer, Grundprobleme, S. 388. 広中・前掲「ブルドーザー・ケースの問題性」法学セミナー二一五号八五頁。
(72) 本書七三一頁注(6)参照。
(73) 関口晃「不当利得における因果関係」谷口還暦　不当利得・事務管理の研究(3)（昭和四七年）八四頁、必ずしも断定的な表現ではないが、広中・前掲「ブルドーザー・ケースの問題性」法学セミナー二一五号八五頁。
(74) 本書四八頁以下参照。

第三節　フランス法による検証

一　フランスにおいては、民法自体には不当利得の一般原則を定めた規定は存在せず[1]、不当利得法は判例によって形成された。そこでは不当利得（enrichissement sans cause）はしばしば action *de in rem uerso* と呼ばれる[2]。この名称は転用物訴権を想起させるが、元来本章にとりあげた転用物訴権（少なくとも仲介者の介在を前提とする）以外をも包摂するものとして用いられている(3)。その名称の問題はともかくとして、フランスの不当利得判例の発展は、この転用物訴権型の事件を契機とした。判例は、初めこの転用物訴権の成立を特に制限を附すことなく承認したが、その後、これを広く承認することは法秩序をおびやかす、として限定を附していった(4)。フランスにおける転用物訴権の制限過程を検討することは、フランス法と同様、転用物訴権を一般的に承認した最高裁判所判例（〔14・4〕、本書六八三頁）をもつ日本法に、資するところが大きい。著者が前節、とりわけその二において指摘した諸問題は、フランスにおいてもやはりなんらかの解決を必要としたからである。本節の分析は、この点を中心にする。フランス不当利得法の概括的紹介は、谷口、稲本、関口教授らによってすでに行なわれているので(5)、本書においては、フランスにおける転用物訴権類型を、ことにその核心的要件ともいえる「法律上ノ原因ナク」（sans cause légitime）と補充性（caractère subsidiaire）とを中心として紹介する(6)。日本の転用物訴権との対比のためにはこれらの要件が特に大きな意味をもっているからである。日本法の問題と特に関係しないフランス不当利得法の一般的な問題は注で取り扱った。

二　転用物訴権の承認

フランスにおいては、不当利得の承認を主張したオーブリ＝ローの先駆的学説の影響のもとに、一八九二年のブウディエ判決が判例法上初めて転用物訴権を承認した(7)。この判決はすでにわが国に紹介されているが(8)、簡単に記せば次のとおりである。

〔14・仏1〕　Cass. req. 15. 6. 1892, D. 1892. 1. 596, S. 1893. 1. 281.

地主Yは、小作人Mに土地を賃貸していたが、Mの債務不履行があったため賃貸借契約を解除した。そのさい、YはMに対して残存債権を有しており、Mは立毛作物をその弁済に当てた。作物価格を評価するための鑑定にさいしては、Mが肥料商Xより購入した未払の肥料代金が差し引かれた。Xは、Mが支払不能のため、不当利得を理由としてYに肥料代金を請求して、訴提起。原審においてはX勝訴。Y上告。

上告棄却。「この訴権（action *de in rem verso*）は、他人の損失において利得することを禁ずる衡平の原理から由来し、わが法律のいずれの条文にも規定されていないから、その行使は一定のいかなる条件にも服せず、この訴を受理するためには、原告が訴の相手方に対し、自身の犠牲若しくは所業によって得しめたであろう利益の存在を申し立て、その立証を申し出ることをもって足りる。」

Yは、M－Y間の契約により利得を保有する原因（cause）をもつ、と主張した。それにもかかわらず、破毀院はそれを認めず、利得、損失、両者の関係を要件とするのみで他の制約を附することなく、転用物訴権を承認するという一般論を述べた(9)。

ここに一般的に承認された転用物訴権は、その後、判例によって限定されていった。その制限は二つの方向をとった。一つは補充性の要件による制限であり、他は「法律上ノ原因」の欠缺という要件による制限である(10)。ブウディエ判決は仲介者の無資力を要件としておらず、日本の判例以上に広い範囲にわたって転用物訴権を承認していた、といえる。しかし、その後フランスにおいても、補充性の要件によって仲介者の支払不能が要求されるに至った。これを三において検討する（なお補充性の要件は必ずしも仲介者の支払不能のみを意味するわけではない。そこで三においては、補充性の要件の他の内容もあわせ検討することにする）。ブウディエ判決にこの仲介者の支払不能の要件が加えられた状態が、ほぼ日本の判例〔14・4〕の出発点と対応する。したがって、第二節において著者が日本の判例の転用物訴権の承認範囲を限定する必要があるとして問題とした諸点がフランス法においても問題にされるとすれば、それは補充性以外の制限要件、すなわち、「法律上ノ原因」の欠缺においてであろう。そこで、この要件を四において検討する。

三　転用物訴権承認範囲の制限過程、その一――補充性の要件と仲介者の支払不能

フランス法において仲介者の支払不能は、補充性の要件のうちで顧慮されている。補充性という考え方は、オー

ブリ＝ローがあげた次の要件に始まる。すなわち、「ある者が自己に属するものまたは自己に支払われるべきものを得るために、契約、準契約、不法行為、準不法行為から生ずるなんらの訴権をもたない」ことが、不当利得訴権の要件とされる。彼等自身はこの要件を補充性とは呼ばなかったが、後の学説はこれを補充性と名づけた。[11]

しかし、右の命題が「種々に解され」ており曖昧であることは、すでにバルタンが指摘している。[12]現在のフランスにおいては補充性の用語法は混乱しており、一般に三通りほどの意味に用いられている。その第一は、他の訴権が受理されるべき場合に、不当利得返還請求権はそれに劣後する、という考えである。第二は、なんらかの事由によって他の訴権を提起しえない場合に、不当利得による返還請求が認められることによって他の訴権の提訴不能が潜脱されてはならない、とする立場である（ここでは、不当利得訴権と提起しえない他の訴権との競合をまず観念してみた上で、後者に対して不当利得訴権が劣後するものと考えられている）。第三に、判例は、前述したオーブリ＝ローの命題自体は承認したがそれに関しては補充性の名称を用いず、後に契約債務者の支払不能を要件とし、それを補充性と名づけた（具体的判例に関しては、後述）。学説の一部も判例の用語法に従った。以上をまとめると、第一には訴権競合の問題が、第二には他の実定法規を潜脱しないという問題が、第三には契約債務者の支払不能の問題が、補充性の名で呼ばれている。また、後述するように、第三の問題は論理的には第一の問題のうちに吸収される関係にある。

前述したように、現在の学説のほとんどが、補充性を不当利得の要件または要件外において承認している。[13]しかし、その内容は、実際には右の三種あるいはその複合として、さまざまである。[14]また、補充性を認める根拠についても、手段の節約、[15]法源論[16]（不当利得法が慣習法であるため）などがあげられるが、それらは必ずしも学説の一般的な支持を得ていない、といわれている。[17]

次に、仲介者の支払能力が、転用物訴権の要件となっていった過程を考えよう。フランスにおいて仲介者の支払不能が問題とされるのは、第一、第三の意味における補充性によってである。第一の訴権競合という意味での補充性にしても、論理的には契約訴権との競合という形で仲介者の支払不能の要件を含んでいる。すなわち、原告が仲介者に対する契約訴権を有する場合には、不当利得返還請求権がそれに劣後するが、契約訴権が実際的な効力をもたない債務者の支払不能の場合には、不当利得返還請求権が認められる、と考えられる。[18]

不当利得返還請求権の補充性という要件は、まず次の判例によって承認された。

〔14・仏2〕 Cass. civ., 12. 5. 1914. S. 1918-1919. 1. 41.

〔14・仏3〕 Cass. civ., 2. 3. 1915, D. 1920. 1. 102.

これらの判例によって、[19]前述したオーブリ＝ローの命題、「……契約、準契約、不法行為、準不法行為から生ずるなんらの訴権をももたない」ことが、不当利得の要件として認められた。

この二つの判例は、すでに稲本教授による紹介があるので、[20]事案、判旨の内容はそこに譲るが、事案からはともに補充性の第二の用語法である、実定法規を潜脱しないという意味においてこの命題を承認したものであった。したがって、「……契約……から生ずるなんらの訴権をもたない」という命題が仲介者の支払不能を要件とする論理的な可能性を含みうるとしても、事案を考えると、これらの判決によって仲介者の支払不能が要件とされた、とはいいがたい。破毀院が仲介者の支払不能を要件としたのは、次の判例によってである。

〔14・仏4〕 Cass. req., 11. 9. 1940, S. 1941. 1. 121.

Mは、Yから住宅を購入し、その住宅を請負人Xに改良させた。Mは住宅代金を支払わなかったため、Yは売買契約を解除した。Xは、Mより工事費の支払を受けなかったことを理由に、Yに不当利得返還請求をなし、訴提起。原審ではX勝訴。Y上告。

上告棄却。「原審は、Yが不動産を取戻したという事実によって不当利得を理由にYに対して下される有責判決は、追加工事の受益者Mに対する（Xの）契約訴権の存在を認めた後にあっても、このMに対して宣告された有責判決をMの無資力が無益なものにするような場合（の可否）に従うものとし、こうして明確にYに提起された不当利得訴権の補充性を確認し、その判決を適法に根拠づけた。」

この判例は、次のように後の判決によっても確認された。

〔14・仏5〕　Cass. civ., 16. 2. 1954, Bull. 1954. 1. 50.

Mは、Yから宝石を盗み、Xに売却した。Yは Mに組合の設立をもちかけて、Mから売却代金の一部を回収した。その上、YはXから盗まれた宝石を取り戻している。XはMに売却代金の返還を求めたが、Mは支払不能であった。Xは、不当利得にもとづき、Yが受領した代金を請求して訴提起。原審ではX勝訴。Y上告。

上告棄却。「損失者の契約上もしくは法律上の債務者に対する訴権の存在は、この訴権が債務者の無資力のゆえに実効性をもたないときは、利得した第三者に対する不当利得返還請求を妨げるものではない。」

また、判例のみならず現在の学説も、ほとんど仲介者の支払不能を転用物訴権の前提条件としている(21)。ただ、それを正面から要件としてとりあげるか（補充性に関する第三説）、補充性の問題の一部とするか（第一説）に差異があるにとどまる。

これらの判例によって仲介者の支払不能の要件がブウディエ判決の確立した要件に付加され、フランスの不当利得法はほぼ日本の判例（〔14・4〕、本書六八三頁）における転用物訴権の出発点と対応する状況となった。そこで、判例で承認された時間的先後は本書の叙述と逆になるが、次に「法律上ノ原因」の欠缺という要件を検討しよう。

四　転用物訴権承認範囲の制限過程、その二――「法律上ノ原因」の欠缺

「法律上ノ原因」の欠缺は、補充性の要件とともに、フランス不当利得理論におけるもっとも重要かつもっとも困難な問題である、といわれる(22)。その重要性にもかかわらず、「法律上ノ原因」とは何かという抽象的な論議になると、フランスの学説は種々に分かれ意見の一致をみない。

やや不正確なきらいがあるが一言でいうならば、「法律上ノ原因」は、利得（あるいは、利得および損失）を正当化する原因であって、契約や法律の規定がそれに当たることになる。しかし、「法律上ノ原因」を利得と損失のいずれに関して問題とすべきかという基本的な点に関しても、学説は一致せず、「法律上ノ原因」を利得に関してのみ

問題にするものと、利得と損失の双方に関して問題にするものとに分かれる。[23] また、「法律上ノ原因」すなわち、cause légitime の内容に関しても、ここにいう cause は、合意の有効要件としての債務の cause（フランス民法一一〇八条、一一三一条以下）と別のものと考える説が多いが、両者を関連づける立場もある。[24] また、自己の利益のための行動（自己の土地のために堤防を築いたが、それが同時に近隣の人にも利益となった場合）なども、通常は「法律上ノ原因」の問題として処理されているが、これを「法律上ノ原因」の問題ではないとする見解もある。[25] また、利得者が仲介者との契約を「法律上ノ原因」として主張する場合には、契約の相対効を定めたフランス民法一一六五条との関係も問題となりうる。[26] 本書では、右のような議論をすべて注に譲り前節における検討事項との関連において、どのような場合に「法律上ノ原因」があることを理由に不当利得の成立が否定されるのかを、判例およびそれに関連する学説に即して検討することにしよう。[27]

判例は、「法律上ノ原因」の欠缺という要件をブゥディエ判決の数年後には採用した。[28] 判例は、すべて利得についてのみ「法律上ノ原因」を問題とし、損失についてはそれを問題としない。[29] そして、利得が法律の規定または契約にもとづく場合に「法律上ノ原因」があるとして、不当利得返還請求権の成立を否定している。[30]「法律上ノ原因」をこのように把握する考え方は、不当利得によって契約秩序、法律秩序が破られてはならない、という要請にこたえるものである。この発想は、私見に即していえば、一見したところ第二部に記した不当利得法に関する判断基準に近い。そこでは財貨（利益を含む。以下同じ）移転秩序に瑕疵がある場合の財貨の帰属の回復を問題としたが、契約も法律の規定もともに財貨移転秩序の一部を形成するからである。[31] この点に関する考慮から転用物訴権の成立を否定する立場も考えられなくはないが、前節では、転用物訴権がこの不当利得法の異物であることを前提とした上で、財貨移転を基礎づける法律関係の脆弱さに着眼してそれを承認した。[32] したがって、フランス法学の右に述べた分析の方向は、私見とかなり異なった内容をもつものである。しかし、フランス法学において契約と法律の規定が問題とされるのは、究極のところは不当利得についての私見のような財貨移転秩序という視点によるものではなく、フランスにおいても不当利得の性格規定は曖昧なままとり残されていた（また、財貨の移転とその帰属という視点が、フランス不当利得法にそのまま妥当しうるわけでもない。不当利得法が規制対象とする紛争事案が、わが国とは大きく異なっているからである（注（3）参照））。フランス法学における転用物訴権に関する論議は、契約と法律の規定という――本書に分析した不当利得法的な――視点と、前節で検討した利益較量的な視点とが混在したままに展開されている。判例および多くの論者は、前の視点によってのみ転用物訴権の成立範囲を画する（すなわち、財貨移転秩序のうち契約と法律の規定のみが問題とされるから、この二種が存在する場合以外に転用物訴権の成立が認められる）。そして、後の視点を重視する者は、利益較量によって判例の結論の一部を基礎づけ、あるいは判例の結論の一部に反対する。フランスにおける転用物訴権の承認範囲は、著者の分析のアプローチとの相違に伴い、当然前節で導いた結論と一部にズレが生ずる。このようなズレがどのような点にあり、また、このズレた問題について、フランスにおいてどのような疑念が存在しているのかを分析することが、本節の直接の目的である。

前節においては、転用物訴権を〔Ⅰ〕、〔Ⅱ〕、〔Ⅲ〕に分けて分析を行なった。本節においても、それに対応してフランスの判例、学説を検討するが、フランス法学における論議に即して、〔Ⅰ〕、〔Ⅱ〕、〔Ⅲ〕のそれぞれをさらに次の三つの場合に細分することにする。〔A〕は、Yの利得が契約にもとづく場合、〔B〕はYの利得が法律の規定にもとづく場合、〔C〕はM－Y間に契約や法律関係が存在しない場合である。

(イ)　〔Ⅰ〕　MがYの利得保有に対応する反対債権をもっている場合をまず考えよう（ただし、Yがその債務を履行していない場合に限る）。この場合に転用物訴権を承認することは、前節の分析によればMの一般債権者に対する優先的立場をXに附与することになり、ひいては破産法秩序が害される可能性がある点に問題があった。フランスにおいては、この点を顧慮する学説は少数である。しかし、〔A〕、〔B〕の場合には利得に「法律上ノ原因」があるとされ転用物訴権の成立が認められないので、一般にはこの問題は顕在化しない。この問題が顕在化するのは〔C〕の場合のみである。

まず、〔A〕に関する判例、学説を検討しよう。

〔14・仏6〕　Cass. req., 7. 2. 1905, S. 1907. 1. 453.

銀行XはMに金員を貸し、MはさらにそれをYに貸した。X、Mはそれぞれ弁済を受けていない。Xは、Mが支払不能のため、Yに不当利得としてその金員の返還を請求して訴提起。原審ではX敗訴。X上告。

上告棄却。「Mより金銭を借り受けたYは、それによってMに対して債務者となっており、YがXの損失において法律上の原因なく利得した、とみなすことはできない。」

〔14・仏7〕　Cass. civ., 9. 11. 1909, D. 1911. 1. 169, S. 1912. 1. 309, 1re espèce.

鉄道会社Mは建設会社Xに鉄道を建設させ、それを営業していた。後に、Mは県の鉄道会社Yとの間に、その鉄道を譲渡しYはMに建設費用を支払う旨の契約を締結した。Mは破産し、XはMに対する債権の一部についてしか満足を得られなかった。Xはその残額をYに請求した。そのさいYは、Mに対しまだ建設費用を支払っていなかった。原審ではX敗訴。Yは建設費用をMに支払わなくてはならないので、Yは利得していない、とされた。X上告。

上告棄却。「XはすべてMの費用をあてにして行為したか、または行為すべきなのであり、YはXの損失において不当に利得していない。」

これらにおいては転用物訴権を否定すべきであるという結論自体は著者と同様であるが、その論拠が異なる。しかし、学説においては、少数ではあるが、私見のような利益較量を行なうものが存在しないわけではない。

前節において検討したように、Yが債務未履行の場合、転用物訴権を承認してもM‐Yの間の契約侵害の問題はそれほど深刻なわけではない。この点にのみ着眼し破産法的な問題を見落としたいくつかの学説は、Yが債務未履行の場合に転用物訴権の成立を認めるべきことを主張する。「契約が正当原因として主張される場合には、それは履行済みの契約であると理解されねばならない。……（Yは）、約束した給付以上には決して支払わない、という当然の権利を確かにもっているように思われる。[33]」あるいは、「利得者が第三者と結んだ契約が双務的であるときは、その契約の対抗力にもう一つの制限が加えられなければならない。契約が利得者により正当な原因として援用されうるためには、利得者が彼自身としてその契約を履行し終っていなければならない[34]」など。[35]これらの学説は、契約が「法律上ノ原因」となるという考え方から一歩立ち入った利益較量を施したわけであるが、X、M、Yの利益に着眼するにとどまり、Mの一般債権者の利益まで考えず、転用物訴権の成立を承認した。

しかし、少数ではあるが、Mの一般債権者の利益をも考慮し、Xに優先的立場を与えるという転用物訴権の機能を指摘し、それを根拠としてこの場合の転用物訴権を否定する見解も存在する。アルモスニノは次のようにいう。「破産財団が利得者に対して訴訟をおこすことができる場合[36]」（本書六八五頁の表現に即していえば、MがYの利得保有に対応する反対債権をもっている場合）に関して、「大多数の学者が考えてみようとしないことは、不当利得訴権の成功は、ほとんど常に原告に先取特権を付与するに至る、ということである。ところで、条文の規定していない先取特権を創設することは不可能であるから、この場合に不当利得返還請求を許さざるを得ない理由をわれわれは何も見出さない。[37]」そして、具体的な判例に即して、次のようにいう。「かりに、この訴訟が認められなかったならば、取戻条項の利益の喪失を宣告されたMは、建築代金を破産財団に払い込んだであろうし、すべての債権者がそこから利益を受けたであろう。[38]」この説になると、単に結論のみならず、実質的な考慮も、すべて私見と同様である。

次に、〔B〕の場合を検討する。Yの利得がM‐Y間の法律関係にもとづく場合には、一般に「法律上ノ原因」があるとされ、転用物訴権は認められない。M‐Y間の法律関係がMに反対債権を与えるものであり、かつ、Yが債務を履行していない場合にも、これは変わりないであろうか。この事案を論じた判例、学説を見出せなかったので、推測にすぎないが、次の例をもって考えよう。

賃貸借契約で当事者が改良費の負担を定めなかった場合に、日本民法では六〇八条という契約の補充規定が費用償還を定めており、〔A〕の一例となる。しかし、フランスにおいてはこのような一般的な契約の補充規定は存在しない（修理については、フランス民法一七一九条、一七二〇条の規定がある）。そして、商業賃貸借、農地賃貸借等々、個別的ないくつかの場合には、法律、委任立法（décret-loi）が種々の要件のもとに補償を認めている。それらは、その内容とそれらが強行規定であることとを考えると、契約の補充規定とは解しえない例が多い[39]。このような規定が存在する場合に、賃借人（M）との契約で改良工事をした者（X）があれば、Mは法律上賃貸人（Y）に請求権をもっているため、〔B〕の事例に該当する。Yがこの補償金を未払の場合は〔I〕に当たるが、転用物訴権は認められるのであろうか。推測であるが、転用物訴権は否定されると思われる。一般に法律の規定が「法律上ノ原因」になると考えられている上に、これらの法律、委任立法のうちには、補償の要件がみたされなかった場合には賃貸人が補償なしに利得できることを規定している例もあり、それとのバランスから考えてもこれらの法律、委任立法が利得の「法律上ノ原因」になると考えざるをえない側面もあるからである。かりにこのように考えうるとすれば、〔B〕の場合も転用物訴権は認められないことになり、破産法秩序が害されるという問題は回避されることになろう。

〔C〕の場合を考える。Yの利得が契約にも法律にももとづかない場合には、利得に「法律上ノ原因」は存在せず、転用物訴権が認められることになる。破毀院は、次のような例において転用物訴権を認めており、学説はこの結論に賛成している。

〔14・仏8〕　Cass. req., 20. 12. 1910, D. 1911. 1. 377, S. 1912. 1. 305.

M夫人は、息子（Y）と土地を共有していた。Mは請負人Xに水道工事をさせた。Xは、工事費をYにも請求して訴提起（Mが支払不能か否かは不明）。原審では事務管理によってX勝訴。Y上告。

上告棄却。「（Xの労務は）、正当な原因（juste cause）なくして、それだけの価値をYの財産に生ぜしめており、Yは X の損失において利得している。」

Cass. req., 11. 9. 1940, S. 1941. 1. 121.〔14・仏4〕

（これについては本書七一四頁以下にすでに引用したので、そこを参照されたい。M－Y間の契約関係が解除された事案である）。〔14・仏8〕判決においては、Mが共有者の一人として他の共有者に求償できるか否かには争いがある（フランス民法一八五九条の類推適用）(40)。MのYに対する求償が認められないとすれば、これは〔I〕の事案ではなくなる。しかし、一応求償が認められるとして、〔I〕の事案として考えてみよう。

アルモスニノ以外のフランスの学説にも、転用物訴権がMの他の債権者に対する優先的立場をXに与えることを指摘するものがないわけではない。ドゥモーグは、この結果を肯定しながらも、次のようにいう。「まったく奇妙だが、不当利得は動産、不動産上のある特別先取特権に近づけられなければならない(41)。」また、ゴレは、不当利得は先取特権ではなく直接訴権に類似する、としていう(42)。「このような場合に不当利得訴権を認めるならば、契約債権者に、彼の債務者の債務者に対する、直接訴権を与えるに至ることはすぐわかる。ところで、直接訴権は、債権者の共通の権利、すなわち、一般担保権に抵触する。それが存在するためには、条文が必要である(43)。」「利得した第三者に対して不当利得訴権を行使することで、契約上の債権者は他の債権者との競合をさけ、彼の債務者の債務者を訴えることができるであろう。……直接訴権は、債権者に、その債務者の債務者に対するものとして付与される。なるほどこの場合、転用物訴権は実際上このような結果に到達する。しかし、それは、中間の第三者の債権者である限りにおいて損失者に与えられるわけではない。無条件で適用されているのは不当利得の一般原則である(44)。」「この訴権の本質的な目的が、契約債務者に対する他の債権者との競合を回避することではないとしても、この訴権は、このような競合を回避することを可能にするであろう(45)。」彼は、この問題の存在自体には気がつきながらも、機能と目的とを分離することによって、この場合にも転用物訴権を承認するという結論をとった。

Mの一般債権者に優先する立場をXに与えるという転用物訴権の機能は一般に認識されてはいるが(46)、それを根拠に転用物訴権を否定しようとするアルモスニノの見解は(47)、一般にあまり支持されていないようである(48)。この原因は、一つには転用物訴権が承認される〔C〕の事例が意外に少なく、この問題がそれほどの波紋をまきおこしていないからではないか、と思われる。フランスの学者もいっている通り、「利得はほとんどいつでも『法律上ノ原因』から生じ」「実際には不当利得訴権の行使は稀である」「一見して、この規定は非常に広い範囲に適用できるように見えるが、それを適用した判決の数は少ない」(49)のである。

さらに、次の事情も顧慮する必要があるかもしれない。ＸにＭの一般債権者に対する優先的立場を与えることの不都合が、もっとも明白となるのはＭ破産の場合である。しかし、フランスにおいては商人破産制度がとられており破産自体が限定されているため、このような不都合な事態が生ずる可能性は日本以上に少ない。〔14・仏8〕の判決においてはＭは非商人であり、〔14・仏4〕判決においても事実からみてＭは非商人ではないか、と推測される。従来の判決は、転用物訴権を認めたものが少なく、またＭが非商人であることその他の事情によって破産法秩序と矛盾がたまたま生じないですんでいる。従来、フランスにおいて不当利得と破産との関係が正面から問題とされた判例(50)は、転用物訴権類型ではなく、二当事者間の不当利得関係において被告が破産していた場合だけのようである。では、破産法秩序と正面から矛盾するような事案があらわれた場合にも、転用物訴権は認められるのであろうか。学説の大勢からはそのように思われるが、判例は存在しない。フランスにおいては、不当利得の要件の中で実定法規を潜脱しないことがあげられている（注（6）参照）。したがって、このような事案が生じた場合には、転用物訴権を否定する結論を導くのも簡単なようにも思われる。しかし、現在までのところ、実定法規を潜脱しないという要件に関する問題として時効や書証の問題などは論じられても、破産の問題は論じられていないようである。(51)

以上まとめると、〔Ｉ〕の大部分――〔Ａ〕、〔Ｂ〕の場合――においては、「法律上ノ原因」が存在することによって転用物訴権の成立が否定され、前節で摘示した破産法秩序が害されるという問題は回避される。〔Ｃ〕の場合には転用物訴権が認められ、問題が顕在化することになるが、判決の数も少なくそれほど深刻な波紋を生じていないこともあって、この結論に反対する学説は少数にとどまるようである。

(ロ)　〔Ⅱ〕　Ｙの利得保有に対応する反対債権をＭはもたないが、Ｍ‐Ｙ間の関係全体からみて、Ｙの利得保有が有償である場合を検討する。前節においては、Yの二重の経済的負担を回避するという視点から、この場合に転用物訴権を認めるべきではないと考えた。M－Yの関係において、対立する債権をYがもたないのに究極的に有償であるという関係は、M－Y間に契約がある場合以外〔〔B〕〔C〕〕では想像しにくい。したがって、〔Ⅱ〕においては〔A〕の場合のみを考えることにする。判例をみてみよう。

まず、不当利得についてのリーディングケースであるブウディエ判決〔14・仏1〕は、この種の事案であった。Yの主張によれば、Mの負担において土地肥沃化のための措置をとることが約束されていた、とされる。したがって、肥料代金は当然Mが負担すべきであり、このことは賃料などの他の契約条件にはねかえっていた、と思われる。ここで転用物訴権を認めることは、M－Y間の有償関係を破ることになる。しかし、作物評価の鑑定のさい、肥料代金が差し引かれたという特殊事情が存したがゆえに、転用物訴権を認めることによってM－Y間の契約の有償性を破壊することにならずにすんだのである。しかしながら、ブウディエ判決に関してこの間の事情を重視する説は少数であって[52]、一般には、判例の文言どおり、ブウディエ判決においては、「法律上ノ原因」は考慮されず、次の判決によってブウディエ判決が変更された、と考えられている[53]。

〔14・仏9〕 Cass. civ., 18. 10. 1898, D. 1899. 1. 105, S. 1899. 1. 165.

土地所有者Yは、Mと小作契約を締結した。Mは、小作にさいして労務者Xを雇った。Xは、労賃の支払を得るためMに強制執行を行なったが、充分な満足は得られなかった。XはYに対し残額を要求した。Xは、フランス民法二一〇二条にもとづきMの収穫物の上に先取特権をもっていたが、収穫の相当部分がYのもとにあったため、先取特権は効を奏さなかった。原審においては、先取特権に追及効は与えられないとして、X敗訴。Xは不当利得を理由として上告。

上告棄却。「賃貸借契約の条項に従って小作料または収穫の分け前を受けとったYが、Xの損失において『法律上ノ原因』なくして利得した、と考えることはできない。」

これ以後にも、〔Ⅱ〕の〔A〕の事案において転用物訴権を否定したフランスの判決は多い。[54] この結論に対し、学説の多くは契約が「法律上ノ原因」になるとするだけで、それ以上の実質的判断を示さないが、[55] 私見と同様の実質的判断を示す者もある。リペール＝テセールは、具体的な事案に関して、次のようにいう。「もし所有者がこの改築や建築から利益を得る権利をもつとすれば、もはや彼が利得したということはできない。というのは、そのような条項は、彼が承諾すべき等価値の損失を想定しているからである。[56]」また、シュバリエは、小作人が土地にひきおこした価値増加は、「小作人に課せられた耕作義務の結果であり、その義務を考慮して賃貸借の条件は決定される[57]」という。これらにおいては、契約関係が全体としては有償であることが問題とされている。

以上の検討から明らかなように、〔Ⅱ〕の場合に転用物訴権を認めないというフランス法の結論は、私見と同様であり、有償の契約関係を破壊するという結果は回避されている。そして、このような実質的判断をする説も少数ながら存在する。

(ハ)　〔Ⅲ〕　Yの利得保有に対応する反対債権をMがもたず、M‐Y間の関係全体からも、Yの利得保有が無償と認められる場合を考えよう。

まず〔A〕についていえば、著者は、前節において有償契約と無償契約とでは保護に差異があってよいとして、この場合に転用物訴権の成立を認めるべきことを主張した。しかし、フランスの学説の多くは、契約が利得の「法律上ノ原因」になるとして、契約の有償無償を区別せず、この場合も転用物訴権の成立を否定する。[58] しかし、一部にこの結論に対する疑念、反対も存在している。まず、判例をみてみよう。〔A〕の場合について破毀院判決は見当たらないようであり、下級審判決は結論が分かれている。

〔14・仏10〕　Trib. civ. Seine, 22. 2. 1913, Gaz. Pal. 1913. 1. 643.

Mは、酒屋Xを通じてYにワインを贈与した。Xは、まずMに代金を請求し訴えたが、Mが支払不能であったため、Yにそれを不当利得として請求した。

X敗訴。「これらの事情においては、不当利得を適用する理由はない。しかも、YはMの贈物の受取人という資格のゆえをもって、訴訟から排除されねばならない。」

このほかにも、受贈者に対する転用物訴権を否定した下級審判決[59]がある。逆に転用物訴権を認めた例としては次のものがある。

〔14・仏11〕 Trib. civ. Seine, 30. 4. 1912, Gaz. trib. 5. 9. 1912.

この判例は入手できなかったため、具体的な事案、判旨は不明であるが、アルモスニノによれば[60]、次のとおりである。Mは、宝石商Xから、未来の嫁Yに商品を買った。このXに、Yに対する転用物訴権が与えられた。

転用物訴権を否定した判決〔14・仏10〕については、一部の学説から強い批判がある。その判決の評釈は、次のようにいう。「この解決がいかに不愉快であるかは直ちに明らかとなる。この解決は、贈物の完全に無償の受益者Yが、当該贈物の対象である価値を不当に奪われた者Xの犠牲においてその贈物を保有することを可能にするからである[61]」。この他、この判決に対する疑念は多い。この判例によって「ほとんど衡平でない結果が生じる。それは他の類似の事項にあらわれるような、なかんずく詐害行為取消権に関する民法典の精神に反するように思われる[62]。」さらに、「その解決は、私には完全に誤りのように思われる[63]」と、断言する者すら存在する。アルモスニノは、破産法秩序の問題を明確に意識した上で、この種の事案を「破産財団（M）に、利得者（Y）を訴える一切の手段がない場合」の一例であるとして、受贈者に対する転用物訴権を承認する[64]。現在、学説の大勢は、無償契約も「法律上ノ原因」となることを認めるが[65]、これも法的安全のために衡平を犠牲にするという考えであって、転用物訴権の成立を否定する結論が衡平と考えているわけではないようである。「返還の権利を認めることは、ただ衡平に満足を与えるために、〔不当利得という〕一般規定の適用によって〔他の〕特殊な規定の効果を覆す結果となろう。その特殊規定は、その結果がときとして衡平を無視して得られるとしても、利益を調節し秩序を維持しているのである[66]」、あるいは、「ここでは、衡平の観念と、すべての契約にかかわる安全の観念とのはっきりした選択が必要である」などの表現が見受けられる。[67]

〔B〕のYに帰属した利益が無償であって、かつ法規にもとづく場合が、次に問題となる。前節においては、M－Y間の法律関係にもとづく財貨移転の安定性とXの立場といずれを保護すべきかを法規の趣旨などから考えるべきである、と主張した。フランスには次の判例がある。

〔14・仏12〕　Cass. civ., 7. 7. 1896. D. 1898. 1. 19.

これは、服を売った商人Xが、契約の相手方たる夫Mが支払不能のため、服を使用している妻Yに対して不当利得請求をした事案である。原審はこの請求を認めたが、破毀院は、Yの利得は夫Mの扶養義務にもとづいているとして、これを破棄した。ただその理由としては、「妻が利得しているとはみなされない」として、利得の問題として考え「法律上ノ原因」の語は用いなかった。しかし、その実質は利得が法律の規定（扶養請求権）にもとづいている、という「法律上ノ原因」の問題であった。

フランスの通説、判例は、利得が契約にもとづく場合と同様、法律の規定によって利得が生じた場合にも、有償、無償の区別なく、「法律上ノ原因」があるものとして転用物訴権の成立を否定する、と思われる。しかし、一般的にXの請求を否定することが常に妥当であるとはいいがたく、法規の趣旨ごとに個別的に検討する必要がある、と考える。

〔C〕にあたる判例は、調べえたかぎりでは見当たらなかった。〔I〕〔C〕で引用した〔14・仏8〕の判決で、M夫人が共有者に求償できないと考えれば、これが〔Ⅲ〕〔C〕に当たることになろう。判例やこの事案を論議した学説は見出せなかったが、この事例の紛争が生じたならば、「法律上ノ原因」はないとして、転用物訴権の成立が認められることは疑問の余地がないものと思われる。したがって、〔Ⅲ〕〔C〕では、私見と同じ結論となり、前節摘示の不衡平は生じないことになろう。

以上を総合して、前節の結論とフランス法とを比較してみよう。転用物訴権の成立を認めるか否かに関し、双方の結論が異なるのは、〔Ⅰ〕〔C〕と、〔Ⅲ〕〔A〕および〔B〕の一部だけである。これ以外の場合に関しては、結果的に結論が一致し、前節に摘示した問題が顕在化することはない。そして、結論がくいちがう場合に関しては、フランスの学説のうちに、その結論に対する疑念をもつものが存在している。その疑念は〔Ⅰ〕〔C〕に関しては一部のものにとどまるが、〔Ⅲ〕〔A〕に関しては相当数にのぼる、といえよう。

転用物訴権の成否については、著者の結論とフランス法の結論とがほぼ一致しているだけでは前節で導いた著者の結論の妥当性が全面的に承認されるとまではいえないであろう。しかし、近時、フランスの不当利得研究はきわめて低調ではあるものの、[68]百年近くにわたるフランス転用物訴権の歴史が、転用物訴権を制限していく方向にあること、そこでは、結論としては前節で指摘したような問題点はほぼ回避されていること、そして、それが回避されない分野に関しては一部の学説には著者と同様の問題意識も見られること、だけは最低限いえると考える。

（1）フランスにおいては、民法典は一般的な不当利得制度こそ規定していないが、個別的規定にその思想が表明されているとして、伝統的にいくつかの規定が引用される（古くは、Aubry et Rau, Cours de droit civil français, 4e éd., (1873), Tome VI, §578-4°, note 8 : Labbé, note, S. 1890. 1. 97. などの例がある）。具体的には、次のような規定が不当利得思想を表明した例とされている。フランス民法五五五条、一三七六―一三八一条、一四三三条、一四三七条、五七〇―五七一条、八六一―八六二条、一二四一条、一三一二条、一六七三条、一八六四条、一九四八条（Ripert et Boulanger, Traité de droit civil d'après le traité de Planiol, (1957), Tome II, n° 1269.）。しかし、これらの規定を引用することによって不当利得法を民法典上に基礎づけることには、次のような批判がある。学説は、実定法に不当利得原則が種々適用されているがゆえに、不当利得原則は実定法に属する、と考えた。そして、逆に、学説はこれらの規定から不当利得の一般原則を導こうとした。しかし、実定法の規定を正当化するために不当利得原則を引用することと、それらの規定から不当利得の一般規定をつくりだすこととは別問題であろう（J. Chevallier, Observations sur la répétition des enrichissements non causés, Le droit privé français au milieu du XXe siècle, Etude Ripert, (1950), Tome II, pp. 239 et 238.）。民法典が一般不当利得制度を規定しなかったことについては、ポンポニウスの一般原則は道徳律としての価値しかもっておらず、民法典の起草者はそれを法規則とすることを、おそらくその一般性のゆえに危険であり有効ではない、と考えたためであろう、といわれている（Ripert et Boulanger, op. cit., n°s 1268 à 1269 ; Chevallier, op. cit., pp. 238 à 239)。

(2) フランスにおいては、この二種の名称はあまり区別されずに用いられている。したがって、本書においては action *de in rem verso* を必ずしも転用物訴権とは訳していない。action *de in rem verso* のうち、転用物訴権に対応するのは、次の場合である。すなわち、学説が、第三者との契約が権原、原因（titre, cause）となるとする場合（Chevallier, op. cit., p. 243 ; Ripert et Boulanger, op. cit., n° 1282 ; Planiol et Ripert, Traité pratique de droit civil français, Tome VII, par Esmein, (1954), n° 759)、あるいは、間接利得などと呼ぶ場合である（F. Goré, L'enrichissement aux dépens d'autrui. (1949), n°s 76 et 78 à 81. ただし、ゴレは、M－Y間の契約の解除があった場合その他一定の場合を直接利得として扱う。この限度において、彼の間接利得の概念と本書にいう転用物訴権の概念とは一致しない）。フランスにおいて転用物訴権事案以外に不当利得の問題としてよく論議されるのは、原告、被告間の契約関係が終了した後に、被告が契約関係より発生した利益を保持することが不当利得を成立させるのか否かに関してである（賃借人が義務を負わずになした賃借物の改良、代理人や外交員が得意先を得た場合などに関して、契約終了後にその利益について不当利得が成立するのか否か、など）。この種の事案に関し判例は近時一定の条件のもとに補償を認めているが、学説の結論は一致していない。かつ、この問題の相当部分は、種々の法律、委任立法（décret-loi）によって規律されている（Planiol et Ripert, op. cit., n°s 757 à 758 ; Ripert et Boulanger, op. cit., n° 1281 ; Chevallier, op. cit., p. 244. この問題に関する法律、委任立法に関しては、ことにプラニオル＝リペールに詳しい）。転用物訴権事案以外にはこの問題がしばしば論ぜられるとはいっても、カルボニエなど、学者によってはこの問題をほとんど重視しておらず、フランス不当利得法の中心は、あくまで転用物訴権である。なお、注(3)参照。

(3)「不当利得」という言葉が意味する内容も、日本とフランスとでは大きく異なる。日本の不当利得法とドイツの不当利得法の場合、その原則規定（日本民法七〇三条、ドイツ民法八一二条一項一文）の「法的構成」が類似しているのみならず、その規制対象となる紛争事案もほぼ一致している（北川善太郎『日本法学の歴史と理論』（昭和四三年）一八二頁以下のいわゆる「法的事実」の同一性が存在する）。それに対し、フランス不当利得法は、その「法的構成」自体は日本、ドイツの不当利得の原則規定と近似しているにもかかわらず、その規制対象事案がまったく異なる。フランスにおいては、本書の第二部で分析したわが国の不当利得法の中心部分というべきもののうち相当部分は不当利得法外において処理され、日本法においては不当利得の周辺類型ないし異物でしかありえない転用物訴権がその中心となる。

なお、日本法との比較の便宜上、帰属法的不当利得規範と、矯正法的不当利得規範のうち重要度が高いと思われる表見的契約関係がある場合とをフランス法に投影してみよう（もちろん、フランス法学自体にはこのような視点は存在しておらず、あくまで日本法に関する視点を便宜的に投影したにとどまる）。

(イ)　帰属法的不当利得規範　　フランスにおいて、財貨の帰属の回復がどこまで不当利得法によって認められるかは明確でない。特に、日本法のもとではこの種の事案の典型例である所有権保護の拡張としての不当利得に関して、はたして不当利得法的な保護が与えられるのか、疑念が大きい。他人の物の利用、無体財産の利用の場合には、不当利得の成立は認められるようである（前例として、Cass. civ., 6. 7. 1927, S. 1928. 1. 9）。また、Cass. req., 11. 12. 1928, D. 1929. 2. 18 ; Goré, op. cit., n° 77. 後例（著作権の場合）として、Cass. civ., 6. 7. 1927, S. 1928. 1. 9）。また、所有物の価値が総体として問題になるときであっても、添附に関しては規定が存する（フランス民法五五四条、五五五条、五六六条、五七一条、五七四条。もっとも、これらの添附の規定すべてが不当利得を基礎とするものとは考えられていないようである。Ripert et Boulanger, op. cit., n° 1269. 参照）。しかし、他人の物の費消、売却の場合には、不当利得返還請求が認められるか否かははっきりしない。判例は、次の事案で不当利得の成立を否定した。

〔14・仏13〕　Cass. civ., 11. 2. 1931, D. 1931. 1. 129, S. 1931. 1. 273.

AはXから銀器を詐取し、それをYに売却し、YはさらにBに転売した。XがBから銀器を取り戻すためには、BがYに支払った代金を補償しなくてはならない（フランス民法二二八〇条、二二七九条）。この負担を、XはYに求償した。破毀院はまず不法行為を理由とする請求については、Yに過失（faute）も軽率（imprudence）も存在しないとして、Yの責任を認めなかった。Yが転売によって得た利益についての不当利得請求についても、「Yらの得た利得は、彼らの職業を通常行なうに当たって彼らのなした適法な行為に起因する。Yらがおかした過失（faute）がまったく立証されないことによって、Y－B間に生じた売買契約が、Yらが非難されている利得にとっての正当権原（juste titre）を構成する」として、不当利得の成立を否定した。

学説も、またこの結論に賛成する（Planiol et Ripert, op. cit., n° 759 ; Chevallier, op. cit., pp. 241 et 245）。しかしながら、これは、フランス民法二二七九条、二二八〇条の規定が関係する場合であるので、この結論をどこまで一般化できるかは不明である。フランスの学者自身は、他人の物の譲渡の場合の不当利得返還請求という一般的な形ではこの問題を論じていない（ゴレは、不当利得の一場合として、他人の物の横領という一見一般的なとりあげ方をするものの、現実に彼がそこで論ずるのは添附の場合でしかない。Goré, op. cit., n° 77）。フランス不当利得法を考察したドイツの学者は、このような場合における不当利得の成立には懐疑的である（K. Zweigert＝H. Kötz, Einführung in die Rechtsvergleichung auf dem Gebiete des Privatrechts, Bd. 2, (1969), S. 260 ; W. Wilburg, Die Lehre von der ungerechtfertigten Bereicherung, (1934), S. 78）。

しかし、こうした財貨ではなく、労務支出の場合には、不当利得法による保護が認められる。よくひかれる代表的な判例として、系図学者の研究によって相続請求を確保できた相続人に対し、系図学者が不当利得請求した事例がある（Poitiers, 2. 12. 1907, D. 1908. 2. 332）。

(ロ)　矯正法的不当利得規範——表見的契約関係がある場合　　契約の無効、取消の場合に履行した給付を取り戻すことは、フランスにおいては通常非債弁済の問題とされる（フランス民法一三七六条以下）。しかし、履行内容が労務の場合には、不当利得として返還請求が認められる（Planiol et Ripert, op. cit., n° 764 ; Chevallier, op. cit., pp. 243 à 244.）。非債弁済では、支払がなされることが必要であり、労務給付には支払の概念が当てはまらないため不当利得返還請求権が関係する（Zweigert＝Kötz, a. a. O., S. 257 ; Chevallier, op. cit., p. 243）。

したがって、本書にいう表見的契約関係の事案は、大部分狭義の不当利得法ではなく、非債弁済法によって処理される。これは、次のように指摘されている。フランス法の非債弁済を、債務不存在の場合と、債務が無効、解除された場合とに分けて考えた場合に、後者は、ローマ法における非債弁済（condictio indebiti）ではなく、無原因によるコンディクチオ（condictio sine causa）または、目的不到達によるコンディクチオ（condictio causa data causa non secuta）に対応する（Ripert et Boulanger, op. cit. nos 1243 et 1247）。

以上の検討から、日本の不当利得法とフランスの不当利得法とは、その規律すべき紛争類型が非常に異なることが明らかとなった、と考える。なお、日本の不当利得法、および内容的に日本法とほぼ同一であるドイツの不当利得法の視点をフランス法に投影したものとして、関口晃「不当利得における因果関係」谷口還暦　不当利得・事務管理の研究(3)（昭和四七年）六一頁以下、Zweigert＝Kötz, a. a. O., S. 256 ff. がともに詳細である。

（4）　Chevallier, op. cit., pp. 240 à 242 ; Planiol et Ripert, op. cit., n° 752.

（5）　谷口知平執筆『現代外国法典叢書　仏蘭西民法Ⅲ』（昭和三一年）二九九—三〇六頁、簡単には、谷口知平「不当

利得に関する一般原則」フランス判例百選（別冊ジュリスト）（昭和四四年）一一二―一一四頁、稲本洋之助「フランス法における不当利得制度」谷口還暦　不当利得・事務管理の研究⑴（昭和四五年）七三―九六頁、谷口知平編・稲本洋之助執筆『注釈民法⒅』（昭和五一年）七九頁以下、関口・前掲「不当利得における因果関係」谷口還暦　不当利得・事務管理の研究⑶六〇頁以下、また行政法的観点からのものとして、広岡隆「フランス行政法における不当利得の理論（上）、（下）」ジュリスト七五三号七八頁、七五四号（以上昭和五六年）一〇六頁以下。

（6）　フランス不当利得法の要件を略述しよう。通常、不当利得の要件としてあげられるものは、次のものである。⑴利得（enrichissement）、⑵損失（appauvrissement）、⑶利得と損失との関連（表現は論者により異なる）、⑷法律上の原因（cause légitime）がないこと、⑸補充性（caractère subsidiaire）、⑹実定法規定を潜脱しないこと、⑺損失者がなんらの過失（faute）を犯していないこと、⑻損失者が自己の利益で行動したのではないこと、など。しかし、後に具体的に示すように、これらのうちの何を要件とするかは学者により異なっている。オーブリ＝ロー以来、伝統的には⑴～⑸が要件論の中心であった（Aubry et Rau, op. cit., 578-4°. ただし、彼らは「補充性」という表現は用いていない）。日本においても、通例この五点、またはこれに⑺を附加したものが、フランス不当利得法の要件として紹介されている（稲本・前注引用論文八八―九二頁。谷口・前注引用論稿（ジュリスト）一一三―一一四頁、同・前注引用書（現代外国法典叢書）三〇〇―三〇四頁）。現在のフランスの学説は、多くは⑴～⑷を要件としており、⑸を要件とするか要件外で取り扱うかは学説によって差異が存し、⑹以下を独立の要件とする学説は少数である。⑹以下は多くは他の要件の一部として取り扱われることになるが、どの要件に含められるかは、これまた学説により異なっている。

　また、学説はすべての要件を同列に扱うわけではなく、しばしば、⑴～⑶と⑷⑸を区別して取り扱い、次のようにいう。⑴～⑶は、不当利得制度の性質に由来し、当初から判例にとり入れられていた。不当利得訴訟が技術的によりよい構造になることはこれらを定義することによっては期待できず、それは⑷⑸によってなされる（Chevallier, op. cit., pp. 240 à 241）。そして、学説は、しばしば前者を実質的要件、後者を法律的要件などと名づける（具体的には後述）。

　各要件の内容に関し略述しよう。⑴～⑶については、意味は比較的明確であり争いは少ない（ただし、歴史的には、オーブリ＝ローの財産理論との関連で、利得・損失が財産的性格のものに限定されるか否かについて争いがあったようである。Planiol et Ripert, op. cit., n° 752 ; Ripert et Boulanger, op. cit., n° 1277.）。現在はこれらの要件のうちに⑺⑻の要素を含めるか否か、またどこに含めるかについて、学説に差異が存在する（簡単には次頁の表参照）。⑷、⑸の内容

フランス不当利得法の要件

（注）学者により異なる。特に，(6)(7)(8)の位置に注意

Ripert et Boulanger	(1)	(2) 含(8)	(3) 含(7)	(4)	(5)＝(6)		
Carbonnier	(1)	(2) ？含(7)	(3)	(4) 含(8)	(5) 含(6)		
Planiol et Ripert	(1)	(2)	(3)	(4) 含(7)(8)	(5)	(6)	
Marty et Raynaud	(1)	(2)	(3)	(4) 含(8)	(5) 含(6)		？((7))不明
Mazeaud			(3) 含(1)(2)	(4)	(5) 含(6)	(7)	(8)
Chevallier	(1)	(2)	(3)	(4) 含(6)	(5)		？((7))(8)不明
Goré	(1)	(2)	(3)	……………	……………		

は複雑でもあり後にやや詳細に検討する（本文三、四）。(6)は、不当利得返還請求によって実定法規定が禁じている内容が実現されてはならないことを意味する。(7)、(8)は文字どおりの意味であり、別段説明の要もあるまい。現在のフランス学説が、これらの諸点をすべて不当利得の要件としてあげているわけではない。それを次に学説ごとに個別に検討しよう。そこでは、特に(6)以下の要素をいかに取り扱うのかという点と、(4)、(5)の内容に関して、学説の差異が大きい。後者については、注(14)、(23)、(24)をあわせ参照されたい。

Ripert et Boulanger, op. cit., n°s 1276 à 1282 et 1286.

(1)～(4)を要件とし、(5)はこの訴権を行使するさいの問題と考え要件とはしない。(5)は内容的には(6)の意味で用いられる。(7)(8)は独立の要件とはされず、それぞれ、(3)、(2)の要件の一部とされる。(4)の「法律上ノ原因」は、利得についてのみ観念される。

J. Carbonnier, Droit civil, (1969), Tome IV, pp. 437 à 440.

ここでも、右と同様(1)～(4)が要件とされ、(5)は要件とされない。しかしながら、(1)～(3)が実質的要素、(4)が法律的要素と分類される点、および(4)、

(5)の内容が右とかなり異なる。(6)、(8)は、それぞれ(5)、(4)の一部として考慮される。(7)に関する言及はないが、(2)が「他人によって蒙った損失」と表現されるところから、(2)で取り扱われる可能性もある。

Planiol et Ripert, op. cit., n°s 753 à 763.

(1)〜(3)が要件とされ、(4)〜(6)が不当利得を阻止する事情とされる。(7)、(8)はともに、(4)の一部とされる。なお、(4)の「法律上ノ原因」は利得と損失の双方について観念され、その内容は前二者とかなり異なる。

Marty et Raynaud, Droit civil, (1962), Tome II, vol. 1, n°s 305 à 354.

(1)〜(3)が実質的要件、(4)(5)が法律的要件とされる（(5)は、「補充性」の表現も用いられてはいるが、その表題は「他の法律手段の欠如」とされる）。(6)、(8)はそれぞれ(5)、(4)の一部とされる。(7)については言及されていない。(4)の「法律上ノ原因」は利得と損失の双方について観念されるものの、その内容は、プラニオル＝リペールともまた異なる。

H. L. J. Mazeaud, Leçon de droit civil, (1962), Tome II, n°s 698 à 709.

彼の要件論は、他と較べるとかなり特異なものである。(3)〜(5)、(7)(8)が要件としてとりあげられる。(1)、(2)は独立の要件とはされず、(3)に合体される。(6)は(5)の一部として考えられている。(4)は利得についてのみ考えられ、(5)の補充性の分類の仕方にも特色がある。

Chevallier, op. cit., pp. 240 à 248.

彼は、(1)〜(5)を要件としてあげる。(6)は(4)の一部として問題にされる。(7)、(8)については言及がない。また、彼は、(5)をきわめて限定的に解する。

Goré, op. cit., n°s 55 à 288.

彼の要件のたて方も他とはかなり異なるため、上記の表にも完全には記入できなかった。彼は、まず実質的要素として、(1)〜(3)をあげる。そして、伝統的な(4)(5)は曖昧であるとして、これを分析して次の要件を析出する。法秩序の要素として、「相関的な利得と損失とが、実定法規により認められてはならない」ことと「すべての他の訴権がない」こと、さらに道徳秩序の要素として、「損失が損失者の意思に反して生じなくてはならない」ことおよび「利得が利得者の過失によるものではない」ことである。彼は(4)(5)をそのまま不当利得の要件にするわけではないが、従来の学説によっては、(4)が(6)(7)(8)を、(5)が(6)を含んでいたことが紹介されている。

(7)　フランス不当利得法の形成史と、そこにおけるブウディエ判決の位置づけについて一言する。フランス不当利得法形成史の詳細に関しては、磯村哲「仏法理論に於ける不当利得法の形成──続不当利得・事務管理・転用物訴権の関連と分化──（一）」法学論叢五二巻三号（昭和二一年）一五三頁以下、稲本・前掲「フランス法における不当利得制度」谷口還暦　不当利得・事務管理の研究⑴七七―八四頁参照。また、個別的な学説に関しては、松坂佐一『不当利得論』（昭和四四年）一四五頁以下に紹介がある。

判例の動向は三期に分かれる（第三期の判例については、本文三、四で紹介する。第一期、第二期の判例については、Goré, op. cit., n°s 31 à 33. を参照されたい）。第一期──一八七〇年以前においては、破毀院は、若干の例外は別として原則として不当利得返還請求を認めなかった。当時ポティエの影響のもとに不当利得を事務管理と結びつけて考える学説があった。事務管理においては、他人の利益のために行為する意思が要件となる。この説は、不当利得を、この要件を欠いた事務管理の特殊な場合と考え、不真正事務管理と呼び、フランス民法一三七五条の適用を認めようとした。しかし、この時期には、破毀院は事務管理意思を厳格に要求し、不真正事務管理を認めなかった。第二期──一八七〇年～一八九〇年──においては、破毀院は、不真正事務管理の議論を援用することによって不当利得を承認した（なお、ゴレは引用していないが、第二期においても不当利得返還請求を否定した著名な判例がある。Cass. req. 11. 7. 1889, S. 1890. 1. 97. 稲本・前掲「フランス法における不当利得制度」谷口還暦　不当利得・事務管理の研究⑴七九―八〇頁の紹介参照）。そして第三期──一八九二年以後には、このブウディエ判決によって不当利得は事務管理と別の制度として承認され、これ以後独立した不当利得制度が形成されていくことになった。

本文に述べたように学説上この判決の先駆をなし、事務管理と不当利得の概念を区別し、はじめて不当利得を体系的に論議したのは、オーブリ＝ローであった。（Aubry et Rau, op. cit., § 578-4°. これは、ドイツのツァハリエの影響のもとに展開されたものであるが、体系的であるとはいっても、きわめて簡単な叙述である。この間の事情については、稲本・前掲「フランス法における不当利得制度」谷口還暦　不当利得・事務管理の研究⑴八〇―八三頁参照）。そしてオーブリ＝ローの与えた公式が、ほぼ後の判例に吸収されていった（以上は、主として、Goré, op. cit., n°s 30 à 35 ; Ripert et Boulanger, op. cit., n°s 1270 et 1272 による）。

（8）谷口・前掲「不当利得に関する一般原則」フランス判例百選（別冊ジュリスト）一一二頁、稲本・前掲「フランス法における不当利得制度」谷口還暦　不当利得・事務管理の研究⑴八四―八六頁、関口・前掲「不当利得における因果関係」谷口還暦　不当利得・事務管理の研究⑶六八頁以下。

(9) ラベは、本判決の評釈において、判決の理論が「曖昧で、不正確で、はっきりしない」とし、本判決がオーブリ＝ローの二要件、すなわち、「法律上ノ原因」の欠缺と他の訴権の不存在を採用しなかったことを非難する。そして、本件事案はこの二要件をともに充たしていないとする。「Mは、土地に肥料を施し土地を一層肥沃にするためのすべての適切な手段をとることを、Yにはっきりと約束した。これは、賃貸借契約の明文の条項である。Yは、賃貸借契約のこの条項の履行から利得を得る正当な原因を有する。」「XはMと契約した。Xは、Mの契約上の債権者であった。彼は(契約上の)訴権をもち、不当利得訴権を必要としない。」しかし、彼は、「肥料代金をさしひいて計算されたすべての収穫をYが保持するのは、Mの支払不能によりXが代価を受けとらない場合には、正当であるまい」として、右の事情によって本件の結論と「法律上ノ原因」の要件との整合をはかっている(Labbé, note S. 1893. 1. 281-284)。本件をこの点によって基礎づけることは、一部の学説の賛同を得ているが(Planiol et Ripert, op. cit., n°759 ; Chevallier, op. cit., p. 245.)、一般には承認されていない、といわれている(Chevallier, op. cit., p. 245)。

(10) 不当利得を限定するための要件としては、この二つをあげるのが通常である(Planiol et Ripert, op. cit., n°752.)。しかし、シュヴァリエは、「法律上ノ原因」の欠缺のみを法秩序との両立をはかる要件としてあげる(Chevallier, op. cit., pp. 240 à 242)。これは彼の要件のたて方が、補充性の要件を限定的に解し、他の実定法規を潜脱しないことをも「法律上ノ原因」の内容として把握するものであることに、原因がある(本書七三三頁、七三六頁参照)。

(11) Aubry et Rau, op.cit., §578-4。

(12) Aubry et Rau, Cours de droit civil français, 5e ed., par Bartin, (1919), Tome IX, pp. 361 à 362. 本文にいう「補充性」の第一、第三の理解は、すでに彼のあげたものであるが、第二の理解は彼とやや異なる。

(13) 本書七三二頁の表参照。

(14) わが国には、フランス不当利得法における補充性の要件が第三の意味においてのみ実際に意味をもつ、とする見解がある(稲本・前掲「フランス法における不当利得制度」谷口還暦　不当利得・事務管理の研究(1)九一頁)。第三の見解は、シュヴァリエなどによって支持され、現在フランスにおいて有力であるとはいえても、支配的とまではいえないように思われる。注(6)を補う意味も含めて、学説の具体的状況をみてみることにする。学説による補充性概念の違いは次のとおりである。

Ripert et Boulanger, op. cit., n° 1286は、補充性という表現は不当である、としながら、第二説の意味において補充性を理解している（しかし、彼はこういいながらも、支払不能、すなわち第三の意味で補充性を承認した判例をも引用しており、この点明確ではない）。

これに対し、Carbonnier, op. cit., pp. 439 à 440 は、仲介者の支払不能の場合にのみ不当利得が認められることが補充性の意味であるとしつつも（第三説）、最も慣用的な意味は第二説である、という。

Planiol et Ripert, op. cit., n°s 763 et 756 は訴権競合の問題として出発しながら、事務管理や不法行為との競合を具体的に検討するとそれらは問題とならず、第三者に対する契約訴権との競合のみが問題となる、とする。結果として、債務者の支払不能を要件とする第三説をとることになるが、これが当初の学説によって与えられていた意味とは異なることを認めている。

Marty et Raynaud, op. cit., n° 354 は、不当利得訴権が他の訴権に劣後すると考えるが（第一説）、通常の訴権が有効に行使されないときが問題である、とする。他の訴権に法的障害があれば、不当利得訴訟によることはできないが（第二説）、事実的障害（債務者の支払不能など）のときには不当利得訴訟が可能である（第三説）、とする。したがって、ここにおいては補充性の三つの意味がすべてとり込まれている。

Mazeaud, op. cit., n°s 706 à 709. は、補充性を三種に分類して考えているが、これは、第一説、第二説の意味における補充性である（彼は、次の三つをあげる。ⓐ損失者が、受理されるべき他の訴権をもつ場合。ⓑ損失者がもつ訴権が時効消滅した場合。ⓒ損失者が他の訴権を行使する要件をみたしていない場合。ⓐが第一説に、ⓑⓒが第二説に対応している）。仲介者の支払不能は、ⓐ、すなわち、訴権競合の一場合として扱われている。

Chevallier, op. cit., pp. 246 à 248 は、第一説の意味における補充性を認めず、仲介者の支払不能が要件となるという第三説の意味における補充性のみを承認する。

Goré, op. cit., n°s 89 à 94. は、補充性の概念は学説により異なっているとして、注(6)に述べたような要件をたてた。学説は補充性の要件を当初から当然に受け入れたわけでもなく（Goré, op. cit., n° 89）、歴史的には、「この要件を排斥する」とした説もあった（Colin et Capitant, Cours élémentaire de droit civil français, (1921), Tome II, p. 418）。しかし、その立場の教科書も、後には、第一説、第二説の意味における補充性を認めるように改訂された（Colin et Capitant, Cours élémentaire de droit civil français, 10e éd., par Morandière, (1953), Tome II, n° 414）。

(15)　économie des moyens, R. Demogue, Traité des obligations en général, (1923), Tome III, n° 175.

（16）　不当利得は、「フランスの立法者が深くは立ち入らず、判例が、自ら慣習法を定めることによって、立法者の沈黙を補わねばならなかった領域」である。それは慣習法に根拠を見出す。不当利得は補充的である。「なぜなら、われわれは成文法制度のもとで生きている。法律は、慣習の権威にまさる権威をもつからである」（A. Rouast, L'enrichissement sans cause et la jurisprudence civile, Revue trimestrielle de droit civil, 1922, n°s 38 à 39）。「不当利得は条文にではなく、自然法の原則にもとづく。そうだからといって、不当利得は、実定法が黙しているか、あるいは実定法の適用に原告の意思から独立の障害があるかぎりにおいてしか、しかるべき位置を占めるべきではない。いかなる場合においても、自然法にたよって実定法の条文を潜脱することは許されてはならない」（Rouast, op. cit., n° 33. なお、内容に関し、n° 39も参照されたい）。

（17）　Chevallier, op. cit., pp. 246 à 247.

（18）　Planiol et Ripert, op. cit., n° 763.

（19）　一九一五年判決は、単に一九一四年判決を確認したものともいえるが、フランスでも一部の学説が二つを並べて先例として扱うのでそれに従った（Goré, op. cit., n° 55 ; Marty et Raynaud, op. cit., n° 347）。

（20）　稲本・前掲「フランス法における不当利得制度」谷口還暦　不当利得・事務管理の研究(1)八六―八七頁。

（21）　注（14）に検討したかぎりでは、リペール＝ブーランジェを除くすべての学説が、その叙述のうちに仲介者の支払不能を前提としていた。そして、リペール＝ブーランジェ自身も、その補充性に関する文言からは、一見仲介者の支払不能を要件としないかのようであるが、この二判例〔14・仏4〕、〔14・仏5〕）を補充性に関する判例として引用している（Ripert et Boulanger, op. cit., n° 1286）。

（22）　Goré, op. cit., n° 82.

（23）　利得についてのみ「法律上ノ原因」を考える立場としては、Ripert et Boulanger, op. cit., n° 1280 ; Carbonnier, op. cit., pp. 438 à 439 ; Mazeaud, op. cit., n°s 702 à 705 ; Chevallier, op. cit., pp. 241 à 246. などがある。利得、損失の双方について「法律上ノ原因」を考える立場として、Planiol et Ripert, op. cit., n°s 756 à 760 ; Marty et Raynaud, op. cit., n° 353 ; Rouast, op. cit., n° 14 がある。ゴレは、「法律上ノ原因」を種々の要件に分解しているため、ここにそのまま引用するのは適当ではないが、これらは、利得、損失の双方について考えられている（Goré, op. cit., n°s 77 et 107 à 156）。

（24）　「法律上ノ原因」を債務の cause と異なるものと考える説においては、「法律上ノ原因」は、利得を保持する権利、あるいは、契約上または法律上の権原、等々とされる（Ripert et Boulanger, op. cit., n° 1280 ; Chevallier, op. cit., pp. 241 à 246 ; Mazeaud, op. cit., n°s 702 à 705）。「法律上ノ原因」を債務の cause との関連において考える立場もある（この点に関する学説史としては、Chevallier, op. cit., pp. 241 à 242 ; Goré, op. cit., n° 87参照。なお、cause について論じた邦文文献として、安井宏「リーグの原因理論」法と政治三二巻一号（昭和五六年）二〇五頁以下、山口俊夫「フランス法における意思自治理論とその現代的変容」法学協会百周年記念論文集三巻（昭和五八年）二二九頁以下参照）。これは、無償利得に関する次のルアストの言に典型的であろう。「さて cause は…もっぱら損失、利得の反対給付（contre-partie）であり、反対給付は、対向的給付、自身の利益、精神的であってしかも行為者が彼の損失もしくは利得を償うと考える動機、などの考慮である」（Rouast, op. cit., n° 23.）。他の学説にも、「契約債務の cause として理解される cause légitime（「法律上ノ原因」）……」とするものもあるが、ルアストほど明確ではない（Planiol et Ripert, par Esmein, op. cit., n° 756）。さらに、カルボニエになると、「法律上ノ原因」を債務の cause 類似の反対給付の期待や無償の意思と考えながら、同時に「法律上ノ原因」は、正当化の権原によって現わされるともしており、二つの立場をそのまま結合しており、ますます曖昧となる（Carbonnier, op. cit., p. 439）。

債務の cause と同様に「法律上ノ原因」を考える学説に対しては、次の批判が存在している。「人は、このようにして利得の cause よりむしろ損失の cause を定義している。……しかし、考慮することが問題となるのは利得である」（Chevallier, op. cit., p. 242.）。損失の cause は、債務の cause 類似のものとして説明し易いことは確かである。しかし、損失についても「法律上ノ原因」を観念する者のすべてが、常にそれを債務の cause 類似のものと考えているわけではない。たとえば、損失の cause として、個人的利益を求めた場合——堤防建設が隣人に利益を与えたなど——を考えている例も見受けられる（Marty et Raynaud, op. cit., n° 353）。

（25）　注（6）参照。

（26）　注（7）に述べたように、第一期の判例は不当利得を認めなかったが、この背後にこれを認めることはフランス民法一一六五条に反する、という考え方があった。しかし、これは契約内容で第三者を拘束するのではなく、「法律上ノ原因」があるというために契約を援用するにすぎないので、現在では一一六五条の問題にはならないと考えられている（Planiol et Ripert, op. cit., n° 759 ; Marty et Raynaud, op. cit., n° 353）。

（27）　以後引用分析する判例の相当数については、その収録分析をケーニッヒおよびゴレに負うところが大きい。

（28）「法律上ノ原因」を不当利得の要件として初めて採用したのは、次の判例である。Cass. civ., 18. 10. 1898, D. 1899. 1. 105, S. 1899. 1. 165.〔14・仏9〕。しかし、確かにこの判決以前は、「法律上ノ原因」の用語は用いられていないが、その実質的な考え方は次の判例によって採用されていた。Cass. civ., 7. 7. 1896, D. 1898. 1. 19.〔14・仏12〕。

（29）Chevallier, op. cit., p. 241. なお、この点で判例を批判する者も存在する（Marty et Raynaud, op. cit., n°353）。

（30）学説の「法律上ノ原因」の理解も、抽象的には注（24）に述べたような差異があっても、具体的には、だいたい法規や契約にもとづく利得を扱っており、この点では判例との差異はあまりない（Chevallier, op. cit., pp. 242 à 245 ; Planiol et Ripert, op. cit., n°757 ; Carbonnier, op. cit., p. 439 ; Mazeaud, op. cit., n°s 702 à 705.）。具体的な違いとしては、これ以外の内容も「法律上ノ原因」に含めるべきだと考えるか否かという点であろう（Marty et Raynaud, op. cit., n°353. また、注(6)参照）。

（31）本書二六八頁〔表一〕参照。

（32）本書六九九頁以下参照。

（33）Demogue, op. cit., n°162.

（34）Gorè, op. cit., n°132.

（35）他に同旨、M. Mosoiu, De l'enrichissement injuste, étude de droit comparé,（1932）, pp. 243 à 246.

（36）彼は、転用物訴権と破産との関係をはっきり認識し、場合を分けて考える。「まず、法の通常の規定によって、利得者に対する訴訟手段が契約債務者の破産財団に認められるか否かに応じて区別しなければならない。」本文の叙述は、破産財団が訴訟手段をもつ場合の一部についてであるが、もたない場合については、「この場合、不当利得によって訴えることを損失者に認めることは、衡平の法則にあっているように思われる」という（N. Almosnino, L'enrichissement sans cause et son caractère subsidiaire,（1931）, n°80）。

（37）Almosnino, op. cit., n°81.

（38）Almosnino, op. cit., n°83.（取戻条項云々は、M－Y間の契約内容の問題で、破産の問題ではない）。

（39）具体的な法律、委任立法とその内容は、Planiol et Ripert, op. cit., n°758. に詳しい。

（40）Planiol et Ripert, Droit civil français,（1952）, Tome III, n°291.

（41）Demogue, op. cit., n°79.

（42）　直接訴権は、債権者が債務者の財産を仲介とすることなく、自己の債務者の債務者を追及できる訴訟である（Marty et Raynaud, op. cit., n° 692）。転貸借に関するもの（フランス民法一七五三条）、復委任に関するもの（フランス民法一九九四条）、保険金の物上代位に相当するもの（一九三〇年七月一三日の法律三七条）、売買の追奪担保に関するもの等々、その内容は多様である（Marty et Raynaud, op. cit., n° 693 ; Planiol et Ripert, Traité pratique de droit civil français, (1956), Tome X, n° 104）。転用物訴権に近似したものとしては、フランス民法一七九八条の規定する、請負人の使用する労務者の、注文主に対する訴権（Planiol et Ripert, Traité pratique de droit civil français, (1954), Tome II, n°s 962 à 967）をあげることができる。なお、この訴権の行使のためには、請負人の支払不能、および直接訴権が行使されるときに注文者がなお請負人の債務者であることが必要である。

なお、わが国で直接訴権の問題を論じたものとしては、転貸借の問題を中心として加賀山茂「民法六一三条の直接訴権《action directe》について（一）、（二）」阪大法学一〇二号六五頁、一〇三号（以上昭和五二年）八七頁、鈴木禄弥「いわゆる直接請求権の承認をめぐる利益衡量」末川追悼　法と権利1　民商法雑誌七八巻臨時増刊(1)（昭和五三年）三二二頁以下参照。

（43）　Goré, op. cit., n° 179.

（44）　Goré, op. cit., n° 180.

（45）　Goré, op. cit., n° 180.

（46）　本文に述べたほか、P. Roubier, La position française en matière d'enrichissement sans cause, Travaux de l'Association Henri Capitant, (1949), Tome IV, pp. 38 à 56, notamm. 55. 本書七一九頁に引用したアルモスニノ。

この点で特異ともいえるのはルアストである。彼は不当利得が優先権として機能することを否定する。「直接訴権の目的は、按分比例の法の過度に厳格な、若干の適用を修正することである。それゆえ、直接訴権は優先権として働く。これに反し、不当利得は債権者の競合を重んじる。それは、債権者の犠牲においては行使されるのではなく、その状況から利益を得た第三者の損失において行使される。不当利得は優先権として機能しない」とする（Rouast, op. cit., n° 30.）。しかし、なぜこのようにいいうるのかは不明である。

（47）　Almosnino, op. cit., n°s 79 à 85. 本書七一九頁参照。

（48）　たとえば、Goré, op. cit., n° 179 参照。

（49）引用は、Ripert et Boulanger, op. cit., nos 1287 et 1276. なお、Chevallier, op. cit., p. 248 も「不当利得返還請求権が従う要件を判例が練りあげたことは、不当利得の適用をかつて想像しえたよりも頻繁でないものにした」という。
（50）破産債権者が先取特権確保の手続をとらずに、それを不当利得として請求するような事例である。Cass. civ., 12. 2. 1923, D. 1924. 1. 129 ; Cass. req., 8. 2. 1909, S. 1911. 1. 313.
（51）時効について、Cass. civ., 22. 2. 1922, S. 1923. 1. 153。書証について、Cass. civ., 12. 5. 1914, S. 1918-1919. 1. 41.（〔14・仏2〕、本書七一四頁。同頁引用の稲本論文参照）。
（52）注（9）参照。
（53）Ripert et Boulanger, op. cit., n°1282. なお、これが通説であることについては、Chevallier, op. cit., p. 245.
（54）Cass. req., 12. 2. 1923, D. 1923. 1. 64 ; Cass. req., 22. 2. 1939, D. P. 1940. 1. 5, 2e espèce, D. H. 1939. 307, Gaz. Pal. 1939. 1. 779. など。
（55）Marty et Raynaud, op. cit., n°353 ; Ripert et Boulanger, op. cit., n°1282 ; Mazeaud, op. cit., n°704.
（56）G. Ripert et M. Teisseire, Essai d'une théorie de l'enrichissement sans cause en droit civil français, Revue trimestrielle de droit civil, 1904, p. 795.
（57）Chevallier, op. cit., p. 244. ただし、これは Cass. civ., 28. 3. 1939, D. H. 1939. 289, Gaz. Pal. 1939. 1. 879. に関していわれたものである。この判決は、転用物訴権ではなく、契約当事者間での不当利得（注（2）参照）の事案である。しかし、契約がなぜ利得の原因となるかについての考え方としては、転用物訴権と共通と思われるのでここに引用した。
（58）Planiol et Ripert, op. cit., n°757 ; Ripert et Boulanger, op. cit., n°1280 ; Mosoiu, op. cit., p. 248 ; Roubier, op. cit., p. 50 ; Rouast, op. cit., n°18. なお、この点に関し、磯村・前掲「仏法理論に於ける不当利得法の形成（二）」法学論叢五二巻四号二六一頁参照。
（59）Trib. civ. Seine, 6. 1. 1902, D. 1904. 2. 238. 2e espèce.
（60）Almosnino, op. cit., n°40.
（61）論者不明、note, Gaz. Pal. 1913. 1. 634.
（62）Colin et Capitant,（1921）, op. cit., p. 420.
（63）Aubry et Rau, par Bartin, op. cit., p. 357.

(64) Almosnino, op. cit., n°80. なお、彼の立場は表明されていないが、この問題の分析については、n°40参照。なお、注(36)も参照されない。
(65) 注(58)参照。
(66) Ripert et Boulanger, op. cit., n°1287（傍点および括弧内は著者による）。しかし、必ずしも贈与の問題にかぎってこの言葉がいわれているわけではなく、不当利得の一般的問題として語られている。
(67) Demogue, op. cit., n°162.
(68) この間の状況につき、本書八九九頁以下参照。

第四節　ドイツ転用物訴権論の投げかける諸問題

第一款　緒　論

一　本書では第二節における検討の結果、〔Ⅲ〕の場合にのみ転用物訴権を承認すべきである、との結論が導かれた。しかし、従来のドイツおよびその影響を受けた日本の諸学説は、私見とは異なった結論を導く。これは、それらの諸学説が転用物訴権の是非を検討するさいに、著者とは異なったなんらかの問題を念頭においていることに原因があるように思われる。学説の対立は、しばしばそれが念頭におく問題の相違によって発生する。このような場合、念頭におく問題の差異を明確にしないまま、外形的な結論の差異に即して形式的に学説の対立を捉えることは、不毛な論議を導くだけであろう。ここにおいては、念頭におかれた問題の差異を明確にし、それぞれの問題に対して一定の解答を与えるべく努力することが、学説の対立を止揚する途であろう、と考える。右の観点から、本節では第二節との重複を避けながら、これらの諸問題を分析することにする。まず、第二款においてドイツの通説的見解である転用物訴権否定説の意味を、第三款において少数説である転用物訴権承認説の意味をとりあげる。

二　本節においては、内容を同じくするかぎりにおいては、日本、ドイツの学説を特に区別することなく取り扱った。日本法およびドイツ法においては不当利得法の構造、そしてそこで転用物訴権が占める位置に関しては、前述したように基本的にそれほど大きな差異はない。もっとも、転用物訴権に関する両法の次の三つの差異は見逃されるべきではあるまい。第一に、ドイツ民法には八二二条、八一六条一項の規定が存在するが、日本民法にはそれに対応する規定が存在しないことである。これは、転用物訴権の承認範囲、およびその概念規定を考察するさいに微妙な影響を与えるが、その点は別途叙述することにしよう。[1] 第二に、ドイツ民法では起草過程において転用物訴権の不承認が明言された。[2] それに対し、日本民法の起草過程においては転用物訴権承認の可否が顧慮された形跡がない。[3] 第三に、ドイツ法学は転用物訴権による混乱を普通法において経験したのに対し、[4] 日本法学はこのような歴史をもたない。この民法典起草者の態度および法制史的背景の差異は、日独両国に次に述べるような学説傾向の相違を生じさせた。現在の日本においては転用物訴権に関していまだ「通説」が確立している状況にはないが、〔14・4〕の判例や一、三の有力な学説は転用物訴権を無制約に認める、という立場をとる。これに対し、ドイツでは転用物訴権を否定する見解が圧倒的である。また、それを認める者も、後述するように無制約的に転用物訴権を承認するという大胆な内容を唱えることはなく、普通法の系譜を受けて一定の制限下にそれを承認するのが通常である。したがって、学説史内在的に学説淘汰の過程を検討することによって転用物訴権承認の是非を考察するのであれば、日独両法を同列に並べて分析することはできないであろう。[5] しかし、本節の目的は、学説の個別的内容――特に、学説が念頭においている問題――を吟味することにある。したがって、右に第一の差異などには留意する必要はあるものの、日本、ドイツの学説を特に区別して分析しなくとも、いわゆる「仮象問題」[6] が生ずる恐れはそれほど大きくない、と考える。

（1）　本書七四五頁以下。なお、転用物訴権の概念規定との関連については、本書六九七頁参照。

（2）　Motive zu dem Entwurfe eines Bürgerlichen Gesetzbuches für das Deutsche Reich, Bd. II, Recht der Schuldverhältnisse, (1888), S. 871ff.

（3）本書六七九頁参照。

（4）簡単な叙述でしかないが本書七六九頁注（15）および同所引用の諸文献参照。

（5）本書一二八頁以下、特に一二九頁注（1）参照。

（6）平井宜雄『損害賠償法の理論』（昭和四六年）一〇頁以下。

第二款　転用物訴権否認論が示唆する転用物訴権の機能

一　(イ)　ドイツにおいては「理由書」が転用物訴権の不承認を明言していることもあって、通説は[1][2]転用物訴権を全面的に否定する（判例も同様の結論をとるが、それを検討することは本款の主題との関連ではやや煩瑣な嫌いがあるため、すべて注に譲る）[3]。「理由書」は、後述する普通法の歴史を受けて、Mが事務管理人、受任者、法定代理人であった場合に限定して転用物訴権の成否を検討する。そして、Mが本人の名で法律行為をしたか自己の名で法律行為をしたかなどの状況に即して個別的具体的な検討をした結果、転用物訴権の規定が不要であるとの結論を導いている[4]。それに対して、通説および判例が転用物訴権を否定する場合には、特に実質的判断を示さず、ドイツ民法八一二条の形式的な要件判断の結果として結論を導くことが多い。すなわち、「利得と損失の因果関係の直接性」または「利得と損失とが単一の事件によって生じなくてはならない」という要件を転用物訴権事案が充足しないこと、あるいは、YがXではなくMの損失において利得しているとし「他人の損失において」の要件を充足しないことを問題とするわけである[5]。そして、ときに実質的判断をあげる場合にも、「理由書」が必ずしも明言しない「契約の危険」をXが負担すべきである、という問題が重視される。ケメラーは、次のようにいう。「人は、給付の報酬に関しては彼が契約を締結した相手に頼るべきであり、貸金は彼が信用を供与した相手に返還請求すべきであって、給付またはは信用（供与）から間接的に受益した第三者を訴えるべきではない。彼の相手の信用性――それは調査可能な、あるいは調査されるべきものであるが――の危険を負担することは、通常の契約の危険に属する。(6)」この「契約の危険」を重視する考え方は、日本における転用物訴権否認論にも大きな影響を与えている。(7)

(ロ)　Mが事務管理人などである場合の検討は次款に譲り、まず、「契約の危険」を重視する見解を考えてみよう。この見解は、その考察の対象をもっぱらXに限定し、Xにどの程度の要保護性があるのかを検討しつつ、転用物訴権の承認を否定する結論を導いたものである。しかし、それには、相対的な視点、すなわち、関係当事者の要保護性の比較較量が欠けている。この視点を加味した場合に、はたして右の結論が維持されうるか否かは、次のドイツ民法の二つの規定を顧慮した場合には疑問である。

ドイツ民法八一六条一項は、次のように定める。「非権利者（M）が目的物を処分し、その処分が権利者（X）に対して有効であるときは、非権利者（M）はその処分により取得したものを権利者（X）に返還する義務を負う。処分が無償にてなされたときは、処分にもとづいて直接法律上の利益を取得した者（Y）が同一の義務を負う」（M、X、Yの記号は著者が挿入したものである）。これによれば、Mが他人（X）の物をYに贈与し、Yが即時取得した場合などに、原所有者Xは受贈者Yに対して不当利得の返還を請求しうることになる。法規自身が、即時取得という「法律上ノ原因」(8)を――それが無償関係である場合には――破りうることを認めていることになる。

また、XのMに対する不当利得返還請求権は、Mが第三者Yに無償処分をしたことによって消滅（あるいは縮減）する（ドイツ民法八一八条三項、利得の消滅）。この場合について、ドイツ民法八二二条は、次のように定める。「受取人（M）が取得した物を無償にて第三者（Y）に供与したときは、それによって受取人（M）の不当利得返還義務が排除される限度において、第三者（Y）は、法律上の原因なく債権者（X）から供与を受けた場合と同様に返還義務を負う」（M、X、Yの記号は著者が挿入したものである）。この規定は、X－M間の本来の不当利得訴権が機能しない場合に、Yの財貨取得が無償であることに着眼して、M－Y間に贈与契約などの有効な「法律上ノ原因」(9)があっても第三者Yに対するXの不当利得返還請求を認め、原請求権者の保護を貫徹している。

転用物訴権には反対するドイツの諸学説も、これらの規定を衡平の見地から基礎づけ[10]、次のように賛意を表する。「無償の利得は他人の利益の背後に退かなければならない。それ自体は適法であっても、気前のよさにもとづく利得は、それが他人の損失になる場合には不当と思われる[11]。」このようにこれらの条文の基礎にある利益較量に賛意を表するならば、転用物訴権も私見と同様の範囲において承認すべきであるように思われる。なぜなら、ドイツ民法八二二条は、ＸのＭに対する請求権が効を奏さない場合に無償の第三受益者Ｙに被請求者適格を転化するものであり、〔Ⅲ〕の場合に転用物訴権を承認するという私見とその実質的志向を一にするからである。両者の差異は、ドイツ民法八二二条がＸのＭに対する請求が不当利得返還請求権である場合を念頭においているのに対し、転用物訴権に関する私見はＸのＭに対する請求が契約上の請求権である場合をも念頭においていることだけである。ドイツの転用物訴権否定論にも日本の判例〔14・4〕と類似の事案を検討しつつ、ドイツ民法八二二条に言及している例が存在しないではない[12]。しかし、それは、ドイツ民法八二二条がＸのＭに対する不当利得返還請求権の拡張を許している、と考えるのみで、Ｘ‐Ｍに有効なカウザ——契約——が存在する場合にはＸのＹに対する請求を許さないという結論を維持している。二種のケイスの利益状況の同一性は、そこにおいても考えられていない。この結果、ほぼ同一の事案であってもドイツ民法八二二条によって保護を受ける場合と転用物訴権として保護を拒否される場合とが生じ、法的保護のバランスが崩れることになる。それを、転用物訴権が問題とされた次のドイツの判例に即して考えてみよう。

〔14・独1〕　BGH 1961. 10. 5. BGHZ 36, 30.

Ｙは、Ｍと文書による「建築契約」を締結し、自らの土地に家屋を建築することを委託した。Ｍは、さらに家屋建築をＸらに委託した。ところが、このＭ‐Ｘ間の委託契約は、控訴審判決の認定によれば、意思表示の不一致のゆえに不成立に終わった。Ｘは、Ｙを契約の相手方、Ｍをその代理人と考えたのに対し、Ｍは自らの名において行為したからである（ただし、連邦最高裁判所がこの事実認定に必ずしも同意していないことについては後述）。住宅建設の後、XらはYにその労賃を訴求した。第一審判決はそれを認めなかったが、控訴審は不当利得を理由にそれを認容した。Y上告。連邦最高裁判所は、控訴審判決の意思表示の解釈が内心的効果意思を標準にしているとの理由で破棄差戻としたが、不当利得に関しては次のように判示した。

「……X‐Y間には、ドイツ民法八一二条の不当利得返還請求権に必要とされるような直接的財貨移転が欠けている。……Y自身のMとの契約が有効であり、かつYがMに対し支払義務を負っている場合には、Yによって請負人に任ぜられたMとMによってさらに委託を受けたXとの間の法律関係が有効か否かは、Yにはかかわりがない。XがMと締結した契約が無効な場合、XはMのみをあてにすることができ、Mに対してのみ不当利得返還請求権をもつ。」

本判決は、M‐Y間に有償関係が存在する――これは原審判決の確定したところからは必ずしも明らかではない、と本判決はいう――との留保のもとに、XのYに対する不当利得返還請求権を否定した。このかぎりにおいては、本判決の結論は第二節の検討結果と同一である。しかし、かりにM‐Y間の関係が無償であった場合を考えると、本判決がいうようにX‐M間の契約の有効、無効はYと無関係である、といえるか否かは疑問である。それというのは、次の点が問題となるからである。X‐M間の契約が無効な場合には、ドイツ民法八二二条にもとづき、XはYに対して不当利得返還請求権を有することになる。ところが、X‐M間の契約が有効に成立した場合には、XのYに対する請求は転用物訴権とされ、通説によれば、それは認められない。利益状況にはほとんど変わるところがないにもかかわらず[13]、X‐M間の契約の有効、無効――XのMに対する債権が不当利得返還請求権となるか契約訴権となるか――により、まったく逆の結論が導かれることになる。ドイツ民法八二二条とのバランスを保つために、〔Ⅲ〕の場合に転用物訴権を承認することが必要なゆえんである[14]。

もちろんこの批判は、ドイツの転用物訴権否定論者に対するものではあっても、ドイツ民法八二二条に相当する規定が存在しない日本法のもとでは日本の転用物訴権否定論者に対して直接妥当するものではない。しかし日本においても、〔Ⅲ〕の場合にのみ転用物訴権を承認する私見の妥当性が、ドイツ民法典の利益状況判断——八二二条の存在——の傍証するところであるということは、最低限いえるように思われる。

二　以上検討してきたように、ドイツにおいては転用物訴権を否定する立場が通説であり判例もそれに従っている、と一応いえる。しかし、この結論自体が、はたしてどの程度綿密に考えられたものであるのかには疑問がある。第一に、転用物訴権を否定する結論が、実質的判断ぬきにドイツ民法八二二条の要件から形式論理的に導かれることが多い(15)。しかも、その場合にしばしば「利得と損失の因果関係の直接性」のように民法典には必ずしも直接規定されていない文言が「要件」とされる。これは、それらの学説あるいは判例が、ドイツ民法典起草者の態度決定に拘束されているか、または通説を所与のものとし、それ以上の実質的判断を放棄したことを推測させる。そして、次に述べる第二の問題は、右の事実以上に通説の結論の底の浅さを示しているように思われる。

今まで検討してきたX、M、Yの間の紛争事案は、常に転用物訴権の問題として争われるわけではない(16)。同じ事案が占有者の費用償還請求権（ドイツ民法九九四条以下）の問題として争われることがある。ところが、この場合には判例は近時に至るまでXの請求を認容し、学説のほとんどもそれに賛意を示してきた。ドイツの通説は、転用物訴権を否定する結論を導くにさいし、契約の危険に関する実質的考慮——Xの要保護性という利益較量判断——を根拠にあげていたはずである。それにもかかわらず、法律構成が異なることによって同種の紛争に逆の結論が導かれていた。これでは、転用物訴権に関する結論が学説のほぼ一致して導くものではあっても、その結論自体に対する検討が充分なされていたか否か、疑問をもたれてもやむをえまい。まず、問題となるこの種の判例をみることにする。

〔14・独2〕　RG 1913. 5. 9, GruchBeitr. 57, 997.

Yは、自己所有の機関車をMに賃貸した。Mは、賃貸借契約において自己の負担でその機関車を整備する義務を負っていた。Mは機関車の修繕作業をXに委託した。修繕の後、Mはその機関車をXの保管のもとにおいていた。その後Mの破産手続が開始された。Yは、破産管財人の同意を得て機関車の引渡を請求したが、Xは修繕費用の支払までそれを拒絶した。当事者間の合意によって後に機関車は引き渡され、Xの主張する請求権に対する担保として、Yは供託を行なった。Yは供託した有価証券の取戻の許可を本訴訟で請求した。第一審はYの請求を棄却。第二審はそれを変更し、Xに修繕費用を支払うことと引きかえに供託した有価証券を取り戻すことを認めた。Y上告。ドイツ大審院は、次のように判示した（本書は、費用償還請求権者をX、費用償還被請求者をYとしたため、Xが被告、Yが原告となっている）。

本件は、機関車がいまなおXの占有下にありYの請求があたかもその引渡を目的としている場合と同様に判示されるべきである。供託された有価証券は、両当事者の意思によって機関車の地位にとってかわった。Yは、機関車を所有しており、Xに物権的請求権を行使しうる。Xの修繕は必要費であり、ドイツ民法九九四条によってYにその補償を請求しうる。Xは、Mとの労務契約によってその仕事を引き受けたのであるが、費用償還請求権にとってはこれを顧慮する必要はない。

本件ではXが主張した費用償還請求権が転用物訴権と同一の機能を果たしており、Xの請求を転用物訴権として構成することも可能であった。転用物訴権という法律構成をとれば、XがMに対して契約上の債権をもつことが顧慮され、Xが契約の危険を負担すべきものとされる。ところが、費用償還請求権として構成された本件においては、判決が労務契約の存在を顧慮しない旨を明言した結果、契約の危険の問題も顧慮されないことになった(17)。

ドイツ大審院は、この後も、同様の事案において費用償還請求を承認し、右の明言を繰り返してきた（やや煩瑣となるので、事案の紹介は注に譲る(18)）。そして、戦後、所有権留保を伴う自動車販売が一般化するにつれ、この種の事件は多発した。すなわち、YがMに所有権留保のもとに乗用車を販売し、MがXにそれを修繕させ、後に支払不能に陥る場合である。この種の事案その他において、多くの下級審裁判所はXのYに対する費用償還請求権を承認した(19)。そして、当時の学説も、この結論を承認するものが圧倒的であった(20)。この結論に対する疑念が表明され、この問題に契約の危険の問題が関係することが指摘されたのは、一九五〇年代に入ってのことである(21)。これ以前にも費用償還請求権のうちにある種の転用物訴権が問題とされていることを指摘する者はあった。しかし、この者ですら、占有を担保とみなすことは自然な見方である、として法律構成によって結論が矛盾することを容認していた[22]（この占有に関する実質論――Xに担保的優先権を認めることになる――は〔Ⅰ〕の場合に費用償還請求権を認めることのみを基礎づけるものである。〔Ⅱ〕の場合には費用償還請求権を認めることがYに二重の経済的負担を課す結果となり、右の実質論はこの結果を基礎づけるものではない）。ともかく、右の指摘までの半世紀間、転用物訴権と費用償還請求権との結論のくいちがいは、学説の放置するところとなっていた。その後、連邦最高裁判所も、Xの請求を認容した場合その結論の不当性がもっとも明白となる〔Ⅱ〕に当たる事案において、Xの費用償還請求権を否定するに至った[23]。しかし、現在なお、「不当利得法は、占有者ではない者が費用を支出した場合に適用されるべきである[24]」など、九九四条以下の優先的適用を認め、転用物訴権と費用償還請求権の結論との矛盾を顧慮しない学説も存在するし、通説、判例のレベルでも、ドイツ民法八一六条一項、八二二条とのアンバランスの問題は依然として解決されていないのである。

三　以上の検討から、ほぼ次のような結論を導くことができるであろう。ドイツの通説、判例は、転用物訴権を一般的に否定する。しかし、このような結論の妥当性には、ドイツ民法典上の他の規定とのバランスを考えると非常に疑問がある（一）。むしろ、学説状況を細見すると、この通説の結論自体、必ずしも充分な検討を経たものではないのではないかとの疑念すら残る（二）。これらを考えると、わが国において転用物訴権の成否を考察する場合、この問題に関するかぎり、ドイツの学説は参考とするだけの価値に乏しいように思われる。

しかしながら、ドイツにおいて、二で検討したやや矛盾をはらむような学説状況が継続しえたという事実は、転用物訴権の問題は、それを肯定するにせよ否定するにせよ、それほど深刻な法解釈学上の問題ではないことを示唆する、といえよう。深刻な問題に関しては、法律構成によって同一事案の解決が正反対の結論になるような状況が長らく通説たりうるはずはないからである。また、通説が〔Ⅲ〕の場合をも含めて一般的に転用物訴権を否定するのも、〔Ⅲ〕の場合のXの要保護性がそれほど深刻な問題ではないがゆえに可能であった。通説が主張しているように、転用物訴権がたとえ承認されなくとも、Xは通常の契約の危険を負うにとどまる。転用物訴権を承認するということは、一定の場合にXに通常以上の保護を与えることを意味し、これが承認されなくとも特にXが通常より不利な立場にたつというわけではない。関係当事者の立場を相互に比較し、有償契約と無償契約の法的保護の差を考えた場合には〔Ⅲ〕の場合に転用物訴権を承認することが妥当とはいえる。しかし、Xの保護が急務というほどのことはなく、転用物訴権の承認が強く要請されているというわけではない。したがって、第二節での著者の主張のうち、〔Ⅱ〕の場合にまで転用物訴権を承認してしまった判例を訂正すべきことは、法解釈学の急務である、と考えるものの、〔Ⅲ〕の場合に転用物訴権を承認することは、判例訂正のあるべき方向とは考えるが、それほど深刻な要請とまではいえまい。特に悪質な、YがMの無資力を利用したようなケイスは、不法行為法その他によって救済できるからである。[25]

（1）E. v. Caemmerer, Bereicherung und unerlaubte Handlung, Gesammelte Schriften, Bd. 1,（1968）, S. 218.（なお、以下 Bereicherung と略称する）。Enneccerus = Lehmann, Lehrbuch des Bürgerlichen Rechts, Bd. 2, Recht der Schuldverhältnisse, 15. Bearb.,（1958）, S. 879 ff.; J. v. Staudingers Kommentar zum Bürgerlichen Gesetzbuch, Bd. 2, 4. Teil, Lieferung 3, 11. Aufl.,（1960）, S. 2749; RGR Kommentar, Das Bürgerliche Gesetzbuch, Bd. 2, 2. Teil, 11. Aufl.,（1960）, S. 1076ff.; W. Erman, Handkommentar zum Bürgerlichen Gesetzbuch, Bd. 1, 3. Aufl.,（1962）, S. 1452 f.; K. Larenz, Lehrbuch des Schuldrecht, Bd. 2, 7. Aufl.,（1965）, S. 374ff.; Palandt, Bürgerliches Gesetzbuch, 25. Aufl.,（1966）, S. 645; Soergel = Siebert, Bürgerliches Gesetzbuch, Bd. 3, Schuldrecht II, 10. Aufl.,（1969）, S. 772ff. 転用物訴権を承認する少数説に関しては、本書七六七頁注（2）参照。

（2）後述するように、後期普通法においては、転用物訴権はM－Y間に事務管理関係、間接代理関係がある場合に認められた。したがって、ドイツにおいて転用物訴権が否定される場合も、この種の事案が念頭におかれた上でのことが多い（注（4）引用の理由書など）。しかし、現在の学説の多くは、日本の最高裁判所判例〔14・4〕類似の、建築請負人XがMとの契約によりYの土地に建物を建築した事例をも、右の事例と並列して検討する（Enneccerus = Lehmann, a. a. O., S. 881 ff.; RGR Kommentar, a. a. O., S. 1077 f.; Caemmerer, Bereicherung, S. 246 f.）。したがって、それほど神経質になる必要はないが、法制史の影響により、日本の判例とドイツの学説との間には転用物訴権概念にやや差異がある点は留意すべきであろう。

（3）　ドイツの判例は、本文に述べたように民法典施行以後転用物訴権を全面的に否定している。その例を二、三紹介することにしよう（記号、X、M、Yの用い方に関しては、本書六八五頁参照）。まず、民法典施行後比較的早い時期に転用物訴権を一般に否定した判例としては次のものがある。

〔14・独3〕　RG 1902. 12. 23. Recht. 1903. Nr. 940. S. 180.

XはMに物を売却したが、Mの支払不能のために代価を得ることができなかった。間もなく、Yはその物を取得した（これがM－Y間のいかなる関係によるのか、有償関係か無償関係かは、不詳）。ドイツ大審院は、XのYに対する不当利得返還請求権を認めなかった。Yに利得があるとしても、それはXの損失によるものではないことが理由とされる。

この結論は、五年後にもほぼ同一の事案において再度確認された（RG 1907. 11. 22. Recht. 1908. Nr. 1962. Sp. 329. M－Y間の関係が不詳な点も前の事件と同様である。ただ本件においては、財貨移転の直接性の要件を欠くことが、Xの請求棄却の理由とされた）。前の事件においてはYに利得があるとしても、と判示されているところから、M－Y間が売買などの有償関係であってYが債務未払の場合（〔Ⅰ〕）か、あるいは贈与などの無償関係（〔Ⅲ〕）の場合ではないか、と推測される。しかし、第二節、第三節において著者やフランスの一部の学説が検討した諸問題には特にふれることなく、右の結論が導かれた模様である（ただし、判決の紹介自体がきわめて圧縮されたものであるので、断言はさしひかえたい）。

さらに、日本において転用物訴権承認の契機となった最高裁判所判例〔14・4〕と類似の事案においても、ドイツ大審院は転用物訴権を否定した。次の判例がそれである。

〔14・独4〕　RG 1907. 5. 6. SeuffArch. 63. Nr. 11. S. 15.

MはY_1と不動産購入契約を締結したが、まだ所有権移転の合意をしていなかった。Xは、Mの依頼によりその土地の上の家屋新築に着手した。Mが支払不能に陥ったとき、その建築は基礎工事にとどまっていた。Y_1はその土地をY_2に売却した。Xは、未払に終わった工事代金の一部を不当利得を理由にY_1、Y_2に請求した。ドイツ大審院はその請求を棄却した。財貨移転の直接性、Xの損失における利得の要件が満たされないこと、などが理由とされる。

本書においては、前述したように騙取金員による弁済の事案を基本的には債権の対外的効力（および価値の上のヴィンディカチオ）の問題として解釈されるべきであると考えており、これを転用物訴権には含めていない（本書六九六頁）。しかし、これを転用物訴権に含める論者もいるので念のために附言すれば、ドイツ大審院は次に述べるようにこれと類似の事案においても、Xの請求を棄却している（ただし、いわゆる騙取行為が介在しているか否かは不明であり、厳密に日本において論議されているものと同種の事案といえるか否かは問題とする余地があろう）。

〔14・独5〕　RG 1908. 5. 7, JW 1908, S. 432, Nr. 6 ; Recht, 1908, Nr. 2323, Sp. 395.

Mは、Xとの契約により金員を借り入れたが、それをYのために費消した。Xは、不当利得を理由にその返還を求めてYに対して訴提起。原審はデルンブルク、クロムの見解（本書七六七頁以下注(5)、(6)参照）に従ってその請求を認容した。しかし、ドイツ大審院はそれを認めなかった。ドイツ民法典が普通法、プロイセン一般ラント法上の転用物訴権を受けつがなかったこと、財貨移転が直接でないこと、などが理由とされる。

このドイツ大審院の転用物訴権に対する否定的態度は、次のように現在の連邦最高裁判所にも受けつがれている。

〔14・独6〕　BGH 1952. 10. 30, LM. 1950-1960, Nr. 14, S. 243.

Xは、有効な契約にもとづきYの不動産に動産を取りつけ、その結果動産の所有権を喪失した。しかし、Xはその契約をYとではなくMと締結した。この場合、XはYに対し八一二条ないし九五一条一項一文にもとづく請求権をもたないとされた。

転用物訴権を否定した連邦最高裁判所の判例としては、これ以外にも次のようなものがあげられる。BGH 1954. 1. 20, NJW 1954, 793 ; BGH 1961. 10. 5, BGHZ 36, 30 ; BGH 1963. 10. 31, BGHZ 40, 272. このうち、第二の判例は〔14・独1〕として本書七四六頁に紹介した。第一の判例については、山田幸二「判例批評」民商法雑誌六四巻四号（昭和四六年）六七二頁、第二、第三の判例に関しては、山田幸二「不当利得法における『三角関係（Dreiecksverhältnis）』について」福島大学商学論集四二巻一号（昭和四八年）一一九頁以下の紹介が詳細であり、本書では紹介を省略する。

なお、山田・前掲「判例批評」民商法雑誌六四巻四号六七一頁以下には、転用物訴権を認容した、あるいは認容可能性を認めた次の三つのドイツ大審院の判例が紹介されている（RG 1880. 1. 14, RGZ 1, 143 ; RG 1888. 2. 16, GruchBeitr. 33, 109 ; RG 1897. 11. 22, RGZ 40, 260.）。しかし、これらの判例はドイツ民法典施行以前のものであって、プロイセン一般ラント法上の転用物訴権、その他の適用を問題としており、現代的意義に乏しい（それに対し、同誌にこれらとともにに紹介されている転用物訴権に否定的な判例は、ドイツ民法典施行以後のものである）。同誌の紹介からは判決年月日が必ずしも明らかでなく、読者に無用の誤解を与える恐れなしとしないため、ここに一言する次第である。むしろ、強いて転用物訴権に肯定的な判例をあげるとすれば、転用物訴権類似の事案（X－M間に有効な契約関係が存在しない事案）において、Xの請求を認めた次の例があげられよう。BGH 1962. 7. 12, BGHZ 37. 363. これは、X会社の従業員Mが会社の金を横領し、それをY賭博場ですってしまった事案である。XのYに対する直接的な返還請求権が認容された。しかし、これは、ドイツ民法八一二条を根拠に転用物訴権を問題としたというより、八一六条の適用を問題としている。そして、M－Y間の賭博契約がMが地元住民であるため禁止されており、その契約に通常の有償取得としての保護が与えられなかった場合としてやや特殊視されているようである（E. v. Caemmerer, Grundprobleme des Bereicherungsrechts, Gesammelte Schriften, Bd. 1, (1968), S. 390. 以下 Grundprobleme と略称する)。

転用物訴権に関連するドイツの判例は、すでに前述した山田教授の二つの論稿によってわが国に紹介されている。山田教授の紹介が論稿――判例批評――の性格上圧縮されている場合、その他異なった視点からの叙述の必要にせまられた場合には重複をいとわず本書においても紹介したが、それは次のとおりである。前述した〔14・独1〕以外に、本書七五二頁〔14・独4〕は山田・前掲「判例批評」民商法雑誌六四巻四号六七二頁、本書七六一頁〔14・独8〕、本書七六二頁〔14・独9〕はいずれも、同誌六七三頁。

（4）「事務管理人が本人の名において本人のために第三者と法律行為を締結し、本人が追認を拒絶した場合、あるいは、受任者、法定代理人または事務管理人がその名で第三者と法律行為を締結し、その行為から本人が受益した場合のために、特別の規定（転用物訴権の規定――著者）は特に必要はない」Motive zu dem Entwurfe eines Bürgerlichen Gesetzbuches für das Deutsche Reich, Bd. II, Recht der Schuldverhältnisse, (1888), S. 871 f.)。

（5）Enneccerus = Lehmann, a. a. O., S. 883 ; RGR Kommentar, a. a. O., S. 1077 f. 判例に関しては、注(3)引用の諸判例および〔14・独1〕に要件論を紹介しておいたのでそれを参照されたい。

（6）Caemmerer, Bereicherung, S. 246 ; vgl. Caemmerer, Grundprobleme, S. 388 ff.

（7）広中俊雄『債権各論講義』（昭和四五年）三八六頁（ただし、同書五版（昭和五六年）三八五頁では改説）、土田哲也「判例研究」香川大学経済論叢四三巻六号（昭和四六年）六八九頁、関口晃「不当利得における因果関係」谷口還暦不当利得・事務管理の研究(3)（昭和四七年）四六頁、山田・前掲「不当利得法における『三角関係（Dreiecksverhältnis)』について」福島大学商学論集四二巻一号一六六頁。必ずしも結論において転用物訴権を否定するわけではないが、磯村哲「法律学一五〇講民法（債権法）11不当利得」法学セミナー一三三号（昭和三三年）二二頁、衣斐成司「間接利得と因果関係」神戸学院法学一巻一号（昭和四五年）七七頁など参照。

（8） 即時取得の規定が「法律上ノ原因」となることにつき、本書二五三頁注(18)参照。

（9） 契約が「法律上ノ原因」となることにつき、本書二二三頁参照。

（10） 八一六条に関し、Enneccerus = Lehmann, a. a. O., S. 900.

（11） Caemmerer, Bereicherung, S. 245 ; vgl. Caemmerer, Grundprobleme, S. 390.

（12） RGR Kommentar, a. a. O., S. 1077. 判例でこれを問題とするものとして RG 1907. 5. 6, SeuffArch. 63, Nr. 11, S. 15 (〔14・独4〕、本書七五二頁)。

（13） ドイツの通説がしばしば転用物訴権否定の根拠にあげる「契約の危険」の観念は、なにも契約にのみ特有のものではない。ドイツの通説は、おそらくは次のように考えるのであろう。あらゆる債権者は債務者無資力の危険を負っているが、契約債権の場合は他の債権と異なり、債権者が債務者の資力を計算する機会をもつ。したがって、契約債権が効を奏さない場合にも、それは債権者が自ら計算を誤ったか、あるいは計算の機会を充分利用しなかった結果にすぎない。

しかし、X－M間の債権が契約の無効などを原因とする不当利得返還請求権の場合、無効、取消原因が相手方の資力に関する詐欺、あるいは契約の相手方に関する錯誤等々の場合は格別、多くの場合債権者は債務者の資力に関する計算可能性をもっていたはずである。それにもかかわらず、X－M間に不当利得返還請求権が存在する場合には、ドイツ民法八二二条により一定の場合に無償受益者Yに被請求者適格が転化される。この事例と転用物訴権との利益状況の差異は、次の点に見出せるだけであろう。八二二条が問題となる場合には、八一八条三項によりXのMに対する不当利得返還請求権が法律上も消滅している。それに対し、転用物訴権が問題とされる場合には、XのMに対する契約上の債権がMの支払不能により事実上効を奏さないにとどまり、法律的には依然存在している。そのため、転用物訴権を認めるときには、X－M、M－Y間の関係への手当が必要となり、やや取扱が煩瑣となる。しかし、これが八二二条の場合と転用物訴権の場合との結論を異にする決定的根拠たりうるか否かは疑わしい。

（14） 〔Ⅰ〕の場合に転用物訴権を承認すると、Xに法規に規定されない優先権が与えられることが問題となった（本書六八六頁以下）。ドイツ民法においてこの点やや問題となるのは、六四八条との関連である。同条は次のように定める。

「建築またはその一部を請負った者は、その契約上の債権のために注文者の敷地に保全抵当の供与を請求することができる。」ここでは契約の相手方と土地の所有者とが一致することが要件となっているが、〔I〕の場合に転用物訴権を認めると、この規定が潜脱され公示なき優先権が発生することになる。

(15) 本書七四四頁以下参照。

(16) 占有者の費用償還請求権以外に、転用物訴権の事案が添附の償金請求権との関連で問題とされることもあることは前にも一言した（本書六九九頁以下）。この場合には、ドイツ民法九五一条が「……不当利得の返還に関する規定に従い、償金を請求しうる」と定める。したがって、償金請求権が発生するためには、添附の事案であって同時に、それが不当利得の要件をも充足することが必要である、と考えられている。このため、原則として九五一条によって転用物訴権の否定が潜脱されることはない（vgl. Enneccerus = Lehmann, a. a. O., S. 881f.; Soergel = Siebert, a. a. O., S. 775; Caemmerer, Bereicherung, S. 249 f. 判例として、RG 1906. 12. 1, GruchBeitr. 51, 967; RG 1930. 10. 13, RGZ 130, 310; BGH 1963. 10. 31, BGHZ 40, 272; BGH 1952. 10. 30, LM. 1950-60, Nr. 14, S. 243. なお、第三の判例は、山田・前掲「不当利得法における『三角関係（Dreiecksverhältnis）』について」福島大学商学論集四二巻一号一二一頁に詳細に紹介されている。八一二条と九五一条との関係についてもその「理由」中に詳しいので、一読されたい。なお、九五一条に依拠したXのYに対する直接の請求を否定するのが判例の大勢とはいえるが、例外的にこれを認容したものもないわけではない（RG 1902. 3. 13, RGZ 51, 80）。また、学説にも、X - M間の契約が無効な場合は、材料所有者にすべての場合に九五一条による償金請求を認めるべきことを主張するものも存在する（H. Westermann, Sachenrecht, 5. Aufl. (1973), S. 262 ff.)。

(17) 本判決の事案においては、Mが整備義務を負っていたのであるから、この費用償還請求権が認容されたことにより、Yは整備費用に関して二重の経済的負担を蒙ることになった。本件は転用物訴権にひき直すと〔II〕の類型に当たることになる。転用物訴権に関しては、右の二重の経済的負担の問題を理由に、Xの請求を棄却すべきことを著者は主張した（本書六八九頁以下）。ただ、本件は、以下に述べるように、契約の相対効との関連でやや特殊な考慮が必要となる場合であった。著者の考えによれば、本件におけるXの請求は、転用物訴権としても占有者の費用償還請求としても構成されるべきではない。日本法のもとにおいても類似の問題が生ずる可能性はいくらもありうるので、この点に関する著者の考えを明らかにしておきたい。

やや一般的な問題から論じよう。かりに、Y所有の物をMが賃借し、Mがその物の修繕をXに委託した、とする。YがXに物権的返還請求権を行使した場合、それは認められるべきであろうか。ドイツ民法にはこの種の事案に関する規定（九八六条一項）があるが、規定のないわが国においても、M‐Y間の賃貸借契約期間中であれば、それは認められるべきではない、と考える。なぜなら、X、M、Yの三当事者間の実体的関係を総合して考えると、Yは、賃貸借契約上Mに占有をなさしめる債務を負っており、自らの直接占有を回復しうる立場にはない。したがって、YはXに対し、目的物を賃借人Mのもとに回復せよ、との請求をなしうるにとどまると考えるのが、三当事者間の総合的関係からは合目的的である。そして、右の、Mに占有を移転せよとの請求に対しては、Xは、Mの修繕委託に伴い占有をしていたのであるから、契約期間中であれば修繕請負契約を抗弁となしえたはずである。このように考えると、Yの物権的返還請求に対して、Xは、M‐Y間の賃貸借契約とX‐M間の修繕請負契約の双方を抗弁として提出しうる、と構成できる（なお、正確には、後述する「連鎖的抗弁」㈠、㈡、㈢参照）。

しかし、このように考えることに問題は残る。伝統的に、契約は契約当事者間の相対的関係においてのみ効力を有する、と考えられてきた。この思想は、「合意は契約当事者間におけるほか、その効力を有せず。合意は第三者を害することなく、かつ合意は一一二一条（第三者のためにする契約に関する規定――著者）に予想されたる場合のほか第三者を利することなし」（フランス民法一一六五条。訳出にさいしては現代外国法典叢書を参照した）、あるいは「債権関係によって、債権関係に立つ当事者間の人的法律関係のみが基礎づけられる……ことは、疑いを容れない。債権関係の効力が、債権者および債務者の人格をこえて及ぶことはない」（Motive II. S. 2）などの形で表明されてきた。しかし、右の法律構成によれば、M‐X間の契約がYを拘束し、Y‐M間の契約がXを利することになる。これは伝統的に遵守されてきた契約の相対効、ないし債権の相対効の原則に反するものではないのか。

さらに、所有権者であるYの法律関係に着眼した場合、契約の相対効の問題に加えて物権の優先的効力の問題も関連する。Yは所有権者である以上、自ら契約関係に入ったMとの関係において物権的返還請求権が排除されるのはともかく、それ以外の第三者に対しては一般的に物権的請求権を行使しうる、と従来考えられてきた。そして、その場合に、被請求者が物権的請求権と矛盾する契約関係に立っていたとしても、その契約関係は顧慮されないのが通常であった（物権の優先的効力）。これは、転貸借の事例や「売買は賃貸借を破る」という命題を考えれば明らかである。すなわち、Yが自己の物をMに賃貸し、MがそれをXに転貸した、とする。この場合にも、当該財貨の移転は、Y‐M、M‐X間の二つの賃貸借契約によって基礎づけられている。しかし、Y－M間の賃貸借契約において転貸が禁止されているかぎり、Yが物権的返還請求権を行使した場合、Xは転貸借契約を抗弁として提出しえず、Yの請求は認容される、と考えられている。「売買は賃貸借を破る」とされる場合も、問題は同様である。Mが自己所有の物をXに賃貸し、後にそれをYに譲渡した、とする。この場合にも三当事者間には一応契約関係の連鎖――Y－M間の売買契約、M－X間の賃貸借契約――が存在する。しかし、Yが新たに取得した所有権を理由にXに返還請求をした場合、XはM－X間の賃貸借契約を抗弁となしえず、Yの請求は認容されると考えられている。これらのケイスはともに三当事者が契約関係の連鎖につながれながら、さきの修繕請負契約においては前述したようにXの抗弁が成立し、右の二例においてはそれが成立しない、とされるのはいかなる理由によるのであろうか。差異は次の点に存する。転貸借の場合、所有者の締結した賃貸借契約は、通常その後の転貸借契約を否定している（民法六一二条）。第二の例においても、Y－M間の売買契約は、別にM－X間の賃貸借契約を基礎づける内容を含んでいない。したがって、契約の相対効、物権の優先的効力を原則どおりに考え、M－X間の契約はYを拘束するものではなく、契約、すなわち債権関係と物権関係が矛盾する場合には物権的効果が優先するものとして、Yの物権的請求権を認容しうるのである。それに対し、修繕請負契約の事例は、Y－M間の契約がM－X間の契約を許容している、と考えられる。かりに、Y－M間の賃貸借契約がMの修繕義務を定め、あるいは、少なくともMの修繕を禁じてはいないとする。この場合特段の定めがなければ、契約の趣旨は、Mが自らの手で賃借物を修繕することとともに、修繕のためにMが第三者Xに賃貸物の占有を移すことがあることをも予想していた、と解されるであろう。このように、所有権者Yの締結した第一の契約が第二の契約を許容していたことに、第二の契約が契約外のYをも拘束する根拠が見出される。前述したXの抗弁を本書では「連鎖的抗弁」と呼んでいるが、「連鎖的抗弁」は三当事者間においては次の三つの要件を満たした場合に成立することになる。すなわち、三当事者間の財貨移転が、㋑Y－M間の法律関係、㋺M－X間の法律関係によってそれぞれ基礎づけられていること。㋩かつ、所有権、その他の絶対権をもつYの関係する第一の法律関係（㋑）が、被請求者の占有を基礎づけるそれ以後の法律関係（㋺）を許容するものであること。㋩の要件が充足されていない場合には、㋺の契約関係はYの物権的請求権によって破られることになる。これがこのような事例における物権の優先的効力の具体的意味なのである。前述した転貸借の事例や「売買は賃貸借を破る」とされる事例は、㋩の要件が充足されていないがゆえに、Yの物権的請求権が認容されることになる（なお、ここでY－M、M－X間の関係を特に契約関係とせずに法律関係一般として取り上げたのは、次のような事例もこの構成によって解決されるからである。すなわち、Y所有権者、M地上権者、M－X間に地上権の賃貸借契約が締結されている場合において、YがXに物権的返還請求権を行使した事例）。

次に本判決との関連において「連鎖的抗弁」を検討する。右の分析は、Yの物権的請求権のみを問題としてきたが、本件においては、Yの物権的請求権に付随的調整規範として伴う費用償還請求権も問題となった。著者としては、後述するように、Y－M間の賃貸借契約にもとづきMが整備義務を負っていたのであるから、三当事者間の関係は契約関係の連鎖として処理されるべきである、と考える。しかし、まずはこのような法律構成ひいては連鎖的抗弁を考えることのなかった伝統的発想――それは本判決の立場でもあるが――にもとづいて考えてみよう。それは、おそらく次のような思考をたどるものと推測される。所有者Yの物権的返還請求は、Mに対してはY自ら締結したところの賃貸借契約の抗弁をもって対抗されることは当然である（Yが契約関係に入った場合Yの物権的返還請求権不発生という考え方もあるが、むしろ上記のように構成すべきことにつき、本書五五一頁以下参照）。しかし、M－X間の契約は所有者Yのあずかり知らぬところであるため、YのXに対する物権的返還請求権の行使は可能である。その裏腹として、本件で問題とされたXのYに対する費用償還請求権も、また認容されるべきである。

では、本件事案に仮定的に次の事情を附加して考えてみよう。M－X間の修繕請負契約において、Xの修繕代金は三〇万円（マルクでもよい）とされていた。ところが、現実にXが修繕に費やした費用は四〇万円であり、目的物の価値増加額も四〇万円であった。この場合、右の構成によれば、XのYに対する四〇万円の費用償還請求権が認容されることになろう。そして、Y－M間の賃貸借契約において修繕費用はMが負担すべきものであるから、Yはその四〇万円をMに求償しうることになろう。Mは、自らの義務を忠実に履行していたにもかかわらず、Y－X間の物権的請求とその附随的請求（費用償還請求権）が認められることによって、当初の三〇万円の負担という予想より一〇万円余分の負担を強いられることになる。法律構成によっては、この一〇万円の食い違いをMの負担とせずYの負担とすることも可能であろう。しかし、この点はいずれの負担とするにせよ、右の法律構成が、いずれの当事者にとっても合法的な――私法的な義務違反のない――連鎖的契約関係の存するところに、それを顧慮することなく物権的規律をもち込んだことにより、三当事者間の実体的法律関係と齟齬をきたす結果となることは否めない。この場合、一〇万円の食い違いは、Xの修繕費用の見込み違いその他を理由とするものであろうから、あくまでXの負担すべきものである。そして、Xが三〇万円しか取り戻せないということは、X－M間の修繕請負契約の内容を根拠としないかぎり、抽象的な物権的規律約関係の連鎖として構成し、M－X間の修繕請負契約の内容――具体的には三〇万円の請負代金額――が契約外のYを拘束するという、著者がさきに主張した法律構成が機能すべきである。

その構成は、具体的には次のような内容をもつものと考える。YのXに対する物権的請求権に対して、物の回復自体を拒否するXの連鎖的抗弁は成立しない。本件においてはY－M間の賃貸借契約自体が解除されている。したがって、M－X間の請負契約においてはXに占有権原が認められても、右の請負契約自体が基礎をおいているところの賃貸借契約が存在しないため、全体としてはYに対してXの占有権原は認められないからである（正確には、次のような構成となる。YのXに対する物権的返還請求に対し、Xが、Y－M間の賃貸借契約およびM－X間の修繕請負契約そして前者が後者を基礎づけるという連鎖的抗弁を提出する。それに対し、Yが賃貸借契約解除の再抗弁を提出することになる）。本件においては、Yの物権的請求権の裏腹としてXの費用償還請求権を観念した。費用償還請求権や善意占有者の果実収受権などの附随的請求権は、物権的返還請求権がそのまま認容される場合には、それらもまた認容される。しかし、物権的請求権が抗弁によって対抗され、その抗弁が再抗弁によってくつがえされた場合などにおいては、附随的請求権は認容されるべきではない（当事者間の関係は抽象的物権的規律ではなく、契約の終了などの契約規範によって律せられるべきであると考えるが、この点は表見的法律関係の効果ないし抗弁の残存効の問題として、第八章ないし一二章に詳述したところである）。しかし、Xは、Mからの占有移転請求に対しては、請負代金債権の支払を同時履行の抗弁として提出しえたはずである。この修繕請負契約はY－M間の賃貸借契約の許容したところであるので、Xは同時履行の抗弁をYにも主張しうる、と考える。このような法律構成によって、前述した例における一〇万円の齟齬の問題が生ずることはなくなる。なぜなら、Yが目的物の回復を実現するためには、Mの契約上の修繕代金債務についてXに第三者の弁済をなした上で、それをMに求償することになろうからである。

最後に附言するに、本書のように「連鎖的抗弁」を観念することは、おそらく、従来考えられていた契約の相対効の観念をやや緩和し、一定の場合に公示なき契約に第三者効を認める途を開くものであろう。また、この構成によって物権的返還請求権が貫徹される範囲も、従来考えられていたよりもやや減縮されることになろう。そして、この問題が物権の優先的効力の問題と関連することも、今までの叙述が示すとおりである。これらの点に関する研究――特に不可欠と思われるこれらの問題の法学史的研究――を前提とすることなく、このような見解を述べることに、幾分の躊躇がないではなかった。しかし、これらの研究を展開することは本書の直接のテーマを越えるし、なによりも現在の著者の時間的、能力的限界を超える。そうではあっても本文引用の判例、本注後段の叙述が示すように、この問題は転用物訴権適用の限界を画すためには避けて通ることができないため「連鎖的抗弁」という法律構成の結論のみをここに記すことにした。なおここでは三当事者間の財貨移転のみを例としてあげたが、「連鎖的抗弁」という法律構成は四当事者以上の間での財貨移転にもそのまま適合するものである（本注の執筆にあたっては、名古屋大学浜田道代教授との討論によって示唆を受けた点が大きい。ここに記し、感謝の意を表する次第である。なお本注に述べた内容と、重複するものではあるが、加藤雅信「債権関係の対第三者主張についての事例的考察――「物権と債権」という枠組についての一つの各論的考察を兼ねて――」法政論集八八号（昭和五六年）一〇一頁以下でこの問題を独立した形で論じている）。

(18)　このような例として、次の二つの判例を紹介しよう。

〔14・独7〕 RG 1933. 12. 19, SeuffArch.88, Nr. 60, S. 119.

Yは、絹織物業者Mと取次契約（Kommissionsvertrag）を締結した。それによれば、Mは、Yが前払する金員をもって絹糸を購入し、さらにそれを加工し、あるいは他に加工させなければならなかった。所有権は、その間一貫してYに帰属することになっていた。Mは、自ら織った絹糸をXに染色、光沢づけをさせた。その後、Mは破産。Yはまだ X のもとに存在する絹糸の引渡を請求し、それに対しXは費用償還を請求した。ドイツ大審院は、このXの費用償還請求権を認容した。

〔14・独8〕 RG 1933. 12. 19, RGZ 142, 417.

YはMに売買用の毛皮を引き渡したが、その代価支払まで所有権はYに留保されていた。Mは、なめし、染色のためにその毛皮をXその他に渡した。Xはそれをなした後、その代価の支払を受けないまま毛皮をMに返還した。後、Mは支払を停止し清算手続に入った。会社財産は、債権者への弁済を部分的にすることが可能であっただけで、もはや残っていない。Yは、Mの支払停止の後に所有権留保にもとづき毛皮を取り戻した。Xは、他の者の請求権をも譲り受け、ドイツ民法九九四条、九九六条などにもとづきYになめし、染色の代価の支払を請求して訴提起。ドイツ大審院はその請求を認め、X－M間の契約の存在はそれに影響を与えない、とした。

(19)　OLG Celle 1953. 5. 22, NJW 1953, 1470 ; LG Duisburg 1955. 7. 6, MDR 1956. 33 ; LG Bonn 1955. 3. 18, NJW 1956, 225 ; OLG Köln 1956. 9. 19, NJW 1957, 224. 例外的にこの請求を否定した下級審判決として、〔14・独9〕の原審判決の

他、LG Tübingen 1956. 10. 10, NJW 1957, 467.

（20） RGR Kommentar, Das Bürgerliche Gesetzbuch, Bd. 3, Sachenrecht, 10. Aufl., (1954), S. 355 f. ; J. v. Staudingers Kommentar zum Bürgerlichen Gesetzbuch, Bd. 3, Sachenrecht, 1. Teil, 11. Aufl., (1956), S. 805 ; Enneccerus = Wolf = Raiser, Lehrbuch des Bürgerlichen Rechts, Sachenrecht, 10. Bearb., (1957), S. 339 ; Achilles = Greif, Bürgerliches Gesetzbuch, 19. Aufl., (1949), S. 524 ; H. Westermann, Lehrbuch des Sachenrechts, 3. Aufl., (1956), S. 161.

（21） Müller, a. a. O., S. 179 ff. なお、一九五〇年代にはこれ以前にも異なった視点からではあったが、通説、判例の結論に対する疑念、反対が表明されていた（K. Münzel, Die Rechte des Werkunternehmers gegen den Eigentümer aus Aufträgen von Nichteigentümern, Monatsschrift für Deutsches Recht 1952, 643 ; U. Hoche, bei Palandt, Bürgerliches Gesetzbuch, 16. Aufl., (1957), S. 882）。

（22） Caemmerer, Bereicherung, S. 247f.

（23）〔14・独9〕 BGH 1958. 5. 23, BGHZ 27, 317.

Yは、自己所有のディーゼル機関車をMに賃貸した。Mは、賃貸借期間中修繕費用を負担することを義務づけられていた（この点から、本件は〔Ⅱ〕の事案に該当することになる）。Mは機関車をXに修繕させた。修繕終了後、XはMにそれを返還し手形を受けとった。しかし、手形の満期以前にMは破産に陥った。破産管財人はYに機関車を返還した。Xは、破産手続においてその債権に未払残額が生じ、Yにそれを請求した。第一審判決はXの請求を認容したが、控訴審はそれを認めなかった。連邦最高裁判所も次に述べるようにXの上告を認めなかった。

ドイツ民法九九四条以下の規定は、占有者が所有者と締結した契約にもとづき費用を支出した場合には適用されるべきではない。それに対し、占有者、第三者（X－M）間の契約は、所有者（Y）に対しドイツ民法九九四条以下に従って費用償還請求権が発生するのを妨げない、と考えられている。しかし、この見解には近時反対もあり、ドイツ民法九八七条ないし一〇〇三条の規定は、原則として所有者と不適法占有者との関係に適用されるべきである。請負人は、第三者との関係においてのみならず所有者との関係においても適法な占有者である。請負契約にもとづき注文者に報酬請求権を取得した請負人は、注文者からその報酬請求権の満足を受けることができない場合においても、所有権者に費用の償還を請求することはできない。

（24） Soergel = Siebert, a. a. O., S. 779.

(25) ドイツの転用物訴権否定論も、極端な事案は、不法行為（ドイツ民法八二六条の良俗違反条項）、詐害行為取消権、ドイツ民法四一九条によって処理されうることを根拠にあげる（Enneccerus = Lehmann, a. a. O., S. 883）。本書六九二頁参照。

第三款　転用物訴権肯定論が示唆する法解釈学上の諸問題

第一項　緒　論

一　私見によれば、転用物訴権を承認すべき範囲は、Yの利得保有がM－Y間の無償関係にもとづく場合であった。しかし、日本、ドイツの転用物訴権承認説をみると、この視点を重視する学説はほとんどみられない(1)（附言するにドイツでは転用物訴権承認説自体が例外的であり、特に現在この立場をとる者は少ない）(2)。むしろ、これらの説は、M－Y間に一定の法律関係――特に事務管理、間接代理関係が存在する場合に転用物訴権を承認する。たとえばエヴァルトは次のようにいう。「さらに、次のこと（要件――著者）が要求される。仲介者が、その内部関係においては当初より事務管理人として事実上行動し、しかも、自己の名において間接代理人として行為したこと。」(3)わが国においても、M－Y間の事務管理関係を前提として転用物訴権を承認する説を散見しうる(4)。そして、エヴァルトほど明確ではなくとも、ドイツの転用物訴権承認説――クロム(5)、デルンブルク(6)、ヘーデマンなど(7)――は、M－Y間に事務管理関係、間接代理関係が存在する場合を念頭におきつつ自説を展開する。

なお、事務管理、間接代理関係がある場合以外に、転用物訴権を承認すべき場合としてM－Y間に家族関係、不動産賃貸借関係が存在している場合があげられることもあれば(8)、夫婦、近親者関係、共有関係、その他があげられることもある(9)(10)。これらの場合を事務管理から独立して考察することも可能であるが、事務管理関係の存在を定型的に推認せしめうる事案として考えることもまた可能であろう(11)。

本款では、M－Y間に事務管理関係、間接代理関係がある場合に加えて、ドイツの判例に数多くあらわれ、かつ問題としても多少検討を要すべき点もある家族関係がある場合の三つの場合を検討することにしよう。

二　学説が事務管理、間接代理関係が存在する場合に転用物訴権の承認を主張するのは、おそらくは〔Ⅰ〕の場合を念頭においた上でのことであろう(12)。M－Y間にこれらの関係が存在する場合には、二者の関係は実質的には一体として評価することが可能であり、XをMの一般債権者に対して優先的に取り扱う根拠があるという実質論(13)も考えられなくはないからである(14)。事務管理、間接代理関係が特にとりあげられることに関しては、この実質論以外に後期普通法の影響(15)も見逃すことはできないのであるが、ここではこの実質論の可否を次に論ずることにする。

わが国においても、事務管理人、あるいは間接代理人を本人との関係において、どの程度独立したものとして取り扱うべきかは、従来から見解の分かれるところである。転用物訴権の問題をはなれて、これらの者が第三者との間で法律行為をなした場合を考えてみる（以下、事務管理人、間接代理人をM、本人をY、第三者をXとする）。伝統的な通説的見解によれば、MがXと法律行為をなしたときは、事務管理の場合であれ、間接代理の場合であれ、X－M間の法律行為の効果は両当事者間で発生し、Yに対して効力が及ぶわけではない(16)。すなわち、MはYより法的に完全に独立したものとして取り扱われる。しかし、これに対しては異説が存在している。M－Y間の関係をより一体的に評価し、X－M間の法律行為の効果をYに及ぼそうとする説が、それである。事務管理に関しては、事務管理人の代理権を認め、X－Y間に直接の法律関係を構築する学説が存在し(17)、判例も動揺している(18)。また、このような徹底した法律構成は主張せずとも、通説の割り切った考えに対する疑念は、学説のうちに散見しうる(19)。また、間接代理に関しても、XおよびYが、X－M間の外部契約によって相互に権利、義務を取得すると説く、ミューラー＝エルツバッハの所説が存在する(20)。これは、間接代理の特性は顧慮しつつも、直接代理と同様の法律効果をも間接代理に附与しようとするものである。日本にはこうした学説は存在しないものの、近時の多数説自身も、割り切った考え方に躊躇を示さないわけではない(21)。

本項に紹介してきた転用物訴権承認説は、M‐Y間の独立性の評価をめぐるこれらの通説、少数説の対立に対し、一つの中間的な解決を提供するものであった。すなわち、本人Yの債務負担の側面に関しては——後述する多くの制約はあるものの——転用物訴権を認めれば、X‐Y間に直接の関係を設定することができ、XのYに対する直接の請求を認めることが可能となる。[22] この実質判断がすべての転用物訴権承認説に明示されているわけではないが、普通法学説の一部や、[23] 於保説、[24] 後に検討する三宅説[25]においてはこれが明瞭である。Xに対する関係、あるいはMの一般債権者に対する関係においても、M、Yの関係を一体として考える——事務管理、間接代理に関する少数説ほど徹底的にではないが——という実質判断をぬきにしては、これらの転用物訴権承認説の合理的根拠を探すことは、困難であろう。

この実質判断の当否はさておき、[26] かりに、このような実質判断にたったとしても転用物訴権を認めるためには次の点が問題となろう。すなわちMに代理権を認め、Yがその法律行為の効果に直接拘束される場合と異なり、転用物訴権を認めても、X‐Y間に構築される法律関係はきわめて不徹底な点である。Yの債務負担が認められるとはいっても、一般に転用物訴権によってはYが特定債務や為す債務を負担することまでは認められない。Yはもっぱら金銭債務を負担することになる。しかもそれはYの受益の限度において認められるにとどまり、Yの受益をこえる部分に関しては依然XのMに対する債権が残存することになろう。また、事務管理、間接代理に関してMの媒介を無視しうるとすれば、X‐Y間に事実上双務的な財貨移転関係が成立しているのが通常であろう() ところが、転用物訴権という構成においてはこの点は考慮されない。仲介者Mと取引した第三者Xは、M無資力の場合にYに対し既履行債務の反対債権を請求しうる。それに対し、YはMに自らの債務を履行済であり給付内容がMからXに移転していたとしても、Xに反対債権を請求できるとはかぎらない。XとYとが事実上双務的な関係に立つにもかかわらず、一方の債権のみが手厚い保護を受けることとなり、バランスを失する。転用物訴権承認説によって解決されるのはYの債務負担の問題のみである。また、間接代理でしばしば問題とされる、間接代理人M破産の場合の本人Yの取戻権の問題なども放置されたままであって、別の法律構成によって解決されることが必要である（注（21）、本書七八一頁注（19）参照）。ここでの転用物訴権承認論は、これらの一連の問題を放置したままYの債務負担の問題のみをとりあげ、しかもそれを不徹底な形で解決するにすぎない。たとえ、これらの転用物訴権承認論の基礎にある実質判断を肯定したとしても、転用物訴権の承認は、問題解決のための姑息な対症療法でしかなく、根本的な解決を糊塗するにとどまる。ここでは、かつて転用物訴権に向けていわれた「藪医者の売る万能薬」[27]という言葉がそのまま妥当するように思われる。転用物訴権の承認は確かにさきの実質的問題の解決に資することがないわけではないが、それは問題の実質をかなりゆがめる不充分な解決手段にすぎない。さきの実質論を前提とするのであれば問題解決のためのより本格的なアプローチが必要と思われる。もとより試論の域をでないが、本款では間接代理、事務管理人の代理権の問題のそれぞれにつき、第二項、第三項でこれらの問題の解決のあるべき方向を示し、転用物訴権の法律構成を借用して不徹底な解決をはかることが必ずしも必要ではないことを論証する。

ただ、M－Y間に家族関係がある場合に関しては——第二節に記した、一般的に転用物訴権を承認すべき範囲においてではあるが——転用物訴権を認めるべき場合があり、間接代理、事務管理などをめぐっての、財産法的問題解決の枠をはみだす問題がある。ドイツにおいては、この種の事案についての裁判例も多いこともあり、右の問題を第四項で検討する。

三　次項以下の検討結果を先取りしていえば、一部の学説が転用物訴権を認めるべきことを主張した、M－Y間に事務管理関係、間接代理関係、家族関係が存在する場合は、なるほどある種の問題を内包する場合ではあった。しかし、それは本来的には、それぞれの分野固有の問題としての解決が必要であって、転用物訴権による解決は不徹底な対症療法にすぎず、家族関係がある場合を除くと、転用物訴権による解決は必ずしも適当ではなかったように思われる。ただ、転用物訴権の問題の実質は、契約の一方当事者が契約の相手方以外の者になんらかの形で訴求する必要を感じるときに——当事者も裁判所も転用物訴権との問題を意識しないままに——不当利得あるいはそれ以外の形をとって実務にあらわれることもあるので(28)、今後とも注意を要する問題であると思われる。

（1）部分的にではあってもこの視点をもつものとして、C. Crome, System des Deutschen Bürgerlichen Rechts, Bd. 2, (1902), S. 998.

（2）現在の文献がドイツ民法制定以後の転用物訴権承認説としてあげるのは、後述するクロム、デルンブルク、エヴァルト、ヘーデマン、ジベル、ブランディであって、最後のブランディを除けば、すべてかなり以前の学説である（Vgl. D. König, Der Bereicherungsanspruch gegen den Drittempfänger einer Vertragsleistung nach französischem Recht, (1967), S. 14.）。なお、ブランディのものは何年か前の学位請求論文であって、著者未見のため本書では引用していないが、次の文献である。A. Brandi, Bereicherung aus fremdem Vertrag（Der Verzicht des BGB auf die Aufnahme der Versionsklage）, (1966).

（3）Ewald, Wie weit ist im Bürgerlichen Rechte der Gedanke der Gemein＝und Landrechtlichen Versionsklage verwendbar? Ein Beitrag zur Lehre von der ungerechtfertigten Bereicherung, Gruchots Beiträge zur Erläuterung der Deutschen Rechts 65, (1921), S. 174.

（4）もっとも明瞭には、三宅正男「事務管理者の行為の本人に対する効力」谷口還暦　不当利得・事務管理の研究(1)（昭和四五年）三五七頁以下。事務管理関係、その他を前提とするものとして、磯村哲「法律学一五〇講民法（債権法）11不当利得」法学セミナー一二三号（昭和三三年）一二一頁。なお、衣斐成司「不当利得における因果関係」大阪市大法学雑誌一六巻二・三・四号（昭和四五年）三九頁では、事務管理を要件とする趣旨か否か必ずしも明確ではなかったが、近時の事務管理との関係で転用物訴権を承認することを明確に表明したものとして、同「事務管理における本人の利益」大阪市大法学雑誌三〇巻三・四号（昭和五九年）五二九頁参照。

（5）クロムは、XがMより約定対価ないし譲渡目的物を取り戻しえないとき、次の場合に不当利得返還請求権（転用物訴権）を認容すべきものとしている。「ある者（M）が、自らの名においてなした法律行為によって目的物を取得したが、そのさい第三者（Y）の利益において行動しており、新たな行為なくして取得物を第三者（Y）の財産に転じた場合」（Crome, a. a. O., S. 997. M、Yの記号は著者の挿入による。これは、注(6)、(7)においても同様である）。通常の間接代理関係が、右の表現に典型的に該当する。

（6）　デルンブルクは、転用物訴権を認めたプロイセンの判例に倣って、次の場合にはドイツ民法八一二条が適用されるべきものとしている。「仲介者（M）が法律行為の締結にさいして隠された代理として——それゆえ、法的には独立の契約当事者として、しかし経済的には他人（Y）のために——行為した場合」（H. Dernburg, Das bürgerliche Recht des Deutschen Reichs und Preußens, Bd. 2, Die Schuldverhältnisse nach dem Rechte des Deutschen Reichs und Preußens, 2. Abteilung, 3. Aufl. (1906), S. 689.)。やはり、この説も間接代理関係を念頭におきつつ、展開されたものである。

（7）　ヘーデマンは、転用物訴権を認容すべき場合を次のように述べる。「不当利得にもとづく請求権は、背後者（Y）にも及ぶ。第一の利得者（M）と契約その他の法律関係にある者は、利得の発生が、この法律関係の予定していたとおりの成行きと関連する（あるいは、予定していたとおりの成行きの結果として生ずる）かぎりは背後者である」（J. W. Hedemann, Bereicherung durch Strohmänner, in: Festgabe für August Thon, (1911), SS. 20 u. 36)。ここでいうM-Y間の法律関係によって利得の発生が予定されている場合とは、典型的にはM-Y間に間接代理関係が存在する場合を念頭におくものである。このことは、ヘーデマンが右の叙述にあたって、ミューラー=エルツバッハの次の間接代理に関する学説を注で引用していることからも明らかである。R. Müller-Erzbach, Die Grundsätze der mittelbaren Stellvertretung aus der Interessenlage entwickelt, (1905), S. 30.

なお、ヘーデマンがここでいう die planmäßige Abwicklung gerade dieser Rechtbeziehung は「この法律関係の組織的展開」と訳された上で、受益と損失との「因果関係」に関する松坂説にとり入れられた（松坂佐一『不当利得論』（昭和四四年）一二二頁、一五〇頁参照）。しかし、次の点は注意すべきであろう。ヘーデマンはM-Y間の法律関係を問題としている。それに対し、松坂説は、Yの利得が「最初の行為（X-M間の行為——著者）の組織的展開（planmäßige Abwicklung）の結果たる場合」に、「因果関係」の要件の充足を認め、X-M間の法律関係に着眼している（松坂・同書一五〇頁）。したがって、要件の言語的枠組は両者は類似しているが、その内容はまったく異なることになった。ヘーデマンの説は、間接代理などの場合に不当利得返還請求権の被請求者適格を拡張し、M-Y間の一体性（いわゆる「影武者」）をとらえるための道具概念としての意味をもっていた。それに対し、松坂説がX-M間の関係に着眼することが、いかなる狙いをもつのかは必ずしも明瞭ではない。したがって、松坂説は一般的な利益較量をふまえる立場から、次の批判を浴びることになった。「松坂説は、……X-M間の契約事情、それを通してXが持つに至った自分の財産出捐の帰属先の予見に主眼が置かれている。したがって、そこでは受益者Yの表象ないし利益が考慮されないという偏向が見られる」（山田幸二「不当利得における『三角関係（Dreiecksverhältnis）』について」福島大学商学論集四二巻一号（昭和四八年）一五八頁）。なお、ヘーデマンと松坂説との比較に関し、三宅・前掲「事務管理者の行為の本人に対する効力」谷口還暦　不当利得・事務管理の研究(1)三五六頁参照。

（8）　磯村・前掲「法律学一五〇講民法（債権法）11不当利得」法学セミナー二二号二一頁。

（9）　Ewald, a. a. O., S. 173.

（10）　ドイツの判例には、M－Y間に家族関係、賃貸借関係などが存在している事案がかなり存在する。これらに関しては、本書七九九頁以下注（1）～（3）および松坂・前掲『不当利得論』二〇五頁、二三〇頁、山田幸二「判例批評」民商法雑誌六四巻四号（昭和四六年）六七一頁以下、特に普通法時代のものに関しては谷口知平『不当利得の研究』（昭和四四年）一七一頁以下に紹介されている。

（11）　Vgl. Ewald, a. a. O., S. 173.

（12）　たとえば、ヘーデマンは、MのYに対する債権には、Mのすべての債権者がかかっていけることを問題にしている（Hedemann, a. a. O., S. 9）。この点その他を理由として彼はXのYに対する直接の不当利得返還請求権を認めるのであるが、ここで問題とされているのは〔Ⅰ〕の事例にほかならない。また、前に記したように、エヴァルトは、YがMに給付の対価を引き渡していないことを、転用物訴権の要件としている。この趣旨から考えれば、彼は〔Ⅱ〕の場合には転用物訴権を承認しないであろう、と推測できる（引用は、本書七〇五頁注(28)参照）。

（13）　前注に述べたヘーデマンの説は、その根底にこの種の実質的判断が存在することを明らかにするものであろう。

（14）　転用物訴権に関して著者が昭和四八年に私法学会にて発表したさい、鈴木禄弥教授より、転用物訴権はそもそもXに優先的な立場を認めうるような特殊な関係がある場合に認められるのではないか、との趣旨の発言があった。事務管理関係、間接代理関係に直接言及されたわけではないが、この発言は本書に述べた諸学説と発想の基本的志向を同じくしている、といえよう。

（15）　後期普通法においてもアルネスベルク、バロン、プフタなど転用物訴権否定説が存在しなかったわけではない。しかし、圧倒的に多数の学者は、Mが事務管理人として行為したことを要件としてこれを承認していた（学説状況の詳細に関しては、König, a. a. O., S. 109 f. Anm. 1, 2, 3 参照）。そして、一部の学説は、Xが受任者Mと契約を締結した場合にも、一定の要件のもとに転用物訴権の適用を拡張した。一八世紀末葉に施行されたプロイセン一般ラント法は、一八世紀の学説の傾向を受けつぎ、「財産から何物かが他人の利益に使用された」場合という非常に広い表現をもって転用物訴権の承認範囲を規定した（§ 262 I 13）。しかし、学説は、仲介者が事務管理人ないし受任者として行動した場合にそれを限定した。一九世紀中葉のザクセン民法典になると、転用物訴権を「代理人が自らの名において行為したとき」（§ 791）に認めることにした上、それを代理に関する規定の末尾においた。ドイツ民法施行後にも、学説が事務管理、間接代理関係が存在する場合に特に転用物訴権を問題とすることに関しては、この後期普通法の影響を窺うことができる（König, a. a. O., SS. 109 ff. u. 13 f. なお、詳細は、磯村哲「不当利得・事務管理・転用物訴権の関連と分化（一）、（二）」法学論叢五〇巻四号三二〇頁以下、五・六号（以上昭和一九年）四四一頁以下参照）。

したがって、ドイツにおいては、転用物訴権否認説も、「理由書」（本書七五四頁注（4）参照）、注（26）にみるケメラーなどのように、事務管理、間接代理などの場合を念頭におきつつ、それを否定する例が多く見受けられる。

(16) 間接代理に関しては、本書七七八頁注（3）、事務管理に関しては本書七八八頁注（2）参照。

(17) 本書七八八頁注（1）参照。

(18) 判例は、当初事務管理人に代理権を認めたものの、後にはそれを否定したが、この点については、本書七八三頁、七八九頁注（4）～（6）参照。

(19) この点については本書七八八頁注（3）参照。なお、近時の四宮説も、一般には代理権の発生を否定するものの、例外的には代理権の発生を認めるようである（四宮和夫『事務管理・不当利得・不法行為上巻』（現代法学全集10）（昭和五六年）三七頁）。

(20) Müller-Erzbach, a. a. O., S. 39. なお、詳細は本書七七一頁以下参照。

(21) 本書七七八頁注（4）参照。

(22) この直接の請求が、M破産の場合に実益があることを説くものとして、Müller-Erzbach, a. a. O., S. 27.

(23) この点については磯村・前掲「不当利得・事務管理・転用物訴権の関連と分化（二）」法学論叢五〇巻五・六号四五七頁以下を参照されたい。

(24) この点に関する於保教授の指摘は、きわめて鋭い。「もしこの訴権が事務管理と結合すべきものであるとするならば、事務管理人の管理行為によりこの訴権でもつて本人と第三者とが直接に結びつけられることになる。したがつて、これは、委任による actio (quasi) institoria と同様に、事務管理に基づく直接代理の制度へと発展すべきであつたのではあるまいか。学説にあっては……、この訴権は間接代理の欠陥を補充するものであり、しかもなお、これは事務管理訴権と密接な関係にあることを認めながらも、一、二の学者（Förster, Ogonowski）を除いては、直接代理への発展性を説いていない。……」（於保不二雄『財産管理権序説』（昭和二九年）一八九頁）。

(25) 三宅・前掲「事務管理者の行為の本人に対する効力」谷口還暦　不当利得・事務管理の研究(1)三三八頁以下。

(26) 転用物訴権を否定するドイツの通説は、この実質論に反対のようである。なぜなら、転用物訴権の承認が、間接代理の場合にXに破産法上の優先的手段を与えるという事実に着眼した上で、それに反対している例が見受けられるからである（E. v. Caemmerer, Bereicherung und unerlaubte Handlung, Gesammelte Schriften, Bd. 1, (1968), S. 247）。なお、間接代理関係がある場合に、XのYに対する請求を一般に否定すべきことにつき、E. v. Caemmerer, Bereicherungsansprüche und Drittbeziehungen, JZ 17 (1962), 385 ; Caemmerer, Gesammelte Schriften, Bd. 1, (1968), S. 321 f.

(27) Seuffert, Beiträge zur Gesetzgebung, S. 119 (zit. nach König, a. a. O., S. 13).

(28) 近時の判例から一例をひけば、最判昭和五九年三月八日金融法務事情一〇七〇号三六頁は、不当利得以外の形をとって転用物訴権の問題が争われた一例といえよう。ここでは、X－A間の工事請負契約にもとづきXは請負代金の一部の支払を受けていたが、その後契約の相手方であるAが破産したため、Xはその請負代金の支払を、Aと建設共同企業体関係にあったYに求めたが、その請求を原審、最高裁とも認めなかったものである（事案の詳細は、東京高判昭和五六年四月二七日判タ四五二号一〇〇頁参照）。

第二項　間接代理

一　間接代理は、間接代理人の名をもって法律行為がなされるが、その経済的効果は、本人（委託者）に帰属させる制度である、といわれている。[1] 問屋、仲買人などが代表的であるが、それらにおける権利移転は、相手方↓間接代理人↓本人という経路をたどると考えられており、[2] 一般的見解としては、間接代理人と相手方間の法律行為は、その当事者間で発生し、本人に対しては効力が及ばない、とされる[3]（ただし、通説自体もこのように割り切った考え方を貫徹することには、多少躊躇を示しており、[4] 問題が残っていることは学界でも充分意識されている[5]）。これに対し、ミューラー＝

エルツバッハは、間接代理人と相手方間の外部契約によって、相手方と本人とが相互に権利・義務を取得する、と説く(6)（ただし、間接代理人は本人と並んで相手方に補充的に責任を負うし、本人が責任を負わないような事情がある場合には間接代理人が責任を負う）。しかし、彼の説は、彼の利益較量自体に対する反対があり、その上それが必ずしも実定法規に根拠をもたないことが主たる障害となって、ほとんど支持者を見出さなかったし(8)、彼自身も後に立法論である旨を明言するに至った(9)。しかしそうではあっても、X－Y間に直接的法律関係を構築することを全面的に放棄する通説の結論にも賛同しがたい。実質論としては、おそらくは次のように考えられるのではなかろうか。間接代理制度は、種々の目的で用いられる。間接代理をその内容とする委任契約が、Yを、X－Mの法律行為の背後にとどめ、契約へのYの関与を不明にすることを目的として締結された場合(10)には、X－Y間に直接の法律関係が構築されるべきではあるまい。しかし、それ以外の場合、特にY自身に信用がないためMの信用を利用して取引をするために間接代理制度を用いるなどの場合(11)には、Mの関与は維持しつつもX－Y間に直接の法律関係を構築する途を認めるべきであろう。なぜなら、これによってX、M、Yの法律関係が一挙に解決され、後に検討するように各当事者の利益状況に即した簡便な解決が可能となるからである。そして、これは、間接代理に関する近時の学説の努力の方向とも、その軌を一にしよう(12)。

二　では、右の実質的判断は、いかなる法律構成によって実現されうるであろうか。

まず、Yの委託を受けたMが間接代理人として行動してXと法律行為をなし、それによって、X、Mの両当事者、あるいは一方当事者が、債権を取得し、債務を負担する場合を想定する(13)。初めにXが有する債権について考えてみよう。Xが契約にもとづき債務者Mに対して自らの債権を行使しうることは、当然である。しかし、それと並んで、Xは次の構成にもとづきYに請求することも可能である。M－Y間の関係は委任契約であるから、Mは自らの債務が弁済期にあれば、Yがそれを弁済すべきことを、Yに対して請求しうる（民法六五〇条二項、代弁済請求権（債務解放請求権、債務免脱請求権とも呼ばれる））。Xは、MのYに対する代弁済請求権を債権者代位権にもとづき代位行使しうる。[14] この結果、Xは自らの選択によりその債権の弁済をMとYとの双方に請求しうることとなる。MのYに対する代弁済請求権をXが直接行使することに関しては裁判例もあるが、それは後に譲ろう。[15]

次に、Mが有する債権を考えると、Mが、自らの債権をXに対して行使しうることには問題がない。そして、Mは、Yとの委任契約にもとづきその債権をYに移転する義務を負う（民法六四六条二項）。Yは、これにもとづき債権譲渡をMに請求しうる。この債権譲渡の手続を履践した上で、YははじめてXにその債務の履行を直接請求しうる。[16] なお、有力な学説は、間接代理の場合にはM－Y間の権利移転が当然に——新たな意思表示を必要とせずに——行なわれる、と主張する。[17] この説によれば、M－Y間に債権譲渡契約が新たに締結される必要はなく、単にXに対し対抗要件を具備すれば足りよう。

以上の構成によって、間接代理の場合、X、Yのそれぞれに相手方に対する直接請求の途が開かれることになる。しかし、間接代理のすべての場合に以上の効果が与えられるわけではない。間接代理は、前述したように本人が背後に退き、表面にでることを避ける目的で用いられる場合がある、といわれる。間接代理（委任契約）の当事者が右の意図を有する場合に、X－Y間に直接の法律関係が結ばれては、当事者の目的は達成されない。しかし、この問題は、前述した法律構成によって当然に解決されている。Yがあくまで背後にとどまることを目的として間接代理関係に入った場合には、委任契約の趣旨からして、当事者の意思表示によって任意規定である民法六五〇条二項は排除され、MはYに対し代弁済請求権をもたないものと思われる。したがって、XがMの権利を代位行使することは不可能であり、XはYに請求する途はなくなる。逆に、Yも、Xに直接請求する途はなくなる。なぜなら、当事者が右の意図を有する場合には、M－Y間の委任契約の内容は、M自身が契約を実行し、その結果をMがYに移転することになるであろう。したがって、MがXに対して有する未履行債権をYに移転することは、委任契約の趣旨に反し、たとえYがMにそれを請求しても、認められないであろう。すなわち、この場合には当事者間の委任契約の趣旨から、民法六四六条二項にいう「権利」には未履行債権などは含まれず、Mが最終的に取得する所有権、その他の権利のみを意味する、と解される。それに対し、当事者が特に背後者になることを意図しない委任契約の場合には、Yは、所有権等々の最終的な権利をMから取得することも可能であるし、また、未履行債権をMから譲り受け、自らの手で債権の履行を求める途を選択することも可能であることになろう。なお、当事者の意図（委任契約の趣旨）によって間接代理に二種のものが存在することを明示するために、本書においては、当事者の意図から直接請求を認めることができるものを「半授権型間接代理」、それを認めるべきでないものを「非授権型間接代理」と呼ぶことにする（間接代理には中間者（間接代理人）の存在が法律効果においても意味をもつので「完全授権型」のものは存在しえず、「半授権型間接代理」は「完全授権型直接代理」（一般の直接代理）と「非授権型間接代理」の中間的存在となる）。

三　間接代理は、しばしばその経済的実質は代理である、といわれる。以上の構成によって、その実質に即した法的手段――すなわち、一定の場合に代理と同様に、X、Yにそれぞれ直接的な請求を可能ならしめる方法――を与えることができた、と考える。しかし、このような直接的請求を認める必要はない、との見解も存在しないわけではない[18]。次に、以上の著者の結論の妥当性を、各当事者の利害状況の検討を通じて、検証する。

まず、Yの利害を考えてみる。Yの債務負担に関しては、Yはいずれにせよ Mの代弁済請求権に晒されている。Xがそれを代位行使したところで、Yにとっては、弁済の相手方が事実上MからXに変わるにすぎない。Yが特に背後者にとどまる意図を有している場合には、そもそも代弁済請求権自体が発生せず、非授権型間接代理として、YがXの直接の請求に晒されることはなく、Yの意図は達せられる。

次にYの有する債権に関しても、Yの利益は保持されているといえる。Yとしては、Xの債務の履行はMが受けるものとした上で、Mにその結果（取得した所有権など）をYへ移転させる途を選択することも可能である。Yがこの途を選択しない場合に、Mに債権譲渡を請求することも可能である、というにとどまる。委任契約に特に規定されていないかぎり、いずれの途を選択するかは、もっぱらYの自由意思に委ねられている。

次に、Xの立場を考えよう。債務負担に関しては、Xはいずれにせよ Mに債務を負っているのであり、M－Y間の債権譲渡によって弁済の相手方がYに変更されたにすぎない。Xが、Mを相手方として取引しているとのみ考え、背後者Yの存在を知らないこともあろう。しかし、この点を特にXの不利益としてあげるのは当たらない。Yの請求は、債権譲渡の手続を履践した上でなされる。したがって、それは債務者Xにとって一般に生じうべき事柄であり、かつXへの対抗要件が具備される以上、不意打ちの恐れはないからである。Xの債権に関しても、Xはより有利にこそなれ、なんらの不利益を蒙らない。間接代理人と取引する場合、Xとしては間接代理人Mの信用を目あてとすることが多い、といわれる。したがって、Yに対する請求しか認められないとすると、Xの予期は保護されない。しかし、私見は債権者代位権という構成によっているので、XはMに対する債権を失うことなく、Yに直接請求する可能性が並存することになるから、Xの保護はより厚くなるだけである（Mの一般債権者との関係は後述）。

次に、Mの立場を考える。Mは、次の二点で利害関係を有する。第一は、XのYに対する直接請求を認めることに伴うMの利害であり、第二は、YのXに対する直接請求を認めることに伴うMの利害である。まず、第一の点としては、Xが債権者代位権を行使してYに請求した場合、MがXに対する未履行の反対債権を有していたとすれば、それはどう保護されるのか、が問題となる。もちろん、Yはその反対債権を同時履行の抗弁として援用しうる。しかし、YがMの信頼を裏切って、同時履行の抗弁を主張しなかった場合、Mは反対債権の履行確保の機会を一つ失うことになる。これが障害となってXの債務履行を求めることが事実上困難になった場合には、M-Yの委任契約関係において債権者による債務の履行の妨害があったのであるから、条件成就妨害の場合（民法一三〇条）に準じて、債務者Mは、その債務の内容が「成就シタルモノト看做スコトヲ得」る、と考えるべきであろう。すなわち、Mは、Xに債務を履行させその結果をYに移転することはもはや必要でなく、Xに対する未履行債権が実現されたものとみなして、未履行債権のままYに移転すれば、委任契約上の責を免れることになる。その場合に、Mは、Yに対する報酬請求権などの特約があればそれを失わないことも、Yに対し損害賠償義務を負わないことも、当然であろう。

第二の問題は、YのXに対する直接請求を認めることに伴うMの利害——MがYに対して報酬請求権、費用償還請求権などの債権を有している場合にそれを保護する必要があること――である。しかし、この問題は、YがMに債権譲渡を請求するさいMがそれを同時履行の抗弁として主張しうるので、簡単に解決しうる。以上の二点が解決されれば、前述した法律構成によってMが不利益を蒙るおそれはない。X－Y間に直接請求が認められることによって、Mは委任事務の処理から解放されるだけだからである（詳しくは次段参照）。逆に、Mが事務処理を行なうことをも狙って間接代理が用いられた場合に、X－Y間の直接請求を認めることにより、右目的が達せられない点が問題となろう。しかし、この点はすでに前述した法律構成によって解決されている。間接代理を内容とする委任契約が右の趣旨である場合には、非授権型間接代理として代弁済請求権も債権移転請求権もM－Y間の委任契約によって排除されているであろう。したがって、X－Y間に直接請求の認められる余地がなくなるからである。

以上、X、Y、Mの利害を分析したが、ここで問題となるのが、Mの一般債権者の利害である。X－Y間の直接請求によって、M自身は不利益を蒙らない。直接請求によってMが一定の債権を失うことにはなるが、常にそれに対応する債務からも解放されているからである（Xが債権者代位権を行使した場合、MはYに対する代弁済請求権を失うが、同時にXに対する債務から解放される。Yが債権譲渡請求をした場合、Mはそれを履行することによりXに対する債権を失うが、爾後Yに受取物引渡義務など（民法六四六条）を負うことはなくなる）。したがって、Mが債務超過でないかぎり、Mの一般債権者は特に利害関係をもたない。ところがMが債務超過に陥っている場合には、Mが喪失する債権とMが解放される債務とは名目的には等価であるが経済的には等価ではなくなる。したがってこの場合に直接請求を認めることは、X、YにMの一般債権者に対する優先的立場を認めることに帰着する。このことに問題はないであろうか。各当事者の利害から、この点の実質的可否を論ずることにする。

まず、Yの優先的地位を検討する。かりに、これを問題とし、Mが債務超過の場合にX－Y間の直接請求を認めなかったとする。この場合、YからMに対する債権譲渡請求は認められず、M自身（またはその破産財団）がXの債務の履行を求めることになる。そして、それが物の収受であれば、民法六四六条によりYはMに対し受取物の引渡を請求しうることになる。ところが、判例は、M破産の場合にこのYの権利を破産債権とは考えずに、取戻権と構成している。[19]この結論自体は現在多くの学説の賛同を得ているが、[20]この構成によりMの一般債権者に対する優先的な立場をYに与えるならば、債権譲渡という構成によりYに優先的立場を与えるのと、結果は変わるところがなくなる。むしろ債権譲渡に関してYの優先的立場を否定するのであれば、この判例とバランスを失することが問題とされなくてはならない。もっとも、この判例は、Mが問屋の事案であり、間接代理一般に関して同じことがいえるか否かは、判旨からは必ずしも明確でない。しかし、かりに一部の有力説の実質論[21]のように、当該財産につき具体的実質的利害関係を有するYを一般的抽象的利害を有する他の一般債権者に優先させようと考えるならば、間接代理一般に関してYの優先を認めうることになろう。

次に、Xに優先的立場を与える点を考えてみよう。MがYに対してもっている代弁済請求権につき、Xは具体的実質的利益を有するのに対し、他の一般債権者は一般的抽象的利益しか有しないという実質論は、ここにも当てはまる。その上、MのYに対する代弁済請求権は、MのXに対する債務を前提としてのみ意味をもつ。それは、Mの消極財産を減少させる機能を営むにとどまりM以外の者にとってはほとんど経済的価値をもたず、[22]一般には換価を期待できない。したがって、それは、無益な差押の禁止（民事執行法一二九条一項）の趣旨、あるいは一身専属的権利であることを根拠に差押の対象からはずされるべきものであろう。この点からも、代弁済請求権をMの一般財産からはずし、Xの処分にまかせることの合理的根拠を見出しえよう。[23][24]

以上により、X‐Y間に直接請求を認めることが、すべての当事者の利害を考慮しても妥当であることが判明した、と考える。間接代理に関してミューラー＝エルツバッハが狙ったところは、日本法のもとにおいては現行法規に特に変更を加えなくとも、[25]委任と債権者代位の規定によって実現されうるものであった。転用物訴権による解決が前述したように（本書七六五頁）きわめて不徹底な彌縫策に終わることを考えると、この問題の解決は転用物訴権によるべきではなく、ここに述べてきたように、あくまで間接代理の問題として解決されるべきであると考える。

(1)　四宮和夫『民法総則』(昭和四七年)二三六頁。

(2)　星野英一『民法概論Ⅰ(序論・総則)』(昭和四六年)二一一頁。なお、四宮和夫「間接代理に関する一考察」鈴木古稀　現代商法学の課題上(昭和五〇年)三五五頁参照。

(3)　我妻栄『新訂民法総則(民法講義Ⅰ)』(昭和四一年)三三七頁、川島武宜『民法総則』(法律学全集17)(昭和四〇年)三〇七頁、四宮・前掲『民法総則』二三六頁、幾代通『民法総則』(昭和四四年)二九九頁、星野・前掲『民法概論Ⅰ』二一一頁など(ただし、次注を参照されたい)。

(4)　間接代理の授権ないし代理への接近を説くものとして、四宮説がある(四宮・前掲『民法総則』二三七頁)。また、前注に引用した間接代理に関する諸説のうち、川島説、幾代説、星野説においては、Mの取得した権利が新たな法律行為を要せず直ちにYに移転することが原則とされる。これらの説では、権利取得の経路はともかく、Mの法律行為と同時にYが権利を取得することになる。権利取得の側面にかぎっていえば、外形的には間接代理が直接代理と似た結果をもたらすことになる(文献引用頁は、前注参照)。また、これらの諸学説に影響を与えたと推測されるものとして、鈴木説がある。鈴木説は、問屋Mが破産した場合に、Mが取得していた債権、物権についてYがMの一般債権者に優先的な立場に立つべきことその他を説き、間接代理に関する伝統的法律構成に大きな疑問を投げかけた(鈴木竹雄「問屋関係に於ける委託者の地位(一)、(二)」法学協会雑誌五三巻一号、四号(以上昭和一〇年))。なお、これらの影響を受け、現在の判例は、M(問屋)破産の事案において、Yの取戻権を認めている(注(19)参照)。

(5)　必ずしも日本法の解釈論という視点からではないが、大塚龍児「問屋の委託実行行為により生ずる法律関係の観点から見たagencyの法理」鈴木古稀　現代商法学の課題下(昭和五〇年)一二一九頁以下が、この問題についての英米法の状況を克明に分析するのは、このような問題意識のもとでではないかと思われる。

(6)　R. Müller-Erzbach, Die Grundsätze der mittelbaren Stellvertretung aus der Interessenlage entwickelt, (1905), S. 39. なお、注(9)引用文献をも参照されたい。ミューラー＝エルツバッハの説の詳細については、大西耕三『代理の研究』(昭和六年)七頁以下、鈴木・前掲「問屋関係に於ける委託者の地位(二)」法学協会雑誌五三巻四号六三〇頁以下参照。

(7)　現行法は、間接代理に関する伝統的構成を前提とした諸規定をおいており、ミューラー＝エルツバッハの説は、それらの諸規定との整合性を欠く点がある。たとえば、間接代理の代表的な適用例である問屋に関しては、現行法は、問屋自身が権利・義務を取得することを予定しており、「問屋ト委託者トノ間」(X‐M間)においては代理に関する規定を準用する、とする(商法五五二条)。ここではX‐Y間にMの法律行為の効果が直接発生することは、考えられていない。この点は、ドイツ商法三九二条(注(16)に訳出)においては、より明白である。委任に関する規定においても、いったんMが権利を取得し、それをMがYに移転することが予定されており、Yが直接権利を取得することは予定されていない(民法六四六条二項)。もっとも私的自治の範囲内で委任や問屋の規定が前提としていない、ミューラー＝エルツバッハの提唱と類似した別の型の間接代理を構成することも不可能ではあるまい(ただし、第三者に影響があるところの代理的効果を発生させるためには、それがX‐M、M‐Yの双方の契約で予定されていることが必要であろう)。また、代理の顕名主義の例外をなす民法一〇〇条、商法五〇四条の規定を基礎としつつ、第二の型の間接代理を非顕名代理として構成することも不可能ではあるまい。しかし、ミューラー＝エルツバッハの所説がきわめて示唆に富む内容を含みながらも、その後の学説に受けつがれていないという歴史に鑑み、本文ではより現行法規に密着した法律構成を提唱したものである。

(8) J. v. Gierke, Handelsrecht und Schiffahrtsrecht, 7. Aufl. (1955), S. 526 ; K. Lehmann, Lehrbuch des Handelsrechts, 2. Aufl. (1912), S. 840. 小栗栖国道「問屋が売買に基き為したる売買の効果(一)」法学論叢三巻二号(大正九年)四〇頁以下、大西・前掲『代理の研究』一〇頁以下、鈴木・前掲「問屋関係に於ける委託者の地位(一)、(二)」法学協会雑誌五三巻一号三頁、四号六三一頁。

(9) R. Müller-Erzbach, Der Durchbruch des Interessenrechts durch allgemeine Rechtsprinzipen, Jhering's Jahrbücher Bd. 53 (1908), 338f.

(10) 間接代理がこの目的のために用いられることにつき、Müller-Erzbach, Die Grundsätze der mittelbaren Stellvertretung aus der Interessenlage entwickelt, S. 6. 大西・前掲『代理の研究』五頁参照。

(11) これについては、Müller-Erzbach, a. a. O., S. 5 f. 大西・前注引用書五頁参照。

(12) 注(3)、(4)引用の諸学説、特に四宮説参照。

(13) 本書七九四頁注(24)に記したような諸場合があることに留意されたい。

(14) 債権者代位権は、債務者の一般財産の保全を本来の目的とするが、特定債権の保全などの目的にも転用されてきた。本書の構成により、Mの無資力を要件としないこの種の転用にさらに一場合が追加されることになる。なお、間接代理に問題を限定した上ではないが、この代弁済請求権を代位行使するという構成は、後に鈴木説の賛同を得るに至った（鈴木禄弥『債権法講義』（昭和五五年）四六四頁）。

なお、本書の範囲をこえるので詳論はさけるが、著者自身は債権者代位権の適用範囲に関し、債権関係の連鎖がある場合の問題の処理に債権者代位権は適しているので、条文にない無資力要件を要求する必要はなく、広く債権者代位権の適用を認めてよいと考えている（この見解を精力的に展開するものとして、天野弘「債権者代位権における無資力理論の再検討（上）、（下）」判例タイムズ二八〇号二四頁、二八二号（以上昭和四七年）三四頁、同「債権者代位権の現代的機能について述べよ」民法学4（昭和五一年）一三三頁、同「債権者代位権をめぐる実務上の問題点（上）、（下）」NBL一五三号六頁、一五四号（以上昭和五三年）二〇頁、同「権利者の権利行使を妨げる法解釈の是正について」末川追悼　法と権利1民商法雑誌七八巻臨時増刊(1)（昭和五三年）二六四頁などがあり、近時はこれに賛意を示す議論も多い。なお、この点についての判例、学説の状況や債権者代位権制度の立法趣旨については、浦川道太郎「債権者代位権制度に関する一考察――債務者の無資力要件との関連において――」内山＝黒木＝石川還暦　現代民法学の基本問題中（昭和五八年）一頁以下参照）。

なお、このような債権者代位権の適用範囲の拡張を避けようとすれば、次の構成も考えられなくはない。M－Y間の委任契約は、Yがあくまで背後者にとどまることを希望するような場合を除き、Mの代弁済請求権のみならずYの債務引受をも含んでいる、と解する方法である。やや「意味の持ち込み」の嫌いがなくはないが、間接代理を目的とする委任契約の意思表示のうちに、事案によっては、代弁済請求権を一歩すすめた重畳的債務引受の意思表示を読みとることも不可能ではあるまい（本書七八八頁注(3)引用の横田説は、これに近い。なお、「意味の持ち込み」については、穂積忠夫「法律行為の『解釈』の構造と機能（二）」法学協会雑誌七八巻一号（昭和三六年）三一頁以下参照）。この構成が可能であるとすれば、XがYに弁済を請求すれば、Xの受益の意思表示があったことになり、その請求は認容されよう。

(15)　これらの裁判例は、一部に判決理由中における一般論として委任に関して叙述を展開するものもあるが、本来は事務管理に関するものである。これには事務管理法特有の問題がからむのであるが、この点は、本書七九〇頁以下注(14)、(15)、(16)参照。

(16)　ドイツ商法三九二条は、問屋に関し次のように定める。「①委託者は、問屋が締結した行為から生じた債権をその譲渡を受けた後に初めて債務者に主張しうる。②しかしながら、この債権は、それが譲渡されないとしても、委託者と問屋またはその債権者との関係においては、委託者の債権とみなす。」ここでもYがXに直接請求しうるためには、債権譲渡が前提とされている。

(17) 学説の引用は、注(4)参照。

(18) 鈴木・前掲「問屋関係に於ける委託者の地位(二)」法学協会雑誌五三巻四号六三一頁以下。

(19) 最判昭和四三年七月一一日民集二二巻七号一四六二頁、最判昭和四三年一二月一二日金融法務事情五三三号三二頁。

(20) 竹田省『商行為法』(昭和九年)一三九頁以下、神崎克郎「証券売買委託者の法的地位(一)」神戸法学雑誌一三巻四号(昭和三九年)五〇二頁以下、鈴木竹雄『新版商行為法・保険法・海商法』(昭和四二年)三七頁、西原寛一『商行為法』(法律学全集29)(昭和四三年)二六六頁、石田満「最新判例批評」判例評論一二一号(昭和四四年)三〇頁、藤原弘道「判例批評」民商法雑誌六〇巻三号(昭和四四年)四一九頁、渋谷達紀「判例研究」法学協会雑誌八六巻一〇号(昭和四四年)一二一〇頁、同「問屋の破産」商法の判例〔第三版〕(ジュリスト増刊)(昭和五二年)二六二頁、石井照久『商法Ⅱ(商行為・海商・保険・有価証券)』(昭和四四年)五七頁、大隅健一郎『商行為法』(昭和四八年)一一一頁、石井照久＝鴻常夫『商行為法　商法Ⅴ』(昭和五三年)一二〇頁、平出慶道『商行為法』(現代法律学全集一七)(昭和五五年)三七四頁、大塚龍児「問屋の破産と委託者の取戻権」商法の争点〔第二版〕(ジュリスト増刊)(昭和五八年)二一四頁。なお、これに反対する説として田中耕太郎『商行為法講義要領』(昭和五年)一二四頁以下、小町谷操三『商行為法』(新法学全集一八巻)(昭和一七年)一五一頁以下、田中誠二＝喜多了裕＝堀口亘(当該部分担当)＝原茂太一『コンメンタール商行為法』(昭和四八年)二七四頁以下。

(21) 鈴木・前掲「問屋関係に於ける委託者の地位(二)」法学協会雑誌五三巻四号六三九頁以下。

(22) 三宅正男「事務管理者の行為の本人に対する効力」谷口還暦　不当利得・事務管理の研究(1)(昭和四五年)三五九頁も、Mの一般債権者がMの代弁済請求権を差し押えることを許さない、とする。なお、この点についてのトゥールの見解に関し本書七九三頁注(19)参照。

(23) ドイツの判例にも、代弁済請求権の債権譲渡が可能か否かに関し(ドイツ民法三九九条)、請求権者が変わることによって請求権の内容が変更されることを問題としたものがある(RG 1911. 5. 23. JW 1911. S. 711. Nr. 8 など)。

(24) 代弁済請求権を孤立的に考察するかぎり、本文叙述のようにいうことが可能であろう。しかし、Mは、代弁済請求権を行使するかわりに、Yに費用前払請求権（民法六四九条）を行使した上で自らXに債務を弁済することも、あるいは、先にXに債務を弁済した上で費用償還請求権（民法六五〇条一項）を行使することも可能である。代弁済請求権は、これらの請求権と相互に代替的機能を営む関係にある。そして、代弁済請求権自体は「為す債務」としてこの場合M以外の一般債権者にとって経済的価値をもたないが、他の二つの請求権は「与える債務」として一般的な経済的価値を有する。代弁済請求権が行使されることによって、他の二つの請求権も消滅することを考えると、代弁済請求権をMの一般財産からはずすことに疑問がないわけではない。もちろん費用前払請求権をも差押禁止財産と考えるかぎりは（兼子一『新版強制執行法・破産法』（昭和四三年）八一頁）、この点についての考慮は不要かもしれない。しかし、費用償還請求権までも差押禁止財産と考えることは、おそらくできないであろう。その上、従来の紛争にも代弁済請求権と他の二請求権との関係が問題となるべきものがままあったことを考えると（大判大正一四年九月八日民集四巻一〇号四五八頁、福岡高判昭和二七年一二月二四日高民集五巻一三号六九〇頁、最判昭和四七年一二月二二日民集二六巻一〇号一九九一頁）、代弁済請求権をMの一般財産からはずすという結論を導くためには、本来この三つの請求権の関係をつめることが必要であろう。日本ではこの点は判例評釈を別にすると一部で論じられているにとどまるようである（三宅・前掲「事務管理者の行為の本人に対する効力」谷口還暦　不当利得・事務管理の研究(1)三五八頁以下、我妻栄『債権各論中巻二（民法講義V_3）』（昭和四一年）六八三頁以下。判例評釈として、伊藤秀雄「判例批評」民商法雑誌六九巻一号（昭和四八年）一四八頁、小倉顕「判例解説」最高裁判所判例解説民事篇昭和四七年度（昭和四九年）三九〇頁、平井宜雄「判例研究」法学協会雑誌九一巻四号（昭和四九年）七一六頁）。しかし、ドイツでは、M破産の場合に代弁済請求権（ドイツ民法二五七条、次注参照）は金銭債権に変じ破産財団に属す、との判例があり、学説も同様の結論をとっている（RG 1903. 6. 8, RGZ 55, 86. 傍論としてではあるが、RG 1933. 2. 2, RGZ 139, 315. 学説として、RGR Kommentar, Das Bürgerliche Gesetzbuch, Bd. 1, 10. Aufl.,（1953）, S. 501 ; J. v. Staudingers Kommentar zum Bürgerlichen Gesetzbuch, Bd. 2, Teil 1c, 10/11. Aufl.,（1967）, S. 172 ; E. Jaeger, Konkursordnung mit Einführungsgesetzen, Bd. 1, 8. Aufl.,（1958）, S. 357 ; F. Mentzel = G. Kuhn, Kommentar zur Konkursordnung, 7. Aufl.,（1962）, S. 17 f. ; A. Böhle-Stamschräder, Konkursordnung, 9. Aufl.,（1969）, S. 26）。この問題は本書の直接のテーマとあまりにも離れるため、本書では特に立ち入ることはしなかった。かりにその点の検討から、代弁済請求権をMの一般財産からはずすことはできないとの結論が導かれたとしても、鈴木説類似の実質論――Xは、代弁済請求権に関し具体的実質的利害を有するが、他の債権者は一般的抽象的利害を有するにとどまる——が、本文の結論を根拠づけうるであろう。なお、利益状況判断から、M破産の場合にMの一般債権者の介入を許さず、X－Y間に直接の法律関係を構築すべきことを説く者として、Müller-Erzbach, a. a. O., S. 26ff.

（25） ドイツ法には、日本民法六四六条二項、六五〇条二項、債権者代位権に対応する規定が欠けており、この解釈論の採用にはやや困難が伴う（もっとも、ドイツ民法六六七条は、日本民法六四六条二項の規定の趣旨を含むものとして解釈されている。また代弁済請求権に関する規定は、ドイツ民法の委任の節には欠けるものの、ドイツ民法二五七条が一般的に債務免脱請求権（代弁済請求権）を定める）。

第三項　事務管理人の代理権

一　次に事務管理の問題を検討する。すなわち、MがYの事務管理人としてXと法律行為をした場合にX－Y間に直接の法律関係を構築することいかんという問題である。これに関し、一部の学説はYの名で法律行為が行なわれた場合にMに代理権を認め、X－Y間に直接の法律関係を承認しようとするのに対し[1]、通説はそれに否定的である[2]。しかし、通説の割り切った結論に対する疑念は、端的に代理権を認める少数説以外からも表明されていないわけではない[3]。判例もいったんは事務管理人に代理権を認めたが[4]、後にはそれを否定した[5]（ただ、これをどのように評価するかについては、多少検討を要すべき点がある[6]）。この点に関し、学界の大勢が事務管理人に代理権を認めることに否定的な原因としては、次の二つを考えることができよう。第一に、民法典自身は事務管理人に代理権を与えることを必ずしも予定しておらず、そのための根拠規定がないこと。第二に、Mに代理権を付与することが、私的自治の原則に反することである[7]。すなわち、事務管理人に代理権を認めると、本人Yは、自ら意図しない他人の行為により法律関係の変動に晒されることになり、その法的地位がきわめて不安定となる。はたしてこの結果が妥当であるのか、あるいは常に事務管理人に代理権を認めてよいのか、が問題とされる[8]。これらの根拠はそれなりに的を射たものではあるが、それによってX－Y間の直接的関係を全面的に否定する通説の結論までもが根拠づけられるか否かは、また疑わしい。判例評釈その他に指摘されているように[9]、Mが事務管理人として法律行為をなしたうちの一部には、Yに法律効果を帰属させるほうが妥当な場合があるように思われる。いつYに法律効果を帰属させるべきかという実質論とそのための法律構成とを関連させつつ、次に論ずることにする。

二　X－Yの直接的法律関係には、XがYに請求する関係とYがXに請求する関係とがあるが、まず前者から考察しよう。後述するトゥール、三宅説に示唆を受けつつ、ここでも事務管理人の代弁済請求権に着眼してみる。事務管理人Mは、「本人ノ為メニ有益ナル債務ヲ負担シタルトキ」にはYに対して代弁済請求権を有する（民法七〇二条二項）。間接代理に関してと同様、この代弁済請求権をXが代位行使する、という構成は考えられないものであろうか[10]。

実質論としてXのYに対する直接請求を認めるのが妥当な場合とはいつであるのかを、各当事者の利害を中心として考えてみながら、右の法律構成を検討してみよう。Xの立場を考えると、従来通説によればXはMにのみかかっていけるとされていた。したがって、M、Yのいずれにもかかっていく可能性を認めた右の構成がXにとってより有利なものであることは疑いを容れない。また、M、およびMの一般債権者の利害は、XからYへの代弁済請求権の代位行使に関するかぎりは、間接代理についての検討結果と同様である。各当事者の利害状況が、唯一間接代理と異なるのは、Yの立場に関してである。間接代理の場合は、Yは、三当事者間の取引が行なわれることを知悉していた。したがって、間接代理を内容とする委任契約が特にYを背後者にとどめる趣旨でないかぎり、Yへの直接請求を一般的に認めても、Yへの不意打ちとなる恐れはなかった。それに対し事務管理の場合、本人Yは、MがMの法律行為に拘束される結果を承認することはできない。Y自身に対する拘束を認めてよいのは、後に至ってYがそれを望んだ場合、あるいは、最低限それがYに不利益でない場合であろう。第一の、Yがそれを望んだ場合については、YからXへの請求、あるいは無権代理行為の追認との関連で後に検討することにする。第二の、Yに不利益でない、という要件についてであるが、これは前述した法律構成によって当然に実現されることになる。事務管理の場合、Mの代弁済請求自体が、Y「ノ為メニ有益ナル債務」についてしか認められない（民法七〇二条二項）。したがって、Xの直接請求が認められるのは、Mのなした法律行為がYに有益な場合にかぎられることになるからである（なお、債務自体がYに有益ということは通常考えられない。Yに有益な債務か否かは、法律関係全体から決すべきであって、債務負担部分のみを孤立して考察すべきではないことは、注(14)以下に分析した裁判例などからも明らかであろう）。

以上の構成によって、Yとしては、代弁済請求によってMとの関係においてはXに弁済することを義務づけられている範囲で、Xにも直接義務を負うことになる。もちろん、このように考えたとしても、Yは自らの意思にもとづかずして債務を負担することには変わりなく、私的自治の原則に反する、との批判は存在するかもしれない。しかし、そもそも事務管理制度自体が私的自治の例外なのであり[11]、民法七〇二条二項も私的自治の枠外でYのMに対する債務負担を認めている。本書に述べた法律構成は、「如何なる場合に有効且本人を拘束する事務管理が存在するか[12]」という命題の、本人の拘束の相手方を、債権者代位を認めることによってMからXに事実上拡大するにとどまる。Yは、特に新たな不利益を課せられるわけではない。

なお、従来の事務管理の裁判例においては、XからYへの直接請求が何度か問題とされ、その請求を認めるか否かにつき、裁判所の結論は分かれていた。その判断の分かれる原因としては、Mの債務負担行為がYにとって有益といえるか否か、をあげることができよう[13]。裁判において直接の請求が認められたのは、Mの事務管理行為が債務負担は伴いながらも全体としてYに多額の経済的利益をもたらした場合[14]、ないしMの事務管理行為がYに必要と認められる場合である[15]。それに対し、Mの事務管理行為がYに有益といえるか否か疑問がある二つの事案においては、直接の請求が否定されている[16]。これらの裁判例はXのYに対する直接請求が可能か否かに関する一般論を述べることによってそれぞれの結論を基礎づけている。しかし、裁判官は無意識のうちにも、Yに有益な債務か否かを顧慮して具体的には妥当な結論を導いていたように思われる。

次に、ＹのＸに対する直接請求を考える。ここでも、委任に関する受任者の権利移転義務の規定は、事務管理に準用されている（民法六四六条二項、七〇一条）。したがって、間接代理の場合と同様に、債権譲渡の方法をとってＹがＸに直接請求をすることがまず可能である。この直接請求を認めることに対する各当事者の利益状況は、Ｙを除けば、基本的には間接代理の場合と同様だからである（ただ、Ｍの一般債権者に対するＹの優先的地位を認めることにつき、利益状況そのものには変わりないものの、その根拠に関し間接代理とやや異なる点が生ずる）[17]。事務管理の場合、ＹはＭの法律行為に拘束されることを予期しているわけではないから、Ｙへの拘束を認めるためには、Ｙがそれを望むか、あるいはＹにそれが不利益でないことが必要である、とさきに述べた。この場合、ＹがＭに債権譲渡の請求をするか否かは、Ｙの意思に委ねられている（Ｍがその債権を実現するまで、Ｙがそれを放置しておくことも可能である）。したがって、Ｘ－Ｙ間に直接の法律関係が実現することに関しても、Ｙがそれを望んだ場合、という限定がつけられることになる。これに対して、ＸからＹに対する直接請求に関しては、Ｙに「有益」な場合という限定が附されていた。一見、ＸからＹへの直接請求と、ＹからＸへの直接請求の承認範囲に差異が生ずるようであるが、ＹがＭに債権譲渡を請求するのは、Ｙがそれを有益と考えた場合であろうから、両者の差異はそれほど大きくないものと思われる。このように考えるならば、ＹからＸに対する直接請求を認めることは、各人の利益状況から考え、益こそあれ害はないものと考えられる。

なお、Ｍが事務管理として法律行為をなすにあたっては、Ｍ自身の名をもって行為する場合と、Ｙの名をもって行為する場合の双方が考えられる[18]。後者は無権代理行為となるので、ＹがＭの無権代理行為を追認することによってＸ－Ｙ間に直接法律効果が発生することとなる。

以上の検討から、次の結論を導くことができる。Ｍが事務管理人として第三者Ｘと法律行為をした場合にも、それが本人Ｙに有益であるかぎりは、Ｘ－Ｙ間に直接の法律関係が構築される。これは一般的には半授権型間接代理と同様、代弁済請求権の代位行使と債権譲渡とを組み合わせた法律構成となる。さらにＭの行為が特に無権代理行為とみられる場合には、その追認という法律構成が可能となる。ここでの問題は半授権型間接代理の場合とほぼパラレルであり、前述したように不徹底な点が多い転用物訴権による解決策より、こちらの解決がより直截でありすぐれている、と考える。

三　事務管理に関して以上のような構成を考えてきたわけであるが、この問題に関して注目すべき見解をうちたてたのは、三宅説である。この説は、後期普通法のトゥールに倣って(19)、MがYのためにすることを表示しなかった場合に関し、XからYに対する次のような直接請求を承認した。YがMに対して負担する事務管理の代弁済義務の範囲内において、XはMに対して有する債権をYに対しても行使しうる(20)。この説においては不当利得法的構成が完全に払拭されており、Yの負担する債務は金銭債務に限定されないであろうし、またYの受益の有無を問わず請求が可能となる(21)。私見において、XのYに対する請求に関してMの代弁済請求権に着眼したのは、この説に示唆を受けたところが大きい。そして、XのYに対する請求内容に関しては、私見も三宅説と変わるところがない。それにもかかわらず、あえて代弁済請求権の代位行使として三宅説に異をたてたのは、次の点で法律構成が簡明になる、と考えたからにほかならない。三宅説の場合、同一内容の給付をめぐって、YはM、Xにそれぞれ債務を負担し、さらに、Xは同一内容の給付を目的とする債権をM、Yそれぞれに対して有することになる。これら三つの債権のいずれかが履行された場合、他の二つの債権のいずれか、あるいは双方が消滅しなくてはならない。ここでは、ドイツ民法の起草過程において問題にされたという(22)、三つの債権相互の錯綜した関係が残る。ところが、XのYに対する請求を債権者代位と構成することによって、この問題はすべて解決される。さらに、MのYに対する代弁済請求に対し、Yが同時履行の抗弁を有する場合がある。債権者代位という構成によれば特に問題は生じないが、三宅説ではこの種の問題の処理に窮する。これらを考えると、XのYに対する独立した債権を観念する三宅説より、債権者代位という構成のほうが、より問題の実質に即応しているように思われる。

なお、三宅説は、MがYのためにすることを表示した場合には、Mに代理権を認めることによってX－Y間の直接の法律関係を構築する。[23] しかし、Yにとって有益な範囲をこえて、YがMの事務管理行為に拘束されることを認めることが、はたして妥当なのであろうか。三宅説のあげるYの責任の軽減事由は、必ずしも事務管理行為がYにとって有益か否かと直接結びつくものではなく、この点では結論の妥当性に疑問が残る。この場合に事務管理人の代理権を認めるという解決よりも、前述した構成のほうが実質論としてより妥当な解決を導くように思われる。[24]

(1) 岡村玄治『債権法各論』（昭和四年）五六七頁、於保不二雄『財産管理権論序説』（昭和二九年）二三六頁、二四一頁、平田春二「事務管理」判例演習債権法2（昭和三九年）二二四頁以下、同「事務管理と代理」法学セミナー二二〇号（昭和四九年）九七頁以下、木村常信「事務管理・債権者代位権と法定代理」産大法学八巻三号（昭和四九年）一八頁以下。

(2) 松坂佐一『事務管理・不当利得〔新版〕』（法律学全集22－Ⅰ）（昭和四六年）三九頁、打田畯一「事務管理と無権代理」谷口還暦　不当利得・事務管理の研究(2)（昭和四六年）二八一頁以下、我妻栄『債権各論下巻一（民法講義V_4）』（昭和四七年）九二四頁など。

(3) 二、三の学説をあげよう。事務管理人（M）が本人（Y）の代理人として行為した場合、「管理人の行為は、無権代理に該当するも、本人は、管理人に対する関係に於ては、事務管理の効果として、追認すべき義務を負う。七〇二Ⅱ参照」（近藤英吉『債権法各論』（昭和一五年）一六四頁）。また、事務管理人（M）が本人（Y）の名をもって有益債務を負担した場合、「本人ハ管理者カ其名ヲ以テ負担シタル債務ノ承認ヲ拒絶スル権利ヲ有セサルモノトシ第三者ト本人トノ間ニ於テ直接ニ其債務ノ効力ヲ生セシメ管理者ノ責任ヲ解除スルヲ以テ立法ノ精神ニ適シタルモノト信ス」（横田秀夫『債権各論』（大正三年）八〇〇頁）。これらの説は、Mの行為を有権代理とはしないものの無権代理と割りきることにも抵抗を示している。これ以外にも、判例評釈その他に、一定の場合にX－Y間に直接の法律関係を設定すべき場合があることを、認めたものもある。たとえば、「何等かの要件のもとに、Yに効果が帰属する場合をも認めてよいように思われる」、あるいは、「無権代理関係を生ずると見て、……事態に即して具体的に公平な結果を得るために、YとXとの間に効力を認めるのが妥当な場合には、Yの黙示的追認を認定すればよい」などの主張が見受けられる（前者は、星野英一「判例研究」法学協会雑誌八〇巻四号（昭和三七年）五五八頁、民事判例研究第二巻2債権（昭和四七年）四九六頁。後者は、谷口知平「判例批評」民商法雑誌四六巻五号（昭和三七年）九一三頁。なお、M、X、Yの記号は、一定語句を著者が変じたものである)。

また、近時の四宮説が、一般には通説的見地から事務管理人の代理権を否定しながら、「他人の法益が急迫の危険に瀕している」ときに限り代理権の発生を認めようとするのも、基本的には中間的取扱を試みるものであろう（四宮和夫『事務管理・不当利得・不法行為上巻』（現代法律学全集一〇）（昭和五六年）三七頁)。

(4)　大判大正六年三月三一日民録二三輯六一九頁。

(5)　大判大正七年七月一〇日民録二四輯一四三二頁、最判昭和三六年一一月三〇日民集一五巻一〇号二六二九頁。

(6)　星野・前掲「判例研究」法学協会雑誌八〇巻四号五五五頁、民事判例研究第二巻2債権四九六頁、谷口・前掲「判例批評」民商法雑誌四六巻五号九〇九頁、山本進一「最新判例批評」判例評論四六号（昭和三七年）一五頁、平田・前掲「事務管理」判例演習債権法2一二〇頁参照。

(7)　事務管理人に代理権を認めることに、私的自治の原則から反対する説として、来栖三郎「民法における財産法と身分法（三)」法学協会雑誌六一巻三号（昭和一八年）三五五頁以下、山本・前掲「最新判例批評」判例評論四六号一六頁、打田・前掲「事務管理と無権代理」谷口還暦　不当利得・事務管理の研究(2)（昭和四六年）二九七頁。

(8)　平田・前掲「事務管理」判例演習債権法2一二四頁は、この観点から、事務管理人に代理権を与える反面、事務管理の成立範囲を限定することを提唱する。このかぎりにおいては平田説は説得的であるが、代理権付与以外の民法の定める諸効果も同時に問題となる場合に、事務管理の成立範囲を限定することがはたして望ましいのか否かについて疑問が残る。なお、この点に関して、高木多喜男「フランスにおける処分行為と事務管理の成立」谷口還暦　不当利得・事務管理の研究(3)（昭和四七年）四四五頁参照。

(9)　注(3)参照。

(10)　小池隆一『準契約及び事務管理の研究』（昭和三七年）二三六頁は、民法七〇二条二項によってYに対するXの請求が認めうる旨を説く。法律構成は必ずしも明瞭ではないが、後述する三宅説、あるいは、〔14・8〕、〔14・9〕の裁判例と類似の構成を説くものであろうか。

(11)　磯村哲「不当利得・事務管理・転用物訴権の関連と分化（一)、(二)」法学論叢五〇巻四号三二一頁、五・六号（以上昭和一九年）四五八頁など参照。

(12)　磯村・前注引用論文（二）法学論叢五〇巻五・六号四四九頁。

(13) なお、山本・前掲「最新判例批評」判例評論四六号一五頁参照。

(14) 〔14・8〕大判大正六年三月三一日民録二三輯六一九頁。

Yは Xより売買契約により船舶を購入し、MはYの代理人として売買代金の支払と船舶の引渡に関する権限を有していた。折からの船舶の値上りに伴い、XはMに代金の増額を申し込んだ。X‐Y間の売買契約においては、Xは違約金を支払えば何時でも解除しうる旨の特約があった。Yは当該船舶の転売を他と契約しており、その転売差益その他を勘案すると、代金増額に応じた場合と契約解除がなされた場合とでは、大正五年当時の金員にして総計九万五千円の利益の差があった。Mは、Xによる契約解除を避けるために代金増額に応じ、その金員を支払った。Yは、代金増額分を不当利得とし、Xにその返還を求めて訴提訴。大審院は、次の理由によってYの請求を認めなかった。

「管理者カ本人ノ為メニ自己ノ名ヲ以テ有益ナル債務ヲ負担シタル場合ニ於テ本人ハ管理者ニ代リ其債務ヲ弁済セサルヘカラサルヨリ推論スルトキハ管理者カ本人ノ名ヲ以テ債務ヲ負担シタル場合ニハ本人ハ之ヲ自己ノ債務トシテ弁済セサル可ラサルコト当然ノ論理」ナリ（ただし、傍点削除）。

本件は、XがYに直接請求した事案ではなく、Mの事務管理行為によってXに支払われた金員を、Yが不当利得返還請求した事案である。しかし、XがYに請求しうべき関係にあれば、それが「法律上ノ原因」になる――正確にいえば、XのMに対する債権とMのYに対する代弁済請求権が、X‐Y間の財貨移転を基礎づける――ため、この点は本書の分析に影響を与えない。谷口・前掲「判例批評」民商法雑誌四六巻五号九〇九頁は、Yが不当利得返還請求しているのは「何らかの理由で事務管理行為が実質的経済的には本人の利益に帰しなかつた場合のように想像される」とする。しかし、事案からは、Yが、Mの事務管理行為以前のX‐Y間の契約を実現するために不当利得返還請求をしたとみるのが自然であり、右の想像をいうためにはなんらかの根拠が必要なように思われる。

なお、星野・前掲「判例研究」法学協会雑誌八〇巻四号五五五頁、民事判例研究第二巻2債権四九六頁は、本件が表見代理になりうる事案であったことを指摘する。この指摘自体は鋭いが、それがために本件が純粋の事務管理の問題として論ずるのは適当ではないとはいえない、と考える。事務管理法は、学者がしばしば述べる一般的な人類扶助の制度としてより、現実には授権補完的機能、あるいは、親族扶助としての機能のほうが大きいように思われる。したがって、ある場合には事務管理法と無権代理法（その一部としての表見代理法をも含め）とが表裏一体として機能することがあるのは当然である。Xに過失があるなどの事情によって表見代理を理由としてはXのYに対する請求が認められない事案ではあっても、Yに有益な債務であれば、Yはいずれにせよ Mに代弁済請求を受くべき立場にいるのであるから、本文に叙述した法律構成によってXがYに直接請求することに障害はない、と考える（なお、右に述べた事務管理の現実の機能につき、平田健治「事務管理法の構造・機能の再検討――とりわけ事務管理意思にそくして――（一）」民商法雑誌八九巻五号（昭和五九年）六二〇頁参照）。

(15)〔14・9〕東京地判昭和三一年三月一七日下民集七巻三号六六八頁以下。

第二次大戦後、朝鮮総督府が朝鮮各地に日本人世話会を結成させるように各道知事にあて通牒を発し、各地の世話会が事実上総督府の代行機関として在留邦人の引揚援護の事務に当たった。その引揚援護の資金として、世話会（M）が、Xより金員を借り入れた。Xは、国（Y）に対し、その金員の返還を求めた。

裁判所は、この場合、国は在留邦人の内地への引揚げを援護する政治的道徳的責務を負い、M－Y間に事務管理関係が成立する、と解した。さらに、〔14・8〕を引用した上で、次のように判示した。「本件借入金債務がYにとつて有益な債務であることはさきに認定したところから明らかであるから、YはXに対して直接本件借入金を返済する義務があるものといわなければならない。」

(16)〔14・10〕最判昭和三六年一一月三〇日民集一五巻一〇号二六二九頁。

判例集からは事案の仔細は不明であるが、調査官の解説によれば、次のとおりである（高津環「判例解説」最高裁判所判例解説民事篇昭和三六年度三九二頁）。Yは老衰していたうえ中風気味で身体が不自由であるに加えて言語も分明を欠く有様で、同居していた娘婿のMも失業中であった。一家の生計の維持や税金滞納によって受けた財産差押についての対策に苦慮し、窮境を切り抜けるため、MはY所有不動産の一部を売却処分することなどを決意し、これをXに委任して実行した。その報酬としてXに約した五万円を支払う代りに、本件建物をXに贈与した。XはYに当該建物の所有権登記の移転を求め、本訴に及んだ（事案の紹介に関し、Yの側にあった相続関係の部分の紹介は割愛した）。第一審は、M－Yの間の関係を事務管理と認め、本件贈与の効力がYに及ぶものと判示した。それに対し、原審は、M－Y間に事務管理関係が成立するか否かの判断に立ち入らず、たとえ事務管理関係が成立するとしても、Yを拘束する法律効果は直ちに生じない、との一般論を述べることによって、Xの請求を認めなかった。最高裁判所も基本的に原審と同様の立場にたち、次のような一般論を述べた。

「事務管理は、事務管理者と本人との法律関係を謂うのであつて、管理者が第三者となした法律行為の効果が本人に及ぶ関係は事務管理関係の問題ではない。従つて、事務管理者が本人の名で第三者との間に法律行為をしても、その行為の効果は、当然には本人に及ぶ筋合のものではなく、そのような効果の発生するためには、代理その他別個の法律関係が伴うことを必要とするものである。」

本事案を、事務管理の代弁済請求権に依拠して解決するためには、三つの問題があった。第一は、MがなしたYの不動産の処分は、Mをも含めた一家の生計のためなどになされ、必ずしもY個人のためだけになされたものではない点である。したがって、事務管理の「他人ノ為メニ」の要件との関連にあって、M－Y間に事務管理関係が成立するか否か、問題がないではなかった。第二に、かりに事務管理関係が成立するとしても、Yの不動産の売却が、一家の生計のためにはともかくY個人にとって有益とされるか否かは、問題であった。第三に、不動産の売却自体は有益であるとしても、Xが五万円にかえて本件建物を受領することがXの労務から考えて妥当といえるか否か、である。この、第二、第三の問題を考えても、なおかつYに「有益」であると判断される場合に、はじめて民法七〇二条二項により代弁済請求権が発生することになる。しかし、これらがYに有益といえるか否か、本件ではかなり疑問があるように思われる（なお、谷口・前掲「判例批評」民商法雑誌四六巻五号九一三頁参照）。原審は、この第一の問題に立ち入ることを避けるために、Mの事務管理行為の法律効果はYを拘束しない旨の一般論を述べたように思われる。最高裁判所も原審の判断に結果として従ったが、これらの事実認定が明確になされた場合には、Yにとって有益でない債務として、XのYに対する請求が認められなかったのではないかと想像される。

次の事案においても、XのYに対する直接請求が認められなかった。

〔14・11〕　東京地判大正一四年六月二二日新聞二四四〇号一五頁。

未成年者Yは、三〇万円余の財産を有しており、母Aが親権者としてそれを管理していた。ところがYの叔父Mは、Aが不行跡でありYの財産を危くするおそれがある、として弁護士Xに委任してAの財産管理権を剝奪した（Xの側の相続に関しては、事案の紹介を割愛する）。そのさい、MはXに委任事務の報酬として、Yの財産の百分の五ないし十に相当する金員を支払うことを約していた。Xは、Yにその支払を求めて訴提起。裁判所は、次のように述べて、その請求を棄却した。

「民法七〇二条第二項……ノ規定ハ管理者カ本人ノ為ニ有益ナル債務ヲ負担シタルトキハ管理者ハ本人ヲシテ自己ニ代リテ其弁済ヲ為サシメ得ルコト即チ管理人本人間ノ債権関係ヲ規定シタルモノニ過キスシテ第三者カ直接本人ニ対シ

請求シ得ヘキコトヲ規定シタルモノニアラス」

本件において問題となるのは、Mがはたして A の財産管理が失当であったためYの財産を危くした点を争ったのか、それともAの「不行跡」を争ったのか、である。前者を問題とした場合には、X‐M間の報酬契約が妥当か否か、という問題は残るにせよ、Mの事務管理行為は基本的にはYに有益である、といえる。しかし、後者の問題は、M、Aという親族間の争いであり、Yの財産的利害には直接関係しない。判文からはこの点必ずしも明らかではないが、未亡人の「不行跡」に関する親族間の争いが本紛争の基礎にある可能性がかなり強い。この場合には、Mの事務管理行為がYに有益であることはなく、弁護士費用をYが負担する理由は見当たらない。事案が必ずしも定かでないので断言はさしひかえるが、本件もMの債務負担がYに有益といえるか否か、疑問が残る事案であった。

(17) Mの一般債権者の利害も基本的には間接代理の場合と同様なのであるが、次の点のみが異なる。間接代理の場合には、M破産の場合にYの取戻権を認める判例とのバランスから、YがMの一般債権者に優先してMのYに対する債権を譲り受けることが基礎づけられた。事務管理に関してはこれに対応する判例は存在しない。しかし、Mの事務管理がYの名において行なわれた場合には、YはMの無権代理行為を追認することによりMの一般債権者と同列的な立場からぬけだすことになる。Mの事務管理がYの名において行なわれておらず無権代理行為の追認としては構成できない場合には、財貨移転に関する一種の事実的関連からYの優先的立場を基礎づけることとなろう。

(18) 従来、学説は代理法の側面からこの問題にアプローチしたため、後者の問題を中心に論議してきた（ただし、三宅正男「事務管理者の行為の本人に対する効力」谷口還暦　不当利得・事務管理の研究(1)（昭和四五年）三四三頁以下は、附加的・補足的構成としてではあるが、前者をも取り上げる）。Mが自らの名で行為したときよりも、Yの名をもって行為した場合のほうが、X‐Y間の直接の関係を認めてXの予期を保護する要請は大きくなる。しかしながら、間接代理に関する利益状況分析が示すように、Mの名において行為したときであっても、直接の請求を認めることに便宜こそあれ、誰にも不利益はないように思われる。したがって、直接の請求は、要件さえみたせば、Mが誰の名で行為した場合であろうと認められるべきであろう。

(19) ドイツ民法典施行以後の転用物訴権承認論は、すべてその根拠を不当利得法にもとめた（第一項に述べた、クロム、デルンブルグ、エヴァルト、ヘーデマンなど）。しかし、かつては転用物訴権を事務管理法との関連においてとらえる見解もかなり有力であった（磯村・前掲「不当利得・事務管理・転用物訴権の関連と分化（一）」法学論叢五〇巻五・

六号四四四頁以下参照）。そして、後期普通法学のトゥールは、次に述べるように転用物訴権の基礎をMのYに対する債務解放請求権（代弁済請求権）に求めた（A. v. Tuhr, Actio de in rem verso zugleich ein Beitrag zur Lehre von der Geschäftsführung, (1895), S. 110ff. なお著者は本書を入手しておらず、以下は、D. König, Der Bereicherungsanspruch gegen den Drittempfänger einer Vertragsleistung nach französichem Recht, (1967), S. 126ff. による）。

事務管理者が債務解放請求権によって満足をえられるということは、反射的に権利行使が誘発されることによって契約の相手方に役立つ。その請求権をもっては事務管理人の債務の解放を請求しうるだけであるから、事務管理人のいかなる債権者もその取得ないし差押をそれほど望まないであろう。契約の相手方のみがその例外となる。彼がその請求権を取得した場合、事務管理人の債務解放を請求することによって自ら支払を受けることができる。事務管理人が破産しても、債務解放請求権を譲渡させる、あるいは差し押えることによって、完全な満足を得ることができる。いかなる一般債権者も彼を出しぬけないことが重要である。債務解放請求権の特性によって、契約の相手方は、個別執行において優先的な立場を得ることになる。この優先的立場を破産にも耐えうるようにすることが、トゥールの主たる関心事であった。普通法上の転用物訴権の任務はこの点にある、と彼は考えた。

(20)　三宅・前掲「事務管理者の行為の本人に対する効力」谷口還暦　不当利得・事務管理の研究⑴三五七頁。また、谷口知平編・三宅正男執筆『注釈民法⒅』（昭和五一年）三六五頁以下。

(21)　三宅・前掲「事務管理者の行為の本人に対する効力」谷口還暦　不当利得・事務管理の研究⑴三六〇頁。

(22)　本書七〇五頁注(30)参照。

(23)　三宅・前掲「事務管理者の行為の本人に対する効力」谷口還暦　不当利得・事務管理の研究⑴三六四頁。

(24)　代理的構成によれば解決されうるが、著者が提唱した構成によっては解決されないのは、次の場合である。すなわち、Mの事務管理行為が債権債務を発生させない法律行為――解除、相殺等々――の場合である。しかし、このような法律行為をMがなすに当たっては、Yの契約の解除、Yの債権による相殺であることを明示せざるをえない。したがって、当然に「本人ノ為メニスルコトヲ示」すことになり（民法九九条）、間接代理やMの名で行なう事務管理は考えられない。したがって、Yのためにすることを表示した事務管理（＝無権代理の一場合）となる。Yが、Mの事務管理行為が有益と考えるならば追認によってX－Y間に直接の法律関係を構築することができる。Xの催告（民法一一四条）にもかかわらず、Yの追認がなければ、XはYを直接追求する途はなくなるが、Yが有益と考えない以上、やむをえないであろう。この場合にYへの拘束力を認めると、代弁済請求権によってYを拘束することが――少なくともMに対する関係では――認められていた場合と異なり、Yは新たな拘束を解釈によって課せられることになる。無権代理の場合にはそれがYに有益であったか否かではなく、追認というYの意思に拘束の根拠を認めていることとのバランスから考えて、これはいきすぎであろう、と考える。なお、大判大正七年七月一〇日民録二四輯一四三二頁は、Mが解除をした事案であり、この種の問題を取り扱ったものであった（ただし、Mの名をもって解除したかYの名をもって解除したかが不明であり、前者だとすれば解除権の不可分（民法五四四条）が問題となる事案であった。この点につき、星野・前掲「判例研究」法学協会雑誌八〇巻四号五五五頁、民事判例研究第二巻2債権四九六頁参照）。

第四項　家族共同体の法主体性――家団論

一　M-Y間に事務管理、間接代理の関係が存在している場合以外に、本款冒頭にあげた家族関係、賃貸借関係がある場合が転用物訴権との関連で問題とされることがある。後者に関しては、第二節の結論が主として賃貸借事例を念頭におきつつ導かれたものでもあり、〔Ⅲ〕の場合以外に転用物訴権を承認する余地はないものと考える。そこで、残されたM-Y間に家族関係が存在する場合を考察してみよう。

ドイツにおいて民法典施行以前をも含めて、転用物訴権が問題とされた裁判例をみると、夫婦(1)、親子(2)、その他(3)の家族関係が存在していた例がきわめて多い。すなわち、家族の一員（M）が他の家族構成員（Y）のためにXと法律行為をなし、その結果取得した財貨などをYの財産に転入する場合である。この場合に、XからYに対する請求が認められるべきなのであろうか。

注記した判例（注（1）～（3））からもわかるように、Yの営業のためにMが法律行為をなす例もあり、家族構成員間の財貨移転ではあってもM-Y間の関係が常に無償と断定しうるわけではない。しかし、相互に扶養義務を負う消費生活体としての家族を念頭におけばすぐ推測しうるように、家族構成員間の財貨移転の相当部分は無償で行なわれる。Xの請求を認めるべきか否かに関して一応暫定的な解答をここで試みるとすれば、著者は前述した転用物訴権の承認範囲でこれを認めたいと考える(4)（原則としてYが無償受益者の場合にXの請求を認容し、その無償的財貨移転が扶養義務などの法律関係にもとづく場合には、その法律関係の破壊の重大さとXの要保護性を総合勘案して決する）。

二　ここでは一応このような暫定的解答をだしておくが、これは本来的には家族共同体の法主体性との関係で解決されるべき問題であろう(5)。民法典は、権利能力に関しては個人主義的構成を貫き家族共同体にはそれを認めなかった。しかし、家族共同体は、最低限「家計」を共通にする範囲で社会的には法的取引の主体としてあらわれてくる(6)。また、「家計」という共通の財布の枠を離れた個人の特有財産に関しても、家族間では一定の範囲で相互にるものとして、事務管理が行なわれるのが常態であろう。ところが、この社会的実態と民法典の個人主義的構成のギャップを埋めるものとして、民法典自身は、夫婦財産制に関する若干の規定――特に、日常家事債務に関する夫婦の連帯責任、および、帰属不明財産の夫婦共有の推定――と、親の未成年の子に対する法定代理権（親権）の規定を置くにとどまる（民法七六一条、七六二条二項、八二四条以下）。したがって、夫婦以外の家族構成員が負担した日常家事債務は、現実には「家計」のために行なわれた場合であろうと、その者個人の債務とされ、その者の特有財産のみが引きあて財産とされる。また、日常家事債務の枠をこえて家族間で行なわれる相互的事務管理に関しても、契約の相手方は事務管理者以外の者を追及する手段をもたない。転用物訴権は、このような、家族共同体（家計）の一体的取扱、家族構成員間の相互的な事務管理による債務負担の問題に関し、一定の解決手段を提供するという機能を営んでいた(7)。

転用物訴権以外にも、家族共同体の法主体性に関する社会的実態と民法典の個人主義的構成のギャップに、一定の解釈学的手当を行なおうとする法律構成は多い。家団論は(8)、これに正面から取り組むものであった。また、一定の事実関係が存在する場合に一定内容の代理権の存在が承認されるという「事実上の授権」の考え方も(9)、この問題にある種の解答を与えるものであった（ただし、これは代理的構成によるため個人に法律効果が帰属するのが建前であり、個人主義的構成が貫かれている）。カズイスティッシュには、「居住権論(10)」、賃借権の譲渡、転貸が家族間で行なわれた場合に「信頼関係の破壊なし」として民法六一二条の解除を封ずる実務の取扱なども、この問題に対処している。[11]

著者としては、社会的実態と法律構成とのギャップがいろいろの法解釈学的諸問題を導くのであるから、家族共同体に法主体性を与えることこそが、問題解決のあるべき方向である、と考える。しかし、財産帰属の形態一つをとっても、離婚のときの財産分与や、家族構成員の死亡による相続などの場合にはじめて、家族共同財産に対する構成員の持分が顕在化するという意味では——伝統的な法律用語を転用するならば——合有的である。ところが、家族共同財産の形成に功績があった構成員が婚姻その他によって退出する場合に、必ずしも財産分与を受けないことも多いという意味では、総有的でもありうる。[12]これらを考えると家族共同体の法人的構成にさいして、各構成員の家族共同財産の上の持分を明確に把握することが可能か否か、疑問が残る。持分の明確化こそが、家族の法人化と構成員の個人的自由の確保との接点であることを考えると、[13]問題は大きい。かりに持分を明確になしえたとしても、それは構成員が家族共同体から退出するさいの払戻を担保するにとどまり、家族共同体が継続している状況で持分の譲渡などを認めることはできない。そうであるとすると、構成員個人の債権者の、家族共同財産の上への執行は認められるのであろうか。抽象的な家族共同財産総体の上の持分は、流通性をもたない。したがって、構成員の持分価格相当分だけ、個々の財産に対する執行を認めざるをえない。その場合、家族共同体を維持するためには家族構成員は他の構成員の個人的債務をも弁済せざるをえなくなり、事実上の連帯を強いられることになる。はたしてこれが妥当であるのか。さりとて、構成員個人と家族共同体の間で責任財産の分離を貫徹することも、妥当とは思われない。家族共同財産の上の持分こそが主たる財産である者も、社会には多数いるであろうからである。たかだか可能なことは、個人の財産を第一次引当財産とし、家族共同財産を補充的責任財産とすることであろうが、前述したように、これにより家族は事実上の連帯を強いられる場合がかなり生じよう。さらに、家族共同財産と個人の特有財産の限界もきわめて微妙である。経済的出捐は家計によってなされたがもっぱら個人の使用に供されている財産、構成員の個人的出捐によって購入されたが家族全体の使用に供されている財産が、多数存在するからである[14][15]

（それとともに、個人の特有財産と明確に意識されているものについても、相互にその用益が承認されているものも多く、これを法的にどう評価するかも問題であろう。民法自体はこれに対処する規定をもっていないものの、刑法は親族相盗の規定（刑法二四四条）をおいて、直系血族、配偶者、同居の親族間での窃盗については刑を免除し、社会的規範意識に対応して、特有財産意識の弱い財産と通常の財産の保護に差異を設けている）。

家族共同体の行為能力も、通常の法人のように代表者が特定されておらず、未成年の子のような場合を除き、それぞれの構成員が役割に従って代表権をもつのが実態であろうが[16]、それぞれの代表権の内容を限界づけることも困難である。また、家族共同体といっても、夫婦とその扶養を受けている就学中の子などまでは通常家計をともにしていることも多く、その構成員といいうるであろうが、それ以外の者や別居中の夫婦などがどの範囲で構成員たりうるかは、かなり微妙である。また、家族の共同生活の枠をこえて、家族構成員が他の構成員個人のために事務管理を行なうことも、しばしば生ずる。この場合の法律構成を通常の事務管理の場合と同様に考えてよいのか否かも、決して簡単な問題ではない。

ここで検討している転用物訴権の問題が、本来は家族共同体、家族相互の事務管理的な代理権の問題であろうとは考えつつも、これらの諸問題を解決しうるだけの力量は著者にはなく、問題解決の試論を提示することもせず、一般の転用物訴権法の枠内での処理を提言するにとどまった。ここでは著者の提言自体「藪医者の売る万能薬」にすぎないことは自覚しているが、止むを得ない仕儀、と考える。必ずしも発表する成算があるわけではないが、このテーマは年来興味を抱いていたものでもあり、いつか取り組んでみたい、と考えている。

三　なお、家族の財産関係をいかに取り扱うかは、夫婦財産制との関連で現在世界的にも立法が動きつつあるが[17]、困難な問題ではあるものの、本来的には、夫婦以外の家族構成員を視野のうちに入れることが必要なように思われる。また、近時相続人の寄与分として立法された財産形成寄与者の相続分も（民法九〇四条の二）、総体として家族共同体財産の上の潜在的持分を一定の場合に顕在化させる試みにほかならない[18]。このテーマが私法学会で取り上げられたときにはこの寄与分の権利性が論議されたが、そのさい述べたように、家族の財産形成には、計算に親しむ部分と親しまない部分の双方があり、後者に関して権利的に構成しきれない部分が残る——たとえば、相続、離婚[19]のような、ある種の清算段階においては、自らの寄与分の主張はできても、家族的経営の継続中には寄与分取戻などの主張を認めることがむつかしい——ことがこの問題の特徴であろうかと思われる[20]。

（1）㋐夫（M）がXより肥料を購入し、それを妻（Y）の農場で使った事案。㋑夫（M）は、妻（Y）と財産共同制の関係にあったが、Xに新居の建築を委託した事案。㋒夫（M）がXより借り入れた金員をもって妻（Y）の債務が弁済された事案。㋓Xは夫（M）に物を売却したが、それが妻（Y）の営業に供された事案。㋔Xより夫（M）がレンガを購入し、妻（Y）の土地への建築に使用した事案。㋕夫（M）がXに妻（Y）の土地に建物をたてさせた事案。引用はそれぞれ、㋐RG 1880. 2. 3, RGZ 1, 159. ㋑RG 1881. 2. 18, RGZ 4, 238. ㋒RG 1899. 1. 17, RGZ 43, 161. ㋓OLG Celle 1897. 11. 27, SeuffArch. 53, Nr. 84, S. 146. ㋔OLG Dresden 1901. 4. 12, Annalen des Königl. Sächsischen Oberlandesgerichts zu Dresden 23, 347. ㋕OLG München 1940. 9. 12, HRR 1941, Nr. 3 ; zit. nach D. König, Der Bereicherungsanspruch gegen den Drittempfänger einer Vertragsleistung nach französischem Recht, (1967), S. 124.

（2）㋐Xは、Mにタバコを売却したが、Mから代金債権の満足を得ず、Mの父（Y）に請求し、次のように主張した事案である。すなわちMはYの店員であって購入を担当しており、タバコはYの工場に送られ、そこで加工された（この事案を家族共同体に関するものとみうるか否かは、Yの営業が家族企業かによるであろう。この点の事案は不詳である）。㋑母（M）が子（Y）のために、Xに銅細工を依頼した事案。㋒子供（M）がXよりタバコを購入し、それが母（Y）の営業に用いられた事案。㋓親（M）が子供（X）より金員を借り入れ、他の子供（Y）のために用いた事案。㋔子（M）が、Xより金員を受領し、それを父（Y）に渡した事案。㋕母（M）が子供たち（Y）と共有の建物をXにたてさせた事案。㋖Xより父親（M）が金員を借り入れ、子供（Y）のために使った事案。引用は、それぞれ、㋐判決年月日不明 EROHG 3, 337 ; zit. nach Ewald, Wie weit ist im Bürgerlichen Rechte der Gedanke der Gemein＝und Landrechtlichen Versionsklage verwendbar? Ein Beitrag zur Lehre von der ungerechtfertigten Bereicherung, Gruchots Beiträge zur Erläuterung der Deutschen Rechts 65, (1921), S. 168 f. ㋑判決年月日不明 StriethArch. 50, 283 ; zit. nach Ewald, a. a. O., S. 167. ㋒判決年月日不明 StriethArch. 56, 364 ; zit. nach Ewald, a. a. O., S. 169. ㋓判決年月日不明

Obertribunal Stuttgart, SeuffArch. 1, Nr. 211, S. 81. ㋔ RG 1888. 5. 3, RGZ 21, 236. ㋕ RG 1888. 2. 16, GruchBeitr. 33, 109. ㋖ OLG Karlsruhe 1906. 5. 10, Recht. 1907, Nr. 277, Sp. 181.

（3）㋐Mが、祖父（Y）の家の修繕契約をXと締結した事案（Mの母Aがその家屋を相続し、Aが被請求者となった）。㋑義父（M）が、婿（Y）の水車の部品をXから購入し、婿に引き渡した事案。引用は、㋐判例年月日不明 Oberhofgericht Mannheim, SeuffArch. 8, Nr. 258, S. 361. ㋑ RG 1880. 1. 14, RGZ 1, 143.

（4）第二項に述べた事務管理構成は、この場合、必ずしも適当ではあるまい。なぜなら、家族構成員相互の事務管理に関しては、贈与と同様の無償の好意として行なわれることも多く、有益債務であれば家族構成員間でMがYに代弁済請求をなしうるというような個人主義的構成は、家族関係の実態に必ずしも適合しない。代弁済請求権が発生しない場合がある以上、前述した事務管理構成による請求は不可能となるからである。

（5）なお、本書では、家ないし家族制度の問題には――転用物訴権との関連性が遠くなるため――意識的に立ち入らなかったが、このような観点との関連での近時の論稿として、依田精一「民法における家族の『一体性』概念」中川追悼現代家族法大系1総論・家事審判・戸籍（昭和五五年）一八三頁以下参照。

（6）本文では、すべての家族に共通するように、「家計」という一般的な形で述べたが、この問題は、都市サラリーマンなどの消費家族以上に、農業、商業などにみられる家族労働を中心とする経営体としての家族により深刻な形であらわれる。この問題を検討したものとして、武井正臣「家族経営における家族の財産関係――農家の家族構造との関係において――」谷口還暦　不当利得・事務管理の研究(1)（昭和四五年）一八四頁以下参照。

（7）ドイツにおいて、転用物訴権の問題が婚姻共同体の責任の問題と関連することを指摘したものとして、E. v. Caemmerer, Bereicherung und unerlaubte Handlung, Gesammelte Schriften, Bd. 1, (1968), S. 251. 第三者・妻の法律行為により夫婦共同の利益となったときの責任、子の契約によって受益した父の責任を定めたプロイセン法の規定につき、磯村哲「不当利得・事務管理・転用物訴権の関連と分化（二）」法学論叢五〇巻五・六号（昭和一九年）四四二頁参照。

（8）まず、家制度的視点から家の法人化を説いたものとして、穂積八束「『家』ノ法理的観念」穂積八束博士論文集（大正二年）四三〇頁以下。なお、実用法学的視点からこれを提唱したものとして、末弘厳太郎「私法関係の当事者としての家団」民法雑考（昭和七年）三七頁以下、同「三つの団体型――社団・組合ならびに家団――」、「家団の不法行為」、「被害者としての家団」、「家団と家と世帯」それぞれ、民法雑記帳（下巻）（昭和四三年）八五頁、一八四頁、一九二頁、二一九頁以下、利谷信義「家団論に関する覚書き——成立の契機と性格——」社会科学研究一一巻三号（昭和三四年）八九頁以下。他に、借家権の相続との関連でこれを詳述したものとして星野英一『借地・借家法』（法律学全集26）（昭和四四年）五九二頁以下、高翔龍「借家権の承継（四・完）」法学協会雑誌一〇一巻八号（昭和五九年）一二六九頁以下、また、判例研究において家団論に反対したものとして、山崎賢一「家屋の賃貸借における家団理論の当否」明治大学法制研究所紀要一号（昭和三三年）一六七頁などがある。

（9）川島武宜『民法総則』（法律学全集17）（昭和四〇年）三三六頁。

（10）鈴木禄弥『居住権論』（昭和三四年）六六頁、甲斐道太郎「借家権の相続」甲南論集五巻四号（昭和三二年）二六頁以下、白羽祐三「賃借権の相続」家族法大系Ⅵ（昭和三五年）一一二頁以下。なお、これらの諸学説をかなり詳細に検討した近時の文献として、高・前掲「借家権の承継（一）、（四・完）」法学協会雑誌九六巻三号（昭和五四年）二四二頁以下、一〇一巻八号一二〇〇頁以下など参照。

（11）判例の引用は、加藤雅信「判例研究」法学協会雑誌八七巻七・八号（昭和四五年）八八二頁以下に譲る。

（12）入会団体と家団との類似は、ゲマインシャフト的原理の支配する団体として、すでに末弘博士の指摘するところであった（末弘・前掲「三つの団体型」民法雑記帳（下巻）九二頁以下）。なお、より詳細には、星野・前掲『借地・借家法』（法律学全集26）五九六頁以下参照。

（13）この点は、浜田道代教授の御教示を受けた。

（14）執行の局面で、この問題がどのようになるのかを論じたものとして、小室直人「夫婦財産に対する強制執行」中川追悼　現代家族法大系2婚姻・離婚（昭和五五年）七七頁以下。

（15）家団の財産所有については、末弘・前掲「家団と家と世帯」民法雑記帳（下巻）二三七頁以下が比較的詳細である。これを明快にまとめたものとして、利谷・前掲「家団論に関する覚書き——成立の契機と性格——」社会科学研究一一巻三号一〇四頁以下参照。

（16）末弘・前掲「私法関係当事者としての家団」民法雑考六七頁以下。なお、利谷・前注引用論文一〇五頁参照。

（17）昭和五〇年度春の比較法学会シンポジウムの記録（比較法研究三七号（昭和五〇年）一頁）、ドイツ法に関して、山口純夫「西ドイツにおける夫婦財産制の展開——その一　付加利得共通制の成立——（一）～（四）」甲南法学一四巻三・四号（昭和四九年）九一頁、一五巻三・四号（昭和五〇年）一八一頁、一六巻一・二・三・四号（昭和五一年）一頁、一八巻一・二号（昭和五三年）四五頁以下。フランス法に関して、稲本洋之助「フランスにおける夫婦財産関係法の現代的展開（一）、（二）」社会科学研究二八巻一号（昭和五一年）七一頁、二九巻一号（昭和五二年）九五頁以下、小幡由子「夫婦財産共有制の再検討――フランスにおける法定共有制をモデルとして――」阪大法学一〇八号（昭和五三年）一〇五頁以下。スイスについて、松倉耕作『スイスの夫婦財産法』（昭和五二年）などを参照されたい。また、わが国の状況を概観したごく最近のものとして、犬伏由子「夫婦財産制」民法講座7親族・相続（昭和五九年）九七頁以下参照。

（18）　なお、改正前のこの問題の状況を一般的に検討した論稿として、鍛冶良堅「相続人の寄与分」谷口還暦　不当利得・事務管理の研究(1)（昭和四五年）二〇六頁以下、近時の改正案ないし改正法をふまえて、稲本洋之助「いわゆる『寄与分』について」中川追悼　現代家族法大系4相続Ⅰ相続の基礎（昭和五五年）三八五頁以下、栗原平八郎「寄与分についての覚書」太田還暦　現代家族法の課題と展望（昭和五七年）二二七頁以下参照。

（19）　この問題については、高橋忠次郎「離婚による財産分与と不当利得」谷口還暦　不当利得・事務管理の研究(1)（昭和四五年）一六五頁以下参照。

（20）　加藤雅信発言「シンポジウム　法制審議会身分法小委員会中間報告をめぐって――寄与分を中心として――」私法三九号（昭和五二年）八二頁。

第五部　結　語

第一五章　結　章

一　以上で、本書における不当利得法についての考察を終えることとする。最後に、今まで検討した結果を簡単にまとめてみることにしよう。まず、従来の諸学説によっては充分に問題が解決されないゆえんを二に、私見の要約を三に簡単に記した上で、このような結論が私法体系上どのような意味をもつのかを四で検討し、それをもって本書の幕を閉じることとしたい。

二　(イ)　民法典に統一的な法制度として不当利得法が規定されて以来、不当利得の基礎づけに関しては種々の議論が展開されてきたが、(1)それらは必ずしも不当利得の制度内容・制度目的を統一的に明らかにすることには成功しなかった。(2)ここでは、まずこのような学説のうち実務に大きな影響を与えてきた二元論的衡平説がなにゆえに実務的判断基準として適格性を欠くのかを(ロ)に示し、さらに(ハ)で、ドイツや川村説の類型論と私見との差を述べることにしよう。

(ロ)　わが国でもっとも有力に主張され、実務に強い影響を与えたのは、我妻、松坂、谷口説などの衡平説的な立場であり、特に本書が二元論的衡平説と名づけた我妻説などの立論の影響には大きなものがあった。そこでは、「統一的理念としては、形式的・一般的には正当視される財産的価値の移動が、実質的・相対的には正当視されない場合に、公平の理念に従ってその矛盾の調整を試みようとすることが不当利得の本質である」(3)とされていた。これは、衡平説とドイツにおける不当利得の二元的把握とを結合させたものであった。しかし、この説の衡平説的部分と二元的把握のそれぞれに関して問題があるように思われる。

まず、二元的把握について考えると、ドイツにおける不当利得制度の二元的把握は、物権行為の無因性によって、債権契約が無効などの場合にも所有権などの物権が相手方に移転している場合を念頭におき、物権法的には有効に移転した権利が不当利得法によって回復されることに着眼したものであった。ここでは、物権法を形式的な視点と考えるならば、物権法上形式的に正当視される財貨移転を不当利得法が修正している、とみることも可能である。しかしながら、無因的物権変動の修正は、不当利得法が機能する分野の一部分にすぎないことは、ドイツにおいても指摘されていたところである。まして、我妻説などが一方で物権行為の有因的構成を原則とすることを主張しながら、不当利得について二元的把握を主張するとすれば、ドイツの議論が念頭においていた売買の無効による給付物の取戻などの場合においてすらも、二元的把握は妥当しないことになる。わが国の二元論的衡平説は、ドイツ法学にみられる文言を――それが念頭におく実質的問題をみきわめないまま、物権行為の有因、無因をめぐる日、独両法の法制の差異を無視して――形式的に導入したがゆえに、右のように不当利得法の現実的な中心問題に妥当しないままに、修辞的な次元で議論を展開してきたように思われるのである(4)。

さらに、この説の、衡平説的理解それ自体にも問題がある。不当利得法に衡平法というような基礎づけを与えると、不当利得訴訟は裁判官の衡平感覚によって許されるか否かが決定されるとの印象を与えかねず、現に、一部の実務にはそのような混乱した取扱が見受けられる(5)。不当利得法が、ときに他の実定法に対して「高位の法(6)」と呼ばれ、自然法的衡平観によって基礎づけられたり、また後述する道徳法的な特異な位置づけを与えられることも、このような見方と無縁ではない。しかしながら、本書の分析によれば、不当利得返還請求の成否は、財貨(利益を含む。以下同じ)移転を基礎づける法律関係の存否、あるいはその法律関係が第三者に対抗可能か否か、あるいは、その法律関係の主張が既判力によって遮断されているか否か、等々、きわめて実定法的な内容によって決せられるものであった。このような分析によれば、不当利得における「法律上ノ原因」の有無は、裁判官の曖昧な衡平判断によって決せられるものではなく、実定法に密着した具体的な判断をその内容としていることになる。しかしながら、その実定法的判断が、三に述べるように実定法の箱庭ともいうべき実定法体系全体にまたがる多様なものであり、かつ、単に法律関係の存否のみならず、対抗可能性等々の複雑な内容を含むものであったがゆえに、従来の学説はその全体像を捕捉しえないままに、衡平などの曖昧な語によって問題を糊塗していたように思われる。しかし、その全体像が提示された以上、もはや衡平の語によって問題処理の基準を曖昧にすべきではなく、裁判などにおいても、現実的な判断基準である具体的な実定法に密着した判断を示すべきであろう。このような本書に示した考え方に立てば、もはや不当利得は他の法制度と較べて特に衡平の理念が強調されるような特異な法制度ではなく、他の制度と同一平面にたつ実定法的な法制度であるというべきであろう(7)。

こうした二重の意味において、従来実務にも大きな影響を与えてきた二元論的衡平説は、不当利得法の基礎づけ、およびそれによる返還請求の成否の判断基準として、適合性を失っている、と考えられるのである。

(ハ) 不当利得の衡平説的把握に対して疑問を呈示し、不当利得をより具体的に把握しようとするものとして、従来から不当利得の類型化が主張されていた。その中心的役割を担ってきたのは、ドイツではケメラー、日本では川村説であった。

まず、ケメラーは、一般条項は具体化されるべきであるとの考え方のもとに、不当利得の類型として「給付返還請求権」と「他人の財貨からの利得」を含む六類型を提唱した。しかしながら、右に名をあげた二類型を別にすると、類型化の枠組として彼のあげた諸類型は必ずしも後の学説に一致してひきつがれたわけではなかった。ケメラーの類型論は事案類型としての色彩が強いものであったがゆえに、他の論者がその類型枠組を拒否した場合には、それ以上の説得の手段をもたない。その結果、ドイツにおいては、不当利得を類型化するという志向自体は学界で多数を占めるにいたったが、いかに類型化するかに関しては学界内で一致をみない状況が出現した(8)。

多くの論者がほぼ共通に認める類型は、右に述べた「給付返還請求権」と「他人の財貨からの利得」という二類型であるが、これをそのまま日本法に導入することには、物権行為の無因性説をとれば格別、物権行為の有因性説などをとると、やはりこの点での両国の法制の差異がネックとなる。具体的にいえば、ドイツ法においては自己所有の物の売買にさいして、債権契約が無効であっても物権行為が有効であれば、所有権は相手方に移転している。この場合は、〝売主〟から〝買主〟に対する不当利得返還請求権が売買契約の無効を理由とする給付返還請求権として位置づけられることに問題はない。しかし、日本法において物権行為の有因的構成などを採用した場合には、契約が無効であれば、目的物の所有権は依然〝売主〟に帰属している。ここでは、〝買主〟は売買契約の無効を理由とする給付返還請求権の被請求者適格を有すると同時に、〝売主〟の所有物、すなわち他人の財貨から利得しており、二類型が重複した形になる。このように、物権行為の有因性説を採用した場合には二類型の分離が貫徹されないということが、わが国で不当利得の類型論としてケメラーのあげる二類型をそのまま承継することの障害となる。(9)

さらに、ケメラーは、不当利得の類型の一つを給付返還請求権と名づけ、「給付」に着眼して問題を考えている。ケメラーは、この類型について主に債権契約にもとづく財貨移転の問題を念頭において議論を展開しており、それゆえに、そこでの財貨移転を「給付」という形でとらえることが可能であった。ケメラーはこの類型について財貨運動法的性格に言及しているが、問題は、不当利得法のこのような機能が無効などの債権契約にもとづく財貨移転の回復にとどまらない点にあった。不当利得法、特にその「法律上ノ原因」の有無の判断には、財貨移転を直接、間接に基礎づける法律関係が全体として投影されており、不当利得法は法体系の一つの縮図としての様相を呈している。この点は後に述べる不当利得法の機能から考えると、ドイツ法においても変わるところはないものと思われるが、ケメラーはこのような点には気がつかぬまま、「法律上ノ原因」の中でもっとも目につきやすい債権契約の部分に着眼し、この類型を「給付」返還請求権と名づけたのである。しかし、財貨移転を「給付」という形でとらえきれない物権関係、相続関係などに表見的に基礎をおく財貨移転についても、ケメラーのいわゆる財貨運動法的な不当利得法の機能が発揮されている。「給付返還請求権」という枠組によってはこれらの場合がとらえきれないことになり、彼の類型論においては不当利得が現実に機能する分野の相当部分が視野の外におかれている、という難点がある。ドイツの類型論において給付返還請求権の語が広く用いられるのは、ドイツ民法八一二条に「給付」という文言が用いられているためであるが、ドイツにおいても給付概念については種々議論があるところでもある。ドイツとは異なり民法七〇三条、七〇四条の不当利得の原則規定に「給付」の文言がみられないわが国で、給付返還請求権の語をわざわざ用いることは無用な混乱を招くだけで、右に述べたように不当利得法が現実に機能している場合の相当部分をとらえきれないという結果を招くことになろう(10)。

川村説の不当利得の類型化は、川村教授の法体系的理解を基礎にした点で独得のものである。傾聴すべき点(11)、批判すべき点(12)、ともにいろいろあるが、基本的問題として右にケメラーについて述べたのと同様の批判を川村説も免れないように思われる。第一に、わが国において物権行為の有因的構成を採用した場合には、ケメラーのいわゆる「給付返還請求権」と「他人の財貨からの利得」とが重畳的に問題となるケイスが多く、この二類型を峻別しきれないという問題については、川村説は必ずしも充分な回答を与えないままに右の二類型を承継したように思われる(13)。また、第二の、ケメラーの類型化が不当利得の規定の機能のうちの相当部分を視野の外においたまま展開されたという点については、川村説においては、「給付利得制度」という類型は有償契約の無効などの場合に限定されるため、ケメラー以上に広い分野にわたって不当利得法の現実的機能が視野の外におかれることになる(14)。

このように考えると、わが国で不当利得の類型化を考えるに当たっては、類型の重畳の問題に一定の解決を与え、かつ不当利得法の現実的な機能をそのまま反映しうるような枠組を考えることが必要となるであろう。

三　(イ)　それでは、不当利得法をどのように考えるべきなのであろうか。私見の結論をここに簡単に記してみよう。

不当利得法が現実にどのような場合に機能しているかは、第四章の裁判例のほぼ網羅的な分析で示した(15)ところであり、簡単には表にして示した(16)。現在不当利得法が裁判において機能している諸場合のうち、事案の実態に即して考えると、法律構成が純化されているとはいえない事例が若干存在するが、それを除くと不当利得の諸場合として考えられるのは、次の表に示したものである[17]。

表　不当利得法の全体図

〔Ⅰ〕　矯正法的不当利得規範（矯正法的不当利得規範を構成要素の一つとする統一的請求権の場合などを含む）

(i)　財貨（利益）移転を基礎づける具体的法律関係（ⓐ～ⓘ）の存否が、「法律上ノ原因」の有無を決する――不当利得返還請求の成否を決する――原則的メルクマールとなる場合

㈠　民法典上の法律関係

ⓐ　民法総則編上の関係

ⓑ　物権関係（所有権、用益物権、担保物権）

ⓒ　債権関係（契約、事務管理、不当利得、不法行為から発生する債権

なお、有価証券上の債権関係についてはⓕ参照）

ⓓ　親族法上の関係

ⓔ　相続法上の関係

㈡　民法典以外の法律関係

ⓕ　商法上の法律関係

①　会社法上の法律関係

②　手形・小切手法上の法律関係

ⓖ　民事訴訟法上の法律関係

ⓗ　行政法上の法律関係

ⓘ　その他、諸法における法律関係

(ii)　(i)に述べた複数の法律関係が、不当利得返還を争う両当事者間に重畳的に存在する場合

㈠　物権関係と債権関係

㈡　判決とその基礎となる実体的法律関係（既判力の問題）

㈢　執行行為により形成された実体的法律関係と訴の目的となった請求権

(iii)　不当利得返還請求者・被請求者が、それぞれ競合的に(i)に述べた法律関係を有しており、競合的法律関係の優先劣

後が法定されている場合
㈠　物権の対抗力・優先的効力
㈡　扶養義務の順位
㈢　その他

〔II〕　帰属法的不当利得規範　(i)に述べた財貨移転を基礎づける具体的法律関係が表見的にも何も存在しない場合

（以上原則的メルクマールは、多当事者間の不当利得関係についても適合している）

不当利得法にとって中心的な問題は、この矯正法的不当利得規範と帰属法的不当利得規範なので、それについてまず㈺に述べ、次に右に述べた二種の不当利得規範の重畳形態を解決するための法律構成としての統一的請求権について㈻で述べた後、㈡で不当利得法にとって異物性をもつ転用物訴権について述べ、最後に㈭で法律構成の純化が必要な問題にふれることにする。

㈺　本書に分析した裁判における不当利得法の機能をみると、不当利得法には二種の異なった性格を有するものが含まれていた。一つは、財貨移転秩序に瑕疵がある場合に、現実に行なわれた財貨移転を矯正するものである。このような機能を発揮する不当利得法を、本書では「矯正法的不当利得規範」と名づけた。不当利得法のもう一つの機能は、財貨帰属の回復を担う場合であり、本書はこれを「帰属法的不当利得規範」と名づけた。さらに、わが国において物権行為の有因的構成を前提とした場合には、右の二種の機能が重畳的に発揮される場合も多く、本書ではそれを暫定的には「両性的不当利得事案」として位置づけた上で、最終的にはそれに「縦型の統一的請求権」という法律構成を与えることになった。さらに、不当利得が二当事者間においてではなく、直接財貨移転があった当事者以外の者をも含めた多当事者間で問題となる場合を、本書では「多当事者間の不当利得関係」と呼んだが、要件についてはやや特殊な考慮[18]が必要となる。

これらのそれぞれについて、要件、効果の問題を含め、結論を簡単に記せば、次のようになる。

(i)　まず、矯正法的不当利得規範であるが、なにゆえこれが「矯正法的」と名づけられるような性格をもつのかを考察してみよう。これは、表では〔I〕の場合をさすが、そこでは「法律上ノ原因」の有無の判断が全体として一つのきわだった像を形成していることに注目する必要がある。この表自体は裁判例の総合的分析を基礎に作成されたものであるが、表の(i)をみればわかるように、不当利得法における「法律上ノ原因」の有無の判断は、財貨移転を基礎づける民法総則、物権、債権、親族、相続法上の法律関係の存否という民法典の体系全体にわたる法律関係の存否が問題となるのみならず、商法上、行政法上、民事訴訟法上の法律関係の存否、等々も含め、広く財貨移転を基礎づける具体的法律関係の存否が問題となる。さらに、それは、このような法律関係の存否の判断を基調としながらも、それにとどまらず、それらの法律関係の対抗可能性（物権の優先的抗力の問題）や既判力の有無による主張可能性、等々の多面的な判断をも反映するものであった。このように、これらの判断は財貨移転と関連するかぎりでは全実定法体系にまたがるものであり、このことが、本書で不当利得の「法律上ノ原因」の内容は全実定法体系の箱庭ともいうべきものであるとしたことの、具体的意味であった。

では、裁判例を総合的に分析していった場合に、不当利得の「法律上ノ原因」がなにゆえにこのように法体系の箱庭的な縮図となるのであろうか。法的には、財貨移転は有効な法律関係にもとづいて行なわれるのが本来の姿である。財貨移転が行なわれても、それを基礎づける法律関係が有効に（かつ、対抗力や既判力などの問題もふまえれば、最終的にも主張可能な形で）存在している場合にはなにも問題はないが、その法律関係が右に述べた形で有効に存在していないときに、移転した財貨の回復をはかるのが、不当利得法の役割である。法律関係が有効であった場合に財貨移転を基礎づける規定は、契約法のみならず、民法総則、物権、債権、親族、相続法などに広く散在しており、また民法の枠をこえて、商法や民事訴訟法の一部、あるいは行政法などにも存在している。その財貨移転を基礎づける法律関係のそれぞれに一対一に対応する形で、その法律関係が無効、不成立などの場合に不当利得法が機能することになる。その結果、この場合の不当利得返還請求権については、その成否を決定する「法律上ノ原因」の判断内容は、財貨移転を基礎づける法律関係が全実定法にわたって存在していることに対応して、やはり全実定法体系にわたることになる。このように考えると、前述した不当利得の「法律上ノ原因」の内容が全実定法体系の箱庭的構造をもつことは、不当利得法が財貨移転の矯正法的な機能をもっていることに原因がある。いわば、ここでは、有効に財貨移転を基礎づける法律関係を実定法の陽の体系とすると、それを矯正するための陰の体系として不当利得法は存在しているわけである。

したがってこの場合の不当利得は、財貨が移転したがそれを基礎づけるべき法律関係が法的に無効、不存在と評価を受けるなど財貨移転秩序に欠陥がある場合に、移転した財貨を回復することにその機能があり、矯正法的な性格をもつものである。このような矯正法的不当利得規範の機能に即して考えると、そこでの要件は、当事者間における財貨移転の事実（「利益ヲ受ケ」たこと）と、その財貨移転を基礎づける法律関係の不存在（「法律上ノ原因ナ」いこと）の二点であり、次のような返還義務が導かれる。返還義務の内容は、移転した財貨（「受ケタル利益」）を返還することが本則であり、その具体的内容と細部は、法的には有効ではないが財貨移転を基礎づけると事実上考えられていた表見的法律関係を顧慮して決定される。

なお附言するに、伝統的に法律関係の有効、無効という枠組は、その法律関係が有効であればその規範的意味が完全に貫徹され、無効であればゼロとして取り扱われると、考えられてきた。このような観念は、この法律関係をこれから実現しようとする請求のさいには妥当するが、事実上実現されている無効などの法律関係を不当利得法によって清算するさいには必ずしも妥当するものではなく、規範内容の完全な実現とゼロとして取り扱われるものとの中間に、無効などと評される法律関係を一定程度尊重しながら清算されるべき場合があったのである。このような取扱は、伝統的な有効、無効という枠組のもつ建前論に反するため従来は正面から論じられはしなかったが、実際的な処理としては従来から種々の法分野において主張されてきたところであった。このような現実を直視するなら、請求段階においてのみならず、不当利得法による清算段階においても、法律関係の無効とはその法律関係の規範的意味をゼロとして取り扱うことを意味する、と考えていた従来の安易な常識を反省する必要があるであろう。(19)

(ii)　次に、表の〔Ⅱ〕にあげた帰属法的不当利得規範の問題を考えてみよう。まず、財貨の帰属に関しては、民法典ではその中心的部分については、所有権あるいは物権という構成がとられており、それに物権的返還請求権が認められることによって財貨帰属の確保がはかられていた。しかし、労務その他の、「権利」構成が与えられる以前の利益や、有体物の費消などによって所有権という「権利」構成を喪失した利益などの、権利という観点からは法的位置づけがやや曖昧な非有体的利益に関しても、その帰属を確保することが必要なのであり、そのために伝統的に不当利得法が用いられてきた。それを、本書では帰属法的不当利得規範と名づけたわけである。

物権的返還請求権の要件に関して、所有権にもとづく物権的返還請求権を考えてみると、一定の物について自らの所有権と相手方の占有の事実を立証すれば、返還請求が認容されることになる。もちろん、相手方が賃貸借契約や用益物権など、一定の法律関係にもとづいて目的物を占有していた場合には所有権にもとづく物権的返還請求権は認められないが、それは、相手方が賃貸借契約その他を抗弁として提出することによってであって、物権的返還請求権の要件それ自体の中で「賃貸借契約などが存在しないこと」などの立証が要求されているわけではない。民法においては、右のように、物権に関する財貨の帰属の確保と、債権その他の財貨移転の正当化事由とが分離した形で構成されており、それが法律構成にあらわれているのである。

物権的返還請求権の行使が可能であった事案について、物の費消などによってそれを行使することが不可能となった場合に、その非有体的な形態となった利益について、物権的返還請求権にかわって不当利得返還請求権が発生することが、従来から認められていた。そのような二種の請求権の対応関係を考えるならば、二種の構成要件、効果をパラレルにすることによって、有体物の消滅以前と以後とで、当事者の利益状況が変化することは避けられるであろう（ただし、私見においては最終的に有体的利益の帰属の確保などをめぐる物権的返還請求権およびその附属規範である民法一八九条以下は、一般的な利益帰属の確保に関する帰属法的不当利得規範の特別法と位置づけられることに注意されたい)。このようなパラレルな対応関係を考え、また法解釈上のいくつかの混乱をさけるためには、帰属法的不当利得規範の要件は、財貨移転の事実(「利益ヲ受ケタ」こと)と自己の権利性(自己の「財産又ハ労務ニ因ル」こと)の二点と考えるべきである。物権的返還請求権においてと同様、契約その他の「法律上ノ原因」があることは相手方の抗弁事由であり、それの否認または抗弁の形で法律上の原因が「ナイ」ことを請求者が主張することは考えられるが(次の統一的請求権参照)、帰属法的不当利得返還請求権自体を行使する段階で「法律上ノ原因ナク」について主張立証をする必要はない。さらに、効果としては、民法七〇三条、七〇四条の文言そのままに、受けた利益そのものを返還するのが本則であるが、返還義務者が善意で受けた利益が消滅した場合には受益者は「其利益ノ存スル限度ニ於テ」返還義務を負い、返還義務者が悪意の場合には「其受ケタル利益ニ利息ヲ附シテ」返還しなければならず、その上「尚ホ損害アリタルトキハ其賠償ノ責ニ任ス」ることになる。このように考えることによって、効果においても、帰属法的不当利得規範は、有体物の帰属確保についての物権的返還請求権、およびその附属規範である民法一八九条以下と完全に対応したパラレルなものとなるからである[20](さらに、この二種の請求権は、縦型の統一的請求権において当初請求となる点でも、パラレルとなる[21])。

(iii) 両性的不当利得事案は、本書では暫定的な概念枠組である。しかし、本書の不当利得についての分析そのものは肯定的に受けとめても、本書に述べた統一的請求権の法律構成にまでは与しない立場も考えられ、この場合には、両性的不当利得という概念が最終的にも意味をもつことになる。そこでこれについても一言すると、本書が両性的不当利得事案と呼んだものは、正確には、物権的返還請求権(または帰属法的不当利得返還請求権)と矯正法的不当利得返還請求権とが競合関係に立つ場合であった。そして、契約の無効による目的物の取戻を例に考えると、当初請求として物権的返還請求権(または帰属法的不当利得返還請求権)が行使され、その抗弁、再抗弁として契約の無効という矯正法的な不当利得の実質が明らかになる場合と、端的に矯正法的不当利得返還請求権が行使される場合の双方が考えられる。このような競合関係にあっては、当事者間の関係を規律するのは物権的返還請求権や帰属法的不当利得規範ではなく、矯正法的不当利得規範が優先的に適用される、と考えるべきである。ただ、右の請求者‐被請求者間の関係をこえて、破産その他で対世的な権利主張をすることが必要となった場合にのみ、物権的返還請求権を適用すべきものであろう（帰属法的不当利得返還請求権と矯正法的不当利得返還請求権の競合の場合には、請求を基礎づけているのはともに債権関係であるから、対世的主張をなす余地はない）。伝統的な請求権競合論の立場に立ち、双方の請求権の行使を認めるとしても、双方の観点が訴訟にあらわれている以上、当事者間の関係は債権関係に即して、対世的問題は物権関係に即して規律する、という平準化が行なわれる必要がある。(22)

(iv)　多当事者間(23)の不当利得関係は、基本的には帰属法的不当利得ないし矯正法的不当利得としての性格のいずれかの性格を有するものであり、法律効果はそれぞれの性格に即して、すでに述べた内容に従って規律される。しかし、要件の問題は、二当事者間の不当利得とは異なり、財貨移転があった当事者が請求者、被請求者になるわけではないので、特殊な考慮が必要となる。具体的には、「受益」、「損失」、受益と損失との「関連性」（＝発生原因の同一性）、「法律上ノ原因ナク」の四つの要件を充足することが必要である（なお、従来受益と損失との因果関係と呼ばれていた要件は、別段両者に因果の関係があることを要求するものではなく、単に両者の「関連性」を要求するにすぎないので、本書では要件として「関連性」の文言を用いている(24)）。

次に、以上の(i)〜(iv)の結論をふまえて、民法典の不当利得規定の文言と私見との関連を考えてみる。本書の最初に、不当利得の紛争態様が多様であるにもかかわらず、無理に統一的な構成要件を与えられたため、不当利得法の要件、効果についての文言が裁判規範として現実には充分機能していないことを論じた(25)。本章で右にまとめたところをみると、民法典の不当利得規定に定められている文言のおのおのがどの場合に機能し、どの場合に機能しないかは明白であろう。民法七〇三条の規定から、不当利得の要件として考えられる文言は、「受益」、「損失」、両者の「関連性」、「他人ノ財産又ハ労務ニ因リ」、「法律上ノ原因ナク」の五点である。

このうち、「受益」、「損失」を対置させ、両者の「関連性」を問題とする構成が意味をもつのは、多当事者間の不当利得関係においてだけである。二当事者間の不当利得関係においては、「受益」と「損失」とは多くの場合単一の財貨移転を分解評価しているにとどまることになるため、三つの要件の立証は財貨移転という同一事実を三度繰り返して述べる重複的な立証となるか、「損失」の要件を充足しないか、いずれかになるからである。

「他人ノ財産又ハ労務ニ因リ」は、帰属法的不当利得規範について意味をもつ文言である。他方、「法律上ノ原因ナク」は、不当利得返還請求の成否の判断基準が、財貨移転を基礎づける法律関係の存否の判断を基準として判断されるので、この要件文言に表現されている文字どおりの内容が、その内包をなすことになる。ただ、立証責任にまで立ち入って考えると、「法律上ノ原因ナク」がそれ自体単一の要件としての意味をもつのは矯正法的不当利得規範の場合である。両性的不当利得事案に関しては、統一的請求権についての分析をふまえていえば、「法律上ノ原因」があることが被請求者の抗弁事由となり、それが「ナイ」ことは、請求者の否認事由または再抗弁事由として、両当事者に分断した形で「法律上ノ原因ナク」が訴訟上争われることになる。

また、不当利得の効果も、民法七〇三条、七〇四条には善意者の責任軽減と悪意者の責任加重が内容として定められているが、これは帰属法的不当利得規範にのみ妥当するものである。

法規の文言がこのような部分的適合性しかもちえない実態を考えた場合には、従来の実務では、不当利得に関して個別的に構成要件該当事実を認定しないまま、事案内容を一般的に認定した後に不当利得の構成要件を総体として引用し、判決の結論を形式的に追認するためにのみ条文の文言を用いていたことが多かったのも、無理からぬことであった、というべきであろう[26]。

(ハ)　両性的不当利得事案は請求権競合の問題と関係するため、本書は、請求権競合の問題についても一般的な問題解決の方向を提示した上で、その一般的な解決枠組のもとで、両性的不当利得事案の問題も解決することにした。それが、統一的請求権の法律構成として提示した縦型の統一的請求権と、横型の統一的請求権である。具体的には、賃貸借契約終了の場合の目的物の返還を例にとれば、訴訟における請求、抗弁、再抗弁（場合によっては否認）の展開をそのまま示し、〔物権的・賃貸借・終了による〕返還請求権、という縦型の統一的請求権として構成される。また、賃貸借の目的物を故意または過失で破損したような場合には、〔不法行為による／債務不履行による〕損害賠償請求権という横型の統一的請求権として構成される。では、このような法律構成はどのような意味をもつものであろうか。

従来、賃貸借終了の場合の目的物の取戻については、ほとんどの説が請求権の競合を認めてきたし、不法行為による損害賠償と債務不履行による損害賠償についても、請求権競合を認める立場が実務などをもみるとむしろ有力であった。このような立場をとり、かつ、請求権競合論を建前どおりに採用すれば、同一の紛争であってもいずれの規範が適用されるかによって法的解決が異なることは当然となる。このような結果を避けるために、両規範の間で平準化を行なうことが必要となるが、従来それが必ずしも充分行なわれていたわけではなかった。そして、このような結論は訴訟法学においても――旧訴訟物理論においては選択的併合についての選択の問題として、新訴訟物理論においては裁判所の法的観点選択の自由の問題として――是認されていたのである（この他にも、旧訴訟物理論に対しては、次の疑問が発せられる必要がある。右の賃貸借終了の事案で、物権的請求権が訴訟物である場合にも、抗弁、再抗弁の提出によって賃貸借の終了であることが訴訟上明らかになれば、前に詳論したように、実体的な問題として判決内容として当事者間の関係を規律するのは賃貸借規範とならざるをえない。それにもかかわらず、そのような内容の物権的請求権を理由とする訴訟が先に存在していても、賃貸借終了にもとづく返還請求権が訴訟物ではなかったことを理由に、それにもとづく再訴を許すことには一体どのような意味があるのか。現在も実務で採用されているといわれる旧訴訟物理論は、既判力の規範を広く認めるべきか否かという訴訟政策的問題以前に、適用規範の問題を仔細に考えていった場合には、右の点で理論的な破綻を示しているように思われる[27]）。

このような、請求権競合論、訴訟物理論にみられる問題を考え、社会的に同一の紛争が法的にも同一に解決される枠組を提示しようとしたものが、右の二種の統一的請求権の法律構成であった。ここでは、複数規範の調整をする必要が明示される。横型の統一的請求権にあっては具体的な規範調整は個別的考慮によってなされるにとどまるが、縦型の統一的請求権にあっては当事者間の関係は後順位規範の優位を原則として、規範調整されることになる。ここで、先順位規範が意味をもつのは、その権利主張が、当事者間の関係をこえて、口頭弁論終結後の承継人、破産財団に対する権利主張などのように、対世的なものとなる必要がある場合においてである(28)。

このように考えることによって、規範調整の問題のみならず、いくつかの問題が明確になる。まず、旧訴訟物理論においては、実体法上の請求権＝訴訟物という図式が維持されたが、新訴訟物理論においては実体法上の請求権概念と訴訟物概念とが乖離したものとなり、実体法と訴訟法の分離現象が生じていた。しかし、右のような構成によって、縦型ないし横型の統一的請求権＝訴訟物として、実体法と訴訟法の分離を回避した新実体法説の考え方を受けつぐことが可能となる(29)。

さらに、縦型の統一的請求権においては、次のいくつかの問題も、解明されることになる。第一に、縦型の統一的請求権の構成要素である当初請求、抗弁、再抗弁のそれぞれが最終的に統一的請求権の属性を決定しているのであるが、それが一見してわかる形で明示されることになる（具体的には次段の叙述例参照）。第二に、破産法上の取戻権、口頭弁論終結後の承継人への既判力、執行力の拡張などの権利の対世的主張をめぐって、民事訴訟法学においては、交付請求権、取戻請求権という概念が析出されるなど、民法典における物権と債権とを対置する枠組について一つの大きな疑問が投げかけられていた。しかし、一定の債権に関しても対世的主張を認められるべきであるとしてたてられた取戻請求権の概念は、右に述べた構成によれば、実は債権のみならず物権をも構成要素とする統一的請求権として構成される場合を念頭におくものであったことが判明し、民事訴訟法学での議論を止揚した形で、絶対権としての物権と相対権としての債権という法体系上の差異を明確に維持した伝統的議論の意味が再度明らかとなる。第三に、争点効ないし理由中の判断の拘束力として従来論じられてきた問題の相当部分に、訴訟物という構成を介在させることによって明確な法律構成が附与されることになる(30)。

では、両性的不当利得事案に関しては、具体的にどのような解決が与えられるのかを、次に論ずることにしよう。

売買契約が虚偽表示によって無効な場合の目的物の取戻を例にとると、それは次のように構成されることになる。〔物権的・売買・虚偽表示無効による不当利得〕返還請求権。ここでは、前段に第一の問題として述べたように、この縦型の統一的請求権の構成要素である当初請求、抗弁、再抗弁のそれぞれが、全体としての統一的請求権の属性を決定していることは明瞭となる。すなわち、破産の場合の取戻権、口頭弁論終結後の承継人への既判力、執行力の拡張など、対世的主張が可能か否かは、当初請求が物権的なものか否かによって決定される。さらに、この返還請求権の効果は、表見的法律関係が何か――売買契約か、賃貸借契約か、贈与契約か、等々――によっていろいろ差異を生じうるが、表見的法律関係が何かは抗弁によって明示されている。また、再抗弁事由によっても、虚偽表示無効か他の無効事由かなどによって、善意の第三者に対する権利主張が可能か否かなど、最終的な請求権にいろいろな差異が生ずることになる。これらの種々の属性は、右の統一的請求権の法律構成においては、当初請求、抗弁、再抗弁などのそれぞれの段階においてすべて示されていることになる。この他、前述した縦型の統一的請求権にみられた種々の問題解決がここでも可能なことはもちろんである。また、両性的不当利得事案の問題とは離れることになるが、当然のことながら不当利得についても横型の統一的請求権が観念されうる。相手方の過失によって労務提供をした場合を例にとれば、〔帰属法的不当利得返還 不法行為による損害賠償〕請求権、などの構成が考えられる。この場合にも、過失相殺をすることの適否、時効などについて規範調整をいかに行なうかが問題となるが、一般の横型の統一的請求権についてと同様、具体的問題ごとに規範調整を行なうことが必要であり、規範調整に規則的な法則があるわけではない。両性的不当利得事案として示された問題を含め、不当利得規範と他の規範との競合の問題は、このような統一的請求権の法律構成の一般枠組のもとで解決されるべき問題なのである。(31)

(二)　次に転用物訴権について述べると、わが国においては、昭和四五年のブルドーザー修繕に関する最高裁判所判例によって、判例法上転用物訴権が広い範囲で認められることが明らかにされた。しかし、最高裁判所判例のように一般的に転用物訴権を承認しては、一定の場合に特定の者に経済的な二重負担を強いることになったり、一定の場合には特定の者に一般債権者に対する優先的な立場をゆえなく与え、破産法秩序が潜脱されることになる。いったん、広い範囲で転用物訴権を承認したフランス不当利得法のその後の歴史をみても、転用物訴権の承認範囲には種々の制限が加えられている。右に述べたような不合理な結果を避けるためには、次の要件、効果においてのみ、転用物訴権は承認されるべきである。

(i) XがMに対して契約上の訴権をもち自らの債務は履行したのにもかかわらず、Mの支払不能その他によって反対給付を受けることができない。あるいは、XがMに不当利得返還請求権を有するが、Mの支払不能などによりそれが効を奏さない。ところが、(ii) Xが、Mの無資力などのためにMに対して履行した給付が、M－Y間の無償関係（特に無償の法律行為）によりYのもとに存在し、MはYになんらの反対債権などをもっていない。(iii) この場合、Xは、Mの無資力などのためにMに対する債権の実質価値が低下した限度でYに利得の引渡を請求しうる。(32)

ここでは、M－Y間の関係が無償な場合に限定して転用物訴権が認められている。転用物訴権を認めることによって財貨移転の基礎にあったM－Y間の法律関係が破られることになるが、有償の法律関係と比して無償の法律関係の保護は一般に脆弱であるという問題があり、転用物訴権の承認もこの問題の一環をなすことに注目する必要があろう。(33)

ドイツにおける転用物訴権承認論は、例外的な少数説にとどまるが、それらは次の問題を念頭においている。すなわち、間接代理、事務管理にさいして、間接代理人や事務管理人と取引をした相手方と、本人との間に直接の法律関係をいかに構築するのが適当かという問題である（後者は、一般には事務管理人は代理権をもつか否か、という形でも論じられる）。しかし、右の二つの問題は、相手方からする委任や事務管理の代弁済請求権（民法六五〇条二項、七〇二条二項）の代位行使と、本人が間接代理人や事務代理人に対してもつ権利移転請求権（民法六四六条二項、七〇一条）とを組み合わせれば解決できる問題であり、転用物訴権を承認することによってはむしろ不完全な解決しか得られないであろう。(34)

(ホ)　従来不当利得の問題と考えられていた事案のうち、事案の実態に即して考えた場合には、不当利得の問題といえない事案、ないし法律構成をより純化した上で別の形で不当利得の問題と考えられるべき事案が四種ほど存在する。第一に、騙取金員による弁済の事案は、現在の判例の結論は詐害行為取消権の要件効果と一致しているのであり、一般的に考えても債権の対外的効力、および金銭所有権保護の問題として考えられるべきものである。第二に、質入債権に対する転付命令の事案は、民事訴訟法学の多数説が説くように、転付命令の要件の問題として解決されるべき問題である。これらは、ともに不当利得法外の問題が、従来の衡平説的な曖昧な不当利得観が隠れみのになって、今まで不当利得法の枠内で処理されてきたものというべきであろう。

第三に、目的不到達による不当利得についての、判例の認める結論を総合すると、機能的には「目的不到達」概念は、法律行為の無効と完全に一致したものである。機能的に同一なものに異なった標識を与えることが望ましくないとすれば、「目的不到達による不当利得」という構成を廃棄した上で、法律行為の無効の枠組のもとで（具体的には、「前提的黙示条件」として構成する）処理すべきであろう。第四に、失念株の問題も、近時の学説に従えば、株式を基礎とした利益帰属の問題として、本書の枠組の帰属法的不当利得規範として位置づけることが可能となろう。これらの問題については、基本的には不当利得の問題ではあるが、従来は法律構成ないし問題の実質が充分つめられないままに事案処理がなされてきたように思われる。

これらの四つの問題は、従来からの構成を維持した場合には、不当利得の成否の判断が本書に述べた実定法的判断に還元しえない場合であり、そのままでは不当利得法にとって異物となるものであったが、右に述べた法律構成によれば不当利得法にとっての異物性も解消することとなる(35)。

四　以上本書に述べてきた分析内容は、単に従来主張されていた不当利得法の内容を変更するにとどまらず、不当利得法の占める地位をも含めて、私法体系全体の構造をどのようにとらえるかという問題と、最終的には深くかかわってくることに注意する必要がある。内容的に若干今までの叙述と重複する点が存在することになるが、最後にこの点を分析することによって、本書の幕を閉じることにしよう。

従来、私法、とりわけ財産法の体系を分析するための三つの基礎的概念として、所有、契約、法主体の三種が取り上げられることが多かった。不当利得法は、法主体の問題とは別段かかわらないものの、他の二つの問題とかかわってくる。

まず、帰属法的不当利得規範について述べると、財貨帰属の確保を保証するためには、所有権という法律構成がその中心的な役割を担ってきた。ここでの不当利得法は、所有権や物権としてこのような「権利」構成が与えられる以前の、法的にはやや曖昧な非有体的な「利益」に関してより一般的にその帰属を確保するための規範であった。この場合、法規範の内容としては財貨帰属の問題のみが前面におしだされ、財貨移転をめぐる諸問題は、抗弁の体系としてこの不当利得規範の枠外においやられることになる。それによって、法解釈上の諸問題も整合的に無矛盾な形で解決されることになるからである。ここでは、近代法において所有の私的モメントが所有権法として結実していくのに対し、所有の社会的モメントが契約という形で所有権外に位置づけられ、所有と契約とが分離するという、川島教授の『所有権法の理論』(36)にみられる分析が、より一般的な形で実現されることになることに留意する必要がある(37)。

より一般的であるという意味は二点にわたる。第一は、「所有」の側からみた場合に、右の所有と契約との分離という命題が、有体物所有のみならず、非有体的利益の帰属をも含めて一般的な形で貫徹しているということである。第二は、「契約」の側から問題を考えても、財貨帰属を主張する者に対して財貨移転に正当性を附与するものとして主張されるのは、契約にかぎらず、実定法全体にわたる多様な法律関係となることである。商品交換の連鎖というモデル化した形で社会現象の法学的分析をしていくかぎりにおいては、所有（労働力支配をも含む）と契約の対置という形で分析を貫徹しうるわけであるが、現在の社会においても、単純な商品交換の連鎖という形ですべての法事象をカバーしきれるわけではなく、そこにおいては契約以外の財貨移転法をも問題とせざるをえないからである。

実は、この第二の点が、不当利得法のもつもう一つの機能である矯正法的不当利得規範との関係でも、大きな意味をもつことになる。右に述べた、実定法全体にまたがる財貨移転法が有効に存在しない場合に、矯正法的不当利得規範が機能することになるからである。それが、前述した、有効に財貨移転を基礎づける法律関係を実定法の陽の体系とすると、それを矯正するための陰の体系として不当利得法が存在しているということの意味であり、不当利得法の「法律上ノ原因」の、財貨移転と関連するかぎりでの実定法体系の箱庭的構成を生みだすもとであった。

このように不当利得法の二種の機能を再度考えてみると、不当利得法の法体系上の意味も自ずと明らかとなるであろう。従来の実定法学においてしばしばみられた所有と契約の対置を、それらが財貨帰属と財貨移転関係を代表するという側面から考えた場合には、不当利得法は、そのそれぞれについてより一般的な意味をもつ法制度であった。財貨帰属にとっては、不当利得法は非有体的利益の帰属をも保障する一般法であり、他方、財貨移転に関しても、財貨移転を基礎づける法律関係が有効に存在する場合の陽の体系に対し、それが有効に存在しない場合の財貨移転を裏面からつかさどる陰の体系が不当利得法となるからである。従来不当利得法が衡平説的な見地から曖昧な取扱を受け、「法と道徳との交錯した法領域」[38]など、半ば実定法ではないような半道徳規範的な位置づけを与えられており、それゆえ財産法の異端的、周辺的法制度と観念されてきた。しかし、それは不当利得法の内容があまりに多様な錯綜したものからなりたっており、かつ法律構成が純化されていない夾雑物を含む存在であったため、多くの問題を解明しきれないまま、安易に右のような主張がなされていたという側面があるように思われる。分析を徹底させていった場合には、個々の不当利得の問題の解決としても実定規範として充分とりあつかいうる実体をもつのみならず、法体系上も、不当利得法は財貨帰属と財貨移転という民事法の基本問題にとって一つの鍵となる重要な役割を担う制度であることが判明するのである。

（1）　学説の詳細に関しては、本書八九頁以下。

(2) 各学説がどのような点で、不当利得制度の解明に成功していないかについて、本書一一二頁以下、および二七一頁以下、特に二七六頁掲載の〔表二〕参照。
(3) 我妻栄『債権各論下巻一（民法講義V4）』（昭和四七年）九三八頁。
(4) 本書一一四―一一六頁。
(5) 本書一一六―一一八頁。
(6) 本書一一五頁。
(7) 本書二二一―二六六頁。
(8) 本書一五九頁以下、特に一七一―一七二頁。
(9) 本書一三三頁以下。
(10) 本書一三一頁以下、二七六頁以下、三八〇頁以下。
(11) 本書四二四頁以下。
(12) 本書一九八頁以下。
(13) 本書一三二頁以下。
(14) 本書二七五頁以下。
(15) 本書二二三―二五二頁。
(16) 本書二六八頁。
(17) 本書第二部参照。
(18) 本書二三一―二三五頁、および四六五頁以下。
(19) 本書二九一頁以下、三七七頁以下。
(20) 本書三一七頁以下。
(21) 本書五五一頁以下。
(22) 本書四五九頁以下。
(23) なお不当利得関係をも含め、多当事者間における法律関係の連鎖は、従来考えられていたのとは異なり、連鎖的な関係をそのまま抗弁などとして構成することにより、多当事者間の実体に即した法的規律をなすことができると本書では構成されている。この点については、連鎖的抗弁についての本書三三九頁以下、四七一頁、四八四頁注(21)、七五六頁注(17)参照。

(24)　本書四五頁以下。
(25)　本書一九頁以下。
(26)　本書二一頁以下。
(27)　本書五一五頁以下。
(28)　本書五五一頁以下。
(29)　本書五〇七—五三五頁、五三七—五五一頁。
(30)　本書五六三頁以下。
(31)　本書五五九頁以下、五八八頁以下。
(32)　さらに、利得の評価に関して、本書六九八頁(iv)参照。
(33)　本書七〇〇頁以下。
(34)　本書七六三頁以下。
(35)　本書六二七頁以下。
(36)　川島武宜『所有権法の理論』（昭和二四年）、特に第二章参照。
(37)　ただし、より一般的な形で問題が展開される代償として、この分離が所有と契約におけるほどには徹底しておらず、不当利得法にもとづく財貨帰属の実現が同時に財貨移転と評価される側面、所有権にもとづく財貨帰属の実現が同時に財貨移転と評価される側面など、鍵となる所有（ないし物権）と帰属法的不当利得規範とが二面的側面をもってくることに注意する必要がある（本書二二四頁）。
(38)　松坂佐一『事務管理・不当利得〔新版〕』（法律学全集22-Ⅰ）（昭和四八年）はしがき三頁。

あとがきにかえた方法的覚え書

──「認識としての法律学」を求めて──

一　本書の研究に取り組んだのは、大学卒業後一年余りしてからのことであったが、若い研究者の常でもあろうが、当時の著者は方法上の問題をかなり鮮烈に意識しており、本書の研究に当たっては、その方法の現実化という意識もかなり濃厚であった。そこで考えていた方法について、別に座談会で発表する機会があったので（ジュリスト六五五号（昭和五三年）一〇二頁以下）、それを文章体にした上で多少加筆し、あとがきにかえた方法的覚え書として、本書の末尾に載せることとした。いろいろ御教示をいただいた司会の米倉明教授をはじめとする諸先生方と、転載の了承をいただいたジュリストに、心から謝意を表したい。

二　まず最初に、本書の研究対象である不当利得の問題を方法論的な観点から考察してみよう。周知のように不当利得は、従来、衡平のための制度だということが故我妻栄博士、松坂佐一博士、谷口知平博士らによって主張されてきた。しかも、不当利得法を適用するか否かについての中心的な要件である「法律上ノ原因ナク」という要件の内容も、基本的には事態が衡平に反するか否かが決め手である、と考えられるような議論が通説となっていた。しかし、何を衡平と考えるかは人によってかなり判断が異なるところであるし、衡平という漠とした言葉をもちだすことによってはたして問題は解明されているのだろうか、一つの法制度がこんな曖昧なものであっていいだろうかというところが基本的な本書の出発点であった。言葉を換えていえば、なんらかの意味で、もう少し客観的に問題を押える必要がありそうだと考えたのである。

三　以上の問題はいわば不当利得法に特有の問題であるが、この研究に着手したさい、著者としては、もう少し一般的な意味でも法律学の方法に関してやや考えるところがあった。法の解釈は、通常「……すべきである」、「……すべきでない」という当為判断の形で展開されていくことが多いことは事実である。そのため、法解釈学論争以降、法の解釈とは価値判断＝決断なのであって実践的性格をもつものである、ということに学界の相当部分で共通の了解ができていたように思われる。そこで、法の解釈は当為判断であるから、その客観性ないし真理性は問題にならず、法解釈学は「科学」ではない、ということに結論的には落ち着くことになる。著者が大学を卒業した一九六九年には、法解釈学論争等々はすでに鎮静しており、経験法学の潮流はあったが、法解釈学者の多くは、前述したような共通の了解のもとに実作にいそしんでいる、というのが著者の受けた印象であった。

法解釈学論争当時には、解釈の客観性とか一種の科学志向というのはたとえ幻想であったにせよ学界では相当強かったように思われる。ところが、一応法解釈学論争によって、法の解釈は一種の決断であるというところに学界の見解が収斂した部分が相当あり、そのため今度は科学志向とか客観性志向とかが学界の相当部分で失われ、最後は決断の問題でしかありえないのだから、主観的には責任をとりうると思えるような解釈を全人格的決断として行なえ、というところに学界全体の雰囲気としては結論が落ちついてきたとの感が強い。現在では、誰かが客観性ということをいいだしても、それはないものねだりであるというような暗黙の了解が学界の相当部分にできてしまい、そのためか、近時は学界でかつてのような形で方法論が議論されることが少なくなってきた。

確かに裁判官が具体的に直面する問題の解釈などに関しては最後は決断の問題がでてくるであろうし、法律学者が、類型的にであれ個別具体的にであれ、一定の問題に対峙したときに提示する法解釈学的結論については、決断の要素は大きいと思われる。また、かつて概念法学と論難される立場においてなされていたように、そのときの決断であるという側面を、法の三段論法的な適用によって隠蔽してはならないであろう。そのかぎりにおいては法解釈学論争というのは非常に大きな意味があったと思うし、そういう実践的な法解釈の方法として利益衡量論が大きな役割をはたしたことは否定できない。

四　しかし、法の解釈ないし法律学に関してなんらかの形での客観性を求めてもむだなのかということがもう一つの問題として残る。著者も、法の解釈が当為判断であるかぎりにおいて、それが実践的性格をもっており科学ではない、という点にはまったく異議がないし、後に述べるように実践的な法律学が社会的に非常に重要な意味をもっていると考えているが、はたしてそのような実践的判断をすることが法律学のすべてなのだろうか、という点に疑問を感ずるのである。三に述べたような形の決断的部分がみられるということは、それが法律学のすべてであって、そこから先に客観的な学たる部分が成立しないことを決して意味するわけではない。いわゆる基礎法と呼ばれる分野のみならず、「法の解釈」と呼ばれている分野においても、検証ないし反証が可能な形で客観性を保持しうる科学的な認識としての性格をもつ学問――法律学が成立するのではないか、法現象という社会的事実に即して法社会学が成立するのと同様に、一定の法規範現象に即して認識としての法律学が成立するのではないか、というのが当初の問題意識であった。

このような客観性志向というか、認識としての法律学に対する志向は、大学を卒業した年に著者が初めて書いた小稿――最判昭和四三年一一月二一日に対する評釈、法学協会雑誌八七巻四号――にもかなり濃厚にあらわれているが、具体的には次のような内容である。判決それ自体は、裁判官のなした当為判断であるし、当為命題を叙述している学説も、学者のなした当為判断であろう。また、立法自体も、立法者ないし当該社会が示した当為判断としての性格をもつ。この点はまず正面から承認する必要があるが、従来の法律学の多くにおいては、これらの当為判断の是非を論ずることが中心的なテーマであった。しかし、本書においては、具体的な法律問題を分析するさい、これらの当為判断の是非には原則としては立ち入らず、個別の当為判断のもつ規範的実態ないし規範構造あるいは判例、学説、立法史などを総合的にみて多くの当為判断の全体的な規範的実態および規範構造を認識することが可能であろう、と考えたのである。当為判断は最終的には決断であるが、その決断がなされたという事象それ自体は厳然として存在するので、判例、学説、立法なんでもよいが、これらを素材にその当為判断を対象化し、「ある者（ある法、ある判例）が『……すべきである』と判断した」という、当為命題を引用する二次命題を組み立てることによって、当為命題を存在命題に転化し、事実の次元で語りうるようにするわけである。裁判例、学説、立法のいずれの当為判断でもよいが、このように決断＝当為判断そのものを対象化すれば、この当為判断に内在していた実質的な判断基準を発見し、その実質的な判断基準の認識が事実認識として成立する余地がでてくると考える。そして、この発見された判断基準が実際に判断基準であるか否かという真偽のレベルで問題を判断しうるという、客観性を有する認識レベルでの法律学が成立するのではないかと思われるのである。

従来の解釈学説も、法制史、比較法、学説史、総合判例研究、立法理由、立法者意思の探究などを通じて、相当程度に認識的な作業をしていることは事実である。ところが、解釈学説がこれらの作業を行なうときには、これらは補助的作業にとどまることが多く、これらの補助的な認識作業を横目でにらみながら、最後に決断として主体的に実践的価値判断を下すことに落ちつくことが多い。ここでは、最終的には自己の価値判断を原点として、判例や立法の当為判断を批判し、その是非を問題とすることになる。それに対して、ここに述べる方法論では、認識が解釈の補助ではなく本体的部分であってこそ、はじめて客観性を有する認識としての法律学が成立すると考えるのである。

五　実作に即して語ることにすれば、右に述べた方法を使って、自分ではある程度成功したのではないか、と考えているのが、不当利得の「法律上ノ原因」に関する分析——本書二二一頁以下——である。ここでは裁判例を素材に、日本で明治以来不当利得の問題として判示され判例集などに登載された数百の裁判例の当為判断を基本的にはすべて前提にしたうえで、そこで裁判官が結論を導いている実質的な判断基準を発見する、という方法をとっている。分析者である著者が主体的に判断基準を構築することは——転用物訴権などとの関係では多少問題はあるが——基本的には避けている。言葉を換えていえば、本書の分析に先行して存在している判断基準を——これは一つの経験的事実として検証可能なものの中に存在していたわけであるが——事実認識していくことが、本書のそこでの方法であった。より具体的にいえば、次のようになる。契約が無効なのに契約給付がなされた場合に、その給付に関して不当利得返還請求が認容される。また、扶養義務がないのに扶養義務があると思って金員を給付した場合にその金員に関して不当利得返還請求権が認められる。かりに、このような裁判例があった場合、裁判官は通常衡平等々の言葉を使ってその結論を導いていたわけであるが、法学教育の洗礼を受けてきた裁判官の頭の中で実際に不当利得返還請求権の成否を判断するさい決め手になっているのは何だろうかを考えるのである。おそらく、第一例では契約の無効、第二例では扶養義務の不存在が決め手ではないかと推測される。実証的に分析をすすめるために、右のような作業を個別の裁判例に即して逐次行なうわけであるが、その結論を並置するだけでは素材の羅列に終わってしまうので、数多くの事例を分析してそこから帰納したより一般的な命題をひきだしてくることを試みることになる。その結果、具体的な事案では財貨移転を基礎づける法律関係の存否が不当利得返還請求権の成否の決め手なのではないか、という仮説がなりたってくることになる。そこで今度は、ここで帰納的に得られた仮説が今後の裁判例に関してもすべて成立しうるかという将来の裁判による検証が必要となる。また、この検証にたえられそうもない事案が現在でも想定できれば、その段階で右の仮説は成立しないことになる。しかし、そのような事例も別段見当たらなかったので（ただし、法律関係の存否以外にも、対抗可能性なども顧慮する必要はある）、現在のところ右に述べた命題が過去の裁判例をすべて包摂する形で成立することになる。ここで、「裁判官は不当利得における『法律上ノ原因』の有無について財貨移転を基礎づける法律関係の存否を基本的な判断基準としてきた」という、経験的な観察によって得られた認識命題が成立する。そして、裁判官のなしてきた総体的当為判断の是非に関しては、分析者個人が立ち入ることは特にしないわけである。

ただ、ここで一言しておかなければならないことは、この命題は追試可能性と反証可能性によって客観性を附与されているわけであるから、命題の内容が誰にとっても一義的なものでなくてはならず、「衡平説」その他、人によって内容が異なりうるような命題は、客観的な認識命題としての資格を当初から欠いていることになる。もちろん、法解釈学のすべての分野にわたって客観的な分析だけで押し通すことができるとは著者も考えていないので、衡平説などこの種の命題も、法解釈学上、存立基盤はもっているとは思われる。ただ、法解釈の命題として、その命題の最終的な根拠が主張者の価値確信（「……するのが衡平なのだ、妥当なのだ」等々）に依拠している主観命題と、前述したような客観的な認識命題とは厳格に区別される必要がある、と考えるべきであろう。それは、価値確信に依拠している主観命題をめぐる論争は、最終的にはウェーバーのいわゆる神々の争いになってしまうのに対して、認識命題をめぐる論争は、論理的、事実的次元においてそれを全面的に否定する可能性も開かれているし、また反証が成功する以前にはその認識命題を、すべての人に開かれた共通財産として修正、発展させていくこともできるからである。

六　実は、「法律上ノ原因」に関する分析は、ここに述べた経験的・客観的な認識命題をひきだすことで終わるわけではない。この認識命題をひきだした後に第二段階として、「法律上ノ原因ナク」＝財貨移転を基礎づける法律関係不存在が、全体としてどのような構造をもっているのかという、構造分析がはじまることになる。そのために、財貨移転を基礎づけているようにみえた法律関係を類型的におさえていく作業が開始される。そうすると、「法律上ノ原因ナク」の内容はさきに例示した契約の無効という債権関係の不存在、扶養義務の不存在という親族関係の不存在にとどまるわけではない。契約以外の債権関係としても、事務管理、不当利得、不法行為法上の債権関係の存否がひびいてくるし、何よりも、民法総則、物権、債権、親族、相続の全分野にわたって、きめ細かに、種々の法律関係の存否が問題となってくる。さらに、民法のみならず、会社法、手形・小切手法などの商法上の関係、判決の存否、ある種の強制執行法上の関係などの民事訴訟法上の法律関係、恩給や税金をめぐる行政行為の存否という行政法上の関係等々の、財貨移転に関連ある法体系の全体にまたがって法律関係の存否が問題となる。そして、単純な法律関係の存否以外にも、民法一七七条的な意味での対抗可能性、あるいは判決の既判力によって法律関係の主張可能性が遮断されているか否か、なども「法律上ノ原因ナク」の判断にとりこまれてきていることが、裁判例から判明する。これらをふまえると、財貨移転と直接・間接に関連するかぎりでは、実定法体系全体が投影されたものとして、不当利得の「法律上ノ原因」が存在しているとまでは、まずいえそうである。本書で、「不当利得の『法律上ノ原因』の内容は、全実定法体系の箱庭」であると述べたのは、このような「法律上ノ原因」の構造認識の問題として述べたものである。

もちろん、民法の編別、あるいは商法、民事訴訟法、行政法という実定法体系に即して「法律上ノ原因」＝財貨移転を基礎づけている法律関係を位置づけるべきであるということが、ア・プリオリに措定されるわけではない。「法律上ノ原因」の内容をこのように位置づけ体系づけるに当たっては、この分析以前に認識の主体である著者の頭の中に長年法学教育を受けてきた結果実定法体系の枠組が存在していたからだということは否定できないであろう。ここでは、ヘルメノイティークでいわれる認識の循環構造というものがかなり濃厚な形であらわれている。ただ、分析の素材と分析結果とがここでは単なる循環論法に終わっていないことはもちろんであるし、ここでの分析結果をも認識であると考えているのは、次の点にある。確かに、分析対象である数多くの裁判例を、民法典の編別、実定法体系に即して分類することを、他の人に強要する根拠はない。しかし他の人がいったんこのような方向で分類することを承認した場合には、本書の素材と同じ素材を使って追試することが可能であり、追試した場合には誰がやっても同じ結果がでてくるはずである。また、将来あらわれる裁判例などによって、実定法体系の投影をはみだす「法律上ノ原因」があるのだという反証がありうる。この追試可能性と反証可能性とによって、この分析の客観性はささえられており、この分析も認識レベルの問題である、と考えられるのである。第一段階の、「法律上ノ原因」の有無は財貨移転を基礎づける法律関係の存否である、という分析と、第二段階の、不当利得の「法律上ノ原因」が全実定法体系の縮図としての意味をもっている、という分析との間には、認識の抽象度にかなりの差があり、分析素材と導かれた命題との事実的な密着度にも、かなり差があることは事実であろう。それにもかかわらず、いずれも経験的事実とのつき合せが可能だという意味において客観性を有しているがゆえに、「認識としての法律学」の範疇の問題だろうと本書では考えているのである。

七　ところが、さらに第三段階の問題がある。それは不当利得の「法律上ノ原因」が全実定法体系が投影されたような構造をもっているのはなぜだろうか、そのような構造を不当利得法の要件がもってこざるをえないということはどんな意味をもっているのだろうか、という問題である。このような意味づけの問題というのは、実践としての法律学で行なわれる主体的な決断とは異なるとしても、経験的事実そのものとのつき合せはできないので、第二段階までの認識が有していた意味での客観性をもちえないことは否定できない。その意味で、「意味」とか「理解」というものは少しずつ形而上学的なにおいを帯びてきやすいような気はするが、ここではあまり大上段に形而上学的な理論をふりかざすことはさけながら、第二段階での分析から浮きぼりにされてくるかぎりで、前述した「箱庭」ないし「投影構造」の意味を考えてみた。不当利得法の「法律上ノ原因」に投影されている法律関係は、基本的にはすべて財貨移転と関連している。そして、その法律関係が有効に（かつ最終的にも主張可能な形で）存在している場合には、財貨移転が是正されることはないが、その法律関係が有効に存在していない場合に、不当利得法による財貨移転の矯正が行なわれる。いわば、各法律関係が財貨移転を基礎づけている側面をその法律関係のポジティブな面とすると、そのネガティブな面として不当利得法が存在している。財貨移転を基礎づけうるポジティブな法律関係の一つ一つに、一対一で対応する形で、そのネガティブな側面を担うものとして不当利得法が存在している（ここまでは経験的事実とのつき合せがある程度可能である）。そして、財貨移転を基礎づけているポジティブな法律関係が全実定法体系を形成すると講学上観念されていることのいわば裏面として、財貨移転と関連する全実定法体系のネガティブな補完法として不当利得法が存在する。このような構造をもっていることの意味は、財貨の移転は、それが不完全な法律関係にもとづいて行なわれた場合に矯正が必要なわけであるが、不当利得法がそのような矯正法としての機能を営んでいるからこそ、ポジティブな法律関係との一対一の対応関係をもちつつ、全実定法体系の箱庭的なものとして「法律上ノ原因」の要件が存在しているのではあるまいか。不当利得法の機能自体は、個別の裁判例に即して帰納的、実証的に押えていくこともできるものであるが、第二段階に分析した「法律上ノ原因」の全体構造は、不完全な財貨移転の矯正法という不当利得法の機能ゆえにもたらされたものではないか、と考えられるのである。

八　以上のように、「法律上ノ原因」の問題に関し、本書では自らの当為判断を主体的には展開することなく、過去の裁判例全体に内包されていた判断基準の認識に終始しているわけである。では、このような経験的な観察によって得られた、追試可能性と反証可能性によって客観性を附与された認識命題は、実用法学的な法の解釈のレベルではどのような意味をもつのだろうか。さきの、第一段階の分析においては、「裁判官は不当利得における『法律上ノ原因』の有無について財貨移転を基礎づける法律関係の存否を基本的な判断基準としてきた」との認識命題が導かれた。そうであれば、今後不当利得の問題に直面した裁判官は、その事案における「衡平」等々を考えるのではなく、財貨移転を基礎づける法律関係の存否を調べることによって、「法律上ノ原因」の有無、不当利得返還請求権の成否を決する途が開かれていくことになる。ここに、客観性を附与された認識命題が解釈命題へ転化する可能性が生ずるわけである。

「火に一定量の水をかければ火が消える」という命題が一定の条件のもとで観察によって導かれたとき、そこから、火を消すためには一定量の水をかければよい、という実践命題をひきだすことも、論理的にはともかく現実には可能である。これを同じ形で、法律学においても、観察によって導かれた〝客観的〟認識命題を、実践命題に転化することも、可能なのではあるまいか。

ただこのような考え方に対しては、ここで本書の分析が認識に終始したまま主体的な当為判断を展開しないですんだのは、著者自身が、認識の結果でてきた裁判例の内包した判断基準に関して、それでいいのだ、と是認した結果、当為判断に立ち入らずにすんだのではないか、という反論が当然考えられるであろう。繰返しを恐れずにいえば、確かに、本書では、「法律上ノ原因」に関して認識命題を叙述しただけで分析者の当為判断を記してはいないが、それには、認識命題の是認という形で、分析者である著者の当為判断が暗黙のうちに隠されている、と反論する余地はありそうに思われる。そこで本書では、経験科学的な方法をはみだすことになることは覚悟しつつ、「法律上ノ原因」の要件に裁判例上あらわれていた判断基準の実態（規範の実態）と、その構造（規範内容の構造）とを前提とした上で、不当利得の「法律上ノ原因」の規範実態および規範構造がこのようにならざるをえないのは、どのような意味をもっているのか、という、ここに述べた第三段階の意味、ないしは一種の論理構造分析を始めたのである。この点に、本書での議論には暗黙の当為判断が隠されている、という議論に対する反論の鍵が隠されているのではないかと思うのであるが、この点は当初の方法的出発点からすると多少迷路に入ってしまった気味もあり、今後とも検討を要する点であろう。現在のところではこれは哲学でいえば、認識論と存在論の接点のあたりで道を見失ったのだろうという気がしている。

また、意味との関係からは、理解の問題もでてくるであろうが、前に第一段階、第二段階の分析として述べた規範実態および規範構造の分析に関しても、本書では経験的な事実とのつき合せが可能な形で分析を展開したものの、そこで裁判官の頭の中で不当利得返還請求権の成否を判断するさいに実際のきめ手になっている判断基準を推測しているということの中には、著者自身の「理解」が混入していることは否めない側面もあろう。そうであるとすれば、第一段階、第二段階の分析の客観性を再度反省してみるという意味もこめて、右に述べたような問題を将来にわたってさらに考えていきたい。

ただ、この点はさておくと、さきに法解釈命題の最終的な根拠が主張者の価値確信にある主観命題と客観的な認識命題は区別される必要があり、その理由は、前者をめぐる論争は神々の争いになってしまうのに対し、後者をめぐる論争は、その認識命題を学問をする者の共通の財産、たたき台として、修正、発展、あるいは反証していくことができる、と述べた。この後半に述べた性格——正確には間主観的討議可能性というべきであろうが——を有している、という意味において、「法律上ノ原因」をめぐる第一段階、第二段階の議論が客観性をもっている、ということは最低限いえるものと考えている。

九　ひるがえって考えてみると、本書にも示されているような著者がしてきた法律学には二つの特徴があるように思われる。一つは、素材に密着しながら帰納的に一般的基準ないし一般命題をひきだしてくるという方法を、認識の手続上とっていることである。今までこれを中心的に述べてきたわけであるが、もう一つの特徴として法制度間の相互関連や、機能的異同、相互の整合性を顧慮しながら、全体的法体系の中で各法制度の意味を考え、いわば各法制度の体系的意味を問いながら、法理分析を展開していくという姿勢がある。

第二の特徴があらわれた具体例をあげれば、不当利得を全実定法の裏面をつかさどるネガティブな法体系としての財貨移転矯正法として考えていることは、その一例であろう。また、不当利得のもう一つの機能である財貨帰属の確保についての本書の分析もこのような例であろう。この他にも、統一的請求権の議論（本書四九七頁以下）にしても、一九世紀後半からの実体法と民事訴訟法の分離の歴史を受けながら、そこでの諸議論の整合的な理解をはかったという側面がある。さらに、騙取金員による弁済の事案（本書六二八頁以下）は、詐害行為などの債権の対外的効力の問題との要件内容の同一性を基礎として、その法的性格の分析へと展開し、二つの法制度の基本的な同一性を論証したものである。同じことは、目的不到達と法律行為の無効との機能的同一性を基礎に、二つの法制度の同一性を論じていることについてもいえるであろう（本書六五二頁以下）。

また、本書の内容を離れれば、この第二の方法をもっとも徹底して用いたのが、瑕疵担保制度についての論稿であろうと思われる（「売主の瑕疵担保責任――対価的制限説再評価の視点から」森島昭夫編・判例と学説3民法Ⅱ（昭和五二年）一七五頁以下）。ここでは、瑕疵担保責任、債務不履行責任、危険負担という三つの法制度の整合性を基礎に問題をつめていった上で瑕疵担保制度の性格と法律効果を考えている。また、他の分野では当為判断の是非には原則として立ち入っていないのであるが、転用物訴権に関しては、他の法制度との関連をつめる形で、それを認めうる範囲についていったん当為判断を下している。そして、その後に、今度は自ら下した当為判断を対象化して、その当為判断のもつ意味を認識し、転用物訴権を無償の法律関係の保護という一般的な枠組の中で位置づけている（本書七〇〇頁）。

このようにみると、法制度相互の関連から各法制度の体系的意味をとらえ、それに即して法理の解明をしていくという手法が著者の分析にはかなり使われており、特に、騙取金員による弁済、目的不到達、瑕疵担保責任の三つの問題は、前に述べたような素材に即した事実認識ではなく、もっぱら法制度間の関係を論理的につめていくことによって結論が導かれているという点でも特徴的かと思われる。ここにいう論理は――特に右に述べた三つの問題についての分析にはかなり明確にでていると思うが――一種の機能的な論理分析で、従来の法律学にしばしばみられた三段論法的な論理とはかなり異なった性格をもっていると思われる。ここにおいても、論理的レベルにおいての反証可能性はあり、その意味での客観性は確保されているが、素材から帰納的に導かれた命題の客観性とは、かなり違った性格をもっていることは否定できないであろう。

ところが、「法律上ノ原因」の問題を中心にすすめた不当利得の本体部分の分析に関しては、最初に述べた素材に即して判断基準を発見していくという帰納的方法と、法体系的整合性から法制度をその性格をも含めて捕捉していくという第二の方法とが、結果的には合体し、一致した形になっている。これは、期せずしてこのようになったという色彩が濃いのであるが、それだけに方法論的には非常にひっかかりを覚える。多少情緒的に表現することが許されるのであれば、個別問題についてのプロブレムデンケンは紛争解決の学としての法律学にとって非常に重要な地位を占めていたが、このような個別的なプロブレムデンケンを通じてプロブレムデンケンに終始しない法制度のトータルな把握が可能なのではないか、という気がしないでもないが、それではあまりにも話ができすぎているような気もするとともに、著者の方法的な出発点でもあった最初に述べた方法とは少しずれているようにも思われる。そのようなわけで、前に述べたように、この点では迷路に入ったというのが、現在の著者の率直な実感である。

一〇　なお、念のために述べると、実践的な法律学自体も著者は決して否定的に評価しているわけではない。法律学は、一定事案の解決につき価値的決断の側面でも裁判所のパトロンないし裁判所をチェックするものとしての役割を果たしてきたことは、古来からの伝統であったし、それが果たしてきた社会的有用性は何人も否定できないであろう（そう考えるからこそ、転用物訴権に関しては、まず最初の段階では、この種の実践的法律学を著者自身も展開しているわけである）。また、公害や消費者問題その他で特に顕著な、新しい社会現象に対応して法の変革をはかっていく立場での実践的な法律学も、解釈論であれ立法論であれ、社会が変わっていくものである以上有用であることはもちろんのことである。社会に対する主体的な変革の意欲が、その方向性さえ的を射れば、非常に重要であることは当然のことである。このように考えながらも、なおここで「認識としての法律学」を強調したのは、繰返しになるが、次の理由によるものである。法解釈学論争以来、われわれは法解釈学は実践的決断であって客観性をもたないということにあまりに安住しすぎてしまって、ほかの学問分野であれば当然に要求される客観性志向、認識志向をあまりに失いすぎていたのではないか。そして、法の解釈が多くは実践的決断であることは事実であるが、その実践的決断＝当為判断を対象化することによって、客観性を有する認識としての法律学を樹立することも可能なのではないか。それなのに、われわれはここしばらくの間、このような分野をあまりに等閑視しすぎてきたのではなかろうか、と思うからである。なお、当為判断自体を対象化し認識するということは、川島博士がかつて『科学としての法律学』（弘文堂）の中で展開されたのであるが、そこでの認識対象の一つは、「価値」ないし「価値体系」だったわけで、このかぎりでは価値科学的な側面をもっていたように思われる。そして「ことば的技術」として抽出される側面は、概念内容の固定化などと、価値判断相互の有機関連を示す技術的意味での論理構成、法律構成として取り扱われた。それに対して、著者は、当為判断の「価値」的基礎を認識していくことの重要性は当然あると思っているが、それとともにことば的技術としてとらえられている「技術」それ自体と思われていることの中にも、真理性ないし客観性の吟味をなしうる形での理論構築ないしは仮説構築が可能な問題も一部ひそんでいたのではないか、と考えた。そして法解釈学が通常取り扱っている分野においてなんらかの形で客観性を確保した議論を展開したいと考え、通常の解釈論では特に「価値」と「ことば」を分解することなく一体的規範として分析することが多いと思われるので、この分析でも両側面を一体的にとらえたまま、規範の実態、規範内容の構造、規範相互の関連などを認識するよう努めたものである。方法的にも、先人たちに負うところの大きい議論であり、それらは将来この問題を本格的に書くときに述べることにするが、なんらかの形でケルゼンとは異なった意味での「規範科学」とでもいうような、客観性を吟味しうる議論の展開ができないかということが、本書での基本的な問題意識だったかと思うのである。

一一　なお、ここに述べた方法論に対し、近時、この方法論を非常に正確に押えた上での田中成明教授からの批判がある（田中成明『現代法理論』（昭和五九年）二九三頁以下）。田中教授は、まず、「法律学の課題や営為をこのように認識ということだけに禁欲的に限定することが、法律学の一つの在り方として成り立つことは、否定しがた」く、「形式論理的・実証主義的真理も、法的思考の合理性の識別基準として重要な――大抵は不可欠な――位置を占めており、そのかぎりで、メタ・イデオロギー的議論の可能性が存在していることは言うまでもない」、「また、このような法律学がそれなりに裁判の予見やコントロールという実用的価値をもち、法的議論の共通枠組の形成による恣意専断の縮小にも、一定範囲内で寄与しうることについても、異論はなかろう」ということまでは承認した上で、次の諸点を批判する。このような方法が、「法的思考の伝統的な実践的課題を直接的かつ全体的にその営為のなかに取り込んでいないことは明らかで」、「それ自体が一つのイデオロギー的選択に他ならず、科学のイデオロギー的機能という問題が生じうる」し、「このような限定された営為ですら、はたして価値判断を完全に排除して行ないうるものであるかどうか、疑問が残るところで」、「法的思考は、このような真理性の基準を充たしていてもなお不合理である可能性があり、法的思考独特の合理性の自立的・実質的基準は、形式論理的・実証主義的真理性を超えた実践知・賢慮（phronesis, prudentia）にかかわる問題なのである。」

田中教授と著者とでは、最終的に向いている方向こそ異なるものの、本書に述べた方法の機能と限界についての実体的理解についてはそれほど差異があるわけではない。著者自身、本書に述べた方法が、伝統的な法律学を全体的に基礎づけるものと考えているものではないし、その点はすでに述べてきたところでもある。ただ、法解釈学論争後、法の解釈が最終的には価値判断＝決断であることが強調されすぎた結果、「形式論理的・実証主義的真理」で語ることが可能な部分においても、安易に決断によって結論が導かれることも多く、「法的議論の共通枠組の形成による恣意専断の縮小」が崩されていることに危惧の念をいだいたものにほかならない。本書は、このような法律学の代表例の一つといえる、衡平説的不当利得観に対し、「形式論理的・実証主義的真理」に基礎を置く不当利得像が可能であることを例証すべく、分析を試みたものにほかならない。田中教授のいうように、この種の真理性をもって語れない法分野があることは事実であり、そこでは（個別問題についての）「実践知・賢慮」によって導かれる結論と、解決されることになろうが、著者のいいたいことは、「形式論理的・実証主義的真理」によって導かれる結論と、（個別問題についての）「実践知・賢慮」によって導かれる結論とでは、結論の一義性という観点からは性格が異なっており、比喩的な表現が許されるならば、前者のほうがより固い大地に立っているということである。そして、不当利得法にかぎらずそれ以外の法分野においても、より固い大地に立った議論が可能なところでは、安易に決断を下す前に、それを追求しようという呼びかけが、ここに述べた方法論にほかならない。

なお、本書では、財産法の体系の箱庭的な形での不当利得像を析出し、また、別の本では不法原因給付や相続回復請求権との関係で「権利の体系」について簡単に言及したことがある（高木多喜男ほか共著・著者執筆『民法講義6不法行為等』（昭和五二年）一〇五—一〇九頁）。本書に述べた、不当利得についての「形式論理的・実証主義的真理」を求めた分析も、実は、ローマ法源に端を発するところの法系において展開された「実践知・賢慮」を総体としてとらえた上で、さらに「権利の体系」の形でそれらの結晶化をはかる試みにほかならず、本書に述べた「形式論理的・実証主義的真理」が、実はその背後において（総体としての）実践知・賢慮にささえられたものであることは、著者も現在充分自覚しているつもりである。法が人の営みの中から生成され歴史化されていくものであることは否定できず、立法、判例による法の変革も、法律学を通じてのそれらへの影響も、基本的には状況変化をふまえた上での人の営みであろう。また、それらの変化や、整合的に整理される以前の「実践知・賢慮」にもとづく法的判断の総体を「権利の体系」へと結晶化させていく試みも、知的なレベルでの人の営みである。ここでは、一旦完成された「形式論理的・実証主義的真理」が「実践知・賢慮」によって覆され、それが再度、「形式論理的・実証主義的真理」によって一義的な形に結晶化されていく作業が永遠に繰り返されることとなり、「形式論理的・実証主義的真理」と「実践知・賢慮」とは、相互干渉的な形で存在していくものと思われる。この点では、初期の方法的出発点での立論にもかかわらず、現在では、人の営み、歴史、社会などの有機的部分を「学」的な形でも視野の中に取り込んでいく必要を感じないではない。しかし、このようなものであるとは考えても、なお、法的結論の一義性に差異がある以上、「形式論理的・実証主義的真理」をもって語ることができる部分において、その努力を放棄して「実践知・賢慮」によって法的結論を基礎づけることに、著者は強い抵抗感をもち、それに警告を発しているにすぎない。

また、田中教授の著書には、「判例研究を中心課題とする法律学」ないし「法律学的営為を判例の整理・予測だけに限定する」との表現がみられる。田中教授の叙述においては、川島博士の著作の一部と著者の見解とが並ぶ形で分析が展開されているので、この表現が著者の見解に向けられたものと考える必要もあるまいが、一般の読者に無用な誤解を与えても困るので一言すると、別段著者は判例研究を法律学の中心だと考えているわけではない。この方法論においても、当為判断が対象となる形で、それを引用した形の二次命題が組み立てられればこの方法にのっとった分析は可能なので、判例、学説、立法などすべてが分析の対象になりうることが語られている。本書の内容においても、分析の出発点が「法律上ノ原因」に関する判例分析にあったことは事実であるが、別段本書の内容が判例研究に終始しているわけでもないし、まして判例の整理・予測に限定されているわけではないことは、本書を一読いただければ明らかと思われる。

かみ合った議論をすることは、学界においてすらもかなり困難なことであるのが現実であるが、田中教授が、的確な分析、批判によって、著者にさらなる思考の機会を与えてくださったことに、心から感謝する次第である。

西暦	元号	月		
一八〇四		三		フランス民法一法典に統合される（二一日）。（一八〇三年三月～一八〇四年三月まで民法典を構成する三六編の規定が順次別々に採択され、別々に公布）。
一八七三		＊		フランスにおけるオーブリー＝ローによる不当利得理論の提唱。Aubry = Rau, Cours de droit civil français, 4e éd.
一八八一		六		スイス旧債務法制定（一四日にスイス連邦議会を通過。公布は六月一八日。一八八三年一月一日施行）。
一八八二	明治一五	＊		ボアソナード草案の原型として民法草案とその註釈が発表される。このうち、不当利得の部分は、G. Boissonade, Projet de Code civil pour l'Empire du Japon, accompagné d'un Commentaire, Tome 2-II, (1882), pp. 246-277.（全巻の発表は、一八八〇―八二年）。この翻訳として、ボアソナード氏起稿註釈民法草案財産編人権之部第三八一条以下（発行年月日不詳、司法省）。なお、その翌年に発表されたものとして、G. Boissonade, Projet de Code civil pour l'Empire du Japon, accompagné d'un Commentaire, 2 éd, Tome 2, (1883), pp. 244-273.（前年のものより全体として一五〇頁ほど増頁）（全巻の発表は、一八八二―八三年）。この翻訳としてボアソナード氏起稿再閲民法草案財産編人権之部第二二冊（発行年月日不詳）。
一八八六	一九	三		ボアソナード民法典財産編等内閣に上申（三一日）。（民法編纂総裁大木喬任より内閣総理大臣伊藤博文に上申。ただし、このときの条文は現在確実な形では確定されているわけではない（これ以降のもので、現在確定されてい

			る最初の印刷された条文は、明治二二年七月二四日内閣総理大臣黒田清隆が元老院議長大木喬任に下付したものである）。また、不当利得に関しては仔細が明らかでないが、一般に、この明治一九年三月に上申されたものは、この後、元老院及び外務省ないし法律取調委員会等で何度か修正されている。）
一八八八	二一	一	ドイツ民法第一草案・理由書公表。
		二	法律取調委員会にてボアソナード民法不当利得関係の審議。（民法草案第二編人権ノ部三八一条～三八七条。二〇日（民法財産編第二七回）、二一日（第二八回）の二回にわたる）。
一八八九	二二	五	法学士会「法典編纂ニ関スル意見」を発表（「法典論争」の発端）。
一八九〇	二三	三	ボアソナード民法典財産編等公布（二七日）。（ただし、三月二七日付の勅語を附されて四月二一日の官報にて公布。明治二六年一月一日施行予定、ただし明治二五年施行延期（明治二五年一一月二三日法律第八号））。
一八九一	二四	*	ボアソナード草案とコンメンタールの新版（ボアソナードの提言から一部修正されて明治二三年に公布された民法典を前提とした上でのコンメンタール）。このうち、不当利得の部分は、G. Boissonade, Projet de Code civil pour l'Empire du Japon, accompagné d'un Commentaire, Tome 2, (1891), pp. 277-308.（全巻の発表は、一八九〇—九一年）。
		*	ボアソナード民法典の理由書（ボアソナードによる註釈）。このうち、不当利得部分は、Code civil de l'Empire du Japon, accompagné d'un Exposé des motifs, Tome 2, (1891), pp. 473-495.（全巻一八九一年に発表）。この翻訳として城数馬訳民法理由書（司法省写本（筆によるもの）、法務図書館所蔵）。
一八九二		六	ブウディエ判決（Cass. req. 15. 6. 1892, D. 1892. 1. 596, S. 1893. 1. 281.）フランス判例法における不当利得法の形成始まる。

西暦	元号	月	事項
一八九三	二六	五	民法編別目次仮案配布（二五日）。
一八九五	二八	九	法典調査会にて、不当利得関係（現行民法七〇三条、七〇四条）の審議。九月一一日に議案が配布され、九月一八日（第一一五回）、九月二〇日（第一一六回）の二回にわたって審議。
		一〇	ドイツ民法第二草案、全体として連邦参議院に提出（三〇日）。（この議定書（プロトコール）は、一八九七―九九年に公表）。
		一二	民法整理会（第一二回）にて不当利得関係審議（三〇日）。
一八九六	二九	一	民法修正案前三編第九回帝国議会に提出。なお、「民法修正案理由書」は「禁販売及翻刻」の「未定稿本」として、法典調査会が関係者にのみ印刷して配ったものであり、年代は附されていない。
		四	民法典前三編（総則・物権・債権）公布（二七日。明治三一年（一八九八年）七月一六日施行）。
		八	ドイツ民法公布（二四日。一九〇〇年一月一日施行）。

西暦	元号	月		編著者	論文名・書名	出典	備考
一八九七	明治三〇	七	1	梅　謙次郎	民法要義巻之三（債権編）		
		九	2	富井政章校閲、岡松参太郎著	註釈民法理由下巻		
		九	3	穂積陳重＝富井政章＝梅謙次郎校閲、松波仁	帝国民法正解（第六巻）		

				一郎＝仁保亀松＝仁井田益太郎合著			
一九〇一	三四	五	4	北条　元篤	不当利得ニ基ク債権ノ目的	日本法政新誌五巻四六号	
一九〇二	三五	*	5	E. Jung	Die Bereicherungsansprüche und der Mangel des „rechtlichen Grundes"（ユングの相関関係説の発表）		
一九〇五	三八	一一	6	井上　義男	不当利得論	法律学経済学内外論叢四巻三号	
一九〇六	三九	九	7	二上　兵治	不当利得の範囲	法学新報一六巻一〇号	
一九〇八	四一	九	8	中島　玉吉	不当利得ヲ論ス	京都法学会雑誌三巻九号、一〇号（一〇月）、一一号（一一月）	民法論文集（大正一一年）所収
一九〇九	四二	一	9	石坂音四郎	法律行為ノ原因ト不当利得ニ於ケル法律上ノ原因	京都法学会雑誌四巻一号、二号（三月）、四号（四月）、八号（八月）	改纂民法研究上巻（大正八年）に所収 10
一九一〇	四三	一	10	同　右	同　右	同右五巻一号、二号（二月）	同　右 9

一九一二	四五	四	11	横田　秀雄	債権各論		
		五	12	清瀬　一郎	不当利得論		
一九一五	大正四	一〇	13	川名兼四郎	債権法要論		
一九一七	六	九	14	雉本　朗造	判例批評録第一巻「差押命令及ヒ転付命令ノ競合ト不当利得並ニ確定判決ノ執行ト不当利得」		大阪地判大正三年二月一六日法律新聞九三三号二五頁
一九一八	七	五	15	雉本　朗造	判例批評録第二巻「既判力ノ客観的範囲及ヒ既判力ノ抗弁（案件――不当利得返還請求ト寄託物返還請求トノ不同）」		大判大正三年一〇月三日民録二〇輯七一五頁
	＊	＊	16	雉本　朗造	判例批評録第三巻「第三者ニ属スル物ニ対スル引渡請求権ノ執行ト不当利得」「債権ヲ虚構シテ強制競売ノ配当ヲ受ケシメタル者ニ対スル債務者ノ不当利得返還請求」		※なお、本書は昭和四年八月に公刊されたものであるが、一覧の便宜のためここに記した。大判大正四年五月一四日民録二一輯七六四頁　大判大正四年六月一二日民録二一輯九二四頁

					「現存利得ノ推定？（挙証責任ト証明義務）」		大判大正八年五月一二日民録二五輯八五五頁
					「第三者ニ属スル財産ノ競売代金ヲ受ケタル債権者ト不当利得」		大判大正八年五月二六日民録二五輯九〇〇頁
		六	17	末弘厳太郎	債権各論（「因果関係の直接性」論の導入）		
一九二〇	九	四	18	白旗　文一	他人の物の競売と不当利得者	法律新聞一六七七号	
		九	19	鳩山　秀夫	日本債権法各論（下巻）		大正一三年増訂
一九二一	一〇	四	20	末川　博	不当利得返還義務の性質及び其範囲	法学論叢五巻四号	民法に於ける特殊問題の研究第二巻（大正一四年）、続民法論集（昭和三七年）、末川法律論文集Ⅲ債権（昭和四五年）所収
一九二二	一一	五	21	船田　享二	利得償還請求権と時効	日本法政新誌一九巻五号	
		一〇	22	松倉慶三郎	保証人の権利及債権者の不法利得	弁護士協会録事二六巻九号	

一九二四	一三	四	23	姉歯　松平	不当利得の要件に関して	台法月報一八巻四号、五号（五月）	
		六	24	姉歯　松平	不当利得の効果	台法月報一八巻六号	
		六	25	姉歯　松平	不当利得の請求方法に関する本島（台湾）の旧慣並無登録贌耕に関する不当利得の性質（高等法院上告部判例の研究）	台法月報一九巻二号	
一九二五	一四	四	26	鳩山　秀夫	民法研究第一巻（総則）「無権代理行為と不当利得」		大判大正八年一二月一二日民録二五輯二二八六頁
	＊	＊	27	鳩山　秀夫	民法研究四巻（債権各論）「契約解除に基く原状回復義務の性質」「不当利得の要件たる因果関係」		※なお、本書は昭和五年六月に公刊されたものであるが、一覧の便宜のため、ここに記した。大判大正六年一〇月四日民録二三輯一三九一頁　大判大正八年一〇月二〇日民録二五輯一八九〇頁

					「不当利得——独立の原因に因る給付の目的たる権利の取得と弁済の効力」		大判大正一一年一・月一四日民集一巻六号八五一頁
一九二七	昭和二	六	28	伊東　健正	不当利得と其善後策	海陸運一七巻一二号	
		七	29	船田　享二	ローマに於ける不当利得返還請求理論の形成（一）—（四）	法律学研究二四巻七号、八号（八月）、九号（九月）、一一号（一一月）	30
一九二八	三	二	30	同右	同　右　（五）—（六）	同右二五巻二号、三号（三月）	29
一九二九	四	二	31	磯谷幸次郎	債権法論（各論）下巻		
		六	32	岡村　玄治	債権法各論		
一九三〇	五	一一	33	我妻　栄	債権法（事務管理・不当利得）（現代法学全集三四巻）（「社会観念上の因果関係」論の提唱）		
一九三一	六	一	34	末川　博	不当利得と不法行為との相関対比	法学新報四一巻一号	不法行為並に権利濫用の研究（昭和八年）、末川法律論文集Ⅱ権利侵害と権利濫用（昭和四五年）所収

年	月	日	番号	著者	表題	掲載誌	備考
一九三三	八	一	35	我妻　栄	法律行為の無効取消に関する一考察—民法に於ける所有物返還請求権と不当利得との関係	春木還暦祝賀論文集	民法研究Ⅱ（昭和四一年）所収
		四	36	小池　隆一	日本債権法各論		
		七	37	谷口　知平	不当利得返還義務と受益者の善意悪意について	大阪商大経済研究年報三	不当利得の研究（昭和二二年）所収
		一一	38	近藤　英吉	債権法各論		
一九三四	九	八	39	田中　二郎	スカウピー「公法に於ける不当利得」（紹介）— Skaupy, W., Die ungerechtfertigte Bereicherung im öffentlichen Recht, 1934	国家学会雑誌四八巻八号	
		*	40	W. Wiburg	Die Lehre von der ungerechtfertigten Bereicherung（ウィルブルクの不当利得二分論の発表）		
一九三五	一〇	九	41	——	法典調査会民法議事速記録三九巻（現行民法典不当利得関係を含む）		二三日に日本学術振興会よりタイプ写了。その後数部が法務図書館及び数大学に配布。
		一一	42	片山　金章	不当利得制度の基礎原理の史的発展	中央大学五〇周年	

					──殊に自然法との関連を基点として	記念論集法律之部	
一九三六	一一	八	43	於保不二雄	転用物訴権に就て	法学論叢三五巻二号	財産管理権論序説（昭和二九年）所収
		九	44	板木郁郎	即時取得と不当利得	法と経済六巻三号	
		九	45	梅原重厚	給付の目的たる結果の不発生に因る不当利得	日本法学二巻九号	
一九三七	一二	五	46	末川博	貨幣とその所有権	大阪市大経済学雑誌一巻二号	参考 民法論集（昭和三四年）所収
		七	47	石田文次郎	債権各論講義		
		七	48	我妻栄	事務管理・不当利得・不法行為（新法学全集第一〇巻）（「二元論的衡平説」の提唱）		
		一〇	49	石田文次郎	不当利得における「損失」に就て	法学論叢三七巻四号	
		＊	50	アメリカン・ロー・インスティテュート	Restatement of the Law of Restitution（回復法リステイトメントの発表）		57・159
一九三八	一三	八	51	末弘厳太郎	占有権の効力特に果実収取権について	法律時報一〇巻八号	参考 民法雑記帳（昭和一五年。同上

							巻（昭和二八年））所収
		九	52	田中　二郎	公法上の不当利得に就て ―公法に於ける私法規定適用の限界に就ての一考察	公法雑誌四巻九号	公法と私法（昭和三〇年）所収
		九	53	―	法律取調委員会民法草案議事筆記（ボアソナード民法典不当利得関係を含む）		一六日に第二編人権ノ部第三五九条―四〇二条及び三二九条、日本学術振興会よりタイプ写了。その後数部が法務図書館及び数大学に配布。
一九三九	一四	八	54	伊達　秋雄	動産の返還請求権と代償請求権及び不当利得返還請求権	民商法雑誌一〇巻二号	
一九四〇	一五	二	55	柚木　馨	現代外国法典叢書(21)独逸民法〔II〕債務法（一五・完）		昭和三〇年に合本して復刊
		七	56	谷口　知平	米国に於ける不当利得法理の成立	法律時報一二巻七号	
		八	57	谷口　知平	背任に因る利得返還義務について ― Restatement of Restitution に於ける信認関係者間の constructive trust とその示唆	大阪市大経済学雑誌七巻二号	不当利得の研究（昭和二四年）所収 50

一九四一	一六	一	58	磯村 哲	バルンステット「不当利得に於ける法原因欠缺の特質」(紹介)	法学論叢四四巻一号	
		二	59	磯村 哲	不当利得に就ての一考察——利得の不当性を中心として(一)	法学論叢四五巻六号	60
一九四二	一七	一	60	磯村(中塚)哲	同 右(二)(三)	同右四六巻一号、四七巻一号(七月)	59
		二	61	谷口 知平	非債務者所有動産の強制執行と不当利得(一)—(三)	民商法雑誌一五巻二号、三号(三月)、四号(四月)	不当利得の研究(昭和二四年)所収
		五	62	谷口 知平	履行済双務契約の無効と不当利得返還義務の範囲	大阪市大経済学雑誌一〇巻五号	同 右
		一〇	63	谷口 知平	価格返還の場合に於ける現存利益について	民商法雑誌一六巻四号	同 右
		一一	64	磯村(中塚)哲	直接利得の要求に就いて——利得の不当性への問題的関連性	法学論叢四七巻五号	
		一一	65	谷口 知平	独・仏法に於ける不当利得返還請求権の補助性について	大阪市大経済学雑誌一一巻五号	不当利得の研究(昭和二四年)所収
		一一	66	谷口 知平	不当利得に於ける受けた利益と現存利益(一)(二)	民商法雑誌一六巻五号、六号(一二月)	同 右 68・69・70

一九四三	一八	三	67	来栖　三郎	民法における財産法と身分法（三）	法学協会雑誌六一巻三号	参考
		六	68	谷口　知平	不当利得に因る被害・無益費・権利喪失と現存利益——不当利得に於ける受けた利益と現存利益（三）	民商法雑誌一七巻六号	不当利得の研究（昭和二四年）所収 66・69・70
		七	69	同　右	利得の為めの対価と現存利益——不当利得に於ける受けた利益と現存利益（四）	同右一八巻一号	同　右 66・68・70
		一二	70	同　右	現存利益認定と過責の考量——不当利得に於ける受けた利益と現存利益（五・完）	同右一八巻六号	同　右 66・68・69
一九四四	一九	一	71	谷口　知平	利得の不当とその返還請求権の根拠	大阪市大経済学雑誌一四巻一号	同　右
		四	72	磯村　哲	不当利得・事務管理・転用物訴権の関連と分化（一）——不当利得の構造とその地位（一）	法学論叢五〇巻四号	73
		六	73	同　右	同　右（二）	同右五〇巻五・六号	72
一九四六	二一	三	74	戒能　通孝	債権各論		
		八	75	谷口　知平	不当利得に於ける因果関係（一）（二）	民商法雑誌二一巻一・二・三・四号、五・六・七号（一一月）	不当利得の研究（昭和二四年）所収 77

一九四七	二二	九	76	磯村　哲	仏法理論に於ける不当利得の形成—続不当利得・事務管理・転用物訴権の関連と分化（一）（二）	法学論叢五二巻三号、四号（一〇月）	
		三	77	谷口　知平	不当利得に於ける因果関係（三）	民商法雑誌二一巻八・九・一〇号	不当利得の研究（昭和二四年）所収　75
		一〇	78	谷口　知平	訴訟・行政処分と不当利得	民商法雑誌二一巻一一・一二号	同　右
		一二	79	石田文次郎	債権各論		
一九四八	二三	二	80	勝本　正晃	債権法各論概説		
一九四九	二四	四	81	谷口　知平	不当利得の研究		再版は昭和四〇年
		九	82	末川　博	債権法（法律学全書16）		
		一〇	83	勝本　正晃	債権法概論（各論）		
		＊	84	F. Goré	L'enrichissement aux dépens d'autrui（ゴレの不当利得論の発表）		
一九五一	二六	六	85	我妻　栄	債権法（法律学体系コンメンタール篇）		
		＊	86	J. P. Dawson	Unjust Enrichment（ドーソンの不当利得論の発表）		104
一九五二	二七	三	87	宗宮　信次	債権各論		
一九五三	二八	三	88	松坂　佐一	不当利得論		

		*	89	来栖　三郎	債権各論		聴講生用に印刷、一般には発売せず
一九五四	二九	四	90	吾妻　光俊	債権法		新版は昭和三九年
		一〇	91	我妻栄＝有泉亨	民法2債権法		第三版（昭和五二年）から内容大幅に改訂
		*	92	E. v. Caemmerer	Bereicherung und unerlaubte Handlung（ケメラーの類型論の発表）	Festschrift für Ernst Rabel, Bd. 1, Rechtsvergleichung und Internationales-Privatrecht	
一九五五	三〇	一〇	93	斎藤　武生	事務管理・不当利得・不法行為	国際私法講座Ⅱ	
		一二	94	山下　末人	取消・解除に於ける原状回復義務	法学論叢六一巻五号	
一九五六	三一	四	95	松坂　佐一	民法提要　債権各論		現在の第四版では内容が一部改訂されている。
		九	96	谷口　知平	不当利得部分執筆　現代外国法典叢書(16)　仏蘭西民法〔Ⅲ〕財産取得法（2）		この部分、旧版では未刊、この年復刊版に収録される。

一九五七	三二	二	97	加藤　一郎	不当利得（民法講座17）	時の法令二二三四号	
		四	98	田中　整爾	占有の不当利得返還請求権	阪大法学二二号	
		七	99	松坂　佐一	事務管理・不当利得（法律学全集22）		228
		八	100	磯村　哲	カェメラー「不当利得」（紹介）	法学論叢六三巻三号	92
		一一	101	今村　成和	行政法上の不当利得	民商法雑誌三六巻二号	現代の行政と行政法の理論（昭和四七年）所収
一九五八	三三	二	102	磯村　哲	法律学一五〇講民法（債権法11）不当利得	法学セミナー二三号	
		一一	103	下井　隆史	いわゆる「継続的法律関係」の無効・取消について——ドイツにおける論議の展開についての一覚書	熊本商大論集八号	参考
一九五九	三四	一	104	小林　規威	不当利得制度に関する比較法的一研究——ドーソン「不当利得の研究」を中心として	法学研究（慶応大）三二巻一号	86
		二	105	谷口　知平	不当利得・事務管理	谷口知平＝加藤一郎編「民法演習Ⅳ（債権各論）」	
		六	106	深谷　松男	婚姻の取消と不当利得の返還	中川還暦　家族法大系Ⅱ婚姻	
		八	107	松坂　佐一	不当利得における因果関係	総合判例研究叢書	

						民法⒀	
		八	108	松坂　佐一	法律上の原因なきこと	同右	
		九	109	後藤　清	状態的法律関係を設定する契約	経済理論（和歌山大学）五三号	参考
		九	110	下森　定	債権者取消権に関する一考察（一）	法学志林五七巻二号	参考　私法二九号（昭和四三年）をも参照　112
		九	111	玉田　弘毅	不当利得における悪意受益者の「責任」について—民法第七〇四条第二文の体系的地位の検討	明大法制研究所紀要2	
一九六〇	三五	一	112	下森　定	債権者取消権に関する一考察（二）	法学志林五七巻三・四号	参考　110
		四	113	小林　規威	英国準契約法		
		一〇	114	石田喜久夫	ファルック「金銭とその物権法における特殊な地位」—„Das Geld und seine Sonderstellung im Sachenrecht" von Bernhard Falck, 1960	阪大法学三六号	参考
一九六一	三六	三	115	岩松三郎＝兼子一編	法律実務講座民事訴訟法第四巻		参考

一九六二	三七	一一	116	川村　泰啓	不当利得における利益と損失――不当利得原理の法律学的構成をめぐって	法学教室〈第一期〉2（別冊ジュリスト2）	
		二	117	谷口　知平	戦後判例不当利得法の問題点	法律時報三四巻二号	
		九	118	谷口　知平	契約責任と事務管理・不当利得の関係	契約法大系I	
		一〇	119	山中　康雄	不当利得のあり方	愛知大学法経論集四〇号、四一号（一二月）	128
一九六三	三八	三	120	鈴木　禄弥	法律行為の無効と給付物の取戻し	大阪市大法学雑誌九巻三・四号	参考　物権法の研究（昭和五一年）所収
		三	121	真田　秀夫	行政処分の取消と公法上の不当利得	田中二郎＝雄川一郎編「行政法演習I」	
		三	122	川村　泰啓	返還されるべき利得の範囲（一）―（三） （一）――高松高裁の一判決を機縁として （二）――高松高裁判決を機縁として （三）――とくに「利得の消滅」の問題を中心として	判例評論五五号 同右五七号（五月） 同右六四号（一二月）	124
		一一	123	四宮　和夫	事務管理・不当利得・不法行為	我妻栄編著「判例	

年	昭和	月	番号	著者	表題	掲載誌	備考
一九六四	三九					コンメンタール⑥」	
		二	124	川村泰啓	返還されるべき利得の範囲（四）（五） （四）――フォン・ケメラーの不当利得論 （五）――特に所有権に基づく返還請求権と給付利得返還請求権の関係を中心として	判例評論六五号 同右六七号（四月）	122
		二	125	吉田久	不当利得の問題	法学新報七一巻一号	
		三	126	鈴木禄弥	法律行為の無効・取消・解除の場合の給付物返還請求権は、どんな性質をもつか	幾代通＝鈴木禄弥＝広中俊雄「民法の基礎知識(1)」	参考　物権法の研究（昭和五一年）所収
		四	127	小林規威	不当利得を防止するためのエクイティ上の救済方法	英米判例百選（ジュリスト増刊）	
		四	128	山中康雄	不当利得法のあり方	私法二六号	119
		六	129	川村泰啓	不当利得における因果関係	柚木馨＝谷口知平＝加藤一郎＝川井健編「判例演習債権法2」	増補版昭和四八年にも収録
		六	130	松坂佐一	不当利得と法律上の原因	同右	同右
		九	131	川村泰啓	一つの中間的考察――「返還さるべき利得の範囲」の「む	判例評論七二号	

					すび」および類型論の基本的展開の「序」に代えて		
一九六五	四〇	一	132	川村　泰啓	契約の無効・取消と不当利得	契約法大系Ⅶ	
		二	133	川村　泰啓	不当利得返還請求権の諸類型（一）—（三）	判例評論七六号	
					（二）—類型論の具体的展開	同右七七号（三月）	
					（三）—同　右	同右七八号（四月）	
		三	134	吉岡　幹夫	金銭所有権に関する一考察	静岡大学法経短期大学部法経論集一九巻	参考
		七	135	水本　浩	不当利得の補助性—無効・取消と不当利得を中心として	続学説展望（別冊ジュリスト4）	
一九六六	四一	一	136	谷口　知平	銀行の不当利得と利息	銀行取引判例百選（別冊ジュリスト6）	新版（昭和四八年）にも収録
		六	137	奥田　昌道	所有者と占有者との法律関係の一考察—請求権競合論の観点から（一）	法学論叢七九巻三号	参考
		一〇	138	我妻　栄	民法判例評釈Ⅲ「不当利得—事実上の養父は実父に対して養育料の不当利得返還請求権なし」		大判昭和一四年一二月二六日民集一八巻二四号一六六三頁なお、本書Ⅱは、

							非債弁済、不法原因給付の判例評釈のみで、不当利得の本体についての評釈はない。
一九六七	四二	一一	139	松坂　佐一	英米法における不当利得法理序説	愛知大学法経論集五一・五二号	英米法における不当利得（昭和五一年）所収
		二	140	司法研修所	四訂　民事判決起案の手びき		
		三		判例	密柑売買詐欺事件（騙取金員による弁済の判例の転換）	民集二一巻二号四七五頁	参考 最判昭和四二年三月三一日
			141	〔評釈〕谷口知平	最新判例批評	判例評論一〇六号（四二年一〇月）	
			142	明石三郎	判例批評	民商法雑誌五七巻四号（四三年一月）	
			143	星野英一	判例研究	法学協会雑誌八五巻三号（四三年三月）	民事判例研究第二巻2債権（昭和四七年）所収
			144	高津　環	判例解説	法曹時報一九巻六号（四三年九月）	最高裁判所判例解説民事篇昭和四二年度

		一〇	145	衣斐　成司	法律学における問題的思考序説—現存利益の事例をめぐって	大阪市大法学雑誌一四巻二号	
		一〇	146	川村　泰啓	商品交換法の体系上		参考
		一〇	147	土田　哲也	準契約法上の救済について—S. J. Stoljar の所説を中心として（一）（二）	香川大学経済論叢四〇巻三・四号、五号（一二月）	151
		一一	148	谷口　茂栄	金融判例研究会報告「騙取した金銭をもって債務の弁済をした場合と不当利得の成否」	金融法務事情四九四号	
		一二	149	畑口　紘	不当利得	渉外判例百選（別冊ジュリスト6）	増補版（昭和五一年）にも収録
一九六八	四三	二	150	伊藤　高義	民法第一八九条以下における「占有者」「回復者」の意義—物権的返還請求権の実体権的理解への疑問（一）（二）	名古屋大学法政論集四二号、四三号（三月）	参考　物権的返還請求権序説（昭和四六年）所収　158
		二	151	土田　哲也	準契約法上の救済について—S. J. Stoljar の所説を中心として（三）	香川大学経済論叢四〇巻六号	147
		五	152	広中　俊雄	債権各論講義		現在の第五版（昭和五四年）では内容が一部改訂されている。

		六	153	品川　孝次	事務管理・不当利得・不法行為	谷口知平＝加藤一郎編「新民法演習4債権各論」	
		六	154	土田　哲也	不当利得における法律上の原因について	香川大学経済論叢四一巻二号	
		一〇	155	川村　泰啓	「所有」関係の場で機能する不当利得制度（一）	判例評論一一七号	157・186・192
		一二	156	松坂　佐一	英米法における不当利得	愛知大学法経論集五八号	英米法における不当利得（昭和五一年）所収
一九六九	四四	一	157	川村　泰啓	「所有」関係の場で機能する不当利得制度（二）―（八）	判例評論一二〇号、一二三号（四月）、一二四号（五月）、一二五号（六月）、一二六号（八月）、一二八号（一〇月）、一二九号（一一月）	155・186・192
		三	158	伊藤　高義	民法第一八九条以下における「占有者」「回復者」の意義―物権的返還請求権の実体権的理解への疑問（三）	名古屋大学法政論集四五号	参考　物権的返還請求権序説（昭和四六年）所収　150
		三	159	小林　規威	英米法における不法行為と不当利得の返還	法学研究（慶応大）四二巻三号	50

					—リステートメントの分析を中心として		
		四	160	五十嵐　清	契約と事情変更		参考
		五	161	川村泰啓＝山本祐策	不当利得の要件—一つの問題提起	判例時報編集部編「民法基本問題150講Ⅱ債権」	
		八	162	松坂　佐一	英米法のConstructive Trustについて（一）—（四）	民商法雑誌六〇巻五号、六号（九月）、六一巻一号（一〇月）、三号（一二月）	英米法における不当利得（昭和五一年）所収
		一〇	163	山田　幸二	善意取得と不当利得返還請求—V・ケメラー教授の見解とわが民法上の若干の考察	福島大商学論集三八巻二号	
		一二	164	谷口　知平	不当利得に関する一般原則	フランス判例百選（別冊ジュリスト25）	
一九七〇	四五	三	165	稲本洋之助	フランス法における不当利得制度	谷口還暦記念　不当利得・事務管理の研究(1)	
		三	166	上野　雅和	過去の婚姻費用と不当利得	同右	
		三	167	馬瀬　文夫	特許の無断実用化と不当利得	同右	
		三	168	小野　昌延	特許登録前の発明侵害行為と不当利得	同右	

三	169	鍛冶　良堅	相続人の寄与分	同右	
三	170	倉田　彣士	不当利得の要件としての受益と損失	同右	
三	171	白羽　祐三	留置権・同時履行の抗弁権と不当利得	同右	
三	172	高橋忠次郎	離婚による財産分与と不当利得	同右	
三	173	高梨　公之	社会的債務について	同右	
三	174	武井　正臣	家族経営における家族の財産関係―農家の家族構造との関係において	同右	
三	175	中馬　義直	盗品、遺失物等の売買に伴う不当利得の返還―「現存利益」の概念に関連して	同右	
三	176	中島　一郎	建物（造作）買取請求後の土地・建物の占有利用	同右	
三	177	松本　保三	担保権実行と不当利得	同右	
三	178	宮川　茂夫	失念株主からする新株引渡の請求	同右	
三	179	三宅　正男	事務管理者の行為の本人に対する効力	同右	参考
三	180	吉野　悟	Datio ob rem における目的―ローマ法の目的不到達による不当利得返還請求訴権の位置について	同右	
三	181	衣斐　成司	間接利得と因果関係	神戸学院法学一巻一号	
三	182	衣斐　成司	不当利得における因果関係	大阪市大法学雑誌一六巻二・三・四	

年	月	番号	著者	表題	掲載誌	備考
					号	
一九七一 四六	七		判例	ブルドーザー修繕事件（転用物訴権の承認）	民集二四巻七号九〇九頁	最判昭和四五年七月一六日
		183	〔評釈〕土田哲也	判例研究	香川大学経済論叢四三巻六号（四六年二月）	
		184	山田幸二	判例批評	民商法雑誌六四巻四号（四六年七月）	
		185	可部恒雄	判例解説	法曹時報二二巻一一号（四六年一二月）	最高裁判所判例解説民事篇昭和四五年度上
	七	186	川村　泰啓	「所有」関係の場で機能する不当利得制度（九）—（一二）	判例評論一三七号、一三八号（八月）、一四〇号（一〇月）、一四二号（一二月）	155・157・192
	九	187	川村　泰啓	不法原因給付制度と類型論——不法原因給付制度「序説」	片山古稀記念　民事法学の諸相	参考
	一一	188	山田　幸二	（紹介）H・A・クニッシュ「三角関係における利得返還請求権のための前提条件」	民商法雑誌六三巻二号	
	一	189	大澤　正男	開発利益の帰属に関する一考察	立正法学四巻二・	土地所有権制限

			――不当利得論との関連において	三号	の理論と展開（昭和五四年）所収
一	190	川村　泰啓	給付利得制度――契約関係の場で固有に機能する不当利得制度	判例評論一四三号	
一	191	武内　光治	不当利得における因果関係	民事研修一六五号	
二	192	川村　泰啓	「所有」関係の場で機能する不当利得制度（一―三）	判例評論一四四号	155・157・186
三	193	明山　和夫	婚外関係における不当利得	谷口還暦記念　不当利得・事務管理の研究(2)	
三	194	右近　健男	事実上の契約関係と不当利得	同右	
三	195	小室　直人	不当利得請求権の主張・立証責任	同右	
三	196	立石　芳枝	イギリス法における準契約	同右	
三	197	高島　平蔵	失踪宣告の取消と不当利得	同右	
三	198	田中　整爾	善意占有者の返還義務と不当利得	同右	
三	199	土田　哲也	給付利得返還請求権――目的不到達の場合について	同右	
三	200	中井　美雄	不法行為による利得と不当利得	同右	
三	201	船越　隆司	不当利得返還請求訴訟の訴訟物――訴訟物序論	同右	

		三	202	山下　末人	契約解除における原状回復義務と不当利得	同右	最判昭和四一年四月二六日民集二〇巻四号八四九頁
		八	203	星野　英一	民事判例研究第二巻1総則・物権 「農業共同組合の員外貸付が無効とされた事例（代表者も借主も事情を承知していた）——借主の債務についての保証契約も無効とされた事例（消費貸借上の債務の保証であって不当利得返還債務のそれでもない）」		
	＊	＊	204	星野　英一	民事判例研究第二巻2債権 「不当利得とならないとされた事例——金員の受領が法律上の原因に基づくとされた事例——中間者が、損失者から受益者に渡すべく預かった金を受益者に対する自己の債務の弁済として支払った事例」 「任意競売における配当異議訴訟——抵当権の存在・順位を確定するものでないから、請求の趣旨を誤った訴で勝訴後さらに不当利得返還請求を		※なお、本書は昭和四七年一二月に公刊されたものであるが、一覧の便宜のためここに記した。 最判昭和四二年三月三一日民集二一巻二号四七五頁 最判昭和四三年六月二七日民集二二巻六号一四一五頁

					なしうる」「(1)銀行が善意の不当利得をした金銭については民法一八九条一項でなく七〇三条が適用される　(2)返還の範囲を少なくとも商事法定利率による利息相当額（臨時金利調整法所定の一年の定期預金の利率の制限内）とした事例（受益者の行為の加わった運用利益とし、社会観念上損失者が財産から当然取得したであろうと考えられる範囲のものであるからとする）」		最判昭和三八年一二月二四日民集一七巻一二号一七二〇頁
		九	205	来栖　三郎	契約法と不当利得法	鈴木禄弥＝五十嵐清＝村上淳一編「山田還暦記念概観ドイツ法」	
一九七二	四七	一	206	我妻　栄	債権各論下巻一（民法講議V_4）		
		二	207	土田　哲也	目的不到達となった労務の給付と報酬請求権	香川大学経済論叢四四巻四・五・六号	
		四	208	ローゼンベルク、倉田卓次訳	証明責任論		参考
		五	209	五十嵐　清	事情変更の原則と不当利得	谷口還暦記念　不	

			―ウィントシャイトの前提論を中心に	当利得・事務管理の研究(3)
五	210	上田徹一郎	騙取判決の既判力と不当利得	同右
五	211	遠藤　浩	無能力者保護と不当利得	同右
五	212	甲斐道太郎	代償請求権と不当利得	同右
五	213	下森　定	債権者取消権と不当利得	同右
五	214	関口　晃	不当利得における因果関係	同右
五	215	田村精一	不当利得の準拠法の適用範囲について	同右
五	216	椿　寿夫	予約担保における清算請求権と不当利得	同右
五	217	徳本　鎮	非債弁済と不当利得の成否	同右
五	218	浜上則雄	不当利得返還請求権の「補助性」	同右
五	219	福地俊雄	法人の不当利得と悪意	同右
五	220	山木戸克己	任意競売と配当手続―任意競売における配当と不当利得	同右
五	221	山田鐐一	不当利得の準拠法の決定	同右
五	222	好美清光	準事務管理の再評価―不当利得法等の検討を通じて	同右
六	223	幾代　通	不当利得の返還義務の供託と利息提供の額	供託先例百選（別冊ジュリスト35）
六	224	本間　崇	損害賠償と不当利得の返還の同時請求の問題	特許管理二二巻六号

		一一	225	谷口　知平	不当利得制度と所有権	法学セミナー二〇三号	
		一二	226	谷口　知平	利得の不当性	法学セミナー二〇四号	
一九七三	四八	一	227	谷口　知平	不当利得返還義務の範囲	法学セミナー二〇五号	
		六	228	松坂　佐一	事務管理・不当利得〔新版〕（法律学全集22－Ⅰ）		99
		七	229	加藤　雅信	類型化による一般不当利得法の再構成（一）（本書一章、二章一―三節）（二）（本書二章四―六節、四章一節）	法学協会雑誌九〇巻七号一二号（一二月）	233・252・263・277・299・302・322・332
		八	230	山下　末人	不当利得――無効・取消・解除と不当利得の関係を中心に	法と政治二四巻二号	
		九	231	山田　幸二	不当利得における「三角関係（Dreiecksverhältnis）」について	福島大商学論集四二巻一号	
		一〇	232	広中　俊雄	ブルドーザー・ケースの問題性	法学セミナー二一五号	
一九七四	四九	一	233	加藤　雅信	類型化による一般不当利得法の再構成（三）（本書三章一、二節、四章二節）（四）（本書三章三、四節）	法学協会雑誌九一巻一号九号（九月）	229・252・263・277・299・302・322・332
		四	234	関口　晃	不当利得の因果関係	法学セミナー二二二号	
		六	235	衣斐　成司	不当利得部分執筆	山本進一＝甲斐道	

				太郎＝椿寿夫＝乾昭三＝中川淳編「債権各論」	
八	236	衣斐　成司	騙取金員による弁済と受領者の不当利得	判例民法Ⅱ⑵債権各論（別冊法学セミナー基本判例シリーズ5）	
九		判例	農林省国庫金横領事件（騙取金員による弁済の判例の転換――その二）	民集二八巻六号一二四三頁	最判昭和四九年九月二六日
	237	〔評釈〕井田友吉	最高裁新判例の解説	金融法務事情七三九号（四九年一二月）	
	238	井田友吉	時の判例	ジュリスト五七八号（五〇年一月）	
	239	加藤雅信	最新判例批評	判例評論一九八号（五〇年八月）	
	240	谷口知平	判例批評	民商法雑誌七三巻一号（五〇年一〇月）	
	241	石田　穰	判例研究	法学協会雑誌九三巻四号（五一年四月）	

			242	井田友吉	判例解説	法曹時報二九巻六号（五二年一一月）	最高裁判所判例解説民事篇昭和四九年度
		一二	243	中井　美雄	不当利得と因果関係	セミナー法学全集11民法Ⅳ債権各論	
		一二	244	丸山　英気	不当利得と返還義務の範囲	同右	
一九七五	五〇	一	245	奥田　昌道	契約が取消されたり無効の場合の返還請求について	法学教室〈第二期〉7（別冊ジュリスト）	
		三	246	加藤　雅信	因果関係の直接性	民法判例百選Ⅱ債権（別冊ジュリスト47）	
		三	247	土田　哲也	不当利得の範囲	同右	第二版（昭和五七年）にも所収
		三	248	半田　吉信	目的到達法理の史的発展（一）	法経研究（千葉大学）四号	参考261・271
		六	249	金子　宏	租税法律関係における不当利得の法理の適用	ジュリスト五九〇号（昭和四九年度重要判例解説）	
		六	250	中井　美雄	騙取・横領金による債務の弁済と不当利得	同右	
		八	251	加藤　雅信	転用物訴権の機能と認めらるべき範囲	私法三七号	
		八	252	加藤　雅信	類型化による一般不当利得法の再構成	法学協会雑誌九二	229・233・263・

					（五）（本書一三、一四章）	巻八号	277・299・302・322・332
		八	253	村上博巳	証明責任の研究		参考
		九	254	四宮和夫	物権的価値返還請求権について—金銭の物権法的一側面—	我妻追悼　私法学の新たな展開	参考
		一〇	255	田中整爾	占有論の研究		参考
		一〇	256	田中整爾	占有と不当利得—クルツの見解の批判を通して	占有論の研究	於保還暦記念民法学の基礎的課題下（昭和五一年）に掲載
		一〇	257	三井哲夫	要件事実の再構成（一）（二）	法曹時報二七巻一〇号、一一号（一一月）	参考
		一二	258	加藤雅信	不当利得の要件としての「法律上の原因」とは何か	奥田昌道＝玉田弘毅＝米倉明＝中井美雄＝川井健＝西原道雄＝有地亨編「民法学6」	
		一二	259	加藤雅信	不当利得の類型的考察の意義について述べよ	同右	
		一二	260	木下毅	英米契約法における契約—原状回復的アプローチ	立教法学一四号	
一九七六	五一	三	261	半田吉信	目的到達法理の史的発展（一）	法経研究（千葉大	参考

						学）五号	248・271
一九七七	五二	五	262	池田　敏雄	公法上の不当利得	市原昌三郎＝広岡隆＝外間寛編「ワークブック行政法」	
		五	263	加藤　雅信	類型化による一般不当利得法の再構成（六）（本書一四章）	法学協会雑誌九三巻五号	229・233・252・277・299・302・322・332
		七	264	小早川光郎	先決問題と行政——いわゆる公定力の範囲をめぐる一考察	田中二郎古稀記念公法の理論上	参考
		九	265	木村　常信	直接性の原則の例外と転用物訴権	産大法学一〇巻二号	
		一〇	266	加藤　雅信	詐欺による利得の返還行為の否認	倒産判例百選（別冊ジュリスト52）	
		一二	267	谷口知平編	注釈民法　債権(9)§§697〜708		
		一二	268	松坂　佐一	英米法における不当利得		
		*	269	土田　哲也	原状回復法理の一局面	香川大学経済学部研究年報16	
		三	270	加賀山　茂	民法六一三条の直接訴権《action directe》について（一）（二）	阪大法学一〇二号、一〇三号（一〇月）	参考
		三	271	半田　吉信	目的到達法理の史的発展（三）	法経研究（千葉大	参考

				学）六号	248・261
五	272	伊藤進＝トーマス・エンデルレ	ドイツ民主共和国（東独）の新私法典について（続二・完）	民商法雑誌七六巻二号	参考
五	273	吉川義春	無因債務契約をめぐる若干の研究―裁判実務からみた訴訟法上及び実体法上の諸問題（一）―（三・完）	判例タイムズ三四五号、三四六号（七月）、三四七号（八月）	参考
六	274	加藤雅信	契約の解除と買主の使用利益の返還	ジュリスト六四二号（昭和五一年度重要判例解説）	参考
六	275	加藤雅信	不当利得部分執筆	高木多喜男＝加藤雅信＝石田穰＝國井和郎＝潮海一雄＝能見善久＝藤岡康宏＝前田達明＝伊藤高義「民法講義6不法行為等」	
七	276	谷口知平	不当利得	基本法コンメンタール新版債権各論（別冊法学セミナー32）	
九	277	加藤雅信	類型化による一般不当利得法の再構成（七）（本書四章三節）	法学協会雑誌九四巻九号	229・233・252・263・299・302・

西暦	昭和	月	番号	著者	論文・著書名	掲載誌・書名	備考	本書頁
一九七八	五三	九	278	加藤　雅信	不当利得における因果関係	森島昭夫編「判例と学説3民法Ⅱ〔債権〕」		322・332
		一〇	279	石田　穣	判例民法第一巻 「抵当不動産の競売代金が民法三九一条の優先権者に優先償還されずに抵当権者に交付された場合と不当利得の成否」 「法人の不当利得と善意・悪意」 「詐欺又は横領にかかる金銭により債務の弁済を受けた場合と不当利得の成否」		最判昭和四八年七月一二日民集二七巻七号七六三頁 最判昭和三〇年五月一三日民集九巻六号六七九頁 最判昭和四九年九月二六日民集二八巻六号一二四三頁	
		一二	280	青谷　和夫	遺族扶助料の取消処分と誤支給金返還義務の有無	社会保障判例百選（別冊ジュリスト56）		
		一	281	淡路剛久＝石川稔＝右近健男＝加藤雅信＝前	これからの民法学 加藤発言部分（本書「あとがきにかえた方法的覚え書」）	ジュリスト六五五号	参考	

			田達明＝山田卓生＝米倉明(司会)			
	三	282	衣斐　成司	不当利得——因果関係の直接性	法学セミナー二七六号	
	三	283	遠藤　博也	誤った更正処分に従って納めた税金を返してもらうには——公定力・不当利得	室井力＝塩野宏編「行政法を学ぶ1」	
	三	284	本田　純一	給付利得と解除規定——西ドイツにおける近時の理論展開を中心として（一）	成城法学一号	304・313
	三	285	山田　幸二	日独における「不当利得法における三角関係論」の近況について——カナリス論文「三者間における利得の調整」の紹介をかねて	福島大商学論集四六巻四号	
	四	286	鈴木　禄弥	いわゆる直接請求権の承認をめぐる利益衡量	民商法雑誌七八巻臨時増刊(1)末川追悼　法と権利1	参考
	五	287	四宮　和夫	請求権競合論		参考　前提となった論文「請求権競合問題について（一）—（六）」法学協会雑誌九〇巻五号、六号、九号（以上昭和

月	番号	著者	表題	掲載	備考
					四八年)、九一巻一一号(昭和四九年)、九四巻一〇号、一一号(以上昭和五二年)
五	288	司法研修所	六訂　民事判決起案の手びき		参考
六	289	山田　幸二	不当利得部分執筆	好美清光=米倉明編「民法読本2債権法」	
七	290	江南　義之	契約の無効・取消と目的物返還請求——善意占有者の果実返還義務に関連して	民法の争点(ジュリスト増刊)	同Ⅱ(昭和六〇年)では「契約無効・取消と物の返還請求——善意占有者の果実収取権(fructus perceptio)について——」として加筆のうえ収録
七	291	加藤　雅信	不当利得の要件としての「法律上ノ原因」	同右	同Ⅱ(昭和六〇年)にも収録
七	292	土田　哲也	転用物訴権	同右	内容的に同一のものではないが、同Ⅱ(昭和六〇

西暦	昭和	月	番号	著者	表題	掲載	本書頁
							年）にも収録
		七	293	山田　幸二	不当利得における因果関係の直接性	同右	同Ⅱ（昭和六〇年）にも収録
		八	294	五十嵐　清	フラストレイションと不当利得	英米判例百選Ⅱ私法（別冊ジュリスト60）	
		八	295	小林　規威	事務管理と準契約	同右	
		八	296	曽野　和明	判例の概観――英米契約法・事務管理・不当利得法	同右	
		八	297	室井　力	行政法上の不当利得	広岡隆＝田中館照橘＝遠藤博也編「行政法学の基礎知識（1）」	
		一〇	298	山田　幸二	物の利用・収益と不当利得――民法一八九条と七〇三条との関係を中心として（一）（二）	民商法雑誌七九巻一号、二号（一一月）	
		一二	299	加藤　雅信	類型化による一般不当利得法の再構成（八）（本書五章一節）	法学協会雑誌九五巻一二号	229・233・252・263・277・302・322・332
一九七九	五四	一	300	門馬　一徳	コンピューター操作ミスと不当利得返還請求	商事法務八二六号	
		二	301	加藤　雅信	不当利得における因果関係――金銭騙取による第三者の受益と詐害	民法の判例（第三版）（ジュリスト	

年	昭和	月	番号	著者	題名	掲載誌	備考
一九八〇	五五				行為取消権	増刊）	
		四	302	加藤雅信	類型化による一般不当利得法の再構成（九）（本書五章二、三節）（一〇）（本書六章一、二節）	法学協会雑誌九六巻四号一〇号（一〇月）	229・233・252・263・277・299・322・332
		四	303	碓井光明	行政上の不当利得	行政判例百選Ⅰ（別冊ジュリスト61）	
		六	304	本田純一	給付利得と解除規定——西ドイツにおける近時の理論展開を中心として（二）	成城法学四号	284・313
		七	305	奥田昌道	請求権概念の生成と展開		参考
		七	306	川井健	無効の研究		参考
		七	307	好美清光	不当利得法の新しい動向について（上）（下）	判例タイムズ三八六号、三八七号（八月）	
		八	308	本田純一	不当利得と解除規定	私法四一号	
		九	309	山本進一	債権各論（入門法学全集7）		
		一〇	310	横道清孝＝水上良史	給与の違法支出に係る諸問題（上）（中）（下）	地方自治三八三号、三八四号（一一月）、三八五号（一二月）	ただし（中）は不当利得に関係せず
		一	311	岩城謙二	不当利得法理による債権回収	ジュリスト七〇七号	

一	312	加藤　雅信	〔報告〕物権、債権とは何か（民法研究会財産法の今日的課題）	Law School 一六号	参考
二	313	本田　純一	給付利得と解除規定—西ドイツにおける近時の理論展開を中心として（三）	成城法学六号	284・304
二	314	ハンス・レーザー、北川善太郎訳	契約の解消—障害のある契約の清算における独立の要素	民商法雑誌八一巻五号	参考
三	315	土田　哲也	事務管理・不当利得	谷口知平＝加藤一郎編「新版・民法演習4債権各論」	
四	316	鈴木　禄弥	債権法講義		
四	317	山田　鐐一	不当利得	国際私法の争点（ジュリスト増刊）	
五	318	篠田　省三	商行為である金銭消費貸借に関し利息制限法所定の制限を超えて支払われた利息・損害金についての不当利得返還請求権の消滅時効期間	ジュリスト七一五号	
五	319	古板悦三郎	コンピュータの操作ミスにより誤つて預金残高以上の支払をしてしまつた場合、銀行は返還請求できるだろうか。	金融法務事情九二五号	

六	320	土田　哲也	不当利得部分執筆	川井健＝神田孝夫＝平井一雄＝長尾治助＝土田哲也「民法 第4巻 契約・事務管理・不当利得」	
六	321	中馬　義直	コンピュータの操作ミスによる不渡手形の支払と不当利得の成否	判例タイムズ四一一号（昭和五四年度民事主要判例解説）	
七	322	加藤　雅信	類型化による一般不当利得法の再構成（一一）（本書六章三節）（一二）（本書七、八章）	法学協会雑誌九七巻七号 一一号（一一月）	229・233・252・263・277・299・302・332
七	323	山田　幸二	行為無能力を理由とする未成年者保護の制限について	福島大商学論集四九巻一号	参考
八	324	稲本洋之助	いわゆる「寄与分」について	中川追悼 現代家族法大系4相続Ⅰ 相続の基礎	参考
八	325	木村弘之亮	行政上の不当利得	行政上の争点（ジュリスト増刊）	
一〇	326	浜田　道代	商行為である金銭消費貸借に関し利息制限法所定の制限を超えて支払われた利息・損害金についての不当利得返還請求権の消滅時効期間	判例評論二六〇号	純粋の判例評釈であるが本書の分析と密接に関係するので特に

年	昭和	月	番号	著者	題名	掲載誌	備考
		一一	327	林　良平	金銭騙取による不当利得	磯村還暦記念　市民法学の形成と展開下	ここに掲げたものである。
		一一	328	森泉　章	商行為である金銭消費貸借に関し利息制限法所定の制限を超えて支払われた利息・損害金についての不当利得返還請求権の消滅時効期間	民商法雑誌八三巻二号	純粋の判例評釈であるが本書の分析と密接に関係するので特にここに掲げたものである。
		一二	329	四宮　和夫	給付利得の当事者決定基準―三者不当利得の場合（一）	成城法学八号	340
		一二	330	田中　優	遺産分割協議・調停が無効になる場合―不当利得法における類型論との関係で	家族法の理論と実務（別冊判例タイムズ８）	
一九八一	五六	一	331	石田喜久夫	代位弁済制度の意義および機能	手形研究（増刊）二五巻二号	参考
		一	332	加藤　雅信	類型化による一般不当利得法の再構成（一三）（本書一〇章）（一四）（本書一一章）（一五・完）（本書一三、一五章）	法学協会雑誌九八巻一号三号（三月）四号（四月）	229・233・252・263・277・299・302・322
		一	333	椿　寿夫	判例整理学〔民法〕債権法(4)	法学セミナー三一一号	

二	334	半田　正夫	不当利得部分執筆	遠藤浩＝川井健＝原島重義＝広中俊雄＝水本浩＝山本進一編「新版民法(7)事務管理・不当利得・不法行為」	
二	335	中井　美雄	不当利得部分執筆	中井美雄＝長尾治助「民法講義ノート(5)債権各論」	
三	336	安井　宏	リーグの原因理論	法と政治三二巻一号	参考
三	337	柳沢　秀吉	商事消滅時効——商行為たる消費貸借に基づいて支払われた制限超過利息の返還請求権の消滅時効期間は一〇年であるとする最判にことよせて	名城法学三〇巻四号	
三	338	山田　幸二	現代不当利得法の研究　序説——ドイツにおける不当利得法の新展開（一）（二）	福島大商学論集四九巻四号、五〇巻一号（七月）	355・380・392
四	339	法曹会編集部	〔ほうそう講座民法（一四八）—（一五二）〕不当利得——その一—四	法曹三六六号、三六八号（六月）、三七〇号（八月）、三七三号（一一月）	354
五	340	四宮　和夫	給付利得の当事者決定基準	成城法学九号、一	329

			――三者不当利得の場合（二）（三）	〇号（一二月）	
六	341	高木多喜男	商行為である金銭消費貸借が利制法に違反した場合における超過利息等の不当利得返還請求権の消滅時効期間	ジュリスト七四三号（昭和五五年度重要判例解説）	
六	342	半田　正夫	商行為たる金銭貸借で支払われた制限超過利息・損害金の不当利得返還請求権の消滅時効期間	判例タイムズ四三九号（昭和五五年度民事主要判例解説）	
七	343	桑田三郎＝松井祥三	特許権侵害事件における不当利得返還請求額について	A. I. P. P. I. 二六巻七号	
八	344	加藤　雅信	債権関係の対第三者主張についての事例的考察 ――「物権と債権」という枠組についての一つの各論的考察を兼ねて	名古屋大学法政論集八八号	参考
八	345	平田　健治	ドイツにおける賃借人の費用償還請求権（一）（二）	法学論叢一〇九巻五号、一一〇巻二号（一一月）	359　参考
八	346	米倉明＝野村好弘＝本田純一	〔座談会〕民法を語る⑯ ――給付利得と解除規定	Law School　三五号	参考
九	347	廣瀬　克巨	三角関係における給付利得 ――ドイツ類型論の一断面（一）（二）	比較法雑誌一五巻一号、二号（一一月）	

		一二	348	四宮 和夫	事務管理・不当利得・不法行為上巻（現代法律学全集10）		
		一二	349	谷口 知平	「損害」について（民法入門(22)）	Law School 三八号	参考 入門民法(2)債権（昭和六〇年）所収 364
		一二	350	広岡 隆	フランス行政法における不当利得の理論（上）（下）	ジュリスト七五三号、七五四号（一二月）	
		一二	351	山田 幸二	不当利得部分執筆	篠塚昭次＝前田達明編「講義債権各論」	
		*	352	D. König	Ungerechtfertigte Bereicherung（ケーニッヒの鑑定意見書）	Gutachten und Vorschläge zur Überarbeitung des Schuldrechts Bd II.	
一九八二	五七	一	353	土田 哲也	不当利得と因果関係	Law School 四〇号	
		一	354	法曹会編集部	〔ほうそう講座民法（一五二）（一五三）〕不当利得――その五、六	法曹三七五号、三七八号（四月）	339
		二	355	山田 幸二	ドイツ民法第八一二条にいう「ソノ者ノ損失ニヨリ」および「法律上ノ原因ナシ」	福島大商学論集五〇巻三号	338・380・391

			二」の要件に関する判例の態度について——現代不当利得法の研究　序説（三）		
三	356	坂本　芳孝	不当利得に関する一考察	大憲論叢（西日本短期大学）二二巻一・二号	
三	357	並木　茂	法律判断事項を要素とする要件事実の考え方（四）	判例タイムズ四五九号	参考
四	358	ジョージ・B・クリッパート、日比野泰久訳	カナダ原状回復法入門（カナダ法入門8）	ジュリスト七六四号	カナダ法入門（昭和五九年）所収
四	359	平田　健治	ドイツ法における賃借人の費用償還請求権（三・完）	法学論叢一一一巻一号	参考　345
四	360	好美　清光	転用物訴権	好美清光編「基本判例双書民法〔債権〕」	
	361	好美　清光	第三者に支払った代価の控除	同右	
	362	好美　清光	金銭の不当利得	同右	
五	363	石川　明	配当異議と不当利得	金融法務事情九九二号	
五	364	谷口　知平	「利得」について——事務管理・不当利得・不法行為に関して（民法入門(25)）	Law School　四四号	入門民法(2)債権（昭和六〇年）所収

年	年号	月	番号	著者	題名	掲載誌	備考
一九八三	五八	五	365	野口　恵三	「から売り」を理由に既払のリース料に対する不当利得返還請求は認められるか	NBL二五七号	349
		六	366	江頭憲治郎	商行為である金銭消費貸借に関し利息制限法所定の制限を超えて支払われた利息の損害金についての不当利得返還請求権の消滅時効期間	法学協会雑誌九九巻六号	純粋の判例評釈であるが本書の分析と密接に関係するので特に掲げたものである。
		六	367	篠塚　昭次	条解民法Ⅱ(2)〔債権各論〕		
		六	368	高森八四郎	解除に基づく原状回復義務Ⅰ——不当利得との関係	Law School 四五号	369
		六	369	本田　純一	解除に基づく原状回復義務Ⅱ——原状回復義務の内容	同右	参考 368
		七	370	下森定＝飯島紀昭＝能見善久＝宮本健蔵	西ドイツにおける債権法の動向（上）（下）	ジュリスト七七一号、七七二号（八月）	参考
		七	371	山田　幸二	受益と損失の因果関係	民法判例百選Ⅱ債権（第二版）（別冊ジュリスト78）	
		一	372	山口　英資	不当利得と税務上の問題	月刊税務事例一五巻一号	

月	番号	著者	表題	掲載	参照
二	373	水本　浩	不当利得に関する諸問題（一）―（五）	受験新報三三巻二号、四号（四月）、六号（六月）、八号（八月）、一一号（一一月）	384・407
三	374	伊藤　進	不当利得における三角関係と因果関係	法学セミナー三三七号	
四	375	―	ドイツ不当利得シンポジウム（一五、一六日） 収録は、Ungerechtfertigte Bereicherung, Grundlagen, Tendenzen, Perspecktiven, Symposium der Juristischen Fakultät der Universität Heidelberg zum Gedenken an Professor Dr. iur. Detlef König LL. M.		
五	376	神田　博司	民法債権法		
五	377	辻　義教	占有の不当利得について	法政論叢（日本法政学会）一九号	
六	378	円谷峻＝小野秀誠	受益と損失との因果関係	遠藤浩編「判例ハンドブック〔債権〕」	
七	379	清水　誠	騙取された金員をめぐる法律関係 ――金銭債権研究の一素材として	東京都立大学法学会雑誌二四巻一号	
七	380	山田　幸二	現代不当利得法の研究　序説	福島大商学論集五	338・355・392

					—ドイツにおける不当利得法の新展開（四）	二巻一号	
		一一	381	加藤　雅信	担保のための手形差入れと不当利得	判例タイムズ五〇七号（季刊・民事法研究4）	
		一一	382	加藤　雅信	ファイナンスリースと不当利得	同右	
		*	383	D. Reuter =M. Martinek	Handbuch des Schuldrechts, Bd. 4, Ungerechtfertigte Bereicherung（ロイタ＝マルティネックの不当利得概説書）		
一九八四	五九	一	384	水本　浩	不当利得に関する諸問題（六・完）	受験新報三四巻一号	373・407
		二	385	山田　幸二	不当利得責任と過責の考量にかかわる近時の判決例の内在的検討—近時の一下級審判決を契機として	判例タイムズ五一三号	
		二	386	加藤　雅信	請求権競合論と「統一的請求権」論—訴訟物・争点効論争をふまえて	判例タイムズ五一四号（季刊・民事法研究5）	参考
		三	387	衣斐　成司	事務管理における本人の利益	大阪市大法学雑誌三〇巻三・四号	参考
		三	388	石田喜久夫	不当利得（転用物訴権）	遠藤浩＝川井健＝石田喜久夫編「演習民法（財産法）」	

三	389	川角　由和	侵害利得返還請求権の基本的性格—ヤコブスによる割当内容説批判の反批判的考察を介して	法政研究五〇巻三・四号	
三	390	千葉恵美子	ローン提携販売の法的構造に関する一考察（三）	北大法学論集三四巻三・四号	
五	391	好美　清光	契約解除の効力—とりわけ双務契約を中心として	現代契約法大系第二巻	参考
六	392	山田　幸二	現代不当利得法の研究　序説—ドイツにおける不当利得法の新展開（五）—（七・完）	福島大商学論集五三巻一号、二号（九月）、三号（一二月）	338・355・380
八	393	加藤　雅信	不当利得における因果関係	谷口知平＝加藤一郎編「新版・判例演習民法4債権各論」	
八	394	法務省司法法制調査部	法典調査会民法議事速記録五（日本近代立法資料叢書5）		
九	395	加藤　雅信	請求権競合と統一的請求権—訴訟法的視点をふまえて	私法四六号	参考
九	396	手塚　尚男	不当利得にもとづく請求権と商法五二二条	同志社法学一八六号	
一〇	397	加藤　雅信	実体法学からみた訴訟物論争（一）—（三）	月刊法学教室四九号、五〇号（一一月）、五一号（一二月）	参考

						二月）	
		一二	398	上野　雅和	扶養義務	星野英一編集代表「民法講座7親族・相続」	参考
		一二	399	ハンス・G・レーザー、川村泰啓＝福田清明＝国宗知子訳	今日のドイツ不当利得法に関する覚書――中央大学を去るにあたり（上）（下）	判例時報一一三一号、一一三二号（同月）	この原本につき比較法雑誌一八巻二号（昭和五九年）
一九八五	六〇	四	400	後藤　紀一	振込取引における過誤記帳と法的諸問題（一）（二）	香川法学五巻一号、二号（七月）	
		五	401	和田　隆夫	ドイツにおける不当利得法上の給付概念	判例タイムズ五五一号（季刊・民事法研究10）	
		七	402	山田　幸二	給付物の毀滅とその危険分配――給付不当利得の一内容	私法四七号	
		八	403	本田　純一	民法五四八条の系譜的考察――解除に基づく清算義務の重畳的性格（上）（下）	判例タイムズ五五六号、五五七号（同月）	参考
		八	404	本田　純一	無効な双務契約の清算と不当利得（上）	判例タイムズ五五八号（季刊・民事法研究11）	

九	405	衣斐 成司	不当利得における「因果関係」	星野英一編集代表「民法講座6事務管理・不当利得・不法行為」	
九	406	土田 哲也	不当利得の類型的考察方法	同右	
九	407	水本 浩	民法セミナー7債権各論（下）		373・384
一〇	408	寺田 友子	職員に対する不当利得返還請求訴訟	民商法雑誌九三巻一号	
一〇	409	―	日本私法学会 不当利得シンポジウム（一二日）		私法四八号（昭和六一年）に収録予定
一一	410	伊藤 眞	賃金仮払いの仮処分の失効と不当利得	判例評論三二一号	
一二	411	藤原 正則	西ドイツ不当利得法の諸問題 ―デトレフ・ケーニッヒの法律案と鑑定意見の紹介を通じて	法学志林八三巻二号	352
一二	412	古沢 博	不当利得返還請求と返還額の算定	特許判例百選（第二版）（別冊ジュリスト86）	
一二	413	石川 義男	実施契約中の権利の無効と不当利得返還請求権	同右	

＊ 本年表は、わが国の不当利得法学の発展を時系列的に示すことを目的とし、それに立法史と、転換点となった若干の判例を附加したものである。本書本文においては、脱稿時期との関係から、昭和六〇年五月までに公刊された文献が分

析対象となされているが、本表では同年一二月までの文献を収録している。本表の作成に関しては万全の注意を払ったつもりではあるが、若干の見落しは避けられないことと思う。お気づきの点は御注意いただければ幸いである。

＊　本表の採録対象は、不当利得の原則規定（民法七〇三条、七〇四条）に関連するものに限定した。したがって、非債弁済や不法原因給付にのみ関連する文献は、原則としてここには記載されていない。また、不当利得法学の歴史的展開をできるだけ明確に示すために、本書の一つの柱である統一的請求権に関係する民事訴訟法学関係の文献をも含め、直接不当利得法と関係しない文献は、本書本文には引用されていても、原則としては本表からは割愛することにした。ただ、不当利得法そのものをテーマにとりあげた文献ではなくとも、その叙述が不当利得法学ないし本書の分析と密接に関連するため、備考欄に参考と附した上で収録したものが一部にある。

＊　判例研究は、小論稿、論点の解説の形をとったものは本表に採録したが、純粋の判例研究の形態をとり、判例そのものとの密着度が強いものは次の判例索引に附記した本書の該当頁に、内容的連関に応じて適宜引用したところに譲ることとした。ただ、不当利得の判例法の展開上ターニングポイントとなったと思われる三つの判例は本表に収録したことに伴い、それについての判例研究は本表に収録している。また、判例研究が一書にまとめられているものについては、不当利得についての判例研究の集積度などから、著者の不当利得についての考え方がうかがわれると思われる場合に、内容を記した上でそれを本表に収録した。

＊　判例百選その他版を重ねる書物に同一著者の論稿が基本的な内容が同一のまま収録されているときは、最初の論稿のみを本表に収録し、後のものは備考欄で言及するにとどめた。

＊　諸外国における不当利得法の制定や外国文献の引用に関しては、わが国における不当利得法の制定や不当利得法学の展開に直接的な形で大きな影響を与えたものに限定し、網羅的に文献を引用することはしなかった。本書では、ドイツ、フランスの不当利得文献が本文中に引用されているので、ドイツ、フランスの文献状況を知りたい方は、それらに附記されているビブリオグラフィーを参照していただければ幸いである。なお、参考までに、本文中には引用されていない文献で、近時ビブリオグラフィーが比較的すぐれているものをここに掲げておくこととする。ドイツ法に関しては、最近不当利得研究がさかんで、多くの博士論文等が公刊されているが、その中でビブリオグラフィーに比較的網羅性があるものとして、G. Hassold. Zur Leistung im Dreipersonenverhältnis — Anweisung und Vertrag zugunsten Dritter als Modell —(1981)、また整理がいきとどいたものとして、D. Bremecker. Die Bereicherungsbeschränkung des §818 Abs. 3 BGB bei nichtigen gegenseitigen Verträgen. (1982) などがあり、その他、本文中にも引用した概説書の形をとったものであるが、各章ごとに詳細なビブリオグラフィーが附されているほか、巻末に不当利得についての判例リストがのっているものとして、D. Reuter=M. Martinek. Ungerechtfertigte Bereicherung. Handbuch des Schuldrechts. Bd. 4. (1983) がある。フランス法に関しては、最近不当利得研究が低調で公刊される文献の数は少なく、特殊研究が若干発

表されるにとどまっている。その特殊問題についての不当利得研究のうち、ビブリオグラフィーが比較的整備されたものとして、G. Bayle. L'enrichissement sans cause en droit administratif. (1973) がある。したがって、より近時の文献については、一般的な文献検索に立ち返って、Répertoire de droit civil および、Juris-classeur de droit civil の不当利得の項を参照されたい（前者は、一九七二年版であるが、その後何回か発表された小改訂は一九八五年に総まとめされた形で mise à jour 1985 におさめられている。後者は、一九七九年版で一九八一年、八三年にやはり不当利得に関して小さな追録がでている）。未公刊の博士論文の中では、D. José, Les présupposés externes de l'action «de in rem verso», thèse Paris II, 1978. A. Bousiges, Les restitutions après annulation ou résolution d'un contrat, thèse Foitiers, 1982. などがビブリオグラフィーの詳細なものである（それぞれ、パリ大学、ポワティエ大学を通じてのほか、Service International des Microfilms を通じても、コピーの入手が可能である）。なお、本表校正時に接し得たフランスの雑誌によれば、近時の博士論文として、O. Barret, L'appauvrissement injuste aux dépens d'autrui en droit privé, thèse Paris I, 1985. が存在し、かつ評価も高いようである。ビブリオグラフィーをも含め、著者未見であるが、ここに紹介する次第である。

＊　記載方法としては、年月順となっているが、同一月発行のものについては、編著者の五十音順を原則とした。また、雑誌論文に関して、同一年に複数回連載された場合には、各年度ごとに初回にまとめて記すこととした。

また、本の奥付に発行の月が明示されていないものは、＊のマークを附した上でその年の末尾に記載することとした。

後記

・「幻の序文」

「法律学にはときに、修辞的なレトリックの学に終始するという空虚さが宿命的につきまとう、ということが、法律学に手を染め始めた当時の私の率直な印象であった。本研究の端緒でもあった従来の不当利得制度本質論も、認識の装いをまといながらもそのような性格を免れるものでなかった。通説が不当利得本質論、そして不当利得法のアクロポリスとしての『法律上ノ原因』を規定するために与えたものは、基本的には『衡平』という命題であった。それは、内容が無規定なものであるだけに、具体的な紛争の解決にさいしては、論者があらかじめ直観的に獲得したあらゆる結論を正当化するものとして機能したのである。そして、その無規定性と裏腹の関係にある柔軟さが、妥当な結論を導きうるものとして多くの者に称賛され、それがこの説に附された『衡平』という美名とあいまって、不当利得法は〝法と道徳との交錯した法領域〟などと実定法体系の中できわめて特異な位置づけを与えられることになった。法律学を一つの術として用いようとするならば、同一事実と同一命題を前提としながら、まったく相反する結論を導くことも、多くの場合可能である。これが、ときに世人が法律家に三百代言的な形での不信感をもつゆえんでもあろうが、ひるがえって考えるに、通説的見解を前提とすると、不当利得法は、あらゆる結論を衡平の名の下に正当化しうるという、ある種の詭弁性を有するこの種の法律学の性格を、構造的に内蔵するものであった、ともいえるのである。

法律学が仮に『学』として成立するものであれば、なによりも右の要素をとりのぞく必要があり、全人格的判断であれなんであれ、決断のもつ主観的要素が排除された、万人が共通に問題を考えられるという意味での、何らかの形での客観性が追求される必要がある。それが、本書の場合、検証可能な経験的事実からの出発であった。一定の条件は措定されることにはなろうが、経験的観察によって、火に一定量の水をかければ火が消えるという命題がひきだされた場合に、そこから、火を消すためには一定量の水をかければよい、という実践命題をひきだすことも、論理的にはともかく現実には可能である。本書の末尾で述べるように、右に述べたような形での経験的認識命題の実践命題への転換にはいくつかの方法的問題がひそむことは事実であるが、これと同じ形での〝客観的〟命題の追求は、法律学においても可能なのではあるまいか。右にいう客観性が後に検討するように括弧つきなものであることは否めない要素はあるが、それにもかかわらず、端的な『決断』のぶつけあいとこのような方法とでは、法律学の様相に多少異なる側面があろうかと思う。本書の観察対象となった経験的事実は、裁判で争われた紛争事実と、修辞学的意味での法律構成を捨象した上でそこに与えられている結論との事実的対応関係であった。その観察から得られたものが、不当利得返還請求権の成否は『法律上ノ原因』の有無——財貨移転を基礎づける具体的法律関係の存否——によって決せられている、という本書の基本的モチーフをなす命題であった。この命題とそれが結晶化する形で展開していった財産法の体系の箱庭的な形での不当利得像については本書の本文で、また、方法についてはは後にあとがきで述べることになるので、ここに詳論することは避けるが、本研究に着手した当時胸の中にあった客観性志向が本書の分析の展開の中でどこまで実っているのかは、もはや本書の内容が私の手を離れることになる今、読者諸賢の判断に委ねる他はない……」

実はこの度出版した『財産法の体系と不当利得法の構造』に当初附するつもりであった序文は右のように始まるものであった。このことには多少の背景があり、大学助手時代以来御指導をいただいた加藤一郎、星野英一両先生が仲立ちをして下さり、本書の出版のお話を有斐閣よりいただいたのは、私が本書のもとになった論文を法学協会雑誌に連載中の二〇代後半の頃であった。その当時、雑誌論文と苦闘していた私には何よりも嬉しい話で、そのお話をいただいた日の深夜、将来の出版のために――気の早いことではあるが――したためたのが右の序文の冒頭の部分である。今回の出版にあたっても、それを生かすつもりで、前出のような序文をつくりあげてはみたものの、一旦書いてみるといろいろなことが気になりだした。青年期特有の気負い、当時の衡平説の厚い壁を前に今思うと多少礼を失しているとしか思えない表現、何よりも激烈なトーン、こんなことが気になって、何人かの親しい友人に、これを序文としてよいか否か、相談を試みた。ところが、賛否は両論に分かれる。しかも、それが大賛成と大反対の両極に分かれ、中間というものがない。ただ迷いに迷っていたところ、雑誌論文を執筆当時の私のゼミ生で、現在中部大学で国際私法を教えている青木清君のいう「先生、先生がこの本を二〇代のとき発表なさったのならこれでも結構です。しかし、もうすぐ四〇になろうという先生のお書きになるものではありません！」の一言がとどめとなった。今でも、別段それほど年をとっているわけではないが、それでも年甲斐というのはあるのかもしれないし、やはりあの激烈な調子は今になると気になりすぎる。そんなわけで、前述の序文はこの本の中から消えてしまうこととなった。そして、今はこれが一番よかったような気がしている。

しかしながら、今の私にも、あの青年期の熱気と気負いを、なつかしく、しかもいとおしくおもう気持ちは根強く残っている。その気負いと熱気がたとえ何をもたらしたとしても……。そして、そこに述べたような方法的な思いが、単なる法律学の一分野の研究という思いをこえて私を駆り立て、くるしくもあった本研究を持続させる一つの大きな動機となっていたことは、紛れもない事実である。そんなわけで、多少の悪あがきとは思いながらも、気持ちの一端を、ここに披露させていただくこととした。多少激烈ではあっても、今はそれも許されるような気がしている。なにせ本書は、私個人のシュトゥルム・ドラングの時代に書かれたものなのだから……。

＊＊＊＊＊＊＊＊＊＊＊＊＊＊＊＊＊＊＊＊＊＊＊＊＊＊＊

一般に、本著作集の「後記」には初出一覧を掲載することにしている。しかし、この第三巻は、処女作『財産法の体系と不当利得法の構造』をそのまま収録したので、初出一覧は簡にすぎる感もある。そこで、原本公刊の翌月、四〇歳のときに著した「幻の序文」（書斎の窓〔昭和六一年〕三五九号）をここに収録することとした。

原本公刊にいたる一つの節目は、一五回にも及ぶ法学協会雑誌の連載であった。三〇歳になってもまだ助手論文の雑誌連載を続けていた私は、指導教官の加藤一郎教授に呼ばれた。加藤教授曰く、「君は、不当利得の研究に凝っているようだ。そのこと自体は悪いことではないが、君の同期だった人たちは、そろそろ留学を終えて、別の道に入ろうとしている。君は、言葉は堪能のようだが、それでも外国語には言語習得期がある。君はその言語習得期を超えようとしている。来年ぐらいには、留学することを考えたほうがいい時期だ。よく考えておきなさい」。

加藤教授が、私のことを案じてくださっていることはよくわかった。ただ、私自身、自分が多くのものに興味をもつタイプであることを重々承知していた。学生時代に加藤教授から助手にならないかとの言葉をかけていただいたとき、仲のいい友人たちは、みないったものだ。「お前が気が散るタイプだということを、加藤先生はご存知ないんだ。一つのものに集中しなければならない研究者に、お前がなれるわけがないだろう」。私も、そのとおりだと思って、加藤先生には、助手の話をひらにご辞退しつづけた。そのような私が、何年にもわたって不当利得の研究を続けてきたことそれ自体が、私にとっては一つの脱皮であった。ただ、加藤先生のおっしゃるとおりにアメリカに留学して新しいことを始めたら、帰国後に不当利得研究に自分が戻るとは、自分自身、信じることができなかった。加藤先生には、「一年だけ、ご猶予を下さい。不当利得を終えて、アメリカに行きます」と申し上げ、それからの一年、不当利得論稿と並行して連載していた製造物責任論稿の執筆を打ち切り、不当利得の研究の残りを仕上げることに集中した。しかし、研究テーマは手強すぎた。連日、深夜まで研究室に籠もる私に、私の学部のゼミ生で、当時名古屋大学の大学院生だった青木清君――その後、南山大学副学長――が心配して、「先生、お手伝いしましょう」といってくれた。彼と二人で、二時、三時まで、研究室で論文の仕上げにとりくんだ。アメリカ行きの飛行機を、二度、三度と延期し、やっと日本を離れたのは、ハーバードの学期が始まる直前であった。法学協会雑誌三回分の校正はアメリカで行った。雑誌連載の最後、一五回目の公刊は、留学も二年目、ハーバードからコロンビアに移って半年してからのことであった。

この難産の最後の産婆役を務めたのが青木君で、その頃の気持ちがこの「幻の序文」に現れている。文学では「処女作には、その作家のすべてが表れる」という言葉があり、亀井勝一郎は「作家は処女作に向かって成熟する」という。この研究書としての処女作と私との関係は、はたしてどうだったのであろうか……。

あの頃から、三〇年の歳月が流れた。あの「幻の序文」も、今や歳月の彼方の存在となった。そして、加藤雅信著作集公刊の尖端を切る一冊として、この『不当利得論』が公刊される。しかし、この本は、本来、一〇年前に公刊されるはずであった。六〇歳になり、私は、名古屋を離れて東京に移り、上智大学に勤めるかたわら弁護業務を始めた。移転後ひと月もたった頃だったであろうか、信山社の袖山社長が上智の研究室においでになり、加藤雅信著作集公刊のお話をいただいた。ただちに、弟子たちと相談しながら、出版計画の作成に入った。私の研究史を乱暴にまとめてみると、二〇代が「不当利得の時代」、三〇代が「国際化の時代」、四〇代が「所有・契約・社会研究」の時代、五〇代が「新民法大系の時代」と括ることができるが、当時の私は、六〇代以降を「著作集の時代」として、私の民法学の集大成をはかるつもりであった。

しかしながら、その年の一〇月、法務省の肝いりで「民法（債権法）改正検討委員会」が設立され、債権法改正の作業が本格化しはじめた。当初の段階では、私もその一員となって法務省の改正作業に協力していたが、改正のベースとなる考え方があまりに違い、袂を分かつことになった。袂を分かってしばらくは私も沈黙を守っていたが、法制審議会で正式の検討作業が行われるなかで、私が問題視していた方向の改正が具体化しはじめた。「これでは、民法典が劣化してしまう」と恐れた私は、反対の論陣を張りはじめた。それから一〇年、私は法務省の債権法改正に反対するとともに、あるべき改正と考えるものを他の研究者たちと作成する作業に明け暮れることとなった。当初、予期していたところとは異なり、私の六〇代は「日本民法典・改正の時代」となってしまったのである。

結果として、著作集の刊行開始は一〇年遅れ、古稀を迎えた今年からのスタートとなった。この古稀を「著作集の時代」のスタート時点とすべく、著作集の最初の数巻が本年出版される。以上のような著作集刊行にいたる事情は、本来であれば、著作集の第一巻で語るべきであろう。しかしながら、著作集『第一巻 所有論』は残念ながら完成していない。そこで、著作集の第一回配本となる、私の最初の研究成果の処女論文を収録したこの『第三巻 不当利得』にこの間の事情を記しておくこととした。

それはともかく、全体では二〇数巻に及ぶ長大な著作集である。七〇歳からの出発で完成できるか否かは、寿命との競争にかかっている。この状況を心配した、私の四〇代の弟子の田高寛貴君（現、慶應義塾大学教授）が、同大学出版会で編集に携わっていた綿貫ちえみさんを紹介してくださり、古稀を幕開きとして、本書を含む著作集の刊行が開始されることになったのである。

平成二八年六月二八日

＊＊＊＊＊＊＊＊＊＊＊＊＊＊＊＊＊＊＊＊＊＊＊＊＊

・初出一覧

・『財産法の体系と不当利得法の構造』（昭和六一年、有斐閣）　総計九三九頁

前述したように、版組変更にともなうクロスレファレンスの頁数の改訂、原本のミスの訂正等はしたが、本書は原本に内容的な変更を加えていない。

・また、原本および本書は、以下の法学協会雑誌連載原稿を基礎とし、それを加筆・修正したものである。本書の内容との関連は、以下のようである。

第三巻

①九〇巻七号九四五頁以下　本書一章、二章一～三節
②九〇巻一二号（以上、昭和四八年）一五二七頁以下　本書二章四～六節、四章一節
③九一巻一号六九頁以下　本書三章一～二節、四章二節
④九一巻九号（以上、昭和四九年）一三六六頁以下　本書三章三～四節
⑤九二巻八号（昭和五〇年）九一七頁以下　本書一三章、一四章一～二節三款まで
⑥九三巻五号（昭和五一年）六二七頁以下　本書一四章二節四款
⑦九四巻九号（昭和五二年）一三〇九頁以下　本書四章三節
⑧九五巻一二号（昭和五三年）一八七七頁以下　本書五章一節
⑨九六巻四号三九三頁以下　本書五章二～三節
⑩九六巻一〇号（以上、昭和五四年）一二九三頁以下　本書六章一～二節
⑪九七巻七号九四三頁以下　本書六章三節
⑫九七巻一一号（以上、昭和五五年）一五八六頁以下　本書七～八章
⑬九八巻一号七九頁以下　本書一〇章
⑭九八巻三号三五九頁以下　本書一一章
⑮九八巻四号（以上、昭和五六年）四九五頁以下　本書一三章、一五章

・以上の右の欄に含まれていない九章、一二章は、原本執筆時に書き下ろしたものである。なお、本書末尾の「あとがきにかえた方法的覚書──『認識としての法律学』を求めて──」も原本執筆時の書き下ろしであるが、その内容は、昭和五三（一九七八）年のジュリスト新年号（六五五号）の「これからの法律学」の特集の民法の部における私の発言（同誌一〇二頁以下）を基礎としている。

本書原本公刊にいたるまでの雑誌掲載論稿の発表状況を——「はしがき」や「後記」に記した論文執筆時の周辺状況ともども——年譜風に記せば、次のようになる。

年譜をかねた本書関連業績一覧

No.	発表月	論文・著書名／掲載誌・出版社等
		○昭和四四年（一九六九年）　二二歳（九月九日より二三歳） ・大学卒業。東京大学助手に就任（七月） ・判例民事法研究会での研究発表はじまる（一二月より）
		○昭和四五年（一九七〇年）　二三〜二四歳 ・秋から、助手論文「類型化による一般不当利得法の再構成」執筆のための研究開始
		○昭和四六年（一九七一年）　二四〜二五歳 ・助手論文の執筆に集中
		○昭和四七年（一九七二年）　二五〜二六歳 ・助手論文提出（五月） ・助手論文脱稿後、ヨーロッパ一周旅行へ（七月〜九月）
		○昭和四八年（一九七三年）　二六〜二七歳 ・名古屋大学法学部助教授に就任（四月） ・転用物訴権の私法学会発表（一〇月） ・この年より、昭和五〇（一九七五）年に「製造物責任法要綱試案」を公表する故我妻榮博士を中心とする製造物責任研究会に参加
一	七月	「類型化による一般不当利得法の再構成（一）」法学協会雑誌九〇巻七号九四五〜一〇〇六頁、有斐閣

二	一二月	「類型化による一般不当利得法の再構成（二）」法学協会雑誌九〇巻一二号一五二七～一五九五頁、有斐閣	
	○昭和四九年（一九七四年）		二七～二八歳
三	一月	「類型化による一般不当利得法の再構成（三）」法学協会雑誌九一巻一号六九～一〇六頁、有斐閣	
四	九月	「類型化による一般不当利得法の再構成（四）」法学協会雑誌九一巻九号一三六六～一四五〇頁、有斐閣	
	○昭和五〇年（一九七五年）		二八～二九歳
五	八月	「類型化による一般不当利得法の再構成（五）」法学協会雑誌九二巻八号九一七～九九五頁、有斐閣	
	○昭和五一年（一九七六年）		二九～三〇歳
		・国連アジア・太平洋地域経済社会委員会（ESCAP）環境問題エクスパートに任命され（一月）、バンコクでの専門家会議（一二月）に参加 ・アメリカ、カナダ環境問題の大規模調査を展開（一二月）	
六	五月	「類型化による一般不当利得法の再構成（六）」法学協会雑誌九三巻五号六二七～六八九頁、有斐閣	
	○昭和五二年（一九七七年）		三〇～三一歳
		・不当利得論の全体像を公刊（六月）	
七	九月	「類型化による一般不当利得法の再構成（七）」法学協会雑誌九四巻九号一三〇九～一三四三頁、有斐閣	
	六月	**『民法講義六　不法行為等（有斐閣大学双書）』**（高木多喜男、加藤雅信、石田穣、國井和郎、潮海一雄、能見善久、藤岡康弘、前田達明、伊藤高義）執筆部分「第二章　不当利得」二九～一一六頁、有斐閣	
	○昭和五三年（一九七八年）		三一～三二歳
		・国連アジア・太平洋地域経済社会委員会（ESCAP）「環境法立法に関する政府間会議」に参加。これ以前の三年間、政府間会議の準備のためアジア・太平洋地域各国を歴訪 ・「製造物責任規範とその問題点」の五回連載を判例タイムズで開始（七月）	
八	一二月	「類型化による一般不当利得法の再構成（八）」法学協会雑誌九五巻一二号一八七七～一九〇一頁、有斐閣	

		○昭和五四年（一九七九年）	三二～三三歳
		・文革終結後間もない中国を訪問、その当時、法が国家機密とされていた中国法についてのヒアリング調査の結果がこの後日本およびアメリカで発表され、西側で最初の中国民法についての論文となる（九月）	
九	四月	「類型化による一般不当利得法の再構成（九）」法学協会雑誌九六巻四号三九三～四四〇頁、有斐閣	
一〇	一〇月	「類型化による一般不当利得法の再構成（一〇）」法学協会雑誌九六巻一〇号一二九三～一三三二頁、有斐閣	
		○昭和五五年（一九八〇年）	三三～三四歳
		・ハーバード大学客員研究員（八月～一九八一年八月） ・ハーバード出発直前に、不当利得・法学協会雑誌連載原稿すべて脱稿	
一一	七月	「類型化による一般不当利得法の再構成（一一）」法学協会雑誌九七巻七号九四三～九八一頁、有斐閣	
一二	一一月	「類型化による一般不当利得法の再構成（一二）」法学協会雑誌九七巻一一号一五八六～一六二七頁、有斐閣	
		○昭和五六年（一九八一年）	三四～三五歳
		・コロンビア大学客員研究員（九月～一九八二年八月）。国際取引法（日米間取引を中心）の講義を担当	
一三	一月	「類型化による一般不当利得法の再構成（一三）」法学協会雑誌九八巻一号七九～一一六頁、有斐閣	
一四	三月	「類型化による一般不当利得法の再構成（一四）」法学協会雑誌九八巻三号三五九～四二四頁、有斐閣	
一五	四月	「類型化による一般不当利得法の再構成（一五・完）」法学協会雑誌九八巻四号四九五～五六六頁、有斐閣	
		○昭和五七年（一九八二年）	三五～三六歳
		・名古屋大学法学部教授に就任（七月）	
		○昭和五八年（一九八三年）	三六～三七歳

	・ニュージーランド事故補償法、オーストラリア連邦補償法案、現地調査（一月～二月） ・統一的請求権の私法学会発表（一〇月）	
	○昭和五九年（一九八四年） ・ファイナンス・リース研究会に参加（四月～一九八五年一一月） この時期からリース研究を開始	三七～三八歳
	○昭和六〇年（一九八五年） ・ハワイ大学客員教授（五月～七月） 出発直前に、『財産法の体系と不当利得法の構造』出版のための改訂作業完了	三八～三九歳
	○昭和六一年（一九八六年） ・コロンビア大学客員教授（九月～一九八七年八月） ・不当利得法研究により法学博士に（一〇月。東京大学） ・アメリカ比較法学会にて発表（一〇月）	三九～四〇歳
一〇月	『財産法の体系と不当利得法の構造』全九三九頁、有斐閣	
一一月	エッセイ 「幻の序文」書斎の窓三五九号三〇～三二頁、有斐閣	

・関連発表文献

本書は、私の処女論文であるため、この不当利得との関連で執筆を依頼された原稿はきわめて多数にのぼる。教科書・体系書に限定しても、二〇代で執筆したもの（公刊は、三〇歳）から、五〇代の半ばに公刊したものまで、次の三点を公表している。

①『民法講義六 不法行為等』（有斐閣・大学双書、昭和五二年）第二章 不当利得（二九～一一六頁）（この本は、事務管理を高木多喜男、不当利得を私、不法行為は石田穣ほか六名を執筆者とする、総計九名による共著であった）

②『事務管理 不当利得』（三省堂・クリスタライズド民法、平成一一年）総計二五二頁

③『事務管理・不当利得・不法行為』（有斐閣・新民法大系V、初版・平成一四年、二版・平成一七年、第二版補訂版・平成一九年）総計四六四頁

関連論文、判例評釈等はきわめて多数にのぼる。それらの相当部分は、本著作集『第一八巻 事務管理・不当利得』に収録する予定なので、本巻での紹介は省略する。

・学会発表等

本書の内容をテーマとする学会発表は、日本私法学会、租税法学会、韓国比較私法学会等で行っている。具体的には、以下のとおりである。

①昭和四八（一九七三）年一〇月　日本私法学会第三七回大会・個別報告（於：神戸大学）「転用物訴権の機能と認められるべき範囲」

私法三七号一七六〜一七七頁

②昭和五八（一九八三）年一〇月　日本私法学会第四七回大会・個別報告（於：立命館大学）

「請求権競合と統一的請求権――訴訟法的観点をふまえて」

私法四六号一九八〜二〇二頁

③昭和六〇（一九八五）年一〇月　日本私法学会第四九回大会、シンポジウム「法律関係の清算と不当利得」における分担報告（於：関西学院大学）

「不当利得による法律関係の清算」

私法四八号一三〜三二頁

④平成元（一九九一）年九月　租税法学会第二〇回大会、シンポジウム分担報告（於：慶應義塾大学）

「租税法学と民法学との対話――不当利得を接点として」（岩崎政明教授との共同報告）

租税法研究二〇号（『租税法学と関連学問領域』）六四〜九五頁

⑤平成一九（二〇〇七）年二月　韓国比較私法学会第五一回学術大会（於：延世大学）

「私の法律学研究――『不当利得の類型論から法体系投影理論へ』を中心に」

邦訳は、判例タイムズ一二四八号九六頁以下、一二五〇号（以上、平成一九年）五一頁以下所収。

・なお、私自身の学会報告ではないが、平成二三（二〇一一）年一〇月日本私法学会第七五回大会（於：神戸大学）では「不当利得法の現状と展望」との題でシンポジウムが開催された。そこでの私の発言の内容は、本書の内容と現在の学界状況との関係を考えるうえでかなり示唆的なので、参照していただければ幸いである（私法七四号五三頁以下、九四頁以下）。

学会発表以外にも、本書の内容をめぐる講演等は多いが、講演内容が活字になっているものとして、次の二つをあげておこう。

⑥平成二（一九九〇）年一一月　司法研修所講演
「道徳法から実定法への展開──不当利得の場合」
司法研修所論集八五号（平成三年）五一～九二頁

⑦平成二一（二〇〇九）年一〇月　早稲田大学講演
「ヨーロッパ民法典の現在──DCFR不当利得規定」
戒能通厚＝石田眞＝上村達男編『法創造の比較法学』（日本評論社、平成二二年）一〇五～一一八頁

・書評ないし学界内の位置づけ

本書の原本が公刊されてから三〇年の歳月が経過した。しかし、本書はもちろん、その原本に対する書評も公表されていない。「財産法の体系」の投影体としての不当利得という観点が、民法の枠組を超えていること、それにもまして訴訟物・争点効等を中心とする民事訴訟法学の議論と正面から対峙しなければならないことを考えると、書評しづらい本であることは否定できない。

ただ、研究対象を不当利得に特定していない民法学者からは好意的な批評を聞くことも多く、「箱庭説は、……通説化しているのではないか」、「『法律上の原因』を基礎づける財産法の体系全体が不当利得法の体系（とりわけ、『法律上の原因』の有無に関する判断）に投影されているとの観点から不当利得法を再構成していくのが、あるべき理論発展の方向であるとも言えそうです（箱庭説＝法体系投影理論）」という見方もある（第一の引用は、小粥太

郎「書評『新民法体系II　物権法』」書斎の窓五三一号（平成一六年）四一頁、第二の引用は、潮見佳男『債権各論I　契約法・事務管理・不当利得』（新世社、平成一七年）二六八頁）。また、転用物訴権は最高裁判所判例にも取り入れられ、訴訟法学でも統一的請求権に言及されることも少なくない状況であるが、不当利得を対象としているわが国の研究の多くは、本書の分析内容には触れないまま、ドイツの議論の紹介に明け暮れることが多いのが現実である。本書の分析内容の学界的位置づけを一言でいえば、学界全体からはともかく、不当利得の本籍地からは〝敬して遠ざける〟対象となっているのが現在の状況というあたりであろう。

・外国での翻訳ないし紹介

本書の内容全体が外国に翻訳されている状況にはない。ただ、研究内容の紹介は、以下のように、中国で平成五年から六年にかけて、韓国で平成八年になされている。

①中国　渠涛「日本学者の不当利得に対する最新研究——加藤雅信の観点を概観する（日本学者対不当得利的最新研究——加藤雅信的观点概述）（一）（二）」

中国社会科学院法学研究所・外国法译评一九九三年第四期（平成五年）七六〜八三頁、外国法译评一九九四年第一期（平成六年）八九〜九七頁

②韓国　金祥洙「不当利得における投影理論（不當利得에 있어서의 投影理論）」

高麗大学校安岩法学会・安岩法學第四輯（一九九六年（平成八年））五一五〜五五〇頁

◇ 加藤雅信著作集 ◇

第１巻　所有論
第２巻　契約論（2016年９月刊）
第３巻　不当利得論（既刊）
第４巻　不法行為論（近刊）
第５巻　製造物責任論
第６巻　失火責任論
第７巻　日本国憲法論・日本人の法意識
第８巻　東洋人・西洋人の法意識・中国法
第９巻　債権法改正史・私論　上巻（2016年９月刊）
第10巻　債権法改正史・私論　下巻
第11巻　法学者《ある》の世界周遊記
第12巻　或る法学者の生涯
第13巻　民法総論・立法学
第14巻　民法総則
第15巻　物権法
第16巻　債権総論
第17巻　契約法
第18巻　事務管理・不当利得
第19巻　不法行為法
第20巻　不法行為法各論――環境法・製造物責任・水害・予防接種禍
第21巻　家族法
第22巻　民法学から法律学へ――商法・民事訴訟法・知財法・行政法・諸法
第23巻　Law and Society
（以下、続刊）

＊　本著作集は、第１巻から第10巻までにモノグラフィーないし同一テーマからなる巻を収録し、２巻の随想集を挟んで、第13巻以降をいわゆる論文集とした。なお、第13巻以降は「仮の構成」であり、出版時に変更される可能性がある。また、第24巻以降は60歳代以降に執筆した論稿を中心に収録する予定である。

加藤雅信（かとう まさのぶ）

1946年生まれる。東京大学法学部卒。法学博士。
現在、名古屋学院大学教授、名古屋大学名誉教授、弁護士
この間、東京大学助手、名古屋大学助教授・教授、上智大学教授
ハーバード大学、ロンドン大学客員研究員
コロンビア大学、ワシントン大学、ハワイ大学、北京大学客員教授
司法試験考査委員、法制審議会民法部会委員
国際ファイナンスリース、国際ファクタリングに関するユニドロワ条約採択のための外交会議・日本国政府代表代理
上記外交会議・２条約起草委員
国連アジア・太平洋地域経済社会委員会エクスパート、等を歴任した他、
民法改正研究会、現代民事研究会代表を務める。

加藤雅信著作集 第三巻

不当利得論

2016年（平成28年）9月9日 第1版第1刷発行

著者 加藤雅信
発行者 今井貴 稲葉文子
発行所 株式会社 信山社
〒113-0033 東京都文京区本郷6-2-9-102
Tel 03-3818-1019 Fax 03-3818-0344
info@shinzansha.co.jp
笠間才木支店 〒309-1600 茨城県笠間市笠間515-3
笠間来栖支店 〒309-1625 茨城県笠間市来栖2345-1
Tel 0296-71-0215 Fax 0296-72-5410
出版契約2016-8903-9-01011 Printed in Japan

印刷・製本／松澤印刷・渋谷文泉閣
ISBN978-4-7972-8903-9 C3332. P952/324. 000-b002 民法
8903-9-0101:012-035-010

◇ 加藤雅信 主要著書 ◇

『新民法大系Ⅰ　民法総則（第２版）』（有斐閣、平成17年）
『新民法大系Ⅱ　物権法（第２版）』（有斐閣、平成17年）
『新民法大系Ⅲ　債権総論』（有斐閣、平成17年）
『新民法大系Ⅳ　契約法』（有斐閣、平成19年）
『新民法大系Ⅴ　事務管理・不当利得・不法行為（第２版）』（有斐閣、平成17年）
『財産法の体系と不当利得法の構造』（有斐閣、昭和61年）
『現代民法学の展開』（有斐閣、平成５年）
『現代不法行為法学の展開』（有斐閣、平成３年）
『「所有権」の誕生』（三省堂、平成13年）
『クリスタライズド民法　事務管理・不当利得』（三省堂、平成11年）
『民法ゼミナール』（有斐閣、平成９年）
『天皇──昭和から平成へ、歴史の舞台はめぐる』（大蔵省印刷局、平成６年）
『民法（債権法）改正──民法典はどこに行くのか』（日本評論社、平成23年）
『迫りつつある債権法改正』（信山社、平成27年）

『民法改正と世界の民法典』（民法改正研究会）（信山社、平成21年）
『日本民法典改正案 第一編 総則』（民法改正研究会）（信山社、平成28年）
『民法改正 国民・法曹・学界有志案』（民法改正研究会）（編著、法律時報増刊、日本評論社、平成21年）
『現代民法学と実務──気鋭の学者たちの研究フロンティアを歩く　上・中・下』（共編著、判例タイムズ社、平成20年）
『民法学説百年史』（共編著、三省堂、平成11年）
『二一世紀判例契約法の最前線』（共編著、判例タイムズ社、平成18年）
『損害賠償から社会保障へ』（編著、三省堂、平成６年）
『製造物責任法総覧』（編著、商事法務研究会、平成６年）
『新・現代損害賠償法講座３　製造物責任・専門家責任』（編著、日本評論社、平成９年）
『製造物責任判例集Ⅰ・Ⅱ・Ⅲ』（編集、新日本法規出版、平成６年）
『製造物責任の現在』（編著、別冊 NBL No.53、商事法務研究会、平成11年）
『国際取引と法』（共編著、名古屋大学出版会、昭和63年）
『現代中国法入門』（共著編、勁草書房、平成９年）
『21世紀の日韓民事法学』（共編、信山社、平成17年）
『JAPAN BUSINESS LAW GUIDE』（Joint Author, CCH International, 1988）
『BUSINESS LAW IN JAPAN vol.1』（Joint Author, CCH Japan, 2010）
『現代日本の法と政治』（編著、三省堂、平成６年）
『人間の心と法』（共編著、有斐閣、平成15年）
『日本人の契約観──契約を守る心と破る心』（共編著、三省堂、平成17年）
『民事判例Ⅰ～Ⅻ』（現代民事判例研究会）（日本評論社、平成22～28年）

事項索引

索引項目のうちゴチックで記したものは、本書の中で多少まとまった形で論じたものである。

き

く

け

こ

さ

ち

つ

て

と

な

に

の

は

ほ

ま

み

む

め

も

ゆ

よ

り

判例索引

〈引用誌略語一覧〉

民　集	最高裁判所（大審院）民事判例集	交通民集	交通事故民事裁判例集
裁判集民事	最高裁判所裁判集（民事）	ジュリ	ジュリスト
民　録	大審院民事判決録	新　聞	法律新聞
裁判例	大審院裁判例	判　時	判例時報
高民集	高等裁判所民事判例集	判　タ	判例タイムズ
下民集	下級裁判所民事裁判例集	評　論	法律学説判例評論全集
東高時報	東京高等裁判所判決時報（民事）	法　学	法学（東北大学法学会）
刑　集	最高裁判所（大審院）刑事判例集	法律新報	法律新報判例集
刑　録	大審院刑事判決録	無体集	無体財産権関係民事・行政裁判例集

大判明 33・3・10 民録 6・3・51 ……………… 256
東京控判明 35・9・29 新聞 108・9 …………… 256
大判明 35・10・14 民録 8・9・73 ……………79, 343
大判明 35・10・30 民録 8・9・162 …………… 262
宮城控判明 36・5・27 民録 9・1460(に原審判決として引用) …………………………10
大判明 36・12・23 民録 9・1460 ……………… 254
大判明 38・2・2 民録 11・102 ………………… 256
大判明 38・11・30 民録 11・1730 …………10, 307
東京控判明 39・2・7 新聞 355・7 ………………43
大判明 39・10・11 民録 12・1236 …………79, 343
東京地判明 39・12・21 新聞 406・6 ……………80
東京区判明 39 年(ハ)2691 号新聞 403・21 (裁判年月日不明)…………………………42
長崎控判明 40・7・10 新聞 452・6 ………………27
大阪控判明 41・12・11 新聞 544・16 ………… 258
大判明 44・5・24 民録 17・330 ……………… 645
長崎控判明治 44 年(ね)49 号新聞 740・28 (裁判年月日不明)……………………… 664
大判明 45・1・20 民録 18・1 …………………… 9
大判明 45・2・3 民録 18・54 ………………… 252
大阪控判明 45・3・22 新聞 784・23 ………… 262
浦和地判明 45 年(レ)30 号新聞 874・23, 評論 2 民法 342（裁判年月日不明） … 117
東京控判大 2・2・15 評論 2 民法 162 ……26, 117
大判大 2・3・31 刑録 19・430 ………………… 262
東京控判大 2・6・24 新聞 887・24 …………… 454
大阪地判大 3・2・16 新聞 933・25 …………… 849
大判大 3・4・11 刑録 20・525 …………… 448, 455
福岡地判大 3・5・28 新聞 977・24 ………………29
大判大 3・7・1 民録 20・570 ……………… 29, 30
大判大 3・10・3 民録 20・715 ………………… 849
大判大 4・5・14 民録 21・764 ………………… 849
大判大 4・6・12 民録 21・924 ………………… 849
大判大 4・8・26 民録 21・1417 …… 253, 254, 257
東京控判大 4・10・26 評論 4 民法 805 ……… 252
東京控判大 4・11・26 新聞 1070・15 ………… 409
大判大 5・2・29 民録 22・172 ………………… 265
大判大 5・3・7 民録 22・516 ……………………28
大判大 5・6・10 民録 22・1149 …………………77
大判大 5・7・15 民録 22・1543 ……………… 269
大判大 5・9・26 民録 22・1450 …………… 26, 28
大阪控判大 5・10・30 新聞 1189・23 ……………78
大判大 5・11・22 民録 22・2281 ……………… 648
大判大 6・2・28 民録 23・292 ……… 78, 246, 265, 654, 663
大判大 6・3・31 民録 23・619 ………………… 789
大判大 6・5・14 民録 23・786 ………………… 253
大判大 6・10・4 民録 23・1391 ……………… 851
大判大 7・3・8 民録 24・391 ………………… 258

大判大 7・7・10 民録 24・1432 …………789, 795
大判大 7・7・16 民録 24・1488 ……………… 654
名古屋控判大 7・8・9 新聞 1459・19 ……239, 292
東京地判大 7・11・28 評論 7 民法 1059 ……255
大判大 7・12・7 民録 24・2310 ……………… 261
大判大 8・4・8 民録 25・658 ……………… 258
大判大 8・5・12 民録 25・855 …………79, 343, 850
大判大 8・5・26 民録 25・900 ……………… 850
大判大 8・10・20 民録 25・1890 …………629, 645, 646, 649, 851
東京控判大 8・11・6 評論 8 民法 1264 ……… 255
大判大 8・12・11 民録 25・2280 ……………… 252
大判大 8・12・12 民録 25・2286 …………645, 648, 649, 851
東京地判大 9・2・10 評論 9 民法 288 ……… 409
大判大 9・5・12 民録 26・652 ……30, 265, 646, 649
大阪控判大 9・7・8 新聞 1734・19 ………9, 43, 620
大判大 9・11・18 民録 26・1714 ……………… 704
大判大 9・11・24 民録 26・1862 …………265, 645, 646, 649
大判大 10・5・17 民録 27・934 ……………… 255
大判大 10・6・27 民録 27・1282 …………630, 645, 648, 649
大判大 11・5・4 評論 11 下諸法 193 ……………42
大判大 11・11・14 民集 1・6・851 …………… 852
大判大 12・2・21 民集 2・2・56 ……………77, 649
大阪地判大 12・3・3 新聞 2133・21 ………… 241
大判大 13・1・24 民集 3・2・45 ………… 264, 304
大判大 13・2・15 民集 3・1・10 ………… 257, 263
東京区判大 13・6・14 新聞 2503・12 ……………77
大判大 13・7・18 新聞 2309・18 …………265, 630, 646, 648, 649
大判大 13・7・23 新聞 2297・15 …………255, 629, 645, 646, 648
大判大 14・1・20 民集 4・1・1 ………… 8, 254, 260
東京地判大 14・6・22 新聞 2440・15 ………… 792
大判大 14・7・3 民集 4・12・613 ………… 249, 672
大判大 14・9・8 民集 4・10・458 ……………… 782
大判大 15・3・3 新聞 2598・14 ……… 8, 254, 360
中津区判大 15・4・21 新聞 2546・5 ………… 264
名古屋控判大 15・5・3 評論 15 諸法 465 …… 258
東京控判大 15・9・28 評論 16 民訴 231 ………77
東京地判大 15・11・2 新聞 2751・11 …… 266, 673
大判昭 2・4・21 民集 6・4・166 …… 646, 648, 649
東京地判昭 2・5・14 新聞 2705・10 ………… 455
大判昭 2・7・4 新聞 2734・15 ……… 265, 646, 648
大判昭 2・12・26 新聞 2806・15 ………77, 291, 448
東京控判昭 3・4・30 新聞 2859・14 ……………41
大判昭 4・2・14 新聞 3016・10 ……………………79
大判昭 4・5・1 新聞 3025・14 ………………33, 255
東京地判昭 4・5・25 評論 18 民法 869 ……… 252
東京地判昭 4・6・17 評論 18 民法 1014 ………78
横浜地判昭 4・11・5 新聞 3074・9 ………………79
大判昭 5・7・8 民集 9・10・719 ……………… 259
大判昭 5・10・15 新聞 3199・13 ……… 77, 79, 343
大判昭 5・10・23 民集 9・11・993 ………………77
大判昭 5・12・13 裁判例(4)民 126 … 9, 137, 366
大判昭 6・5・9 新聞 3276・10 ………………… 264
大判昭 6・6・27 新聞 3302・16 ……………… 366
東京控判昭 6・7・14 新聞 3314・5 …………… 664
東京地判昭 6・11・27 法律新報 285・23 …… 520
大判昭 7・10・26 民集 11・19・1920 ……………77
大判昭 7・12・26 裁判例(6)民 900 ………… 257
広島区判昭 7 年(へ)165 号新聞 3510・93 (裁判年月日不明)……………………………77
大判昭 8・2・23 新聞 3531・8 … 71, 211, 259, 418
大判昭 8・3・3 民集 12・4・309 ……………… 258
大判昭 8・6・28 新聞 3581・8 ……………… 257
大判昭 8・10・18 裁判例(7)民 242 …… 240, 305
大判昭 8・11・21 民集 12・23・2666 ………79, 343
大判昭 9・10・30 裁判例(8)民 253 ……………77
大判昭 10・2・7 民集 14・3・196 ……………… 265
大判昭 10・3・12 民集 14・6・467 ……… 646, 648
大判昭 10・5・13 裁判例(9)民 140 ………… 260
大判昭 10・10・29 新聞 3909・15 …………… 409
大判昭 11・1・17 民集 15・2・101 …………… 646
大判昭 11・5・11 民集 15・10・808 …………… 456
大判昭 11・5・26 民集 15・12・998 …………78, 260
大判昭 11・7・8 民集 15・16・1350 ………………76
大判昭 12・7・3 民集 16・16・1089 ……8, 32, 76, 78
大判昭 13・3・30 新聞 4263・11 ……………… 264
高崎区判昭 13・4・13 新聞 4286・13 ………… 664
名古屋控判昭 13・6・30 新聞 4297・6 ……… 264
大判昭 13・8・17 民集 17・18・1627 …… 263, 292

東京控判昭 13·9·6 新聞 4336·7 …………… 264
大判昭 13·11·12 民集 17·22·2205 …………254, 265, 646, 648
大判昭 13·12·17 新聞 4377·14 ………………78
大判昭 14·12·26 民集 18·24·1663 ………… 864
大判昭 15·3·9 評論 29 民法 669 ……… 8, 9, 43, 77, 253, 253, 619
東京地判昭 15·11·18 新聞 4674·10 ……… 254
大判昭 15·12·16 民集 19·24·2337 ………… 261
大判昭 15·12·20 民集 19·23·2215 …………257, 262
大判昭 16·12·5 民集 20·24·1449 …79, 240, 343
朝鮮高判昭 17·4·28 法律新報 651·9 …… … 450
大判昭 17·5·23 新聞 4778·5 ………… 261, 302
大判昭 17·10·27 新聞 4821·9 …………………78
大判昭 18·2·18 民集 22·3·91 …………………78
大判昭 18·3·19 民集 22·7·221 …………… 521
大判昭 18·6·3 新聞 4850·99 ……………… 448
大判昭 18·6·21 法学 13·393 ……………… 663
大判昭 18·8·31 法学 13·390 ………… 253, 291
東京高判昭 24·7·14 高民集 2·2·124 … 449, 450
最判昭 26·2·13 民集 5·3·47 ……………… 265
最判昭 26·4·13 民集 5·5·242 ……………… 523
東京地判昭 26·5·8 下民集 2·5·2811 …………65
神戸地判昭 27·5·26 下民集 3·5·686 ……… 664
大阪高判昭 27·6·20 下民集 3·6·847 …………26
東京地判昭 27·7·21 下民集 3·7·1010 …… 670
津地判昭 27·8·6 下民集 3·8·1085 ………… 663
鳥取地判昭 27·8·13 下民集 3·8·1132 …………………………………… 24, 78, 664
福岡高判昭 27·12·24 高民集 5·13·690 …… 782
最判昭 28·6·16 民集 7·6·629 …77, 261, 449, 484
大阪地判昭 29·3·25 下民集 5·3·419 ……79, 252
奈良地判昭 29·4·13 下民集 5·4·487 ……… 664
最判昭 29·11·5 刑集 8·11·1675 …………… 650
高松高判昭 30·3·31 下民集 6·3·622 ……… 663
最判昭 30·5·13 民集 9·6·679 ………… 252, 881
東京地判昭 30·10·18 下民集 6·10·2194 ………………………………………56, 681
東京地判昭 31·3·17 下民集 7·3·668 ……… 791
福岡高判昭 31·4·13 高民集 9·3·206 ……… 255
札幌地判昭 31·4·30 下民集 7·4·1129 …… 252
大阪地判昭 31·6·29 下民集 7·6·1708 ……………………………………… 450, 451
高松高判昭 31·8·21 下民集 7·8·2284 …… 264
長野地諏訪支判昭 31·8·31 下民集 7·8·2337………………………………41, 116, 264
東京地判昭 32·1·18 下民集 8·1·44 …… … 255
最判昭 32·4·16 民集 11·4·628 …… 29, 30, 263
甲府地判昭 32·6·10 下民集 8·6·1088 ……………………………………… 253, 309
東京簡判昭 33·6·30 判事 161·22 ………56, 682
最判昭 33·9·26 民集 12·13·3022 ………… 648
東京地判昭 33·10·3 下民集 9·10·1983 …… 259
大阪地判昭 33·11·24 下民集 9·11·2322 ……26
東京地判昭 34·4·13 判タ 93·56 …………… 663
最判昭 34·9·22 民集 13·11·1451 ………… 456
東京地判昭 34·11·11 下民集 10·11·2410 ………………………………… 21, 26, 265
東京高判昭 35·1·27 高民集 13·1·44 …… … 243
最判昭 35·5·24 民集 14·7·1183 …………… 521
最判昭 35·9·15 民集 14·11·2147 …… 248, 667
最判昭 35·9·20 民集 14·11·2227 …78, 260, 285
最判昭 35·11·1 民集 14·13·2781 …… 407, 409
宇都宮地判昭 35·12·26 下民集 11·12·2274………………………………… 175, 255
大阪高判昭 36·3·31 金融法務事情 272·323 … 9
釧路地判昭 36·10·31 訟務月報 8·3·443 … 450
最判昭 36·11·30 民集 15·10·2629 …… 789, 791
仙台高判昭 37·2·27 判時 312·26 …… 646, 649
福岡高判昭 37·3·29 金融法務事情 305·11 261
前橋地桐生支判昭 37·4·9 下民集 13·4·695 … 8
東京地判昭 37·4·12 下民集 13·4·728 …70, 670
最判昭 37·4·20 民集 16·4·860 … 255, 266, 670
高松高判昭 37·6·21 判時 309·19 … 42, 78, 209
最判昭 38·12·24 民集 17·12·1720 ………… 10, 36, 75, 873
最判昭 39·1·24 判時 365·26 ……………… 650
京都地判昭 39·1·31 判タ 159·174 …… 646, 648
京都地判昭 39·3·30 判タ 161·180 …………… 8
大分地判昭 39·5·12 判タ 162·194 ………… 330
東京高判昭 39·5·20 東高時報 15·5·103 … 284
最判昭 39·9·4 民集 18·7·1395 …………… 663
東京地判昭 39·11·28 判タ 170·241 ……… 260

富山地判昭40·2·19民集21·1·142 ……… 264
大阪高判昭40·3·9判時406·54 ………………42
京都地判昭40·7·31下民集16·7·1280 …… 584
山形地判昭40·11·16下民集16·11·1716 ……20
名古屋高判昭41·3·29民集22·6·1423 …… 125
東京地判昭41·4·20下民集17·3-4·326 … 585
最判昭41·4·26民集20·4·849 …………… 872
大阪地判昭42·1·19下民集18·1-2·20 …… 663
大阪高判昭42·2·15下民集18·1-2·136 … 584
最判昭42·2·17民集21·1·133 ……… 124, 265
福岡地判昭42·3·1判時490·67 …………… 585
広島高判昭42·3·6高民集20·2·144 ……… 585
最判昭42·3·31民集21·2·475 … …245, 634, 648, 865, 872
長野地判昭42·4·2金融法務事情481·36 ………………………………………26
東京地判昭42·4·25判時490·63 ………… 585
東京地判昭42·8·15金融法務事情491·32 …………………………………… 646, 648
大阪地判昭42·8·18判時509·61 ………… 585
山口地判昭42·12·7下民集18·11-12·1153 ……………………………………65, 670
東京高判昭42·12·26訟務月報13·13·1650 ………………………………………… 259
大阪地判昭43·1·29判時530·58 ………… 664
札幌高判昭43·2·15高民集21·1·59 …………26
大阪地判昭43·3·7判時544·63 ………………42
最判昭43·6·27民集22·6·1415 ……………125, 260, 262, 263, 872
東京地判昭43·8·8ジュリ426·6 ………… 286
大阪高判昭43·10·28判時544·48 ………… 264
京都地判昭43·11·20判時586·83 ………… 585
最判昭43·12·12民集22·13·2943 …………255, 266, 670
東京地判昭44·3·19訟務月報15·5·583 … 259
東京地判昭44·5·30ジュリ443·6 ……………70
最判昭44·6·24判時569·48 ……………… 584
最判昭44·7·8民集23·8·1407 …………… 262
東京地判昭45·2·10判時595·91 ………… 252
新潟地長岡支判昭45·2·19訟務月報16·4·356 ………………………………………77
大阪地判昭45·2·26判時612·89 ………… 670
京都地判昭45·3·19交通民集3·2·435 ……………………………………………26, 253
東京高判昭45·3·20訟務月報16·6·535 ……………………………………… 646, 648
山形地判昭45·3·31判時598·86 ………… 260
高松高判昭45·4·24判タ248·147 ………… 78, 211, 259, 418
東京地判昭45·5·28判時605·72 …………266, 673
東京地判昭45·6·15判時610·62 ………56, 682
大阪地判昭45·7·13判タ252·200 ………… 585
最判昭45·7·16民集24·7·909 …………16, 50, 250, 679, 683, 870
東京高判昭45·8·31判タ256·225 ………… 259
福岡地判昭45·9·9判タ257·245 ………… 252
神戸地尼崎支判昭46·1·18訟務月報17·5·762 ……………………………………42
大阪高判昭46·4·8判時633·73 …………… 586
最判昭46·4·9民集25·3·241 ……………77, 260
東京高判昭46·7·20判タ269·271 ………… 450
大阪地判昭46·9·21判タ271·331 ……………78
最判昭47·1·25民集26·1·1 ……………… 261
福岡高判昭47·6·15判時692·52 ………67, 684
最判昭47·9·7民集26·7·1327 …………77, 449
最判昭47·12·22民集26·10·1991 ………… 782
東京高判昭48·1·24判タ302·195 ………… 262
最判昭48·7·12民集27·7·763 ……… 623, 881
東京高判昭48·7·19金融·商事判例387·7 …………………………………… 263
最判昭48·7·20民集27·7·890 …………… 586
最判昭48·10·4判時724·33 ……………… 584
東京地判昭49·2·25判タ310·297 ………… 585
最判昭49·3·8民集28·2·186 ………… 259, 417
最判昭49·4·29民集28·3·503 …………… 586
東京地判昭49·5·15判時756·90 ………… 585
広島地判昭49·5·28判時761·101 ………… 255
最判昭49·9·26民集28·6·1243 ……… 51, 265, 635, 646, 648, 881
大阪地判昭50·3·27ジュリ594·6 ………… 257
東京高判昭50·7·16下民集26·5-8·639 … 585
東京高判昭50·11·27判時807·32 ………… 450
東京高判昭51·1·14金融·商事判例504·

判例索引　2――ドイツ

〈引用誌略語一覧〉

BGHZ	Entscheidungen des Bundesgerichtshofes in Zivilsachen
DJZ	Deutsche Juristenzeitung
EROHG	Entscheidungen des Reichsoberhandelsgerichts
GruchBeitr.	Beiträge zur Erläuterung des Deutschen Rechts (Beiträge zur Erläuterung des preußischen Rechts durch Theorie und Praxis)
HRR	Höchstrichterliche Rechtsprechung
JW	Juristische Wochenschrift
LM	Lindenmaier-Möhring, Nachschlagewerk des BGH
MDR	Monatsschrift für Deutsches Recht
NJW	Neue Juristische Wochenschrift
Recht	Das Recht
RGZ	Entscheidungen des Reichsgerichts in Zivilsachen
SeuffArch.	Seuffert's Archiv für Entscheidungen der obersten Gerichte in den deutschen Staaten
StriethArch.	Striethorst Archiv für Rechtsfälle aus der Praxis des Rechtsanwälte der Königlichen Obertribunals

判決年月日不明　Obertribunal Stuttgart, SeuffArch. 1, Nr. 211, S. 81. ………… 800
判決年月日不明　Oberhofgericht Mannheim, SeuffArch. 8, Nr. 258, S. 361. ………… 800
判決年月日不明　EROHG 3, 377. ………… 799
判決年月日不明　StriethArch. 50, 283. … 799
判決年月日不明　StriethArch. 56, 364. … 799
RG 1880. 1. 14, RGZ 1, 143. …………… 753, 800
RG 1880. 2. 3, RGZ 1, 159. ………………… 799
RG 1881. 2. 18, RGZ 4, 238. ………………… 799
RG 1888. 2. 16, GruchBeitr. 33, 109. … 753, 800
RG 1888. 5. 3, RGZ 21, 236. ………………… 800
RG 1897. 11. 22, RGZ 40, 260. ……………… 753
OLG Celle 1897. 11. 27, SeuffArch. 53, Nr. 84, S. 146. …………………………………… 799
RG 1899. 1. 17, RGZ 43, 161. ……………… 799
RG 1901. 4. 2, JW 1901, S. 336, Nr. 24. …… 325
OLG Dresden 1901. 4. 12, Annalen des Königl. Sächsischen Oberlandesgerichts zu Dresden 23, 347. …………………… 799
RG 1902. 3. 13, RGZ 51, 80. ………………… 756
RG 1902. 12. 23, Recht, 1903, Nr. 940, S. 180. ………………………………………… 752
RG 1903. 6. 8, RGZ 55, 86. ………………… 782
OLG Karlsruhe 1906. 5. 10, Recht, 1907, Nr. 277, Sp. 181. …………………………… 800
RG 1906. 12. 1, GruchBeiter. 51, 967.……… 756
RG 1907. 5. 6, SeuffArch. 63, Nr. 11, S.15. ……………………………………… 752, 755
RG 1907. 11. 22, Recht, 1908, Nr. 1962, Sp. 329. ……………………………………… 752
RG 1908. 5. 7, JW 1908, S.432, Nr. 6; Recht, 1908, Nr. 2323, Sp. 395. ……………55, 753
OLG Dresden 1911. 1. 19, SeuffArch. 66, Nr. 208, S. 403. ……………………………… 325
RG 1911. 5. 23, JW 1911, S. 711, Nr. 8. …… 781
RG 1912. 9. 27, JW 1913, S. 30, Nr. 18. …… 325
RG 1913. 1. 11, DJZ 1913, 530. …………… 176
RG 1913. 5. 9, GruchBeitr. 57, 997.………… 748
RG 1916. 11. 2, DJZ 1917, 749. …………… 325
RG 1930. 10. 13, RGZ 130, 310. …………… 756
RG 1931. 5. 15, RGZ 132, 386.……………… 325
RG 1931. 7. 6, JW 1931, S. 2723, Nr. 24. ……………………………………… 137, 311

RG 1933. 2. 2, RGZ 139, 315. ……………… 782
RG 1933. 12. 19, SeuffArch. 88, Nr. 60, S. 119. …………………………………………… 761
RG 1933. 12. 19, RGZ 142, 417. …………… 761
OLG München 1940. 9. 12, HRR 1941, Nr. 3. …………………………………………… 799
BGH 1952. 10. 30, LM, 1950-1960, Nr. 14, S. 243. ………………………………… 753, 756
OLG Celle 1953. 5. 22, NJW 1953, 1470. … 761
BGH 1954. 1. 20, NJW 1954, 793. ………… 753
LG Bonn 1955. 3. 18, NJW 1956, 225. …… 761
LG Duisburg 1955. 7. 6, MDR 1956, 33. … 761
OLG Köln 1956. 9. 19, NJW 1957, 224. …… 761
LG Tübingen 1956. 10. 10, NJW 1957, 467. …………………………………………… 762
BGH 1958. 5. 23, BGHZ 27, 317. …………… 762
BGH 1961. 2. 24, BGHZ 34, 320. …………… 181
BGH 1961. 10. 5, BGHZ 36, 30. ……… 746, 753
BGH 1962. 7. 12, BGHZ 37, 363. …………… 754
BGH 1963. 10. 31, BGHZ 40, 272. …… 753, 756
BGH 1966. 1. 12, BGHZ 44, 372. …………… 181

判例索引　3——フランス

〈引用誌略語一覧〉

D.	Recueil Dalloz
D. H.	Recueil hebdomadaire Dalloz
D. P.	Recueil périodique et critique Dalloz
Gaz. Pal.	Gazette du Palais
Gaz. trib.	Gazette des tribunaux
S.	Recueil Sirey

Cass. req., 11. 7. 1889, S. 1890. 1. 97. ……… 734
Cass. req., 15. 6. 1892, D. 1892. 1. 596. S. 1893. 1. 281. ………………………………16, 711
Cass. civ., 7. 7. 1896, D. 1898. 1. 19. … 726, 739
Cass. civ. 18. 10. 1898, D. 1899. 1. 105, S. 1899. 1. 165. ………………………………… 723, 739
Trib. civ. Seine, 6. 1. 1902, D. 1904. 2. 238, 2e espèce. …………………………………… 741
Cass. req., 7. 2. 1905, S. 1907. 1. 453. ……… 718
Cass. req., 8. 2. 1909, S. 1911. 1. 313. ……… 741
Cass. civ., 9. 11. 1909, D. 1911. 1. 169, S. 1912. 1. 309, 1re espèce. ……………………… 718
Cass. req., 20. 12. 1910, D. 1911. 1. 377, S. 1912. 1. 305. …………………………… 720
Trib. civ. Seine, 30. 4. 1912, Gaz. trib. 5. 9. 1912. ……………………………………… 725
Trib. civ. Seine, 22. 2. 1913, Gaz. Pal. 1913. 1. 643. ………………………………………… 724
Cass. civ., 12. 5. 1914, S. 1918-1919. 1. 41. ……………………………………… 714, 741
Cass. civ., 2. 3. 1915, D. 1920. 1. 102. ……… 714
Cass. civ., 22. 2. 1922, S. 1923. 1. 153. ……… 741
Cass. civ., 12. 2. 1923, D. 1924. 1. 129. …… 741
Cass. req., 12. 2. 1923, D. 1923. 1. 64. ……… 741
Cass. civ., 6. 7. 1927, S. 1928. 1. 9. ………… 729
Cass. req., 11. 12. 1928, D. 1929. 2. 18. …… 729
Cass. civ., 11. 2. 1931, D. 1931. 1. 129, S. 1931. 1. 273. …………………………………… 729
Cass. req., 22. 2. 1939, D. P. 1940. 1. 5, 2e espèce, D. H. 1939. 307, Gaz. Pal. 1939. 1. 779. ………………………………………… 741
Cass. civ., 28. 3. 1939, D. H. 1939. 289, Gaz. Pal. 1939. 1. 879. ……………………… 741
Cass. req., 11. 9. 1940, S. 1941. 1. 121. ……………………………………… 714, 720
Cass. civ., 16. 2. 1954, Bull. 1954. 1. 50. …… 715